WITHDRAWN BY THE
UNIVERSITY OF MICHIGAN

United States
Gubernatorial Elections,
1776–1860

ALSO BY MICHAEL J. DUBIN

*United States Presidential Elections, 1788–1860:
The Official Results by County and State*
(McFarland, 2002)

*United States Congressional Elections, 1788–1997:
The Official Results of the Elections of the 1st through 105th Congresses*
(McFarland, 1998)

United States Gubernatorial Elections, 1776–1860

The Official Results by State and County

MICHAEL J. DUBIN

McFarland & Company, Inc., Publishers
Jefferson, North Carolina, and London

JK
2447
.D831
2003

Library of Congress Cataloguing-in-Publication Data

Dubin, Michael J.
United States gubernatorial elections, 1776–1860 : the official results by state and county / Michael J. Dubin.
p. cm.
Includes bibliographical references and index.

ISBN 0-7864-1439-1 (library binding : 50# alkaline paper)

1. Governors — United States — Election — History.
2. Elections — United States — States — History.
I. Title.
JK2447.D83   2003   324.973′05 — dc21   2002015085

British Library cataloguing data are available

©2003 Michael J. Dubin. All rights reserved

*No part of this book may be reproduced or transmitted in any form
or by any means, electronic or mechanical, including photocopying
or recording, or by any information storage and retrieval system,
without permission in writing from the publisher.*

Manufactured in the United States of America

*McFarland & Company, Inc., Publishers
Box 611, Jefferson, North Carolina 28640
www.mcfarlandpub.com*

In memory of my colleague
Richie Daoust

Acknowledgments

The end result of this volume is in large part due to the many individuals and institutions whose assistance was critical in locating and compiling the data found herein. Of special significance was Mr. Philip Lampi of Gilbertville, Massachusetts, whose collection of early American election returns (pre–1825) is incomparable. He generously gave me complete access to his collection. Without his assistance this volume would be far less comprehensive. The interlibrary loan departments of the Glendale and Phoenix, Arizona, public libraries were particularly helpful in obtaining many microfilms and text materials that facilitated my research efforts.

Michael J. Dubin
Sun City West, Arizona
Fall 2002

Table of Contents

Acknowledgments
vii

Preface
xi

Tables
xiv

County Names
xvi

Party Abbreviations
xvii

Annual Summary
xviii

Gubernatorial Election Returns
1

Bibliography
291

Candidate Index
295

PREFACE

The office of governor pre-dates both the U. S. Constitution and the American Revolution. The office existed in all the colonies of British America as either an elective or an appointive office. The colonies of Connecticut and Rhode Island were self-governing charter colonies and directly elected their governors. In Connecticut this began in 1662 and in Rhode Island in 1664. In the other colonies the governor was appointed by either the king or his agent.

Probably as a consequence of what the colonies had experienced from the royal appointments, the first governors chosen by the states were figures of limited authority. Indeed a majority of state governors were initially chosen by the legislature. And in all but one state (New York) where there was a popular election, the choice could still fall to the legislature if no candidate received a majority of the votes cast in the election. Also with the exception of New York all other elected governors served a term of one year. Except for Massachusetts, no Governor possessed the veto power; in most cases this power was shared with others as a part of a multi-member council or similar body.

Following the adoption of the United States Constitution, however, states began to provide for an elected rather than an appointive governor: Pennsylvania in 1790 and Delaware in 1792. Except for Kentucky (1792–1799) and indirectly Louisiana, all new states opted for a popularly elected governor, with only Maine providing for a term of but one year. (For the term lengths of other states, see the "Length of Term" table in the Tables section.) By 1851 all the states but South Carolina provided for the popular election of the governor and only the New England states had a term of one year.

As a consequence of popular elections, longer terms and the acquisition of the sole power to veto, the governor emerged as the most important political figure of the state.

This volume provides the data about those popular elections on a level not before published. It offers not only the returns at the statewide level but for the first time a national compilation of returns by county in all states from 1776 to 1860. The data are based, wherever possible, on official returns.

Research and Sources

The primary goal of this project was to obtain official returns both at the state and county level. When returns were used that were not considered official this is noted accordingly. Sources for the data are listed following each election's returns.

Three groups of sources provided the major part of the returns: journals of the various legislatures, original manuscript data and returns as published in newspapers.

The journals are a significant source of returns because it was the function of many state legislatures to count the votes for governor and certify the result. Unfortunately not all journals contain this information and as the reader will discover, the material in the journals varies not only from state to state but often from election to election. In states such as California, Delaware, North Carolina and Pennsylvania all the returns can be found in the journals. But in Georgia journals only the state totals were published. In some states there were no returns in the journals. The Library of Congress has an extensive collection of journals for this period from virtually every state. This centralized holding was of immense help in utilizing this source of information.

Manuscript returns were also found in several states and form the major part of the returns from Illinois, Massachusetts and New Hampshire. For other states, newspapers were the main source, as in New York, where state law required that the official returns be published as a matter of record in one or more newspapers for each election. But in most states, returns come from more than one of the above sources.

Only two published sources have attempted a national compilation of returns from gubernatorial elections, and in both instances the returns were at the state level only. Joseph E. and Jessamine S. Kallenbach's *American State Governors 1776–1976* (Dobbs Ferry, NY: Oceana Publications, 1977) was not only an excellent source for state gubernatorial returns on a national scope but contributed much to the author's understanding of related matters such as length of term, date of election, term limits and special voting requirements. Also of importance are the governors' returns in *Congressional Quarterly's Guide to U.S. Elections*, 1st–4th editions (Washington, 1975, 1984, 1994 and 2001) edited by Robert A. Diamond. An additional source is the annual issues of the *Whig/Tribune Almanac* beginning in 1838, but these returns were not necessarily official. However, most of the data were obtained on a state by state basis by visiting and corresponding with state institutions.

A state by state summary of sources follows:

ALABAMA

The journals are an inconsistent source of returns, with apparently no rhyme or reason to why some elections were published here and others were not. The archives hold a large number of manuscript returns which were a helpful alternative in several elections when there was a lack of information in the journal. Some of the above data were reproduced in Lewy Dorman's volume *Party Politics in Alabama 1850 through 1860*. Newspapers are a relatively less significant source here. Almost all the material was located at the State Archives in Montgomery.

ARKANSAS

The journals provide returns for most but not all elections. Little Rock newspapers filled in the gaps.

CALIFORNIA

The journals provide the returns for all elections, but in view of the challenge to many county returns other sources were considered for further analysis.

CONNECTICUT

Until 1818 returns were obtained from newspapers and a manuscript located at the Connecticut Historical Society in Hartford. For the remainder of the time the manuscript returns at the State Archives provided complete data.

DELAWARE

All returns were found in the *House Journal* at the Hall of Records (Archives) in Dover.

FLORIDA

A variety of sources were used in this state. The journals have no returns.

GEORGIA

The journals contain only statewide returns for almost all elections. A variety of newspapers were used for the county returns. There is an outstanding collection of the state's papers held by the University of Georgia in Athens, all on microfilm.

ILLINOIS

Two excellent published sources were used: Theodore C. Pease, *Illinois Election Returns 1818–1848*, and Howard Allen et al., *Illinois Elections 1818–1990*, based on the manuscript returns. Also used were the manuscript returns that are available from the archives.

INDIANA

Two volumes contain all of the returns: Dorothy Rikes et al., *Indiana Election Returns 1816–1851*, and Robert J. Pitchell, *Indiana Votes*, both based on the journals and manuscript returns.

IOWA

Except for the state's first election, found in the *Burlington Hawk-Eye*, the returns came from the journals or the original manuscripts.

KENTUCKY

The manuscript of the late G. Glenn Clift, located at the Kentucky Historical Society in Frankfort, and various newspapers provided all the returns.

LOUISIANA

All the returns except the parish vote of 1812 were found in the journals.

MAINE

The returns through 1844 were largely obtained from the manuscript returns. For most of the remaining elections, state totals came from the *Maine Register, 1945*, while unofficial county returns came from a variety of newspapers. The journals give only the statewide vote.

MARYLAND

Several different sources were used including the journals and manuscript returns.

MASSACHUSETTS

All data were obtained from manuscript returns. The state has the oldest and most comprehensive manuscript collection of any in the nation.

MICHIGAN

Most of the returns were obtained from the manuscript collection of the State Archives and the *Michigan Manual, 1913*.

MINNESOTA

All returns were found in the text *Minnesota Votes* by Bruce M. White.

MISSISSIPPI

Most of the returns were found in the journals, others largely from the manuscript returns at the State Archives in Jackson.

MISSOURI

The early returns came from newspapers or *American State Governors*. Those from 1848 on were obtained from the journals.

New Hampshire

All returns but one prior to 1806 came from the *New Hampshire Manual, 1917* (statewide totals only); thereafter from the manuscript returns at the State Archives in Concord.

New Jersey

All returns but one were obtained from the (Trenton) *State Gazette*.

New York

All returns except the first election were found in newspapers, primarily from Albany. Beginning with the election of 1817 all returns with one exception were located in the *Albany Argus*.

North Carolina

All returns were located in the journals.

Ohio

All returns were located in the journals.

Oregon

All returns were found in the text *Oregon Votes: 1858–1972* by Burton N. Onstine.

Pennsylvania

All returns were located in the journals.

Rhode Island

Statewide totals can be found in the *Rhode Island Manual 1971-2*. Manuscript returns located at the archives in Providence provided the official county returns, but this collection is not complete. Newspapers, primarily from Providence, were used for the county totals, some of which are unofficial. The journals provide only the statewide totals.

Tennessee

Manuscript returns located at the archives at Nashville, and to a lesser degree the journals, provide most of the returns through 1833. Thereafter, with the exception of 1839, all returns were obtained from the journals.

Texas

A variety of sources were used: journals, newspapers, manuscript returns, and Mike Kingston et al., *The Texas Almanac's Political History of Texas*.

Vermont

Through 1812 returns were located in a variety of newspapers; thereafter, all returns were found in the manuscript collection at the archives in Montpelier.

Virginia

Richmond newspapers were the main source of returns.

Wisconsin

Several sources were used, the most frequent being James R. Donoghue, *How Wisconsin Voted 1848–1872*, 3rd edition.

Organization

The returns are presented in two parts. The initial section presents the statewide vote for each year; this is the Annual Summary. The second and larger section provides returns by county for each state. This is organized alphabetically by state and then chronologically within each state. The sources for each year's returns are listed at the end of the year's entry.

The reader will note that in several instances more than one set of state totals is presented in the Returns by County section. Those in bold are considered the most accurate and usually also the official returns. It is these figures that are used in the Annual Summary section. Where more than one set of state totals is listed an explanation is offered in each instance. In many cases more than one set of totals is presented because there was a difference between the stated figures and the figures obtained by adding the county returns. Another frequent explanation is that the county returns were wholly or partly obtained from a different source than the state figures. See individual elections for specifics.

TABLES

Length of Term

This table gives the length of term of each of the governors, both elected and those chosen by the legislature, at ten year intervals.

Year	One Year	Two Years	Three Years	Four Years
1780	9	1	2	0
1790	9	2	3	0
1800	9	3	3	1
1810	9	4	3	1
1820*	10	7	3	4
1830	9	7	4	4
1840	7	9	4	6
1850	6	12	5	8
1860	6	15	3	10

*New York is placed in the two-year column even though the election of 1820 was for three years. The Constitutional Convention of 1821 shortened the term to two years retroactively to include the sitting governor.

Method of Election

Year	Elected*	Chosen by Legislature
1780**	5	7
1790	7	7
1800	10	6
1810	11	6
1820	18	6
1830	19	5
1840	23	3
1850	29	2
1860	33	1

*Louisiana is placed in the elected column although the legislature chose the governor from one of the two top candidates in the popular election until 1846.
**Includes Vermont. Neither New Hampshire nor Pennsylvania had created the office of governor.

Term Limits

Year	Limits*	No Limits
1780	7	5
1790	8	6
1800	10	6
1810	11	6
1820	16	8
1830	15	9
1840	15	11
1850	17	14
1860	17	17

*As a general rule, term limits came into existence at statehood and continued throughout the period up to 1860, although some states changed the length of the limits. Additionally three states switched: Kentucky and Ohio dropped limits while Mississippi added limits after previously having had none. See individual state returns for the specific limits.

Party Affiliation

Listed below are the party affiliations of the nation's governors (both elected and those chosen by the legislature) on an annual basis.

During the time period 1776–1860 governors were chosen at various times of the year and began service similarly at different times of the year. The totals listed here are as of February 1st of the year indicated.

Year	D-R	F	unknown	others
1797	5	5	6	
1798	5	8	3	
1799	3	10	3	
1800	6	8	2	
1801	6	8	2	
1802	10	4	2	
1803	10	4	3	
1804	10	4	3	
1805	9	5	3	
1806	9	4	3	1-IR
1807	9	4	3	1-IR
1808	11	2	3	1-IR

Year	D-R	F	unknown		others
1809	12	3	2		
1810	11	4	2		
1811	14	1	2		
1812	13	2	2		
1813	9	6	3		
1814	8	7	3		
1815	8	7	3		
1816	9	6	3		
1817	10	5	4		
1818	12	3	5		
1819	12	3	7		
1820	14	2	7		
1821	14	1	7		1-IR

Year	J/D	Ad/NR	unknown	A-M	others
1829	6	10	8		
1830	11	9	4		
1831	11	9	4		
1832	9	11	2	1	1-U
1833	12	9	1	1	1-U
1834	16	6	1		

Year	J/D	W	unknown	A-M	others
1835	15	6	1	1	1-A-J
1836	13	7	1	2	1-AVBD,IU
1837	11	11	1	1	1-AVBD,IU
1838	10	13	1	1	1-StR
1839	12	12	1		1-StR
1840	13	11	1		IU
1841	9	15	1		IU
1842	11	14	1		
1843	16	9	1		
1844	15	9	1		1-L&O
1845	11	13	1		1-L&O
1846	14	11	1		1-Lr
1847	15	10	2		1-L&O,1-ID
1848	17	10	2		
1849	17	12	1		
1850	17	11	3		
1851	21	7	3		
1852	21	6	2		2-U
1853	22	5	2		2-U
1854	27	2	1		1-StR

Year	D	R	unknown	A	others
1855	19	1	1	3	6-W, 1-StR
1856	17	3	1	6	4-W
1857	13	10	1	5	2-W
1858	15	13	1	2	
1859	17	13	1	2	
1860	16	14	1	1	1-I
1861	13	17	1	1	2-ID

No party affiliation was computed for the years 1822–1828 or prior to 1797.

J/D — The terms were used interchangeably until about 1833 when the party began using the term Democratic exclusively.

Ad/NR — The term National Republican generally replaced the term Administration after 1829.

The table takes into account those instances where the filling of a vacancy resulted in a change of party affiliation.

COUNTY NAMES

The county names used in the returns are those in existence at that time. Listed below are the counties whose names have been changed or abolished.

State	Name on Returns	Present Name (Year Changed)
Alabama	Benton	Calhoun (1858)
	Decatur	abolished in 1825
	Hancock	Winston (1858)
California	Buena Vista	abolished*
	Klamath	abolished in 1874
Florida	Benton	Hernando (1850)
	New River	Bradford (1861)
	Saint Lucas	Brevard (1855)
Georgia	Campbell	became part of Fulton in 1930
	Cass	Bartow (1861)
	Kinchafoonee	Webster (1856)
	Milton	became part of Fulton in 1930
Indiana	Richardville	Howard (1847)
Kansas	Breckinridge	Lyon (1862)
	Hunter	Butler (1861)
	Lykins	Miami (1861)
	Madison	abolished in 1862
Michigan	Michilmackinac	Mackinac (1849)
Missouri	Lillard	Lafayette (1825)
	Decatur	Ozark (1845)
	Dodge	abolished in 1853
	Niangua	Dallas (1844)
	Rives	Henry (1842)
Wisconsin	Bad Ax	Vernon (1862)
	La Pointe	Bayfield (1866)

*It is not clear if the county was ever organized. It is listed in conjunction with the elections of 1855 and 1857 but its returns were always included with Tulare County.

PARTY ABBREVIATIONS

A	American	Fr A	Frémont American
Ab	Abolitionist	FS	Free Soil
Ad	Administration	FS-D	Free Soil-Democrat
a-f	anti-federal	I	Independent
A-J	Anti-Jackson	ID	Independent Democrat
A-JD	Anti-Jackson Democrat	IR	Independent Republican
AM	Anti-Mason	J	Jacksonian
AML	Anti-Maine Law	Lc D	Locofoco Democrat
AVBD	Anti-Van Buren Democrat	L & O	Law & Order
Bk-D	Breckinridge Democrat	Lr	Liberation
Bk-J	Bucktail Jacksonian	LRf	Land Reform
Bk-R	Bucktail Republican	Lty	Liberty
BnD	Benton Democrat	Lw	Lewisite
C	Conservative	NI	Nullification Independent
Cl-Ad	Clinton Administration	NR	National Republican
Cl D	Calhoun Democrat	Opp	Opposition
Cl-J	Clinton Jacksonian	Opp D	Opposition Democrat
Cl-R	Clinton Republican	Pe	Peoples
Cst	Constitutional	R	Republican
CU	Constitutional Union	SoR	Southern Rights
D	Democrat	SoRD	Southern Rights Democrat
D-AL	Democrat Anti-Lecompdon	SRW	Southern Rights Whig
D-Ard	Democrat Anti-Redemption	StR	States Rights
D-Hn	Democrat Hunker	T	Temperance
D-HS	Democrat Hard Shell	Tl	Toleration
D-L	Democrat Lecompton	Tm	Tammany
D-R	Democratic-Republican	Tr	Troup
D-Rd	Democrat Redemption	Tr-J	Troup-Jacksonian
D-SS	Democrat Soft Shell	U	Union
EASS	Emancipation-Anti Slave State	U-D	Union-Democrat
f	federalist	W	Whig
F	Federalist	Wkm	Workingman
FBR	Free Bridge Republican	Wks	Workingmen's
Fl A	Fillmore American		

Annual Summary

This section contains the statewide returns by year. The state totals used here are the same as those in bold in the state section.

Returns in italics indicate that no one was chosen as governor. See individual state returns for details. Returns in parentheses are incomplete.

1776

State	(date)			
Connecticut	(April 11)	**Trumbull** (no returns located)		
Rhode Island	(April 3)	**Cooke** (no returns located)		

1777

State	(date)			
Connecticut	(April 10)	**Trumbull** (no returns located)		
New York	(June)	**Clinton** 1,818 (48.45)	Schuyler 1,199 (31.96)	Scott 368 (9.81)
		Jay 367 (9.78)		
Rhode Island	(April 2)	**Cooke** (no returns located)		

1778

State	(date)	
Connecticut	(April 9)	**Trumbull** 2,306 (100)
Rhode Island	(April 1)	**Greene** (no returns located)
Vermont	(March 3)	**Chittenden** (no returns located)

1779

State	(date)	
Connecticut	(April 8)	**Trumbull** 2,108 (100)
Rhode Island	(April 7)	**Greene** (no returns located)
Vermont	(September 7)	**Chittenden** (no returns located)

1780

State	(date)		
Connecticut	(April 13)	**Trumbull*** 3,598 (49.31)	scattering 3,668 (50.29)
Massachusetts	(September)	**Hancock** 11,207 (91.56)	Bowdoin 1,033 (8.44)
New York	(April 25–27)	**Clinton** plurality of 3,264	
Rhode Island	(April 5)	**Greene** (no returns located)	
Vermont	(September 5)	**Chittenden** (no returns located)	

1781

State	(date)			
Connecticut	(April 12)	**Trumbull*** 2,636 (38.75)	Pitkin 1,225 (18.01)	Law 810 (11.91)

		Griswold 651 (9.57)	Huntington 649 (9.54)	Wolcott 384 (5.65)
		Johnson 151 (2.22)	Marshall 141 (2.07)	scattering 155 (2.28)
Massachusetts	(April 2)	**Hancock** 7,996 (93.14)	Bowdoin 339 (3.95)	scattering 250 (2.91)
Rhode Island	(April 4)	**Greene** (no returns located)		
Verrmont	(September 4)	**Chittenden** (no returns located)		

1782

State	(date)		
Connecticut	(April 11)	**Trumbull** 3,025 (50.16)	scattering 3,006 (49.84)
Massachusetts	(April 1)	**Hancock** 5,855 (83.83)	Cushing 1,129 (16.17)
Rhode Island	(April 3)	**Greene** (no returns located)	
Vermont	(September 3)	**Chittenden** (no returns located)	

1783

State	(date)			
Connecticut	(April 10)	**Trumbull*** 2,209 (31.30)	Pitkin 2,080 (29.47)	Wolcott 918 (13.01)
		Huntington 896 (12.70)	scattering 954 (13.52)	
Massachusetts	(April 7)	**Hancock** 6,693 (73.48)	scattering 2,415 (26.52)	
New York	(April 29–May 1)	**Clinton** 3,584 (75.50)	Schuyler 643 (13.55)	Paine 520 (10.95)
Rhode Island	(April 2)	**Greene** (no returns located)		
Vermont	(September 2)	**Chittenden** (no returns located)		

1784

State	(date)			
Connecticut	(April 8)	**Griswold** 2,192 (31.99)	Pitkin 1,689 (24.65)	
		Huntington 1,177 (17.17)	Wolcott 1,053 (15.37)	scattering 742 (10.73)
Massachusetts	(April 5)	**Hancock** 5,160 (67.62)	scattering 2,471 (32.38)	
New Hampshire	(March 9)	**Ware** (no returns located)		
Rhode Island	(April 7)	**Greene** (no returns located)		
Vermont	(September 7)	**Chittenden** (no returns located)		

1785

State	(date)			
Connecticut	(April 14)	**Griswold** (no returns located)		
Massachusetts	(April 4)	**Bowdoin*** 3,510 (44.07)	Cushing 3,005 (37.73)	Lincoln 1,152 (14.46)
		Prescott 298 (3.74)		
New Hampshire	(March 8)	**Atkinson** 2,755 (40.82)	Langdon 2,497 (37.00)	Sullivan 777 (11.51)
		Bartlett 720 (10.67)		
Rhode Island	(April 6)	**Greene** (no returns located)		
Vermont	(September 6)	**Chittenden** (no returns located)		

1786

State	(date)			
Connecticut	(April 13)	**Huntington** (no returns located)		
Massachusetts	(April 3)	**Bowdoin** 6,001 (82.51)	Hancock 1,272 (17.49)	
New Hampshire	(March 14)	**Sullivan** 4,309 (50.30)	Langdon 3,600 (42.02)	scattering 658 (7.68)
New York	(April 25–27)	**Clinton** (no returns located)		
Rhode Island	(April 5)	**Collins** (no returns located)		
Vermont	(September 5)	**Chittenden** (no returns located)		

1787

State	(date)			
Connecticut	(April 12)	**Huntington** (no returns located)		
Massachusetts	(April 2)	**Hancock** 18,459 (77.38)	Bowdoin 5,395 (22.62)	
New Hampshire	(March 13)	**Langdon*** 4,034 (45.29)	Sullivan 3,642 (40.89)	Bartlett 628 (7.05)
		Livermore 603 (6.77)		
Rhode Island	(April 4)	**Collins** (no returns located)		
Vermont	(September 4)	**Chittenden** (no returns located)		

1788

State	(date)			
Connecticut	(April 10)	**Huntington** (no returns located)		
Massachusetts	(April 7)	**Hancock** 17,841 (81.15)	Gerry 4,145 (18.85)	
New Hampshire	(March 11)	**Langdon** 4,421 (50.02)	Sullivan 3,664 (41.46)	scattering 753 (8.52)
Rhode Island	(April 2)	**Collins** (no returns located)		
Vermont	(September 2)	**Chittenden** (no returns located)		

1789

State	(date)			
Connecticut	(April 9)	**Huntington** (no returns located)		
Massachusetts	(April 6)	**Hancock** 17,264 (83.27)	Bowdoin 3,457 (16.73)	
New Hampshire	(March 10)	**Sullivan*** 3,657 (42.85)	Pickering 3,488 (40.87)	Bartlett 968 (11.34)
		scattering 421 (4.93)		
New York	(April 28–30)	**Clinton (a-f)** 6,391 (51.74)	Yates (f) 5,962 (48.26)	
Rhode Island	(April 1)	**Collins** (no returns located)		
Vermont	(September 1)	Chittenden 1,263 (43.34)	**Robinson*** 746 (25.60)	Safford 478 (16.40)
		scattering 427 (14.65)		

1790

State	(date)			
Connecticut	(April 8)	**Huntington** (no returns located)		
Massachusetts	(April 5)	**Hancock** 14,283 (88.37)	Bowdoin 1,880 (11.63)	
New Hampshire	(March 9)	**Pickering** 3,189 (42.36)	Wentworth 2,369 (31.47)	
		Bartlett 1,676 (22.26)	Peabody 294 (3.9)	
Pennsylvania	(October 12)	**Mifflin** 27,725 (90.82)	St. Clair 2,802 (9.18)	
Rhode Island	(April 7)	**Fenner** (no returns located)		
Vermont	(September 7)	**Chittenden** (no returns located)		

1791

State	(date)		
Connecticut	(April 14)	**Huntington** (no returns located)	
Massachusetts	(April 4)	**Hancock** 15,996 (100)	
New Hampshire	(March 8)	**Bartlett** 8,679 (96.79)	scattering 288 (3.21)
Rhode Island	(April 6)	**Fenner** (no returns located)	
Vermont	(September 6)	**Chittenden** (no returns located)	

1792

State	(date)			
Connecticut	(April 12)	**Huntington** (no returns located)		
Delaware	(October 2)	**Clayton** 2,209 (48.35)	Montgomery 1,902 (41.63)	Mitchell 458 (10.02)
Massachusetts	(April 2)	**Hancock** 14,628 (91.07)	Dana 825 (5.14)	Phillips 610 (1.93)
New Hampshire	(March 13)	**Bartlett** 8,092 (96.46)	scattering 297 (3.54)	
New York	(April 24–26)	**Clinton** (a-f) 8,457 (50.73)	Jay (f) 8,215 (49.27)	
Rhode Island	(April 4)	**Fenner** (no returns located)		
Vermont	(September 4)	**Chittenden** (no returns located)		

1793

State	(date)			
Connecticut	(April 11)	**Huntington** (no returns located)		
Massachusetts	(April 1)	**Hancock** 16,428 (95.04)	Gerry 858 (4.96)	
New Hampshire	(March 12)	**Bartlett** 7,388 (75.51)	Langdon 1,306 (13.35)	Gilman 708 (7.23)
		Walker 382 (3.90)		
Pennsylvania	(October 8)	**Mifflin** 19,590 (64.67)	F. Muhlenberg 10,700 (35.33)	
Rhode Island	(April 3)	**Fenner** (no returns located)		
Vermont	(September 3)	**Chittenden** 3,187 (52.48)	Tichenor 2,712 (44.66)	Smith 174 (2.87)

1794

State	(date)			
Connecticut	(April 10)	**Huntington** (no returns located)		
Massachusetts	(April 7)	**Adams** 14,425 (66.71)	Cushing 7,199 (33.29)	
New Hampshire	(March 11)	**Gilman** (F) 7,629 (72.87)	scattering 2,841 (27.13)	
Rhode Island	(April 2)	**Fenner** (no returns located)		
Vermont	(September 2)	**Chittenden** 2,623 (56.74)	Tichenor 2,000 (43.26)	

1795

State	(date)			
Connecticut	(April 9)	**Huntington** (no returns located)		
Delaware	(October 6)	**Bedford** (F) 2,352 (52.34)	Alexander (D-R) 2,142 (47.66)	
Massachusetts	(April 6)	**Adams** 15,976 (90.16)	Cushing 533 (3.01)	scattering 1,210 (6.83)
New Hampshire	(March 10)	**Gilman** (F) 9,340 (98.94)	scattering 100 (1.06)	
New York	(April 28–30)	**Jay** (F) 13,479 (53.14)	Yates (D-R) 11,884 (46.86)	
Rhode Island	(April 1)	**Fenner** (no returns located)		
Vermont	(September 1)	**Chittenden** 4,260 (60.73)	Tichenor 2,038 (29.05)	Williams 256 (3.65)
		Olin 149 (2.12)	Niles 138 (1.97)	scattering 174 (2.48)

1796

State	(date)			
Connecticut	(April 14)	**Wolcott*** 3,805 (48.95)	Trumbull 1,187 (15.27)	Ingersoll 937 (12.05)
		Ellsworth 629 (8.09)	Law 458 (5.89)	scattering 757 (9.74)
Massachusetts	(April 4)	**Adams** 15,195 (57.35)	Sumner 10,204 (38.52)	scattering 1,094 (4.13)
New Hampshire	(March 8)	**Gilman** 7,809 (72.47)	scattering 2,966 (27.53)	
Pennsylvania	(October 12)	**Mifflin** 30,020 (96.74)	F. Muhlenberg 1,011 (3.26)	
Rhode Islannd	(April 6)	**Fenner** (no returns located)		
Tennessee	(March)	**Sevier** (no returns located)		
Vermont	(September 6)	**Chittenden** (no returns located)		

1797

State	(date)			
Connecticut	(April 13)	**Wolcott (F)** (no returns located)		
Massachusetts	(April 3)	**Sumner (F)** 14,540 (56.67) scattering 440 (1.71)	Sullivan (D-R) 7,125 (27.77)	Gill (F) 3,553 (13.85)
New Hampshire	(March 14)	**Gilman (F)** 9,625 (88.93)	scattering 1,198 (11.07)	
Rhode Island	(April 5)	**Fenner (D-R)** 1,204 (100)		
Tennessee	(August 3, 4)	**Sevier (D-R)** (no returns located)		
Vermont	(September 5)	**Tichenor (F)** Olin (no returns located)	Robinson (D-R)	

1798

State	(date)			
Connecticut	(April 12)	**Trumbull (F)** (no returns located)		
Delaware	(October 2)	**Bassett (F)** 2,490 (52.50)	Hall (D-R) 2,068 (43.60)	Townsend 185 (3.90)
Massachusetts	(April 2)	**Sumner (F)** 18,245 (85.82)	Sullivan (D-R) 1,933 (9.09)	scattering 469 (3.86)
New Hampshire	(March 13)	**Gilman (F)** 9,397 (77.32) Langdon 364 (3.00)	Peabody (D-R) 1,189 (9.78) scattering 469 (3.86)	Walker 734 (6.04)
New York	(April 24–26)	**Jay (F)** 16,012 (54.01)	Livingston (D-R) 13,632 (45.99)	
Rhode Island	(April 4)	**Fenner (D-R)** (no returns located)		
Vermont	(September 4)	**Tichenor (F)** 6,211 (68.89)	Robinson (D-R) 2,805 (31.11)	

1799

State	(date)			
Connecticut	(April 11)	**Trumbull (F)** (no returns located)		
Massachusetts	(April 1)	**Sumner (F)** 24,069 (73.46)	Heath (D-R) 8,694 (26.54)	
New Hampshire	(March 12)	**Gilman (F)** 10,138 (86.37)	scattering 1,600 (13.63)	
Pennsylvania	(October 8)	**McKean (D-R)** 37,244 (53.29)	Ross (F) 32,643 (46.71)	
Rhode Island	(April 3)	**Fenner (D-R)** no returns located		
Tennessee	(August 1, 2)	**Sevier (D-R)** (5,295)	scattering (17)	
Vermont	(September 3)	**Tichenor (D-R)** 7,454 (65.58)	Smith (D-R) 3,915 (34.42)	

1800

State	(date)			
Connecticut	(April 10)	**Trumbull (F)** no returns located		
Kentucky	(May 6)	**Garrard** 8,390 (39.40) Todd 2,166 (10.17)	Greenup 6,745 (31.67)	Logan 3,995 (18.76)
Massachusetts	(April 7)	**Strong (F)** 19,630 (50.77)	Gerry (D-R) 17,019 (44.01)	Gill (F) 2,019 (5.22)
New Hampshire	(March 11)	**Gilman (F)** 10,362 (63.18)	Walker (D-R) 6,039 (36.82)	
Rhode Island	(April 2)	**Fenner (D-R)** no returns located		
Vermont	(September 2)	**Tichenor (F)** 6,444 (65.87)	Smith (D-R) 3,339 (34.13)	

1801

State	(date)		
Connecticut	(April 9)	**Trumbull (F)** 11,156 (91.35)	Law (D-R) 1,056 (8.65)
Delaware	(October 6)	**Hall (D-R)** 3,475 (50.13)	Mitchell (F) 3,457 (49.87)
Massachusetts	(April 6)	**Strong (F)** 25,452 (55.77)	Gerry (D-R) 20,184 (44.23)
New Hampshire	(March 10)	**Gilman (F)** 10,898 (67.49)	Walker (D-R) 5,249 (32.51)
New York	(April 28–30)	**Clinton (D-R)** 24,808 (54.34)	Van Rensselaer (F) 20,843 (45.66)
Rhode Island	(April 1)	**Fenner (D-R)** 3,760 (100)	
Tennessee	(August 6, 7)	**Roane** 8,438 (99.88)	Boyd 10 (0.12)
Vermont	(September 2)	**Tichenor (F)** majority of 2,060	Smith (D-R)

1 8 0 2

State	(date)		
Connecticut	(April 8)	**Trumbull (F)** 11,398 (71.59)	Kirby (D-R) 4,523 (28.41)
Massachusetts	(April 5)	**Strong (F)** 29,983 (60.66)	Gerry (D-R) 19,443 (39.34)
New Hampshire	(March 9)	**Gilman (F)** 10,377 (54.24)	Langdon (D-R) 8,753 (45.76)
Pennsylvania	(October 12)	**McKean (D-R)** 47,879 (73.76)	Ross (F) 17,037 (26.24)
Rhode Island	(April 7)	**Fenner (D-R)** 3,802 (66.28)	Greene (F) 1,934 (33.72)
Vermont	(September 7)	**Tichenor (F)** 7,823 (60.61)	Smith (D-R) 5,085 (39.39)

1 8 0 3

State	(date)			
Connecticut	(April 14)	**Trumbull (F)** 14,375 (64.69)	Kirby (D-R) 7,848 (35.31)	
Massachusetts	(April 4)	**Strong (F)** 29,199 (67.73)	Gerry (D-R) 13,910 (32.27)	
New Hampshire	(March 8)	**Gilman (F)** 12,263 (57.64)	Langdon (D-R) 9,011 (42.36)	
Ohio	(January 11)	**Tiffin** 4,614 (94.24)	B. Gilman 246 (5.02)	St. Clair 36 (0.74)
Rhode Island	(April 6)	**Fenner (D-R)** no returns located		
Tennessee	(August 4, 5)	**Sevier** 6,780 (57.93)	Roane 4,923 (42.07)	
Vermont	(September 6)	**Tichenor (F)** 7,940 (59.48)	Robinson (D-R) 5,408 (40.52)	

1 8 0 4

State	(date)		
Connecticut	(April 12)	**Trumbull (F)** 11,936 (61.81)	Hart (D-R) 7,376 (38.19)
Delaware	(October 2)	**Mitchell (F)** 4,391 (52.02)	Haslet (D-R) 4,050 (47.98)
Kentucky	(August 6)	**Greenup** 25,917 (100)	
Massachusetts	(April 2)	**Strong (F)** 30,011 (55.57)	Sullivan (D-R) 23,996 (44.43)
New Hampshire	(March 13)	**Gilman (F)** 12,246 (50.49)	Langdon (D-R) 12,009 (49.51)
New York	(April 24–26)	**Lewis (D-R)** 30,829 (58.20)	Burr (F) 22,139 (41.80)
Rhode Island	(April 4)	**Fenner (D-R)** no returns located	
Vermont	(September 4)	**Tichenor (F)** 8,075 (56.63)	Robinson (D-R) 6,184 (43.37)

1 8 0 5

State	(date)		
Connecticut	(April 11)	**Trumbull (F)** 13,689 (62.47)	Hart (D-R) 8,223 (37.53)
Massachusetts	(April 1)	**Strong (F)** 35,204 (51.25)	Sullivan (D-R) 33,491 (48.75)
New Hampshire	(March 12)	**Langdon (D-R)** 16,097 (56.71)	Gilman (F) 12,287 (43.29)
Ohio	(October 8)	**Tiffin** 4,788 (100)	
Pennsylvania	(October 8)	**McKean (IR)** 43,644 (52.89)	Snyder (D-R) 38,870 (47.11)
Rhode Island	(April 3)	**Fenner (D-R)** no returns located	
Tennessee	(August 1, 2)	**Sevier** 10,293 (63.99)	Roane 5,795 (36.01)
Vermont	(September 3)	**Tichenor (F)** 8,683 (60.93) scattering 514 (3.61)	Robinson (D-R) 5,054 (35.46)

1 8 0 6

State	(date)			
Connecticut	(April 10)	**Trumbull (F)** 13,413 (56.18)	Hart (D-R) 9,460 (43.82)	
Massachusetts	(April 7)	**Strong (F)** 37,739 (50.42)	Sullivan (D-R) 37,109 (49.58)	
New Hampshire	(March 11)	**Langdon (D-R)** 15,277 (75.88) J. Smith 904 (4.49)	Gilman (F) 1,604 (7.97) Peabody 753 (3.74)	Farrar (F) 1,595 (7.92)
Rhode Island	(April 2)	**Jackson (F)** 1,662 (43.14) Arnold (D-R) 1,094 (28.39)	H. Smith (D-R) 1,097 (28.47)	
Vermont	(September 2)	**Tichenor (F)** 9,435 (56.58)	I. Smith (D-R) 7,241 (43.42)	

1807

State	(date)			
Connecticut	(April 9)	**Trumbull (F)** 11,959 (60.01)	Hart (D-R) 7,971 (39.99)	
Delaware	(October 6)	**Truitt (F)** 3,309 (51.95)	Haslet (D-R) 3,062 (48.05)	
Massachusetts	(April 6)	**Sullivan (D-R)** 41,960 (51.69)	Strong (F) 39,224 (48.31)	
New Hampshire	(March 10)	**Langdon (D-R)** 13,930 (83.78) scattering 1,091 (6.56)	Gilman (F) 969 (5.83)	Smith 637 (3.83)
New York	(April 28–30)	**Tompkins (D-R)** 35,074 (53.09)	Lewis (Lw,F) 30,989 (46.91)	
Ohio	(October 13)	**Meigs** 2,749 (54.25)	Massie 2,318 (45.75)	
Rhode Island	(April 1)	**Fenner (D-R)** 2,564 (66.91)	Wheaton (F) 1,268 (33.09)	
Tennessee	(August 6,7)	**Sevier**	Cocke no returns	
Vermont	(September 1)	**Smith (D-R)** 9,903 (53.61)	Tichenor (F) 8,571 (43.39)	

1808

State	(date)			
Connecticut	(April 14)	**Trumbull (F)** 13,292 (61.95)	Hart (D-R) 8,164 (38.05)	
Kentucky	(August 1)	**Scott** 22,050 (61.26)	Allen 8,430 (23.42)	Clay 5,516 (15.32)
Massachusetts	(April 4)	**Sullivan (D-R)** 41,193 (51.01)	Gore (F) 39,563 (48.99)	
New Hampshire	(March 8)	**Langdon (D-R)** 12,941 (91.57)	Gilman (F) 1,191 (8.43)	
Ohio	(October 11)	**Huntingdon (D-R)** 7,293 (44.77) Kirker (Q) 3,397 (20.85)	Worthington (D-R) 5,601 (34.38)	
Pennsylvania	(October 11)	**Snyder (D-R)** 67,975 (60.93)	Ross (F) 39,575 (35.48)	Spayd (I) 4,006 (3.59)
Rhode Island	(April 6)	**Fenner (D-R)** no returns located		
Vermont	(September 6)	**Tichenor (F)** 13,634 (51.63)	Smith (D-R) 12,775 (48.37)	

1809

State	(date)			
Connecticut	(April 13)	**Trumbull (F)** 14,650 (64.23)	Spaulding (D-R) 8,159 (35.77)	
Massachusetts	(April 3)	**Gore (F)** 47,916 (51.50)	Lincoln (D-R) 45,118 (48.50)	
New Hampshire	(March 14)	**Smith (F)** 15,823 (50.51)	Langdon (D-R) 15,504 (49.49)	
Rhode Island	(April 5)	**Fenner (D-R)** no returns located		
Tennessee	(August 3, 4)	**Blount** 13,686 (61.87)	Cocke 8,435 (38.13)	
Vermont	(September 5)	**Galusha (D-R)** 14,583 (51.08)	Tichenor (F) 13,467 (47.17)	scattering 498 (1.74)

1810

State	(date)			
Connecticut	(April 12)	**Treadwell (F)** 10,265 (49.93) Griswold (F) 13,110 (15.13)	Spaulding (D-R) 7,185 (34.95)	
Delaware	(October 2)	**Haslet (D-R)** 3,664 (50.49)	Rodney (F) 3,593 (49.51)	
Massachusetts	(April 2)	**Gerry (D-R)** 46,541 (51.36)	Gore (F) 44,079 (48.64)	
New Hampshire	(March 13)	**Langdon (D-R)** 16,482 (52.08)	Smith (F) 15,166 (47.92)	
New York	(April 24–26)	**Tompkins (D-R)** 43,094 (54.15)	Platt (F) 36,484 (45.85)	
Ohio	(October 9)	**Meigs (D-R)** 9,914 (56.19)	Worthington (D-R) 7,731 (43.81)	
Rhode Island	(April 4)	**Fenner (D-R)** no returns located		
Vermont	(September 4)	**Galusha (D-R)** 13,810 (57.34)	Tichenor (F) 9,912 (41.16)	scattering 361 (1.50)

1811

State	(date)		
Connecticut	(April 11)	**Griswold (F)** 10,148 (53.76)	Treadwell (F) 8,727 (46.24)
Massachusetts	(April 1)	**Gerry (D-R)** 43,828 (52.19)	Gore (F) 40,142 (47.81)
New Hampshire	(March 12)	**Langdon (D-R)** 17,552 (54.30)	Smith (F) 14,772 (45.70)

Pennsylvania   (October 8)   **Snyder (D-R)** 52,319 (93.55)   Tilgham (F) 3,609 (6.45)
Rhode Island   (April 3)   **Jones (F)** 3,885 (51.56)   Fenner (D-R) 3,651 (48.44)
Tennessee   (August 1, 2)   **Blount (D-R)** 19,980 (100)
Vermont   (September 3)   **Galusha (D-R)** 13,828 (55.22)   M.Chittenden (F) 11,214 (44.78)

1812

State   **(date)**
Connecticut   (April 9)   **Griswold (F)** 11,721 (88.74)   Boardman (D-R) 1,487 (11.26)
Kentucky   (August 3)   **Shelby** 30,362 (70.88)   Slaughter 12,474 (29.12)
Louisiana   (June 29–July 1) **Claiborne** 2,757 (71.22)   Villere 946 (24.44)   Destrehan 168 (4.34)
Massachusetts   (April 6)   **Strong (F)** 52,696 (50.66)   Gerry (D-R) 51,326 (49.34)
New Hampshire   (March 10)   **Gilman (F)** 15,614 (50.20)   Plumer (D-R) 15,492 (49.80)
Ohio   (October 13)   **Meigs (D-R)** 11,859 (60.01)   Scott (F) 7,903 (39.99)
Rhode Island   (April 1)   **Jones (F)** 4,122 (51.55)   Fenner (D-R) 4,874 (48.45)
Vermont   (September 1)   **Galusha (D-R)** 19,158 (54.57)   M. Chittenden (F) 15,950 (45.43)

1813

State   **(date)**
Connecticut   (April 8)   **Smith (F)** 11,893 (62.29)   Boardman (D-R) 7,201 (37.71)
Delaware   (October 5)   **Rodney (F)** 4,643 (55.20)   Riddle (D-R) 3,768 (44.80)
Massachusetts   (April 5)   **Strong (F)** 56,754 (57.01)   Varnum (D-R) 42,789 (42.99)
New Hampshire   (March 9)   **Gilman (F)** 18,111 (50.98)   Plumer (D-R) 17,418 (49.02)
New York   (April 27–29)   **Tompkins (D-R)** 43,324 (52.17) Van Rensselaer (F) 39,718 (47.83)
Rhode Island   (April 7)   **Jones (F)** 3,350 (100)
Tennessee   (August 5, 6)   **Blount** (21,510)   scattering (7)
Vermont   (September 7)   Galusha (D-R) 16,828 (49.55)   **M. Chittenden (F)*** 16,532 (48.67)
                                  scattering 605 (1.78)

1814

State   **(date)**
Connecticut   (April 14)   **Smith (F)** 9,415 (78.24)   Boardman (D-R) 2,619 (21.76)
Massachusetts   (April 4)   **Strong (F)** 56,374 (55.08)   Dexter (D-R) 45,953 (44.92)
New Hampshire   (March 8)   **Gilman (F)** 19,675 (51.15)   Plumer (D-R) 18,794 (48.85)
Ohio   (October 11)   **Worthington (D-R)** 15,879 (72.01)
                                  Looker (D-R) 6,171 (27.99)
Pennsylvania   (October 11)   **Snyder (D-R)** 51,099 (62.64)   Wayne (F) 29,566 (36.24)
                                  Lattimore (I) 910 (1.12)
Rhode Island   (April 6)   **Jones (F)** 2,710 (76.58)   scattering 829 (23.42)
Vermont   (September 6)   **Chittenden (F)** 17,466 (49.44) Galusha (D) 17,411 (49.28)   scattering 451 (1.28)

1815

State   **(date)**
Connecticut   (April 13)   **Smith (F)** 8,176 (59.27)   Boardman (D-R) 4,876 (35.35)
                                  scattering 742 (5.38)
Massachusetts   (April 3)   **Strong (F)** 50,921 (53.68)   Dexter (D-R) 43,938 (46.32)
New Hampshire   (March 14)   **Gilman (F)** 18,357 (50.77)   Plumer (D-R) 17,799 (49.23)
Rhode Island   (April 5)   **Jones (F)** 3,372 (56.58)   Arnold (D-R) 2,588 (43.42)
Tennessee   (August 3, 4)   **McMinn** 16,354 (42.65)   Weakley 7,642 (19.91)
                                  Wharton 7,060 (18.39)   Foster 4,225 (11.01)   Johnson 3,106 (8.09)
Vermont   (September 5)   **Galusha (D-R)** 18,055 (51.11)   Strong (F) 16,698 (47.27)   scattering 571 (1.62)

1816

State	(date)			
Connecticut	(April 11)	**Smith (F)** 11,575 (52.70) scattering 203 (0.92)	Wolcott (D-R,Tl) 10,184 (46.37)	
Delaware	(October 1)	**Clark (F)** 4,008 (53.26)	Bull (D-R) 3,517 (46.74)	
Indiana	(August 5)	**Jennings** 5,211 (56.98)	Posey 3,934 (43.02)	
Kentucky	(August 5)	**Madison (D-R)** 47,442 (100)		
Louisiana	(July 1–3)	**Villeré** 2,314 (51.90)	Lewis 2,145 (48.10)	
Massachusetts	(April 1)	**Brooks (F)** 49,527 (51.13)	Dexter (D-R) 47,321 (48.87)	
New Hampshire	(March 12)	**Plumer (D-R)** 20,338 (53.06)	Sheafe (F) 17,994 (46.94)	
New York	(April 23–25)	**Tompkins (D-R)** 45,412 (54.02)	King (F) 38,647 (45.98)	
Ohio	(October 8)	**Worthington (D-R)** 22,931 (74.37) Dunlap (D-R) 6,295 (20.42)	Brown (D-R) 1,607 (5.21)	
Rhode Island	(April 3)	**Jones (F)** 3,591 (52.42)	Knight (D-R) 3,259 (47.58)	
Vermont	(September 3)	**Galusha (D-R)** 17,262 (55.42)	Strong (F) 13,888 (44.58)	

1817

State	(date)			
Connecticut	(April 10)	**Wolcott (D-R,Tl)** 13,655 (50.24)	Smith (F) 13,321 (49.01)	scattering 203 (0.75)
Massachusetts	(April 7)	**Brooks (F)** 46,160 (54.76)	Dearborn (D-R) 38,129 (45.24)	
Mississippi	(September 1, 2)	**Holmes (D-R)** 4,108 (100)		
New Hampshire	(March 11)	**Plumer (D-R)** 19,088 (53.95) Mason (F) 3,601 (10.18)	Sheafe (F) 12,029 (34.00) Bartlett 664 (1.88)	
New York	(April 29–May 1)	**Clinton (D-R)** 43,310 (96.70)	Porter (Tm) 1,479 (3.30)	
Pennsylvania	(October 14)	**Findlay (D-R)** 66,331 (52.81)	Hiester (IR) 59,272 (47.19)	
Rhode Island	(April 2)	**Knight (D-R)** 3,949 (50.45)	Jones (F) 3,878 (49.55)	
Tennessee	(August 7, 8)	**McMinn** 27,901 (64.34)	Foster 15,461 (35.66)	
Vermont	(September 2)	**Galusha (D-R)** 13,756 (64.93)	Tichenor (F) 7,430 (35.07)	

1818

State	(date)			
Connecticut	(April 9)	**Wolcott (D-R)** 15,432 (86.32)	scattering 2,446 (16.68)	
Illinois	(Sept. 17–19)	**Bond (D-R)** 3,427 (100)		
Massachusetts	(April 6)	**Brooks (F)** 39,538 (56.82)	Crowninshield (D-R) 30,041 (43.18)	
New Hampshire	(March 10)	**Plumer (D-R)** 18,674 (61.13)	Mason (F) 6,846 (22.41)	Hale (F) 5,029 (16.46)
Ohio	(October 13)	**Brown (D-R)** 30,194 (78.90)	Dunlap (D-R) 8,075 (21.10)	
Rhode Island	(April 1)	**Knight (D-R)** 4,509 (53.65)	Potter (F) 3,895 (46.35)	
Vermont	(September 1)	**Galusha (D-R)** 15,243 (95.35)	scattering 743 (4.65)	

1819

State	(date)			
Alabama	(Sept. 20, 21)	**Bibb (D-R)** 8,341 (53.88)	Williams 7,140 (46.12)	
Connecticut	(April 8)	**Wolcott (D-R)** 22,539 (86.85) scattering 1,130 (4.35)	Pitkin (F) 1,200 (4.62)	Smith (F) 1,084 (4.18)
Delaware	(October 5)	**Molliston (F)** 3,823 (54.55)	Bull (D-R) 3,185 (45.45)	
Indiana	(August 2)	**Ray** 9,168 (81.46)	Harrison 2,007 (17.83)	Carr 80 (0.71)
Massachusetts	(April 5)	**Brooks (F)** 42,875 (53.67)	Crowninshield 35,271 (44.15)	scattering 1,739 (2.18)
Mississippi	(August 2, 3)	**Poindexter** 2,721 (61.52)	Hinds 1,702 (38.48)	
New Hampshire	(March 9)	**Bell (D-R)** 13,761 (57.74) scattering 556 (2.33)	Hale (F) 8,627 (36.20)	Morrill 889 (3.73)
Rhode Island	(April 7)	**Knight (D-R)** 2,664 (100)		
Tennessee	(August 5, 6)	**McMinn** 36,470 (79.95)	Parsons 9,148 (20.05)	

Vermont	(September 7)	**Galusha (D-R)** 12,628 (81.17) scattering 1,219 (7.84)	Bradley (D-R) 1,053 (6.79)	Chase (658 (4.23)

1 8 2 0

State	**(date)**			
Connecticut	(April 13)	**Wolcott (D-R)** 2,603 (89.22) scattering 440 (1.74)	Pitkin (F) 1,200 (4.75)	Smith (F) 1,084 (4.29)
Delaware	(October 3)	**Collins (D-R)** 3,970 (53.00)	Green (F) 3,520 (47.00)	
Kentucky	(August 7)	**Adair** 20,493 (32.77) Butler 9,585 (15.33)	Logan 19,947 (31.89)	Desha 12,518 (20.02)
Louisiana	(July 3–5)	**Robertson** 1,904 (40.09) Destrehan 627 (13.20)	Derbigny 1,187 (24.99)	Duncan 1,031 (21.71)
Maine	(April 3)	**King (D-R)** 21,083 (95.34)	scattering 1,031 (4.66)	
Massachusetts	(April 3)	**Brooks (F)** 31,072 (58.63)	Eustis (D-R) 21,927 (41.37)	
Missouri	(August 28)	**McNair (D-R)** 6,576 (60.05)	Clark (D-R) 2,556 (39.95)	
New Hampshire	(March 14)	**Bell (D-R)** 22,075 (89.70) Mason 454 (1.84)	Hale (F) 594 (2.41) scattering 893 (3.63)	Morrill 593 (2.41)
New York	(April 25–27)	**Clinton (Cl-R)** 47,445 (50.78)	Tompkins (Bk-R) 45,990 (49.22)	
Ohio	(October 10)	**Brown (D-R)** 34,836 (71.66) Harrison (D-R) 4,350 (8.95)	Morrow (D-R) 9,426 (19.39)	
Pennsylvania	(October 10)	**Hiester (IR)** 67,905 (50.60)	Findlay (D-R) 66,300 (49.40)	
Rhode Island	(April 5)	**Knight (D-R)** (no returns located)		
Vermont	(September 5)	**Skinner (D-R)** 13,152 (93.41)	scattering 928 (6.59)	

1 8 2 1

State	**(date)**			
Alabama	(August 6)	**Pickens (D-R)** 9,616 (57.43)	Chambers 7,129 (42.57)	
Connecticut	(April 12)	**Wolcott (D-R)** 10,064 (86.91)	Pitkin (F) 513 (4.43)	scattering 1,003 (8.66)
Maine	(September 10)	**Parris (D-R)** 12,887 (52.84) Wingate (D-R) 3,879 (15.91)	Whitman (F) 6,811 (27.93) scattering 811 (3.33)	
Massachusetts	(April 2)	**Brooks (F)** 28,608 (58.53)	Eustis (D-R) 20,268 (41.47)	
Mississippi	(August 6, 7)	**Leake** 4,780 (77.14)	Green 1,419 (22.86)	
New Hampshire	(March 13)	**Bell (D-R)** 22,715 (92.36)	scattering 1,880 (7.64)	
Rhode Island	(April 4)	**Gibbs (D-R)** 3,790 (57.50)	Bridgham (F) 2,801 (42.50)	
Tennessee	(August 2, 3)	**Carroll** 43,313 (79.63)	Ward 11,079 (20.37)	
Vermont	(September 4)	**Skinner (D-R)** 12,434 (98.71)	scattering 163 (1.29)	

1 8 2 2

State	**(date)**			
Connecticut	(April 11)	**Wolcott (D-R)** 8,568 (86.59) scattering 393 (3.97)	Swift (F) 570 (5.76)	Pitkin (F) 364 (3.68)
Delaware	(October 1)	**Haslett (D-R)** 3,784 (50.15)	Booth (F) 3,762 (49.85)	
Illinois	(August 5)	**Coles** 2,854 (33.16) Moore 622 (7.23)	Phillips 2,687 (31.22)	Browne 2,443 (28.39)
Indiana	(August 5)	**Hendricks (D-R)** 18,340 (100)		
Maine	(September 9)	**Parris (D-R)** 15,476 (70.26) Wingate (D-R) 755 (3.43)	Whitman (F) 5,795 (26.31)	
Massachusetts	(April 1)	**Brooks (F)** 28,487 (57.36)	Eustis (D-R) 21,177 (42.64)	
New Hampshire	(March 1, 2)	**Bell (D-R)** 22,934 (95.95)	scattering 969 (4.05)	
New York	(November 4, 5)	**Yates (Bk-R)** 128,493 (97.79)	Southwick (I) 2,910 (2.21)	
Ohio	(October 8)	**Morrow (D-R)** 26,059 (43.43) Irwin (D-R) 11,050 (18.41)	Trimble (D-R) 22,899 (38.16)	

Rhode Island (April 3) **Gibbs (D-R)** no returns located
Vermont (September 3) **Skinner (D-R)** 11,520 (100)

1823

State	(date)			
Alabama	(August 4)	**Pickens (D-R)** 6,942 (60.12)	Chambers 4,604 (30.88)	
Connecticut	(April 10)	**Wolcott (D-R)** 9,090 (88.97) scattering 500 (4.89)	Swift 391 (3.83)	Pitkin 237 (2.32)
Delaware	(October 7)	**Paynter (F)** 4,348 (51.77)	Hazzard (D-R) 4,051 (48.23)	
Maine	(September 8)	**Parris (D-R)** 18,550 (95.61)	scattering 850 (4.39)	
Massachusetts	(April 7)	**Eustis (D-R)** 34,402 (52.66)	Otis (F) 30,171 (46.18)	scattering 757 (1.16)
Mississippi	(August 4, 5)	**Leake** 3,996 (47.05) Lattimore 1,986 (23.38)	Dickson 2,511 (29.57)	
New Hampshire	(March 11)	**Woodbury (IR)** 16,995 (56.77) scattering 226 (0.75)	Dinsmoor (D-R) 12,716 (42.48)	
Pennsylvania	(October 14)	**Schulze (D-R)** 89,928 (58.34)	Gregg (IR) 64,211 (41.66)	
Rhode Island	(April 2)	**Gibbs (D-R)** no returns located		
Tennessee	(August 7, 8)	**Carroll** (40,174)	all others (389)	
Vermont	(September 2)	**Van Ness (D-R)** 11,479 (85.60)	Chase 1,088 (8.11)	scattering 843 (6.29)

1824

State	(date)			
Connecticut	(April 8)	**Wolcott (D-R)** 6,637 (88.81) scattering 247 (3.31)	Pitkin (F) 466 (6.24)	Plant 123 (1.65)
Kentucky	(August 2)	**Desha** 38,369 (59.24)	Tompkins 22,499 (34.73)	Russell 3,900 (6.02)
Louisiana	(July 5–7)	**Johnson** 2,847 (43.63) Butler 184 (2.82)	Villere 1,831 (28.06) Thomas 236 (3.62)	Marigny 1,427 (21.87)
Maine	(September 13)	**Parris (D-R)** 19,759 (96.77)	scattering 660 (3.23)	
Massachusetts	(April 5)	**Eustis (D-R)** 38,650 (53.05)	Lathrop (F) 34,210 (46.95)	
Missouri	(August 2)	**Bates** 6,165 (57.10)	Ashley 4,631 (42.90)	
New Hampshire	(March 9)	**Morrill* (Ad)** 14,985 (49.19) Smith (Ad) 3,300 (10.83)	Woodbury (J) 11,741 (38.54) scattering 438 (1.44)	
New York	(November 1, 2)	**Clinton (Cl-R)** 103,322 (54.24)	Young (Bk-R) 87,156 (45.76)	
Ohio	(October 12)	**Morrow (D-R)** 38,828 (50.97)	Trimble (D-R) 36,874 (49.03)	
Rhode Island	(April 7)	**Fenner (D-R)** 2,151 (78.36)	Marion (D-R) 594 (21.64)	
Vermont	(September 7)	**Van Ness (D-R)** 13,485 (85.41)	Doolittle 1,962 (12.43)	scattering 342 (2.17)

1825

State	(date)			
Alabama	(August 1)	**Murphy (J)** (12,184)		
Connecticut	(April 14)	**Wolcott (D-R)** 7,147 (68.82) Pitkin (F) 525 (5.06)	Daggett (F) 1,342 (12.92)	Smith (F) 863 (8.31)
Georgia	(October 3)	**Troup** 20,550 (50.85)	Clark 19,862 (49.15)	
Indiana	(August 1)	**Ray** 13,040 (56.07)	Blackford 10,218 (43.93)	
Maine	(September 12)	**Parris (D-R)** 14,206 (93.14)	scattering 1,046 (6.86)	
Massachusetts	(April 4)	**Lincoln (D-R)** 35,221 (94.11)	scattering 2,205 (5.89)	
Mississippi	(August 1, 2)	**Holmes** 7,846 (83.96)	Mead 1,499 (16.04)	
Missouri	(December 8)	**Miller (J)** 2,793 (48.38) Todd (Ad) 1,291 (22.36)	Carr (Ad) 1,610 (27.89) Easton 79 (1.37)	
New Hampshire	(March 8)	**Morrill (Ad)** 29,770 (97.60)	scattering 733 (2.40)	
Rhode Island	(April 6)	**Fenner (D-R)** 1,731 (100)		
Tennessee	(August 4, 5)	**Carroll** (34,284)		
Vermont	(September 6)	**Van Ness (D-R)** 12,229 (98.43)	scattering 195 (1.57)	

1826

State	(date)			
Connecticut	(April 13)	**Wolcott (D-R)** 6,780 (56.77)	Daggett (F) 4,340 (36.34)	Plant 350 (2.93)
		Pitkin 148 (1.24)	Smith 116 (0.97)	scattering 209 (1.75)
Delaware	(October 3)	**Polk (F)** 4,333 (50.55)	Hazzard (D-R) 4,238 (49.45)	
Illinois	(August 7)	**Edwards (Ad)** 6,280 (49.48)	Sloo (J) 5,833 (45.95)	Hubbard 580 (4.57)
Maine	(September 11)	**E. Lincoln (D-R)** 20,689 (98.22)	scattering 374 (1.78)	
Massachusetts	(April 3)	**L. Lincoln (D-R)** 27,884 (68.03)	Hubbard (F) 9,044 (22.07)	Lloyd (F) 2,211 (5.39)
		Sullivan (F) 441 (1.08)	scattering 1,405 (3.43)	
New Hampshire	(March 14)	**Morrill (Ad)** 17,578 (58.07)	Pierce (J) 12,287 (40.59)	scattering 403 (1.33)
New York	(November 6, 7)	**Clinton (Cl-Ad)** 99,885 (50.96)	Rochester (Bk-J) 96,135 (49.04)	
Ohio	(October 10)	**Trimble** 71,475 (84.54)	Campbell 4,765 (5.64)	Tappan 4,192 (4.96)
		Bigger 4,114 (4.87)		
Pennsylvania	(October 10)	**Schultze (J)** 72,710 (96.86)	Sergeant (Ad) 1,175 (1.57)	scattering 1,180 (1.57)
Rhode Island	(April 5)	**Fenner (D-R)** 1,731 (100)		
Vermont	(September 5)	**Butler (Ad)** 8,966 (63.32)	Doolittle 3,157 (22.30)	scattering 2,037 (14.39)

1827

State	(date)			
Alabama	(August 6)	**Murphy (J)** (9,231)	scattering (70)	
Connecticut	(April 12)	**Tomlinson (D-R)** 7,681 (56.71)	Wolcott (D-R) 5,295 (39.09)	Daggett (F) 175 (1.29)
		Pitkin (F) 161 (1.19)		
Georgia	(October 1)	**Forsyth** (22,774)	Opposition[1] (9,721)	
Maine	(September 10)	**E. Lincoln (D-R)** 19,969 (97.61)	scattering 489 (2.39)	
Massachusetts	(April 1)	**L. Lincoln (D-R)** 29,029 (74.21)	Jarvis (FB-R) 7,130 (18.23)	scattering 2,960 (7.57)
Mississippi	(August 6, 7)	**Brandon** 5,482 (50.47)	Williams 3,519 (31.40)	Grayson 1,861 (17.13)
New Hampshire	(March 13)	**Pierce (J)** 23,695 (85.97)	Morrill (Ad) 2,541 (9.22)	scattering 1,295 (4.70)
Rhode Island	(April 4)	**Fenner (D-R)** 2,421 (100)		
Tennessee	(August 2, 3)	**Houston** 44,243 (56.04)	Cannon 32,929 (41.71)	Blount 1,784 (2.26)
Vermont	(September 4)	**Butler (D-R)** 13,699 (85.18)	Doolittle 1,951 (12.13)	scattering 433 (2.69)

[1] See Georgia returns for an explanation and breakdown.

1828

State	(date)			
Connecticut	(April 10)	**Tomlinson (NR)** 9,297 (97.73)	scattering 216 (2.27)	
Indiana	(August 4)	**Ray** 15,131 (39.53)	Moore 10,898 (28.47)	Canby 12,251 (32.00)
Kentucky	(August 4)	**Metcalfe (Ad)** 38,940 (50.46)	Barry (J) 38,231 (49.54)	
Louisiana	(July 7–9)	**Derbigny (Ad)** 3,041 (42.84)	Butler (J) 1,639 (23.09)	
		Marigny (J) 1,247 (17.57)	Thomas (Ad) 1,172 (16.51)	
Maine	(September 8)	**E. Lincoln (D-R)** 25,745 (91.59)	scattering 2,364 (8.41)	
Massachusetts	(April 7)	**L. Lincoln (Ad)** 27,981 (81.53)	Morton (J) 4,423 (12.89)	scattering 1,914 (5.58)
Missouri	(August 4)	**Miller** 11,958 (100)		
New Hampshire	(March 11)	**Bell (Ad)** 21,049 (52.99)	Pierce (J) 18,673 (47.01)	
New York	(November 3, 4)	**Van Buren (J)** 136,794 (49.46)	Thompson (Ad) 106,444 (38.49)	
		Southwick (A-M) 33,345 (12.06)		
Ohio	(October 14)	**Trimble (Ad)** 53,971 (50.95)	Campbell (J) 51,951 (49.05)	
Rhode Island	(April 2)	**Fenner** 4,233 (100)		
Vermont	(September 2)	**Crafts (Ad)** 16,285 (91.88)	Doolittle 926 (5.22)	scattering 513 (2.89)

1829

State	(date)	
Alabama	(August 3)	**Moore (J)** 10,956 (100)

Connecticut	(April 9)	**Tomlinson (NR)** 9,612 (97.52)		
Delaware	(October 6)	**Hazzard (NR)** 4,215 (51.02)	Thompson (J) 4,046 (48.98)	
Georgia	(October 5)	**Gilmer (Tr-J)** 24,204 (69.31)	Crawford (Cl-J) 10,718 (30.69)	
Maine	(September 14)	**Hunton (NR)** 23,215 (50.08)	Smith (J) 22,991 (49.39)	scattering 245 (0.53)
Massachusetts	(April 6)	**Lincoln (NR)** 25,217 (71.63)	Morton (J) 6,864 (19.50)	scattering 3,123 (8.87)
Mississippi	(August 3, 4)	**Brandon (J)** 7,344 (64.79)	Winchester (NR) 3,991 (35.21)	
New Hampshire	(March 10)	**Pierce (J)** 22,615 (53.59)	Bell (NR) 19,583 (46.41)	
Pennsylvania	(October 13)	**Wolf (J)** 78,219 (60.17)	Ritner (A-M) 51,776 (39.83)	
Rhode Island	(April 1)	**Fenner (J)** 3,584 (100)		
Tennessee	(August 6, 7)	**Carroll** 59,917 (99.82)	scattering 106 (0.18)	
Vermont	(September 1)	**Crafts (NR)** 14,325 (55.86)	Allen (A-M) 7,346 (28.65)	
		Doolittle (J) 3,973 (15.49)		

1830

State	(date)			
Connecticut	(April 8)	**Tomlinson (NR)** 12,988 (96.19)	scattering 515 (3.81)	
Illinois	(August 2)	**Reynolds (NR)** 12,837 (58.95)	Kinney (J) 8,938 (41.05)	
Louisiana	(July 5–7)	**Roman (NR)** 3,733 (44.48)	Hamilton (J) 2,730 (32.53)	
		Beauvais (NR) 1,475 (17.57)	Randall (J) 455 (5.42)	
Maine	(September 13)	**Smith (J)** 30,215 (51.34)	Hunton (NR) 28,639 (48.66)	
Massachusetts	(April 5)	**Lincoln (J)** 30,098 (65.52)	Morton (J) 14,440 (30.61)	scattering 1,825 (3.87)
New Hampshire	(March 9)	**Harvey (J)** 23,214 (54.94)	Upham (NR) 19,040 (45.06)	
New York	(November 1, 2)	**Throop (J)** 128,842 (51.22)	Granger (A-M) 120,361 (47.85)	
		Williams (Wkm) 2,332 (0.93)		
Ohio	(October 12)	**McArthur (NR)** 49,668 (50.24)	Lucas (J) 49,186 (49.76)	
Rhode Island	(April 7)	**Fenner (J)** 2,793 (61.87)	Messer 1,455 (32.23)	scattering 266 (5.89)
Vermont	(September 7)	**Crafts (NR)** *13,476 (43.92)	Palmer (A-M) 10,923 (35.60)	
		Meach (J) 6,285 (20.48)		

1831

State	(date)			
Alabama	(August 1)	**Gayle (J)** 14,403 (55.01)	Davis (NR) 8,137 (31.08)	
		Moore (A-JD) 3,643 (13.91)		
Connecticut	(April 8)	**Peters (NR)** 12,819 (68.75)	Storrs (A-M) 4,778 (25.62)	Edwards (J) 344 (1.84)
		Pitkin 156 (0.84)	scattering 550 (2.95)	
Georgia	(October 3)	**Lumpkin (U)** 27,305 (51.35)	Gilmer (Tr) 25,867 (48.65)	
Indiana	(August 1)	**Noble (NR)** 23,518 (45.66)	Read (J) 21,002 (40.78)	Stapp (I) 6,984 (13.56)
Maine	(September 12)	**Smith (J)** 28,368 (56.35)	Goodenow (NR) 21,976 (43.65)	
Massachusetts[1]	(April 4)	**Lincoln (NR)** 31,875 (65.19)	Morton (J) 12,694 (25.96)	scattering 4,326 (8.85)
	(November 14)	**Lincoln (NR)** 28,804 (54.21)	Lathrop (A-M)13,357 (25.14)	
		Morton (J) 10,975 (20.65)		
Mississippi	(August 1, 2)	**Scott (NR)** 3,953 (31.61)	Runnels (J) 3,711 (29.67)	Lynch (J) 2,902 (23.20)
		Harris (J) 1,449 (11.59)	Gordon (I) 492 (3.93)	
New Hampshire	(March 8)	**Dinsmoor (J)** 23,658 (55.40)	Bartlett (NR) 19,044 (44.60)	
Rhode Island	(April 6)	**Arnold (NR)** 3,780 (56.78)	Fenner (J) 2,877 (43.22)	
Tennessee	(August 4, 5)	**Carroll (J)** (63,694)	Ellis (NR) (1,764)	scattering (188)
Vermont	(September 6)	**Palmer (A-M)*** 5,258 (44.35)	Allen (NR) 12,990 (37.76)	Meach (J) 6,158 (17.90)

[1]See Massachusetts returns for an explanation of second election.

1832

State	(date)			
Connecticut	(April 13)	**Peters (NR)** 11,971 (71,43)	Willey (D) 4,463 (26.63)	scattering 324 (1.93)
Delaware	(November 6)	**Bennett (D)** 4,220 (50.32)	Naudain (NR) 4,166 (49.68)	

Kentucky	(August 6)	**Breathitt (D)** 40,715 (50.77)	Buckner (NR) 39,473 (49.23)	
Maine	(September 10)	**Smith (D)** 31,987 (52.86)	Goodenow (NR) 27,651 (45.70)	
		Carleton (A-M) 869 (1.44)		
Massachusetts	(November 12)	**Lincoln (NR)** 33,946 (53.13)	Morton (D) 15,197 (23.78)	
		Lathrop (A-M) 14,755 (23.09)		
Missouri	(August 6)	**Dunkin (J)** 9,141 (50.85)	Bull (A-J) 8,132 (45.24)	Dorriss 388 (2.16)
		Smith 314 (1.75)		
New Hampshire	(March 13)	**Dinsmoor (D)** 24,167 (61.83)	Bartlett (NR) 14,920 (38.17)	
New York	(November 5,6)	**Marcy (D)** 166,410 (51.51)	Granger (A-M) 156,672 (48.49)	
Ohio	(October 9)	**Lucas (D)** 71,251 (53.00)	Lyman (A-M) 63,185 (47.00)	
Pennsylvania	(October 9)	**Wolf (D)** 91,335 (50.38)	Ritner (A-M) 88,165 (49.62)	
Rhode Island[1]	(April 4)	*Arnold (NR) 2,730 (48.49)*	*Fenner (D) 2,290 (40.67)*	
		Sprague (A-M) 610 (10.83)		
	(May 16)	*3,909 (47.63)*	*2,940 (42.32)*	*698 (10.05)*
	(July 18)	*2,721 (46.48)*	*2,341 (39.99)*	*792 (13.53)*
	(August 28)	*3,062 (45.40)*	*2,715 (40.26)*	*967 (14.33)*
	(November 21)	*2,880 (47.86)*	*2,306 (38.32)*	*832 (13.83)*
Vermont	(September 4)	**Palmer (A-M)** 17,318 (42.21)	Crafts (NR) 15,499 (37.78)	
		Meech (D) 8,210 (20.01)		

[1]*See Rhode Island returns for an explanation of the multiple elections.*

1833

State	(date)			
Alabama	(August 5)	**Gayle (D)** 9,750 (100)		
Connecticut	(April 12)	**Peters (NR)*** 9,212 (42.14)	Edwards (D) 9,030 (41.31)	
		Storrs (A-M) 3,250 (14.86)	scattering 367 (1.67)	
Georgia	(October 7)	**Lumpkin (U-D)** 30,861 (51.93)	Crawford (NI) 28,565 (48.07)	
Maine	(September 9)	**Dunlap (D)** 25,731 (52.24)	Goodenow (NR) 8,112 (36.77)	
		Smith (ID) 3,024 (6.14)	Hill (A-M) 2,384 (4.84)	
Massachusetts	(November 11)	**Davis (NR)** 25,149 (40.32)	Adams (A-M) 18,274 (29.30)	
		Morton (D) 15,493 (24.84)	Allen (Wks) 3,459 (5.55)	
Mississippi	(November 4, 5)	**Runnels (D)** 6,705 (52.29)	Scott (W) 6,117 (47.71)	
New Hampshire	(March 12)	**Dinsmoor (D)** 28,210 (84.43)	Livermore (NR) 3,959 (11.85)	scattering 1,242 (3.72)
Rhode Island	(April 3)	**Francis (D)** 4,025 (55.01)	Arnold (NR) 3,292 (44.99)	
Tennessee	(August 1, 2)	**Carroll (D)** (52,335)	scattering (1,177)	
Vermont	(September 3)	**Palmer (A-M)** 20,565 (53.02)	Meech (D, NR) 15,683 (40.44)	
		Seymour (CID) 1,765 (4.55)	Roberts 772 (1.99)	

1834

State	(date)			
Connecticut	(April 11)	**Foote (NR)** 18,411 (49.83)	Edwards (D) 15,834 (42.85)	
		Storrs (A-M) 2,398 (6.49)	scattering 305 (1.83)	
Illinois	(August 4)	**Duncan (W)** 17,330 (52.91)	Kinney (D) 10,224 (31.21)	
		McLaughlin 4,315 (13.17)	Adams 887 (2.71)	
Indiana	(August 4)	**Noble (W)** 36,773 (57.43)	Read (D) 27,257 (42.57)	
Louisiana	(July 7–9)	**White (W)** 6,973 (62.70)	Dawson (D) 4,149 (37.30)	
Maine	(September 8)	**Dunlap (D)** 38,133 (52.28)	Sprague (W) 33,732 (46.25)	
		Hill (A-M) 1,076 (1.48)		
Massachusetts	(November 10)	**Davis (W)** 43,757 (58.20)	Morton (D) 18,683 (24.85)	
		Bailey (A-M) 10,160 (13.51)	Allen (Wk) 2,580 (3.43)	
New Hampshire	(March 11)	**Badger (D)** 28,542 (95.15)	scattering 1,455 (4.85)	
New York	(November 3, 4)	**Marcy (D)** 181,905 (51.84)	Seward (W) 168,969 (48.16)	
Ohio	(October 14)	**Lucas (D)** 70,738 (51.20)	Findlay (W) 67,414 (48.80)	
Rhode Island	(April 2)	**Francis (D)** 3,676 (51.08)	Knight (W) 3,520 (48.92)	

Vermont   (September 2)   **Palmer (A-M)** 17,131 (45.47)   Seymour (W) 10,159 (26.96)
                                  Bradley (D) 10,385 (27.56)

1835

State	(date)			
Alabama	(August 3)	**Clay (D)** 23,279 (65.60)	Parsons (W) 12,209 (34.40)	
Connecticut	(April 10)	**Edwards (D)** 22,129 (52.13)	Foote (W) 19,835 (46.72)	Storrs (A-M) 489 (1.15)
Georgia	(October 5)	**Schley (U)** 31,078 (52.12)	Dougherty (StR) 28,547 (47.88)	
Maine	(September 14)	**Dunlap (D)** 27,733 (61.35)	King (W) 16,860 (37.29)	scattering 615 (1.36)
Massachusetts	(November 9)	**Everett (W)** 37,555 (58.06)	Morton (D) 25,227 (39.00)	
		Armstrong (I) 1,901 (2.94)		
Michigan	(October 5)	**Mason (D)** 8,461 (91.22)	Biddle (W) 814 (8.78)	
Mississippi	(November 2, 3)	**Lynch (W)** 9,867 (51.10)	Runnels (D) 9,441 (48.90)	
New Hampshire	(March 10)	**Badger (D)** 25,767 (63,47)	Healey (W) 14,829 (36.53)	
Pennsylvania	(October 13)	**Ritner (A-M)** 94,023 (46.91)	Wolf (D) 65,804 (32.83)	
		H. Muhlenberg (D) 40,586 (34.40)		
Rhode Island	(April 1)	**Francis (D)** 3,880 (50.69)	Knight (W) 3,774 (49.31)	
Tennessee	(August 6)	**Cannon (AVBD)** 41,862 (50.41)	Carroll (D) 33,180 (39.96)	
		Humphreys 7,999 (9.63)		
Vermont	(September 1)	*Palmer (A-M) 16,210 (46.45)*	*Bradley (D) 13,254 (37.98)*	*Paine (W) 5,435 (15.57)*

1836

State	(date)			
Arkansas	(August 1)	**Conway (D)** 4,854 (61.62)	Fowler (W) 3,024 (38.38)	
Connecticut	(April 6)	**Edwards (D)** 20,360 (53.93)	Tomlinson (W) 17,393 (46.07)	
Delaware	(November 8)	**Comegys (W)** 4,693 (52.32)	Clark (D) 4,276 (47.68)	
Kentucky	(August 1)	**Clark (W)** 38,587 (55.86)	Flournoy (D) 30,491 (44.14)	
Maine	(September 12)	**Dunlap (D)** 31,837 (58.37)	Kent (W) 22,703 (41.63)	
Massachusetts	(November 14)	**Everett (W)** 42,160 (53.95)	Morton (D) 35,992 (46.05)	
Missouri	(August 1)	**Boggs (D)** 14,315 (52.30)	Ashley (I) 13,057 (47.70)	
New Hampshire	(March 8)	**Hill (D)** 24,904 (81.22)	Healey (W) 2,566 (8.37)	Sullivan 2,230 (7.27)
		Badger (D) 318 (1.04)	scattering 643 (2.10)	
New York	(November 7, 8)	**Marcy (D)** 166,122 (54.24)	Buel (W) 136,648 (44.62)	
		Smith (LcD) 3,496 (1.14)		
North Carolina	(August 11)	**Dudley (W)** 33,993 (53.16)	Spaight (D) 29,950 (46.84)	
Ohio	(October 11)	**Vance (W)** 91,742 (51.66)	Baldwin (D) 85,851 (48.34)	
Rhode Island	(April 6)	**Francis (D)** 4,020 (56.31)	Burges (W) 2,984 (41.80)	Collins (Cst) 135 (1.89)
Vermont	(September 6)	**Jennison (W)** 20,471 (55.94)	Bradley (D) 16,124 (44.06)	

1837

State	(date)			
Alabama	(August 7)	**Bagby (D)** 24,419 (54.79)	Oliver (A-VBD) 20,152 (45.21)	
Connecticut	(April 5)	**Edwards (D)** 23,805 (52.53)	Ellsworth (W) 21,508 (47.47)	
Georgia	(October 2)	**Gilmer (StR)** 34,178 (50.60)	Schley (U) 33,364 (49.40)	
Indiana	(August 7)	**Wallace (W)** 46,067 (55.51)	Dumont (D) 36,915 (44.49)	
Maine	(September 11)	**Kent (W)** 34,358 (50.35)	Parks (D) 33,879 (49.65)	
Massachusetts	(November 13)	**Everett (W)** 50,565 (60.52)	Morton (D) 32,987 (39.48)	
Michigan	(November 6, 7)	**Mason (D)** 15,314 (50.89)	Trowbridge (W) 14,780 (49.11)	
Mississippi	(November 6, 7)	**Mc Nutt (D)** 12,936 (46.52)	Morgan (SRW) 9,896 (35.59)	
		Grimball (SRW) 4,974 (17.89)		
New Hampshire	(March 14)	**Hill (D)** 22,391 (91.87)	Healey (W) 545 (2.24)	Sullivan 345 (1.42)
		scattering 1,091 (4.48)		
Rhode Island	(April 6)	**Francis (D)** 2,716 (74.17)	Peckham (Cts) 946 (25.83)	

Tennessee   (August 3)   **Cannon (W)** 51,344 (60.20)   Armstrong (D) 33,954 (39.80)
Vermont   (September 6)   **Jennison (W)** 22,260 (55.66)   Bradley (D) 17,730 (44.34)

1838

State	**(date)**		
Connecticut	(April 4)	**Ellsworth (W)** 27,115 (54.14) Phelps (C) 1,483 (2.96)	Beers (D) 21,489 (42.90)
Illinois	(August 6)	**Carlin (D)** 30,648 (50.77)	Edwards (W) 29,722 (49.23)
Louisiana	(July 2–4)	**Roman (W)** 7,590 (52.83)	Prieur (D) 6,776 (47.17)
Maine	(September 10)	**Fairfield (D)** 46,216 (51.86)	Kent (W) 42,897 (48.14)
Maryland	(October 3)	**Grason (D)** 27,720 (50.28)	Steele (W) 27,409 (49.72)
Massachusetts	(November 12)	**Everett (W)** 51,642 (55.27)	Morton (D) 41,795 (44.73)
New Hampshire	(March 13)	**Hill (D)** 28,687 (53.19)	Wilson (W) 25,242 (46.81)
New York	(November 5, 6)	**Seward (W)** 192,882 (51.39)	Marcy (D) 182,462 (48.61)
North Carolina	(August 9)	**Dudley (W)** 34,330 (63.44)	Branch (D) 19,867 (36.56)
Ohio	(October 9)	**Shannon (D)** 107,884 (51.37)	Vance (W) 102,145 (48.63)
Pennsylvania	(October 9)	**Porter (D)** 127,821 (51.10)	Ritner (A-M) 122,325 (48.90)
Rhode Island	(April 4)	**Sprague (W)** 3,984 (53.21)	Francis (D) 3,504 (46.79)
Vermont	(September 4)	**Jennison (W)** 24,738 (56.31)	Bradley (D) 19,194 (43.69)

1839

State	**(date)**			
Alabama	(August 3)	**Bagby (D)** 22,681 (89.96)	Hopkins (W) 2,532 (10.04)	
Connecticut	(April 2)	**Ellsworth (W)** 26,358 (51.52)	Niles (D) 23,728 (46.38)	Phelps (C) 1,071 (2.09)
Georgia	(October 7)	**McDonald (U)** 34,634 (51.42)	Dougherty (StR) 32,727 (48.58)	
Maine	(September 9)	**Fairfield (D)** 39,221 (54.05)	Kent (W) 33,339 (45.95)	
Massachusetts	(November 11)	**Morton (D)** 51,034 (50,15)	Everett (W) 50,725 (49.85)	
Michigan	(November 4, 5)	**Woodbridge (W)** 18,190 (51.64)	Farnsworth (D) 17,035 (48.36)	
Mississippi	(November 4, 5)	**McNutt (D)** 18,880 (54.31)	Turner (W) 15,886 (45.69)	
New Hampshire	(March 12)	**Page (D)** 30,523 (56.06)	Wilson (W) 23,921 (43.94)	
Rhode Island	(April 3)	*Sprague (W) 2,908 (47.39)*	*Bullock (D) 2,771 (45.16)*	*Burges (Ab) 457 (7.45)*
Tennessee	(August 1)	**Polk (D)** 54,062 (51.27)	Cannon (W) 51,387 (48.73)	
Vermont	(September 3)	**Jennison (W)** 24,611 (52.52)	Smilie (D) 22,251 (47.48)	

1840

State	**(date)**			
Arkansas	(August 3)	**Yell (D)** 10,554 (96.36)	scattering 399 (3.64)	
Connecticut	(April 1)	**Ellsworth (W)** 29,870 (54.17)	Niles (D) 25,270 (44.83)	
Delaware	(November 3)	**Cooper (W)** 5,850 (53.80)	Jefferson (D) 5,024 (46.20)	
Indiana	(August 3)	**Bigger (W)** 62,932 (53.69)	Howard (D) 54,274 (46.41)	
Kentucky	(August 3)	**Letcher (W)** 55,370 (58.27)	French (D) 39,659 (41.73)	
Maine	(September 14)	**Kent (W)** 45,574 (50.04)	Fairfield (D) 45,507 (49.96)	
Massachusetts	(November 9)	**Davis (W)** 70,884 (55.76) Robinson (Lty) 1,081 (0.85)	Morton (D) 55,169 (43.39)	
Missouri	(August 3)	**Reynolds (D)** 29,625 (57.15)	Clark (W) 22,212 (42.85)	
New Hampshire	(March 10)	**Page (D)** 29,521 (58.13)	Stevens (W) 20,716 (40.79)	scattering 545 (1.07)
New York	(November 2, 3)	**Seward (W)** 222,011 (50.29) Smith (Lty) 2,662 (0.60)	Bouck (D) 216,808 (49.10)	
North Carolina	(August 13)	**Morehead (W)** 45,581 (56.77)	Saunders (D) 34,716 (43.23)	
Ohio	(October 13)	**Corwin (W)** 145,643 (53.02)	Shannon (D) 129,054 (46.98)	
Rhode Island	(April 1)	**King (W)** 4,797 (58.44)	Carpenter (D) 3,417 (41.56)	
Vermont	(September 1)	**Jennison (W)** 33,435 (59.63)	Dillingham (D) 22,637 (40.37)	

1841

State	(date)			
Alabama	(August 2)	**Fitzpatrick (D)** 31,808 (58.27)	McLung (W) 22,776 (41.73)	
Connecticut	(April 7)	**Ellsworth (W)** 26,986 (55.79)	Nicoll (D) 21,388 (44.21)	
Georgia	(October 4)	**McDonald (D)** 37,838 (52.89)	Dawson (W) 33,705 (47.11)	
Maine	(September 13)	**Fairfield (D)** 47,354 (55.12)	Kent (W) 36,790 (42.83)	
		Curtis (Lty) 1,762 (2.05)		
Maryland	(October 6)	**Thomas (D)** 28,959 (50.56)	Johnson (W) 28,320 (49.44)	
Massachusetts	(November 8)	**Davis (W)** 55,974 (50.51)	Morton (D) 51,367 (46.35)	
		Bottwood (Lty) 3,488 (3.15)		
Michigan	(November 1, 2)	**Barry (D)** 20,994 (55.74)	Fuller (W) 15,447 (41.01)	Fitch (Lty) 1,223 (3.25)
Mississippi	(November 1, 2)	**Tucker (D)** 19,059 (53.17)	Shattuck (W) 16,784 (46.83)	
New Hampshire	(March 9)	**Page (D)** 29,446 (56.64)	Stevens (W) 21,258 (40.89)	Holt (Lty) 1,284 (2.47)
Pennsylvania	(October 12)	**Porter (D)** 136,504 (54.44)	Banks (W) 113,473 (45.26)	
		Lemoyne (Lty) 763 (0.30)		
Rhode Island	(April 7)	**King (W)** 2,648 (100)		
Tennessee	(August 5)	**Jones (W)** 53,576 (51.56)	Polk (D) 50,329 (48.44)	
Vermont	(September 7)	**Paine (W)** 23,353 (48.96)	Smilie (D) 21,302 (44.66)	
		Hutchinson (Lty) 3,039 (6.37)		

1842

State	(date)			
Connecticut	(April 6)	**Cleveland (D)*** 25,564 (49.93)	Ellsworth (W) 23,700 (46.29)	
		Gillette (Lty) 1,319 (2.58)	Loomis (C) 612 (1.20)	
Illinois	(August 1)	**Ford (D)** 46,507 (53.80)	Duncan (W) 39,020 (45.14)	Hunter (Lty) 913 (1.06)
Louisiana	(July 4–6)	**Mouton (D)** 9,666 (54.09)	Johnson (W) 8,204 (45.91)	
Maine	(September 12)	**Fairfield (D)** 40,855 (57.00)	Robinson (W) 26,745 (37.31)	
		Appleton (Lty) 4,080 (5.69)		
Massachusetts	(November 14)	**Morton (D)*** 56,491 (47.95)	Davis (W) 54,939 (46.63)	
		Sewall (Lty) 6,382 (5.42)		
New Hampshire	(March 8)	**Hubbard (D)** 26,835 (56.20)	Stevens (W) 12,234 (25.62)	
		White (ID) 5,869 (12.29)	Hoit (Lty) 2,812 (5.89)	
New York	(November 8)	**Bouck (D)** 208,072 (51.83)	Bradish (W) 186,091 (46.36)	
		Stewart (Lty) 7,263 (1.81)		
North Carolina	(August 11)	**Morehead (W)** 37,862 (52.37)	Henry (D) 34,441 (47.63)	
Ohio	(October 11)	**Shannon (D)** 119,774 (49.34)	Corwin (W) 117,843 (48.54)	
		Leicester (Lty) 5,134 (2.11)		
Rhode Island	(April 6)	**King (W)** 4,864 (68.08)	Carpenter (W) 2,281 (31.92)	
Vermont	(September 6)	**Paine (W)** 27,167 (50.88)	Smilie (D) 24,130 (45.20)	
		Williams (Lty) 2,093 (3.92)		

1843

State	(date)		
Alabama	(August 7)	**Fitzpatrick (D)** unopposed	no returns located
Connecticut	(April 5)	**Cleveland (D)** 27,416 (50.13)	Baldwin (W) 25,401 (46.45)
		Gillette (Lty) 1,872 (3.12)	
Georgia	(October 2)	**Crawford (W)** 38,714 (52.29)	Cooper (D) 35,325 (47.71)
Indiana	(August 7)	**Whitcomb (D)** 60,784 (50.16)	Bigger (W) 58,721 (48.45)
		Deming (Lty) 1,683 (1.39)	
Maine	(September 11)	**Anderson (D)** 32,034 (50.87)	Robinson (W) 20,975 (33.31)
		Appleton (Lty) 6,746 (10.71)	Kavanaugh (Cl-D) 3,221 (5.11)
Massachusetts	(November 13)	**Briggs (W)*** 57,899 (47.83)	Morton (D) 54,242 (44.81)
		Sewall (Lty) 8,901 (7.35)	

Michigan   (November 6, 7)   **Barry (D)** 21,392 (54.76)   Pitcher (W) 14,899 (38.14)
                                   Birney (Lty) 2,776 (7.11)
Mississippi   (November 6, 7)   **Brown (D-ARd)** 21,035 (52.98)   Clayton (W) 17,322 (43.63)
                                   Williams (D-Rd) 1,343 (3.38)
New Hampshire   (March 14)   **Hubbard (D)** 23,050 (51.69)   Colby (W) 12,553 (28.15)
                                   White (C) 5,597 (12.55)   Hoit (Lty) 3,392 (7.61)
Rhode Island   (April 5)   **Fenner (L&O)** 9,107 (55.20)   Carpenter (D) 7,392 (44.80)
Tennessee   (August 3)   **Jones (W)** 57,008 (52.38)   Polk (D) 51,819 (47.62)
Vermont   (September 5)   **Mattocks (W)** 24,465 (48.72)   Kellogg (D) 21,982 (43.78)
                                   Williams (Lty) 3,766 (7.50)

1844

State	(date)			
Arkansas	(August 5)	**Drew (D)** 8,859 (47.58)	Gibson (W) 7,245 (38.91)	Byrd (I) 2,514 (13.50)
Connecticut	(April 3)	**Baldwin (W)*** 30,093 (49.41)	Cleveland (D) 28,846 (47.36)	
		Gillette (Lty) 1,971 (3.24)		
Delaware	(November 5)	**Stockton (W)** 6,140 (50.18)	Tharp (D) 6,095 (47.36)	
Kentucky	(August 5)	**Owsley (W)** 59,680 (52.02)	Butler (D) 55,056 (47.98)	
Maine	(September 9)	**Anderson (D)** 48,942 (52.24)	Robinson (W) 38,501 (41.09)	
		Appleton (Lty) 5,245 (6.67)		
Maryland	(October 2)	**Pratt (W)** 35,040 (50.39)	Carroll (D) 34,492 (49.61)	
Massachusetts	(November 11)	**Briggs (W)** 69,570 (51.95)	Bancroft (D) 54,714 (40.86)	
		Sewall (Lty) 9,635 (7.19)		
Missouri	(August 5)	**Edwards (D)** 36,968 (54.11)	Allen (W) 31,357 (45.89)	
New Hampshire	(March 12)	**Steele (D)** 25,986 (53.59)	Colby (W) 14,750 (30.42)	Hoit (Lty) 5,767 (11.89)
		White (C) 1,988 (4.10)		
New Jersey	(October 8)	**Stratton (W)** 37,985 (50.94)	Thomson (D) 36,581 (49.06)	
New York	(November 5)	**Wright (D)** 241,090 (49.48)	Fillmore (W) 231,057 (47.42)	
		Stewart (Lty) 15,136 (3.11)		
North Carolina	(August 8)	**Graham (W)** 42,818 (51.06)	Hoke (D) 39,434 (47.94)	
Ohio	(October 8)	**Bartley (W)** 146,335 (48.73)	Tod (D) 145,063 (48.31)	King (Lty) 8,891 (2.96)
Pennsylvania	(October 8)	**Shunk (D)** 160,322 (50.27)	Markle (W) 156,040 (48.93)	
		Lemoyne (Lty) 2,566 (0.80)		
Rhode Island	(April 3)	**Fenner (L&O)** 5,560 (96.39)	scattering 208 (4.61)	
Vermont	(September 3)	**Slade (W)** 28,265 (51.57)	Kellogg (D) 20,930 (38.18)	
		Shafter (Lty) 5,618 (10.25)		

1845

State	(date)			
Alabama	(August 4)	**Martin (ID)** 30,261 (53.55)	Terry (D) 25,587 (45.28)	Davis (W) 665 (1.18)
Connecticut	(April 2)	**Baldwin (W)** 29,508 (50.99)	Toucey (D) 26,258 (45.38)	
		Gillette (Lty) 2,099 (3.63)		
Florida	(May 26)	**Moseley (D)** 3,283 (55.16)	Call (W) 2,669 (44.84)	
Georgia	(October 6)	**Crawford (W)** 41,059 (51.15)	McAllister (D) 39,140 (48.85)	
Maine	(September 8)	**Anderson (D)** 34,711 (51.87)	Morse (W) 26,341 (39.36)	
		Fessenden (Lty) 5,867 (8.77)		
Massachusetts	(November 10)	**Briggs (W)*** 51,638 (49.09)	Davis (D) 37,427 (35.58)	
		Sewall (Lty) 8,316 (7.90)	Shaw (A) 8,089 (7.69)	
Michigan	(November 4)	**Felch (D)** 20,123 (50.99)	Vickery (W) 16,316 (41.35)	
		Birney (Lty) 3,023 (7.77)		
Mississippi	(November 3, 4)	**Brown (D)** 28,310 (66.08)	Coopwood (W) 12,852 (30.00)	Davis 1,683 (3.93)
New Hampshire	(Mar. 11)	**Steele (D)** 23,406 (51.14)	Colby (W) 15,585 (34.05)	
		Hoit (Lty) 5,786 (12.64)	scattering 988 (2.16)	
Rhode Island	(April 2)	**Jackson (Lr)** 8,007 (50.67)	Fenner (L&O) 7,795 (40.33)	

Tennessee   (August 7)   **Brown (D)** 58,269 (50.71)   Foster (W) 56,646 (49.29)
Texas   (December 15)   **Henderson** 8,190 (83.05)   Miller 1,672 (16.95)
Vermont   (September 2)   **Eaton (W)*** 22,770 (47.54)   Kellogg (D) 18,594 (38.82)
                                Shafter (Lty) 6,534 (13.64)

1846

State   **(date)**
Connecticut   (April 1)   **Bissell (W)*** 27,822 (48.62)   Toucey (D) 27,203 (47.54)
                                   Gillette (Lty) 2,201 (3.85)
Delaware   (November 3)   **Tharp (D)** 6,148 (50.56)   Causey (W) 6,012 (49.44)
Illinois   (August 3)   **French (D)** 58,656 (58.16)   Kilpatrick (W) 37,033 (36.72)   Eels (Lty) 5,157 (5.11)
Indiana   (August 3)   **Whitcomb (D)** 64,104 (50.66)   Marshall (W) 60,138 (47.52)
                                   Stevens (Lty) 2,301 (1.82)
Iowa   (October 26)   **Briggs (D)** 7,626 (50.82)   McKnight (W) 7,379 (49.18)
Louisiana   (January 5)   **Johnson (D)** 12,629 (54.06)   DeBuys (W) 10,138 (43.39)
                                   Debrigny (A) 598 (2.56)
Maine   (September 14)   **Dana (D)*** 34,715 (47.32)   Bronson (W) 29,100 (39.66)
                                   Fessenden (Lty) 9,550 (13.02)
Massachusetts   (November 9)   **Briggs (W)** 54,813 (54.04)   Davis (D) 33,199 (32.73)
                                   Sewall (Lty) 9,997 (9.86)   Baylies (A) 3,423 (3.37)
New Hampshire   (March 10)   **Williams (D)*** 26,740 (48.72)   Colby (W) 17,737 (32.32)
                                   Berry (Lty) 10,403 (18.96)
New York   (November 3)   **Young (W)** 198,878 (48.93)   Wright (D) 187,306 (46.09)
                                   Bradley (Lty) 12,844 (3.16)   Edwards (A) 6,306 (1.55)
                                   Masquirer (LRf) 1,100 (0.27)
North Carolina   (August 13)   **Graham (W)** 43,489 (54.98)   Shepard (D) 35,608 (45.02)
Ohio   (October 13)   **Bebb (W)** 118,857 (48.37)   Tod (D) 116,084 (47.24)
                                   Lewis (Lty) 10,804 (4.40)
Rhode Island   (April 1)   **Dinman (L&O)*** 7,477 (49.77)   Jackson (D, Lr) 7,391 (49.20)   scattering 155 (1.03)
Vermont   (September 1)   **Eaton (W)*** 23,644 (48.61)   Smith (D) 17,877 (36.75)
                                   Brainerd (Lty) 7,118 (14.63)

1847

State   **(date)**
Alabama   (August 2)   **Chapman (D)** 30,622 (56.85)   Davis (W) 23,247 (43.15)
Connecticut   (April 7)   **Bissell (W)** 30,137 (50.54)   Whittlesey (D) 27,402 (45.95)
                                   Gillette (Lty) 2,094 (3.51)
Georgia   (October 4)   **Towns (D)** 43,249 (50.77)   Clinch (W) 41,941 (49.23)
Maine   (September 13)   **Dana (D)** 33,429 (51.41)   Bronson (W) 24,246 (37.29)
                                   Fessenden (Lty) 7,352 (11.31)
Maryland   (October 6)   **Thomas (D)** 34,388 (50.52)   Goldsborough (W) 33,676 (49.48)
Massachusetts   (November 8)   **Briggs (W)** 53,742 (51.08)   Cushing (D) 39,398 (37.45)
                                   Sewall (Lty) 9,193 (8.74)   Baylies (A) 2,876 (2.73)
Michigan   (November 2)   **Ranson (D)** 24,639 (53.32)   Vickery (W) 18,990 (41.09)
                                   Gurney (Lty) 2,585 (5.59)
Mississippi   (November 1, 2)   **Matthews (D)** 26,995 (64.78)   Bradford (W) 13,997 (33.59)   scattering 682 (1.64)
New Hampshire   (March 9)   **Williams (D)** 30,806 (50.96)   Colby (W) 21,109 (34.92)   Berry (Lty) 8,531 (14.11)
New Jersey   (November 2)   **Haines (D)** 34,765 (51.88)   Wright (W) 32,251 (48.12)
Pennsylvania   (October 12)   **Shunk (D)** 146,081 (50.84)   Irvin (W) 128,148 (44.60)
                                   Reigart (A) 11,247 (3.91)   Lemoyne (Lty) 1,861 (0.65)
Rhode Island   (April 7)   **Harris (W)** 6,300 (55.30)   Ballou (D) 4,350 (38.18)   scattering 652 (6.52)
Tennessee   (August 5)   **N. Brown (W)** 61,372 (50.56)   A. Brown (D) 60,004 (49.44)
Texas   (November 1)   **Wood (D)** 7,088 (50.27)   Miller (D) 5,105 (36.21)   Daniel 1,437 (10.19)
                                   Robinson 469 (3.33)

Vermont   (September 7)   **Eaton (W)*** 22,455 (46.80)   Dillingham (D) 18,601 (38.77)
                                   Brainerd (Lty) 6,926 (14.43)

1848

State   (date)
Arkansas   (August 7)   **Drew (D)** 15,866 (94.81)   scattering 869 (5.19)
Connecticut   (April 5)   **Bissell (W)** 30,717 (50.38)   Catlin (D) 28,525 (46.79)
                                    Gillette (Lty) 1,728 (2.83)
Florida   (October 2)   **Brown (W)** 4,145 (52.53)   Bailey (D) 3,746 (47.47)
Illinois   (November 1)   **French (D)** 67,828 (86.76)   Morison (W) 5,659 (7.24)   Dyer (FS) 4,692 (6.00)
Kentucky   (August 7)   **Crittenden (W)** 66,466 (53.38)   Powell (D) 58,045 (46.62)
Maine   (September 11)   **Dana (D)*** 38,720 (48.44)   Hamlin (W) 29,738 (37.20)
                                    Fessenden (Lty) 11,484 (14.37)
Massachusetts   (November 13)   **Briggs (W)*** 61,640 (49.69)   Phillips (FS) 36,011 (29.03)
                                    Cushing (D) 25,323 (20.41)   Robinson (ID) 475 (0.38)   scattering 606 (0.49)
Missouri   (August 7)   **King (D)** 48,921 (59.02)   Rollins (W) 33,968 (40.98)
New Hampshire   (March 8)   **Williams (D)** 32,245 (52.80)   Berry (W, FS) 28,829 (47.20)
New York   (November 2)   **Fish (W)** 218,776 (47.55)   Dix (FS) 122,889 (26.71)
                                    Walworth (D) 116,811 (25.39)   Goodell (Lty) 1,593 (0.35)
North Carolina   (August 10)   **Manly (W)** 42,536 (50.51)   Reid (D) 41,682 (49.49)
Ohio   (October 10)   **Ford (W)** 148,672 (50.02)   Weller (D) 148,562 (49.98)
Pennsylvania   (October 10)   **Johnston (W)** 168,522 (50.04)   Longstreth (D) 168,225 (49.96)
Rhode Island   (April 5)   **Harris (W)** 5,795 (58.39)   Sackett (D) 3,683 (37.11)   scattering 446 (4.49)
Vermont   (September 5)   **Coolidge (W)*** 22,014 (43.71)   Shafter (Fs-D) 14,934 (29.65)
                                    Dillingham (D) 13,420 (26.64)
Wisconsin   (May 8)   **Dewey (D)** 19,538 (55.63)   Tweedy (W) 14,449 (41.14)   Durkee (I) 1,134 (3.23)

1849

State   (date)
Alabama   (August 6)   **Collier (D)** 37,281 (98.18)   scattering 692 (1.82)
Arkansas   (March 13)   **Roane (D)** 3,290 (50.48)   Wilson (W) 3,228 (49.52)
California   (November 15)   **Burnet** 6,716 (47.30)   Sherwood 3,188 (22.45)   Sutter 2,201 (15.50)
                                    Geary 1,475 (10.39)   Stewart 619 (4.40)
Connecticut   (April 4)   **Trumbull (W)*** 27,800 (49.35)   Seymour (D) 25,018 (44.41)   Niles (FS) 3,520 (6.25)
Georgia   (October 1)   **Towns (D)** 46,534 (51.78)   Hill (W) 43,352 (48.22)
Indiana   (August 6)   **Wright (D)** 76,996 (52.29)   Matson (W) 67,218 (45.65)
                                    Cravens (FS) 3,076 (2.09)
Louisiana   (November 5)   **Walker (D)** 18,566 (51.40)   DeClouet (W) 17,553 (48.60)
Maine   (September 10)   **Hubbard (D)** 37,534 (50.81)   Hamlin (W) 28,260 (38.26)
                                    Talbot (FS) 7,075 (10.93)
Massachusetts   (November 12)   **Briggs (W)*** 54,009 (49.42)   Boutwell (D) 30,040 (27.48)
                                    Phillips (FS) 25,247 (23.10)
Michigan   (November 6)   **Barry (D)** 27,619 (54.22)   Littlejohn (W, FS) 23,320 (45.78)
Mississippi   (November 5, 6)   **Quitman (D)** 33,117 (59.02)   Lea (W) 22,996 (40.98)
New Hampshire   (March 13)   **Dinsmoor (D)** 30,107 (53.84)   Chamberlain (W) 18,764 (33.56)
                                    Berry (FS) 7,045 (12.60)
Rhode Island   (April 5)   **Anthony (W)** 5,081 (59.76)   Sackett (D) 2,964 (34.86)   Harris (FS) 458 (5.39)
Tennessee   (August 2)   **Trousdale (D)** 58,403 (50.25)   Brown (W) 57,829 (49.75)
Texas   (August 6)   **Bell** 10,319 (47.52)   Wood 8,764 (40.36)   Mills 2,632 (12.12)
Vermont   (September 7)   **Coolidge (W)*** 26,238 (49.65)   Needham (FS-D) 23,250 (44.00)
                                    Clark (D) 3,357 (6.35)
Wisconsin   (November 6)   **Dewey (D)** 16,649 (52.48)   Collins (W) 11,317 (35.67)
                                    Chase (FS) 3,761 (11.85)

1850

State	(date)			
Connecticut	(April 3)	**Seymour (D)*** 28,428 (48.11)	Foster (W) 27,780 (47.01)	Boyd (FS) 2,877 (4.87)
Delaware	(November 5)	**Ross (D)** 6,001 (48.26)	Causey (W) 5,978 (48.07)	
		Lockwood (T) 456 (3.67)		
Iowa	(August 5)	**Hempstead (D)** 13,486 (52.96)	Thompson (W) 27,780 (47.01)	Clark (FS) 575 (2.26)
Maine	(September 9)	**Hubbard (D)** 41,203 (51.13)	Crosby (W) 32,120 (39.86)	
		Talbot (FS) 7,267 (9.02)		
Maryland	(October 2)	**Lowe (D)** 36,340 (51.04)	Clarke (W) 34,858 (48.96)	
Massachusetts	(November 11)	**Winthrop (W)*** 56,778 (46.78)	Boutwell (D) 36,023 (29.68)	
		Phillips (FS) 27,636 (22.77)	Cogswell 689 (0.57)	scattering 239 (1.97)
New Hampshire	(March 12)	**Dinsmoor (D)** 30,751 (55.17)	Chamberlain (W) 18,512 (33.21)	
		Berry (FS) 6,472 (11.61)		
New Jersey	(November 5)	**Fort (D)** 39,726 (53.84)	Runk (W) 34,054 (46.16)	
New York	(November 5)	**Hunt (W)** 214,614 (49.64)	Seymour (D) 214,352 (49.57)	
		Chaplin (Lty) 3,416 (0.79)		
North Carolina	(August 8)	**Reid (D)** 45,080 (51.57)	Manly (W) 42,337 (58.43)	
Ohio	(October 8)	**Wood (D)** 133,075 (49.65)	Johnston (W) 121,166 (45.20)	
		Smith (FS) 13,802 (5.15)		
Rhode Island	(April 3)	**Anthony (W)** 3,629 (82.67)	Harris (FS) 761 (17.33)	
Vermont	(September 3)	**Williams (W)** 24,483 (51.56)	Peck (FS-D) 18,856 (39.71)	
		Roberts (D) 4,142 (8.72)		

1851

State	(date)			
Alabama	(August 4)	**Collier (D)** 37,480 (85.76)	Shields (W) 5,749 (13.16)	scattering 473 (1.08)
California	(October 6)	**Bigler (D)** 23,174 (50.48)	Reading (W) 22,733 (49.52)	
Connecticut	(April 2)	**Seymour (D)*** 30,077 (48.94)	Foster (W) 28,856 (46.95)	Boyd (FS) 2,530 (4.12)
Georgia	(October 6)	**Cobb (U)** 57,417 (59.65)	McDonald (SoR) 38,824 (40.35)	
Kentucky	(August 4)	**Powell (D)** 54,821 (48.78)	Dixon (W) 54,023 (48.07)	
		Clay (EASS) 3,531 (3.14)		
Massachusetts	(November 10)	Wintrop (W) 64,429 (46.83)	**Boutwell (D)*** 43,732 (31.93)	
		Palfrey (FS) 28,560 (20.85)	Coggswell 118 (0.09)	scattering 280 (0.20)
Michigan	(November 4)	**McClelland (D)** 23,878 (58.25)	Gridley (W, FS) 17,111 (41.75)	
Mississippi	(November 3, 4)	**Foote (U)** 29,320 (50.80)	Davis (SoR) 28,397 (49.20)	
New Hampshire	(March 11)	**Dinsmoor (D)*** 27,425 (47.26)	Sawyer (W) 18,458 (31.81)	
		Atwood (FS) 12,149 (20.94)		
Ohio	(October 14)	**Wood (D)** 135,656 (51.63)	Vinton (W) 119,550 (42.38)	Lewis (A) 16,914 (6.00)
Pennsylvania	(October 14)	**Bigler (D)** 186,499 (50.90)	Johnston (W) 178,034 (48.59)	Cleaver (A) 1,859 (0.51)
Rhode Island	(April 2)	**Allen (D)** 6,934 (52.44)	Chapin (W) 6,106 (46.17)	Harris (FS) 184 (1.39)
Tennessee	(August 7)	**Campbell (W)** 63,333 (50.62)	Trousdale (D) 61,776 (49.38)	
Texas	(August 4)	**Bell** 13,595 (48.19)	Johnson 5,262 (18.65)	Greer 4,061 (14.40)
		Epperson 2,971 (10.53)	Chambers 2,320 (8.22)	
Vermont	(September 2)	**Williams (W)** 22,676 (51.17)	Redfield (FS-D) 14,950 (33.74)	
		Robinson (D) 6,686 (15.09)		
Virginia	(December 1)	**Johnson (D)** 65,554 (52.49)	Summers (W) 59,344 (47.51)	
Wisconsin	(November 4)	**Farwell (W)** 22,319 (50.57)	Upham (D) 21,812 (49.43)	

1852

State	(date)		
Arkansas	(August 2)	**Conway (D)** 15,442 (55.44)	Smithson (W) 12,414 (44.56)
Connecticut	(April 7)	**Seymour (D)** 31,624 (50.38)	Kendrick (W) 28,241 (44.99)
		Gillette (FS) 2,900 (4.62)	

Florida	(October 4)	**Broome (D)** 4,667 (51.21)	Ward (W) 4,246 (48.79)	
Illinois	(November 2)	**Matteson (D)** 80,709 (52.36)	Webb (W) 64,408 (41.79)	
		Knowlton (FS) 9,024 (5.85)		
Indiana	(October 4)	**Wright (D)** 92,576 (54.61)	McCarty (W) 73,641 (43.44)	
		Robinson (FS) 3,303 (1.95)		
Louisiana	(December 6)	**Hebert (D)** 17,813 (53.02)	Bourdelon (W) 15,781 (46.98)	
Maine	(September 13)	Hubbard (D) 41,999 (44.44)	**Crosby (W)*** 29,127 (30.82)	
		Chandler (AML) 21,774 (23.04)	Holmes (FS) 1,617 (1.71)	
Massachusetts	(November 8)	**Clifford (W)*** 62,233 (44.95)	Bishop (D) 38,763 (28.00)	
		Mann (FS) 36,740 (36.54)	scattering 700 (0.51)	
Michigan	(November 2)	**McClelland (D)** 42,792 (51.08)	Chandler (W) 34,640 (41.35)	
		Christancy (FS) 6,350 (7.58)		
Missouri	(August 2)	**Price (D)** 46,494 (58.56)	Winston (W) 32,906 (41.44)	
New Hampshire	(March 9)	**Dinsmoor (D)** 31,177 (51.02)	Saywer (W) 20,252 (33.14)	
		Atwood (FS) 9,683 (15.84)		
New York	(November 2)	**Seymour (D)** 264,121 (50.29)	Hunt (W) 241,525 (45.99)	
		Tompkins (FS) 19,536 (3.72)		
North Carolina	(August 12)	**Reid (D)** 48,567 (53.04)	Kerr (W) 43,003 (46.96)	
Rhode Island	(April 7)	**Allen (D)** 9,151 (51.12)	Harris (W) 8,749 (48.98)	
Vermont	(September 7)	**Fairbanks (W)*** 23,795 (49.39)	Robinson (D) 14,938 (31.01)	
		Brainerd (FS) 9,445 (19.60)		

1853

State	(date)			
Alabama	(August 1)	**Winston (D)** 29,476 (62.68)	Earnest (W) 10,871 (23.12)	
		Nicks (UD) 5,128 (10.90)	Walker (W) 1,551 (3.29)	
California	(September 7)	**Bigler (D)** 38,940 (50.97)	Waldo (W) 37,464 (40.03)	
Connecticut	(April 6)	**Seymour (D)** 30,814 (51.01)	Dutton (W) 20,671 (34.22)	
		Gillette (FS) 8,926 (14.78)		
Georgia	(October 3)	**Johnson (StR)** 47,638 (50.27)	Jenkins (CU) 47,128 (49.73)	
Maine	(September 12)	Pillsbury (D) 36,386 (43.59)	**Crosby (W)*** 27,061 (32.42)	
		Morrill (AML) 11,027 (13.21)	Holmes (FS) 8,996 (10.78)	
Maryland	(November 2)	**Ligon (D)** 39,087 (52.80)	Bowie (W) 34,939 (47.20)	
Massachusetts	(November 14)	**Washburn (W)*** 59,224 (45.98)	Bishop (D) 35,086 (27.24)	
		Wilson (FS) 29,020 (22.53)	Wales (D-Hn) 5,477 (4.25)	
Mississippi	(November 7, 8)	**McRae (D)** 32,116 (54.07)	Rogers (W) 27,279 (45.93)	
New Hampshire	(March 8)	**Martin (D)** 30,934 (54.74)	Bell (W) 17,580 (31.11)	
		White (FS) 7,997 (14.15)		
New Jersey	(November 1)	**Price (D)** 38,312 (52.60)	Haywood (W) 34,530 (47.40)	
Ohio	(October 11)	**Medill (D)** 147,663 (52.02)	Barrere (W) 85,843 (30.24)	
		Lewis (FS) 50,346 (17.74)		
Rhode Island	(April 6)	**Allen (D)** 10,471 (54.42)	Hoppin (W) 8,228 (42.76)	Harris (FS) 542 (2.82)
Tennessee	(August 4)	**Johnson (D)** 63,414 (50.90)	Henry (W) 61,162 (49.10)	
Texas	(August 1)	**Pease (D)** 13,091 (36.21)	Ochiltree (W) 9,178 (25.39)	
		Wood (D) 5,983 (16.55)	Evans 4,677 (12.94)	Chambers 2,449 (6.77)
		scattering 774 (2.14)		
Vermont	(September 6)	Fairbanks (W) 20,849 (44.10)	**Robinson (D)*** 18,142 (38.37)	
		Brainerd (FS) 8,291 (17.54)		
Wisconsin	(November 8)	**Barstow (D)** 30,405 (54.69)	Holton (W) 21,886 (39.37)	Baird (W) 3,304 (5.94)

1854

State	(date)			
Connecticut	(April 5)	Ingham (D) 28,338 (46.43)	**Dutton (W)*** 19,465 (31.89)	
		Chapman (T) 10,672 (17.49)	Hooker (FS) 2,560 (4.19)	

Delaware	(November 7)	**Causey (A)** 6,941 (52.64)	Burton (D) 6,244 (47.36)	
Iowa	(August 7)	**Grimes (W)** 23,312 (52.38)	Bates (D) 21,192 (46.62)	
Maine	(September 11)	**Morrill (A, MeL)*** 44,565 (49.24)	Parris (D) 28,462 (31.45)	Reed (W) 14,001 (15.47)
		Cary (OppD) 3,478 (3.84)		
Massachusetts	(November 13)	**Gardner (A)** 81,503 (62.57)	Washburn (W) 27,279 (20.94)	
		Bishop (D) 13,742 (10.55)	Wilson (FS) 6,483 (4.98)	scattering 1,242 (0.95)
Michigan	(November 7)	**Bingham (R)** 43,552 (52.96)	Barry (D) 38,685 (47.04)	
New Hampshire	(March 14)	**Baker (D)** 29,788 (51.53)	Bell (W) 16,940 (29.30)	
		Perkins (FS) 11,080 (19.17)		
New York	(November 7)	**Clark (W)** 156,804 (33.36)	Seymour (D-SS) 156,495 (33.30)	
		Ullman (A) 122,822 (26.13)	Bronson (D-HS) 33,850 (7.20)	
North Carolina	(August 10)	**Bragg (D)** 48,705 (51.08)	Dockery (W) 46,644 (38.92)	
Pennsylvania	(October 10)	**Pollock (W)** 203,822 (54.64)	Bigler (D) 166,991 (44.77)	
		Bradford (FS) 2,194 (0.59)		
Rhode Island	(April 5)	**Hoppin (W)** 9,216 (58.56)	Dimond (D) 6,523 (41.44)	
Vermont	(September 5)	**Royce (W, R)** 27,926 (64.01)	Clark (D) 15,084 (34.57)	Brainerd (FS) 619 (1.42)

1855

State	**(date)**			
Alabama	(August 6)	**Winston (D)** 43,930 (57.79)	Shortridge (A) 32,086 (42.21)	
California	(September 5)	**Johnson (A)** 49,078 (52.51)	Bigler (D) 44,370 (47.49)	
Connecticut	(April 4)	**Minor (A)*** 28,080 (43.51)	Ingham (D) 27,292 (42.29)	
		Dutton (W) 9,162 (14.20)		
Georgia	(October 1)	**Johnson (D)** 54,136 (52.14)	Andrews (A) 43,358 (41.26)	Overby (T) 6,331 (6.10)
Kentucky	(August 6)	**Morehead (A)** 69,816 (51.63)	Clarke (D) 65,413 (48.37)	
Louisiana	(November 5)	**Wickliffe (D)** 22,952 (53.74)	Derbigny (A) 19,755 (46.26)	
Maine	(September 10)	Morrill (R) 51,441 (46.60)	**Wells (D)*** 48,341 (43.79)	Reed (W) 10,610 (9.61)
Massachusetts	(November 6)	**Gardner (A)** 51,497 (37.80)	Rockwell (R) 36,715 (26.95)	
		Beach (D) 34,728 (25.49)	Walley (W) 13,296 (9.76)	
Mississippi	(November 5, 6)	**McRae (D)** 32,666 (54.22)	Fontaine (A) 27,579 (45.78)	
New Hampshire	(March 13)	**Metcalf (A)** 32,779 (50.86)	Baker (D) 27,050 (41.97)	Bell (W) 3,436 (5.33)
		Fowler (FS) 1,187 (1.84)		
Ohio	(October 9)	**Chase (R)** 146,720 (48.58)	Medil (D) 131,019 (43.38)	
		Trimble (A) 24,276 (8.04)		
Rhode Island	(April 4)	**Hoppin (W, A)** 11,130 (80.31)	Potter (D) 2,729 (19.69)	
Tennessee	(August 2)	**Johnson (D)** 67,499 (50.81)	Gentry (W, A) 65,343 (49.19)	
Texas	(August 6)	**Pease (D)** 26,336 (56.83)	Dickson (A) 18,968 (40.93)	Johnson 809 (1.75)
		Wood 226 (0.49)		
Vermont	(September 4)	**Royce (R)** 25,699 (59.16)	Clark (D) 12,800 (29.47)	Slade (A) 3,631 (8.36)
		Shafter (T) 1,308 (3.01)		
Virginia	(May 24)	**Wise (D)** 83,314 (53.19)	Flournoy (A) 73,360 (46.81)	
Wisconsin	(November 6)	Barstow (D) 36,355 (50.19)	***Bashford (R)**** 36,198 (49.81)	

1856

State	**(date)**			
Arkansas	(August 4)	**Conway (D)** 27,612 (65.04)	Yell (A) 14,841 (34.96)	
Connecticut	(April 2)	Ingham (D) 32,704 (49.02)	**Minor (A)*** 26,008 (38.99)	Welles (R) 6,740 (10.10)
		Rockwell (W) 1,258 (1.89)		
Florida	(October 6)	**Perry (D)** 6,214 (51.32)	Walker (A) 5,894 (48.68)	
Illinois	(November 4)	**Bissell (R)** 111,466 (46.97)	Richardson (D) 106,769 (44.99)	
		Morris (A) 19,078 (8.04)		
Indiana	(October 6)	**Willard (D)** 117,971 (51.29)	Morton (Pe) 112,039 (48.71)	
Maine	(September 8)	**Hamlin (R)** 69,574 (58.10)	Wells (D) 43,628 (36.43)	
		Patten (W) 6,554 (5.47)		

Massachusetts	(November 4)	**Gardner (R, FrA)** 92,467 (58.92)	Beach (D) 40,082 (25.54)	
		Gordon (Fl A) 10,385 (6.62)	Bell (W) 7,075 (4.51)	Quincy (I) 5,625 (3.58)
		scattering 1,291 (0.82)		
Michigan	(November 4)	**Bingham (R)** 71,402 (56.90)	Felch (D) 54,085 (43.10)	
Missouri	(August 4)	**Polk (D)** 46,992 (40.76)	Ewing (A) 40,689 (35.29)	
		Benton (BnD) 27,605 (23.94)		
New Hampshire	(March 11)	**Metcalf (A)*** 32,119 (48.29)	Wells (D) 32,031 (48.16)	
		Goodwin (W) 2,360 (3.55)		
New Jersey	(November 4)	**Newell (R)** 50,803 (51.29)	Alexander (D) 48,246 (48.71)	
New York	(November 4)	**King (R)** 264,400 (44.52)	Parker (D) 198,616 (33.44)	
		Brooks (A) 130,870 (22.04)		
North Carolina	(August 7)	**Bragg (D)** 57,698 (56.20)	Gilmer (A) 44,970 (43.80)	
Rhode Island	(April 2)	**Hoppin (R, A)** 9,865 (58.04)	Potter (D) 7,131 (41.96)	
Vermont	(September 2)	**Fletcher (R)** 34,052 (74.49)	Keyes (D) 11,661 (25.51)	

1857

State	(date)			
Alabama	(August 3)	**Moore (D)** 41,871 (94.48)	scattering 2,447 (5.52)	
California	(September 2)	**Weller (D)** 49,096 (56.80)	Stanly (R) 19,621 (22.70)	
		Bowie (A) 17,723 (20.50)		
Connecticut	(April 1)	**Holley (R)** 31,709 (50.44)	Ingham (R) 31,156 (49.56)	
Georgia	(October 5)	**Brown (D)** 57,600 (55.15)	Hill (A) 46,361 (44.85)	
Iowa	(October 13)	**Loore (R)** 38,498 (50.93)	Samuels (D) 36,088 (47.74)	Henry (A) 1,004 (1.33)
Maine	(September 14)	**Morrill (R)** 54,655 (55.99)	Smith (D) 42,968 (44.01)	
Maryland	(November 4)	**Hicks (A)** 47,141 (54.93)	Groome (D) 38,681 (45.07)	
Massachusetts	(November 3)	**Banks (R)** 60,797 (46.64)	Gardner (A) 37,596 (28.84)	
		Beach (D) 31,760 (24.36)	Swan 213 (0.16)	
Minnesota	(October 18)	**Sibley (D)** 17,790 (50.34)	Ramsey (R) 17,550 (49.66)	
Mississippi	(October 5)	**McWillie (D)** 27,377 (66.01)	Yerger (A) 14,095 (33.99)	
Missouri	(August 3)	**Stewart (D)** 47,975 (50.18)	Rollins (A) 47,321 (49.82)	
New Hampshire	(March 10)	**Haile (R)** 34,216 (52.29)	Wells (D) 31,214 (47.71)	
Ohio	(October 13)	**Chase (R)** 160,568 (48.67)	Payne (D) 159,065 (48.22)	
		Van Trump (A) 10,272 (3.11)		
Pennsylvania	(October 13)	**Packer (D)** 188,846 (52.00)	Wilmot (R) 146,139 (40.24)	
		Hazelhurst (A) 28,168 (7.76)		
Rhode Island	(April 1)	**Dyer (R)** 9,591 (64.31)	Potter (D) 5,323 (35.69)	
Tennessee	(August 6)	**Harris (D)** 71,178 (54.34)	Hatton (A) 59,807 (45.66)	
Texas	(August 3)	**Runnels (D)** 32,552 (57.94)	Houston (A) 23,628 (42.06)	
Vermont	(September 1)	**Fletcher (R)** 26,719 (67.49)	Keyes (D) 12,869 (32.51)	
Wisconsin	(November 3)	**Randall (R)** 44,693 (50.26)	Cross (D) 44,239 (49.74)	

1858

State	(date)		
Connecticut	(April 7)	**Buckingham (R)** 36,299 (51.97)	Pratt (D) 33,544 (48.03)
Delaware	(November 2)	**Burton (D)** 7,758 (50.67)	Buckmaster (Pe) 7,554 (49.33)
Maine	(September 13)	**Morrill (R)** 60,736 (53.47)	Smith (D) 52,750 (46.53)
Massachusetts	(November 2)	**Banks (R)** 68,700 (57.69)	Beach (D) 38,298 (32.16)
		Lawrence (A) 12,084 (10.15)	
Michigan	(November 2)	**Wisner (R)** 65,201 (53.77)	Stuart (D) 56,067 (46.23)
New Hampshire	(March 9)	**Haile (R)** 36,305 (53.48)	Wells (D) 31,577 (46.52)
New York	(November 2)	**Morgan (R)** 247,953 (45.49)	Parker (D) 230,513 (42.29)
		Burrows (A) 61,137 (11.22)	Smith (Ab) 5,446 (1.00)
North Carolina	(August 5)	**Ellis (D)** 56,429 (58.49)	McRae (Dst) 40,046 (41.51)
Oregon	(June 27)	**Whitaker (D)** 5,134 (54.93)	Barnum (R) 4,213 (45.07)

| Rhode Island | (April 7) | **Dyer (R)** 7,934 (68.96) | Potter (D) 3,572 (31.04) |
| Vermont | (September 7) | **Hall (R)** 29,660 (68.98) | Keyes (D) 13,338 (31.02) |

1859

State	(date)		
Alabama	(August 1)	**Moore (D)** 52,786 (72.78)	Samford (SoRD) 19,745 (27.22)
California	(September 7)	**Latham (D-L)** 61,355 (59.89)	Curry (D-AL) 31,178 (30.43)
		Stanford (R) 9,910 (9.67)	
Connecticut	(April 6)	**Buckingham (R)** 40,247 (51.19)	Pratt (D) 38,369 (48.81)
Georgia	(October 3)	**Brown (D)** 63,784 (60.39)	Akin (Opp) 41,830 (39.61)
Iowa	(October 11)	**Kirkwood (R)** 56,502 (51.44)	Dodge (D) 53,332 (48.56)
Kansas	(December 6)	**Robinson (R)** 7,848 (59.23)	Medary (D) 5,401 (40.77)
Kentucky	(August 1)	**Magoffin (D)** 76,187 (53.10)	Bell (Opp) 67,283 (46.90)
Louisiana	(November 7)	**Moore (D)** 25,454 (62.02)	Wells (A) 15,587 (37.98)
Maine	(September 12)	**Morrill (R)** 57,180 (55.75)	Smith (D) 45,387 (44.25)
Massachusetts	(November 8)	**Banks (R)** 58,804 (54.20)	Butler (D) 35,326 (32.56)
		Briggs (A) 14,365 (13.24)	
Minnesota	(November 8)	**Ramsey (R)** 21,335 (54.82)	Becker (D) 17,582 (45.18)
Mississippi	(October 3)	**Pettis (D)** 34,559 (77.03)	Walter (I) 10,308 (22.97)
New Hampshire	(March 8)	**Goodwin (R)** 36,326 (52.55)	Cate (D) 32,802 (47.45)
New Jersey	(November 8)	**Olden (R)** 53,315 (50.76)	Wright (D) 51,714 (49.24)
Ohio	(October 11)	**Dennison (R)** 184,502 (51.86)	Ranney (D) 171,266 (48.14)
Rhode Island	(April 6)	**Turner (R)** 8,938 (71.65)	Potter (D) 3,536 (28.35)
Tennessee	(August 4)	**Harris (D)** 76,070 (52.79)	Netherland (Opp) 68,040 (47.21)
Texas	(August 1)	**Houston (I)** 36,227 (56.85)	Runnels (D) 27,500 (43.15)
Vermont	(September 6)	**Hall (R)** 31,045 (68.42)	Saxe (D) 14,328 (31.58)
Virginia	(May 26)	**Letcher (D)** 77,229 (51.94)	Goggib (Opp) 71,427 (48.06)
Wisconsin	(November 8)	**Randall (R)** 59,999 (53.31)	Hobart (D) 52,539 (46.69)

1860

State	(date)			
Arkansas	(August 6)	**Rector (ID)** 32,048 (52.52)	Johnson (D) 28,969 (47.48)	
Connecticut	(April 4)	**Buckingham (R)** 44,458 (50.30)	Seymour (D) 43,920 (49.70)	
Florida	(October 1)	**Milton (D)** 7,302 (55.39)	Hopkins (CU) 5,882 (44.61)	
Illinois	(November 6)	**Yates (R)** 172,218 (51.18)	Allen (D) 159,293 (47.34)	all others 4,989 (1.48)
Indiana	(October 1)	**Lane (R)** 136,736 (51.89)	Hendricks (D) 126,767 (48.11)	
Maine	(September 10)	**Washburn (R)** 69,843 (56.58)	Smart (D) 51,878 (42.02)	
		Barnes (CU) 1,726 (1.39)		
Massachusetts	(November 6)	**Andrew (R)** 104,527 (61.66)	Beach (D) 35,191 (20.76)	
		Lawrence (CU) 23,816 (14.05)	Butler (BkD) 6,000 (3.54)	
Michigan	(November 6)	**Blair (R)** 87,780 (56.69)	Barry (D) 67,053 (43.31)	
Missouri	(August 6)	**Jackson (D)** 74,239 (46.95)	Orr (CU) 66,460 (42.03)	
		Jackson (BkD) 11,305 (7.15)	Gardenshire (R) 6,134 (3.88)	
New Hampshire	(March 13)	**Goodwin (R)** 38,037 (53.14)	Cate (D) 33,544 (46.86)	
New York	(November 6)	**Morgan (R)** 358,272 (53.24)	Kelly (D) 294,812 (43.81)	
		Brady (BkD) 19,841 (2.95)		
North Carolina	(August 2)	**Ellis (D)** 59,058 (52.44)	Pool (W) 53,504 (47.56)	
Pennsylvania	(October 9)	**Curtin (R)** 262,397 (53.26)	Foster (D) 230,269 (46.74)	
Rhode Island	(April 4)	**Sprague (D, C)** 12,278 (53.34)	Padelford (R) 10,740 (46.66)	
Vermont	(September 4)	**Fairbanks (R)** 34,188 (71.03)	Saxe (D) 11,796 (24.51)	
		Harvey (BkD) 2,151 (4.47)		

*Elected by the legislature, no candidate having received the required majority vote.
**Successfully contested the election and was sworn in, see Wisconsin returns for details.

Gubernatorial Election Returns

———— ALABAMA ————

Alabama became the 22nd state on December 14, 1819.
The first election for governor was held on September 20 and 21, 1819.
Term—Two years.   **Election**—First Monday in August.
Term limits—Individual could not serve more than four years in a six year period.

POPULATION

1820—127,901   **1830**—309,527   **1840**—590,756   **1850**—771,623   **1860**—964,201

1819

County	William W. Bibb (D-R)		W. D. Williams	
Autauga	440	(98.7%)	6	(1.3%)
Baldwin	126	(92.0%)	11	(8.0%)
Blount	111	(13.3%)	722	(86.7%)
Cahawba	335	(82.1%)	73	(17.9%)
Clarke	543	(66.5%)	274	(33.5%)
Conecuh	460	(92.2%)	39	(7.8%)
Cotaco	195	(30.0%)	454	(70.0%)
Dallas	647	(84.9%)	115	(15.1%)
Franklin	161	(29.4%)	387	(70.6%)
Lauderdale	142	(28.6%)	355	(71.4%)
Lawrence	493	(62.4%)	297	(37.6%)
Limestone	906	(82.2%)	196	(17.8%)
Madison	1,225	(49.6%)	1,244	(50.4%)
Marengo	184	(31.2%)	405	(68.8%)
Mobile	172	(83.9%)	33	(16.1%)
Monroe	650	(54.9%)	534	(45.1%)
Montgomery	440	(55.7%)	350	(44.3%)
St. Clair	350	(66.3%)	178	(33.7%)
Shelby	278	(74.3%)	96	(25.7%)
Tuscaloosa	123	(13.0%)	824	(87.0%)
Washington	257	(44.4%)	322	(55.6%)
Total	**8,321**	**(53.8%)**	**7,140**	**(46.2%)**

SOURCES—Manuscript returns; state archives, Montgomery.

1821

County	Israel Pickens (D-R)		Henry Chambers	
Autauga	330	(64.1%)	185	(35.9%)
Baldwin	98	(51.5%)	96	(48.5%)
Bibb	215	(42.8%)	287	(57.2%)
Blount & Jefferson	510	(47.4%)	566	(52.6%)
Butler & Conecuh	569	(93.6%)	39	(6.4%)
Clarke	569	(93.1%)	42	(6.9%)
Dallas	454	(53.6%)	393	(46.4%)
Franklin	329	(56.5%)	253	(43.5%)
Greene & Marengo	713	(89.2%)	86	(10.8%)
Jackson	392	(38.5%)	625	(61.5%)
Lauderdale	308	(54.4%)	258	(45.6%)
Lawrence	516	(51.8%)	481	(48.2%)
Limestone	169	(16.0%)	886	(84.0%)
Madison	948	(44.8%)	1,168	(55.2%)
Marion	158	(90.8%)	16	(9.2%)
Mobile	89	(48.9%)	93	(51.1%)
Monroe	931	(89.8%)	106	(10.2%)
Montgomery	531	(71.1%)	216	(28.9%)
Morgan	408	(52.7%)	316	(47.3%)
St. Clair	359	(68.5%)	165	(31.5%)
Shelby	59	(19.0%)	251	(81.0%)
Tuscaloosa	716	(65.5%)	377	(34.5%)
Washington	245	(52.5%)	222	(47.5%)
Total*	**9,616**	**(57.4%)**	**7,129**	**(42.6%)**
Perry	314	(84.9%)	56	(15.1%)

*Returns for Perry County were not listed in the official returns but found in the archives manuscript. No returns were indicated for three relatively recently created counties: Henry (1819), Pickens (1820) and Wilcox (1819). They might have been included in their parent counties: Henry-Conecuh, Pickens-Tuscaloosa and Wilcox-Dallas & Monroe.

SOURCES—Journal of the Alabama House of Representatives, November 7, 1821, p. 7; manuscript returns.

1823

County	Israel Pickens (D-R)		Henry Chambers	
Bibb	458	(68.6%)	210	(31.4%)
Blount	165	(31.9%)	353	(68.1%)

Alabama

County					
Butler	291	(96.4%)	11	(3.6%)	
Clarke	513	(89.8%)	51	(10.2%)	
Conecuh	479	(71.9%)	187	(28.1%)	
Covington	75	(98.7%)	1	(1.3%)	
Dallas	766	(77.5%)	223	(22.5%)	
Jackson & Decatur	438	(36.1%)	776	(63.9%)	
Lawrence	462	(32.3%)	969	(67.7%)	
Limestone	177	(12.7%)	1,212	(87.3%)	
Marengo	392	(89.7%)	45	(10.3%)	
Marion	376	(92.2%)	32	(7.8%)	
Mobile	239	(65.3%)	127	(34.7%)	
Montgomery	758	(77.3%)	222	(22.7%)	
Perry	655	(95.8%)	29	(4.2%)	
Washington	254	(73.6%)	91	(26.4%)	
Wilcox	444	(88.4%)	58	(11.6%)	
Total*	**6,942**	**(60.1%)**	**4,604**	**(39.9%)**	
Autauga	556	(81.6%)	125	(18.4%)	(1)
Baldwin	75	(58.1%)	54	(41.9%)	(2a)
Chambers	513	(89.8%)	58	(10.2%)	(1)
Franklin	209	(72.6%)	79	(27.4%)	(3a)
Greene	903	(92.6%)	72	(7.4%)	(2b)
Henry	178	(60.1%)	118	(39.9%)	(3b)
Jefferson	434	(49.2%)	449	(50.8%)	(1)
Lauderdale	463	(47.0%)	633	(53.0%)	(3a)
Madison	849	(35.3%)	1,554	(64.7%)	(1)
Monroe	829	(80.5%)	201	(19.5%)	(3b)
Morgan	197	(21.9%)	704	(78.1%)	(2b)
Pickens	178	(72.1%)	69	(27.9%)	(2b)
Pike	79	(100%)	0		(1)
St. Clair	419	(65.2%)	224	(34.8%)	(1)
Shelby	181	(35.5%)	329	(64.5%)	(2b)
Tuscaloosa	575	(43.1%)	760	(56.9%)	(1)

*The official vote as found in the *House Journal* reported returns for only 18 out of 35 counties.

The remaining counties were found in the sources indicated in parentheses in the farthest right column. There is no explanation in the Journal as to why any of these counties were not included in the official returns, even though many of these returns were found in the archives files. Furthermore the vote of Decatur County was found as indicated, separately from Jackson and is listed below. The vote of all the above counties:

Pickens	13,580 (57.5%)	Chambers	10,033 (42.5%)
Decatur	119 (18.7%)		418 (81.3%) (2b)

SOURCES—Journal, Alabama House of Representatives, 1824, p. 25; (1) manuscript returns, state archives; (2a) *Mobile Register,* August 14, 1823; (2b) Ibid., August 28; (3a) *Cahawba Press,* August 29, 1827; (3b) Ibid., September 13, 827.

1825

County	John Murphy (J)
Autauga	350
Baldwin	203
Bibb	238
Blount	406
Butler	222
Conecuh	379
Dallas	972
Franklin	431
Greene	940
Henry	382
Jackson & Decatur	365
Jefferson	183
Lauderdale	407
Lawrence	188
Limestone	1,115
Madison	976
Marengo	342
Mobile	535
Montgomery	412
Morgan	318
Perry	714
Pickens	133
St. Clair	259
Shelby	375
Tuscaloosa	1,018
Wilcox	321
Total	**(12,184)**

No returns were found for Clarke, Covington, Marion, Monroe, Pike, Walker and Washington counties.

SOURCE—Manuscript returns.

1827

County	John Murphy (J)		scattering	
Autauga	no returns			
Baldwin	156	(100%)		
Bibb	no returns			
Blount	no returns			
Butler	131	(100%)		
Clarke & Marengo	407	(100%)		
Conecuh	471	(100%)		
Covington & Dallas	897	(100%)		
Dallas	358	(100%)		
Fayette	no returns			
Franklin	614	(100%)		
Greene	750	(100%)		
Henry & Pike	897	(100%)		
Jackson	no returns			
Jefferson	no returns			
Lauderdale	750	(100%)		
Lawrence	no returns			
Limestone	261	(100%)		
Madison	no returns			
Marion	no returns			
Mobile	482	(100%)		
Monroe	no returns			
Montgomery	368	(100%)		
Morgan	267	(100%)		
Perry	569	(100%)		
Pickens	259	(100%)		
St. Clair	150	(100%)		
Shelby	330	(100%)		
Tuscaloosa	501	(88.7%)	64	(11.3%)
Walker	no returns			
Washington	191	(97.0%)	6	(3.0%)
Wilcox	422	(100%)		
Total	**(9,231)**		**(70)**	

SOURCE—Manuscript returns.

1829

County	Gabriel Moore (J)
Conecuh	365
Dallas	922
Total	**10,956 (100%)**

These are the only county returns located. The state total was found in the *House Journal*, 1829, p. 24.

Alabama

There is no county breakdown or indication of how many counties were included in the above returns.

1831

County	John Gayle (J)	Nicholas Davis (NR)	Gabriel Moore (A-JD)
Autauga	631 (56.0%)	356 (31.6%)	139 (12.3%)
Baldwin	119 (59.8%)	77 (38.7%)	3 (1.5%)
Bibb	595 (71.8%)	69 (8.3%)	165 (19.9%)
Blount	371 (71.9%)	86 (16.7%)	59 (11.4%)
Butler	254 (37.6%)	330 (48.8%)	62 (9.2%)
Clarke	562 (82.5%)	82 (12.0%)	37 (5.4%)
Conecuh	449 (66.9%)	208 (3.0%)	14 (2.1%)
Covington	no returns		
Dale	no returns		
Fayette	60 (15.4%)	114 (29.3%)	215 (55.3%)
Franklin	381 (38.5%)	555 (56.1%)	53 (5.4%)
Greene	1,398 (90.6%)	65 (4.2%)	80 (5.2%)
Henry	no returns		
Jackson	649 (36.6%)	342 (19.3%)	780 (44.0%)
Jefferson	no returns		
Lauderdale	438 (37.6%)	703 (60.4%)	23 (2.0%)
Lawrence	617 (45.5%)	635 (46.9%)	103 (7.6%)
Limestone	449 (33.3%)	893 (62.4%)	6 (0.4%)
Lowndes	no returns		
Madison	1,535 (63.2%)	804 (33.1%)	91 (3.7%)
Marengo	743 (89.6%)	64 (6.4%)	22 (2.7%)
Marion	161 (37.9%)	169 (39.8%)	95 (22.4%)
Mobile	533 (70.6%)	221 (9.3%)	1 (0.1%)
Monroe	503 (67.2%)	237 (31.6%)	9 (1.2%)
Montgomery	1,020 (51.8%)	915 (28.5%)	36 (1.8%)
Morgan	481 (44.2%)	555 (51.0%)	53 (4.9%)
Perry	615 (61.7%)	182 (18.3%)	199 (20.0%)
Pickens	255 (29.1%)	304 (34.7%)	316 (36.1%)
Pike	no returns		
St. Clair	no returns		
Shelby	429 (51.3%)	387 (46.3%)	20 (2.4%)
Tuscaloosa	441 (29.2%)	754 (50.0%)	313 (20.8%)
Walker	no returns		
Washington	no returns		
Wilcox	456 (56.7%)	254 (31.5%)	95 (11.8%)
Total*	**14,403 (55.0%)**	**8,137 (31.1%)**	**3,643 (13.9%)**
	(14,943)	(9,634)	(3,416)

*The totals in bold were those found in the *Journal*, Alabama House of Representatives, November 25, 1831, p. 31 and represent the "official returns." However no county returns were included with this citation.

The county returns were obtained from the sources cited below. It would seem that several counties were not included in the official totals, but there is no known source that details this information. Two other sources—*American State Governors* by Kallenbach and Kallenbach and *The Guide* by Diamond (ed.)—give identical state totals; they were probably obtained from the files of the Inter-University Consortium.

15,309   8,923   3,354

SOURCES—(Huntsville) *Southern Advocate,* August 13, 1831; *Huntsville Democrat,* August 18, 1831; *Mobile Commercial Register,* August 6, 10, 13, 1831; (Montgomery) *Journal,* August 6, 1831.

1833

County	John Gayle (D)
	9,750 (100%)

No county returns located.

SOURCE—Senate Journal, 1833, p. 27.

1835

County	Clement C. Clay (D)	Enoch Parsons (W)	scattering
Autauga	631 (53.1%)	557 (46.9%)	
Baldwin	173 (87.8%)	24 (12.2%)	(1)
Barbour	347 (58.4%)	247 (41.6%)	
Benton	771 (93.2%)	56 (6.8%)	(2)
Bibb	649 (79.0%)	172 (21.0%)	
Blount	989 (96.6%)	35 (3.4%)	
Butler	122 (24.4%)	378 (75.6%)	
Chambers	250 (65.6%)	131 (34.4%)	
Clarke	420 (67.9%)	199 (32.1%)	
Conecuh	171 (42.6%)	234 (57.4%)	
Coosa	no returns		
Covington	90 (73.8%)	32 (26.2%)	
Dale	no returns		
Dallas	705 (44.7%)	871 (55.3%)	
Fayette	590 (92.0%)	51 (8.0%)	
Franklin	654 (48.9%)	684 (51.1%)	
Greene	676 (45.6%)	807 (54.4%)	
Henry	287 (55.8%)	227 (44.2%)	
Jackson	2,427 (92.9%)	181 (7.1%)	
Jefferson	657 (78.1%)	174 (21.9%)	
Lauderdale	1,164 (71.8%)	458 (28.2%)	
Lawrence	920 (62.3%)	557 (37.7%)	
Limestone	812 (48.8%)	853 (51.2%)	
Lowndes	399 (47.3%)	444 (52.7%)	
Macon	59 (38.3%)	95 (61.7%)	(3)
Madison	1,984 (82.9%)	410 (17.1%)	
Marengo	359 (35.1%)	664 (64.9%)	
Marion	374 (74.5%)	138 (25.5%)	
Mobile	424 (48.8%)	444 (51.2%)	(4)
Monroe	365 (56.8%)	210 (32.7%)	68 (10.6%)
Montgomery	877 (53.9%)	751 (46.1%)	
Morgan	986 (75.3%)	324 (24.7%)	
Perry	425 (35.9%)	758 (64.1%)	
Pickens	728 (56.8%)	554 (43.2%)	(1)
Pike	429 (62.4%)	158 (37.6%)	
Randolph	83 (100%)	0	
Russell	41 (34.2%)	79 (65.8%)	
St. Clair	944 (90.0%)	105 (10.0%)	
Shelby	314 (47.8%)	343 (52.2%)	
Sumter	652 (61.9%)	401 (38.1%)	
Talledega	757 (86.7%)	116 (13.3%)	
Tallapoosa	113 (43.8%)	145 (56.2%)	
Tuscaloosa	1,106 (70.3%)	468 (29.7%)	
Walker	367 (91.1%)	36 (8.9%)	
Washington	94 (31.1%)	204 (67.5%)	4 (1.3%)
Wilcox	276 (38.4%)	443 (61.6%)	
Total*	**23,279 (65.6%)**	**12,209 (34.4%)**	
	(25,761)	(14,218)	(72)

*The returns in bold are the official returns as found in the Journal of the Alabama House of Representatives, November 20, 1835, p. 23: no county returns given. It would appear likely that several counties were excluded from the official returns. However, in the absence of county returns in an official source there is no way of determining this. The totals in parenthesis are the figures obtained from the county returns. Most of the county returns were found in the files of the State Archives. The totals listed below were found in *American State Governors* by Kallenbach and Kallenbach as well as the *Guide* by Diamond (ed.), probably obtained from the files of the Inter-University Consortium.

25,491   13,760

SOURCES—Except as noted all the county returns were found in the files of the Alabama state archives.

Alabama

(1) (Tuscaloosa) *Flag of the Union,* August 22, 1835; (2) (Huntsville) *Democrat,* August 26, 1835; (3) *Selma Free Press,* August 15, 1835; (4) *Mobile Register,* August 6, 1835.

1837

County	Arthur P. Bagby (D)	Samuel W. Oliver (A-VBD)
Auatauga	654 (50.6%)	639 (49.4%)
Baldwin	223 (58.5%)	158 (41.5%)
Barbour	129 (16.5%)	651 (83.5%)
Benton	653 (72.1%)	253 (27.9%)
Bibb	675 (67.5%)	325 (32.5%)
Blount	479 (64.0%)	170 (36.0%)
Butler	129 (16.5%)	651 (83.5%)
Chambers	445 (42.0%)	615 (58.0%)
Cherokee	281 (52.9%)	252 (47.1%)
Clarke	552 (79.3%)	144 (20.7%)
Conecuh	67 (10.7%)	557 (89.3%)
Coosa	392 (77.6%)	113 (22.4%)
Covington	no returns located	
Dale	179 (36.3%)	314 (63.7%)
Dallas	450 (33.4%)	898 (66.6%)
DeKalb	449 (92.8%)	35 (7.2%)
Fayette	738 (82.6%)	156 (17.4%)
Franklin	550 (51.6%)	520 (48.4%)
Greene	388 (23.0%)	1,299 (77.0%)
Henry	no returns located	
Jackson	1,812 (94.9%)	98 (5.1%)
Jefferson	481 (60.9%)	311 (39.1%)
Lauderdale	866 (68.1%)	405 (31.9%)
Lawrence	595 (43.3%)	779 (56.7%)
Limestone	833 (74.6%)	284 (25.1%)
Lowndes	333 (27.8%)	865 (72.2%)
Macon	90 (30.2%)	209 (69.8%)
Madison	1,610 (76.7%)	491 (23.3%)
Marengo	451 (42.3%)	614 (57.7%)
Marion	449 (52.1%)	413 (47.9%)
Marshall	712 (91.8%)	64 (8.2%)
Mobile	704 (51.5%)	664 (48.5%)
Monroe	449 (52.1%)	413 (47.9%)
Montgomery	718 (47.8%)	785 (52.2%)
Morgan	617 (53.7%)	532 (46.3%)
Perry	290 (20.6%)	1,120 (79.4%)
Pickens	857 (54.0%)	729 (46.0%)
Pike	427 (45.8%)	506 (54.2%)
Randolph	154 (72.0%)	60 (28.0%)
Russell		63 vote majority
St. Clair	532 (94.5%)	31 (5.5%)
Shelby	467 (55.8%)	360 (44.2%)
Sumter	792 (43.0%)	1,051 (57.0%)
Talladega	581 (63.5%)	354 (36.5%)
Tallapoosa	163 (52.9%)	145 (47.1%)
Tuscaloosa	922 (48.7%)	973 (51.3%)
Walker	398 (86.9%)	60 (13.1%)
Washington	271 (70.0%)	116 (30.0%)
Wilcox	381 (38.5%)	608 (61.5%)
Total	**(24,419)**	**(20,152)**

SOURCES—Manuscript collection; state archives, citing *Huntsville Democrat,* August 29, 1837 and *Mobile Commercial Register,* September 8, 1837.

1839

County	Arthur P. Bagby (D)	Arthur F. Hopkins (W)
Autauga	588 (88.6%)	76 (11.4%)
Baldwin	198 (63.5%)	114 (36.5%)
Barbour	510 (96.6%)	18 (3.4%)
Benton	1,318 (98.1%)	25 (1.9%)
Bibb	no returns located	
Blount	no returns located	
Butler	206 (78.9%)	55 (21.1%)
Chambers	582 (80.6%)	140 (19.4%)
Cherokee	814 (99.1%)	7 (0.9%)
Clarke	no returns located	
Conecuh	283 (100%)	0
Coosa	no returns located	
Covington	no returns located	
Dale	no returns located	
Dallas	613 (44.4%)	769 (55.6%)
Fayette	386 (100%)	0
Franklin	no returns located	
Greene	796 (100%)	0
Henry	183 (100%)	0
Jackson	1,623 (100%)	0
Jefferson	no returns located	
Lauderdale	1,258 (100%)	0
Lawrence	768 (92.1%)	66 (7.9%)
Limestone	710 (99.2%)	6 (0.8%)
Macon	261 (79.6%)	67 (20.4%)
Madison	1,757 (100%)	0
Marengo	no returns located	
Marion	no returns located	
Marshall	965 (99.5%)	5 (0.5%)
Mobile	no returns located	
Monroe	no returns located	
Montgomery	no returns located	
Morgan	889 (100%)	0
Perry	821 (81.8%)	183 (18.2%)
Pickens	930 (70.7%)	386 (29.3%)
Pike	745 (100%)	0
Randolph	458 (92.9%)	35 (7.1%)
Russell	168 (56.8%)	122 (43.2%)
Shelby	397 (74.2%)	138 (25.8%)
St. Clair	508 (100%)	0
Sumter	1,257 (100%)	0
Talladega	703 (100%)	0
Tallapoosa	386 (68.1%)	181 (31.9%)
Tuscaloosa	531 (98.3%)	9 (1.7%)
Walker	no returns located	
Washington	284 (70.3%)	120 (29.7%)
Wilcox	no returns located	
Total	22,681	2,532
	20,451 (92.3%)	**1,708 (7.7%)**

The figures in bold are the official state totals found in the Journal of the Alabama Senate, 1839 without county returns. All county returns were found in the manuscript collection of the State Archives.

SOURCES—Journal of the Alabama Senate, 1839; manuscript returns.

1841

County	Benjamin Fitzpatrick (D)	James W. McLung (IW)
Autauga	669 (65.2%)	357 (34.8%)
Baldwin	148 (49.0%)	154 (51.0%)
Barbour	628 (43.8%)	807 (56.2%)
Benton	1,246 (77.3%)	366 (22.7%)
Bibb	511 (51.9%)	474 (48.1%)
Blount	722 (87.2%)	106 (12.8%)
Butler	237 (29.0%)	581 (71.0%)
Chambers	742 (48.2%)	796 (51.8%)
Cherokee	780 (61.5%)	488 (38.5%)
Clarke	498 (75.9%)	158 (24.1%)
Conecuh	222 (35.5%)	400 (64.5%)

Coosa	708	(79.3%)	185	(20.7%)		
Covington	58	(23.5%)	189	(76.5%)		
Dale	482	(58.2%)	346	(41.8%)		
Dallas	544	(42.5%)	737	(57.5%)		
Fayette	731	(79.5%)	189	(20.5%)		
Franklin	908	(63.7%)	517	(36.3%)		
Greene	492	(34.8%)	923	(65.2%)		
Henry	462	(55.9%)	365	(44.1%)		
Jackson	1,499	(92.6%)	119	(7.4%)		
Jefferson	648	(70.1%)	176	(29.9%)		
Lauderdale	917	(65.1%)	491	(34.9%)		
Lawrence	739	(59.2%)	510	(40.8%)		
Limestone	766	(71.7%)	302	(28.3%)		
Lowndes	648	(54.2%)	548	(45.8%)		
Macon	463	(41.0%)	667	(59.0%)		
Madison	1,535	(75.5%)	499	(24.5%)		
Marengo	558	(43.3%)	731	(56.7%)		
Marion	533	(79.1%)	141	(20.9%)		
Marshall	1,098	(85.0%)	194	(15.0%)		
Mobile	1,127	(49.6%)	1,146	(50.4%)		
Monroe	343	(39.3%)	530	(60.7%)		
Montgomery	717	(48.7%)	756	(51.3%)		
Morgan	694	(67.6%)	333	(32.4%)		
Perry	690	(49.3%)	709	(50.7%)		
Pickens	817	(44.7%)	1,010	(55.3%)		
Pike	637	(46.1%)	744	(53.9%)		
Randolph	591	(68.5%)	272	(31.5%)		
Russell		300 majority				
St. Clair	598	(92.1%)	51	(7.9%)		
Shelby	469	(58.0%)	339	(42.0%)		
Sumter	1,143	(49.8%)	1,151	(50.2%)		
Talladega	817	(57.0%)	616	(43.0%)		
Tallapoosa	509	(56.9%)	386	(43.1%)		
Tuscaloosa	667	(42.6%)	900	(57.4%)		
Walker	361	(57.7%)	265	(42.3%)		
Washington	273	(54.5%)	228	(45.5%)		
Wilcox	347	(38.4%)	557	(61.6%)		
Total	31,808		22,776			
	27,974	**(56.9%)**	**21,219**	**(43.1%)**		

The returns in bold are the official returns as found in the Alabama Senate Journal, August 25, 1841 (pp. 34–5) without county returns. The county returns were located in the manuscript collection.

SOURCES—Alabama Senate Journal, August 25, 1841; manuscript returns.

1843

Benjamin Fitzpatrick[1] (D)*

*Unopposed; no returns located.

SOURCE—Journal of the Alabama House of Representatives, 1841–3, p. 25.

1845

County	Joshua L. Martin (ID)		Nathaniel Terry (D)		Nicholas Davis (W)	
Autauga	300	(32.9%)	613	(67.1%)		
Baldwin	176	(49.6%)	179	(50.4%)		
Barbour	1,283	(78.2%)	104	(6.3%)	253	(15.4%)
Benton	1,319	(78.9%)	353	(21.1%)		
Bibb	282	(38.7%)	446	(61.3%)		
Blount	296	(33.0%)	601	(67.0%)		
Butler	746	(82.2%)	161	(17.8%)		
Chambers	1,334	(84.8%)	353	(15.2%)		
Cherokee	608	(47.0%)	686	(53.0%)		
Clarke	282	(32.8%)	578	(67.2%)		
Coffee	113	(21.2%)	373	(70.1%)	46	(8.6%)
Conecuh	516	(76.8%)	156	(23.2%)		
Coosa	180	(14.4%)	1,069	(85.6%)		
Covington	120	(40.4%)	90	(30.3%)	87	(29.3%)
Dale	326	(48.0%)	208	(30.6%)	145	(21.4%)
Dallas	658	(51.4%)	621	(48.6%)		
DeKalb	629	(68.1%)	294	(31.9%)		
Fayette	408	(40.0%)	612	(60.0%)		
Franklin	966	(58.8%)	677	(41.2%)		
Greene	1,296	(71.9%)	508	(28.1%)		
Henry	298	(35.1%)	418	(49.2%)	134	(15.8%)
Jackson	160	(10.0%)	1,445	(90.0%)		
Jefferson	615	(69.1%)	275	(30.9%)		
Lauderdale	565	(37.7%)	835	(62.3%)		
Lawrence	752	(58.0%)	544	(42.0%)		
Limestone	389	(32.1%)	823	(67.9%)		
Lowndes	260	(31.0%)	579	(69.0%)		
Macon	1,035	(70.2%)	440	(29.8%)		
Madison	702	(37.0%)	1,195	(63.0%)		
Marengo	728	(66.5%)	366	(33.5%)		
Marion	670	(83.9%)	129	(16.1%)		
Marshall	361	(34.9%)	672	(65.1%)		
Mobile	1,311	(51.0%)	1,258	(49.0%)		
Monroe	528	(63.5%)	303	(36.5%)		
Montgomery	608	(42.8%)	812	(57.2%)		
Morgan	359	(35.9%)	641	(64.1%)		
Perry	595	(46.0%)	699	(54.0%)		
Pickens	1,391	(79.2%)	366	(20.8%)		
Pike		no returns located				
Randolph	718	(68.5%)	330	(31.5%)		
Russell	823	(69.6%)	360	(30.4%)		
St. Clair	189	(33.0%)	383	(67.0%)		
Shelby	515	(56.8%)	392	(43.2%)		
Sumter	1,014	(55.4%)	815	(44.6%)		
Talladega	718	(48.9%)	751	(51.1%)		
Tallapoosa	717	(52.6%)	646	(47.4%)		
Tuscaloosa	966	(59.1%)	668	(40.9%)		
Walker	414	(63.8%)	235	(36.2%)		
Washington	362	(60.7%)	234	(39.3%)		
Wilcox	660	(69.4%)	291	(30.6%)		
Total	**30,261**	**(53.5%)**	**25,587**	**(45.3%)**	**665**	**(1.2%)**

SOURCE—Manscript returns.

1847

County	Reuben Chapman (D)		Nicholas Davis (W)	
Autauga	492	(48.6%)	520	(51.4%)
Baldwin	182	(51.3%)	173	(48.7%)
Barbour	700	(41.1%)	1,002	(58.9%)
Benton	1,528	(72.3%)	584	(27.7%)
Bibb	541	(56.5%)	416	(43.5%)
Blount	754	(87.1%)	112	(12.9%)
Butler	295	(29.7%)	699	(70.3%)
Chambers	768	(37.8%)	1,263	(62.2%)
Cherokee	1,149	(71.1%)	468	(28.9%)
Clarke	602	(73.0%)	223	(27.0%)
Conecuh	333	(45.9%)	393	(54.1%)
Coosa	937	(65.8%)	487	(34.2%)
Covington	87	(29.5%)	208	(70.5%)
De Kalb	795	(76.0%)	231	(24.0%)
Dale	497	(65.5%)	262	(34.5%)
Dallas	704	(52.4%)	639	(47.6%)
Fayette	911	(78.8%)	245	(21.2%)
Franklin	1,009	(65.9%)	523	(34.1%)
Greene	686	(40.6%)	1,004	(59.4%)

County			
Henry	481 (57.1%)	362 (42.9%)	
Jackson	1,732 (93.8%)	114 (6.2%)	
Jefferson	609 (68.0%)	286 (32.0%)	
Lauderdale	870 (57.6%)	641 (42.4%)	
Limestone	730 (59.6%)	494 (40.4%)	
Marengo	548 (40.2%)	814 (59.8%)	
Marion	689 (79.0%)	183 (21.0%)	
Marshall	879 (80.1%)	219 (19.9%)	
Mobile	1,284 (53.5%)	1,117 (46.5%)	
Monroe	353 (39.8%)	536 (60.2%)	
Montgomery	821 (42.0%)	1,136 (58.0%)	
Morgan	466 (47.9%)	526 (52.1%)	
Perry	841 (48.3%)	900 (51.7%)	
Pickens	1,035 (49.9%)	1,039 (50.1%)	
Pike	731 (44.1%)	927 (55.9%)	
Randolph	846 (67.1%)	414 (32.9%)	
Russell	681 (45.4%)	818 (54.6%)	
St. Clair	661 (92.8%)	51 (7.2%)	
Shelby	459 (46.5%)	529 (53.5%)	
Sumter	918 (47.4%)	1,020 (52.6%)	
Talladega	902 (52.0%)	832 (48.0%)	
Walker	519 (68.1%)	243 (31.9%)	
Wilcox	597 (50.1%)	594 (49.9%)	
Total	**30,622 (56.8%)**	**23,247 (43.2%)**	

The following counties were not included in the official returns.

Coffee	320 (51.8%)	298 (48.2%)
Lawrence	720 (52.9%)	642 (47.1%)
Lowndes	630 (46.9%)	714 (53.1%)
Macon	433 (30.4%)	990 (69.6%)
Madison	1,297 (71.3%)	523 (28.7%)
Tallapoosa	976 (53.8%)	839 (46.2%)
Tuscaloosa	827 (43.6%)	1,070 (56.4%)
Washington	350 (35.6%)	325 (64.4%)

SOURCES—Journal of the Alabama House of Representatives, December 10, 1847; *Whig Almanac, 1848*, p. 62; *Tri-Weekly Advertiser*, August 26, 1847.

1849

County	Henry W. Collier (D)	scattering
Autauga	642	
Baldwin	347	
Barbour	1,067	
Benton	1,603 (97.1%)	38 (2.9%)
Bibb	640	
Blount	675	
Chambers	808	
Cherokee	1,215	
Clark	709	
Conecuh	340	
Coosa	1,171	
Covington	175	
Dale	662	
Dallas	598	
De Kalb	415	
Fayette	674	
Franklin	1,223	
Greene	1,123	
Henry	745	
Jackson	1,561	
Jefferson	746	
Lauderdale	1,509	
Limestone	961	
Lowndes	591	
Macon	669	
Marengo	959	
Marshall	1,000 (90.7%)	103 (9.3%)
Mobile	1,276 (99.4%)	8 (0.6%)
Monroe	389	
Montgomery	883	
Morgan	664	
Perry	1,098	
Pickens	1,087	
Randolph	985 (99.8%)	2 (0.2%)
Russell	742	
St. Clair	588	
Shelby	685	
Sumter	949	
Talladega	931 (73.8%)	331 (26.2%)
Tallapoosa	844	
Tuscaloosa	1,735 (95.1%)	89 (4.9%)
Walker	400	
Washington	513 (94.3%)	31 (5.7%)
Wilcox	684 (88.4%)	90 (11.6%)
Total	**37,281 (98.2%)**	**692 (1.8%)**

No returns: Butler, Choctaw, Coffee, Lawrence, Madison and Pike counties.

SOURCES—Journal of the Alabama House of Representatives, November 15, 1849, pp. 57–8; manuscript returns.

1851

County	Henry W. Collier (D)	James Shields (W)	others
Autauga	587 (100%)	0	
Baldwin	201 (50.4%)	197 (49.4%)	1 (0.3%)
Barbour	1,187 (96.4%)	0	44 (3.6%)
Benton	1,889 (98.7%)	8 (0.4%)	16 (0.8%)
Blount	339 (49.1%)	352 (50.9%)	
Chambers	2,125 (100%)		
Cherokee	881 (92.4%)	72 (7.6%)	
Clarke	712 (86.1%)	115 (13.9%)	
Choctaw	445 (54.9%)	366 (45.1%)	
Coffee	321 (100%)	0	
Conecuh	356 (66.9%)	176 (33.1%)	
Coosa	1,223 (99.1%)	11 (0.9%)	
Covington	262 (98.5%)	4 (1.5%)	
Dallas	490 (100%)	0	
Dale	718 (100%)	0	
DeKalb	564 (76.7%)	171 (23.3%)	
Fayette	694 (89.2%)	84 (10.8%)	
Greene	1,032 (63.9%)	202 (12.5%)	381 (23.6%)
Hancock	78 (66.7%)	39 (33.3%)	
Henry	928 (100%)	0	
Jackson	1,446 (96.9%)	47 (3.1%)	
Jefferson	824 (100%)	0	
Lauderdale	781 (43.7%)	1,005 (56.3%)	
Macon	1,878 (98.3%)	1 (0.1%)	31 (1.6%)
Madison	1,841 (97.9%)	40 (2.1%)	
Marengo	621 (48.9%)	649 (51.1%)	
Marion	423 (100%)		
Mobile	1,656 (57.9%)	1,206 (42.1%)	
Montgomery	814 (100%)	0	
Monroe	528 (79.2%)	139 (20.8%)	
Morgan	980 (96.9%)	31 (3.1%)	
Perry	1,326 (90.1%)	146 (9.9%)	
Russell	1,380 (99.9%)	2 (0.1%)	
Shelby	860 (99.3%)	6 (0.7%)	
St. Clair	602 (97.9%)	13 (2.1%)	
Sumter	637 (88.5%)	83 (11.5%)	
Talladega	799 (95.2%)	40 (4.8%)	
Tallapoosa	2,080 (100%)	0	
Tuscaloosa	1,778 (100%)	0	
Walker	414 (88.7%)	53 (11.3%)	

County								
Washington	133	(58.3%)	95	(41.7%)				
Wilcox	647	(62.0%)	396	(38.0%)				
Total	37,480	(85.8%)	5,749	(13.2%)	473*	(1.08%)		
	(37,460)**		(5,747)**		(472)**			
Marshall†	1,037	(99.0%)	11	(1.0%)				
Winston†	78	(66.7%)	39	(33.3%)				

*Combined vote of William Yancey (D) 412 (0.94) and Nathaniel Terry (D) 61 (0.14).

**Stated totals.
†Not included in the *Journal*'s returns but located in manuscript files.

No returns: Bibb, Franklin, Lawrence, Limestone, Lowndes, Pickens, Price and Randolph counties.

SOURCES—Journal of the Alabama House of Representatives, November 14, 1851, pp. 63–4; manuscript returns.

1853

County	John A. Winston (D)		William S. Earnest (W)		Alvis Q. Nicks (UD)		Richard W. Walker (W)	
Autauga	567	(60.9%)	330	(35.4%)	3	(0.3%)	31	(3.3%)
Baldwin	135	(47.2%)	107	(37.4%)	0		44	(15.4%)
Barbour	990	(72.2%)	290	(21.1%)	43	(3.1%)	48	(3.5%)
Bibb	621	(63.9%)	338	(34.8%)	13	(1.3%)	0	
Blount	583	(51.2%)	194	(17.0%)	362	(31.8%)	0	
Butler	314	(54.6%)	116	(20.2%)	38	(6.6%)	107	(18.6%)
Chambers	921	(67.1%)	321	(23.4%)	72	(5.2%)	59	(4.3%)
Cherokee	1,068	(67.4%)	6	(0.4%)	504	(31.8%)	6	(0.4%)
Choctaw	504	(61.5%)	196	(23.9%)	2	(0.2%)	118	(14.4%)
Clarke	504	(80.5%)	22	(3.5%)	6	(1.0%)	94	(15.0%)
Conecuh	362	(52.1%)	3	(0.4%)	0		331	(47.6%)
Coosa	1,284	(76.8%)	247	(14.8%)	140	(8.4%)	0	
Covington	156	(76.8%)	0		0		47	(23.2%)
Dale	524	(77.9%)	65	(9.7%)	1	(0.1%)	83	(12.3%)
Dallas	599	(53.5%)	520	(46.5%)	0		0	
Fayette	906	(80.4%)	204	(18.1%)	16	(1.4%)	1	(0.9%)
Franklin	966	(75.8%)	229	(18.0%)	80	(6.3%)	0	
Greene	657	(55.8%)	365	(31.0%)	82	(7.0%)	74	(6.3%)
Henry	446	(69.0%)	197	(30.5%)	2	(0.3%)	1	(0.2%)
Jackson	1,723	(92.3%)	0		143	(7.7%)	0	
Jefferson	842	(79.1%)	220	(20.7%)	2	(0.2%)	0	
Lauderdale	881	(81.8%)	184	(17.1%)	12	(1.1%)	0	
Lawrence	551	(50.2%)	501	(45.6%)	46	(4.2%)	0	
Lowndes	516	(57.3%)	385	(42.7%)	0		0	
Macon	735	(44.9%)	840	(51.3%)	21	(12.8%)	40	(2.4%)
Marengo	665	(54.2%)	46	(3.7%)	429	(35.0%)	87	(7.1%)
Marion	751	(87.9%)	102	(11.9%)	1	(0.1%)	0	
Marshall	375	(31.2%)	23	(1.9%)	802	(66.8%)	1	(0.1%)
Mobile	1,575	(55.8%)	1,249	(44.2%)	0		0	
Monroe	375	(46.9%)	176	(22.2%)	1	(0.1%)	248	(31.0%)
Montgomery	637	(46.0%)	710	(51.3%)	4	(0.3%)	33	(2.4%)
Morgan	413	(50.4%)	126	(15.4%)	280	(34.2%)	0	
Pickens	942	(72.7%)	245	(18.9%)	89	(6.9%)	20	(1.5%)
Pike	1,089	(78.7%)	294	(21.3%)	0		0	
Randolph	943	(56.4%)	39	(2.3%)	689	(41.2%)	0	
St. Clair	793	(86.4%)	8	(0.9%)	117	(12.7%)	0	
Shelby	699	(67.0%)	164	(15.7%)	178	(17.1%)	2	(0.2%)
Sumter	741	(58.7%)	518	(41.0%)	3	(0.2%)	0	
Talladega	841	(46.4%)	83	(4.6%)	890	(49.1%)	0	
Tuscaloosa	733	(42.4%)	944	(54.6%)	50	(2.9%)	3	(0.2%)
Walker	384	(58.7%)	258	(39.4%)	7	(1.1%)	5	(0.8%)
Washington	165	(69.0%)	6	(2.5%)	0		68	(28.5%)
Total*	29,476	(62.7%)	10,871	(23.1%)	5,128	(10.9%)	1,551	(3.3%)
	(30,116)		(10,157)		(5,763)		(561)	
Benton‡	1,775	(81.4%)	21	(1.0%)	384	(17.6%)	0	
Coffee†	567	(88.0%)	77**	(12.0%)	0		0	
DeKalb‡	454	(36.5%)	0		789	(63.5%)	0	
Limestone‡	595	(72.3%)	82	(10.0%)	146	(17.7%)	0	
Madison‡	945	(52.9%)	0		840	(47.1%)	0	
Perry‡	789	(75.5%)	256	(24.5%)	0		0	
Russell‡	511	(41.3%)	39	(3.2%)	686	(55.5%)	0	
Wilcox‡	649	(71.5%)	189	(20.8%)	70	(7.7%)	0	

No returns Hancock and Tallapoosa counties.

*Stated totals are in parentheses as listed in the Journal. The added totals are based on the county returns in the same source.
**Listed in manuscript returns as J. N. Earnest.
†Not included in the Journal's returns but found in the manuscript returns.
‡ Not included in the Journal's returns but printed in *Party Politics*, pp. 192–3, citing the *Montgomery Advertiser*, August 13, 1853.

SOURCES—Journal of the Alabama House of Representatives, November 18, 1853, pp. 68–9; Lewy Dorman, *Party Politics from 1850 through 1860* (Montgomery, Ala.: State Department of Archives and History, 1935).

1855

County	John A. Winston (D)	George D. Shortridge (A)
Autauga	692 (54.5%)	577 (45.5%)
Baldwin	54 (20.6%)	208 (79.4%)
Barbour	1,696 (72.0%)	661 (28.0%)
Benton	1,711 (69.9%)	738 (30.1%)
Bibb	315 (31.2%)	694 (68.8%)
Blount	869 (77.6%)	251 (22.4%)
Butler	699 (52.7%)	627 (47.3%)
Chambers	1,306 (63.4%)	755 (36.6%)
Cherokee	1,670 (75.3%)	549 (24.7%)
Choctaw	497 (52.9%)	442 (47.1%)
Clarke	455 (62.8%)	270 (37.2%)
Coffee	760 (72.9%)	283 (27.1%)
Conecuh	401 (57.2%)	300 (42.8%)
Coosa	1,218 (59.0%)	847 (41.0%)
Covington	361 (72.1%)	140 (27.9%)
Dale	1,232 (89.3%)	147 (10.7%)
Dallas	606 (39.8%)	915 (60.2%)
De Kalb	1,122 (85.6%)	189 (14.4%)
Fayette	782 (55.4%)	630 (44.6%)
Franklin	904 (48.5%)	960 (51.5%)
Greene	427 (33.5%)	848 (66.5%)
Hancock	291 (86.6%)	44 (13.4%)
Henry	1,013 (74.5%)	347 (25.5%)
Jackson	2,081 (95.4%)	101 (4.6%)
Jefferson	685 (72.5%)	373 (27.5%)
Lauderdale	1,038 (60.3%)	682 (39.7%)
Lawrence	598 (43.6%)	775 (56.4%)
Limestone	548 (50.4%)	539 (49.6%)
Lowndes	629 (43.8%)	808 (56.2%)
Macon	959 (43.9%)	1,227 (56.1%)
Madison	1,371 (68.4%)	633 (31.6%)
Marengo	636 (50.8%)	617 (49.2%)
Marion	739 (70.3%)	312 (29.7%)
Marshall	988 (93.4%)	170 (6.6%)
Mobile	1,141 (39.1%)	1,778 (60.9%)
Monroe	543 (51.7%)	508 (48.3%)
Montgomery	998 (49.1%)	1,140 (50.9%)
Morgan	671 (63.5%)	385 (36.5%)
Perry	581 (37.0%)	991 (63.0%)
Pickens	923 (57.7%)	677 (42.3%)
Pike	1,204 (48.9%)	1,257 (51.1%)
Randolph	1,288 (59.7%)	869 (40.3%)
Russell	996 (58.1%)	719 (41.9%)
St. Clair	947 (83.8%)	183 (16.2%)
Shelby	424 (29.4%)	1,018 (70.6%)
Sumter	585 (46.7%)	669 (53.3%)
Talledega	1,193 (54.5%)	995 (45.5%)
Tallapoosa	1,447 (54.4%)	1,212 (45.6%)
Tuscaloosa	343 (21.3%)	1,267 (78.7%)
Walker	578 (73.8%)	205 (26.2%)
Washington	49 (40.2%)	73 (59.8%)
Wilcox	666 (58.1%)	481 (41.9%)
Total	**43,930 (57.8%)**	**32,086 (42.2%)**

SOURCES—Manuscript returns; *Tribune Almanac 1856*, p. 50.

1857

County	Andrew B. Moore (D)	scattering
Autauga	811 (93.0%)	61 (7.0%)
Baldwin	239 (89.2%)	29 (10.8%)
Barbour	1,142 (85.9%)	187 (14.1%)
Benton	2,074 (98.2%)	39 (1.8%)
Bibb	681 (90.4%)	72 (9.6%)
Blount	757 (100%)	0
Butler	590 (100%)	0
Chambers	1,111 (100%)	0
Cherokee	1,305 (100%)	0
Choctaw	613 (90.1%)	77 (9.9%)
Coffee	566 (99.8%)	1 (0.2%)
Conecuh	435 (98.9%)	5 (1.1%)
Coosa	1,100 (100%)	0
Dale	886 (100%)	0
Dallas	896 (84.5%)	164 (15.5%)
Fayette	678 (100%)	0
Franklin	554 (100%)	0
Greene	1,032 (90.7%)	106 (9.3%)
Hancock	187 (100%)	0
Henry	784 (100%)	0
Jefferson	788 (100%)	0
Lauderdale	1,206 (84.5%)	221 (15.5%)
Lawrence	687 (90.6%)	71 (9.4%)
Limestone	909 (94.8%)	50 (5.2%)
Lowndes	793 (96.0%)	33 (4.0%)
Madison	1,465 (87.5%)	209 (12.5%)
Marengo	775 (94.4%)	46 (5.6%)
Marshall	733 (99.5%)	4 (0.5%)
Mobile	1,762 (94.8%)	84 (5.2%)
Monroe	511 (100%)	0
Montgomery	1,137 (90.9%)	114 (9.1%)
Perry	1,189 (93.4%)	84 (6.6%)
Pickens	1,467 (91.9%)	130 (8.1%)
Pike	1,354 (90.1%)	149 (9.9%)
Randolph	1,253 (100%)	0
Russell	859 (99.5%)	4 (0.5%)
St. Clair	980 (100%)	0
Shelby	1,081 (99.5%)	86 (0.5%)
Sumter	755 (83.1%)	153 (16.9%)
Talladega	1,242 (87.2%)	183 (12.8%)
Tallapoosa	1,602 (100%)	0
Tuscaloosa	1,510 (93.2%)	110 (6.8%)
Walker	369 (95.6%)	17 (4.4%)
Washington	235 (100%)	0
Wilcox	768 (98.6%)	11 (1.4%)
Total	**41,871 (94.5%)**	**2,447* (5.5%)**
Clarke**	1,305 (100%)	

No returns from Covington, De Kalb, Jackson, Macon, Marion and Covington counties.
*No breakdown by candidate has been found.
**Not included in the Journal's returns but found in the manuscript files.

SOURCES—Journal of the Alabama House of Representatives, November 11, 1857, pp. 37–8; manuscript returns.

1859

County	Andrew B. Moore (D)	William F. Samford (SoRD)
Autauga	665 (57.8%)	486 (42.2%)
Baldwin	284 (71.9%)	111 (28.1%)

Barbour	1,006	(58.7%)	708	(41.3%)		
Bibb	847	(86.4%)	133	(13.6%)		
Blount	444	(40.0%)	656	(60.0%)		
Butler	927	(57.2%)	695	(42.8%)		
Calhoun	2,291	(93.7%)	155	(6.3%)		
Chambers*	1,040	(51.5%)	978	(48.5%)		
Cherokee	1,776	(92.0%)	155	(8.0%)		
Choctaw	750	(79.0%)	199	(21.0%)		
Clarke	912	(89.6%)	106	(10.4%)		
Coffee	715	(70.9%)	293	(29.1%)		
Conecuh	534	(66.7%)	267	(33.3%)		
Coosa	1,311	(60.8%)	846	(39.2%)		
Covington	286	(49.6%)	291	(50.4%)		
Dale	779	(59.1%)	540	(40.9%)		
Dallas	913	(76.3%)	283	(23.7%)		
De Kalb	1,412	(98.0%)	29	(2.0%)		
Fayette	1,089	(75.3%)	357	(24.7%)		
Franklin	1,424	(79.8%)	361	(20.2%)		
Greene	1,013	(100%)	0			
Henry	638	(54.6%)	530	(45.4%)		
Jackson	1,948	(96.2%)	76	(3.8%)		
Jefferson	1,070	(79.3%)	280	(20.7%)		
Lauderdale	1,174	(93.4%)	83	(6.6%)		
Lawrence*	783	(86.5%)	122	(13.5%)		
Limestone	746	(86.7%)	114	(13.3%)		
Lowndes*	786	(55.9%)	620	(44.1%)		
Macon	1,043	(48.1%)	1,126	(51.9%)		
Madison	1,511	(98.1%)	29	(1.9%)		
Marengo	815	(76.0%)	258	(24.0%)		
Marion	921	(87.7%)	129	(12.3%)		
Marshall	1,078	(92.1%)	93	(7.9%)		
Mobile	2,047	(61.3%)	1,290	(38.7%)		
Monroe	599	(73.0%)	221	(27.0%)		
Montgomery	1,225	(50.1%)	1,218	(49.9%)		
Morgan	1,061	(86.1%)	171	(13.9%)		
Perry	1,170	(92.6%)	93	(7.4%)		
Pickens	1,267	(90.1%)	139	(9.9%)		
Pike	1,383	(60.8%)	891	(39.2%)		
Randolph	1,423	(74.3%)	493	(25.7%)		
Russell	960	(51.7%)	897	(48.3%)		
St. Clair	1,160	(92.9%)	89	(7.1%)		
Shelby	1,164	(87.8%)	161	(12.2%)		
Sumter	620	(84.5%)	114	(15.5%)		
Talledega	1,380	(72.3%)	529	(27.7%)		
Tallapoosa	1,644	(55.7%)	1,306	(44.3%)		
Tuscaloosa	1,185	(72.2%)	456	(27.8%)		
Walker	439	(63.6%)	251	(36.4%)		
Washington	230	(83.9%)	44	(16.1%)		
Wilcox	632	(77.6%)	182	(22.4%)		
Winston	266	(74.5%)	91	(25.5%)		
Total	**52,786**	**(72.8%)**	**19,745**	**(27.2%)**		

*These returns are from *Party Politics*, pp. 192–3, citing the *Montgomery Advertiser*, August 24, 1859. All other returns are from the manuscript collection.

ARKANSAS

Arkansas became the 25th state on June 15, 1836.
The first election for governor was held on August 1, 1836.

Term—Four years.   **Election**—First Monday in October.   **Limits**—No more than eight years in any 12 year period.

POPULATION

1830—30,388   1840—97,574   1850—209,897   1860—435,450

1836

County	James S. Conway (D)		Absalom Fowler (W)	
Arkansas	141	(56.2%)	110	(43.8%)
Carroll	160	(40.7%)	233	(59.3%)
Chicot	109	(57.1%)	82	(42.9%)
Clark	144	(66.1%)	74	(33.9%)
Conway	128	(50.8%)	124	(49.2%)
Crawford	277	(56.0%)	218	(44.0%)
Green	155	(99.4%)	1	(0.6%)
Hot Spring	98	(76.0%)	31	(24.0%)
Independence	103	(24.1%)	324	(75.9%)
Izard	140	(70.0%)	60	(30.0%)
Jackson	49	(65.3%)	26	(34.7%)
Johnson	155	(67.4%)	75	(32.6%)
Lafayette	55	(50.9%)	15	(21.9%)
Lawrence	79	(24.1%)	249	(75.9%)
Miller	55	(50.9%)	53	(49.1%)
Mississippi	19	(23.5%)	62	(76.5%)
Monroe	114	(65.5%)	60	(34.5%)
Phillips	258	(92.5%)	21	(7.5%)
Pike	114	(96.6%)	4	(3.4%)
Pope	252	(77.5%)	71	(22.5%)
Pulaski	201	(47.9%)	219	(52.1%)
Randolph	170	(60.7%)	110	(39.3%)
St. Francis	332	(97.6%)	8	(2.4%)
Saline	86	(45.3%)	104	(54.7%)
Scott	144	(97.3%)	4	(2.7%)
Searcy	114	(76.5%)	35	(23.5%)
Sevier	137	(75.3%)	45	(24.7%)
Union	107	(94.7%)	6	(5.3%)
Van Buren	90	(55.6%)	72	(44.4%)
Washington	844	(65.5%)	444	(34.5%)
White	24	(22.2%)	84	(77.8%)
Total*	**4,854** (4,855)**	**(61.6%)**	**3,024**	**(38.4%)**

*The votes of the counties listed below were not received by the Legislature in time and not included in the above.

| Crittenden | 111 | (88.1%) | 15 | (11.9%) |

Hempstead	257	(70.8%)	106	(29.2%)
Jefferson	116	(60.1%)	77	(39.9%)

**Stated total.

SOURCE—(Little Rock) *Arkansas Gazette*, September 13, 1836.

1840

County	Archibald Yell (D)	scattering
Clarke	200	
Henry	338	
Hot Spring	239	
Jackson	220	
Independence	382	
Pulaski	466	
Total	10,554 (96.36%)	399 (3.64%)

These are the only county returns located. The statewide total was found in *American State Governors*, p. 58. The county returns were found in the (Little Rock) *Arkansas Gazette*.

1844

County	Thomas S. Drew (D)	Lorenzo Gibson (W)	Richard Byrd (I)
Arkansas	90 (41.3%)	93 (42.7%)	35 (16.1%)
Benton	320 (65.4%)	125 (25.6%)	44 (9.0%)
Bradley	145 (44.9%)	155 (48.0%)	23 (7.1%)
Carroll	167 (33.9%)	127 (25.8%)	199 (40.4%)
Chicot	126 (35.6%)	226 (64.4%)	0
Clark	202 (44.8%)	209 (46.1%)	41 (9.1%)
Conway	214 (41.6%)	203 (39.4%)	98 (19.0%)
Crawford	506 (53.9%)	389 (41.5%)	43 (4.6%)
Crittenden	102 (36.0%)	119 (42.0%)	62 (21.9%)
Desha	29 (11.6%)	154 (61.8%)	66 (26.5%)
Franklin	187 (44.0%)	190 (44.7%)	48 (11.3%)
Fulton	135 (64.3%)	46 (21.9%)	29 (13.8%)
Green	130 (42.3%)	101 (32.9%)	76 (24.8%)
Hempstead	390 (51.4%)	342 (45.1%)	27 (3.6%)
Hot Spring	80 (36.7%)	113 (51.8%)	25 (11.5%)
Independence	370 (49.5%)	359 (48.0%)	19 (2.5%)
Izard	166 (63.1%)	69 (26.2%)	28 (10.6%)
Jackson	186 (55.0%)	145 (42.9%)	7 (2.1%)
Jefferson	105 (40.5%)	123 (47.5%)	31 (12.0%)
Johnson	395 (65.4%)	173 (28.6%)	36 (6.0%)
Lafayette	86 (47.0%)	85 (46.4%)	19 (6.6%)
Lawrence	304 (54.6%)	211 (7.5%)	42 (7.5%)
Madison	313 (61.5%)	110 (21.6%)	86 (16.9%)
Marion	40 (19.0%)	57 (27.0%)	114 (54.0%)
Mississippi	48 (28.9%)	78 (47.0%)	40 (24.1%)
Monroe	52 (28.9%)	93 (51.7%)	35 (19.4%)
Montgomery	69 (37.1%)	53 (28.5%)	64 (34.4%)
Newton	67 (29.0%)	69 (29.9%)	95 (41.1%)
Ouachita	157 (39.8%)	221 (56.1%)	16 (4.1%)
Perry	63 (39.4%)	77 (48.1%)	20 (12.5%)
Phillips	278 (44.6%)	304 (48.8%)	41 (6.6%)
Pike	105 (64.0%)	29 (17.7%)	30 (18.3%)
Poinsett	113 (60.0%)	40 (21.1%)	36 (19.0%)
Pope	323 (53.3%)	257 (42.4%)	26 (4.3%)
Pulaski	335 (38.7%)	437 (50.5%)	94 (10.9%)
Randolph	302 (78.4%)	52 (13.5%)	31 (8.1%)
St. Francis	200 (46.7%)	128 (29.9%)	100 (23.4%)
Saline	195 (53.7%)	154 (42.4%)	15 (4.1%)
Scott	37 (17.3%)	42 (19.6%)	172 (80.4%)
Searcy	9 (4.2%)	80 (37.0%)	127 (58.8%)
Sevier	250 (46.7%)	159 (29.7%)	126 (23.6%)
Union	319 (54.3%)	240 (40.8%)	29 (4.9%)
Van Buren	107 (39.5%)	71 (26.2%)	93 (34.3%)
Washington	759 (58.9%)	503 (39.0%)	27 (2.1%)
White	79 (32.6%)	163 (67.4%)	0
Yell	204 (54.5%)	71 (19.0%)	99 (26.5%)
Total	8,859 (47.6%)	7,245 (38.9%)	2,514 (13.5%)

SOURCE—(Little Rock) *Arkansas Gazette*, November 27, 1844.

1848

County	Thomas S. Drew (D)	scattering
Arkansas	101	
Benton	472	
Bradley	192	44 (81.4%)
Carroll	577	
Chicot	197 (95.2%)	10 (4.8%)
Clark	293 (76.9%)	88 (23.1%)
Conway	308 (86.8%)	47 (13.2%)
Crawford	860 (95.8%)	38 (4.2%)
Crittenden	315 (48.7%)	332 (51.3%)
Dallas	388 (82.9%)	80 (17.1%)
Desha	369	
Drew	242 (89.6%)	28 (10.4%)
Green	277	
Hempstead	560	
Hot Spring	305	
Independence	678	
Jefferson	234 (95.9%)	10 (4.1%)
Johnson	687 (94.6%)	39 (5.4%)
Lafayette	173 (98.9%)	2 (1.1%)
Madison	541	
Mississippi	258	
Monroe	245	
Montgomery	167	
Newton	226	
Ouachita	497	
Perry	110 (99.1%)	1 (0.9%)
Phillips	517	
Poinsett	260	
Polk	92	
Pope	515 (99.2%)	4 (0.8%)
Prairie	207	
Randolph	406	
St. Francis	559 (98.2%)	10 (1.8%)
Saline	442 (97.8%)	10 (2.2%)
Scott	344	
Searcy	182	
Sevier	466	
Union	759 (86.6%)	117 (13.4%)
Van Buren	312	
Washington	910 (99.7%)	3 (0.3%)
White	239	
Yell	384 (98.5%)	6 (1.5%)
Total	15,866 (94.8%)	869 (5.2%)
	(15,962)*	(859)*

*No returns from Franklin, Izard, Jackson, Lawrence, Marion and Pulaski counties. The returns from Pike County were rejected.

SOURCE—Journal of the Arkansas Senate, 1848, pp. 23–25.

1849*

County	John S. Roane (D)	C. Wilson (W)
Arkansas	no returns reported	
Benton	116 (72.5%)	44 (27.5%)
Bradley	39 (38.2%)	63 (61.8%)

Arkansas

County				
Carroll	100	(68.0%)	47	(32.0%)
Chicot	16	(32.0%)	34	(68.0%)
Clark	45	(43.7%)	58	(56.3%)
Conway	105	(64.8%)	57	(35.2%)
Crawford	170	(47.9%)	185	(52.1%)
Crittenden	4	(17.4%)	19	(82.6%)
Dallas	74	(47.7%)	81	(52.3%)
Desha	28	(54.9%)	23	(45.1%)
Drew	68	(41.5%)	96	(58.5%)
Franklin	59	(56.7%)	45	(43.3%)
Fulton	23	(85.2%)	4	(14.8%)
Greene		no returns reported		
Hempstead	66	(26.2%)	186	(73.8%)
Hot Spring	26	(32.5%)	54	(67.5%)
Independence	207	(53.4%)	181	(46.6%)
Izard		no returns reported		
Jackson	74	(61.7%)	46	(38.3%)
Jefferson	64	(33.9%)	125	(66.1%)
Johnson	82	(46.9%)	93	(53.1%)
Lafayette	13	(30.2%)	30	(69.8%)
Lawrence	141	(52.8%)	126	(47.2%)
Madison	130	(67.7%)	62	(32.3%)
Marion	18	(50.0%)	18	(50.0%)
Mississippi		no returns reported		
Monroe	39	(49.4%)	40	(50.6%)
Montgomery	27	(50.9%)	26	(49.1%)
Newton	60	(87.0%)	9	(13.0%)
Ouachita	137	(35.5%)	249	(64.5%)
Perry	23	(67.6%)	11	(32.4%)
Phillips	56	(33.1%)	113	(66.9%)
Pike	61	(80.3%)	15	(19.7%)
Poinsett		no returns reported		
Polk	62	(74.7%)	21	(25.3%)
Pope	108	(42.5%)	146	(57.5%)
Prairie	10	(24.4%)	31	(75.6%)
Pulaski	139	(37.8%)	229	(62.2%)
Randolph	85	(91.4%)	8	(8.6%)
St. Francis	89	(70.6%)	37	(29.4%)
Saline	85	(57.0%)	64	(43.0%)
Scott	55	(67.9%)	26	(32.1%)
Searcy	32	(60.4%)	21	(39.6%)
Sevier	2	(10.0%)	18	(90.0%)
Union	233	(53.9%)	199	(46.1%)
Van Buren	42	(46.7%)	48	(53.3%)
Washington	146	(46.6%)	167	(53.4%)
White	37	(66.1%)	19	(33.9%)
Yell	94	(63.5%)	54	(36.5%)
Total	**3,290**	**(50.5%)**	**3,228**	**(49.5%)**

*This was a special election for the remainder of the term of Governor Thomas S. Drew who resigned.

There is no indication that the five counties that are listed as missing ever made returns.

SOURCES—(Little Rock) *Arkansas Gazette*, April 12, 1849; *Whig Almanac 1850*, p. 60.

1852

County	Elias N. Conway (D)		B. H. Smithson (W)	
Arkansas	216	(56.3%)	168	(43.7%)
Ashley	211	(64.5%)	116	(35.5%)
Bradley	271	(53.7%)	234	(46.3%)
Calhoun	223	(75.3%)	73	(24.7%)
Carroll	390	(50.4%)	384	(49.6%)
Chicot	189	(75.6%)	61	(24.4%)
Clark	290	(42.8%)	388	(57.2%)
Conway	422	(74.6%)	144	(25.4%)
Crawford	87	(12.6%)	604	(87.4%)
Crittenden	163	(54.0%)	139	(46.0%)
Dallas	344	(63.9%)	194	(36.1%)
Desha	243	(58.6%)	172	(41.4%)
Drew	247	(55.3%)	200	(44.7%)
Franklin	164	(28.0%)	421	(72.0%)
Fulton	230	(78.5%)	63	(21.5%)
Green	301	(86.7%)	46	(13.3%)
Hempstead	352	(40.8%)	511	(59.2%)
Hot Spring	348	(59.5%)	237	(40.5%)
Independence	775	(65.7%)	405	(34.3%)
Izard	438	(87.3%)	64	(12.7%)
Jackson	463	(58.4%)	330	(41.6%)
Jefferson	414	(64.0%)	233	(36.0%)
Johnson	244	(33.4%)	486	(66.6%)
Lafayette	285	(60.6%)	185	(39.4%)
Lawrence	657	(78.6%)	179	(21.4%)
Marion	238	(57.6%)	175	(42.4%)
Mississippi	200	(86.6%)	31	(13.4%)
Montgomery	123	(37.8%)	202	(62.2%)
Monroe	173	(59.2%)	119	(40.8%)
Ouachita	501	(50.9%)	483	(49.1%)
Perry	155	(60.6%)	25	(39.4%)
Phillips	490	(57.2%)	366	(42.8%)
Pike	193	(62.5%)	116	(37.5%)
Poinsett	390	(94.4%)	23	(5.6%)
Polk	174	(72.8%)	65	(27.2%)
Pope	276	(43.4%)	360	(56.6%)
Prairie	284	(60.6%)	185	(39.4%)
Pulaski	382	(48.8%)	401	(51.2%)
Randolph	349	(89.9%)	39	(10.1%)
St. Francis	406	(62.8%)	240	(37.2%)
Saline	339	(56.7%)	259	(43.3%)
Scott	211	(45.1%)	257	(54.9%)
Searcy	165	(42.1%)	227	(57.9%)
Sebastian	362	(51.9%)	335	(48.1%)
Sevier	251	(46.0%)	295	(54.0%)
Union	673	(58.1%)	486	(41.9%)
Washington	220	(15.9%)	1,168	(84.1%)
White	354	(69.0%)	159	(31.0%)
Van Buren	285	(77.2%)	84	(22.8%)
Yell	281	(50.4%)	277	(49.6%)
Total	**15,442**	**(55.4%)**	**12,414**	**(44.6%)**
Benton*			366 majority	
Madison*	345	(49.9%)	347	(50.1%)
Newton*	145	(43.9%)	185	(56.1%)

*Not reported in the official returns found in the *Whig Almanac 1853*, p. 58.

SOURCE—Journal of the Arkansas Senate, December 4, 1852, p. 40.

1856

County	Elias N. Conway (D)		James Yell (A)	
Arkansas	309	(50.0%)	309	(50.0%)
Ashley	380	(67.0%)	187	(33.0%)
Benton	971	(84.1%)	183	(15.9%)
Bradley	469	(54.7%)	389	(45.3%)
Calhoun	302	(70.6%)	126	(29.4%)
Carroll	911	(74.9%)	305	(25.1%)
Chicot	213	(58.5%)	151	(41.5%)
Clark	719	(69.9%)	309	(30.1%)
Columbia	597	(49.5%)	608	(50.5%)
Conway	469	(66.6%)	235	(33.4%)
Crawford	172	(47.6%)	189	(52.4%)
Crittenden	278	(52.4%)	253	(47.6%)
Dallas	470	(61.0%)	301	(39.0%)
Desha	318	(53.1%)	281	(46.9%)

County				
Drew	458	(57.2%)	343	(42.8%)
Franklin	570	(81.9%)	126	(18.1%)
Fulton	397	(88.0%)	54	(12.0%)
Green	562	(74.3%)	194	(25.7%)
Hempstead	652	(55.7%)	519	(44.3%)
Hot Spring	518	(68.7%)	236	(31.3%)
Independence	1,060	(58.5%)	752	(41.5%)
Izard	697	(64.5%)	120	(35.5%)
Jackson	527	(53.8%)	453	(46.2%)
Jefferson	521	(50.5%)	510	(49.5%)
Johnson	687	(83.2%)	139	(16.8%)
Lafayette	154	(48.0%)	179	(52.0%)
Lawrence	916	(67.8%)	436	(32.2%)
Madison	827	(84.8%)	148	(15.2%)
Marion	491	(69.5%)	215	(30.5%)
Mississippi	238	(55.7%)	189	(44.3%)
Monroe	309	(65.2%)	165	(34.8%)
Montgomery	405	(82.8%)	84	(17.2%)
Newton	301	(77.8%)	86	(22.2%)
Ouachita	711	(54.8%)	587	(45.2%)
Perry	193	(69.4%)	85	(30.6%)
Phillips	535	(48.7%)	563	(51.3%)
Pike	279	(76.0%)	88	(24.0%)
Poinsett	457	(65.9%)	137	(34.1%)
Polk	245	(86.6%)	38	(13.4%)
Pope	597	(71.6%)	237	(28.4%)
Prairie	486	(57.0%)	367	(43.0%)
Pulaski	468	(46.0%)	549	(54.0%)
Randolph	545	(83.0%)	112	(17.0%)
St. Francis	630	(62.1%)	384	(37.9%)
Saline	521	(58.3%)	373	(41.7%)
Scott	239	(46.7%)	253	(53.3%)
Searcy	468	(80.4%)	114	(19.6%)
Sebastian	337	(37.9%)	552	(62.1%)
Sevier	506	(62.9%)	299	(37.1%)
Union	686	(78.9%)	183	(21.1%)
Van Buren	455	(84.7%)	92	(15.3%)
Washington	1,178	(67.3%)	573	(32.7%)
White	653	(70.8%)	269	(29.2%)
Yell	555	(72.4%)	212	(27.6%)
Total	**27,612**	**(65.0%)**	**14,841**	**(35.0%)**
			(15,249)*	

*Stated total.

Source—Journal of the Arkansas Senate, November 7, 1856, pp. 36–7.

1860

County	Henry M. Rector (ID)		Richard H. Johnson (D)	
Arkansas	469	(57.8%)	343	(42.2%)
Ashley	411	(42.2%)	563	(57.8%)
Benton	914	(56.0%)	717	(44.0%)
Bradley	750	(62.4%)	451	(37.6%)
Calhoun	325	(52.2%)	298	(47.8%)
Carroll	711	(49.3%)	730	(50.7%)
Chicot	126	(28.5%)	316	(71.5%)
Clark	665	(44.0%)	847	(56.0%)
Columbia	881	(50.9%)	830	(49.1%)
Conway	725	(62.6%)	434	(37.4%)
Craighead	494	(78.0%)	139	(22.0%)
Crawford	531	(45.9%)	626	(54.1%)
Crittenden	219	(35.0%)	407	(65.0%)
Dallas	508	(52.7%)	456	(47.3%)
Desha	447	(62.8%)	265	(37.2%)
Drew	865	(64.7%)	471	(35.3%)
Franklin	726	(67.2%)	355	(32.8%)
Fulton	337	(51.8%)	313	(48.2%)
Greene	827	(87.0%)	124	(13.0%)
Hempstead	800	(47.4%)	886	(52.6%)
Hot Spring	348	(37.3%)	586	(62.7%)
Independence	1,169	(57.6%)	862	(42.4%)
Izard	440	(37.0%)	749	(63.0%)
Jackson	1,120	(73.8%)	397	(26.2%)
Jefferson	918	(53.8%)	789	(46.2%)
Johnson	574	(48.4%)	611	(51.6%)
Lafayette	203	(28.7%)	505	(71.3%)
Lawrence	612	(37.5%)	1,019	(62.5%)
Madison	861	(71.6%)	342	(28.4%)
Marion	525	(57.3%)	392	(42.7%)
Mississippi	235	(57.3%)	159	(42.7%)
Monroe	371	(49.4%)	380	(50.6%)
Montgomery	164	(26.8%)	447	(73.2%)
Newton	401	(70.8%)	165	(29.2%)
Ouachita	820	(50.7%)	796	(49.3%)
Perry	94	(25.2%)	279	(74.8%)
Phillips	624	(46.6%)	715	(53.4%)
Pike	372	(55.0%)	272	(45.0%)
Poinsett	448	(94.1%)	28	(5.9%)
Polk	229	(36.6%)	396	(63.4%)
Pope	494	(41.7%)	692	(58.3%)
Prairie	854	(60.7%)	553	(39.3%)
Pulaski	756	(48.0%)	818	(52.0%)
Randolph	530	(52.9%)	472	(47.1%)
Saint Francis	691	(56.1%)	541	(43.9%)
Saline	572	(48.7%)	602	(51.3%)
Scott	556	(61.7%)	345	(38.3%)
Searcy	492	(61.3%)	310	(38.7%)
Sebastian	1,038	(61.1%)	662	(38.9%)
Sevier	563	(41.1%)	806	(58.9%)
Union	482	(39.3%)	744	(60.7%)
Van Buren	428	(46.7%)	488	(53.3%)
Washington	1,305	(57.4%)	969	(42.6%)
White	753	(50.7%)	733	(49.3%)
Yell	275	(26.1%)	774	(73.9%)
Total	**32,048**	**(52.5%)**	**28,969**	**(47.5%)**

Source—Journal of the Arkansas Senate, December 9, 1860, pp. 66–7.

CALIFORNIA

California became the 31st State on September 1, 1850. The first election for governor was held November 13, 1849.

Term—Two years.   **Election**—First Wednesday in September.

POPULATION

1850—92,597   1860—379,994

California

1849

District*	Peter H. Burnett		Winfield S. Sherwood		John A. Sutter		John W. Geary		William M. Stewart	
Los Angeles	157	(64.6%)	86	(35.4%)	0		0		0	
Monterey	181	(48.1%)	152	(40.4%)	39	(10.4%)	0		4	(1.1%)
Sacramento	2,408	(42.7%)	1,923	(34.1%)	861	(15.3%)	0		442	(7.8%)
San Diego	93	(38.6%)	148	(61.4%)	0		0		0	
San Francisco	1,925	(62.0%)	69	(2.2%)	1,084	(34.9%)	0		28	(0.9%)
San Joaquin	928	(31.2%)	418	(14.0%)	182	(6.1%)	1,356	(45.5%)	95	(3.2%)
San Jose	517	(89.9%)	36	(6.3%)	16	(2.8%)	2	(0.3%)	4	(0.7%)
San Luis Obispo	0		45	(100%)	0		0		0	
Santa Barbara	1	(0.5%)	183	(9.5%)	0		0		0	
Sonoma	424	(68.7%)	128	(20.7%)	19	(3.1%)	0		46	(7.5%)
Total**	6,716	(47.3%)	3,188	(22.5%)	2,201	(15.5%)	1,475	(10.4%)**	619	(4.4%)

*The California Constitutional Convention divided the state into 10 election districts for this election. Counties were not established until after the election of the first state legislature.

**The returns as found in the Senate Journal only give the district vote for Burnett and Sherwood; the manuscript returns provide the district returns for all of the candidates. However, Geary's total in the manuscript returns is 1,358; these are the only district returns uncovered and are used here, although the state total is from the Journal. The district returns and totals for Burnett and Sherwood are from the Senate Journal. Although the district returns for Sutter and Stewart are from the manuscript returns the state totals for these candidates are the same in both sources.

SOURCES—Journal of the California Senate, December 18, 1849, pp. 12–14; manuscript returns; state archives.

1851

County	John Bigler (D)		Pierson B. Reading (W)	
Butte	1,409	(63.6%)	1,207	(36.4%)
Calaveras	1,780	(62.3%)	1,078	(37.7%)
Colusa*	77	(49.4%)	81	(50.6%)
Conta Costa	174	(49.0%)	181	(51.0%)
El Dorado*	3,072	(54.0%)	2,630	(46.0%)
Klamath	170	(33.5%)	337	(66.5%)
Los Angeles	72	(14.5%)	424	(85.5%)
Mariposa	779	(55.9%)	614	(44.1%)
Marin & Mendocino	12	(8.2%)	146	(91.8%)
Monterey	195	(60.6%)	127	(39.4%)
Napa	82	(36.8%)	141	(63.2%)
Nevada	1,466	(50.8%)	1,419	(49.2%)
Placer	1,196	(59.0%)	830	(41.0%)
Sacramento	2,269	(55.1%)	1,846	(44.9%)
San Diego	104	(63.4%)	60	(36.6%)
San Francisco	2,431	(42.1%)	3,343	(57.9%)
San Joaquin*	801	(50.0%)	801	(50.0%)
San Luis Obispo*	8	(12.1%)	58	(87.9%)
Santa Barbara	0		205	(100%)
Santa Clara*	377	(30.3%)	839	(69.7%)
Santa Cruz	35	(13.9%)	213	(86.1%)
Shasta	1,169	(54.5%)	975	(45.5%)
Solano*	233	(37.8%)	393	(62.2%)
Sonoma*	193	(47.9%)	210	(52.1%)
Sutter	139	(52.9%)	124	(47.1%)
Trinity	552	(50.3%)	545	(49.7%)
Tuolomne	1,580	(52.5%)	1,429	(47.5%)
Yolo*	292	(61.6%)	182	(47.5%)
Yuba*	2,507	(52.2%)	2,295	(47.8%)
Total*	23,174	(50.5%)	22,733	(49.5%)

*The Journal of the California Senate lists these counties as disputed and separate from the other counties. It also gives two separate state totals: not disputed, Bigler 15,614 (50.6) and Reading 15,244 (49.4), disputed 7,560 (50.2) and 7,489 (49.8). However, the Journal also gives a combined vote as listed above, without indicating if the disputed votes were in fact counted. All other sources checked, including a later edition of the *California Blue Book*, used the combined totals as indicated here.

SOURCE—Journal of the California Senate, January 8, 1852, pp. 25–26.

1853

County	John Bigler (D)		William Waldo (W)	
Alameda	551	(56.9%)	418	(43.1%)
Butte	1,544	(48.4%)	1,643	(51.6%)
Calaveras	2,545	(53.5%)	2,212	(46.5%)
Colusa	165	(38.7%)	261	(61.3%)
Contra Costa	324	(49.8%)	327	(50.2%)
El Dorado	4,373	(50.9%)	4,219	(49.1%)
Humboldt*	233	(48.9%)	243	(51.1%)
Klamath*	387	(46.1%)	452	(53.9%)
Los Angeles	477	(67.2%)	233	(32.8%)
Marin*	218	(40.4%)	321	(59.6%)
Mariposa	845	(51.1%)	810	(48.9%)
Monterey	255	(74.6%)	87	(25.4%)
Napa	173	(30.6%)	393	(69.4%)
Nevada	2,311	(51.5%)	2,179	(48.5%)
Placer	1,929	(51.8%)	1,796	(48.2%)
Sacramento	3,276	(49.7%)	3,322	(50.3%)
San Bernardino*	252	(99.2%)	2	(0.8%)
San Diego*	74	(42.5%)	100	(57.5%)
San Francisco	5,480	(50.02%)	5,475	(49.98%)
San Joaquin*	1,250	(51.4%)	1,180	(48.6%)
San Luis Obispo*	9	(6.2%)	137	(93.8%)
Santa Barbara	184	(64.1%)	103	(35.9%)
Santa Clara*	598	(33.3%)	1,196	(66.7%)
Santa Cruz	341	(44.3%)	429	(55.7%)
Shasta	817	(52.4%)	741	(47.6%)
Sierra	1,906	(55.7%)	1,515	(44.3%)
Siskiyou*	819	(56.3%)	635	(43.7%)
Solano	541	(50.4%)	532	(49.6%)
Sonoma*	404	(38.7%)	641	(61.3%)
Sutter	253	(51.3%)	240	(48.7%)
Trinity	748	(56.3%)	581	(43.7%)
Tulare*	54	(65.1%)	29	(34.9%)
Tuolumne	2,759	(53.9%)	2,358	(46.1%)
Yolo*	434	(47.9%)	472	(52.1%)
Yuba*	2,410	(51.3%)	2,285	(48.7%)
Total	38,940	(51.0%)	37,464	(49.0%)

*Listed in the Senate Journal as "Informal Returns" separately from the other counties, which are listed as "Formal Returns." Three sets of vote totals are also provided. Formal: Bigler 31,797 (51.6) and Waldo 29,773 (48.4). Informal: Bigler 7,143 (48.2) and Waldo 7,691 (52.8), as well as the above combined totals. The implication seems to be that only the formal returns were counted. However, all the other sources located all used the combined totals as listed here.

SOURCE—Journal of the California Senate, January 5, 6, 1854, pp. 61–3.

1855

County	J. Neeley Johnson (A)		John Bigler (D)	
Alameda	409	(27.3%)	1,088	(72.7%)
Amador	2,035	(54.2%)	1,719	(45.8%)
Butte	1,451	(50.7%)	1,411	(49.3%)
Calaveras	2,186	(49.6%)	2,220	(50.4%)
Colusa	359	(55.9%)	283	(44.1%)
Contra Costa	360	(46.9%)	407	(53.1%)
El Dorado	4,929	(55.5%)	3,948	(44.5%)
Humboldt	282	(76.6%)	77	(23.4%)
Klamath	545	(53.1%)	482	(46.9%)
Los Angeles	556	(37.6%)	923	(62.4%)
Marin	173	(34.2%)	333	(65.8%)
Merced	102	(54.5%)	85	(45.5%)
Monterey	485	(72.9%)	180	(27.1%)
Napa	247	(51.8%)	230	(48.2%)
Nevada	2,861	(53.3%)	2,502	(46.7%)
Placer	3,128	(52.1%)	2,312	(47.9%)
Plumas	1,111	(60.4%)	728	(39.6%)
Sacramento	3,544	(54.9%)	2,912	(45.1%)
San Bernardino	14	(4.0%)	332	(96.0%)
San Diego	17	(9.7%)	204	(90.3%)
San Francisco	5,213	(42.2%)	7,138	(57.8%)
San Joaquin	1,447	(58.5%)	1,026	(41.5%)
San Luis Obispo	45	(27.6%)	118	(72.4%)
Santa Barbara	39	(10.5%)	333	(89.5%)
Santa Clara	1,135	(53.3%)	994	(46.7%)
Santa Cruz	625	(71.3%)	255	(28.7%)
Sierra	3,070	(41.2%)	2,148	(58.8%)
Siskiyou	2,045	(59.9%)	1,368	(40.1%)
Solano	753	(56.0%)	591	(44.0%)
Sonoma & Mendocino	892	(48.9%)	933	(51.1%)
Sutter	340	(47.2%)	381	(52.8%)
Trinity	1,132	(68.6%)	517	(31.4%)
Tulare	140	(40.7%)	204	(59.3%)
Tuolomne	2,805	(54.0%)	2,391	(46.0%)
Yolo	603	(51.8%)	560	(48.2%)
Yuba	2,728	(54.4%)	2,283	(45.6%)
Total*	**49,078**	**(52.5%)**	**44,370**	**(47.5%)**

*The returns as certified by the Legislature have no returns for the counties listed below. No explanation is given. However, the manuscript copy certified by the Secretary of State and sent to Governor Bigler on November 3, 1855, included the returns from these counties and they are listed below. Other sources checked all include the returns from these three counties but offer differing totals. See *Guide* 4th edition by Diamond (ed.); (California) *Blue Book 1908*; L.P. McCarty, *The Annual Statistician and Economist*, (San Francisco, Cal.: 1891), pp. 261–2.

Mariposa	1,255	(56.6%)	964	(43.4%)
Shasta	1,418	(52.1%)	1,302	(47.9%)
Stanislaus	225	(42.9%)	299	(57.1%)

SOURCE—Journal of the California Assembly, January 9, 1856.

1857

County	John B. Weller (D)		Edward Stanly (R)		George W. Bowie (A)	
Alameda	784	(45.0)	945	(54.2)	14	(0.8)
Amador	1,619	(52.1)	492	(15.8)	997	(32.1)
Butte	2,341	(55.3)	1,043	(24.6)	853	(20.1)
Calaveras	2,603	(68.6)	505	(13.3)	688	(18.1)
Colusa	321	(59.9)	37	(6.9)	178	(33.2)
Contra Costa	532	(60.8)	270	(30.9)	73	(8.3)
Del Norte	310	(70.6)	67	(15.3)	62	(14.1)
Fresno	276	(99.6)	1,337	(21.7)	1,693	(27.5)
Humboldt	366	(67.3)	1	(0.4)	0	
Los Angeles	1,304	(93.1)	82	(5.8)	15	(1.1)
Marin	444	(70.0)	188	(29.7)	2	(0.3)
Mariposa	1,217	(67.2)	152	(8.4)	441	(24.4)
Merced	259	(92.2)	9	(3.2)	13	(4.6)
Monterey	509	(82.1)	91	(14.7)	20	(3.2)
Napa	765	(76.0)	224	(22.2)	18	(1.8)
Nevada	2,956	(53.5)	967	(17.5)	1,606	(29.0)
Placer	1,978	(48.0)	715	(17.4)	1,424	(34.6)
Plumas	1,460	(77.0)	199	(10.5)	236	(12.5)
Sacramento	2,518	(39.0)	1,844	(28.6)	2,092	(32.4)
San Diego	207	(99.5)	1	(0.5)	0	
San Francisco	4,430	(42.9)	5,535	(53.6)	361	(3.5)
San Joaquin	1,549	(60.9)	394	(15.5)	602	(23.6)
San Luis Obispo	225	(80.4)	55	(19.6)	0	
San Mateo	229	(54.5)	190	(45.2)	1	(0.2)
Santa Barbara	469	(99.0)	3	(0.6)	2	(0.4)
Santa Clara	1,298	(58.3)	891	(40.0)	37	(1.7)
Santa Cruz	450	(57.5)	265	(33.9)	67	(8.6)
Shasta	1,406	(62.6)	119	(5.3)	720	(32.1)
Sierra	2,555	(52.8)	473	(9.8)	1,810	(37.4)
Siskiyou	2,425	(61.1)	331	(8.3)	1,212	(30.6)
Solano	923	(61.2)	329	(21.8)	257	(17.0)
Sonoma & Mendocino	1,742	(69.0)	521	(20.6)	262	(10.4)
Stanislaus	419	(75.2)	8	(1.4)	130	(23.4)
Sutter	550	(66.4)	181	(21.9)	97	(11.7)
Tehama	563	(67.9)	41	(5.0)	225	(27.1)
Trinity	901	(52.2)	118	(6.8)	709	(41.0)
Tulare & Buena Vista	404	(93.7)	23	(5.4)	4	(0.9)
Tuolumne	3,133	(56.9)	1,307	(23.8)	1,064	(19.3)
Yolo	521	(46.8)	173	(15.5)	419	(37.7)
Yuba	2,135	(55.2)	717	(18.6)	1,012	(26.2)
Total	**49,096**	**(56.8)**	**19,621**	**(22.7)**	**17,723**	**(20.5)**
El Dorado*	3,129	(50.8)	1,337	(21.7)	1,693	(27.5)
Klamath*	485	(85.5)	22	(3.9)	60	(10.6)
San Bernadino*	414	(98.3)	7	(1.7)	0	

*Not included in the official returns.

SOURCES—Journal of the California Assembly, January 6, 1858, p. 15.

1859

County	Milton S. Latham (D-L)		John Curry (D-AL)		Leland Stanford (R)	
Alameda	1,066	(52.6)	664	(32.7)	299	(14.7)
Butte	1,915	(48.7)	1,666	(42.3)	354	(9.0)
Colusa	541	(75.0)	166	(23.0)	15	(2.0)
El Dorado	3,096	(52.3)	2,413	(40.8)	408	(6.9)
Fresno	359	(96.8)	11	(2.9)	1	(0.3)
Humboldt	397	(46.6)	372	(43.7)	83	(9.7)
Marin	467	(76.7)	75	(12.3)	67	(11.0)
Mariposa	1,462	(86.9)	212	(12.6)	8	(0.5)
Mendocino	730	(88.4)	85	(10.3)	11	(1.3)

Napa	810	(46.8)	905	(52.4)	14	(0.8)	Klamath	607	(83.4)	120	(16.5)	1	(0.1)
Nevada	3,185	(50.6)	2,534	(40.2)	581	(9.2)	Los Angeles	1,916	(87.7)	49	(2.2)	220	(10.1)
Placer	2,326	(53.6)	1,117	(25.7)	896	(20.6)	Merced	231	(87.5)	32	(12.1)	1	(0.4)
Plumas	882	(51.2)	649	(37.6)	193	(11.2)	Monterey	495	(69.1)	175	(24.5)	46	(6.4)
Sacramento	3,526	(54.8)	2,678	(41.6)	228	(3.6)	San Bernardino	532	(92.2)	6	(1.0)	39	(6.8)
San Diego	259	(93.5)	1	(0.4)	17	(6.1)	San Luis Obispo	284	(82.6)	30	(8.7)	30	(8.7)
San Francisco	4,747	(44.3)	2,943	(27.5)	3,027	(28.2)	San Mateo	420	(44.6)	418	(44.3)	105	(11.1)
San Joaquin	1,806	(62.4)	878	(30.4)	209	(7.2)	Santa Barbara	431	(92.5)	0		35	(7.5)
Santa Clara	1,407	(58.6)	367	(15.3)	626	(26.1)	Santa Cruz	499	(45.4)	451	(41.0)	150	(13.6)
Shasta	1,456	(76.8)	432	(22.8)	8	(0.4)	Siskiyou	2,159	(61.6)	1,303	(37.2)	43	(1.2)
Sierra	2,814	(59.0)	1,666	(34.8)	295	(6.2)	Tulare &						
Solano	1,172	(56.2)	827	(39.6)	88	(4.2)	Buena Vista	821	(91.8)	63	(7.0)	11	(1.2)
Sonoma	1,981	(62.0)	1,148	(36.0)	64	(2.0)	Yuba	2,442	(56.2)	1,471	(33.8)	437	(10.0)
Stanislaus	389	(76.6)	106	(20.9)	13	(2.5)	**Total****	**61,355**	**(59.9)**	**31,178**	**(30.4)**	**9,910**	**(9.7)**
Sutter	695	(73.9)	159	(16.9)	87	(9.2)							
Tehama	770	(85.8)	92	(10.3)	35	(3.9)							
Trinity	1,285	(60.7)	829	(39.1)	4	(0.2)							
Tuolumne	3,723	(68.6)	737	(13.6)	969	(17.8)							
Yolo	757	(56.2)	568	(40.8)	66	(4.8)							
Total*	44,023	(57.4)	24,180	(31.5)	8,466	(11.0)							
Amador	2,023	(62.4)	985	(30.4)	232	(7.2)							
Calveras	3,275	(69.7)	1,391	(29.6)	35	(0.7)							
Contra Costa	805	(65.8)	378	(30.9)	41	(3.3)							
Del Norte	392	(73.1)	126	(23.5)	18	(3.4)							

*The Journal of the California Assembly, January 4, 1860, states that 15 counties made no returns; these are the counties listed below plus Calveras which is neither in the official returns, or listed as having made no returns. All sources consulted include the missing counties in their tabulation and these are the totals in bold.

**Total of all counties.

SOURCES—Journal of the California Assembly, January 4, 1860; *Tribune Almanac 1860*; *Annual Statistician* by McCarty, pp. 262–3.

CONNECTICUT

One of the 13 original states, Connecticut was one of two self-governing colonies and operated under a colonial charter that provided for an elected governor. On October 2, 1776, the General Assembly declared the colonial charter the basic law of the state. **Term**—One year. **Majority vote**—A candidate to be elected had to achieve a majority of all votes cast. If that did not occur the choice was to be made by the General Assembly and the Executive Council. Under the 1818 constitution this was modified to the extent that the choice would be made by a joint vote of the two houses of the legislature from the two highest in the popular vote. **Election**—Second Thursday in April until 1836 when the date was changed to the first Monday in April.

POPULATION

1774*—197,842 **1790**—237,946 **1800**—251,002 **1810**—261,942 **1820**—275,248
1830—297,675 **1840**—309,978 **1850**—370,792 **1860**—460,147

*Colonial census.

1776

Jonathan Trumbull
(no returns located)

1777

Jonathan Trumbull
(no returns located)

1778*

Jonathan Trumbull
2,306   (100%)

*No county returns located.

SOURCE—Manuscript, Connecticut Historical Society.

1779*

Jonathan Trumbull
2,108   (100%)

*No county returns located.

SOURCE—Manuscript, Connecticut Historical Society.

1780*

Jonathan Trumbull**   scattering
3,598   (49.3%)   3,668   (50.7%)

*No county returns located.
**No candidate received the required majority vote, and the Legislature elected Trumbull Governor.

SOURCE—Manuscript, Connecticut Historical Society.

Connecticut

1781*

Jonathan Trumbull**	William Pitkin	Richard Law	Matthew Griswold	Samuel Huntington	Oliver Wolcott	William Johnson	L. Marshall	scattering
2,636 (38.8%)	1,225 (18.0%)	810 (11.9%)	651 (9.6%)	649 (9.5%)	384 (5.6%)	151 (2.2%)	141 (2.1%)	155 (2.3%)

*No county returns located.
**No candidate received the required majority vote, and the Legislature elected Trumbull Governor.

SOURCE—Manuscript, Connecticut Historical Society.

1782*

Jonathan Trumbull	scattering
3,025 (50.2%)	3,006 (49.8%)

*No county returns located.

SOURCE—Manuscript, Connecticut Historical Society.

1783*

Jonathan Trumbull**	William Pitkin	Oliver Wolcott	Samuel Huntington	scattering
2,209 (31.3%)	2,080 (29.5%)	918 (13.0%)	896 (12.7%)	954 (13.5%)

*No county returns located.
**No candidate having received the required majority of the vote, the Legislature elected Trumbull Governor.

SOURCE—Manuscript, Connecticut Historical Society.

1784*

Matthew Griswold**	William Pitkin	Samuel Huntington	Oliver Wolcott	scattering
2,192 (32.0%)	1,689 (24.6%)	1,177 (17.2%)	1,053 (15.4%)	742 (10.8%)

*No county returns located.
**No candidate having received the required majority of the votes, the Legislature elected Griswold Governor.

SOURCE—Manuscript, Connecticut Historical Society, Hartford.

1785

Matthew Griswold
(no returns located)

1786–1795

Samuel Huntington
(no returns located)

1796*

Oliver Wolcott**	Jonathan Trumbull	Jonathan Ingersoll	Oliver Ellsworth	Richard Law	scattering
3,805 (49.0%)	1,187 (15.3%)	937 (12.1%)	629 (8.1%)	458 (5.9%)	757 (9.7%)

*No county returns located.
**Chosen by the Legislature, no candidate having received a majority of the vote.

SOURCES—Journal of the Connecticut House of Representatives 1797; state archives, Hartford.

1797

Oliver Wolcott (F)
(no returns located)

1798–1800

Jonathan Trumbull (F)
(no returns located)

1801*

Jonathan Trumbull (F)	Richard Law (D-R)
11,156 (91.4%)	1,056 (8.6%)

*No county returns located.

SOURCE—Journal, Connecticut House of Representatives, 1801.

Connecticut

1 8 0 2*

Jonathan Trumbull (F)	Ephraim Kirby (D-R)
11,398 (71.6%)	4,523 (28.4%)

*No county returns located.

SOURCE—Journal, Connecticut House of Representatives, 1802.

1 8 0 3*

Jonathan Trumbull (F)	Ephraim Kirby (D-R)
14,375 (64.7%)	7,848 (35.3%)

*No county returns located.

SOURCE—Journal, Connecticut House of Representatives, 1803.

1 8 0 4*

Jonathan Trumbull (F)	William Hart (D-R)
11,936 (61.8%)	7,376 (38.2%)

*No county returns located.

SOURCE—Journal, Connecticut House of Representatives, 1804.

1 8 0 5*

Jonathan Trumbull (F)	William Hart (D-R)
13,689 (62.5%)	8,223 (37.5%)

*No county returns located.

SOURCE—Journal, Connecticut House of Representatives, 1805.

1 8 0 6*

Jonathan Trumbull (F)	William Hart (D-R)
13,413 (58.6%)	9,460 (41.4%)

*No county returns located.

SOURCE—Journal, Connecticut House of Representatives, 1806.

1 8 0 7*

Jonathan Trumbull (F)	William Hart (D-R)
11,959 (60.0%)	7,971 (40.0%)

*No county returns located.

SOURCE—Journal, Connecticut House of Representatives, 1807.

1 8 0 8*

Jonathan Trumbull (F)	William Hart (D-R)
13,292 (62.0%)	8,164 (38.0%)

*No county returns located.

SOURCE—Journal, Connecticut House of Representatives, 1808.

1 8 0 9*

Jonathan Trumbull (F)	Asa Spaulding (D-R)
14,650 (64.2%)	8,159 (35.8%)

*No county returns located.

SOURCE—Journal, Connecticut House of Representatives, 1809.

1 8 1 0*

John Treadwell (F)**	Asa Spaulding (D-R)	Roger Griswold (F)
10,265 (49.9%)	7,185 (34.9%)	3,110 (15.1%)

*No county returns located.
**Chosen by the Legislature, no candidate having received the required majority of the vote.

SOURCE—Journal, Connecticut House of Representatives, 1810.

1 8 1 1*

Roger Griswold (F)	John Treadwell (F)
10,148 (53.8%)	8,727 (46.2%)

*No county returns located.

SOURCE—Journal, Connecticut House of Representatives, 1811.

1 8 1 2*

Roger Griswold (F)	Elijah Boardman (D-R)
11,721 (82.5%)	1,487 (17.5%)

*No county returns located.

SOURCE—Journal, Connecticut House of Representatives, 1812.

1 8 1 3*

John C. Smith (F)	Elijah Boardman (D-R)
11,893 (62.3%)	7,201 (37.7%)

*No county returns located.

SOURCE—Journal, Connecticut House of Representatives, 1813.

1 8 1 4*

John C. Smith (F)	Elijah Boardman (D-R)
9,415 (78.2%)	2,619 (21.8%)

*No county returns located.

SOURCE—Journal, Connecticut House of Representatives, 1814.

1 8 1 5*

John C. Smith (F)	Elijah Boardman (D-R)	scattering
8,176 (59.3%)	4,876 (35.3%)	742 (5.4%)

*No county returns located.

SOURCE—Journal, Connecticut House of Representatives, 1815.

Connecticut

1816*

	John C. Smith (F)	Oliver Wolcott (D-R,Tl)	scattering
	11,575 (52.7%)	10,184 (46.4%)	203 (0.9%)

*No county returns located.

SOURCE—Journal, Connecticut House of Representatives, 1816.

1817*

	Oliver Wolcott (D-R,Tl)	John C. Smith (F)	scattering
	13,655 (50.2%)	13,321 (49.0%)	203 (0.7%)

*No county returns located.

SOURCE—Journal, Connecticut House of Representatives, 1817.

1818*

	Oliver Wolcott (D-R)	scattering
	15,432 (86.3%)	2,446 (13.7%)

*No county returns located.

SOURCE—Journal, Connecticut House of Representatives, 1819.

1819

County	Oliver Wolcott (D-R)		Timothy Pitkin (F)		John C. Smith (F)		scattering	
Fairfield	2,603	(88.1%)	3	(0.1%)	259	(8.8%)	90	(3.0%)
Hartford	4,064	(83.1%)	598	(12.2%)	37	(0.8%)	192	(3.9%)
Litchfield	3,311	(76.6%)	507	(11.7%)	282	(6.5%)	224	(5.2%)
Middlesex	2,103	(94.3%)	7	(0.3%)	39	(1.7%)	82	(3.7%)
New Haven	3,342	(84.7%)	27	(0.7%)	302	(7.7%)	275	(7.0%)
New London	2,935	(98.6%)	0		7	(0.2%)	36	(1.2%)
Tolland	1,399	(84.4%)	53	(3.2%)	37	(2.2%)	168	(10.1%)
Windham	2,782	(93.6%)	5	(0.2%)	121	(4.0%)	63	(2.1%)
Total	**22,539**	**(86.8%)**	**1,200**	**(4.6%)**	**1,084**	**(4.2%)**	**1,130**	**(4.4%)**

SOURCES—Manuscript returns; state archives.

1820

County	Oliver Wolcott (D-R)		Timothy Pitkin (F)		John C. Smith (F)		scattering	
Fairfield	2,603	(90.8%)	3	(0.1%)	259	(9.0%)	3	(0.1%)
Hartford	4,064	(86.4%)	598	(12.7%)	37	(0.8%)	3	(0.1%)
Litchfield	3,311	(80.3%)	507	(12.2%)	282	(6.8%)	24	(0.6%)
Middlesex	2,103	(96.6%)	7	(0.3%)	39	(1.8%)	28	(1.3%)
New Haven	3,342	(87.1%)	27	(0.7%)	302	(7.9%)	166	(4.3%)
New London	2,935	(99.4%)	0		7	(0.2%)	12	(0.4%)
Tolland	1,399	(91.0%)	53	(3.4%)	37	(2.4%)	48	(3.1%)
Windham	2,782	(90.8%)	5	(0.2%)	121	(3.9%)	157	(5.1%)
Total	**22,539**	**(89.2%)**	**1,200**	**(4.7%)**	**1,084**	**(4.3%)**	**440**	**(1.7%)**

SOURCE—Manuscript returns.

1821

County	Oliver Wolcott (D-R)		Timothy Pitkin (F)		scattering	
Fairfield	1,292	(96.9%)	0		43	(3.1%)
Hartford	1,599	(80.1%)	216	(10.8%)	182	(9.1%)
Litchfield	1,457	(77.7%)	247	(13.2%)	180	(9.6%)
Middlesex	720	(85.9%)	0		118	(14.1%)
New Haven	1,669	(89.9%)	3	(0.2%)	166	(8.9%)
New London	1,291	(94.2%)	0		79	(5.8%)
Tolland	797	(84.7%)	35	(3.7%)	109	(11.6%)
Windham	1,230	(84.8%)	12	(0.8%)	208	(14.3%)
Total	**10,064**	**(86.9%)**	**513**	**(4.4%)**	**1,003**	**(8.7%)**

SOURCE—Manuscript returns.

1822

County	Oliver Wolcott (D-R)		Zephaniah Swift (F)		Timothy Pitkin (F)		scattering	
Fairfield	1,077	(95.4%)	2	(1.8%)	0		50	(4.4%)
Hartford	1,454	(85.5%)	92	(5.4%)	121	(7.1%)	34	(2.0%)
Litchfield	1,311	(84.4%)	76	(4.9%)	102	(6.6%)	64	(4.1%)
Middlesex	725	(93.3%)	11	(1.4%)	7	(0.9%)	34	(4.4%)
New Haven	1,435	(92.9%)	11	(0.7%)	0		98	(6.3%)
New London	948	(84.0%)	168	(14.9%)	0		12	(1.1%)
Tolland	723	(88.3%)	19	(2.3%)	40	(4.8%)	37	(4.5%)
Windham	895	(77.6%)	191	(16.6%)	4	(0.3%)	64	(5.5%)
Total	8,568	(86.6%)	570	(5.8%)	364	(3.7%)	393	(4.0%)

SOURCE—Manuscript returns.

1823

County	Oliver Wolcott (D-R)		Zephaniah Swift (F)		Timothy Pitkin (F)		scattering	
Fairfield	1,093	(94.6%)	22	(1.9%)	0		30	(2.6%)
Hartford	1,697	(84.1%)	29	(1.4%)	132	(6.5%)	161	(8.0%)
Litchfield	1,338	(83.0%)	153	(9.5%)	78	(4.8%)	43	(2.7%)
Middlesex	654	(92.5%)	14	(2.0%)	1	(0.1%)	38	(5.4%)
New Haven	1,223	(89.5%)	24	(1.8%)	6	(0.4%)	114	(8.3%)
New London	1,297	(92.4%)	38	(2.7%)	3	(0.2%)	66	(4.7%)
Tolland	752	(91.1%)	32	(3.9%)	15	(1.8%)	26	(3.2%)
Windham	1,036	(91.0%)	79	(7.0%)	2	(0.2%)	22	(1.9%)
Total	9,090	(89.0%)	391	(3.8%)	237	(2.3%)	500	(4.9%)

SOURCE—Manuscript returns.

1824

County	Oliver Wolcott (D-R)		Timothy Pitkin (F)		David Plant		scattering	
Fairfield	938	(80.4%)	169	(14.5%)	36	(3.1%)	24	(2.1%)
Hartford	1,210	(85.9%)	111	(7.9%)	20	(1.4%)	68	(4.8%)
Litchfield	1,094	(89.5%)	90	(7.4%)	15	(1.2%)	23	(1.9%)
Middlesex	440	(94.2%)	7	(1.5%)	0		20	(4.3%)
New Haven	1,083	(94.7%)	35	(3.1%)	5	(0.4%)	23	(2.0%)
New London	805	(93.1%)	2	(0.2%)	18	(2.1%)	40	(4.6%)
Tolland	298	(83.5%)	15	(4.2%)	18	(5.0%)	26	(7.3%)
Windham	769	(91.5%)	37	(4.4%)	11	(1.3%)	23	(2.7%)
Total	6,637	(88.1%)	466	(6.2%)	123	(1.6%)	247	(3.3%)

SOURCE—Manuscript returns.

1825

County	Oliver Wolcott (D-R)		David Daggett (F)		Nathan Smith (F)		Timothy Pitkin (F)		David Plant		scattering	
Fairfield	982	(64.9%)	257	(17.0%)	230	(15.2%)	0		33	(2.2%)	11	(0.7%)
Hartford	1,113	(60.4%)	104	(5.6%)	176	(9.5%)	345	(18.7%)	69	(3.7%)	36	(2.0%)
Litchfield	1,172	(72.6%)	246	(15.2%)	52	(3.2%)	126	(7.8%)	14	(0.9%)	4	(0.2%)
Middlesex	533	(67.6%)	197	(25.0%)	12	(1.5%)	15	(1.9%)	4	(0.5%)	28	(3.5%)
New Haven	1,136	(71.5%)	354	(22.3%)	50	(3.1%)	3	(0.2%)	9	(0.6%)	36	(2.3%)
New London	992	(74.2%)	52	(3.9%)	82	(6.1%)	12	(0.9%)	151	(11.3%)	48	(3.6%)
Tolland	525	(72.5%)	36	(5.0%)	118	(16.3%)	14	(1.9%)	23	(3.2%)	8	(1.1%)
Windham	693	(71.0%)	96	(9.8%)	143	(14.7%)	10	(1.0%)	15	(1.5%)	19	(1.9%)
Total	7,147	(68.8%)	1,342	(12.9%)	863	(8.3%)	525	(5.1%)	318	(3.1%)	190	(1.8%)

SOURCE—Manuscript returns.

Connecticut

1826

County	Oliver Wolcott (D-R)		David Daggett (F)		David Plant		Timothy Pitkin		Nathan Smith		scattering	
Fairfield	1,442	(66.7%)	627	(29.0%)	25	(1.2%)	1	(0.1%)	43	(2.0%)	24	(1.1%)
Hartford	873	(45.5%)	766	(40.0%)	70	(3.7%)	117	(6.1%)	31	(1.6%)	60	(3.1%)
Litchfield	1,018	(49.2%)	998	(48.2%)	26	(1.3%)	13	(0.6%)	2	(0.1%)	12	(0.6%)
Middlesex	620	(62.5%)	350	(35.3%)	3	(0.3%)	2	(0.2%)	5	(0.5%)	12	(1.2%)
New Haven	1,185	(55.7%)	891	(41.9%)	4	(1.9%)	0		17	(0.8%)	30	(1.4%)
New London	557	(59.3%)	168	(17.9%)	191	(20.3%)	1	(0.1%)	1	(0.1%)	21	(2.2%)
Tolland	379	(56.2%)	253	(37.5%)	11	(1.6%)	10	(1.5%)	13	(1.9%)	8	(1.2%)
Windham	706	(66.4%)	287	(27.0%)	20	(1.9%)	4	(0.4%)	4	(0.4%)	42	(4.0%)
Total	6,780	(56.8%)	4,340	(36.3%)	350	(2.9%)	148	(1.2%)	116	(1.0%)	209	(1.7%)

SOURCE—Manuscript returns.

1827

County	Gideon Tomlinson (D-R)		Oliver Wolcott (D-R)		David Daggett (F)		Timothy Pitkin (F)		scattering	
Fairfield	2,153	(75.1%)	678	(23.7%)	7	(0.2%)	2	(0.1%)	26	(0.1%)
Hartford	1,173	(55.9%)	780	(37.2%)	25	(1.2%)	45	(2.1%)	76	(3.6%)
Litchfield	1,075	(41.9%)	1,415	(55.2%)	32	(1.2%)	26	(1.0%)	17	(0.7%)
Middlesex	485	(54.8%)	375	(42.4%)	9	(1.0%)	5	(0.6%)	11	(1.2%)
New Haven	1,028	(53.5%)	770	(40.1%)	65	(3.4%)	15	(0.8%)	42	(2.2%)
New London	677	(47.9%)	688	(48.7%)	13	(0.9%)	7	(0.5%)	27	(1.9%)
Tolland	461	(59.2%)	279	(35.8%)	7	(0.9%)	5	(0.6%)	27	(3.5%)
Windham	629	(61.7%)	310	(30.4%)	17	(1.7%)	56	(5.5%)	7	(0.7%)
Total	7,681	(56.7%)	5,295	(39.1%)	175	(1.3%)	161	(1.2%)	233	(1.7%)

SOURCE—Manuscript returns.

1828

County	Gideon Tomlinson (NR)		scattering	
Fairfield	1,620	(98.2%)	29	(1.8%)
Hartford	1,727	(96.0%)	72	(4.0%)
Litchfield	1,540	(99.1%)	14	(0.9%)
Middlesex	607	(98.9%)	7	(1.1%)
New Haven	1,107	(95.6%)	51	(4.4%)
New London	1,007	(97.0%)	31	(3.0%)
Tolland	767	(98.8%)	9	(1.2%)
Windham	922	(99.7%)	3	(0.3%)
Total	9,297	(97.7%)	216	(2.3%)

SOURCE—Manuscript returns.

1829

County	Gideon Tomlinson (NR)		scattering	
Fairfield	1,330	(98.2%)	24	(1.8%)
Hartford	1,957	(94.7%)	109	(5.3%)
Litchfield	1,880	(99.6%)	7	(0.4%)
Middlesex	540	(98.4%)	9	(1.6%)
New Haven	1,246	(98.5%)	19	(1.5%)
New London	1,070	(95.0%)	56	(5.0%)
Tolland	841	(98.6%)	12	(1.4%)
Windham	748	(98.9%)	8	(1.1%)
Total	9,612	(97.5%)	244	(2.5%)

SOURCE—Manuscript returns.

1830

County	Gideon Tomlinson (NR)		scattering	
Fairfield	1,706	(89.0%)	211	(11.0%)
Hartford	2,254	(96.2%)	89	(3.8%)
Litchfield	2,199	(99.3%)	15	(0.7%)
Middlesex	624	(98.7%)	8	(1.3%)
New Haven	2,014	(95.0%)	105	(5.0%)
New London	1,370	(96.3%)	53	(3.7%)
Tolland	1,262	(98.7%)	16	(1.3%)
Windham	1,559	(98.9%)	18	(1.1%)
Total	12,988	(96.2%)	515	(3.8%)

SOURCE—Manuscript returns.

1831

County	John S. Peters (NR)		Zalmon Storrs (AM)		Henry W. Edwards (J)		Timothy Pitkin		scattering	
Fairfield	1,518	(62.8%)	880	(36.4%)	6	(0.2%)	2	(0.1%)	13	(0.5%)
Hartford	2,399	(61.3%)	875	(22.4%)	242	(6.2%)	21	(0.5%)	374	(9.6%)
Litchfield	2,114	(77.4%)	550	(20.1%)	10	(0.4%)	23	(0.8%)	33	(1.2%)

County									
Middlesex	863	(82.5%)	87	(8.3%)	9	(0.9%)	49	(4.7%)	38	(3.6%)
New Haven	2,060	(93.4%)	66	(3.0%)	18	(0.8%)	12	(0.5%)	49	(2.2%)
New London	1,540	(69.4%)	606	(27.3%)	23	(1.0%)	32	(1.4%)	18	(0.8%)
Tolland	1,054	(55.1%)	799	(41.8%)	32	(1.7%)	13	(0.7%)	14	(0.7%)
Windham	1,271	(57.6%)	915	(41.5%)	4	(0.2%)	4	(0.2%)	11	(0.5%)
Total	**12,819**	**(68.7%)**	**4,778**	**(25.6%)**	**344**	**(1.8%)**	**156**	**(0.8%)**	**550***	**(2.9%)**

*Includes 228 votes for John T. Riley; of this total, 226 were cast in Hartford County.

SOURCE—Manuscript returns.

1832

County	John S. Peters (NR)		Calvin Willey (D)		scattering	
Fairfield	1,844	(64.3%)	1,012	(35.3%)	11	(0.4%)
Hartford	2,684	(72.8%)	845	(22.9%)	156	(4.2%)
Litchfield	2,130	(76.5%)	635	(22.8%)	21	(0.8%)
Middlesex	539	(84.6%)	82	(12.9%)	16	(2.5%)
New Haven	1,869	(90.9%)	119	(5.8%)	68	(3.3%)
New London	1,125	(71.3%)	444	(28.1%)	9	(0.6%)
Tolland	1,334	(63.7%)	720	(34.4%)	40	(1.9%)
Windham	446	(42.3%)	606	(57.4%)	3	(0.3%)
Total	**11,971**	**(71.4%)**	**4,463**	**(26.6%)**	**324**	**(1.9%)**

SOURCE—Manuscript returns.

1833

County	John S. Peters (NR)		Henry W. Edwards (D)		Zalmon Storrs (AM)		scattering	
Fairfield	1,341	(49.3%)	991	(36.4%)	367	(13.5%)	19	(0.7%)
Hartford	1,783	(33.5%)	2,672	(50.2%)	800	(15.0%)	64	(1.2%)
Litchfield	1,609	(44.1%)	1,578	(43.2%)	450	(12.3%)	13	(0.4%)
Middlesex	696	(67.6%)	267	(25.9%)	64	(6.2%)	2	(0.2%)
New Haven	1,756	(61.7%)	1,032	(36.3%)	33	(1.1%)	23	(0.8%)
New London	829	(38.8%)	937	(43.9%)	343	(16.1%)	26	(1.2%)
Tolland	621	(33.3%)	745	(39.9%)	481	(25.8%)	19	(1.1%)
Windham	577	(27.1%)	808	(38.0%)	712	(33.4%)	32	(1.5%)
Total*	**9,212**	**(42.1%)**	**9,030**	**(41.3%)**	**3,250**	**(14.9%)**	**367****	**(1.7%)**

*Includes 81 votes not broken down by county but listed as scattering in the manuscript.
**No candidate having received the required majority of the vote, the Legislature chose Edwards as Governor.

SOURCE—Manuscript returns.

1834

County	Samuel A. Foote (NR)		Henry W. Edwards (D)		Zalmon Storrs (AM)		scattering	
Fairfield	2,769	(62.3%)	1,602	(36.1%)	56	(1.3%)	16	(0.4%)
Hartford	3,608	(46.2%)	3,596	(46.1%)	551	(7.1%)	53	(0.7%)
Litchfield	2,792	(46.8%)	2,769	(46.4%)	382	(6.4%)	29	(0.5%)
Middlesex	1,440	(51.5%)	1,313	(46.9%)	32	(1.1%)	13	(0.5%)
New Haven	2,378	(38.6%)	21	(0.3%)	62	(1.0%)		
New London	1,917	(48.3%)	1,775	(44.7%)	260	(6.6%)	17	(0.4%)
Tolland	917	(36.0%)	1,215	(47.7%)	404	(15.9%)	10	(0.4%)
Windham	1,275	(40.4%)	1,186	(37.6%)	692	(21.9%)	5	(0.2%)
Total*	**18,411**	**(49.8%)**	**15,834**	**(42.9%)**	**2,398**	**(6.5%)**	**305****	**(0.8%)**

*Includes 100 scattering votes not broken down by county in the manuscript.
**No candidate having received the required majority of the vote, the Legislature chose Foote as Governor.

SOURCE—Manuscript returns.

1835

County	Henry W. Edwards (D)		Samuel A. Foote (W)		Zalmon Storrs (AM)	
Fairfield	3,113	(49.2%)	3,205	(50.6%)	13	(0.2%)
Hartford	4,230	(52.5%)	3,703	(45.9%)	130	(1.6%)
Litchfield	3,377	(50.9%)	3,204	(48.3%)	52	(0.8%)
Middlesex	2,201	(58.7%)	1,535	(40.9%)	13	(0.3%)
New Haven	3,704	(50.0%)	3,690	(49.8%)	11	(0.1%)
New London	2,496	(54.6%)	2,015	(44.1%)	61	(1.3%)
Tolland	1,314	(55.1%)	907	(38.1%)	162	(6.8%)
Windham	1,694	(51.1%)	1,576	(47.5%)	47	(1.4%)
Total	22,129	(52.1%)	19,835	(46.7%)	489	(1.1%)

SOURCE—Manuscript returns.

1836

County	Henry W. Edwards (D)		Gideon Tomlinson (W)	
Fairfield	3,184	(54.8%)	2,623	(45.2%)
Hartford	3,875	(51.3%)	3,675	(48.7%)
Litchfield	3,121	(53.3%)	2,730	(46.7%)
Middlesex	1,861	(61.6%)	1,162	(38.4%)
New Haven	3,600	(52.2%)	3,291	(47.8%)
New London	2,023	(56.8%)	1,541	(43.2%)
Tolland	1,168	(54.8%)	965	(45.2%)
Windham	1,528	(52.1%)	1,406	(47.9%)
Total	20,360	(53.9%)	17,393	(46.1%)

SOURCE—Manuscript returns.

1837

County	Henry W. Edwards (D)		William W. Ellsworth (W)	
Fairfield	3,619	(52.7%)	3,249	(47.3%)
Hartford	4,396	(50.1%)	4,395	(49.9%)
Litchfield	3,513	(50.7%)	3,410	(49.3%)
Middlesex	2,158	(59.8%)	1,449	(40.2%)
New Haven	4,044	(52.7%)	3,635	(47.3%)
New London	2,542	(53.0%)	2,256	(47.0%)
Tolland	1,561	(53.1%)	1,378	(46.9%)
Windham	1,972	(53.2%)	1,736	(46.8%)
Total	23,805	(52.5%)	21,508	(47.5%)

SOURCE—Manuscript returns.

1838

County	William W. Ellsworth (W)		Seth P. Beers (D)		Elisha Phelps (Cv)	
Fairfield	4,126	(55.2%)	3,258	(43.6%)	89	(1.2%)
Hartford	5,214	(54.7%)	3,592	(37.7%)	728	(7.6%)
Litchfield	3,886	(52.7%)	3,388	(45.9%)	105	(1.4%)
Middlesex	2,076	(49.3%)	2,110	(50.1%)	29	(0.7%)
New Haven	4,482	(54.6%)	3,574	(43.5%)	154	(1.9%)
New London	3,359	(57.2%)	2,425	(41.3%)	89	(1.5%)
Tolland	1,560	(49.6%)	1,383	(43.9%)	204	(6.5%)
Windham	2,412	(56.7%)	1,759	(41.3%)	85	(2.0%)
Total	27,115	(54.1%)	21,489	(42.9%)	1,483	(3.0%)

SOURCE—Manuscript returns.

1839

County	William W. Ellsworth (W)	John M. Niles (D)	Elisha Phelps (Cv)
Fairfield	3,915 (51.4%)	3,603 (47.3%)	100 (1.3%)
Hartford	5,239 (53.6%)	4,085 (41.8%)	445 (4.6%)
Litchfield	3,928 (51.9%)	3,503 (46.4%)	116 (1.5%)
Middlesex	2,056 (47.6%)	2,244 (51.9%)	21 (0.5%)
New Haven	4,225 (51.8%)	3,794 (46.6%)	130 (1.6%)
New London	3,099 (50.7%)	2,973 (48.7%)	35 (0.6%)
Tolland	1,655 (51.2%)	1,402 (43.4%)	174 (5.4%)
Windham	2,241 (50.8%)	2,124 (48.1%)	50 (1.7%)
Total	26,358 (51.5%)	23,728 (46.4%)	1,071 (2.1%)

SOURCE—Manuscript returns.

1840

County	William W. Ellsworth (W)	John M. Niles (D)
Fairfield	4,789 (54.5%)	4,000 (45.5%)
Hartford	5,829 (57.4%)	4,333 (42.6%)
Litchfield	4,298 (52.8%)	3,843 (47.2%)
Middlesex	2,258 (49.8%)	2,277 (50.2%)
New Haven	4,951 (54.3%)	4,160 (45.7%)
New London	3,100 (53.7%)	2,709 (46.3%)
Tolland	1,959 (55.7%)	1,561 (44.3%)
Windham	2,686 (44.2%)	2,387 (55.8%)
Total	29,870 (54.2%)	25,270 (45.8%)

SOURCE—Manuscript returns.

1841

County	William W. Ellsworth (W)	Francis H. Nicoll (D)
Fairfield	4,079 (55.4%)	3,282 (44.6%)
Hartford	5,194 (57.4%)	3,860 (42.6%)
Litchfield	3,996 (55.4%)	3,211 (44.6%)
Middlesex	1,879 (49.7%)	1,903 (50.3%)
New Haven	4,520 (57.5%)	3,336 (42.5%)
New London	3,241 (55.4%)	2,617 (44.6%)
Tolland	1,734 (55.8%)	1,372 (44.2%)
Windham	2,343 (56.5%)	1,807 (43.5%)
Total	26,986 (55.8%)	21,388 (44.2%)

SOURCE—Manuscript returns.

Connecticut

1842

County	Chauncey F. Cleveland (D)	William W. Ellsworth (W)	Francis Gillette (Lty)	Luther Loomis (C)
Fairfield	3,712 (50.8%)	3,434 (47.0%)	106 (1.5%)	53 (0.7%)
Hartford	4,735 (47.1%)	4,775 (47.5%)	228 (2.3%)	322 (3.2%)
Litchfield	3,739 (49.7%)	3,455 (45.9%)	311 (4.1%)	20 (2.7%)
Middlesex	2,202 (54.4%)	1,647 (40.7%)	179 (4.4%)	18 (0.4%)
New Haven	4,278 (49.9%)	4,065 (47.4%)	179 (2.1%)	50 (0.6%)
New London	3,071 (51.5%)	2,725 (45.7%)	132 (2.2%)	32 (0.5%)
Tolland	1,700 (50.3%)	1,492 (44.2%)	91 (2.7%)	95 (2.8%)
Windham	2,127 (48.9%)	2,107 (48.4%)	93 (2.1%)	22 (0.5%)
Total*	25,564 (49.9%)	23,700 (46.3%)	1,319 (2.6%)	612 (1.2%)

*No candidate having received the required majority of the vote, the legislature elected Cleveland Governor.

SOURCE—Manuscript returns.

1843

County	Chauncey F. Cleveland (D)	Roger S. Baldwin (W)	Francis Gillette (Lty)
Fairfield	4,037 (48.6%)	4,146 (49.9%)	124 (1.5%)
Hartford	5,239 (48.9%)	5,188 (48.4%)	290 (2.7%)
Litchfield	4,080 (51.1%)	3,610 (45.2%)	293 (3.7%)
Middlesex	2,294 (51.0%)	2,017 (44.9%)	183 (4.1%)
New Haven	4,307 (48.0%)	4,469 (49.8%)	206 (2.3%)
New London	3,343 (53.8%)	2,632 (42.4%)	235 (3.8%)
Windham	1,832 (51.3%)	1,641 (45.9%)	99 (2.8%)
Tolland	2,284 (51.6%)	1,698 (38.4%)	442 (10.0%)
Total	27,416 (50.1%)	25,401 (46.5%)	1,872 (3.4%)

SOURCE—Manuscript returns.

1844

County	Roger S. Baldwin (W)	Chauncey F. Cleveland (D)	Francis Gillette (Lty)
Fairfield	4,805 (51.4%)	4,400 (47.1%)	141 (1.5%)
Hartford	6,006 (51.6%)	5,356 (46.0%)	282 (2.4%)
Litchfield	4,398 (48.5%)	4,281 (47.2%)	384 (4.2%)
Middlesex	2,124 (46.7%)	2,282 (50.1%)	145 (3.2%)
New Haven	5,065 (50.9%)	4,650 (46.8%)	229 (2.3%)
New London	3,539 (48.1%)	3,564 (48.4%)	254 (3.5%)
Tolland	1,860 (48.1%)	1,893 (49.0%)	111 (2.9%)
Windham	2,296 (44.7%)	2,420 (47.1%)	425 (8.3%)
Total*	30,093 (49.4%)	28,846 (47.4%)	1,971 (3.2%)

*No candidate having received the required majority of the vote, the legislature elected Baldwin Governor.

SOURCE—Manuscript returns.

1845

County	Roger S. Baldwin (W)	Isaac Toucey (D)	Francis Gillette (Lty)
Fairfield	4,614 (52.9%)	3,968 (45.5%)	134 (1.5%)
Hartford	5,814 (51.7%)	5,174 (46.0%)	263 (2.3%)
Litchfield	4,344 (49.7%)	4,011 (45.9%)	383 (4.4%)
Middlesex	2,180 (47.8%)	2,249 (49.3%)	132 (2.9%)
New Haven	5,023 (56.8%)	3,590 (40.6%)	228 (2.6%)
New London	3,516 (49.4%)	3,281 (46.1%)	322 (4.5%)
Tolland	1,836 (48.6%)	1,809 (47.9%)	134 (3.5%)
Windham	2,181 (44.9%)	2,176 (44.8%)	503 (10.3%)
Total	29,508 (51.0%)	26,258 (45.4%)	2,099 (3.6%)

SOURCE—Manuscript returns.

1846

County	Clark Bissell (W)	Issac Toucey (D)	Francis Gillette (Lty)
Fairfield	4,146 (49.4%)	4,106 (48.9%)	143 (1.7%)
Hartford	5,372 (48.5%)	5,411 (48.8%)	304 (2.7%)
Litchfield	4,059 (48.0%)	3,988 (47.0%)	413 (4.9%)
Middlesex	2,110 (46.7%)	2,272 (50.2%)	141 (3.1%)
New Haven	4,955 (54.0%)	3,933 (42.9%)	282 (3.1%)
New London	3,363 (47.9%)	3,315 (47.2%)	347 (4.9%)
Tolland	1,715 (46.4%)	1,836 (49.7%)	146 (3.9%)
Windham	2,102 (43.2%)	2,342 (48.1%)	425 (8.7%)
Total*	27,822 (48.6%)	27,203 (47.5%)	2,201 (3.8%)

*No candidate having received the required majority of the vote, the Legislature elected Toucey Governor.

SOURCE—Manuscript returns.

1847

County	Clark Bissell (W)	Isaac Whittlesey (D)	Francis Gillette (Lty)
Fairfield	4,709 (52.6%)	4,110 (45.9%)	133 (1.5%)
Hartford	5,812 (50.4%)	5,426 (47.1%)	286 (2.5%)
Litchfield	4,306 (50.2%)	3,901 (45.5%)	365 (4.3%)
Middlesex	2,173 (46.6%)	2,340 (50.2%)	147 (3.2%)
New Haven	5,224 (53.3%)	4,260 (43.5%)	308 (3.1%)
New London	3,754 (51.8%)	3,180 (43.9%)	313 (4.3%)
Tolland	1,839 (49.2%)	1,766 (47.2%)	136 (3.6%)
Windham	2,320 (45.1%)	2,419 (47.0%)	406 (7.9%)
Total	30,137 (50.5%)	27,402 (46.0%)	2,094 (3.5%)

SOURCE—Manuscript returns.

1848

County	Clark Bissell (W)	George S. Catlin (D)	Francis Gillette (Lty)
Fairfield	4,794 (52.9%)	4,162 (46.0%)	101 (1.1%)
Hartford	6,064 (52.0%)	5,384 (46.2%)	216 (1.9%)
Litchfield	4,258 (49.6%)	4,006 (46.6%)	325 (3.8%)
Middlesex	2,170 (47.3%)	2,308 (50.3%)	108 (2.4%)
New Haven	5,307 (52.9%)	4,455 (44.4%)	265 (2.6%)
New London	3,787 (48.8%)	3,723 (48.0%)	252 (3.2%)
Tolland	1,904 (49.8%)	1,797 (47.0%)	124 (3.2%)
Windham	2,433 (44.6%)	2,690 (49.3%)	337 (6.2%)
Total	30,717 (50.4%)	28,525 (46.8%)	1,728 (2.8%)

SOURCE—Manuscript returns.

Connecticut

1849

County	Joseph Trumbull (W)	Thomas H. Seymour (D)	John M. Niles (FS)
Fairfield	4,356 (54.0%)	3,512 (43.5%)	201 (2.5%)
Hartford	5,374 (47.8%)	5,424 (48.2%)	454 (4.0%)
Litchfield	3,778 (48.1%)	3,519 (44.8%)	561 (7.1%)
Middlesex	1,961 (45.2%)	2,090 (48.2%)	286 (6.6%)
New Haven	4,674 (66.3%)	3,642 (51.7%)	542 (7.7%)
New London	3,623 (49.5%)	3,183 (43.5%)	518 (7.1%)
Tolland	1,819 (49.2%)	1,703 (46.0%)	178 (4.8%)
Windham	2,215 (44.8%)	1,945 (39.4%)	780 (15.8%)
Total*	27,800 (49.3%)	25,018 (44.4%)	3,520 (6.2%)

*No candidate having received the required majority of the vote, the legislature elected Trumbull Governor.

SOURCE—Manuscript returns.

1850

County	Thomas H. Seymour (D)	Lafayette S. Foster (W)	John Boyd (FS)
Fairfield	4,134 (48.3%)	4,257 (49.7%)	175 (2.0%)
Hartford	6,183 (51.1%)	5,561 (45.9%)	361 (3.0%)
Litchfield	3,999 (47.3%)	3,940 (46.6%)	521 (6.2%)
Middlesex	2,420 (52.7%)	1,969 (42.9%)	199 (4.3%)
New Haven	4,727 (46.9%)	4,909 (48.7%)	445 (4.4%)
New London	3,037 (45.8%)	3,170 (47.8%)	427 (6.4%)
Tolland	1,809 (47.7%)	1,807 (47.6%)	179 (4.7%)
Windham	2,119 (43.6%)	2,167 (44.6%)	570 (11.7%)
Total*	28,428 (48.1%)	27,780 (47.0%)	2,877 (4.9%)

*No candidate having received a majority of the vote, the Legislature elected Seymour Governor.

SOURCE—Manuscript returns.

1851

County	Thomas H. Seymour (D)	Lafayette S. Foster (W)	John Boyd (FS)
Fairfield	4,677 (50.7%)	4,407 (47.7%)	148 (1.6%)
Hartford	6,271 (50.3%)	5,782 (46.4%)	415 (3.3%)
Litchfield	3,938 (47.3%)	3,994 (47.9%)	398 (4.8%)
Middlesex	2,330 (51.4%)	2,021 (44.6%)	182 (4.0%)
New Haven	5,096 (48.6%)	5,106 (47.8%)	371 (3.5%)
New London	3,659 (47.0%)	3,733 (48.0%)	386 (5.0%)
Tolland	1,827 (48.4%)	1,802 (47.7%)	145 (3.8%)
Windham	2,279 (46.8%)	2,101 (43.2%)	485 (10.0%)
Total*	30,077 (48.9%)	28,856 (46.9%)	2,530 (4.1%)

*No candidate having received the required majority of the vote, the legislature elected Seymour Governor.

SOURCE—Manuscript returns.

1852

County	Thomas H. Seymour (D)	Green Kendrick (W)	Francis Gillette (FS)
Fairfield	4,765 (51.2%)	4,418 (47.5%)	115 (1.2%)
Hartford	6,817 (55.1%)	5,156 (41.7%)	405 (3.3%)
Litchfield	4,244 (50.8%)	3,767 (45.1%)	346 (4.1%)
Middlesex	2,347 (50.4%)	2,075 (44.5%)	238 (5.1%)
New Haven	5,498 (47.8%)	5,622 (48.9%)	371 (3.2%)
New London	3,658 (46.3%)	3,645 (46.1%)	599 (7.6%)
Tolland	1,975 (52.3%)	1,598 (42.4%)	200 (5.3%)
Windham	2,320 (47.3%)	1,960 (40.0%)	626 (12.8%)
Total	31,624 (50.4%)	28,241 (45.0%)	2,900 (4.6%)

SOURCE—Manuscript returns.

1853

County	Thomas H. Seymour (D)	Henry Dutton (W)	Francis Gillette (FS)
Fairfield	4,375 (51.7%)	3,095 (36.6%)	986 (11.7%)
Hartford	6,497 (53.4%)	4,458 (36.7%)	1,204 (9.9%)
Litchfield	3,969 (50.3%)	3,266 (41.4%)	653 (8.3%)
Middlesex	2,474 (52.0%)	1,348 (28.3%)	937 (19.7%)
New Haven	5,678 (49.7%)	4,425 (38.8%)	1,313 (11.5%)
New London	3,555 (47.7%)	1,847 (24.8%)	2,049 (27.5%)
Tolland	1,939 (52.6%)	982 (26.6%)	768 (20.8%)
Windham	2,327 (50.7%)	1,250 (27.2%)	1,016 (22.1%)
Total	30,814 (51.0%)	20,671 (34.2%)	8,926 (14.8%)

SOURCE—Manuscript returns.

1854

County	Samuel Ingham (D)	Henry Dutton (W)	Charles Chapman (T)	John Hooker (FS)
Fairfield	3,891 (44.1%)	3,120 (35.3%)	1,717 (19.4%)	100 (1.1%)
Hartford	6,004 (49.2%)	4,207 (34.5%)	1,577 (12.9%)	420 (3.4%)
Litchfield	3,648 (46.2%)	2,873 (36.4%)	992 (12.6%)	385 (4.9%)
Middlesex	2,561 (54.2%)	1,461 (30.9%)	501 (10.6%)	200 (4.2%)
New Haven	5,036 (43.0%)	3,812 (32.6%)	2,540 (21.7%)	317 (2.7%)
New London	3,135 (42.8%)	1,819 (24.8%)	1,906 (26.0%)	462 (6.3%)
Tolland	1,768 (49.4%)	779 (21.8%)	921 (25.7%)	111 (3.1%)
Windham	2,295 (48.1%)	1,394 (29.2%)	518 (10.9%)	565 (11.8%)
Total*	28,338 (46.4%)	19,465 (31.9%)	10,672 (17.5%)	2,560 (4.2%)

*No candidate having received a majority of the vote, the legislature elected Dutton Governor.

SOURCE—Manuscript returns.

1855

County	William T. Minor (A)	Samuel Ingham (D)	Henry Dutton (W)
Fairfield	3,139 (39.2%)	4,671 (58.4%)	1,944 (24.3%)
Hartford	5,582 (42.8%)	6,142 (47.1%)	1,311 (10.1%)
Litchfield	3,130 (40.3%)	3,079 (39.6%)	1,562 (20.1%)
Midddlesex	2,373 (45.3%)	2,144 (40.9%)	719 (13.7%)
New Haven	4,996 (38.7%)	5,851 (45.4%)	2,046 (15.9%)
New London	4,531 (58.7%)	2,467 (32.0%)	723 (9.4%)
Tolland	1,820 (49.5%)	1,531 (41.6%)	325 (8.8%)
Windham	2,509 (56.4%)	1,406 (31.6%)	532 (12.0%)
Total*	28,080 (43.5%)	27,292 (42.3%)	9,162 (14.2%)

*No candidate having received the required majority of the vote, the legislature elected Minor Governor.

SOURCE—Manuscript returns.

1856

County	Samuel Ingham (D)	William T. Minor (A)	Gideon Welles (R)	John A. Rockwell (W)
Fairfield	4,962 (50.6%)	3,677 (37.5%)	853 (8.7%)	310 (3.2%)
Hartford	6,911 (51.0%)	5,351 (39.5%)	1,217 (9.0%)	63 (0.5%)
Litchfield	3,619 (46.9%)	2,913 (37.7%)	984 (12.7%)	205 (2.7%)
Middlesex	2,743 (51.7%)	2,107 (39.7%)	420 (7.9%)	34 (0.6%)
New Haven	6,699 (49.9%)	5,100 (38.0%)	1,151 (8.6%)	479 (3.6%)
New London	3,741 (46.0%)	3,598 (44.3%)	688 (8.5%)	101 (1.2%)
Tolland	1,007 (34.5%)	1,511 (51.7%)	370 (12.7%)	32 (1.1%)
Windham	2,122 (42.8%)	1,751 (35.3%)	1,057 (21.3%)	29 (0.6%)
Total*	32,704 (49.0%)	26,008 (39.0%)	6,740 (10.1%)	1,258 (1.9%)

*No candidate having received the required majority of the vote, the legislature elected Minor Governor.

SOURCE—Manuscript returns.

1857

County	Alexander H. Holley (R)	Samuel Ingham (D)
Fairfield	4,671 (48.4%)	4,980 (51.6%)
Hartford	6,539 (50.2%)	6,485 (49.8%)
Litchfield	3,740 (52.3%)	3,411 (47.7%)
Middlesex	2,128 (45.2%)	2,578 (54.8%)
New Haven	6,587 (48.2%)	7,066 (51.8%)
New London	3,853 (52.4%)	3,497 (47.6%)
Tolland	1,920 (55.0%)	1,568 (45.0%)
Windham	2,271 (59.1%)	1,571 (40.9%)
Total	31,709 (50.4%)	31,156 (49.6%)

SOURCE—Manuscript returns.

1858

County	William A. Buckingham (R)	James T. Pratt (D)
Fairfield	5,455 (50.8%)	5,277 (49.2%)
Hartford	7,200 (50.2%)	7,150 (49.8%)
Litchfield	4,495 (52.5%)	4,065 (47.5%)
Middlesex	2,480 (48.0%)	2,682 (52.0%)
New Haven	6,910 (50.5%)	6,763 (49.5%)
New London	4,600 (56.0%)	3,608 (44.0%)
Tolland	2,113 (52.8%)	1,886 (47.2%)
Windham	3,045 (59.0%)	2,113 (41.0%)
Total	36,299 (52.0%)	33,544 (48.0%)

SOURCE—Manuscript returns.

1859

County	William A. Buckingham (R)	James T. Pratt (D)
Fairfield	6,722 (51.1%)	6,435 (48.9%)
Hartford	7,812 (50.2%)	7,745 (49.8%)
Litchfield	4,857 (51.8%)	4,517 (48.2%)
Middlesex	2,821 (48.1%)	3,049 (51.9%)
New Haven	7,635 (49.97%)	7,645 (50.03%)
New London	4,933 (53.6%)	4,263 (46.4%)
Tolland	2,309 (51.4%)	2,180 (48.6%)
Windham	3,158 (55.5%)	2,535 (44.5%)
Total	40,247 (51.2%)	38,369 (48.8%)

SOURCE—Manuscript returns.

1860

County	William A. Buckingham (R)	Thomas H. Seymour (D)
Fairfield	6,921 (49.2%)	7,136 (50.8%)
Hartford	8,753 (49.3%)	8,975 (50.7%)
Litchfield	5,203 (52.8%)	4,656 (47.2%)
Middlesex	2,942 (45.7%)	3,490 (54.3%)
New Haven	8,709 (46.9%)	9,765 (53.1%)
New London	5,672 (52.6%)	5,102 (47.4%)
Tolland	2,558 (53.6%)	2,210 (46.4%)
Windham	3,700 (58.9%)	2,586 (41.1%)
Total	44,458 (50.3%)	43,920 (49.7%)

SOURCE—Manuscript returns.

DELAWARE

One of the original 13 states, Delaware adopted a constitution effective September 20, 1776. This document provided for an appointive governor, chosen by a joint vote of the Legislature. The Governor served a three-year term but could not immediately succeed himself. The state's second constitution provided for an elective Governor beginning in 1792. **Term** —Three years until 1832 when the term was increased to four years. **Election** —First Tuesday in October until 1832 when the date was changed to the Tuesday after the first Monday in November. **Limits** —Initially the governor could not immediately succeed himself but in 1832 an individual was limited to one term.

POPULATION

1790—59,096	1800—64,273	1810—72,674	1820—72,749	1830—76,748
	1840—78,085	1850—91,532	1860—112,216	

1792

County	John Clayton	Thomas Montgomery	George Mitchell
Kent	945 (57.3%)	702 (42.5%)	3 (0.2%)
New Castle	382 (31.8%)	819 (68.1%)	1 (0.1%)
Sussex	882 (51.4%)	381 (22.2%)	454 (26.4%)
Total	2,209 (48.3%)	1,902 (41.6%)	458 (10.0%)

SOURCE—Journal, Delaware House of Representatives, 1792.

1795

County	Gunning Bedford (F)	Archibald Alexander (D–R)
Kent	779 (51.6%)	731 (48.4%)
New Castle	523 (38.2%)	845 (61.8%)
Sussex	1,050 (65.0%)	566 (35.0%)
Total	2,352 (52.3%)	2,142 (47.7%)

SOURCE—Journal, Delaware House of Representatives, 1795.

1798

County	Richard Bassett (F)	David Hall (D–R)	Barclay Townsend
Kent	882 (54.3%)	742 (45.7%)	0
New Castle	497 (50.9%)	479 (49.1%)	0
Sussex	1,111 (51.8%)	847 (39.5%)	185
Total	2,490 (52.5%)	2,068 (43.6%)	185 (3.9%)

SOURCE—Journal, Delaware House of Representatives, 1798.

1801

County	David Hall (D–R)	Nathaniel Mitchell (F)
Kent	1,020 (48.6%)	1,080 (51.4%)
New Castle	1,465 (68.2%)	682 (31.8%)
Sussex	990 (36.9%)	1,695 (63.1%)
Total	3,475 (50.1%)	3,457 (49.9%)

SOURCE—Journal, Delaware House of Representative, 1801.

1804

County	Nathaniel Mitchell (F)	Joseph Haslet (D–R)
Kent	1,362 (56.8%)	1,035 (43.2%)
New Castle	902 (31.4%)	1,974 (68.6%)
Sussex	2,127 (67.1%)	1,041 (32.9%)
Total	4,391 (52.0%)	4,050 (48.0%)

SOURCE—Journal, Delaware, House of Representatives, 1804.

1807

County	George Truitt (F)	Joseph Haslet (D–R)
Kent	1,088 (53.3%)	952 (46.7%)
New Castle	580 (31.7%)	1,249 (68.3%)
Sussex	1,641 (65.6%)	861 (34.4%)
Total	3,309 (51.9%)	3,062 (48.1%)

SOURCE—Journal, Delaware House of Representatives, 1807.

1810

County	Joseph Haslet (D–R)	Daniel Rodney (F)
Kent	1,049 (46.2%)	1,221 (53.8%)
New Castle	1,584 (68.5%)	727 (31.5%)
Sussex	1,031 (39.7%)	1,645 (60.3%)
Total	3,664 (50.5%)	3,593 (49.5%)

SOURCE—Journal, Delaware House of Representatives, 1810.

1813

County	Daniel Rodney (F)	James Riddle (D–R)
Kent	1,407 (65.5%)	742 (34.5%)
New Castle	1,128 (35.7%)	2,033 (64.3%)
Sussex	2,108 (68.0%)	993 (32.0%)
Total	4,643 (55.2%)	3,768 (44.8%)

SOURCE—Journal, Delaware House of Representatives, 1813.

1816

County	John Clark (F)		Mansen Bull (D-R)	
Kent	1,219	(60.3%)	802	(39.7%)
New Castle	1,090	(39.0%)	1,706	(61.0%)
Sussex	1,699	(62.7%)	1,009	(37.3%)
Total	**4,008**	**(53.3%)**	**3,517**	**(46.7%)**

SOURCE—Journal, Delaware House of Representatives, 1816.

1819

County	Henry Molleston (F)		Mansen Bull (D-R)	
Kent	1,160	(58.9%)	811	(41.1%)
New Castle	894	(38.2%)	1,444	(61.8%)
Sussex	1,769	(65.5%)	930	(34.5%)
Total	**3,823**	**(54.6%)**	**3,185**	**(45.4%)**

SOURCE—Journal, Delaware House of Representatives, 1819.

1820*

County	John Collins (D-R)		Jesse Green (F)	
Kent	992	(51.3%)	940	(48.7%)
New Castle	1,634	(65.0%)	868	(35.0%)
Sussex	1,344	(44.0%)	1,712	(56.0%)
Total	**3,970**	**(53.0%)**	**3,520**	**(47.0%)**

*Special election caused by the death of Governor–elect Molleston—for a full term.

SOURCE—Journal, Delaware House of Representatives, 1820.

1822*

County	Joseph Haslett (D-R)		James Booth (F)	
Kent	1,130	(52.7%)	1,013	(47.3%)
New Castle	1,498	(65.8%)	925	(34.2%)
Sussex	1,156	(38.8%)	1,824	(61.2%)
Total	**3,784**	**(50.1%)**	**3,762**	**(49.9%)**

*Special election caused by the death of Governor Collins—for a full term.

SOURCE—Journal, Delaware House of Representatives, 1822.

1823*

County	Samuel Paynter (F)		David Hazzard (D-R)	
Kent	1,209	(51.6%)	1,135	(48.4%)
New Castle	987	(36.6%)	1,713	(63.4%)
Sussex	2,152	(64.1%)	1,203	(35.9%)
Total	**4,348**	**(51.8%)**	**4,051**	**(48.2%)**

*Special election caused by the death of Governor Haslett—for a full term.

SOURCE—Journal, Delaware House of Representatives 1823.

1826

County	Charles Polk (F)		David Hazzard (D-R)	
Kent	1,223	(49.9%)	1,225	(50.1%)
New Castle	1,005	(38.0%)	1,642	(62.0%)
Sussex	2,105	(60.0%)	1,371	(40.0%)
Total	**4,333**	**(50.6%)**	**4,238**	**(49.4%)**

SOURCE—Journal, Delaware House of Representatives, 1826.

1829

County	David Hazzard (NR)		Allan Thompson (J)	
Kent	1,896	(67.8%)	899	(32.2%)
New Castle	1,135	(40.8%)	1,647	(59.2%)
Sussex	1,184	(44.1%)	1,500	(55.9%)
Total	**4,215**	**(51.0%)**	**4,046**	**(49.0%)**

SOURCE—Journal, Delaware House of Representatives, 1829.

1832

County	Caleb P. Bennett (D)		Arnold Naudain (NR)	
Kent	1,033	(47.7%)	1,134	(52.3%)
New Castle	1,751	(57.4%)	1,297	(42.6%)
Sussex	1,436	(45.3%)	1,735	(54.7%)
Total	**4,220**	**(50.3%)**	**4,166**	**(49.7%)**

SOURCE—Journal, Delaware House of Representatives, 1832.

1836

County	Cornelius Comegys (W)		Nehemiah Clark (D)	
Kent	1,205	(53.3%)	1,057	(46.7%)
New Castle	1,672	(47.8%)	1,823	(52.2%)
Sussex	1,816	(56.5%)	1,396	(43.5%)
Total	**4,693**	**(52.3%)**	**4,276**	**(47.7%)**

SOURCE—Journal, Delaware House of Representatives, 1836.

1840

County	William Cooper (W)		Warren B. Jefferson (D)	
Kent	1,563	(57.7%)	1,144	(42.3%)
New Castle	2,320	(51.3%)	2,204	(48.7%)
Sussex	1,967	(54.0%)	1,676	(46.0%)
Total	**5,850**	**(53.8%)**	**5,024**	**(46.2%)**

SOURCE—Journal, Delaware House of Representatives, 1840.

1844

County	Thomas Stockton (W)		William Tharp (D)	
Kent	1,498	(50.2%)	1,487	(49.8%)
New Castle	2,840	(51.5%)	2,675	(48.5%)
Sussex	1,802	(48.2%)	1,933	(51.8%)
Total	**6,140**	**(50.2%)**	**6,095**	**(49.8%)**

SOURCE—Journal, Delaware House of Representatives, 1844.

Florida

1846*

County	William Tharp (D)		Peter F. Causey (W)	
Kent	1,472	(50.2%)	1,461	(49.8%)
New Castle	2,738	(50.5%)	2,683	(49.5%)
Sussex	1,938	(50.9%)	1,868	(49.1%)
Total	6,148	(50.6%)	6,012	(49.4%)

*Special election for full term caused by the death of Governor Stockton and his successor.

SOURCE—Journal, Delaware House of Representatives, 1846.

1850

County	William H. Ross (D)		Peter F. Causey (W)		Thomas Lockwood (T)	
Kent	1,354	(44.6%)	1,549	(51.0%)	135	(4.4%)
New Castle	2,580	(46.3%)	2,445	(45.7%)	321	(6.0%)
Sussex	2,067	(51.0%)	1,984	(49.0%)	0	
Total	6,001	(48.3%)	5,978	(48.1%)	456	(3.7%)

SOURCE—Journal, Delaware House of Representatives, 1850.

1854

County	Peter F. Causey (A)		William Burton (D)	
Kent	1,730	(51.2%)	1,646	(48.8%)
New Castle	2,978	(52.7%)	2,677	(47.3%)
Sussex	2,233	(53.8%)	1,921	(46.2%)
Total	6,941	(52.6%)	6,244	(47.4%)

SOURCE—Journal, Delaware House of Representatives, 1854.

1858

County	William Burton (D)		James S. Buckmaster (Pe)	
Kent	2,024	(52.2%)	1,857	(47.8%)
New Castle	3,416	(49.7%)	3,457	(50.3%)
Sussex	2,318	(50.9%)	2,240	(49.1%)
Total	7,758	(50.7%)	7,554	(49.3%)

SOURCE—Journal, Delaware House of Representatives, 1858.

FLORIDA

Florida became the 27th state on March 3, 1845.
The first gubernatorial election was held on May 26, 1845.
Term—Four years. **Limits**—A governor could not immediately succeed himself.
Election—First Monday in October.

POPULATION

1840—54,477   1850—87,445   1860—140,424

1845

County	Richard K. Call (W)		William D. Moseley (D)	
Alachua	91	(32.0%)	193	(68.0%)
Benton	4	(4.9%)	78	(95.1%)
Calhoun	5	(7.5%)	62	(92.5%)
Columbia	128	(27.4%)	340	(72.6%)
Dade	5	(7.7%)	60	(92.3%)
Duval	156	(39.9%)	235	(60.1%)
Escambia	171	(64.0%)	96	(36.0%)
Franklin	106	(48.4%)	113	(51.6%)
Gadsden	279	(54.8%)	230	(45.2%)
Hamilton	44	(25.9%)	126	(74.1%)
Hillsboro	38	(36.8%)	74	(63.2%)
Jackson	332	(71.9%)	130	(28.1%)
Jefferson	149	(36.8%)	256	(63.2%)
Leon	321	(54.4%)	269	(45.6%)
Madison	124	(41.6%)	174	(58.4%)
Marion	74	(44.0%)	94	(56.0%)
Monroe	73	(31.7%)	157	(68.3%)
Nassau	23	(15.1%)	129	(84.9%)
Orange	10	(26.3%)	28	(73.9%)
St. Johns	107	(38.5%)	171	(62.5%)
St. Lucie	1	(5.9%)	16	(94.1%)
Santa Rosa	29	(17.5%)	137	(82.5%)
Wakulla	78	(47.0%)	88	(53.0%)
Walton	202	(75.9%)	64	(24.1%)
Washington	11	(13.4%)	71	(86.6%)
Total*	(2,679)		(3,292)	
	2,669	(44.8%)	3,283	(55.2%)

*Stated totals in parentheses.

SOURCE—*Niles Register*, July 12, 1845.

1848

County	Thomas Brown (W)		William Bailey (D)	
Alachua	139	(46.0%)	163	(54.0%)
Benton	47	(40.5%)	69	(59.5%)
Calhoun	68	(54.8%)	56	(45.2%)
Columbia	272	(48.1%)	293	(51.9%)
Dade	0		5	(100%)
Duval	276	(53.4%)	241	(46.6%)

County				
Escambia	205	(57.2%)	153	(42.8%)
Franklin	101	(42.6%)	136	(57.4%)
Gadsden	439	(57.5%)	325	(42.5%)
Hamilton	139	(30.9%)	238	(69.1%)
Holmes	115	(69.7%)	50	(30.3%)
Jackson	402	(68.6%)	184	(31.4%)
Jefferson	160	(36.4%)	280	(63.6%)
Leon	397	(58.9%)	277	(41.1%)
Levy	37	(69.8%)	16	(30.2%)
Madison	284	(58.7%)	200	(41.3%)
Marion	213	(51.8%)	198	(48.2%)
Monroe	57	(31.4%)	127	(68.6%)
Nassau	84	(47.5%)	93	(52.5%)
Orange	18	(30.0%)	42	(70.0%)
St. Johns	129	(44.0%)	164	(56.0%)
St. Lucie	3	(15.0%)	17	(85.0%)
Santa Rosa	177	(67.6%)	85	(32.4%)
Wakulla	130	(58.8%)	91	(41.2%)
Walton	159	(60.7%)	103	(39.3%)
Washington	94	(40.2%)	140	(59.8%)
Total	**4,145**	**(52.5%)**	**3,746**	**(47.5%)**

No returns Hillsborough County.

SOURCE—(Tallahassee) *Floridian*, November 25, 1848.

1852

County	George T. Ward (W)		James E. Broome (D)	
Alachua	160	(40.2%)	238	(59.8%)
Brevard	0		6	(100%)
Calhoun	72	(47.7%)	79	(52.3%)
Columbia	284	(47.5%)	314	(52.5%)
Duval	341	(57.0%)	274	(43.0%)
Escambia	234	(51.0%)	225	(49.0%)
Franklin	92	(35.4%)	168	(64.6%)
Gadsden	402	(46.7%)	458	(53.3%)
Hamilton	148	(46.8%)	168	(46.8%)
Hernando	61	(36.5%)	106	(63.5%)
Hillsborough	124	(38.8%)	196	(61.2%)
Holmes	112	(74.2%)	39	(25.8%)
Jackson	366	(59.5%)	253	(40.5%)
Jefferson	149	(35.3%)	273	(64.7%)
Leon	347	(47.9%)	378	(52.1%)
Levy	0		5	
Madison	315	(55.7%)	251	(44.3%)
Marion	239	(47.2%)	267	(52.8%)
Monroe	74	(32.5%)	154	(67.5%)
Nassau	60	(51.3%)	57	(48.7%)
Orange	40	(56.3%)	31	(43.7%)
Putnam	74	(56.9%)	56	(43.1%)
Santa Rosa	237	(60.9%)	152	(39.1%)
St. Johns	95	(40.6%)	139	(59.4%)
Wakulla	182	(58.9%)	127	(41.1%)
Walton	161	(45.7%)	123	(54.3%)
Washington	79	(37.8%)	130	(62.2%)
Total*	4,448		4,667	
	4,246	**(48.8%)**	**4,457**	**(51.2%)**

*The official statewide totals are in bold; the county returns are unofficial. The official county returns have not been located.

SOURCE—(Tallahassee) *Floridian*, November 27, 1852, November 29, 1856.

1856

County	Madison S. Perry (D)		David S. Walker (A)	
Alachua	336	(64.0%)	189	(36.0%)
Brevard	10	(71.4%)	4	(28.6%)
Calhoun	95	(53.3%)	83	(46.7%)
Columbia	433	(46.5%)	499	(53.5%)
Dade	6	(100%)	0	
Duval	270	(35.6%)	488	(64.4%)
Escambia	259	(52.5%)	234	(47.5%)
Franklin	156	(59.3%)	107	(40.7%)
Gadsden	368	(46.5%)	423	(53.5%)
Liberty	93	(55.0%)	76	(45.0%)
Hamilton	186	(45.1%)	226	(54.9%)
Hernando	122	(58.4%)	87	(41.6%)
Hillsborough	318	(66.9%)	157	(33.1%)
Holmes	29	(20.6%)	112	(79.4%)
Jackson	408	(46.4%)	471	(53.6%)
Jefferson	354	(66.8%)	176	(33.2%)
Leon	404	(52.3%)	368	(47.7%)
Levy	68	(46.3%)	79	(53.7%)
Madison	423	(44.2%)	535	(55.8%)
Manatee	22	(39.3%)	34	(60.7%)
Marion	353	(56.9%)	267	(43.1%)
Monroe	232	(78.9%)	62	(21.1%)
Nassau	106	(53.3%)	93	(46.7%)
Orange	55	(56.1%)	43	(43.9%)
Putnam	123	(53.7%)	106	(46.3%)
St. Johns	198	(75.6%)	64	(24.4%)
Santa Rosa	207	(40.6%)	303	(59.4%)
Sumpter	82	(50.3%)	81	(49.7%)
Volusia	31	(39.7%)	47	(60.3%)
Wakulla	148	(43.3%)	194	(56.7%)
Walton	168	(48.1%)	181	(51.9%)
Washington	151	(59.0%)	105	(41.0%)
Total	**6,214**	**(51.3%)**	**5,894**	**(48.7%)**

SOURCE—(Tallahassee) *Floridian & Journal*, November 29, 1856.

1860

County	John Milton (D)		Edward A. Hopkins (CU)	
Alachua	515	(72.8%)	192	(27.2%)
Brevard	13	(76.5%)	4	(23.5%)
Calhoun	80	(80.0%)	20	(20.0%)
Clay	67	(32.7%)	138	(67.3%)
Columbia	229	(44.7%)	283	(55.3%)
Dade	27	(100%)	0	
Duval	231	(45.7%)	275	(54.3%)
Escambia	153	(27.8%)	397	(72.2%)
Franklin	146	(78.1%)	41	(21.9%)
Gadsden	355	(45.5%)	425	(54.5%)
Hamilton	245	(57.5%)	179	(42.5%)
Hernando	212	(70.9%)	87	(29.1%)
Hillsborough	345	(88.9%)	43	(11.1%)
Holmes	90	(52.9%)	80	(47.1%)
Jackson	513	(52.2%)	470	(47.8%)
Jefferson	427	(70.9%)	175	(29.1%)
Lafayette	109	(54.2%)	92	(45.8%)
Leon	400	(53.2%)	352	(46.8%)
Levy	171	(66.5%)	86	(33.5%)
Liberty	73	(42.4%)	99	(57.6%)
Madison	237	(35.9%)	423	(64.1%)
Manatee	89	(90.8%)	9	(9.2%)
Marion	423	(64.3%)	235	(35.7%)
Monroe	154	(77.4%)	45	(22.6%)

Georgia

Nassau	260	(78.5%)	71	(21.5%)
New River	172	(43.7%)	222	(56.3%)
Orange	54	(32.1%)	114	(67.9%)
Putnam	149	(57.5%)	110	(42.5%)
Saint Johns	198	(65.6%)	104	(34.4%)
Santa Rosa	256	(44.5%)	319	(55.5%)
Sumter	97	(49.8%)	98	(50.3%)
Suwannee	135	(49.6%)	137	(50.4%)
Taylor	89	(50.3%)	88	(49.7%)
Volusia	65	(62.5%)	39	(37.5%)
Wakulla	165	(53.1%)	146	(46.9%)
Walton	191	(49.1%)	198	(50.9%)
Washington	167	(66.0%)	86	(34.0%)
Total*	**7,302**	**(57.1%)**	**5,882**	**(42.9%)**
	(6,994)		(5,248)	

*The official state totals are in bold, those in parentheses are the added returns. The county returns were taken from the manuscript returns furnished by the archives except for Holmes County whose returns were obtained from the (Tallahassee) *Floridian*, November 3, 1860. The manuscript returns did not contain a state total. Except for the fact that the votes of Brevard and Dade counties were not officially counted in the congressional election held simultaneously, the total vote for Congressman are very similar to those for governor. Thus the significant difference between the added state totals based on the manuscript returns and the official state totals could not be reconciled.

SOURCES—Manuscript returns; (Tallahassee) *Floridian*, November 3, 1860; *Guide to U.S. Elections*, *A History of Florida*, p. 178.

GEORGIA

One of the original 13 states. Initially the Governor was chosen by the unicameral legislature from among its own members. In 1789 this was changed as a result of the creation of a two house legislature; the governor was chosen by the Senate from amongst three members named by the Assembly. In 1795 the method was changed to a joint vote of the legislature. Under the appointive system the governor originally served a one-year term but service was limited to one year in three. In 1789 the term was increased to two years with no limit on reelection.

Term—Two Years.   **Election**—First Monday in October.   **Majority Vote**—A candidate had to achieve a majority of the popular vote to be elected. In case this did not occur the governor was chosen by a joint vote of the Legislature choosing between the two highest candidates in the election.

POPULATION

1790—82,548	1800—162,686	1810—252,433	1820—340,989
1830—516,823	1840—691,392	1850—906,185	1860—1,057,286

Appointed Governors (1796–1825)

Year	Governor (Party)
1796–17998	Jared Irwin (D-R)
1798–1800	James Jackson (D-R)
1800–1802	Jackson (D-R), David Emanuel (D-R), Josiah Tattnall (D-R)
1802–1804	Tattnall (D-R), John Milledge (D-R)
1804–1806	Milledge (D-R)
1806–1808	Milledge (D-R), Jared Irwin (D-R)
1809	Irwin (D-R)
1809–1811	David B. Mitchell (D-R)
1811–1813	David B. Mitchell (D-R)
1813–1815	Peter Early (D-R)
1815–1817	David B. Mitchell (D-R), William Rabun (D-R)
1817–1819	William Rabun (D-R), Matthew Talbott (D-R)
1819–1821	John Clark (D-R)
1821–1823	Clark (D-R)
1823–1825	George M. Troup

1825

County	George M. Troup		John Clark	
Appling	66	(38.8%)	104	(61.2%)
Baldwin	317	(39.7%)	482	(60.3%)
Bibb	204	(34.7%)	384	(65.3%)
Bryan	125	(99.2%)	1	(0.8%)
Bullock	56	(25.0%)	128	(75.0%)
Burke	747	(72.8%)	259	(27.2%)
Camden	181	(66.3%)	92	(33.7%)
Chatham	595	(81.8%)	132	(18.2%)
Clark	491	(57.9%)	357	(42.1%)
Columbia	370	(48.4%)	394	(51.6%)
Crawford	105	(27.9%)	271	(72.1%)
Decatur	80	(50.6%)	78	(49.4%)
De Kalb	271	(31.0%)	604	(69.0%)
Dooly	79	(44.9%)	97	(55.1%)
Early	51	(26.7%)	140	(73.3%)
Effingham	197	(92.5%)	16	(7.5%)
Elbert	877	(87.7%)	123	(12.3%)

Georgia

County				
Emanuel	144	(38.4%)	231	(61.6%)
Fayette	143	(29.1%)	349	(70.9%)
Franklin	463	(43.6%)	600	(56.4%)
Glynn	95	(69.9%)	41	(30.1%)
Greene	1,113	(95.2%)	56	(4.8%)
Gwinnett	610	(48.4%)	650	(51.6%)
Habersham	172	(17.6%)	803	(82.4%)
Hall	425	(36.8%)	731	(63.2%)
Hancock	864	(83.6%)	170	(16.4%)
Henry	225	(22.6%)	771	(77.4%)
Houston	141	(35.1%)	261	(64.9%)
Irwin	28	(17.1%)	136	(82.9%)
Jackson	514	(50.0%)	514	(50.0%)
Jasper	867	(49.8%)	875	(50.2%)
Jefferson	421	(65.5%)	222	(34.5%)
Jones	631	(45.1%)	769	(54.9%)
Laurens	475	(81.1%)	111	(18.9%)
Liberty	207	(86.6%)	32	(13.4%)
Lincoln	198	(38.2%)	321	(61.8%)
McIntosh	117	(58.5%)	83	(41.5%)
Madison	218	(42.7%)	292	(57.3%)
Monroe	627	(41.7%)	878	(58.3%)
Montgomery	116	(65.5%)	64	(34.5%)
Morgan	683	(53.2%)	600	(46.8%)
Newton	595	(51.9%)	554	(48.1%)
Oglethorpe	732	(65.1%)	393	(34.9%)
Pike	99	(26.9%)	269	(73.1%)
Pulaski	140	(41.2%)	200	(58.8%)
Putnam	809	(61.2%)	513	(38.8%)
Richmond	397	(47.0%)	447	(53.0%)
Scriven	131	(42.0%)	181	(58.0%)
Tattnall	218	(75.7%)	70	(24.3%)
Telfair	109	(39.6%)	166	(60.4%)
Twiggs	360	(40.0%)	540	(60.0%)
Upson	185	(41.1%)	265	(58.9%)
Walton	326	(31.0%)	727	(69.0%)
Ware	20	(15.2%)	112	(84.8%)
Warren	865	(84.8%)	155	(15.2%)
Washington	400	(40.7%)	583	(59.3%)
Wayne	70	(50.7%)	68	(49.3%)
Wilkes	669	(51.0%)	644	(49.0%)
Wilkinson	116	(13.9%)	716	(86.1%)
Total	**20,550**	**(50.9%)**	**19,862**	**(49.1%)**
Rabun*	115	(45.1%)	140	(54.9%)

*Not included in the official returns.

SOURCE—(Savannah) *Republican*, November 21, 1825.

1827

County	John Forsyth		Opposition*	
Appling	87	(50.3%)	86	(49.7%)
Baker		no returns		
Baldwin	364	(60.2%)	243	(39.8%)
Bibb	485	(55.7%)	386	(44.3%)
Bryan	97	(100 %)	0	
Bulloch	25	(75.8%)	8	(24.2%)
Burke	642	(99.2%)	5	(0.8%)
Butts	250	(43.5%)	328	(56.5%)
Camden	222	(93.3%)	16	(6.7%)
Chatham	445	(90.1%)	49	(9.9%)
Clark	365	(97.1%)	8	(2.9%)
Columbia	421	(81.4%)	96	(18.6%)
Crawford	154	(36.0%)	274	(64.0%)
Coweta	112	(83.0%)	23	(17.0%)
Carroll		no returns		
Decatur	136	(72.2%)	60	(27.8%)
De Kalb	674	(60.1%)	447	(39.9%)
Dooly	117	(80.7%)	28	(19.3%)
Early		no returns		
Effingham	151	(100 %)	0	
Elbert	931	(100 %)	0	
Emanuel		no returns		
Fayette	328	(44.7%)	406	(55.3%)
Franklin	523	(49.1%)	543	(50.9%)
Glynn	92	(100 %)	0	
Greene	733	(96.7%)	25	(3.3%)
Gwinnett	695	(85.3%)	120	(14.7%)
Habersham	254	(27.0%)	686	(73.0%)
Hall	635	(68.3%)	295	(31.7%)
Hancock	463	(100 %)	0	
Henry	408	(46.3%)	474	(53.7%)
Houston	278	(45.2%)	326	(54.8%)
Irwin	31	(23.7%)	100	(76.3%)
Jackson	526	(100 %)	0	
Jasper	824	(100 %)	0	
Jefferson	460	(100 %)	0	
Jones	770	(61.4%)	484	(38.6%)
Laurens	474	(96.9%)	15	(3.1%)
Liberty	214	(100 %)	0	
Lincoln	191	(62.4%)	115	(37.6%)
Lowndes	86	(53.4%)	75	(46.6%)
Lee	13	(31.0%)	29	(69.0%)
Madison	260	(89.0%)	32	(11.0%)
McIntosh	43	(27.0%)	116	(73.0%)
Monroe	868	(53.7%)	748	(46.3%)
Montgomery		no returns		
Morgan	557	(65.4%)	294	(34.6%)
Muscogee	140	(57.6%)	103	(42.4%)
Newton	653	(62.4%)	394	(37.6%)
Oglethorpe	455	(91.7%)	41	(8.3%)
Pike	313	(41.3%)	445	(58.7%)
Pulaski	267	(87.3%)	39	(12.7%)
Putnam	755	(98.4%)	12	(1.6%)
Rabun	152	(53.1%)	131	(46.9%)
Richmond	532	(100 %)	0	
Scriven	190	(66.2%)	97	(33.8%)
Taliaferro	339	(100 %)	0	
Tattnall	194	(100 %)	0	
Telfair	137	(100 %)	0	
Thomas		no returns		
Troup	98	(62.0%)	60	(38.0%)
Twiggs	411	(70.5%)	172	(29.5%)
Upson	442	(54.1%)	375	(45.9%)
Walton	565	(55.7%)	448	(44.3%)
Ware		no returns		
Warren	766	(100 %)	0	
Washington	463	(100 %)	0	
Wayne	69	(52.3%)	63	(47.7%)
Wilkes	297	(48.0%)	322	(52.0%)
Wilkinson	132	(62.5%)	79	(37.5%)
Total	**(22,774)**		**(9,721)**	

*Many newspapers combined the votes cast for candidates other than Forsyth under the term "Opposition." However, the *Augusta Chronicle*, October 5, 10, 13, 17, (Athens) *Athenian*, October 5, the (Macon) *Georgia Messenger*, October 9, (Savannah) *Georgian* in reporting returns from 45 counties identified the opposition vote by candidate. Out of 6,367 opposition votes Edward F. Tattnall had 2,015 in 12 counties,—— Mc Donald had 1,026 in four, Freeman Walker had 826 in two, Alfred Cuthbert got 892 votes in six and there were 1,678 votes cast for several other candidates. In fifteen of these counties Forsyth got all the votes.

The *Recorder* of November 1, 1827, stated that with only one county missing, the state total was Forsyth 22,704 and Opposition 9,416. No official state total has been located.

SOURCES—(Milledgeville) *Journal*, October 15; (Savannah) *Recorder*, October 27, 1827.

1829

County	George Gilmer (Tr-J)		Joel Crawford (Cl-J)	
Baker	97	(91.5%)	9	(8.5%)
Baldwin	410	(68.7%)	187	(31.1%)
Bibb	453	(58.9%)	316	(41.1%)
Bryan	34	(29.1%)	83	(70.9%)
Burke	283	(34.3%)	547	(65.7%)
Camden	229	(90.1%)	25	(9.9%)
Chatham	270	(38.6%)	430	(61.4%)
Clark	758	(91.8%)	68	(9.2%)
Columbia	353	(57.4%)	267	(42.6%)
Crawford	346	(57.9%)	252	(42.1%)
Carroll	272	(96.8%)	9	(3.2%)
Dooley	166	(70.6%)	69	(29.4%)
Effingham	22	(18.5%)	97	(81.5%)
Elbert	998	(94.6%)	57	(5.4%)
Emanuel	162	(61.8%)	100	(38.2%)
Fayette	344	(65.8%)	179	(34.2%)
Franklin	964	(89.2%)	117	(10.8%)
Glynn	50	(38.8%)	79	(61.2%)
Greene	748	(97.3%)	21	(2.7%)
Gwinnett	1,118	(82.6%)	235	(17.4%)
Habersham	1,092	(97.0%)	34	(3.0%)
Hall	1,074	(89.1%)	153	(10.9%)
Hancock	84	(12.0%)	611	(88.0%)
Henry	850	(85.0%)	111	(15.0%)
Houston	327	(63.6%)	189	(36.4%)
Irwin	64	(76.2%)	20	(23.8%)
Jackson	503	(68.3%)	233	(31.7%)
Jasper	714	(69.1%)	319	(30.9%)
Jefferson	287	(54.5%)	240	(45.5%)
Jones	554	(57.5%)	410	(42.5%)
Laurens	197	(44.8%)	243	(55.2%)
Liberty	200	(90.9%)	20	(9.1%)
Lincoln	434	(96.7%)	15	(3.3%)
Lowndes	101	(52.9%)	90	(47.1%)
Lee	50	(38.8%)	79	(61.2%)
McIntosh	124	(63.6%)	71	(36.4%)
Madison	418	(80.7%)	100	(19.3%)
Marion	71	(49.0%)	74	(51.0%)
Merriwether	314	(74.6%)	107	(25.4%)
Monroe	542	(53.0%)	481	(47.0%)
Montgomery	112	(88.2%)	15	(11.8%)
Morgan	599	(92.0%)	52	(8.0%)
Muscogee	231	(68.3%)	107	(31.7%)
Newton	450	(43.5%)	584	(56.5%)
Oglethorpe	732	(97.5%)	19	(2.5%)
Pike	337	(50.6%)	329	(49.4%)
Pulaski	227	(79.1%)	61	(20.9%)
Putnam	677	(73.4%)	245	(26.6%)
Rabun	335	(98.5%)	5	(1.5%)
Randolph	90	(55.9%)	71	(44.1%)
Scriven	216	(77.4%)	63	(22.6%)
Talbot	435	(73.0%)	161	(27.0%)
Taliaferro	327	(79.2%)	86	(20.8%)
Tattnall	180	(80.0%)	45	(20.0%)
Telfair	93	(41.5%)	131	(58.5%)
Thomas	74	(25.0%)	222	(75.0%)
Twiggs	837	(47.4%)	374	(52.6%)
Upson	429	(61.6%)	267	(38.4%)
Warren	297	(34.0%)	576	(66.0%)
Walton	797	(86.3%)	126	(13.7%)
Washington	495	(58.4%)	352	(41.6%)
Wilkes	651	(91.6%)	60	(9.4%)
Total	**24,204***	**(69.3%)**	**10,718**	**(30.7%)**

*The vote of 14 counties was excluded in the official count by the Legislature. Their votes are listed below.

Appling	97	(66.0%)	50	(34.0%)
Bulloch	58	(100%)	0	
Butts	380	(81.0%)	89	(19.0%)
Campbell	403	(94.4%)	24	(5.6%)
Coweta	414	(81.7%)	93	(18.3%)
Decatur	206	(52.4%)	187	(47.6%)
De Kalb	1,055	(88.8%)	133	(11.2%)
Early	156	(83.0%)	32	(17.0%)
Harris	363	(76.6%)	111	(23.4%)
Richmond	480	(53.2%)	423	(46.8%)
Troup	475	(83.0%)	97	(17.0%)
Wilkinson	480	(86.5%)	75	(13.5%)
Ware		no returns located		
Wayne	79	(61.2%)	50	(38.8%)

Sources—(Macon) *Georgia Messenger*, October 24; (Milledgeville) *Georgia Journal*, November 7; *Recorder*, October 17, November 7; (Savannah) *Republican*, October 21, 1829.

1831

County	Wilson Lumpkin (U)		George R. Gilmer (Tr)	
Appling	51	(26.4%)	142	(73.6%)
Baker	149	(87.1%)	22	(12.9%)
Baldwin	352	(51.7%)	329	(48.3%)
Bibb	488	(52.9%)	434	(47.1%)
Bryan	2	(2.6%)	75	(97.4%)
Bulloch	216	(89.6%)	25	(10.4%)
Burke	118	(15.3%)	595	(84.7%)
Butts	407	(71.0%)	166	(29.0%)
Camden	97	(40.0%)	148	(60.0%)
Campbell	493	(77.9%)	140	(22.1%)
Carroll	483	(78.0%)	136	(22.0%)
Chatham	66	(79.0%)	769	(21.0%)
Clark	381	(42.7%)	512	(57.3%)
Columbia	365	(48.2%)	392	(51.8%)
Coweta	519	(59.8%)	349	(40.2%)
Crawford	394	(70.5%)	222	(29.5%)
Decatur	281	(54.4%)	236	(45.6%)
De Kalb	1,151	(75.5%)	373	(24.5%)
Dooly	211	(79.0%)	56	(21.0%)
Early	188	(72.6%)	71	(27.4%)
Effingham	1	(0.8%)	125	(99.2%)
Elbert	72	(6.8%)	986	(93.2%)
Emanuel	120	(55.0%)	98	(45.0%)
Fayette	548	(64.7%)	299	(35.3%)
Franklin	932	(75.8%)	297	(24.2%)
Glynn	9	(5.8%)	146	(94.2%)
Greene	38	(4.7%)	779	(95.3%)
Gwinnett	1,001	(54.6%)	833	(45.9%)
Habersham	1,324	(79.7%)	337	(20.3%)
Hall	953	(58.8%)	657	(41.2%)
Hancock	122	(16.2%)	642	(83.8%)
Harris	248	(42.1%)	341	(57.9%)
Heard	205	(61.2%)	130	(38.8%)
Henry	1,003	(73.1%)	369	(26.9%)
Houston	563	(61.3%)	355	(38.7%)
Irwin	157	(88.7%)	20	(11.3%)
Jackson	609	(50.8%)	589	(49.2%)
Jasper	616	(46.3%)	714	(53.7%)
Jefferson	232	(36.3%)	407	(63.7%)
Jones	708	(53.6%)	612	(46.4%)
Laurens	75	(14.6%)	440	(85.4%)
Lee	128	(48.7%)	135	(51.3%)
Liberty	15	(6.6%)	228	(93.4%)
Lincoln	392	(77.2%)	116	(22.8%)
Lowndes	108	(33.4%)	215	(66.6%)
Madison	342	(58.7%)	241	(41.3%)

County				
McIntosh	95	(48.2%)	102	(51.8%)
Marion	197	(71.1%)	80	(28.9%)
Meriwether	427	(60.4%)	280	(39.6%)
Monroe	779	(45.7%)	926	(54.3%)
Montgomery	0		123	(100%)
Morgan	310	(39.7%)	471	(60.3%)
Muscogee	381	(52.6%)	343	(47.4%)
Newton	707	(49.0%)	737	(51.0%)
Oglethorpe	207	(24.6%)	634	(75.4%)
Pike	451	(61.5%)	282	(38.5%)
Pulaski	355	(64.3%)	197	(35.7%)
Putnam	241	(24.6%)	737	(75.4%)
Rabun	395	(89.7%)	45	(10.3%)
Randolph	109	(65.3%)	58	(34.7%)
Richmond	466	(47.7%)	511	(52.3%)
Scriven	107	(27.7%)	279	(72.3%)
Stewart	167	(62.1%)	102	(37.9%)
Talbot	546	(58.3%)	390	(41.7%)
Taliaferro	10	(23.9%)	408	(76.1%)
Tattnall	10	(4.4%)	215	(95.6%)
Telfair	132	(52.4%)	120	(47.6%)
Thomas	122	(32.9%)	249	(67.1%)
Troup	387	(37.8%)	638	(62.2%)
Twiggs	561	(63.6%)	321	(36.4%)
Upson	480	(50.4%)	473	(49.6%)
Walton	933	(74.0%)	327	(26.0%)
Ware	93	(88.6%)	12	(11.4%)
Warren	72	(12.2%)	516	(87.8%)
Washington	431	(59.0%)	300	(41.0%)
Wayne	4	(3.2%)	122	(96.8%)
Wilkes	541	(54.8%)	447	(45.2%)
Wilkinson	656	(84.6%)	119	(15.4%)
Total*	**27,305**	**(51.4%)**	**25,867**	**(48.6%)**
*Stated total.			(25,863)	

SOURCES—(Milledgeville) *Georgia Journal*, October 13; *Recorder*, October 13, November 10; *Federal Union*, December 8; *Savannah Republican*, October 15, 18; (Athens) *Athenian*, October 25, November 15, 1831.

1833

County	Wilson Lumpkin (U-D)		Joel Crawford (NI)	
Appling	118	(51.3%)	112	(48.7%)
Baldwin	391	(53.0%)	347	(47.0%)
Bibb	567	(50.7%)	552	(49.3%)
Butts	484	(70.5%)	203	(29.5%)
Bryan	5	(4.8%)	99	(95.2%)
Bulloch	276	(90.2%)	30	(9.8%)
Burke	311	(33.1%)	629	(66.9%)
Camden	172	(72.0%)	67	(28.0%)
Campbell	380	(82.4%)	81	(17.6%)
Carroll	264	(77.9%)	75	(22.1%)
Cass	121	(46.4%)	140	(53.6%)
Chatham	395	(54.1%)	466	(45.9%)
Cherokee	88	(48.9%)	92	(51.1%)
Clark	403	(41.8%)	560	(58.2%)
Columbia	331	(42.5%)	447	(57.5%)
Coweta	658	(58.1%)	475	(41.9%)
Crawford	607	(67.7%)	290	(32.2%)
Decatur	286	(52.8%)	256	(47.2%)
De Kalb	928	(63.0%)	546	(37.0%)
Dooly	275	(66.3%)	140	(33.7%)
Early	232	(85.3%)	40	(14.7%)
Effingham	2	(1.1%)	182	(98.9%)
Elbert	185	(17.2%)	891	(82.8%)
Emanuel	197	(65.4%)	104	(34.6%)
Fayette	594	(63.9%)	336	(36.1%)
Floyd	49	(75.4%)	16	(24.6%)
Forsyth	182	(61.1%)	116	(38.9%)
Franklin	920	(75.2%)	304	(24.8%)
Glynn	91	(61.5%)	57	(38.5%)
Greene	44	(5.5%)	756	(94.5%)
Gwinnett	902	(48.5%)	957	(51.5%)
Habersham	1,135	(79.1%)	299	(20.9%)
Hall	782	(53.6%)	676	(46.4%)
Hancock	281	(36.4%)	491	(63.6%)
Harris	516	(43.6%)	668	(56.4%)
Heard	257	(56.4%)	199	(43.6%)
Henry	976	(66.1%)	502	(33.9%)
Houston	631	(56.7%)	481	(43.3%)
Irwin	220	(91.1%)	2	(0.9%)
Jackson	669	(57.6%)	493	(42.4%)
Jasper	662	(47.7%)	726	(52.3%)
Jefferson	137	(21.9%)	490	(78.1%)
Jones	575	(53.9%)	491	(46.1%)
Laurens	23	(5.5%)	392	(94.5%)
Lee	134	(73.2%)	49	(26.8%)
Liberty	98	(40.0%)	147	(60.0%)
Lincoln	242	(40.1%)	362	(59.9%)
Lumpkin	366	(50.9%)	353	(49.1%)
McIntosh	123	(72.4%)	47	(27.6%)
Madison	379	(60.5%)	247	(39.5%)
Merriwether	591	(54.0%)	504	(46.0%)
Monroe	896	(50.4%)	881	(49.6%)
Morgan	453	(44.5%)	565	(55.5%)
Montgomery	15	(10.3%)	131	(89.7%)
Murray	150	(83.8%)	29	(16.2%)
Muscogee	477	(49.2%)	493	(50.8%)
Newton	599	(41.4%)	848	(58.6%)
Oglethorpe	165	(21.9%)	587	(78.1%)
Paulding	58	(45.7%)	69	(54.3%)
Pike	548	(62.8%)	325	(37.2%)
Pulaski	293	(68.7%)	147	(31.3%)
Putnam	280	(27.7%)	731	(72.3%)
Rabun	272	(97.5%)	7	(2.5%)
Randolph	221	(60.5%)	144	(39.5%)
Richmond	606	(59.0%)	421	(41.0%)
Scriven	90	(22.1%)	317	(77.9%)
Stewart	358	(58.3%)	256	(41.7%)
Sumpter	226	(55.8%)	179	(44.2%)
Talbot	688	(56.8%)	523	(43.2%)
Taliaferro	24	(5.1%)	450	(94.9%)
Tattnall	34	(13.2%)	224	(86.8%)
Telfair	145	(51.4%)	137	(48.6%)
Thomas	58	(16.5%)	293	(83.5%)
Troup	428	(37.1%)	727	(62.9%)
Twiggs	505	(54.7%)	418	(45.3%)
Union	103	(94.5%)	6	(5.5%)
Upson	546	(49.1%)	567	(50.9%)
Walton	867	(71.5%)	346	(28.5%)
Ware	164	(100%)	0	
Warren	217	(25.8%)	624	(74.2%)
Washington	540	(56.8%)	410	(43.2%)
Wayne	71	(59.7%)	48	(40.3%)
Wilkes	527	(49.5%)	537	(50.5%)
Wilkinson	686	(80.0%)	172	(20.0%)
Total*	**30,861**	**(51.9%)**	**28,565**	**(48.1%)**
	(30,565)		(28,597)	

*The totals are from the official returns as determined by the Legislature and found in the Journal of the Georgia House of Representatives. The returns from five counties, listed below, were excluded from the official tally. The official county returns have not been found. The totals in parentheses are the added county figures.

Baker	146	(70.5%)	61	(29.5%)
Cobb	141	(72.7%)	53	(27.3%)

County				
Lowndes	167	(48.4%)	178	(51.6%)
Gilmer	3	(9.4%)	29	(90.6%)
Marion	274	(52.0%)	253	(48.0%)

SOURCES—(Milledgeville) *Georgia Times and State Rights' Advocvate*, October 30; *The Recorder*, November 6; *Savannah Republican*, November 8, 1833.

1835

County	William Schley (U)		Charles Dougherty (StR)	
Appling	114	(69.1%)	51	(30.9%)
Baker	195	(81.3%)	45	(18.7%)
Baldwin	313	(51.8%)	291	(48.2%)
Bibb	495	(57.2%)	370	(42.8%)
Bryan	60	(45.1%)	73	(54.9%)
Bulloch	339	(99.4%)	2	(0.6%)
Burke	312	(34.9%)	581	(65.1%)
Butts	337	(65.3%)	179	(34.7%)
Camden	177	(55.5%)	142	(44.5%)
Campbell	445	(76.5%)	137	(23.5%)
Carroll	436	(75.7%)	139	(24.3%)
Cass	252	(58.1%)	182	(41.9%)
Chatham	580	(59.3%)	398	(40.7%)
Cherokee	195	(54.3%)	164	(45.7%)
Clark	387	(37.9%)	635	(62.1%)
Cobb	265	(65.9%)	137	(34.1%)
Columbia	285	(41.3%)	405	(58.7%)
Coweta	644	(61.3%)	407	(38.7%)
Crawford	453	(58.3%)	324	(41.7%)
Decatur	243	(42.9%)	323	(57.1%)
De Kalb	680	(66.1%)	349	(33.9%)
Dooly	256	(78.5%)	70	(21.5%)
Early	285	(86.9%)	43	(13.1%)
Elbert	130	(13.5%)	830	(86.5%)
Effingham	134	(44.1%)	170	(55.9%)
Emanuel	191	(70.2%)	81	(29.8%)
Fayette	503	(68.2%)	235	(31.8%)
Floyd	149	(69.3%)	66	(30.7%)
Forsyth	317	(61.1%)	202	(38.9%)
Franklin	623	(73.3%)	227	(26.7%)
Gilmor	100	(84.0%)	19	(16.0%)
Glynn	48	(36.1%)	85	(63.9%)
Greene	29	(38.3%)	728	(61.7%)
Gwinnett	857	(52.9%)	784	(47.1%)
Habersham	658	(73.5%)	237	(26.5%)
Hall	714	(63.1%)	407	(36.9%)
Hancock	375	(45.2%)	454	(54.8%)
Harris	502	(41.0%)	723	(59.0%)
Heard	346	(67.4%)	167	(32.6%)
Henry	797	(60.4%)	522	(39.6%)
Houston	657	(57.9%)	477	(42.1%)
Irwin	215	(99.1%)	2	(0.9%)
Jackson	528	(59.0%)	367	(41.0%)
Jasper	580	(48.1%)	627	(51.9%)
Jefferson	158	(25.9%)	452	(74.1%)
Jones	565	(53.6%)	489	(46.4%)
Laurens	6	(1.4%)	430	(98.6%)
Lee	129	(51.1%)	123	(48.9%)
Liberty	148	(48.5%)	157	(51.5%)
Lincoln	234	(44.0%)	298	(56.0%)
Lowndes	202	(48.6%)	214	(51.4%)
Lumpkin	518	(65.8%)	269	(34.2%)
Madison	299	(52.9%)	266	(47.1%)
Marion	334	(45.6%)	398	(54.4%)
McIntosh	136	(68.0%)	64	(32.0%)
Meriwether	681	(55.1%)	555	(44.9%)
Monroe	817	(48.9%)	853	(51.1%)
Montgomery	24	(11.8%)	180	(88.2%)
Morgan	214	(35.8%)	419	(64.2%)
Murray	248	(97.6%)	6	(2.4%)
Muscogee	693	(48.1%)	750	(51.9%)
Newton	511	(39.1%)	796	(60.9%)
Oglethorpe	155	(24.3%)	483	(75.7%)
Paulding	91	(58.3%)	65	(41.7%)
Pike	503	(60.0%)	335	(40.0%)
Pulaski	261	(67.1%)	128	(32.9%)
Putnam	222	(26.4%)	618	(73.6%)
Rabun	282	(97.9%)	6	(2.1%)
Randolph	306	(67.4%)	148	(32.6%)
Richmond	565	(54.4%)	473	(45.6%)
Scriven	218	(45.8%)	258	(54.2%)
Stewart	574	(51.6%)	423	(48.4%)
Sumpter	278	(46.7%)	317	(53.3%)
Talbot	843	(53.3%)	739	(46.7%)
Taliaferro	13	(30.3%)	416	(69.7%)
Tattnall	59	(21.2%)	219	(78.8%)
Telfair	171	(61.5%)	107	(38.5%)
Thomas	64	(18.9%)	275	(81.1%)
Troup	245	(21.1%)	918	(78.9%)
Twiggs	453	(59.1%)	314	(40.9%)
Union	206	(97.6%)	5	(2.4%)
Upson	417	(45.1%)	507	(54.9%)
Walker	170	(68.5%)	507	(31.5%)
Walton	603	(63.9%)	341	(36.1%)
Ware	181	(94.3%)	11	(5.7%)
Warren	415	(43.5%)	540	(56.5%)
Washington	573	(52.3%)	523	(47.7%)
Wayne	88	(63.3%)	51	(36.7%)
Wilkes	549	(50.9%)	530	(49.1%)
Wilkinson	455	(76.1%)	143	(23.9%)
Total	**31,078**	**(52.1%)**	**28,547**	**(47.9%)**
	(31,197)*		(28,670)*	

*Stated totals.

SOURCES—(Milledgeville) *Southern Recorder*, October 27, 1835, November 14, 1837; *Augusta Chronicle*, November 7, 1835.

1837

County	George Gilmer (StR)		William Schley (U)	
Appling	98	(37.8%)	161	(62.2%)
Baker	53	(24.8%)	161	(75.2%)
Baldwin	327	(51.7%)	305	(48.3%)
Bibb	656	(51.1%)	629	(48.9%)
Bryan	79	(51.6%)	74	(48.4%)
Bulloch	11	(1.9%)	282	(98.1%)
Burke	593	(74.2%)	206	(25.8%)
Butts	245	(37.3%)	379	(62.7%)
Camden	146	(39.8%)	221	(60.2%)
Campbell	220	(32.3%)	461	(67.7%)
Carroll	233	(33.1%)	470	(66.9%)
Cass	337	(39.2%)	523	(60.8%)
Chatham	411	(41.8%)	573	(58.2%)
Cherokee	159	(28.7%)	385	(71.3%)
Clark	569	(59.3%)	390	(40.7%)
Cobb	251	(34.3%)	480	(65.7%)
Columbia	418	(60.3%)	275	(39.7%)
Coweta	590	(45.8%)	699	(54.2%)
Crawford	311	(37.9%)	510	(62.1%)
Decatur	317	(55.1%)	254	(44.9%)
De Kalb	564	(41.5%)	794	(58.5%)
Dooly	154	(32.4%)	322	(67.6%)
Early	160	(31.6%)	346	(68.4%)
Effingham	160	(55.2%)	130	(44.8%)
Elbert	964	(89.3%)	115	(10.7%)

County				
Emanuel	125	(38.0%)	204	(62.0%)
Fayette	334	(38.5%)	533	(61.5%)
Floyd	192	(38.9%)	302	(61.1%)
Forsyth	276	(38.1%)	449	(61.9%)
Franklin	445	(39.5%)	681	(60.5%)
Gilmer	29	(14.6%)	170	(85.4%)
Glynn	78	(62.9%)	46	(37.1%)
Greene	787	(93.2%)	57	(6.8%)
Gwinnett	780	(50.8%)	755	(49.2%)
Habersham	332	(32.8%)	681	(67.2%)
Hall	452	(62.1%)	537	(37.9%)
Hancock	446	(63.2%)	272	(36.8%)
Harris	775	(63.2%)	452	(36.8%)
Heard	235	(40.0%)	353	(60.0%)
Henry	730	(45.8%)	863	(54.2%)
Houston	598	(48.0%)	647	(52.0%)
Irwin	20	(7.8%)	236	(92.2%)
Jackson	504	(46.9%)	571	(53.1%)
Jasper	619	(55.2%)	503	(44.8%)
Jefferson	432	(78.8%)	116	(21.2%)
Jones	482	(52.8%)	431	(47.2%)
Laurens	469	(97.9%)	10	(2.1%)
Lee	182	(57.2%)	136	(42.8%)
Liberty	149	(65.6%)	78	(34.2%)
Lincoln	295	(56.6%)	226	(43.4%)
Lowndes	301	(54.9%)	247	(45.1%)
Lumpkin	252	(29.3%)	608	(70.7%)
Madison	264	(44.7%)	326	(55.3%)
Marion	490	(59.3%)	337	(40.7%)
McIntosh	62	(30.8%)	139	(69.2%)
Merriwether	647	(46.2%)	754	(53.8%)
Monroe	783	(50.6%)	764	(49.4%)
Montgomery	161	(87.0%)	24	(13.0%)
Morgan	466	(57.0%)	351	(43.0%)
Murray	117	(32.8%)	240	(67.2%)
Muscogee	900	(55.4%)	726	(44.6%)
Newton	793	(65.1%)	425	(34.9%)
Oglethorpe	613	(82.9%)	126	(17.1%)
Paulding	96	(36.8%)	165	(63.2%)
Pike	449	(44.8%)	553	(55.2%)
Pulaski	214	(36.1%)	379	(63.9%)
Putnam	615	(70.0%)	264	(30.0%)
Rabun	10	(4.0%)	240	(96.0%)
Randolph	311	(42.0%)	430	(58.0%)
Richmond	826	(64.8%)	448	(35.2%)
Scriven	231	(55.7%)	184	(44.3%)
Stewart	574	(48.2%)	617	(51.8%)
Sumter	376	(58.2%)	270	(41.8%)
Talbot	815	(48.9%)	853	(51.1%)
Taliaferro	411	(93.0%)	31	(7.0%)
Tattnall	233	(75.2%)	77	(24.8%)
Telfair	206	(55.4%)	166	(44.6%)
Thomas	400	(78.1%)	112	(21.9%)
Troup	1,132	(74.4%)	389	(25.6%)
Twiggs	361	(44.6%)	448	(55.4%)
Union	11	(3.3%)	325	(96.7%)
Upson	580	(58.7%)	409	(41.3%)
Walker	275	(40.4%)	405	(59.6%)
Walton	454	(37.0%)	772	(63.0%)
Ware	9	(5.7%)	150	(94.3%)
Warren	591	(53.5%)	514	(46.5%)
Washington	580	(51.6%)	544	(48.6%)
Wayne	23	(14.6%)	135	(85.4%)
Wilkes	412	(48.0%)	446	(52.0%)
Wilkinson	345	(40.0%)	517	(60.0%)
Total	**34,181**	**(50.6%)**	**33,364**	**(49.4%)**
	(34,179)*		(33,417)*	

*Stated totals.

SOURCES—Journal of the Georgia House of Representatives, November 7, 1837; (Milledgeville) *Southern Recorder*, November 14, 1837.

1839

County	Charles McDonald (U)		Charles Dougherty (StR)	
Appling	132	(56.4%)	102	(43.6%)
Baker	278	(67.1%)	136	(32.9%)
Baldwin	329	(54.2%)	278	(45.8%)
Bibb	710	(58.9%)	496	(41.1%)
Bryan	7	(6.6%)	99	(93.4%)
Bulloch	312	(97.8%)	7	(2.2%)
Burke	114	(16.3%)	585	(83.7%)
Butts	393	(66.4%)	189	(33.6%)
Camden	166	(56.3%)	129	(43.7%)
Campbell	481	(74.3%)	166	(25.7%)
Carroll	526	(74.5%)	200	(25.5%)
Cass	706	(59.5%)	481	(40.5%)
Chatham	330	(55.9%)	260	(44.1%)
Chattooga	228	(57.7%)	168	(42.3%)
Cherokee	480	(68.0%)	326	(32.0%)
Clarke	372	(38.5%)	593	(61.5%)
Cobb	670	(66.7%)	335	(33.3%)
Columbia	252	(40.3%)	374	(59.7%)
Coweta	719	(56.7%)	550	(43.3%)
Crawford	479	(65.2%)	255	(34.8%)
Dade	139	(85.3%)	24	(14.7%)
Decatur	280	(47.5%)	310	(52.5%)
De Kalb	653	(58.4%)	466	(41.6%)
Dooly	300	(68.6%)	137	(31.4%)
Early	360	(68.6%)	165	(31.4%)
Effingham	66	(31.6%)	143	(68.4%)
Elbert	79	(80.3%)	905	(19.7%)
Emanuel	152	(57.2%)	114	(42.8%)
Fayette	475	(64.1%)	286	(35.9%)
Floyd	330	(63.7%)	188	(36.3%)
Forsyth	417	(58.3%)	298	(41.7%)
Franklin	689	(69.2%)	306	(30.8%)
Gilmer	273	(77.6%)	79	(22.4%)
Glynn	33	(20.2%)	130	(79.8%)
Greene	71	(82.8%)	786	(17.2%)
Gwinnett	619	(50.5%)	608	(49.5%)
Habersham	594	(60.7%)	384	(39.3%)
Hall	506	(51.8%)	470	(48.2%)
Hancock	301	(44.6%)	376	(55.4%)
Harris	465	(43.4%)	792	(56.6%)
Heard	389	(59.6%)	264	(40.4%)
Henry	835	(56.3%)	649	(43.7%)
Houston	655	(59.3%)	449	(40.7%)
Irwin	257	(94.8%)	14	(5.2%)
Jackson	520	(50.7%)	506	(49.3%)
Jasper	507	(53.5%)	440	(46.5%)
Jefferson	108	(19.1%)	456	(80.9%)
Jones	503	(52.9%)	447	(47.1%)
Laurens	5	(12.7%)	389	(87.3%)
Lee	215	(61.8%)	233	(38.2%)
Liberty	82	(37.1%)	139	(62.9%)
Lincoln	195	(44.4%)	244	(55.6%)
Lowndes	224	(39.1%)	349	(60.9%)
Lumpkin	651	(72.3%)	249	(27.7%)
Macon	317	(48.0%)	343	(52.0%)
Madison	309	(52.6%)	279	(47.4%)
Marion	224	(40.3%)	332	(59.7%)
McIntosh	128	(51.8%)	119	(48.2%)
Meriwether	766	(53.3%)	671	(46.7%)
Monroe	802	(54.4%)	671	(45.6%)
Montgomery	10	(4.0%)	242	(96.0%)

County				
Morgan	322	(41.2%)	460	(58.8%)
Murray	572	(86.5%)	89	(13.5%)
Muscogee	850	(49.7%)	861	(50.3%)
Newton	467	(35.5%)	850	(64.5%)
Oglethorpe	104	(18.2%)	479	(81.8%)
Paulding	231	(51.7%)	216	(48.3%)
Pike	492	(58.5%)	349	(41.5%)
Pulaski	313	(66.2%)	160	(33.8%)
Putnam	245	(31.9%)	524	(68.1%)
Rabun	295	(96.4%)	11	(3.6%)
Randolph	508	(50.9%)	400	(49.1%)
Richmond	372	(45.3%)	449	(54.7%)
Scriven	134	(38.8%)	211	(61.2%)
Stewart	793	(59.0%)	751	(41.0%)
Sumter	392	(49.1%)	407	(50.9%)
Talbot	855	(52.1%)	787	(47.9%)
Taliaferro	33	(7.4%)	414	(92.6%)
Tatnall	68	(19.8%)	276	(80.2%)
Telfair	139	(44.4%)	174	(55.6%)
Thomas	203	(39.4%)	312	(60.6%)
Troup	646	(40.7%)	940	(59.3%)
Twiggs	461	(58.5%)	327	(41.5%)
Union	448	(95.7%)	20	(4.3%)
Upson	393	(41.9%)	544	(58.1%)
Walton	623	(58.5%)	442	(41.5%)
Ware	225	(97.0%)	7	(3.0%)
Warren	317	(42.5%)	429	(57.5%)
Washington	514	(46.9%)	583	(53.1%)
Wayne	109	(84.5%)	20	(15.5%)
Walker	471	(66.5%)	237	(33.5%)
Wilkes	361	(45.9%)	426	(54.1%)
Wilkeson	490	(55.6%)	391	(44.4%)
Total	**34,634**	**(51.4%)**	**32,727**	**(48.6%)**
	(32,807)*			

*Stated total.

SOURCES—Journal of the Georgia House of Representatives, November 5, 1839, p. 25; (Milledgeville) *Federal Union*, November 12, 1839.

1841

County	Charles J. McDonald (D)		William C. Dawson (W)	
Appling	205	(70.7%)	85	(29.3%)
Baker	313	(64.0%)	176	(36.0%)
Baldwin	350	(51.2%)	333	(48.8%)
Bibb	750	(56.6%)	581	(43.4%)
Bryan	72	(46.6%)	83	(53.4%)
Bulloch	338	(98.8%)	4	(1.2%)
Burke	305	(42.9%)	406	(57.1%)
Butts	396	(65.7%)	207	(34.3%)
Camden	231	(70.0%)	99	(30.0%)
Campbell	532	(77.2%)	157	(22.8%)
Carroll	562	(65.2%)	300	(34.8%)
Cass	793	(65.5%)	418	(34.5%)
Chatham	567	(48.3%)	608	(51.7%)
Chattooga	263	(67.1%)	129	(32.9%)
Cherokee	598	(58.6%)	394	(41.4%)
Clark	373	(42.7%)	500	(57.3%)
Cobb	753	(63.3%)	436	(36.7%)
Columbia	188	(36.7%)	324	(63.3%)
Coweta	719	(52.1%)	661	(47.9%)
Crawford	483	(51.3%)	364	(48.7%)
Decatur	253	(39.8%)	383	(60.2%)
Dade*		202 majority		
De Kalb	775	(57.7%)	568	(42.3%)
Dooly	406	(69.5%)	178	(30.5%)
Early	328	(63.8%)	194	(36.2%)
Effingham	51	(26.8%)	139	(73.2%)
Elbert	242	(22.2%)	847	(77.8%)
Emanual	216	(66.5%)	139	(33.5%)
Fayette	620	(69.2%)	276	(30.8%)
Floyd	404	(62.6%)	241	(37.4%)
Forsyth	561	(64.2%)	313	(35.8%)
Franklin	879	(74.4%)	302	(25.6%)
Gilmer	381	(77.6%)	110	(22.4%)
Glynn	28	(19.3%)	117	(80.7%)
Greene	92	(12.4%)	649	(87.6%)
Gwinnett	706	(48.7%)	671	(51.3%)
Habersham	740	(71.4%)	296	(28.6%)
Hall	570	(61.2%)	362	(38.8%)
Hancock	320	(44.4%)	400	(55.6%)
Harris	465	(36.0%)	790	(64.0%)
Heard	413	(58.7%)	290	(41.3%)
Henry	906	(52.1%)	834	(47.9%)
Houston	705	(54.0%)	599	(46.0%)
Irwin	309	(99.0%)	3	(1.0%)
Jackson	634	(56.1%)	497	(43.9%)
Jasper	504	(51.5%)	474	(48.5%)
Jefferson	120	(21.9%)	428	(78.1%)
Jones	493	(52.2%)	452	(47.8%)
Laurens	21	(4.1%)	495	(95.9%)
Lee	190	(41.3%)	270	(58.7%)
Liberty	128	(49.2%)	132	(50.8%)
Lincoln	159	(39.8%)	240	(60.2%)
Lowndes	355	(52.7%)	319	(47.3%)
Lumpkin	781	(70.9%)	321	(29.1%)
Macon	333	(48.9%)	348	(51.1%)
Madison	368	(54.6%)	306	(45.4%)
Marion	299	(44.4%)	375	(55.6%)
McIntosh	131	(56.2%)	102	(43.8%)
Meriwether	825	(57.5%)	727	(42.5%)
Monroe	770	(50.9%)	742	(49.1%)
Montgomery	27	(11.8%)	201	(88.2%)
Morgan	320	(43.0%)	425	(57.0%)
Murray	456	(76.8%)	138	(23.2%)
Newton	497	(38.5%)	793	(61.5%)
Oglethorpe	150	(20.4%)	584	(79.6%)
Paulding	292	(56.8%)	222	(43.2%)
Pike	774	(58.1%)	558	(41.9%)
Pulaski	347	(73.8%)	123	(26.2%)
Putnam	331	(44.1%)	420	(55.9%)
Rabun	321	(97.6%)	8	(2.4%)
Randolph	549	(58.1%)	396	(41.9%)
Richmond	372	(33.9%)	726	(66.1%)
Scriven	222	(54.3%)	187	(45.7%)
Stewart	811	(52.4%)	738	(47.6%)
Sumter	337	(46.0%)	396	(54.0%)
Talbot	816	(49.6%)	828	(50.4%)
Taliaferro	74	(15.3%)	410	(84.7%)
Tattnall	81	(25.4%)	238	(74.6%)
Telfair	177	(46.8%)	201	(53.2%)
Thomas	175	(33.6%)	346	(66.4%)
Troup	426	(32.2%)	898	(67.8%)
Twiggs	444	(52.9%)	396	(47.1%)
Union	541	(88.1%)	73	(11.9%)
Upson	327	(37.9%)	536	(62.1%)
Walker	568	(63.6%)	325	(36.4%)
Walton	745	(62.8%)	442	(37.8%)
Ware	242	(76.3%)	75	(23.7%)
Warren	352	(42.7%)	473	(57.3%)
Washington	541	(49.9%)	543	(50.1%)
Wayne	110	(65.5%)	58	(34.5%)
Wilkes	404	(50.1%)	404	(49.9%)
Wilkinson	535	(60.5%)	349	(39.5%)
Total	**37,838**	**(52.9%)**	**33,705**	**(47.1%)**
	(37,847)**		(33,703)**	

County					
Muscogee†	878	(48.7%)	836	(51.3%)	

*The vote of Dade County was reported as indicated in the official returns and included in the total vote.
**Stated totals.
†Not included in the official returns.

SOURCES—Journal of the Georgia House of Representatives, November 2, 1841, p. 30; (Milledgeville) *Southern Recorder*, November 9, 1841.

1843

County	George W. Crawford (W)		Mark A. Cooper (D)	
Appling	138	(59.2%)	95	(40.8%)
Baker	206	(37.9%)	337	(62.1%)
Baldwin	360	(46.2%)	309	(53.8%)
Bibb	592	(47.4%)	659	(52.6%)
Bryan	94	(55.0%)	77	(45.0%)
Bulloch	25	(92.2%)	296	(7.8%)
Burke	514	(60.3%)	338	(39.7%)
Butts	253	(40.5%)	371	(59.5%)
Camden	94	(28.9%)	232	(71.1%)
Campbell	253	(35.0%)	469	(65.0%)
Carroll	404	(43.9%)	516	(56.1%)
Cass	657	(44.0%)	836	(56.0%)
Chatham	738	(52.3%)	672	(47.7%)
Chattooga	317	(54.7%)	262	(45.3%)
Cherokee	601	(53.6%)	521	(46.4%)
Clark	509	(61.5%)	319	(38.5%)
Cobb	618	(48.0%)	670	(52.0%)
Columbia	336	(66.1%)	172	(33.9%)
Coweta	741	(53.8%)	637	(46.2%)
Crawford	403	(49.6%)	410	(50.4%)
Decatur	345	(58.6%)	244	(41.4%)
Dade	43	(17.2%)	206	(82.8%)
De Kalb	577	(47.1%)	648	(52.9%)
Dooly	278	(40.5%)	409	(59.5%)
Early	110	(36.6%)	208	(63.4%)
Effingham	162	(66.4%)	82	(33.6%)
Elbert	828	(83.4%)	165	(16.6%)
Emanuel	183	(52.6%)	165	(47.4%)
Fayette	328	(41.0%)	472	(59.0%)
Floyd	395	(53.2%)	348	(46.8%)
Forsyth	396	(39.8%)	600	(60.2%)
Franklin	323	(26.8%)	884	(73.2%)
Gilmer	267	(43.6%)	345	(56.4%)
Glynn	108	(75.5%)	35	(24.5%)
Greene	719	(85.5%)	122	(14.5%)
Gwinnett	709	(54.0%)	604	(46.0%)
Habersham	402	(38.5%)	658	(61.5%)
Hall	450	(47.4%)	499	(52.6%)
Hancock	412	(60.2%)	272	(39.8%)
Harris	735	(68.2%)	343	(31.8%)
Heard	300	(45.5%)	359	(54.5%)
Henry	778	(50.3%)	769	(49.7%)
Houston	575	(50.5%)	563	(49.5%)
Irwin	31	(10.1%)	277	(89.9%)
Jackson	426	(43.1%)	563	(56.9%)
Jasper	452	(47.3%)	503	(52.7%)
Jefferson	404	(81.8%)	90	(18.2%)
Jones	425	(54.9%)	404	(45.1%)
Laurens	547	(96.3%)	21	(3.7%)
Lee	286	(62.7%)	170	(37.3%)
Liberty	128	(58.2%)	92	(41.8%)
Lincoln	287	(61.3%)	181	(38.7%)
Lowndes	312	(49.6%)	317	(50.4%)
Lumpkin	626	(41.3%)	891	(58.7%)
Macon	347	(57.6%)	255	(42.4%)
Madison	340	(52.5%)	308	(47.5%)
Marion	425	(54.9%)	349	(45.1%)
McIntosh	129	(50.8%)	125	(49.2%)
Meriwether	725	(51.0%)	687	(49.0%)
Monroe	745	(51.9%)	690	(48.1%)
Montgomery	200	(93.0%)	15	(7.0%)
Morgan	414	(54.3%)	349	(45.7%)
Murray	337	(40.5%)	495	(59.5%)
Muscogee	908	(49.3%)	932	(50.7%)
Newton	785	(65.5%)	414	(34.5%)
Oglethorpe	602	(77.2%)	178	(22.8%)
Paulding	224	(41.8%)	312	(58.2%)
Pike	598	(51.6%)	562	(48.4%)
Pulaski	238	(43.0%)	315	(57.0%)
Putnam	418	(56.9%)	317	(43.1%)
Rabun	83	(27.0%)	224	(73.0%)
Randolph	494	(49.1%)	513	(50.9%)
Richmond	766	(58.5%)	544	(41.5%)
Scriven	228	(53.9%)	195	(46.1%)
Stewart	712	(52.7%)	639	(47.3%)
Sumter	459	(53.6%)	397	(46.4%)
Talbot	864	(52.2%)	791	(47.8%)
Taliaferro	404	(87.1%)	60	(12.9%)
Tattnall	297	(92.0%)	26	(8.0%)
Telfair	162	(45.9%)	191	(54.1%)
Thomas	357	(68.3%)	166	(31.7%)
Troup	944	(70.6%)	394	(29.4%)
Twiggs	354	(45.5%)	424	(54.5%)
Union	241	(37.6%)	400	(62.4%)
Upson	637	(65.7%)	332	(34.3%)
Walker	429	(46.1%)	501	(53.9%)
Walton	455	(42.2%)	622	(57.8%)
Ware	175	(47.4%)	194	(52.6%)
Warren	547	(62.9%)	323	(37.1%)
Washington	556	(52.1%)	512	(47.9%)
Wayne	39	(24.8%)	118	(75.2%)
Wilkes	417	(54.5%)	348	(45.5%)
Wilkinson	459	(54.1%)	390	(45.9%)
Total	**38,713**	**(52.3%)**	**35,325**	**(47.7%)**

SOURCES—Journal of the Georgia House of Representatives, November 8, 1843, p. 42; (Milledgeville) *Federal Union*, November, 1843.

1845

County	George W. Crawford (W)		Matthew McAllister (D)	
Appling	151	(47.9%)	164	(52.1%)
Baker	204	(36.8%)	351	(63.2%)
Baldwin	315	(54.0%)	268	(46.0%)
Bibb	651	(47.3%)	724	(52.7%)
Bryan	102	(54.5%)	85	(45.5%)
Bulloch	27	(6.1%)	413	(93.9%)
Burke	549	(62.3%)	332	(37.7%)
Butts	253	(40.3%)	375	(59.7%)
Camden	110	(34.0%)	214	(66.0%)
Campbell	214	(31.1%)	474	(68.9%)
Carroll	394	(37.6%)	655	(62.4%)
Cass	641	(40.4%)	944	(59.6%)
Chatham	700	(49.5%)	715	(50.5%)
Chattooga	300	(47.6%)	330	(52.4%)
Cherokee	533	(41.9%)	740	(58.1%)
Clark	538	(57.6%)	398	(42.4%)
Cobb	637	(43.3%)	835	(56.7%)
Columbia	522	(65.3%)	277	(34.7%)
Coweta	808	(54.0%)	689	(46.0%)
Crawford	433	(48.1%)	467	(51.9%)
Decatur	348	(55.0%)	279	(45.0%)

County				
De Kalb	577	(42.1%)	762	(57.9%)
Dooly	260	(37.8%)	427	(62.2%)
Early	151	(34.1%)	292	(65.9%)
Effingham	226	(67.1%)	111	(32.9%)
Elbert	991	(85.5%)	168	(14.5%)
Emanuel	206	(48.7%)	217	(51.3%)
Fayette	428	(39.7%)	651	(60.3%)
Floyd	380	(46.0%)	446	(54.0%)
Forsyth	463	(42.7%)	621	(57.3%)
Franklin	354	(27.7%)	922	(72.3%)
Gilmer	213	(27.6%)	559	(72.4%)
Glynn	112	(85.5%)	19	(14.5%)
Greene	786	(87.2%)	115	(12.8%)
Gwinnett	757	(52.7%)	680	(47.3%)
Habersham	388	(33.1%)	785	(66.9%)
Hall	529	(46.9%)	599	(53.1%)
Hancock	507	(62.3%)	307	(37.7%)
Harris	813	(67.6%)	390	(32.4%)
Heard	313	(44.0%)	398	(56.0%)
Henry	884	(52.0%)	815	(48.0%)
Houston	637	(49.3%)	654	(50.7%)
Irwin	99	(27.7%)	258	(72.3%)
Jackson	517	(44.5%)	644	(55.5%)
Jasper	475	(49.1%)	493	(50.9%)
Jefferson	544	(86.6%)	84	(13.4%)
Jones	424	(48.8%)	445	(51.2%)
Laurens	589	(97.4%)	16	(2.6%)
Lee	284	(60.6%)	185	(39.4%)
Liberty	203	(54.7%)	168	(45.3%)
Lincoln	275	(60.0%)	183	(40.0%)
Lumpkin	556	(37.0%)	946	(63.0%)
Macon	364	(57.2%)	292	(42.8%)
Madison	338	(50.2%)	335	(49.8%)
Marion	469	(57.3%)	349	(42.7%)
McIntosh	109	(44.6%)	124	(55.4%)
Meriwether	695	(45.5%)	833	(54.5%)
Monroe	733	(53.2%)	644	(46.8%)
Montgomery	215	(89.2%)	26	(10.8%)
Morgan	415	(58.1%)	299	(41.9%)
Murray	403	(39.2%)	624	(60.8%)
Muscogee	1,071	(55.7%)	851	(44.3%)
Newton	896	(65.5%)	471	(34.5%)
Oglethorpe	576	(77.0%)	172	(23.0%)
Paulding	243	(40.6%)	355	(59.4%)
Pike	642	(45.1%)	783	(54.9%)
Pulaski	249	(39.6%)	379	(60.4%)
Putnam	425	(52.7%)	381	(47.3%)
Rabun	37	(12.9%)	250	(87.1%)
Randolph	575	(46.9%)	650	(53.1%)
Richmond	747	(61.2%)	474	(38.8%)
Scriven	241	(51.7%)	225	(48.3%)
Stewart	904	(56.7%)	690	(43.3%)
Sumter	544	(55.3%)	440	(44.7%)
Talbot	862	(52.1%)	794	(47.9%)
Taliaferro	412	(88.4%)	54	(11.6%)
Tattnall	313	(80.7%)	75	(19.3%)
Telfair	201	(52.2%)	174	(47.8%)
Thomas	431	(62.8%)	255	(37.2%)
Troup	1,005	(69.6%)	440	(30.4%)
Twiggs	324	(44.6%)	403	(55.4%)
Union	217	(29.2%)	527	(70.8%)
Upson	649	(62.8%)	385	(37.2%)
Walker	537	(47.9%)	584	(52.1%)
Walton	505	(40.4%)	744	(59.6%)
Ware	176	(48.1%)	190	(51.9%)
Warren	607	(62.0%)	372	(38.0%)
Washington	629	(55.3%)	508	(44.7%)
Wayne	67	(41.1%)	96	(58.9%)
Wilkes	439	(55.4%)	354	(44.6%)
Wilkinson	423	(44.8%)	528	(55.2%)

Total	**41,059**	**(51.1%)**	**39,140**	**(48.9%)**
			(39,219)*	
Dade**	45	(15.8%)	240	(81.2%)
Lowndes**	410	(51.7%)	383	(48.3%)

*Stated total.
**Not included in the official returns; listed as informal.

SOURCE—(Milledgeville) *Southern Recorder*, November 7, 1845.

1847

County	George W. Towns (D)		Duncan L. Clinch (W)	
Appling	160	(60.2%)	106	(39.8%)
Baker	425	(63.3%)	246	(36.7%)
Baldwin	315	(49.8%)	317	(50.2%)
Bibb	665	(52.5%)	602	(47.5%)
Bryan	69	(38.1%)	112	(61.9%)
Bulloch	382	(91.8%)	34	(8.2%)
Burke	370	(38.5%)	590	(61.5%)
Butts	354	(59.3%)	243	(40.7%)
Camden	181	(67.0%)	89	(33.0%)
Campbell	569	(69.4%)	251	(30.6%)
Carroll	705	(66.1%)	362	(33.9%)
Cass	1,341	(64.7%)	731	(35.3%)
Chatham	582	(42.9%)	776	(57.1%)
Chattooga	426	(54.9%)	350	(45.1%)
Cherokee	977	(62.2%)	594	(37.8%)
Clark	437	(41.5%)	616	(58.5%)
Cobb	975	(57.6%)	718	(42.4%)
Columbia	282	(32.2%)	489	(67.8%)
Coweta	645	(46.0%)	758	(54.0%)
Crawford	454	(55.0%)	364	(45.0%)
Dade	286	(80.8%)	68	(19.2%)
Decatur	385	(49.6%)	391	(50.4%)
De Kalb	990	(56.8%)	759	(43.2%)
Dooly	517	(62.0%)	317	(38.0%)
Early	368	(70.8%)	152	(29.2%)
Effingham	110	(38.6%)	175	(61.4%)
Elbert	174	(15.0%)	986	(85.0%)
Emanuel	269	(58.0%)	195	(42.0%)
Fayette	644	(60.7%)	417	(39.3%)
Floyd	600	(51.3%)	569	(48.7%)
Forsyth	657	(59.2%)	453	(40.8%)
Franklin	1,032	(74.4%)	354	(25.6%)
Gilmer	786	(72.6%)	297	(27.4%)
Glynn	33	(21.4%)	121	(78.6%)
Greene	131	(14.1%)	796	(85.9%)
Gwinnett	711	(49.1%)	736	(50.9%)
Habersham	784	(65.3%)	446	(34.7%)
Hall	683	(56.4%)	527	(43.6%)
Hancock	321	(41.3%)	456	(58.7%)
Harris	409	(34.3%)	785	(65.7%)
Heard	452	(56.0%)	355	(44.0%)
Henry	878	(49.7%)	888	(50.3%)
Houston	687	(52.2%)	627	(47.8%)
Irwin	313	(82.6%)	66	(17.4%)
Jackson	664	(56.4%)	513	(43.6%)
Jasper	471	(52.3%)	429	(47.7%)
Jefferson	93	(15.2%)	519	(84.8%)
Jones	443	(52.2%)	406	(47.8%)
Laurens	22	(4.6%)	455	(95.4%)
Lee	206	(39.2%)	320	(60.8%)
Liberty	142	(43.4%)	185	(56.6%)
Lincoln	175	(39.6%)	267	(60.4%)
Lowndes	355	(45.7%)	422	(54.3%)
Lumpkin	973	(64.7%)	530	(35.3%)
Macon	321	(45.6%)	383	(54.4%)

Georgia

County				
Madison	365	(52.1%)	336	(47.9%)
Marion	470	(51.1%)	450	(48.9%)
McIntosh	117	(48.3%)	125	(51.7%)
Meriwether	792	(51.7%)	739	(48.3%)
Monroe	670	(49.3%)	688	(50.7%)
Montgomery	27	(10.8%)	224	(89.2%)
Morgan	281	(41.7%)	393	(58.3%)
Murray	949	(65.4%)	502	(34.6%)
Muscogee	853	(45.1%)	1,039	(54.9%)
Newton	442	(32.6%)	913	(67.4%)
Oglethorpe	152	(24.4%)	470	(75.6%)
Paulding	391	(58.5%)	277	(41.5%)
Pike	835	(53.1%)	737	(46.9%)
Pulaski	307	(58.6%)	219	(41.4%)
Putnam	312	(44.6%)	388	(55.4%)
Rabun	299	(83.5%)	59	(16.5%)
Randolph	683	(50.4%)	673	(49.6%)
Richmond	488	(41.8%)	679	(58.2%)
Scriven	222	(53.2%)	195	(46.8%)
Stewart	786	(46.4%)	907	(53.6%)
Sumter	466	(44.9%)	571	(55.1%)
Talbot	813	(52.3%)	741	(47.7%)
Taliaferro	68	(15.8%)	363	(84.2%)
Tattnall	76	(20.7%)	291	(79.3%)
Telfair	162	(47.0%)	183	(53.0%)
Thomas	330	(42.8%)	441	(57.2%)
Troup	433	(29.7%)	1,023	(70.3%)
Twiggs	414	(60.8%)	267	(39.2%)
Union	743	(71.2%)	300	(28.8%)
Upson	356	(36.8%)	611	(63.2%)
Walker	770	(54.8%)	635	(45.2%)
Walton	721	(57.8%)	526	(42.2%)
Ware	205	(50.0%)	205	(50.0%)
Warren	325	(36.1%)	575	(63.9%)
Washington	558	(47.7%)	612	(52.3%)
Wayne	81	(56.6%)	62	(53.4%)
Wilkes	345	(45.0%)	421	(55.0%)
Wilkinson	388	(56.9%)	513	(43.1%)
Total	**43,219**	**(50.8%)**	**41,941**	**(49.2%)**
	(43,220)*		(43,931)*	

*Stated totals.

SOURCES—Journal of the Georgia House of Representatives, November 2, 1847; (Milledgeville) *Recorder*, November 5, 1847; *Whig Almanac*, 1848, p. 61.

1849

County	George W. Towns (D)		Edward Y. Hill (W)	
Appling	191	(59.0%)	133	(41.0%)
Baker	568	(66.0%)	273	(34.0%)
Baldwin	309	(46.4%)	357	(53.6%)
Bibb	734	(53.7%)	634	(46.3%)
Bryan	76	(39.4%)	117	(60.6%)
Bulloch	408	(94.7%)	25	(5.3%)
Burke	343	(42.5%)	464	(57.5%)
Butts	411	(60.9%)	264	(39.1%)
Camden	176	(73.6%)	62	(26.4%)
Campbell	653	(67.7%)	311	(32.3%)
Carroll	891	(67.6%)	428	(32.4%)
Cass	1,461	(61.7%)	905	(38.3%)
Chatham	786	(54.1%)	666	(45.9%)
Chattooga	462	(53.8%)	396	(46.2%)
Cherokee	1,101	(61.8%)	681	(38.2%)
Clark	454	(44.2%)	584	(55.8%)
Cobb	1,089	(55.1%)	888	(44.9%)
Columbia	220	(37.9%)	361	(62.1%)
Coweta	724	(48.5%)	770	(51.5%)
Crawford	464	(55.2%)	377	(44.8%)
Decatur	392	(45.5%)	469	(54.5%)
Dade	309	(82.2%)	67	(17.8%)
De Kalb	1,014	(54.9%)	832	(45.1%)
Dooly	505	(61.9%)	311	(38.1%)
Early	457	(76.0%)	144	(24.0%)
Effingham	124	(38.0%)	202	(62.0%)
Elbert	195	(16.4%)	995	(83.6%)
Emanuel	307	(63.6%)	176	(36.4%)
Fayette	697	(60.8%)	449	(39.2%)
Floyd	780	(51.4%)	738	(48.6%)
Forsyth	753	(60.3%)	496	(39.7%)
Franklin	974	(71.5%)	389	(28.5%)
Gilmer	839	(74.8%)	283	(25.2%)
Glynn	38	(28.8%)	94	(71.2%)
Greene	128	(14.4%)	761	(85.6%)
Gwinnett	689	(48.6%)	730	(51.4%)
Habersham	771	(70.5%)	322	(29.5%)
Hall	695	(56.2%)	542	(43.8%)
Hancock	344	(45.5%)	412	(54.5%)
Harris	441	(37.1%)	748	(62.9%)
Heard	486	(57.8%)	355	(42.2%)
Henry	895	(49.6%)	910	(50.4%)
Houston	681	(54.5%)	568	(45.5%)
Irwin	337	(89.2%)	41	(10.8%)
Jackson	732	(56.7%)	558	(43.3%)
Jasper	540	(56.8%)	410	(43.2%)
Jefferson	107	(19.9%)	430	(80.1%)
Jones	434	(52.2%)	396	(47.8%)
Laurens	58	(9.7%)	539	(90.3%)
Lee	249	(43.0%)	330	(57.0%)
Liberty	146	(48.8%)	153	(51.2%)
Lincoln	172	(42.5%)	233	(57.5%)
Lowndes	430	(50.6%)	419	(49.4%)
Lumpkin	859	(61.5%)	537	(38.5%)
Macon	340	(46.6%)	389	(53.4%)
Madison	375	(53.6%)	324	(46.4%)
Marion	581	(52.9%)	517	(47.1%)
McIntosh	133	(62.7%)	79	(37.3%)
Meriwether	834	(52.9%)	743	(47.1%)
Monroe	650	(47.0%)	732	(53.0%)
Montgomery	53	(18.7%)	231	(81.3%)
Morgan	272	(42.0%)	376	(58.0%)
Murray	1,177	(59.7%)	793	(40.3%)
Muscogee	857	(45.2%)	1,039	(54.8%)
Newton	510	(35.9%)	910	(64.1%)
Oglethorpe	206	(25.6%)	600	(74.4%)
Paulding	508	(58.6%)	359	(41.4%)
Pike	895	(55.4%)	719	(44.6%)
Pulaski	399	(62.1%)	246	(37.9%)
Putnam	320	(46.1%)	374	(53.9%)
Rabun	330	(94.1%)	21	(5.9%)
Randolph	769	(49.7%)	777	(50.3%)
Richmond	542	(42.3%)	739	(57.7%)
Scriven	251	(52.6%)	226	(47.4%)
Stewart	648	(44.0%)	824	(56.0%)
Sumter	577	(50.7%)	662	(49.3%)
Talbot	786	(49.7%)	796	(50.3%)
Taliaferro	69	(17.4%)	328	(82.6%)
Tattnall	96	(23.8%)	307	(76.2%)
Telfair	219	(55.9%)	173	(44.1%)
Thomas	311	(42.8%)	416	(57.2%)
Troup	406	(27.0%)	1,096	(73.0%)
Twiggs	392	(54.3%)	330	(45.7%)
Union	673	(70.3%)	285	(29.7%)
Upson	423	(40.6%)	620	(59.4%)
Walker	918	(55.7%)	731	(44.3%)
Walton	741	(58.0%)	536	(42.0%)
Ware	217	(44.7%)	268	(55.3%)

County			
Warren	417	(41.2%)	595 (58.8%)
Washington	592	(50.9%)	572 (49.1%)
Wayne	112	(64.4%)	62 (35.6%)
Wilkes	324	(42.4%)	441 (57.6%)
Wilkinson	512	(57.4%)	381 (42.6%)
Total	**46,534**	**(51.8%)**	**43,352 (48.2%)**
	(46,514)*		(43,322)*

*Stated totals.

SOURCES—(Savannah) *Republican*, November 23, 1849; *Whig Almanac, 1850*, pp. 58–9.

1851

County	Howell Cobb (U)		Charles J. McDonald (SoR)	
Appling	156	(46.3%)	181	(53.7%)
Baker	320	(31.1%)	708	(68.9%)
Baldwin	368	(53.7%)	317	(46.3%)
Bibb	716	(47.7%)	786	(52.3%)
Bryan	109	(56.2%)	85	(43.8%)
Bulloch	64	(15.9%)	339	(84.1%)
Burke	543	(55.2%)	440	(44.8%)
Butts	244	(34.9%)	456	(65.1%)
Camden	71	(23.0%)	238	(77.0%)
Campbell	417	(44.1%)	528	(55.9%)
Carroll	700	(47.3%)	781	(52.7%)
Cass	1,252	(62.9%)	740	(37.1%)
Chatham	837	(52.6%)	755	(47.4%)
Chattooga	645	(71.2%)	261	(28.8%)
Cherokee	1,291	(63.1%)	756	(36.9%)
Clark	630	(60.1%)	417	(39.9%)
Clinch	244	(71.1%)	59	(28.9%)
Cobb	1,267	(48.4%)	1,351	(51.6%)
Columbia	416	(62.9%)	245	(37.1%)
Coweta	786	(51.0%)	754	(49.0%)
Crawford	402	(47.6%)	450	(52.4%)
Dade	248	(59.9%)	166	(40.1%)
Decatur	506	(61.8%)	313	(38.2%)
De Kalb	1,426	(67.1%)	699	(32.9%)
Dooly	397	(40.5%)	583	(59.5%)
Early	384	(50.4%)	378	(49.6%)
Effingham	177	(53.2%)	156	(46.8%)
Elbert	994	(78.8%)	267	(21.2%)
Emanuel	254	(50.2%)	252	(49.8%)
Fayette	646	(52.1%)	595	(47.9%)
Floyd	1,066	(72.5%)	405	(27.5%)
Forsyth	733	(54.2%)	620	(45.8%)
Franklin	1,069	(70.6%)	445	(29.4%)
Gilmer	1,193	(89.0%)	147	(11.0%)
Glynn	76	(60.3%)	50	(39.7%)
Gordon	679	(63.1%)	397	(36.9%)
Greene	739	(79.5%)	190	(20.5%)
Gwinnett	821	(56.6%)	630	(43.4%)
Habersham	1,030	(80.3%)	252	(19.7%)
Hall	732	(66.1%)	376	(33.9%)
Hancock	548	(71.8%)	215	(28.2%)
Harris	714	(68.5%)	328	(31.5%)
Heard	447	(52.4%)	408	(47.6%)
Henry	984	(59.4%)	673	(40.6%)
Houston	632	(50.4%)	621	(49.6%)
Irwin	116	(27.8%)	302	(72.2%)
Jackson	829	(66.6%)	415	(33.4%)
Jasper	446	(44.1%)	566	(55.9%)
Jefferson	532	(80.6%)	128	(19.4%)
Jones	381	(48.5%)	405	(51.5%)
Laurens	579	(88.4%)	76	(11.6%)
Lee	468	(68.3%)	217	(31.7%)
Liberty	206	(56.3%)	160	(43.7%)
Lincoln	267	(61.8%)	165	(38.2%)
Lowndes	408	(53.1%)	361	(46.9%)
Lumpkin	1,013	(79.8%)	257	(20.2%)
Macon	574	(57.7%)	421	(42.3%)
Madison	598	(89.0%)	74	(11.0%)
Marion	722	(55.8%)	571	(44.2%)
McIntosh	143	(59.6%)	97	(40.4%)
Meriwether	731	(48.6%)	774	(51.4%)
Monroe	727	(51.7%)	680	(48.3%)
Montgomery	258	(89.3%)	31	(10.7%)
Morgan	464	(60.3%)	306	(39.7%)
Murray	1,290	(60.1%)	856	(39.9%)
Muscogee	1,150	(55.1%)	939	(44.9%)
Newton	1,032	(72.1%)	399	(27.9%)
Oglethorpe	486	(63.5%)	279	(36.5%)
Paulding	571	(68.1%)	268	(31.9%)
Pike	904	(51.4%)	856	(48.6%)
Pulaski	532	(70.9%)	218	(29.1%)
Putnam	386	(55.7%)	307	(44.3%)
Rabun	227	(56.9%)	172	(43.1%)
Randolph	808	(50.3%)	797	(49.7%)
Richmond	856	(56.7%)	654	(43.3%)
Scriven	146	(31.8%)	313	(68.2%)
Stewart	894	(49.2%)	723	(50.8%)
Sumter	845	(67.6%)	405	(32.4%)
Talbot	845	(55.8%)	669	(44.2%)
Taliaferro	341	(84.8%)	61	(15.2%)
Tatnall	363	(81.2%)	84	(18.8%)
Telfair	203	(60.4%)	133	(39.6%)
Thomas	299	(41.0%)	431	(59.0%)
Troup	1,134	(75.2%)	373	(24.8%)
Twiggs	294	(43.3%)	385	(56.7%)
Union	1,007	(82.2%)	218	(17.8%)
Upson	685	(65.9%)	354	(34.1%)
Walker	1,212	(64.8%)	657	(35.2%)
Walton	817	(62.4%)	492	(37.6%)
Ware	154	(47.8%)	168	(52.2%)
Warren	673	(61.3%)	425	(38.7%)
Washington	812	(67.8%)	386	(32.2%)
Wayne	80	(44.9%)	98	(55.1%)
Wilkes	465	(57.6%)	342	(42.4%)
Wilkinson	471	(46.4%)	543	(53.6%)
Total	**57,417**	**(59.5%)**	**38,824**	**(40.5%)**
	(57,397)*			

*Stated total.

SOURCES—Journal of the Georgia House of Representatives, November 4, 1851, p. 39; (Milledgeville) *Southern Recorder*, November 11, 1851.

1853

County	Herschel V. Johnson (StR)		Charles J. Jenkins (CU)	
Appling	180	(61.2%)	114	(38.8%)
Baker	788	(73.9%)	279	(26.1%)
Baldwin	336	(47.3%)	375	(52.7%)
Bibb	754	(53.3%)	660	(46.7%)
Bryan	84	(41.2%)	120	(58.8%)
Bulloch	360	(93.4%)	23	(6.6%)
Burke	332	(37.8%)	546	(62.2%)
Butts	463	(64.8%)	251	(35.2%)
Camden	242	(79.3%)	63	(20.7%)
Campbell	676	(65.4%)	357	(34.6%)
Carroll	985	(65.4%)	520	(34.6%)
Cass	949	(51.8%)	883	(48.2%)
Chatham	761	(55.3%)	614	(44.7%)

County				
Chattooga	469	(49.4%)	480	(50.6%)
Cherokee	975	(48.8%)	1,024	(51.2%)
Clark	404	(42.3%)	551	(57.7%)
Clinch	75	(21.4%)	276	(78.6%)
Cobb	1,200	(57.6%)	885	(42.4%)
Columbia	281	(41.4%)	404	(58.6%)
Coweta	829	(54.9%)	680	(45.1%)
Crawford	389	(53.1%)	344	(46.9%)
Dade	221	(56.7%)	169	(43.3%)
Decatur	368	(42.1%)	507	(57.9%)
De Kalb	1,329	(56.5%)	1,025	(43.5%)
Dooly	551	(60.9%)	354	(39.1%)
Early	531	(67.7%)	253	(32.3%)
Effingham	136	(39.7%)	207	(60.3%)
Elbert	182	(14.7%)	1,053	(85.3%)
Emanuel	332	(60.4%)	218	(39.6%)
Fayette	660	(56.0%)	518	(44.0%)
Floyd	754	(48.0%)	817	(52.0%)
Forsyth	717	(59.5%)	489	(40.5%)
Franklin	1,233	(79.0%)	328	(21.0%)
Gilmer	888	(62.8%)	525	(37.2%)
Glynn	58	(37.4%)	97	(62.6%)
Gordon	747	(53.2%)	658	(46.8%)
Greene	141	(15.2%)	786	(84.9%)
Gwinnett	772	(49.2%)	797	(50.8%)
Habersham	751	(63.0%)	441	(37.0%)
Hall	645	(58.1%)	466	(41.9%)
Hancock	226	(33.6%)	446	(66.4%)
Harris	402	(35.1%)	642	(64.9%)
Heard	540	(56.8%)	410	(43.2%)
Henry	711	(46.5%)	819	(53.5%)
Houston	558	(52.3%)	509	(47.7%)
Irwin	340	(77.8%)	97	(22.2%)
Jackson	537	(48.5%)	570	(51.5%)
Jasper	433	(53.4%)	378	(46.6%)
Jefferson	115	(16.8%)	569	(83.2%)
Jones	388	(51.9%)	359	(48.1%)
Laurens	51	(9.0%)	518	(91.0%)
Lee	285	(43.8%)	366	(56.2%)
Liberty	205	(63.1%)	120	(36.9%)
Lincoln	155	(39.9%)	233	(60.1%)
Lowndes	439	(48.8%)	461	(51.2%)
Lumpkin	779	(66.5%)	393	(33.5%)
Macon	401	(44.2%)	506	(55.8%)
Madison	276	(42.4%)	375	(57.6%)
Marion	524	(46.5%)	604	(53.5%)
McIntosh	127	(69.8%)	55	(30.2%)
Meriwether	756	(53.6%)	655	(46.4%)
Monroe	651	(48.7%)	687	(51.3%)
Montgomery	37	(11.8%)	276	(88.2%)
Morgan	227	(33.9%)	443	(66.1%)
Murray	552	(64.7%)	301	(35.3%)
Muscogee	907	(48.2%)	975	(51.8%)
Newton	516	(34.9%)	962	(65.1%)
Oglethorpe	216	(26.4%)	602	(73.6%)
Paulding	504	(60.6%)	328	(39.4%)
Pike	628	(56.7%)	479	(43.3%)
Polk	314	(41.1%)	450	(58.9%)
Pulaski	308	(43.9%)	394	(56.1%)
Putnam	307	(47.7%)	337	(52.3%)
Rabun	289	(93.5%)	20	(6.5%)
Randolph	817	(51.4%)	773	(48.6%)
Richmond	723	(43.5%)	938	(56.5%)
Scriven	263	(59.5%)	179	(40.5%)
Spalding	428	(47.3%)	474	(52.7%)
Stewart	829	(48.7%)	875	(51.3%)
Sumter	596	(47.9%)	647	(52.1%)
Talbot	529	(42.5%)	616	(57.5%)
Taliaferro	69	(18.0%)	315	(82.0%)
Tattnall	49	(12.5%)	340	(87.5%)
Taylor	280	(66.7%)	140	(33.3%)
Telfair	163	(45.0%)	199	(55.0%)
Thomas	535	(61.6%)	333	(38.4%)
Troup	415	(28.5%)	1,041	(71.5%)
Twiggs	382	(61.9%)	235	(38.1%)
Union	595	(50.8%)	576	(49.2%)
Upson	293	(32.8%)	599	(67.2%)
Walker	945	(51.3%)	897	(48.7%)
Walton	737	(57.8%)	538	(42.2%)
Ware	194	(57.2%)	145	(42.8%)
Warren	413	(41.8%)	574	(58.2%)
Washington	532	(44.4%)	665	(55.6%)
Wayne	142	(75.9%)	45	(24.1%)
Whitfield	714	(55.4%)	575	(44.6%)
Wilkes	212	(29.6%)	504	(70.4%)
Wilkinson	531	(56.5%)	409	(43.5%)
Total	**47,638**	**(50.3%)**	**47,128**	**(49.7%)**

SOURCES—Journal of the Georgia House of Representatives, November 8, 1853, p. 41; (Milledgeville) *Southern Recorder*, November 15, 1853, December 4, 1855.

1855

County	Herschel V. Johnson (D)		Garnett Andrews (A)		B. H. Overby (T)	
Appling	284	(57.1%)	196	(39.4%)	17	(3.4%)
Baker	499	(70.6%)	192	(27.2%)	16	(2.3%)
Baldwin	283	(41.1%)	401	(58.2%)	5	(0.7%)
Bibb	761	(46.9%)	826	(51.0%)	34	(2.1%)
Bryan	127	(47.9%)	134	(50.6%)	4	(1.5%)
Bulloch	446	(87.8%)	49	(9.6%)	13	(2.6%)
Burke	476	(60.3%)	90	(11.4%)	223	(28.3%)
Butts	368	(51.3%)	339	(47.2%)	11	(1.5%)
Calhoun	276	(76.2%)	79	(21.8%)	7	(1.9%)
Camden	181	(86.6%)	27	(12.9%)	1	(0.5%)
Campbell	553	(48.3%)	474	(41.4%)	119	(10.4%)
Carroll	1,245	(67.4%)	176	(9.5%)	425	(23.0%)
Cass	929	(44.0%)	1,035	(49.1%)	144	(6.8%)
Catoosa	350	(42.9%)	454	(55.6%)	12	(1.5%)
Charlton	117	(75.5%)	31	(20.0%)	7	(4.5%)
Chattahoochee	387	(60.6%)	239	(37.4%)	13	(2.0%)
Chattooga	522	(55.6%)	404	(43.0%)	13	(1.4%)

Georgia

County	Herschel V. Johnson (D)		Garnett Andrews (A)		B. H. Overby (T)	
Cherokee	1,024	(38.1%)	725	(27.0%)	213	(7.9%)
Clark	393	(38.0%)	478	(46.3%)	162	(15.7%)
Clay	280	(55.1%)	225	(44.3%)	3	(0.6%)
Clinch	252	(68.5%)	116	(31.5%)	0	
Chatham	997	(51.2%)	921	(47.3%)	28	(1.4%)
Cobb	1,000	(49.1%)	726	(35.7%)	309	(15.2%)
Coffee	129	(49.2%)	133	(50.8%)	0	
Columbia	404	(50.9%)	363	(45.7%)	26	(3.3%)
Coweta	839	(54.9%)	555	(36.3%)	134	(8.8%)
Crawford	379	(54.2%)	314	(44.9%)	6	(0.9%)
Dade	244	(57.5%)	177	(41.7%)	3	(0.7%)
Decatur	180	(43.0%)	233	(55.6%)	6	(1.4%)
De Kalb	581	(54.0%)	448	(41.7%)	46	(4.3%)
Dooly	524	(57.3%)	385	(42.1%)	5	(0.5%)
Dougherty	283	(47.6%)	207	(34.8%)	15	(2.5%)
Early	365	(71.9%)	141	(27.8%)	2	(0.4%)
Effingham	166	(47.6%)	147	(42.1%)	36	(10.3%)
Elbert	472	(50.9%)	364	(39.3%)	91	(9.8%)
Emanuel	381	(57.7%)	250	(37.9%)	29	(4.4%)
Fannin	550	(68.7%)	238	(29.7%)	13	(1.6%)
Fayette	714	(59.2%)	396	(32.8%)	96	(8.0%)
Floyd	826	(49.3%)	799	(47.7%)	50	(3.0%)
Forsyth	810	(56.1%)	611	(42.3%)	23	(1.6%)
Franklin	949	(74.7%)	217	(17.1%)	105	(8.3%)
Fulton	533	(32.5%)	795	(48.5%)	311	(19.0%)
Gilmer	830	(77.9%)	205	(19.2%)	30	(2.8%)
Glynn	67	(36.4%)	101	(54.9%)	16	(8.7%)
Gordon	766	(50.0%)	696	(45.4%)	70	(4.6%)
Greene	177	(20.0%)	552	(62.4%)	156	(17.6%)
Gwinnett	989	(54.6%)	696	(38.4%)	128	(7.1%)
Habersham	865	(73.9%)	223	(19.1%)	82	(7.0%)
Hall	813	(60.1%)	489	(36.1%)	51	(3.8%)
Hancock	329	(40.6%)	452	(55.7%)	30	(3.7%)
Harris	535	(42.0%)	716	(56.2%)	22	(1.7%)
Hart	594	(76.1%)	60	(7.7%)	127	(16.3%)
Heard	474	(50.5%)	407	(43.4%)	57	(6.1%)
Henry	663	(43.2%)	746	(48.6%)	127	(8.3%)
Houston	508	(47.9%)	502	(47.3%)	51	(4.8%)
Irwin	346	(83.0%)	60	(14.4%)	11	(2.6%)
Jackson	752	(59.8%)	368	(29.3%)	138	(11.0%)
Jasper	391	(47.9%)	405	(49.6%)	20	(2.5%)
Jefferson	308	(41.9%)	282	(38.4%)	145	(19.7%)
Jones	383	(54.0%)	313	(44.1%)	13	(1.8%)
Kinchafoonee	228	(41.1%)	298	(53.7%)	29	(5.2%)
Laurens	51	(8.5%)	509	(85.3%)	37	(6.2%)
Lee	294	(40.9%)	397	(55.3%)	27	(3.8%)
Liberty	206	(47.0%)	161	(36.8%)	71	(16.2%)
Lincoln	188	(44.2%)	193	(50.5%)	16	(4.2%)
Lowndes	665	(65.3%)	335	(32.9%)	18	(1.8%)
Lumpkin	730	(58.7%)	483	(38.8%)	31	(2.5%)
Macon	271	(47.0%)	465	(59.8%)	41	(7.1%)
Madison	441	(65.0%)	215	(31.7%)	22	(3.2%)
Marion	512	(49.7%)	494	(48.0%)	24	(2.3%)
McIntosh	155	(75.8%)	50	(23.8%)	5	(2.4%)
Meriwether	665	(46.3%)	726	(50.6%)	45	(3.1%)
Monroe	511	(39.9%)	749	(58.5%)	20	(1.6%)
Montgomery	45	(14.3%)	224	(71.3%)	45	(14.3%)
Morgan	224	(34.8%)	370	(57.5%)	49	(7.6%)
Murray	641	(65.7%)	154	(15.8%)	181	(18.5%)
Muscogee	517	(38.1%)	768	(56.6%)	71	(5.2%)
Newton	695	(45.3%)	722	(47.1%)	116	(7.6%)
Oglethorpe	415	(51.9%)	239	(29.9%)	145	(18.1%)
Paulding	805	(72.7%)	210	(19.0%)	93	(8.4%)
Pickens	491	(65.3%)	225	(29.9%)	36	(4.8%)
Pike	671	(55.0%)	536	(44.0%)	12	(1.0%)
Polk	361	(44.6%)	344	(42.5%)	104	(52.9%)
Pulaski	455	(60.3%)	298	(39.5%)	1	(0.1%)

County	Herschel V. Johnson (D)		Garnett Andrews (A)		B. H. Overby (T)	
Putnam	349	(52.3%)	295	(44.2%)	23	(3.4%)
Rabun	385	(84.2%)	36	(7.9%)	36	(7.9%)
Randolph	835	(51.2%)	776	(47.6%)	19	(1.2%)
Richmond	720	(38.8%)	1,070	(57.6%)	67	(3.6%)
Scriven	275	(49.3%)	245	(43.9%)	38	(6.8%)
Spalding	445	(46.9%)	446	(47.0%)	57	(6.0%)
Stewart	550	(45.0%)	632	(51.8%)	39	(3.2%)
Sumter	660	(45.2%)	702	(48.1%)	97	(6.6%)
Talbot	449	(40.7%)	632	(57.4%)	21	(1.9%)
Taliaferro	234	(60.9%)	123	(32.0%)	27	(7.0%)
Tattnall	234	(45.5%)	229	(44.6%)	51	(9.9%)
Taylor	317	(49.1%)	326	(50.5%)	3	(0.5%)
Telfair	133	(40.4%)	189	(57.4%)	7	(2.1%)
Thomas	578	(56.7%)	432	(42.4%)	9	(0.8%)
Troup	365	(26.3%)	962	(69.4%)	60	(4.3%)
Twiggs	381	(60.5%)	244	(38.7%)	5	(0.8%)
Union	748	(68.4%)	330	(30.2%)	16	(1.5%)
Upson	295	(29.4%)	705	(70.3%)	3	(0.3%)
Walker	790	(55.1%)	617	(42.6%)	33	(2.3%)
Walton	743	(59.0%)	410	(32.6%)	106	(8.4%)
Ware	325	(71.4%)	128	(28.1%)	2	(0.4%)
Warren	723	(73.6%)	217	(22.1%)	42	(4.3%)
Washington	589	(47.0%)	520	(41.5%)	144	(11.5%)
Wayne	151	(71.6%)	55	(26.1%)	5	(2.4%)
Whitfield	698	(47.9%)	713	(48.9%)	46	(3.2%)
Wilkes	286	(42.8%)	349	(52.2%)	34	(5.1%)
Wilkinson	535	(57.5%)	347	(37.3%)	48	(5.2%)
Worth	237	(73.8%)	80	(24.9%)	4	(1.2%)
Total	**54,136**	**(52.1%)**	**43,358**	**(41.8%)**	**6,331**	**(6.1%)**
	(53,478)*		(43,228)*		(6,284)*	

*Stated totals.

SOURCES—Journal of the Georgia House of Representatives, November 6, 1855, p. 47; (Milledgeville) *Southern Recorder*, December 4, 1855.

1857

County	Benjamin H. Hill (A)		Joseph E. Brown (D)	
Appling	143	(34.0%)	278	(66.0%)
Baker	214	(28.8%)	529	(71.2%)
Baldwin	397	(52.2%)	364	(47.8%)
Berrien	207	(35.1%)	283	(64.9%)
Bibb	846	(49.4%)	868	(50.6%)
Bryan	138	(47.4%)	153	(47.4%)
Bulloch	27	(5.3%)	485	(94.7%)
Burke	321	(35.9%)	574	(64.1%)
Butts	336	(46.3%)	390	(53.7%)
Calhoun	162	(41.5%)	228	(58.5%)
Camden	35	(15.8%)	186	(84.2%)
Campbell	502	(43.1%)	663	(56.9%)
Carroll	627	(38.0%)	1,023	(62.0%)
Cass	793	(43.0%)	1,050	(57.0%)
Catoosa	325	(43.7%)	419	(56.3%)
Charlton	37	(18.5%)	163	(81.5%)
Chatham	894	(45.0%)	1,093	(55.0%)
Chattachoochee	290	(44.0%)	369	(56.0%)
Chattooga	439	(46.6%)	504	(53.4%)
Cherokee	768	(41.1%)	1,099	(58.9%)
Clark	577	(59.2%)	398	(40.8%)
Clinch	234	(51.4%)	221	(48.6%)
Cobb	746	(38.7%)	1,180	(61.3%)
Coffee	134	(45.0%)	164	(55.0%)
Columbia	435	(53.9%)	372	(46.1%)
Colquitt	76	(38.0%)	124	(62.0%)
Coweta	678	(44.8%)	834	(55.2%)
Crawford	320	(45.2%)	388	(54.8%)
Dade	218	(47.7%)	239	(52.3%)
Decatur	524	(53.5%)	456	(46.5%)
De Kalb	457	(40.8%)	664	(59.2%)
Dooly	280	(36.6%)	486	(63.4%)
Dougherty	245	(43.0%)	325	(57.0%)
Early	123	(36.3%)	216	(63.7%)
Effingham	224	(54.9%)	184	(45.1%)
Elbert	382	(42.4%)	518	(57.6%)
Emanuel	331	(44.8%)	408	(55.2%)
Fannin	119	(16.0%)	626	(84.0%)
Fayette	537	(44.2%)	678	(55.8%)
Floyd	770	(46.3%)	892	(53.7%)
Forsyth	588	(43.7%)	759	(56.3%)
Franklin	205	(16.4%)	1,045	(83.6%)
Fulton	893	(45.6%)	1,064	(54.4%)
Gilmer	142	(13.6%)	902	(86.4%)
Glynn	93	(34.2%)	179	(65.8%)
Gordon	497	(37.9%)	816	(62.1%)
Greene	612	(69.5%)	268	(30.5%)
Gwinnett	877	(52.0%)	811	(48.0%)
Habersham	290	(21.2%)	1,078	(78.8%)
Hall	571	(45.3%)	690	(54.7%)
Hancock	464	(60.1%)	308	(39.9%)
Haralson	71	(16.6%)	357	(83.4%)
Harris	730	(58.5%)	518	(41.5%)
Hart	213	(25.9%)	608	(74.1%)
Heard	422	(47.9%)	459	(52.1%)
Henry	798	(55.2%)	648	(44.8%)
Houston	563	(50.3%)	557	(49.7%)
Irwin	70	(21.0%)	263	(79.0%)

County				
Jackson	530	(42.3%)	722	(57.7%)
Jasper	422	(51.4%)	399	(48.6%)
Jefferson	297	(45.8%)	351	(54.2%)
Jones	285	(43.6%)	369	(56.4%)
Laurens	519	(89.6%)	60	(10.4%)
Lee	248	(48.6%)	262	(51.4%)
Liberty	158	(40.7%)	230	(59.3%)
Lincoln	201	(48.1%)	217	(51.9%)
Lowndes	413	(47.5%)	456	(52.5%)
Lumpkin	567	(43.3%)	732	(56.7%)
Macon	428	(61.2%)	271	(38.8%)
Madison	261	(37.4%)	436	(62.6%)
Marion	529	(50.9%)	510	(49.1%)
McIntosh	66	(28.9%)	162	(71.1%)
Meriwether	711	(50.9%)	687	(49.1%)
Miller	44	(23.3%)	145	(76.7%)
Monroe	697	(55.4%)	560	(44.6%)
Montgomery	342	(87.7%)	48	(12.3%)
Morgan	382	(61.7%)	237	(38.3%)
Murray	313	(33.2%)	629	(66.8%)
Muscogee	925	(58.1%)	656	(41.9%)
Newton	854	(55.5%)	685	(44.5%)
Oglethorpe	384	(43.7%)	495	(56.3%)
Paulding	304	(29.5%)	725	(70.5%)
Pickens	228	(27.8%)	593	(72.2%)
Pike	498	(45.5%)	597	(54.5%)
Polk	424	(60.7%)	275	(39.3%)
Pulaski	248	(34.3%)	474	(65.7%)
Putnam	317	(47.5%)	351	(52.5%)
Rabun	62	(11.0%)	501	(89.0%)
Randolph	563	(41.0%)	811	(59.0%)
Richmond	1,092	(57.0%)	825	(43.0%)
Scriven	234	(50.4%)	230	(49.6%)
Spalding	481	(50.5%)	478	(49.5%)
Stewart	626	(51.9%)	581	(48.1%)
Sumter	832	(57.6%)	613	(42.4%)
Talbot	640	(56.8%)	486	(43.2%)
Taliaferro	167	(39.7%)	254	(60.3%)
Tattnall	229	(54.5%)	247	(45.5%)
Taylor	327	(46.2%)	381	(53.8%)
Telfair	174	(54.7%)	144	(45.3%)
Terrell	354	(58.4%)	252	(41.6%)
Thomas	435	(48.4%)	463	(51.6%)
Towns	21	(6.4%)	307	(93.6%)
Troup	979	(74.5%)	335	(25.5%)
Twiggs	248	(40.6%)	363	(59.4%)
Union	124	(19.8%)	501	(80.2%)
Upson	652	(67.2%)	318	(32.8%)
Walker	511	(43.1%)	674	(56.9%)
Walton	554	(43.5%)	721	(56.5%)
Ware	84	(23.1%)	280	(76.9%)
Warren	315	(32.5%)	655	(67.5%)
Washington	691	(53.3%)	606	(46.7%)
Wayne	48	(20.1%)	191	(79.9%)
Whitfield	476	(38.0%)	777	(62.0%)
Wilkes	314	(43.9%)	402	(56.1%)
Wilkinson	407	(40.7%)	594	(59.3%)
Worth	116	(31.5%)	252	(68.5%)
Total	**57,000**	**(55.1%)**	**46,361**	**(44.9%)**
	(57,067)*		(46,295)*	
Clay**	228	(45.3%)	275	(54.7%)
Webster**	303	(57.3%)	226	(42.7%)

*Stated totals.
**Not included in the official returns.

SOURCES—Journal of the Georgia House of Representatives, November 6, 1857; (Milledgeville) *Southern Recorder*, November 10, 1857, October 25, 1859.

1859

County	Joseph E. Brown (D)		Warren Akin (Opp)	
Appling	351	(74.4%)	121	(25.6%)
Baker	203	(63.8%)	115	(36.2%)
Baldwin	414	(57.6%)	305	(42.4%)
Banks	501	(84.8%)	90	(15.2%)
Berrien	348	(69.0%)	156	(31.0%)
Bibb	970	(51.6%)	911	(48.4%)
Brooks	343	(55.5%)	275	(44.5%)
Bryan	167	(58.4%)	119	(41.6%)
Bulloch	586	(96.7%)	20	(3.3%)
Burke	611	(67.9%)	289	(32.1%)
Butts	416	(56.5%)	320	(43.5%)
Calhoun	302	(75.7%)	97	(24.3%)
Camden	153	(80.5%)	37	(19.5%)
Campbell	802	(66.4%)	405	(33.6%)
Carroll	1,006	(67.2%)	490	(32.8%)
Cass	1,051	(54.8%)	867	(45.2%)
Catoosa	431	(54.1%)	366	(45.9%)
Charlton	190	(77.7%)	16	(22.3%)
Chatham	736	(51.9%)	683	(48.1%)
Chattahoochee	300	(54.4%)	251	(45.9%)
Chattooga	556	(60.6%)	362	(39.4%)
Cherokee	1,114	(71.0%)	454	(29.0%)
Clay	270	(55.6%)	216	(44.4%)
Clarke	495	(48.1%)	535	(51.9%)
Clayton	375	(56.8%)	285	(43.2%)
Clinch	288	(78.5%)	79	(21.5%)
Cobb	1,158	(62.4%)	699	(37.6%)
Coffee	273	(84.3%)	51	(15.7%)
Colquitt	168	(74.7%)	57	(25.3%)
Columbia	434	(52.1%)	399	(47.9%)
Coweta	802	(61.3%)	506	(38.7%)
Crawford	411	(63.0%)	241	(37.0%)
Dade	340	(67.6%)	163	(32.4%)
Dawson	547	(85.1%)	96	(14.9%)
Decatur	540	(50.8%)	522	(49.2%)
De Kalb	723	(65.3%)	384	(34.7%)
Dooly	564	(69.8%)	244	(30.2%)
Dougherty	310	(59.5%)	211	(40.5%)
Early	229	(50.8%)	222	(49.2%)
Echols	127	(69.3%)	56	(30.7%)
Effingham	185	(42.3%)	252	(57.7%)
Elbert	335	(45.2%)	406	(54.8%)
Emanuel	445	(85.9%)	73	(14.1%)
Fannin	655	(84.7%)	118	(15.3%)
Fayette	577	(65.4%)	305	(34.6%)
Floyd	870	(50.4%)	856	(49.6%)
Forsyth	746	(69.8%)	322	(30.2%)
Franklin	848	(90.4%)	90	(9.6%)
Fulton	1,191	(51.6%)	1,115	(48.4%)
Gilmer	962	(88.5%)	125	(11.5%)
Glasscock	289	(97.6%)	7	(2.4%)
Glynn	191	(83.0%)	39	(17.0%)
Gordon	884	(67.2%)	431	(32.8%)
Greene	289	(51.8%)	269	(48.2%)
Gwinnett	1,051	(60.9%)	676	(39.1%)
Habersham	690	(83.4%)	137	(16.6%)
Hall	808	(64.3%)	448	(35.7%)
Hancock	325	(47.7%)	356	(52.3%)
Haralson	393	(90.7%)	40	(9.3%)
Hart	748	(79.9%)	188	(20.1%)
Harris	466	(40.1%)	697	(59.9%)
Heard	566	(59.1%)	392	(40.9%)
Henry	643	(50.3%)	636	(49.7%)
Houston	578	(51.5%)	544	(48.5%)
Irwin	208	(92.4%)	17	(7.6%)

Jackson	878	(69.6%)	384	(30.4%)	Scriven	298	(55.3%)	240	(44.7%)
Jasper	412	(48.9%)	431	(51.1%)	Spalding	515	(53.6%)	445	(46.4%)
Jefferson	420	(51.4%)	397	(48.6%)	Stewart	568	(49.5%)	580	(50.5%)
Johnson	200	(56.8%)	152	(43.2%)	Sumter	518	(44.7%)	641	(55.3%)
Jones	298	(62.0%)	183	(38.0%)	Talbot	494	(46.0%)	579	(54.0%)
Laurens	134	(29.2%)	325	(70.8%)	Taliaferro	218	(53.6%)	189	(46.4%)
Lee	229	(50.8%)	222	(49.2%)	Tattnall	300	(64.5%)	165	(35.5%)
Liberty	232	(62.2%)	141	(37.8%)	Taylor	383	(54.4%)	321	(45.6%)
Lincoln	222	(54.1%)	188	(45.9%)	Telfair	203	(59.7%)	137	(40.3%)
Lowndes	262	(57.6%)	193	(42.4%)	Terrell	230	(37.6%)	381	(62.4%)
Lumpkin	549	(60.7%)	356	(39.3%)	Thomas	522	(56.7%)	398	(43.3%)
Macon	308	(43.4%)	401	(56.6%)	Towns	330	(93.0%)	25	(7.0%)
Madison	469	(69.3%)	208	(30.7%)	Troup	329	(27.0%)	891	(73.0%)
Marion	432	(54.3%)	364	(45.7%)	Twiggs	339	(67.5%)	163	(32.5%)
McIntosh	127	(59.6%)	86	(40.4%)	Union	750	(93.4%)	53	(6.6%)
Meriwether	688	(52.6%)	620	(47.4%)	Upson	296	(34.7%)	558	(65.3%)
Miller	221	(83.4%)	44	(16.6%)	Walker	854	(63.2%)	497	(36.8%)
Milton	479	(67.0%)	236	(33.0%)	Walton	734	(58.2%)	528	(41.8%)
Mitchell	358	(78.5%)	98	(21.5%)	Ware	229	(83.6%)	45	(16.4%)
Monroe	562	(46.1%)	658	(53.9%)	Warren	516	(64.4%)	285	(35.6%)
Montgomery	72	(20.7%)	276	(79.3%)	Washington	680	(55.3%)	550	(44.7%)
Morgan	244	(41.5%)	344	(58.5%)	Wayne	180	(87.4%)	26	(12.6%)
Murray	706	(69.1%)	315	(30.9%)	Webster	219	(43.8%)	281	(56.2%)
Muscogee	747	(46.7%)	853	(53.3%)	White	412	(81.4%)	94	(18.6%)
Newton	760	(51.6%)	714	(48.4%)	Whitfield	865	(59.8%)	582	(40.2%)
Oglethorpe	487	(58.3%)	372	(41.7%)	Wilcox	260	(94.2%)	16	(5.8%)
Paulding	800	(75.5%)	260	(24.5%)	Wilkes	413	(56.0%)	324	(44.0%)
Pickens	759	(91.0%)	75	(9.0%)	Wilkinson	631	(63.2%)	358	(36.8%)
Pierce	185	(84.1%)	35	(15.9%)	Worth	277	(70.8%)	114	(29.2%)
Pike	660	(62.5%)	396	(37.5%)	**Total***		(63,537)		(41,910)
Polk	302	(44.0%)	384	(56.0%)		**63,784**	**(60.4%)**	**41,830**	**(39.6%)**
Pulaski	416	(72.3%)	159	(27.7%)					
Putnam	375	(56.8%)	285	(43.2%)					
Quitman	213	(53.5%)	185	(46.5%)					
Rabun	557	(93.3%)	40	(6.7%)					
Randolph	541	(52.7%)	486	(47.3%)					
Richmond	894	(44.6%)	1,110	(55.4%)					
Schley	228	(51.6%)	214	(48.4%)					

*The figures in bold are official; those in parentheses are the added county returns and are not official.

SOURCES—Journal of the Georgia House of Representatives, January 3, 1859, p. 42; (Milledgeville) *Federal Union*, November 20, 1860.

ILLINOIS

Illinois became the 21st state on December 3, 1818.
The first election for governor was held on September 17–19, 1818.
Term—Four years. **Limit**—Individual could not immediately succeed himself.
Election—First Monday in August until 1848 when it was changed to the first Monday in November.

POPULATION

1810—12,282   **1820**—55,211   **1830**—157,445   **1840**—476,183   **1850**—851,470   **1860**—1,711,951

1818

Shadrach Bond (D-R)
3,427   (100%)

*No county returns located.

SOURCE—*American State Governors* by Kallenbach and Kallenbach, p. 162.

Illinois

1822

County	Edward Coles		Joseph Phillips		Thomas C. Browne		James B. Moore	
Alexander	0		10	(8.1%)	109	(87.9%)	5	(4.0%)
Bond	252	(81.0%)	47	(15.1%)	8	(2.6%)	4	(1.3%)
Clark	65	(83.3%)	10	(13.0%)	2	(2.6%)	1	(1.3%)
Crawford	165	(58.5%)	79	(28.0%)	37	(13.1%)	1	(0.4%)
Edwards	61	(13.6%)	58	(13.0%)	328	(73.3%)	0	
Fayette	104	(44.8%)	58	(25.4%)	59	(25.4%)	11	(4.7%)
Franklin	22	(8.9%)	74	(30.0%)	146	(59.1%)	5	(2.0%)
Gallatin	32	(5.7%)	94	(16.7%)	436	(77.3%)	2	(0.4%)
Greene	438	(86.1%)	47	(9.2%)	4	(0.8%)	20	(4.0%)
Hamilton	25	(10.6%)	67	(28.5%)	139	(59.1%)	4	(1.7%)
Jackson	20	(8.7%)	102	(44.7%)	84	(36.8%)	22	(9.6%)
Jefferson	14	(8.0%)	124	(71.3%)	35	(20.1%)	1	(0.6%)
Johnson	21	(14.8%)	29	(20.4%)	92	(64.8%)	0	
Lawrence	60	(21.5%)	175	(62.7%)	44	(15.7%)	0	
Madison	613	(80.9%)	112	(14.8%)	26	(3.4%)	7	(0.9%)
Monroe	23	(7.9%)	61	(21.0%)	21	(7.2%)	185	(63.8%)
Montgomery	67	(60.4%)	26	(23.4%)	13	(11.7%)	5	(4.5%)
Pike	89	(84.8%)	10	(9.5%)	6	(5.7%)	0	
Pope	14	(3.6%)	186	(48.2%)	186	(48.2%)	0	
Randolph	15	(2.8%)	357	(67.0%)	57	(10.7%)	104	(19.5%)
St. Clair	176	(25.0%)	305	(43.3%)	30	(4.3%)	193	(27.4%)
Sangamon	278	(55.3%)	172	(34.2%)	17	(3.4%)	36	(7.2%)
Union	105	(28.3%)	104	(28.0%)	162	(43.7%)	0	
Washington	43	(16.4%)	201	(76.7%)	3	(1.1%)	15	(5.7%)
Wayne	15	(7.3%)	90	(43.7%)	101	(49.0%)	0	
White	137	(26.1%)	89	(17.0%)	298	(56.8%)	1	(0.2%)
Total	**2,854**	**(33.2%)**	**2,687**	**(31.2%)**	**2,443**	**(28.4%)**	**622**	**(7.2%)**

1826

County	Ninian Edwards (Ad)		Thomas Sloo (J)		Adolphus F. Hubbard	
Adams	22	(27.2%)	59	(72.8%)	0	
Alexander	93	(65.0%)	50	(35.0%)	0	
Bond	104	(64.6%)	57	(35.4%)	0	
Calhoun	73	(100 %)	0		0	
Clark	55	(37.7%)	91	(62.3%)	0	
Clay	2	(3.3%)	58	(96.7%)		
Clinton	95	(49.7%)	95	(49.7%)	1	(0.5%)
Crawford	180	(47.2%)	200	(52.5%)	1	(0.3%)
Edgar	237	(85.3%)	41	(14.7%)	0	
Edwards	185	(97.3%)	1	(0.5%)	4	(2.1%)
Fayette	70	(19.4%)	222	(61.5%)	69	(17.1%)
Franklin	90	(26.0%)	198	(57.2%)	58	(16.8%)
Fulton	76	(55.9%)	60	(44.1%)	0	
Gallatin	380	(50.3%)	285	(37.7%)	90	(11.9%)
Greene	406	(62.3%)	210	(32.2%)	36	(5.5%)
Hamilton	6	(2.1%)	279	(97.5%)	1	(0.3%)
Jackson	137	(47.7%)	148	(51.6%)	1	(0.3%)
Jefferson	60	(32.2%)	111	(59.7%)	15	(8.1%)
Johnson	95	(59.7%)	64	(40.3%)	0	
Lawrence	217	(57.6%)	157	(42.4%)	0	
Madison	513	(67.0%)	252	(32.9%)	1	(0.1%)
Marion	34	(37.0%)	43	(46.7%)	15	(16.3%)
Monroe	152	(44.5%)	189	(55.5%)	0	
Montgomery	80	(48.2%)	75	(45.2%)	11	(6.6%)
Morgan	330	(45.3%)	381	(52.3%)	18	(2.5%)
Peoria	239	(68.1%)	106	(30.1%)	6	(1.7%)
Pike	4	(3.0%)	126	(9.4%)	4	(3.0%)
Pope	302	(77.6%)	60	(15.4%)	27	(6.9%)
Randolph	189	(36.8%)	309	(60.2%)	15	(2.9%)
St. Clair	349	(44.8%)	427	(34.7%)	3	(0.4%)
Sangamon	724	(66.5%)	303	(27.8%)	62	(5.7%)
Schuyler	9	(14.8%)	52	(85.2%)	0	

Illinois

County	Ninian Edwards (Ad)		Thomas Sloo (J)		Adolphus F. Hubbard	
Union	172	(37.6%)	284	(62.1%)	1	(0.2%)
Vermilion	32	(16.5%)	162	(83.5%)	0	
Wabash	283	(92.4%)	21	(6.9%)	0	
Washington	63	(67.0%)	31	(33.0%)	0	
Wayne	41	(14.4%)	171	(60.2%)	72	(25.4%)
White	181	(25.7%)	455	(64.7%)	67	(9.5%)
Total	6,280	(49.5%)	5,833	(46.0%)	580	(4.6%)

SOURCE—Pease, pp. 42–47.

1 8 3 0

County	John Reynolds (NR)		William Kinney (J)	
Adams	195	(63.1%)	114	(36.9%)
Alexander	103	(52.3%)	94	(47.7%)
Bond	291	(73.0%)	109	(27.0%)
Calhoun	123	(79.9%)	31	(20.1%)
Clark	214	(44.4%)	268	(55.6%)
Clay	34	(27.4%)	90	(72.6%)
Clinton	151	(41.9%)	209	(58.1%)
Crawford	167	(41.4%)	236	(58.6%)
Edgar	222	(39.1%)	346	(60.9%)
Edwards	153	(62.7%)	91	(37.3%)
Fayette	178	(42.2%)	244	(57.8%)
Franklin	328	(63.0%)	193	(37.0%)
Fulton	205	(80.1%)	51	(19.9%)
Gallatin	672	(64.4%)	372	(35.6%)
Greene	816	(72.9%)	303	(27.1%)
Hamilton	51	(11.6%)	387	(88.4%)
Hancock	49	(50.5%)	48	(49.5%)
Jackson	149	(53.4%)	130	(46.6%)
Jefferson	65	(23.6%)	211	(76.4%)
Jo Daviess	310	(67.1%)	152	(32.9%)
Johnson			no returns	
Knox	25	(65.8%)	13	(34.2%)
Lawrence	220	(46.3%)	255	(53.7%)
McDonough	7	(11.1%)	56	(88.9%)
Macon	93	(69.4%)	41	(30.6%)
Macoupin	86	(37.1%)	146	(62.9%)
Madison	692	(71.3%)	279	(28.7%)
Marion	139	(47.1%)	156	(52.9%)
Monroe	283	(71.6%)	112	(28.4%)
Montgomery	166	(46.8%)	189	(53.2%)
Morgan	1,019	(56.1%)	797	(43.9%)
Peoria	91	(64.1%)	51	(35.9%)
Perry	57	(39.6%)	87	(60.4%)
Pike	259	(85.2%)	45	(14.8%)
Pope	232	(50.5%)	227	(49.5%)
Randolph	334	(54.0%)	285	(46.0%)
St. Clair	669	(58.6%)	472	(41.4%)
Sangamon	1,191	(64.2%)	665	(35.8%)
Schuyler	175	(58.3%)	125	(41.7%)
Shelby	130	(31.0%)	290	(69.0%)
Tazewell	425	(74.7%)	144	(25.3%)
Union	305	(65.7%)	159	(34.3%)
Vermilion	382	(65.4%)	202	(34.6%)
Wabash	324	(84.2%)	61	(15.8%)
Warren	34	(75.6%)	11	(24.4%)
Washington	166	(85.6%)	28	(14.4%)
Wayne	259	(77.1%)	77	(22.9%)
White	598	(67.6%)	286	(32.4%)
Total	12,837	(59.0%)	8,938	(41.0%)

SOURCE—Pease, pp. 61–64.

1 8 3 4

County	Joseph Duncan (W)		William Kinney (D)		Robert K. McLaughlin		James Adams	
Adams	427	(59.3%)	239	(32.8%)	58	(8.0%)	4	(0.5%)
Alexander	134	(54.0%)	95	(38.3%)	19	(7.7%)	0	
Bond	114	(21.9%)	80	(15.4%)	325	(62.6%)	1	(0.2%)
Calhoun	140	(92.7%)	11	(7.3%)	0		0	
Champaign	87	(85.3%)	13	(12.7%)	2	(2.0%)	0	
Clark	299	(66.3%)	99	(22.0%)	53	(11.8%)	0	
Clay	48	(27.9%)	53	(30.8%)	71	(41.3%)	0	
Clinton	58	(14.4%)	60	(14.9%)	286	(70.8%)	0	
Coles	302	(44.4%)	120	(17.6%)	258	(37.8%)	0	
Cook	309	(58.5%)	201	(38.1%)	10	(1.9%)	8	(1.5%)
Crawford	281	(48.4%)	229	(40.2%)	56	(9.8%)	3	(0.5%)
Edgar	467	(59.3%)	308	(39.1%)	11	(1.4%)	2	(0.3%)
Edwards	197	(59.3%)	32	(13.8%)	3	(1.3%)	0	
Effingham	14	(11.0%)	5	(3.9%)	108	(86.0%)	0	
Fayette	57	(8.6%)	68	(10.2%)	540	(81.2%)	0	
Franklin	146	(20.4%)	429	(59.9%)	141	(19.7%)	0	
Fulton	528	(87.0%)	51	(8.4%)	19	(3.1%)	9	(1.5%)
Gallatin	898	(69.7%)	353	(27.4%)	36	(2.8%)	1	(0.1%)
Greene	797	(58.6%)	422	(31.0%)	140	(10.3%)	1	(0.7%)
Hamilton	70	(15.2%)	291	(63.5%)	99	(21.5%)	0	
Hancock	289	(81.0%)	45	(12.6%)	22	(6.2%)	0	

Illinois

County	Joseph Duncan (W)		William Kinney (D)		Robert K. McLaughlin		James Adams	
Iroquois	42	(62.7%)	25	(37.3%)	0		0	
Jackson	183	(52.7%)	118	(34.0%)	46	(13.3%)	0	
Jefferson	86	(22.7%)	198	(52.2%)	95	(25.1%)	0	
Jo Daviess	362	(74.5%)	108	(22.2%)	9	(1.9%)	7	(1.4%)
Johnson	204	(64.8%)	109	(34.6%)	2	(0.6%)	0	
Knox	173	(96.1%)	7	(3.9%)	0		0	
La Salle	179	(62.2%)	101	(35.1%)	3	(1.0%)	5	(1.7%)
Lawrence	457	(73.9%)	122	(19.7%)	39	(6.3%)	0	
McDonough	187	(61.5%)	70	(23.0%)	47	(15.5%)	0	
McLean	432	(86.9%)	28	(5.6%)	3	(0.6%)	34	(6.8%)
Macon	234	(81.3%)	13	(4.5%)	36	(12.5%)	5	(1.7%)
Macoupin	241	(38.6%)	305	(48.9%)	76	(12.2%)	2	(0.3%)
Madison	740	(56.6%)	327	(25.0%)	240	(18.3%)	1	(0.1%)
Marion	73	(19.6%)	93	(25.0%)	206	(55.4%)	0	
Monroe	172	(39.4%)	189	(43.3%)	62	(14.2%)	13	(2.9%)
Montgomery	189	(39.8%)	74	(15.6%)	210	(44.2%)	2	(0.4%)
Morgan	1,545	(56.9%)	1,151	(42.4%)	10	(0.4%)	11	(0.4%)
Peoria	195	(87.4%)	22	(9.9%)	0		6	(2.7%)
Perry	100	(38.8%)	116	(45.0%)	41	(15.9%)	1	(0.4%)
Pike	499	(75.8%)	158	(24.0%)	0		1	(0.1%)
Pope	342	(77.0%)	65	(14.6%)	36	(8.1%)	1	(0.2%)
Putnam	339	(88.5%)	36	(9.4%)	1	(0.3%)	7	(1.8%)
Randolph	237	(30.9%)	369	(48.0%)	145	(18.8%)	17	(2.2%)
Rock Island	60	(82.2%)	3	(4.1%)	6	(8.2%)	4	(5.5%)
St. Clair	550	(47.8%)	466	(40.5%)	134	(11.6%)	1	(0.1%)
Sangamon	897	(40.4%)	684	(30.8%)	45	(2.0%)	593	(26.7%)
Schuyler	468	(68.8%)	195	(28.7%)	17	(2.5%)	0	
Shelby	186	(30.0%)	138	(22.3%)	296	(47.7%)	0	
Tazewell	240	(55.4%)	52	(12.0%)	8	(1.8%)	133	(30.7%)
Union	140	(26.8%)	365	(69.9%)	16	(3.1%)	1	(0.1%)
Vermilion	631	(61.7%)	391	(38.3%)	0		0	
Wabash	337	(76.8%)	100	(22.8%)	2	(0.5%)	0	
Warren	221	(86.3%)	21	(8.2%)	14	(5.5%)	0	
Washington	79	(25.1%)	90	(28.6%)	134	(42.5%)	12	(3.8%)
Wayne	71	(15.3%)	351	(75.8%)	41	(8.9%)	0	
White	577	(59.2%)	360	(36.9%)	38	(3.9%)	0	
Total	**17,330**	**(52.9%)**	**10,224**	**(31.2%)**	**4,315**	**(13.2%)**	**887**	**(2.7%)**

SOURCE—Pease, pp. 86–89.

1838

County	Thomas Carlin (D)		Cyrus Edwards (W)	
Adams	1,179	(56.8%)	895	(43.2%)
Alexander	189	(69.2%)	84	(30.8%)
Bond	190	(39.1%)	296	(60.9%)
Boone	95	(50.5%)	93	(49.5%)
Bureau	181	(39.5%)	277	(60.5%)
Calhoun	80	(33.5%)	159	(66.5%)
Cass	198	(37.1%)	335	(62.9%)
Champaign	91	(55.8%)	72	(44.2%)
Clark	323	(48.1%)	348	(51.9%)
Clay	129	(51.0%)	124	(49.0%)
Clinton	239	(47.6%)	263	(52.4%)
Coles	275	(28.0%)	706	(72.0%)
Cook	1,664	(66.7%)	832	(33.3%)
Crawford	167	(42.4%)	227	(57.6%)
De Kalb	245	(90.7%)	25	(9.3%)
Edgar	620	(23.0%)	342	(77.0%)
Edwards	47	(18.1%)	212	(81.9%)
Effingham	119	(79.9%)	30	(20.1%)
Fayette	450	(59.2%)	310	(40.8%)
Franklin	692	(88.0%)	94	(12.0%)
Fulton	808	(51.2%)	770	(48.8%)
Gallatin	705	(54.7%)	585	(45.3%)
Greene	1,354	(56.6%)	1,037	(43.4%)
Hamilton	307	(79.7%)	78	(20.3%)
Hancock	436	(40.8%)	633	(59.2%)
Henry	30	(25.4%)	88	(64.6%)
Iroquois	139	(64.1%)	78	(35.9%)
Jackson	210	(54.4%)	176	(45.6%)
Jasper	41	(67.2%)	20	(32.8%)
Jefferson	355	(71.7%)	144	(28.3%)
Jo Daviess	467	(37.9%)	765	(62.1%)
Johnson	135	(60.8%)	87	(39.2%)
Kane	511	(61.3%)	323	(38.7%)
Knox	354	(47.6%)	389	(52.4%)
La Salle	1,309	(68.6%)	600	(31.4%)
Lawrence	151	(25.9%)	432	(74.1%)
Livingston	11	(34.4%)	21	(65.6%)
McDonough	382	(53.5%)	332	(46.5%)
McHenry	299	(55.6%)	239	(44.4%)
McLean	514	(42.0%)	710	(58.0%)
Macon	281	(58.2%)	202	(41.8%)
Macoupin	621	(56.1%)	485	(43.9%)
Madison	953	(42.4%)	1,294	(57.6%)
Marion	278	(71.3%)	112	(28.7%)
Mercer	66	(27.4%)	175	(72.6%)
Monroe	226	(42.7%)	303	(57.3%)
Montgomery	326	(63.5%)	187	(36.5%)
Morgan	1,664	(46.0%)	1,953	(54.0%)

County			
Ogle	373 (41.6%)	524 (58.4%)	
Peoria	468 (47.9%)	509 (52.1%)	
Perry	190 (57.2%)	142 (42.8%)	
Pike	865 (53.2%)	747 (46.8%)	
Pope	87 (14.5%)	514 (85.5%)	
Putnam	319 (45.2%)	387 (54.8%)	
Randolph	399 (39.2%)	619 (60.8%)	
Rock Island	123 (31.6%)	266 (68.4%)	
St. Clair	982 (56.1%)	768 (43.9%)	
Sangamon	1,401 (43.0%)	1,856 (57.0%)	
Schuyler	811 (51.0%)	780 (49.0%)	
Shelby	484 (64.9%)	262 (35.1%)	
Stephenson	77 (27.8%)	200 (72.2%)	
Tazewell	474 (38.0%)	773 (62.0%)	
Union	623 (94.5%)	36 (5.5%)	
Vermilion	539 (42.0%)	744 (58.0%)	
Wabash	135 (23.3%)	445 (76.7%)	
Warren	293 (40.9%)	424 (59.1%)	
Washington	286 (75.3%)	94 (24.7%)	
Wayne	390 (85.5%)	66 (14.5%)	
White	315 (29.1%)	766 (70.9%)	
Will	729 (55.9%)	574 (44.1%)	
Winnebago	179 (38.7%)	284 (61.3%)	
Total	**30,648 (50.8%)**	**29,722 (49.2%)**	

SOURCE—Pease, pp. 111, 112.

1842

County	Thomas Ford (D)	Joseph Duncan (W)	Charles W. Hunter (Lty)
Adams	1,421 (46.3%)	1,524 (49.7%)	119 (3.9%)
Alexander	165 (37.6%)	274 (62.4%)	0
Bond	428 (41.8%)	592 (57.8%)	4 (0.4%)
Boone	257 (50.4%)	249 (48.8%)	4 (0.8%)
Brown	447 (58.1%)	322 (41.9%)	0
Bureau	289 (41.4%)	337 (48.3%)	72 (10.3%)
Calhoun	363 (47.1%)	192 (52.9%)	0
Carroll	98 (36.2%)	173 (63.8%)	0
Cass	321 (48.0%)	348 (52.0%)	0
Champaign	121 (45.5%)	145 (54.5%)	0
Christian	196 (51.1%)	187 (48.9%)	0
Clark	579 (51.1%)	547 (48.3%)	6 (0.5%)
Clay	304 (53.2%)	267 (46.8%)	0
Clinton	466 (62.6%)	278 (37.4%)	0
Coles	685 (40.4%)	1,012 (59.6%)	0
Cook	1,328 (66.7%)	625 (31.4%)	37 (1.9%)
Crawford	353 (47.6%)	389 (52.4%)	0
De Kalb	225 (58.7%)	151 (39.4%)	7 (1.8%)
De Witt	270 (50.8%)	261 (49.2%)	0
Du Page	467 (57.6%)	335 (41.3%)	9 (1.1%)
Edgar	741 (52.2%)	679 (47.8%)	0
Edwards	122 (31.0%)	271 (69.0%)	0
Effingham	293 (84.0%)	56 (16.0%)	0
Fayette	611 (61.2%)	388 (38.8%)	0
Franklin	668 (85.6%)	96 (14.4%)	0
Fulton	1,193 (52.7%)	1,011 (44.7%)	58 (2.6%)
Gallatin	1,160 (72.5%)	441 (27.5%)	0
Greene	1,811 (58.8%)	746 (41.2%)	0
Grundy	162 (80.6%)	38 (18.9%)	1 (0.5%)
Hamilton	555 (79.3%)	145 (20.7%)	0
Hancock	1,748 (71.0%)	711 (28.9%)	2 (0.1%)
Hardin	21 (9.5%)	200 (90.5%)	0
Henderson	227 (47.2%)	254 (52.8%)	0
Henry	174 (55.1%)	136 (43.0%)	6 (1.9%)
Iroquois	167 (53.9%)	143 (46.1%)	0
Jackson	215 (33.4%)	429 (66.6%)	0
Jasper	174 (64.7%)	95 (35.3%)	0
Jefferson	708 (75.2%)	233 (24.8%)	0
Jersey	415 (43.1%)	531 (55.1%)	17 (1.8%)
Jo Daviess	914 (50.5%)	895 (49.5%)	0
Johnson	377 (70.7%)	156 (29.3%)	0
Kane	750 (60.5%)	457 (36.9%)	32 (2.6%)
Kendall	429 (58.7%)	268 (36.7%)	34 (4.7%)
Knox	593 (49.6%)	519 (43.4%)	84 (7.0%)
Lake	387 (43.5%)	203 (46.5%)	0
La Salle	1,128 (70.3%)	428 (26.7%)	49 (3.1%)
Lawrence	403 (50.2%)	400 (49.8%)	0
Lee	237 (49.2%)	238 (49.4%)	7 (1.5%)
Livingston	99 (65.1%)	53 (34.9%)	0
Logan	198 (40.7%)	289 (59.3%)	0
McDonough	487 (49.0%)	506 (51.0%)	0
McHenry	393 (51.9%)	347 (45.8%)	17 (2.2%)
McLean	424 (45.2%)	509 (54.3%)	5 (0.5%)
Macon	308 (62.5%)	185 (37.5%)	0
Macoupin	758 (53.8%)	649 (46.2%)	0
Madison	1,006 (39.5%)	1,531 (60.0%)	13 (0.5%)
Marion	581 (75.2%)	192 (24.8%)	0
Marshall	278 (66.2%)	168 (37.0%)	0
Mason	181 (51.7%)	169 (48.3%)	0
Menard	233 (39.8%)	352 (60.2%)	0
Mercer	225 (44.2%)	284 (55.8%)	0
Monroe	636 (68.0%)	299 (32.0%)	0
Montgomery	362 (48.3%)	387 (51.7%)	0
Morgan	1,162 (45.7%)	1,375 (54.0%)	8 (0.3%)
Ogle	278 (36.6%)	479 (63.0%)	3 (0.4%)
Peoria	950 (55.0%)	767 (44.4%)	9 (0.5%)
Perry	293 (64.7%)	159 (35.1%)	1 (0.2%)
Piatt	89 (64.5%)	49 (35.5%)	0
Pike	1,085 (50.3%)	1,073 (49.7%)	0
Pope	90 (14.7%)	524 (85.3%)	0
Putnam	187 (45.6%)	170 (41.5%)	53 (12.9%)
Randolph	564 (45.9%)	601 (48.9%)	65 (5.3%)
Richland	201 (45.4%)	242 (55.6%)	0
Rock Island	254 (44.8%)	313 (55.2%)	0
St. Clair	1,576 (67.0%)	776 (33.0%)	0
Sangamon	1,217 (43.4%)	1,588 (56.6%)	0
Schuyler	576 (50.7%)	555 (48.9%)	4 (0.4%)
Scott	552 (46.8%)	627 (53.2%)	0
Shelby	773 (72.9%)	288 (27.1%)	0
Stark	189 (55.1%)	152 (44.3%)	2 (0.6%)
Stephenson	285 (50.5%)	279 (49.5%)	0
Tazewell	500 (79.7%)	111 (17.7%)	16 (2.6%)
Union	546 (71.4%)	219 (28.6%)	0
Vermilion	455 (32.0%)	968 (68.0%)	0
Wabash	275 (39.2%)	426 (60.8%)	0
Warren	383 (45.6%)	455 (54.2%)	2 (0.2%)
Washington	513 (71.4%)	205 (28.6%)	0
Wayne	447 (69.2%)	199 (30.8%)	0
White	538 (47.1%)	605 (52.9%)	0
Whiteside	239 (47.9%)	232 (46.5%)	28 (5.6%)
Will	756 (58.3%)	465 (35.9%)	76 (5.9%)
Williamson	532 (82.2%)	115 (17.8%)	0
Winnebago	414 (41.0%)	548 (54.3%)	48 (4.8%)
Woodford	287 (63.2%)	160 (35.2%)	7 (1.5%)
Total	**46,507 (53.8%)**	**39,020 (45.1%)**	**913 (1.1%)**

SOURCE—Pease, pp. 126–8.

1846

County	Augustus C. French (D)	Thomas M. Kilpatrick (W)	Richard Eels (Lty)
Adams	1,326 (55.0%)	988 (41.0%)	98 (4.1%)
Alexander	181 (74.8%)	61 (25.2%)	0
Bond	336 (44.7%)	414 (55.1%)	1 (0.1%)
Boone	521 (55.0%)	346 (36.5%)	80 (8.4%)
Brown	551 (63.8%)	318 (36.8%)	1 (0.1%)

50 Illinois

County					County			
Bureau	399 (41.9%)	294 (30.9%)	259 (27.2%)		Putnam	218 (37.4%)	220 (37.7%)	145 (24.9%)
Calhoun	222 (68.1%)	99 (30.4%)	5 (1.5%)		Randolph	730 (65.2%)	330 (29.5%)	60 (5.4%)
Carroll	262 (43.1%)	344 (56.6%)	2 (0.3%)		Richland	339 (63.7%)	193 (36.3%)	0
Cass	527 (48.6%)	558 (51.4%)	0		Rock Island	456 (46.4%)	495 (50.4%)	32 (3.3%)
Champaign	167 (56.2%)	130 (43.8%)	0		St. Clair	1,899 (83.5%)	376 (16.5%)	0
Christian	220 (58.4%)	157 (41.6%)	0		Sangamon	1,035 (41.8%)	1,421 (57.4%)	19 (0.8%)
Clark	750 (63.5%)	428 (36.2%)	3 (0.3%)		Schuyler	723 (56.9%)	535 (42.1%)	13 (1.0%)
Clay	484 (88.3%)	64 (11.7%)	0		Scott	545 (49.2%)	563 (50.8%)	0
Clinton	521 (81.7%)	117 (18.3%)	0		Shelby	655 (81.4%)	150 (18.6%)	0
Coles	552 (44.6%)	683 (55.2%)	3 (0.2%)		Stark	217 (45.1%)	205 (42.6%)	59 (12.3%)
Cook	2,538 (67.2%)	790 (20.9%)	451 (11.9%)		Stephenson	484 (51.4%)	422 (44.8%)	35 (3.7%)
Crawford	486 (63.7%)	277 (36.3%)	0		Tazewell	490 (36.9%)	796 (59.9%)	42 (3.2%)
Cumberland	300 (70.6%)	125 (29.4%)	0		Union	664 (93.5%)	46 (6.5%)	0
De Kalb	391 (53.8%)	98 (13.5%)	238 (32.7%)		Vermilion	675 (45.7%)	758 (51.3%)	44 (3.0%)
De Witt	294 (53.3%)	258 (46.7%)	0		Wabash	320 (44.4%)	392 (54.4%)	8 (1.1%)
Du Page	677 (52.8%)	321 (25.1%)	283 (22.1%)		Warren	550 (47.3%)	553 (47.5%)	61 (5.2%)
Edgar	639 (55.5%)	483 (42.0%)	29 (2.6%)		Washington	628 (82.3%)	135 (17.7%)	0
Edwards	157 (36.5%)	273 (63.5%)	0		Wayne	481 (77.5%)	140 (22.5%)	0
Effingham	397 (85.6%)	67 (14.4%)	0		White	594 (68.4%)	275 (31.6%)	0
Fayette	671 (73.3%)	244 (26.7%)	0		Whiteside	372 (46.7%)	362 (45.5%)	62 (7.8%)
Franklin	606 (90.3%)	65 (9.7%)	0		Will	952 (55.3%)	491 (28.5%)	279 (16.2%)
Fulton	1,433 (54.7%)	1,052 (40.1%)	137 (5.2%)		Williamson	587 (86.7%)	90 (13.3%)	0
Gallatin	1,096 (81.2%)	254 (18.8%)	0		Winnebago	542 (37.6%)	673 (46.7%)	226 (15.7%)
Greene	1,147 (64.3%)	636 (35.7%)	0		Woodford	321 (59.4%)	203 (37.6%)	16 (3.0%)
Grundy	473 (86.2%)	75 (13.7%)	1 (0.2%)		**Total**	**58,656 (58.2%)**	**37,033 (36.7%)**	**5,157 (5.1%)**
Hamilton	524 (83.7%)	102 (16.3%)	0					
Hancock	1,448 (63.9%)	819 (36.1%)	0					
Hardin	82 (35.2%)	151 (64.9%)	0					
Henderson	302 (44.0%)	379 (55.2%)	6 (0.9%)					
Henry	205 (49.9%)	157 (38.2%)	49 (11.9%)					

SOURCE—Pease, pp. 160–162.

1848*

County	Augustus C. French (D)	W. S. Morison (W)	Charles V. Dyer (FS)
Adams	1,913 (96.7%)	0	66 (3.3%)
Alexander	282 (97.6%)	7 (2.4%)	0
Bond	478 (100%)	0	0
Boone	449 (79.8%)	14 (2.5%)	100 (17.8%)
Brown	625 (97.0%)	9 (1.4%)	10 (1.6%)
Bureau	554 (63.4%)	2 (0.2%)	318 (36.4%)
Calhoun	355 (100%)	0	0
Carroll	286 (95.3%)	0	14 (4.7%)
Cass	553 (100%)	0	0
Champaign	254 (100%)	0	0
Christian	339 (100%)	0	0
Clark	791 (100%)	0	0
Clay	490 (100%)	0	0
Clinton	415 (100%)	0	0
Coles	813 (99.5%)	0	4 (0.5%)
Cook	3,129 (83.5%)	23 (0.6%)	595 (15.9%)
Crawford	559 (100%)	0	0
Cumberland	250 (100%)	0	0
De Kalb	539 (65.7%)	21 (2.6%)	260 (31.7%)
De Witt	470 (100%)	0	0
Du Page	584 (62.5%)	223 (23.9%)	128 (13.7%)
Edgar	839 (97.4%)	0	22 (2.6%)
Edwards	173 (100%)	0	0
Effingham	430 (100%)	0	0
Fayette	966 (100%)	0	0
Franklin	478 (100%)	0	0
Fulton	1,622 (88.9%)	22 (1.2%)	181 (9.9%)
Gallatin	794 (100%)	0	0
Greene	1,241 (100%)	0	0
Grundy	252 (86.3%)	0	40 (13.7%)
Hamilton	622 (100%)	0	0
Hancock	1,195 (99.5%)	0	6 (0.5%)
Hardin	222 (100%)	0	0
Henderson	346 (98.6%)	0	5 (1.4%)
Henry	337 (70.2%)	83 (17.3%)	60 (12.5%)
Iroquois	438 (93.0%)	31 (6.6%)	2 (0.4%)
Jackson	355 (100%)	0	0

Iroquois	265 (56.3%)	206 (43.7%)	0
Jackson	373 (68.3%)	173 (31.7%)	0
Jasper	313 (86.0%)	51 (14.0%)	0
Jefferson	644 (84.7%)	116 (15.3%)	0
Jersey	482 (46.8%)	509 (49.4%)	40 (3.9%)
Jo Daviess	1,495 (51.6%)	1,381 (47.7%)	19 (0.7%)
Johnson	381 (96.0%)	16 (4.0%)	0
Kane	932 (49.7%)	442 (23.6%)	501 (26.7%)
Kendall	513 (52.8%)	206 (21.2%)	252 (26.0%)
Knox	796 (46.1%)	772 (44.8%)	157 (9.1%)
Lake	775 (49.5%)	288 (18.4%)	504 (32.2%)
La Salle	1,462 (63.8%)	624 (27.2%)	207 (9.0%)
Lawrence	435 (58.9%)	303 (41.1%)	0
Lee	389 (53.5%)	272 (37.4%)	66 (9.1%)
Livingston	124 (67.4%)	60 (32.6%)	0
Logan	254 (44.3%)	320 (55.7%)	0
McDonough	570 (50.5%)	542 (48.0%)	16 (1.4%)
McHenry	882 (51.0%)	619 (35.8%)	228 (13.2%)
McLean	576 (45.2%)	669 (52.5%)	29 (2.3%)
Macon	281 (63.0%)	165 (37.0%)	0
Macoupin	840 (59.2%)	579 (40.8%)	1 (0.1%)
Madison	1,109 (49.0%)	1,144 (50.5%)	12 (0.5%)
Marion	634 (86.5%)	99 (13.5%)	0
Marquette	119 (41.8%)	166 (58.2%)	0
Marshall	317 (52.5%)	266 (44.0%)	21 (3.5%)
Mason	370 (60.6%)	241 (39.4%)	0
Massac	327 (83.6%)	64 (16.4%)	0
Menard	369 (46.6%)	423 (53.4%)	0
Mercer	356 (47.2%)	376 (49.9%)	22 (2.9%)
Monroe	952 (90.7%)	98 (9.3%)	0
Montgomery	496 (69.6%)	217 (30.4%)	0
Morgan	1,068 (50.5%)	1,023 (48.4%)	23 (1.1%)
Moultrie	198 (56.1%)	155 (43.9%)	0
Ogle	524 (40.8%)	569 (44.3%)	191 (14.9%)
Peoria	1,061 (57.5%)	676 (36.6%)	108 (5.9%)
Perry	340 (83.5%)	63 (15.4%)	4 (1.0%)
Piatt	109 (53.4%)	95 (46.6%)	0
Pike	1,636 (53.6%)	1,407 (46.1%)	9 (0.3%)
Pope	372 (74.7%)	126 (25.3%)	0
Pulaski	155 (71.8%)	61 (28.2%)	0

County			
Jasper	259 (100%)	0	0
Jefferson	560 (100%)	0	0
Jersey	691 (93.8%)	0	46 (6.2%)
Jo Daviess	1,538 (98.7%)	0	21 (1.3%)
Johnson	455 (100%)	0	0
Kane	966 (77.8%)	30 (2.4%)	246 (19.8%)
Kendall	565 (48.4%)	347 (29.7%)	255 (21.9%)
Knox	887 (48.3%)	814 (44.4%)	134 (7.3%)
La Salle	1,740 (87.9%)	16 (0.8%)	223 (11.3%)
Lake	1,005 (63.9%)	358 (22.7%)	211 (13.4%)
Lawrence	807 (100%)	0	0
Lee	411 (72.7%)	74 (13.1%)	80 (14.2%)
Livingston	135 (100%)	0	0
Logan	331 (100%)	0	0
Macon	321 (100%)	0	0
Macoupin	835 (96.4%)	0	31 (3.6%)
Madison	2,120 (99.3%)	0	16 (0.7%)
Marion	608 (100%)	0	0
Marshall	383 (95.5%)	0	18 (4.5%)
Mason	449 (100%)	0	0
Massac	330 (100%)	0	0
McDonough	603 (52.8%)	538 (47.1%)	1 (0.1%)
McHenry	1,009 (85.9%)	5 (0.4%)	161 (13.7%)
McLean	644 (95.1%)	0	33 (4.9%)
Menard	641 (100%)	0	0
Mercer	396 (98.5%)	0	6 (1.5%)
Monroe	907 (100%)	0	0
Montgomery	533 (100%)	0	0
Morgan	1,360 (96.5%)	30 (2.1%)	19 (1.3%)
Moultree	124 (100%)	0	0
Ogle	643 (43.7%)	662 (44.9%)	168 (11.4%)
Peoria	1,193 (90.4%)	0	126 (9.6%)
Perry	403 (95.3%)	0	20 (4.7%)
Piatt	171 (100%)	0	0
Pike	1,649 (100%)	0	0
Pope	330 (100%)	0	0
Pulaski	197 (100%)	0	0
Putnam	243 (100%)	0	0
Randolph	979 (91.3%)	0	93 (8.7%)
Richland	389 (100%)	0	0
Rock Island	568 (49.6%)	547 (47.7%)	31 (2.7%)
St. Clair	2,511 (100%)	0	0
Saline	549 (100%)	0	0
Sangamon	1,506 (100%)	0	0
Schuyler	858 (100%)	0	0
Scott	680 (100%)	0	0
Shelby	796 (100%)	0	0
Stark	246 (72.6%)	36 (10.6%)	57 (16.8%)
Stephenson	828 (55.5%)	663 (44.5%)	0
Tazewell	704 (95.4%)	0	34 (4.6%)
Union	534 (100%)	0	0
Vermilion	442 (95.5%)	0	21 (4.5%)
Wabash	275 (89.9%)	0	31 (10.1%)
Warren	572 (92.4%)	0	47 (7.6%)
Washington	611 (100%)	0	0
Wayne	393 (100%)	0	0
White	704 (100%)	0	0
Whiteside	384 (47.8%)	335 (41.7%)	85 (10.6%)
Will	1,086 (77.1%)	7 (0.5%)	316 (22.4%)
Williamson	310 (100%)	0	0
Winnebago	560 (37.4%)	757 (50.6%)	180 (12.0%)
Woodford	463 (97.1%)	0	14 (2.9%)
Total	**67,828 (86.8%)**	**5,659 (7.2%)**	**4,692 (6.0%)**

*The election of the governor was changed to coincide with the presidential election, effective from this election.

SOURCE—Howard W. Allen, Vincent A. Lacey, *Illinois Elections 1818–1990* (Carbondale, Ill.: Southern Illinois University Press, 1993), pp. 123–4.

1852

County	Joel A. Matteson (D)	Edwin B. Webb (W)	D. A. Knowlton (FS)
Adams	2,630 (53.0%)	2,235 (45.0%)	101 (2.0%)
Alexander	299 (74.9%)	100 (25.1%)	0
Bond	493 (48.7%)	494 (48.8%)	26 (2.6%)
Boone	533 (37.8%)	553 (39.2%)	324 (23.0%)
Brown	657 (59.8%)	442 (40.2%)	0
Bureau	670 (37.0%)	714 (39.5%)	425 (23.5%)
Calhoun	328 (61.4%)	206 (38.6%)	0
Carroll	354 (38.6%)	495 (53.9%)	69 (7.5%)
Cass	836 (51.9%)	776 (48.1%)	0
Champaign	257 (42.5%)	347 (57.5%)	0
Christian	427 (54.4%)	356 (45.4%)	2 (0.3%)
Clark	972 (54.3%)	818 (45.7%)	0
Clay	520 (65.1%)	279 (34.9%)	0
Clinton	660 (64.0%)	371 (36.0%)	0
Coles	731 (42.3%)	997 (57.7%)	0
Cook	3,846 (58.7%)	2,032 (31.0%)	671 (10.2%)
Crawford	835 (60.1%)	549 (39.5%)	5 (0.4%)
Cumberland	397 (57.5%)	293 (42.5%)	0
De Kalb	583 (42.1%)	454 (32.8%)	348 (25.1%)
De Witt	541 (50.3%)	517 (48.1%)	17 (1.6%)
Du Page	516 (42.6%)	389 (32.1%)	306 (25.3%)
Edgar	927 (51.1%)	857 (47.3%)	29 (1.6%)
Edwards	129 (29.4%)	310 (70.6%)	0
Effingham	506 (75.4%)	165 (24.6%)	0
Fayette	682 (61.6%)	426 (38.4%)	0
Franklin	707 (82.7%)	148 (17.3%)	0
Fulton	2,205 (51.1%)	1,840 (42.6%)	274 (6.3%)
Gallatin	578 (64.4%)	320 (35.6%)	0
Greene	1,284 (59.9%)	848 (39.6%)	12 (0.6%)
Grundy	338 (52.2%)	256 (39.6%)	53 (8.2%)
Hamilton	752 (76.7%)	229 (23.3%)	0
Hancock	1,472 (53.0%)	1,288 (46.4%)	18 (0.6%)
Hardin	200 (47.1%)	225 (52.9%)	0
Henderson	426 (42.4%)	547 (54.5%)	31 (3.1%)
Henry	502 (51.9%)	382 (39.5%)	84 (8.7%)
Iroquois	497 (55.2%)	383 (42.5%)	21 (2.3%)
Jackson	521 (61.8%)	322 (38.2%)	0
Jasper	446 (65.7%)	233 (34.3%)	0
Jefferson	849 (69.3%)	376 (30.7%)	0
Jersey	576 (44.1%)	654 (50.0%)	77 (5.9%)
Jo Daviess	1,511 (48.6%)	1,486 (47.8%)	114 (3.7%)
Johnson	721 (87.1%)	107 (12.9%)	0
Kane	1,339 (43.1%)	1,162 (37.4%)	603 (19.4%)
Kendall	534 (41.0%)	524 (40.2%)	244 (18.7%)
Knox	1,131 (43.8%)	1,092 (42.2%)	362 (14.0%)
La Salle	1,889 (52.2%)	1,207 (33.4%)	520 (14.4%)
Lake	839 (41.7%)	678 (33.7%)	495 (24.6%)
Lawrence	490 (47.3%)	545 (52.7%)	0
Lee	488 (43.1%)	581 (51.3%)	64 (5.6%)
Livingston	209 (54.9%)	161 (42.3%)	11 (2.9%)
Logan	490 (46.6%)	561 (53.4%)	0
Macon	477 (56.3%)	365 (43.0%)	6 (0.7%)
Macoupin	1,203 (57.0%)	844 (40.0%)	64 (3.0%)
Madison	1,699 (52.8%)	1,519 (47.2%)	0
Marion	765 (72.0%)	283 (26.6%)	14 (1.3%)
Marshall	581 (49.3%)	550 (46.7%)	47 (4.0%)
Mason	624 (52.7%)	560 (47.3%)	0
Massac	450 (63.4%)	260 (36.6%)	0
McDonough	841 (49.7%)	844 (49.9%)	7 (0.4%)
McHenry	1,223 (45.2%)	874 (32.3%)	608 (22.5%)
McLean	1,068 (45.4%)	1,254 (53.3%)	31 (1.3%)
Menard	696 (52.0%)	642 (48.0%)	0
Mercer	503 (43.1%)	576 (49.3%)	89 (7.6%)
Monroe	1,119 (79.5%)	289 (20.5%)	0
Montgomery	649 (60.9%)	416 (39.1%)	0
Morgan	1,439 (48.5%)	1,436 (48.4%)	90 (3.0%)

Illinois

Moultrie	262 (47.4%)	291 (52.6%)	0	Stark	357 (46.5%)	338 (44.0%)	73 (9.5%)
Ogle	769 (39.4%)	905 (46.4%)	277 (14.2%)	Stephenson	1,065 (48.5%)	987 (44.9%)	146 (6.6%)
Peoria	1,814 (50.5%)	1,573 (43.8%)	202 (5.6%)	Tazewell	876 (37.8%)	1,370 (59.2%)	70 (3.0%)
Perry	559 (63.5%)	263 (29.9%)	59 (6.7%)	Union	825 (83.7%)	161 (16.3%)	0
Piatt	162 (46.6%)	186 (53.4%)	0	Vermilion	764 (42.8%)	993 (55.6%)	30 (1.7%)
Pike	1,771 (50.0%)	1,760 (49.7%)	12 (0.3%)	Wabash	347 (42.6%)	467 (57.4%)	0
Pope	433 (57.5%)	320 (42.5%)	0	Warren	779 (45.1%)	799 (46.3%)	148 (8.6%)
Pulaski	217 (66.6%)	109 (33.4%)	0	Washington	751 (73.4%)	245 (23.9%)	27 (2.6%)
Putnam	257 (33.1%)	301 (38.7%)	219 (28.2%)	Wayne	735 (67.3%)	357 (32.7%)	0
Randolph	813 (51.1%)	559 (35.1%)	219 (13.8%)	White	627 (41.1%)	899 (58.9%)	0
Richland	343 (49.2%)	354 (50.8%)	0	Whiteside	524 (42.8%)	554 (45.3%)	145 (11.9%)
Rock Island	678 (44.6%)	750 (49.4%)	91 (6.0%)	Will	1,588 (54.2%)	1,065 (36.3%)	277 (9.5%)
St. Clair	2,518 (73.3%)	916 (26.7%)	0	Williamson	799 (70.8%)	329 (29.2%)	0
Saline	635 (80.5%)	154 (19.5%)	0	Winnebago	832 (32.6%)	1,032 (40.4%)	690 (27.0%)
Sangamon	1,615 (43.0%)	2,117 (56.4%)	21 (0.6%)	Woodford	632 (62.0%)	344 (33.7%)	44 (4.3%)
Schuyler	975 (52.9%)	857 (46.5%)	12 (0.7%)	**Total**	**80,709 (52.4%)**	**64,408 (41.8%)**	**9,024 (5.9%)**
Scott	704 (49.3%)	723 (50.7%)	0				
Shelby	955 (68.7%)	436 (31.3%)	0				

SOURCE—Pease, pp. 130–2.

1856

County	William H. Bissell (R)	William A. Richardson (D)	Buckner S. Morris (A)
Adams	2,585 (41.7%)	3,303 (53.3%)	312 (5.0%)
Alexander	33 (5.3%)	393 (62.8%)	200 (31.9%)
Bond	239 (17.1%)	621 (44.4%)	540 (38.6%)
Boone	1,745 (86.6%)	244 (12.1%)	26 (1.3%)
Brown	497 (33.7%)	939 (63.7%)	37 (2.5%)
Bureau	2,614 (67.3%)	1,234 (31.8%)	38 (1.0%)
Calhoun	181 (25.6%)	463 (65.4%)	64 (9.0%)
Carroll	1,181 (76.3%)	235 (15.2%)	131 (8.5%)
Cass	630 (38.5%)	927 (56.7%)	78 (4.8%)
Champaign	761 (50.3%)	567 (37.5%)	186 (12.3%)
Christian	433 (30.8%)	894 (63.5%)	81 (5.8%)
Clark	930 (39.8%)	1,313 (56.3%)	91 (3.9%)
Clay	130 (10.0%)	730 (56.3%)	437 (33.7%)
Clinton	210 (15.6%)	847 (62.7%)	293 (21.7%)
Coles	1,039 (38.4%)	1,182 (43.7%)	484 (17.9%)
Cook	9,052 (60.2%)	5,671 (37.7%)	302 (2.0%)
Crawford	657 (35.1%)	1,121 (59.9%)	95 (5.1%)
Cumberland	327 (29.4%)	647 (58.1%)	139 (12.5%)
De Kalb	2,254 (84.0%)	353 (13.2%)	75 (2.8%)
De Witt	645 (38.3%)	681 (40.5%)	356 (21.2%)
Du Page	1,388 (72.0%)	541 (28.0%)	0
Edgar	1,075 (41.6%)	1,332 (51.5%)	177 (6.8%)
Edwards	314 (42.0%)	282 (37.8%)	151 (20.2%)
Effingham	155 (15.3%)	778 (76.7%)	81 (8.0%)
Fayette	75 (4.1%)	946 (52.3%)	789 (43.6%)
Franklin	34 (2.7%)	1,076 (84.1%)	170 (13.3%)
Fulton	2,387 (42.6%)	2,816 (50.3%)	396 (7.1%)
Gallatin	226 (19.1%)	841 (71.1%)	116 (9.8%)
Greene	826 (33.1%)	1,656 (66.4%)	12 (0.5%)
Grundy	926 (59.8%)	619 (40.0%)	4 (0.3%)
Hamilton	98 (7.3%)	1,201 (89.9%)	37 (2.8%)
Hancock	1,383 (33.0%)	2,018 (48.2%)	786 (18.8%)
Hardin	88 (17.0%)	320 (61.8%)	110 (21.2%)
Henderson	794 (52.2%)	617 (40.6%)	109 (7.2%)
Henry	1,924 (67.9%)	876 (30.9%)	32 (1.1%)
Iroquois	750 (57.0%)	463 (35.2%)	102 (7.8%)
Jackson	46 (3.2%)	1,096 (76.0%)	300 (20.8%)
Jasper	390 (33.8%)	682 (59.0%)	83 (7.2%)
Jefferson	172 (10.1%)	1,305 (76.9%)	221 (13.0%)
Jersey	692 (42.8%)	748 (46.3%)	177 (10.9%)
Jo Daviess	2,131 (58.6%)	1,499 (41.2%)	8 (0.2%)
Johnson	7 (0.6%)	1,191 (98.0%)	17 (1.4%)
Kane	3,752 (79.9%)	914 (19.5%)	28 (0.6%)
Kankakee	1,379 (81.1%)	262 (15.4%)	60 (3.5%)
Kendall	1,615 (82.7%)	329 (16.8%)	10 (0.5%)
Knox	2,867 (62.2%)	1,495 (32.5%)	244 (5.3%)

County	William H. Bissell (R)		William A. Richardson (D)		Buckner S. Morris (A)	
La Salle	3,739	(57.4%)	2,715	(41.7%)	59	(0.9%)
Lake	2,336	(80.1%)	572	(19.6%)	10	(0.3%)
Lawrence	540	(40.7%)	730	(55.1%)	56	(4.2%)
Lee	1,902	(75.3%)	611	(24.2%)	14	(0.6%)
Livingston	581	(56.2%)	410	(39.7%)	43	(4.2%)
Logan	851	(43.6%)	866	(44.3%)	237	(12.1%)
Macon	641	(36.9%)	818	(47.1%)	276	(15.9%)
Macoupin	1,319	(37.0%)	1,819	(51.0%)	427	(12.0%)
Madison	1,535	(36.6%)	1,373	(32.7%)	1,288	(30.7%)
Marion	217	(12.7%)	1,149	(67.5%)	336	(19.7%)
Marshall	1,029	(52.8%)	833	(42.7%)	88	(4.5%)
Mason	446	(28.7%)	759	(48.8%)	350	(22.5%)
Massac	6	(0.7%)	628	(71.6%)	243	(27.7%)
McDonough	1,088	(39.0%)	1,390	(49.8%)	315	(11.3%)
McHenry	2,862	(74.3%)	947	(24.6%)	41	(1.1%)
McLean	1,967	(49.2%)	1,557	(38.9%)	478	(11.9%)
Menard	675	(42.2%)	868	(54.3%)	56	(3.5%)
Mercer	1,146	(56.1%)	775	(37.9%)	122	(6.0%)
Monroe	418	(23.7%)	912	(51.8%)	430	(24.4%)
Montgomery	552	(30.2%)	988	(54.1%)	285	(15.6%)
Morgan	1,682	(48.8%)	1,685	(48.9%)	80	(2.3%)
Moultree	264	(29.6%)	434	(48.7%)	193	(21.7%)
Ogle	2,470	(70.9%)	735	(21.1%)	277	(8.0%)
Peoria	2,275	(44.4%)	2,552	(49.8%)	302	(5.9%)
Perry	349	(28.6%)	646	(53.0%)	224	(18.4%)
Piatt	99	(13.6%)	313	(43.1%)	315	(43.3%)
Pike	1,938	(46.0%)	2,221	(52.7%)	57	(1.4%)
Pope	25	(2.4%)	857	(82.6%)	156	(15.0%)
Pulaski	53	(9.9%)	438	(81.6%)	46	(8.6%)
Putnam	546	(56.5%)	315	(32.6%)	105	(10.9%)
Randolph	944	(39.8%)	1,334	(56.3%)	91	(3.8%)
Richland	435	(34.8%)	783	(62.6%)	33	(2.6%)
Rock Island	1,437	(51.1%)	1,121	(39.9%)	253	(9.0%)
Saline	40	(3.3%)	1,023	(83.9%)	156	(12.8%)
Sangamon	2,232	(43.4%)	2,519	(49.0%)	390	(7.6%)
Schuyler	858	(37.1%)	1,401	(60.6%)	52	(2.3%)
Scott	659	(42.4%)	849	(54.6%)	48	(3.1%)
Shelby	492	(25.0%)	1,438	(73.1%)	37	(1.9%)
St. Clair	2,171	(46.4%)	1,734	(37.1%)	769	(16.5%)
Stark	747	(60.9%)	352	(28.7%)	128	(10.4%)
Stephenson	2,000	(59.6%)	1,311	(39.0%)	47	(1.4%)
Tazewell	1,175	(42.3%)	1,365	(49.2%)	237	(8.5%)
Union	55	(3.6%)	1,256	(81.2%)	235	(15.2%)
Vermilion	1,566	(58.5%)	1,110	(41.5%)	0	
Wabash	529	(51.8%)	490	(47.9%)	3	(0.3%)
Warren	1,314	(48.4%)	1,130	(41.6%)	270	(9.9%)
Washington	368	(22.6%)	1,138	(69.9%)	121	(7.4%)
Wayne	181	(10.4%)	1,237	(71.4%)	315	(18.2%)
White	480	(25.8%)	1,087	(58.4%)	295	(15.8%)
Whiteside	1,918	(70.5%)	619	(22.8%)	183	(6.7%)
Will	2,394	(60.0%)	1,581	(39.6%)	14	(0.4%)
Williamson	49	(3.0%)	1,497	(92.9%)	65	(4.0%)
Winnebago	3,641	(87.6%)	455	(11.0%)	59	(1.4%)
Woodford	593	(38.7%)	755	(49.3%)	183	(12.0%)
*Total	111,466	(47.0%)	106,769	(45.0%)	19,078 (19,088)	(8.0%)

*Stated total.

SOURCE—Pease, pp. 137–9.

1860

County	Richard Yates (R)		James C. Allen (D)		all others	
Adams	3,861	(47.0%)	4,281	(52.1%)	81	(1.0%)
Alexander	108	(10.9%)	689	(69.5%)	194	(19.6%)
Bond	999	(50.1%)	997	(49.9%)	0	

Illinois

County	Richard Yates (R)		James C. Allen (D)		all others	
Boone	1,760	(84.9%)	313	(15.1%)	0	
Brown	734	(37.0%)	1,202	(60.6%)	49	(2.5%)
Bureau	3,623	(69.0%)	1,420	(27.1%)	207	(3.7%)
Calhoun	269	(27.0%)	667	(67.0%)	60	(6.0%)
Carroll	1,635	(77.7%)	467	(22.2%)	3	(0.1%)
Cass	1,054	(44.5%)	1,310	(55.3%)	3	(0.1%)
Champaign	1,787	(58.2%)	1,241	(40.4%)	42	(1.4%)
Christian	973	(40.3%)	1,411	(58.4%)	33	(1.4%)
Clark	1,318	(43.1%)	1,737	(56.9%)	0	
Clay	687	(38.8%)	1,074	(60.6%)	11	(0.6%)
Clinton	762	(36.8%)	1,296	(62.6%)	13	(0.6%)
Coles	1,668	(48.4%)	1,699	(49.3%)	80	(2.3%)
Cook	14,695	(59.6%)	9,778	(39.7%)	178	(0.7%)
Crawford	922	(39.4%)	1,412	(60.4%)	5	(0.2%)
Cumberland	628	(40.7%)	908	(58.8%)	7	(0.5%)
De Kalb	3,048	(75.7%)	972	(24.1%)	5	(0.2%)
De Witt	1,255	(51.9%)	1,075	(44.5%)	86	(3.6%)
Douglas	816	(54.9%)	637	(42.9%)	32	(2.2%)
Du Page	1,788	(68.8%)	805	(31.0%)	7	(0.2%)
Edgar	1,735	(46.8%)	1,962	(52.9%)	14	(0.4%)
Edwards	591	(60.3%)	389	(39.7%)	0	
Effingham	447	(29.2%)	1,085	(70.8%)	0	
Ford	236	(61.6%)	147	(38.4%)	0	
Franklin	238	(14.1%)	1,390	(82.2%)	64	(3.8%)
Fulton	3,655	(48.0%)	3,929	(51.6%)	29	(0.4%)
Gallatin	236	(17.7%)	1,023	(76.7%)	75	(5.6%)
Greene	1,017	(31.5%)	2,196	(68.0%)	15	(0.5%)
Grundy	1,409	(66.3%)	713	(33.6%)	3	(0.1%)
Hamilton	107	(6.1%)	1,560	(89.1%)	83	(4.7%)
Hancock	2,613	(46.3%)	2,978	(52.8%)	48	(0.9%)
Hardin	108	(16.1%)	502	(75.0%)	59	(8.8%)
Henderson	1,259	(57.0%)	931	(42.2%)	18	(0.8%)
Henry	3,021	(66.0%)	1,541	(33.7%)	12	(0.3%)
Iroquois	1,427	(59.6%)	966	(40.3%)	3	(0.1%)
Jackson	329	(16.3%)	1,577	(78.1%)	114	(5.6%)
Jasper	629	(40.7%)	909	(58.8%)	7	(0.5%)
Jefferson	472	(19.2%)	1,853	(75.5%)	128	(5.2%)
Jersey	951	(41.0%)	1,302	(56.2%)	64	(2.8%)
Jo Daviess	2,798	(60.2%)	1,840	(39.6%)	7	(0.2%)
Johnson	40	(2.5%)	1,578	(97.0%)	8	(0.5%)
Kane	4,200	(71.5%)	1,656	(28.2%)	17	(0.3%)
Kankakee	1,977	(70.4%)	810	(28.8%)	23	(0.8%)
Kendall	1,813	(75.9%)	574	(24.0%)	1	(0.1%)
Knox	3,832	(62.8%)	2,226	(36.5%)	44	(0.7%)
La Salle	5,341	(55.1%)	4,306	(44.4%)	48	(0.4%)
Lake	2,395	(71.0%)	967	(28.7%)	12	(0.2%)
Lawrence	771	(44.0%)	976	(55.7%)	6	(0.3%)
Lee	2,423	(67.6%)	1,142	(31.9%)	19	(0.5%)
Livingston	1,472	(57.4%)	1,094	(42.6%)	0	
Logan	1,732	(52.7%)	1,526	(46.4%)	28	(0.9%)
Macon	1,513	(48.3%)	1,537	(49.0%)	84	(2.7%)
Macoupin	2,250	(43.7%)	2,735	(53.2%)	158	(3.1%)
Madison	3,179	(49.3%)	3,108	(48.2%)	156	(2.4%)
Marion	884	(33.3%)	1,725	(65.0%)	44	(1.7%)
Marshall	1,631	(53.9%)	1,383	(45.7%)	14	(0.5%)
Mason	1,212	(49.0%)	1,224	(49.5%)	38	(1.5%)
Massac	116	(11.0%)	881	(83.9%)	53	(5.0%)
McDonough	2,300	(50.1%)	2,283	(49.8%)	5	(0.1%)
McHenry	3,052	(67.5%)	1,446	(32.0%)	21	(0.5%)
McLean	3,557	(57.6%)	2,564	(41.5%)	51	(0.8%)
Menard	972	(47.0%)	1,040	(50.3%)	56	(2.7%)
Mercer	1,815	(59.7%)	1,207	(39.7%)	19	(0.6%)
Monroe	846	(37.5%)	1,401	(62.1%)	10	(0.4%)
Montgomery	1,135	(37.8%)	1,749	(58.2%)	122	(4.1%)
Morgan	2,339	(48.5%)	2,436	(50.5%)	51	(1.1%)
Moultrie	627	(46.4%)	713	(52.8%)	10	(0.7%)
Ogle	3,187	(69.9%)	1,320	(29.0%)	50	(1.1%)
Peoria	3,551	(48.2%)	3,744	(50.8%)	78	(1.1%)

County	Richard Yates (R)		James C. Allen (D)		all others	
Perry	689	(36.7%)	1,119	(59.7%)	67	(3.6%)
Piatt	780	(54.6%)	600	(42.0%)	49	(3.4%)
Pike	2,576	(45.5%)	3,021	(53.4%)	59	(1.0%)
Pope	124	(8.8%)	1,206	(85.7%)	77	(5.5%)
Putnam	752	(63.6%)	368	(31.1%)	63	(5.3%)
Randolph	1,423	(43.4%)	1,829	(55.8%)	25	(0.8%)
Richland	789	(43.2%)	1,033	(56.6%)	3	(0.2%)
Rock Island	2,098	(58.1%)	1,492	(41.3%)	19	(0.5%)
Saint Clair	3,689	(54.1%)	3,044	(44.7%)	82	(1.2%)
Saline	109	(6.9%)	1,413	(90.1%)	47	(3.0%)
Sangamon	3,609	(49.2%)	3,601	(49.1%)	120	(1.6%)
Schuyler	972	(38.0%)	1,567	(61.3%)	16	(0.6%)
Scott	833	(42.2%)	1,136	(57.5%)	5	(0.3%)
Shelby	975	(31.3%)	2,095	(67.1%)	50	(1.6%)
Stark	1,167	(63.2%)	671	(36.3%)	8	(0.5%)
Stephenson	2,669	(59.6%)	1,798	(40.2%)	10	(0.2%)
Tazewell	2,344	(51.6%)	2,186	(48.1%)	11	(0.2%)
Union	165	(8.1%)	1,017	(50.1%)	847	(39.8%)
Vermilion	2,257	(58.7%)	1,582	(41.1%)	7	(0.2%)
Wabash	599	(44.8%)	720	(53.9%)	17	(1.3%)
Warren	2,205	(56.3%)	1,687	(43.0%)	28	(0.7%)
Washington	828	(34.2%)	1,590	(65.8%)	0	
Wayne	629	(27.1%)	1,648	(70.9%)	46	(2.0%)
White	761	(32.5%)	1,553	(66.4%)	26	(1.1%)
Whiteside	2,725	(70.7%)	1,116	(28.9%)	16	(0.4%)
Will	3,205	(55.2%)	2,537	(43.7%)	67	(1.2%)
Williamson	179	(8.4%)	1,846	(86.3%)	123	(5.8%)
Winnebago	3,986	(82.6%)	826	(17.1%)	13	(0.3%)
Woodford	1,251	(45.8%)	1,457	(53.4%)	23	(0.8%)
Total*	**172,218**	**(51.2%)**	**159,293**	**(47.3%)**	**4,989**	**(1.5%)****
	(172,196)		(159,253)		(4,854)	

No returns Fayette County; returns from Pulaski County were rejected.
*Stated totals are in parentheses.
Breakdown of this vote was   Thomas Hope **2,032 (0.6%) (2,049)   John T. Stuart **1,685 (0.5%)** (1,626)   J. W. Chickering **150 (0.3%)** (1,148)   scattering **122 (0.04%)** (131).

SOURCES—Manuscript returns; Pease, pp. 146–7.

INDIANA

On December 11, 1816, Indiana became the 19th state.
Term—Three years, until 1852 when it was increased to four years.
Limits—No more than six years in a nine year period until 1852 when,
in conjunction with an increase in the term, governor could not immediately succeed himself.
Election—Beginning with the state's first election, the first Monday in August.
In 1852 the date was changed to the first Monday in October.

POPULATION

1810—24,520   1820—147,178   1830—343,031   1840—657,866   1850—988,416   1860—1,350,428

1816

County	Jonathan Jennings		Joseph Posey	
Jackson	124	(84.9%)	22	(15.1%)
Knox	174	(23.4%)	571	(76.6%)
Orange	66	(12.9%)	447	(87.1%)
Washington	257	(41.7%)	359	(58.3%)
Total	5,211	(57.0%)	3,934	(43.0%)

Only returns from 4 of 15 counties were located.

Indiana

SOURCE—Dorothy Rikes and Gayle Thornbrough, *Indiana Election Returns 1816–1851* (n.p.: Indiana Historical Bureau, 1960), p. 137.

1819

County	James B. Ray		Issac Blackford	
Clark	618	(66.5%)	311	(33.5%)
Crawford		no returns		
Daviess		no returns		
Dearborn	1,015	(86.3%)	161	(13.7%)
Dubois		no returns		
Floyd	311	(98.1%)	6	(1.9%)
Franklin	1,087	(97.3%)	30	(2.7%)
Gibson	85	(19.5%)	350	(80.5%)
Harrison	847	(95.7%)	38	(4.3%)
Jackson		no returns		
Jefferson	447	(63.2%)	260	(36.8%)
Jennings	189	(96.9%)	6	(3.1%)
Knox	144	(27.5%)	379	(72.5%)
Lawrence		no returns		
Monroe		no returns		
Orange	401	(70.2%)	170	(29.8%)
Owen		no returns		
Perry		no returns		
Pike	99	(72.8%)	37	(27.2%)
Posey	410	(81.5%)	93	(18.5%)
Randolph & Wayne	1,101	(78.2%)	307	(21.8%)
Ripley	159	(98.8%)	2	(1.2%)
Spencer	169	(96.0%)	7	(4.0%)
Sullivan		no returns		
Switzerland	516	(98.9%)	6	(1.1%)
Vanderburgh		no returns		
Vigo	349	(92.8%)	27	(7.2%)
Warrick	125	(67.9%)	59	(32.1%)
Washington	335	(34.7%)	631	(65.3%)
Total*	**9,038**	**(75.7%)**	**2,900**	**(24.3%)**

*The official returns as reported in the House Journal, 1819–20, p. 26 were Jennings **9,168 (81.4%)**, Harrison **2,007 (17.8%)**, Samuel Carr **80 (0.7%)** and Peter Allen **1**. No county returns were given or any indication of what if any counties were not included. The county returns as printed in *Indiana Election Returns* by Rikes and Thornbrough, pp. 137–138, were taken from the (Corydon) *Indiana Gazette*, August 7–October 23 and the *Vincennes Indiana Centinnel*, September 27–November 6, 1819, are used here.

1822

William Hendricks (D-R)
18,340 (100%)

*No county returns located.

SOURCE—Rikes and Thornbrough, p. 138.

1825

County	James B. Ray		Issac Blackford	
Allen	41	(42.7%)	55	(57.3%)
Batholomew	238	(47.3%)	265	(52.7%)
Clark	541	(46.0%)	634	(54.0%)
Clay		no returns located		
Crawford	44	(87.8%)	457	(12.2%)
Daviess	297	(49.3%)	306	(50.7%)
Dearborn	886	(57.2%)	663	(42.8%)
Decatur	278	(71.1%)	113	(28.9%)
Dubois		no returns located		
Fayette	690	(70.4%)	290	(29.6%)
Floyd	305	(51.3%)	290	(48.7%)
Franklin	824	(63.3%)	478	(36.7%)
Gibson	55	(15.6%)	297	(84.4%)
Greene	80	(24.9%)	241	(75.1%)
Hamilton	79	(68.7%)	36	(31.3%)
Harrison	490	(43.8%)	629	(56.2%)
Hendricks		no returns located		
Henry	303	(82.8%)	63	(17.2%)
Jackson	135	(36.3%)	296	(63.7%)
Jefferson	299	(22.3%)	1,040	(77.7%)
Jennings	31	(67.0%)	432	(33.0%)
Johnson	103	(61.7%)	64	(38.3%)
Knox	230	(34.1%)	444	(65.9%)
Lawrence	374	(49.2%)	386	(50.8%)
Madison	91	(68.9%)	41	(31.1%)
Marion	288	(58.3%)	206	(41.7%)
Martin	167	(72.0%)	65	(28.0%)
Monroe	404	(61.0%)	158	(39.0%)
Montgomery	113	(72.9%)	42	(27.1%)
Morgan	110	(44.5%)	137	(55.5%)
Orange	205	(25.2%)	608	(74.8%)
Owen	91	(27.3%)	242	(72.7%)
Parke	268	(75.9%)	85	(24.1%)
Perry	106	(38.3%)	171	(61.7%)
Pike	43	(21.8%)	154	(78.2%)
Posey	40	(5.8%)	644	(94.2%)
Putnam		no returns located		
Randolph		no returns located		
Ripley	445	(81.2%)	103	(18.8%)
Rush	386	(76.3%)	120	(23.7%)
Scott		no returns located		
Shelby	203	(62.4%)	122	(37.6%)
Spencer	337	(82.2%)	73	(17.8%)
Sullivan		no returns located		
Switzerland	687	(83.8%)	133	(16.2%)
Union	600	(80.0%)	150	(20.0%)
Vanderburgh	218	(77.9%)	62	(22.1%)
Vermillion		no returns located		
Vigo	271	(53.0%)	240	(47.0%)
Warrick	275	(93.2%)	20	(6.8%)
Washington	994	(65.9%)	515	(34.1%)
Wayne	1,187	(66.6%)	595	(33.4%)
Total*	**13,852**		**12,165**	

*The official returns as found in the Journal of the House of Representatives, 1825, p. 23, gave Ray **13,040 (56.1%)** and Blackford **10,218 (43.9%)** but contain no county returns. Furthermore, Governor Ray in his first message to the Legislature stated that 11 counties had not made returns. Thus the above returns, largely drawn from newspapers (see below), no doubt include returns not received by the Legislature when it counted the vote.

SOURCE—Rikes and Thornbrough, pp. 138–139, from (Vincennes) *Western Sun*, (Lawrenceburg) *Indiana Palladium*, August 29, 1825; also *History of Pike and Dubois Counties*, 1885, p. 292.

1828

County	James B. Ray		Harbin H. Moore		Israel T. Canby	
Allen	43	(31.9%)	78	(57.8%)	14	(10.3%)
Bartholomew	233	(37.3%)	214	(34.2%)	178	(28.5%)
Carroll	8	(6.6%)	37	(30.3%)	77	(63.1%)
Clark	335	(5.7%)	355	(25.2%)	716	(50.9%)
Clay	47	(42.3%)	35	(31.5%)	29	(26.1%)
Crawford	170	(35.1%)	276	(57.0%)	38	(7.9%)
Daviess	337	(57.1%)	130	(22.0%)	123	(20.8%)
Dearborn	846	(40.1%)	588	(27.9%)	674	(32.0%)
Decatur	446	(63.7%)	127	(18.1%)	127	(18.1%)
Delaware	45	(37.8%)	41	(34.5%)	34	(28.6%)
Dubois	161	(61.2%)	18	(6.8%)	84	(31.9%)
Fayette	613	(51.9%)	227	(19.2%)	342	(28.9%)
Floyd	156	(21.8%)	151	(21.1%)	409	(57.1%)
Fountain	114	(22.2%)	141	(27.5%)	258	(50.3%)
Franklin	512	(38.7%)	573	(43.3%)	237	(17.9%)
Gibson	19	(3.2%)	215	(36.4%)	357	(60.4%)
Greene	188	(34.4%)	171	(31.3%)	188	(34.4%)
Hamilton	147	(63.4%)	74	(31.9%)	11	(4.7%)
Hancock	83	(78.3%)	21	(19.8%)	2	(1.9%)
Harrison	350	(26.5%)	768	(58.1%)	203	(15.4%)
Hendricks	103	(61.7%)	64	(38.3%)	0	
Henry	470	(82.5%)	63	(11.1%)	37	(6.5%)
Jackson	33	(5.3%)	256	(41.0%)	335	(53.7%)
Jefferson	628	(42.0%)	360	(24.1%)	506	(33.9%)
Jennings	394	(77.4%)	74	(14.5%)	41	(8.1%)
Johnson	258	(62.3%)	87	(21.0%)	69	(16.7%)
Knox	390	(44.6%)	158	(18.1%)	326	(53.7%)
Lawrence	196	(18.0%)	95	(8.7%)	755	(69.5%)
Madison	126	(69.2%)	50	(27.5%)	6	(3.3%)
Marion	600	(65.6%)	259	(28.3%)	56	(6.1%)
Martin	111	(36.3%)	92	(30.1%)	103	(33.7%)
Monroe	168	(20.9%)	98	(12.2%)	536	(66.8%)
Montgomery	142	(31.2%)	78	(17.1%)	235	(51.6%)
Morgan	327	(58.8%)	137	(24.6%)	92	(16.5%)
Orange	41	(4.3%)	335	(35.4%)	570	(60.3%)
Owen	204	(49.9%)	145	(35.5%)	60	(14.7%)
Parke	218	(32.6%)	172	(25.7%)	278	(41.6%)
Perry	279	(63.0%)	128	(28.9%)	36	(8.1%)
Pike	110	(39.3%)	97	(34.6%)	73	(26.1%)
Posey	64	(8.0%)	208	(26.1%)	524	(65.8%)
Putnam	279	(37.5%)	273	(36.7%)	192	(25.8%)
Randolph	93	(27.4%)	131	(38.5%)	116	(34.1%)
Ripley	371	(57.1%)	204	(31.4%)	75	(11.5%)
Rush	500	(46.6%)	331	(30.9%)	241	(22.5%)
Scott	249	(59.1%)	114	(27.1%)	58	(13.8%)
Shelby	170	(25.1%)	250	(37.0%)	256	(37.9%)
Spencer	236	(66.1%)	61	(17.1%)	60	(16.8%)
Sullivan	105	(17.5%)	182	(30.3%)	314	(52.2%)
Switzerland	316	(34.1%)	219	(23.6%)	393	(42.3%)
Tippecanoe	105	(40.4%)	87	(33.5%)	70	(26.9%)
Union	343	(34.5%)	369	(37.2%)	281	(28.3%)
Vanderburgh	43	(14.4%)	156	(52.3%)	99	(33.2%)
Vermillion	177	(37.2%)	193	(40.5%)	106	(22.3%)
Vigo	225	(34.1%)	358	(54.3%)	76	(11.5%)
Warren	64	(54.2%)	34	(28.8%)	20	(16.9%)
Warrick	50	(14.6%)	76	(22.2%)	217	(63.3%)
Washington	531	(34.7%)	496	(32.4%)	504	(32.9%)
Wayne	1,559	(72.1%)	168	(7.8%)	434	(20.1%)
Total	**15,131**	**(39.5%)**	**10,898**	**(28.5%)**	**12,251**	**(32.0%)**

SOURCE—Rikes and Thornbrough, pp. 140–141.

1 8 3 1

County	Noah Noble (NR)		James G. Read (J)		Milton Stapp (I)	
Allen	193	(92.8%)	9	(4.3%)	6	(2.9%)
Bartholomew	407	(43.8%)	211	(22.7%)	311	(33.5%)
Bonne	58	(33.3%)	100	(57.5%)	16	(9.2%)
Carroll	171	(53.9%)	142	(44.8%)	4	(1.3%)
Cass	191	(86.8%)	29	(13.2%)	0	
Clark	439	(27.6%)	931	(58.6%)	218	(13.7%)
Clay	56	(21.6%)	114	(44.0%)	89	(34.4%)
Clinton	150	(76.1%)	38	(19.3%)	9	(4.6%)
Crawford	312	(58.9%)	180	(34.0%)	38	(7.2%)
Daviess	298	(36.2%)	503	(61.1%)	22	(2.7%)
Dearborn	675	(34.7%)	1,000	(51.5%)	268	(13.8%)
Decatur	681	(68.9%)	241	(24.4%)	66	(6.7%)
Delaware	92	(30.2%)	71	(23.3%)	142	(46.6%)
Dubois	35	(11.0%)	241	(75.5%)	43	(13.5%)
Elkhart	159	(87.4%)	21	(11.5%)	2	(11.0%)
Fayette	637	(44.4%)	690	(48.1%)	107	(7.5%)
Floyd	347	(37.0%)	466	(49.7%)	125	(13.3%)
Fountain	578	(46.0%)	622	(49.5%)	56	(4.5%)
Franklin	820	(68.2%)	306	(25.4%)	77	(6.4%)
Gibson	399	(48.0%)	425	(51.1%)	7	(0.8%)
Grant	102	(93.6%)	7	(6.4%)	0	
Greene	194	(29.6%)	432	(66.1%)	28	(4.3%)
Hamilton	232	(77.3%)	33	(11.0%)	35	(11.7%)
Hancock	149	(54.4%)	112	(40.9%)	13	(4.7%)
Harrison	762	(62.4%)	192	(15.7%)	268	(21.9%)
Hendricks	26	(6.6%)	311	(79.3%)	55	(14.0%)
Henry	803	(73.3%)	275	(25.1%)	17	(1.6%)
Jackson	316	(43.3%)	404	(55.4%)	9	(1.2%)
Jefferson	130	(7.9%)	529	(32.2%)	982	(59.8%)
Jennings	200	(28.7%)	218	(31.2%)	280	(40.1%)
Johnson	276	(39.3%)	213	(30.3%)	213	(30.3%)
Knox	399	(42.0%)	420	(44.3%)	130	(13.7%)
Lawrence	661	(56.0%)	416	(35.2%)	104	(8.8%)
Madison	357	(79.9%)	84	(18.8%)	6	(1.3%)
Marion	624	(53.2%)	422	(35.9%)	228	(19.4%)
Martin	69	(21.8%)	158	(50.0%)	89	(28.2%)
Monroe	260	(24.5%)	769	(72.5%)	32	(3.0%)
Montgomery	280	(28.6%)	391	(39.9%)	309	(31.5%)
Morgan	437	(47.0%)	335	(42.5%)	16	(2.0%)
Orange	339	(35.7%)	588	(61.9%)	23	(2.4%)
Owen	257	(40.6%)	348	(55.0%)	28	(4.4%)
Parke	675	(52.5%)	508	(39.5%)	103	(8.0%)
Perry	213	(47.5%)	148	(33.0%)	87	(19.4%)
Pike	172	(39.6%)	260	(59.9%)	2	(0.5%)
Posey	370	(35.9%)	645	(62.6%)	15	(1.5%)
Putnam	629	(47.5%)	498	(37.6%)	198	(14.9%)
Randolph	208	(42.9%)	139	(28.7%)	138	(28.5%)
Ripley	514	(59.1%)	215	(24.7%)	141	(16.2%)
Rush	800	(58.3%)	396	(28.9%)	174	(12.7%)
St. Joseph	111	(90.2%)	0		12	(9.8%)
Scott	176	(37.1%)	241	(50.7%)	58	(12.2%)
Shelby	534	(55.6%)	374	(39.0%)	52	(5.4%)
Spencer	144	(42.6%)	218	(64.5%)	6	(1.8%)
Sullivan	146	(18.4%)	594	(74.9%)	53	(6.7%)
Switzerland	410	(41.3%)	350	(35.2%)	233	(23.5%)
Tippecanoe	540	(49.5%)	498	(45.6%)	34	(3.1%)
Union	460	(42.8%)	372	(34.6%)	242	(22.5%)
Vanderburgh	167	(39.7%)	224	(53.2%)	30	(7.1%)
Vermillion	528	(57.1%)	340	(36.8%)	56	(6.1%)
Vigo	797	(82.9%)	123	(12.8%)	41	(4.3%)
Warren	303	(71.1%)	99	(23.2%)	24	(5.6%)
Warrick	150	(30.1%)	325	(65.1%)	24	(4.8%)
Washington	704	(45.2%)	804	(51.6%)	50	(3.2%)
Wayne	1,196	(46.5%)	634	(24.7%)	740	(28.8%)
Total	**23,518**	**(45.7%)**	**21,002**	**(40.8%)**	**6,984**	**(13.6%)**

Indiana

SOURCE—Rikes and Thornbrough, pp. 141–143, citing official returns from state archives and the (Vincennes) *Western Sun*, September 24, 1831.

1834

County	Noah Noble (W)		James G. Read (D)	
Allen	246	(68.7%)	112	(31.3%)
Batholomew	657	(51.0%)	631	(49.0%)
Boone	244	(51.8%)	227	(48.2%)
Carroll	272	(44.2%)	344	(55.8%)
Cass	449	(89.4%)	53	(10.6%)
Clark	672	(41.7%)	941	(58.3%)
Clay	60	(15.3%)	333	(84.7%)
Clinton	310	(63.5%)	178	(36.5%)
Crawford	300	(60.2%)	198	(39.8%)
Daviess	338	(45.7%)	402	(54.3%)
Dearborn	1,293	(55.4%)	1,039	(44.6%)
Decatur	869	(72.7%)	326	(27.3%)
Delaware	297	(64.6%)	163	(35.4%)
Dubois	82	(24.8%)	249	(75.2%)
Elkhart	172	(59.1%)	119	(40.9%)
Fayette	945	(62.2%)	574	(37.8%)
Floyd	588	(66.4%)	297	(33.6%)
Fountain	655	(44.4%)	820	(55.6%)
Franklin	1,061	(73.4%)	384	(26.6%)
Gibson	502	(50.4%)	494	(49.6%)
Grant	111	(73.5%)	40	(26.5%)
Greene	342	(43.3%)	448	(56.7%)
Hamilton	366	(68.2%)	171	(31.8%)
Hancock	295	(53.2%)	260	(46.8%)
Harrison	665	(47.8%)	725	(52.2%)
Hendricks	552	(57.3%)	411	(42.7%)
Henry	984	(72.0%)	382	(28.0%)
Huntington	257	(89.5%)	30	(10.5%)
Jackson	383	(39.9%)	577	(60.1%)
Jefferson	1,021	(59.7%)	689	(40.3%)
Jennings	435	(57.5%)	321	(42.5%)
Johnson	511	(53.7%)	440	(46.3%)
Knox	700	(61.7%)	435	(38.3%)
Lagrange	97	(64.2%)	54	(35.8%)
La Porte	328	(68.6%)	150	(31.4%)
Lawrence	618	(53.7%)	533	(46.3%)
Madison	532	(80.1%)	132	(19.9%)
Marion	1,020	(56.8%)	776	(43.2%)
Martin	105	(26.0%)	299	(74.0%)
Miami	70	(77.8%)	20	(22.2%)
Monroe	548	(44.9%)	673	(55.1%)
Montgomery	859	(64.8%)	466	(35.2%)
Morgan	712	(59.3%)	488	(40.7%)
Orange	383	(35.6%)	692	(64.4%)
Owen	306	(44.2%)	386	(55.8%)
Parke	687	(51.2%)	654	(48.8%)
Perry	325	(80.6%)	78	(19.4%)
Pike	182	(39.4%)	280	(60.6%)
Posey	415	(36.5%)	722	(63.5%)
Putnam	854	(53.3%)	748	(46.7%)
Randolph	432	(75.9%)	138	(24.1%)
Ripley	741	(75.6%)	239	(24.4%)
Rush	1,219	(63.4%)	704	(36.6%)
St. Joseph	348	(78.0%)	98	(22.0%)
Scott	304	(51.1%)	291	(48.9%)
Shelby	872	(63.9%)	492	(36.1%)
Spencer	240	(59.6%)	163	(40.4%)
Sullivan	242	(28.6%)	603	(71.4%)
Switzerland	793	(72.8%)	297	(27.2%)
Tippecanoe	904	(60.2%)	597	(39.8%)
Union	709	(55.9%)	559	(44.1%)
Vanderburgh	243	(54.1%)	206	(45.9%)
Vermillion	563	(55.3%)	455	(44.7%)
Vigo	939	(76.2%)	293	(23.8%)
Warren	443	(68.3%)	206	(31.7%)
Warrick	173	(41.6%)	273	(58.4%)
Washington	658	(38.5%)	1,053	(61.5%)
Wayne	2,225	(79.4%)	578	(20.6%)
White	50	(64.1%)	28	(35.9%)
Total	**36,773**	**(57.4%)**	**27,257**	**(42.6%)**

SOURCE—Rikes and Thornbrough, pp. 143–145.

1837

County	David Wallace (W)		John Dumont (D)	
Adams	70	(100%)	0	
Allen	548	(98.7%)	7	(1.3%)
Bartholmew	945	(82.7%)	198	(17.3%)
Boone	283	(33.7%)	558	(66.3%)
Brown	32	(19.0%)	170	(81.0%)
Carroll	367	(36.2%)	648	(63.8%)
Cass	560	(59.7%)	378	(40.3%)
Clark	179	(9.1%)	1,774	(90.9%)
Clay	605	(88.3%)	20	(11.7%)
Clinton	287	(41.8%)	400	(58.2%)
Crawford	16	(30.9%)	502	(69.1%)
Daviess	799	(82.6%)	168	(17.4%)
Dearborn	1,002	(34.5%)	1,906	(65.5%)
Decatur	608	(37.6%)	1,011	(62.4%)
Delaware	896	(97.6%)	22	(2.4%)
Dubois	160	(48.2%)	172	(51.8%)
Elkhart	718	(99.4%)	4	(0.6%)
Fayette	1,201	(81.2%)	278	(18.8%)
Floyd	1,280	(96.8%)	42	(3.2%)
Fountain	1,293	(85.0%)	228	(15.0%)
Franklin	1,201	(64.2%)	671	(35.8%)
Fulton	51	(47.7%)	56	(52.3%)
Gibson	372	(34.4%)	710	(65.6%)
Grant	324	(91.5%)	30	(8.5%)
Greene	542	(65.0%)	292	(35.0%)
Hamilton	771	(87.4%)	111	(12.6%)
Hancock	510	(56.3%)	396	(43.7%)
Harrison	143	(96.2%)	1,344	(3.8%)
Hendricks	805	(57.2%)	602	(42.8%)
Henry	1,688	(88.0%)	230	(12.0%)
Huntington	63	(100%)	0	
Jackson	120	(10.6%)	1,008	(89.4%)
Jay	115	(95.8%)	5	(4.2%)
Jefferson	1,289	(58.7%)	906	(41.3%)
Jennings	677	(74.5%)	232	(25.5%)
Johnson	876	(70.2%)	372	(29.8%)
Knox	537	(42.1%)	738	(57.9%)
Kosciusko	264	(77.2%)	78	(22.8%)
Lagrange	215	(58.9%)	150	(41.1%)
Lake	80	(60.6%)	52	(39.4%)
La Porte	739	(78.5%)	202	(21.5%)
Lawrence	559	(41.7%)	782	(58.3%)
Madison	1,121	(97.4%)	30	(2.6%)
Marion	1,473	(61.5%)	922	(38.5%)
Marshall	129	(71.7%)	51	(28.3%)
Martin	306	(72.5%)	116	(27.5%)
Miami	234	(86.7%)	36	(13.3%)
Monroe	494	(38.3%)	777	(61.7%)
Montgomery	1,759	(90.8%)	179	(9.2%)
Morgan	737	(62.1%)	450	(37.9%)
Noble	157	(99.4%)	1	(0.6%)
Orange	600	(55.2%)	486	(44.8%)
Owen	337	(34.8%)	632	(65.2%)

Indiana

County				
Parke	453	(26.3%)	1,268	(73.7%)
Perry	60	(9.4%)	576	(90.6%)
Pike	286	(51.7%)	267	(48.3%)
Porter	157	(71.0%)	64	(29.0%)
Posey	59	(5.2%)	1,158	(94.8%)
Putnam	1,349	(71.9%)	528	(28.1%)
Randolph	672	(63.4%)	382	(36.6%)
Ripley	292	(25.8%)	839	(74.2%)
Rush	1,122	(52.4%)	1,020	(47.6%)
St.Joseph	973	(94.1%)	61	(5.9%)
Scott	96	(14.8%)	552	(85.2%)
Shelby	315	(20.6%)	1,211	(79.4%)
Spencer	40	(6.8%)	544	(93.2%)
Steuben	31	(35.2%)	57	(64.8%)
Sullivan	98	(10.3%)	855	(89.7%)
Switzerland	185	(13.4%)	855	(86.6%)
Tippecanoe	1,199	(58.5%)	850	(41.5%)
Union	564	(53.0%)	500	(47.0%)
Vanderburgh	383	(65.7%)	200	(34.3%)
Vermillion	460	(36.7%)	793	(63.3%)
Vigo	1,112	(79.9%)	280	(20.1%)
Wabash	136	(69.4%)	60	(30.6%)
Warren	592	(68.5%)	272	(31.5%)
Warrick	408	(56.4%)	315	(43.6%)
Washington	1,291	(64.0%)	725	(36.0%)
Wayne	2,414	(70.1%)	1,028	(29.9%)
Wells	61	(100%)	0	
White	122	(51.7%)	114	(48.3%)
Total	**46,067**	**(55.5%)**	**36,915**	**(44.5%)**

SOURCE—Rikes and Thronbrough, pp. 145–7.

1840

County	Samuel Bigger (W)		Tilghman A. Howard (D)	
Adams	144	(51.6%)	135	(48.4%)
Allen	558	(54.2%)	471	(45.8%)
Bartholomew	983	(59.0%)	683	(41.0%)
Benton	25	(37.3%)	42	(62.7%)
Blackford	68	(31.5%)	148	(68.5%)
Boone	709	(49.6%)	720	(50.4%)
Brown	49	(14.9%)	279	(85.1%)
Carroll	672	(45.5%)	805	(54.5%)
Cass	593	(59.3%)	407	(40.7%)
Clark	1,038	(45.5%)	1,243	(54.5%)
Clay	376	(41.9%)	521	(58.1%)
Clinton	538	(41.8%)	750	(58.2%)
Crawford	429	(54.6%)	357	(45.4%)
Daviess	740	(56.7%)	564	(43.3%)
Dearborn	1,813	(52.0%)	1,676	(48.0%)
Decatur	1,268	(61.6%)	790	(38.4%)
De Kalb*	96	(44.0%)	122	(56.0%)
Delaware	818	(52.0%)	512	(48.0%)
Dubois	230	(45.0%)	281	(55.0%)
Elkhart	610	(47.5%)	673	(52.5%)
Fayette	1,103	(59.0%)	765	(41.0%)
Floyd	885	(51.9%)	819	(48.1%)
Fountain	951	(43.8%)	1,222	(56.2%)
Franklin	1,188	(52.2%)	1,089	(47.8%)
Fulton	211	(61.0%)	135	(39.0%)
Gibson	746	(51.7%)	697	(48.3%)
Grant	442	(56.0%)	347	(44.0%)
Greene	667	(49.2%)	678	(50.8%)
Hamilton	903	(56.9%)	685	(43.1%)
Hancock	660	(53.5%)	574	(46.5%)
Harrison	1,241	(57.0%)	938	(43.0%)
Hendricks	1,178	(62.2%)	716	(37.8%)
Henry	1,579	(65.2%)	844	(34.8%)
Huntington	117	(42.4%)	159	(57.6%)
Jackson	597	(43.0%)	791	(57.0%)
Jasper	60	(41.7%)	84	(58.3%)
Jay	250	(52.6%)	225	(47.4%)
Jefferson	1,692	(60.9%)	1,096	(39.1%)
Jennings	799	(62.5%)	479	(37.5%)
Johnson	610	(38.8%)	962	(61.2%)
Knox	1,024	(60.1%)	679	(39.9%)
Kosciusko	393	(52.3%)	358	(47.7%)
Lagrange	407	(58.4%)	290	(41.6%)
Lake	106	(42.1%)	136	(57.9%)
La Porte	1,004	(56.3%)	778	(43.7%)
Lawrence	957	(49.9%)	961	(50.1%)
Madison	927	(64.7%)	474	(35.3%)
Marion	1,663	(55.0%)	1,360	(45.0%)
Marshall	154	(48.0%)	167	(52.0%)
Martin	315	(45.5%)	378	(54.5%)
Miami	297	(52.2%)	272	(47.8%)
Monroe	739	(44.1%)	936	(55.9%)
Montgomery	1,414	(52.9%)	1,257	(47.1%)
Morgan	1,033	(52.9%)	921	(47.1%)
Noble	213	(43.9%)	272	(56.1%)
Orange	678	(41.7%)	947	(58.3%)
Owen	715	(52.0%)	660	(48.0%)
Parke	1,313	(55.3%)	1,061	(44.7%)
Perry	483	(67.6%)	232	(32.4%)
Pike	472	(57.1%)	354	(42.9%)
Porter	220	(52.4%)	219	(47.6%)
Posey	585	(36.7%)	1,009	(63.3%)
Pulaski	59	(50.4%)	58	(49.6%)
Putnam	1,571	(55.0%)	1,285	(45.0%)
Randolph	1,028	(66.7%)	514	(33.3%)
Ripley	918	(61.7%)	569	(38.3%)
Rush	1,591	(56.5%)	1,225	(43.5%)
St.Joseph	807	(63.2%)	470	(36.8%)
Scott	406	(51.9%)	377	(48.1%)
Shelby	964	(46.2%)	1,123	(53.8%)
Spencer	516	(56.7%)	394	(43.3%)
Steuben	256	(56.6%)	196	(43.4%)
Sullivan	339	(25.1%)	1,011	(74.9%)
Switzerland	1,044	(54.7%)	864	(45.3%)
Tippecanoe	1,503	(53.8%)	1,289	(46.2%)
Union	782	(55.0%)	641	(45.0%)
Vanderburgh	570	(59.7%)	384	(40.3%)
Vermillion	840	(56.2%)	655	(43.8%)
Vigo	1,408	(68.5%)	647	(31.5%)
Wabash	278	(57.0%)	210	(43.0%)
Warren	727	(65.1%)	389	(34.9%)
Warrick	279	(28.4%)	703	(71.6%)
Washington	1,040	(42.1%)	1,433	(57.9%)
Wayne	2,897	(69.5%)	1,272	(30.5%)
Wells	84	(42.9%)	112	(57.1%)
White	191	(54.6%)	159	(45.4%)
Whitley	86	(50.9%)	89	(49.1%)
Total	**62,932**	**(53.7%)**	**54,274**	**(46.3%)**

*Vote of Concord Township, De Kalb County, not included in the official returns. Vote was Bigger 38, Howard 23.

SOURCE—Rikes and Thornbrough, pp 148–150.

1843

County	James Whitcomb (D)	Samuel Bigger (W)	Elizur Deming (Lty)
Adams	236 (51.0%)	227 (49.0%)	0
Allen	674 (48.4%)	720 (51.6%)	0
Batholomew	905 (49.9%)	899 (49.6%)	9 (0.5%)
Benton	27 (50.9%)	26 (49.1%)	0

County				
Blackford	212 (75.2%)	70 (24.8%)	0	
Boone	764 (51.6%)	716 (48.3%)	2	(0.1%)
Brown	414 (89.2%)	50 (10.8%)	0	
Carroll	825 (57.0%)	616 (42.6%)	6	(0.4%)
Cass	550 (44.8%)	668 (54.4%)	9	(0.7%)
Clark	1,310 (56.0%)	1,031 (44.0%)	0	
Clay	587 (61.1%)	373 (38.9%)	0	
Clinton	793 (59.8%)	522 (39.4%)	11	(0.8%)
Crawford	381 (48.3%)	408 (51.7%)	0	
Daviess	592 (43.5%)	769 (56.6%)	0	
Dearborn	1,769 (53.7%)	1,503 (45.6%)	25	(0.8%)
Decatur	945 (43.3%)	1,174 (53.8%)	63	(2.9%)
De Kalb	290 (57.3%)	212 (41.9%)	4	(0.8%)
Delaware	693 (46.2%)	808 (53.8%)	0	
Dubois	363 (61.8%)	224 (38.2%)	0	
Elkhart	843 (55.6%)	668 (44.1%)	4	(0.3%)
Fayette	789 (46.0%)	923 (53.4%)	4	(0.2%)
Floyd	911 (48.2%)	900 (51.8%)	0	
Fountain	1,231 (60.6%)	799 (39.3%)	2	(0.1%)
Franklin	1,290 (54.8%)	1,055 (44.9%)	7	(0.3%)
Fulton	215 (44.1%)	272 (55.9%)	0	
Gibson	707 (49.9%)	710 (50.1%)	0	
Grant	475 (48.9%)	336 (34.6%)	160	(16.5%)
Greene	744 (52.5%)	672 (47.5%)	0	
Hamilton	761 (44.6%)	815 (47.8%)	130	(7.6%)
Hancock	690 (50.2%)	685 (49.8%)	0	
Harrison	976 (47.2%)	1,091 (52.8%)	0	
Hendricks	777 (42.7%)	1,038 (57.1%)	3	(0.2%)
Henry	902 (40.9%)	1,110 (50.4%)	191	(8.7%)
Huntington	279 (57.4%)	206 (42.4%)	1	(0.2%)
Jackson	870 (60.6%)	565 (39.4%)	0	
Jasper	179 (58.9%)	123 (40.5%)	2	(0.7%)
Jay	353 (49.9%)	355 (50.1%)	0	
Jefferson	1,289 (44.7%)	1,576 (54.7%)	17	(0.6%)
Jennings	543 (38.8%)	854 (61.0%)	4	(0.3%)
Johnson	1,066 (62.6%)	628 (36.9%)	8	(0.5%)
Knox	628 (40.2%)	934 (59.8%)	0	
Kosciusko	451 (47.8%)	493 (52.2%)	0	
Lagrange	383 (46.1%)	436 (52.5%)	12	(1.4%)
Lake	193 (64.5%)	102 (34.1%)	4	(0.1%)
La Porte	699 (43.9%)	839 (52.7%)	54	(3.4%)
Lawrence	908 (50.1%)	905 (49.9%)	0	
Madison	774 (49.5%)	790 (50.5%)	0	
Marion	1,523 (48.7%)	1,583 (50.6%)	20	(0.6%)
Marshall	229 (53.3%)	169 (39.3%)	32	(7.4%)
Martin	348 (54.6%)	287 (45.1%)	2	(0.3%)
Miami	451 (48.4%)	481 (51.6%)	0	
Monroe	956 (57.4%)	696 (41.8%)	13	(0.8%)
Montgomery	1,275 (49.2%)	1,315 (50.8%)	0	
Morgan	1,003 (55.1%)	808 (44.4%)	10	(0.5%)
Noble	340 (55.1%)	277 (44.9%)	0	
Orange	925 (59.0%)	642 (41.0%)	0	
Owen	818 (56.0%)	641 (43.9%)	1	(0.1%)
Parke	1,088 (45.7%)	1,295 (54.3%)	0	
Perry	264 (36.1%)	468 (63.9%)	0	
Pike	421 (51.9%)	390 (48.1%)	0	
Porter	249 (50.0%)	233 (47.6%)	7	(1.4%)
Posey	933 (56.8%)	709 (43.2%)	0	
Pulaski	95 (49.0%)	99 (51.0%)	0	
Putnam	1,362 (50.7%)	1,320 (49.1%)	4	(0.1%)
Randolph	701 (42.4%)	768 (46.5%)	183	(11.1%)
Ripley	637 (39.2%)	925 (57.0%)	62	(3.8%)
Rush	1,147 (45.5%)	1,350 (53.6%)	24	(1.0%)
St. Joseph	606 (43.0%)	776 (55.1%)	27	(1.9%)
Scott	429 (49.8%)	432 (50.2%)	0	
Shelby	1,159 (54.7%)	960 (45.3%)	0	
Spencer	380 (42.1%)	522 (57.9%)	0	
Steuben	219 (44.8%)	230 (47.0%)	40	(8.2%)
Sullivan	1,144 (73.5%)	413 (26.5%)	0	
Switzerland	974 (51.8%)	906 (48.1%)	2	(0.1%)
Tippecanoe	1,361 (51.1%)	1,266 (47.5%)	39	(1.5%)
Union	588 (48.7%)	560 (46.4%)	59	(4.9%)
Vanderburgh	488 (46.7%)	556 (53.2%)	1	(0.1%)
Vermillion	692 (53.3%)	607 (46.7%)	0	
Vigo	762 (37.4%)	1,274 (62.6%)	0	
Wabash	477 (48.8%)	495 (50.7%)	5	(0.5%)
Warren	382 (34.8%)	715 (65.1%)	1	(0.1%)
Warrick	781 (70.3%)	330 (29.7%)	0	
Washington	1,471 (59.4%)	1,005 (40.6%)	0	
Wayne	1,282 (36.6%)	1,807 (51.5%)	418	(11.9%)
Wells	239 (58.0%)	173 (42.0%)	0	
White	173 (46.0%)	203 (54.0%)	0	
Whitley	156 (52.9%)	139 (47.1%)	0	
Total	**60,784 (50.2%)**	**58,721 (48.5%)**	**1,683**	**(1.4%)**

SOURCE—Rikes and Thornbrough, pp. 150–2.

1846

County	James Whitcomb (D)	Joseph G. Marshall (W)	Stephen C. Stevens (Lty)	
Adams	282 (59.5%)	192 (40.5%)	0	
Allen	793 (52.5%)	716 (47.4%)	2	(0.1%)
Bartholomew	959 (53.1%)	840 (46.5%)	7	(0.4%)
Benton	70 (61.9%)	43 (38.1%)	0	
Blackford	269 (77.5%)	78 (22.5%)	0	
Boone	761 (51.8%)	681 (46.3%)	28	(1.4%)
Brown	407 (87.2%)	60 (12.8%)	0	
Carroll	858 (55.0%)	703 (45.0%)	0	
Cass	676 (46.1%)	790 (53.9%)	0	
Clark	1,133 (53.8%)	954 (46.2%)	0	
Clay	597 (63.2%)	347 (36.8%)	0	
Clinton	757 (55.6%)	589 (43.3%)	15	(1.1%)
Crawford	411 (50.1%)	410 (49.9%)	0	
Daviess	716 (52.4%)	651 (47.6%)	0	
Dearborn	1,615 (56.3%)	1,232 (42.9%)	23	(0.8%)
Decatur	897 (45.4%)	1,009 (51.1%)	68	(3.4%)
De Kalb	366 (62.0%)	219 (37.1%)	5	(0.8%)
Delaware	542 (41.7%)	734 (56.5%)	23	(1.8%)
Dubois	496 (73.7%)	177 (26.3%)	0	
Elkhart	882 (56.9%)	656 (42.3%)	11	(0.7%)
Fayette	752 (42.0%)	1,017 (56.8%)	22	(1.2%)
Floyd	929 (50.2%)	921 (49.8%)	0	
Fountain	1,100 (57.5%)	776 (40.6%)	36	(1.9%)
Franklin	1,381 (55.4%)	1,109 (44.5%)	2	(0.1%)
Fulton	267 (49.4%)	273 (50.5%)	1	(0.2%)
Gibson	726 (51.3%)	682 (48.2%)	7	(0.5%)
Grant	499 (47.7%)	341 (32.6%)	206	(19.7%)
Greene	804 (54.3%)	677 (45.7%)	0	
Hamilton	673 (42.7%)	735 (46.6%)	168	(10.7%)
Hancock	651 (50.7%)	624 (48.6%)	10	(0.8%)
Harrison	971 (46.7%)	1,108 (53.3%)	0	
Hendricks	698 (38.1%)	1,082 (59.0%)	53	(2.9%)
Henry	814 (36.6%)	1,180 (49.5%)	228	(10.3%)
Huntington	323 (54.3%)	270 (45.4%)	2	(0.3%)
Jackson	802 (60.2%)	530 (39.8%)	0	
Jasper	179 (55.9%)	132 (41.3%)	9	(2.8%)
Jay	359 (53.3%)	285 (42.3%)	29	(4.3%)
Jefferson	1,187 (41.5%)	1,646 (57.6%)	25	(0.9%)
Jennings	629 (44.7%)	747 (53.1%)	30	(2.1%)
Johnson	973 (60.3%)	634 (39.3%)	7	(0.4%)
Knox	666 (53.6%)	862 (46.4%)	0	
Kosciusko	524 (42.4%)	708 (57.3%)	4	(3.2%)
Lagrange	504 (45.7%)	549 (49.8%)	50	(4.5%)
Lake	184 (57.7%)	132 (41.4%)	3	(0.9%)
La Porte	867 (46.2%)	943 (50.3%)	66	(3.5%)
Lawrence	1,017 (52.3%)	927 (47.7%)	0	
Madison	743 (53.9%)	612 (44.4%)	24	(1.7%)
Marion	1,509 (48.1%)	1,587 (50.6%)	43	(1.4%)

62 Indiana

County				County			
Marshall	353 (54.4%)	253 (39.0%)	43 (6.6%)	Dubois	604 (75.6%)	191 (23.9%)	4 (0.5%)
Martin	484 (67.0%)	235 (32.5%)	3 (0.4%)	Elkhart	1,266 (59.0%)	881 (41.0%)	0
Miami	582 (52.7%)	523 (47.3%)	0	Fayette	889 (46.2%)	1,002 (52.1%)	32 (1.7%)
Monroe	1,002 (58.2%)	703 (40.8%)	18 (1.0%)	Floyd	1,194 (53.0%)	1,056 (46.9%)	4 (1.8%)
Montgomery	1,396 (49.9%)	1,390 (49.6%)	14 (0.5%)	Fountain	1,218 (58.5%)	784 (37.9%)	65 (3.1%)
Morgan	1,013 (50.3%)	972 (48.3%)	29 (1.4%)	Franklin	1,289 (51.2%)	1,217 (48.4%)	11 (0.4%)
Noble	506 (52.3%)	457 (47.3%)	4 (0.4%)	Fulton	462 (51.4%)	437 (48.6%)	0
Ohio	390 (47.3%)	426 (51.7%)	8 (1.0%)	Gibson	930 (51.5%)	875 (48.4%)	1 (0.1%)
Orange	956 (59.4%)	654 (40.6%)	0	Grant	716 (52.6%)	631 (46.3%)	15 (1.1%)
Owen	866 (53.9%)	742 (46.1%)	0	Greene	1,142 (58.2%)	819 (41.8%)	0
Parke	1,249 (50.3%)	1,215 (49.0%)	17 (0.7%)	Hamilton	833 (44.8%)	810 (43.6%)	215 (11.6%)
Perry	307 (40.6%)	450 (59.4%)	0	Hancock	800 (54.3%)	644 (43.7%)	29 (2.0%)
Pike	508 (57.7%)	372 (42.3%)	0	Harrison	1,059 (46.7%)	1,209 (53.3%)	2 (0.1%)
Porter	304 (49.1%)	294 (47.5%)	21 (3.4%)	Hendricks	774 (42.1%)	1,006 (54.7%)	58 (3.2%)
Posey	1,104 (76.8%)	434 (23.2%)	0	Henry	1,287 (45.3%)	1,437 (50.6%)	115 (4.1%)
Pulaski	159 (54.3%)	134 (45.7%)	0	Howard	425 (55.6%)	340 (44.4%)	0
Putnam	1,327 (48.2%)	1,420 (51.6%)	4 (0.1%)	Huntington	367 (51.0%)	351 (48.8%)	2 (0.3%)
Randolph	751 (43.2%)	842 (48.4%)	147 (8.4%)	Jackson	1,109 (67.2%)	542 (32.8%)	0
Richardville	213 (49.5%)	190 (44.2%)	27 (6.3%)	Jasper	232 (51.2%)	205 (45.3%)	16 (0.4%)
Ripley	726 (42.3%)	913 (53.2%)	76 (4.4%)	Jay	376 (54.9%)	273 (39.9%)	36 (5.3%)
Rush	1,208 (46.2%)	1,370 (52.4%)	37 (1.4%)	Jefferson	1,499 (42.8%)	1,958 (55.9%)	44 (1.3%)
St. Joseph	702 (45.8%)	755 (49.2%)	76 (5.0%)	Jennings	739 (43.8%)	875 (51.9%)	73 (4.3%)
Scott	411 (46.4%)	474 (53.6%)	0	Johnson	1,248 (65.9%)	643 (33.9%)	4 (0.2%)
Shelby	1,075 (53.1%)	948 (46.9%)	0	Knox	675 (42.1%)	928 (57.9%)	0
Spencer	490 (48.9%)	513 (51.1%)	0	Kosciusko	700 (43.9%)	864 (54.2%)	29 (1.8%)
Steuben	375 (54.3%)	286 (41.4%)	30 (4.3%)	Lagrange	578 (47.5%)	622 (51.1%)	17 (1.4%)
Sullivan	1,108 (75.6%)	358 (24.4%)	0	Lake	269 (59.3%)	185 (40.7%)	0
Switzerland	870 (48.2%)	889 (49.3%)	46 (2.5%)	La Porte	959 (46.1%)	1,102 (52.9%)	21 (1.0%)
Tippecanoe	1,454 (49.3%)	1,425 (48.3%)	72 (2.4%)	Lawrence	1,076 (53.3%)	935 (46.3%)	7 (0.3%)
Tipton	137 (59.1%)	95 (40.9%)	0	Madison	1,018 (54.6%)	821 (44.0%)	24 (1.3%)
Union	599 (46.3%)	626 (48.4%)	68 (5.3%)	Marion	1,917 (50.5%)	1,848 (48.7%)	28 (0.7%)
Vanderburgh	510 (49.3%)	524 (50.7%)	0	Marshall	450 (56.2%)	329 (41.1%)	22 (2.7%)
Vermillion	703 (51.4%)	666 (48.6%)	0	Martin	575 (66.1%)	295 (33.9%)	0
Vigo	837 (39.7%)	1,272 (60.3%)	0	Miami	855 (51.7%)	771 (46.7%)	28 (1.7%)
Wabash	634 (47.8%)	670 (50.5%)	22 (1.7%)	Monroe	1,136 (60.5%)	723 (38.5%)	20 (1.1%)
Warren	391 (38.9%)	607 (60.5%)	6 (0.6%)	Montgomery	1,541 (50.4%)	1,473 (48.2%)	43 (1.4%)
Warrick	823 (72.4%)	314 (27.6%)	0	Morgan	1,262 (52.6%)	1,109 (46.2%)	27 (1.1%)
Washington	1,334 (56.2%)	1,039 (43.8%)	0	Noble	667 (56.1%)	515 (43.3%)	8 (0.7%)
Wayne	1,251 (35.9%)	1,921 (55.2%)	310 (8.9%)	Ohio	458 (52.5%)	414 (47.5%)	0
Wells	269 (67.8%)	123 (31.0%)	5 (1.3%)	Orange	1,053 (58.1%)	758 (41.8%)	2 (0.1%)
White	270 (51.9%)	243 (46.7%)	7 (1.3%)	Owen	988 (55.2%)	798 (44.6%)	3 (0.2%)
Whitley	259 (52.4%)	231 (46.8%)	4 (0.8%)	Parke	1,322 (50.3%)	1,298 (49.4%)	8 (0.3%)
Total	64,104 (50.7%)	60,138 (47.5%)	2,301 (1.8%)	Perry	381 (41.1%)	547 (58.9%)	0

SOURCE—Rikes and Thornbrough, pp. 153–155.

1849

County	Joseph A. Wright (D)	John A. Matson (W)	James H. Cravens (FS)
Adams	455 (58.3%)	325 (41.7%)	0
Allen	967 (57.1%)	725 (42.8%)	3 (1.8%)
Bartholomew	1,121 (54.1%)	942 (45.4%)	10 (4.8%)
Benton	88 (53.7%)	75 (45.7%)	1 (0.6%)
Blackford	321 (77.3%)	91 (21.9%)	3 (0.7%)
Boone	914 (52.8%)	791 (45.7%)	25 (1.4%)
Brown	545 (86.1%)	88 (13.9%)	0
Carroll	868 (55.4%)	679 (43.3%)	28 (1.8%)
Cass	923 (49.0%)	921 (48.9%)	39 (2.1%)
Clark	1,357 (56.7%)	1,032 (43.1%)	3 (0.1%)
Clay	838 (67.7%)	399 (32.3%)	0
Clinton	974 (56.6%)	723 (42.0%)	24 (1.4%)
Crawford	497 (47.4%)	551 (52.6%)	0
Daviess	826 (54.9%)	678 (45.1%)	0
Dearborn	1,564 (57.6%)	1,145 (42.1%)	8 (0.3%)
Decatur	1,170 (46.7%)	1,286 (51.3%)	49 (2.0%)
De Kalb	568 (64.9%)	298 (34.1%)	9 (1.0%)
Delaware	754 (47.7%)	797 (50.4%)	31 (2.0%)
Pike	591 (55.4%)	476 (44.6%)	0
Porter	418 (51.8%)	352 (43.6%)	37 (4.6%)
Posey	1,341 (64.8%)	727 (35.2%)	0
Pulaski	248 (61.5%)	155 (38.5%)	0
Putnam	1,558 (50.7%)	1,509 (49.1%)	8 (0.3%)
Randolph	753 (47.1%)	528 (33.0%)	318 (19.9%)
Ripley	791 (42.2%)	963 (41.3%)	122 (6.5%)
Rush	1,464 (47.7%)	1,545 (50.3%)	63 (2.1%)
St. Joseph	767 (42.7%)	908 (50.5%)	123 (6.8%)
Scott	509 (49.0%)	525 (50.5%)	5 (0.5%)
Shelby	1,397 (58.6%)	916 (38.4%)	71 (3.0%)
Spencer	534 (47.5%)	591 (52.5%)	0
Steuben	427 (48.9%)	335 (38.3%)	112 (12.8%)
Sullivan	1,279 (73.8%)	455 (26.2%)	0
Switzerland	1,184 (54.2%)	988 (45.2%)	4 (0.2%)
Tippecanoe	1,204 (46.9%)	1,234 (48.1%)	129 (5.0%)
Tipton	227 (56.9%)	170 (42.6%)	2 (0.5%)
Union	650 (51.0%)	520 (40.8%)	124 (9.7%)
Vanderburgh	660 (52.5%)	597 (47.5%)	0
Vermillion	792 (51.6%)	740 (48.2%)	4 (0.3%)
Vigo	970 (42.1%)	1,334 (57.9%)	0
Wabash	773 (45.6%)	883 (52.1%)	40 (2.4%)
Warren	439 (38.1%)	662 (57.5%)	50 (4.3%)
Warrick	952 (67.1%)	463 (32.6%)	4 (0.3%)
Washington	1,646 (61.6%)	1,018 (38.1%)	6 (2.2%)
Wayne	1,282 (35.8%)	1,741 (48.6%)	561 (15.7%)
Wells	403 (60.3%)	244 (36.5%)	21 (3.1%)

County			
White	303 (51.0%)	265 (44.6%)	26 (4.4%)
Whitley	346 (53.0%)	307 (47.0%)	0
Total	**76,996 (52.3%)**	**67,218 (45.6%)**	**3,076 (2.1%)**

SOURCE—Rikes and Thornbrough, pp. 156–158.

1852

County	Joseph A. Wright (D)	Nicholas McCarty (W)	Andrew L. Robinson (FS)
Adams	652 (66.2%)	329 (33.4%)	4 (0.4%)
Allen	1,804 (64.9%)	963 (34.7%)	11 (0.4%)
Bartholomew	1,412 (56.0%)	1,097 (43.5%)	11 (0.4%)
Benton	144 (57.6%)	106 (42.4%)	0
Blackford	340 (74.2%)	110 (24.0%)	8 (1.7%)
Boone	1,113 (54.1%)	919 (44.6%)	27 (1.3%)
Brown	606 (83.5%)	120 (16.5%)	0
Carroll	1,209 (57.0%)	909 (42.9%)	3 (0.1%)
Cass	1,189 (54.3%)	994 (45.4%)	8 (0.4%)
Clark	1,683 (61.0%)	1,068 (38.7%)	6 (0.2%)
Clay	820 (67.9%)	388 (32.1%)	0
Clinton	1,180 (58.4%)	841 (41.6%)	0
Crawford	524 (49.8%)	528 (50.2%)	0
Daviess	795 (59.2%)	549 (40.8%)	0
Dearborn	2,436 (62.0%)	1,477 (37.6%)	16 (0.4%)
Decatur	1,392 (49.4%)	1,345 (47.7%)	83 (2.9%)
De Kalb	684 (58.7%)	386 (33.1%)	95 (8.2%)
Delaware	892 (47.3%)	991 (52.5%)	3 (0.2%)
Dubois	883 (81.1%)	206 (18.9%)	0
Elkhart	1,271 (59.3%)	873 (40.7%)	0
Fayette	869 (47.0%)	921 (49.8%)	60 (3.2%)
Floyd	1,851 (59.4%)	1,260 (40.5%)	3 (0.1%)
Fountain	1,267 (60.9%)	803 (38.6%)	12 (0.6%)
Franklin	1,973 (58.1%)	1,413 (41.6%)	11 (0.3%)
Fulton	561 (51.8%)	522 (48.2%)	0
Gibson	1,020 (54.8%)	842 (45.2%)	0
Grant	925 (50.4%)	712 (38.8%)	199 (10.8%)
Greene	1,048 (57.2%)	785 (42.8%)	0
Hamilton	893 (41.8%)	952 (44.5%)	293 (13.7%)
Hancock	980 (56.4%)	758 (43.6%)	0
Harrison	1,155 (49.9%)	1,158 (50.1%)	0
Hendricks	925 (42.6%)	712 (38.8%)	23 (1.1%)
Henry	1,179 (38.5%)	1,527 (49.8%)	358 (11.7%)
Howard	465 (43.4%)	519 (48.4%)	88 (8.2%)
Huntington	797 (53.9%)	682 (46.1%)	0
Jackson	1,088 (68.8%)	484 (30.6%)	10 (0.6%)
Jasper	317 (51.5%)	299 (48.5%)	0
Jay	562 (53.9%)	426 (40.8%)	55 (5.3%)
Jefferson	2,064 (50.6%)	1,845 (45.3%)	168 (4.1%)
Jennings	1,037 (51.7%)	954 (47.6%)	13 (0.6%)
Johnson	1,172 (60.1%)	775 (39.7%)	4 (0.2%)
Knox	938 (48.7%)	987 (51.3%)	15 (0.8%)
Kosciusko	919 (47.5%)	1,000 (51.7%)	15 (0.8%)
Lagrange	746 (51.3%)	709 (48.7%)	0
Lake	465 (67.1%)	228 (32.9%)	0
La Porte	1,330 (52.0%)	1,226 (47.9%)	4 (0.2%)
Lawrence	1,116 (53.3%)	978 (46.7%)	0
Madison	1,253 (57.1%)	942 (42.9%)	0
Marion	2,469 (54.0%)	2,075 (45.4%)	28 (0.6%)
Marshall	508 (59.9%)	322 (38.0%)	18 (2.1%)
Martin	621 (72.5%)	235 (27.5%)	0
Miami	1,139 (55.2%)	924 (44.8%)	0
Monroe	1,151 (63.3%)	1,817 (36.7%)	37 (2.0%)
Montgomery	1,772 (53.0%)	1,527 (45.7%)	45 (1.3%)
Morgan	1,159 (49.7%)	1,169 (50.1%)	5 (0.2%)
Noble	779 (56.0%)	587 (42.2%)	25 (1.8%)
Ohio	460 (53.0%)	408 (47.0%)	0
Orange	977 (62.6%)	583 (37.4%)	0
Owen	849 (54.4%)	705 (45.1%)	8 (0.5%)
Parke	1,157 (49.1%)	1,181 (50.1%)	19 (0.8%)
Perry	724 (52.6%)	653 (47.4%)	0
Pike	809 (61.8%)	499 (38.1%)	2 (0.2%)
Porter	532 (57.2%)	378 (40.6%)	20 (2.2%)
Posey	1,360 (69.5%)	595 (30.2%)	4 (0.2%)
Pulaski	360 (66.9%)	178 (33.1%)	0
Putnam	1,418 (49.5%)	1,449 (50.5%)	0
Randolph	988 (41.3%)	965 (40.3%)	442 (18.5%)
Ripley	1,466 (53.9%)	1,183 (43.5%)	72 (2.6%)
Rush	1,406 (48.1%)	1,466 (50.2%)	51 (1.7%)
St. Joseph	979 (48.3%)	2,029 (45.7%)	122 (6.0%)
Scott	586 (53.3%)	505 (45.9%)	9 (0.8%)
Shelby	1,629 (60.3%)	1,071 (39.7%)	0
Spencer	757 (55.7%)	577 (42.5%)	24 (1.8%)
Starke	144 (73.8%)	51 (26.2%)	0
Steuben	502 (48.0%)	503 (48.1%)	41 (3.9%)
Sullivan	1,188 (74.9%)	399 (25.1%)	0
Switzerland	1,098 (52.9%)	979 (47.1%)	0
Tippecanoe	1,912 (55.3%)	1,471 (42.4%)	77 (2.2%)
Tipton	457 (60.3%)	297 (39.2%)	4 (0.5%)
Union	611 (48.0%)	576 (45.2%)	86 (6.8%)
Vanderburgh	1,300 (60.8%)	838 (39.2%)	0
Vermillion	763 (51.5%)	717 (48.4%)	1 (0.1%)
Vigo	1,102 (44.9%)	1,350 (55.1%)	0
Wabash	952 (48.3%)	1,018 (51.7%)	0
Warren	464 (39.7%)	705 (60.3%)	1 (0.1%)
Warrick	1,056 (70.1%)	435 (28.9%)	16 (1.1%)
Washington	1,576 (62.6%)	939 (37.3%)	2 (0.1%)
Wayne	1,763 (39.5%)	2,142 (48.0%)	553 (12.4%)
Wells	1,025 (72.4%)	391 (27.6%)	0
White	497 (52.3%)	453 (47.7%)	0
Whitley	550 (54.3%)	462 (45.6%)	1 (0.1%)
Total	**92,576 (54.6%)**	**73,641 (43.4%)**	**3,305 (1.9%)***

*Includes two scattering votes.

SOURCE—Robert J. Pitchell, *Indiana Votes*, (Bloomington, Ind.: Bureau of Government Research, Indiana University, 1960), pp. 6, 7.

1856

County	Oliver P. Morton (Pe)	Ashbel P. Willard (D)
Adams	372 (32.8%)	763 (67.2%)
Allen	1,711 (36.1%)	3,029 (63.9%)
Bartholomew	1,410 (43.2%)	1,855 (56.8%)
Benton	313 (58.4%)	223 (41.6%)
Blackford	267 (39.8%)	404 (60.2%)
Boone	1,349 (47.4%)	1,495 (52.6%)
Brown	220 (22.2%)	773 (77.8%)
Carroll	1,270 (49.2%)	1,311 (50.8%)
Cass	1,503 (49.2%)	1,550 (50.8%)
Clark	1,485 (45.2%)	1,799 (54.8%)
Clay	607 (36.5%)	1,057 (63.5%)
Clinton	1,279 (49.0%)	1,332 (51.0%)
Crawford	596 (44.4%)	745 (55.6%)
Daviess	912 (44.5%)	1,137 (55.5%)
Dearborn	1,867 (41.5%)	2,636 (58.5%)
Decatur	1,800 (51.9%)	1,667 (48.1%)
De Kalb	1,111 (48.3%)	1,191 (51.7%)
Delaware	1,587 (62.2%)	965 (37.8%)
Dubois	226 (15.6%)	1,224 (84.4%)
Elkhart	1,809 (54.8%)	1,494 (45.2%)
Fayette	1,211 (54.7%)	1,001 (45.3%)
Floyd	1,481 (44.7%)	1,833 (55.3%)
Fountain	1,669 (50.7%)	1,623 (49.3%)
Franklin	1,479 (39.8%)	2,241 (60.2%)
Fulton	798 (48.5%)	849 (51.5%)

Indiana

Gibson	1,047	(46.2%)	1,218	(53.8%)
Grant	1,404	(57.2%)	1,050	(42.8%)
Greene	1,051	(46.0%)	1,232	(54.0%)
Hamilton	1,710	(59.9%)	1,143	(40.1%)
Hancock	1,074	(44.8%)	1,325	(55.2%)
Harrison	1,432	(46.6%)	1,642	(53.4%)
Hendricks	1,606	(53.2%)	1,410	(46.8%)
Henry	2,486	(67.7%)	1,188	(32.3%)
Howard	1,019	(59.5%)	693	(40.5%)
Huntington	1,199	(49.8%)	1,211	(50.2%)
Jackson	694	(30.7%)	1,565	(69.3%)
Jasper	652	(54.9%)	536	(45.1%)
Jay	884	(50.5%)	867	(49.5%)
Jefferson	2,476	(55.4%)	1,994	(44.6%)
Jennings	1,391	(55.3%)	1,126	(44.7%)
Johnson	1,204	(42.0%)	1,660	(58.0%)
Knox	1,109	(41.8%)	1,544	(58.2%)
Kosciusko	1,566	(60.3%)	1,029	(39.7%)
Lagrange	1,302	(67.3%)	633	(32.7%)
Lake	893	(75.4%)	292	(24.6%)
La Porte	2,332	(51.2%)	2,222	(48.8%)
Lawrence	1,061	(49.6%)	1,079	(50.4%)
Madison	1,321	(45.6%)	1,578	(54.4%)
Marion	3,737	(50.6%)	3,642	(49.4%)
Marshall	932	(47.2%)	1,064	(52.8%)
Martin	466	(37.5%)	777	(62.5%)
Miami	1,435	(48.4%)	1,532	(51.6%)
Monroe	801	(41.4%)	1,133	(58.6%)
Montgomery	2,037	(49.1%)	2,109	(50.9%)
Morgan	1,652	(50.1%)	1,644	(49.9%)
Noble	1,257	(50.2%)	1,249	(49.8%)
Ohio	465	(47.9%)	505	(52.1%)
Orange	614	(35.5%)	1,116	(64.5%)
Owen	1,066	(46.6%)	1,223	(53.4%)
Parke	1,682	(55.8%)	1,331	(44.2%)
Perry	742	(41.5%)	1,047	(58.5%)
Pike	608	(43.1%)	802	(56.9%)
Porter	997	(58.6%)	704	(41.4%)
Posey	833	(32.2%)	1,750	(67.8%)
Pulaski	356	(38.2%)	577	(61.8%)
Putnam	1,766	(47.7%)	1,937	(52.3%)
Randolph	1,901	(60.7%)	1,233	(39.3%)
Ripley	1,579	(47.8%)	1,721	(52.2%)
Rush	1,827	(51.7%)	1,707	(48.3%)
St. Joseph	1,789	(55.1%)	1,460	(44.9%)
Scott	557	(44.0%)	710	(56.0%)
Shelby	1,604	(43.9%)	2,053	(56.1%)
Spencer	1,083	(45.5%)	1,295	(54.5%)
Starke	132	(42.7%)	177	(57.3%)
Steuben	1,133	(67.5%)	546	(32.5%)
Sullivan	638	(28.3%)	1,618	(71.7%)
Switzerland	1,127	(49.9%)	1,133	(50.1%)
Tippecanoe	2,659	(53.2%)	2,335	(46.8%)
Tipton	558	(44.8%)	687	(55.2%)
Union	773	(51.1%)	741	(48.9%)
Vanderburgh	1,167	(40.0%)	1,747	(60.0%)
Vermillion	943	(53.0%)	837	(47.0%)
Vigo	1,811	(48.8%)	1,901	(51.2%)
Wabash	1,725	(59.6%)	1,168	(40.4%)
Warren	1,136	(59.0%)	790	(41.0%)
Warrick	554	(28.2%)	1,409	(71.8%)
Washington	1,021	(38.3%)	1,643	(61.7%)
Wayne	3,371	(62.8%)	1,994	(37.2%)
Wells	733	(45.2%)	890	(54.8%)
White	744	(49.4%)	762	(50.6%)
Whitley	783	(47.7%)	858	(52.3%)
Total	**112,039**	**(48.7%)**	**117,971**	**(51.3%)**

SOURCE—Pitchell, pp. 8, 9.

1860

County	Henry S. Lane (R)		Thomas A. Hendricks (D)	
Adams	549	(39.5%)	842	(60.5%)
Allen	2,487	(46.6%)	2,845	(53.4%)
Bartholomew	1,736	(46.9%)	1,966	(53.1%)
Benton	405	(62.0%)	248	(38.0%)
Blackford	273	(36.6%)	472	(63.4%)
Boone	1,709	(52.4%)	1,550	(47.6%)
Brown	296	(28.5%)	744	(71.5%)
Carroll	1,556	(51.0%)	1,492	(49.0%)
Cass	1,862	(50.1%)	1,857	(49.9%)
Clark	1,578	(44.2%)	1,989	(55.8%)
Clay	862	(38.9%)	1,356	(61.1%)
Clinton	1,385	(49.1%)	1,437	(50.9%)
Crawford	841	(49.2%)	869	(50.8%)
Daviess	1,019	(43.9%)	1,301	(56.1%)
Dearborn	2,077	(44.9%)	2,548	(55.1%)
Decatur	2,003	(54.5%)	1,672	(45.5%)
De Kalb	1,517	(52.5%)	1,372	(47.5%)
Delaware	1,755	(62.5%)	1,051	(37.5%)
Dubois	274	(16.0%)	1,437	(84.0%)
Elkhart	2,404	(54.5%)	2,010	(45.5%)
Fayette	1,303	(56.3%)	1,010	(43.7%)
Floyd	1,676	(47.2%)	1,876	(52.8%)
Fountain	1,655	(50.7%)	1,607	(49.3%)
Franklin	1,679	(42.3%)	2,289	(57.7%)
Fulton	1,030	(49.0%)	1,073	(51.0%)
Gibson	1,273	(44.6%)	1,580	(55.4%)
Grant	1,568	(56.4%)	1,213	(43.6%)
Greene	1,372	(47.5%)	1,518	(52.5%)
Hamilton	2,091	(64.5%)	1,151	(35.5%)
Hancock	1,148	(45.1%)	1,399	(54.9%)
Harrison	1,691	(47.4%)	1,876	(52.6%)
Hendricks	2,022	(50.6%)	1,370	(49.4%)
Henry	2,797	(67.8%)	1,328	(32.2%)
Howard	1,518	(62.9%)	897	(37.1%)
Huntington	1,508	(52.1%)	1,388	(47.9%)
Jackson	1,083	(38.6%)	1,725	(61.4%)
Jasper	525	(65.4%)	278	(34.6%)
Jay	1,107	(50.4%)	1,089	(49.6%)
Jefferson	2,624	(59.3%)	1,800	(40.7%)
Jennings	1,630	(64.0%)	915	(36.0%)
Johnson	1,263	(42.5%)	1,706	(57.5%)
Knox	1,580	(47.6%)	1,742	(52.4%)
Kosciusko	2,192	(60.1%)	1,457	(39.9%)
Lagrange	1,621	(68.4%)	750	(31.6%)
Lake	1,098	(67.1%)	539	(32.9%)
La Porte	3,000	(59.8%)	2,013	(40.2%)
Lawrence	1,272	(52.7%)	1,143	(47.3%)
Madison	1,669	(47.5%)	1,847	(52.5%)
Marion	4,864	(56.0%)	3,821	(44.0%)
Marshall	1,372	(50.4%)	1,348	(49.6%)
Martin	528	(40.1%)	789	(59.9%)
Miami	1,855	(52.6%)	1,673	(47.4%)
Monroe	1,195	(50.6%)	1,168	(49.4%)
Montgomery	2,399	(51.3%)	2,273	(48.7%)
Morgan	1,729	(51.6%)	1,621	(48.4%)
Newton	277	(52.8%)	248	(47.2%)
Noble	1,678	(54.9%)	1,377	(45.1%)
Ohio	464	(48.0%)	503	(52.0%)
Orange	856	(42.7%)	1,149	(57.3%)
Owen	1,163	(43.9%)	1,484	(56.1%)
Parke	1,881	(57.9%)	1,365	(42.1%)
Perry	1,056	(50.3%)	1,042	(49.7%)
Pike	863	(48.7%)	910	(51.3%)
Porter	1,434	(60.2%)	949	(39.8%)
Posey	993	(38.1%)	1,611	(61.9%)

Iowa   65

Pulaski	550	(45.4%)	661	(54.6%)	
Putnam	1,953	(50.6%)	1,904	(49.4%)	
Randolph	2,093	(62.4%)	1,260	(37.6%)	
Ripley	1,963	(54.9%)	1,610	(45.1%)	
Rush	1,742	(51.1%)	1,668	(48.9%)	
Saint Joseph	2,253	(59.5%)	1,534	(40.5%)	
Scott	662	(48.6%)	699	(51.4%)	
Shelby	1,895	(47.0%)	2,137	(53.0%)	
Spencer	1,265	(48.1%)	1,367	(51.9%)	
Starke	187	(41.4%)	265	(58.6%)	
Steuben	1,390	(69.6%)	606	(30.4%)	
Sullivan	847	(31.1%)	1,875	(68.9%)	
Switzerland	1,081	(51.5%)	1,019	(48.5%)	
Tippecanoe	3,328	(58.4%)	2,373	(41.6%)	
Tipton	697	(47.0%)	785	(53.0%)	
Union	844	(54.3%)	711	(45.7%)	
Vanderburgh	1,893	(49.7%)	1,919	(50.3%)	
Vermillion	1,060	(55.5%)	849	(44.5%)	
Vigo	2,437	(51.0%)	2,341	(49.0%)	
Wabash	2,080	(64.6%)	1,141	(35.4%)	
Warren	1,349	(64.4%)	747	(35.6%)	
Warrick	639	(32.1%)	1,353	(67.9%)	
Washington	1,354	(41.1%)	1,944	(58.9%)	
Wayne	4,059	(66.7%)	2,027	(33.3%)	
Wells	847	(45.3%)	1,023	(54.7%)	
White	980	(52.4%)	890	(47.6%)	
Whitley	1,098	(50.2%)	1,091	(49.8%)	
Total	**136,736**	**(51.9%)**	**126,767**	**(48.1%)**	

SOURCE—Pitchell, pp. 10, 11.

IOWA

Iowa became the 29th state on December 28, 1846.
The first election for governor was held on October 26, 1846.
Term—Four years until 1857 when the term was reduced to two years.
Election—First Monday in August until 1857 when the date was changed to the second Tuesday in October.

POPULATION

1840—43,112   1850—192,214   1860—674,913

1846

County	Ansel Briggs (D)		Thomas McKnight (W)	
Appanoose	42	(84.0%)	8	(16.0%)
Benton	13	(31.7%)	28	(68.3%)
Cedar	221	(51.0%)	212	(49.0%)
Clayton	163	(53.1%)	144	(46.9%)
Clinton	163	(50.9%)	157	(49.1%)
Delaware & Davis	76	(52.4%)	69	(47.6%)
Des Moines	769	(46.2%)	894	(53.8%)
Dubuque	490	(49.8%)	492	(50.2%)
Henry	370	(37.6%)	614	(62.4%)
Iowa	31	(70.5%)	13	(29.5%)
Jackson	357	(61.7%)	222	(38.3%)
Jasper	27	(64.3%)	15	(35.7%)
Jefferson	516	(55.1%)	421	(44.9%)
Johnson	300	(54.2%)	254	(45.8%)
Jones	71	(44.3%)	89	(55.7%)
Keokuk	202	(55.2%)	164	(44.8%)
Lee	1,040	(57.6%)	767	(42.4%)
Linn	272	(58.0%)	197	(42.0%)
Louisa	291	(45.0%)	356	(55.0%)
Mahaska	251	(45.6%)	300	(54.4%)
Marion	128	(55.2%)	104	(44.8%)
Monroe	79	(61.7%)	49	(38.3%)
Muscatine	348	(49.1%)	361	(50.9%)
Polk	78	(51.3%)	74	(48.7%)
Scott	285	(45.8%)	337	(54.2%)
Van Buren	820	(52.8%)	732	(47.2%)
Washington	223	(57.8%)	306	(42.2%)
Total	**7,626**	**(50.8%)**	**7,379**	**(49.2%)**

SOURCE—*Burlington Hawk-Eye*, December 10, 1846.

1850

County	Stephen Hempstead (D)		James L. Thompson (W)		William P. Clark (FS)	
Alamakee	30	(52.6%)	27	(47.4%)		
Appanoose	263	(59.1%)	176	(39.6%)	6	(1.3%)
Benton	58	(55.8%)	46	(44.2%)		
Boone	79	(84.9%)	14	(15.1%)		
Buchanan	28	(41.1%)	35	(51.5%)	5	(7.4%)
Cedar	330	(54.6%)	256	(42.4%)	18	(3.0%)
Clayton	315	(57.3%)	221	(40.2%)	14	(2.5%)
Clinton	245	(64.0%)	138	(36.0%)		
Dallas	70	(54.3%)	59	(45.7%)		
Davis	513	(53.5%)	446	(46.5%)		
Delaware	124	(48.2%)	130	(50.6%)	3	(1.2%)
Decatur	70	(54.3%)	59	(45.7%)		
Des Moines	812	(54.4%)	682	(45.6%)		
Dubuque	721	(67.1%)	353	(32.9%)		
Fayette	38	(37.3%)	63	(61.8%)	1	(0.1%)
Fremont	77	(49.7%)	78	(50.3%)		
Henry	467	(36.5%)	669	(52.3%)	142	(11.1%)
Iowa	76	(65.5%)	39	(33.6%)	1	(0.9%)
Jackson	523	(60.7%)	337	(39.1%)	1	(0.1%)
Jasper	98	(59.3%)	93	(40.7%)		
Jefferson	733	(51.4%)	674	(47.3%)	19	(1.3%)
Johnson	396	(59.0%)	268	(39.9%)	7	(1.0%)
Jones	213	(54.3%)	165	(42.1%)	14	(3.6%)
Keokuk	400	(56.4%)	307	(43.3%)	2	(0.3%)
Lee	1,473	(58.8%)	931	(37.1%)	103	(4.1%)

County			
Linn	436 (52.0%)	380 (45.3%)	26 (3.1%)
Louisa	299 (44.5%)	352 (52.4%)	21 (3.1%)
Lucas	46 (52.9%)	41 (47.1%)	
Madison	100 (61.7%)	62 (38.3%)	
Mahaska	484 (48.1%)	518 (51.9%)	
Marion	367 (57.5%)	268 (42.0%)	3 (0.5%)
Marshall	24 (68.6%)	11 (31.4%)	
Monroe	282 (59.5%)	181 (38.2%)	11 (2.3%)
Muscatine	430 (52.2%)	394 (47.8%)	
Polk	358 (53.4%)	312 (46.6%)	
Pottawattamie	82 (15.6%)	446 (84.4%)	
Poweshiek	47 (44.3%)	59 (55.7%)	
Scott	418 (54.0%)	352 (45.5%)	4 (0.5%)
Van Buren	930 (51.8%)	815 (45.4%)	52 (2.9%)
Wapello	702 (54.9%)	576 (45.1%)	
Warren	40 (39.6%)	61 (60.4%)	
Washington	289 (37.6%)	358 (46.6%)	122 (15.9%)
Total	**13,486 (53.0%)**	**11,403 (44.8%)**	**575 (2.3%)**

SOURCE—Journal of the Iowa House of Representatives, December 4, 1849, pp. 31–2.

1854

County	James W. Grimes (W)	Curtis Bates (D)
Adair	7 (46.7%)	8 (53.3%)
Adams	11 (27.5%)	29 (72.5%)
Alamakee	299 (60.3%)	197 (39.7%)
Appanoose	373 (42.4%)	507 (57.6%)
Blackhawk	191 (55.5%)	153 (44.5%)
Boone	89 (33.0%)	181 (67.0%)
Boynton	208 (52.1%)	191 (47.9%)
Bremer	64 (36.8%)	110 (63.2%)
Buchanan	216 (59.7%)	146 (40.3%)
Cass	22 (29.3%)	53 (70.7%)
Cedar	600 (58.1%)	432 (41.9%)
Chickasaw	38 (56.7%)	29 (43.3%)
Clark	86 (54.1%)	73 (45.9%)
Clayton	687 (67.4%)	332 (32.6%)
Clinton	443 (48.8%)	465 (51.2%)
Dallas	202 (51.7%)	189 (48.3%)
Davis	690 (37.8%)	711 (62.2%)
Decatur	110 (30.3%)	253 (69.7%)
Des Moines	1,045 (46.3%)	1,213 (53.7%)
Delaware	382 (56.1%)	299 (43.9%)
Dubuque	669 (37.8%)	1,101 (62.2%)
Fayette	352 (61.0%)	225 (39.0%)
Floyd	72 (94.7%)	4 (5.3%)
Fremont	179 (49.3%)	186 (50.7%)
Guthrie	37 (24.7%)	113 (75.3%)
Hardin	65 (39.4%)	100 (60.6%)
Harrison	78 (45.6%)	93 (54.4%)
Henry	1,164 (68.7%)	530 (31.3%)
Iowa	228 (63.9%)	129 (36.1%)
Jackson	618 (46.3%)	717 (53.7%)
Jasper	279 (79.3%)	73 (20.7%)
Jefferson	967 (55.5%)	774 (44.5%)
Johnson	699 (55.5%)	560 (44.5%)
Jones	438 (49.9%)	440 (50.1%)
Keokuk	507 (49.4%)	519 (50.6%)
Lee	1,425 (46.0%)	1,676 (54.0%)
Linn	835 (57.8%)	610 (42.2%)
Louisa	645 (58.4%)	459 (41.6%)
Lucas	101 (44.9%)	124 (55.1%)
Madison	159 (44.0%)	202 (56.0%)
Mahaska	887 (61.0%)	568 (39.0%)
Marion	493 (43.2%)	649 (56.8%)
Marshall	110 (49.1%)	114 (50.9%)
Mills	177 (53.3%)	155 (46.7%)
Mitchel	32 (100%)	0
Monona	25 (78.1%)	7 (21.9%)
Monroe	360 (50.1%)	358 (49.9%)
Montgomery	10 (38.5%)	16 (61.5%)
Muscatine	739 (54.4%)	619 (45.6%)
Page	61 (39.6%)	93 (60.4%)
Polk	450 (50.0%)	450 (50.0%)
Potawattamie	207 (49.1%)	215 (50.9%)
Scott	773 (57.0%)	583 (43.0%)
Shelby	19 (45.2%)	23 (54.8%)
Story	61 (54.5%)	51 (45.5%)
Tama	117 (76.0%)	37 (24.0%)
Taylor	11 (14.3%)	66 (85.7%)
Union	8 (23.5%)	26 (76.5%)
Van Buren	1,067 (51.0%)	1,026 (49.0%)
Wappello	823 (49.0%)	857 (51.0%)
Warren	463 (62.2%)	281 (37.8%)
Washington	815 (62.0%)	499 (38.0%)
Wayne	127 (55.9%)	100 (44.1%)
Webster	22 (17.5%)	104 (82.5%)
Winneshiek	185 (70.9%)	76 (29.1%)
Woodbury	0	23 (100%)
Total	**23,312 (52.4%)**	**21,192 (47.6%)**

No returns Green and Powesheik counties.

SOURCES—Journal of the Iowa House of Representatives, December 9, 1854; (Burlington) *Tri-Weekly Hawk-Eye,* December 16, 1854.

1857

County	Ralph P. Lorre (R)	Ben M. Samuels (D)	W. T. Henry (A)
Adair	40 (61.5%)	25 (38.5%)	
Adams	90 (58.1%)	65 (41.9%)	
Alamakee	543 (48.8%)	574 (51.2%)	
Appanoose	296 (33.5%)	584 (66.1%)	4 (0.5%)
Audubon	36 (45.0%)	44 (55.0%)	
Benton	589 (50.1%)	586 (49.9%)	
Black Hawk	476 (60.6%)	309 (39.4%)	
Boone	213 (38.8%)	334 (60.8%)	2 (0.4%)
Bremer	307 (57.4%)	228 (42.6%)	
Butler	196 (56.6%)	150 (43.4%)	
Buchanan	560 (63.1%)	327 (36.9%)	
Calhoun	16 (50.0%)	16 (50.0%)	
Carroll	18 (40.9%)	26 (59.1%)	
Cass	79 (46.5%)	91 (53.5%)	
Cedar	918 (56.8%)	694 (43.0%)	3 (0.2%)
Cerro Gordo	81 (71.7%)	37 (28.3%)	
Chickasaw	332 (64.5%)	180 (35.5%)	
Clarke	405 (55.9%)	320 (44.1%)	
Clayton	949 (57.0%)	719 (42.3%)	11 (0.6%)
Clinton	1,157 (53.9%)	991 (46.1%)	
Crawford	46 (63.0%)	27 (37.0%)	
Dallas	418 (52.4%)	380 (47.6%)	
Davis	250 (18.5%)	687 (50.9%)	413 (30.6%)
Decatur	240 (32.5%)	494 (66.9%)	4 (0.5%)
Delaware	523 (56.7%)	399 (43.3%)	
Des Moines	1,162 (42.3%)	1,405 (51.1%)	181 (6.6%)
Dickinson	9 (64.2%)	5 (35.8%)	
Dubuque	999 (29.5%)	2,482 (70.5%)	
Fayette	592 (61.5%)	344 (35.7%)	27 (2.8%)
Floyd	344 (62.0%)	211 (38.0%)	
Franklin	70 (68.6%)	32 (31.4%)	
Fremont	223 (43.6%)	275 (53.7%)	14 (2.7%)
Greene	51 (30.0%)	119 (70.0%)	
Grundy	59 (93.7%)	4 (6.6%)	
Guthrie	168 (49.4%)	172 (50.6%)	

Iowa

County				
Hamilton	149 (61.8%)	92 (38.2%)		
Harrison	150 (43.1%)	198 (56.9%)		
Hardin	435 (60.1%)	289 (39.9%)		
Henry	1,632 (65.1%)	829 (33.1%)	44	(1.8%)
Howard	189 (59.8%)	127 (40.2%)		
Humboldt	66 (86.9%)	10 (13.1%)		
Iowa	466 (56.4%)	360 (43.6%)		
Jackson	872 (46.1%)	1,019 (53.9%)		
Jasper	727 (63.2%)	424 (36.8%)		
Jefferson	1,151 (54.3%)	960 (45.3%)	8	(0.4%)
Jones	787 (52.6%)	708 (47.4%)		
Johnson	1,163 (48.2%)	1,193 (49.4%)	59	(2.4%)
Keokuk	879 (53.0%)	780 (47.0%)		
Kossuth	70 (60.9%)	45 (39.1%)		
Linn	1,214 (54.9%)	998 (45.1%)		
Louisa	959 (58.9%)	669 (41.1%)		
Lucas	399 (49.9%)	396 (49.5%)	5	(0.6%)
Madison	491 (47.9%)	533 (52.1%)		
Mahaska	1,027 (54.8%)	846 (45.1%)	2	(1.0%)
Marion	809 (41.6%)	1,131 (58.1%)	7	(0.4%)
Marshall	416 (71.2%)	142 (24.3%)	26	(4.5%)
Mills	183 (46.2%)	213 (53.8%)		
Mitchell	437 (51.2%)	416 (48.8%)		
Monona	49 (36.6%)	85 (63.4%)		
Monroe	610 (52.6%)	548 (47.2%)	1	(0.1%)
Montgomery	69 (55.2%)	56 (44.8%)		
Muscatine	1,140 (50.8%)	1,105 (49.2%)		
Page	128 (38.3%)	206 (61.7%)		
Pottawattamie	205 (30.4%)	463 (68.6%)	7	(1.0%)
Polk	1,115 (55.9%)	879 (44.1%)		
Poweshiek	473 (61.5%)	296 (38.5%)		
Ringgold	90 (67.6%)	43 (32.4%)		
Sac	8 (15.7%)	43 (84.3%)		
Scott	1,717 (55.0%)	1,399 (44.9%)	3	(0.1%)
Shelby	38 (53.5%)	33 (46.5%)		
Story	217 (47.2%)	243 (52.8%)		
Tama	303 (63.4%)	174 (36.4%)	4	(0.1%)
Taylor	222 (56.9%)	168 (43.1%)		
Union	88 (43.3%)	115 (56.7%)		
Van Buren	1,035 (47.8%)	1,116 (51.5%)	16	(0.7%)
Wapello	856 (42.8%)	1,153 (57.7%)	20	(1.0%)
Warren	696 (43.6%)	894 (55.9%)	8	(0.5%)
Washington	1,124 (57.9%)	775 (39.9%)	42	(2.2%)
Wayne	210 (40.1%)	314 (59.9%)		
Webster	269 (42.9%)	358 (57.1%)		
Winneshiek	525 (69.6%)	229 (30.4%)		
Woodbury	125 (46.5%)	144 (53.5%)		
Wright	60 (55.0%)	49 (45.0%)		
Total	**38,498 (50.1%)**	**36,088 (47.7%)**	**1,004**	**(1.3%)**

SOURCE—Manuscript returns.

1859

County	Samuel J. Kirkwood (R)	Augustus C. Dodge (D)
Adair	120 (61.2%)	76 (38.8%)
Adams	177 (59.0%)	123 (41.0%)
Allamakee	743 (42.0%)	1,025 (58.0%)
Appanoose	627 (38.9%)	985 (61.1%)
Audubon	58 (49.2%)	60 (50.8%)
Benton	914 (55.5%)	732 (44.5%)
Black Hawk	815 (59.7%)	550 (40.3%)
Boone	298 (41.9%)	413 (58.1%)
Byrnes	417 (48.8%)	438 (51.2%)
Butler	474 (65.8%)	246 (34.2%)
Buchanan	816 (58.9%)	570 (41.1%)
Buena Vista	2 (25.0%)	6 (75.0%)
Calhoun	17 (50.0%)	17 (50.0%)
Carroll	30 (50.0%)	30 (50.0%)
Cass	179 (54.1%)	152 (45.9%)
Cedar	1,152 (53.5%)	1,002 (46.5%)
Cerro Gordo	117 (61.9%)	72 (38.1%)
Cherokee	12 (63.2%)	7 (36.8%)
Chickasaw	439 (58.8%)	308 (41.2%)
Clark	462 (56.8%)	351 (43.2%)
Clay	3 (25.0%)	9 (75.0%)
Clayton	1,630 (53.3%)	1,439 (46.7%)
Clinton	1,605 (51.3%)	1,521 (48.7%)
Crawford	45 (45.0%)	55 (55.0%)
Dallas	530 (54.2%)	448 (45.8%)
Davis	715 (38.5%)	1,142 (61.5%)
Decatur	390 (33.6%)	771 (66.4%)
Delaware	844 (48.6%)	894 (51.4%)
Des Moines	1,704 (47.0%)	1,923 (53.0%)
Dickinson	31 (67.3%)	15 (32.7%)
Dubuque	1,751 (35.7%)	3,153 (64.3%)
Emmett	18 (78.3%)	5 (21.7%)
Fayette	1,102 (56.5%)	849 (43.5%)
Floyd	495 (63.8%)	281 (36.2%)
Franklin	201 (79.8%)	51 (20.2%)
Fremont	293 (36.8%)	504 (63.2%)
Greene	126 (46.3%)	146 (53.7%)
Grundy	110 (86.6%)	17 (13.4%)
Guthrie	257 (49.4%)	263 (50.6%)
Hamilton	192 (64.6%)	105 (35.4%)
Hancock	19 (57.6%)	14 (42.4%)
Harrison	297 (45.8%)	351 (54.2%)
Hardin	645 (58.5%)	458 (41.5%)
Henry	1,596 (61.5%)	998 (38.5%)
Howard	336 (54.6%)	279 (45.4%)
Humboldt	49 (62.8%)	29 (37.2%)
Ida	4 (57.1%)	3 (42.9%)
Iowa	765 (58.2%)	549 (41.8%)
Jackson	1,273 (46.3%)	1,477 (53.7%)
Jasper	946 (57.3%)	705 (42.7%)
Jefferson	1,282 (51.7%)	1,199 (48.3%)
Johnson	1,602 (53.5%)	1,395 (46.5%)
Jones	1,161 (50.2%)	1,153 (49.8%)
Keokuk	1,025 (49.6%)	1,043 (50.4%)
Kossuth	75 (67.0%)	37 (33.0%)
Lee	2,159 (47.4%)	2,392 (52.6%)
Linn	1,771 (56.8%)	1,345 (43.2%)
Louisa	956 (58.5%)	679 (41.5%)
Lucas	521 (53.3%)	457 (46.7%)
Madison	651 (50.9%)	729 (49.1%)
Mahaska	1,212 (51.6%)	1,137 (48.4%)
Marion	1,256 (46.6%)	1,438 (53.4%)
Marshall	795 (64.3%)	442 (35.7%)
Mills	262 (51.7%)	245 (48.3%)
Mitchell	516 (71.7%)	214 (28.3%)
Monona	105 (50.0%)	105 (50.0%)
Monroe	749 (53.0%)	665 (47.0%)
Montgomery	125 (52.1%)	115 (47.9%)
Muscatine	1,457 (51.6%)	1,364 (48.4%)
Page	377 (53.1%)	333 (46.9%)
Palo Alto	3 (6.4%)	44 (93.6%)
Polk	1,078 (50.7%)	1,048 (49.3%)
Plymouth	24 (68.6%)	11 (31.4%)
Pocahontas	16 (48.5%)	17 (51.5%)
Pottawattamie	295 (33.0%)	600 (67.0%)
Poweshiek	595 (59.1%)	411 (40.9%)
Ringgold	260 (65.8%)	135 (34.2%)
Sac	28 (43.1%)	37 (56.9%)
Scott	2,208 (57.6%)	1,625 (42.4%)
Shelby	78 (44.8%)	96 (55.2%)
Story	395 (52.5%)	358 (47.5%)
Tama	600 (67.0%)	295 (33.0%)
Taylor	304 (54.2%)	257 (45.8%)

Kansas

County				
Union	151	(43.9%)	193	(56.1%)
Van Buren	1,397	(49.9%)	1,402	(50.1%)
Wapello	1,016	(44.6%)	1,266	(55.4%)
Warren	937	(60.6%)	609	(39.4%)
Washington	1,208	(55.9%)	946	(44.1%)
Wayne	416	(43.7%)	535	(56.3%)
Webster	252	(43.1%)	333	(56.9%)
Winnebago	11	(31.4%)	24	(68.6%)
Winneshiek	1,022	(57.0%)	771	(43.0%)
Woodbury	132	(44.7%)	163	(55.3%)
Worth	98	(79.0%)	26	(21.0%)
Wright	80	(61.2%)	52	(38.8%)
Total*	**56,502**	**(51.4%)**	**53,332**	**(48.6%)**
	(56,532)			

*Stated total is in parentheses.

SOURCE—Manuscript returns.

KANSAS

Kansas became the 34th state on January 29, 1861, having held its initial election for governor on December 6, 1859.
Term—Two years.   **Election**—First Tuesday after first the Monday in November.

POPULATION

1860—107,206

1859

County	Charles Robinson (R)		Samuel Medary (D)	
Allen	174	(56.1%)	136	(43.9%)
Anderson	160	(64.3%)	89	(35.7%)
Atchison	644	(52.4%)	585	(47.6%)
Bourbon	275	(64.9%)	149	(35.1%)
Breckinridge	398	(76.5%)	122	(23.5%)
Brown	273	(77.1%)	81	(22.9%)
Chase	109	(91.6%)	10	(8.4%)
Coffey	223	(68.8%)	101	(31.2%)
Dickinson	50	(29.9%)	117	(70.1%)
Doniphan	476	(56.2%)	371	(43.8%)
Douglas	1,018	(75.3%)	334	(24.7%)
Franklin	249	(67.3%)	121	(32.7%)
Greenwood	23	(79.3%)	6	(20.7%)
Hunter	21	(87.5%)	3	(12.5%)
Jackson	169	(49.9%)	170	(50.1%)
Jefferson	332	(53.1%)	293	(46.9%)
Johnson	306	(41.9%)	425	(58.1%)
Leavenworth	997	(41.5%)	1,404	(58.5%)
Linn	222	(62.7%)	132	(37.3%)
Lykins	312	(60.9%)	200	(39.1%)
Madison	47	(87.0%)	7	(13.0%)
Marshall	40	(36.7%)	69	(63.3%)
Morris	54	(47.8%)	59	(52.2%)
Nemaha	128	(68.1%)	60	(31.9%)
Osage	24	(92.3%)	2	(7.7%)
Pottawatomie	133	(79.2%)	35	(20.8%)
Riley	234	(71.1%)	95	(28.9%)
Shawnee	569	(76.9%)	171	(23.1%)
Wabaunsee	128	(88.3%)	17	(11.7%)
Woodson	60	(61.9%)	37	(38.1%)
Total	**7,848**	**(59.2%)**	**5,401**	**(40.8%)**

SOURCE—Clarence J. Hein and Charles A. Sullivant, *Kansas Votes Gubernatorial Elections, 1859–1956* (Lawrence, Kan.: Government Research Center, University of Kansas, 1958), p. 3.

KENTUCKY

Kentucky became the 15th state on June 1, 1792, after previously having been part of Virginia.
Until 1800 the governor was elected by a group of electors chosen by popular vote from the same districts as elected members of the Kentucky House of Representatives, for a term of four years.
Under the constitution of 1799 the governor was popularly elected.
Term—Four years.   **Election**—The first election was held on the May 6, 1800, and thereafter the first Monday in August.   **Limits**—No restriction prior to the change to popular election. Beginning with popular election the governor could not succeed himself for seven years, reduced to four years by the 1850 constitution.

Kentucky

POPULATION

1790—73,677 1800—220,955 1810—406,511 1820—564,317 1830—687,917
1840—779,828 1850—982,405 1860—1,155,684

James Garrard was chosen by the electors as Governor from June 1, 1796, until his election by popular vote in 1800.

1800

County	James Garrard		Christopher Greenup		Benjamin Logan		Thomas Todd	
Barren	341	(68.8%)	69	(13.9%)	68	(13.7%)	18	(3.5%)
Boone	37	(31.6%)	69	(59.0%)	1	(0.9%)	10	(8.5%)
Bourbon	804	(71.6%)	296	(26.4%)	19	(1.7%)	4	(3.6%)
Bracken	137	(39.7%)	87	(25.2%)	81	(23.5%)	40	(11.6%)
Bullitt	192	(48.6%)	134	(33.9%)	52	(13.2%)	17	(4.3%)
Campbell	73	(28.7%)	100	(39.4%)	40	(15.7%)	41	(16.1%)
Christian	147	(74.6%)	3	(1.5%)	44	(22.3%)	3	(1.5%)
Clark	93	(12.4%)	444	(59.4%)	69	(9.2%)	141	(18.9%)
Cumberland	76	(41.3%)	77	(41.8%)	26	(14.1%)	5	(2.7%)
Fayette	413	(31.9%)	643	(49.6%)	45	(3.5%)	195	(15.0%)
Fleming	477	(73.6%)	136	(21.0%)	18	(2.8%)	17	(2.6%)
Franklin	233	(36.9%)	296	(46.8%)	20	(3.2%)	83	(13.1%)
Gallatin	29	(26.9%)	69	(63.9%)	4	(3.7%)	6	(5.6%)
Garrard	112	(13.7%)	200	(24.5%)	329	(40.4%)	174	(21.3%)
Green	204	(39.5%)	151	(29.3%)	129	(25.0%)	32	(6.2%)
Hardin	128	(55.9%)	52	(22.7%)	26	(11.4%)	23	(10.0%)
Harrison	143	(35.5%)	57	(14.1%)	199	(49.4%)	4	(1.0%)
Henderson	5	(3.1%)	111	(70.3%)	33	(20.9%)	9	(5.7%)
Henry	139	(41.6%)	132	(39.5%)	55	(16.5%)	8	(2.4%)
Jefferson	459	(57.4%)	272	(34.0%)	23	(2.9%)	46	(5.8%)
Jessamine	103	(19.0%)	315	(58.2%)	64	(11.8%)	59	(10.9%)
Lincoln	20	(2.7%)	76	(10.1%)	634	(84.2%)	23	(3.1%)
Livingston	133	(48.2%)	33	(12.0%)	109	(39.5%)	1	(0.4%)
Logan	455	(75.3%)	47	(7.8%)	87	(4.4%)	15	(2.5%)
Madison	165	(14.3%)	145	(12.6%)	465	(40.4%)	375	(32.6%)
Mason	812	(78.5%)	103	(10.0%)	79	(7.6%)	41	(4.0%)
Mercer	250	(26.2%)	433	(45.3%)	14	(1.5%)	259	(27.1%)
Montgomery	235	(22.4%)	585	(55.9%)	198	(18.9%)	29	(2.8%)
Muhlenberg	128	(70.3%)	2	(1.1%)	12	(6.6%)	42	(23.1%)
Nelson	321	(66.2%)	121	(24.9%)	12	(2.5%)	31	(6.4%)
Ohio	7	(7.8%)	28	(31.1%)	48	(53.3%)	7	(7.8%)
Pendleton	57	(26.5%)	83	(38.6%)	70	(32.6%)	5	(2.3%)
Pulaski	46	(11.2%)	88	(63.7%)	250	(61.1%)	25	(6.1%)
Scott	46	(7.6%)	384	(63.7%)	78	(12.9%)	95	(15.8%)
Shelby	153	(22.2%)	115	(16.7%)	412	(59.7%)	10	(1.4%)
Warren	408	(77.3%)	37	(7.0%)	73	(13.8%)	10	(18.9%)
Washington	249	(28.5%)	483	(55.2%)	89	(10.1%)	54	(6.2%)
Woodford	155	(23.9%)	269	(41.4%)	22	(3.4%)	203	(31.3%)
Total	**8,390**	**(39.4%)**	**6,745**	**(31.7%)**	**3,995**	**(18.8%)**	**2,166**	**(10.2%)**

SOURCE—Manuscript of G. Glenn Clift, Kentucky Historical Society, Frankfurt, citing the *Frankfort Palladium*, May 22, 1800, and the executive papers of Governor James Garrard.

1804

County	Christopher Greenup
Adair	379
Barren	695
Boone	201
Bourbon	1,441
Bracken	267
Breckinridge	215
Bullitt	274
Campbell	222
Christian	431
Clark	770
Cumberland	364
Fayette	1,401
Fleming	712
Floyd	122
Franklin	266
Gallatin	187
Garrard	866
Green	376
Hardin	389
Harrison	373
Henderson	246
Henry	459

Kentucky

County	
Jefferson	662
Jessamine	688
Greenup	197
Lincoln	1,414
Logan	582
Lyon	568
Magoffin	1,043
Mason	1,077
Mercer	1,274
Montgomery	1,179
Muhlenberg	263
Nelson	729
Nicholas	417
Oldham	235
Pendleton	188
Pulaski	433
Scott	837
Shelby	982
Warren	644
Washington	945
Wayne	469
Woodford	735
Total	**25,917 (100%)**

SOURCE—Clift manuscript.

1808

County	Charles Scott	John Allen	Green Clay
Adair	425 (68.2%)	150 (24.1%)	48 (7.7%)
Barren	582 (56.1%)	386 (37.2%)	70 (6.7%)
Boone	132 (49.1%)	129 (48.0%)	8 (3.0%)
Bourbon	1,314 (77.0%)	327 (19.2%)	65 (3.8%)
Bracken	145 (44.6%)	43 (13.2%)	137 (42.2%)
Breckinridge	7 (2.3%)	290 (97.0%)	2 (0.7%)
Bullitt	417 (89.1%)	47 (10.0%)	4 (0.9%)
Campbell	301 (96.5%)	8 (2.6%)	3 (1.0%)
Carlisle	263 (81.4%)	16 (5.0%)	44 (13.6%)
Christian	550 (64.8%)	227 (26.7%)	72 (8.5%)
Clark	607 (71.4%)	174 (20.5%)	69 (8.1%)
Clay	35 (14.4%)	8 (3.3%)	200 (82.3%)
Cumberland	376 (72.2%)	52 (10.0%)	93 (17.9%)
Estill	92 (71.3%)	0	37 (28.7%)
Fayette	1,546 (84.6%)	195 (10.7%)	86 (4.7%)
Fleming	580 (74.7%)	135 (18.3%)	22 (3.0%)
Floyd	80 (28.8%)	2 (0.7%)	196 (70.5%)
Franklin	386 (46.1%)	448 (53.5%)	3 (3.6%)
Gallatin	160 (53.5%)	132 (44.1%)	7 (2.3%)
Garrard	624 (63.0%)	43 (4.3%)	323 (32.6%)
Green	229 (39.4%)	293 (50.4%)	59 (10.2%)
Greenup	88 (53.5%)	7 (7.2%)	2 (2.1%)
Hardin	353 (44.6%)	334 (42.2%)	104 (13.1%)
Harrison	210 (43.4%)	252 (52.1%)	22 (4.5%)
Henderson	235 (78.3%)	63 (2.1%)	2 (0.7%)
Henry	485 (72.3%)	177 (26.4%)	9 (1.3%)
Hopkins	83 (53.5%)	40 (25.8%)	32 (20.6%)
Jefferson	569 (59.5%)	382 (40.0%)	5 (0.5%)
Jessamine	444 (87.4%)	55 (10.8%)	9 (1.8%)
Knox	71 (17.4%)	100 (24.6%)	236 (58.0%)
Lewis	272 (81.7%)	43 (12.9%)	18 (5.4%)
Lincoln	287 (32.1%)	340 (38.1%)	266 (29.8%)
Logan	847 (75.5%)	253 (22.5%)	22 (2.0%)
Madison	280 (19.3%)	28 (1.9%)	1,143 (78.8%)
Mason	918 (82.3%)	109 (9.8%)	88 (7.9%)
Mercer	942 (84.3%)	167 (15.0%)	8 (0.7%)
Montgomery	1,170 (91.0%)	40 (3.1%)	76 (5.9%)
Muhlenberg	194 (39.7%)	168 (34.4%)	127 (26.0%)
Nelson	547 (46.3%)	616 (52.2%)	18 (1.5%)
Nicholas	387 (76.9%)	50 (9.9%)	66 (1.3%)
Ohio	247 (56.4%)	189 (43.2%)	2 (0.5%)
Pendleton	99 (39.9%)	110 (44.4%)	39 (11.6%)
Pulaski	414 (57.2%)	20 (2.8%)	290 (40.1%)
Scott	800 (72.2%)	300 (27.1%)	8 (0.7%)
Shelby	872 (57.7%)	597 (39.5%)	42 (2.8%)
Warren	264 (22.1%)	325 (27.2%)	604 (50.6%)
Washington	762 (69.5%)	203 (18.5%)	132 (12.0%)
Wayne	103 (16.5%)	26 (4.2%)	494 (79.3%)
Woodford	592 (79.1%)	152 (20.3%)	4 (0.5%)
Total	**22,050 (61.3%)**	**8,430 (23.4%)**	**5,516 (15.3%)**

SOURCES—*Frankfort Palladium*, August 18; papers of Governor Greenup and Clift manuscript citing the (Lexington) *Kentucky Gazette*, August 23, 1808.

1812

County	Isaac Shelby	Gabriel Slaughter
Adair	554 (70.8%)	228 (29.2%)
Barren	824 (63.8%)	468 (36.2%)
Bath	718 (96.8%)	24 (3.2%)
Boone	239 (63.9%)	135 (36.1%)
Bourbon	1,398 (93.3%)	101 (6.7%)
Bracken	291 (81.7%)	65 (18.3%)
Breckinridge	263 (74.3%)	91 (25.7%)
Bullitt	303 (66.0%)	156 (34.0%)
Butler	131 (85.6%)	22 (14.4%)
Caldwell	439 (62.2%)	266 (37.8%)
Campbell	296 (72.5%)	112 (27.5%)
Casey	99 (25.7%)	286 (74.3%)
Christian	986 (75.7%)	316 (24.3%)
Clark	725 (66.1%)	372 (33.9%)
Clay	327 (97.0%)	10 (3.0%)
Cumberland	707 (85.9%)	116 (14.1%)
Estill	107 (54.9%)	88 (45.1%)
Fayette	1,564 (75.1%)	518 (24.9%)
Fleming	802 (94.1%)	50 (5.9%)
Floyd	307 (64.2%)	171 (35.8%)
Franklin	473 (73.9%)	167 (26.1%)
Gallatin	303 (71.3%)	122 (28.7%)
Garrard	425 (46.7%)	485 (53.3%)
Grayson	156 (67.2%)	76 (32.8%)
Green	666 (83.4%)	133 (16.6%)
Greenup	145 (78.4%)	40 (21.6%)
Hardin	392 (45.3%)	473 (54.7%)
Harrison	890 (86.7%)	137 (13.3%)
Henderson	313 (94.8%)	17 (5.2%)
Henry	671 (71.8%)	264 (28.2%)
Hopkins	288 (70.2%)	122 (29.8%)
Jefferson	1,236 (81.6%)	279 (18.4%)
Jessamine	731 (84.8%)	131 (15.2%)
Knox	519 (94.5%)	30 (5.5%)
Lewis	303 (95.6%)	14 (4.4%)
Lincoln	630 (75.7%)	202 (24.3%)
Livingston	270 (62.8%)	160 (37.2%)
Logan	708 (73.2%)	259 (26.8%)
Mason	1,201 (94.8%)	66 (5.2%)
Mercer	456 (33.5%)	906 (66.5%)
Montgomery	512 (49.0%)	533 (51.0%)
Muhlenberg	370 (76.8%)	112 (23.2%)
Nelson	778 (78.5%)	213 (21.5%)
Nicholas	423 (91.2%)	41 (8.8%)
Ohio	323 (73.1%)	119 (26.9%)
Pendleton	152 (44.1%)	193 (55.9%)
Pulaski	536 (64.9%)	290 (35.1%)
Scott	576 (45.8%)	681 (54.2%)
Shelby	918 (58.5%)	651 (41.5%)

County								
Union	155	(85.2%)	27	(14.8%)				
Warren	674	(55.6%)	538	(44.4%)				
Washington	833	(63.9%)	470	(36.1%)				
Wayne	592	(78.3%)	164	(21.7%)				
Woodford	482	(63.8%)	274	(36.2%)				
Total	**30,362**	**(70.9%)**	**12,474**	**(29.1%)**				

SOURCE—Clift manuscript citing the *Frankfort Palladium*, August 26, 1812.

1 8 1 6*

George Madison (D-R)
47,442   (100%)

*No county returns located.

SOURCE—Clift manuscript.

1 8 2 0

County	John Adair		William Logan		Joseph Desha		Anthony Butler	
Adair	390	(39.1%)	414	(41.5%)	190	(19.1%)	3	(0.3%)
Allen	3	(1.4%)	74	(13.7%)	327	(60.3%)	138	(25.5%)
Barren	307	(19.2%)	786	(49.1%)	216	(13.5%)	291	(18.2%)
Bath	96	(9.9%)	92	(9.5%)	517	(53.2%)	266	(27.4%)
Boone	365	(57.0%)	84	(13.1%)	162	(25.3%)	29	(4.5%)
Bourbon	114	(6.1%)	221	(11.9%)	1,385	(74.3%)	144	(7.7%)
Bracken	68	(10.1%)	102	(15.2%)	491	(73.2%)	10	(1.5%)
Breckenridge	609	(80.0%)	96	(12.6%)	7	(0.9%)	49	(6.4%)
Bullitt	545	(71.2%)	203	(26.5%)	4	(0.9%)	13	(1.7%)
Butler	37	(9.8%)	70	(18.6%)	191	(50.8%)	78	(20.7%)
Caldwell	557	(53.4%)	98	(9.4%)	71	(6.8%)	317	(30.4%)
Campbell	214	(29.0%)	260	(35.2%)	144	(19.5%)	121	(16.4%)
Casey	205	(51.5%)	185	(46.5%)	6	(1.5%)	2	(0.5%)
Christian	642	(55.3%)	162	(14.0%)	29	(2.5%)	327	(28.2%)
Clark	207	(17.5%)	491	(41.5%)	365	(30.9%)	119	(10.1%)
Clay	56	(11.7%)	419	(87.3%)	2	(0.4%)	3	(0.6%)
Cumberland	126	(12.3%)	605	(58.9%)	226	(22.0%)	71	(6.9%)
Daviess	232	(56.2%)	37	(9.0%)	3	(0.7%)	141	(34.1%)
Estill	49	(11.7%)	280	(67.0%)	22	(5.3%)	67	(16.0%)
Fayette	1,104	(47.3%)	555	(23.8%)	219	(9.4%)	458	(19.6%)
Fleming	43	(2.9%)	462	(31.1%)	889	(59.9%)	91	(6.1%)
Floyd	42	(4.9%)	11	(1.3%)	55	(6.4%)	756	(87.5%)
Franklin	560	(42.0%)	389	(29.2%)	10	(0.8%)	373	(28.0%)
Gallatin	307	(36.0%)	391	(45.9%)	52	(6.1%)	102	(12.0%)
Garrard	582	(47.4%)	508	(41.3%)	132	(10.7%)	7	(0.6%)
Grant	59	(2.2%)	98	(36.8%)	104	(39.0%)	5	(1.9%)
Grayson	269	(50.4%)	93	(17.4%)	49	(9.2%)	122	(22.9%)
Green	391	(31.7%)	783	(63.4%)	29	(2.3%)	32	(2.6%)
Greenup	92	(16.6%)	140	(25.2%)	82	(14.8%)	241	(43.4%)
Hardin	1,062	(75.4%)	259	(18.4%)	66	(4.7%)	22	(1.6%)
Harlan	0		174	(98.9%)	0		2	(1.1%)
Harrison	96	(6.7%)	181	(12.7%)	995	(69.8%)	153	(10.7%)
Hart	192	(39.5%)	235	(48.4%)	19	(3.9%)	40	(8.2%)
Henderson	206	(45.5%)	139	(30.7%)	9	(2.0%)	99	(21.9%)
Henry	388	(26.3%)	403	(27.3%)	57	(3.9%)	626	(42.5%)
Hopkins	273	(53.8%)	72	(14.2%)	140	(27.6%)	22	(4.3%)
Jefferson	1,201	(50.9%)	449	(19.0%)	52	(2.2%)	656	(27.8%)
Jessamine	270	(34.0%)	376	(48.6%)	18	(2.3%)	396	(51.1%)
Knox	20	(3.8%)	465	(88.7%)	2	(0.4%)	37	(7.1%)
Lewis	56	(11.0%)	36	(7.1%)	407	(80.1%)	9	(1.8%)
Lincoln	181	(20.2%)	706	(78.7%)	6	(0.7%)	4	(0.4%)
Livingston	329	(48.1%)	136	(19.9%)	15	(2.2%)	204	(29.8%)
Logan	286	(25.0%)	139	(12.1%)	26	(2.3%)	695	(60.6%)
Madison	255	(16.5%)	878	(57.0%)	261	(16.9%)	147	(9.5%)
Mason	195	(11.5%)	329	(19.3%)	1,153	(67.7%)	26	(1.5%)
Mercer	878	(53.5%)	531	(32.3%)	11	(0.7%)	222	(13.5%)
Montgomery	54	(4.4%)	81	(6.6%)	749	(60.8%)	348	(28.2%)
Muhlenberg	390	(68.8%)	144	(25.4%)	27	(4.8%)	6	(1.1%)
Nelson	1,143	(74.8%)	313	(20.5%)	30	(2.0%)	42	(2.7%)
Nicholas	9	(0.8%)	236	(21.2%)	12	(5.7%)	25	(2.3%)
Ohio	251	(49.7%)	187	(37.0%)	210	(48.2%)	37	(7.3%)
Owen	44	(21.1%)	121	(57.9%)	12	(5.7%)	32	(15.3%)
Pendleton	75	(17.2%)	103	(23.6%)	210	(48.2%)	48	(11.0%)
Pulaski	397	(57.8%)	272	(39.6%)	15	(2.1%)	3	(0.4%)
Rockcastle	124	(55.1%)	98	(43.6%)	3	(1.3%)	0	

Kentucky

County	John Adair		William Logan		Joseph Desha		Anthony Butler	
Scott	570	(34.8%)	819	(49.9%)	76	(4.6%)	175	(10.7%)
Shelby	644	(29.0%)	1,473	(66.4%)	19	(0.9%)	83	(3.7%)
Simpson	135	(20.5%)	55	(8.4%)	291	(44.3%)	176	(26.8%)
Todd	105	(15.5%)	319	(47.1%)	40	(5.9%)	214	(31.6%)
Trigg	139	(45.4%)	30	(1.0%)	14	(0.5%)	123	(4.0%)
Union	182	(46.3%)	174	(44.2%)	20	(5.1%)	17	(4.3%)
Warren	238	(17.8%)	272	(20.3%)	600	(44.8%)	229	(17.1%)
Washington	1,187	(66.0%)	582	(32.4%)	15	(0.8%)	15	(0.8%)
Wayne	278	(35.7%)	184	(23.6%)	301	(38.6%)	16	(2.1%)
Whitley	16	(4.7%)	309	(89.8%)	2	(0.6%)	17	(4.9%)
Woodford	353	(30.4%)	558	(48.1%)	7	(0.6%)	243	(20.9%)
Total	**20,493**	**(32.8%)**	**19,947**	**(31.9%)**	**12,518**	**(20.0%)**	**9,585**	**(15.3%)**

SOURCES—(Frankfort) *Argus*, August 31, 1820; Clift citing the papers of Governor Slaughter.

1824

County	Joseph Desha		Christopher Tompkins		William Russell	
Adair	823	(65.6%)	351	(28.0%)	80	(6.4%)
Allen	273	(53.8%)	230	(45.4%)	4	(0.8%)
Barren	539	(46.7%)	611	(53.0%)	3	(2.6%)
Bath	961	(85.4%)	146	(13.0%)	18	(1.6%)
Boone	520	(62.6%)	268	(32.2%)	43	(5.2%)
Bourbon	1,276	(64.7%)	671	(34.0%)	25	(1.3%)
Bracken	400	(69.7%)	150	(26.1%)	24	(4.2%)
Breckinridge	182	(62.8%)	225	(38.0%)	346	(5.8%)
Bullitt	372	(53.8%)	262	(37.9%)	58	(8.4%)
Butler	296	(87.6%)	33	(9.8%)	9	(2.7%)
Caldwell	459	(70.8%)	184	(28.4%)	5	(0.8%)
Calloway	362	(81.9%)	79	(17.9%)	1	(0.2%)
Campbell	600	(75.6%)	77	(9.7%)	117	(14.7%)
Casey	240	(67.4%)	86	(24.2%)	30	(8.4%)
Christian	554	(56.5%)	419	(42.8%)	7	(0.7%)
Clark	783	(71.1%)	271	(24.6%)	48	(4.4%)
Clay	143	(29.8%)	331	(69.0%)	6	(1.3%)
Cumberland	600	(66.2%)	245	(27.0%)	62	(6.8%)
Daviess	169	(41.5%)	89	(21.9%)	149	(36.6%)
Estill	400	(73.3%)	129	(23.6%)	17	(3.1%)
Fayette	750	(36.5%)	1,073	(52.2%)	232	(11.3%)
Fleming	878	(59.7%)	560	(38.1%)	32	(2.2%)
Floyd	376	(88.5%)	46	(10.8%)	3	(0.7%)
Franklin	905	(66.7%)	406	(30.0%)	45	(3.3%)
Gallatin	526	(69.5%)	125	(16.5%)	106	(14.0%)
Garrard	151	(11.6%)	1,150	(88.0%)	6	(0.5%)
Grant	149	(43.2%)	100	(29.0%)	96	(27.8%)
Graves	109	(100%)	0		0	
Grayson	318	(51.4%)	112	(18.1%)	189	(30.5%)
Green	858	(74.4%)	263	(22.8%)	33	(2.9%)
Greenup	267	(55.1%)	195	(40.2%)	23	(4.7%)
Hardin	918	(82.6%)	163	(14.7%)	30	(2.7%)
Harlan	82	(17.4%)	389	(82.6%)	0	
Harrison	1,374	(87.5%)	107	(6.8%)	89	(5.7%)
Hart	398	(7.7%)	112	(21.9%)	2	(0.4%)
Henderson	163	(34.5%)	239	(50.6%)	70	(14.8%)
Henry	1,054	(90.4%)	90	(7.7%)	24	(2.1%)
Hickman	73	(45.3%)	87	(54.0%)	1	(0.6%)
Hopkins	438	(84.1%)	46	(8.8%)	37	(7.1%)
Jefferson	897	(59.8%)	525	(35.0%)	77	(5.1%)
Jessamine	507	(50.0%)	450	(44.3%)	48	(4.7%)
Knox	413	(71.5%)	159	(27.5%)	6	(1.0%)
Lawrence	347	(86.8%)	53	(13.2%)	0	
Lewis	579	(83.5%)	96	(13.9%)	18	(2.6%)
Lincoln	280	(24.2%)	810	(70.1%)	66	(5.7%)
Livingston	442	(66.7%)	208	(31.4%)	13	(2.0%)
Logan	523	(56.2%)	391	(42.0%)	16	(1.7%)
Madison	561	(30.3%)	1,291	(69.0%)	12	(6.5%)

County	Joseph Desha		Christopher Tompkins		William Russell	
Mason	851	(52.5%)	756	(46.6%)	14	(0.9%)
Meade	158	(54.9%)	97	(33.7%)	33	(11.5%)
Mercer	1,158	(62.6%)	656	(35.5%)	35	(1.9%)
Monroe	391	(72.5%)	147	(27.3%)	1	(0.2%)
Montgomery	984	(74.0%)	337	(25.4%)	8	(0.6%)
Morgan	244	(81.6%)	55	(18.4%)	0	
Muhlenberg	509	(80.8%)	67	(10.6%)	54	(8.6%)
Nelson	629	(54.4%)	428	(37.0%)	100	(8.6%)
Nicholas	1,026	(87.5%)	139	(11.7%)	9	(0.8%)
Ohio	307	(54.4%)	84	(14.9%)	173	(30.7%)
Oldham	373	(70.5%)	110	(20.8%)	46	(8.7%)
Owen	409	(76.9%)	95	(17.9%)	28	(5.3%)
Pendleton	323	(66.2%)	112	(23.0%)	53	(10.9%)
Perry	139	(39.3%)	215	(60.7%)	0	
Pike	36	(35.6%)	62	(61.4%)	3	(3.0%)
Pulaski	240	(24.8%)	260	(26.8%)	469	(48.4%)
Rockcastle	106	(21.5%)	378	(76.5%)	10	(2.0%)
Scott	1,010	(60.0%)	482	(28.6%)	191	(11.3%)
Shelby	788	(39.4%)	1,162	(58.4%)	44	(2.2%)
Simpson	368	(64.3%)	201	(35.1%)	3	(0.5%)
Todd	194	(29.5%)	457	(69.6%)	6	(0.9%)
Trigg	328	(70.1%)	136	(29.1%)	4	(0.9%)
Union	275	(65.9%)	47	(11.3%)	95	(22.8%)
Warren	757	(54.3%)	631	(45.3%)	6	(0.4%)
Washington	1,217	(71.0%)	362	(21.1%)	134	(7.8%)
Wayne	467	(58.4%)	305	(38.2%)	27	(3.4%)
Whitley	127	(44.6%)	156	(54.7%)	2	(0.7%)
Woodford	651	(57.0%)	467	(40.9%)	26	(2.3%)
Total	**38,369**	**(59.2%)**	**22,499**	**(34.7%)**	**3,900**	**(6.0%)**

SOURCES—(Frankfort) *Argus*, August 25, 1824; Clift, citing *Maysville Eagle*, August 25, and *Maysville Argus*, August 24, 1824, and the papers of Governor Adair.

1828

County	Thomas Metcalfe (Ad)		William T. Barry (J)	
Adair	446	(43.3%)	585	(56.7%)
Allen	227	(30.9%)	508	(69.1%)
Anderson	118	(21.4%)	433	(78.6%)
Barren	775	(45.2%)	939	(54.8%)
Bath	490	(44.8%)	603	(55.2%)
Boone	662	(62.7%)	393	(37.3%)
Bourbon	1,222	(57.9%)	890	(42.1%)
Bracken	513	(57.0%)	387	(43.0%)
Breckinridge	581	(62.5%)	349	(37.5%)
Bullitt	255	(36.6%)	441	(63.4%)
Butler	162	(41.8%)	226	(58.2%)
Caldwell	346	(37.8%)	569	(62.2%)
Calloway	74	(15.0%)	418	(85.0%)
Campbell	411	(33.4%)	819	(66.6%)
Casey	304	(52.1%)	280	(47.9%)
Christian	717	(61.7%)	446	(38.3%)
Clark	956	(68.1%)	448	(31.9%)
Clay	340	(89.2%)	41	(10.8%)
Cumberland	540	(56.8%)	410	(43.2%)
Daviess	240	(47.4%)	266	(52.6%)
Edmonson	134	(42.1%)	184	(57.9%)
Estill	304	(51.8%)	283	(48.2%)
Fayette	1,422	(57.1%)	1,069	(42.9%)
Fleming	925	(53.5%)	804	(46.5%)
Floyd	96	(16.8%)	475	(83.2%)
Franklin	414	(43.3%)	542	(56.7%)
Gallatin	452	(49.1%)	469	(50.9%)
Garrard	1,195	(89.0%)	148	(11.0%)
Grant	242	(67.4%)	117	(32.6%)
Graves	76	(32.2%)	160	(67.8%)
Grayson	326	(61.7%)	202	(38.3%)
Green	451	(34.2%)	869	(65.8%)
Greenup	430	(60.1%)	286	(39.9%)
Hardin	649	(40.3%)	961	(59.7%)
Harlan	261	(67.6%)	125	(32.4%)
Harrison	510	(32.2%)	1,075	(67.8%)
Hart	202	(35.5%)	367	(64.5%)
Henderson	363	(56.6%)	278	(43.4%)
Henry	624	(45.5%)	748	(54.5%)
Hickman	33	(12.5%)	232	(87.5%)
Hopkins	396	(55.9%)	312	(44.1%)
Jefferson	1,142	(41.3%)	1,581	(58.7%)
Jessamine	614	(53.1%)	543	(46.9%)
Knox	365	(75.1%)	121	(24.9%)
Laurel	124	(62.6%)	74	(37.4%)
Lawrence	159	(29.6%)	379	(70.4%)
Lewis	382	(47.8%)	417	(52.2%)
Lincoln	638	(52.1%)	586	(47.9%)
Livingston	319	(46.8%)	362	(53.2%)
Logan	925	(75.1%)	306	(24.9%)
McCracken	39	(40.6%)	57	(59.4%)
Madison	1,280	(70.0%)	548	(30.0%)
Mason	1,082	(60.3%)	713	(39.7%)
Meade	311	(69.9%)	134	(30.1%)
Mercer	771	(39.7%)	1,170	(60.3%)
Monroe	202	(37.5%)	337	(62.5%)
Montgomery	770	(51.6%)	721	(48.4%)
Morgan	91	(22.9%)	306	(77.1%)
Muhlenberg	433	(65.5%)	228	(34.5%)
Nelson	894	(61.6%)	558	(38.4%)
Nicholas	553	(44.8%)	680	(55.2%)
Ohio	360	(52.6%)	324	(47.4%)

County				
Oldham	471	(42.9%)	626	(57.1%)
Owen	199	(29.8%)	468	(70.2%)
Pendleton	243	(52.0%)	224	(48.0%)
Perry	210	(89.0%)	26	(11.0%)
Pike	29	(10.8%)	240	(89.2%)
Pulaski	638	(51.5%)	601	(48.5%)
Rockcastle	252	(67.6%)	121	(32.4%)
Russell	294	(64.2%)	164	(35.8%)
Scott	558	(33.5%)	1,109	(66.5%)
Shelby	1,087	(57.0%)	821	(43.0%)
Simpson	375	(53.6%)	324	(46.4%)
Spencer	258	(33.6%)	509	(66.4%)
Todd	504	(68.2%)	235	(31.8%)
Trigg	319	(48.9%)	333	(51.1%)
Union	233	(45.3%)	281	(54.7%)
Warren	761	(64.4%)	420	(35.6%)
Washington	798	(37.4%)	1,333	(62.6%)
Wayne	509	(50.7%)	494	(49.3%)
Whitley	204	(55.6%)	163	(44.4%)
Woodford	660	(60.2%)	437	(39.8%)
Total	**38,940**	**(50.5%)**	**38,231**	**(49.5%)**

SOURCES—(Lexington) *Kentucky Gazette*, August 29; Clift manuscript citing (Frankfort) *Commonwealth*, August 23, 1828, and papers of Governor Desha.

1832

County	John Breathitt (D)		Richard A. Buckner (NR)	
Adair	541	(59.5%)	368	(40.5%)
Allen	476	(72.1%)	184	(27.9%)
Anderson	437	(75.7%)	140	(24.3%)
Barren	903	(48.0%)	979	(52.0%)
Bath	735	(58.7%)	518	(41.3%)
Boone	557	(47.0%)	629	(53.0%)
Bourbon	534	(32.6%)	1,104	(67.4%)
Bracken	305	(40.7%)	445	(59.3%)
Breckinridge	297	(35.0%)	551	(65.0%)
Bullitt	442	(62.1%)	270	(37.9%)
Butler	275	(74.5%)	94	(25.5%)
Caldwell	569	(67.6%)	273	(32.4%)
Calloway	714	(93.1%)	53	(6.9%)
Campbell	859	(64.4%)	475	(35.6%)
Casey	299	(50.3%)	296	(49.7%)
Christian	488	(41.7%)	681	(58.3%)
Clark	521	(38.0%)	849	(62.0%)
Clay	149	(29.7%)	353	(70.3%)
Cumberland	543	(50.5%)	533	(49.5%)
Daviess	359	(52.7%)	322	(47.3%)
Edmonson	212	(63.5%)	122	(36.5%)
Estill	312	(58.5%)	221	(41.5%)
Fayette	681	(32.3%)	1,426	(67.7%)
Fleming	764	(41.2%)	1,089	(58.8%)
Floyd	405	(77.4%)	118	(22.6%)
Franklin	470	(45.9%)	554	(54.1%)
Gallatin	544	(55.0%)	445	(45.0%)
Garrard	289	(22.9%)	973	(77.1%)
Grant	232	(54.1%)	197	(45.9%)
Graves	318	(88.8%)	40	(11.2%)
Grayson	249	(45.3%)	301	(54.7%)
Green	915	(60.3%)	602	(39.7%)
Greenup	460	(50.8%)	446	(49.2%)
Hancock	110	(57.3%)	82	(42.7%)
Hardin	799	(49.2%)	826	(50.8%)
Harlan	146	(41.7%)	204	(58.3%)
Harrison	902	(64.1%)	505	(35.9%)
Hart	390	(63.3%)	226	(36.7%)
Henry	755	(58.7%)	532	(41.3%)
Henderson	327	(46.6%)	374	(53.4%)
Hickman	605	(81.5%)	137	(18.5%)
Hopkins	508	(66.9%)	251	(33.1%)
Jefferson	1,783	(50.4%)	1,758	(49.6%)
Jessamine	527	(44.1%)	668	(55.9%)
Knox	146	(25.3%)	432	(74.7%)
Laurel	190	(52.2%)	174	(47.8%)
Lawrence	324	(62.0%)	199	(38.0%)
Lewis	439	(57.7%)	322	(42.3%)
Lincoln	323	(29.4%)	775	(70.6%)
Livingston	385	(64.5%)	212	(35.5%)
Logan	547	(43.7%)	705	(56.3%)
McCracken	219	(82.6%)	46	(17.4%)
Madison	737	(40.7%)	1,103	(59.3%)
Mason	745	(38.7%)	1,188	(61.3%)
Meade	158	(30.3%)	364	(69.7%)
Mercer	1,182	(59.1%)	819	(40.9%)
Monroe	418	(71.3%)	168	(28.7%)
Montgomery	535	(41.9%)	743	(58.1%)
Morgan	315	(71.1%)	128	(28.9%)
Muhlenberg	333	(47.4%)	369	(52.6%)
Nelson	377	(29.8%)	886	(70.2%)
Nicholas	583	(53.8%)	501	(46.2%)
Ohio	425	(53.9%)	364	(46.1%)
Oldham	744	(64.9%)	403	(35.1%)
Owen	528	(71.0%)	216	(29.0%)
Pendleton	291	(64.5%)	160	(35.5%)
Perry	197	(55.6%)	157	(44.4%)
Pike	254	(87.9%)	35	(12.1%)
Pulaski	640	(49.5%)	654	(50.5%)
Rockcastle	141	(32.0%)	299	(68.0%)
Russell	268	(47.5%)	296	(52.5%)
Scott	1,017	(58.0%)	736	(42.0%)
Shelby	733	(38.7%)	1,163	(61.3%)
Simpson	425	(57.1%)	319	(42.9%)
Spencer	459	(59.4%)	314	(40.6%)
Todd	288	(32.8%)	590	(67.2%)
Trigg	439	(61.4%)	276	(38.6%)
Union	366	(65.8%)	190	(34.2%)
Warren	581	(46.6%)	667	(53.4%)
Washington	1,198	(59.4%)	820	(40.6%)
Wayne	446	(45.8%)	528	(54.2%)
Whitley	186	(44.9%)	228	(55.1%)
Woodford	393	(37.4%)	658	(62.6%)
Total	**40,715**	**(50.8%)**	**39,473**	**(49.2%)**

SOURCES—*Lexington Observer & Reporter*, August 25, 1832; *Daily Louisville Public Advertiser*, November 24, 1832; (Frankfort) *Commonwealth*, August 24, 1836; Clift manuscript.

1836

County	James Clark (W)		Mathews Flournoy (D)	
Adair	336	(50.5%)	329	(49.5%)
Allen	199	(38.6%)	317	(61.4%)
Anderson	170	(28.0%)	438	(72.0%)
Barren	965	(50.3%)	955	(49.7%)
Bath	541	(46.0%)	634	(54.0%)
Boone	645	(57.4%)	478	(42.6%)
Bourbon	737	(64.9%)	399	(35.1%)
Bracken	395	(57.7%)	289	(42.3%)
Breckinridge	694	(91.9%)	61	(8.1%)
Bullitt	197	(50.4%)	194	(49.6%)
Butler	160	(42.2%)	219	(57.8%)
Caldwell	458	(46.1%)	536	(53.9%)
Calloway	178	(20.4%)	694	(79.6%)
Campbell	396	(37.3%)	667	(62.7%)
Casey	187	(46.8%)	213	(53.2%)
Christian	689	(64.3%)	382	(35.7%)

County				
Clark	943	(87.2%)	138	(12.8%)
Clay	356	(72.4%)	136	(27.6%)
Clinton	199	(55.6%)	159	(44.4%)
Cumberland	562	(85.7%)	94	(14.3%)
Daviess	408	(54.3%)	343	(45.7%)
Edmonson	152	(49.5%)	155	(50.5%)
Estill	455	(57.4%)	337	(42.6%)
Fayette	1,041	(67.5%)	502	(32.5%)
Fleming	881	(62.6%)	526	(37.4%)
Floyd	112	(22.6%)	384	(77.4%)
Franklin	480	(46.7%)	548	(53.3%)
Gallatin	727	(69.4%)	320	(30.6%)
Garrard	707	(71.3%)	285	(28.7%)
Grant	186	(43.5%)	242	(56.5%)
Graves	175	(31.1%)	388	(68.9%)
Grayson	255	(52.7%)	229	(47.3%)
Green	413	(39.9%)	622	(60.1%)
Greenup	406	(64.6%)	222	(35.4%)
Hancock	83	(57.2%)	62	(42.8%)
Hardin	805	(69.4%)	355	(30.6%)
Harlan	249	(59.3%)	171	(40.7%)
Harrison	438	(39.0%)	686	(61.0%)
Hart	239	(41.7%)	334	(58.3%)
Henderson	384	(48.7%)	404	(51.3%)
Henry	576	(41.9%)	799	(58.1%)
Hickman	327	(38.5%)	522	(61.5%)
Hopkins	419	(47.0%)	493	(53.0%)
Jefferson	1,809	(62.4%)	1,089	(37.6%)
Jessamine	502	(58.1%)	362	(41.9%)
Knox	479	(90.0%)	53	(10.0%)
Laurel	246	(69.9%)	106	(30.1%)
Lawrence	265	(55.1%)	216	(44.9%)
Lewis	320	(50.1%)	319	(49.9%)
Lincoln	629	(72.2%)	242	(27.8%)
Livingston	256	(35.1%)	473	(64.9%)
Logan	935	(78.5%)	256	(21.5%)
McCracken	212	(63.1%)	124	(36.9%)
Madison	1,041	(72.4%)	397	(27.6%)
Marion	373	(41.1%)	535	(58.9%)
Mason	924	(70.5%)	386	(29.5%)
Meade	362	(84.6%)	66	(15.4%)
Mercer	741	(46.3%)	861	(53.7%)
Monroe	193	(44.8%)	238	(55.2%)
Montgomery	559	(59.9%)	374	(40.1%)
Morgan	57	(12.3%)	406	(87.7%)
Muhlenberg	406	(60.7%)	263	(39.3%)
Nelson	786	(78.3%)	218	(21.7%)
Nicholas	509	(45.3%)	615	(54.7%)
Ohio	334	(60.8%)	215	(39.2%)
Oldham	305	(33.6%)	602	(66.4%)
Owen	265	(37.4%)	443	(62.6%)
Pendleton	133	(39.2%)	206	(60.8%)
Perry	134	(43.4%)	165	(56.6%)
Pulaski	57	(22.1%)	201	(77.9%)
Rockcastle	566	(55.9%)	446	(44.1%)
Russell	388	(82.6%)	82	(17.4%)
Scott	315	(82.0%)	69	(18.0%)
Shelby	487	(37.1%)	824	(62.9%)
Simpson	924	(69.1%)	414	(30.9%)
Spencer	300	(50.9%)	289	(49.1%)
Taylor	359	(64.5%)	198	(35.5%)
Todd	517	(69.7%)	225	(30.3%)
Trigg	262	(52.9%)	233	(47.1%)
Union	193	(41.8%)	269	(58.2%)
Warren	704	(66.9%)	348	(33.1%)
Washington	438	(45.3%)	529	(54.7%)
Wayne	350	(45.8%)	415	(54.2%)
Whitley	356	(87.9%)	49	(12.1%)
Woodford	675	(64.2%)	377	(35.8%)
Total	**38,587**	**(55.9%)**	**30,491**	**(44.1%)**

SOURCES—(Frankfort) *Commonwealth*, August 24, 1836; Clift manuscript.

1840

County	Robert P. Letcher (W)		Richard French (D)	
Adair	531	(49.8%)	535	(50.2%)
Allen	341	(39.5%)	522	(60.5%)
Anderson	267	(35.8%)	479	(64.2%)
Barren	1,166	(55.4%)	939	(44.6%)
Bath	730	(47.6%)	805	(52.4%)
Boone	792	(59.1%)	549	(40.9%)
Bourbon	1,104	(69.1%)	493	(30.9%)
Bracken	661	(68.1%)	310	(31.9%)
Breathitt	217	(61.6%)	135	(38.4%)
Breckinridge	801	(74.0%)	282	(26.0%)
Bullitt	340	(40.7%)	194	(59.3%)
Butler	209	(48.0%)	226	(52.0%)
Caldwell	598	(47.2%)	669	(52.8%)
Calloway	188	(15.0%)	1,069	(85.0%)
Campbell	340	(40.7%)	496	(59.3%)
Carroll	387	(57.3%)	288	(42.7%)
Carter	86	(19.2%)	361	(80.8%)
Casey	404	(78.3%)	112	(21.7%)
Christian	918	(63.2%)	535	(36.8%)
Clark	926	(74.0%)	326	(26.0%)
Clay	447	(76.0%)	141	(24.0%)
Clinton	329	(79.5%)	85	(20.5%)
Cumberland	520	(87.7%)	73	(12.3%)
Daviess	617	(57.8%)	450	(42.2%)
Edmonson	221	(55.4%)	178	(44.6%)
Estill	473	(60.1%)	314	(39.9%)
Fayette	1,371	(64.3%)	762	(35.7%)
Fleming	1,086	(63.5%)	624	(36.5%)
Floyd	168	(21.1%)	628	(78.9%)
Franklin	623	(53.8%)	534	(46.2%)
Gallatin	353	(55.7%)	281	(44.3%)
Garrard	1,079	(84.5%)	198	(15.5%)
Grant	330	(44.8%)	406	(55.2%)
Graves	271	(30.1%)	630	(69.9%)
Grayson	367	(56.2%)	286	(43.8%)
Green	632	(49.5%)	646	(50.5%)
Greenup	498	(57.7%)	365	(42.3%)
Hancock	190	(66.2%)	97	(33.8%)
Hardin	1,242	(63.6%)	691	(36.4%)
Harlan	277	(94.9%)	15	(5.1%)
Harrison	796	(48.2%)	859	(51.8%)
Hart	464	(58.8%)	325	(41.2%)
Henderson	577	(54.6%)	479	(45.4%)
Henry	816	(48.2%)	877	(51.8%)
Hickman	342	(32.5%)	724	(67.5%)
Hopkins	639	(52.1%)	587	(47.9%)
Jessamine	645	(63.7%)	368	(36.3%)
Jefferson	3,162	(63.8%)	1,792	(36.2%)
Kenton	455	(40.6%)	666	(59.4%)
Knox	595	(90.6%)	62	(9.4%)
Laurel	421	(83.7%)	85	(16.3%)
Lawrence	143	(23.4%)	468	(76.6%)
Lewis	504	(56.4%)	390	(43.6%)
Lincoln	965	(80.8%)	229	(19.2%)
Livingston	630	(55.0%)	515	(45.0%)
Logan	1,040	(81.3%)	239	(18.7%)
McCracken	355	(58.8%)	249	(41.2%)
Madison	1,241	(70.1%)	529	(29.9%)
Marion	704	(68.2%)	329	(31.8%)
Mason	1,495	(70.5%)	625	(29.5%)
Meade	578	(81.8%)	129	(18.2%)
Mercer	1,094	(48.0%)	1,183	(52.0%)

Kentucky

County				
Monroe	464	(57.3%)	346	(42.7%)
Montgomery	641	(54.9%)	527	(45.1%)
Morgan	171	(23.3%)	564	(76.7%)
Muhlenberg	651	(77.1%)	193	(22.9%)
Nelson	1,073	(76.7%)	326	(23.3%)
Nicholas	740	(52.9%)	659	(47.1%)
Ohio	478	(58.9%)	323	(41.1%)
Oldham	449	(45.4%)	539	(54.6%)
Owens	401	(36.6%)	694	(63.4%)
Pendleton	270	(37.2%)	456	(62.8%)
Perry	266	(62.6%)	159	(37.4%)
Pike	167	(45.5%)	200	(54.5%)
Pulaski	820	(58.9%)	572	(41.1%)
Rockcastle	481	(93.8%)	32	(6.2%)
Russell	352	(74.6%)	120	(25.4%)
Scott	723	(41.0%)	1,042	(59.0%)
Shelby	1,373	(68.3%)	638	(31.7%)
Simpson	441	(60.9%)	283	(39.1%)
Spencer	447	(54.9%)	367	(45.1%)
Todd	609	(75.1%)	202	(24.9%)
Trigg	470	(48.5%)	499	(51.5%)
Trimble	246	(40.3%)	365	(59.7%)
Union	453	(50.8%)	438	(49.2%)
Warren	843	(65.1%)	452	(34.9%)
Washington	691	(53.5%)	600	(46.5%)
Wayne	659	(74.6%)	224	(25.4%)
Whitley	536	(88.0%)	73	(12.0%)
Woodford	694	(67.9%)	328	(32.1%)
Total	**55,370**	**(58.3%)**	**39,659**	**(41.7%)**

SOURCE—(Frankfort) *Commonwealth*, August 25, 1840.

1844

County	William Owsley (W)		William O. Butler (D)	
Adair	589	(46.9%)	666	(53.1%)
Allen	313	(36.6%)	542	(63.4%)
Anderson	284	(32.1%)	602	(67.9%)
Ballard	258	(40.4%)	380	(59.6%)
Barren	220	(16.7%)	1,100	(83.3%)
Bath	690	(42.3%)	941	(57.7%)
Boone	875	(50.8%)	848	(49.2%)
Bourbon	1,175	(68.9%)	531	(31.1%)
Boyle	667	(61.1%)	424	(38.9%)
Bracken	683	(61.1%)	434	(38.9%)
Breathitt	151	(37.7%)	250	(62.3%)
Breckinridge	739	(62.7%)	440	(37.3%)
Bullitt	503	(54.4%)	421	(45.6%)
Butler	313	(51.7%)	293	(48.3%)
Caldwell	678	(41.6%)	952	(58.4%)
Calloway	177	(19.4%)	734	(80.6%)
Campbell	347	(33.6%)	685	(66.4%)
Carroll	362	(46.4%)	418	(53.6%)
Carter	171	(26.1%)	483	(73.9%)
Casey	450	(64.6%)	247	(35.4%)
Christian	1,064	(55.9%)	838	(44.1%)
Clark	1,053	(71.4%)	422	(28.6%)
Clay	383	(62.3%)	232	(37.7%)
Clinton	238	(42.4%)	323	(57.6%)
Crittenden	232	(35.6%)	419	(64.4%)
Cumberland	555	(77.3%)	163	(22.7%)
Daviess	773	(56.5%)	594	(43.5%)
Edmonson	184	(42.3%)	251	(57.7%)
Estill	441	(57.3%)	328	(42.7%)
Fayette	1,563	(65.0%)	843	(35.0%)
Fleming	1,152	(57.8%)	840	(42.2%)
Floyd	228	(38.7%)	361	(61.3%)
Franklin	736	(53.0%)	653	(47.0%)
Gallatin	358	(48.3%)	383	(51.7%)
Garrard	1,123	(76.5%)	345	(23.5%)
Grant	404	(43.5%)	524	(56.5%)
Graves	297	(25.8%)	854	(74.2%)
Grayson	334	(42.8%)	446	(57.2%)
Green	780	(40.3%)	1,157	(59.7%)
Greenup	516	(53.1%)	456	(46.9%)
Hancock	231	(52.6%)	208	(47.4%)
Hardin	859	(54.2%)	812	(45.8%)
Harlan	390	(75.3%)	128	(24.7%)
Harrison	900	(45.4%)	1,082	(54.6%)
Hart	546	(48.5%)	579	(51.5%)
Henderson	697	(50.2%)	691	(49.8%)
Henry	700	(39.6%)	1,066	(60.4%)
Hickman	264	(26.6%)	729	(73.4%)
Hopkins	731	(44.6%)	909	(55.4%)
Jefferson	3,356	(57.0%)	2,534	(43.0%)
Jessamine	657	(56.0%)	516	(44.0%)
Johnson	54	(14.1%)	330	(85.9%)
Kenton	605	(39.1%)	944	(60.9%)
Knox	666	(71.0%)	272	(29.0%)
Larue	317	(43.0%)	420	(57.0%)
Laurel	438	(75.1%)	145	(24.9%)
Lawrence	305	(47.2%)	341	(52.8%)
Letcher	60	(24.5%)	185	(75.5%)
Lewis	528	(49.3%)	544	(50.7%)
Lincoln	852	(70.9%)	349	(29.1%)
Livingston	365	(52.0%)	337	(48.0%)
Logan	1,249	(76.3%)	389	(23.7%)
McCracken	294	(55.7%)	234	(44.3%)
Madison	1,284	(64.0%)	722	(36.0%)
Marion	676	(44.2%)	854	(55.8%)
Marshall	96	(14.1%)	585	(85.9%)
Mason	1,571	(65.5%)	826	(34.5%)
Meade	629	(72.9%)	234	(27.1%)
Mercer	592	(34.6%)	1,118	(65.4%)
Monroe	432	(49.1%)	448	(50.9%)
Montgomery	657	(53.3%)	575	(46.7%)
Morgan	309	(33.8%)	605	(66.2%)
Muhlenberg	642	(58.4%)	457	(41.6%)
Nelson	1,139	(65.7%)	594	(34.3%)
Nicholas	716	(46.0%)	842	(54.0%)
Ohio	497	(51.3%)	471	(48.7%)
Oldham	460	(44.9%)	564	(55.1%)
Owen	471	(32.7%)	969	(67.3%)
Owsley	151	(41.1%)	216	(58.9%)
Pendleton	271	(31.8%)	580	(68.2%)
Perry	205	(58.1%)	148	(41.9%)
Pike	248	(49.4%)	254	(50.6%)
Pulaski	842	(49.4%)	862	(50.6%)
Rockcastle	550	(86.2%)	88	(13.8%)
Russell	437	(70.9%)	179	(29.1%)
Scott	824	(44.5%)	1,028	(55.5%)
Shelby	1,428	(62.9%)	844	(37.1%)
Simpson	409	(49.6%)	415	(50.4%)
Spencer	434	(47.9%)	472	(52.1%)
Todd	691	(60.0%)	461	(40.0%)
Trigg	521	(45.9%)	614	(54.1%)
Trimble	269	(31.4%)	587	(68.6%)
Union	459	(44.3%)	576	(55.7%)
Warren	888	(66.8%)	442	(33.2%)
Washington	711	(46.8%)	809	(53.2%)
Wayne	621	(57.9%)	451	(42.1%)
Whitley	547	(74.2%)	160	(25.8%)
Woodford	780	(64.3%)	445	(35.7%)
Total	**59,680**	**(52.0%)**	**55,056**	**(48.0%)**

SOURCES—*Frankfort Commonwealth*, August 27, 1844; papers of Governor William Owsley.

Kentucky

1848

County	John J. Crittenden (W)		Lazarus W. Powell (D)	
Adair	575	(44.6%)	713	(55.4%)
Allen	416	(42.1%)	572	(57.9%)
Anderson	355	(35.3%)	652	(64.7%)
Ballard	328	(48.5%)	348	(51.5%)
Barren	1,458	(54.7%)	1,207	(45.3%)
Bath	725	(44.7%)	896	(55.3%)
Boone	1,003	(52.6%)	904	(47.4%)
Bourbon	1,116	(69.1%)	500	(30.9%)
Boyle	725	(64.6%)	397	(35.4%)
Bracken	770	(58.2%)	554	(41.8%)
Breathitt	120	(30.2%)	278	(69.8%)
Breckinridge	990	(66.4%)	500	(33.6%)
Bullitt	482	(49.7%)	488	(50.3%)
Butler	373	(52.5%)	338	(47.5%)
Caldwell	778	(47.6%)	857	(52.4%)
Calloway	239	(23.3%)	788	(76.7%)
Campbell	436	(37.3%)	733	(62.7%)
Carroll	462	(48.9%)	483	(51.1%)
Carter	228	(25.6%)	661	(74.4%)
Casey	600	(70.2%)	255	(29.8%)
Christian	1,109	(58.3%)	792	(41.7%)
Clark	1,020	(72.8%)	381	(27.2%)
Clay	416	(64.5%)	229	(35.5%)
Clinton	254	(41.6%)	356	(58.4%)
Crittenden	374	(42.7%)	501	(57.3%)
Cumberland	603	(80.8%)	143	(19.2%)
Daviess	992	(56.9%)	750	(43.1%)
Edmonson	223	(46.0%)	262	(54.0%)
Estill	490	(59.7%)	331	(40.3%)
Fayette	1,420	(64.8%)	771	(35.2%)
Fleming	1,108	(56.9%)	839	(43.1%)
Floyd	237	(32.4%)	345	(67.6%)
Franklin	892	(58.2%)	641	(41.8%)
Fulton	177	(33.9%)	345	(66.1%)
Gallatin	379	(46.8%)	421	(53.2%)
Garrard	1,085	(81.7%)	243	(18.3%)
Grant	470	(45.0%)	575	(55.0%)
Graves	499	(33.7%)	981	(66.3%)
Grayson	513	(51.2%)	488	(48.8%)
Green	576	(49.6%)	585	(50.4%)
Greenup	698	(54.2%)	591	(45.8%)
Hancock	296	(59.7%)	200	(40.3%)
Hardin	1,186	(63.3%)	688	(36.7%)
Harlan	436	(84.7%)	79	(15.3%)
Harrison	832	(45.8%)	985	(54.2%)
Hart	606	(48.3%)	648	(51.7%)
Henderson	698	(48.3%)	746	(51.7%)
Henry	855	(46.7%)	976	(53.3%)
Hickman	143	(25.3%)	422	(74.7%)
Hopkins	835	(48.1%)	900	(51.9%)
Jefferson	3,707	(54.2%)	3,129	(45.8%)
Johnson	88	(21.4%)	323	(78.6%)
Kenton	855	(40.4%)	1,263	(59.6%)
Knox	580	(66.3%)	295	(33.7%)
Larue	495	(55.3%)	400	(44.7%)
Laurel	431	(67.4%)	208	(32.6%)
Lawrence	440	(55.6%)	351	(44.4%)
Letcher	71	(27.7%)	187	(72.3%)
Lewis	565	(45.1%)	688	(54.9%)
Lincoln	805	(67.9%)	380	(32.1%)
Livingston	424	(61.9%)	261	(38.1%)
Logan	1,433	(79.3%)	374	(20.7%)
McCracken	368	(47.0%)	315	(53.0%)
Madison	1,324	(63.3%)	767	(36.7%)
Marion	852	(51.4%)	807	(48.6%)
Marshall	112	(17.1%)	542	(82.9%)
Mason	1,571	(60.7%)	1,018	(39.3%)
Meade	671	(75.0%)	224	(25.0%)
Mercer	690	(39.1%)	1,076	(60.9%)
Monroe	576	(52.6%)	520	(47.4%)
Montgomery	724	(52.2%)	664	(57.8%)
Morgan	362	(32.9%)	738	(67.1%)
Muhlenberg	770	(58.4%)	548	(41.6%)
Nelson	1,136	(66.5%)	573	(33.5%)
Nicholas	786	(47.6%)	866	(52.4%)
Ohio	754	(54.5%)	629	(45.5%)
Oldham	477	(46.9%)	539	(53.1%)
Owen	570	(36.6%)	987	(63.4%)
Owsley	268	(49.8%)	270	(50.2%)
Pendleton	314	(31.8%)	672	(68.2%)
Perry	192	(52.0%)	177	(48.0%)
Pike	272	(51.8%)	253	(48.2%)
Pulaski	1,054	(49.6%)	1,069	(50.4%)
Rockcastle	539	(81.2%)	125	(18.8%)
Russell	497	(70.9%)	204	(29.1%)
Scott	688	(48.6%)	727	(51.4%)
Shelby	1,374	(64.8%)	745	(35.2%)
Simpson	478	(57.6%)	352	(42.4%)
Spencer	457	(49.8%)	461	(50.2%)
Taylor	356	(38.0%)	580	(62.0%)
Todd	790	(65.6%)	414	(34.4%)
Trigg	585	(49.0%)	608	(51.0%)
Trimble	320	(37.4%)	535	(62.6%)
Union	509	(42.0%)	704	(58.0%)
Warren	1,207	(67.6%)	578	(32.4%)
Washington	667	(44.5%)	831	(55.5%)
Wayne	627	(57.6%)	461	(42.4%)
Whitley	559	(73.6%)	200	(26.4%)
Woodford	817	(68.4%)	378	(31.6%)
Total	**66,466**	**(53.4%)**	**58,045**	**(46.6%)**

SOURCES—*Louisville Daily Journal*, December 2, 1848; Clift manuscript; (Frankfort) *Kentucky Yeoman*, August 31, 1848; papers of Governor William Owsley.

1851

County	Lazarus Powell (D)		Archibald Dixon (W)		Cassius M. Clay (EASS)	
Adair	503	(54.6%)	375	(40.7%)	43	(4.7%)
Allen	527	(61.2%)	334	(38.8%)	0	
Anderson	641	(68.3%)	282	(30.0%)	16	(1.7%)
Ballard	340	(55.4%)	269	(43.8%)	5	(0.8%)
Barren	1,078	(46.0%)	1,217	(51.9%)	48	(2.0%)
Bath	918	(55.9%)	721	(43.9%)	2	(0.1%)
Boone	813	(50.9%)	782	(49.0%)	1	(0.1%)
Bourbon	474	(33.5%)	921	(65.1%)	20	(1.4%)
Boyle	308	(36.0%)	548	(64.0%)	0	
Bracken	592	(44.8%)	723	(54.7%)	6	(0.5%)
Breathitt	311	(68.4%)	117	(25.7%)	27	(5.9%)
Breckinridge	558	(41.8%)	772	(57.8%)	5	(0.4%)
Bullitt	453	(57.3%)	328	(41.5%)	10	(1.3%)
Butler	239	(45.1%)	255	(48.1%)	36	(6.8%)
Caldwell	820	(54.9%)	669	(44.8%)	4	(0.3%)
Calloway	709	(76.9%)	212	(23.0%)	1	(0.1%)
Campbell	804	(68.7%)	338	(28.9%)	29	(2.2%)
Carroll	447	(50.6%)	431	(48.8%)	5	(0.6%)
Carter	575	(76.2%)	174	(23.0%)	6	(0.8%)
Casey	246	(39.2%)	368	(58.7%)	13	(2.1%)
Christian	823	(46.7%)	926	(52.5%)	14	(0.8%)
Clark	397	(30.5%)	874	(67.2%)	29	(2.2%)
Clay	161	(27.6%)	271	(46.5%)	151	(25.9%)
Clinton	295	(62.9%)	173	(36.9%)	1	(0.2%)
Crittenden	435	(52.4%)	393	(47.3%)	2	(0.2%)
Cumberland	193	(31.0%)	428	(68.8%)	1	(0.2%)

Kentucky

County			
Daviess	816 (49.5%)	831 (50.4%)	3 (0.2%)
Edmonson	204 (54.0%)	155 (41.0%)	19 (5.0%)
Estill	387 (39.1%)	423 (42.8%)	179 (18.1%)
Fayette	818 (38.2%)	1,216 (56.7%)	110 (5.1%)
Fleming	788 (45.9%)	928 (54.0%)	2 (0.1%)
Floyd	379 (61.0%)	218 (35.1%)	24 (3.9%)
Franklin	767 (48.3%)	809 (50.9%)	12 (0.8%)
Fulton	261 (62.4%)	157 (37.6%)	0
Gallatin	407 (55.4%)	327 (44.5%)	1 (0.1%)
Garrard	272 (21.2%)	814 (63.4%)	198 (15.4%)
Grant	546 (60.3%)	349 (38.5%)	11 (1.2%)
Graves	945 (66.5%)	469 (33.0%)	6 (0.4%)
Grayson	434 (51.6%)	392 (46.6%)	15 (1.8%)
Green	434 (52.0%)	399 (47.8%)	2 (0.2%)
Greenup	493 (53.4%)	420 (45.5%)	10 (1.1%)
Hancock	213 (43.3%)	278 (56.5%)	1 (0.2%)
Hardin	617 (41.2%)	846 (56.5%)	34 (2.3%)
Harlan	75 (15.6%)	395 (82.0%)	12 (2.5%)
Harrison	906 (55.1%)	724 (44.1%)	12 (0.7%)
Hart	578 (43.8%)	735 (55.7%)	5 (0.4%)
Henderson	698 (54.0%)	594 (45.0%)	1 (0.1%)
Henry	971 (56.7%)	735 (42.9%)	7 (0.4%)
Hickman	358 (72.8%)	134 (27.2%)	0
Hopkins	814 (54.0%)	694 (46.0%)	0
Jefferson	3,018 (48.8%)	3,148 (50.9%)	18 (0.3%)
Jessamine	502 (45.1%)	553 (49.7%)	57 (5.1%)
Johnson	427 (86.6%)	59 (12.0%)	7 (1.4%)
Kenton	1,189 (59.5%)	798 (39.9%)	11 (0.6%)
Knox	303 (39.5%)	389 (50.7%)	76 (9.9%)
Larue	363 (48.9%)	368 (49.6%)	11 (1.5%)
Laurel	264 (41.8%)	321 (50.9%)	46 (7.3%)
Lawrence	392 (53.8%)	334 (45.9%)	2 (0.3%)
Letcher	92 (56.4%)	61 (37.4%)	10 (6.1%)
Lewis	522 (56.5%)	369 (39.9%)	33 (3.6%)
Lincoln	314 (32.8%)	576 (60.3%)	66 (6.9%)
Livingston	213 (38.4%)	341 (61.6%)	0
Logan	388 (24.1%)	1,184 (73.4%)	41 (2.5%)
McCracken	373 (47.6%)	409 (52.2%)	1 (0.1%)
Madison	513 (27.0%)	718 (37.8%)	670 (35.2%)
Marion	750 (51.8%)	680 (47.0%)	18 (1.2%)
Marshall	513 (27.0%)	123 (19.3%)	2 (0.3%)
Mason	905 (39.3%)	1,371 (59.5%)	28 (1.2%)
Meade	224 (29.1%)	545 (70.7%)	2 (0.3%)
Mercer	969 (63.9%)	492 (32.5%)	55 (3.6%)
Monroe	407 (45.9%)	357 (40.2%)	123 (13.9%)
Montgomery	577 (46.0%)	676 (53.9%)	1 (0.1%)
Morgan	700 (65.0%)	358 (33.2%)	19 (1.8%)
Muhlenberg	577 (46.9%)	638 (51.9%)	15 (1.2%)
Nelson	509 (36.5%)	856 (61.4%)	30 (2.2%)
Nicholas	827 (54.6%)	646 (42.6%)	42 (2.8%)
Ohio	635 (48.6%)	558 (42.7%)	113 (8.7%)
Oldham	531 (56.8%)	403 (43.1%)	1 (0.1%)
Owens	1,094 (67.7%)	493 (30.5%)	28 (1.7%)
Owsley	276 (49.1%)	225 (40.0%)	61 (10.9%)
Pendleton	636 (70.0%)	256 (28.2%)	17 (1.9%)
Perry	161 (49.2%)	126 (38.5%)	40 (12.2%)
Pike	230 (47.6%)	242 (50.1%)	11 (2.3%)
Pulaski	786 (47.4%)	662 (39.9%)	210 (12.7%)
Rockcastle	135 (20.5%)	396 (60.1%)	128 (19.4%)
Russell	182 (30.7%)	404 (68.1%)	5 (0.1%)
Scott	1,001 (58.4%)	685 (40.0%)	27 (1.6%)
Shelby	703 (38.8%)	1,107 (61.1%)	3 (0.2%)
Simpson	401 (51.3%)	380 (48.7%)	0
Spencer	346 (50.6%)	335 (49.0%)	3 (0.4%)
Taylor	442 (63.5%)	251 (36.1%)	3 (0.4%)
Todd	431 (38.8%)	604 (54.4%)	75 (6.8%)
Trigg	580 (52.3%)	525 (47.4%)	3 (0.3%)
Trimble	533 (64.1%)	298 (35.8%)	1 (0.1%)
Union	622 (56.1%)	486 (43.9%)	0
Warren	673 (38.3%)	1,077 (61.3%)	7 (0.4%)
Washington	705 (50.7%)	586 (42.2%)	99 (7.1%)
Wayne	435 (42.7%)	513 (50.3%)	71 (7.0%)
Whitley	203 (28.2%)	422 (58.6%)	95 (13.2%)
Woodford	408 (37.4%)	676 (62.0%)	7 (0.6%)
Total	**54,821 (48.8%)**	**54,023 (48.1%)**	**3,531 (3.1%)**
	(54,613)	(53,763)	(3,621)

Figures in parentheses are the stated totals; the bold figures are the added totals.

SOURCES—(Frankfort) *Tri-Weekly Yeoman*, September 4, 1851; Clift citing manuscript returns.

1855

County	Charles Morehead (A)	Beverley L. Clarke (D)
Adair	431 (31.4%)	942 (68.6%)
Allen	605 (47.1%)	680 (52.9%)
Anderson	351 (33.6%)	695 (66.4%)
Ballard	372 (39.8%)	562 (60.2%)
Barren	1,510 (56.7%)	1,153 (43.3%)
Bath	673 (39.2%)	1,045 (60.8%)
Boone	915 (57.6%)	673 (42.4%)
Bourbon	994 (65.0%)	535 (35.0%)
Boyle	697 (66.1%)	356 (33.9%)
Bracken	939 (70.1%)	400 (29.9%)
Breathitt	136 (21.6%)	493 (78.4%)
Breckinridge	1,128 (73.5%)	407 (26.5%)
Bullitt	600 (58.2%)	431 (41.8%)
Butler	629 (63.5%)	361 (36.5%)
Caldwell	436 (44.3%)	548 (55.7%)
Calloway	165 (14.4%)	980 (85.6%)
Campbell	956 (45.1%)	1,166 (54.9%)
Carroll	457 (49.9%)	458 (50.1%)
Carter	354 (36.0%)	628 (64.0%)
Casey	639 (59.9%)	428 (40.1%)
Christian	1,036 (54.7%)	848 (45.3%)
Clark	955 (74.3%)	330 (25.7%)
Clay	308 (39.3%)	476 (60.7%)
Clinton	286 (34.3%)	549 (65.7%)
Crittenden	450 (43.1%)	594 (56.9%)
Cumberland	582 (64.2%)	324 (35.8%)
Daviess	962 (53.8%)	826 (46.2%)
Edmonson	188 (32.0%)	400 (68.0%)
Estill	558 (47.4%)	619 (52.6%)
Fayette	1,439 (63.8%)	815 (36.2%)
Fleming	1,120 (61.0%)	715 (39.0%)
Floyd	153 (16.6%)	769 (83.4%)
Franklin	946 (55.3%)	764 (44.7%)
Fulton	198 (37.1%)	335 (62.9%)
Gallatin	450 (60.8%)	290 (39.2%)
Garrard	976 (72.6%)	368 (27.4%)
Grant	735 (57.6%)	541 (42.4%)
Graves	538 (30.4%)	1,231 (69.6%)
Grayson	523 (46.6%)	599 (53.4%)
Green	476 (41.1%)	682 (58.9%)
Greenup	941 (63.5%)	542 (36.5%)
Hancock	418 (54.4%)	351 (45.6%)
Hardin	1,391 (70.4%)	586 (29.6%)
Harlan	398 (63.2%)	232 (36.8%)
Harrison	1,065 (55.2%)	866 (44.8%)
Hart	598 (43.1%)	791 (56.9%)
Henderson	881 (57.3%)	657 (42.7%)
Henry	805 (46.0%)	944 (54.0%)
Hickman	178 (25.8%)	512 (74.2%)
Hopkins	925 (46.5%)	1,066 (53.5%)
Jefferson	4,416 (65.6%)	2,311 (34.4%)
Jessamine	565 (52.8%)	505 (47.2%)

Kentucky

County				
Johnson	36	(56.9%)	597	(43.1%)
Kenton	1,278	(49.7%)	1,292	(50.3%)
Knox	562	(62.6%)	336	(37.4%)
Larue	584	(59.9%)	391	(40.1%)
Laurel	373	(45.8%)	441	(54.2%)
Lawrence	530	(58.1%)	382	(41.9%)
Letcher	73	(19.6%)	300	(80.4%)
Lewis	610	(60.0%)	407	(40.0%)
Lincoln	878	(65.2%)	469	(34.8%)
Livingston	493	(62.7%)	293	(37.3%)
Logan	1,540	(80.0%)	386	(20.0%)
Lyon	255	(45.8%)	302	(54.2%)
McCracken	648	(62.4%)	391	(37.6%)
McLean	258	(50.7%)	251	(49.3%)
Madison	1,287	(61.4%)	810	(38.6%)
Marion	433	(27.0%)	1,172	(73.0%)
Marshall	104	(11.5%)	803	(88.5%)
Mason	1,355	(65.1%)	728	(34.9%)
Meade	786	(70.2%)	333	(29.8%)
Mercer	750	(43.2%)	986	(56.8%)
Monroe	506	(44.8%)	624	(55.2%)
Montgomery	603	(58.5%)	428	(41.5%)
Morgan	379	(26.7%)	1,040	(73.3%)
Muhlenberg	893	(51.7%)	834	(48.3%)
Nelson	819	(44.4%)	1,026	(55.6%)
Nicholas	759	(52.1%)	699	(47.9%)
Ohio	931	(53.6%)	805	(46.4%)
Oldham	424	(46.6%)	485	(53.4%)
Owen	575	(29.2%)	1,396	(70.8%)
Owsley	319	(40.0%)	478	(60.0%)
Pendleton	779	(68.8%)	354	(31.2%)
Perry	126	(33.0%)	256	(67.0%)
Pike	108	(13.2%)	712	(86.8%)
Powell	159	(47.3%)	177	(52.7%)
Pulaski	1,083	(45.8%)	1,283	(54.2%)
Rockcastle	416	(65.6%)	218	(34.4%)
Russell	499	(57.1%)	375	(42.9%)
Scott	765	(46.0%)	899	(54.0%)
Shelby	1,320	(68.4%)	611	(31.6%)
Simpson	437	(45.1%)	533	(54.9%)
Spencer	438	(50.5%)	429	(49.5%)
Taylor	371	(37.8%)	611	(62.2%)
Todd	667	(54.6%)	554	(45.4%)
Trigg	504	(40.9%)	728	(59.1%)
Trimble	272	(35.1%)	504	(64.9%)
Union	694	(47.8%)	759	(52.2%)
Warren	1,382	(68.6%)	632	(31.4%)
Washington	467	(29.4%)	1,120	(70.6%)
Wayne	676	(50.6%)	661	(49.4%)
Whitley	485	(56.3%)	376	(43.7%)
Woodford	682	(65.6%)	357	(34.4%)
Total*	**69,816**	**(51.6%)**	**65,413**	**(48.4%)**
	(69,818)			

*Stated total is in parentheses.

SOURCES—*Frankfort Commonwealth*, September 11, 1855; Clift manuscript.

1859

County	Beriah Magoffin (D)		Joshua F. Bell (Opp)	
Adair	1,102	(67.0%)	543	(33.0%)
Allen	759	(60.0%)	507	(40.0%)
Anderson	740	(69.0%)	333	(31.0%)
Ballard	788	(68.9%)	356	(31.1%)
Barren	1,419	(46.5%)	1,633	(53.5%)
Bath	1,042	(58.2%)	749	(41.8%)
Boone	942	(52.3%)	859	(47.7%)
Bourbon	673	(40.5%)	990	(59.5%)
Boyle	331	(30.0%)	771	(70.0%)
Bracken	741	(48.8%)	778	(51.2%)
Breathitt	508	(77.9%)	144	(22.1%)
Breckinridge	650	(41.7%)	908	(58.3%)
Bullitt	484	(54.6%)	402	(45.4%)
Butler	466	(45.0%)	570	(55.0%)
Caldwell	562	(59.7%)	380	(40.3%)
Calloway	1,121	(82.5%)	238	(17.5%)
Campbell	1,264	(67.5%)	608	(32.5%)
Carroll	523	(58.3%)	374	(41.7%)
Carter	848	(69.0%)	381	(31.0%)
Christian	1,055	(51.1%)	971	(48.9%)
Clark	408	(30.0%)	953	(70.0%)
Clay	459	(51.7%)	428	(48.3%)
Clinton	571	(64.5%)	314	(35.5%)
Crittenden	636	(56.9%)	482	(43.1%)
Cumberland	377	(36.1%)	668	(63.9%)
Daviess	1,408	(53.1%)	1,246	(46.9%)
Estill	578	(50.9%)	557	(49.1%)
Fayette	992	(41.4%)	1,403	(58.6%)
Fleming	910	(48.2%)	977	(51.8%)
Floyd	799	(75.6%)	258	(24.4%)
Franklin	826	(49.1%)	856	(50.9%)
Fulton	405	(61.3%)	256	(38.7%)
Gallatin	490	(56.0%)	385	(44.0%)
Garrard	390	(29.6%)	927	(70.4%)
Grant	787	(53.8%)	677	(46.2%)
Graves	1,301	(72.1%)	503	(27.9%)
Grayson	532	(52.0%)	492	(48.0%)
Green	688	(59.9%)	461	(40.1%)
Greenup	863	(44.2%)	1,089	(55.8%)
Hancock	477	(53.2%)	419	(46.8%)
Hardin	947	(51.6%)	888	(48.4%)
Harlan	271	(38.5%)	433	(61.5%)
Harrison	1,310	(58.6%)	926	(41.4%)
Hart	786	(63.9%)	445	(36.1%)
Henderson	883	(49.4%)	903	(50.6%)
Henry	1,028	(61.9%)	634	(38.1%)
Hickman	581	(69.7%)	253	(30.3%)
Hopkins	1,055	(57.0%)	796	(43.0%)
Jackson	151	(50.3%)	149	(49.7%)
Jefferson	3,267	(42.7%)	4,378	(57.3%)
Jessamine	569	(47.9%)	620	(52.1%)
Johnson	779	(95.1%)	40	(4.9%)
Kenton	1,641	(61.8%)	1,013	(38.2%)
Knox	375	(33.9%)	730	(66.1%)
Larue	535	(53.2%)	470	(46.8%)
Laurel	377	(48.0%)	409	(52.0%)
Lawrence	584	(46.6%)	670	(53.4%)
Letcher	265	(70.5%)	111	(29.5%)
Lewis	684	(50.9%)	660	(49.1%)
Lincoln	452	(32.9%)	922	(67.1%)
Livingston	343	(46.6%)	393	(53.4%)
Logan	528	(14.4%)	1,418	(85.6%)
Lyon	363	(61.3%)	229	(38.7%)
Madison	949	(42.2%)	1,301	(57.8%)
Marion	1,130	(69.2%)	503	(30.8%)
Marshall	855	(86.8%)	130	(13.2%)
Mason	884	(40.4%)	1,305	(59.6%)
McCracken	527	(46.4%)	609	(53.6%)
Mercer	1,040	(59.2%)	718	(40.8%)
Monroe	651	(52.5%)	590	(47.5%)
Montgomery	503	(45.8%)	595	(54.2%)
Morgan	1,202	(71.5%)	480	(28.5%)
Muhlenberg	971	(53.1%)	858	(46.9%)
Nicholas	1,005	(57.9%)	731	(42.1%)
Ohio	1,001	(55.4%)	805	(44.6%)
Oldham	529	(59.7%)	357	(40.3%)
Owens	1,435	(77.0%)	429	(23.0%)

Owsley	423	(51.5%)	398	(48.5%)	Union	775	(60.3%)	510	(39.7%)
Pendleton	856	(58.2%)	616	(41.8%)	Warren	866	(42.3%)	1,182	(57.7%)
Perry	253	(58.0%)	183	(42.0%)	Washington	1,056	(65.6%)	544	(34.4%)
Pike	674	(80.0%)	168	(20.0%)	Wayne	823	(52.4%)	749	(47.6%)
Powell	190	(51.6%)	178	(48.4%)	Whitley	330	(34.8%)	619	(65.2%)
Pulaski	1,342	(52.4%)	1,221	(47.6%)	Woodford	472	(42.5%)	639	(57.5%)
Rockcastle	241	(32.7%)	495	(67.3%)	*Total	76,187	(53.1%)	67,283	(46.9%)
Rowan	239	(63.6%)	137	(36.4%)				(67,280)	
Russell	429	(46.2%)	500	(53.8%)					
Scott	1,062	(58.9%)	742	(41.1%)	Edmonson**	444	(66.8%)	221	(33.2%)
Shelby	765	(39.1%)	1,193	(60.9%)					
Simpson	551	(57.3%)	410	(42.7%)					
Spencer	426	(53.7%)	367	(46.3%)					
Taylor	652	(65.0%)	351	(35.0%)					
Todd	519	(45.6%)	618	(54.4%)					
Trigg	733	(56.5%)	564	(43.5%)					
Trimble	466	(70.9%)	191	(29.1%)					

No returns McLean County.
*Stated total is in parentheses.
**Returns rejected.

SOURCES—(Frankfort) *Tri-Weekly Commonwealth*, August 8, 15, 31, 1859; Clift manuscript.

LOUISIANA

Louisiana became the 18th state on April 30, 1812.
The first election for governor was held June 29–July 1, 1812.
Term—Four years.   **Limits**—Governor could not immediately succeed himself.
Election—First Monday in July, for three days. The 1846 election was held on January 5th, that of 1849 on November 5th, and that of 1852 on December 6th; thereafter it was held from the first Monday in November.   **Legislative role**—In the original constitution, the final choice for governor was left to the Legislature, choosing between the two top candidates. The Legislature in each instance chose the leading candidate. This practice was eliminated after the 1842 election.

1812*

	William C. Claiborne		Jacques Villere		Jean N. Destrehan			
Acadia	183	(74.7%)	59	(24.1%)	4	(1.6%)		
Concordia	56	(100%)						
Iberville	210	(91.7%)	17	(2.4%)	2	(0.9%)		
Lafourche	366	(98.1%)	7	(1.9%)				
Orleans	698	(59.9%)	397	(34.0%)	68	(5.8%)	3	(0.3%) scattering
Pointe Coupee	118	(59.0%)	81	(40.5%)	1	(0.5%)		
St. Charles & St. John	136	(76.0%)	10	(5.6%)	33	(18.4%)		
St. Landry	198	(55.5%)	159	(44.5%)				
Total	2,757	(71.2%)	946	(24.4%)	168	(4.3%)		

*The parish returns are unofficial and incomplete. There were 25 parishes at this time.

SOURCES—Journal, Louisiana House of Representatives, 1812; (New Orleans) *Louisiana Courier*, July 3, 1812; *Louisiana Gazette*, July 2, 3, 7, 10, 11, 1812.

1816*

Parish	Jacques Villere		Joshua Lewis	
Ascension	106	(80.3%)	26	(19.7%)
Assumption	84	(58.7%)	59	(41.3%)
Avoyelles	52	(51.0%)	50	(49.0%)
Catahoula	0		85	(100%)
Concordia	0		34	(100%)
East Baton Rouge	16	(9.4%)	155	(90.6%)
Feliciana	0		279	(100%)
Iberville	71	(78.0%)	20	(22.0%)
Lafourche	3	(3.6%)	81	(96.4%)
Natchitoches	94	(71.8%)	37	(28.2%)
Orleans	590	(66.9%)	292	(33.1%)
Ouachita	18	(23.4%)	59	(76.6%)
Plaquemines	62	(68.9%)	28	(31.1%)
Pointe Coupee	96	(98.0%)	2	(2.0%)
Rapides	19	(10.5%)	162	(89.5%)

Parish								
St. Bernard	82	(59.0%)	57	(41.0%)	West Baton Rouge	71	(87.7%)	10	(12.3%)
St. Charles	62	(93.9%)	4	(6.1%)	3rd Senate District*	69	(97.2%)	2	(2.8%)
St. Helena	0		117	(100%)	Total	2,309	(52.0%)	2,134	(48.0%)
St. James	159	(97.0%)	5	(3.0%)				2,314**		2,145**
St. John the Baptist	130	(100%)	0						
St. Landry	265	(58.4%)	189	(41.6%)					
St. Martin	219	(54.8%)	181	(45.2%)					
St. Mary	39	(35.5%)	71	(64.5%)					
St. Tammany	2	(1.5%)	129	(98.5%)					

*Not identified by parish.
**Stated totals.

SOURCE—Journal, Louisiana House of Representatives, 1816.

1820

Parish	Thomas B. Robertson		Pierre Derbigny		Abner L. Duncan		Jean N. Destrehan	
Ascension	46	(34.6%)	72	(54.1%)	14	(10.5%)	1	(0.8%)
Assumption	43	(48.9%)	30	(34.1%)	15	(17.0%)	0	
Avoyelles	40	(54.1%)	34	(45.9%)	0		0	
Cannes Brutees	2	(2.3%)	42	(47.7%)	5	(5.7%)	39	(44.3%)
Catahoula	22	(15.3%)	0		121	(84.0%)	1	(0.7%)
Concordia	4	(11.8%)	0		30	(88.2%)	0	
East Baton Rouge	190	(49.0%)	2	(0.5%)	185	(47.7%)	11	(2.8%)
Feliciana	351	(93.4%)	1	(0.3%)	21	(5.6%)	3	(0.8%)
Iberville	27	(17.2%)	71	(45.2%)	34	(21.7%)	25	(15.9%)
Lafourche	68	(59.3%)	43	(31.9%)	21	(15.6%)	3	(0.2%)
Natchitoches	73	(58.9%)	44	(35.5%)	7	(5.6%)	0	
Orleans	141	(16.2%)	412	(47.2%)	190	(21.8%)	130	(14.9%)
Ouachita	54	(55.7%)	29	(29.9%)	13	(13.4%)	1	(1.0%)
Plaquemines	9	(4.3%)	33	(15.8%)	54	(25.8%)	113	(54.1%)
Pointe Coupee	2	(2.1%)	0		31	(32.6%)	62	(65.3%)
Rapides	120	(77.4%)	6	(3.9%)	27	(17.4%)	2	(1.3%)
St. Charles	3	(4.0%)	0		1	(1.3%)	71	(94.7%)
St. Helena	159	(85.0%)	0		28	(15.0%)	0	
St. James	5	(2.4%)	92	(43.4%)	96	(45.3%)	19	(9.0%)
St. John	0		25	(25.0%)	0		75	(75.0%)
St. Landry	130	(41.4%)	175	(55.7%)	5	(1.6%)	4	(1.3%)
St. Martin	129	(70.1%)	45	(24.5%)	6	(3.3%)	4	(2.2%)
St. Mary	68	(66.7%)	31	(30.4%)	3	(2.9%)	0	
St. Tammany	82	(60.3%)	0		42	(30.0%)	12	(8.8%)
Washington	133	(86.4%)	0		20	(13.0%)	1	(0.6%)
West Baton Rouge	3	(2.6%)	0		62	(53.9%)	50	(43.5%)
Total	1,904 (1,903)	(40.1%)	1,187	(25.0%)	1,031	(21.7%)	627	(13.2%)

Stated figures in parentheses.

SOURCES—Journal, Louisiana House of Representatives, 1820; (New Orleans) *Louisiana Gazette,* November 22, 1820; (Alexandria) *Louisiana Herald,* July 8, 15, 1820.

1824

Parish	Henry Johnson		Jacques Villere		Bernard P. Marigny		Thomas Butler		Philemon Thomas	
Ascension	147	(71.7%)	53	(25.9%)	5	(2.4%)				
Assumption	130	(43.9%)	13	(4.4%)	153	(51.7%)				
Avoyelles	72	(51.1%)	63	(44.7%)	6	(4.3%)				
Cannes Brutees	5	(5.0%)	85	(85.0%)	10	(10.0%)				
Catahoula	92	(90.2%)	0		0		10	(9.8%)		
Concordia	13	(54.2%)	1	(4.2%)	4	(16.7%)	6	(25.0%)		
East Baton Rouge	138	(41.9%)	9	(2.7%)	14	(4.3%)	1	(0.3%)	167	(50.8%)
East Feliciana	357	(92.5%)	4	(1.0%)	0		16	(4.1%)	9	(2.3%)
Iberville	123	(48.6%)	87	(34.4%)	33	(13.0%)			10	(4.0%)
Lafayette	80	(25.8%)	27	(8.7%)	203	(65.5%)				
Lafourche	83	(36.1%)	129	(56.1%)	18	(7.8%)				
Natchitoches	55	(30.2%)	94	(51.6%)	33	(18.1%)				
Orleans	257	(24.8%)	252	(24.3%)	511	(49.3%)	3	(0.3%)	14	(1.4%)
Ouachita	121	(65.8%)	21	(11.4%)	0		38	(20.7%)	4	(2.2%)
Pointe Coupee	60	(43.2%)	76	(54.7%)	2	(1.4%)	1	(0.7%)		
Rapides	178	(59.3%)	52	(17.3%)	0		70	(23.3%)		

Louisiana

Parish	Henry Johnson		Jacques Villere		Bernard P. Marigny		Thomas Butler		Philemon Thomas	
St. Bernard	8	(5.7%)	23	(16.3%)	110	(78.0%)				
St. Charles	0		35	(68.6%)	16	(31.4%)				
St. Helena	246	(90.8%)	1	(0.4%)	0		12	(4.4%)	12	(4.4%)
St. James	16	(6.0%)	185	(69.0%)	67	(25.0%)				
St. John the Baptist	2	(1.2%)	121	(74.7%)	39	(24.1%)				
St. Landry	122	(30.0%)	250	(61.6%)	32	(7.9%)	2	(0.5%)		
St. Martin	28	(11.2%)	108	(43.2%)	114	(45.6%)				
St. Mary	69	(44.8%)	75	(48.7%)	14	(9.1%)	6	(0.4%)		
St. Tammany	144	(80.4%)	33	(18.4%)	0		1	(0.6%)	1	(0.6%)
Terrebone	50	(84.7%)	0		9	(15.3%)				
Washington	179	(85.6%)	3	(1.4%)	0		25	(12.0%)	2	(1.0%)
West Baton Rouge	72	(48.6%)	31	(20.9%)	34	(23.0%)			11	(7.4%)
Total	**2,847**	**(43.6%)**	**1,831**	**(28.1%)**	**1,427**	**(21.9%)**	**184**	**(2.8%)**	**236**	**(3.6%)**
Plaquemines*	12	(11.4%)	25	(23.8%)	68	(64.8%)				
West Feliciana*	158	(59.8%)	29	(11.0%)	0		73	(27.7%)	4	(1.5%)

*Not included in the official returns.

SOURCES—Journal of the Louisiana Senate, 1824, p. 3; (New Orleans) *Louisiana Courier*, July 8–10, 12, 13, 15, 1824.

1828

Parish	Pierre Derbigny (Ad)		Thomas Butler (J)		Bernard Marigny (J)		Philemon Thomas (Ad)	
Ascension	176	(80.4%)	10	(4.0%)	33	(15.1%)	0	
Assumption	164	(53.8%)	1	(0.3%)	140	(45.9%)	0	
Catahoula	34	(18.9%)	49	(27.2%)	80	(44.4%)	17	(9.4%)
Claiborne & Natchitoches	126	(42.9%)	107	(36.4%)	51	(17.3%)	10	(3.4%)
Concordia	22	(44.9%)	20	(40.8%)	0		7	(14.3%)
East Baton Rouge	37	(9.6%)	46	(11.9%)	3	(0.8%)	301	(77.8%)
East Feliciana	30	(7.4%)	258	(63.2%)	0		120	(29.4%)
Iberville	136	(71.2%)	26	(13.6%)	11	(5.8%)	58	(9.4%)
Jefferson	77	(81.9%)	11	(11.7%)	4	(4.3%)	2	(2.1%)
Lafayette	140	(52.0%)	5	(1.9%)	123	(4.6%)	1	(0.4%)
Lafourche	253	(86.1%)	26	(8.8%)	15	(15.1%)	0	
Orleans	365	(42.2%)	195	(22.6%)	288	(33.3%)	16	(1.9%)
Ouachita	34	(18.9%)	49	(27.2%)	80	(44.4%)	17	(9.4%)
Plaquemines	40	(25.3%)	82	(51.8%)	36	(22.8%)	0	
Pointe Coupee	85	(65.4%)	5	(3.8%)	40	(30.8%)	0	
Rapides	102	(35.9%)	125	(44.0%)	42	(14.8%)	15	(5.3%)
St. Bernard	98	(57.7%)	64	(37.6%)	8	(4.8%)	0	
St. Charles	67	(85.9%)	3	(3.8%)	8	(10.3%)	0	
St. Helena	1	(0.3%)	51	(15.7%)	0		273	(84.0%)
St. James	209	(88.9%)	4	(1.7%)	22	(9.4%)	0	
St. John the Baptist	137	(89.0%)	0		17	(11.0%)	0	
St. Landry	317	(84.1%)	49	(13.0%)	6	(1.6%)	5	(1.3%)
St. Martin	140	(52.0%)	5	(1.9%)	123	(45.7%)	1	(0.4%)
St. Mary	114	(57.6%)	9	(4.6%)	58	(29.3%)	17	(8.6%)
St. Tammany	45	(23.7%)	82	(43.2%)	17	(8.9%)	46	(24.2%)
Terrebone	10	(10.9%)	73	(79.3%)	19	(20.7%)	0	
Washington	1	(0.4%)	70	(26.5%)	1	(0.4%)	192	(72.7%)
West Baton Rouge	6	(4.3%)	3	(2.1%)	20	(14.5%)	109	(79.0%)
West Feliciana	75	(25.7%)	211	(72.0%)	2	(0.7%)	5	(1.7%)
Total	**3,041**	**(42.8%)**	**1,639**	**(23.1%)**	**1,247**	**(17.6%)**	**1,172**	**(16.5%)**

SOURCE—Journal, Louisiana House of Representatives, November 17, 1828.

1830*

Parish	Andre B. Roman (NR)		W. S. Hamilton (J)		Armand Beauvais (NR)		David A. Randall (J)	
Ascension	21	(12.6%)	4	(2.4%)	19	(11.4%)	123	(73.7%)
Assumption	130	(40.0%)	12	(3.7%)	4	(1.2%)	179	(55.1%)
Avoyelles	94	(42.3%)	28	(12.6%)	100	(45.0%)	0	
Catahoula	13	(7.4%)	153	(86.9%)	10	(5.7%)	0	

Louisiana

Parish	Andre B. Roman (NR)		W. S. Hamilton (J)		Armand Beauvais (NR)		David A. Randall (J)	
Claiborne			no returns					
Concordia	25	(25.5%)	72	(73.5%)	1	(1.0%)	0	
East Baton Rouge	163	(40.9%)	219	(54.9%)	17	(4.3%)	0	
East Feliciana	23	(5.3%)	394	(90.2%)	8	(1.8%)	12	(2.7%)
Iberville	180	(57.1%)	30	(9.5%)	96	(30.5%)	9	(2.9%)
Jefferson	75	(83.3%)	10	(11.1%)	5	(5.6%)	0	
Lafayette	147	(52.5%)	77	(27.5%)	56	(20.0%)	0	
Lafourche	282	(73.8%)	8	(2.1%)	7	(1.8%)	85	(22.3%)
Natchitoches	192	(49.4%)	185	(47.6%)	12	(3.1%)	0	
Orleans	587	(47.3%)	191	(15.4%)	460	(37.1%)	3	(0.2%)
Ouachita	52	(20.8%)	196	(78.4%)	0		2	(0.8%)
Plaquemines	112	(90.3%)	4	(3.2%)	8	(6.5%)	0	
Pointe Coupee	9	(5.3%)	17	(10.0%)	144	(84.7%)	0	
Rapides	87	(31.8%)	186	(67.9%)	1	(0.4%)	0	
St. Bernard	63	(40.1%)	1	(0.65)	93	(59.2%)	0	
St. Charles	49	(52.1%)	0		45	(47.9%)	0	
St. Helena	160	(57.7%)	249	(58.7%)	9	(2.1%)	6	(1.4%)
St. James	231	(72.2%)	4	(1.3%)	60	(18.8%)	25	(7.8%)
St. John the Baptist	137	(70.3%)	0		58	(29.7%)	0	
St. Landry	273	(61.8%)	169	(38.2%)	0		0	
St. Martin	91	(33.1%)	21	(7.6%)	165	(60.0%)	0	
St. Mary	153	(70.8%)	61	(28.2%)	2	(0.9%)	0	
St. Tammany	90	(62.9%)	47	(32.9%)	6	(4.2%)	0	
Terrebone	54	(63.5%)	11	(12.9%)	17	(20.0%)	3	(3.5%)
Washington	81	(30.7%)	179	(67.8%)	1	(0.4%)	3	(1.1%)
West Baton Rouge	95	(48.0%)	12	(6.1%)	91	(46.0%)	0	
West Feliciana	64	(22.7%)	194	(68.8%)	17	(6.0%)	7	(2.5%)
Total	3,733	(44.5%)	2,730	(32.5%)	1,475	(17.6%)	455	(5.4%)

*Special election for a full term as a result of the death of Governor Derbigny.

SOURCE—Journal, Louisiana House of Representatives, 1830.

1834

Parish	Edward D. White (W)		John B. Dawson (D)	
Ascension	226	(82.5%)	48	(17.5%)
Assumption	499	(94.2%)	31	(5.8%)
Avoyelles	210	(66.2%)	107	(33.8%)
Catahoula	63	(27.2%)	169	(72.8%)
Claiborne & Natchitoches	278	(45.7%)	330	(54.3%)
Concordia	59	(54.6%)	49	(45.4%)
East Baton Rouge	186	(47.3%)	207	(52.7%)
East Feliciana	70	(12.5%)	490	(87.5%)
Jefferson	146	(74.9%)	49	(20.1%)
Lafayette	233	(63.1%)	136	(36.9%)
Lafourche	551	(96.8%)	18	(3.2%)
Livingston	30	(17.8%)	139	(82.5%)
Orleans	958	(63.9%)	542	(36.1%)
Ouachita	124	(44.1%)	158	(55.9%)
Plaquemines	17	(12.5%)	119	(87.5%)
Rapides	135	(38.6%)	215	(61.4%)
St. Bernard	168	(88.9%)	21	(11.1%)
St. James	284	(72.1%)	110	(27.9%)
St. John the Baptist	160	(89.9%)	18	(10.1%)
St. Landry	398	(61.8%)	248	(38.2%)
St. Martin	350	(89.1%)	43	(10.9%)
St. Mary	212	(69.7%)	92	(30.3%)
St. Tammany	32	(15.0%)	182	(85.0%)
Terrebone	180	(87.8%)	25	(12.2%)
Washington	20	(9.8%)	184	(90.2%)
West Baton Rouge	166	(87.8%)	23	(12.2%)
West Feliciana	37	(32.5%)	271	(67.5%)
Total*	5,792	(59.0%)	4,024	(41.0%)
	(6,973)	(62.7%)	(4,149)	(37.3%)

*The totals in parentheises are the stated totals as reported in the Journal of the House.

The following returns were not reported in the above, and no explanation was offered. They were located in *Niles Register*, August 9, 1834, and the (New Orleans) *Bee*, July 17, 1834.

Carroll	22	(21.0%)	83	(79.0%)
Iberville	208	(70.3%)	88	(29.7%)
Pointe Coupee	87	(43.7%)	112	(56.3%)
St. Charles	65	(58.6%)	46	(41.2%)
St. Helena	12	(43.5%)	264	(56.5%)

SOURCES—Journal of the Louisiana House of Representatives, January 6, 1835, p. 10; (New Orleans) *Bee*, July 17, 1834; *Niles Register*, August 9, 1834.

1838

Parish	Andre B. Roman (W)		Denis Prieur (D)	
Ascension	99	(30.9%)	221	(69.1%)
Assumption	178	(35.3%)	326	(64.7%)
Avoyelles	235	(71.6%)	93	(28.4%)
Caddo	601	(59.5%)	409	(40.5%)
Carroll	71	(42.5%)	96	(57.5%)
Caldwell	30	(23.1%)	100	(76.9%)
Catahoula	76	(77.6%)	22	(22.4%)
Concordia	111	(96.5%)	4	(3.5%)
East Baton Rouge	282	(56.0%)	222	(44.0%)
East Feliciana	328	(53.1%)	290	(46.9%)
Iberville	147	(44.4%)	184	(55.6%)
Jefferson	220	(66.6%)	111	(33.4%)
Lafourche Interior	293	(79.4%)	176	(20.6%)
Lafayette	119	(24.5%)	366	(75.5%)

Louisiana

Parish					Parish				
Livingston	61	(26.8%)	167	(73.2%)	Claiborne	272	(64.3%)	151	(35.7%)
Madison	47	(51.1%)	45	(48.9%)	Concordia	91	(37.1%)	154	(62.9%)
Orleans	1,542	(49.9%)	1,550	(50.1%)	East Baton Rouge	374	(53.5%)	325	(46.6%)
Ouachita	190	(41.7%)	266	(58.3%)	East Feliciana	408	(56.1%)	311	(43.9%)
Plaquemines	65	(29.0%)	159	(71.0%)	Iberville	243	(56.2%)	189	(43.8%)
Pointe Coupee	44	(21.1%)	165	(78.9%)	Jefferson	141	(33.7%)	278	(66.3%)
Rapides	367	(57.6%)	270	(42.4%)	Lafayette	463	(65.0%)	249	(35.0%)
St. Bernard	114	(48.7%)	120	(51.3%)	Lafourche	84	(17.8%)	387	(82.2%)
St. Charles	29	(34.9%)	54	(65.1%)	Livingston	224	(77.8%)	64	(22.2%)
St. Helena	130	(43.3%)	170	(56.7%)	Madison	135	(47.2%)	151	(52.8%)
St. James	280	(75.7%)	90	(24.3%)	Natchitoches	577	(64.0%)	324	(36.0%)
St. John the Baptist	132	(58.7%)	93	(41.3%)	Orleans	977	(44.3%)	1,228	(55.7%)
St. Landry	481	(70.7%)	199	(29.3%)	Ouachita	238	(47.4%)	264	(52.6%)
St. Martin	250	(60.5%)	163	(39.5%)	Plaquemines	175	(66.0%)	90	(34.0%)
St. Mary	202	(59.4%)	138	(40.6%)	Pointe Coupee	203	(72.2%)	78	(27.8%)
St. Tammany	113	(51.4%)	107	(48.6%)	Rapides	490	(54.0%)	418	(46.0%)
Terrebone	269	(82.5%)	57	(17.5%)	St. Bernard	76	(47.2%)	85	(52.8%)
Washington	166	(65.6%)	87	(34.4%)	St. Charles	38	(41.3%)	54	(58.7%)
West Baton Rouge	147	(68.7%)	67	(31.3%)	St. Helena	214	(68.6%)	98	(31.4%)
West Felliciana	171	(47.5%)	189	(52.5%)	St. James	163	(43.2%)	214	(56.8%)
Total	**7,590**	**(52.8%)**	**6,776**	**(47.2%)**	St. John the Baptist	127	(49.2%)	131	(50.8%)
					St. Landry*	518	(45.1%)	631	(54.9%)
					St. Mary	162	(39.5%)	248	(60.5%)
					St. Martin	373	(75.5%)	121	(24.5%)
					St. Tammany	228	(62.1%)	139	(37.9%)
					Terrebone	27	(12.5%)	189	(87.5%)
					Union	194	(63.8%)	110	(36.2%)
					Washington	236	(80.8%)	56	(19.2%)
					West Baton Rouge	121	(40.7%)	176	(59.3%)
					West Feliciana	268	(56.1%)	176	(43.9%)
					Total	**9,666**	**(54.0%)**	**8,204**	**(46.0%)**

No returns for Claiborne and Natchitoches parishes.

SOURCE—Journal of the Louisiana State Senate, January 8, 1839.

1842

Parish	Alexandre Mouton (D)		Henry Johnson (W)	
Ascension	120	(48.6%)	127	(48.6%)
Assumption	272	(62.7%)	162	(37.3%)
Avoyelles	387	(61.0%)	247	(39.0%)
Caddo	291	(72.4%)	111	(27.6%)
Calcasieu*	161	(85.2%)	15	(14.8%)
Caldwell	163	(61.5%)	102	(38.5%)
Carroll	174	(64.0%)	98	(36.0%)
Catahoula	258	(50.5%)	253	(49.5%)

*The votes of these parishes were reported as one, but the *Whig Almanac 1844*, gave the vote for each parish which was the same as the combined total found in the Journal.

SOURCES—Journal of the Louisiana Senate, January 3, 1843; *Whig Almanac 1844*.

1846*

Parish	Isaac Johnson (D)		William DeBuys (W)		Charles Derbigny (A)	
Ascension	250	(54.2%)	211	(45.8%)		
Assumption	314	(52.5%)	284	(47.5%)		
Avoyelles	299	(60.5%)	195	(39.5%)		
Bossier	183	(77.2%)	54	(22.8%)		
Caldwell	193	(76.6%)	59	(23.4%)		
Carroll	198	(52.4%)	180	(47.6%)		
Catahoula	250	(60.4%)	162	(39.1%)	2	(0.5%)
Claiborne	462	(73.8%)	162	(25.9%)	2	(0.3%)
Concordia	114	(33.8%)	123	(66.2%)		
De Soto	212	(74.1%)	74	(25.9%)		
East Baton Rouge	413	(66.2%)	206	(33.0%)	5	(0.8%)
East Feliciana	303	(57.1%)	228	(42.9%)		
Franklin	145	(53.1%)	128	(46.9%)		
Iberville	303	(48.2%)	325	(51.8%)		
Jackson	172	(54.6%)	52	(16.5%)	91	(28.9%)
Jefferson	361	(47.4%)	390	(51.2%)	10	(1.3%)
Lafayette	298	(68.3%)	138	(31.7%)		
Lafourche	128	(21.4%)	426	(71.2%)	44	(7.4%)
Livingston	161	(61.7%)	62	(23.8%)	38	(14.6%)
Madison	186	(47.6%)	205	(52.4%)		
Morehouse	51	(34.5%)	97	(75.5%)		
Natchitoches	564	(57.3%)	419	(42.5%)	2	(0.2%)
Orleans	2,953	(50.0%)	2,634	(44.6%)	324	(5.5%)
Ouachita	176	(62.4%)	106	(37.6%)		
Plaquemines	388	(72.1%)	150	(27.9%)		

Parish	Isaac Johnson (D)		William DeBuys (W)		Charles Derbigny (A)	
Pointe Coupee	201	(59.3%)	138	(40.7%)		
Rapides	475	(64.2%)	265	(35.8%)		
Sabine	379	(60.8%)	244	(39.2%)		
St. Bernard	79	(51.3%)	75	(48.7%)		
St. Charles	49	(30.8%)	100	(62.9%)	10	(6.3%)
St. Helena	175	(59.9%)	117	(40.1%)		
St. James	233	(47.1%)	250	(50.5%)	12	(2.4%)
St. John the Baptist	132	(41.1%)	187	(58.3%)	2	(0.6%)
St. Landry & Calcasieu	190	(62.9%)	112	(37.1%)		
St. Martin	251	(39.2%)	388	(60.6%)	1	(0.2%)
St. Tammany	217	(57.4%)	112	(29.6%)	49	(13.0%)
Terrebone	115	(30.9%)	257	(69.1%)		
Tensas	109	(51.9%)	101	(48.1%)		
Union	172	(44.9%)	207	(54.0%)	4	(1.0%)
Vermilion	78	(42.9%)	104	(57.1%)		
Washington	267	(73.6%)	88	(24.2%)	8	(2.2%)
West Baton Rouge	125	(40.5%)	186	(59.5%)		
West Feliciana	305	(69.0%)	137	(31.0%)		
Total	**12,629**	**(54.1%)**	**10,138**	**(43.4%)**	**598**	**(2.6%)**
Caddo**	0		80	(100%)		
St. Mary**	302	(71.4%)	121	(28.6%)		

*Term of the previous governor shortened by almost a year due to the adoption of a new constitution.
**Not reported in the official returns; located in the *Whig Almanac, 1847*, p. 62.

SOURCES—Journal of the Louisiana Senate, February 9, 1846, pp. 6–8; *Whig Almanac, 1847*.

1 8 4 9*

Parish	Joseph Walker (D)		Alexander DeClouet (W)	
Ascension	302	(50.0%)	302	(50.0%)
Assumption	401	(43.8%)	514	(56.2%)
Avoyelles	439	(59.7%)	296	(40.3%)
Bienville	295	(72.5%)	112	(27.5%)
Bossier	243	(67.7%)	116	(32.3%)
Caddo	349	(54.9%)	287	(45.1%)
Calcasieu	234	(73.6%)	84	(26.4%)
Caldwell	147	(67.1%)	72	(32.9%)
Carroll	295	(54.6%)	245	(45.4%)
Catahoula	439	(59.3%)	301	(40.7%)
Claiborne	413	(66.9%)	204	(33.1%)
Concordia	97	(40.6%)	142	(59.4%)
De Soto	313	(62.5%)	188	(37.5%)
East Baton Rouge	438	(54.8%)	361	(45.2%)
East Feliciana	398	(54.8%)	328	(45.2%)
Franklin	181	(61.4%)	114	(38.6%)
Iberville	331	(45.9%)	390	(54.1%)
Jackson	263	(66.2%)	134	(33.8%)
Jefferson	834	(53.0%)	739	(47.0%)
Lafayette	204	(60.4%)	134	(39.6%)
Lafourche Interior	135	(17.6%)	634	(82.4%)
Livingston	233	(61.1%)	148	(38.9%)
Madison	220	(49.2%)	227	(50.8%)
Morehouse	132	(40.2%)	196	(59.8%)
Natchitoches	521	(60.7%)	337	(39.3%)
Orleans	5,317	(51.2%)	5,070	(48.8%)
Ouachita	218	(57.5%)	161	(42.5%)
Plaquemines	401	(66.8%)	199	(33.2%)
Pointe Coupee	380	(58.9%)	265	(41.1%)
Rapides	584	(64.2%)	325	(35.8%)
Sabine	272	(52.6%)	245	(47.4%)
St. Bernard	117	(48.0%)	127	(52.0%)
St. Charles	50	(27.8%)	130	(72.2%)
St. Helena	242	(61.7%)	150	(38.3%)
St. James	157	(32.9%)	320	(67.1%)
St. John the Baptist	182	(40.2%)	271	(59.8%)
St. Landry	517	(34.1%)	999	(65.9%)
St. Martin	231	(28.9%)	569	(71.1%)
St. Mary	201	(30.0%)	468	(70.0%)
St. Tammany	288	(51.5%)	271	(48.5%)
Tensas	135	(50.4%)	133	(49.6%)
Terrebone	200	(37.1%)	339	(62.9%)
Union	355	(59.4%)	243	(40.6%)
Vermillion	170	(50.9%)	164	(49.1%)
Washington	301	(76.0%)	95	(24.0%)
West Baton Rouge	147	(39.3%)	227	(60.7%)
West Feliciana	244	(58.0%)	177	(42.0%)
Total	**18,566**	**(51.4%)**	**17,553**	**(48.6%)**

*Term shortened by a year as a result of the adoption of amendments to the constitution in 1852.

SOURCE—Journal of the Louisiana Senate, January 21, 1850, pp. 15–16.

1 8 5 2*

Parish	Paul O. Hebert (D)		Louis Bourdelon (W)	
Ascension	338	(52.6%)	301	(47.4%)
Assumption	566	(57.3%)	422	(42.7%)
Avoyelles	287	(46.8%)	326	(53.2%)
Bienville	266	(67.0%)	131	(33.0%)
Caddo	328	(45.2%)	397	(54.8%)
Calcasieu	245	(75.4%)	80	(24.6%)
Caldwell	145	(67.1%)	71	(32.9%)
Catahoula	267	(52.0%)	246	(48.0%)
Claiborne	510	(53.7%)	439	(46.3%)
Concordia	30	(29.7%)	71	(70.3%)
De Soto	360	(51.1%)	345	(48.9%)
East Baton Rouge	476	(51.0%)	458	(49.0%)
East Feliciana	383	(53.8%)	329	(46.2%)
Franklin	152	(60.3%)	100	(39.7%)

Louisiana

Parish				
Iberville	472	(59.8%)	317	(40.2%)
Jackson	310	(54.8%)	256	(45.2%)
Jefferson	335	(48.8%)	352	(51.2%)
Lafayette	304	(72.9%)	113	(27.1%)
Lafourche Interior	106	(17.3%)	508	(82.7%)
Livingston	279	(67.2%)	136	(32.8%)
Madison	168	(48.8%)	176	(51.2%)
Morehouse	186	(42.1%)	256	(57.9%)
Natchitoches	333	(55.4%)	265	(44.6%)
Orleans	5,517	(56.5%)	4,244	(43.5%)
Ouachita	245	(52.7%)	220	(47.3%)
Plaquemines	270	(78.3%)	75	(21.7%)
Pointe Coupee	321	(62.8%)	190	(37.2%)
Rapides	525	(66.0%)	271	(34.0%)
Sabine	240	(54.1%)	204	(45.9%)
St. Bernard	136	(56.4%)	105	(43.6%)
St. Charles	25	(20.8%)	95	(79.2%)
St. Helena	246	(52.5%)	223	(47.5%)
St. James	143	(39.3%)	221	(60.7%)
St. John the Baptist	190	(46.3%)	220	(53.7%)
St. Landry	528	(38.3%)	850	(61.7%)
St. Martin	269	(40.6%)	393	(59.4%)
St. Mary	208	(35.4%)	379	(64.6%)
St. Tammany	167	(41.3%)	237	(58.7%)
Tensas	93	(47.7%)	102	(52.3%)
Terrebone	164	(43.0%)	217	(57.0%)
Union	449	(51.8%)	418	(48.2%)
Vermilion	192	(56.8%)	146	(32.2%)
Washington	247	(61.8%)	153	(38.2%)
West Baton Rouge	133	(36.1%)	235	(63.9%)
West Feliciana	265	(60.8%)	171	(39.5%)
Winn	120	(63.8%)	68	(36.2%)
Total	**17,813**	**(53.0%)**	**15,781**	**(47.0%)**

No returns for Bossier Parish.

*Term shortened by a year as a result of amendments to the constitution in 1852.

SOURCE—Journal of the Louisiana Senate, January 18, 1853, p. 9.

1855

Parish	Robert C. Wickliffe (D)		Charles Derbigny (A)	
Ascension	411	(63.8%)	233	(36.2%)
Assumption	754	(76.0%)	238	(24.0%)
Avoyelles	489	(59.6%)	331	(40.4%)
Bienville	633	(71.0%)	247	(29.0%)
Bossier	368	(55.3%)	298	(44.7%)
Caddo	433	(48.8%)	455	(51.2%)
Calcasieu	327	(93.2%)	24	(6.8%)
Caldwell	260	(77.2%)	78	(22.8%)
Catahoula	354	(48.4%)	377	(51.6%)
Carroll	376	(59.0%)	261	(41.0%)
Claiborne	797	(55.6%)	636	(44.4%)
Concordia	55	(27.5%)	145	(72.5%)
De Soto	474	(58.0%)	343	(42.0%)
East Baton Rouge	490	(47.3%)	547	(52.7%)
East Feliciana	420	(53.5%)	365	(46.5%)
Franklin	235	(57.6%)	173	(42.4%)
Iberville	473	(62.2%)	288	(37.8%)
Jackson	543	(62.0%)	333	(38.0%)
Jefferson	400	(40.1%)	597	(59.9%)
Lafayette	470	(74.4%)	162	(25.6%)
Lafourche	660	(61.4%)	415	(38.6%)
Livingston	369	(56.5%)	284	(43.5%)
Madison	147	(41.6%)	206	(58.4%)
Morehouse	359	(51.1%)	343	(48.9%)
Natchitoches	573	(54.3%)	482	(45.7%)
Orleans	5,088	(49.0%)	5,288	(51.0%)
Ouachita	349	(58.2%)	251	(41.8%)
Plaquemines	232	(50.4%)	228	(49.6%)
Pointe Coupee	450	(59.8%)	302	(40.2%)
Rapides	587	(48.8%)	615	(51.2%)
Sabine	415	(63.0%)	244	(37.0%)
St. Bernard	149	(52.7%)	134	(47.3%)
St. Charles	59	(49.6%)	60	(50.4%)
St. Helena	305	(27.5%)	804	(72.5%)
St. James	161	(33.9%)	314	(66.1%)
St. John the Baptist	196	(47.0%)	221	(53.0%)
St. Landry	1,086	(58.0%)	786	(42.0%)
St. Martin	302	(37.9%)	494	(62.1%)
St. Mary	320	(42.3%)	437	(57.7%)
St. Tammany	147	(27.7%)	383	(72.3%)
Tensas	149	(53.6%)	129	(46.4%)
Terrebone	369	(49.3%)	379	(50.7%)
Union	539	(55.1%)	439	(44.9%)
Vermilion	238	(62.6%)	142	(37.4%)
Washington	294	(61.3%)	186	(38.7%)
West Baton Rouge	133	(38.4%)	213	(61.6%)
West Feliciana	252	(50.7%)	245	(49.3%)
Winn	262	(53.6%)	150	(46.4%)
Total	**22,952**	**(53.7%)**	**19,755**	**(46.3%)**

SOURCE—Journal of the Louisiana Senate, January 25, 1856.

1859

Parish	Thomas O. Moore (D)		Thomas J. Wells (A)	
Ascension	462	(62.9%)	262	(37.1%)
Assumption	646	(85.0%)	114	(15.0%)
Avoyelles	661	(62.8%)	392	(37.2%)
Bienville	787	(85.4%)	135	(14.6%)
Bossier	495	(73.9%)	175	(26.1%)
Caddo	597	(51.9%)	553	(48.1%)
Calcasieu	449	(93.7%)	30	(6.3%)
Caldwell	215	(71.0%)	100	(29.0%)
Catahoula	595	(61.7%)	369	(38.3%)
Carroll	632	(76.0%)	200	(24.0%)
Claiborne	907	(63.2%)	528	(36.8%)
Concordia	162	(58.5%)	115	(41.5%)
De Soto	605	(68.3%)	281	(31.7%)
East Baton Rouge	650	(60.1%)	431	(39.9%)
East Feliciana	497	(64.3%)	275	(35.7%)
Franklin	322	(58.5%)	228	(41.5%)
Iberville	411	(80.7%)	98	(19.3%)
Jackson	654	(72.0%)	354	(28.0%)
Jefferson	506	(50.8%)	491	(49.2%)
Lafayette	277	(98.2%)	5	(1.8%)
Lafourche	646	(68.2%)	301	(31.8%)
Livingston	415	(82.2%)	90	(17.8%)
Madison	280	(60.6%)	182	(39.4%)
Morehouse	417	(58.2%)	300	(41.8%)
Natchitoches	701	(60.2%)	463	(39.8%)
Orleans	2,828	(40.6%)	4,140	(59.4%)
Ouachita	410	(60.5%)	268	(39.5%)
Plaquemines	512	(88.9%)	64	(11.1%)
Pointe Coupee	576	(89.7%)	66	(10.3%)
Rapides	892	(59.3%)	612	(40.7%)
Sabine	532	(74.4%)	183	(25.6%)
St. Bernard	165	(71.4%)	66	(28.6%)
St. Charles	89	(56.3%)	69	(43.7%)
St. Helena	360	(56.1%)	282	(43.9%)
St. James	255	(53.7%)	220	(46.3%)
St. John the Baptist	243	(68.1%)	114	(31.9%)
St. Landry	1,219	(66.9%)	602	(33.1%)
St. Martin	662	(57.7%)	485	(42.3%)
St. Mary	465	(53.7%)	201	(46.3%)

St. Tammany	288	(52.1%)	265	(47.9%)
Tensas	252	(75.2%)	83	(24.8%)
Terrebone	362	(44.0%)	460	(55.8%)
Union	737	(64.8%)	401	(35.2%)
Vermilion	294	(95.5%)	14	(4.5%)
Washington	395	(81.1%)	92	(18.9%)
West Baton Rouge	175	(54.3%)	147	(45.7%)
West Feliciana	256	(69.0%)	115	(31.0%)
Winn	450	(74.8%)	152	(25.2%)
Total	**25,454**	**(62.0%)**	**15,587**	**(38.0%)**

SOURCE—Journal of the Louisiana Senate, January 18, 1860, p. 13.

MAINE

Maine became the 23rd state on March 15, 1820.
Prior to that time it was part of Massachusetts, known as the "District of Maine."
Term of office—One year. **Election**—Second Tuesday in September,
except for the initial election which was held on April 3, 1820.
For returns prior to 1820 see Massachusetts under the District of Maine.
Because the date for the new Governor to take office was changed there was no Gubernatorial
election in 1851. **Majority Vote**—A candidate to be elected had to receive a majority
of all votes cast. In the absence of that the Senate chose one person from two submitted
by the House from among the four highest in the popular vote.

POPULATION

1790—96,540   1800—151,719   1810—228,705   1820—298,335   1830—399,455
1840—501,793   1850—583,169   1860—628,279

1820*

William King (D-R)	scattering
21,083 (95.3%)	1,031 (4.7%)

*No county returns located.

SOURCES—Manuscript returns; Maine state archives, Augusta.

1821

County	Albion K. Parris (D-R)		Ezekiel Whitman (F)		Joshua Wingate (D-R)		scattering	
Cumberland	2,139	(47.0%)	2,029	(44.5%)	249	(5.5%)	134	(2.9%)
Hancock	192	(58.9%)	449	(22.2%)	342	(16.9%)	42	(2.1%)
Kennebec	228	(67.3%)	598	(18.1%)	271	(8.2%)	213	(6.4%)
Lincoln	1,133	(30.5%)	1,408	(37.9%)	957	(25.7%)	219	(5.9%)
Oxford	2,174	(72.1%)	685	(22.7%)	121	(4.0%)	34	(1.1%)
Penobscot	789	(64.3%)	102	(8.3%)	326	(26.5%)	11	(0.9%)
Somerset	912	(45.0%)	412	(20.3%)	633	(31.2%)	71	(3.5%)
Washington	646	(60.3%)	357	(33.3%)	44	(4.1%)	25	(2.3%)
York	1,674	(48.6%)	771	(22.4%)	936	(27.2%)	62	(1.8%)
Total	**12,887**	**(52.8%)**	**6,811**	**(27.9%)**	**3,879**	**(15.9%)**	**811**	**(3.3%)**

SOURCE—Manuscript returns.

1822

County	Albion K. Parris (D-R)		Ezekiel Whitman (F)		Joshua Wingate (D-R)	
Cumberland	2,286	(57.4%)	1,607	(40.3%)	93	(2.3%)
Hancock	1,366	(76.3%)	378	(21.1%)	47	(2.6%)
Kennebec	2,643	(80.4%)	559	(17.0%)	85	(2.6%)
Lincoln	1,758	(58.1%)	1,008	(33.3%)	261	(8.6%)
Oxford	2,185	(77.5%)	622	(22.0%)	14	(0.5%)
Penobscot	1,064	(86.0%)	137	(11.1%)	36	(2.9%)
Somerset	1,583	(71.4%)	608	(27.4%)	27	(2.9%)
Washington	636	(76.0%)	230	(27.4%)	2	(0.2%)
York	1,955	(70.0%)	646	(23.1%)	190	(6.8%)
Total	**15,476**	**(70.3%)**	**5,795**	**(26.3%)**	**755**	**(3.4%)**

SOURCE—Manuscript returns.

Maine

1823

County	Albion K. Parris (D-R)		scattering	
Cumberland	3,284	(96.9%)	105	(3.1%)
Hancock	1,583	(97.7%)	37	(2.3%)
Kennebec	2,744	(98.8%)	33	(1.2%)
Lincoln	2,740	(97.5%)	69	(2.5%)
Oxford	1,878	(94.0%)	120	(6.0%)
Penobscot	1,304	(97.3%)	36	(2.7%)
Somerset	1,466	(86.2%)	235	(13.8%)
Washington	830	(94.6%)	47	(5.4%)
York	3,284	(96.9%)	167	(3.1%)
Total	18,550	(95.6%)	850	(4.4%)

SOURCE—Manuscript returns.

1824

County	Albion K. Parris		scattering	
Cumberland	3,248	(96.6%)	116	(3.4%)
Hancock	1,631	(98.4%)	27	(1.6%)
Kennebec	2,470	(98.6%)	36	(1.4%)
Lincoln	2,442	(97.3%)	68	(2.7%)
Oxford	1,940	(96.9%)	63	(3.1%)
Penobscot	1,321	(92.9%)	101	(7.1%)
Somerset	1,574	(91.4%)	148	(8.6%)
Washington	827	(96.1%)	34	(3.9%)
York	4,306	(98.5%)	67	(1.5%)
Total	19,759	(96.8%)	660	(3.2%)

SOURCE—Manuscript returns.

1825

County	Albion K. Parris (D-R)		scattering	
Cumberland	2,551	(96.0%)	105	(4.0%)
Hancock	1,151	(97.6%)	28	(2.4%)
Kennebec	1,868	(97.7%)	44	(2.3%)
Lincoln	2,210	(95.1%)	113	(4.9%)
Oxford	1,861	(97.3%)	43	(2.7%)
Penobscot	1,039	(93.0%)	78	(7.0%)
Somerset	1,101	(74.2%)	382	(25.8%)
Washington	520	(86.4%)	82	(13.6%)
York	1,905	(91.8%)	171	(8.2%)
Total	14,206	(93.1%)	1,046	(6.9%)

SOURCE—Manuscript returns.

1826

County	Enoch Lincoln (D-R)		scattering	
Cumberland	4,473	(99.6%)	16	(0.4%)
Hancock	1,813	(97.5%)	47	(2.5%)
Kennebec	1,266	(95.5%)	60	(4.5%)
Lincoln	3,016	(98.3%)	53	(1.7%)
Oxford	2,126	(98.6%)	30	(1.4%)
Penobscot	1,596	(95.6%)	73	(4.4%)
Somerset	1,656	(98.2%)	31	(1.8%)
Washington	985	(97.7%)	23	(2.3%)
York	3,750	(98.9%)	41	(1.1%)
Total	20,689	(98.2%)	374	(1.8%)

SOURCE—Manuscript returns.

1827

County	Enoch Lincoln (D-R)		scattering	
Cumberland	2,748	(98.4%)	44	(1.6%)
Hancock	799	(98.9%)	9	(1.1%)
Kennebec	3,506	(95.6%)	162	(4.4%)
Lincoln	2,478	(97.4%)	65	(2.6%)
Oxford	1,979	(98.9%)	22	(1.1%)
Penobscot	1,446	(96.8%)	48	(3.2%)
Somerset	1,832	(97.2%)	53	(2.8%)
Waldo	1,286	(99.4%)	8	(0.6%)
Washington	892	(97.1%)	27	(2.9%)
York	3,003	(98.3%)	51	(1.7%)
Total	19,969	(97.6%)	489	(2.4%)

SOURCE—Manuscript returns.

1828

County	Enoch Lincoln (D-R)		scattering	
Cumberland	6,091	(97.8%)	134	(2.2%)
Hancock	964	(99.1%)	9	(0.9%)
Kennebec	1,957	(72.2%)	754	(27.8%)
Lincoln	3,466	(91.1%)	340	(8.9%)
Oxford	2,806	(97.2%)	80	(2.8%)
Penobscot	1,987	(90.6%)	205	(9.4%)
Somerset	1,836	(76.2%)	572	(23.8%)
Waldo	1,458	(93.2%)	106	(6.8%)
Washington	1,210	(95.7%)	55	(4.3%)
York	3,970	(97.3%)	109	(2.7%)
Total	25,745	(91.6%)	2,364	(8.4%)

SOURCE—Manuscript returns.

1829

County	Jonathan G. Hunton (NR)		Samuel E. Smith (J)		scattering	
Cumberland	3,952	(46.0%)	4,619	(53.7%)	23	(2.6%)
Hancock	1,098	(54.4%)	911	(45.2%)	8	(0.4%)
Kennebec	4,427	(67.8%)	2,039	(31.2%)	64	(1.0%)
Lincoln	3,366	(58.1%)	2,383	(41.1%)	48	(0.8%)
Oxford	1,769	(40.6%)	2,575	(59.1%)	14	(0.3%)
Penobscot	1,324	(41.0%)	1,877	(58.2%)	26	(0.8%)
Somerset	2,105	(54.9%)	1,713	(44.7%)	16	(0.4%)
Waldo	932	(27.1%)	2,487	(72.4%)	18	(0.5%)
Washington	827	(49.8%)	813	(49.0%)	19	(1.1%)
York	3,515	(49.5%)	3,574	(50.4%)	9	(0.1%)
Total	23,315	(50.1%)	22,991	(49.4%)	245	(0.5%)

SOURCE—Manuscript returns.

Maine

1 8 3 0

County	Samuel E. Smith (J)		Jonathan G. Hunton (NR)	
Cumberland	5,419	(55.8%)	4,290	(44.2%)
Hancock	1,352	(48.0%)	1,462	(52.0%)
Kennebec	3,007	(36.6%)	5,218	(63.4%)
Lincoln	3,375	(44.0%)	4,294	(56.0%)
Oxford	3,263	(58.9%)	2,349	(41.1%)
Penobscot	2,871	(60.4%)	1,879	(39.6%)
Somerset	2,268	(46.2%)	2,644	(53.8%)
Waldo	3,051	(67.6%)	1,459	(32.4%)
Washington	1,084	(48.3%)	1,161	(51.7%)
York	4,525	(53.8%)	3,883	(46.2%)
Total	30,215	(51.3%)	28,639	(48.7%)

SOURCE—Manuscript returns.

1 8 3 1

County	Samuel E. Smith (J)		Daniel Goodenow (NR)	
Cumberland	4,463	(57.6%)	3,282	(42.4%)
Hancock	1,496	(58.5%)	1,061	(41.5%)
Kennebec	2,845	(41.4%)	4,022	(58.6%)
Lincoln	2,983	(50.04%)	2,978	(49.96%)
Oxford	3,117	(62.2%)	1,787	(37.8%)
Penobscot	2,991	(63.7%)	1,703	(36.3%)
Somerset	2,575	(52.0%)	2,375	(48.0%)
Waldo	2,873	(79.4%)	744	(20.6%)
Washington	1,253	(55.6%)	999	(44.4%)
York	4,072	(57.4%)	3,025	(42.6%)
Total	28,368	(56.3%)	21,976	(43.7%)

SOURCE—Manuscript returns.

1 8 3 2

County	Samuel E. Smith (D)		Daniel Goodenow (NR)		Moses Carleton (A-M)	
Cumberland	5,203	(56.5%)	4,074	(43.9%)	5	(0.5%)
Hancock	1,597	(52.7%)	1,434	(47.3%)	0	
Kennebec	3,059	(36.3%)	5,123	(60.8%)	248	(2.9%)
Lincoln	3,693	(46.3%)	4,168	(52.3%)	107	(1.3%)
Oxford	3,563	(58.5%)	2,432	(39.9%)	93	(1.5%)
Penobscot	3,183	(59.6%)	2,079	(38.9%)	77	(1.4%)
Somerset	2,828	(48.9%)	2,888	(49.9%)	66	(1.1%)
Waldo	2,948	(73.7%)	791	(19.8%)	262	(6.5%)
Washington	1,374	(52.7%)	1,231	(47.2%)	2	(0.8%)
York	4,539	(56.9%)	3,431	(43.0%)	9	(1.1%)
Total	31,987	(52.9%)	27,651	(45.7%)	869	(1.4%)

SOURCE—Manuscript returns.

1 8 3 3

County	Robert P. Dunlap (D)		Daniel Goodenow (NR)		Samuel E. Smith (ID)		Thomas A. Hill (A-M)	
Cumberland	4,696	(57.9%)	3,132	(38.6%)	267	(3.3%)	20	(0.2%)
Hancock	1,010	(49.7%)	766	(37.7%)	252	(12.4%)	6	(0.3%)
Kennebec	2,278	(34.2%)	3,383	(50.8%)	388	(5.8%)	615	(9.2%)
Lincoln	2,747	(42.7%)	2,460	(38.3%)	701	(10.9%)	523	(8.1%)
Oxford	2,656	(52.9%)	1,592	(31.7%)	517	(10.3%)	254	(5.1%)
Penobscot	3,200	(64.4%)	1,558	(31.3%)	30	(0.6%)	183	(3.7%)
Somerset	2,344	(53.6%)	1,690	(38.6%)	37	(0.8%)	306	(7.0%)
Waldo	2,226	(71.4%)	265	(8.5%)	190	(6.1%)	437	(14.0%)
Washington	1,284	(26.7%)	989	(20.6%)	25	(0.5%)	30	(0.6%)
York	3,290	(52.7%)	2,277	(36.5%)	667	(10.7%)	10	(0.2%)
Total	25,731	(52.2%)	18,112	(36.8%)	3,024	(6.1%)	2,384	(4.8%)

SOURCE—Manuscript returns.

1 8 3 4

County	Robert P. Dunlap (D)		Peleg Sprague (W)		Thomas A. Hill (A-M)	
Cumberland	6,042	(52.7%)	5,425	(47.3%)	5	(0.1%)
Hancock	1,945	(52.1%)	1,790	(47.9%)	1	(0.1%)
Kennebec	3,032	(36.5%)	5,055	(60.9%)	210	(2.5%)
Lincoln	4,190	(45.0%)	4,915	(45.0%)	200	(2.1%)
Oxford	3,545	(59.1%)	2,231	(37.2%)	218	(3.6%)
Penobscot	4,855	(57.8%)	3,450	(41.1%)	91	(1.1%)
Somerset	3,137	(48.5%)	3,244	(50.1%)	90	(1.4%)
Waldo	3,712	(69.8%)	1,455	(27.4%)	148	(2.8%)

Maine

County	Robert P. Dunlap (D)		Peleg Sprague (W)		Thomas A. Hill (A-M)	
Washington	1,969	(56.4%)	1,505	(43.1%)	17	(0.5%)
York	4,795	(56.7%)	3,661	(43.3%)	8	(0.1%)
Total	38,133	(52.3%)	33,732	(46.2%)	1,076	(1.5%)

SOURCE—Manuscript returns.

1835

County	Robert P. Dunlap (D)		William King (W)		scattering	
Cumberland	4,342	(59.5%)	2,910	(39.8%)	51	(0.7%)
Hancock	1,554	(66.4%)	760	(32.5%)	26	(1.1%)
Kennebec	2,840	(48.6%)	2,922	(50.0%)	87	(1.5%)
Lincoln	2,960	(55.5%)	2,174	(40.8%)	196	(3.7%)
Oxford	2,912	(68.9%)	1,287	(30.4%)	28	(0.7%)
Penobscot	3,467	(65.9%)	1,758	(33.4%)	36	(0.7%)
Somerset	2,318	(56.3%)	1,703	(41.4%)	97	(2.4%)
Waldo	2,197	(91.1%)	130	(5.4%)	83	(3.4%)
Washington	1,491	(60.5%)	969	(39.3%)	3	(0.1%)
York	3,652	(61.8%)	2,247	(38.0%)	8	(0.1%)
Total	27,733	(61.4%)	16,860	(37.3%)	615	(1.4%)

SOURCE—Manuscript returns.

1836

County	Robert P. Dunlap (D)		William Kent (W)	
Cumberland	4,918	(55.2%)	3,990	(44.8%)
Hancock	1,747	(60.9%)	1,121	(39.1%)
Kennebec	3,405	(44.6%)	4,233	(55.4%)
Lincoln	3,226	(51.2%)	3,078	(48.8%)
Oxford	3,326	(70.1%)	1,421	(29.9%)
Penobscot	3,988	(62.1%)	2,433	(37.9%)
Somerset	2,786	(55.6%)	2,227	(44.4%)
Waldo	2,619	(82.6%)	553	(17.4%)
Washington	1,921	(63.9%)	1,085	(36.1%)
York	3,901	(60.4%)	2,562	(39.6%)
Total	31,837	(58.4%)	22,703	(41.6%)

SOURCE—Manuscript returns.

1837

County	Edward Kent (W)		Gorham Parks (D)	
Cumberland	5,054	(49.9%)	5,078	(50.1%)
Hancock	1,871	(46.6%)	2,145	(53.4%)
Kennebec	6,190	(63.5%)	3,560	(36.5%)
Lincoln	4,716	(56.8%)	3,586	(43.2%)
Oxford	2,198	(38.0%)	3,588	(62.0%)
Penobscot	4,230	(48.6%)	4,468	(51.4%)
Somerset	3,226	(55.6%)	2,581	(44.4%)
Waldo	1,509	(51.2%)	2,939	(48.8%)
Washington	1,876	(48.5%)	1,996	(51.5%)
York	3,488	(47.0%)	3,938	(53.0%)
Total	34,358	(50.4%)	33,879	(49.6%)

SOURCE—Manuscript returns.

1838

County	John Fairfield (D)		Edward Kent (W)	
Cumberland	6,521	(50.4%)	6,416	(49.6%)
Franklin	2,001	(52.9%)	1,785	(47.1%)
Hancock	2,652	(53.2%)	2,337	(46.8%)
Kennebec	3,838	(70.8%)	1,584	(29.2%)
Lincoln	5,049	(46.4%)	5,823	(53.6%)
Oxford	4,687	(63.5%)	2,691	(36.5%)
Penobscot	4,657	(54.9%)	3,833	(45.1%)
Piscataquis	1,300	(54.0%)	1,108	(46.0%)
Somerset	2,730	(45.5%)	3,264	(54.5%)
Waldo	4,752	(68.7%)	2,166	(31.3%)
Washington	2,452	(51.5%)	2,310	(48.5%)
York	5,577	(54.9%)	4,580	(45.1%)
Total	46,216	(51.8%)	42,897	(48.2%)

SOURCE—Manuscript returns.

1839

County	John Fairfield (D)		Edward Kent (W)	
Aroostook	348	(69.9%)	150	(30.1%)
Cumberland	6,160	(54.9%)	5,064	(45.1%)
Hancock	1,871	(54.1%)	1,588	(45.9%)
Kennebec	3,397	(37.8%)	5,596	(62.2%)
Lincoln	4,500	(49.2%)	4,645	(50.8%)
Oxford	4,303	(67.3%)	2,091	(32.7%)
Penobscot	4,171	(55.8%)	3,304	(44.2%)
Piscataquis	1,151	(52.7%)	1,035	(47.3%)
Somerset	2,457	(46.5%)	2,828	(53.5%)
Waldo	4,388	(69.9%)	1,886	(30.1%)
Washington	1,623	(51.2%)	1,546	(48.8%)
York	4,852	(57.4%)	3,606	(42.6%)
Total	39,221	(54.1%)	33,339	(45.9%)

SOURCE—Manuscript returns.

1 8 4 0

County	Edward Kent (W)		John Fairfield (D)	
Aroostook	224	(36.0%)	398	(64.0%)
Cumberland	6,678	(50.7%)	6,489	(49.3%)
Franklin	1,830	(47.1%)	2,055	(52.9%)
Hancock	2,337	(50.7%)	2,277	(49.3%)
Kennebec	6,850	(64.7%)	3,734	(35.3%)
Lincoln	6,289	(55.3%)	5,089	(44.7%)
Penobscot	4,264	(49.2%)	4,686	(50.8%)
Piscataquis	1,252	(51.7%)	4,404	(48.3%)
Somerset	3,610	(57.4%)	1,171	(42.6%)
Waldo	2,636	(34.5%)	2,681	(65.5%)
Washington	2,218	(51.4%)	2,098	(48.6%)
York	4,529	(45.5%)	5,425	(54.5%)
Total	**45,574**	**(50.04%)**	**45,507**	**(49.96%)**

SOURCE—Manuscript returns.

1 8 4 1

County	John Fairfield (D)		Edward Kent (W)		Jeremiah Curtis (Lty)	
Aroostook	524	(63.4%)	293	(35.5%)	9	(1.1%)
Cumberland	6,531	(54.9%)	5,159	(43.3%)	213	(1.8%)
Franklin	2,182	(56.9%)	1,546	(40.3%)	104	(2.7%)
Hancock	2,565	(57.9%)	1,844	(41.6%)	19	(0.4%)
Kennebec	3,934	(40.1%)	5,621	(57.3%)	253	(2.6%)
Lincoln	5,181	(50.9%)	4,871	(47.9%)	120	(1.2%)
Oxford	4,808	(65.7%)	2,252	(30.8%)	309	(4.2%)
Penobscot	4,677	(55.5%)	3,616	(42.9%)	130	(1.5%)
Piscataquis	1,239	(51.1%)	1,050	(43.3%)	134	(5.5%)
Somerset	2,796	(46.5%)	2,917	(48.5%)	302	(5.0%)
Waldo	4,879	(70.4%)	2,008	(29.0%)	47	(0.7%)
Washington	2,255	(53.4%)	1,905	(45.1%)	62	(1.5%)
York	5,783	(60.5%)	3,708	(38.8%)	60	(0.6%)
Total	**47,354**	**(55.1%)**	**36,790**	**(42.8%)**	**1,762**	**(2.1%)**

SOURCE—(Augusta) *Kennebec Journal*, January, 1842.

1 8 4 2

County	John Fairfield (D)		Edward Robinson (W)		James Appleton (Lty)	
Aroostook	580	(66.6%)	266	(30.5%)	25	(2.9%)
Cumberland	5,800	(57.0%)	3,891	(38.3%)	480	(4.7%)
Franklin	1,673	(53.9%)	1,062	(34.2%)	371	(11.9%)
Hancock	2,101	(62.7%)	1,185	(35.3%)	67	(2.0%)
Kennebec	3,364	(41.0%)	4,226	(51.6%)	605	(7.4%)
Lincoln	4,515	(54.4%)	3,595	(43.3%)	193	(2.3%)
Oxford	4,067	(67.2%)	1,521	(25.1%)	467	(7.7%)
Penobscot	4,174	(57.8%)	2,527	(35.0%)	526	(7.3%)
Piscataquis	1,158	(51.7%)	847	(37.8%)	233	(10.4%)
Somerset	2,511	(46.9%)	2,493	(46.5%)	355	(6.6%)
Waldo	4,114	(71.7%)	1,503	(26.2%)	118	(2.1%)
Washington	2,190	(58.5%)	1,351	(36.1%)	202	(5.4%)
York	4,608	(62.9%)	2,278	(31.1%)	438	(6.0%)
Total	**40,855**	**(57.0%)**	**26,745**	**(37.3%)**	**4,080**	**(5.7%)**

SOURCE—(Portland) *Eastern Argus*, June 20, 1844.

1 8 4 3

County	Hugh J. Anderson (D)		Edward Robinson (W)		James Appleton (Lty)		Edward Kavanaugh (Cl-D)	
Aroostook	639	(63.5%)	327	(32.5%)	19	(1.9%)	21	(2.1%)
Cumberland	4,815	(54.8%)	2,969	(33.8%)	937	(10.7%)	68	(0.8%)
Franklin	1,250	(47.6%)	765	(29.1%)	561	(21.4%)	51	(1.9%)
Hancock	1,798	(58.4%)	1,056	(34.3%)	135	(4.4%)	91	(3.0%)
Kennebec	2,318	(51.3%)	3,713	(50.1%)	779	(10.5%)	607	(8.2%)
Lincoln	2,683	(38.1%)	2,956	(42.0%)	448	(6.4%)	946	(13.5%)
Oxford	3,675	(64.5%)	1,328	(23.3%)	630	(11.1%)	67	(1.2%)
Penobscot	3,609	(53.8%)	2,043	(30.5%)	888	(13.2%)	165	(2.5%)
Piscataquis	853	(47.4%)	542	(30.1%)	396	(2.2%)	9	(0.1%)
Somerset	2,039	(43.8%)	1,992	(42.8%)	565	(12.1%)	55	(1.2%)
Waldo	2,695	(55.7%)	695	(14.4%)	369	(7.6%)	1,079	(22.3%)
Washington	1,781	(57.9%)	1,067	(34.7%)	182	(5.9%)	44	(1.4%)
York	3,879	(62.0%)	1,522	(24.3%)	837	(13.4%)	24	(0.4%)
Total	**32,034**	**(50.9%)**	**20,975**	**(33.3%)**	**6,746**	**(10.7%)**	**3,221**	**(5.1%)**

SOURCE—(Portland) *Eastern Argus*, June 20, 1844.

1 8 4 4

County	Hugh J. Anderson (D)		Edward Robinson (W)		James Appleton (Lty)	
Aroostook	538	(29.6%)	1,254	(69.0%)	26	(1.4%)
Cumberland	4,942	(39.7%)	6,658	(53.5%)	845	(6.8%)
Franklin	1,374	(37.2%)	1,912	(51.8%)	405	(11.0%)
Hancock	2,036	(41.0%)	2,819	(56.6%)	113	(2.3%)
Kennebec	6,027	(57.4%)	3,745	(35.7%)	731	(7.0%)
Lincoln	5,173	(47.1%)	5,377	(49.0%)	431	(3.9%)
Oxford	1,974	(28.1%)	4,544	(64.7%)	506	(7.2%)
Penobscot	4,148	(39.9%)	5,540	(53.3%)	700	(6.7%)
Piscataquis	1,132	(38.4%)	1,492	(50.7%)	321	(10.9%)
Somerset	3,015	(49.4%)	2,554	(41.9%)	529	(8.7%)
Waldo	2,150	(28.7%)	4,852	(64.8%)	481	(6.4%)
Washington	2,488	(46.2%)	2,798	(52.0%)	96	(1.8%)
York	3,317	(35.9%)	5,330	(57.8%)	581	(6.3%)
Total*	**38,314**	**(41.2%)**	**48,875**	**(52.6%)**	**5,825**	**(6.3%)**
	38,501	**(41.1%)**	**48,942**	**(52.2%)**	**6,245**	**(6.7%)**

*The totals in bold are official. The county vote for Appleton includes the scattering vote. *The Register* give the scattering vote as 165. The county returns are unofficial.

SOURCES—(Augusta) *Kennebec Journal*, September 20, 1844; *Maine Register, 1845*.

1845

County	Hugh J. Anderson (D)	Freeman H. Morse (W)	Samuel Fessenden (Lty)
Aroostook	398 (63.4%)	205 (32.6%)	25 (4.0%)
Cumberland	5,118 (53.5%)	3,481 (36.4%)	960 (10.0%)
Franklin	1,191 (50.3%)	753 (31.8%)	426 (18.0%)
Hancock	1,614 (54.1%)	1,191 (39.9%)	180 (6.0%)
Kennebec	2,241 (31.7%)	3,940 (55.7%)	868 (12.3%)
Lincoln	3,736 (46.5%)	3,785 (47.1%)	515 (6.4%)
Oxford	3,209 (64.1%)	1,446 (28.9%)	351 (7.0%)
Penobscot	3,819 (53.6%)	2,354 (33.0%)	953 (13.4%)
Piscataquis	1,011 (49.1%)	822 (39.9%)	228 (11.1%)
Somerset	1,808 (41.5%)	2,043 (46.9%)	502 (11.5%)
Waldo	2,759 (60.9%)	1,421 (31.4%)	348 (7.7%)
Washington	2,114 (56.2%)	1,540 (40.9%)	107 (2.8%)
York	3,876 (55.5%)	2,574 (36.9%)	532 (7.6%)
Total*	32,894 (51.0%)	25,552 (39.6%)	6,001 (9.3%)
	34,711 (51.9%)	**26,341 (39.4%)**	**5,867 (8.8%)**

*The totals in bold are official. The county vote for Fessenden includes the scattering vote. *The Register* lists the scattering vote as 486 The county returns are unofficial.

SOURCES—(Portland) *Eastern Argus*, September 22–26, 1845; *Maine Register, 1845*.

1846

County	John W. Dana (D)	David Bronson (W)	Samuel Fessenden (Lty)
Aroostook	513 (59.5%)	265 (30.7%)	84 (9.7%)
Cumberland	5,365 (50.1%)	4,041 (37.8%)	1,296 (12.1%)
Franklin	1,085 (40.7%)	869 (32.6%)	712 (26.7%)
Hancock	1,931 (53.7%)	1,433 (39.8%)	232 (6.5%)
Kennebec	2,236 (27.9%)	4,549 (56.8%)	1,220 (15.2%)
Lincoln	3,965 (44.0%)	4,397 (48.8%)	642 (7.1%)
Oxford	3,816 (62.7%)	1,588 (26.1%)	678 (11.1%)
Penobscot	3,919 (47.0%)	2,926 (35.1%)	1,493 (17.9%)
Piscataquis	963 (40.9%)	807 (34.3%)	585 (24.8%)
Somerset	1,892 (38.9%)	2,111 (43.4%)	865 (17.8%)
Waldo	3,268 (60.2%)	1,500 (27.6%)	661 (12.2%)
Washington	2,122 (50.4%)	1,769 (42.0%)	322 (7.6%)
York	3,640 (50.2%)	2,945 (39.3%)	760 (10.5%)
Total*	34,715 (47.3%)	29,100 (39.7%)	9,550 (13.0%)
	36,031 (48.1%)	**29,557 (39.4%)**	**9,398 (12.5%)**

*The official returns are in bold. The county vote for Fessenden includes the scattering vote. The *Register* lists the scattering as 678. The county returns are unofficial. No candidate having received a majority of the votes the legislature elected Dana, Governor.

SOURCES— *Whig Almanac, 1847*; *Maine Register 1945*.

1847

County	John W. Dana (D)	David Bronson (W)	Samuel Fessenden (Lty)
Aroostook	922 (69.4%)	374 (28.2%)	32 (2.4%)
Cumberland	4,501 (53.2%)	3,092 (36.5%)	871 (10.3%)
Franklin	1,344 (48.5%)	823 (29.7%)	604 (21.8%)
Hancock	1,942 (55.0%)	1,420 (40.2%)	167 (4.7%)
Kennebec	2,077 (34.8%)	2,987 (50.1%)	897 (15.0%)
Lincoln	3,525 (46.5%)	3,557 (47.0%)	494 (6.5%)
Oxford	3,417 (64.2%)	1,228 (23.1%)	679 (12.8%)
Penobscot	3,966 (50.8%)	2,795 (35.8%)	1,045 (13.4%)
Piscataquis	993 (44.3%)	760 (33.9%)	487 (21.7%)
Somerset	2,006 (41.5%)	2,209 (45.7%)	616 (12.8%)
Waldo	3,572 (62.7%)	1,458 (25.6%)	667 (11.7%)
Washington	2,043 (52.0%)	1,567 (39.9%)	320 (8.1%)
York	3,121 (56.0%)	1,976 (35.5%)	473 (8.5%)
Total	**33,429 (51.4%)**	**24,246 (37.3%)**	**7,352 (11.3%)**

SOURCE—(Portland) *Eastern Argus*, May 13, 1848.

1848

County	John W. Dana (D)	Elijah L. Hamlin (W)	Samuel Fessenden (Lty)
Aroostook	756 (70.7%)	301 (28.1%)	13 (1.2%)
Cumberland	5,424 (49.0%)	3,968 (35.8%)	1,688 (15.2%)
Franklin	1,404 (45.8%)	822 (26.8%)	841 (27.4%)
Hancock	2,174 (53.7%)	1,678 (41.4%)	197 (4.9%)
Kennebec	2,649 (30.4%)	4,530 (52.0%)	1,537 (17.6%)
Lincoln	4,567 (44.9%)	4,860 (46.7%)	855 (8.4%)
Oxford	3,711 (59.5%)	1,425 (22.9%)	1,097 (17.6%)
Penobscot	4,702 (49.9%)	3,287 (34.9%)	1,440 (15.3%)
Piscataquis	1,123 (46.2%)	863 (35.5%)	447 (18.4%)
Somerset	2,123 (38.8%)	2,212 (40.5%)	1,130 (20.7%)
Waldo	3,738 (63.2%)	1,306 (22.1%)	875 (14.8%)
Washington	2,203 (47.1%)	2,111 (45.2%)	361 (14.8%)
York	4,146 (54.4%)	2,475 (32.5%)	1,003 (13.2%)
Total*	38,720 (48.4%)	29,738 (37.2%)	11,484 (14.4%)
	39,760 (48.7%)	**29,927 (36.6%)**	**12,037 (14.7%)**

*The state totals listed in bold are official, all other returns are unofficial.

No candidate having received a majority of the vote, the legislature elected Dana Governor.

SOURCES— *Whig Almanac, 1849*; *Maine Register, 1945*.

1849

County	John Hubbard (D)	Elijah L. Hamlin (W)	George F. Talbot (FS)
Aroostook	868 (65.9%)	400 (30.3%)	50 (3.8%)
Cumberland	4,927 (50.0%)	3,679 (37.3%)	1,250 (12.7%)
Franklin	1,584 (50.3%)	864 (27.5%)	698 (22.1%)
Hancock	2,040 (53.2%)	1,662 (43.4%)	130 (3.4%)
Kennebec	3,050 (38.7%)	3,817 (48.5%)	1,009 (12.8%)
Lincoln	3,804 (44.2%)	4,306 (50.0%)	505 (5.9%)
Oxford	3,908 (63.1%)	1,428 (23.0%)	861 (13.9%)
Penobscot	4,302 (55.2%)	2,596 (33.3%)	898 (11.5%)
Piscataquis	1,124 (48.7%)	793 (24.4%)	389 (16.9%)
Somerset	2,211 (40.6%)	2,548 (46.8%)	687 (12.6%)
Waldo	3,570 (63.4%)	1,388 (24.7%)	671 (11.9%)
Washington	2,215 (48.9%)	2,024 (44.6%)	295 (6.5%)
York	3,931 (53.7%)	2,755 (37.6%)	632 (8.6%)
Total*	37,534 (50.8%)	28,260 (38.3%)	8,075 (10.9%)
	37,636 (51.1%)	**28,056 (38.1%)**	**7,987 (10.8%)**

*The state totals in bold are official, The county returns are unofficial.

SOURCES— *Maine Register, 1945*; (Augusta) *Kennebec Journal*, November 1, 1849.

1850

County	John Hubbard (D)	William G. Crosby (W)	George F. Talbot (FS)
Aroostook	881 (56.4%)	664 (42.5%)	18 (1.2%)
Cumberland	6,111 (51.5%)	4,522 (38.1%)	1,243 (10.5%)
Franklin	1,672 (52.4%)	910 (28.5%)	608 (19.1%)

County						
Hancock	2,025 (52.1%)	1,723 (44.3%)	138 (3.6%)	York	3,964 (52.0%)	3,011 (39.5%)	646 (8.5%)
Kennebec	3,091 (38.7%)	4,020 (50.4%)	872 (10.9%)	**Total***	41,220 (51.0%)	32,308 (40.0%)	7,342 (9.0%)
Lincoln	4,652 (46.8%)	4,855 (48.8%)	433 (4.4%)		**41,203 (51.1%)**	**32,120 (39.9%)**	**7,267 (9.0.%)**
Oxford	4,214 (65.5%)	1,509 (23.5%)	707 (11.0%)				
Penobscot	5,136 (54.2%)	3,562 (37.6%)	782 (8.2%)				
Piscataquis	1,174 (49.1%)	911 (38.1%)	307 (12.8%)				
Somerset	2,282 (41.2%)	2,651 (47.9%)	601 (10.9%)				
Waldo	3,755 (61.2%)	1,777 (29.0%)	605 (9.9%)				
Washington	2,263 (47.7%)	2,193 (46.2%)	292 (6.1%)				

*The state totals in bold are official. The county returns are unofficial.

SOURCES—*Maine Register, 1945*; (Portland) *Eastern Argus*, September 22, 1850; *Whig Almanac, 1851*, p. 53.

1852

County	John Hubbard (D)		William G.** Crosby (W)		Anson G. Chandler (AML)		Ezekiel Holmes (FS)	
Aroostook	1,231	(59.2%)	741	(35.7%)	94	(4.5%)	12	(0.6%)
Cumberland	6,395	(46.7%)	2,809	(20.5%)	4,300	(31.4%)	190	(1.4%)
Franklin	1,733	(48.7%)	683	(19.2%)	1,002	(28.2%)	140	(3.9%)
Hancock	2,226	(48.6%)	1,921	(42.0%)	339	(7.4%)	91	(2.0%)
Kennebec	4,015	(41.7%)	3,979	(41.3%)	1,413	(14.7%)	216	(2.2%)
Lincoln	5,085	(42.9%)	5,104	(43.0%)	1,506	(12.7%)	162	(1.4%)
Oxford	3,588	(44.1%)	876	(10.8%)	3,616	(44.5%)	51	(0.6%)
Penobscot	5,130	(47.7%)	2,908	(27.1%)	2,635	(24.5%)	75	(0.7%)
Piscataquis	992	(42.6%)	797	(34.2%)	343	(14.7%)	197	(8.5%)
Somerset	2,413	(41.2%)	2,274	(38.8%)	1,087	(18.5%)	88	(1.5%)
Waldo	3,370	(49.1%)	2,933	(42.6%)	491	(7.1%)	94	(1.4%)
Washington	1,739	(32.1%)	2,230	(41.2%)	1,310	(24.2%)	139	(2.6%)
York	4,214	(41.9%)	2,092	(20.8%)	3,668	(36.4%)	92	(0.9%)
Total*	42,131		29,347		21,804		1,547	
	41,999	**(44.4%)**	**29,127**	**(30.8%)**	**21,774**	**(23.0%)**	**1,617**	**(1.7%)**

*The state totals in bold are official. The county returns are unofficial.
**No candidate having achieved a majority of the vote, the legislature chose Crosby as Governor.

SOURCES—*Maine Register, 1945*; (Portland) *Eastern Argus*, September 25, 1852.

1853

County	Albert Pillsbury (D)		William G. Crosby (W)		Anson P. Morrill (AML)		Ezekiel Holmes (FS)	
Aroostook	765	(45.7%)	635	(38.0%)	158	(9.4%)	115	(6.9%)
Cumberland	4,852	(41.0%)	3,552	(30.0%)	2,106	(17.8%)	1,327	(11.2%)
Franklin	1,568	(44.9%)	813	(23.3%)	449	(12.9%)	662	(19.0%)
Hancock	1,519	(38.8%)	1,562	(39.9%)	598	(15.3%)	239	(6.1%)
Kennebec	2,706	(32.8%)	3,759	(45.6%)	763	(9.3%)	1,019	(12.4%)
Lincoln	4,010	(40.2%)	4,515	(45.3%)	774	(7.8%)	676	(6.8%)
Oxford	3,845	(50.0%)	1,161	(15.1%)	1,811	(23.6%)	871	(11.3%)
Penobscot	4,117	(42.8%)	2,630	(27.3%)	1,878	(19.5%)	992	(10.3%)
Piscataquis	1,150	(49.4%)	569	(24.5%)	143	(6.1%)	464	(2.0%)
Somerset	2,237	(40.8%)	2,220	(40.5%)	470	(8.6%)	554	(10.1%)
Waldo	2,663	(43.0%)	1,459	(23.6%)	1,028	(16.6%)	1,045	(16.9%)
Washington	2,467	(51.7%)	1,850	(38.8%)	205	(4.3%)	250	(5.2%)
York	4,228	(51.4%)	2,534	(30.8%)	629	(7.7%)	828	(10.1%)
Total*	36,127	(43.3%)	27,259	(32.7%)	11,012	(13.2%)	9,042	(10.8%)
	36,386	**(43.6%)**	**27,061**	**(32.4%)**	**11,027**	**(13.2%)**	**8,996**	**(10.8%)**

*The state totals in bold are official. Holmes unofficial total includes 157 scattering, the same figure as the *Register* but listed separately. No candidate having received the required majority of the popular vote, the Legislature elected Crosby Governor. The county returns are unofficial.

SOURCES—*Maine Register, 1945*; (Portland) *Eastern Argus*, September 24, 1853.

1854

County	Anson P. Morrill (A,MeL)		Albion K. Parris (D)		Isaac Reed (W)		Shepard Cary (OppD)	
Androscoggin	2,258	(48.3%)	1,593	(34.1%)	651	(13.9%)	170	(3.6%)
Aroostook	325	(17.0%)	564	(29.5%)	579	(30.2%)	447	(23.3%)

Maine

County	Anson P. Morrill (A,MeL)		Albion K. Parris (D)		Isaac Reed (W)		Shepard Cary (OppD)	
Cumberland	5,780	(53.4%)	3,121	(28.8%)	1,247	(11.5%)	673	(6.2%)
Franklin	1,998	(57.5%)	930	(26.8%)	351	(10.1%)	193	(5.6%)
Hancock	3,052	(67.8%)	1,121	(24.9%)	317	(7.0%)	9	(0.2%)
Kennebec	4,617	(56.8%)	1,357	(16.7%)	1,657	(20.4%)	498	(6.1%)
Lincoln	2,791	(39.0%)	1,956	(27.3%)	2,175	(30.4%)	242	(3.4%)
Oxford	3,122	(14.6%)	3,045	(44.9%)	432	(6.4%)	186	(2.7%)
Penobscot	5,304	(50.0%)	3,521	(33.2%)	1,619	(15.3%)	156	(1.5%)
Piscataquis	1,208	(48.3%)	953	(38.1%)	327	(13.1%)	13	(0.5%)
Sagadahoc	546	(16.1%)	524	(15.4%)	68	(2.0%)		
Somerset	2,024	(35.7%)	1,931	(34.0%)	1,671	(29.4%)	50	(0.9%)
Waldo	3,376	(53.2%)	2,156	(34.0%)	708	(11.2%)	104	(1.6%)
Washington	2,139	(42.9%)	2,065	(41.4%)	688	(13.8%)	94	(1.9%)
York	4,565	(47.7%)	3,426	(35.8%)	1,068	(11.2%)	516	(5.4%)
Total*	44,817		28,285		14,014		3,419	
	44,565	**(49.2%)**	**28,462**	**(31.4%)**	**14,001**	**(15.5%)**	**3,478**	**(3.8%)**

*No candidate having received a majority of the votes, the legislature elected Morrill, Governor The *Maine Register* states that scattering was 127 votes. The state totals in bold are official. Cary's unofficial total includes scattering. The county returns are unofficial.

SOURCES—*Maine Register, 1945*; (Augusta) *Kennebec Journal*, September 24, 1854.

1855

County	Anson P. Morrill (R)		Samuel Wells (D)		Issac Reed (W)	
Androscoggin	2,859	(50.2%)	2,479	(43.5%)	361	(6.3%)
Aroostook	601	(28.8%)	1,247	(59.7%)	240	(11.5%)
Cumberland	6,354	(45.6%)	6,572	(47.1%)	1,023	(7.3%)
Franklin	1,953	(47.9%)	1,935	(47.4%)	192	(4.7%)
Hancock	2,929	(55.3%)	2,062	(38.9%)	304	(5.7%)
Kennebec	5,202	(47.8%)	3,921	(36.0%)	1,754	(16.1%)
Lincoln	3,748	(42.4%)	3,444	(39.0%)	1,644	(18.6%)
Oxford	3,427	(44.7%)	4,074	(53.1%)	166	(2.2%)
Penobscot	5,860	(47.8%)	4,961	(40.5%)	1,440	(11.7%)
Piscataquis	1,420	(48.6%)	1,276	(43.7%)	227	(7.8%)
Sagadahoc	2,208	(57.3%)	1,136	(29.5%)	512	(13.2%)
Somerset	2,800	(39.3%)	2,798	(39.3%)	1,522	(21.4%)
Waldo	3,945	(47.2%)	3,927	(47.0%)	484	(5.8%)
Washington	2,776	(48.3%)	2,711	(47.2%)	262	(4.6%)
York	5,406	(46.0%)	5,830	(49.6%)	514	(4.4%)
Total*	51,488		48,373		10,645	
	51,441	**(46.6%)**	**48,341**	**(43.8%)**	**10,610**	**(9.6%)**

*No candidate having received a majority of the vote, the legislature chose Wells as Governor. The state figures in bold are official. The county returns are unofficial.

SOURCES—*Maine Register 1945*; *Whig Almanac 1856*.

1856

County	Hannibal Hamlin (R)		Samuel Wells (D)		George F. Patten (W)	
Androscoggin	3,682	(60.6%)	2,030	(33.4%)	361	(5.9%)
Aroostook	1,051	(39.7%)	1,570	(59.4%)	24	(0.9%)
Cumberland	8,267	(54.7%)	5,878	(38.9%)	969	(6.4%)
Franklin	2,662	(60.5%)	1,631	(37.1%)	106	(2.4%)
Hancock	3,974	(60.2%)	2,331	(35.3%)	296	(4.5%)
Kennebec	7,531	(65.6%)	3,145	(27.4%)	808	(7.0%)
Lincoln	5,186	(53.1%)	3,467	(35.5%)	1,120	(11.5%)
Oxford	4,419	(54.5%)	3,603	(44.4%)	90	(1.1%)
Penobscot	8,283	(60.0%)	4,765	(34.5%)	756	(5.5%)
Piscataquis	1,824	(58.1%)	1,205	(38.4%)	112	(3.6%)
Sagadahoc	3,041	(66.3%)	984	(21.5%)	563	(12.3%)
Somerset	4,345	(58.8%)	2,247	(30.4%)	795	(10.8%)
Waldo	5,291	(58.0%)	3,562	(39.1%)	265	(2.9%)

Maine

County	Hannibal Hamlin (R)		Samuel Wells (D)		George F. Patten (W)	
Washington	3,387	(50.9%)	3,091	(46.5%)	170	(2.6%)
York	6,720	(53.5%)	5,528	(44.0%)	316	(2.5%)
Total*	69,663		45,037		6,751	
	69,574	**(58.1%)**	**43,628**	**(36.4%)**	**6,554**	**(5.5%)**

*The state totals in bold, the county returns are unofficial.

SOURCES—*Maine Register 1945*; (Augusta) *Kennebec Journal*, September 25, 1857.

1857

County	Lot M. Morrill (R)		Manassah H. Smith (D)	
Androscoggin	3,171	(59.4%)	2,166	(40.6%)
Aroostook	1,001	(44.7%)	1,238	(55.3%)
Cumberland	6,671	(55.1%)	5,442	(44.9%)
Franklin	2,132	(57.1%)	1,603	(42.9%)
Hancock	2,705	(56.4%)	2,095	(43.6%)
Kennebec	5,389	(62.5%)	3,240	(37.5%)
Lincoln	3,876	(50.9%)	3,723	(49.1%)
Oxford	4,152	(54.6%)	3,450	(45.4%)
Penobscot	5,983	(58.7%)	4,214	(41.3%)
Piscataquis	1,568	(58.6%)	1,107	(41.4%)
Sagadahoc	1,809	(64.0%)	1,016	(36.0%)
Somerset	3,615	(57.0%)	2,724	(43.0%)
Waldo	4,054	(57.0%)	3,056	(43.0%)
Washington	2,930	(50.5%)	2,870	(49.5%)
York	5,531	(51.7%)	5,160	(48.3%)
Total*	54,587		43,104	
	54,655	**(56.0%)**	**42,968**	**(44.0%)**

*The figures in bold are official, the county returns are unofficial.

SOURCES—Maine Register, 1945; (Augusta) Kennebec Journal, September 24, 1858.

1858

County	Lot M. Morrill (R)		Manassah H. Smith (D)	
Androscoggin	3,245	(59.0%)	2,259	(41.0%)
Aroostook	1,018	(35.8%)	1,827	(64.2%)
Cumberland	7,605	(52.9%)	6,784	(47.1%)
Franklin	2,393	(52.1%)	2,199	(47.9%)
Hancock	3,636	(57.7%)	2,670	(42.3%)
Kennebec	5,826	(59.4%)	3,987	(40.6%)
Lincoln	4,468	(49.2%)	4,610	(50.8%)
Oxford	4,346	(51.6%)	3,783	(48.4%)
Penobscot	6,631	(55.6%)	5,290	(44.4%)
Piscataquis	1,563	(57.3%)	1,165	(42.7%)
Sagadahoc	1,843	(62.2%)	1,118	(37.8%)
Somerset	3,663	(53.1%)	3,231	(46.9%)
Waldo	4,703	(52.8%)	4,196	(47.2%)
Washington	3,577	(50.9%)	3,449	(49.1%)
York	6,219	(50.1%)	6,182	(49.9%)
Total*	60,736	(53.5%)	52,750	(46.5%)
	*60,360		*52,440	

*Stated totals.

SOURCE—*Maine Legislative Documents, 1859.*

1859

County	Lot M. Morrill (R)		Manassah H. Smith (D)	
Androscoggin	3,090	(57.7%)	2,261	(42.3%)
Aroostook	970	(46.5%)	1,116	(53.5%)
Cumberland	6,894	(54.2%)	5,837	(45.8%)
Franklin	2,365	(54.9%)	1,944	(45.1%)
Hancock	2,950	(60.9%)	1,892	(39.1%)
Kennebec	5,297	(55.3%)	3,288	(44.7%)
Lincoln	3,818	(47.7%)	4,180	(52.3%)
Oxford	4,217	(54.9%)	3,470	(45.1%)
Penobscot	6,440	(57.7%)	4,729	(42.3%)
Piscataquis	1,563	(57.8%)	1,143	(42.2%)
Sagadahoc	1,886	(65.4%)	998	(34.6%)
Somerset	3,921	(56.0%)	3,080	(44.0%)
Waldo	4,507	(58.7%)	3,170	(41.3%)
Washington	3,217	(53.2%)	2,831	(46.8%)
York	6,045	(52.6%)	5,448	(47.4%)
Total*	57,180	(55.7%)	45,387	(44.3%)
	*57,230			

*Stated total.

SOURCE—*Maine Legislative Documents, 1859.*

1860

County	Israel Washburn (R)		Ephraim K. Smart (D)		Phineas Barnes (CU)	
Androscoggin	3,774	(59.4%)	2,543	(40.0%)	34	(0.5%)
Aroostook	1,654	(51.1%)	1,584	(48.9%)	1	(0.03%)
Cumberland	8,574	(53.7%)	7,055	(44.2%)	344	(2.2%)
Franklin	2,527	(54.9%)	2,075	(45.1%)	2	(0.04%)
Hancock	3,647	(57.3%)	2,539	(39.9%)	176	(2.8%)
Kennebec	7,395	(63.6%)	4,135	(35.6%)	89	(0.8%)
Knox	3,020	(48.5%)	3,142	(50.5%)	60	(1.0%)
Lincoln	2,804	(51.2%)	2,609	(47.7%)	60	(1.1%)
Oxford	4,401	(56.0%)	3,464	(44.0%)	0	
Penobscot	8,104	(61.1%)	4,953	(37.3%)	214	(1.6%)
Piscataquis	1,814	(61.0%)	1,142	(38.4%)	19	(0.6%)

Maryland

County	Israel Washburn (R)		Ephraim K. Smart (D)		Phineas Barnes (CU)	
Sagadahoc	2,456	(65.1%)	1,052	(27.9%)	267	(7.1%)
Somerset	4,333	(57.5%)	3,034	(40.3%)	163	(2.2%)
Waldo	4,327	(56.4%)	3,133	(40.8%)	215	(2.8%)
Washington	3,912	(54.3%)	3,253	(45.1%)	41	(0.6%)
York	7,101	(53.4%)	6,165	(46.3%)	41	(0.3%)
Total*	69,843	(56.6%)	51,878	(42.0%)	1,726	(1.4%)
	*70,030		*52,350		*1,735	

*Stated totals.

SOURCE—*Maine Executive Documents, 1860.*

MARYLAND

Maryland was one of the original 13 states.
The governor was originally chosen by a joint vote of the legislature for a one-year term
and could not serve more than three consecutive terms.
After a four year interval he was eligible again. Popular vote elections began in 1838.
Term of Office— Three years, increased to four years with the election of 1853.
Election—First Wednesday in October until 1853 when it was changed to the first Wednesday in November.
Limits—Governor could not immediately succeed himself. In addition the state was divided
into three districts and the governor was chose in rotation from each of the three districts.
The districts were: **Eastern**—Caroline, Cecil, Dorchester, Kent, Queen Anne's, Somerset, Talbot and
Worcester counties; **Southern**—Anne Arundel, Calvert, Charles, Montgomery, Prince George's,
St. Mary's counties and the city of Baltimore; **Northwestern**—Allegany, Baltimore, Carroll, Frederick,
Harford and Washington counties. In 1838, 1847 and 1857 the candidates came from the Eastern District,
in 1844 and 1853 from the Southern District and in 1841 and 1850 from the Northwestern District.

POPULATION

1790—319,728   1800—341,548   1810—380,546   1820—407,350   1830—447,040
1840—470,019   1850—588,034   1860—687,049

Appointed Governors (1797–1838)

Year	Governor (Party)
1797	John H. Stone (F)
1798	John Henry (F)
1799–1801	Benjamin Ogle (F)
1802–1803	John F. Mercer (D-R)
1804–1806	Robert Bowie (D-R)
1807–1809	Robert Wright (D-R), Edward Lloyd (D-R)
1810–1811	Edward Lloyd (D-R)
1812	Robert Bowie (D-R)
1813–1815	Levin Winder (F)
1816–1818	Charles Ridgely (F)
1819	Charles Goldsborough (F)
1820–1822	Samuel Sprigg (D-R)
1823–1825	Samuel Stevens
1826–1828	Joseph Kent
1829	Daniel Martin (A-J)
1830	Thomas K. Carroll (J)
1831	Daniel Martin (A-J)
1832	George Howard (A-J)
1833–1835	John Thomas (A-J)
1836–1838	Thomas W. Veazey (W)

1838

County	William Grason (D)		John N. Steele (W)	
Allegany	988	(53.1%)	872	(46.9%)
Anne Arundel	1,314	(48.3%)	1,407	(51.7%)
Baltimore	2,452	(64.0%)	1,477	(36.0%)
Calvert	344	(44.6%)	427	(55.4%)
Caroline	577	(49.7%)	583	(50.3%)
Carroll	1,646	(55.2%)	1,337	(44.8%)
Cecil	1,354	(52.0%)	1,251	(48.0%)
Charles	510	(41.6%)	715	(58.4%)
Dorchester	850	(43.3%)	1,113	(56.7%)
Frederick	2,532	(50.0%)	2,532	(50.0%)

Maryland

County				
Harford	1,256	(52.9%)	1,118	(47.1%)
Kent	544	(50.7%)	530	(49.3%)
Montgomery	742	(47.1%)	832	(52.9%)
Prince George's	686	(46.9%)	776	(53.1%)
Queen Anne's	684	(51.6%)	641	(48.4%)
St. Mary's	459	(36.6%)	794	(63.4%)
Somerset	922	(46.9%)	1,042	(53.1%)
Talbot	732	(55.0%)	598	(45.0%)
Washington	2,226	(53.1%)	1,966	(46.9%)
Worcester	828	(40.7%)	1,207	(59.3%)
Baltimore City	6,074	(49.5%)	6,191	(50.5%)
Total	**27,720**	**(50.3%)**	**27,409**	**(49.7%)**

SOURCE—(Annapolis) *Maryland Gazette*, October 18, 1838.

1841

County	Francis Thomas (D)		William C. Johnson (W)	
Allegany	1,035	(48.7%)	1,089	(51.3%)
Anne Arundel	1,287	(46.6%)	1,476	(53.4%)
Batlimore	1,404	(37.7%)	2,318	(62.3%)
Calvert	436	(55.3%)	353	(44.7%)
Caroline	605	(52.3%)	551	(47.7%)
Carroll	1,444	(47.2%)	1,618	(52.8%)
Cecil	1,188	(47.8%)	1,295	(52.2%)
Charles	613	(58.8%)	430	(41.2%)
Dorchester	1,142	(58.3%)	816	(41.7%)
Frederick	2,583	(48.1%)	2,789	(51.9%)
Harford	1,114	(49.0%)	1,160	(51.0%)
Kent	597	(55.1%)	486	(44.9%)
Montgomery	909	(55.5%)	730	(44.5%)
Prince George's	835	(57.2%)	625	(42.8%)
Queen Anne's	702	(49.5%)	716	(50.5%)
St. Mary's	743	(62.3%)	450	(37.7%)
Somerset	1,134	(58.6%)	802	(41.4%)
Talbot	683	(46.8%)	776	(53.2%)
Washington	2,196	(48.3%)	2,346	(51.7%)
Worcester	1,284	(64.8%)	698	(35.2%)
Baltimore City	6,386	(46.2%)	7,435	(53.8%)
Total	**28,959**	**(50.6%)**	**28,320**	**(49.4%)**

SOURCES—Manuscript returns; state archives, Annapolis; *Niles Register*, October 30, 1841.

1844

County	Thomas G. Pratt (W)		James Carroll (D)	
Allegany	1,433	(48.5%)	1,520	(51.5%)
Anne Arundel	1,730	(51.2%)	1,650	(48.8%)
Baltimore	2,153	(42.6%)	2,902	(57.4%)
Calvert	462	(53.9%)	395	(46.1%)
Caroline	659	(50.8%)	639	(49.2%)
Carroll	1,831	(51.4%)	1,731	(48.6%)
Cecil	1,525	(49.0%)	1,585	(51.0%)
Charles	761	(57.6%)	560	(42.4%)
Dorchester	1,328	(57.6%)	976	(42.4%)
Frederick	3,132	(50.2%)	3,104	(49.8%)
Harford	1,490	(51.4%)	1,411	(48.6%)
Kent	701	(56.3%)	544	(43.7%)
Montgomery	1,085	(54.5%)	905	(45.5%)
Prince George's	1,027	(57.8%)	749	(42.2%)
Queen Anne's	759	(50.5%)	745	(49.5%)
St. Mary's	764	(60.9%)	491	(39.1%)
Somerset	1,335	(56.4%)	1,031	(43.6%)
Talbot	778	(51.1%)	745	(48.9%)
Washington	2,632	(50.5%)	2,576	(49.5%)
Worcester	1,487	(58.8%)	1,043	(41.2%)
Baltimore (City)	7,968	(46.4%)	9,190	(53.6%)
Total	**35,040**	**(50.4%)**	**34,492**	**(49.6%)**

SOURCES—*Niles Register*, October 12, 1844, November 13, 1847; *Whig Almanac 1845*, p. 56.

1847

County	Philip F. Thomas (D)		William T. Goldsborough (W)	
Allegany	1,536	(50.3%)	1,518	(49.7%)
Anne Arundel	1,623	(49.7%)	1,641	(50.3%)
Baltimore	2,490	(56.5%)	1,919	(43.5%)
Calvert	381	(47.4%)	422	(52.6%)
Caroline	597	(49.7%)	605	(50.3%)
Carroll	1,854	(54.9%)	1,521	(45.1%)
Cecil	1,467	(51.8%)	1,366	(48.2%)
Charles	407	(39.5%)	623	(60.5%)
Dorchester	864	(41.2%)	1,231	(58.8%)
Frederick	2,898	(49.8%)	2,980	(50.2%)
Harford	1,395	(50.5%)	1,369	(49.5%)
Kent	482	(43.2%)	635	(56.8%)
Montgomery	862	(47.5%)	953	(52.5%)
Prince George's	787	(47.1%)	885	(52.9%)
Queen Anne's	688	(47.3%)	766	(52.7%)
St. Mary's	397	(37.5%)	662	(62.5%)
Somerset	928	(42.2%)	1,270	(57.8%)
Talbot	778	(51.3%)	730	(48.7%)
Washington	2,454	(48.6%)	2,591	(51.4%)
Worcester	1,198	(48.9%)	1,254	(51.1%)
Baltimore City	10,302	(54.1%)	8,735	(45.9%)
Total	**34,388**	**(50.2%)**	**33,676**	**(49.8%)**

SOURCE—*Baltimore Sun*, November 7, 1848.

1850

County	Enoch L. Lowe (D)		William B. Clarke (W)	
Allegany	1,855	(56.2%)	1,443	(43.8%)
Anne Arundel	1,518	(48.3%)	1,624	(51.7%)
Baltimore	2,645	(57.8%)	1,923	(42.2%)
Calvert	317	(40.3%)	469	(59.7%)
Caroline	616	(51.2%)	587	(48.8%)
Carroll	1,611	(49.2%)	1,664	(50.8%)
Cecil	1,478	(50.1%)	1,472	(49.9%)
Charles	446	(42.4%)	605	(57.6%)
Dorchester	923	(42.0%)	1,275	(58.0%)
Frederick	3,196	(50.6%)	3,123	(49.4%)
Harford	1,480	(50.03%)	1,478	(49.97%)
Kent	547	(45.5%)	654	(54.5%)
Montgomery	818	(47.4%)	907	(52.6%)
Primnce George's	675	(41.6%)	948	(58.4%)
Queen Anne's	711	(48.8%)	746	(51.2%)
St. Mary's	447	(38.2%)	724	(61.8%)
Somerset	1,045	(42.8%)	1,399	(57.2%)
Talbot	798	(52.2%)	731	(47.8%)
Washington	2,518	(47.2%)	2,820	(52.8%)
Worcester	1,142	(44.0%)	1,454	(56.0%)
Baltimore City	11,564	(56.8%)	8,812	(43.2%)
Total*	**36,340**	**(51.0%)**	**34,858**	**(49.0%)**
	35,292	**(51.1%)**	**33,800**	**(48.9%)**

*The county returns except for Allegany and Calvert are from the manuscript returns; the other two county returns were obtained from the *Baltimore American*, October 28, 1850, and the *Whig Almanac, 1851*, p. 60. Both these sources gave the same returns for these counties as well as all others. But the official returns, in bold, based supposedly on the data in the journals of the legislature, are significantly different. No journal has been found containing any returns; nor did the legislature meet in 1851, due to constitutional changes.

1853

County	Thomas W. Ligon (D)		Richard J. Bowie (W)	
Allegany	2,203	(63.0%)	1,296	(37.0%)
Anne Arundel	916	(51.1%)	877	(48.9%)
Baltimore	2,852	(61.9%)	1,754	(38.1%)
Calvert	391	(50.1%)	389	(49.9%)
Caroline	641	(50.0%)	641	(50.0%)
Carroll	2,046	(54.6%)	1,702	(45.4%)
Cecil	1,683	(52.4%)	1,528	(47.6%)
Charles	448	(38.4%)	719	(61.6%)
Dorchester	880	(44.8%)	1,085	(55.2%)
Frederick	3,141	(50.2%)	3,114	(49.8%)
Harford	1,424	(50.5%)	1,397	(49.5%)
Howard	672	(53.5%)	584	(46.5%)
Kent	544	(44.6%)	677	(55.4%)
Montgomery	725	(39.7%)	1,099	(60.3%)
Prince George's	753	(46.5%)	867	(53.5%)
Queen Anne's	743	(48.9%)	777	(51.1%)
St. Mary's	495	(42.4%)	673	(57.6%)
Somerset	1,029	(42.3%)	1,403	(57.1%)
Talbot	766	(50.5%)	751	(49.5%)
Washington	2,598	(50.8%)	2,514	(49.2%)
Worcester	1,251	(50.1%)	1,246	(49.9%)
Baltimore City	12,886	(56.9%)	9,846	(43.1%)
Total	**39,087**	**(52.8%)**	**34,939**	**(47.0%)**
	34,829*			

*Stated total.

SOURCE—Journal of the Maryland House of Delegates, January 10, 1854, p. 24.

1857

County	Thomas H. Hicks (A)		John C. Groome (D)	
Allegany	1,774	(43.6%)	2,299	(56.4%)
Anne Arundel	1,000	(48.7%)	1,053	(51.3%)
Baltimore	3,062	(49.6%)	3,106	(50.4%)
Calvert	419	(51.1%)	401	(48.9%)
Caroline	757	(51.6%)	711	(48.4%)
Carroll	2,315	(50.7%)	2,249	(49.3%)
Cecil	1,865	(48.8%)	1,955	(51.2%)
Charles	426	(35.8%)	764	(64.2%)
Dorchester	1,303	(57.9%)	949	(42.1%)
Frederick	3,634	(51.3%)	3,451	(48.7%)
Harford	1,945	(55.9%)	1,537	(44.1%)
Howard	807	(52.5%)	729	(47.5%)
Kent	794	(52.8%)	709	(47.2%)
Montgomery	1,128	(48.0%)	1,224	(52.0%)
Prince George's	705	(40.4%)	1,040	(59.6%)
Queen Anne's	839	(49.5%)	855	(50.5%)
St. Mary's	294	(21.3%)	1,088	(78.7%)
Somerset	1,481	(53.1%)	1,307	(46.9%)
Talbot	727	(44.3%)	914	(55.7%)
Washington	2,735	(54.2%)	2,708	(45.8%)
Worcester	1,281	(47.4%)	1,421	(52.6%)
Baltimore City	17,850	(69.3%)	8,211	(30.7%)
Total	**47,141**	**(54.9%)**	**38,681**	**(45.1%)**

SOURCE—Journal of the Maryland House of Delegates, January 12, 1858, p. 40.

MASSACHUSETTS

One of the original 13 states. Massachusetts established the office of governor in 1780 when it adopted its first constitution.   **Term of office**—One year.

Election—The first election was held in September and thereafter elections were held on the first Monday in April until 1831. In that year a change in the date the governor assumed office resulted in two elections. The second election was held on the second Monday in November and thereafter until 1855 when the date of election was changed to the first Tuesday after the first Monday in November.   **Majority Vote**—The winning candidate had to receive a majority of all votes cast; if no candidate achieved this then the legislature chose the governor. The House of Representatives sent the names of two of the four top candidates in the election to the Senate who chose one of the two as governor. This procedure was abolished in 1855 with only a plurality necessary for election.

Special situation—Until 1820 Massachusetts included the present state of Maine. These returns are part of the Massachusetts vote and are listed under the name district of Maine.

POPULATION

1790—378,787 (475,327)   1800—422,845 (574,564)   1810—472,040 (700,745)
1820—523,287   1830—610,408   1840—737,699   1850—994,514   1860—1,231,066

The figures in parentheses represent the combined population of Massachusetts and the district of Maine.

Massachusetts

1 7 8 0

County	John Hancock		James Bowdoin	
Barnstable	211	(79.6%)	54	(20.4%)
Berkshire	878	(86.9%)	132	(13.1%)
Bristol	771	(99.2%)	6	(0.8%)
Essex	1,142	(84.8%)	205	(15.2%)
Hampshire	1,505	(91.1%)	147	(8.9%)
Middlesex	1,947	(95.8%)	86	(4.2%)
Plymouth	484	(82.0%)	106	(18.0%)
Suffolk	1,732	(93.3%)	145	(7.8%)
Worcester	1,976	(94.4%)	117	(5.6%)
Massachusetts	*10,646*	*(91.4%)*	*998*	*(8.6%)*
Cumberland	291	(97.7%)	7	(2.3%)
Lincoln	85	(100%)	0	
York	185	(86.9%)	28	(13.1%)
district of Maine	*561*	*(94.1%)*	*35*	*(5.9%)*
Total	**11,207**	**(91.6%)**	**1,033**	**(8.4%)**

No returns for Dukes and Nantucket counties.

SOURCES—Manuscript returns; Massachusetts state archives.

1 7 8 1

County	John Hancock		James Bowdoin		scattering	
Barnstable	49	(98.0%)	1	(2.0%)	0	
Berkshire	523	(85.9%)	39	(6.4%)	47	(7.7%)
Bristol	457	(100%)	0		0	
Essex	796	(98.2%)	14	(1.7%)	1	(0.1%)
Hampshire	1,341	(92.9%)	61	(4.2%)	41	(2.8%)
Middlesex	1,408	(89.0%)	85	(5.4%)	89	(5.6%)
Plymouth	453	(92.8%)	24	(4.9%)	11	(2.3%)
Suffolk	1,146	(92.9%)	80	(6.5%)	8	(0.6%)
Worcester	1,491	(94.7%)	33	(2.1%)	51	(3.2%)
Massachusetts	*7,664*	*(92.9%)*	*337*	*(4.1%)*	*248*	*(3.0%)*
Cumberland	146	(100%)	0		0	
Lincoln	29	(100%)	0		0	
York	157	(97.5%)	2	(1.2%)	2	(1.2%)
district of Maine	*332*	*(98.8%)*	*2*	*(0.6%)*	*2*	*(0.6%)*
Total	**7,996**	**(93.1%)**	**339**	**(3.9%)**	**250**	**(2.9%)**

No returns for Dukes and Nantucket counties.

SOURCE—Manuscript returns.

1 7 8 2

County	John Hancock		Thomas Cushing	
Barnstable	181	(92.3%)	15	(7.7%)
Berkshire	414	(71.8%)	163	(28.2%)
Bristol	298	(95.2%)	15	(4.8%)
Essex	788	(96.2%)	31	(3.8%)
Hampshire	696	(71.6%)	276	(28.4%)
Middlesex	984	(92.5%)	80	(7.5%)
Plymouth	382	(91.0%)	38	(9.0%)
Suffolk	1,103	(86.4%)	173	(13.6%)
Worcester	719	(68.0%)	338	(32.0%)
Massachusetts	*5,565*	*(83.4%)*	*1,108*	*(36.6%)*
Cumberland	92	(100%)	0	
Lincoln	54	(100%)	0	
York	144	(87.3%)	21	(12.7%)
district of Maine	*290*	*(93.2%)*	*21*	*(6.8%)*
Total	**5,855**	**(83.8%)**	**1,129**	**(16.2%)**

No returns for Dukes and Nantucket counties.

SOURCE—Manuscript returns.

1 7 8 3*

John Hancock		scattering	
6,693	**(73.5%)**	**2,415**	**(26.5%)**

*No county returns located.

SOURCE—Manuscript returns.

1 7 8 4*

John Hancock		scattering	
5,160	**(67.6%)**	**2,471**	**(32.4%)**

*No county returns located.

SOURCE—Manuscript returns.

1 7 8 5

County	James Bowdoin*		Thomas Cushing		Benjamin Lincoln		Oliver Prescott	
Barnstable	85	(45.0%)	104	(55.0%)	0	(21.9%)	0	

Massachusetts

County	James Bowdoin*		Thomas Cushing		Benjamin Lincoln		Oliver Prescott	
Berkshire	238	(37.0%)	265	(41.2%)	140	(21.8%)	0	
Bristol	260	(54.1%)	148	(30.8%)	73	(15.2%)	0	
Dukes	71	(75.5%)	6	(6.4%)	17	(18.1%)	0	
Essex	480	(61.1%)	235	(29.9%)	71	(9.0%)	0	
Hampshire	302	(40.5%)	293	(39.3%)	151	(20.2%)	0	
Middlesex	277	(22.2%)	416	(33.4%)	255	(20.5%)	297	(23.9%)
Plymouth	182	(34.7%)	276	(52.7%)	66	(12.6%)	0	
Suffolk	1,002	(57.1%)	525	(29.9%)	228	(13.0%)	0	
Worcester	500	(46.7%)	476	(44.5%)	93	(8.7%)	1	(0.1%)
Massachusetts	3,397	(45.1%)	2,744	(36.4%)	1,094	(14.5%)	298	(4.0%)
Cumberland	46	(26.0%)	94	(53.1%)	37	(20.9%)	0	
Lincoln	47	(58.8%)	33	(41.2%)	0		0	
York	20	(11.4%)	134	(76.6%)	21	(12.0%)	0	
district of Maine	113	(26.2%)	261	(60.4%)	58	(13.4%)	0	
Total	3,510	(44.1%)	3,005	(37.7%)	1,152	(14.5%)	298	(3.7%)

*No candidate having received the required majority of the votes, the Legislature elected Bowdoin Governor.
No returns for Nantucket County.

SOURCE—Manuscript returns.

1786

County	James Bowdoin		John Hancock	
Barnstable	232	(90.3%)	25	(9.7%)
Berkshire	335	(61.2%)	212	(38.8%)
Bristol	128	(38.7%)	203	(61.3%)
Dukes	124	(100%)	0	
Essex	679	(94.2%)	42	(5.8%)
Hampshire	664	(84.3%)	124	(15.7%)
Middlesex	850	(81.8%)	189	(18.2%)
Nantucket	74	(100%)	0	
Plymouth	292	(92.4%)	24	(7.6%)
Suffolk	1,306	(93.0%)	98	(7.0%)
Worcester	1,024	(86.3%)	163	(13.7%)
Massachusetts	5,708	(84.1%)	1,080	(15.9%)
Cumberland	100	(84.0%)	19	(16.0%)
Lincoln	51	(33.1%)	103	(66.9%)
York	142	(67.0%)	70	(33.0%)
district of Maine	293	(60.4%)	192	(39.6%)
Total	6,001	(82.5%)	1,272	(17.5%)

SOURCE—Manuscript returns.

1787

County	John Hancock		James Bowdoin	
Barnstable	398	(83.6%)	78	(16.4%)
Berkshire	627	(65.0%)	337	(35.0%)
Bristol	1,982	(87.4%)	287	(12.6%)
Dukes	153	(71.8%)	60	(28.2%)
Essex	2,010	(70.3%)	850	(29.7%)
Hampshire	1,036	(56.2%)	809	(43.8%)
Middlesex	3,142	(83.5%)	621	(16.5%)
Nantucket	56	(51.4%)	53	(48.6%)
Plymouth	1,545	(83.4%)	308	(16.6%)
Suffolk	2,629	(68.8%)	1,190	(31.2%)
Worcester	3,472	(86.2%)	557	(13.8%)
Massachusetts	17,050	(76.8%)	5,150	(23.2%)
Cumberland	415	(81.7%)	93	(18.3%)
Lincoln	415	(84.2%)	78	(15.8%)
York	579	(86.7%)	74	(13.3%)
district of Maine	1,409	(85.2%)	245	(14.8%)
Total	18,459	(77.4%)	5,395	(22.6%)

SOURCE—Manuscript returns.

1788

County	John Hancock		Elbridge Gerry	
Barnstable	334	(81.7%)	75	(18.3%)
Berkshire	923	(66.2%)	471	(33.8%)
Bristol	875	(50.3%)	863	(49.7%)
Dukes	91	(100.0%)	0	
Essex	2,268	(82.5%)	481	(17.5%)
Hampshire	2,114	(70.3%)	892	(29.7%)
Middlesex	2,560	(89.8%)	292	(10.2%)
Plymouth	1,068	(90.4%)	103	(9.6%)
Suffolk	2,841	(98.3%)	48	(1.7%)
Worcester	2,866	(80.2%)	708	(19.8%)
Massachusetts	15,940	(80.2%)	3,933	(19.8%)
Cumberland	707	(97.2%)	20	(2.8%)
Lincoln	778	(84.6%)	142	(15.4%)
York	416	(89.3%)	50	(10.7%)
district of Maine	1,901	(90.0%)	212	(10.0%)
Total	17,841	(81.1%)	4,145	(18.9%)

No returns for Nantucket County.

SOURCE—Manuscript returns.

1789

County	John Hancock		James Bowdoin	
Barnstable	383	(94.1%)	24	(5.9%)
Berkshire	761	(94.2%)	47	(5.8%)
Bristol	1,481	(95.8%)	65	(4.2%)
Dukes	89	(74.2%)	31	(25.8%)
Essex	1,455	(71.9%)	569	(28.1%)
Hampshire	1,912	(72.9%)	710	(27.1%)
Middlesex	2,406	(90.4%)	256	(9.6%)
Nantucket	83	(97.6%)	2	(2.4%)
Plymouth	732	(77.4%)	214	(22.6%)

Massachusetts

County	Suffolk			
Suffolk	2,374	(71.5%)	946	(28.5%)
Worcester	2,876	(85.7%)	478	(18.7%)
Massachusetts	*14,552*	*(81.3%)*	*3,342*	*(18.7%)*
Cumberland	637	(95.5%)	30	(4.5%)
Lincoln	1,382	(96.8%)	46	(3.2%)
York	693	(94.7%)	39	(5.3%)
district of Maine	*2,712*	*(95.9)*	*115*	*(4.1%)*
Total	**17,264**	**(83.3%)**	**3,457**	**(16.7%)**

SOURCE—Manuscript returns.

1790

County	John Hancock		James Bowdoin	
Barnstable	244	(85.6%)	41	(14.4%)
Berkshire	835	(95.6%)	38	(4.4%)
Bristol	1,067	(96.7%)	36	(3.3%)
Dukes	134	(94.4%)	8	(5.6%)
Essex	1,155	(82.1%)	251	(17.9%)
Hampshire	1,947	(84.8%)	348	(15.2%)
Middlesex	1,979	(92.5%)	161	(7.5%)
Nantucket	180	(98.9%)	2	(1.1%)
Plymouth	614	(80.7%)	147	(19.3%)
Suffolk	1,639	(79.6%)	421	(20.4%)
Worcester	2,224	(88.0%)	302	(12.0%)
Massachusetts	*12,018*	*(87.3%)*	*1,755*	*(12.7%)*
Cumberland	541	(97.7%)	13	(2.3%)
Lincoln	1,160	(94.2%)	71	(5.8%)
York	564	(93.2%)	41	(6.8%)
district of Maine	*2,265*	*(94.8%)*	*125*	*(5.2%)*
Total	**14,283**	**(88.4%)**	**1,880**	**(11.6%)**

SOURCE—Manuscript returns.

1791

County	John Hancock	
Barnstable	389	(100%)
Berkshire	773	(100%)
Bristol	1,199	(100%)
Dukes	136	(100%)
Essex	967	(100%)
Hampshire	2,219	(100%)
Middlesex	1,892	(100%)
Nantucket	232	(100%)
Plymouth	582	(100%)
Suffolk	1,450	(100%)
Worcester	2,244	(100%)
Massachusetts	*12,083*	*(100%)*
Cumberland	930	(100%)
Hancock	441	(100%)
Lincoln	1,391	(100%)
Washington	217	(100%)
York	934	(100%)
district of Maine	*3,913*	*(100%)*
Total	**15,996**	**(100%)**

SOURCE—Manuscript returns.

1792

County	John Hancock		Francis Dana		Samuel Phillips	
Barnstable	518	(97.2%)	15	(2.8%)	0	
Berkshire	782	(100%)	0		0	
Bristol	1,052	(95.5%)	25	(2.3%)	25	(2.3%)
Dukes	72	(100%)	0		0	
Essex	985	(89.5%)	89	(8.1%)	26	(2.4%)
Hampshire	2,134	(94.3%)	32	(1.4%)	96	(4.2%)
Middlesex	1,797	(90.3%)	185	(9.3%)	7	(0.4%)
Nantucket	185	(100%)	0		0	
Plymouth	584	(85.5%)	44	(6.4%)	55	(8.1%)
Suffolk	1,734	(94.0%)	50	(2.7%)	61	(3.3%)
Worcester	1,730	(71.1%)	377	(15.5%)	326	(13.4%)
Massachusetts	*11,573*	*(89.1%)*	*817*	*(6.3%)*	*596*	*(4.6%)*
Cumberland	805	(100%)	0		0	
Hancock	332	(99.7%)	0		1	
Lincoln	1,015	(98.7%)	0		13	(1.3%)
Washington	44	(100%)	0		0	
York	859	(99.0%)	8	(1.0%)	0	
district of Maine	*3,055*	*(99.3%)*	*8*	*(0.3%)*	*14*	*(0.5%)*
Total	**14,628**	**(91.1%)**	**825**	**(5.1%)**	**610**	**(3.8%)**

SOURCE—Manuscript returns.

1793

County	John Hancock		Elbridge Gerry	
Barnstable	350	(90.7%)	36	(9.3%)
Berkshire	897	(87.3%)	131	(12.7%)
Bristol	877	(99.7%)	3	(0.3%)
Dukes	79	(100%)	0	
Essex	1,304	(92.0%)	113	(8.0%)
Hampshire	2,528	(98.3%)	45	(1.7%)
Middlesex	1,778	(89.3%)	214	(10.7%)
Nantucket	124	(100%)	0	
Plymouth	645	(94.0%)	41	(6.0%)
Suffolk	2,162	(95.3%)	107	(4.7%)
Worcester	2,249	(96.9%)	72	(3.1%)
Massachusetts	*12,993*	*(94.5%)*	*762*	*(5.5%)*
Cumberland	799	(100%)	0	
Hancock	409	(100%)	0	
Lincoln	1,152	(93.2%)	84	(6.8%)
Washington	187	(99.5%)	1	(0.5%)
York	888	(98.8%)	11	(1.2%)
district of Maine	*3,435*	*(97.3%)*	*96*	*(2.7%)*
Total	**16,428**	**(95.0%)**	**858**	**(5.0%)**

SOURCE—Manuscript returns.

1794

County	Samuel Adams		William Cushing	
Barnstable	219	(45.8%)	259	(54.2%)
Berkshire	429	(25.8%)	696	(74.2%)
Bristol	528	(53.7%)	456	(46.3%)
Dukes	54	(54.0%)	46	(46.0%)
Essex	937	(62.8%)	556	(37.2%)
Hampshire	1,601	(57.4%)	1,186	(42.6%)
Middlesex	2,025	(87.4%)	293	(12.6%)
Nantucket	109	(98.2%)	2	(1.8%)
Norfolk	1,158	(85.0%)	205	(15.0%)
Plymouth	662	(54.4%)	556	(45.6%)
Suffolk	1,443	(59.2%)	1,158	(40.8%)
Worcester	1,613	(58.2%)	1,158	(41.8%)
Massachusetts	*10,778*	*(62.7%)*	*6,406*	*(37.3%)*
Cumberland	983	(88.2%)	132	(11.8%)
Hancock	546	(88.2%)	73	(11.8%)
Lincoln	1,444	(93.1%)	107	(6.9%)
Washington	133	(73.5%)	48	(26.5%)
York	541	(55.5%)	433	(44.5%)
district of Maine	*3,647*	*(82.1%)*	*793*	*(37.9%)*
Total	**14,425**	**(66.7%)**	**7,199**	**(33.3%)**

SOURCE—Manuscript returns.

Massachusetts

1795

County	Samuel Adams		William Cushing		scattering	
Barnstable	356	(97.0%)	10	(2.7%)	1	(0.3%)
Bristol	786	(95.3%)	7	(0.8%)	32	(3.9%)
Dukes	59	(85.5%)	10	(14.5%)	0	
Essex	900	(77.5%)	169	(14.6%)	92	(7.9%)
Hampshire	2,162	(90.1%)	69	(2.9%)	169	(7.0%)
Middlesex	1,935	(90.3%)	24	(1.1%)	184	(8.6%)
Nantucket	109	(100%)	0		0	
Norfolk	1,058	(94.5%)	4	(0.4%)	57	(5.1%)
Plymouth	761	(89.1%)	40	(4.7%)	53	(6.2%)
Suffolk	2,060	(95.8%)	45	(2.1%)	45	(2.1%)
Worcester	2,084	(82.0%)	105	(4.1%)	351	(13.8%)
Massachusetts	*12,270*	*(89.3%)*	*483*	*(3.5%)*	*984*	*(7.2%)*
Cumberland	1,050	(96.6%)	15	(1.4%)	22	(2.0%)
Hancock	412	(100%)	0		0	
Lincoln	1,287	(93.1%)	5	(0.4%)	91	(6.6%)
Washington	128	(72.3%)	0		49	(27.7%)
York	829	(89.8%)	30	(3.3%)	64	(6.9%)
district of Maine	*3,706*	*(93.1%)*	*50*	*(1.3%)*	*226*	*(5.7%)*
Total	**15,976**	**(90.2%)**	**533**	**(3.0%)**	**1,210**	**(6.8%)**

No returns for Berkshire County.

SOURCE—Manuscript returns.

1796

County	Samuel Adams		Increase Sumner		scattering	
Barnstable	434	(75.6%)	140	(24.4%)		
Berkshire	590	(42.1%)	813	(57.9%)		
Bristol	664	(58.9%)	464	(41.1%)		
Dukes	44	(40.0%)	66	(60.0%)		
Essex	955	(44.7%)	1,180	(55.3%)		
Hampshire	1,430	(42.4%)	1,943	(57.6%)		
Middlesex	2,323	(77.5%)	674	(22.5%)		
Nantucket	8	(7.3%)	101	(92.7%)		
Norfolk	1,269	(83.2%)	257	(16.8%)		
Plymouth	742	(64.8%)	403	(35.2%)		
Suffolk	1,651	(64.0%)	928	(36.0%)		
Worcester	1,232	(37.0%)	2,094	(63.0%)		
Massachusetts	*11,342*	*(55.6%)*	*9,063*	*(44.4%)*		
Cumberland	1,059	(76.6%)	324	(23.4%)		
Hancock	604	(83.4%)	120	(16.6%)		
Lincoln	1,469	(81.8%)	326	(18.2%)		
Washington	78	(33.3%)	215	(66.7%)		
York	643	(74.9%)	215	(25.1%)		
district of Maine	*3,853*	*(77.2%)*	*1,141*	*(22.8%)*		
Total	**15,195**	**(57.4%)**	**10,204**	**(38.5%)**	**1,094**	**(4.1%)**

SOURCE—Manuscript returns.

1797

County	Increase Sumner (F)		James Sullivan (D-R)		Moses Gill (F)	
Barnstable	495	(61.3%)	311	(38.5%)	1	(0.1%)
Berkshire	863	(59.8%)	566	(39.2%)	14	(1.0%)
Bristol	755	(60.2%)	340	(27.1%)	159	(12.7%)
Dukes	125	(96.9%)	4	(3.1%)	0	
Essex	1,348	(75.0%)	388	(21.6%)	62	(3.4%)
Hampshire	2,501	(70.4%)	951	(26.8%)	99	(27.9%)
Middlesex	858	(28.8%)	1,489	(49.9%)	635	(21.3%)
Nantucket	273	(85.6%)	39	(12.2%)	7	(2.2%)

County	Increase Sumner (F)		James Sullivan (D-R)		Moses Gill (F)		scattering	
Norfolk	616	(43.8%)	568	(40.4%)	222	(15.8%)		
Plymouth	652	(56.3%)	346	(29.9%)	160	(13.8%)		
Suffolk	1,071	(54.1%)	27	(1.4%)	880	(44.5%)		
Worcester	2,431	(71.0%)	697	(20.3%)	298	(8.7%)		
Massachusetts	*11,938*	*(59.1%)*	*5,726*	*(28.3%)*	*2,537*	*(12.6%)*		
Cumberland	740	(58.5%)	94	(7.4%)	430	(34.0%)		
Hancock	312	(60.5%)	44	(8.5%)	160	(31.0%)		
Lincoln	947	(49.6%)	623	(32.6%)	341	(17.8%)		
Washington	113	(47.7%)	124	(52.3%)	0			
York	490	(45.0%)	514	(47.2%)	85	(7.8%)		
district of Maine	*2,602*	*(51.9%)*	*1,399*	*(27.9%)*	*1,016*	*(20.3%)*		
Total	**14,540**	**(56.7%)**	**7,125**	**(27.8%)**	**3,553**	**(13.8%)**	**440**	**(1.7%)**

SOURCE—Manuscript returns.

1798

County	Increase Sumner (F)		James Sullivan (D-R)		scattering	
Barnstable	574	(90.1%)	63	(9.9%)		
Berkshire	1,217	(98.9%)	13	(1.1%)		
Bristol	881	(97.8%)	20	(2.2%)		
Dukes	126	(100%)	0			
Essex	1,359	(92.7%)	107	(7.3%)		
Hampshire	2,645	(95.0%)	138	(5.0%)		
Middlesex	1,591	(69.8%)	689	(30.2%)		
Nantucket	186	(100%)	0			
Norfolk	811	(77.2%)	239	(22.8%)		
Plymouth	730	(80.2%)	180	(19.8%)		
Suffolk	1,594	(93.8%)	105	(6.2%)		
Worcester	2,272	(93.7%)	153	(6.3%)		
Massachusetts	*13,986*	*(89.2%)*	*1,697*	*(30.8%)*		
Cumberland	1,041	(95.9%)	45	(4.1%)		
Hancock	622	(98.4%)	10	(1.6%)		
Lincoln	1,559	(93.2%)	114	(6.8%)		
Washington	209	(99.5%)	1	(0.5%)		
York	828	(92.6%)	236	(7.4%)		
district of Maine	*4,259*	*(94.7%)*	*236*	*(5.3%)*		
Total	**18,245**	**(85.8%)**	**1,933**	**(9.1%)**	**1,081**	**(5.1%)**

SOURCE—Manuscript returns.

1799

County	Increase Sumner (F)		William Heath (D-R)	
Barnstable	607	(85.6%)	102	(14.4%)
Berkshire	1,526	(85.3%)	262	(14.7%)
Bristol	1,368	(66.2%)	699	(33.8%)
Dukes	158	(100%)	0	
Essex	2,787	(82.6%)	586	(17.4%)
Hampshire	3,240	(97.8%)	74	(2.2%)
Middlesex	2,044	(48.9%)	2,135	(51.1%)
Nantucket	72	(25.2%)	214	(74.8%)
Norfolk	1,082	(44.0%)	1,379	(56.0%)
Plymouth	1,110	(58.4%)	791	(41.6%)
Suffolk	2,049	(77.9%)	582	(22.1%)
Worcester	2,933	(90.9%)	294	(9.1%)
Massachusetts	*18,976*	*(72.7%)*	*7,118*	*(27.3%)*
Cumberland	1,573	(96.3%)	60	(3.7%)
Hancock	536	(85.8%)	89	(14.2%)
Kennebec	851	(48.8%)	893	(51.2%)
Lincoln	908	(81.9%)	201	(18.1%)
Washington	199	(98.5%)	3	(1.5%)
York	1,026	(75.7%)	330	(24.3%)
district of Maine	*5,093*	*(76.4%)*	*1,576*	*(23.6%)*
Total	**24,069**	**(73.5%)**	**8,694**	**(26.5%)**

SOURCE—Manuscript returns.

1800

County	Caleb Strong (F)		Elbridge Gerry (D-R)		Moses Gill (F)	
Barnstable	309	(36.9%)	518	(61.8%)	11	(1.3%)
Berkshire	1,232	(60.4%)	571	(28.0%)	237	(11.6%)

Massachusetts

County	Caleb Strong (F)		Elbridge Gerry (D-R)		Moses Gill (F)	
Bristol	785	(39.5%)	1,081	(54.3%)	123	(6.2%)
Dukes	121	(89.0%)	15	(11.0%)	0	
Essex	2,580	(63.7%)	1,444	(35.7%)	26	(0.6%)
Hampshire	4,192	(81.2%)	592	(11.5%)	378	(7.3%)
Middlesex	1,242	(27.6%)	3,195	(71.1%)	55	(1.2%)
Nantucket	29	(15.3%)	160	(84.7%)	0	
Norfolk	753	(29.7%)	1,770	(69.8%)	13	(0.5%)
Plymouth	732	(44.7%)	873	(53.3%)	33	(0.2%)
Suffolk	1,646	(50.2%)	1,626	(49.6%)	8	(0.2%)
Worcester	2,126	(48.4%)	2,063	(47.0%)	202	(4.6%)
Massachusetts	*15,747*	*(51.2%)*	*13,908*	*(45.2%)*	*1,086*	*(3.5%)*
Cumberland	1,231	(60.4%)	628	(30.8%)	178	(8.7%)
Hancock	385	(40.2%)	324	(33.8%)	249	(26.0%)
Kennebec	545	(35.5%)	969	(63.0%)	23	(1.5%)
Lincoln	809	(48.9%)	488	(29.5%)	358	(21.6%)
Washington	169	(61.5%)	101	(36.7%)	5	(1.8%)
York	744	(50.8%)	601	(41.0%)	120	(8.2%)
district of Maine	*3,883*	*(49.0%)*	*3,111*	*(39.2%)*	*933*	*(11.8%)*
Total	**19,630**	**(50.8%)**	**17,019**	**(44.0%)**	**2,019**	**(5.2%)**

SOURCE—Manuscript returns.

1 8 0 1

County	Caleb Strong (F)		Elbridge Gerry (D-R)	
Barnstable	440	(44.0%)	559	(56.0%)
Berkshire	1,246	(46.1%)	1,457	(53.9%)
Bristol	966	(48.9%)	1,008	(51.1%)
Dukes	136	(75.6%)	44	(24.4%)
Essex	2,675	(58.7%)	1,879	(41.3%)
Hampshire	5,946	(84.3%)	1,106	(15.7%)
Middlesex	1,501	(30.9%)	3,364	(69.1%)
Nantucket	61	(28.4%)	154	(71.6%)
Norfolk	938	(33.9%)	1,831	(66.1%)
Plymouth	999	(35.3%)	1,081	(64.7%)
Suffolk	1,957	(47.3%)	2,182	(52.7%)
Worcester	3,279	(40.6%)	1,722	(59.4%)
Massachusetts	*20,144*	*(55.1%)*	*16,387*	*(44.9%)*
Cumberland	1,610	(66.1%)	826	(33.9%)
Hancock	490	(54.3%)	414	(45.7%)
Kennebec	736	(41.4%)	1,041	(58.6%)
Lincoln	1,183	(70.3%)	499	(29.7%)
Washington	239	(78.6%)	65	(21.4%)
York	1,050	(52.4%)	952	(47.6%)
district of Maine	*5,308*	*(55.3%)*	*3,797*	*(44.7%)*
Total	**25,452**	**(55.8%)**	**20,184**	**(44.2%)**

SOURCE—Manuscript returns.

1 8 0 2

County	Caleb Strong (F)		Elbridge Gerry (D-R)	
Barnstable	478	(46.8%)	543	(53.2%)
Berkshire	1,474	(47.3%)	1,644	(52.7%)
Bristol	1,206	(54.8%)	993	(45.2%)
Dukes	129	(94.9%)	7	(5.1%)
Essex	3,465	(62.5%)	2,083	(37.5%)
Hampshire	5,872	(81.1%)	1,370	(18.9%)
Middlesex	1,944	(38.0%)	3,172	(62.0%)
Nantucket	88	(28.4%)	222	(71.6%)
Norfolk	997	(37.7%)	1,649	(62.3%)
Plymouth	1,116	(49.8%)	1,123	(50.2%)
Suffolk	2,489	(60.6%)	1,621	(39.4%)
Worcester	4,189	(69.3%)	1,854	(30.7%)
Massachusetts	*23,447*	*(59.0%)*	*16,281*	*(41.0%)*
Cumberland	2,145	(77.2%)	634	(22.8%)
Hancock	602	(53.9%)	515	(46.1%)
Kennebec	774	(49.3%)	795	(50.7%)
Lincoln	1,567	(84.6%)	285	(15.4%)
Washington	236	(86.1%)	38	(13.9%)
York	1,212	(57.5%)	895	(42.5%)
district of Maine	*6,536*	*(67.4%)*	*3,162*	*(32.6%)*
Total	**29,983**	**(60.7%)**	**19,443**	**(39.3%)**

SOURCE—Manuscript returns.

1 8 0 3

County	Caleb Strong (F)		Elbridge Gerry (D-R)	
Barnstable	525	(57.6%)	387	(42.4%)
Berkshire	1,502	(49.7%)	1,523	(50.3%)
Bristol	1,522	(72.6%)	575	(27.4%)
Dukes	191	(100%)	0	
Essex	3,674	(63.4%)	2,122	(36.6%)
Hampshire	5,332	(83.3%)	1,068	(16.7%)
Middlesex	2,148	(50.6%)	1,793	(49.4%)
Nantucket	62	(21.6%)	225	(78.4%)
Norfolk	1,089	(52.9%)	969	(47.1%)
Plymouth	1,285	(67.1%)	631	(32.9%)
Suffolk	1,996	(68.5%)	918	(31.5%)
Worcester	3,918	(69.8%)	1,699	(30.2%)
Massachusetts	*23,244*	*(66.1%)*	*11,910*	*(33.9%)*
Cumberland	650	(88.1%)	88	(11.9%)
Hancock	708	(73.4%)	256	(26.6%)
Kennebec	1,361	(61.0%)	870	(39.0%)
Lincoln	1,602	(89.9%)	179	(10.1%)
Washington	299	(98.4%)	5	(1.6%)
York	1,335	(68.9%)	602	(31.1%)
district of Maine	*5,955*	*(74.9%)*	*2,000*	*(25.1%)*
Total	**29,199**	**(67.7%)**	**13,910**	**(32.3%)**

SOURCE—Manuscript returns.

1 8 0 4

County	Caleb Strong (F)		James Sullivan (D-R)	
Barnstable	431	(38.8%)	680	(61.2%)
Berkshire	1,592	(43.9%)	2,037	(56.1%)
Bristol	1,320	(46.2%)	1,536	(53.8%)
Dukes	125	(56.6%)	96	(43.4%)
Essex	3,420	(54.8%)	2,819	(45.2%)
Hampshire	5,454	(74.8%)	1,833	(25.2%)
Middlesex	2,179	(41.9%)	3,024	(58.1%)
Nantucket	143	(34.1%)	276	(65.9%)
Norfolk	1,055	(40.7%)	1,535	(59.3%)
Plymouth	1,378	(49.3%)	1,417	(50.7%)
Suffolk	2,015	(75.4%)	657	(24.6%)
Wocester	4,169	(70.7%)	1,728	(29.3%)
Massachusetts	*23,281*	*(56.9%)*	*17,638*	*(43.1%)*
Cumberland	2,236	(62.6%)	1,334	(37.4%)
Hancock	651	(43.8%)	834	(56.2%)
Kennebec	1,070	(39.6%)	1,630	(60.4%)
Lincoln	1,562	(71.8%)	612	(28.2%)
Washington	313	(88.7%)	40	(11.3%)
York	898	(32.0%)	1,908	(68.0%)
district of Maine	*6,730*	*(51.4%)*	*6,358*	*(48.6%)*
Total	30,011	(55.6%)	23,996	(44.4%)

SOURCE—Manuscript returns.

1 8 0 5

County	Caleb Strong (F)		James Sullivan (D-R)	
Barnstable	640	(43.3%)	838	(56.7%)
Berkshire	1,924	(43.2%)	2,527	(56.8%)
Bristol	1,473	(46.0%)	1,732	(54.0%)
Dukes	155	(43.8%)	199	(56.2%)
Essex	4,015	(57.2%)	3,009	(43.8%)
Hampshire	6,615	(67.7%)	3,158	(32.3%)
Middlesex	2,683	(47.6%)	3,951	(52.4%)
Nantucket	87	(30.0%)	203	(70.0%)
Norfolk	1,438	(42.1%)	2,076	(57.9%)
Plymouth	1,586	(45.2%)	1,924	(54.8%)
Suffolk	2,616	(67.4%)	1,263	(32.6%)
Worcester	4,771	(59.4%)	3,263	(40.6%)
Massachusetts	*28,003*	*(53.7%)*	*24,143*	*(46.3%)*
Cumberland	2,089	(60.5%)	1,363	(39.5%)
Hancock	522	(30.2%)	1,204	(69.8%)
Kennebec	1,027	(30.2%)	2,377	(69.8%)
Lincoln	1,742	(54.4%)	1,458	(45.6%)
Oxford	601	(41.7%)	839	(58.3%)
Washington	293	(70.8%)	121	(29.2%)
York	927	(31.8%)	1,986	(68.2%)
district of Maine	*7,201*	*(43.5%)*	*9,348*	*(56.5%)*
Total	35,204	(51.2%)	33,491	(48.8%)

SOURCE—Manuscript returns.

1 8 0 6

County	Caleb Strong (F)		James Sullivan (D-R)	
Barnstable	581	(41.1%)	833	(58.9%)
Berkshire	2,019	(44.1%)	2,556	(55.9%)
Bristol	1,762	(55.6%)	1,407	(44.4%)
Dukes	154	(47.8%)	168	(52.2%)
Essex	4,729	(58.0%)	3,425	(42.0%)
Hampshire	6,603	(64.6%)	3,624	(35.4%)
Middlesex	2,868	(41.1%)	4,105	(58.9%)
Nantucket	246	(44.9%)	302	(55.1%)
Norfolk	1,562	(40.8%)	2,269	(59.2%)
Plymouth	1,704	(45.3%)	2,056	(54.7%)
Suffolk	2,544	(61.1%)	1,623	(38.9%)
Worcester	5,196	(60.8%)	3,341	(39.2%)
Massachusetts	*29,968*	*(53.8%)*	*25,709*	*(46.4%)*
Cumberland	2,098	(49.1%)	2,172	(50.9%)
Hancock	598	(29.8%)	1,412	(70.2%)
Kennebec	1,309	(33.9%)	2,554	(66.1%)
Lincoln	1,876	(48.9%)	1,962	(51.1%)
Oxford	593	(36.4%)	1,038	(63.6%)
Washington	321	(73.0%)	119	(27.0%)
York	976	(31.3%)	2,143	(68.7%)
district of Maine	*7,771*	*(40.5%)*	*11,400*	*(59.5%)*
Total	37,739	(50.4%)	37,109	(49.6%)

SOURCE—Manuscript returns.

1 8 0 7

County	James Sullivan (D-R)		Caleb Strong (F)	
Barnstable	1,297	(73.1%)	478	(26.9%)
Berkshire	2,711	(58.0%)	1,963	(42.0%)
Bristol	2,049	(50.6%)	1,998	(49.4%)
Dukes	164	(50.6%)	160	(49.4%)
Essex	4,026	(45.3%)	4,864	(54.7%)
Hampshire	3,796	(37.0%)	6,465	(63.0%)
Middlesex	4,474	(60.6%)	2,909	(39.4%)
Nantucket	402	(64.6%)	220	(35.4%)
Norfolk	2,550	(60.9%)	1,638	(39.1%)
Plymouth	2,315	(54.8%)	1,912	(45.2%)
Suffolk	2,115	(39.9%)	3,191	(60.1%)
Worcester	3,731	(90.8%)	5,416	(9.2%)
Massachusetts	*29,630*	*(48.7%)*	*31,214*	*(53.3%)*
Cumberland	2,352	(52.4%)	2,139	(47.6%)
Hancock	1,424	(71.8%)	560	(28.2%)
Kennebec	2,904	(66.3%)	1,479	(33.7%)
Lincoln	2,274	(55.0%)	1,863	(45.0%)
Oxford	1,009	(63.8%)	572	(36.2%)
Washington	212	(38.8%)	334	(61.2%)
York	2,155	(67.0%)	1,063	(33.0%)
district of Maine	*12,330*	*(60.6%)*	*8,010*	*(39.4%)*
Total	41,960	(51.7%)	39,224	(48.3%)

SOURCE—Manuscript returns.

1 8 0 8

County	James Sullivan (D-R)		Christopher Gore (F)	
Barnstable	1,287	(69.0%)	577	(31.0%)
Berkshire	2,394	(56.0%)	1,882	(44.0%)
Bristol	2,075	(50.4%)	2,038	(49.6%)
Dukes	125	(68.7%)	57	(31.3%)
Essex	3,779	(40.8%)	5,474	(59.2%)
Hampshire	3,634	(35.8%)	6,523	(64.2%)
Middlesex	4,402	(62.5%)	2,646	(37.5%)
Nantucket	503	(77.5%)	146	(22.5%)
Norfolk	2,637	(63.6%)	1,508	(36.4%)
Plymouth	2,411	(54.1%)	2,049	(45.9%)
Suffolk	2,144	(48.1%)	2,651	(51.9%)
Worcester	3,394	(40.3%)	5,029	(59.7%)
Massachusetts	*28,785*	*(48.5%)*	*30,580*	*(51.5%)*
Cumberland	2,198	(46.4%)	2,542	(53.6%)

Massachusetts

County				
Hancock	1,489	(64.4%)	822	(35.6%)
Kennebec	3,033	(66.5%)	1,529	(33.5%)
Lincoln	2,332	(57.7%)	1,713	(42.3%)
Oxford	1,035	(60.8%)	668	(39.2%)
Washington	153	(48.5%)	294	(51.5%)
York	2,168	(60.5%)	1,415	(39.5%)
district of Maine	*12,408*	*(58.0%)*	*8,983*	*(44.0%)*
Total	**41,193**	**(51.0%)**	**39,563**	**(49.0%)**

SOURCE—Manuscript returns.

1809

County	Christopher Gore (F)		Levi Lincoln (D-R)	
Barnstable	896	(40.7%)	1,307	(59.3%)
Berkshire	2,274	(45.4%)	2,738	(55.6%)
Bristol	2,615	(52.8%)	2,334	(47.2%)
Dukes	154	(42.2%)	211	(57.8%)
Essex	5,932	(57.8%)	4,324	(42.2%)
Hampshire	7,525	(64.2%)	4,196	(35.8%)
Middlesex	3,122	(39.3%)	4,820	(60.7%)
Nantucket	269	(32.6%)	557	(67.4%)
Norfolk	1,774	(38.2%)	2,876	(61.8%)
Plymouth	2,410	(47.3%)	2,683	(52.7%)
Suffolk	3,027	(60.3%)	1,990	(39.7%)
Worcester	6,089	(60.4%)	3,986	(39.6%)
Massachusetts	*36,087*	*(53.0%)*	*32,022*	*(47.0%)*
Cumberland	2,834	(53.8%)	2,434	(46.2%)
Hancock	1,063	(43.7%)	1,371	(56.3%)
Kennebec	2,374	(44.4%)	2,970	(55.6%)
Lincoln	2,410	(49.6%)	2,453	(50.4%)
Oxford	783	(38.0%)	1,277	(62.0%)
Washington	369	(69.2%)	164	(30.8%)
York	1,996	(45.1%)	2,427	(54.9%)
district of Maine	*11,829*	*(47.5%)*	*13,096*	*(52.5%)*
Total	**47,916**	**(51.5%)**	**45,118**	**(48.5%)**

SOURCE—Manuscript returns.

1810

County	Elbridge Gerry (D-R)		Christopher Gore (F)	
Barnstable	1,202	(67.9%)	567	(32.1%)
Berkshire	2,982	(56.3%)	2,315	(43.7%)
Bristol	2,334	(50.2%)	2,316	(49.8%)
Dukes	158	(56.6%)	121	(43.4%)
Essex	4,464	(45.7%)	5,313	(54.3%)
Hampshire	4,377	(37.2%)	7,372	(62.8%)
Middlesex	4,809	(61.4%)	3,025	(38.6%)
Nantucket	522	(78.5%)	143	(21.5%)
Norfolk	2,886	(63.9%)	1,628	(36.1%)
Plymouth	2,602	(52.8%)	1,330	(47.2%)
Suffollk	2,262	(42.4%)	3,116	(57.6%)
Worcester	4,054	(42.4%)	5,502	(57.6%)
Massachusetts	*32,652*	*(49.2%)*	*33,748*	*(50.8%)*
Cumberland	2,357	(48.9%)	2,504	(51.1%)
Hancock	1,266	(58.9%)	843	(41.1%)
Kennebec	2,423	(61.0%)	1,551	(39.0%)
Lincoln	2,732	(55.6%)	2,181	(44.4%)
Oxford	1,403	(65.5%)	739	(34.5%)
Somerset	658	(54.3%)	553	(45.7%)
Washington	184	(38.7%)	291	(61.3%)
York	2,866	(63.2%)	1,669	(36.8%)
district of Maine	*13,889*	*(57.3%)*	*10,331*	*(42.7%)*
Total	**46,541**	**(51.4%)**	**44,079**	**(48.6%)**

SOURCE—Manuscript returns.

1811

County	Elbridge Gerry (D-R)		Christopher Gore (F)	
Barnstable	842	(64.7%)	460	(35.3%)
Berkshire	2,592	(55.1%)	2,112	(44.9%)
Bristol	2,423	(50.7%)	2,353	(49.3%)
Dukes	111	(57.5%)	82	(42.5%)
Essex	4,001	(43.3%)	5,243	(56.7%)
Hampshire	4,268	(37.8%)	7,021	(62.2%)
Middlesex	4,740	(63.6%)	2,710	(36.4%)
Nantucket	384	(66.4%)	194	(33.6%)
Norfolk	2,793	(65.1%)	1,500	(34.9%)
Plymouth	2,405	(56.8%)	1,829	(43.2%)
Suffolk	1,922	(37.8%)	3,160	(62.2%)
Worcester	3,998	(44.2%)	5,046	(55.8%)
Massachusetts	*30,479*	*(49.0%)*	*31,710*	*(51.0%)*
Cumberland	2,429	(52.7%)	2,182	(47.3%)
Hancock	1,328	(64.0%)	749	(36.0%)
Kennebec	2,120	(62.7%)	1,262	(37.3%)
Lincoln	2,326	(60.0%)	1,552	(40.0%)
Oxford	1,335	(69.3%)	591	(30.7%)
Somerset	747	(61.5%)	468	(38.5%)
Washington	270	(45.9%)	318	(54.1%)
York	2,294	(63.7%)	1,310	(36.3%)
district of Maine	*12,849*	*(60.4%)*	*8,432*	*(39.6%)*
Total	**43,828**	**(52.2%)**	**40,142**	**(47.8%)**

SOURCE—Manuscript returns.

1812

County	Caleb Strong (F)		Elbridge Gerry (D-R)	
Barnstable	949	(42.6%)	1,278	(57.4%)
Berkshire	2,488	(45.9%)	2,932	(54.1%)
Bristol	3,077	(55.5%)	2,463	(44.5%)
Dukes	185	(47.0%)	209	(53.0%)
Essex	6,356	(59.5%)	4,321	(40.5%)
Franklin	2,824	(64.3%)	1,571	(35.7%)
Hampden	1,902	(49.3%)	1,957	(50.7%)
Hampshire	3,403	(76.1%)	1,068	(23.9%)
Middlesex	3,710	(41.9%)	5,153	(58.1%)
Nantucket	236	(32.7%)	482	(67.3%)
Norfolk	2,107	(41.0%)	3,028	(59.0%)
Plymouth	2,685	(52.3%)	2,805	(47.7%)
Suffolk	3,877	(67.3%)	1,884	(32.7%)
Worcester	6,457	(59.8%)	4,334	(40.2%)
Massachusetts	*40,256*	*(54.6%)*	*33,485*	*(45.4%)*
Cumberland	3,086	(49.5%)	3,148	(50.5%)
Hancock	1,307	(40.4%)	1,927	(59.6%)
Kennebec	1,930	(39.4%)	2,972	(60.6%)
Lincoln	2,396	(42.0%)	3,315	(58.0%)
Oxford	837	(31.1%)	1,851	(68.9%)
Somerset	751	(44.7%)	929	(55.3%)
Washington	400	(46.1%)	468	(53.9%)
York	1,733	(34.9%)	3,231	(65.1%)
district of Maine	*12,440*	*(41.1%)*	*17,841*	*(58.9%)*
Total	**52,696**	**(50.7%)**	**51,326**	**(49.3%)**

SOURCE—Manuscript returns.

1813

County	Caleb Strong (F)		Joseph B. Varnum (D-R)	
Barnstable	1,436	(66.1%)	736	(33.9%)

County				
Berkshire	2,640	(51.2%)	2,516	(48.8%)
Bristol	3,482	(63.1%)	2,039	(36.9%)
Dukes	177	(48.9%)	185	(51.1%)
Essex	6,551	(63.8%)	3,713	(36.2%)
Franklin	2,916	(70.6%)	1,217	(29.4%)
Hampden	2,113	(53.8%)	1,817	(46.2%)
Hampshire	3,450	(82.8%)	719	(17.2%)
Middlesex	3,983	(47.6%)	4,381	(52.4%)
Nantucket	324	(49.8%)	326	(50.2%)
Norfolk	2,270	(47.3%)	2,532	(52.7%)
Plymouth	3,136	(56.1%)	2,455	(43.9%)
Suffolk	3,606	(70.7%)	1,497	(29.3%)
Worcester	6,935	(64.3%)	3,851	(35.7%)
Massachusetts	*43,019*	*(60.6%)*	*27,984*	*(39.4%)*
Cumberland	3,041	(55.5%)	2,440	(49.5%)
Hancock	1,443	(46.8%)	1,643	(53.2%)
Kennebec	2,005	(42.6%)	2,700	(57.4%)
Lincoln	2,720	(51.0%)	2,618	(49.0%)
Oxford	902	(37.7%)	1,491	(62.3%)
Somerset	786	(50.7%)	764	(49.3%)
Washington	375	(52.4%)	339	(47.6%)
York	2,463	(46.7%)	2,810	(53.3%)
district of Maine	*13,735*	*(48.3%)*	*14,805*	*(53.7%)*
Totals	**56,754**	**(57.0%)**	**42,789**	**(43.0%)**

SOURCE—Manuscript returns.

1814

County	Caleb Strong (F)		Lemuel Dexter (D-R)	
Barnstable	1,484	(60.5%)	969	(39.5%)
Berkshire	2,659	(49.8%)	2,684	(50.2%)
Bristol	3,034	(61.6%)	1,893	(38.4%)
Dukes	198	(50.9%)	191	(49.1%)
Essex	6,370	(63.1%)	3,722	(36.9%)
Franklin	3,130	(69.4%)	1,380	(30.6%)
Hampden	2,089	(55.1%)	1,707	(44.9%)
Hampshire	3,443	(81.0%)	807	(19.0%)
Middlesex	3,920	(46.4%)	4,523	(53.6%)
Nantucket	332	(44.2%)	419	(55.8%)
Norfolk	2,201	(43.5%)	2,858	(56.5%)
Plymouth	3,074	(53.8%)	2,638	(46.2%)
Suffolk	3,593	(69.1%)	1,604	(30.9%)
Worcester	7,121	(63.0%)	4,174	(37.0%)
Massachusetts	*42,648*	*(59.1%)*	*29,569*	*(40.9%)*
Cumberland	3,193	(53.9%)	2,732	(46.1%)
Hancock	1,515	(41.5%)	2,136	(58.5%)
Kennebec	1,845	(41.4%)	2,612	(58.6%)
Lincoln	2,730	(48.7%)	2,873	(51.3%)
Oxford	953	(35.0%)	1,767	(65.0%)
Somerset	712	(48.1%)	769	(51.9%)
Washington	421	(59.1%)	291	(40.9%)
York	2,357	(42.4%)	3,204	(57.6%)
district of Maine	*13,726*	*(45.6%)*	*16,384*	*(54.4%)*
Total	**56,374**	**(55.1%)**	**45,953**	**(44.9%)**

SOURCE—Manuscript returns.

1815

County	Caleb Strong (F)		Lemuel Dexter (D-R)	
Barnstable	815	(48.5%)	866	(51.5%)
Berkshire	2,770	(48.9%)	2,898	(51.1%)
Bristol	2,658	(59.1%)	1,842	(40.9%)
Dukes	138	(43.1%)	182	(56.9%)
Essex	5,208	(62.3%)	3,146	(37.7%)
Franklin	3,072	(69.2%)	1,370	(30.8%)
Hampden	2,040	(53.8%)	1,749	(46.2%)
Hampshire	3,458	(81.8%)	768	(18.2%)
Middlesex	3,828	(46.2%)	4,460	(53.8%)
Nantucket	243	(38.8%)	383	(61.2%)
Norfolk	2,166	(45.9%)	2,548	(54.1%)
Plymouth	2,525	(51.8%)	2,348	(48.2%)
Suffolk	3,172	(68.4%)	1,467	(31.6%)
Worcester	6,906	(62.5%)	4,135	(37.5%)
Massachusetts	*38,999*	*(58.1%)*	*28,162*	*(43.9%)*
Cumberland	2,720	(51.2%)	2,592	(48.8%)
Hancock	1,208	(38.2%)	1,951	(61.8%)
Kennebec	1,813	(39.4%)	2,790	(60.6%)
Lincoln	2,204	(46.5%)	2,538	(53.5%)
Oxford	866	(33.5%)	1,718	(66.5%)
Somerset	833	(45.7%)	989	(54.3%)
Washington	260	(57.9%)	189	(42.1%)
York	2,018	(40.1%)	3,009	(59.9%)
district of Maine	*11,922*	*(43.0%)*	*15,776*	*(57.0%)*
Total	**50,921**	**(53.7%)**	**43,938**	**(46.3%)**

SOURCE—Manuscript returns.

1816

County	John Brooks (F)		Lemuel Dexter (D-R)	
Barnstable	618	(42.7%)	829	(57.3%)
Berkshire	2,495	(49.2%)	2,575	(50.8%)
Bristol	2,517	(55.5%)	2,016	(44.5%)
Dukes	149	(47.0%)	168	(53.0%)
Essex	5,469	(48.3%)	4,241	(51.7%)
Franklin	2,953	(68.3%)	1,372	(31.7%)
Hampden	1,883	(52.0%)	1,735	(48.0%)
Hampshire	3,222	(80.1%)	802	(19.9%)
Middlesex	3,775	(43.2%)	4,959	(56.8%)
Nantucket	173	(36.9%)	296	(63.1%)
Norfolk	1,993	(42.0%)	2,754	(58.0%)
Plymouth	2,409	(49.7%)	2,434	(50.3%)
Suffolk	3,561	(63.2%)	2,076	(36.8%)
Worcester	6,768	(61.2%)	4,288	(38.8%)
Massachusetts	*37,985*	*(55.4%)*	*30,545*	*(44.6%)*
Cumberland	2,565	(48.5%)	2,720	(53.5%)
Hancock	1,088	(37.7%)	1,798	(62.3%)
Kennebec	1,751	(46.4%)	3,020	(53.6%)
Lincoln	2,194	(44.1%)	2,786	(55.9%)
Oxford	1,020	(34.4%)	1,946	(65.6%)
Somerset	754	(42.7%)	1,010	(57.3%)
Washington	287	(56.3%)	223	(43.7%)
York	1,883	(36.5%)	3,273	(63.5%)
district of Maine	*11,542*	*(40.8%)*	*16,776*	*(59.4%)*
Total	**49,527**	**(51.1%)**	**47,321**	**(48.9%)**

SOURCE—Manuscript returns.

1817

County	John Brooks (F)		Henry Dearborn (D-R)	
Barnstable	508	(45.6%)	606	(54.4%)
Berkshire	2,270	(50.3%)	2,242	(49.7%)
Bristol	2,344	(48.4%)	1,497	(51.6%)
Dukes	102	(49.8%)	103	(50.2%)
Essex	4,909	(58.7%)	3,455	(41.3%)
Franklin	2,485	(73.1%)	916	(26.9%)
Hampden	1,642	(54.0%)	1,399	(46.0%)
Hampshire	3,135	(85.2%)	544	(14.8%)
Middlesex	3,687	(46.7%)	4,202	(53.3%)

County			
Nantcket	147	(34.5%)	279 (65.5%)
Norfolk	2,107	(46.6%)	2,419 (53.4%)
Plymouth	2,114	(51.0%)	2,034 (49.0%)
Suffolk	3,618	(72.7%)	1,360 (27.3%)
Worcester	6,346	(63.4%)	3,667 (36.6%)
Massachusetts	*35,414*	*(58.9%)*	*24,723 (41.1%)*
Cumberland	2,446	(53.0%)	2,168 (47.0%)
Hancock	790	(45.9%)	930 (54.1%)
Kennebec	1,670	(40.1%)	2,489 (59.9%)
Lincoln	2,047	(46.8%)	2,328 (53.2%)
Oxford	904	(36.7%)	1,561 (63.3%)
Penobscot	137	(29.5%)	327 (70.5%)
Somerset	765	(44.3%)	962 (55.7%)
Washington	353	(54.1%)	300 (45.9%)
York	1,634	(41.1%)	2,341 (58.9%)
district of Maine	*10,746*	*(44.5%)*	*13,406 (55.5%)*
Total	**46,160**	**(54.8%)**	**38,129 (45.2%)**

SOURCE—Manuscript returns.

1818

County	John Brooks (F)		Benjamin W. Crowninshield (D-R)	
Barnstable	395	(50.9%)	381	(49.1%)
Berkshire	1,877	(49.6%)	1,909	(50.4%)
Bristol	1,990	(56.4%)	1,379	(43.6%)
Dukes	90	(52.0%)	83	(48.0%)
Essex	3,877	(68.7%)	1,768	(31.3%)
Franklin	2,465	(73.4%)	892	(26.6%)
Hampden	1,466	(57.9%)	1,067	(42.1%)
Hampshire	2,719	(85.3%)	470	(14.7%)
Middlesex	3,204	(47.9%)	3,486	(52.1%)
Nantucket	109	(37.8%)	179	(62.2%)
Norfolk	1,720	(47.6%)	1,895	(52.4%)
Plymouth	1,728	(52.7%)	1,553	(47.3%)
Suffolk	3,032	(75.8%)	770	(24.2%)
Worcester	5,858	(67.7%)	2,800	(32.3%)
Massachusetts	*30,530*	*(62.1%)*	*18,632*	*(37.9%)*
Cumberland	2,053	(52.3%)	1,870	(47.7%)
Hancock	660	(44.3%)	829	(55.7%)
Kennebec	1,360	(39.1%)	2,117	(60.9%)
Lincoln	1,659	(48.1%)	1,782	(51.9%)
Oxford	601	(33.4%)	1,196	(66.6%)
Penobscot	266	(32.5%)	552	(67.5%)
Somerset	679	(48.9%)	709	(51.1%)
Washington	291	(51.1%)	279	(48.9%)
York	1,439	(41.0%)	2,075	(59.0%)
district of Maine	*9,008*	*(44.2%)*	*11,369*	*(55.8%)*
Total	**39,538**	**(56.8%)**	**30,041**	**(43.2%)**

SOURCE—Manuscript returns.

1819

County	John Brooks (F)		Benjamin W. Crowninshield (D-R)		scattering	
Barnstable	494	(44.6%)	596	(53.8%)	17	(1.5%)
Berkshire	2,043	(47.1%)	2,285	(52.7%)	6	(0.1%)
Bristol	2,453	(58.0%)	1,450	(34.3%)	327	(7.7%)
Dukes	45	(28.7%)	112	(71.3%)	0	
Essex	4,659	(58.9%)	3,144	(39.7%)	110	(1.4%)
Franklin	2,207	(70.0%)	882	(28.0%)	66	(2.1%)
Hampden	1,526	(50.7%)	1,398	(46.5%)	84	(2.8%)
Hampshire	2,869	(83.8%)	504	(14.7%)	51	(1.5%)
Middlesex	3,430	(45.9%)	3,942	(52.7%)	108	(1.4%)
Nantucket	130	(36.3%)	226	(63.1%)	2	(0.6%)
Norfolk	1,971	(45.2%)	2,347	(53.8%)	43	(1.0%)
Plymouth	2,278	(49.3%)	2,340	(50.6%)	7	(0.2%)
Suffolk	3,684	(67.5%)	1,761	(32.3%)	9	(0.2%)
Worcester	6,009	(62.1%)	3,286	(34.0%)	376	(3.9%)
Massachusetts	*33,798*	*(57.0%)*	*24,273*	*(40.9%)*	*1,206*	*(2.0%)*
Cumberland	2,111	(51.4%)	1,967	(47.9%)	28	(0.7%)
Hancock	598	(46.2%)	688	(53.2%)	8	(0.6%)
Kennebec	1,390	(41.1%)	1,972	(58.3%)	21	(0.6%)
Lincoln	1,790	(47.8%)	1,902	(50.8%)	55	(1.5%)
Oxford	742	(34.5%)	1,270	(59.0%)	141	(0.7%)
Penobscot	250	(31.5%)	499	(62.9%)	44	(0.6%)
Somerset	613	(44.0%)	769	(55.2%)	11	(0.8%)
Washington	311	(54.9%)	254	(44.8%)	2	(0.4%)
York	1,272	(40.1%)	1,677	(52.9%)	223	(7.0%)
district of Maine	*9,077*	*(44.7%)*	*10,998*	*(54.2%)*	*533*	*(2.6%)*
Total	**42,875**	**(53.7%)**	**35,271**	**(44.2%)**	**1,739**	**(2.2%)**

SOURCE—Manuscript returns.

1820

County	John Brooks (F)		William Eustis (D-R)	
Barnstable	460	(49.1%)	476	(50.9%)
Berkshire	2,009	(48.9%)	2,101	(51.1%)
Bristol	2,088	(63.2%)	1,322	(36.8%)
Dukes	88	(37.8%)	145	(62.2%)
Essex	3,851	(63.7%)	2,195	(36.3%)
Franklin	2,264	(72.4%)	861	(27.6%)

County	John Brooks (F)		William Eustis (D-R)	
Hampden	1,488	(54.3%)	1,241	(45.7%)
Hampshire	2,738	(82.9%)	564	(17.1%)
Middlesex	3,187	(45.5%)	3,817	(54.5%)
Nantucket	182	(42.3%)	248	(57.7%)
Norfolk	1,772	(45.2%)	2,147	(54.8%)
Plymouth	1,868	(52.4%)	1,694	(47.6%)
Suffolk	3,558	(67.3%)	1,726	(32.7%)
Worcester	5,519	(61.9%)	3,390	(38.1%)
Total	**31,072**	**(58.6%)**	**21,927**	**(41.4%)**

SOURCE—Manuscript returns.

1 8 2 1

County	John Brooks (F)		William Eustis (D-R)	
Barnstable	457	(96.4%)	417	(3.6%)
Berkshire	1,839	(47.7%)	2,019	(52.3%)
Bristol	1,971	(58.1%)	1,423	(41.9%)
Dukes	50	(36.2%)	88	(63.8%)
Essex	3,290	(63.6%)	1,881	(36.4%)
Franklin	1,913	(69.4%)	843	(30.6%)
Hampden	1,366	(52.3%)	1,247	(47.7%)
Hampshire	2,583	(81.4%)	590	(18.6%)
Middlesex	3,010	(46.6%)	3,449	(53.4%)
Nantucket	112	(40.9%)	162	(59.1%)
Norfolk	1,670	(46.2%)	1,942	(53.8%)
Plymouth	1,839	(53.4%)	1,607	(46.6%)
Suffolk	3,088	(70.3%)	1,303	(29.7%)
Worcester	5,420	(70.2%)	3,297	(29.8%)
Total	**28,608**	**(58.5%)**	**20,268**	**(41.5%)**

SOURCE—Manuscript returns.

1 8 2 2

County	John Brooks (F)		William Eustis (D-R)	
Barnstable	542	(56.2%)	423	(43.8%)
Berkshire	1,743	(46.1%)	2,042	(53.9%)
Bristol	1,819	(55.9%)	1,433	(44.1%)
Dukes	110	(40.8%)	135	(59.2%)
Essex	3,370	(58.2%)	2,423	(41.8%)
Franklin	2,014	(71.5%)	802	(28.5%)
Hampden	1,201	(50.5%)	1,177	(49.5%)
Hampshire	2,676	(81.8%)	595	(18.2%)
Middlesex	2,932	(47.2%)	3,379	(52.8%)
Nantucket	163	(34.1%)	315	(65.9%)
Norfolk	1,589	(44.5%)	1,981	(55.5%)
Plymouth	1,800	(53.0%)	1,595	(47.0%)
Suffolk	3,148	(68.3%)	1,461	(31.7%)
Worcester	5,380	(54.9%)	3,416	(45.1%)
Total	**28,487**	**(57.4%)**	**21,177**	**(42.6%)**

SOURCE—Manuscript returns.

1 8 2 3

County	William Eustis (D-R)		Harrison G. Otis (F)		scattering	
Barnstable	1,145	(71.4%)	505	(31.5%)	3	(0.2%)
Berkshire	2,688	(57.7%)	1,951	(41.9%)	21	(0.5%)
Bristol	2,274	(50.7%)	2,181	(48.6%)	30	(6.7%)
Dukes	153	(64.3%)	84	(35.2%)	1	(0.4%)
Essex	4,633	(52.1%)	4,225	(47.5%)	37	(0.4%)
Franklin	1,142	(36.4%)	1,933	(61.6%)	61	(1.9%)
Hampden	2,013	(59.9%)	1,142	(34.0%)	208	(6.2%)
Hampshire	1,126	(29.4%)	2,576	(67.4%)	122	(3.2%)
Middlesex	5,658	(64.8%)	3,003	(34.4%)	67	(0.8%)
Nantucket	320	(51.1%)	305	(48.7%)	1	(0.2%)
Norfolk	3,123	(65.4%)	1,571	(32.9%)	75	(1.6%)
Plymouth	2,596	(53.5%)	2,246	(46.3%)	11	(0.2%)
Suffolk	2,798	(48.8%)	2,876	(50.1%)	64	(1.1%)
Worcester	4,733	(45.7%)	5,573	(53.8%)	56	(0.5%)
Total	**34,402**	**(52.7%)**	**30,171**	**(46.2%)**	**757**	**(1.2%)**

SOURCE—Manuscript returns.

1 8 2 4

County	William Eustis (D-R)		Samuel Lathrop (F)	
Barnstable	1,233	(71.9%)	483	(28.1%)
Berkshire	2,862	(59.9%)	1,915	(40.1%)
Bristol	2,824	(50.8%)	2,733	(49.2%)
Dukes	144	(59.3%)	99	(40.7%)
Essex	5,350	(53.3%)	4,695	(46.7%)
Franklin	1,670	(41.6%)	2,346	(58.4%)
Hampden	2,086	(55.8%)	1,653	(44.2%)
Hampshire	1,397	(33.0%)	2,840	(67.0%)
Middlesex	5,881	(63.4%)	3,279	(36.6%)
Nantucket	253	(68.4%)	117	(31.6%)
Norfolk	3,468	(77.8%)	1,982	(22.2%)
Plymouth	3,155	(58.0%)	2,282	(42.0%)
Suffolk	3,121	(47.9%)	3,393	(52.1%)
Worcester	5,206	(44.9%)	6,393	(55.1%)
Total	**38,650**	**(53.0%)**	**34,210**	**(47.0%)**

SOURCE—Manuscript returns.

1 8 2 5

County	Levi Lincoln (D-R)		scattering	
Barnstable	924	(99.8%)	2	(0.2%)
Berkshire	2,986	(98.9%)	32	(1.1%)
Bristol	2,242	(93.0%)	168	(7.0%)

Massachusetts

County					
Dukes	160	(100%)	0		
Essex	4,075	(97.7%)	95	(2.3%)	
Franklin	2,250	(94.9%)	122	(5.1%)	
Hampden	1,954	(94.6%)	111	(5.4%)	
Hampshire	2,361	(95.6%)	109	(4.4%)	
Middlesex	5,100	(97.0%)	157	(3.0%)	
Nantucket	203	(99.5%)	1	(0.5%)	
Norfolk	2,797	(96.5%)	101	(3.5%)	
Plymouth	2,824	(97.7%)	67	(2.3%)	
Suffolk	2,552	(82.5%)	542	(17.5%)	
Worcester	4,793	(87.3%)	698	(12.7%)	
Total	**35,221**	**(94.1%)**	**2,205**	**(5.9%)**	

SOURCE—Manuscript returns.

1826

County	Levi Lincoln (D-R)		Samuel Hubbard (F)		James Lloyd (F)		William Sullivan (F)		scattering	
Barnstable	1,072	(90.1%)	113	(9.5%)	0		0		5	(0.4%)
Berkshire	2,538	(93.7%)	116	(4.3%)	0		27	(1.0%)	29	(1.1%)
Bristol	1,758	(77.0%)	436	(19.1%)	1	(0.1%)	0		88	(3.9%)
Dukes	108	(85.7%)	18	(14.3%)	0		0		0	
Essex	3,292	(75.7%)	997	(22.9%)	12	(0.3%)	0		53	(1.2%)
Franklin	1,201	(84.3%)	903	(37.4%)	1	(0.4%)	241	(10.0%)	68	(2.8%)
Hampden	1,459	(67.0%)	553	(25.4%)	1	(0.5%)	18	(0.8%)	147	(6.7%)
Hampshire	908	(34.9%)	1,435	(55.1%)	18	(0.7%)	149	(5.7%)	95	(3.6%)
Middlesex	4,298	(80.7%)	653	(12.3%)	194	(3.6%)	0		184	(3.5%)
Nantucket	495	(84.8%)	75	(12.8%)	0		0		14	(2.4%)
Norfolk	2,365	(80.0%)	547	(18.5%)	25	(0.8%)	0		21	(0.7%)
Plymouth	3,174	(86.6%)	411	(11.2%)	7	(1.9%)	1	(0.3%)	40	(1.1%)
Suffolk	2,304	(61.3%)	1,327	(35.3%)	21	(0.6%)	5	(0.1%)	104	(2.7%)
Worcester	2,912	(42.4%)	1,460	(21.3%)	1,932	(28.2%)	0		557	(8.1%)
Total	**27,884**	**(68.0%)**	**9,044**	**(22.1%)**	**2,211**	**(5.4%)**	**441**	**(1.1%)**	**1,405**	**(3.4%)**

SOURCE—Manuscript returns.

1827

County	Levi Lincoln (D-R)		William Jarvis (FBR)		scattering	
Barnstable	1,089	(98.2%)	17	(1.5%)	3	(0.3%)
Berkshire	2,759	(94.6%)	52	(1.8%)	107	(3.7%)
Bristol	2,005	(89.0%)	77	(3.4%)	172	(7.6%)
Dukes	116	(96.7%)	4	(3.3%)	0	
Essex	2,682	(73.0%)	762	(20.7%)	231	(6.3%)
Franklin	1,616	(87.2%)	98	(5.3%)	140	(7.6%)
Hampden	2,290	(95.4%)	24	(1.0%)	87	(3.6%)
Hampshire	2,108	(90.3%)	10	(0.4%)	216	(9.3%)
Middlesex	2,469	(36.5%)	3,871	(57.3%)	416	(6.2%)
Nantucket	449	(97.8%)	0		10	(2.2%)
Norfolk	2,245	(85.7%)	235	(9.0%)	140	(5.3%)
Plymouth	2,124	(88.4%)	74	(3.1%)	205	(8.5%)
Suffolk	2,706	(61.5%)	1,237	(28.1%)	457	(10.4%)
Worcester	4,371	(75.2%)	669	(11.5%)	776	(13.3%)
Total	**29,029**	**(74.2%)**	**7,130**	**(18.2%)**	**2,960**	**(7.6%)**

SOURCE—Manuscript returns.

1828

County	Levi Lincoln (Ad)		Marcus Morton (J)		scattering	
Barnstable	969	(97.5%)	13	(1.3%)	12	(1.2%)
Berkshire	2,241	(72.5%)	701	(22.7%)	150	(4.9%)
Bristol	1,801	(86.2%)	221	(10.6%)	67	(3.2%)
Dukes	167	(100%)	0			
Essex	2,914	(85.9%)	379	(11.2%)	99	(2.9%)
Franklin	1,524	(76.0%)	83	(4.1%)	399	(19.9%)
Hampden	1,452	(67.5%)	668	(31.1%)	31	(1.4%)
Hampshire	1,914	(86.7%)	76	(3.4%)	218	(9.9%)
Middlesex	3,564	(82.6%)	479	(11.1%)	271	(6.3%)
Nantucket	339	(96.5%)	9	(3.5%)		
Norfolk	2,159	(90.7%)	123	(5.2%)	98	(4.1%)
Plymouth	2,060	(93.7%)	88	(4.0%)	50	(2.3%)
Suffolk	3,005	(78.7%)	531	(13.9%)	282	(7.4%)
Worcester	3,878	(75.1%)	1,052	(20.4%)	234	(4.5%)
Total	**27,981**	**(81.5%)**	**4,423**	**(12.9%)**	**1,914**	**(5.6%)**

SOURCE—Manuscript returns.

1829

County	Levi Lincoln (NR)		Marcus Morton (J)		scattering	
Barnstable	384	(92.5%)	30	(7.2%)	1	(0.2%)

Massachusetts

Berkshire	1,963	(65.3%)	946	(31.5%)	95	(3.2%)		
Bristol	1,261	(75.0%)	203	(12.1%)	218	(13.0%)		
Dukes	108	(72.0%)	42	(28.0%)	0			
Essex	2,869	(80.7%)	630	(17.7%)	55	(1.5%)		
Franklin	831	(36.5%)	407	(17.9%)	1,038	(45.6%)		
Hampden	1,285	(65.9%)	607	(31.1%)	59	(3.0%)		
Hampshire	1,460	(66.7%)	395	(18.1%)	333	(15.2%)		
Middlesex	3,849	(82.0%)	689	(14.7%)	156	(15.2%)		
Nantucket	246	(92.1%)	21	(7.9%)	0			
Norfolk	2,578	(91.0%)	166	(5.9%)	88	(3.1%)		
Plymouth	3,207	(94.0%)	161	(4.7%)	42	(1.2%)		
Suffolk	2,325	(82.0%)	394	(13.9%)	118	(4.2%)		
Worcester	2,851	(48.0%)	2,173	(36.6%)	919	(15.5%)		
Total	**25,217**	**(71.6%)**	**6,864**	**(19.5%)**	**3,123**	**(8.9%)**		

SOURCE—Manuscript returns.

1830

County	Levi Lincoln (NR)		Marcus Morton (J)		scattering	
Barnstable	986	(80.7%)	227	(18.5%)	9	(0.7%)
Berkshire	1,671	(46.5%)	1,864	(51.8%)	60	(1.7%)
Bristol	1,556	(56.1%)	982	(35.4%)	137	(4.9%)
Dukes	76	(43.2%)	99	(56.3%)	1	(0.6%)
Essex	3,189	(65.5%)	1,620	(33.2%)	56	(1.2%)
Franklin	1,133	(49.0%)	538	(23.3%)	641	(27.7%)
Hampden	1,515	(51.7%)	1,366	(46.6%)	50	(1.7%)
Hampshire	1,729	(66.3%)	408	(15.6%)	471	(18.1%)
Middlesex	4,984	(78.5%)	1,287	(20.3%)	77	(1.2%)
Nantucket	281	(81.9%)	43	(12.5%)	19	(5.5%)
Norfolk	2,794	(67.2%)	877	(23.6%)	38	(10.2%)
Plymouth	2,717	(70.3%)	1,119	(28.9%)	31	(0.8%)
Suffolk	3,189	(79.6%)	766	(19.1%)	53	(1.3%)
Worcester	5,088	(59.8%)	3,244	(38.1%)	182	(2.1%)
Total	**30,908**	**(65.5%)**	**14,440**	**(30.6%)**	**1,825**	**(3.9%)**

SOURCE—Manuscript returns.

1831*

(April)

County	Levi Lincoln (NR)		Marcus Morton (J)		scattering	
Barnstable	771	(68.5%)	350	(31.1%)	4	(0.4%)
Berkshire	1,480	(43.7%)	1,670	(49.3%)	237	(7.0%)
Bristol	2,837	(82.2%)	472	(13.7%)	143	(4.1%)
Dukes	68	(45.3%)	82	(54.7%)	0	
Essex	4,427	(67.2%)	2,066	(31.3%)	99	(1.5%)
Franklin	1,317	(49.5%)	329	(12.4%)	1,014	(38.1%)
Hampden	1,655	(49.4%)	1,552	(46.3%)	145	(3.8%)
Hamsphire	538	(20.3%)	104	(3.9%)	2,002	(75.7%)
Middlesex	4,510	(71.1%)	1,740	(27.4%)	97	(1.5%)
Nantucket	172	(83.9%)	5	(2.4%)	28	(13.7%)
Norfolk	4,091	(86.9%)	573	(12.2%)	43	(0.9%)
Plymouth	2,622	(74.2%)	890	(25.1%)	23	(6.5%)
Suffolk	2,879	(79.7%)	642	(17.8%)	93	(2.6%)
Worcester	4,508	(63.3%)	2,219	(31.1%)	398	(5.9%)
Total	**31,875**	**(65.2%)**	**12,694**	**(26.0%)**	**4,326**	**(8.8%)*** *

**The scattering vote in Berkshire, Hampshire and Worcester was broken down. Heman Lincoln received 1,110 votes in these counties and Henry Shaw 1,096.

(November)

County	Levi Lincoln (NR)		Samuel Lathrop (A-M)		Marcus Morton (J)	
Barnstable	707	(65.5%)	44	(4.1%)	328	(30.4%)
Berkshire	1,445	(43.1%)	205	(6.1%)	1,703	(50.8%)
Bristol	2,620	(49.0%)	2,406	(45.0%)	316	(5.9%)
Dukes	89	(58.2%)	11	(7.2%)	53	(34.6%)
Essex	4,599	(53.1%)	699	(8.1%)	2,355	(27.2%)
Franklin	1,191	(40.3%)	1,431	(48.4%)	333	(11.3%)
Hampden	1,358	(42.8%)	588	(18.5%)	1,225	(38.6%)
Hampshire	1,038	(39.8%)	1,377	(52.8%)	191	(7.3%)

Massachusetts

County	Levi Lincoln (NR)		Samuel Lathrop (A-M)		Marcus Morton (J)	
Middlesex	4,164	(60.2%)	1,122	(16.2%)	1,636	(23.6%)
Nantucket	89	(89.9%)	1	(1.0%)	9	(9.0%)
Norfolk	2,366	(50.1%)	1,925	(40.8%)	431	(9.1%)
Plymouth	1,778	(53.3%)	1,026	(30.8%)	540	(16.2%)
Suffolk	3,047	(71.3%)	691	(16.2%)	533	(12.5%)
Worcester	4,313	(78.9%)	1,831	(33.5%)	1,322	(24.2%)
Total	28,804	(54.2%)	13,357	(25.1%)	10,975	(20.7%)

*The two elections were necessitated by a change in the beginning of the term of governor to January. The first election was held as in the past in April and was for a term for the remainder of 1831, the second in November was for a fulll one-year term beginning in January.

SOURCE—Manuscript returns.

1832

County	Levi Lincoln (NR)		Marcus Morton (D)		Samuel Lathrop (A-M)	
Barnstable	1,009	(71.1%)	313	(22.0%)	98	(6.9%)
Berkshire	2,744	(53.7%)	2,092	(40.9%)	277	(5.4%)
Bristol	1,828	(40.1%)	472	(10.4%)	2,255	(49.5%)
Dukes	89	(60.5%)	53	(36.1%)	5	(3.4%)
Essex	4,434	(55.3%)	2,853	(35.6%)	730	(9.1%)
Franklin	1,654	(49.1%)	297	(8.8%)	1,418	(42.1%)
Hampden	1,830	(46.2%)	1,462	(36.9%)	670	(16.9%)
Hampshire	1,349	(43.6%)	172	(5.6%)	1,571	(50.8%)
Middlesex	4,645	(55.5%)	2,214	(26.5%)	1,506	(18.0%)
Nantucket	379	(90.5%)	34	(8.1%)	6	(1.4%)
Norfolk	2,220	(47.6%)	542	(11.6%)	1,904	(40.8%)
Plymouth	2,150	(51.0%)	809	(19.2%)	1,256	(29.8%)
Suffolk	3,281	(61.3%)	1,223	(22.8%)	851	(15.9%)
Worcester	6,334	(56.5%)	2,661	(23.8%)	2,208	(19.7%)
Total	33,946	(53.1%)	15,197	(23.8%)	14,755	(23.1%)

SOURCE—Manuscript returns.

1833

County	John Davis (NR)		John Q. Adams (AM)		Marcus Morton (D)		Samuel L. Allen (Wks)	
Barnstable	745	(51.8%)	261	(18.1%)	357	(24.8%)	76	(5.3%)
Berkshire	1,564	(44.4%)	368	(10.4%)	1,543	(43.8%)	47	(1.3%)
Bristol	1,129	(24.7%)	2,338	(51.2%)	784	(17.2%)	312	(6.8%)
Dukes	49	(30.4%)	38	(23.6%)	73	(45.3%)	1	(0.6%)
Essex	2,600	(39.7%)	1,028	(15.7%)	2,789	(42.6%)	137	(2.1%)
Franklin	971	(33.1%)	1,312	(44.7%)	256	(8.7%)	393	(13.4%)
Hampden	1,450	(43.2%)	441	(13.1%)	1,381	(41.1%)	85	(2.5%)
Hampshire	1,163	(37.0%)	1,023	(32.6%)	228	(7.3%)	727	(23.1%)
Middlesex	3,013	(33.4%)	3,162	(35.0%)	2,236	(24.8%)	621	(6.9%)
Nantucket	252	(58.3%)	4	(0.9%)	14	(3.2%)	162	(37.5%)
Norfolk	1,824	(32.5%)	2,830	(50.4%)	903	(16.1%)	56	(1.0%)
Plymouth	1,559	(33.7%)	1,893	(40.9%)	995	(21.5%)	184	(4.0%)
Suffolk	2,760	(47.9%)	1,241	(21.5%)	1,233	(21.4%)	526	(9.1%)
Worcester	6,070	(54.0%)	2,335	(20.8%)	2,701	(24.0%)	132	(1.2%)
Total	25,149	(40.3%)	18,274	(29.3%)	15,493	(24.8%)	3,459	(5.5%)

SOURCE—Manuscript returns.

1834

County	John Davis (W)		Marcus Morton (D)		John Bailey (AM)		Samuel L. Allen (Wks)	
Barnstable	1,185	(67.7%)	433	(24.7%)	103	(5.9%)	30	(1.7%)
Berkshire	3,229	(55.0%)	2,547	(43.4%)	39	(0.7%)	52	(0.9%)
Bristol	2,087	(43.1%)	564	(11.6%)	1,890	(39.0%)	306	(6.3%)
Dukes	115	(51.3%)	105	(46.9%)	1	(0.4%)	3	(1.3%)

Massachusetts 113

County	John Davis (W)		Marcus Morton (D)		John Bailey (AM)		Samuel L. Allen (Wks)	
Essex	7,077	(58.0%)	4,336	(35.6%)	680	(5.6%)	101	(0.8%)
Franklin	2,024	(60.0%)	166	(4.9%)	692	(20.5%)	490	(14.5%)
Hampden	2,195	(53.4%)	1,674	(40.7%)	174	(4.2%)	71	(1.7%)
Hampshire	2,478	(64.3%)	224	(5.8%)	684	(17.8%)	466	(12.1%)
Middlesex	4,286	(52.9%)	1,990	(24.6%)	1,494	(18.4%)	331	(4.1%)
Nantucket	517	(94.7%)	15	(2.7%)	0		14	(2.6%)
Norfolk	2,161	(43.8%)	966	(19.6%)	1,785	(36.2%)	22	(0.4%)
Plymouth	2,553	(53.6%)	1,015	(21.3%)	1,176	(24.7%)	19	(0.4%)
Suffolk	5,650	(65.9%)	2,002	(23.4%)	492	(5.7%)	424	(4.9%)
Worcester	8,200	(69.2%)	2,646	(22.3%)	750	(6.3%)	251	(2.1%)
Total	**43,757**	**(58.2%)**	**18,683**	**(24.9%)**	**10,160**	**(13.5%)**	**2,580**	**(3.4%)**

SOURCE—Manuscript returns.

1835

County	Edward Everett (W)		Marcus Morton (D)		Samuel T. Armstrong (I)	
Barnstable	882	(61.7%)	537	(37.6%)	10	(7.0%)
Berkshire	2,591	(48.5%)	2,727	(51.1%)	19	(0.4%)
Bristol	1,847	(49.1%)	1,800	(47.9%)	114	(3.0%)
Dukes	106	(60.2%)	70	(39.8%)	0	
Essex	4,572	(49.1%)	4,216	(45.3%)	520	(5.6%)
Franklin	1,824	(63.0%)	926	(32.0%)	143	(4.9%)
Hampden	1,877	(48.6%)	1,981	(51.3%)	4	(0.1%)
Hampshire	2,168	(67.9%)	987	(30.9%)	39	(1.2%)
Middlesex	5,432	(56.7%)	3,851	(40.2%)	290	(3.0%)
Nantucket	266	(72.9%)	69	(27.1%)	0	
Norfolk	2,474	(64.3%)	1,260	(32.7%)	136	(3.5%)
Plymouth	2,577	(65.1%)	1,365	(34.5%)	14	(0.4%)
Suffolk	4,168	(61.7%)	2,031	(30.1%)	559	(8.3%)
Worcester	6,771	(66.2%)	3,407	(33.3%)	53	(0.5%)
Total	**37,555**	**(58.1%)**	**25,227**	**(39.0%)**	**1,901**	**(2.9%)**

SOURCE—Manuscript returns.

1836

County	Edward Everett (W)		Marcus Morton (D)	
Barnstable	1,224	(54.3%)	1,031	(45.7%)
Berkshire	2,715	(49.6%)	2,760	(50.4%)
Bristol	1,810	(39.3%)	2,796	(60.7%)
Dukes	134	(49.1%)	139	(50.9%)
Essex	6,068	(52.4%)	5,493	(47.6%)
Franklin	2,140	(66.0%)	1,101	(34.0%)
Hampden	2,322	(48.6%)	2,455	(51.4%)
Hampshire	2,598	(68.6%)	1,190	(31.4%)
Middlesex	5,239	(46.7%)	5,981	(53.3%)
Nantucket	348	(78.7%)	94	(21.3%)
Norfolk	2,406	(47.2%)	2,693	(52.8%)
Plymouth	2,797	(49.97%)	2,800	(50.03%)
Suffolk	4,770	(61.2%)	3,030	(38.8%)
Worcester	7,589	(63.1%)	4,429	(36.9%)
Total	**42,160**	**(53.9%)**	**35,992**	**(46.1%)**

SOURCE—Manuscript returns.

1837

County	Edward Everett (W)		Marcus Morton (D)	
Barnstable	1,198	(57.0%)	902	(43.0%)
Berkshire	2,928	(53.1%)	2,584	(46.9%)
Bristol	3,336	(51.5%)	3,136	(48.5%)
Dukes	147	(59.3%)	101	(40.7%)
Essex	6,581	(60.4%)	4,309	(39.6%)
Franklin	2,069	(68.8%)	940	(31.2%)
Hampshire	2,994	(73.0%)	1,108	(27.0%)
Hampden	2,826	(51.3%)	2,688	(48.7%)
Middlesex	6,852	(54.7%)	5,683	(45.3%)
Nantucket	355	(74.1%)	124	(25.9%)
Norfolk	3,513	(59.7%)	2,372	(40.3%)
Plymouth	3,783	(58.0%)	2,737	(42.0%)
Suffolk	5,457	(71.7%)	2,158	(28.3%)
Worcester	8,526	(67.8%)	4,145	(32.2%)
Total	**50,565**	**(60.5%)**	**32,987**	**(39.5%)**

SOURCE—Manuscript returns.

1838

County	Edward Everett (W)		Marcus Morton (D)	
Barnstable	1,694	(56.0%)	1,331	(44.0%)
Berkshire	3,197	(51.1%)	3,060	(48.9%)
Bristol	3,135	(47.4%)	3,485	(52.6%)
Dukes	232	(54.6%)	193	(45.4%)
Essex	7,070	(58.3%)	5,056	(41.7%)
Franklin	2,412	(55.4%)	1,942	(44.6%)
Hampshire	3,078	(67.3%)	1,495	(32.7%)
Hampden	2,541	(49.4%)	2,607	(50.6%)

Massachusetts

County				
Middlesex	6,959	(50.7%)	6,762	(49.3%)
Nantucket	466	(69.2%)	207	(30.8%)
Norfolk	3,415	(50.5%)	3,354	(49.5%)
Plymouth	3,610	(52.3%)	3,290	(47.7%)
Suffolk	5,281	(63.0%)	3,095	(37.0%)
Worcester	8,552	(59.1%)	5,918	(40.9%)
Total	51,642	(55.3%)	41,795	(44.7%)

SOURCE—Manuscript returns.

1839

County	Marcus Morton (D)		Edward Everett (W)	
Barnstable	1,266	(42.9%)	1,684	(57.1%)
Berkshire	3,353	(51.4%)	3,176	(48.6%)
Bristol	3,908	(49.5%)	3,988	(50.5%)
Dukes	265	(33.8%)	520	(66.2%)
Essex	5,980	(46.8%)	6,797	(53.2%)
Franklin	3,330	(55.9%)	2,622	(44.1%)
Hampden	2,297	(50.2%)	2,279	(49.8%)
Hampshire	2,042	(42.3%)	2,786	(57.7%)
Middlesex	8,243	(56.1%)	6,459	(43.9%)
Nantucket	291	(59.5%)	200	(40.5%)
Norfolk	4,241	(53.6%)	3,671	(46.4%)
Plymouth	4,298	(56.6%)	3,293	(43.4%)
Suffolk	3,873	(43.5%)	5,036	(56.5%)
Worcester	7,647	(48.2%)	8,214	(51.8%)
Total	51,034	(50.2%)	50,725	(49.8%)

SOURCE—Manuscript returns.

1840

County	John Davis (W)		Marcus Morton (D)		George W. Robinson (Lty)	
Barnstable	2,727	(62.3%)	1,582	(36.1%)	59	(1.3%)
Berkshire	3,862	(49.6%)	3,896	(50.0%)	34	(0.4%)
Bristol	4,698	(47.2%)	5,198	(52.2%)	63	(0.6%)
Dukes	339	(51.5%)	308	(46.8%)	11	(1.7%)
Essex	9,820	(58.5%)	6,847	(40.8%)	126	(0.8%)
Franklin	3,189	(57.8%)	2,293	(41.6%)	33	(0.6%)
Hampden	3,349	(48.2%)	3,486	(50.2%)	110	(1.6%)
Hampshire	3,722	(67.0%)	1,732	(31.2%)	105	(1.9%)
Middlesex	9,513	(51.0%)	8,921	(47.8%)	214	(1.1%)
Nantucket	666	(66.5%)	336	(33.5%)	0	
Norfolk	5,227	(53.5%)	4,476	(45.9%)	58	(0.6%)
Plymouth	5,223	(54.8%)	4,224	(44.3%)	87	(0.9%)
Suffolk	7,350	(61.3%)	4,567	(38.1%)	47	(0.4%)
Worcester	11,199	(60.1%)	7,303	(39.2%)	134	(0.7%)
Total	70,884	(55.8%)	55,169	(43.4%)	1,081	(0.9%)

SOURCE—Manuscript returns.

1841

County	John Davis (W)		Marcus Morton (D)		Lucius Bottwood (Lty)	
Barnstable	1,642	(54.8%)	1,263	(42.1%)	90	(3.0%)
Berkshire	2,947	(44.9%)	3,431	(52.3%)	179	(2.7%)
Bristol	3,540	(41.7%)	4,647	(54.7%)	311	(3.7%)
Dukes	228	(45.1%)	266	(51.4%)	18	(3.6%)
Essex	7,078	(51.6%)	6,182	(45.0%)	470	(3.4%)
Franklin	2,748	(53.2%)	2,260	(43.8%)	157	(3.0%)
Hampden	2,599	(42.4%)	3,256	(53.2%)	271	(4.4%)
Hampshire	3,211	(61.5%)	1,799	(34.5%)	207	(4.0%)
Middlesex	7,729	(45.7%)	8,593	(50.9%)	576	(3.4%)
Nantucket	469	(56.9%)	355	(43.1%)	0	
Norfolk	4,134	(49.0%)	4,085	(48.4%)	214	(2.5%)
Plymouth	4,072	(49.5%)	3,921	(47.6%)	227	(2.8%)
Suffolk	6,182	(56.7%)	4,532	(41.6%)	186	(1.7%)
Worcester	9,395	(56.1%)	6,783	(40.5%)	582	(3.5%)
Total	55,974	(50.5%)	51,367	(46.3%)	3,488	(3.1%)

SOURCE—Manuscript returns.

1842

County	Marcus Morton (D)*		John Davis (W)		Samuel Sewall (Lty)	
Barnstable	1,445	(41.7)	1,810	(52.3)	209	(6.0)
Berkshire	3,545	(51.9)	3,064	(44.9)	218	(3.2)
Bristol	5,445	(55.4)	4,008	(40.8)	372	(3.8)
Dukes	250	(52.0)	189	(39.3)	42	(8.7)
Essex	6,905	(47.3)	6,535	(44.8)	1,159	(7.9)
Franklin	2,360	(45.0)	2,603	(49.6)	287	(5.5)
Hampden	3,585	(53.8)	2,825	(42.4)	256	(3.8)
Hampshire	1,867	(34.4)	3,244	(59.7)	322	(5.9)
Middlesex	9,578	(53.6)	7,428	(41.6)	847	(4.7)
Nantucket	351	(35.7)	581	(59.0)	52	(5.3)
Norfolk	4,467	(50.6)	3,927	(44.4)	442	(5.0)
Plymouth	3,933	(47.4)	3,702	(44.6)	671	(8.1)
Suffolk	4,844	(43.0)	6,045	(53.7)	375	(3.3)
Worcester	7,946	(44.0)	8,978	(49.7)	1,130	(6.3)
Total	56,491	(48.0)	54,939	(46.6)	6,382	(5.4)

*No candidate having received the required majority of the vote, the Legislature chose Morton as Governor.

SOURCE—Manuscript returns.

1843

County	George N. Briggs (W)*		Marcus Morton (D)		Samuel E. Sewall (Lty)	
Barnstable	1,793	(50.6)	1,506	(42.5)	242	(6.8)
Berkshire	3,386	(45.8)	3,734	(50.6)	266	(3.6)
Bristol	4,276	(43.1)	5,148	(51.9)	500	(5.0)
Dukes	246	(44.5)	262	(47.4)	45	(8.1)
Essex	6,601	(45.8)	5,879	(40.8)	1,927	(13.4)
Franklin	2,784	(50.8)	2,358	(43.0)	338	(6.2)
Hampden	3,009	(43.8)	3,546	(51.6)	321	(4.7)
Hampshire	3,494	(60.7)	1,820	(31.6)	441	(7.7)
Middlesex	7,859	(43.2)	8,978	(49.3)	1,370	(7.5)
Nantucket	493	(65.5)	260	(34.5)	0	
Norfolk	4,226	(45.3)	4,393	(47.1)	708	(7.6)
Plymouth	3,926	(46.3)	3,958	(46.6)	604	(7.1)
Suffolk	6,896	(58.4)	4,444	(37.6)	468	(4.0)
Worcester	8,920	(48.1)	7,956	(42.9)	1,676	(9.0)
Total	57,899	(47.8)	54,242	(44.8)	8,901	(7.4)

*No candidate having received the required majority of the vote, the Legislature chose Briggs as Governor.

SOURCE—Manuscript returns.

1844

County	George N. Briggs (W)		George Bancroft (D)		Samuel E. Sewall (Lty)	
Barnstable	2,299	(57.7%)	1,421	(35.7%)	261	(6.6%)
Berkshire	3,648	(46.9%)	3,800	(48.9%)	327	(4.2%)
Bristrol	4,987	(46.6%)	5,135	(48.0%)	585	(5.5%)
Dukes	306	(51.8%)	262	(44.3%)	23	(3.9%)
Essex	8,655	(51.5%)	6,419	(38.2%)	1,745	(10.4%)

Massachusetts

County						
Franklin	2,973	(52.3%)	2,289	(40.2%)	425	(7.5%)
Hampden	3,536	(46.3%)	3,684	(48.3%)	410	(5.4%)
Hampshire	3,828	(63.2%)	1,676	(27.7%)	549	(9.1%)
Middlesex	9,860	(47.8%)	9,318	(45.2%)	1,443	(7.0%)
Nantucket	643	(69.4%)	256	(27.6%)	27	(2.9%)
Norfolk	5,439	(51.5%)	4,370	(41.4%)	747	(7.1%)
Plymouth	4,620	(52.2%)	3,519	(39.8%)	711	(8.0%)
Suffolk	8,901	(62.4%)	4,769	(33.5%)	584	(4.1%)
Worcester	9,875	(50.7%)	7,796	(40.0%)	1,798	(9.2%)
Total	**69,570**	**(52.0%)**	**54,714**	**(40.9%)**	**9,635**	**(7.2%)**

SOURCE—Manuscript returns.

1845

County	George N. Briggs (W)*		Isaac Davis (D)		Samuel E. Sewall (Lty)		Henry Shaw (A)	
Barnstable	1,075	(43.2%)	820	(33.0%)	146	(5.9%)	445	(17.9%)
Berkshire	2,857	(45.9%)	2,805	(45.1%)	306	(4.9%)	258	(4.1%)
Bristol	4,146	(48.3%)	3,613	(42.1%)	586	(6.8%)	235	(2.7%)
Dukes	234	(54.7%)	155	(36.2%)	39	(9.1%)	0	
Essex	5,580	(45.3%)	3,756	(30.5%)	1,377	(11.2%)	1,601	(13.0%)
Franklin	2,609	(53.1%)	1,924	(39.2%)	371	(7.6%)	8	(0.2%)
Hampshire	3,259	(62.8%)	1,348	(26.0%)	547	(10.5%)	38	(0.7%)
Hampden	2,863	(46.2%)	2,812	(32.5%)	340	(5.5%)	185	(3.0%)
Middlesex	7,488	(45.3%)	6,333	(38.3%)	1,075	(6.5%)	1,650	(10.0%)
Nantucket	438	(70.0%)	158	(25.2%)	30	(4.8%)	0	
Norfolk	3,820	(48.7%)	2,811	(35.8%)	552	(7.0%)	662	(8.4%)
Plymouth	3,422	(49.4%)	2,581	(37.3%)	564	(8.1%)	354	(5.1%)
Suffolk	5,815	(55.4%)	2,313	(22.0%)	454	(4.3%)	1,918	(18.3%)
Worcester	8,032	(48.1%)	5,998	(35.9%)	1,929	(11.6%)	735	(4.4%)
Total	**51,638**	**(49.1%)**	**37,427**	**(35.6%)**	**8,316**	**(7.9%)**	**8,089**	**(7.7%)**

*No candidate having received the required majority of the vote, the Legislature elected Briggs Governor.

SOURCE—Manuscript returns.

1846

County	George N. Briggs (W)		Isaac Davis (D)		Samuel E. Sewall (Lty)		Francis Baylies (A)	
Barnstable	1,250	(58.9%)	609	(28.7%)	144	(6.8%)	121	(5.7%)
Berkshire	3,198	(50.0%)	2,752	(43.0%)	445	(7.0%)	0	
Bristol	4,480	(55.1%)	3,054	(37.6%)	496	(6.1%)	98	(1.2%)
Dukes	200	(59.9%)	104	(31.7%)	30	(9.0%)	0	
Essex	6,118	(51.4%)	3,550	(29.8%)	1,661	(14.0%)	564	(4.7%)
Franklin	2,589	(53.3%)	1,837	(37.8%)	426	(8.8%)	5	(1.0%)
Hampden	3,057	(50.1%)	2,575	(42.2%)	398	(6.5%)	70	(1.1%)
Hampshire	3,276	(64.2%)	1,178	(23.1%)	622	(12.2%)	24	(0.5%)
Middlesex	8,102	(50.0%)	5,949	(36.7%)	1,579	(9.7%)	584	(3.6%)
Nantucket	383	(73.5%)	128	(24.6%)	10	(1.9%)	0	
Norfolk	4,107	(55.2%)	2,384	(32.0%)	673	(9.0%)	282	(3.8%)
Plymouth	3,462	(53.8%)	2,017	(31.3%)	824	(12.8%)	134	(2.1%)
Suffolk	6,470	(65.4%)	1,959	(19.8%)	474	(4.8%)	995	(10.1%)
Worcester	8,121	(50.8%)	5,103	(31.9%)	2,215	(13.9%)	546	(3.4%)
Total	**54,813**	**(54.0%)**	**33,199**	**(32.7%)**	**9,997**	**(9.9%)**	**3,423**	**(3.4%)**

SOURCE—Manuscript returns.

1847

County	George N. Briggs (W)		Caleb Cushing (D)		Samuel E. Sewall (Lty)		Francis Baylies (A)	
Barnstable	1,261	(58.1)	720	(33.2)	146	(6.7)	43	(2.0)
Berkshire	3,058	(48.0)	2,963	(46.5)	353	(5.5)	0	
Bristol	3,930	(52.2)	3,026	(40.3)	493	(6.6)	68	(0.9)
Dukes	190	(49.7)	166	(43.5)	36	(9.4)	0	
Essex	6,250	(49.3)	4,685	(37.0)	1,292	(10.2)	447	(3.5)
Franklin	2,676	(52.7)	1,962	(38.6)	434	(8.5)	6	(0.1)
Hampden	3,272	(47.3)	3,209	(46.4)	403	(5.8)	29	(0.4)
Hampshire	3,261	(62.8)	1,282	(24.7)	640	(12.3)	12	(2.3)
Middlesex	8,272	(46.5)	7,577	(42.6)	1,421	(8.0)	514	(2.9)
Nantucket	303	(67.9)	143	(32.1)	0		0	

Massachusetts

County	George N. Briggs (W)		Caleb Cushing (D)		Samuel E. Sewall (Lty)		Francis Baylies (A)	
Norfolk	3,998	(51.6)	2,789	(36.0)	648	(8.4)	317	(4.1)
Plymouth	3,220	(54.4)	2,019	(34.1)	615	(10.4)	62	(1.0)
Suffolk	5,864	(55.4)	3,175	(30.0)	459	(4.3)	1,092	(10.3)
Worcester	8,187	(49.9)	5,682	(34.6)	2,253	(13.7)	286	(1.7)
Total	**53,742**	**(51.1)**	**39,398**	**(37.4)**	**9,193**	**(8.7)**	**2,876**	**(2.7)**

SOURCE—Manuscript returns.

1848

County	George N. Briggs (W)*		Stephen C. Phillips (FS)		Caleb Cushing (D)		Frederick Robinson (ID)		scattering	
Barnstable	1,894	(62.5%)	419	(13.8%)	714	(23.6%)	0		0	
Berkshire	3,587	(51.3%)	1,215	(17.4%)	2,192	(31.3%)	1	(0.01%)	3	(0.04%)
Bristol	5,178	(54.1%)	2,418	(25.3%)	1,965	(20.5%)	0		8	(0.1%)
Dukes	248	(53.9%)	58	(12.6%)	154	(33.5%)	0		0	
Essex	8,457	(48.7%)	5,452	(31.4%)	3,188	(18.4%)	177	(1.0%)	93	(0.5%)
Franklin	2,323	(45.3%)	1,329	(25.9%)	1,480	(28.8%)	0		1	(0.02%)
Hampden	3,402	(51.1%)	994	(14.9%)	2,265	(34.0%)	0		2	(0.03%)
Hampshire	3,350	(58.3%)	1,472	(25.6%)	926	(16.1%)	1	(0.02%)	1	(0.02%)
Middlesex	9,587	(47.5%)	6,129	(30.4%)	4,035	(20.0%)	115	(0.6%)	297	(1.5%)
Nantucket	530	(69.2%)	159	(20.8%)	77	(10.1%)	0		0	
Norfolk	4,632	(49.3%)	3,265	(34.7%)	1,427	(15.2%)	28	(0.3%)	47	(0.5%)
Plymouth	3,760	(47.1%)	2,597	(32.5%)	1,622	(20.3%)	2	(0.03%)	5	(0.1%)
Suffolk	8,247	(67.1%)	2,596	(21.1%)	1,225	(9.7%)	146	(1.2%)	75	(0.6%)
Worcester	6,445	(34.9%)	7,908	(42.8%)	4,053	(21.9%)	55	(0.3%)	74	(0.4%)
Total	**61,640**	**(49.7%)**	**36,011**	**(29.0%)**	**25,323**	**(20.4%)**	**475**	**(0.4%)**	**606**	**(0.5%)**

*No candidate having received a majority of the vote, the Legislature chose Briggs Governor.

SOURCE—Manuscript returns.

1849

County	George N. Briggs (W)*		George S. Boutwell (D)		Stephen C. Phillips (FS)	
Barnstable	1,275	(57.5%)	647	(29.2%)	296	(13.3%)
Berkshire	3,269	(50.4%)	2,398	(37.0%)	821	(12.7%)
Bristol	3,632	(50.9%)	1,989	(27.9%)	1,515	(21.2%)
Dukes	477	(63.4%)	135	(18.0%)	140	(18.6%)
Essex	7,117	(50.7%)	3,083	(22.0%)	3,830	(27.3%)
Franklin	2,242	(45.8%)	1,563	(31.9%)	1,091	(22.3%)
Hampden	3,121	(45.8%)	3,039	(44.6%)	648	(9.5%)
Hampshire	3,132	(58.3%)	1,074	(20.0%)	1,166	(21.7%)
Middlesex	8,842	(47.9%)	5,920	(32.1%)	3,708	(20.1%)
Nantucket	291	(65.0%)	57	(12.7%)	100	(22.3%)
Norfolk	4,062	(51.5%)	1,754	(22.2%)	2,076	(26.3%)
Plymouth	3,419	(47.5%)	1,638	(22.7%)	2,145	(29.8%)
Suffolk	6,535	(66.8%)	1,992	(20.4%)	1,251	(12.8%)
Worcester	6,600	(37.1%)	4,751	(26.7%)	6,460	(36.3%)
***Total**	**54,009**	**(49.4%)**	**30,040**	**(27.5%)**	**25,247**	**(23.1%)**

*No candidate having received the required majority, the Legislature elected Briggs Governor.

SOURCE—Manuscript returns.

1850

County	George N. Briggs (W)*		George S. Boutwell (D)*		Stephen C. Phillips (FS)		Francis Cogswell		scattering	
Barnstable	1,300	(54.8%)	642	(27.1%)	375	(15.8%)	43	(1.8%)	11	(0.5%)
Berkshire	3,460	(48.0%)	3,145	(43.7%)	493	(6.8%)	108	(1.5%)	17	(0.2%)
Bristol	3,793	(48.7%)	2,262	(29.0%)	1,675	(21.5%)	35	(0.4%)	19	(0.2%)
Dukes	187	(48.4%)	152	(39.4%)	32	(8.3%)	10	(2.6%)	5	(0.1%)
Essex	8,158	(47.5%)	5,206	(30.3%)	3,737	(21.8%)	32	(0.2%)	19	(0.1%)
Franklin	2,584	(45.8%)	1,855	(32.9%)	1,106	(19.6%)	27	(0.5%)	72	(1.3%)

Massachusetts 117

County	George N. Briggs (W)		George S. Boutwell (D)*		Stephen C. Phillips (FS)		Francis Cogswell		scattering	
Hampden	3,406	(46.1%)	3,297	(44.6%)	642	(8.7%)	35	(0.5%)	0	
Hampshire	3,246	(56.5%)	1,256	(21.9%)	1,246	(21.4%)	78	(1.3%)	2	(0.03%)
Middlesex	9,444	(45.0%)	7,054	(33.6%)	4,397	(21.0%)	64	(0.3%)	14	(0.1%)
Nantucket	306	(61.1%)	68	(13.6%)	127	(25.3%)	0		0	
Norfolk	4,581	(47.6%)	2,233	(23.2%)	2,737	(28.4%)	18	(0.2%)	52	(0.5%)
Plymouth	3,349	(43.5%)	1,669	(21.7%)	2,578	(33.5%)	98	(1.3%)	6	(0.1%)
Suffolk	6,447	(65.4%)	2,138	(21.7%)	1,251	(12.7%)	0		17	(0.2%)
Worcester	6,517	(34.4%)	5,046	(26.6%)	7,240	(38.2%)	141	(0.7%)	5	(0.03%)
Total	56,778	(46.8%)	36,023	(29.7%)	27,636	(22.8%)	689	(0.6%)	239	(0.2%)

*No candidate having received the required majority of the popular vote, the Legislature elected Boutwell Governor.

SOURCE—Manuscript returns.

1851

County	Robert C. Winthrop (W)		George S. Boutwell (D)*		John G. Palfrey (FS)		Francis Cogswell		scattering	
Barnstable	1,408	(55.7%)	774	(30.6%)	347	(13.7%)	0		0	
Berkshire	3,706	(48.3%)	3,178	(41.4%)	763	(9.9%)	23	(0.3%)	1	(0.01%)
Bristol	4,402	(45.9%)	3,209	(33.5%)	1,947	(20.3%)	11	(0.1%)	5	(0.1%)
Dukes	229	(58.0%)	131	(33.2%)	34	(8.6%)	0		1	(0.3%)
Essex	9,136	(48.4%)	6,080	(32.2%)	3,632	(19.2%)	8	(0.04%)	26	(0.1%)
Franklin	2,738	(46.1%)	1,947	(32.8%)	1,245	(21.0%)	0		3	(0.1%)
Hampden	3,453	(47.4%)	3,225	(44.3%)	586	(8.0%)	13	(0.2%)	10	(0.1%)
Hampshire	3,603	(55.4%)	1,514	(23.3%)	1,353	(20.8%)	35	(0.5%)	0	
Middlesex	10,608	(45.1%)	8,513	(36.2%)	4,250	(18.1%)	13	(0.1%)	121	(0.5%)
Nantucket	316	(56.8%)	102	(18.3%)	138	(24.8%)	0		0	
Norfolk	4,920	(46.2%)	3,146	(29.5%)	2,561	(24.0%)	7	(0.1%)	11	(0.1%)
Plymouth	4,050	(45.0%)	2,053	(22.7%)	2,882	(32.0%)	7	(0.1%)	11	(0.1%)
Suffolk	7,893	(59.2%)	3,985	(29.9%)	1,425	(10.7%)	0		37	(0.3%)
Worcester	7,817	(37.0%)	5,875	(27.8%)	7,397	(35.0%)	1	(0.05%)	54	(0.3%)
*Total	64,279	(46.9%)	43,732	(31.9%)	28,560	(20.9%)	118	(0.1%)	280	(0.2%)

*No candidate having received the required majority of the popular vote, the Legislature elected Boutwell Governor.

SOURCE—Manuscript returns.

1852

County	John H. Clifford (W)*		Henry W. Bishop (D)		Horace Mann (FS)		scattering	
Barnstable	1,501	(51.1%)	789	(26.9%)	642	(21.9%)	6	(0.2%)
Berkshire	3,478	(44.9%)	3,368	(43.4%)	904	(11.7%)	2	(0.3%)
Bristol	4,539	(43.7%)	2,555	(24.6%)	3,166	(30.5%)	129	(1.2%)
Dukes	267	(44.6%)	269	(45.0%)	62	(10.4%)	0	
Essex	7,780	(43.0%)	5,284	(29.2%)	4,871	(26.9%)	171	(0.9%)
Franklin	2,609	(43.8%)	1,993	(33.5%)	1,353	(22.7%)	3	(0.1%)
Hampden	3,423	(43.6%)	3,306	(42.2%)	1,086	(13.8%)	28	(0.4%)
Hampshire	3,289	(52.5%)	1,566	(25.0%)	1,403	(22.4%)	4	(0.1%)
Middlesex	10,477	(45.6%)	6,503	(28.3%)	5,924	(25.8%)	72	(0.3%)
Nantucket	360	(46.0%)	224	(28.6%)	196	(25.1%)	2	(0.3%)
Norfolk	5,002	(45.8%)	2,354	(21.6%)	3,419	(31.3%)	138	(1.3%)
Plymouth	3,953	(43.3%)	1,863	(20.4%)	3,285	(36.0%)	18	(0.2%)
Suffolk	8,146	(61.7%)	2,665	(20.2%)	2,286	(17.3%)	112	(0.8%)
Worcester	7,409	(34.3%)	6,024	(27.9%)	8,143	(37.7%)	15	(0.1%)
Total	62,233	(44.9%)	38,763	(28.0%)	36,740	(26.5%)	700	(0.5%)**

*No candidate having received a majority of the vote, the Legislature elected Clifford Governor.
**Of this vote David Henshaw received 357 and Edward A. Vose 148.

SOURCE—Manuscript returns.

Massachusetts

1853

County	Emory Washburn (W)*		Henry W. Bishop (D)		Henry Wilson (FS)		Bradford L. Wales (D-Hn)	
Barnstable	1,550	(53.9%)	928	(32.3%)	397	(13.8%)	1	(0.03%)
Berkshire	3,265	(46.8%)	2,961	(42.4%)	743	(10.6%)	8	(0.1%)
Bristol	4,118	(45.9%)	2,565	(28.6%)	2,115	(23.6%)	177	(2.0%)
Dukes	158	(63.5%)	81	(32.5%)	10	(4.0%)	0	
Essex	7,924	(45.7%)	4,580	(26.4%)	4,028	(23.2%)	807	(4.7%)
Franklin	2,445	(45.5%)	1,727	(32.1%)	1,193	(22.2%)	7	(0.1%)
Hampden	2,997	(43.8%)	3,127	(45.7%)	589	(8.6%)	136	(2.0%)
Hampshire	2,960	(45.1%)	1,316	(24.1%)	1,187	(21.7%)	8	(0.1%)
Middlesex	10,180	(45.0%)	6,444	(28.5%)	4,694	(20.8%)	1,298	(5.7%)
Nantucket	349	(51.4%)	169	(24.9%)	129	(19.0%)	32	(4.7%)
Norfolk	4,801	(46.0%)	1,532	(14.7%)	2,709	(26.0%)	1,396	(13.4%)
Plymouth	3,591	(43.9%)	1,565	(19.1%)	2,618	(32.0%)	408	(5.0%)
Suffolk	8,213	(60.9%)	2,820	(20.9%)	1,597	(11.8%)	847	(6.3%)
Worcester	6,673	(34.6%)	5,271	(27.3%)	7,011	(36.3%)	352	(1.8%)
Total	59,224	(46.0%)	35,086	(27.2%)	29,020	(22.5%)	5,477	(4.3%)

*No candidate having received the required majority of the popular vote, the Legislature elected Washburn Governor.

SOURCE—Manuscript returns.

1854

County	Henry J. Gardner (A)		Emory Washburn (W)		Henry W. Bishop (D)		Henry Wilson (FS)		scattering	
Barnstable	1,964	(63.4%)	632	(20.4%)	353	(11.4%)	147	(4.7%)	0	
Berkshire	3,938	(55.2%)	1,428	(20.0%)	1,572	(22.0%)	176	(2.5%)	20	(0.3%)
Bristol	6,144	(67.2%)	1,440	(15.8%)	1,022	(11.2%)	535	(5.9%)	132	(0.1%)
Dukes	273	(69.3%)	63	(16.0%)	55	(14.0%)	3	(0.8%)	0	
Essex	11,523	(66.9%)	3,298	(19.1%)	1,136	(6.6%)	987	(5.7%)	283	(1.6%)
Franklin	2,304	(47.5%)	1,447	(29.8%)	825	(17.0%)	265	(5.5%)	9	(0.2%)
Hampden	4,931	(69.9%)	1,012	(14.3%)	1,048	(14.8%)	44	(0.6%)	24	(0.3%)
Hampshire	2,925	(57.4%)	1,366	(26.8%)	429	(8.4%)	366	(7.2%)	14	(0.3%)
Middlesex	14,155	(62.3%)	5,310	(23.4%)	2,228	(9.8%)	921	(4.1%)	117	(0.5%)
Nantucket	234	(38.9%)	269	(44.7%)	90	(15.0%)	3	(0.5%)	6	(1.0%)
Norfolk	7,360	(68.4%)	1,976	(18.4%)	621	(5.8%)	458	(4.3%)	350	(3.3%)
Plymouth	5,254	(67.7%)	1,400	(18.0%)	454	(5.9%)	534	(6.9%)	118	(1.5%)
Suffolk	8,384	(57.6%)	4,336	(29.8%)	1,312	(9.0%)	471	(3.2%)	44	(0.3%)
Worcester	12,114	(61.5%)	3,302	(16.8%)	2,597	(13.2%)	1,573	(8.0%)	125	(0.6%)
Total	81,503	(62.6%)	27,279	(20.9%)	13,742	(10.6%)	6,483	(5.0%)	1,242	(1.0%)*

*Of this total Charles Altire received 477 votes and Bradford L. Wales 477, all others 288.

SOURCE—Manuscript returns.

1855

County	Henry J. Gardner (A)		Julius Rockwell (R)		Erasmus D. Beach (D)		Samuel H. Walley (W)	
Barnstable	1,267	(43.9%)	542	(18.8%)	531	(18.4%)	543	(18.8%)
Berkshire	2,227	(34.2%)	2,073	(31.8%)	2,117	(32.5%)	96	(1.5%)
Bristol	4,966	(50.0%)	2,590	(26.1%)	1,962	(19.8%)	409	(4.1%)
Dukes	176	(46.0%)	89	(23.2%)	67	(17.5%)	51	(13.3%)
Essex	7,573	(43.4%)	4,407	(25.3%)	3,777	(21.6%)	1,694	(9.7%)
Franklin	660	(13.5%)	2,307	(47.1%)	1,555	(31.8%)	375	(7.7%)
Hampden	2,430	(33.2%)	1,902	(26.0%)	2,850	(38.9%)	143	(19.5%)
Hampshire	1,739	(31.4%)	2,761	(49.9%)	836	(15.1%)	200	(3.6%)
Middlesex	9,063	(38.6%)	5,336	(22.7%)	6,431	(27.4%)	2,641	(11.3%)
Nantucket	190	(30.8%)	61	(9.9%)	102	(16.6%)	263	(42.7%)
Norfolk	5,259	(44.7%)	2,294	(19.5%)	2,562	(21.8%)	1,655	(14.1%)
Plymouth	3,233	(38.3%)	2,568	(30.4%)	1,411	(16.7%)	1,233	(14.6%)
Suffolk	6,008	(38.6%)	2,332	(15.0%)	4,595	(29.5%)	2,633	(16.9%)
Worcester	6,706	(31.3%)	7,453	(34.7%)	5,932	(27.7%)	1,360	(6.3%)
Total	51,497	(37.8%)	36,715	(27.0%)	34,728	(25.5%)	13,296	(9.8%)

SOURCE—Manuscript returns.

1856

County	Henry J. Gardner (R&Fr A)		Erasmus D. Beach (D)		George W. Gordon (Fl A)		Luther Bell (W)		Josiah Quincy (I)		scattering	
Barnstable	2,593	(72.7%)	697	(19.5%)	120	(3.4%)	140	(3.9%)	0		7	(0.2%)
Berkshire	4,642	(56.6%)	2,772	(33.8%)	184	(2.2%)	26	(3.2%)	536	(6.5%)	43	(0.7%)
Bristol	7,972	(69.5%)	2,476	(21.6%)	574	(5.0%)	67	(0.6%)	309	(2.7%)	76	(0.7%)
Dukes	304	(51.4%)	144	(24.3%)	98	(16.6%)	29	(4.9%)	3	(0.5%)	14	(2.4%)
Essex	14,922	(68.9%)	4,499	(20.8%)	1,337	(6.2%)	834	(3.9%)	18	(0.8%)	39	(0.2%)
Franklin	2,518	(44.7%)	1,335	(23.7%)	148	(2.6%)	40	(0.7%)	1,585	(28.1%)	5	(0.1%)
Hampden	4,798	(56.5%)	3,067	(36.1%)	408	(4.8%)	17	(0.2%)	156	(1.8%)	42	(0.5%)
Hampshire	2,845	(49.9%)	889	(15.6%)	50	(0.9%)	23	(0.4%)	1,774	(31.1%)	116	(0.2%)
Middlesex	16,422	(58.5%)	7,693	(27.4%)	1,910	(6.8%)	1,903	(6.8%)	39	(0.1%)	117	(0.4%)
Nantucket	584	(75.0%)	123	(15.8%)	1	(0.1%)	70	(9.0%)	1	(0.1%)	0	
Norfolk	8,008	(55.9%)	3,716	(25.9%)	1,502	(10.5%)	966	(6.7%)	96	(0.7%)	47	(0.3%)
Plymouth	6,438	(63.7%)	1,783	(17.6%)	830	(8.2%)	768	(7.6%)	55	(0.5%)	237	(2.3%)
Suffolk	8,522	(45.3%)	5,826	(31.0%)	2,862	(15.2%)	1,506	(8.0%)	28	(0.1%)	49	(0.3%)
Worcester	11,899	(60.9%)	5,062	(25.9%)	361	(1.8%)	677	(3.5%)	1,025	(5.3%)	499	(2.6%)
Total	92,467	(58.9%)	40,082	(25.5%)	10,385	(6.6%)	7,075	(4.5%)	5,625	(3.6%)	1,291	(0.8%)

SOURCE—Manuscript returns.

1857

County	Nathaniel P. Banks (R)		Henry J. Gardner (A)		Erasmus D. Beach (D)		Caleb Swan	
Barnstable	975	(42.6%)	812	(35.5%)	494	(21.6%)	7	(0.3%)
Berkshire	3,012	(47.3%)	1,021	(16.0%)	2,322	(36.5%)	5	(0.1%)
Bristol	4,651	(50.1%)	2,828	(30.4%)	1,796	(19.3%)	23	(0.2%)
Dukes	189	(31.1%)	225	(37.0%)	194	(31.9%)	0	
Essex	8,379	(47.3%)	5,964	(33.7%)	3,368	(19.0%)	10	(0.1%)
Franklin	3,175	(67.3%)	327	(6.9%)	1,211	(25.7%)	4	(0.1%)
Hampden	3,481	(48.0%)	922	(12.7%)	2,845	(39.2%)	3	(0.04%)
Hampshire	3,422	(68.6%)	809	(16.2%)	750	(15.0%)	5	(0.1%)
Middlesex	9,873	(41.9%)	7,818	(33.1%)	5,875	(24.9%)	19	(0.1%)
Nantucket	274	(53.9%)	131	(25.8%)	153	(30.1%)	0	
Norfolk	4,138	(37.5%)	4,158	(37.7%)	2,683	(24.3%)	41	(0.4%)
Plymouth	3,683	(48.7%)	2,573	(34.0%)	1,297	(17.1%)	16	(0.2%)
Suffolk	4,837	(32.8%)	5,483	(37.2%)	4,402	(29.9%)	7	(0.05%)
Worcester	10,708	(54.4%)	4,525	(23.0%)	4,370	(22.2%)	73	(0.4%)
Total	60,797	(46.6%)	37,596	(28.8%)	31,760	(24.4%)	213	(0.2%)

SOURCE—Manuscript returns.

1858

County	Nathaniel P. Banks (R)	Erasmus D. Beach (D)	Amos A. Lawrence (A)
Barnstable	1,282 (60.0%)	566 (26.5%)	287 (13.4%)
Berkshire	3,715 (53.4%)	2,783 (40.0%)	456 (6.6%)
Bristol	5,093 (64.2%)	2,144 (27.0%)	695 (8.8%)
Dukes	185 (43.2%)	177 (41.4%)	66 (15.4%)
Essex	9,440 (61.2%)	4,039 (26.2%)	1,942 (12.6%)
Franklin	2,894 (67.6%)	1,324 (30.9%)	66 (15.4%)
Hampden	3,531 (53.0%)	2,776 (41.6%)	354 (5.3%)
Hampshire	3,375 (78.9%)	755 (17.7%)	147 (3.4%)
Middlesex	11,621 (55.0%)	7,175 (34.0%)	2,334 (11.0%)
Nantucket	280 (65.0%)	142 (32.9%)	9 (2.1%)
Norfolk	5,917 (49.9%)	3,527 (33.9%)	1,694 (16.3%)
Plymouth	4,302 (65.4%)	1,597 (24.3%)	683 (10.4%)
Suffolk	7,259 (44.8%)	6,861 (42.3%)	2,095 (12.9%)
Worcester	10,526 (64.9%)	4,432 (27.3%)	1,256 (7.7%)
Total	68,700 (57.7%)	38,298 (32.2%)	12,084 (10.1%)

SOURCE—Manuscript returns.

1859

County	Nathaniel P. Banks (R)	Benjamin F. Butler (D)	George N. Briggs (A)
Barnstable	1,457 (61.9%)	760 (32.3%)	138 (5.9%)
Berkshire	3,276 (52.7%)	2,605 (41.9%)	337 (5.4%)
Bristol	3,360 (46.7%)	1,823 (25.3%)	2,017 (28.0%)
Dukes	227 (44.0%)	195 (37.8%)	94 (18.2%)
Essex	8,049 (55.8%)	4,532 (31.4%)	1,837 (12.7%)
Franklin	2,672 (61.5%)	1,470 (33.9%)	200 (4.6%)
Hampden	3,303 (51.6%)	2,646 (41.3%)	458 (7.1%)
Hampshire	2,583 (69.8%)	731 (19.8%)	386 (10.4%)
Middlesex	10,688 (53.5%)	6,488 (32.5%)	2,809 (14.1%)
Nantucket	249 (55.5%)	107 (23.8%)	93 (20.7%)
Norfolk	4,478 (47.8%)	2,988 (31.9%)	1,911 (20.4%)
Plymouth	3,284 (57.3%)	1,548 (27.0%)	899 (15.7%)
Suffolk	5,473 (45.3%)	4,434 (36.7%)	2,165 (17.9%)
Worcester	9,705 (60.9%)	4,999 (31.4%)	1,221 (7.7%)
Total	58,804 (54.2%)	35,326 (32.6%)	14,365 (13.2%)

SOURCES—Manuscript returns.

1860

County	John A. Andrew (R)		Erasmus D. Beach (D)		Amos A. Lawrence (CU)		Benjamin F. Butler (Bk-D)	
Barnstable	2,355	(73.3%)	134	(4.2%)	307	(9.6%)	416	(13.0%)
Berkshire	5,100	(60.2%)	2,966	(35.0%)	334	(3.9%)	75	(0.9%)
Bristol	7,897	(73.3%)	1,753	(16.3%)	689	(6.4%)	428	(4.0%)
Dukes	342	(59.7%)	121	(21.1%)	52	(9.1%)	58	(10.1%)
Essex	14,620	(62.9%)	4,359	(18.8%)	3,434	(14.8%)	825	(3.6%)
Franklin	3,923	(74.1%)	884	(16.7%)	143	(2.7%)	342	(6.5%)
Hampden	5,075	(62.5%)	2,133	(26.3%)	413	(5.1%)	493	(6.1%)
Hampshire	4,551	(80.8%)	624	(11.1%)	198	(3.5%)	258	(4.6%)
Middlesex	17,458	(57.2%)	7,026	(23.0%)	5,141	(16.9%)	874	(2.9%)
Nantucket	420	(70.1%)	32	(5.3%)	76	(12.7%)	71	(11.9%)
Norfolk	8,630	(54.8%)	3,552	(22.6%)	3,140	(19.9%)	427	(2.7%)
Plymouth	6,795	(65.1%)	1,428	(13.7%)	1,911	(18.3%)	301	(2.9%)
Suffolk	10,493	(47.0%)	4,880	(21.8%)	5,906	(26.4%)	1,070	(4.8%)
Worcester	16,868	(68.6%)	5,299	(21.5%)	2,072	(8.4%)	362	(1.5%)
Total	**104,527**	**(61.7%)**	**35,191**	**(20.8%)**	**23,816**	**(14.1%)**	**6,000**	**(3.5%)**

SOURCE—Manuscript returns.

MICHIGAN

Michigan became the 26th state on January 26, 1837.
The first election for governor was held on October 5, 1835. **Term**—Two years.
Election—First Monday and Tuesday of November, changed to the first Monday in November by 1844 and then to the first Tuesday after the first Monday in November, 1850. The election of 1851 was for one-year term as a result of a constitutional amendment changing elections to even numbered years.

POPULATION

1830—31,639   1840—212,267   1850—397,654   1860—749,113

1835

County	Steven T. Mason (D)		John Biddle (W)	
Allegan	67	(100%)	0	
Branch	77	(100%)	0	
Berrien	308	(100%)	0	
Calhoun	241	(100%)	0	
Cass	356	(84.8%)	64	(15.2%)
Chippewa	53	(100%)	0	
Clinton, Iona, Kent & Ottawa	1,026	(99.8%)	2	(0.2%)
Hillsdale	105	(93.8%)	7	(6.2%)
Jackson	274	(97.9%)	6	(2.1%)
Kalamazoo	431	(94.7%)	24	(5.3%)
Lapeer	89	(87.3%)	13	(12.7%)
Lenawee	456	(97.0%)	14	(3.0%)
Macomb	455	(91.7%)	41	(8.3%)
Michilimackinac	112	(100%)	0	
Monroe	432	(99.8%)	1	(0.2%)
Oakland	942	(63.7%)	536	(36.3%)
St. Clair	166	(97.6%)	4	(2.4%)
St. Joseph	207	(99.5%)	1	(0.5%)
Saginaw	100	(100%)	0	
Washtenaw	1,074	(100%)	0	
Wayne	1,490	(93.7%)	101	(6.3%)
Total	**8,461**	**(91.2%)**	**814**	**(8.8%)**

SOURCES—Manuscript returns; Michigan state archives.

1837

County	Steven T. Mason (D)		Charles C. Trowbridge (W)	
Allegan	98	(31.0%)	218	(69.0%)
Berrien	495	(48.1%)	534	(51.9%)
Branch	387	(66.0%)	199	(34.0%)
Calhoun	808	(54.9%)	664	(45.1%)
Cass	388	(45.8%)	459	(54.2%)
Chippewa	42	(85.7%)	7	(14.3%)
Genesee	233	(48.0%)	252	(52.0%)
Hillsdale	378	(50.3%)	374	(49.7%)
Ionia	148	(61.9%)	91	(38.1%)
Jackson & Ingham	758	(45.4%)	911	(54.6%)
Kalamazoo	577	(43.4%)	752	(56.6%)
Kent	394	(75.6%)	127	(24.4%)
Lapeer	227	(48.5%)	241	(51.5%)
Lenawee	1,345	(51.4%)	1,273	(48.6%)
Livingston	443	(56.5%)	341	(43.5%)

County				
Macomb	471	(40.6%)	689	(59.4%)
Michilimackinac	89	(67.4%)	43	(32.6%)
Monroe	999	(60.3%)	657	(39.7%)
Oakland	1,681	(50.6%)	1,639	(49.4%)
St. Clair	447	(54.3%)	376	(45.7%)
St. Joseph	557	(53.1%)	491	(46.9%)
Saginaw	86	(46.7%)	98	(53.3%)
Shiawassee	123	(47.9%)	134	(52.1%)
Van Buren	103	(56.9%)	78	(43.1%)
Washtenaw	2,039	(49.7%)	2,066	(50.3%)
Wayne	1,998	(49.1%)	2,066	(50.9%)
Total*	**15,314**	**(50.9%)**	**14,780**	**(49.1%)**
			14,546	

*Stated total.

SOURCE—Manuscript returns.

1839

County	William Woodbridge (W)		Elon Farnsworth (D)	
Allegan	217	(53.4%)	189	(46.6%)
Barry	113	(56.5%)	87	(43.5%)
Berrien	462	(54.3%)	389	(45.7%)
Branch	382	(44.6%)	475	(55.4%)
Calhoun	1,064	(50.3%)	1,052	(49.7%)
Cass	503	(51.9%)	467	(48.1%)
Chippewa	22	(34.4%)	42	(65.6%)
Clinton	119	(46.1%)	139	(53.9%)
Eaton	217	(58.6%)	153	(41.4%)
Hillsdale	667	(55.5%)	535	(44.5%)
Houghton	578	(47.7%)	633	(52.3%)
Ingham	194	(50.5%)	190	(49.5%)
Ionia	195	(47.2%)	218	(52.8%)
Jackson	1,331	(57.9%)	969	(42.1%)
Kalamazoo	879	(57.3%)	655	(42.7%)
Kent	228	(44.2%)	288	(55.8%)
Lapeer	396	(54.4%)	332	(45.6%)
Lenawee	1,694	(50.8%)	1,640	(49.2%)
Macomb	807	(50.7%)	786	(49.3%)
Michilimackinac	41	(44.1%)	52	(55.9%)
Monroe	755	(44.7%)	933	(55.3%)
Oakland	1,960	(51.9%)	1,816	(48.1%)
Ottawa	24	(31.2%)	53	(68.8%)
Saginaw	60	(42.0%)	83	(58.0%)
St. Joseph	581	(45.1%)	708	(54.9%)
Shiawassee	198	(60.9%)	129	(39.1%)
Van Buren	153	(47.8%)	167	(52.2%)
Washtenaw	2,352	(56.2%)	1,836	(43.8%)
Wayne	1,998	(49.7%)	2,021	(50.3%)
Total*	**18,190**	**(51.6%)**	**17,035**	**(48.4%)**
	18,195*		17,037*	

*Stated totals.

SOURCE—Manuscript returns.

1841

County	John S. Barry (D)		Philo C. Fuller (W)		Jabez S. Fitch (Lty)	
Allegan	189	(50.1%)	188	(49.9%)	0	
Barry	132	(51.6%)	121	(47.3%)	3	(1.2%)
Berrien	537	(60.0%)	356	(39.8%)	2	(0.2%)
Branch	686	(66.9%)	330	(33.2%)	9	(0.9%)
Calhoun	1,020	(52.7%)	829	(42.8%)	88	(4.5%)
Cass	554	(49.8%)	551	(49.6%)	7	(0.6%)
Chippewa	28	(38.9%)	44	(61.1%)	0	
Clinton	195	(55.4%)	157	(44.6%)	0	
Eaton	221	(43.7%)	267	(52.8%)	18	(3.6%)
Genesee	350	(43.5%)	399	(49.6%)	56	(7.0%)
Hillsdale	753	(55.3%)	557	(40.9%)	51	(3.7%)
Ingham	260	(49.2%)	240	(45.5%)	28	(5.3%)
Ionia	260	(55.8%)	194	(41.6%)	12	(2.6%)
Jackson	1,127	(52.8%)	862	(40.4%)	147	(6.9%)
Kalamazoo	704	(47.7%)	671	(45.4%)	102	(6.9%)
Kent	338	(61.0%)	209	(37.7%)	7	(1.3%)
Lapeer	400	(49.2%)	402	(49.4%)	11	(1.4%)
Lenawee	1,881	(54.7%)	1,509	(43.9%)	48	(1.4%)
Livingston	784	(61.4%)	459	(36.0%)	33	(2.6%)
Mackinac	49	(57.0%)	37	(43.0%)	0	
Macomb	1,033	(60.8%)	660	(38.8%)	7	(0.4%)
Monroe	1,112	(68.4%)	542	(30.9%)	11	(0.7%)
Oakland	2,200	(56.9%)	1,478	(38.2%)	190	(4.9%)
Ottawa	79	(88.8%)	8	(9.0%)	2	(2.2%)
Saginaw	74	(48.7%)	78	(51.3%)	0	
St. Clair	459	(57.4%)	341	(42.6%)	0	
St. Joseph	865	(58.6%)	611	(41.4%)	1	(0.1%)
Shiawassee	203	(50.1%)	202	(49.9%)	0	
Van Buren	247	(61.4%)	142	(35.3%)	13	(3.2%)
Washtenaw	2,012	(51.4%)	1,657	(42.3%)	247	(6.3%)
Wayne	2,242	(60.3%)	1,346	(36.2%)	130	(3.5%)
Total*	**20,994**	**(55.7%)**	**15,447**	**(41.0%)**	**1,223**	**(3.2%)**
	20,993*		15,449			

*Stated totals.

SOURCE—Manuscript returns.

1843

County	John S. Barry (D)		Zino Pitcher (W)		James G. Birney (Lty)	
Allegan	237	(47.4%)	260	(52.0%)	3	(6.0%)
Barry	201	(54.6%)	165	(44.8%)	2	(0.5%)
Berrien	576	(53.6%)	471	(43.9%)	27	(2.5%)
Branch	619	(63.0%)	304	(31.0%)	59	(6.0%)
Calhoun	1,162	(54.2%)	777	(36.3%)	204	(9.5%)
Cass	510	(46.5%)	531	(48.4%)	55	(5.0%)
Chippewa	45	(66.2%)	23	(33.8%)	0	
Clinton	228	(51.7%)	203	(46.0%)	10	(2.3%)
Eaton	278	(44.2%)	297	(47.2%)	54	(8.6%)
Genesee	549	(49.6%)	441	(39.8%)	117	(10.6%)
Hillsdale	767	(56.8%)	549	(36.4%)	193	(12.8%)
Ingham	311	(49.8%)	272	(43.6%)	41	(6.6%)
Ionia	316	(50.9%)	267	(43.0%)	38	(6.1%)
Jackson	1,174	(52.4%)	675	(30.1%)	391	(17.5%)
Kalamazoo	671	(45.4%)	602	(40.8%)	204	(13.8%)
Kent	405	(60.7%)	246	(36.9%)	16	(2.4%)
Lapeer	412	(53.3%)	325	(42.0%)	36	(4.7%)
Lenawee	1,918	(56.8%)	1,260	(37.3%)	196	(5.8%)
Livingston	804	(63.2%)	403	(31.7%)	65	(5.1%)
Mackinac	47	(42.0%)	65	(58.0%)	0	
Macomb	880	(56.9%)	594	(38.4%)	72	(4.7%)
Monroe	1,121	(66.6%)	522	(31.0%)	41	(2.4%)
Oakland	2,161	(58.8%)	1,173	(31.9%)	342	(9.3%)
Ottawa	85	(72.6%)	21	(17.9%)	11	(9.4%)
St. Clair	534	(56.7%)	408	(43.3%)	0	
St. Joseph	842	(58.8%)	488	(34.1%)	103	(7.2%)
Saginaw	101	(59.1%)	70	(40.9%)	0	
Shiawassee	236	(53.3%)	171	(38.6%)	36	(8.1%)
Van Buren	271	(59.7%)	172	(37.9%)	11	(2.4%)
Washtenaw	1,843	(48.0%)	1,684	(43.9%)	311	(8.1%)
Wayne	2,114	(55.5%)	1,560	(41.0%)	130	(3.4%)
Total*	21,418		14,999		2,768	
	21,392	**(54.8%)**	**14,899**	**(38.1%)**	**2,776**	**(7.1%)**

*The returns in bold are the official state totals found in the

Michigan

Journal of the House of Representatives, January 1, 1844, p.6. No county figures were included, nor were any found at the archives. The county figures used here were listed as official and were located in the (Detroit) *Daily Free Press*, December 4, 1843.

1845

County	Alpheus Felch (D)	Stephen Vickery (W)	James G. Birney (Lty)
Allegan	281 (49.6%)	274 (48.3%)	12 (2.1%)
Barry	254 (53.0%)	206 (43.0%)	19 (4.0%)
Berrien	660 (59.6%)	422 (38.1%)	26 (2.3%)
Branch	706 (61.6%)	359 (31.3%)	81 (7.1%)
Calhoun	1,185 (51.0%)	980 (42.2%)	159 (6.8%)
Cass	570 (49.0%)	518 (44.5%)	76 (6.5%)
Chippewa	9 (39.1%)	14 (60.9%)	0
Clinton	237 (52.7%)	162 (36.0%)	51 (11.3%)
Eaton	315 (43.0%)	351 (48.0%)	66 (9.0%)
Genesee	579 (47.5%)	442 (36.2%)	199 (16.3%)
Hillsdale	1,025 (52.8%)	749 (38.6%)	168 (8.7%)
Ingham	403 (49.5%)	325 (39.9%)	86 (10.6%)
Ionia	416 (51.3%)	314 (38.7%)	81 (10.0%)
Kalamazoo	572 (49.6%)	796 (49.6%)	237 (14.8%)
Kent	500 (51.3%)	433 (44.4%)	42 (4.3%)
Lapeer	361 (49.9%)	295 (40.8%)	67 (9.3%)
Lenawee	1,787 (48.6%)	1,704 (46.4%)	184 (5.0%)
Livingston	823 (58.7%)	465 (33.2%)	114 (8.1%)
Macomb	788 (53.1%)	559 (37.7%)	136 (9.2%)
Mackinac	99 (86.8%)	15 (13.2%)	0
Monroe	1,019 (70.6%)	404 (28.0%)	21 (1.5%)*
Oakland	1,981 (52.0%)	1,438 (37.7%)	392 (10.3%)
Ottawa	136 (68.3%)	45 (22.6%)	18 (9.0%)
Saginaw	89 (48.1%)	87 (47.0%)	9 (5.0%)
St. Clair	474 (51.9%)	383 (41.9%)	56 (6.1%)
St. Joseph	790 (51.4%)	680 (44.2%)	68 (4.4%)
Shiawassee	232 (45.2%)	159 (31.0%)	122 (23.8%)
Van Buren	312 (54.8%)	213 (37.4%)	44 (7.7%)
Washtenaw	1,759 (43.2%)	2,005 (49.3%)	305 (7.5%)
Wayne	1,761 (50.5%)	1,519 (43.6%)	205 (5.9%)
Total	20,123 (51.0%)	16,316 (41.3%)	3,065 (7.8%)

*The votes were cast for J. G. Birney but were counted separately; they are included here.

No returns for Jackson County.

SOURCE—Manuscript returns.

1847

County	Epaphroditus Ransom (D)	James M. Vickery (W)	Chester Gurney (Lty)
Allegan	364 (53.6%)	307 (45.2%)	8 (1.2%)
Berrien	752 (39.2%)	525 (27.3%)	15 (0.8%)
Branch	842 (60.1%)	448 (32.0%)	110 (7.9%)
Calhoun	1,487 (52.2%)	1,246 (43.7%)	116 (4.1%)
Cass	816 (54.3%)	618 (41.1%)	66 (4.4%)
Clinton	267 (56.4%)	177 (37.4%)	29 (6.1%)
Eaton	447 (49.1%)	400 (44.0%)	63 (6.9%)
Genesee	674 (45.5%)	660 (44.5%)	148 (10.0%)
Hillsdale	1,075 (50.7%)	901 (42.5%)	146 (6.9%)
Ingham	623 (51.2%)	562 (46.1%)	32 (2.6%)
Ionia	597 (52.0%)	483 (42.1%)	68 (5.9%)
Jackson	1,269 (48.8%)	1,078 (41.4%)	256 (9.8%)
Kalamazoo	932 (45.4%)	831 (40.6%)	286 (14.0%)
Kent	752 (57.2%)	535 (29.5%)	28 (1.5%)
Lapeer	376 (56.3%)	255 (38.2%)	37 (5.5%)
Lenawee	1,762 (49.5%)	1,616 (45.4%)	179 (5.0%)
Livingston	1,065 (62.0%)	618 (36.0%)	35 (2.0%)
Macomb	972 (57.8%)	670 (39.9%)	39 (2.3%)
Mackinac	95 (76.0%)	30 (24.0%)	0
Monroe	845 (66.7%)	373 (29.4%)	50 (3.9%)
Oakland	2,036 (53.6%)	1,534 (40.4%)	231 (6.1%)
Ottawa	198 (80.8%)	39 (15.9%)	8 (3.3%)
Saginaw	156 (57.6%)	114 (42.1%)	1 (0.4%)
St. Clair	579 (56.1%)	435 (42.1%)	19 (1.8%)
St. Joseph	936 (50.7%)	784 (42.5%)	125 (6.8%)
Shiawassee	322 (53.5%)	209 (34.7%)	71 (11.8%)
Van Buren	506 (58.3%)	320 (36.9%)	41 (4.7%)
Washtenaw	1,849 (47.1%)	1,806 (46.1%)	268 (6.8%)
Wayne	2,043 (56.5%)	1,464 (40.5%)	110 (3.0%)
Total	24,639 (53.3%)	18,990 (41.1%)	2,585 (5.6%)

No returns for Barry and Chippewa counties.

SOURCE—Manuscript returns.

1849

County	John S. Barry (D)	Flavius Littlejohn (W, FS)
Allegan	342 (59.5%)	233 (40.5%)
Barry	448 (59.1%)	311 (40.9%)
Berrien	901 (59.7%)	608 (40.3%)
Branch	1,075 (60.7%)	696 (39.3%)
Calhoun	1,430 (46.3%)	1,657 (53.7%)
Cass	894 (59.0%)	620 (41.0%)
Chippewa	40 (40.8%)	58 (59.2%)
Clinton	288 (52.6%)	260 (47.4%)
Eaton	452 (49.3%)	464 (50.7%)
Genesee	937 (55.4%)	755 (44.6%)
Hillsdale	1,260 (54.0%)	1,075 (46.0%)
Houghton	84 (67.7%)	40 (32.3%)
Ingham	716 (51.0%)	687 (49.0%)
Ionia	590 (47.6%)	649 (52.4%)
Jackson	1,427 (49.4%)	1,464 (50.6%)
Kalamazoo	843 (50.7%)	819 (49.3%)
Kent	744 (53.5%)	646 (46.5%)
Lapeer	487 (57.4%)	361 (42.6%)
Lenawee	1,928 (51.8%)	1,794 (48.2%)
Livingston	1,040 (61.0%)	666 (39.0%)
Mackinac	145 (66.8%)	72 (33.2%)
Macomb	1,176 (61.1%)	748 (38.9%)
Monroe	888 (59.2%)	611 (40.8%)
Oakland	2,081 (51.4%)	1,970 (48.6%)
Ottawa	231 (68.8%)	105 (31.2%)
Saginaw	210 (59.8%)	141 (40.2%)
St. Clair	734 (58.5%)	521 (41.5%)
St. Joseph	1,044 (54.9%)	859 (45.1%)
Shiawassee	483 (59.0%)	336 (41.0%)
Van Buren	478 (54.8%)	394 (45.2%)
Washtenaw	1,874 (48.3%)	2,006 (51.7%)
Wayne	2,349 (58.5%)	1,694 (41.5%)
Total	27,619 (54.2%)	23,320 (45.8%)

SOURCES—County manuscript returns; state archives.

1851

County	Robert McClelland (D)	Townsend E. Gridley (W, FS)
Allegan	317 (57.0%)	239 (43.0%)
Barry	399 (56.5%)	307 (43.5%)
Berrien	537 (53.3%)	470 (46.7%)
Branch	675 (60.3%)	444 (39.7%)
Calhoun	1,296 (56.9%)	980 (43.1%)
Cass	549 (56.8%)	417 (43.2%)
Chippewa	22 (56.4%)	17 (43.6%)
Clinton	260 (57.6%)	191 (42.4%)

Michigan

Eaton	498	(56.3%)	386	(43.7%)
Genesee	640	(52.0%)	591	(48.0%)
Hillsdale	1,035	(58.2%)	744	(41.8%)
Ingham	638	(56.1%)	499	(43.9%)
Ionia	482	(57.3%)	359	(42.7%)
Jackson	1,284	(48.6%)	1,359	(51.4%)
Kalamazoo	638	(48.6%)	676	(51.4%)
Kent	748	(55.0%)	613	(45.0%)
Lapeer	461	(62.2%)	280	(37.8%)
Lenawee	1,782	(58.2%)	1,278	(41.8%)
Livingston	799	(62.1%)	488	(37.9%)
Mackinac	59	(93.7%)	4	(6.3%)
Macomb	776	(66.8%)	386	(33.2%)
Marquette	53	(86.9%)	8	(13.1%)
Monroe	1,418	(83.6%)	278	(16.4%)
Montcalm	67	(62.0%)	41	(38.0%)
Newaygo	72	(64.9%)	39	(35.1%)
Oakland	1,726	(56.3%)	1,339	(43.7%)
Ottawa	277	(72.5%)	105	(27.5%)
Saginaw	220	(63.0%)	129	(37.0%)
St. Clair	405	(58.0%)	293	(42.0%)
St. Joseph	747	(58.1%)	538	(41.9%)
Sanilac	82	(85.4%)	14	(14.6%)
Shiawassee	290	(53.4%)	253	(46.6%)
Tuscola	23	(29.9%)	54	(70.1%)
Van Buren	415	(41.0%)	598	(59.0%)
Washtenaw	1,495	(54.0%)	1,276	(46.0%)
Wayne	2,693	(65.5%)	1,418	(34.5%)
Total*	**23,878**	**(58.3%)**	**17,111**	**(41.7%)**
	23,827*		16,901*	
Houghton & Ontonagon**	81	(88.0%)	11	(11.0%)

*Stated totals.
**Not included in the official returns.

SOURCE—Manuscript returns.

1852

County	Robert McClelland (D)		Zachariah Chandler (W)		Isaac P. Christiancy (FS)	
Allegan	619	(51.9%)	539	(45.2%)	35	(2.9%)
Barry	661	(53.3%)	484	(39.0%)	95	(7.7%)
Berrien	1,244	(54.5%)	1,000	(43.8%)	40	(1.8%)
Branch	1,395	(52.3%)	1,131	(42.4%)	139	(5.2%)
Calhoun	1,850	(45.7%)	1,883	(46.5%)	315	(7.8%)
Cass	1,005	(49.6%)	969	(47.8%)	52	(2.6%)
Chippewa	47	(47.0%)	53	(53.0%)	0	
Clinton	459	(43.7%)	469	(44.6%)	123	(11.7%)
Eaton	811	(49.1%)	642	(38.8%)	200	(12.1%)
Genesee	1,179	(44.3%)	1,213	(45.6%)	271	(10.2%)
Hillsdale	1,632	(48.0%)	1,413	(41.5%)	356	(10.5%)
Houghton & Ontonagon	134	(43.6%)	171	(55.7%)	2	(0.7%)
Ingham	951	(51.8%)	793	(43.2%)	91	(5.0%)
Ionia	879	(48.2%)	673	(36.9%)	271	(14.9%)
Jackson	1,824	(45.1%)	1,873	(46.3%)	350	(8.6%)
Kalamazoo	1,311	(43.3%)	1,392	(45.9%)	327	(10.8%)
Kent	1,553	(53.2%)	1,240	(42.5%)	128	(4.4%)
Lapeer	804	(51.0%)	694	(44.0%)	80	(5.1%)
Lenawee	2,922	(49.3%)	2,466	(41.6%)	539	(9.1%)
Livingston	1,432	(57.9%)	927	(37.5%)	113	(4.6%)
Mackinac	295	(88.3%)	39	(11.7%)	0	
Macomb	1,648	(51.5%)	1,100	(34.4%)	449	(14.0%)
Marquette	39	(65.0%)	21	(35.0%)	0	
Monroe	1,788	(62.3%)	933	(32.5%)	151	(5.3%)
Montcalm	163	(57.6%)	120	(42.4%)	0	
Newaygo	107	(69.0%)	38	(24.5%)	10	(6.5%)
Oakland	3,187	(52.6%)	2,431	(40.1%)	440	(7.3%)
Ottawa	759	(64.3%)	367	(31.1%)	54	(4.6%)
Saginaw	691	(61.0%)	374	(33.0%)	67	(5.9%)
St. Clair	1,113	(55.3%)	852	(42.3%)	47	(2.3%)
St. Joseph	1,299	(48.5%)	1,145	(42.8%)	232	(8.7%)
Sanilac	239	(68.1%)	112	(31.9%)	0	
Shiawassee	619	(53.0%)	532	(45.5%)	17	(1.5%)
Tuscola	66	(37.5%)	85	(48.3%)	25	(14.2%)
Van Buren	808	(54.9%)	614	(41.7%)	49	(3.3%)
Washtenaw	2,630	(48.0%)	2,346	(42.9%)	498	(9.1%)
Wayne	4,629	(54.9%)	3,526	(41.8%)	284	(3.4%)
Total	**42,792**	**(51.1%)**	**34,640**	**(41.4%)**	**6,350**	**(7.6%)**
	42,798*		34,660*			

*Stated totals.

SOURCE—Manuscript returns.

Michigan

1854

County	Kinsley S. Bingham (R)		John S. Barry (D)	
Allegan	689	(48.7%)	725	(51.3%)
Barry	745	(52.3%)	679	(47.7%)
Berrien	1,034	(52.1%)	952	(47.9%)
Branch	1,844	(62.5%)	1,108	(37.5%)
Calhoun	2,294	(58.5%)	1,627	(41.5%)
Cass	1,097	(56.1%)	865	(43.9%)
Chippewa	24	(8.1%)	273	(91.9%)
Clinton	648	(53.9%)	554	(46.1%)
Eaton	995	(52.8%)	891	(47.2%)
Emmet	650	(93.5%)	45	(6.5%)
Genesee	1,416	(58.2%)	1,018	(41.8%)
Grand Traverse	194	(55.6%)	155	(44.4%)
Hillsdale	2,252	(61.4%)	1,413	(38.6%)
Houghton	74	(38.5%)	118	(61.5%)
Ingham	939	(44.3%)	1,182	(55.7%)
Ionia	1,107	(61.8%)	683	(38.2%)
Jackson	2,061	(54.0%)	1,755	(46.0%)
Kalamazoo	1,733	(59.3%)	1,191	(40.7%)
Kent	1,540	(50.8%)	1,493	(49.2%)
Lapeer	741	(47.7%)	813	(52.3%)
Lenawee	3,197	(57.3%)	2,379	(42.7%)
Livingston	1,130	(46.0%)	1,326	(54.0%)
Mackinac	3	(2.3%)	126	(97.7%)
Macomb	1,349	(47.0%)	1,519	(53.0%)
Monroe	1,184	(44.4%)	1,484	(55.6%)
Montcalm	208	(52.0%)	192	(48.0%)
Newaygo	140	(50.7%)	136	(49.3%)
Oakland	2,536	(51.0%)	2,437	(49.0%)
Ontonagon	193	(71.0%)	79	(29.0%)
Ottawa	624	(46.1%)	729	(53.9%)
Saginaw	544	(45.5%)	651	(54.5%)
St. Clair	983	(51.3%)	933	(48.7%)
St. Joseph	1,418	(55.9%)	1,119	(44.1%)
Sanilac	143	(28.0%)	368	(72.0%)
Shiawassee	507	(41.1%)	728	(58.9%)
Tuscola	172	(61.4%)	108	(61.4%)
Van Buren	839	(54.6%)	698	(45.4%)
Washtenaw	2,829	(57.0%)	2,130	(43.0%)
Wayne	3,476	(46.5%)	4,003	(53.5%)
*Total	43,552	(53.0%)	38,685	(47.0%)
	43,652*		38,686*	

*Stated totals.

SOURCE—Manuscript returns.

1856

County	Kinsley S. Bingham (R)		Alpheus Felch (D)	
Allegan	1,531	(58.4%)	1,092	(41.6%)
Barry	1,496	(62.1%)	913	(37.9%)
Berrien	1,941	(54.3%)	1,634	(45.7%)
Branch	2,604	(65.8%)	1,356	(34.2%)
Calhoun	3,500	(60.9%)	2,246	(39.1%)
Cass	1,699	(58.4%)	1,210	(41.6%)
Clinton	1,340	(55.7%)	1,066	(44.3%)
Eaton	1,853	(59.0%)	1,288	(41.0%)
Genesee	2,663	(62.3%)	1,614	(37.7%)
Grand Traverse	152	(38.3%)	245	(61.7%)
Gratiot	387	(73.7%)	138	(26.3%)
Hillsdale	3,435	(70.1%)	1,462	(29.9%)
Houghton	193	(32.3%)	405	(67.7%)
Ingham	1,844	(54.0%)	1,565	(46.0%)
Ionia	1,983	(62.5%)	1,192	(37.5%)
Jackson	2,971	(57.5%)	2,194	(42.5%)
Kalamazoo	2,807	(62.7%)	1,667	(37.3%)
Kent	2,946	(53.2%)	2,596	(46.8%)
Lapeer	1,564	(60.0%)	1,043	(40.0%)
Lenawee	4,496	(60.4%)	2,953	(39.6%)
Livingston	1,727	(49.5%)	1,759	(50.5%)
Macomb	2,205	(54.1%)	1,872	(45.9%)
Marquette	78	(44.3%)	98	(55.7%)
Mason	32	(72.7%)	12	(27.3%)
Midland	172	(80.0%)	43	(20.0%)
Monroe	1,767	(50.2%)	1,743	(49.8%)
Montcalm	405	(59.0%)	282	(41.0%)
Oakland	4,060	(54.5%)	3,391	(45.5%)
Oceana	83	(79.8%)	21	(20.2%)
Ottawa	1,393	(57.9%)	1,012	(42.1%)
St. Clair	1,796	(53.7%)	1,548	(46.3%)
St. Joseph	2,301	(60.3%)	1,513	(39.7%)
Saginaw	1,037	(45.4%)	1,247	(54.6%)
Sanilac	805	(79.9%)	202	(20.1%)
Shiawassee	1,297	(53.9%)	1,111	(46.1%)
Tuscola	435	(62.4%)	262	(37.6%)
Van Buren	1,706	(61.5%)	1,069	(38.5%)
Washtenaw	3,538	(54.2%)	2,980	(45.8%)
Wayne	5,160	(46.1%)	6,041	(53.9%)
Total	**71,402**	**(56.9%)**	**54,085**	**(44.0%)**

No returns for Cheboygan, Chippewa, Emmet, Mackinac, Newaygo, Ontonagon counties.

SOURCE—*Michigan Manual 1913*, pp. 420–1.

1858

County	Moses Wisner (R)		Charles E. Stuart (D)	
Allegan	1,275	(58.4%)	1,229	(41.6%)
Alpena	20	(57.1%)	15	(42.9%)
Barry	1,310	(55.2%)	1,063	(44.8%)
Bay	140	(34.1%)	270	(65.9%)
Berrien	1,973	(54.6%)	1,969	(45.4%)
Branch	2,223	(64.6%)	1,216	(35.4%)
Calhoun	3,086	(59.4%)	2,111	(40.6%)
Cass	1,638	(54.6%)	1,394	(45.4%)
Cheboygan	0		79	(100%)
Chippewa	44	(53.0%)	39	(47.0%)
Clinton	1,231	(53.0%)	1,092	(47.0%)
Eaton	1,602	(56.9%)	1,211	(43.1%)
Emmet	0		132	(100%)
Genesee	1,509	(47.0%)	1,702	(53.0%)
Grand Traverse	209	(45.9%)	246	(54.1%)
Gratiot	360	(65.2%)	192	(34.8%)
Hillsdale	2,879	(66.6%)	1,431	(33.4%)
Houghton	46	(29.5%)	110	(70.5%)
Ingham	1,917	(53.5%)	1,667	(46.5%)
Ionia	1,873	(62.0%)	1,149	(38.0%)
Iosco	18	(29.5%)	43	(70.5%)
Jackson	2,752	(55.0%)	2,254	(45.0%)
Kalamazoo	2,475	(61.3%)	1,582	(38.7%)
Kent	3,112	(52.5%)	2,819	(47.5%)
Lapeer	1,251	(54.1%)	995	(45.9%)
Lenawee	4,023	(58.6%)	2,837	(41.4%)
Livingston	1,740	(48.3%)	1,865	(51.7%)
Mackinac	18	(13.2%)	118	(86.8%)
Macomb	1,790	(52.4%)	1,629	(47.6%)
Manistee	9	(25.7%)	26	(74.3%)
Manitou	14	(16.9%)	69	(83.1%)
Marquette	169	(65.3%)	90	(34.7%)
Mason	72	(64.9%)	39	(35.1%)
Midland	247	(81.8%)	55	(18.2%)
Monroe	1,790	(51.1%)	1,712	(48.9%)

County				
Montcalm	454	(59.5%)	309	(40.5%)
Newaygo	369	(59.3%)	238	(40.7%)
Oakland	3,403	(50.5%)	3,337	(49.5%)
Oceana	68	(28.9%)	167	(71.1%)
Ontonagon	119	(52.2%)	109	(47.8%)
Ottawa	1,091	(47.7%)	1,195	(52.3%)
Saginaw	789	(42.5%)	1,069	(57.5%)
St. Clair	1,732	(51.3%)	1,647	(48.7%)
St. Joseph	2,108	(56.7%)	1,613	(43.3%)
Sanilac	700	(69.9%)	301	(30.1%)
Shiawassee	1,137	(52.2%)	1,040	(47.8%)
Tuscola	439	(58.8%)	308	(41.2%)
Van Buren	1,559	(56.9%)	1,180	(43.1%)
Washtenaw	3,313	(52.5%)	2,993	(47.5%)
Wayne	5,105	(45.5%)	6,107	(54.5%)
Total	**65,201**	**(53.8%)**	**56,067**	**(46.2%)**

SOURCE—*Michigan Manual 1913*, pp. 420-1.

1860

County	Austin Blair (R)		John S. Barry (D)	
Allegan	1,875	(54.3%)	1,578	(45.7%)
Alpena	82	(74.5%)	28	(25.5%)
Barry	1,883	(63.5%)	1,083	(36.5%)
Bay	306	(48.3%)	327	(51.7%)
Berrien	2,615	(51.9%)	2,428	(48.1%)
Branch	3,054	(65.5%)	1,608	(34.5%)
Calhoun	4,053	(61.3%)	2,561	(38.7%)
Cass	2,036	(54.5%)	1,702	(45.5%)
Cheboygan	20	(20.6%)	74	(79.4%)
Chippewa	59	(39.9%)	89	(60.1%)
Clinton	1,556	(54.6%)	1,295	(45.4%)
Eaton	2,111	(60.9%)	1,356	(39.1%)
Genesee	2,812	(58.7%)	1,980	(41.3%)
Grand Traverse	405	(66.8%)	202	(33.2%)
Gratiot	496	(61.8%)	317	(38.2%)
Hillsdale	2,879	(66.6%)	1,431	(33.4%)
Huron	297	(58.6%)	210	(41.4%)
Ingham	2,152	(53.5%)	1,873	(46.5%)
Ionia	2,220	(62.7%)	1,318	(37.3%)
Iosco	19	(30.6%)	43	(69.4%)
Isabella	119	(46.5%)	137	(53.5%)
Jackson	3,340	(55.3%)	2,701	(44.7%)
Kalamazoo	3,193	(60.1%)	2,123	(39.9%)
Kent	3,721	(58.5%)	2,643	(41.5%)
Lapeer	1,743	(58.1%)	1,255	(41.9%)
Lenawee	5,038	(58.0%)	3,652	(42.0%)
Livingston	2,051	(50.2%)	2,034	(49.8%)
Mackinac	41	(30.8%)	92	(69.2%)
Macomb	2,523	(53.3%)	2,213	(46.7%)
Manistee	125	(67.6%)	60	(32.4%)
Manitou	56	(45.5%)	67	(54.5%)
Mason	89	(60.1%)	49	(39.9%)
Mecosta	109	(66.0%)	56	(34.0%)
Midland	161	(73.5%)	58	(26.5%)
Monroe	2,272	(50.9%)	2,188	(49.1%)
Montcalm	561	(60.4%)	368	(39.6%)
Muskegon	500	(67.4%)	242	(32.6%)
Newaygo	364	(63.1%)	213	(36.9%)
Oakland	4,356	(52.5%)	3,942	(47.5%)
Oceana	191	(54.6%)	159	(45.4%)
Ontonagon	331	(52.3%)	302	(47.7%)
Ottawa	1,397	(53.0%)	1,237	(47.0%)
Saginaw	1,476	(54.6%)	1,229	(45.4%)
Sanilac	889	(68.1%)	417	(31.9%)
Shiawassee	1,574	(55.3%)	1,272	(44.7%)
St. Clair	2,565	(56.0%)	2,018	(44.0%)
St. Joseph	2,777	(57.2%)	2,077	(42.8%)
Tuscola	733	(66.8%)	365	(33.2%)
Van Buren	2,151	(61.9%)	1,324	(38.1%)
Washtenaw	4,278	(53.4%)	3,738	(46.6%)
Wayne	7,301	(51.2%)	6,948	(48.8%)
Total	**87,780**	**(56.7%)**	**67,053**	**(43.3%)**

No returns for Emmet, Houghton and Marquette counties.

SOURCE—*Michigan Manual 1913*, pp. 420-1.

MINNESOTA

Minnesota became the 32nd state on May 11, 1858, and held its initial election for governor on October 18, 1857.
Term—Two years.   **Election**—Tuesday after first Monday in October.

POPULATION

1850—6,077   1860—172,023

1857

County	Henry H. Sibley (D)		Alexander Ramsey (R)	
Anoka	207	(40.8%)	300	(59.2%)
Benton	140	(46.8%)	159	(53.2%)
Blue Earth	594	(52.5%)	537	(47.5%)
Brown	320	(65.0%)	172	(35.0%)
Carver	523	(61.4%)	329	(38.6%)
Cass	228	(100%)	0	
Chisago	193	(32.0%)	410	(68.0%)
Crow Wing	80	(83.3%)	16	(16.7%)
Dakota	1,261	(59.0%)	876	(41.0%)
Dodge	311	(45.3%)	375	(54.7%)
Faribault	85	(38.6%)	135	(61.4%)
Fillmore	1,012	(52.0%)	935	(48.0%)
Freeborn	207	(32.0%)	439	(68.0%)
Goodhue	649	(35.7%)	1,171	(64.3%)
Hennepin	1,657	(44.3%)	2,080	(55.7%)
Houston	696	(56.4%)	538	(43.6%)
Isanti	2	(5.0%)	18	(95.0%)
Le Sueur	529	(55.5%)	424	(44.5%)

County	McLeod	146	(37.2%)	246	(62.8%)		Carver	473	(47.5%)	523	(52.5%)
	Manomin	105	(92.9%)	8	(7.1%)		Chisago	284	(64.5%)	156	(35.5%)
	Marker	65	(33.3%)	130	(66.7%)		Crow Wing	8	(11.9%)	55	(88.1%)
	Mille Lacs	15	(75.0%)	5	(25.0%)		Dakota	1,007	(48.8%)	1,056	(51.2%)
	Morrison	184	(57.9%)	134	(42.1%)		Dodge	593	(57.2%)	444	(42.8%)
	Mower	235	(35.8%)	422	(64.2%)		Fairbault	210	(65.8%)	109	(34.2%)
	Nicollet	551	(56.8%)	419	(43.2%)		Fillmore	1,399	(54.4%)	1,171	(45.6%)
	Olmstead	699	(42.9%)	930	(57.1%)		Freeborn	438	(65.9%)	227	(34.1%)
	Pembina	316	(100%)	0			Goodhue	1,220	(63.3%)	706	(36.7%)
	Pine	16	(31.4%)	35	(68.6%)		Hennepin	2,013	(64.3%)	1,117	(35.7%)
	Ramsey	1,548	(60.4%)	1,004	(39.6%)		Houston	675	(48.5%)	716	(51.5%)
	Rice	889	(49.1%)	923	(50.9%)		Jackson	21	(53.8%)	18	(46.2%)
	Scott	588	(61.9%)	362	(38.1%)		Kanabec	9	(60.0%)	6	(40.0%)
	Sherburne	85	(54.8%)	70	(45.2%)		Kandiyohi	19	(86.4%)	3	(13.6%)
	Sibley	530	(78.6%)	144	(21.4%)		Le Sueur	577	(48.0%)	625	(52.0%)
	Stearns	552	(68.4%)	255	(31.6%)		Martin	18	(64.3%)	10	(35.7%)
	Steele	192	(27.9%)	495	(71.1%)		McLeod	197	(67.5%)	95	(32.5%)
	Todd	97	(84.3%)	18	(15.7%)		Meeker	147	(58.8%)	103	(41.2%)
	Wabasha	246	(33.9%)	479	(66.1%)		Monongalia	47	(61.0%)	30	(39.0%)
	Waseca	250	(45.6%)	298	(54.4%)		Morrison	88	(43.3%)	115	(56.7%)
	Washington	874	(46.0%)	1,025	(54.0%)		Mower	412	(64.5%)	227	(35.5%)
	Winona	668	(45.2%)	812	(54.8%)		Nicollet	424	(46.5%)	488	(53.5%)
	Wright	245	(36.7%)	422	(53.3%)		Olmsted	1,119	(59.0%)	777	(41.0%)
	Total	**17,790**	**(50.3%)**	**17,550**	**(49.7%)**		Pine	6	(17.6%)	28	(82.4%)

SOURCE—Bruce M. White, et al., *Minnesota Votes* (St. Paul, Minn.: Minnesota Historical Society, 1977), p.153, citing (St. Paul) *Pioneer and Democrat*, September 4, 1859.

1859

County	Alexander Ramsey (R)		George L. Becker (D)	
Anoka	383	(69.9%)	165	(30.1%)
Benton	143	(63.0%)	94	(37.0%)
Blue Earth	734	(56.7%)	560	(43.3%)
Brown	343	(53.3%)	300	(46.7%)
Carlton, Lake & St. Louis	88	(42.5%)	119	(57.5%)

(continued right column)

Ramsey	1,485	(45.6%)	1,773	(54.4%)
Renville	8	(17.8%)	37	(82.2%)
Rice	1,045	(55.8%)	828	(44.2%)
Scott	552	(37.6%)	917	(62.4%)
Sherburne	131	(65.8%)	68	(34.2%)
Sibley	303	(36.6%)	526	(63.4%)
Stearns	375	(36.2%)	660	(63.8%)
Steele	448	(71.6%)	178	(28.4%)
Wabasha	793	(60.8%)	512	(39.2%)
Waseca	359	(58.6%)	254	(41.4%)
Washington	953	(57.4%)	707	(42.6%)
Winona	1,209	(59.8%)	814	(40.2%)
Wright	579	(68.6%)	265	(31.4%)
Total	**21,335**	**(54.8%)**	**17,582**	**(45.2%)**

SOURCE—White, pp. 153-4.

MISSISSIPPI

Mississippi became the 20th state on December 10, 1817, and the initial election of the governor was held on September 1 and 2, 1817. **Term**—Two years. **Election**—First Monday and Tuesday in August. Effective with the election of 1833 date was changed to first Monday and Tuesday in May and thereafter to the first Monday and Tuesday in November. Beginning with the election of 1857 the date was changed to the first Monday in October. **Limit**—Beginning with the election of 1833 the governor could not serve more than four years in any six-year period.

POPULATION

1810—40,352   1820—75,448   1830—136,621   1840—375,651   1850—606,526   1860—791,305

1817

County	David Holmes (D-R)
Adams	603
Amite	451
Claiborne	363
Franklin	186
Green	176
Hancock	148
Jackson	102

County		
Jefferson	419	
Lawrence	286	
Marion	235	
Pike	271	
Warren	152	
Wayne	233	
Wilkinson	483	
Total	**4,108**	**(100%)**

SOURCE—Journal of the State Senate, October 7, 1817, pp. 7–8.

1819

County	George Poindexter		Thomas Hinds	
Adams	286	(50.3%)	283	(49.7%)
Amite	134	(26.9%)	365	(73.1%)
Claiborne	254	(70.4%)	107	(29.6%)
Covington	99	(100%)	0	
Franklin	136	(54.8%)	112	(45.2%)
Green	316	(93.5%)	22	(6.5%)
Hancock	1	(1.0%)	103	(99.0%)
Jackson	86	(81.9%)	19	(18.1%)
Jefferson	65	(18.3%)	290	(81.7%)
Lawrence	355	(94.2%)	22	(5.8%)
Marion	222	(90.2%)	24	(9.8%)
Pike	203	(86.0%)	33	(14.0%)
Warren	83	(39.5%)	127	(60.5%)
Wayne	177	(65.3%)	94	(34.7%)
Wilkinson	304	(75.1%)	101	(24.9%)
Total	**2,721**	**(61.5%)**	**1,702**	**(38.5%)**

SOURCE—Journal of the Mississippi House of Representatives, 1819.

1821

County	Walter Leake		Charles B. Green	
Adams	410	(57.8%)	297	(42.2%)
Amite	215	(63.0%)	126	(37.0%)
Claiborne	475	(95.4%)	23	(4.6%)
Covington	294	(94.5%)	17	(5.5%)
Franklin	278	(80.6%)	67	(19.4%)
Green	75	(90.4%)	8	(9.6%)
Hancock	55	(29.9%)	129	(70.1%)
Jackson	40	(21.3%)	148	(78.7%)
Jefferson	395	(88.2%)	53	(11.8%)
Lawrence	678	(97.6%)	27	(2.4%)
Marion	173	(51.2%)	165	(48.8%)
Monroe	225	(61.0%)	144	(39.0%)
Perry	219	(98.2%)	4	(1.8%)
Pike	236	(74.0%)	83	(26.0%)
Warren	295	(93.9%)	19	(6.1%)
Wayne	275	(98.2%)	5	(1.8%)
Wilkinson	442	(81.0%)	104	(19.0%)
Total	**4,780**	**(77.1%)**	**1,419**	**(22.9%)***

*The actual figures found in the Senate Journal 1821, p.122, give Charles B. Green 1,269 and George B. Green 148, without benefit of county figures. However, the county totals obviously combine the two and produce a figure two more than the Journal's figure.

SOURCES—Senate Journal 1821, p. 122; (Natchez) *Mississippi Republican,* September 4, 1821; *Port Gibson Correspondent,* September 7, 1821.

1823

County	Walter Leake		David Dickson		William Lattimore	
Adams	478	(52.8%)	64	(7.1%)	364	(40.2%)
Amite	122	(18.7%)	178	(27.3%)	352	(54.0%)
Bainbridge	149	(58.2%)	101	(39.5%)	6	(2.3%)
Claiborne	320	(51.0%)	48	(7.6%)	260	(41.4%)
Copiah	81	(24.8%)	204	(62.6%)	41	(12.6%)
Covington	75	(88.2%)	9	(10.6%)	1	(1.2%)
Franklin	126	(38.5%)	89	(27.2%)	112	(34.3%)
Green	11	(12.4%)	67	(75.3%)	1	(1.1%)
Hancock	77	(83.7%)	15	(16.3%)	0	
Hinds	44	(35.5%)	79	(63.7%)	1	(0.8%)
Jackson	87	(80.6%)	21	(19.4%)	0	
Jefferson	240	(36.0%)	9	(1.3%)	318	(47.7%)
Lawrence	398	(47.3%)	370	(44.0%)	73	(8.7%)
Marion	190	(51.9%)	170	(46.4%)	6	(1.6%)
Monroe	439	(53.3%)	383	(46.5%)	2	(0.2%)
Perry	175	(64.8%)	83	(30.7%)	12	(4.4%)
Pike	134	(25.1%)	297	(55.6%)	103	(19.3%)
Warren	212	(49.3%)	52	(12.1%)	166	(38.6%)
Wayne	35	(16.6%)	176	(83.4%)	0	
Wilkinson	551	(70.1%)	68	(8.7%)	167	(21.2%)
Yazoo	52	(64.2%)	28	(34.6%)	1	(1.2%)
Total	**3,996**	**(47.1%)**	**2,511**	**(29.6%)**	**1,986**	**(23.4%)**

SOURCE—Manuscript returns.

1825

County	David Holmes		Cowlee Mead	
Adams	824	(94.8%)	45	(5.2%)
Amite	567	(91.0%)	56	(9.0%)
Claiborne	635	(90.2%)	69	(9.8%)
Copiah	412	(90.4%)	44	(9.6%)
Covington	253	(62.2%)	154	(37.8%)
Franklin	337	(86.9%)	51	(13.1%)
Green	126	(54.8%)	104	(45.2%)
Hancock	119	(84.4%)	22	(15.6%)
Hinds	122	(70.9%)	50	(29.1%)
Jackson	21	(15.4%)	115	(84.6%)
Jefferson	527	(75.1%)	175	(24.9%)
Lawrence	575	(91.0%)	57	(9.0%)
Marion	351	(93.6%)	24	(6.4%)
Monroe	756	(93.9%)	49	(6.1%)
Perry	195	(86.7%)	30	(13.3%)
Pike	463	(83.3%)	93	(16.7%)
Simpson	155	(92.3%)	13	(7.7%)
Warren	421	(83.0%)	86	(17.0%)
Wayne	123	(47.7%)	135	(52.3%)
Wilkinson	654	(85.8%)	108	(14.2%)
Yazoo	210	(91.7%)	19	(8.3%)
Total	**7,846**	**(84.0%)**	**1,499**	**(16.0%)**

SOURCE—(Natchez) *Ariel,* September 19, 1825.

Mississippi

1827

County	Gerard C. Brandon		Daniel Williams		Beverly R. Grayson		scattering
Adams	431	(53.6%)	220	(27.4%)	152	(18.9%)	
Amite	332	(52.5%)	177	(28.0%)	123	(19.5%)	
Claiborne	341	(45.5%)	154	(20.6%)	254	(33.9%)	
Copiah	287	(37.9%)	293	(29.3%)	178	(47.1%)	
Covington	137	(42.2%)	80	(24.6%)	108	(33.2%)	
Franklin	246	(65.0%)	54	(13.4%)	103	(25.6%)	
Greene	71	(45.5%)	29	(18.6%)	56	(35.9%)	
Hancock	111	(65.5%)	56	(34.5%)	0		
Hinds	395	(77.3%)	84	(16.4%)	32	(6.3%)	
Jackson	112	(64.0%)	35	(20.0%)*	28	(16.0%)	
Jefferson	403	(59.5%)	126	(18.6%)	148	(21.9%)	
Jones	15	(8.6%)	92	(52.6%)*	68	(38.9%)	
Lawrence	103	(14.0%)	516	(69.8%)	119	(16.1%)	
Marion	169	(41.0%)	206	(50.0%)	37	(9.0%)	
Monroe	469	(53.2%)	406	(46.0%)	7	(0.8%)	
Perry	60	(24.2%)	158	(63.7%)	30	(12.1%)	
Pike	251	(63.5%)	56	(14.2%)	88	(22.3%)	
Simpson	105	(32.6%)	39	(12.1%)	178	(55.3%)	
Warren	429	(74.2%)	141	(24.4%)	108	(18.7%)	
Washington	114	(89.1%)	7	(5.5%)	7	(5.5%)	
Wayne	85	(27.4%)	177	(57.1%)	48	(15.5%)	
Wilkinson	542	(64.3%)	289	(34.3%)	12	(1.4%)	
Yazoo	274	(63.6%)	134	(31.1%)	23	(5.3%)	
Total	**5,482**	**(50.5%)**	**3,519**	**(32.4%)**	**1,861**	**(17.1%)**	

*127 votes cast were for A. Williams and D. W. Williams respectively but counted separately in the Journal's returns.

SOURCES—Manuscript returns; Journal of the Mississippi State Senate, January 9, 1828, p. 15.

1829

County	Gerard C. Brandon (J)		George W. Winchester (NR)	
Adams	227	(32.5%)	472	(67.5%)
Amite	313	(45.1%)	381	(54.9%)
Claiborne	356	(47.8%)	388	(52.2%)
Copiah	499	(70.2%)	212	(29.8%)
Covington	255	(86.7%)	39	(13.3%)
Franklin	276	(80.9%)	65	(19.1%)
Greene	132	(66.7%)	66	(33.3%)
Hancock	20	(36.4%)	35	(63.6%)
Hinds	579	(67.9%)	274	(32.1%)
Jackson	112	(82.4%)	24	(17.6%)
Jefferson	305	(52.0%)	281	(48.0%)
Jones	144	(96.0%)	6	(4.0%)
Lawrence	535	(89.6%)	62	(10.4%)
Madison	280	(65.6%)	147	(34.4%)
Marion	240	(72.1%)	93	(27.9%)
Monroe	691	(79.1%)	183	(20.9%)
Perry	139	(72.8%)	52	(27.2%)
Pike	440	(83.8%)	85	(16.2%)
Rankin	198	(95.7%)	9	(4.3%)
Simpson	239	(81.0%)	56	(19.0%)
Warren	159	(22.3%)	553	(77.7%)
Washington	64	(35.2%)	118	(64.8%)
Wayne	230	(86.8%)	35	(13.2%)
Wilkinson	580	(72.3%)	222	(27.7%)
Yazoo	331	(71.3%)	133	(28.7%)
Total	**7,344**	**(64.8%)**	**3,991**	**(35.2%)**

SOURCE—Manuscript returns.

1831

County	Abram M. Scott (NR)		Hiram G. Runnels (J)		Charles Lynch (J)		Wiley P. Harris (J)		Adam Gordon (I)	
Adams	401	(59.9%)	139	(20.7%)	111	(16.6%)	15	(2.2%)	14	(2.1%)
Amite	392	(57.6%)	98	(14.4%)	137	(20.1%)	42	(6.2%)	12	(1.8%)
Claiborne	186	(28.1%)	190	(28.7%)	9	(1.4%)	12	(1.8%)	266	(40.1%)
Copiah	113	(13.2%)	105	(12.3%)	148	(17.3%)	466	(54.4%)	24	(2.8%)
Covington	19	(5.9%)	106	(32.8%)	193	(59.8%)	1	(0.3%)	4	(1.2%)
Franklin	110	(33.2%)	54	(16.3%)	148	(44.7%)	18	(5.4%)	1	(0.3%)
Green	88	(70.4%)	1	(0.8%)	31	(24.8%)	4	(3.2%)	1	(0.8%)
Hancock	5	(5.4%)	16	(17.4%)	69	(75.0%)	1	(1.1%)	1	(1.1%)
Hinds	402	(35.9%)	611	(54.6%)	48	(4.3%)	51	(4.6%)	7	(0.6%)
Jackson	121	(66.5%)	0		59	(32.4%)	0		2	(1.1%)
Jefferson	158	(25.5%)	213	(34.4%)	148	(23.9%)	17	(2.7%)	84	(13.6%)
Jones	8	(4.5%)	19	(10.8%)	136	(77.3%)	13	(7.4%)	0	
Lawrence	11	(1.6%)	96	(4.3%)	516	(76.7%)	50	(7.4%)	0	

County	Abram M. Scott (NR)	Hiram G. Runnels (J)	Charles Lynch (J)	Wiley P. Harris (J)	Adam Gordon (I)
Lowndes	55 (13.1%)	346 (84.8%)	0	4 (1.0%)	3 (0.7%)
Madison	214 (41.6%)	232 (45.1%)	30 (5.8%)	30 (5.8%)	8 (1.6%)
Marion	29 (9.2%)	47 (14.9%)	219 (69.3%)	21 (6.6%)	0
Monroe	89 (18.5%)	391 (81.5%)	0	0	0
Perry	126 (50.8%)	16 (6.5%)	75 (30.2%)	18 (7.3%)	3 (1.2%)
Pike	70 (12.5%)	19 (3.9%)	141 (25.2%)	320 (57.1%)	10 (1.8%)
Rankin	74 (20.9%)	126 (35.6%)	126 (35.6%)	26 (7.3%)	2 (0.6%)
Simpson	8 (2.1%)	18 (4.7%)	223 (57.8%)	136 (35.2%)	1 (2.6%)
Warren	428 (57.0%)	143 (19.0%)	168 (22.4%)	2 (0.3%)	10 (1.3%)
Washington	74 (42.8%)	86 (49.7%)	3 (1.7%)	2 (1.2%)	8 (4.6%)
Wayne	152 (62.2%)	42 (17.2%)	37 (15.2%)	13 (5.3%)	0
Wilkinson	451 (54.7%)	99 (12.0%)	59 (7.2%)	118 (14.3%)	3 (0.4%)
Yazoo	169 (20.5%)	498 (60.5%)	68 (8.3%)	60 (7.3%)	28 (3.4%)
Total	3,953 (31.6%)	3,711 (29.7%)	2,902 (23.2%)	1,449 (11.6%)	492 (3.9%)

SOURCE—Manuscript returns.

1833

County	Hiram G. Runnels (D)	Abram M. Scott (W)
Adams	218 (37.1%)	370 (62.9%)
Amite	249 (45.9%)	293 (54.1%)
Claiborne	237 (36.8%)	407 (63.2%)
Copiah	454 (57.1%)	341 (42.9%)
Covington	200 (74.6%)	68 (25.4%)
Franklin	221 (57.3%)	165 (42.7%)
Greene	25 (13.9%)	155 (86.1%)
Hancock	79 (90.8%)	8 (9.2%)
Hinds	684 (50.1%)	680 (49.9%)
Holmes	531 (87.9%)	73 (12.1%)
Jackson	25 (25.0%)	100 (75.0%)
Jefferson	222 (42.0%)	306 (58.0%)
Jones	114 (64.0%)	64 (36.0%)
Lawrence	220 (40.4%)	325 (59.6%)
Lowndes	496 (94.7%)	28 (5.3%)
Madison	348 (51.2%)	332 (48.8%)
Marion	152 (58.0%)	110 (42.0%)
Monroe	501 (90.1%)	55 (9.9%)
Perry	69 (35.6%)	125 (64.4%)
Pike	233 (39.8%)	252 (60.2%)
Rankin	123 (37.6%)	204 (62.4%)
Simpson	205 (66.1%)	105 (33.9%)
Warren	255 (28.7%)	632 (71.3%)
Washington	91 (54.8%)	75 (45.2%)
Wayne	96 (54.2%)	81 (45.8%)
Wilkinson	272 (33.9%)	530 (66.1%)
Yazoo	385 (62.3%)	233 (37.7%)
Total	6,705 (52.3%)	6,117 (47.7%)

SOURCE—Journal, Mississippi House of Representatives, November 20, 1833, p. 38.

1835

County	Charles Lynch (W)	Hiram G. Runnels (D)
Adams	633 (71.9%)	248 (28.1%)
Amite	287 (42.5%)	389 (57.5%)
Attala	88 (46.9%)	100 (53.1%)
Carroll	145 (32.2%)	305 (67.8%)
Choctaw	35 (21.3%)	129 (78.7%)
Claiborne	433 (59.1%)	299 (40.9%)
Clarke	56 (38.1%)	91 (61.9%)
Copiah	473 (50.8%)	459 (49.2%)
Covington	87 (25.0%)	261 (75.0%)
Franklin	158 (45.0%)	193 (55.0%)
Greene	101 (70.1%)	43 (29.9%)
Hancock	104 (51.0%)	100 (49.0%)
Hinds	932 (54.9%)	766 (45.1%)
Holmes	322 (42.3%)	439 (57.7%)
Jackson	15 (8.3%)	165 (91.7%)
Jasper	67 (31.6%)	145 (68.4%)
Jefferson	389 (69.3%)	172 (30.7%)
Jones	12 (9.6%)	113 (90.4%)
Kemper	253 (78.8%)	68 (21.2%)
Lauderdale	30 (35.7%)	54 (64.3%)
Lawrence	371 (59.3%)	255 (40.7%)
Leake	38 (27.5%)	100 (72.5%)
Lowndes	223 (30.3%)	514 (69.7%)
Madison	547 (58.1%)	395 (41.9%)
Marion	196 (62.2%)	119 (37.8%)
Monroe	114 (13.7%)	721 (86.3%)
Neshoba	53 (58.2%)	38 (41.8%)
Noxubee	176 (50.4%)	173 (49.6%)
Oktibbeha	37 (24.5%)	114 (75.5%)
Perry	97 (53.3%)	85 (46.7%)
Pike	170 (33.1%)	343 (66.9%)
Rankin	364 (66.3%)	185 (33.7%)
Scott	47 (70.1%)	20 (29.9%)
Simpson	262 (84.0%)	50 (16.0%)
Smith	61 (52.1%)	56 (47.9%)
Tallahatchie	203 (49.3%)	209 (50.7%)
Warren	785 (84.5%)	144 (15.5%)
Washington	135 (66.2%)	69 (33.8%)
Wayne	60 (35.1%)	111 (64.9%)
Wilkinson	449 (60.7%)	291 (39.3%)
Winston	34 (21.5%)	124 (78.5%)
Yazoo	499 (55.7%)	396 (44.3%)
Yalabusha	336 (45.6%)	400 (54.4%)
Total	9,867 (51.1%)	9,441 (48.9%)

SOURCE—Journal, Mississippi House of Representatives, January 6, 1836, p. 54.

Mississippi

1837

County	Alexander G. McNutt (D)		J. B. Morgan (SRW)		John A. Grimball (SRW)	
Adams	289	(31.9%)	610	(67.4%)	6	(0.7%)
Amite	293	(42.8%)	339	(49.5%)	53	(7.7%)
Attala	125	(37.3%)	180	(53.7%)	30	(9.0%)
Bolivar	17	(26.6%)	47	(73.4%)	0	
Carroll	351	(39.0%)	519	(57.7%)	29	(3.2%)
Chickasaw	76	(76.0%)	24	(24.0%)	0	
Choctaw	203	(53.3%)	111	(29.1%)	67	(17.6%)
Claiborne	311	(40.0%)	380	(48.8%)	97	(12.5%)
Clarke	67	(30.5%)	0		153	(69.5%)
Coahoma	95	(83.3%)	19	(16.7%)	0	
Copiah	219	(25.8%)	78	(9.2%)	551	(65.0%)
Covington	218	(69.0%)	1	(0.3%)	97	(30.7%)
DeSoto	183	(53.7%)	143	(41.9%)	15	(4.4%)
Franklin	188	(57.5%)	101	(30.9%)	38	(11.6%)
Green	41	(23.6%)	0		133	(76.4%)
Hancock	89	(55.3%)	1	(0.6%)	71	(44.1%)
Hinds	280	(15.4%)	631	(34.6%)	913	(50.1%)
Holmes	222	(27.3%)	417	(51.3%)	174	(21.4%)
Itawamba	256	(91.8%)	23	(8.2%)	0	
Jackson	133	(93.7%)	0		9	(6.3%)
Jasper	225	(52.4%)	6	(1.4%)	198	(46.2%)
Jefferson	188	(33.0%)	370	(65.0%)	11	(1.9%)
Jones	99	(83.2%)	17	(14.3%)	3	(2.5%)
Kemper	436	(61.8%)	130	(18.4%)	140	(19.8%)
Lafayette	281	(54.6%)	153	(27.7%)	81	(15.7%)
Lauderdale	174	(61.1%)	9	(3.2%)	102	(35.8%)
Lawrence	118	(76.3%)	5	(0.9%)	125	(22.8%)
Leake	70	(28.9%)	71	(29.3%)	101	(41.7%)
Lowndes	614	(58.4%)	135	(41.4%)	2	(0.2%)
Madison	289	(28.2%)	587	(57.3%)	148	(14.5%)
Marion	164	(55.6%)	36	(12.2%)	95	(32.2%)
Marshall	981	(63.4%)	560	(36.2%)	7	(0.5%)
Monroe	396	(61.1%)	250	(38.6%)	2	(0.3%)
Neshoba	70	(55.1%)	14	(11.0%)	43	(33.9%)
Newton	69	(25.7%)	1	(0.4%)	198	(73.9%)
Noxubee	313	(50.3%)	287	(46.1%)	22	(3.5%)
Oktibbeha	155	(64.3%)	75	(31.1%)	11	(4.6%)
Perry	69	(38.8%)	0		109	(61.2%)
Pike	321	(74.3%)	79	(18.3%)	32	(7.4%)
Ponola	160	(48.6%)	162	(49.2%)	7	(2.1%)
Pontotoc	166	(57.2%)	121	(42.8%)	0	
Rankin	163	(24.7%)	23	(3.5%)	473	(71.8%)
Scott	71	(53.4%)	9	(6.8%)	53	(39.8%)
Simpson	211	(50.1%)	0		210	(49.9%)
Smith	71	(42.2%)	0		97	(57.8%)
Tallahatchie	106	(44.0%)	122	(50.6%)	13	(5.4%)
Tippah	508	(80.1%)	108	(17.0%)	18	(2.8%)
Tishomingo	486	(90.6%)	12	(9.4%)	0	
Tunica	38	(80.9%)	0		9	(19.1%)
Warren	406	(35.6%)	728	(63.8%)	7	(0.6%)
Washington	56	(37.1%)	95	(62.9%)	0	
Wayne	97	(54.2%)	0		82	(45.8%)
Wilkinson	137	(19.1%)	518	(72.1%)	63	(8.8%)
Winston	309	(74.3%)	61	(14.7%)	46	(11.1%)
Yalobusha	514	(51.2%)	474	(47.3%)	15	(1.5%)
Yazoo	206	(21.8%)	715	(75.7%)	23	(2.4%)
Total	**12,936**	**(46.5%)**	**9,896**	**(35.6%)**	**4,974**	**(17.9%)**

SOURCE—(Jackson) *Mississippian*, February 9, 1838.

1839

County	Alexander G. McNutt (D)		Edward Turner (W)	
Adams	378	(39.2%)	639	(60.8%)
Amite	329	(42.0%)	455	(58.0%)
Attala	276	(57.7%)	202	(42.3%)
Bolivar	44	(50.0%)	44	(50.0%)
Carroll	545	(51.5%)	514	(48.5%)
Chickasaw	187	(74.8%)	63	(25.2%)
Choctaw	376	(60.3%)	248	(39.7%)
Claiborne	521	(49.0%)	543	(51.0%)
Clarke	215	(71.9%)	84	(28.1%)
Coahoma	91	(49.2%)	94	(50.8%)
Copiah	547	(51.0%)	525	(49.0%)
Covington	231	(67.9%)	109	(32.1%)
DeSoto	313	(56.1%)	245	(43.9%)
Franklin	197	(48.9%)	206	(51.1%)
Greene	135	(62.5%)	81	(37.5%)
Hancock	221	(70.2%)	94	(29.8%)
Hinds	854	(43.0%)	1,132	(57.0%)
Holmes	444	(45.8%)	526	(54.2%)
Itawamba	405	(86.9%)	61	(13.1%)
Jackson	215	(99.5%)	1	(0.5%)
Jasper	305	(63.1%)	178	(36.9%)
Jefferson	260	(41.7%)	364	(58.3%)
Jones	99	(63.5%)	57	(36.5%)
Kemper	476	(59.9%)	318	(40.1%)
Lafayette	415	(50.3%)	410	(49.7%)
Lauderdale	493	(73.3%)	180	(26.7%)
Lawrence	510	(84.9%)	91	(15.1%)
Leake	161	(54.4%)	135	(45.6%)
Lowndes	621	(50.2%)	616	(49.8%)
Madison	437	(39.5%)	669	(60.5%)
Marion	196	(63.6%)	112	(36.4%)
Marshall	905	(54.2%)	765	(45.8%)
Monroe	560	(63.4%)	323	(36.6%)
Neshoba	224	(75.9%)	71	(24.1%)
Newton	260	(76.7%)	79	(23.3%)
Noxubee	409	(48.9%)	427	(51.1%)
Oktibbeha	204	(58.0%)	148	(42.0%)
Perry	78	(44.8%)	96	(55.2%)
Pike	357	(59.4%)	244	(40.6%)
Ponola	178	(44.0%)	227	(56.0%)
Pontotoc	266	(58.8%)	186	(41.2%)
Rankin	376	(53.5%)	337	(46.5%)
Scott	139	(73.2%)	51	(26.8%)
Simpson	263	(63.4%)	152	(36.6%)
Smith	137	(68.5%)	63	(31.5%)
Tallahatchie	187	(56.9%)	142	(43.1%)
Tippah	698	(61.1%)	445	(38.9%)
Tishomingo	563	(85.6%)	95	(14.4%)
Tunica	102	(52.8%)	91	(47.2%)
Warren	522	(38.3%)	840	(61.7%)
Washington	140	(44.3%)	176	(55.7%)
Wayne	103	(56.0%)	81	(44.0%)
Wilkinson	194	(24.6%)	574	(75.4%)
Winston	332	(67.6%)	159	(32.4%)
Yalobusha	757	(56.9%)	574	(43.1%)
Yazoo	429	(44.1%)	544	(55.9%)
Total	**18,880**	**(54.3%)**	**15,886**	**(45.7%)**
	(18,900)*			

*Stated total.

SOURCE—Mississippi Senate Journal, January 8, 1840, p. 64.

1841

County	Tilghman M. Tucker (D)		D. O. Shattuck (W)	
Adams	334	(30.4%)	764	(69.6%)
Amite	250	(35.6%)	453	(64.4%)
Attala	337	(64.6%)	185	(35.4%)
Bolivar	27	(32.1%)	57	(67.9%)
Carroll	601	(49.6%)	612	(50.4%)
Chickasaw	304	(67.9%)	144	(32.1%)
Choctaw	487	(56.9%)	369	(43.1%)
Claiborne	414	(48.6%)	437	(51.4%)
Clarke	250	(74.4%)	86	(25.6%)
Coahoma	83	(41.1%)	119	(58.9%)
Copiah	494	(50.6%)	484	(49.4%)
Covington	244	(74.6%)	83	(25.4%)
DeSoto	414	(50.1%)	412	(49.9%)
Franklin	222	(54.7%)	184	(45.3%)
Greene	113	(64.6%)	62	(35.4%)
Hancock	101	(49.3%)	104	(50.7%)
Harrison	157	(81.8%)	35	(18.2%)
Hinds	694	(39.6%)	1,059	(60.4%)
Holmes	436	(48.2%)	469	(51.8%)
Itawamba	552	(71.5%)	220	(28.5%)
Jackson	153	(98.7%)	2	(1.3%)
Jasper	296	(60.8%)	191	(39.2%)
Jefferson	198	(34.1%)	383	(65.9%)
Jones	121	(80.1%)	30	(19.9%)
Kemper	476	(67.3%)	231	(32.7%)
Lafayette	473	(55.7%)	376	(44.3%)
Lauderdale	517	(76.4%)	160	(23.6%)
Lawrence	513	(88.9%)	64	(11.1%)
Leake	136	(51.5%)	128	(48.5%)
Lowndes	736	(59.7%)	497	(40.3%)
Madison	381	(40.9%)	551	(59.1%)
Marion	181	(68.0%)	85	(32.0%)
Marshal	947	(51.4%)	894	(48.6%)
Monroe	591	(60.0%)	398	(40.0%)
Neshoba	188	(64.2%)	105	(35.8%)
Newton	229	(67.0%)	113	(33.0%)
Noxubee	333	(40.5%)	489	(59.5%)
Oktibbeha	240	(58.1%)	173	(41.9%)
Perry	50	(33.3%)	102	(66.7%)
Pike	341	(57.7%)	250	(42.3%)
Ponola	280	(46.8%)	318	(53.2%)
Pontotoc	348	(55.5%)	279	(44.5%)
Rankin	287	(47.8%)	313	(52.2%)
Scott	156	(75.4%)	51	(24.6%)
Simpson	269	(73.4%)	95	(26.6%)
Smith	173	(66.0%)	89	(34.0%)
Tallahatchie	173	(47.3%)	193	(52.7%)
Tippah	915	(60.2%)	604	(39.8%)
Tishomingo	638	(68.6%)	292	(31.4%)
Tunica	27	(40.9%)	39	(59.1%)
Warren	461	(36.8%)	792	(63.2%)
Washington	99	(40.6%)	145	(59.4%)
Wayne	82	(57.3%)	61	(42.7%)
Wilkinson	97	(13.8%)	607	(86.2%)
Winston	368	(61.4%)	231	(38.6%)
Yalobusha	662	(51.8%)	616	(48.2%)
Yazoo	410	(45.1%)	499	(54.9%)
Total	**19,059**	**(53.2%)**	**16,784**	**(46.8%)**

SOURCE—Journal of the Mississippi Senate, January 6, 1842.

Mississippi

1843

County	Albert G. Brown (D-ARd)	G. R. Clayton (W)	Thomas H. Williams (D-Rd)
Adams	341 (31.0%)	679 (61.7%)	81 (7.4%)
Amite	293 (42.5%)	363 (52.6%)	34 (0.5%)
Attalla	433 (68.9%)	284 (32.4%)	4 (0.6%)
Bolivar	143 (60.6%)	92 (9.0%)	1 (0.4%)
Carroll	591 (45.6%)	671 (51.7%)	35 (2.7%)
Chickasaw	423 (51.6%)	308 (37.6%)	89 (10.9%)
Choctaw	496 (52.8%)	399 (42.5%)	44 (4.7%)
Claiborne	438 (51.4%)	409 (48.0%)	5 (0.6%)
Clarke	275 (80.6%)	62 (18.2%)	4 (1.2%)
Coahoma	121 (46.7%)	138 (53.3%)	0
Copiah	729 (74.1%)	255 (25.9%)	0
Covington	222 (66.5%)	95 (28.4%)	17 (5.1%)
DeSoto	577 (50.3%)	559 (48.8%)	10 (0.9%)
Franklin	210 (55.6%)	154 (40.7%)	14 (3.7%)
Green	137 (76.1%)	43 (23.9%)	0
Hancock	237 (75.5%)	69 (22.0%)	8 (2.5%)
Harrison	134 (73.2%)	48 (26.2%)	1 (0.5%)
Hinds	781 (44.4%)	939 (53.4%)	40 (2.3%)
Holmes	479 (45.4%)	558 (52.9%)	17 (0.2%)
Itawamba	634 (58.6%)	334 (30.9%)	114 (10.5%)
Jackson	188 (96.9%)	4 (2.1%)	2 (1.0%)
Jasper	337 (60.8%)	214 (38.6%)	3 (0.5%)
Jefferson	217 (39.4%)	283 (51.4%)	51 (9.3%)
Jones	105 (64.4%)	57 (35.0%)	1 (0.1%)
Kemper	443 (57.9%)	299 (39.1%)	23 (3.0%)
Lafayette	561 (52.4%)	501 (46.8%)	8 (0.7%)
Lauderdale	538 (69.2%)	206 (26.5%)	33 (4.2%)
Lawrence	548 (87.1%)	75 (11.9%)	6 (1.0%)
Leake	171 (50.4%)	165 (48.7%)	3 (0.9%)
Lowndes	658 (47.8%)	687 (49.9%)	31 (2.3%)
Madison	380 (39.3%)	580 (60.0%)	7 (0.7%)
Marion	201 (79.8%)	45 (17.9%)	6 (2.4%)
Marshall	948 (50.0%)	935 (49.3%)	12 (0.6%)
Monroe	597 (54.0%)	451 (40.8%)	5 (0.7%)
Neshoba	170 (55.4%)	127 (41.4%)	10 (3.3%)
Newton	289 (71.9%)	113 (28.1%)	0
Noxubee	382 (42.4%)	483 (52.7%)	35 (3.9%)
Oktibbeha	212 (44.6%)	255 (53.7%)	8 (1.7%)
Panola	329 (43.6%)	423 (56.0%)	3 (0.4%)
Perry	97 (46.9%)	107 (51.7%)	3 (1.4%)
Pike	345 (64.6%)	173 (32.4%)	16 (3.0%)
Pontotoc	424 (48.4%)	284 (32.4%)	168 (19.2%)
Rankin	361 (54.5%)	301 (45.5%)	0
Scott	228 (75.7%)	73 (24.3%)	0
Simpson	291 (74.0%)	100 (25.4%)	2 (0.5%)
Smith	258 (79.4%)	64 (19.6%)	3 (0.9%)
Tallahatchie	173 (45.3%)	208 (54.5%)	1 (0.3%)
Tippah	1,016 (59.2%)	664 (38.7%)	35 (2.0%)
Tishomingo	773 (63.1%)	379 (30.9%)	73 (6.0%)
Tunica	34 (40.0%)	51 (60.0%)	0
Warren	496 (39.2%)	751 (59.3%)	19 (1.5%)
Washington	87 (35.2%)	155 (62.8%)	5 (2.0%)
Wilkinson	79 (11.1%)	477 (67.3%)	153 (21.6%)
Winston	394 (58.9%)	270 (40.4%)	5 (0.7%)
Yalobusha	661 (51.3%)	585 (45.4%)	43 (3.3%)
Yazoo	377 (43.9%)	471 (54.9%)	10 (1.2%)
Total	**21,035 (53.0%)**	**17,322 (43.6%)**	**1,343 (3.4%)**
Wayne*	70 (46.7%)	80 (53.4%)	0

*Not listed in the official returns.

SOURCES—Journal of the Mississippi Senate, January 4, 1844, p. 124; *Whig Almanac 1844*, p. 71.

1845

County	Albert G. Brown (D)	Thomas Coopwood (W)	Isaac N. Davis
Adams	419 (42.8%)	559 (57.2%)	
Amite	353 (46.8%)	402 (53.2%)	
Attala	589 (70.4%)	248 (29.6%)	
Bolivar	77 (60.6%)	50 (39.4%)	
Carroll	755 (53.0%)	670 (47.0%)	
Choctaw	679 (62.9%)	376 (34.8%)	25 (2.3%)
Chickasaw	848 (82.2%)	204 (17.8%)	
Claiborne	449 (56.8%)	342 (43.2%)	
Clark	458 (97.4%)	12 (2.6%)	
Coahoma	174 (100%)	0	
Copiah	709 (71.2%)	287 (28.8%)	
Covington	295 (94.6%)	17 (5.4%)	
DeSoto	758 (53.9%)	649 (46.1%)	
Franklin	231 (52.0%)	213 (48.0%)	
Greene	172 (79.3%)	45 (20.7%)	
Hancock	236 (82.2%)	51 (17.8%)	
Harrison	239 (85.1%)	42 (14.9%)	
Hinds	952 (51.9%)	883 (48.1%)	
Holmes	529 (51.0%)	509 (49.0%)	
Issaquena	69 (45.4%)	77 (50.7%)	6 (3.9%)
Itawamba	894 (76.5%)	274 (23.5%)	
Jackson	290 (100%)	0	
Jasper	427 (70.8%)	176 (29.2%)	
Jefferson	316 (44.6%)	392 (55.4%)	
Jones	157 (68.9%)	71 (31.1%)	
Kemper	641 (70.2%)	272 (29.8%)	
Lafayette	716 (59.3%)	492 (40.7%)	
Lauderdale	735 (73.9%)	261 (26.1%)	
Lawrence	630 (92.9%)	48 (7.1%)	
Leake	277 (63.4%)	160 (36.6%)	
Lowndes	834 (95.0%)	44 (5.0%)	
Madison	466 (45.1%)	1 (0.1%)	566 (54.8%)
Marion	242 (85.5%)	41 (14.5%)	
Marshall	1,290 (64.2%)	718 (35.8%)	
Monroe	963 (72.5%)	366 (27.5%)	
Neshoba	229 (63.4%)	132 (36.6%)	
Newton	352 (77.5%)	102 (22.5%)	
Noxubee	615 (61.9%)	132 (38.1%)	
Oktibbeha	389 (82.6%)	92 (17.4%)	
Perry	98 (45.6%)	117 (54.4%)	
Pike	445 (69.4%)	196 (30.6%)	
Ponola	426 (52.0%)	393 (48.0%)	
Pontotoc	807 (87.8%)	112 (12.2%)	
Rankin	417 (69.4%)	184 (30.6%)	
Scott	294 (79.9%)	74 (20.1%)	
Simpson	334 (72.8%)	125 (27.2%)	
Smith	289 (78.1%)	81 (21.9%)	
Sunflower	58 (61.1%)	26 (27.4%)	11 (11.6%)
Tallahatchie	251 (56.7%)	106 (23.9%)	86 (19.4%)
Tippah	1,285 (92.7%)	101 (7.3%)	
Tishomingo	1,209 (86.7%)	185 (13.3%)	
Tunica	24 (43.6%)	31 (56.4%)	
Warren	89 (41.0%)	128 (59.0%)	
Washington	491 (38.9%)	771 (61.1%)	
Wayne	87 (60.0%)	58 (40.0%)	
Wilkinson	329 (40.8%)	477 (59.2%)	
Winston	542 (68.2%)	226 (31.8%)	
Yazoo	541 (54.3%)	0	455 (45.7%)
Yalabusha	940 (66.0%)	0	484 (34.0%)
Total	**28,310 (66.1%)**	**12,852 (30.0%)**	**1,683 (3.9%)**

SOURCE—Journal of the Mississippi Senate, January 8, 1846, pp. 163–165.

1847

County	Joseph W. Matthews (D)	Alexander B. Bradford (W)	scattering
Adams	415 (42.9%)	542 (57.1%)	
Amite	387 (78.3%)	92 (18.9%)	9 (1.8%)
Attala	674 (64.3%)	0	373 (35.7%)
Bolivar	59 (44.4%)	74 (55.6%)	
Carroll	855 (53.8%)	733 (46.2%)	
Chickasaw	973 (60.0%)	648 (40.0%)	
Choctaw	790 (58.0%)	573 (42.0%)	
Claiborne	416 (52.9%)	371 (47.1%)	
Clarke	557 (99.6%)	2 (0.4%)	
Coahoma	143 (37.8%)	235 (62.2%)	
Copiah	635 (62.0%)	389 (38.0%)	
Covington	317 (89.5%)	37 (10.5%)	
DeSoto	752 (51.1%)	720 (48.9%)	
Franklin	233 (53.0%)	198 (45.0%)	9 (2.0%)
Green	212 (99.1%)	2 (0.9%)	
Hancock	299 (94.9%)	16 (5.1%)	
Harrison	302 (94.1%)	19 (5.9%)	
Hinds	780 (42.7%)	1,045 (57.3%)	
Holmes	604 (54.4%)	507 (45.6%)	
Issaquena	57 (43.2%)	75 (56.8%)	
Jackson	312 (100%)	0	
Jasper	602 (90.4%)	64 (9.6%)	
Jefferson	439 (90.9%)	44 (9.1%)	
Jones	204 (78.8%)	55 (21.2%)	
Kemper	896 (97.5%)	3 (0.3%)	20 (2.2%)
Lafayette	754 (54.3%)	635 (45.7%)	
Lauderdale	912 (90.7%)	93 (9.3%)	
Lawrence	658 (64.3%)	23 (2.2%)	343 (33.5%)
Leake	310 (95.7%)	14 (4.3%)	
Lowndes	768 (62.7%)	457 (37.3%)	
Madison	499 (48.9%)	522 (51.1%)	
Marion	308 (92.2%)	26 (7.8%)	
Marshall	1,245 (51.2%)	1,186 (48.8%)	
Monroe	1,098 (64.8%)	597 (35.2%)	
Neshoba	299 (81.0%)	70 (19.0%)	
Newton	334 (67.9%)	158 (32.1%)	
Noxubee	612 (85.8%)	101 (14.2%)	
Perry	175 (88.4%)	24 (11.6%)	
Pike	550 (98.4%)	9 (1.6%)	
Rankin	470 (74.8%)	158 (25.2%)	
Scott	331 (76.3%)	103 (23.7%)	
Simpson	335 (82.3%)	72 (17.7%)	
Smith	461 (90.9%)	46 (9.1%)	
Sunflower	59 (64.8%)	32 (35.2%)	
Tallahatchie	237 (54.4%)	199 (45.6%)	
Tippah	1,361 (60.9%)	858 (38.4%)	14 (0.6%)
Tishomingo	1,140 (86.4%)	353 (13.6%)	
Tunica	41 (56.2%)	32 (43.8%)	
Warren	508 (36.4%)	887 (63.6%)	
Washington	79 (38.3%)	127 (61.7%)	
Wayne	127 (100%)	0	
Wilkinson	303 (47.8%)	331 (52.2%)	
Winston	630 (97.8%)	0	14 (2.2%)
Yazoo	474 (48.8%)	498 (51.2%)	
Total	26,995 (64.8%)	13,997 (33.6%)	682 (1.6%)*

*Of the scattering votes 615 were cast for Davis in Attala and Lawrence counties.

The returns from Itawamba, Oktibbeha, Panola, Pontotoc and Yalobusha were rejected by the Legislature.

SOURCE—Journal of the Mississippi Senate, January 7, 1848.

1849

County	John A. Quitman (D)	Luke Lea (W)
Adams	448 (49.7%)	453 (50.3%)
Amite	350 (50.1%)	348 (49.9%)
Attala	840 (64.1%)	471 (35.9%)
Bolivar	51 (38.9%)	80 (61.1%)
Carroll	949 (54.5%)	791 (45.5%)
Chickasaw	1,134 (57.9%)	824 (42.1%)
Choctaw	927 (56.5%)	713 (43.5%)
Claiborne	398 (50.8%)	385 (49.2%)
Clarke	439 (73.3%)	160 (26.7%)
Coahoma	149 (44.7%)	184 (55.3%)
Copiah	753 (64.6%)	413 (35.4%)
Covington	345 (86.7%)	53 (13.3%)
DeSoto	956 (51.0%)	918 (49.0%)
Franklin	290 (57.4%)	215 (42.6%)
Greene	173 (73.0%)	64 (27.0%)
Hancock	276 (74.0%)	97 (26.0%)
Harrison	367 (68.1%)	172 (31.9%)
Hinds	875 (46.3%)	1,014 (63.7%)
Holmes	583 (50.2%)	578 (49.8%)
Itawamba	1,318 (69.0%)	593 (31.0%)
Issaquena	99 (49.3%)	102 (50.7%)
Jackson	347 (94.6%)	20 (5.4%)
Jasper	512 (67.5%)	247 (32.5%)
Jefferson	520 (60.3%)	342 (39.7%)
Jones	207 (74.2%)	72 (25.8%)
Kemper	739 (64.0%)	415 (36.0%)
Lauderdale	778 (67.7%)	371 (32.3%)
Lawrence	632 (86.5%)	99 (13.5%)
Leake	396 (57.4%)	294 (42.6%)
Lafayette	840 (57.5%)	622 (42.5%)
Lowndes	773 (53.2%)	681 (46.8%)
Madison	509 (47.7%)	557 (52.3%)
Marion	280 (82.8%)	58 (17.2%)
Marshall	1,477 (53.9%)	1,261 (46.1%)
Monroe	1,224 (61.8%)	756 (38.2%)
Neshoba	317 (57.2%)	237 (42.8%)
Newton	375 (67.7%)	179 (32.3%)
Noxubee	589 (53.2%)	518 (46.8%)
Oktibbeha	472 (56.1%)	370 (43.9%)
Panola	525 (47.4%)	583 (52.6%)
Perry	121 (48.2%)	131 (51.8%)
Pike	529 (76.9%)	159 (23.1%)
Pontotoc	1,235 (61.1%)	785 (38.9%)
Rankin	461 (59.7%)	311 (40.3%)
Scott	344 (72.9%)	128 (27.1%)
Simpson	285 (59.4%)	195 (40.6%)
Smith	452 (78.6%)	123 (21.4%)
Sunflower	73 (58.4%)	52 (41.6%)
Tallahatchie	255 (53.3%)	223 (46.7%)
Tippah	1,674 (62.6%)	1,001 (37.4%)
Tishomingo	1,432 (66.1%)	734 (33.9%)
Tunica	35 (60.3%)	23 (39.7%)
Warren	533 (42.7%)	716 (57.3%)
Washington	80 (46.5%)	92 (53.5%)
Wayne	69 (47.6%)	76 (52.4%)
Wilkinson	352 (46.1%)	412 (53.9%)
Winston	616 (69.7%)	268 (30.3%)
Yalobusha	1,008 (57.4%)	749 (42.6%)
Yazoo	531 (51.1%)	508 (48.9%)
Total	33,117 (59.0%)	22,996 (41.0%)

SOURCE—Journal of the Mississippi Senate, January 9, 1850, pp. 314–5.

Mississippi

1851

County	Henry S. Foote (U)		Jefferson Davis (SoR)	
Adams	548	(69.2%)	244	(30.8%)
Amite	351	(47.3%)	391	(52.7%)
Attala	622	(44.6%)	774	(55.4%)
Bolivar	35	(32.4%)	73	(67.6%)
Carroll	958	(55.0%)	783	(45.0%)
Choctaw	900	(54.6%)	749	(45.4%)
Chickasaw	889	(43.6%)	1,150	(56.4%)
Coahoma	204	(63.0%)	120	(37.0%)
Claiborne	479	(69.3%)	212	(30.7%)
Clarke	294	(44.5%)	367	(55.5%)
Copiah	423	(35.1%)	321	(64.9%)
Covington	120	(27.2%)	321	(72.8%)
DeSoto	1,013	(55.0%)	828	(45.0%)
Franklin	184	(41.6%)	258	(58.4%)
Greene	90	(33.2%)	181	(66.8%)
Hancock	155	(39.3%)	239	(60.7%)
Harrison	350	(62.2%)	213	(37.8%)
Hinds	1,138	(60.8%)	734	(39.2%)
Holmes	696	(58.7%)	490	(41.3%)
Itawamba	1,023	(51.2%)	977	(48.8%)
Issaquena	90	(68.7%)	41	(31.3%)
Jackson	41	(11.2%)	324	(88.8%)
Jasper	364	(41.6%)	510	(58.4%)
Jefferson	298	(48.0%)	323	(52.0%)
Jones	146	(46.5%)	168	(53.5%)
Kemper	634	(53.3%)	556	(46.7%)
Lafayette	794	(50.8%)	768	(49.2%)
Lauderdale	626	(48.3%)	671	(51.7%)
Lawrence	152	(20.5%)	589	(79.5%)
Leake	376	(49.2%)	389	(50.8%)
Lowndes	622	(47.7%)	681	(52.3%)
Madison	571	(50.8%)	554	(49.2%)
Marion	126	(30.6%)	286	(69.4%)
Marshall	1,350	(49.5%)	1,389	(50.5%)
Monroe	1,046	(55.8%)	827	(44.2%)
Neshoba	90	(14.7%)	523	(85.3%)
Newton	287	(48.1%)	310	(51.9%)
Noxubee	597	(60.9%)	384	(39.1%)
Oktibbeha	346	(41.2%)	493	(58.8%)
Panola	620	(56.2%)	484	(43.8%)
Perry	138	(53.5%)	120	(46.5%)
Pike	266	(33.7%)	523	(66.3%)
Pontotoc	1,174	(50.7%)	1,143	(49.3%)
Rankin	472	(54.3%)	398	(45.7%)
Scott	216	(40.4%)	319	(59.6%)
Simpson	196	(38.9%)	329	(61.1%)
Smith	164	(27.8%)	426	(72.2%)
Sunflower	70	(58.8%)	49	(41.2%)
Tallahatchie	285	(57.3%)	212	(42.7%)
Tippah	1,618	(60.4%)	1,060	(39.6%)
Tishomingo	1,856	(75.5%)	603	(24.5%)
Tunica	42	(58.3%)	30	(41.7%)
Warren	749	(60.4%)	491	(39.6%)
Washington	130	(67.7%)	62	(32.3%)
Wayne	134	(59.0%)	93	(41.0%)
Wilkinson	368	(50.9%)	355	(49.1%)
Winston	396	(43.1%)	522	(56.9%)
Yalobusha	810	(46.9%)	927	(53.1%)
Yazoo	588	(50.04%)	587	(49.96%)
Total	**29,320**	**(50.8%)**	**28,397**	**(49.2%)**
	(29,358)		(28,359)	

Stated totals are in parentheses, added totals in bold.

SOURCE—Journal of the Mississippi Senate, January 7, 1852, p. 255.

1853

County	John J. McRae (D)		Francis M. Rogers (W)	
Adams	341	(45.1%)	415	(54.9%)
Amite	393	(48.3%)	420	(51.7%)
Attala	913	(65.8%)	474	(34.2%)
Bolivar	63	(44.7%)	78	(55.3%)
Calhoun	802	(63.1%)	470	(36.9%)
Carroll	714	(44.3%)	899	(55.7%)
Chickasaw	773	(48.9%)	809	(51.1%)
Choctaw	870	(51.0%)	837	(49.0%)
Claiborne	310	(45.9%)	366	(54.1%)
Clarke	516	(65.9%)	267	(34.1%)
Coahoma	134	(39.4%)	206	(60.6%)
Copiah	788	(71.0%)	322	(29.0%)
Covington	356	(76.9%)	107	(23.1%)
DeSoto	988	(53.0%)	875	(47.0%)
Franklin	248	(55.5%)	199	(44.5%)
Greene	174	(64.2%)	97	(35.8%)
Hancock	324	(80.6%)	78	(19.4%)
Harrison	443	(73.6%)	159	(26.4%)
Hinds	810	(44.0%)	1,029	(56.0%)
Holmes	574	(46.4%)	663	(53.6%)
Issaquena	79	(44.9%)	97	(55.1%)
Itawamba	1,204	(53.5%)	1,048	(46.5%)
Jackson	345	(94.5%)	20	(5.5%)
Jasper	551	(64.0%)	310	(36.0%)
Jefferson	340	(53.0%)	302	(47.0%)
Jones	171	(57.2%)	128	(42.8%)
Kemper	631	(55.1%)	514	(44.9%)
Lafayette	809	(54.0%)	688	(46.0%)
Lauderdale	716	(55.8%)	567	(44.2%)
Lawrence	653	(89.6%)	76	(10.4%)
Leake	500	(56.1%)	391	(43.9%)
Lowndes	576	(43.4%)	750	(56.6%)
Madison	518	(46.5%)	597	(53.5%)
Marion	358	(83.8%)	69	(16.2%)
Marshall	1,362	(53.4%)	1,188	(46.6%)
Monroe	825	(43.8%)	1,057	(56.2%)
Neshoba	473	(75.7%)	152	(24.3%)
Newton	353	(61.0%)	226	(39.0%)
Noxubee	388	(37.1%)	657	(62.9%)
Oktibbeha	430	(51.0%)	413	(49.0%)
Perry	145	(46.5%)	167	(53.5%)
Panola	539	(48.2%)	580	(51.8%)
Pike	571	(74.3%)	197	(25.7%)
Pontotoc	1,317	(53.9%)	1,128	(46.1%)
Rankin	516	(64.8%)	380	(35.2%)
Scott	347	(64.4%)	192	(35.6%)
Simpson	369	(62.8%)	219	(37.2%)
Smith	470	(74.6%)	160	(25.4%)
Sunflower	44	(37.3%)	74	(62.7%)
Tallahatchie	231	(44.2%)	292	(55.8%)
Tippah	1,477	(53.0%)	1,309	(47.0%)
Tishomingo	1,335	(48.3%)	1,427	(51.7%)
Tunica	50	(55.6%)	40	(44.4%)
Warren	449	(38.8%)	707	(61.2%)
Washington	101	(46.1%)	118	(53.9%)
Wayne	107	(42.2%)	146	(57.8%)
Wilkinson	385	(51.8%)	358	(48.2%)
Winston	553	(54.7%)	448	(45.3%)
Yalobusha	699	(47.6%)	768	(52.4%)
Yazoo	595	(51.6%)	559	(48.4%)
Total	**32,116**	**(54.1%)**	**27,279**	**(43.9%)**

SOURCE—Journal of the Mississippi Senate, January 6, 1854, pp.120–1.

1855

County	John J. McRae (D)		Charles D. Fontaine (A)	
Adams	297	(41.3%)	423	(58.7%)
Amite	331	(44.5%)	412	(55.5%)
Attala	778	(53.9%)	666	(46.1%)
Bolivar	75	(37.9%)	123	(62.1%)
Calhoun	826	(68.0%)	388	(32.0%)
Carroll	885	(52.8%)	792	(47.2%)
Chickasaw	754	(50.3%)	745	(49.7%)
Choctaw	928	(55.7%)	738	(44.3%)
Claiborne	323	(53.0%)	287	(47.0%)
Clark	503	(53.9%)	431	(46.1%)
Coahoma	137	(34.2%)	264	(65.8%)
Copiah	726	(58.4%)	518	(41.6%)
Covington	336	(68.4%)	155	(31.6%)
DeSoto	1,032	(54.6%)	859	(45.4%)
Franklin	329	(60.6%)	214	(39.4%)
Greene	159	(55.4%)	128	(44.6%)
Hancock	204	(41.9%)	283	(58.1%)
Harrison	430	(64.2%)	240	(35.8%)
Hinds	661	(39.6%)	1,007	(60.4%)
Holmes	594	(51.8%)	552	(48.2%)
Itawamba	1,177	(55.2%)	955	(44.8%)
Issaquena	52	(30.1%)	121	(69.9%)
Jackson	338	(72.8%)	126	(27.2%)
Jasper	566	(57.7%)	415	(42.3%)
Jefferson	311	(48.5%)	330	(51.5%)
Jones	247	(67.5%)	119	(32.5%)
Kemper	647	(53.8%)	555	(46.2%)
Lafayette	860	(59.4%)	587	(40.6%)
Lauderdale	784	(67.7%)	374	(32.3%)
Lawrence	658	(82.7%)	138	(17.3%)
Leake	549	(56.8%)	417	(43.2%)
Lowndes	689	(49.5%)	704	(50.5%)
Madison	506	(46.4%)	584	(53.6%)
Marion	328	(76.8%)	99	(23.2%)
Marshall	1,228	(50.7%)	1,192	(49.3%)
Monroe	983	(54.2%)	830	(45.8%)
Neshoba	487	(63.1%)	285	(36.9%)
Newton	476	(64.1%)	267	(35.9%)
Noxubee	516	(47.8%)	564	(52.2%)
Oktibbeha	528	(62.9%)	312	(37.1%)
Panola	535	(46.0%)	627	(54.0%)
Perry	182	(59.5%)	124	(40.5%)
Pike	523	(62.3%)	316	(37.7%)
Pontotoc	1,235	(49.6%)	1,254	(50.4%)
Rankin	548	(54.1%)	465	(45.9%)
Scott	428	(62.2%)	260	(37.8%)
Simpson	381	(68.2%)	178	(31.8%)
Smith	420	(58.8%)	294	(41.2%)
Sunflower	48	(22.6%)	164	(77.4%)
Tallahatchie	273	(53.2%)	240	(46.8%)
Tippah	1,547	(57.9%)	1,124	(42.1%)
Tishomingo	1,635	(60.0%)	1,090	(40.0%)
Tunica	70	(57.9%)	51	(42.1%)
Warren	387	(35.1%)	714	(64.9%)
Washington	106	(39.3%)	164	(60.7%)
Wayne	93	(37.7%)	154	(62.3%)
Wilkinson	317	(32.2%)	368	(67.8%)
Winston	616	(61.5%)	386	(38.5%)
Yalobusha	657	(47.2%)	734	(52.8%)
Yazoo	430	(39.0%)	672	(61.0%)
Total	**32,666**	**(54.2%)**	**27,579**	**(45.8%)**

SOURCE—Journal of the Mississippi Senate, January 10, 1856.

1857

County	William McWillie (D)		Edward M. Yerger (A)	
Adams	296	(51.4%)	280	(48.6%)
Amite	334	(48.9%)	349	(51.1%)
Attala	714	(67.2%)	348	(32.8%)
Bolivar	93	(35.9%)	146	(64.1%)
Calhoun	592	(77.1%)	176	(22.9%)
Carroll	436	(68.9%)	197	(31.1%)
Chickasaw	462	(69.1%)	207	(30.9%)
Choctaw	868	(79.9%)	219	(20.1%)
Claiborne	345	(59.3%)	237	(40.7%)
Clark	521	(59.5%)	354	(40.5%)
Coahoma	121	(39.0%)	189	(61.0%)
Copiah	753	(70.2%)	320	(29.8%)
Covington	182	(85.0%)	32	(15.0%)
DeSoto	674	(76.9%)	189	(23.1%)
Franklin	222	(70.9%)	91	(29.1%)
Greene	70	(86.4%)	11	(13.6%)
Hancock	135	(79.9%)	34	(20.1%)
Harrison	450	(83.6%)	88	(16.4%)
Hinds	603	(44.6%)	748	(55.4%)
Holmes	540	(52.5%)	489	(47.5%)
Itawamba	1,052	(70.3%)	445	(29.7%)
Issaquena	38	(42.7%)	51	(57.3%)
Jackson	271	(91.6%)	25	(8.4%)
Jasper	592	(64.1%)	331	(35.9%)
Jefferson	289	(59.0%)	201	(41.0%)
Jones	285	(81.7%)	64	(18.3%)
Kemper	494	(72.0%)	192	(28.0%)
Lafayette	596	(71.4%)	239	(28.6%)
Lauderdale	732	(76.8%)	221	(23.2%)
Lawrence	382	(92.5%)	31	(7.5%)
Leake	567	(64.2%)	316	(35.8%)
Lowndes	908	(91.6%)	83	(8.4%)
Madison	527	(50.5%)	517	(49.5%)
Marion	225	(99.6%)	1	(0.4%)
Marshall	994	(60.4%)	651	(39.6%)
Monroe	896	(69.0%)	402	(31.0%)
Neshoba	270	(82.1%)	59	(17.9%)
Newton	374	(67.9%)	177	(32.1%)
Noxubee	398	(73.3%)	145	(26.7%)
Oktibbeha	487	(79.2%)	128	(20.8%)
Panola	352	(48.6%)	373	(51.4%)
Perry	171	(60.0%)	114	(40.0%)
Pike	239	(68.1%)	112	(31.9%)
Pontotoc	1,397	(65.2%)	746	(34.8%)
Rankin	533	(58.2%)	383	(41.8%)
Scott	334	(70.5%)	140	(29.5%)
Simpson	213	(86.9%)	32	(13.1%)
Smith	536	(75.7%)	177	(24.3%)
Sunflower	58	(40.6%)	85	(59.4%)
Tallahatchie	103	(71.0%)	42	(29.0%)
Tippah	1,045	(71.4%)	419	(28.6%)
Tishomingo	1,142	(73.5%)	412	(26.5%)
Tunica	70	(61.4%)	44	(38.6%)
Warren	386	(37.0%)	678	(63.0%)
Washington	122	(55.5%)	98	(44.5%)
Wayne	102	(47.9%)	111	(52.1%)
Wilkinson	335	(63.9%)	189	(36.1%)
Winston	531	(78.2%)	148	(21.8%)
Yalobusha	444	(64.7%)	242	(35.3%)
Yazoo	475	(46.7%)	543	(53.3%)
Total	**27,377**	**(66.0%)**	**14,095**	**(34.0%)**

SOURCE—Journal of the Mississippi Senate, November 3, 1857, pp. 24–5.

1859

County	John J. Pettis (D)		Harvey W. Walter (I)	
Adams	257	(95.9%)	11	(4.1%)
Amite	362	(51.7%)	338	(48.3%)
Attala	681	(88.1%)	92	(11.9%)
Bolivar	82	(35.0%)	152	(65.0%)
Calhoun	851	(97.7%)	20	(2.3%)
Carroll	688	(69.9%)	296	(30.1%)
Chickasaw	819	(85.3%)	141	(14.7%)
Choctaw	1,034	(94.5%)	60	(5.5%)
Claiborne	299	(61.0%)	191	(39.0%)
Clarke	796	(90.1%)	87	(9.9%)
Coahoma	151	(70.2%)	64	(29.8%)
Copiah	618	(59.9%)	414	(40.1%)
Covington	369	(98.4%)	6	(1.6%)
DeSoto	846	(59.2%)	583	(40.8%)
Franklin	368	(100%)	0	
Greene	236	(99.6%)	1	(0.4%)
Hancock	127	(92.7%)	10	(7.3%)
Harrison	508	(94.4%)	30	(5.6%)
Hinds	897	(56.3%)	696	(43.7%)
Holmes	530	(58.7%)	373	(41.3%)
Issaquena	94	(64.4%)	52	(35.6%)
Itawamba	1,715	(93.5%)	119	(6.5%)
Jackson	275	(100%)	0	
Jasper	830	(82.8%)	172	(17.2%)
Jefferson	353	(92.1%)	30	(7.9%)
Jones	210	(92.9%)	16	(7.1%)
Kemper	559	(72.7%)	210	(27.3%)
Lafayette	598	(90.1%)	66	(9.9%)
Lauderdale	631	(92.9%)	48	(7.1%)
Lawrence	668	(96.0%)	28	(4.0%)
Leake	604	(84.0%)	115	(16.0%)
Lowndes	1,004	(96.6%)	35	(3.4%)
Madison	615	(55.7%)	490	(44.3%)
Marion	290	(100%)	0	
Marshall	921	(51.1%)	883	(48.9%)
Monroe	932	(89.3%)	112	(10.7%)
Neshoba	735	(96.8%)	24	(3.2%)
Newton	506	(96.6%)	18	(3.4%)
Noxubee	424	(95.3%)	21	(4.7%)
Oktibbeha	696	(96.7%)	24	(3.3%)
Panola	665	(53.9%)	569	(46.1%)
Perry	235	(76.8%)	71	(23.2%)
Pike	662	(96.2%)	26	(3.8%)
Pontotoc	1,913	(98.9%)	22	(1.1%)
Rankin	612	(61.8%)	379	(38.2%)
Scott	558	(82.1%)	122	(17.9%)
Simpson	292	(92.4%)	24	(7.6%)
Smith	564	(76.2%)	176	(23.8%)
Sunflower	76	(57.1%)	57	(42.9%)
Tallahatchie	279	(73.0%)	103	(27.0%)
Tippah	1,533	(95.2%)	77	(4.8%)
Tishomingo	1,096	(45.5%)	1,313	(54.5%)
Tunica	72	(66.7%)	36	(33.3%)
Warren	405	(42.0%)	559	(58.0%)
Washington	75	(55.1%)	61	(44.9%)
Wayne	252	(88.7%)	32	(11.3%)
Wilkinson	336	(48.2%)	161	(51.8%)
Winston	623	(99.5%)	3	(0.5%)
Yalobusha	562	(76.4%)	174	(0.5%)
Yazoo	570	(57.9%)	415	(42.1%)
Total	**34,559**	**(77.0%)**	**10,308**	**(23.0%)**

SOURCE—Journal of the Mississippi Senate, November 10, 1859, pp. 55–6.

MISSOURI

Missouri became the 24th state on August 10, 1821.
The first election for governor was held on August 28, 1820.
Term—Four years.   **Election**—First Monday in August.
Limits—Governor could not immediately succeed himself.

POPULATION

1820—66,586   1830—140,455   1840—383,702   1850—682,044   1860—1,182,012

1820

County	Alexander McNair (D-R)		William Clark (D-R)	
Cape Girardeau	723	(83.0%)	148	(17.0%)
Cooper	776	(79.8%)	196	(20.2%)
Franklin	(70)		(9)	
Howard	1,306	(65.1%)	701	(34.9%)
Jefferson	161	(66.8%)	80	(33.2%)
Lincoln	(213)		(40)	
Madison	no returns located			
Montgomery	352	(80.0%)	88	(20.0%)
New Madrid	214	(60.6%)	139	(39.4%)
Pike	no returns located			
St. Charles	451	(73.0%)	167	(27.0%)
Ste. Genevieve	(252)		(171)	
St. Louis	859	(66.6%)	431	(33.4%)
Washington	no returns located			
Wayne	(88)		(14)	
Total*	**6,576**	**(72.0%)**	**2,556**	**(28.0%)**

*Only the statewide totals are official.

SOURCE—(St. Louis) *Gazette*, September 6, 13, 20, 1820.

1824

County	Frederick Bates		William H. Ashley	
Boone	432	(63.3%)	250	(36.7%)
Callaway	266	(76.4%)	82	(23.6%)
Cape Girardeau	623	(77.7%)	179	(22.3%)
Chariton	57	(24.8%)	173	(75.2%)
Clay	253	(79.3%)	66	(20.7%)
Cole	186	(79.1%)	49	(20.9%)
Cooper	219	(62.9%)	347	(37.1%)
Franklin	245	(77.5%)	71	(22.5%)
Gasconde	114	(59.4%)	78	(40.6%)
Howard	535	(50.9%)	516	(49.1%)
Jefferson	189	(63.2%)	110	(36.8%)
Lillard	30	(10.3%)	262	(89.7%)
Lincoln	280	(80.7%)	67	(80.7%)
Madison	85	(50.3%)	184	(49.7%)
Montgomery	302	(91.5%)	28	(8.5%)
New Madrid	185	(87.7%)	26	(12.3%)
Perry	35	(13.7%)	221	(86.3%)
Pike	420	(85.4%)	72	(14.6%)
Ralls	234	(70.7%)	97	(29.3%)
Ray	17	(9.9%)	154	(90.1%)
St. Charles	196	(40.1%)	293	(59.9%)
St. Francois	63	(27.9%)	163	(72.1%)
Ste. Genevieve	34	(20.6%)	131	(79.4%)
St. Louis	679	(69.4%)	300	(30.6%)
Saline	30	(24.0%)	95	(76.0%)
Scott	48	(56.5%)	37	(43.5%)
Washington	169	(27.4%)	448	(72.6%)
Wayne	224	(72.0%)	87	(28.0%)
Total	**6,150**	**(57.3%)**	**4,586**	**(42.7%)**
	(6,165)*		(4,631)*	

*Stated totals.

SOURCE—(St. Louis) *Republican*, September 6, 1824.

1825*

County	John Miller (J)		William Carr (Ad)		David Todd (Ad)		Rufus Easton	
Boone	215	(41.8%)	63	(12.3%)	236	(45.9%)		
Calloway	125	(64.5%)	35	(18.8%)	26	(14.0%)		
Cape Girardeau	177	(43.1%)	190	(46.2%)	44	(10.7%)		
Chariton	54	(50.0%)	9	(8.3%)	45	(41.7%)		
Clay	132	(53.9%)	6	(2.4%)	107	(43.7%)		
Cole	56	(37.8%)	0		92	(62.2%)		
Cooper	72	(30.9%)	14	(6.0%)	147	(63.1%)		
Franklin	42	(71.2%)	11	(18.6%)	6	(10.2%)		
Gasconade	19	(100%)	0		0			
Howard	401	(49.4%)	114	(14.1%)	296	(36.5%)		
Jefferson	155	(45.3%)	134	(39.2%)	53	(15.5%)		
Lafayette	177	(60.0%)	9	(3.1%)	109	(36.9%)		
Lincoln	34	(15.5%)	176	(80.4%)	9	(4.1%)		
Madison	43	(40.2%)	6	(5.6%)	58	(54.2%)		
Montgomery	78	(47.0%)	59	(35.5%)	29	(17.5%)		
Perry	8	(20.0%)	40	(80.0%)	0			
Pike	100	(40.3%)	138	(55.6%)	10	(4.0%)		
Ralls	102	(55.1%)	74	(40.0%)	9	(4.9%)		
Ray	45	(40.5%)	0		66	(59.5%)		
St. Charles	154	(57.5%)	110	(41.0%)	4	(1.5%)		
St. Francois	15	(19.5%)	57	(74.0%)	5	(6.5%)		
Ste. Genevieve	42	(48.3%)	43	(49.4%)	2	(2.3%)		
St. Louis	385	(62.5%)	228	(37.0%)	3	(0.5%)		
Saline	55	(54.5%)	3	(3.0%)	43	(42.6%)		
Scott	33	(52.4%)	24	(38.1%)	6	(19.5%)		
Washington	112	(57.1%)	70	(35.7%)	14	(17.1%)		
Total**	(2,831)		(1,616)		(1,419)			
	2,793	**(48.4%)**	**1,610**	**(27.9%)**	**1,291**	**(22.4%)**	**79**	**(1.4%)**

No returns for Lincoln, New Madrid and Wayne counties.

*Special election necessitated by the death of Governor Frederick Bates on August 4, 1825. The election was held on December 8, 1825, and was for the remainder of the term.

**The official statewide returns were published in the (St. Louis) *Missouri Intelligencer*, February 1, 1826, and are in bold. No official county returns have been located. The vote for Easton was not reported by county.

SOURCES—*American State Governors* by Kallenbach and Kallenbach, p. 340; (St. Louis) *Missouri Intelligencer*, December, 1825, January–February, 1826; *The Official Manual of the State of Missouri, 1892–1893*, p. 272, gives these returns: Miller—2,380, Carr—1,470 and Todd—1,113.

1828*

John Miller
11,958 (100%)

*No county returns located.

SOURCE—Kallenbach and Kallenbach, p. 340, citing *The Official Manual of the State of Missouri, 1892–1893*, p. 272.

Missouri

1832

County	Daniel Dunklin (J)		John Bull (A-J)		Samuel C. Dorriss		Smith	
Boone	261	(27.2%)	678	(70.8%)	16	(1.7%)	3	(0.3%)
Callaway	279	(34.9%)	443	(55.4%)	77	(9.6%)	0	
Cape Girardeau	596	(64.7%)	322	(35.0%)	0		3	(0.3%)
Chariton	144	(46.8%)	161	(52.3%)	2	(0.6%)	1	(0.3%)
Clay	160	(21.6%)	576	(77.8%)	3	(0.4%)	1	(0.1%)
Cole	284	(48.3%)	179	(30.4%)	124	(21.1%)	1	(0.3%)
Cooper	414	(45.4%)	465	(51.0%)	18	(2.0%)	14	(1.5%)
Crawford			no returns					
Franklin	297	(75.2%)	93	(23.5%)	2	(0.5%)	3	(0.8%)
Gasconde	185	(65.1%)	75	(26.4%)	18	(6.3%)	6	(2.1%)
Howard	758	(63.2%)	440	(36.7%)	1	(0.1%)	1	(0.1%)
Jackson	349	(65.5%)	181	(34.0%)	0		3	(0.6%)
Jefferson	268	(65.5%)	115	(28.1%)	0		26	(6.4%)
Lafayette	357	(72.3%)	124	(25.1%)	0		13	(2.6%)
Lincoln	234	(54.2%)	187	(43.3%)	5	(1.2%)	6	(1.4%)
Madison	220	(71.2%)	85	(27.5%)	0		4	(1.3%)
Marion	411	(65.4%)	205	(32.6%)	6	(1.0%)	6	(1.0%)
Monroe	242	(62.2%)	144	(37.0%)	3	(0.8%)	0	
Montgomery	121	(29.0%)	281	(67.4%)	4	(1.0%)	11	(2.6%)
New Madrid	119	(39.9%)	164	(55.0%)	1	(0.3%)	14	(4.7%)
Perry	78	(20.6%)	290	(76.7%)	2	(0.5%)	8	(0.2%)
Pike	367	(47.0%)	392	(50.2%)	11	(1.4%)	11	(1.4%)
Ralls	202	(64.1%)	92	(29.2%)	19	(6.0%)	2	(0.6%)
Randolph	169	(31.9%)	360	(67.9%)	1	(0.2%)	0	
Ray	261	(52.4%)	237	(47.6%)	0		0	
St. Charles	275	(46.1%)	322	(53.9%)	0		0	
St. Francis	155	(51.5%)	113	(37.5%)	0		33	(11.0%)
Ste. Genevieve	132	(47.1%)	141	(50.4%)	0		7	(2.5%)
St. Louis	817	(50.5%)	757	(46.8%)	42	(2.6%)	1	(0.6%)
Saline	256	(74.4%)	88	(25.6%)	0		0	
Scott	153	(60.7%)	86	(34.1%)	3	(1.2%)	10	(4.0%)
Washington	292	(41.6%)	262	(37.3%)	28	(4.0%)	120	(17.1%)
Wayne	285	(77.7%)	74	(20.2%)	2	(0.5%)	6	(1.6%)
Totals	**9,141**	**(50.9%)**	**8,132**	**(45.2%)**	**388**	**(2.2%)**	**314**	**(1.7%)**

SOURCE—(St. Louis) *Missouri Republican,* September 4, 1832.

1836

County	Lilburn Boggs (D)		William H. Ashley (I)	
Barry	232	(85.9%)	38	(14.1%)
Benton	186	(94.9%)	10	(5.1%)
Boone	444	(34.9%)	827	(65.1%)
Callaway	685	(54.2%)	578	(45.8%)
Cape Girardeau	572	(62.5%)	343	(37.5%)
Carroll	213	(78.0%)	60	(22.0%)
Chariton	290	(65.3%)	154	(34.7%)
Clay	137	(21.3%)	506	(78.7%)
Clinton	166	(61.7%)	103	(38.3%)
Cole	702	(77.7%)	201	(22.3%)
Cooper	388	(40.2%)	576	(59.8%)
Crawford	149	(48.7%)	157	(50.3%)
Franklin	439	(65.3%)	233	(34.7%)
Gasconade	338	(82.0%)	74	(18.0%)
Greene	275	(83.1%)	56	(16.9%)
Howard	750	(56.3%)	581	(43.7%)
Jackson	597	(75.7%)	192	(24.3%)
Jefferson	229	(68.4%)	206	(31.6%)
Johnson	254	(79.4%)	66	(20.6%)
Lafayette	305	(56.0%)	240	(44.0%)
Lewis	260	(60.7%)	168	(39.3%)
Lincoln	277	(45.4%)	333	(54.6%)
Madison	209	(51.6%)	196	(48.4%)
Marion	423	(50.2%)	420	(49.8%)
Monroe	356	(46.5%)	409	(53.5%)
Montgomery	120	(38.8%)	189	(61.2%)
Morgan	232	(68.8%)	105	(31.2%)
New Madrid	35	(10.5%)	297	(89.5%)
Perry	191	(40.1%)	285	(59.9%)
Pettis	188	(71.5%)	75	(28.5%)
Pike	366	(39.8%)	554	(60.2%)
Polk	237	(71.0%)	97	(29.0%)
Pulaski	380	(82.3%)	82	(17.7%)
Ralls	97	(22.6%)	333	(77.4%)
Randolph	469	(56.1%)	367	(43.9%)
Ray	347	(49.6%)	352	(50.4%)
Ripley	246	(84.0%)	47	(16.0%)
Rives	130	(54.9%)	107	(45.1%)
St. Charles	135	(20.8%)	513	(79.2%)
St. Francois	156	(47.1%)	175	(52.9%)
Ste. Genevieve	144	(50.0%)	144	(50.0%)
St. Louis	539	(29.5%)	1,291	(70.5%)
Saline	175	(42.7%)	235	(57.3%)
Scott	205	(48.8%)	215	(51.2%)
Shelby	66	(62.9%)	39	(37.1%)
Stoddard	157	(66.0%)	81	(34.0%)
Van Buren	124	(64.6%)	68	(35.4%)
Warren	88	(30.7%)	199	(69.3%)

Missouri

County				
Washington	392	(48.8%)	412	(51.2%)
Wayne	220	(76.4%)	68	(23.6%)
Total	**14,315**	**(52.3%)**	**13,057**	**(47.7%)**

SOURCE—(Jefferson City) *Jefferson Republican*, October 1, 1836.

1840

County	Thomas Reynolds (D)		John B. Clark (W)	
Andrain	156	(51.7%)	146	(48.3%)
Barry	409	(87.8%)	57	(12.2%)
Benton	406	(78.1%)	114	(21.9%)
Boone	595	(36.0%)	1,058	(64.0%)
Buchanan	919	(91.7%)	183	(8.3%)
Caldwell	135	(64.6%)	74	(35.4%)
Callaway	691	(44.0%)	891	(56.0%)
Cape Girardeau	822	(61.4%)	516	(38.6%)
Carroll	204	(56.7%)	156	(43.3%)
Chariton	378	(61.9%)	233	(38.1%)
Clark	227	(48.8%)	238	(51.2%)
Clay	520	(45.8%)	615	(54.2%)
Clinton	272	(67.0%)	134	(33.0%)
Cole	886	(74.1%)	310	(25.9%)
Cooper	723	(47.9%)	787	(52.1%)
Crawford	250	(50.7%)	243	(49.3%)
Davis	255	(63.4%)	147	(36.6%)
Franklin	572	(57.1%)	430	(42.9%)
Gasconade	644	(78.7%)	174	(21.3%)
Greene	462	(78.2%)	129	(21.8%)
Howard	892	(53.2%)	785	(46.8%)
Jackson	776	(69.8%)	335	(30.2%)
Jefferson	367	(54.5%)	307	(45.5%)
Johnson	390	(66.4%)	197	(33.6%)
Lafayette	442	(48.6%)	467	(51.4%)
Lewis	532	(52.2%)	488	(47.8%)
Lincoln	597	(55.1%)	487	(44.9%)
Linn	217	(73.8%)	77	(26.2%)
Livingston	411	(59.7%)	277	(40.3%)
Macon	458	(60.0%)	305	(40.0%)
Madison	293	(68.3%)	136	(31.7%)
Marion	563	(40.1%)	840	(59.9%)
Miller	327	(89.6%)	28	(10.4%)
Monroe	618	(44.8%)	760	(55.2%)
Montgomery	230	(40.1%)	343	(59.9%)
Morgan	450	(73.1%)	166	(26.9%)
New Madrid	171	(31.3%)	375	(68.7%)
Newton	532	(81.1%)	119	(18.9%)
Perry	364	(51.5%)	343	(48.5%)
Pettis	257	(60.5%)	168	(39.5%)
Pike	767	(50.2%)	761	(49.8%)
Platte	1,007	(73.5%)	364	(26.5%)
Polk	804	(81.2%)	186	(18.8%)
Pulaski	617	(84.3%)	115	(15.7%)
Ralls	403	(47.4%)	448	(52.6%)
Randolph	490	(47.5%)	542	(52.5%)
Ray	597	(62.4%)	399	(37.6%)
Ripley	355	(98.6%)	25	(1.4%)
Rives	359	(57.5%)	265	(42.5%)
St. Charles	507	(44.2%)	640	(55.8%)
St. Francis	206	(46.7%)	235	(53.3%)
Ste. Genevieve	254	(50.4%)	250	(49.6%)
St. Louis	1,611	(40.2%)	2,392	(59.8%)
Saline	351	(48.4%)	374	(51.6%)
Scott	507	(69.5%)	223	(30.5%)
Shelby	217	(47.7%)	238	(52.3%)
Stoddard	309	(85.8%)	51	(14.2%)
Taney	252	(92.6%)	20	(7.4%)
Van Buren	436	(70.2%)	185	(29.8%)

County				
Washington	548	(49.8%)	553	(50.2%)
Warren	272	(49.5%)	277	(50.5%)
Wayne	343	(91.7%)	31	(8.3%)
Total	**29,625**	**(57.2%)**	**22,212**	**(42.8%)**

SOURCE—(St. Louis) *Missouri Republican*, October 21, 1840.

1844

County	John C. Edwards (D)		Charles H. Allen (W)	
Adair	417	(63.0%)	245	(37.0%)
Andrew	895	(70.9%)	368	(29.1%)
Audrain	193	(51.9%)	179	(48.1%)
Barry	442	(80.5%)	107	(19.5%)
Bates	302	(57.9%)	220	(42.1%)
Benton	507	(61.5%)	317	(38.5%)
Boone	572	(35.7%)	1,030	(64.3%)
Buchanan	879	(61.7%)	546	(38.3%)
Caldwell	180	(56.8%)	137	(43.2%)
Calloway	701	(46.3%)	812	(53.7%)
Camden	284	(78.9%)	76	(21.1%)
Cape Girardeau	903	(64.9%)	489	(35.1%)
Carroll	286	(57.6%)	210	(42.4%)
Chariton	523	(60.6%)	340	(39.4%)
Clark	221	(49.9%)	222	(50.1%)
Clay	94	(8.7%)	982	(91.3%)
Clinton	406	(50.1%)	405	(49.9%)
Cole	1,106	(75.0%)	369	(25.0%)
Cooper	786	(47.4%)	872	(52.6%)
Crawford	294	(50.1%)	293	(49.9%)
Dade	603	(66.3%)	307	(33.7%)
Daviess	494	(61.3%)	312	(38.7%)
Decatur	54	(21.9%)	193	(78.1%)
Franklin	745	(65.9%)	385	(34.1%)
Gasconade	392	(84.7%)	71	(15.3%)
Green	694	(61.8%)	429	(38.2%)
Grundy	308	(47.2%)	344	(52.8%)
Henry	253	(48.7%)	267	(51.3%)
Holt	414	(72.6%)	156	(27.4%)
Howard	981	(51.9%)	908	(48.1%)
Jackson	811	(58.6%)	573	(41.4%)
Jasper	258	(56.2%)	201	(43.8%)
Jefferson	420	(50.4%)	414	(49.6%)
Johnson	507	(64.5%)	279	(35.5%)
Lafayette	440	(39.1%)	685	(60.9%)
Lewis	399	(49.9%)	400	(50.1%)
Lincoln	556	(48.4%)	593	(51.6%)
Linn	428	(56.1%)	335	(43.9%)
Livingston	348	(62.3%)	211	(37.7%)
Macon	379	(53.0%)	336	(47.0%)
Madison	423	(71.9%)	165	(28.1%)
Marion	689	(44.7%)	853	(55.3%)
Miller	411	(89.5%)	48	(10.5%)
Monroe	520	(42.0%)	717	(58.0%)
Montgomery	240	(40.5%)	353	(59.5%)
Morgan	550	(79.0%)	226	(21.0%)
New Madrid	88	(21.6%)	320	(78.4%)
Newton	692	(86.3%)	110	(13.7%)
Niangua	294	(75.2%)	97	(24.8%)
Osage	475	(73.7%)	175	(26.3%)
Perry	388	(54.9%)	319	(45.1%)
Pettis	326	(60.3%)	215	(39.7%)
Pike	678	(46.5%)	779	(53.5%)
Platte	1,270	(62.3%)	769	(37.7%)
Polk	594	(63.5%)	342	(36.5%)
Pulaski	375	(71.0%)	153	(29.0%)
Ralls	362	(46.4%)	419	(53.6%)
Randolph	601	(50.5%)	589	(49.5%)

Missouri

County				
Ray	755	(59.0%)	524	(41.0%)
Ripley	176	(60.1%)	117	(39.9%)
St. Charles	581	(49.1%)	602	(50.9%)
St. Clair	335	(67.5%)	161	(32.5%)
St. Francois	226	(52.8%)	202	(47.2%)
Ste. Genevieve	302	(59.2%)	208	(40.8%)
St. Louis	1,962	(32.0%)	4,172	(68.0%)
Saline	415	(45.5%)	498	(54.5%)
Scotland	386	(58.2%)	277	(41.8%)
Scott	349	(44.6%)	434	(55.4%)
Shannon	275	(78.6%)	76	(21.4%)
Shelby	245	(58.6%)	173	(41.4%)
Stoddard	243	(63.8%)	138	(36.2%)
Taney	278	(72.6%)	105	(27.4%)
Van Buren	477	(66.0%)	245	(34.0%)
Warren	279	(51.9%)	250	(47.3%)
Washington	472	(43.7%)	608	(56.3%)
Wayne	383	(82.2%)	83	(17.8%)
Wright	378	(65.5%)	199	(34.5%)
Total	**36,968**	**(54.1%)**	**31,357**	**(45.9%)**
	(36,978)*			

*Stated total.

SOURCE—(Jefferson City) *Jefferson Inquirer*, September 5, 1844.

1848

County	Austin A. King (D)		James S. Rollins (W)	
Adair	221	(65.4%)	117	(34.6%)
Andrew	926	(70.1%)	395	(29.9%)
Atchinson	195	(67.2%)	95	(32.8%)
Audrain	238	(48.6%)	235	(51.4%)
Barry	362	(81.0%)	85	(19.0%)
Bates	372	(67.0%)	183	(33.0%)
Benton	490	(65.7%)	256	(34.3%)
Boone	791	(38.6%)	1,256	(61.4%)
Buchanan	1,199	(64.0%)	675	(36.0%)
Caldwell	159	(46.0%)	186	(46.1%)
Callaway	729	(46.5%)	838	(53.5%)
Camden	287	(75.1%)	95	(24.9%)
Cape Girardeau	1,060	(65.9%)	549	(34.1%)
Carroll	452	(60.3%)	297	(39.7%)
Cedar	394	(79.8%)	100	(20.2%)
Chariton	666	(58.7%)	468	(41.3%)
Clark	270	(47.3%)	301	(52.7%)
Clay	531	(41.6%)	745	(58.4%)
Clinton	264	(48.8%)	277	(51.2%)
Cole	787	(77.9%)	223	(22.1%)
Cooper	760	(46.2%)	885	(53.8%)
Crawford	379	(55.2%)	308	(44.8%)
Dade	354	(70.1%)	151	(29.9%)
Dallas	398	(82.4%)	85	(17.6%)
Daviess	388	(50.1%)	387	(49.9%)
De Kalb	196	(77.2%)	58	(22.8%)
Dunklin	86	(63.7%)	49	(36.3%)
Franklin	870	(72.9%)	324	(27.1%)
Gasconde	426	(82.1%)	93	(17.9%)
Gentry	425	(73.9%)	150	(26.1%)
Greene	1,040	(67.1%)	511	(32.9%)
Grundy	209	(48.8%)	219	(51.2%)
Harrison	203	(66.3%)	103	(33.7%)
Henry	275	(45.9%)	324	(54.1%)
Hickman	254	(72.8%)	95	(27.2%)
Holt	296	(64.2%)	165	(35.8%)
Howard	991	(53.0%)	879	(47.0%)
Jackson	1,042	(58.0%)	754	(42.0%)
Jasper	346	(62.8%)	205	(37.2%)
Jefferson	577	(70.4%)	243	(29.6%)
Johnson	567	(58.8%)	397	(41.2%)
Knox	240	(64.0%)	135	(36.0%)
Lafayette	593	(39.6%)	906	(60.4%)
Lawrence	479	(71.0%)	196	(29.0%)
Lewis	501	(51.9%)	464	(48.1%)
Lincoln	748	(55.0%)	613	(45.0%)
Linn	365	(57.1%)	274	(42.9%)
Livingston	398	(61.9%)	245	(38.1%)
Macon	596	(62.1%)	364	(37.9%)
Madison	490	(75.0%)	163	(25.0%)
Marion	763	(44.4%)	955	(55.6%)
Mercer	248	(61.7%)	154	(38.3%)
Miller	454	(81.7%)	102	(18.3%)
Mississippi	265	(67.6%)	127	(32.4%)
Moniteau	615	(77.1%)	183	(22.9%)
Monroe	594	(42.1%)	817	(57.9%)
Montgomery	264	(39.1%)	411	(60.9%)
Morgan	440	(67.4%)	213	(32.6%)
New Madrid	216	(40.4%)	318	(59.6%)
Newton	803	(83.9%)	154	(16.1%)
Nodaway	298	(81.9%)	66	(18.1%)
Oregon	168	(97.1%)	5	(2.9%)
Osage	574	(74.7%)	194	(25.3%)
Ozark	250	(85.9%)	41	(14.1%)
Perry	523	(70.9%)	215	(29.1%)
Pettis	369	(55.5%)	296	(44.5%)
Pike	908	(50.7%)	883	(49.3%)
Platte	1,427	(61.7%)	874	(38.3%)
Polk	597	(70.7%)	247	(29.3%)
Pulaski	304	(71.7%)	120	(28.3%)
Putnam	180	(69.8%)	78	(30.2%)
Ralls	392	(47.2%)	438	(52.8%)
Randolph	657	(49.0%)	683	(51.0%)
Ray	687	(52.9%)	611	(47.1%)
Reynolds	208	(92.9%)	16	(7.1%)
Ripley	209	(88.6%)	27	(11.4%)
St. Charles	693	(53.1%)	612	(46.9%)
St. Clair	302	(66.5%)	152	(33.5%)
St. Francois	305	(48.8%)	320	(51.2%)
Ste. Genevieve	331	(62.5%)	199	(37.5%)
St. Louis	4,316	(51.7%)	4,032	(48.3%)
Saline	526	(48.1%)	567	(51.9%)
Schuyler	293	(50.2%)	291	(49.8%)
Scotland	345	(67.4%)	167	(32.6%)
Scott	271	(61.9%)	167	(38.1%)
Shannon	99	(71.2%)	40	(28.8%)
Shelby	328	(58.5%)	233	(41.5%)
Stoddard	469	(80.3%)	115	(19.7%)
Sullivan	257	(62.5%)	154	(37.5%)
Taney	468	(89.7%)	54	(10.3%)
Texas	263	(80.9%)	62	(19.1%)
Van Buren	526	(64.1%)	295	(35.9%)
Warren	357	(49.4%)	366	(50.6%)
Washington	554	(47.7%)	608	(52.3%)
Wayne	559	(88.9%)	70	(11.1%)
Wright	361	(75.8%)	115	(24.2%)
Total	**48,921**	**(59.7%)**	**33,968**	**(40.3%)**

SOURCES—Journal of the Missouri Senate, Appendix 1848, pp. 221–222; (Jefferson City) *Jefferson Inquirer*, November 25, 1848.

1852

County	Sterling Price (D)		James Winston (W)	
Adair	310	(70.9%)	127	(29.1%)
Andrew	951	(66.9%)	471	(33.1%)
Atchison	171	(71.0%)	70	(29.0%)
Audrain	243	(49.0%)	253	(51.0%)

Missouri

County					County				
Barry	428	(86.3%)	68	(13.7%)	Mercer	204	(52.7%)	183	(47.3%)
Bates	129	(46.9%)	146	(53.1%)	Miller	333	(81.0%)	78	(19.0%)
Benton	512	(70.5%)	214	(29.5%)	Mississippi	225	(65.0%)	121	(35.0%)
Bollinger	263	(87.7%)	37	(12.3%)	Moniteau	526	(75.3%)	173	(24.7%)
Boone	696	(37.8%)	1,145	(62.2%)	Monroe	667	(44.4%)	834	(55.6%)
Buchanan	1,204	(60.6%)	782	(39.4%)	Montgomery	228	(37.4%)	382	(62.6%)
Butler	111	(91.7%)	10	(8.3%)	Morgan	358	(69.0%)	161	(31.0%)
Caldwell	217	(56.4%)	168	(43.6%)	New Madrid	113	(30.7%)	255	(69.3%)
Callaway	539	(42.1%)	741	(57.9%)	Newton	498	(81.6%)	112	(18.4%)
Camden	206	(74.1%)	72	(25.9%)	Nodaway	208	(74.8%)	70	(25.2%)
Cape Girardeau	601	(58.1%)	433	(41.9%)	Oregon	143	(98.6%)	2	(1.4%)
Carroll	433	(61.4%)	272	(38.6%)	Osage	361	(82.8%)	75	(17.2%)
Cass	391	(64.2%)	218	(35.8%)	Ozark	157	(81.3%)	36	(18.7%)
Cedar	293	(70.9%)	120	(29.1%)	Pemiscot	106	(56.1%)	83	(43.9%)
Chariton	462	(65.7%)	241	(34.3%)	Perry	367	(65.3%)	195	(34.7%)
Clark	331	(47.7%)	363	(52.3%)	Pettis	361	(55.3%)	292	(44.7%)
Clay	491	(40.0%)	737	(60.0%)	Pike	942	(52.0%)	869	(48.0%)
Clinton	302	(49.8%)	305	(50.2%)	Platte	1,294	(55.2%)	1,050	(44.8%)
Cole	593	(74.7%)	201	(25.3%)	Polk	524	(67.0%)	258	(33.0%)
Cooper	610	(42.7%)	817	(57.3%)	Pulaski	290	(92.1%)	25	(7.9%)
Crawford	215	(55.4%)	173	(44.6%)	Putnam	125	(62.5%)	75	(37.5%)
Dade	320	(63.9%)	181	(36.1%)	Ralls	412	(48.0%)	446	(52.0%)
Dallas	407	(85.9%)	67	(14.1%)	Randolph	631	(48.6%)	667	(51.4%)
Daviess	363	(50.7%)	353	(49.3%)	Ray	645	(53.6%)	559	(46.4%)
Dent	63	(58.9%)	44	(41.1%)	Reynolds	186	(97.4%)	5	(2.6%)
De Kalb	292	(82.3%)	63	(17.7%)	Ripley	186	(91.2%)	18	(8.8%)
Dodge	55	(88.7%)	7	(11.3%)	St. Charles	581	(56.1%)	455	(43.9%)
Dunklin	5	(100%)	0		St. Clair	268	(58.4%)	191	(41.6%)
Franklin	717	(63.7%)	409	(36.3%)	St. Francois	245	(65.5%)	129	(34.5%)
Gasconade	348	(85.6%)	59	(14.4%)	Ste. Genevieve	307	(52.1%)	282	(47.9%)
Gentry	466	(71.5%)	186	(28.5%)	St. Louis	5,951	(56.3%)	4,624	(43.7%)
Greene	1,036	(65.0%)	558	(35.0%)	Saline	358	(43.6%)	464	(56.4%)
Grundy	246	(53.4%)	215	(46.6%)	Schuyler	267	(60.0%)	178	(40.0%)
Harrison	193	(63.9%)	109	(36.1%)	Scotland	413	(60.3%)	272	(39.7%)
Henry	284	(48.5%)	302	(51.5%)	Scott	236	(68.0%)	111	(32.0%)
Hickory	195	(62.3%)	118	(62.3%)	Shannon	106	(76.8%)	22	(23.2%)
Holt	414	(56.7%)	216	(43.3%)	Shelby	363	(56.1%)	284	(43.9%)
Howard	786	(51.5%)	741	(48.5%)	Stoddard	283	(68.4%)	131	(31.6%)
Jackson	935	(53.3%)	820	(46.7%)	Stone	161	(94.7%)	9	(5.3%)
Jasper	403	(66.5%)	203	(33.5%)	Sullivan	255	(65.2%)	126	(34.8%)
Jefferson	410	(62.2%)	249	(37.8%)	Taney	354	(95.7%)	16	(4.3%)
Johnson	610	(59.4%)	417	(40.6%)	Texas	212	(75.4%)	69	(24.6%)
Knox	265	(61.5%)	166	(38.5%)	Vernon	312	(81.5%)	71	(18.5%)
Laclede	325	(86.0%)	53	(14.0%)	Warren	294	(50.5%)	288	(49.5%)
Lafayette	531	(38.7%)	841	(61.3%)	Washington	284	(47.7%)	311	(52.3%)
Lawrence	453	(69.9%)	195	(30.1%)	Wayne	151	(81.2%)	35	(18.8%)
Lewis	538	(50.8%)	521	(49.2%)	Wright	287	(75.3%)	94	(24.7%)
Lincoln	732	(54.3%)	617	(45.7%)	**Total**	**46,494**	**(58.6%)**	**32,906**	**(41.4%)**
Linn	364	(59.1%)	252	(40.9%)				(32,686)*	
Livingston	391	(70.7%)	162	(29.3%)					
Macon	573	(62.5%)	344	(37.5%)					
Madison	349	(76.5%)	107	(23.5%)					
Marion	684	(43.2%)	900	(56.8%)					
McDonald	261	(81.1%)	61	(18.9%)					

*Stated total.

SOURCE—Journal of the Missouri Senate, 1852-3, pp. 361-2.

1856

County	Trusten Polk (D)		Robert C. Ewing (A)		Thomas H. Benton (BnD)	
Adair	454	(56.9%)	310	(38.8%)	34	(4.3%)
Andrew	289	(19.8%)	321	(22.0%)	849	(58.2%)
Atchison	137	(28.9%)	101	(21.3%)	236	(49.8%)
Audrain	472	(48.6%)	489	(50.3%)	11	(1.1%)
Barry	477	(60.9%)	97	(12.4%)	209	(26.7%)
Barton	40	(27.8%)	19	(13.2%)	85	(59.0%)
Bates	394	(65.4%)	89	(14.8%)	209	(34.7%)
Benton	424	(47.7%)	52	(5.9%)	412	(46.4%)
Bollinger	225	(32.7%)	223	(32.4%)	240	(34.9%)
Boone	982	(43.4%)	1,199	(53.0%)	83	(3.7%)

Missouri

County	Trusten Polk (D)		Robert C. Ewing (A)		Thomas H. Benton (BnD)	
Buchanan	901	(44.9%)	636	(31.7%)	469	(23.4%)
Butler	173	(84.4%)	13	(6.3%)	19	(9.3%)
Caldwell	151	(26.4%)	239	(41.7%)	183	(31.9%)
Callaway	765	(38.2%)	1,068	(53.3%)	169	(8.4%)
Camden	172	(35.5%)	184	(38.0%)	128	(26.4%)
Cape Girardeau	532	(34.8%)	469	(30.7%)	529	(34.6%)
Carroll	734	(66.7%)	414	(34.2%)	61	(5.0%)
Cass	254	(24.7%)	444	(43.2%)	330	(32.1%)
Cedar	298	(44.8%)	145	(21.8%)	222	(33.4%)
Chariton	773	(62.2%)	466	(37.5%)	3	(0.2%)
Clark	307	(25.4%)	671	(55.5%)	232	(19.2%)
Clay	831	(41.6%)	775	(46.3%)	68	(4.1%)
Clinton	397	(48.1%)	382	(46.2%)	47	(5.7%)
Cole	426	(41.2%)	141	(13.6%)	467	(45.2%)
Cooper	598	(36.6%)	692	(42.4%)	344	(21.1%)
Crawford	518	(51.8%)	403	(40.3%)	79	(7.9%)
Dade	492	(55.8%)	340	(38.6%)	49	(5.6%)
Dallas	256	(42.7%)	41	(6.8%)	302	(50.4%)
Daviess	430	(40.3%)	398	(37.3%)	240	(22.5%)
Dent	429	(92.9%)	27	(5.8%)	6	(1.3%)
De Kalb	289	(55.9%)	123	(23.8%)	105	(20.3%)
Dunklin	175	(66.3%)	33	(12.5%)	56	(21.2%)
Franklin	308	(17.8%)	451	(26.0%)	974	(56.2%)
Gasconade	52	(6.9%)	207	(27.6%)	491	(65.5%)
Gentry	455	(38.8%)	344	(29.4%)	373	(31.8%)
Greene	639	(32.4%)	722	(36.6%)	612	(31.0%)
Grundy	191	(25.2%)	337	(44.5%)	229	(30.3%)
Harrison	120	(14.9%)	274	(34.1%)	410	(51.0%)
Henry	277	(35.0%)	342	(43.2%)	173	(21.8%)
Hickory	269	(58.1%)	57	(12.3%)	137	(29.6%)
Holt	211	(34.2%)	197	(31.9%)	399	(64.7%)
Howard	994	(54.1%)	816	(44.4%)	26	(1.4%)
Jackson*	935	(49.2%)	667	(35.1%)	299	(15.7%)
Jasper	311	(38.2%)	162	(19.9%)	341	(41.9%)
Jefferson	323	(29.0%)	560	(50.3%)	230	(20.7%)
Johnson	226	(15.9%)	412	(29.0%)	785	(55.2%)
Knox	347	(42.8%)	396	(48.8%)	68	(8.4%)
Laclede	272	(46.6%)	117	(20.0%)	195	(33.4%)
Lafayette	435	(23.4%)	1,117	(60.1%)	307	(16.5%)
Lawrence	463	(39.2%)	271	(22.9%)	447	(37.8%)
Lewis	785	(54.1%)	627	(43.2%)	39	(2.7%)
Lincoln	925	(56.5%)	627	(38.3%)	85	(5.2%)
Linn	419	(47.6%)	376	(42.7%)	86	(9.8%)
Livingston	488	(52.4%)	404	(43.3%)	40	(4.3%)
McDonald	271	(60.9%)	24	(5.4%)	150	(33.7%)
Macon	930	(68.5%)	368	(27.1%)	59	(4.3%)
Madison	349	(64.9%)	12	(22.3%)	177	(32.9%)
Maries	319	(81.6%)	11	(2.8%)	61	(15.6%)
Marion	636	(34.5%)	1,108	(60.2%)	98	(5.3%)
Mercer	259	(20.2%)	843	(65.7%)	182	(14.2%)
Miller	374	(59.2%)	86	(13.6%)	172	(27.2%)
Mississippi	365	(57.2%)	250	(39.2%)	23	(3.6%)
Moniteau	227	(23.6%)	375	(39.0%)	360	(37.4%)
Monroe	774	(43.6%)	981	(55.3%)	19	(10.7%)
Montgomery	388	(38.3%)	595	(58.7%)	30	(3.0%)
Morgan	200	(26.1%)	224	(29.2%)	342	(44.6%)
New Madrid	279	(55.2%)	224	(44.4%)	2	(0.4%)
Newton	565	(58.5%)	151	(15.6%)	249	(25.8%)
Nodaway	250	(40.3%)	146	(23.5%)	224	(36.1%)
Oregon	68	(20.6%)	9	(2.7%)	253	(76.7%)
Osage	296	(35.2%)	267	(31.8%)	277	(33.0%)
Ozark	219	(58.1%)	44	(11.7%)	114	(30.2%)
Pemiscot	191	(65.2%)	102	(34.8%)	0	
Perry	415	(46.9%)	141	(15.9%)	329	(37.2%)
Pettis	262	(31.6%)	292	(35.2%)	276	(33.3%)
Pike	1,209	(50.0%)	1,148	(47.4%)	63	(2.6%)
Platte	919	(44.4%)	618	(29.9%)	533	(25.7%)
Polk	495	(46.0%)	253	(23.5%)	329	(30.5%)

Missouri

County	Trusten Polk (D)		Robert C. Ewing (A)		Thomas H. Benton (BnD)	
Pulaski	204	(60.0%)	26	(7.6%)	110	(32.4%)
Putnam	327	(46.3%)	195	(27.6%)	185	(26.2%)
Ralls	427	(40.6%)	621	(59.0%)	5	(0.5%)
Randolph	775	(53.0%)	650	(44.5%)	37	(2.5%)
Ray	451	(25.6%)	736	(41.8%)	572	(32.5%)
Reynolds	104	(45.4%)	117	(51.1%)	8	(0.4%)
Ripley	290	(69.5%)	39	(9.4%)	86	(20.6%)
St. Charles	391	(24.9%)	510	(32.4%)	671	(42.7%)
St. Clair	239	(41.0%)	134	(23.0%)	210	(36.0%)
St. Francois	654	(69.9%)	214	(22.9%)	67	(7.2%)
Ste. Genevieve	486	(57.4%)	341	(40.3%)	19	(2.2%)
St. Louis	2,781	(20.1%)	4,710	(34.0%)	6,365	(45.9%)
Saline	580	(40.6%)	762	(53.3%)	88	(6.2%)
Schuyler	511	(63.6%)	271	(33.7%)	22	(2.7%)
Scotland	621	(62.0%)	341	(34.1%)	39	(4.0%)
Scott	215	(36.8%)	365	(62.5%)	4	(0.7%)
Shannon	111	(74.5%)	1	(0.7%)	37	(24.8%)
Shelby	325	(36.0%)	411	(45.6%)	166	(18.4%)
Stoddard	315	(78.9%)	16	(4.0%)	68	(17.0%)
Stone	56	(18.2%)	25	(8.1%)	227	(73.7%)
Sullivan	475	(57.8%)	249	(30.3%)	98	(11.9%)
Taney	263	(48.1%)	27	(49.3%)	257	(47.0%)
Texas	529	(93.1%)	13	(2.3%)	26	(4.6%)
Vernon	180	(43.9%)	87	(21.2%)	143	(34.9%)
Warren	437	(48.7%)	353	(39.3%)	108	(12.0%)
Washington	604	(52.7%)	487	(42.5%)	56	(4.9%)
Wayne	527	(85.0%)	79	(12.7%)	14	(2.3%)
Webster	353	(46.6%)	90	(11.9%)	314	(41.5%)
Wright	261	(68.7%)	60	(15.8%)	59	(15.5%)
Total	**46,992**	**(40.8%)**	**40,689**	**(35.3%)**	**27,605**	**(23.9%)**
	(46,993)**		(40,589)**		(27,618)**	

*Does not include the vote of Washington township that arrived after the county clerk submitted his returns to the state; the journal is not entirely clear as to whether these votes were considered part of the official returns. The vote was Polk 74, Ewing 31 and Benton 10. This vote is not included in the above tables.

**Stated totals.

SOURCE—Journal of the Missouri Assembly, 1856, pp. 389–390.

1857*

County	Robert M. Stewart (D)		James S. Rollins (A)	
Adair	412	(68.6%)	189	(31.4%)
Andrew	553	(46.9%)	627	(53.1%)
Atchison	170	(57.6%)	125	(42.4%)
Audrain	392	(44.6%)	487	(55.4%)
Barry	332	(55.7%)	264	(44.3%)
Barton	67	(44.1%)	85	(55.9%)
Bates	383	(61.6%)	239	(38.4%)
Benton	310	(49.6%)	315	(50.4%)
Bollinger	163	(43.7%)	210	(56.3%)
Boone	875	(38.5%)	1,399	(61.5%)
Buchanan	981	(63.7%)	558	(36.3%)
Butler	112	(69.6%)	49	(30.4%)
Caldwell	217	(49.1%)	226	(50.9%)
Callaway	808	(44.6%)	1,003	(55.4%)
Camden	177	(50.4%)	174	(49.6%)
Cape Girardeau	408	(45.1%)	496	(54.9%)
Carrol	599	(62.2%)	364	(37.8%)
Cass	494	(45.5%)	592	(54.5%)
Cedar	380	(64.4%)	210	(35.6%)
Chariton	666	(60.1%)	443	(39.9%)
Clark	524	(47.6%)	577	(52.4%)
Clay	585	(47.6%)	643	(52.4%)
Clinton	375	(50.1%)	373	(49.9%)
Cole	667	(63.6%)	382	(36.4%)
Cooper	585	(40.4%)	862	(59.6%)
Crawford	372	(48.8%)	390	(51.2%)
Dade	498	(60.7%)	323	(39.3%)
Dallas	172	(41.1%)	247	(58.9%)
Daviess	557	(63.7%)	317	(36.3%)
Dent	342	(93.4%)	24	(6.6%)
De Kalb	274	(75.1%)	91	(24.9%)
Dunklin	143	(44.0%)	182	(56.0%)
Franklin	504	(46.7%)	576	(53.3%)
Gasconade	120	(31.4%)	262	(68.6%)
Gentry	477	(56.4%)	368	(43.6%)
Greene	748	(39.3%)	1,157	(60.7%)
Grundy	318	(42.0%)	440	(58.0%)
Harrison	321	(49.1%)	333	(50.9%)
Henry	291	(39.6%)	444	(60.4%)
Hickory	175	(51.3%)	166	(48.7%)
Holt	219	(52.3%)	200	(47.7%)
Howard	902	(54.4%)	757	(45.6%)
Howell	54	(60.0%)	36	(40.0%)
Iron	75	(45.5%)	90	(54.5%)
Jackson	910	(55.0%)	746	(45.0%)
Jasper	305	(38.3%)	491	(61.7%)
Jefferson	345	(42.6%)	465	(57.4%)
Johnson	497	(36.2%)	876	(63.8%)
Knox	408	(57.4%)	303	(42.6%)
Laclede	200	(48.0%)	217	(52.0%)

Missouri

Lafayette	486	(30.8%)	1,090	(69.2%)
Lawrence	467	(45.7%)	555	(54.3%)
Lewis	687	(56.8%)	523	(43.2%)
Lincoln	898	(60.5%)	586	(39.5%)
Linn	417	(51.5%)	393	(48.5%)
Livingston	581	(60.2%)	384	(39.8%)
Macon	935	(63.6%)	536	(36.4%)
Madison	174	(54.2%)	147	(45.8%)
Maries	250	(82.8%)	52	(17.2%)
Marion	616	(35.8%)	1,107	(64.2%)
McDonald	309	(72.4%)	118	(27.6%)
Mercer	539	(49.4%)	551	(50.6%)
Miller	338	(65.6%)	177	(34.4%)
Mississippi	175	(45.5%)	210	(54.5%)
Moniteau	375	(43.2%)	494	(56.8%)
Monroe	731	(44.2%)	921	(55.8%)
Montgomery	342	(39.1%)	532	(60.9%)
Morgan	347	(58.2%)	249	(41.8%)
New Madrid**	129	(46.7%)	147	(53.3%)
Newton	621	(60.5%)	406	(39.5%)
Nodaway	378	(78.3%)	105	(21.7%)
Oregon	157	(90.8%)	16	(9.2%)
Osage	312	(49.9%)	313	(50.1%)
Ozark	139	(57.9%)	101	(42.1%)
Pemiscot	178	(61.6%)	111	(38.4%)
Perry	363	(71.5%)	145	(28.5%)
Pettis	254	(35.4%)	464	(64.6%)
Pike	1,105	(50.1%)	1,102	(49.9%)
Platte	884	(48.3%)	947	(51.7%)
Polk	524	(50.0%)	523	(50.0%)
Pulaski	138	(58.5%)	98	(41.5%)
Putnam	472	(67.4%)	228	(32.6%)
Ralls	364	(39.3%)	563	(60.7%)
Randolph	729	(48.6%)	772	(51.4%)
Ray	681	(44.1%)	862	(55.9%)
Reynolds	67	(76.1%)	21	(23.9%)
Ripley	268	(88.4%)	35	(11.6%)
St. Charles	396	(40.8%)	574	(59.2%)
St. Clair	224	(54.6%)	186	(45.4%)
St. Francois	268	(66.8%)	133	(33.2%)
Ste. Genevieve	172	(59.5%)	117	(40.5%)
St. Louis	4,893	(44.2%)	6,676	(55.8%)
Saline	520	(40.5%)	763	(59.5%)
Schuyler	391	(69.7%)	170	(30.3%)
Scotland	465	(62.3%)	281	(37.7%)
Scott	171	(70.1%)	272	(29.9%)
Shannon	29	(100%)	0	
Shelby	402	(48.0%)	435	(52.0%)
Stoddard	304	(67.9%)	144	(32.1%)
Stone	48	(23.0%)	161	(77.0%)
Sullivan	483	(70.2%)	205	(29.8%)
Taney	280	(74.7%)	95	(25.3%)
Texas	329	(79.1%)	87	(20.9%)
Vernon	234	(57.4%)	174	(42.6%)
Warren	301	(49.9%)	302	(50.1%)
Washington	415	(52.1%)	381	(47.9%)
Wayne	226	(76.9%)	68	(23.1%)
Webster	289	(44.9%)	355	(55.1%)
Wright	243	(76.2%)	76	(23.8%)
Total	**47,975**	**(50.2%)**	**47,632**	**(49.8%)**
			(47,641)†	

*Special election, necessitated by the resignation of Governor Trusten Polk for the remainder of the unexpired term: held February 27, 1857.

**Vote of St. John township was rejected. Vote was Stewart 20 and Rollins 27.

†Stated total.

SOURCE—Journal of the Missouri House of Representatives, 1857, pp. 150–2.

1860

County	Claiborne F. Jackson (D)		Sample Orr (CU)		Hancock Jackson (BkD)		James B. Gardenshire (R)	
Adair	822	(61.8%)	504	(37.9%)	4	(0.3%)	0	
Andrew	776	(46.8%)	574	(34.6%)	279	(16.8%)	30	(1.8%)
Atchison	450	(55.4%)	213	(26.2%)	120	(14.8%)	30	(3.7%)
Audrain	615	(46.1%)	671	(50.3%)	47	(3.5%)	0	
Barry	461	(62.5%)	240	(32.5%)	37	(5.0%)	0	
Barton	177	(65.1%)	52	(19.1%)	43	(15.8%)	0	
Bates	605	(53.8%)	224	(19.9%)	299	(26.6%)	0	
Benton	720	(67.0%)	344	(32.0%)	16	(1.5%)	14	(1.3%)
Bollinger	418	(83.8%)	57	(11.4%)	17	(3.4%)	7	(1.4%)
Boone	1,066	(40.1%)	1,522	(57.3%)	68	(2.6%)	0	
Buchanan	1,690	(50.2%)	1,280	(38.0%)	227	(6.7%)	171	(5.1%)
Butler	102	(36.2%)	152	(53.9%)	28	(9.9%)	0	
Caldwell	325	(44.6%)	364	(50.0%)	18	(2.5%)	21	(2.9%)
Camden	260	(47.9%)	197	(36.3%)	82	(15.1%)	4	(0.7%)
Callaway	1,080	(43.3%)	1,321	(52.9%)	94	(3.8%)	1	(0.04%)
Cape Girardeau	389	(26.1%)	697	(46.8%)	211	(14.2%)	192	(12.9%)
Carroll	938	(61.2%)	594	(38.8%)	0		0	
Cass	471	(30.0%)	756	(48.2%)	334	(21.3%)	8	(0.5%)
Carter	40	(31.0%)	14	(10.9%)	75	(58.1%)	0	
Cedar	441	(54.5%)	243	(30.0%)	122	(15.1%)	3	(0.4%)
Chariton	639	(48.4%)	548	(41.5%)	124	(9.4%)	8	(0.1%)
Christian	322	(41.9%)	362	(47.1%)	85	(11.1%)	0	
Clark	807	(46.0%)	769	(43.9%)	74	(4.2%)	103	(5.9%)
Clay	586	(37.5%)	843	(53.9%)	134	(8.6%)	0	
Clinton	587	(46.1%)	636	(49.9%)	38	(3.0%)	13	(1.0%)
Cole	299	(20.8%)	734	(51.0%)	405	(28.2%)	0	
Cooper	1,076	(49.7%)	1,029	(47.5%)	54	(2.5%)	7	(0.3%)

Missouri

County	Claiborne F. Jackson (D)		Sample Orr (CU)		Hancock Jackson (BkD)		James B. Gardenshire (R)	
Crawford	215	(30.0%)	458	(63.9%)	39	(5.4%)	5	(0.7%)
Dallas	291	(43.6%)	370	(55.4%)	6	(0.9%)	1	(0.1%)
Dade	414	(46.5%)	398	(44.7%)	78	(8.8%)	0	
Daviess	784	(54.6%)	572	(39.8%)	70	(4.9%)	10	(0.7%)
Dent	316	(50.5%)	174	(27.8%)	130	(20.8%)	6	(0.1%)
De Kalb	487	(62.4%)	264	(33.8%)	29	(3.7%)	0	
Dunklin	100	(49.5%)	57	(28.2%)	45	(22.3%)	0	
Franklin	727	(36.0%)	654	(38.2%)	45	(2.6%)	288	(16.8%)
Gasconade	227	(36.0%)	276	(43.8%)	39	(6.2%)	88	(14.0%)
Gentry	1,212	(72.4%)	214	(12.8%)	88	(5.3%)	161	(9.6%)
Greene	502	(26.3%)	1,337	(53.9%)	137	(5.5%)	1	(0.1%)
Grundy	494	(49.1%)	476	(47.3%)	24	(2.4%)	13	(1.3%)
Harrison	792	(67.5%)	104	(8.9%)	18	(1.5%)	260	(22.1%)
Henry	771	(49.9%)	747	(48.3%)	27	(1.7%)	1	(0.1%)
Hickory	321	(60.3%)	263	(43.6%)	16	(2.7%)	3	(0.5%)
Holt	504	(47.2%)	258	(24.2%)	132	(12.4%)	173	(16.2%)
Howard	1,099	(58.7%)	743	(39.7%)	28	(1.5%)	1	(0.1%)
Howell	76	(27.0%)	190	(67.6%)	15	(5.3%)	0	
Iron	522	(64.6%)	212	(26.2%)	28	(3.5%)	46	(5.7%)
Jackson	1,693	(52.0%)	1,415	(43.5%)	105	(3.2%)	40	(1.2%)
Jasper	356	(41.6%)	422	(49.3%)	65	(7.6%)	13	(1.5%)
Jefferson	805	(56.6%)	528	(37.1%)	49	(3.4%)	40	(2.8%)
Johnson	900	(40.4%)	1,266	(56.8%)	61	(2.7%)	3	(0.1%)
Knox	844	(61.1%)	526	(38.1%)	3	(0.2%)	8	(0.6%)
Laclede	295	(36.9%)	367	(45.9%)	138	(17.3%)	0	
Lafayette	975	(38.4%)	1,538	(60.6%)	27	(1.1%)	0	
Lawrence	432	(36.4%)	638	(53.7%)	96	(8.1%)	21	(1.8%)
Lewis	1,018	(51.8%)	848	(43.1%)	101	(5.1%)	0	
Lincoln	885	(48.1%)	634	(34.5%)	307	(16.7%)	13	(0.7%)
Linn	796	(53.4%)	668	(44.8%)	7	(0.5%)	19	(1.3%)
Livingston	840	(57.5%)	583	(39.9%)	37	(2.5%)	0	
Macon	1,424	(70.4%)	484	(23.9%)	115	(5.7%)	0	
Madison	332	(47.8%)	331	(47.7%)	31	(4.5%)	0	
Marion	1,409	(48.9%)	1,322	(45.9%)	149	(5.2%)	2	(0.1%)
Maries	291	(56.5%)	44	(8.5%)	175	(34.0%)	5	(0.1%)
McDonald	336	(70.1%)	96	(20.0%)	47	(9.8%)	0	
Mercer	789	(54.7%)	613	(42.5%)	30	(2.1%)	10	(0.7%)
Miller	297	(38.3%)	267	(34.4%)	211	(27.2%)	1	(0.1%)
Mississippi	356	(60.2%)	210	(35.5%)	25	(4.2%)	0	
Moniteau	626	(40.9%)	867	(56.7%)	29	(1.9%)	8	(0.5%)
Monroe	998	(45.9%)	1,059	(48.7%)	117	(5.4%)	1	(0.1%)
Montgomery	597	(46.0%)	652	(50.3%)	14	(1.1%)	34	(2.6%)
Morgan	635	(59.6%)	366	(34.4%)	48	(4.5%)	16	(1.5%)
New Madrid	142	(34.5%)	157	(38.2%)	102	(24.8%)	0	
Newton	770	(58.6%)	480	(36.5%)	62	(4.7%)	2	(0.2%)
Nodaway	991	(75.4%)	201	(15.3%)	38	(2.9%)	84	(6.4%)
Oregon	101	(45.3%)	4	(1.8%)	118	(52.9%)	0	
Osage	418	(42.3%)	359	(36.3%)	142	(14.4%)	70	(7.1%)
Ozark & Douglas	182	(42.7%)	214	(50.2%)	30	(7.0%)	0	
Pemiscot	229	(65.6%)	120	(34.4%)	0		0	
Perry	615	(75.2%)	109	(13.3%)	32	(3.9%)	62	(7.6%)
Pettis	475	(39.5%)	699	(58.2%)	28	(2.3%)	0	
Phelps	415	(51.9%)	205	(25.7%)	168	(21.0%)	11	(1.4%)
Pike	1,548	(51.8%)	1,388	(46.4%)	50	(1.7%)	3	(0.3%)
Platte	1,056	(43.4%)	1,005	(41.3%)	368	(15.1%)	2	(0.1%)
Polk	163	(11.1%)	811	(55.1%)	498	(33.8%)	1	(0.1%)
Pulaski	297	(86.3%)	5	(1.5%)	37	(10.8%)	5	(1.5%)
Putnam	728	(60.5%)	350	(29.1%)	118	(9.8%)	8	(0.7%)
Ralls	616	(48.4%)	647	(50.8%)	9	(0.7%)	1	(0.1%)
Randolph	828	(44.4%)	852	(45.7%)	183	(9.8%)	0	
Ray	994	(54.9%)	791	(43.7%)	25	(1.4%)	1	(0.1%)
Reynolds	298	(84.9%)	27	(7.7%)	26	(7.4%)	0	
Ripley	121	(32.7%)	26	(5.8%)	303	(67.3%)	0	
St. Charles	829	(39.5%)	774	(36.9%)	60	(2.9%)	466	(22.2%)
St. Clair	395	(53.4%)	203	(27.4%)	142	(19.2%)	0	
St. Francois	647	(58.4%)	416	(37.6%)	44	(4.0%)	0	
Ste. Genevieve	556	(72.9%)	163	(21.4%)	14	(1.8%)	30	(3.9%)
St. Louis	9,764	(38.1%)	12,457	(48.6%)	219	(0.9%)	3,215	(12.5%)

County	Claiborne F. Jackson (D)		Sample Orr (CU)		Hancock Jackson (BkD)		James B. Gardenshire (R)	
Saline	933	(47.7%)	1,002	(51.3%)	19	(1.0%)	0	
Schuyler	500	(53.4%)	298	(32.2%)	124	(13.4%)	4	(0.4%)
Scotland	792	(56.1%)	493	(34.9%)	19	(1.3%)	108	(7.6%)
Scott	230	(27.9%)	313	(37.9%)	282	(34.2%)	0	
Shannon	11	(4.5%)	44	(17.8%)	181	(73.3%)	11	(4.5%)
Shelby	621	(44.9%)	576	(41.6%)	95	(6.9%)	91	(6.6%)
Stoddard	318	(43.1%)	407	(55.2%)	12	(1.6%)	0	
Stone	255	(78.2%)	26	(8.0%)	44	(13.5%)	1	(0.3%)
Sullivan	678	(52.5%)	326	(25.2%)	259	(20.0%)	29	(2.2%)
Taney	209	(54.8%)	88	(23.1%)	84	(22.0%)	0	
Texas	259	(33.1%)	132	(16.9%)	392	(50.1%)	0	
Vernon	305	(43.9%)	127	(18.3%)	261	(37.6%)	1	(0.1%)
Warren	630	(65.1%)	287	(29.7%)	32	(3.3%)	18	(1.9%)
Washington	680	(55.5%)	519	(42.3%)	26	(2.1%)	1	(0.1%)
Wayne	313	(35.4%)	166	(18.8%)	200	(22.6%)	5	(0.6%)
Webster	243	(24.1%)	582	(57.7%)	183	(18.1%)	1	(0.1%)
Wright	139	(24.9%)	160	(28.6%)	260	(46.5%)	0	
Total	**74,239**	**(47.0%)**	**66,460**	**(42.0%)**	**11,305**	**(7.1%)**	**6,134**	**(3.9%)**
	(74,446)*		(66,583)*		(11,415)*		(6,135)*	

*Stated totals.

SOURCES—Journal of the Missouri Senate, pp. 606-7; manuscript returns.

NEW HAMPSHIRE

New Hampshire was one of the original 13 states.
The office of governor, orginally called "President," was not created until 1784.
In 1792 the title was changed to governor. **Term**—One year. **Election**—Second Tuesday in March.
Majority vote—A majority of all votes cast was required for an individual to be elected governor.
In the absence of that, the matter was decided by the Legislature; the House of Representatives
nominated two from the four candidates receiving the greatest number of votes,
and the Senate then chose one of the two.

POPULATION

1786—95,801 **1790**—141,885 **1800**—183,858 **1810**—214,460 **1820**—244,161
1830—269,328 **1840**—284,574 **1850**—317,976 **1860**—326,073

The population figure for 1786 was from a state census.

1784

Meshech Ware
no returns located

1785*

	George Atkinson		John Langdon**		John Sullivan		Josiah Bartlett	
Total	2,755	(40.8%)	2,497	(37.0%)	777	(11.5%)	720	(10.7%)

*No county returns were located.
**No candidate having received a majority of the votes, the Legislature elected Langdon Governor.

SOURCE—*New Hampshire Manual, 1917.*

1786*

	John Sullivan	John Langdon	scattering
Total	4,309 (50.2%)	3,600 (42.0%)	658 (7.7%)

*No county returns located.

SOURCE—*Manual, 1917.*

1787*

	John Langdon	John Sullivan**	Josiah Bartlett	Samuel Livermore
Total	4,034 (45.3%)	3,642 (40.9%)	628 (7.1%)	603 (6.8%)

*No county returns were located.
**No candidate having received the required majority, the Legislature elected Sullivan Governor.

SOURCE—*Manual, 1917.*

1788*

	John Langdon	John Sullivan	scattering
Total	4,421 (50.0%)	3,664 (41.5%)	753 (8.5%)

*No county returns were located.

SOURCES—*New Hampshire Manual, 1917*; A. S. Batchellor (ed.), Nathaniel Bouton et al., *Documents & Records Relating to New Hampshire*, Volume 20, New Hampshire State Papers.

1789*

	John Sullivan**	John Pickering	Josiah Bartlett	scattering
Total	3,657 (42.9%)	3,488 (40.9%)	968 (11.3%)	421 (4.9%)

*No county returns were located.
**Legislature chose Sullivan, no candidate having received the required majority vote.

SOURCE—*Manual, 1917,* p.136.

1790*

	John Pickering	Joshua Wentworth	Josiah Bartlett**	Nathaniel Peabody
Total	3,189 (42.4%)	2,369 (31.5%)	1,676 (22.3%)	294 (3.9%)

*No county returns were located.
**Chosen by the Legislature, no candidate having received the required majority vote.

SOURCE—*Manual, 1917.*

1791*

	Josiah Bartlett	scattering
Total	8,679 (96.8%)	288 (3.2%)

*No county returns were located.

SOURCE—*Manual, 1917.*

1792*

	Josiah Bartlett	scattering
Total	8,092 (96.5%)	297 (3.5%)

*No county returns were located.

SOURCE—*Manual, 1917.*

1793*

	Josiah Bartlett	John Langdon	John T. Gilman	Timothy Walker
Total	7,388 (75.5%)	1,306 (13.3%)	708 (7.2%)	382 (3.9%)

*No county returns were located.

SOURCE—*Manual, 1917.*

1794*

	John T. Gilman (F)	scattering
Total	7,629 (72.9%)	2,841 (27.1%)

*No county returns were located.

SOURCE—*Manual, 1917.*

1795*

	John T. Gilman (F)	scattering
Total	9,340 (98.9%)	100 (1.1%)

*No county returns were located.

SOURCE—*Manual, 1917.*

1796*

	John T. Gilman	scattering
Total	7,809 (72.5%)	2,966 (27.5%)

*No county returns were located.

SOURCE—*Manual, 1917.*

1797*

	John T. Gilman (F)	scattering
Total	9,625 (88.9%)	1,198 (11.1%)

*No county returns were located.

SOURCE—*Manual, 1917.*

New Hampshire

1798*

	John T. Gilman (F)	Oliver Peabody (D-R)	Timothy Walker	John Langdon	scattering
Total	9,397 (77.3%)	1,189 (15.6%)	734 (6.0%)	364 (3.0%)	469 (3.9%)

*No county returns were located.

SOURCE—*Manual, 1917.*

1799*

	John T. Gilman (F)	scattering
Total	10,138 (86.4%)	1,600 (13.6%)

*No county returns were located.

SOURCE—*Manual, 1917.*

1800*

	John T. Gilman (F)	Timothy Walker (D-R)
Total	10,362 (63.2%)	6,039 (36.8%)

*No county returns located.

SOURCE—*Manual, 1917.*

1801*

	John T. Gilman (F)	Timothy Walker (D-R)
Total	10,898 (67.5%)	5,249 (32.5%)

*No county returns were located.

SOURCE—*Manual, 1917.*

1802

County	John T. Gilman (F)	John Langdon (D-R)
Cheshire	2,714 (76.3%)	844 (23.7%)
Grafton	1,606 (65.9%)	831 (34.1%)
Hillsborough	1,923 (46.2%)	2,237 (53.8%)
Rockingham	2,377 (42.5%)	3,212 (57.5%)
Strafford	1,757 (51.9%)	1,629 (48.1%)
Total	10,377 (54.2%)	8,753 (45.8%)

SOURCES—*Manual, 1917;* (Walpole) *Farmers Weekly Museum,* June 22, 1802.

1803*

	John T. Gilman (F)	John Langdon (D-R)
Total	12,263 (57.6%)	9,011 (42.4%)

*No county returns were located.

SOURCE—*Manual, 1917.*

1804*

	John T. Gilman (F)	John Langdon (D-R)
Total	12,246 (50.5%)	12,009 (49.5%)

*No county returns were located.

SOURCE—*Manual, 1917.*

1805*

	John Langdon (D-R)	John T. Gilman (F)
Total	16,097 (56.7%)	12,287 (43.3%)

*No county returns were located.

SOURCE—*Manual, 1917.*

1806

County	John Langdon (D-R)	John T. Gilman (F)	Timothy Farrar (F)	Jeremiah Smith	Oliver Peabody
Cheshire	2,767 (64.8%)	241 (5.6%)	702 (16.4%)	174 (4.1%)	384 (9.0%)
Coos	205 (88.3%)	1 (0.4%)	0	19 (8.2%)	7 (3.0%)
Grafton	1,501 (64.7%)	324 (14.0%)	0	430 (18.5%)	66 (2.8%)
Hillsborough	4,008 (76.4%)	122 (2.3%)	889 (17.0%)	207 (3.9%)	18 (3.4%)
Rockingham	4,128 (84.9%)	537 (11.0%)	0	72 (1.5%)	123 (2.5%)
Strafford	2,668 (83.2%)	379 (1.8%)	4 (1.2%)	2 (0.6%)	155 (4.8%)
Total	15,277 (75.9%)	1,604 (8.0%)	1,595 (7.9%)	904 (4.5%)	753 (3.7%)

SOURCES—Manuscript returns; state archives, Concord.

1807

County	John Langdon (D-R)		John T. Gilman (F)		Jeremiah Smith		scattering	
Cheshire	2,466	(74.3%)	373	(11.2%)	254	(7.7%)	225	(6.8%)
Coos	261	(78.7%)	21	(6.3%)	51	(15.3%)	0	
Grafton	1,525	(80.7%)	27	(1.4%)	151	(8.0%)	186	(9.8%)
Hillsborough	3,484	(85.5%)	44	(1.1%)	112	(2.7%)	436	(10.7%)
Rockingham	3,435	(86.4%)	293	(7.4%)	30	(0.8%)	219	(5.5%)
Strafford	2,759	(90.9%)	211	(7.0%)	39	(1.3%)	25	(0.8%)
Total	13,930	(83.8%)	969	(5.8%)	637	(3.8%)	1,091	(6.6%)

SOURCE—Manuscript returns.

1808

County	John Langdon (D-R)		John T. Gilman (F)	
Cheshire	2,485	(87.4%)	357	(12.6%)
Coos	180	(85.3%)	31	(14.7%)
Grafton	1,745	(84.4%)	322	(15.6%)
Hillsborough	2,107	(95.9%)	91	(4.1%)
Rockingham	3,878	(94.0%)	247	(6.0%)
Strafford	2,546	(94.7%)	143	(5.3%)
Total	12,941	(91.6%)	1,191	(8.4%)

SOURCE—Manuscript returns.

1809

County	Jeremiah Smith (F)		John Langdon (D-R)	
Cheshire	3,671	(60.3%)	2,412	(39.7%)
Coos	426	(44.7%)	526	(55.3%)
Grafton	2,693	(65.1%)	1,442	(34.9%)
Hillsborough	2,827	(42.9%)	3,827	(57.1%)
Rockingham	3,531	(44.0%)	4,491	(56.0%)
Strafford	2,675	(48.8%)	2,806	(51.2%)
Total	15,823	(50.5%)	15,504	(49.5%)

SOURCE—Manuscript returns.

1810

County	John Langdon (D-R)		Jeremiah Smith (F)	
Cheshire	2,801	(43.5%)	3,635	(56.5%)
Coos	283	(58.1%)	204	(41.9%)
Grafton	1,714	(39.5%)	2,630	(60.5%)
Hillsborough	4,208	(61.4%)	2,640	(38.6%)
Rockingham	4,616	(56.6%)	3,539	(43.4%)
Strafford	2,860	(53.2%)	2,518	(46.8%)
Total	16,482	(52.1%)	15,166	(47.9%)

SOURCE—Manuscript returns.

1811

County	John Langdon (D-R)		Jeremiah Smith (F)	
Cheshire	2,831	(46.4%)	3,265	(53.6%)
Coos	318	(62.7%)	189	(37.3%)
Grafton	1,892	(43.8%)	2,425	(56.2%)
Hillsborough	4,578	(63.5%)	2,634	(36.5%)
Rockingham	4,636	(57.2%)	3,468	(42.8%)
Strafford	3,297	(57.0%)	2,491	(43.0%)
Total	17,552	(54.3%)	14,772	(45.7%)

SOURCE—Manuscript returns.

1812

County	John T. Gilman (F)		William Plumer (D-R)	
Cheshire	3,591	(55.6%)	2,863	(44.4%)
Coos	186	(35.3%)	341	(64.7%)
Grafton	2,535	(58.1%)	1,826	(41.9%)
Hillsborough	2,767	(39.7%)	4,200	(60.3%)
Rockingham	3,889	(52.9%)	3,461	(47.1%)
Strafford	2,646	(48.6%)	2,801	(51.4%)
Total	15,614	(50.2%)	15,492	(49.8%)

SOURCE—Manuscript returns.

1813

County	John T. Gilman (F)		William Plumer (D-R)	
Cheshire	4,176	(58.6%)	2,945	(41.4%)
Coos	243	(43.9%)	311	(56.1%)
Grafton	2,956	(62.3%)	1,788	(37.7%)
Hillsborough	3,129	(40.5%)	4,596	(59.5%)
Rockingham	4,383	(49.3%)	4,511	(50.7%)
Strafford	3,224	(34.5%)	3,267	(65.5%)
Total	18,111	(51.0%)	17,418	(49.0%)

SOURCE—Manuscript returns.

1814

County	John T. Gilman (F)		William Plumer (D-R)	
Cheshire	4,731	(59.7%)	3,197	(40.3%)
Coos	266	(43.1%)	351	(56.9%)
Grafton	3,229	(62.3%)	1,952	(37.7%)
Hillsborough	3,519	(41.5%)	4,968	(58.5%)
Rockingham	4,108	(46.7%)	4,691	(53.3%)
Strafford	3,522	(49.2%)	3,635	(50.8%)
Total	19,675	(51.1%)	18,794	(48.9%)

SOURCE—Manuscript returns.

New Hampshire

1815

County	John T. Gilman (F)		William Plumer (D-R)	
Cheshire	4,497	(59.2%)	3,101	(40.8%)
Coos	270	(46.8%)	307	(53.2%)
Grafton	3,023	(62.9%)	1,780	(37.1%)
Hillsborough	3,318	(40.4%)	4,900	(59.6%)
Rockingham	4,193	(48.5%)	4,447	(51.5%)
Strafford	3,056	(48.4%)	3,264	(51.6%)
Total	18,357	(50.8%)	17,799	(49.2%)

SOURCE—Manuscript returns.

1816

County	William Plumer (D-R)		James Sheafe (F)	
Cheshire	3,510	(43.7%)	4,525	(56.3%)
Coos	335	(61.2%)	212	(38.8%)
Grafton	2,121	(43.7%)	2,735	(56.3%)
Hillsborough	5,415	(63.6%)	3,096	(36.4%)
Rockingham	5,046	(58.8%)	4,235	(41.2%)
Strafford	3,911	(55.1%)	3191	(44.9%)
Total	20,338	(53.1%)	17,994	(46.9%)

SOURCE—Manuscript returns.

1817

County	William Plumer (D-R)		James Sheafe (F)		Jeremiah Mason (F)		Josiah Bartlett	
Cheshire	3,273	(45.2%)	637	(8.8%)	3,318	(45.8%)	14	(0.2%)
Coos	358	(67.3%)	173	(32.5%)	1	(0.2%)	0	
Grafton	1,933	(43.7%)	2,374	(53.7%)	21	(0.5%)	96	(2.2%)
Hillsborough	5,379	(64.8%)	2,734	(32.9%)	185	(2.2%)	7	(0.8%)
Rockingham	4,576	(54.8%)	3,541	(42.4%)	24	(0.3%)	205	(2.5%)
Strafford	3,569	(54.6%)	2,570	(39.3%)	52	(0.8%)	342	(5.2%)
Total	19,088	(53.9%)	12,029	(34.0%)	3,601	(10.2%)	664	(1.9%)

SOURCE—Manuscript returns.

1818

County	William Plumer (D-R)		Jeremiah Mason (F)		William Hale (F)	
Cheshire	3,270	(49.1%)	3,181	(47.7%)	213	(3.2%)
Coos	418	(72.3%)	160	(27.7%)	0	
Grafton	2,162	(47.7%)	2,122	(46.8%)	244	(5.4%)
Hillsborough	5,216	(73.5%)	715	(10.1%)	1,169	(16.5%)
Rockingham	4,091	(63.2%)	658	(10.2%)	1,724	(26.6%)
Strafford	3,517	(67.5%)	14	(2.7%)	1,679	(32.2%)
Total	18,674	(61.1%)	6,846	(22.4%)	5,029	(16.5%)

SOURCE—Manuscript returns.

1819

County	Samuel Bell (D-R)		William Hale (F)		David L. Morrill		scattering	
Cheshire	2,786	(54.7%)	2,094	(41.1%)	8	(0.2%)	202	(4.0%)
Coos	331	(68.0%)	143	(29.4%)	0		13	(2.7%)
Grafton	1,937	(47.8%)	2,105	(51.9%)	0		10	(0.2%)
Hillsborough	2,708	(48.6%)	1,834	(32.9%)	879	(15.8%)	146	(2.6%)
Rockingham	3,647	(69.0%)	1,593	(30.1%)	2	(0.04%)	47	(0.9%)
Strafford	2,352	(70.3%)	858	(25.6%)	0		138	(4.1%)
Total	13,761	(57.7%)	8,627	(36.2%)	889	(3.7%)	556	(2.3%)

SOURCE—Manuscript returns.

1820

County	Samuel Bell (D-R)		William Hale (F)		David L. Morrill		Jeremiah Mason		scattering	
Cheshire	3,955	(90.8%)	15	(0.3%)	1	(0.02%)	69	(1.6%)	315	(7.2%)
Coos	642	(98.6%)	0		1	(0.2%)	0		8	(1.2%)
Grafton	3,537	(94.3%)	10	(0.3%)	0		129	(3.4%)	75	(2.0%)
Hillsborough	3,977	(82.6%)	3	(0.1%)	486	(10.1%)	73	(1.5%)	275	(5.7%)

County	Samuel Bell (D-R)		William Hale (F)		David L. Morrill		Jeremiah Mason		scattering	
Rockingham	5,364	(87.0%)	521	(8.4%)	103	(1.7%)	66	(1.1%)	113	(1.8%)
Strafford	4,600	(94.4%)	45	(0.9%)	2	(0.04%)	117	(2.4%)	107	(2.2%)
Total	22,075	(89.7%)	594	(2.4%)	593	(2.4%)	454	(1.8%)	893	(3.6%)

SOURCE—Manuscript returns.

1821

County	Samuel Bell (D-R)		scattering	
Cheshire	4,454	(93.1%)	330	(6.9%)
Coos	673	(98.1%)	9	(1.9%)
Grafton	3,928	(96.3%)	150	(3.7%)
Hillsborough	3,478	(82.9%)	717	(17.1%)
Rockingham	5,049	(92.8%)	389	(7.2%)
Strafford	5,133	(94.7%)	285	(5.3%)
Total	22,715	(92.4%)	1,880	(7.6%)

SOURCE—Manuscript returns.

1822

County	Samuel Bell (D-R)		scattering	
Cheshire	4,648	(91.1%)	456	(8.9%)
Coos	812	(99.6%)	3	(0.4%)
Grafton	3,791	(99.2%)	32	(0.8%)
Hillsborough	3,405	(92.6%)	273	(7.4%)
Rockingham	5,134	(96.6%)	182	(3.4%)
Strafford	5,234	(99.6%)	23	(0.4%)
Total	22,934	(95.9%)	969	(4.1%)

SOURCE—Manuscript returns.

1823

County	Levi Woodbury (IR)		Samuel Dinsmoor (D-R)		scattering	
Cheshire	2,190	(40.8%)	3,154	(58.7%)	30	(0.6%)
Coos	236	(29.0%)	556	(68.2%)	3	(0.4%)
Grafton	2,447	(56.4%)	1,871	(43.1%)	23	(0.5%)
Hillsborough	2,860	(45.1%)	3,373	(53.2%)	93	(1.5%)
Rockingham	5,032	(69.3%)	2,175	(29.9%)	56	(0.8%)
Strafford	4,230	(72.5%)	1,587	(27.2%)	21	(0.4%)
Total	16,995	(56.8%)	12,716	(42.5%)	226	(0.8%)

SOURCE—Manuscript returns.

1824

County	David L. Morrill (Ad)*		Levi Woodbury (J)		Jeremiah Smith (Ad)		scattering	
Cheshire	3,171	(57.5%)	990	(17.9%)	1,326	(24.0%)	32	(0.6%)
Coos	360	(42.1%)	469	(54.9%)	18	(2.1%)	8	(0.9%)
Grafton	2,069	(48.1%)	1,660	(38.6%)	534	(12.4%)	36	(0.8%)
Hillsborough	2,878	(68.4%)	913	(21.7%)	364	(8.7%)	53	(1.3%)
Merrimack	2,741	(64.0%)	552	(12.9%)	830	(19.4%)	157	(3.7%)
Rockingham	1,780	(35.4%)	3,053	(60.7%)	71	(1.4%)	129	(2.6%)
Strafford	1,986	(31.7%)	4,104	(65.5%)	157	(2.5%)	23	(0.4%)
Total	14,985	(49.2%)	11,741	(38.5%)	3,300	(10.8%)	438	(1.4%)

*No candidate having received a majority of votes, the Legislature elected Morrill Governor.

SOURCE—Manuscript returns.

1825

County	David L. Morrill (Ad)		scattering	
Cheshire	5,430	(99.1%)	47	(0.9%)
Coos	801	(99.4%)	5	(0.6%)
Grafton	4,462	(98.3%)	76	(1.7%)
Hillsborough	4,389	(97.3%)	122	(2.7%)
Merrimack	3,917	(94.6%)	222	(5.4%)
Rockingham	4,741	(97.0%)	147	(3.0%)
Strafford	6,030	(98.1%)	114	(1.9%)
Total	29,770	(97.6%)	733	(2.4%)

SOURCE—Manuscript returns.

1826

County	David L. Morrill (Ad)		Benjamin Pierce (J)		scattering	
Cheshire	4,286	(79.6%)	1,050	(19.5%)	49	(0.9%)
Coos	374	(42.5%)	500	(56.9%)	5	(0.6%)
Grafton	2,688	(61.8%)	1,525	(35.0%)	138	(3.2%)
Hillsborough	3,112	(66.3%)	1,533	(32.6%)	52	(1.1%)
Merrimack	1,828	(41.2%)	2,565	(57.8%)	41	(0.9%)
Rockingham	1,707	(38.6%)	2,653	(60.0%)	59	(1.3%)
Strafford	3,583	(58.7%)	2,461	(40.3%)	59	(1.0%)
Total	17,578	(58.1%)	12,287	(40.6%)	403	(1.3%)

SOURCE—Manuscript returns.

New Hampshire

1827

County	Benjamin Pierce (J)		David L. Morrill (Ad)		scattering	
Cheshire	3,928	(81.3%)	714	(14.8%)	192	(4.0%)
Coos	855	(61.1%)	26	(18.6%)	33	(23.6%)
Grafton	3,798	(89.7%)	285	(6.7%)	153	(3.6%)
Hillsborough	2,602	(68.6%)	1,012	(26.7%)	179	(4.7%)
Merrimack	3,534	(86.2%)	193	(4.7%)	374	(9.1%)
Rockingham	4,022	(91.4%)	178	(4.0%)	201	(4.6%)
Strafford	5,586	(95.0%)	133	(2.3%)	163	(2.8%)
Total	23,695	(86.1%)	2,541	(9.2%)	1,295	(4.7%)

SOURCE—Manuscript returns.

1828

County	John Bell (Ad)		Benjamin Pierce (J)	
Cheshire	3,045	(73.2%)	1,102	(26.8%)
Coos	322	(32.2%)	677	(67.8%)
Grafton	3,246	(53.5%)	2,817	(46.5%)
Hillsborough	3,113	(51.1%)	2,981	(48.9%)
Merrimack	2,511	(43.3%)	3,288	(56.7%)
Rockingham	3,092	(58.2%)	2,217	(41.8%)
Strafford	4,135	(49.5%)	4,219	(50.5%)
Sullivan	1,585	(53.6%)	1,372	(46.4%)
Total	21,049	(53.0%)	18,673	(47.0%)

SOURCE—Manuscript returns.

1829

County	Benjamin Pierce (J)		John Bell (NR)	
Cheshire	1,422	(33.9%)	2,777	(66.1%)
Coos	778	(70.0%)	333	(30.0%)
Grafton	3,166	(51.7%)	3,022	(48.3%)
Hillsborough	3,282	(53.7%)	2,826	(46.3%)
Merrimack	3,945	(63.3%)	2,288	(36.7%)
Rockingham	3,376	(51.2%)	3,214	(48.8%)
Strafford	4,889	(58.2%)	3,505	(41.8%)
Sullivan	1,757	(52.1%)	1,618	(47.9%)
Total	22,615	(53.6%)	19,583	(46.4%)

SOURCE—Manuscript returns.

1830

County	Matthew Harvey (J)		Timothy Upham (NR)	
Cheshire	1,550	(37.0%)	2,642	(63.0%)
Coos	868	(71.4%)	347	(28.6%)
Grafton	3,288	(54.1%)	2,793	(45.9%)
Hillsborough	3,525	(56.5%)	2,719	(43.5%)
Merrimack	3,974	(65.8%)	2,063	(34.2%)
Rockingham	3,332	(49.5%)	3,404	(50.5%)
Strafford	4,803	(57.2%)	3,589	(42.8%)
Sullivan	1,874	(55.8%)	1,483	(44.2%)
Total	23,214	(54.9%)	19,040	(45.1%)

SOURCE—Manuscript returns.

1831

County	Samuel Dinsmoor (J)		Ichabod Bartlett (NR)	
Cheshire	1,705	(39.5%)	2,612	(60.5%)
Coos	922	(70.7%)	382	(29.3%)
Grafton	3,386	(54.4%)	2,838	(45.6%)
Hillsborough	3,623	(55.6%)	2,890	(44.4%)
Merrimack	3,810	(63.4%)	2,199	(36.6%)
Rockingham	3,549	(53.4%)	3,194	(46.6%)
Strafford	4,722	(58.2%)	3,399	(41.8%)
Sullivan	1,941	(55.9%)	1,530	(44.1%)
Total	23,658	(55.4%)	19,044	(44.6%)

SOURCE—Manuscript returns.

1832

County	Samuel Dinsmoor (D)		Ichabod Bartlett (NR)	
Cheshire	1,860	(47.9%)	2,020	(52.1%)
Coos	1,093	(83.8%)	212	(16.2%)
Grafton	3,790	(63.8%)	2,151	(36.2%)
Hillsborough	3,290	(60.5%)	2,147	(39.5%)
Merrimack	3,633	(66.5%)	1,828	(33.5%)
Rockingham	3,420	(56.7%)	2,615	(43.3%)
Strafford	5,178	(65.3%)	2,748	(34.7%)
Sullivan	1,903	(61.3%)	1,199	(38.7%)
Total	24,167	(61.8%)	14,920	(38.2%)

SOURCE—Manuscript returns.

1833

County	Samuel Dinsmoor (D)		Arthur Livermore (NR)		scattering	
Cheshire	2,423	(80.6%)	474	(15.8%)	132	(4.4%)
Coos	1,102	(93.5%)	62	(5.3%)	15	(1.3%)
Grafton	4,135	(79.9%)	1,006	(19.4%)	33	(0.6%)
Hillsborough	3,755	(84.3%)	91	(2.0%)	610	(13.7%)
Merrimack	4,265	(80.6%)	969	(18.3%)	60	(1.1%)

New Hampshire

County	Samuel Dinsmoor (D)		Arthur Livermore (NR)		scattering	
Rockingham	4,354	(90.4%)	372	(7.7%)	93	(1.9%)
Strafford	5,748	(84.4%)	790	(11.6%)	271	(4.0%)
Sullivan	2,428	(91.6%)	195	(7.4%)	28	(1.1%)
Total	28,210	(84.4%)	3,959	(11.8%)	1,242	(3.7%)*

*Includes 575 votes for Charles Artherton all in Hillsborough and 335 votes for Ichabod Bartlett in three counties.

SOURCE—Manuscript returns.

1834

County	William Badger (D)		scattering	
Cheshire	1,839	(94.4%)	108	(5.6%)
Coos	992	(99.0%)	10	(1.0%)
Grafton	4,034	(93.5%)	281	(6.5%)
Hillsborough	3,654	(97.2%)	104	(2.8%)
Merrimack	5,122	(98.4%)	84	(1.6%)
Rockingham	4,812	(96.4%)	182	(3.6%)
Strafford	6,077	(91.3%)	580	(8.7%)
Sullivan	2,012	(95.0%)	106	(5.0%)
Total	28,542	(95.2%)	1,455	(4.9%)

SOURCE—Manuscript returns.

1835

County	William Badger (D)		Joseph Healey (W)	
Cheshire	1,817	(45.4%)	2,182	(54.6%)
Coos	985	(77.3%)	289	(22.7%)
Grafton	3,804	(64.2%)	2,125	(35.8%)
Hillsborough	3,767	(64.5%)	2,074	(35.5%)
Merrimack	3,975	(69.4%)	1,745	(30.6%)
Rockingham	4,082	(62.3%)	2,471	(37.7%)
Strafford	5,268	(65.3%)	2,604	(34.7%)
Sullivan	2,069	(60.7%)	1,339	(39.3%)
Total	25,767	(63.5%)	14,829	(36.5%)

SOURCE—Manuscript returns.

1836

County	Issac Hill (D)		Joseph Healey (W)		George Sullivan		William Badger (D)		scattering	
Cheshire	1,883	(50.7%)	0		1,807	(48.7%)	1	(0.3%)	20	(0.5%)
Coos	1,056	(95.6%)	15	(1.4%)	12	(1.1%)	12	(1.1%)	10	(0.9%)
Grafton	3,674	(87.2%)	248	(5.9%)	5	(0.1%)	95	(2.3%)	192	(4.6%)
Hillsborough	3,672	(93.4%)	34	(0.9%)	161	(4.1%)	2	(0.5%)	61	(1.6%)
Merrimack	3,965	(84.6%)	425	(9.1%)	171	(3.6%)	28	(0.6%)	99	(2.1%)
Rockingham	3,563	(88.0%)	263	(6.5%)	8	(0.2%)	9	(0.2%)	204	(5.0%)
Strafford	5,164	(85.3%)	645	(10.7%)	50	(0.8%)	157	(2.6%)	35	(0.6%)
Sullivan	1,927	(66.1%)	936	(32.1%)	16	(0.6%)	14	(0.5%)	22	(0.8%)
Total	24,904	(81.2%)	2,566	(8.4%)	2,230	(7.3%)	318	(1.0%)	643	(2.1%)

SOURCE—Manuscript returns.

1837

County	Isaac Hill (D)		Joseph Healey (W)		George Sullivan		scattering	
Cheshire	1,579	(94.8%)	1	(0.1%)	54	(3.3%)	34	(2.1%)
Coos	951	(98.7%)	0		0		13	(1.3%)
Grafton	3,451	(95.2%)	10	(0.3%)	0		165	(4.6%)
Hillsborough	2,739	(95.8%)	2	(0.1%)	0		117	(4.1%)
Merrimack	3,945	(86.9%)	470	(10.3%)	7	(1.5%)	122	(2.7%)
Rockingham	3,186	(81.9%)	0		197	(5.1%)	505	(13.0%)
Strafford	4,825	(98.4%)	15	(0.3%)	2	(0.04%)	61	(1.2%)
Sullivan	1,724	(89.3%)	47	(2.4%)	85	(4.4%)	74	(3.8%)
Total	22,391	(91.9%)	545	(2.2%)	345	(1.4%)	1,091	(4.5%)
	(22,361)*		(557)*		(458)*		(1,156)*	

*Stated totals.

SOURCE—Manuscript returns.

1838

County	Issac Hill (D)		James Wilson (W)	
Cheshire	2,064	(36.4%)	3,603	(63.6%)
Coos	1,209	(73.5%)	435	(26.5%)
Grafton	4,278	(54.6%)	3,562	(45.4%)
Hillsborough	4,585	(55.2%)	3,728	(44.8%)
Merrimack	4,570	(66.2%)	2,898	(33.8%)
Rockingham	4,059	(49.7%)	4,103	(50.3%)
Strafford	5,777	(54.3%)	4,868	(45.7%)
Sullivan	2,145	(51.1%)	2,045	(48.9%)
Total	28,687	(53.2%)	25,242	(46.8%)

SOURCE—Manuscript returns.

1839

County	John Page (D)		James Wilson (W)	
Cheshire	2,227	(38.1%)	3,394	(61.9%)
Coos	1,271	(73.9%)	449	(26.1%)
Grafton	4,683	(85.6%)	3,311	(14.4%)
Hillsborough	4,700	(57.4%)	3,495	(42.6%)
Merrimack	4,747	(64.8%)	2,583	(35.2%)
Rockingham	4,423	(53.3%)	3,881	(46.7%)
Strafford	6,213	(55.8%)	4,929	(44.2%)
Sullivan	2,259	(54.6%)	1,879	(45.4%)
Total	30,523	(56.1%)	23,921	(43.9%)

SOURCE—Manuscript returns.

1840

County	John Page (D)		Enos Stevens (W)		scattering	
Cheshire	2,230	(41.9%)	3,034	(57.0%)	56	(1.1%)
Coos	1,263	(75.0%)	419	(24.9%)	3	(0.2%)
Grafton	4,579	(61.0%)	2,803	(37.4%)	121	(1.6%)
Hillsborough	4,594	(57.2%)	3,372	(42.0%)	70	(0.9%)
Merrimack	4,448	(67.4%)	2,105	(31.9%)	48	(0.7%)
Rockingham	4,245	(56.9%)	3,100	(41.5%)	121	(1.6%)
Strafford	6,004	(58.5%)	4,179	(40.7%)	89	(0.9%)
Sullivan	2,158	(55.3%)	1,704	(43.7%)	37	(0.9%)
Total	29,521	(58.1%)	20,716	(40.8%)	545	(1.1%)

SOURCE—Manuscript returns.

1841

County	John Page (D)		Enos Stevens (W)		Daniel Hoit (Lty)	
Belknap	2,054	(59.6%)	1,354	(39.3%)	38	(1.1%)
Carroll	2,181	(62.7%)	1,151	(33.1%)	146	(4.2%)
Cheshire	2,071	(40.9%)	2,862	(56.5%)	166	(3.3%)
Coos	1,289	(72.3%)	491	(27.5%)	3	(0.2%)
Grafton	4,579	(59.6%)	2,885	(37.5%)	222	(2.9%)
Hillsborough	4,507	(56.0%)	3,258	(40.5%)	287	(3.6%)
Merrimack	4,577	(65.9%)	2,259	(32.5%)	109	(1.6%)
Rockingham	4,363	(54.7%)	3,514	(44.1%)	95	(1.1%)
Strafford	1,737	(47.0%)	1,861	(50.3%)	101	(2.7%)
Sullivan	2,088	(55.7%)	1,623	(43.3%)	117	(3.1%)
Total	29,446	(56.6%)	21,258	(40.9%)	1,284	(2.5%)

SOURCE—Manuscript returns.

1842

County	Henry Hubbard (D)		Enos Stevens (W)		John H. White (ID)		Daniel Hoit (Lty)	
Belknap	1,639	(54.8%)	746	(24.9%)	469	(15.7%)	136	(4.5%)
Carroll	1,791	(71.4%)	538	(21.5%)	85	(3.4%)	93	(3.7%)
Cheshire	2,098	(43.5%)	1,540	(31.9%)	791	(16.4%)	396	(8.2%)
Coos	1,328	(74.9%)	238	(13.4%)	200	(11.3%)	7	(0.4%)
Grafton	4,113	(56.7%)	2,084	(28.7%)	627	(8.6%)	432	(6.0%)
Hillsborough	4,447	(57.4%)	2,510	(32.4%)	267	(3.4%)	525	(6.8%)
Merrimack	3,612	(56.7%)	1,108	(17.4%)	1,395	(21.9%)	254	(4.0%)
Rockingham	3,858	(55.3%)	1,226	(17.6%)	1,610	(23.1%)	287	(4.1%)
Strafford	1,909	(51.6%)	1,232	(33.3%)	162	(4.4%)	395	(10.7%)
Sullivan	2,040	(56.6%)	1,012	(28.1%)	263	(7.3%)	287	(8.0%)
Total	26,835	(56.2%)	12,234	(25.6%)	5,869	(12.3%)	2,812	(5.9%)

SOURCE—Manuscript returns.

1843

County	Henry Hubbard (D)		Anthony Colby (W)		John H. White (C)		Daniel Hoit (Lty)	
Belknap	1,235	(47.4%)	618	(23.7%)	708	(27.2%)	46	(1.8%)
Carroll	1,576	(62.8%)	537	(21.4%)	271	(10.8%)	127	(5.1%)
Cheshire	1,968	(43.0%)	1,858	(40.6%)	423	(9.2%)	331	(7.2%)
Coos	1,165	(71.4%)	305	(18.6%)	157	(9.6%)	4	(0.2%)
Grafton	3,564	(52.8%)	2,048	(30.4%)	849	(12.6%)	283	(4.2%)
Hillsborough	3,842	(54.2%)	1,992	(28.1%)	477	(6.7%)	774	(10.9%)
Merrimack	3,113	(52.9%)	1,369	(23.3%)	1,082	(18.4%)	317	(5.4%)
Rockingham	3,225	(46.4%)	1,984	(28.6%)	1,064	(15.3%)	672	(9.7%)
Strafford	1,582	(47.8%)	810	(24.5%)	316	(9.5%)	601	(18.2%)
Sullivan	1,780	(54.0%)	1,032	(31.3%)	250	(7.6%)	237	(7.2%)
Total	23,050	(51.7%)	12,553	(28.2%)	5,597	(12.6%)	3,392	(7.6%)

SOURCE—Manuscript returns.

1844

County	John H. Steele (D)		Anthony Colby (W)		Daniel Hoit (Lty)		John H. White (C)	
Belknap	1,575	(54.6%)	779	(27.0%)	221	(7.7%)	311	(0.8%)
Carroll	2,195	(67.5%)	713	(21.9%)	326	(10.0%)	18	(0.6%)
Cheshire	2,077	(41.7%)	2,373	(47.6%)	528	(10.6%)	7	(0.1%)
Coos	1,412	(76.2%)	346	(18.7%)	22	(1.2%)	72	(3.9%)
Grafton	3,745	(51.2%)	2,147	(29.3%)	907	(12.4%)	519	(7.1%)
Hillsborough	4,495	(54.6%)	2,503	(30.4%)	1,120	(13.6%)	114	(1.4%)
Merrimack	3,081	(59.0%)	1,066	(20.4%)	641	(12.3%)	435	(8.3%)
Rockingham	3,589	(49.1%)	2,470	(33.8%)	820	(11.2%)	437	(6.0%)
Strafford	1,930	(50.3%)	1,197	(31.2%)	680	(17.7%)	32	(0.8%)
Sullivan	1,887	(52.6%)	1,156	(32.2%)	502	(14.0%)	43	(1.2%)
Total	**25,986**	**(53.6%)**	**14,750**	**(30.4%)**	**5,767**	**(11.9%)**	**1,988**	**(4.1%)**

SOURCE—Manuscript returns.

1845

County	John H. Steele (D)		Anthony Colby (W)		Daniel Hoit (Lty)		scattering	
Belknap	1,172	(45.2%)	800	(30.9%)	292	(11.3%)	329	(12.7%)
Carroll	1,788	(62.5%)	732	(25.6%)	290	(10.2%)	52	(1.8%)
Cheshire	1,889	(41.6%)	2,192	(48.3%)	450	(9.9%)	10	(0.2%)
Coos	1,293	(71.3%)	300	(16.5%)	189	(10.4%)	32	(1.8%)
Grafton	3,338	(48.9%)	2,207	(32.4%)	1,124	(16.5%)	153	(2.2%)
Hillsborough	4,083	(52.5%)	2,683	(34.5%)	947	(12.2%)	58	(0.7%)
Merrimack	3,220	(57.7%)	1,497	(26.8%)	700	(12.5%)	161	(2.9%)
Rockingham	3,406	(49.3%)	2,567	(37.2%)	833	(12.1%)	102	(1.5%)
Strafford	1,504	(42.8%)	1,398	(39.8%)	529	(15.0%)	84	(2.4%)
Sullivan	1,713	(51.0%)	1,209	(36.0%)	432	(12.9%)	6	(0.2%)
Total	**23,406**	**(51.1%)**	**15,585**	**(34.1%)**	**5,786**	**(12.6%)**	**988**	**(2.2%)**

SOURCE—Manuscript returns.

1846

County	Jared W. Williams (D)		Anthony Colby (W)*		Nathaniel S. Berry (Lty)	
Belknap	1,708	(51.6%)	854	(25.8%)	747	(22.6%)
Carroll	1,764	(50.1%)	672	(19.1%)	1,087	(30.9%)
Cheshire	2,116	(41.4%)	2,488	(48.7%)	507	(9.9%)
Coos	1,525	(73.9%)	276	(13.4%)	263	(12.7%)
Grafton	3,768	(49.7%)	2,248	(29.6%)	1,570	(20.7%)
Hillsborough	4,645	(49.4%)	3,402	(36.2%)	1,352	(14.4%)
Merrimack	4,019	(55.0%)	1,714	(23.5%)	1,570	(21.5%)
Rockingham	3,721	(44.6%)	2,972	(35.6%)	1,645	(19.7%)
Strafford	1,574	(35.7%)	1,851	(42.0%)	985	(22.3%)
Sullivan	1,900	(49.5%)	1,260	(32.8%)	677	(17.6%)
Total	**26,740**	**(48.7%)**	**17,737**	**(32.3%)**	**10,403**	**(19.0%)**

*No candidate having received the required majority of the vote, the Legislature elected Colby Governor.

SOURCE—Manuscript returns.

1847

County	Jared W. Williams (D)		Anthony Colby (W)		Nathaniel S. Berry (Lty)	
Belknap	2,047	(55.4%)	1,116	(30.2%)	531	(14.4%)
Carroll	2,146	(55.0%)	1,009	(25.9%)	744	(19.1%)
Cheshire	2,402	(42.0%)	2,761	(48.3%)	556	(9.7%)
Coos	1,582	(71.4%)	363	(16.4%)	270	(12.2%)
Grafton	4,422	(52.2%)	2,646	(31.2%)	1,404	(16.6%)
Hillsborough	5,141	(50.4%)	3,934	(38.5%)	1,134	(11.1%)
Merrimack	4,681	(57.8%)	2,211	(27.3%)	1,207	(14.9%)
Rockingham	4,286	(47.1%)	3,477	(38.2%)	1,339	(14.7%)
Strafford	2,077	(41.3%)	2,187	(43.5%)	762	(15.2%)
Sullivan	2,022	(50.4%)	1,405	(35.0%)	584	(14.6%)
Total	**30,806**	**(50.1%)**	**21,109**	**(34.9%)**	**8,531**	**(14.1%)**

SOURCE—Manuscript returns.

1848

County	Jared W. Williams (D)		Nathaniel S. Berry (W, FS)	
Belknap	2,080	(55.3%)	1,678	(44.7%)
Carroll	2,241	(58.1%)	1,616	(41.9%)
Cheshire	2,510	(45.0%)	3,071	(55.0%)
Coos	1,585	(73.7%)	567	(26.3%)
Grafton	4,674	(54.4%)	3,914	(45.6%)
Hillsborough	5,487	(52.3%)	4,999	(47.7%)
Merrimack	4,747	(58.8%)	3,328	(41.2%)
Rockingham	4,638	(48.5%)	4,919	(51.5%)
Strafford	2,216	(44.4%)	2,778	(55.6%)
Sullivan	2,067	(51.3%)	1,959	(48.7%)
Total	32,245	(52.8%)	28,829	(47.2%)

SOURCE—Manuscript returns.

1849

County	Samuel Dinsmoor (D)	Levi Chamberlain (W)	Nathaniel S. Berry (FS)
Belknap	1,965 (58.5%)	1,032 (30.7%)	361 (10.8%)
Carroll	2,097 (61.2%)	811 (23.7%)	521 (15.2%)
Cheshire	2,328 (42.9%)	2,433 (44.9%)	651 (12.0%)
Coos	1,527 (73.7%)	335 (16.2%)	211 (10.2%)
Grafton	3,897 (56.1%)	2,070 (29.8%)	980 (14.3%)
Hillsborough	5,086 (52.4%)	3,660 (37.7%)	967 (10.0%)
Merrimack	4,571 (60.9%)	1,833 (24.4%)	1,104 (14.7%)
Rockingham	4,558 (50.4%)	3,329 (36.8%)	1,148 (12.7%)
Strafford	2,126 (45.1%)	2,007 (42.6%)	583 (12.4%)
Sullivan	1,952 (52.4%)	1,254 (33.7%)	519 (13.9%)
Total	30,107 (53.8%)	18,764 (33.6%)	7,045 (12.6%)

SOURCE—Manuscript returns.

1850

County	Samuel Dinsmoor (D)	Levi Chamberlain (W)	Nathaniel S. Berry (FS)
Belknap	1,963 (58.7%)	1,053 (31.5%)	329 (9.8%)
Carroll	2,195 (63.9%)	784 (22.8%)	456 (13.3%)
Cheshire	2,252 (44.4%)	2,246 (44.2%)	579 (11.4%)
Coos	1,482 (75.0%)	328 (16.6%)	167 (8.4%)
Grafton	4,409 (57.3%)	2,328 (30.3%)	957 (12.4%)
Hillsborough	5,005 (53.3%)	3,481 (37.1%)	896 (9.6%)
Merrimack	4,632 (61.7%)	1,797 (24.0%)	1,073 (14.3%)
Rockingham	4,478 (51.8%)	3,158 (36.5%)	1,011 (11.7%)
Strafford	2,298 (46.8%)	2,051 (41.7%)	564 (11.5%)
Sullivan	2,037 (54.1%)	1,286 (34.2%)	440 (11.7%)
Total	30,751 (55.2%)	18,512 (33.2%)	6,472 (11.6%)

SOURCE—Manuscript returns.

1851

County	Samuel Dinsmoor (D)*	Thomas E. Sawyer (W)	John Atwood (FS)
Belknap	1,884 (53.5%)	1,014 (28.8%)	626 (17.7%)
Carroll	2,100 (57.7%)	819 (22.5%)	719 (19.8%)
Cheshire	2,115 (39.8%)	2,424 (45.6%)	773 (14.6%)
Coos	1,199 (58.6%)	287 (14.0%)	561 (27.4%)
Grafton	4,167 (53.7%)	2,338 (30.1%)	1,260 (16.2%)
Hillsborough	3,709 (37.2%)	3,335 (33.4%)	2,939 (29.4%)
Merrimack	4,038 (51.8%)	1,488 (19.1%)	2,270 (29.1%)
Rockingham	4,103 (45.8%)	3,193 (35.6%)	1,665 (18.6%)
Strafford	2,264 (43.1%)	2,345 (44.6%)	645 (12.3%)
Sullivan	1,846 (49.2%)	1,215 (32.4%)	691 (18.4%)
Total	27,425 (47.3%)	18,458 (31.8%)	12,149 (20.9%)
			(12,049)**

*No candidate having received a majority of the vote, the Legislature elected Dinsmoore, Governor.
**Stated total.

SOURCE—Manuscript returns.

1852

County	Noah Dinsmoor (D)	Thomas E. Sawyer (W)	John Atwood (FS)
Belknap	2,155 (55.5%)	1,270 (32.7%)	458 (11.8%)
Carroll	2,239 (60.0%)	839 (22.5%)	652 (17.5%)
Cheshire	2,558 (43.8%)	2,571 (44.0%)	711 (12.2%)
Coos	1,475 (66.4%)	365 (16.4%)	381 (17.2%)
Grafton	4,404 (55.4%)	2,411 (30.3%)	1,138 (14.3%)
Hillsborough	4,496 (44.3%)	3,607 (35.5%)	2,049 (20.2%)
Merrimack	4,614 (56.2%)	2,040 (24.8%)	1,560 (19.0%)
Rockingham	4,581 (48.6%)	3,280 (34.8%)	1,572 (16.7%)
Strafford	2,581 (44.7%)	2,587 (44.8%)	602 (10.4%)
Sullivan	2,074 (53.0%)	1,282 (32.7%)	560 (14.3%)
Total	31,177 (51.0%)	20,252 (33.1%)	9,683 (15.8%)
	(30,807)*	(19,850)*	(9,479)*

*Stated totals.

SOURCES—Manuscript returns; *New Hamsphire Manual, 1917*.

1853

County	Noah Martin (D)	James Bell (W)	John H. White (FS)
Belknap	2,037 (57.8%)	1,118 (31.7%)	367 (10.4%)
Carroll	2,205 (65.1%)	691 (20.4%)	497 (14.7%)
Cheshire	2,206 (44.1%)	2,062 (41.3%)	729 (14.6%)
Coos	1,383 (72.3%)	355 (18.6%)	175 (9.1%)
Grafton	4,489 (60.0%)	2,019 (27.0%)	975 (13.0%)
Hillsborough	4,793 (50.1%)	3,008 (31.5%)	1,757 (18.4%)
Merrimack	4,625 (61.7%)	1,644 (21.9%)	1,221 (16.3%)
Rockingham	4,821 (51.8%)	3,300 (35.5%)	1,184 (12.7%)
Strafford	2,363 (46.0%)	2,220 (43.2%)	555 (10.8%)
Sullivan	2,012 (54.2%)	1,163 (31.3%)	537 (14.5%)
Total	30,934 (54.7%)	17,580 (31.1%)	7,997 (14.2%)
		(17,590)*	(7,995)*

*Stated totals.

SOURCE—Manuscript returns.

1854

County	Nathaniel B. Baker (D)	James Bell (W)	Jared Perkins (FS)
Belknap	1,990 (56.3%)	1,023 (28.9%)	522 (14.8%)
Carroll	2,352 (60.8%)	736 (19.0%)	782 (20.2%)
Cheshire	2,174 (43.1%)	1,834 (36.3%)	1,039 (20.6%)
Coos	1,330 (64.8%)	339 (16.5%)	383 (18.7%)
Grafton	4,232 (55.9%)	2,006 (26.5%)	1,331 (17.6%)
Hillsborough	4,638 (45.9%)	3,156 (31.2%)	2,316 (22.9%)
Merrimack	4,550 (57.9%)	1,755 (22.3%)	1,551 (19.7%)
Rockingham	4,415 (49.1%)	3,040 (33.8%)	1,545 (17.2%)
Strafford	2,190 (43.2%)	2,107 (41.6%)	773 (15.2%)
Sullivan	1,917 (51.8%)	944 (25.5%)	838 (22.7%)
Total	29,788 (51.5%)	16,940 (29.3%)	11,080 (19.2%)
		(16,941)*	

*Stated total.

SOURCE—Manuscript returns.

New Hampshire

1855

County	Ralph Metcalf (A)		Nathaniel B. Baker (D)		James Bell (W)		Asa Fowler (FS)	
Belknap	1,414	(44.7%)	1,573	(49.8%)	134	(4.2%)	40	(1.3%)
Carroll	1,788	(42.7%)	2,094	(50.0%)	252	(6.0%)	54	(1.3%)
Cheshire	3,480	(61.5%)	1,889	(33.4%)	215	(3.8%)	76	(1.3%)
Coos	1,071	(46.0%)	1,189	(51.1%)	46	(2.0%)	21	(0.9%)
Grafton	4,140	(47.8%)	3,803	(43.9%)	576	(6.6%)	147	(1.7%)
Hillsborough	6,583	(56.2%)	4,406	(37.6%)	527	(4.5%)	200	(1.7%)
Merrimack	4,255	(46.6%)	4,186	(45.8%)	454	(5.0%)	242	(2.6%)
Rockingham	4,923	(49.4%)	4,166	(41.8%)	695	(7.0%)	191	(1.9%)
Strafford	3,071	(55.5%)	2,048	(37.0%)	319	(5.8%)	98	(1.8%)
Sullivan	2,054	(50.3%)	1,696	(41.5%)	218	(5.3%)	118	(2.9%)
*Total	32,779	(50.9%)	27,050	(42.0%)	3,436	(5.3%)	1,187	(1.8%)
	(32,769)*		(27,055)*				(1,237)*	

*Stated totals.

SOURCE—Manuscript returns.

1856

County	Ralph Metcalf (A)*		John S. Wells (D)		Ichabod Goodwin (W)	
Belknap	1,820	(44.3%)	2,185	(53.2%)	100	(2.4%)
Carroll	1,770	(39.9%)	2,500	(56.3%)	167	(3.8%)
Cheshire	3,219	(57.1%)	2,284	(40.5%)	138	(2.4%)
Coos	1,057	(41.7%)	1,439	(56.8%)	38	(1.5%)
Grafton	4,345	(47.5%)	4,548	(49.7%)	261	(2.9%)
Hillsborough	5,715	(51.5%)	4,851	(43.7%)	536	(4.8%)
Merrimack	4,329	(46.7%)	4,663	(50.3%)	283	(3.1%)
Rockingham	4,879	(47.8%)	4,864	(47.6%)	470	(4.6%)
Strafford	2,923	(49.8%)	2,692	(45.9%)	251	(4.3%)
Sullivan	2,062	(49.3%)	2,005	(47.9%)	116	(2.8%)
Total	32,119	(48.3%)	32,031	(48.2%)	2,360	(3.5%)

*No candidate having received a majority of the popular vote, the legislature elected Metcalf Governor.

SOURCE—Manuscript returns.

1857

County	William Haile (R)		John S. Wells (D)	
Belknap	1,895	(47.3%)	2,110	(52.7%)
Carroll	1,944	(45.8%)	2,302	(54.2%)
Cheshire	3,362	(60.7%)	2,174	(39.3%)
Coos	1,090	(43.6%)	1,408	(56.4%)
Grafton	4,570	(50.8%)	4,421	(49.2%)
Hillsborough	6,281	(55.8%)	4,969	(44.2%)
Merrimack	4,634	(50.7%)	4,508	(49.3%)
Rockingham	5,157	(51.6%)	4,834	(48.4%)
Strafford	3,149	(55.6%)	2,510	(44.4%)
Sullivan	2,134	(51.9%)	1,978	(48.1%)
Total	34,216	(52.3%)	31,214	(47.7%)

SOURCE—Manuscript returns.

1858

County	William Haile (R)		John S. Wells (D)	
Belknap	2,045	(48.4%)	2,177	(51.6%)
Carroll	2,201	(48.0%)	2,386	(52.0%)
Cheshire	3,578	(62.7%)	2,126	(37.3%)
Coos	1,244	(46.3%)	1,442	(53.7%)
Grafton	4,886	(51.9%)	4,533	(48.1%)
Hillsborough	6,293	(55.4%)	5,069	(44.6%)
Merrimack	4,861	(51.0%)	4,675	(49.0%)
Rockingham	5,564	(53.7%)	4,801	(46.3%)
Strafford	3,331	(58.3%)	2,383	(41.7%)
Sullivan	2,302	(53.7%)	1,985	(46.3%)
*Total	36,305	(53.5%)	31,577	(46.5%)
	(36,215)*		(31,677)*	

*Stated totals.

SOURCE—Manuscript returns.

1859

County	Ichabod Goodwin (R)		Asa P. Cate (D)	
Belknap	1,724	(48.2%)	1,850	(51.8%)
Carroll	2,248	(40.3%)	2,330	(59.7%)
Cheshire	3,448	(60.4%)	2,263	(39.6%)
Coos	1,256	(46.0%)	1,472	(54.0%)
Grafton	4,797	(50.3%)	4,739	(49.7%)
Hillsborough	6,476	(54.3%)	5,461	(45.7%)
Merrimack	4,835	(50.2%)	4,788	(49.8%)
Rockingham	5,799	(53.4%)	5,055	(46.6%)
Strafford	3,498	(54.0%)	2,679	(46.0%)
Sullivan	2,245	(50.9%)	2,165	(49.1%)
Total	36,326	(52.5%)	32,802	(47.5%)

SOURCE—Manuscript returns.

1860

County	Ichabod Goodwin (R)		Asa P. Cate (D)	
Belknap	2,190	(49.98%)	2,192	(50.02%)
Carroll	2,252	(48.1%)	2,431	(51.9%)
Cheshire	3,619	(60.4%)	2,369	(39.6%)
Coos	1,364	(47.3%)	1,520	(52.7%)
Grafton	5,055	(51.3%)	4,794	(48.7%)
Hillsborough	6,715	(53.6%)	5,812	(46.4%)
Merrimack	4,912	(50.8%)	4,765	(49.2%)
Rockingham	5,931	(54.9%)	4,871	(45.1%)
Strafford	3,576	(57.6%)	2,634	(42.4%)
Sullivan	2,423	(52.9%)	2,156	(47.1%)
Total	38,037	(53.1%)	33,544	(46.9%)

SOURCE—Manuscript returns.

NEW JERSEY

New Jersey was one of the original 13 states.
The governor was elected annually by a joint vote of the Legislature until 1844.
Term—Three years.   **Limit**—Governor could not immediately succeed himself.
Election—Election of 1844 was held on the second Tuesday in October;
all the following elections were held on the Tuesday following the first Monday in November.

POPULATION

1790—184,139   1800—211,149   1810—245,562   1820—277,575
1830—320,823   1840—373,306   1850—489,555   1860—672,035

Appointed Governors (1797–1844)

Year	Governor (Party)
1797–1801	Richard Howell (F)
1802	Joseph Bloomfield (D-R)
1803	John Lambert (D-R)
1804–1812	Joseph Bloomfield (D-R)
1813	Aaron Ogden (F)
1814–1815	William S. Pennington (D-R)
1816–1817	Mahlon Dickerson (D-R)
1818–1821	Isaac H. Williamson (D-R)
1822–1829	Isaac H. Williamson
1830–1832	Peter D. Vroom (D)
1833	Samuel L. Southard (NR)
1834–1836	Peter D. Vroom (D)
1837–1843	William Pennington (W)
1844	Daniel Haines (D)

1844

County	Charles C. Stratton (W)		John R. Thomson (D)	
Atlantic	426	(36.1%)	755	(63.9%)
Bergen	774	(36.1%)	1,371	(63.9%)
Burlington	3,675	(55.2%)	2,977	(44.8%)
Camden	1,502	(57.2%)	1,126	(42.8%)
Cape May	750	(72.5%)	285	(27.5%)
Cumberland	1,567	(54.0%)	1,337	(46.0%)
Essex	5,385	(59.9%)	3,611	(40.1%)
Gloucester	1,484	(64.7%)	811	(35.3%)
Hudson	1,102	(63.4%)	637	(36.6%)
Hunterdon	2,545	(43.9%)	3,251	(56.1%)
Mercer	1,830	(53.5%)	1,593	(46.5%)
Middlesex	2,320	(54.2%)	1,962	(45.8%)
Monmouth	3,209	(47.6%)	3,531	(52.4%)
Morris	2,832	(53.0%)	2,510	(47.0%)
Passaic	1,534	(56.2%)	1,195	(43.8%)
Salem	1,791	(54.4%)	1,501	(45.6%)
Somerset	2,145	(52.7%)	1,927	(47.3%)
Sussex	1,274	(27.1%)	3,421	(72.9%)
Warren	1,640	(37.1%)	2,780	(62.9%)
Total	**37,985**	**(50.9%)**	**36,581**	**(49.1%)**

SOURCE—(Trenton) *State Gazette*, November 18, 1844.

1847

County	Daniel Haines (D)		William Wright (W)	
Atlantic	531	(58.9%)	370	(41.1%)
Bergen	1,138	(57.2%)	853	(42.8%)
Burlington	2,550	(44.9%)	3,124	(55.1%)
Camden	1,099	(43.6%)	1,422	(56.1%)
Cape May	289	(39.6%)	441	(60.4%)
Cumberland	1,213	(46.7%)	1,383	(53.3%)
Essex	3,761	(47.1%)	4,330	(52.9%)
Gloucester	803	(41.8%)	1,116	(58.2%)
Hudson	1,064	(56.7%)	813	(43.3%)
Hunterdon	2,889	(61.1%)	1,839	(38.9%)
Mercer	1,816	(47.0%)	2,050	(53.0%)
Middlesex	3,429	(53.6%)	2,774	(46.4%)
Monmouth	2,316	(48.1%)	2,502	(51.9%)
Morris	1,848	(46.2%)	2,148	(53.8%)
Passaic	1,404	(51.3%)	1,333	(48.7%)
Salem	1,354	(46.7%)	1,548	(53.3%)
Somerset	1,563	(46.4%)	1,794	(53.6%)
Sussex	3,243	(74.5%)	1,111	(25.5%)
Warren	2,526	(67.3%)	1,229	(32.7%)
Total	**34,765**	**(51.9%)**	**32,251**	**(48.1%)**

SOURCE—(Trenton) *Morning Eagle*, November 15, 1847.

1850

County	George F. Fort (D)		John Runk (W)	
Atlantic	655	(65.9%)	339	(34.1%)
Bergen	1,262	(62.8%)	746	(37.2%)
Burlington	3,114	(49.0%)	3,237	(51.0%)
Camden	1,533	(51.4%)	1,450	(48.6%)
Cape May	341	(37.6%)	566	(62.4%)
Cumberland	1,339	(48.7%)	1,412	(51.3%)
Essex	4,235	(46.8%)	4,806	(53.2%)
Gloucester	1,057	(46.4%)	1,219	(53.6%)
Hudson	1,174	(48.6%)	1,244	(51.4%)
Hunterdon	3,277	(61.1%)	2,090	(38.9%)
Mercer	2,279	(50.5%)	2,237	(49.5%)
Middlesex	1,971	(47.3%)	2,194	(52.7%)
Monmouth	2,163	(53.3%)	1,893	(46.7%)
Morris	2,700	(50.8%)	2,616	(49.2%)
Ocean	740	(43.3%)	969	(56.7%)

County				
Passaic	1,639	(54.1%)	1,389	(45.9%)
Salem	1,808	(54.8%)	1,489	(45.2%)
Somerset	1,598	(48.6%)	1,690	(51.4%)
Sussex	3,335	(75.9%)	1,057	(24.1%)
Warren	2,503	(63.9%)	1,411	(36.1%)
Total	**39,726**	**(53.8%)**	**34,054**	**(46.2%)**

SOURCE—(Trenton) *New Jersey State Gazette*, November 15, 1850.

1853

County	Rodman M. Price (D)		Joel Haywood (W)	
Atlantic	575	(55.3%)	464	(44.7%)
Bergen	1,090	(62.7%)	649	(37.3%)
Burlington	3,345	(48.1%)	3,611	(51.9%)
Camden	1,521	(42.3%)	2,075	(57.7%)
Cape May	438	(49.3%)	451	(50.7%)
Cumberland	1,423	(49.5%)	1,453	(50.5%)
Essex	5,033	(47.6%)	5,537	(52.4%)
Gloucester	884	(36.0%)	1,570	(64.0%)
Hudson	1,548	(51.6%)	1,453	(48.4%)
Hunterdon	3,054	(63.0%)	1,796	(37.0%)
Mercer	2,355	(52.0%)	2,171	(48.0%)
Middlesex	1,884	(50.8%)	1,825	(49.2%)
Monmouth	2,841	(58.3%)	2,030	(41.7%)
Morris	2,668	(57.8%)	1,949	(42.2%)
Ocean	404	(28.4%)	1,020	(71.6%)
Passaic	1,478	(52.6%)	1,344	(47.4%)
Salem	1,608	(48.3%)	1,718	(48.9%)
Somerset	1,387	(51.1%)	1,324	(48.9%)
Sussex	2,550	(71.9%)	966	(28.1%)
Warren	2,226	(66.4%)	1,124	(33.6%)
Total	**38,312**	**(52.6%)**	**34,530**	**(47.4%)**

SOURCE—(Trenton) *New Jersey State Gazette*, November 16, 1853.

1856

County	William A. Newell (R)		William C. Alexander (D)	
Atlantic	677	(48.8%)	710	(51.2%)
Bergen	1,165	(42.1%)	1,599	(57.9%)
Burlington	4,663	(55.7%)	3,714	(44.3%)
Camden	2,863	(61.2%)	1,813	(38.8%)
Cape May	673	(68.0%)	316	(32.0%)
Cumberland	1,847	(53.8%)	1,584	(46.2%)
Essex	8,437	(52.6%)	7,602	(47.4%)
Gloucester	1,992	(66.3%)	1,012	(33.7%)
Hudson	2,766	(49.8%)	2,783	(50.2%)
Hunterdon	2,547	(42.7%)	3,411	(57.3%)
Mercer	3,152	(51.9%)	2,916	(48.1%)
Middlesex	3,139	(55.4%)	2,527	(44.6%)
Monmouth	2,900	(47.3%)	3,234	(52.7%)
Morris	2,961	(49.2%)	3,062	(50.8%)
Ocean	1,322	(71.3%)	531	(28.7%)
Passaic	2,213	(55.6%)	1,766	(44.4%)
Salem	1,952	(52.4%)	1,764	(47.6%)
Somerset	1,958	(51.0%)	1,881	(49.0%)
Sussex	1,579	(33.8%)	3,096	(66.2%)
Warren	1,997	(40.6%)	2,925	(59.4%)
Total	**50,803**	**(51.3%)**	**48,246**	**(48.7%)**

SOURCE—(Trenton) *New Jersey State Gazette*, November 26, 1856.

1859

County	Charles S. Olden (R)		Edwin V. Wright (D)	
Atlantic	853	(53.6%)	740	(46.4%)
Bergen	1,262	(45.4%)	1,518	(54.6%)
Burlington	4,748	(58.3%)	3,399	(41.7%)
Camden	2,324	(49.8%)	2,339	(50.2%)
Cape May	570	(53.4%)	497	(46.6%)
Cumberland	1,830	(52.8%)	1,635	(47.2%)
Essex	7,883	(51.4%)	7,454	(48.6%)
Gloucester	1,477	(55.1%)	1,206	(44.9%)
Hudson	3,131	(45.7%)	3,726	(54.3%)
Hunterdon	2,726	(44.2%)	3,445	(55.8%)
Mercer	3,587	(54.6%)	2,981	(45.4%)
Middlesex	3,253	(56.6%)	2,497	(43.4%)
Monmouth	3,005	(46.5%)	3,451	(53.5%)
Morris	3,076	(49.6%)	3,138	(50.4%)
Ocean	1,341	(64.8%)	730	(35.2%)
Passaic	2,463	(56.6%)	1,870	(43.4%)
Salem	2,051	(50.9%)	1,981	(49.1%)
Somerset	2,011	(52.2%)	1,838	(47.8%)
Sussex	1,842	(42.2%)	2,528	(57.8%)
Union	1,766	(48.2%)	1,899	(51.8%)
Warren	2,216	(43.8%)	2,842	(56.2%)
Total	**53,315**	**(50.8%)**	**51,714**	**(49.2%)**

SOURCE—(Trenton) *New Jersey State Gazette*, November 30, 1859.

NEW YORK

New York was one of the original 13 states and the first to provide for an elected governor to serve for a term of more than one year.

Term—Three years until 1820, two years thereafter. **Election**—The election of 1777 was held in June. From 1780 through 1820 the election was held on three consecutive days starting with the last Tuesday in April. Beginning in 1822 the election was held for two days on the first Monday and Tuesday in November. In 1842 it was changed to one day, the first Tuesday after the first Monday in November.

New York

POPULATION

1771—168,077   1786—238,897   1790—340,120   1800—589,051   1810—959,049
1820—1,372,812   1830—1,918,608   1840—2,428,921   1850—3,097,394   1860—3,889,735

The population figure for 1771 is from a colonial census, that of 1786 from a state census.

1777*

County	George Clinton		Philip Schuyler		John M. Scott		John Jay	
Albany	125	(17.5%)	589	(82.5%)				
Charlotte	2	(5.7%)	35	(94.3%)				
Dutchess	206	(60.9%)	132	(39.1%)				
Tryon	10	(4.0%)	237	(96.0%)				
Ulster	464	(97.5%)	12	(2.5%)				
Westchester	68	(90.7%)	7	(9.3%)				
military	963	(83.7%)	187	(16.3%)				
Total	**1,828**	**(48.5%)**	**1,199**	**(32.0%)**	**368**	**(9.8%)**	**367**	**(9.8%)**
Orange**	223	(95.7%)	10	(4.3%)				

*The British occupied the counties of Kings, New York, Queens, Richmond and Suffolk and most of Westchester during this election and until November 23, 1783. Consequently no election was held in these areas.

**It appears that the vote of Orange County was not part of the official returns as mentioned below. This county's vote was found by Alfred Young in the papers of Pierre Van Cortlandt, Sleepy Hollow Restoration, Tarrytown, New York. See *Democratic-Republicans of New York,* pp. 24, footnote #81.

SOURCES—The statewide totals have been found in the (New York) *Red Book 1928, New York Civil List 1874* and Alfred F. Young, *Democratic-Republicans of New York,* all citing the manuscript returns, which apparently included the vote by county but only for Clinton and Schuyler (miscellaneous Papers 37, 225–233, Secretary of State). The county and military totals were taken from Young's work.

1780*

George Clinton

*No returns located but Clinton elected by a plurality of 3,264.

SOURCES—(New York) *Red Book 1928; Civil List 1874,* p. 63; Kallenbach and Kallenbach, *American State Governors,* p. 424; (Fishkill) *New York Packet,* June, 1780.

1783*

George Clinton		Philip Schuyler		Ephraim Paine	
3,584	(75.5%)	643	(13.5%)	520	(11.0%)

*No county returns were located.

SOURCES—*Red Book 1928; Civil List 1874,* p. 63; Kallenbach and Kallenbach, p. 424.

1786

George Clinton
(no returns located)

1789

County	De Witt Clinton (a-f)		Robert Yates (f)	
Albany	1,000	(38.8%)	1,577	(61.3%)
Clinton	42	(93.3%)	3	(6.7%)
Columbia	823	(47.6%)	907	(52.4%)
Dutchess	553	(39.2%)	856	(60.8%)
Kings	176	(56.4%)	136	(43.6%)
Montgomery	181	(39.5%)	277	(60.5%)
New York	385	(31.6%)	833	(68.4%)
Orange	467	(80.5%)	113	(19.5%)
Queens	482	(79.5%)	124	(20.5%)
Richmond	152	(74.9%)	51	(25.1%)
Suffolk	353	(54.7%)	292	(45.3%)
Ulster	1,039	(83.5%)	206	(16.5%)
Washington	401	(73.4%)	145	(26.6%)
Westchester	337	(43.3%)	442	(56.7%)
Total	**6,391**	**(51.7%)**	**5,962**	**(48.3%)**

SOURCE—(New York) *Daily Advertiser,* May 27–30, June 2, 1789.

1792

County	George Clinton (a-f)		John Jay (f)	
Albany	444	(27.4%)	1,178	(72.6%)
Clinton*		returns rejected		
Columbia	1,303	(67.9%)	617	(32.1%)
Dutchess	751	(44.3%)	945	(55.7%)
Herkimer	247	(38.1%)	401	(61.9%)
Kings	244	(72.6%)	92	(27.4%)
Montgomery	306	(41.9%)	424	(58.1%)
New York	603	(44.9%)	739	(55.1%)
Ontario	28	(23.3%)	92	(76.7%)
Otsego*		returns rejected		
Orange	551	(87.3%)	80	(12.7%)
Queens	532	(64.9%)	288	(35.1%)
Rensselaer	404	(36.0%)	717	(64.0%)
Richmond	106	(96.4%)	4	(3.6%)
Saratoga	405	(46.8%)	461	(53.2%)
Suffolk	481	(67.8%)	228	(32.2%)
Tioga*		returns rejected		

County	John Jay (F)		Robert Yates (D-R)	
Ulster	947	(59.2%)	654	(40.8%)
Washington	758	(61.7%)	471	(38.3%)
Westchester	347	(29.6%)	824	(70.4%)
Total	**8,457**	**(50.7%)**	**8,215**	**(49.3%)**

*The State Board of Canvassers rejected the returns of these counties on the grounds that the ballots had not been delivered by the proper county authority (the sheriff) to the Secretary of State's office. It was generally believed that this deprived Jay of the election. For a discussion of this matter see Alfred E. Young, *The Democratic-Republicans of New York The Origins 1763–1797*, (Chapel Hill, N.C.: University of North Carolina Press, 1967), chapters 13 and 14.

SOURCE—*New York Journal & Patriotic Register*, May 30, June 2, 6, 9, 13, 1792.

1795

County	John Jay (F)		Robert Yates (D-R)	
Albany	1,277	(61.3%)	805	(38.7%)
Clinton	51	(34.3%)	106	(65.7%)
Columbia	656	(34.7%)	1,232	(65.3%)
Dutchess	1,189	(53.6%)	1,031	(46.4%)
Herkimer	1,437	(80.6%)	345	(19.4%)
Kings	171	(49.1%)	177	(50.9%)
Montgomery	565	(40.6%)	826	(59.4%)
New York	1,124	(68.4%)	519	(31.6%)
Onondaga	169	(57.1%)	127	(42.9%)
Ontario	400	(85.3%)	69	(14.7%)
Orange	211	(21.6%)	765	(78.4%)
Otsego	1,031	(69.3%)	455	(30.7%)
Queens	482	(61.2%)	306	(38.8%)
Rensselaer	1,075	(64.0%)	605	(36.0%)
Richmond	214	(92.2%)	18	(7.8%)
Saratoga	547	(40.3%)	811	(59.7%)
Schoharie	124	(73.4%)	45	(26.6%)
Suffolk	215	(21.0%)	809	(79.0%)
Tioga	176	(32.7%)	362	(67.3%)
Ulster	757	(39.0%)	1,185	(61.0%)
Washington	594	(40.1%)	889	(59.9%)
Westchester	1,014	(71.9%)	397	(28.1%)
Total	**13,479**	**(53.1%)**	**11,884**	**(46.9%)**

SOURCE—*New York Journal & Patriotic Register*, May 27, 30, June 3, 6, 1795.

1798

County	John Jay (F)		Robert Livingston (D-R)	
Albany	1,639	(83.0%)	335	(17.0%)
Chenango	712	(71.7%)	281	(28.3%)
Clinton	150	(59.3%)	103	(40.7%)
Columbia	1,052	(55.3%)	849	(44.7%)
Delaware	243	(41.8%)	339	(58.2%)
Dutchess	998	(50.2%)	991	(49.8%)
Herkimer	394	(48.5%)	419	(51.5%)
Kings	194	(49.4%)	199	(50.6%)
Montgomery	994	(52.1%)	915	(47.9%)
New York	1,060	(57.2%)	793	(42.8%)
Oneida	955	(86.0%)	156	(14.0%)
Onondaga	280	(26.1%)	791	(73.9%)
Ontario	562	(87.7%)	79	(12.3%)
Orange	392	(24.0%)	1,238	(76.0%)
Otsego	1,017	(68.8%)	457	(31.2%)
Queens	507	(61.5%)	317	(38.5%)
Rensselaer	1,119	(68.7%)	510	(31.3%)
Richmond	278	(94.2%)	17	(5.8%)
Rockland	36	(11.3%)	284	(88.7%)
Saratoga	537	(40.4%)	791	(59.6%)
Schoharie	386	(63.1%)	216	(36.9%)
Steuben	130	(91.5%)	12	(8.5%)
Suffolk	241	(23.1%)	801	(76.9%)
Tioga	192	(64.2%)	107	(35.8%)
Ulster	565	(43.3%)	739	(56.7%)
Washington	738	(36.9%)	1,261	(63.1%)
Westchester	641	(50.3%)	634	(49.7%)
Total	**16,012**	**(54.0%)**	**13,632**	**(46.0%)**

SOURCE—*New York Journal & Patriotic Register*, June 6, 1798.

1801

County	George Clinton (D-R)		Stephen Van Rensselaer (F)	
Albany	705	(24.8%)	2,133	(75.2%)
Cayuga	1,131	(81.4%)	258	(18.6%)
Chenango	711	(34.6%)	1,343	(65.4%)
Clinton	271	(56.0%)	213	(44.0%)
Columbia	1,198	(50.8%)	1,162	(49.2%)
Delaware	680	(68.1%)	319	(31.9%)
Dutchess	1,451	(54.6%)	1,206	(45.4%)
Essex	175	(61.4%)	110	(38.6%)
Greene	429	(46.5%)	494	(53.5%)
Herkimer	767	(59.9%)	514	(40.1%)
Kings	236	(60.1%)	157	(39.9%)
Montgomery	1,529	(64.4%)	844	(35.6%)
New York	1,266	(53.7%)	1,090	(46.3%)
Oneida	510	(20.0%)	2,042	(80.0%)
Onondaga	667	(61.8%)	412	(38.2%)
Ontario	770	(33.3%)	1,011	(66.7%)
Orange	1,590	(81.2%)	369	(18.8%)
Otsego	1,186	(52.8%)	1,062	(47.2%)
Queens	599	(67.2%)	293	(32.8%)
Rensselaer	913	(37.1%)	1,550	(62.9%)
Richmond	74	(21.7%)	267	(78.3%)
Rockland	502	(95.3%)	25	(4.7%)
Saratoga	1,386	(67.5%)	668	(32.5%)
Schoharie	626	(72.5%)	237	(27.5%)
Steuben	126	(64.9%)	68	(35.1%)
Suffolk	1,221	(80.1%)	302	(19.9%)
Tioga	294	(50.2%)	292	(49.8%)
Ulster	1,060	(62.4%)	639	(37.6%)
Washington	1,677	(63.3%)	971	(36.7%)
Westchester	1,058	(56.9%)	802	(43.1%)
Total	**24,808**	**(54.3%)**	**20,843**	**(45.7%)**

SOURCE—(New York) *American Citizen*, June 10, 1801.

1804

County	Morgan Lewis (D-R)		Aaron Burr (F)	
Albany	1,189	(42.8%)	1,591	(57.2%)
Cayuga	979	(61.3%)	619	(38.7%)
Chenango	1,529	(56.4%)	1,180	(43.6%)
Clinton	331	(73.2%)	121	(26.8%)
Columbia	1,162	(47.4%)	1,291	(52.6%)
Delaware	550	(48.3%)	589	(51.7%)
Dutchess	1,409	(31.4%)	1,461	(68.6%)
Essex	416	(87.2%)	61	(12.8%)
Genesee	197	(61.6%)	123	(38.4%)
Greene	644	(50.9%)	620	(49.1%)
Herkimer	1,008	(66.4%)	510	(33.6%)
Kings	244	(55.2%)	218	(44.8%)
Montgomery	1,760	(64.7%)	960	(35.3%)

County				
New York	1,315	(48.2%)	1,415	(51.8%)
Oneida	2,165	(54.9%)	1,782	(45.1%)
Onondaga	1,036	(62.2%)	630	(37.8%)
Ontario	792	(40.2%)	1,178	(59.8%)
Orange	1,256	(67.8%)	597	(32.2%)
Otsego	1,419	(65.8%)	876	(34.2%)
Queens	706	(59.9%)	473	(40.1%)
Rensselaer	1,388	(55.3%)	1,123	(44.7%)
Richmond	212	(50.4%)	209	(49.6%)
Rockland	502	(89.3%)	60	(10.7%)
Saratoga	1,569	(65.3%)	834	(34.7%)
Schoharie	814	(70.4%)	343	(29.6%)
Seneca	410	(63.2%)	239	(36.8%)
Steuben	105	(53.8%)	90	(46.2%)
Suffolk	1,303	(82.0%)	286	(18.0%)
Tioga	419	(67.7%)	200	(32.3%)
Ulster	1,138	(62.6%)	680	(37.4%)
Washington	1,678	(62.0%)	1,029	(38.0%)
Westchester	1,184	(61.2%)	751	(38.8%)
Total	**30,829**	**(58.2%)**	**22,139**	**(41.8%)**

SOURCE—(New York) *American Citizen*, June 9, 1804.

1807

County	Daniel Tompkins (D-R)		Morgan Lewis (Lw, F)	
Albany	1,357	(44.1%)	1,722	(55.9%)
Allegany	28	(43.1%)	37	(56.9%)
Broome	88	(22.3%)	306	(77.7%)
Cayuga	1,339	(63.4%)	774	(36.6%)
Chenango	1,219	(62.0%)	748	(38.0%)
Clinton	374	(61.1%)	238	(38.9%)
Columbia	1,306	(46.3%)	1,513	(53.7%)
Delaware	803	(62.1%)	490	(37.9%)
Dutchess	1,044	(32.8%)	2,142	(67.2%)
Essex	437	(61.9%)	269	(38.1%)
Genesee	572	(70.4%)	240	(29.6%)
Greene	539	(38.7%)	854	(61.3%)
Herkimer	1,111	(63.7%)	634	(36.3%)
Jefferson	765	(55.4%)	615	(44.6%)
Kings	293	(54.9%)	241	(45.1%)
Lewis	411	(49.5%)	419	(50.5%)
Madison	1,012	(46.6%)	1,158	(53.4%)
Montgomery	1,612	(52.1%)	1,483	(47.9%)
New York	1,672	(48.1%)	1,807	(51.9%)
Oneida	1,779	(49.3%)	1,830	(50.7%)
Onondaga	1,330	(54.9%)	1,091	(45.1%)
Ontario	1,240	(45.9%)	1,462	(54.1%)
Orange	1,233	(55.0%)	1,010	(45.0%)
Otsego	1,821	(60.9%)	1,170	(39.1%)
Queens	773	(59.7%)	522	(40.3%)
Rensselaer	1,499	(49.3%)	1,543	(50.7%)
Richmond	235	(48.4%)	251	(51.6%)
Rockland	460	(73.2%)	168	(26.8%)
St. Lawrence	146	(32.1%)	309	(67.9%)
Saratoga	1,759	(64.6%)	962	(35.4%)
Schoharie	566	(47.4%)	629	(52.6%)
Seneca	382	(50.9%)	368	(49.1%)
Steuben	154	(51.3%)	146	(48.7%)
Suffolk	1,637	(84.0%)	312	(16.0%)
Tioga	154	(47.5%)	170	(52.5%)
Ulster	826	(39.2%)	1,282	(60.8%)
Washington	1,999	(61.9%)	1,228	(38.1%)
Westchester	1,099	(56.5%)	846	(43.5%)
Total	**35,074**	**(53.1%)**	**30,989**	**(46.9%)**

SOURCE—(New York) *American Citizen*, June 12, 18, 1807.

1810

County	Daniel D. Tompkins (D-R)		Jonas Platt (F)	
Albany	1,124	(37.6%)	1,868	(62.4%)
Allegany	87	(51.2%)	83	(48.8%)
Broome	295	(45.0%)	360	(55.0%)
Cayuga	1,880	(76.4%)	580	(23.6%)
Chenango	1,292	(64.2%)	719	(35.8%)
Clinton	322	(66.8%)	160	(33.2%)
Columbia	1,608	(43.0%)	2,134	(57.0%)
Cortland	544	(63.9%)	307	(36.1%)
Delaware	1,152	(65.6%)	605	(34.4%)
Dutchess	1,926	(47.1%)	2,092	(52.9%)
Essex	441	(67.6%)	211	(32.4%)
Franklin	72	(30.9%)	161	(69.1%)
Genesee	557	(78.0%)	157	(22.0%)
Greene	762	(45.5%)	914	(54.5%)
Herkimer	1,169	(55.3%)	945	(44.7%)
Jefferson	1,078	(50.8%)	1,044	(49.2%)
Kings	340	(51.3%)	323	(48.7%)
Lewis	533	(63.8%)	302	(36.2%)
Madison	991	(45.7%)	1,176	(54.3%)
Montgomery	1,894	(51.4%)	1,790	(48.6%)
New York	1,726	(46.3%)	2,000	(53.7%)
Oneida	1,845	(44.8%)	2,273	(55.2%)
Onondaga	1,174	(57.9%)	853	(42.1%)
Ontario	1,813	(50.1%)	1,807	(49.9%)
Orange	1,834	(73.1%)	676	(26.9%)
Otsego	1,654	(51.6%)	1,552	(48.4%)
Queens	730	(50.5%)	715	(49.5%)
Rensselaer	1,588	(43.6%)	2,055	(56.4%)
Richmond	255	(50.1%)	254	(49.9%)
Rockland	585	(89.9%)	66	(10.1%)
St. Lawrence	311	(35.0%)	577	(65.0%)
Saratoga	1,847	(57.2%)	1,382	(42.8%)
Schenectady	544	(52.8%)	486	(47.2%)
Schoharie	968	(56.8%)	736	(43.2%)
Seneca	865	(73.7%)	309	(26.3%)
Steuben	186	(42.0%)	257	(58.0%)
Suffolk	1,845	(81.8%)	410	(18.2%)
Sullivan	402	(67.4%)	194	(32.6%)
Tioga	344	(70.2%)	146	(29.8%)
Ulster	1,054	(52.8%)	943	(47.2%)
Washington	2,305	(56.5%)	1,774	(43.5%)
Westchester	1,148	(51.4%)	1,085	(48.6%)
Total	**43,094**	**(54.2%)**	**36,484**	**(45.8%)**
Cattaraugus, Chautauqua & Niagara*	571	(64.7%)	312	(35.3%)

*Vote of Cattaraugus, Chatuauqua and Niagara counties were rejected because the totals were not written out but only indicated by numerals.

SOURCE—*Albany Gazette*, June 22, 1810.

1813

County	Daniel D. Tompkins (D-R)		Stephen Van Rensselaer (F)	
Albany	858	(29.7%)	2,030	(70.3%)
Allegany	141	(56.0%)	111	(44.0%)
Broome	354	(44.9%)	435	(55.1%)
Cattaraugus	52	(82.5%)	11	(17.5%)
Cayuga	2,147	(71.8%)	844	(28.2%)
Chautauqua	307	(55.3%)	248	(44.7%)
Chenango	1,255	(61.0%)	803	(39.0%)
Clinton	332	(56.3%)	258	(43.7%)
Columbia	1,264	(41.5%)	1,779	(58.5%)

County				
Cortland	575	(56.0%)	451	(44.0%)
Delaware	1,087	(65.5%)	572	(34.5%)
Dutchess	1,404	(43.2%)	1,847	(56.8%)
Essex	450	(59.4%)	308	(40.6%)
Franklin	64	(29.1%)	152	(70.9%)
Genesee	1,452	(74.0%)	509	(26.0%)
Greene	710	(42.7%)	953	(57.3%)
Herkimer	1,016	(54.0%)	867	(46.0%)
Jefferson	733	(48.0%)	795	(52.0%)
Kings	337	(50.1%)	336	(49.9%)
Lewis	313	(57.7%)	229	(42.3%)
Madison	1,024	(45.2%)	1,242	(54.8%)
Montgomery	1,741	(47.0%)	1,966	(53.0%)
New York	1,626	(44.9%)	1,999	(55.1%)
Niagara	490	(68.3%)	227	(31.7%)
Oneida	1,926	(42.3%)	2,631	(57.7%)
Ontario	2,181	(49.3%)	2,244	(50.7%)
Orange	1,868	(72.7%)	700	(27.3%)
Otsego	1,676	(49.2%)	1,732	(50.8%)
Putnam	514	(69.7%)	223	(30.3%)
Queens	681	(40.9%)	983	(59.1%)
Rensselaer	1,222	(37.2%)	2,066	(62.8%)
Richmond	273	(53.5%)	237	(46.5%)
Rockland	499	(91.6%)	46	(8.4%)
St. Lawrence	236	(27.2%)	632	(72.8%)
Saratoga	1,664	(55.6%)	1,329	(44.4%)
Schenectady	512	(51.5%)	483	(48.5%)
Schoharie	930	(54.8%)	767	(45.2%)
Seneca	1,144	(74.9%)	383	(25.1%)
Steuben	289	(54.9%)	237	(45.1%)
Suffolk	1,904	(77.9%)	541	(22.1%)
Sullivan	227	(63.4%)	131	(36.6%)
Tioga	436	(72.4%)	166	(27.6%)
Ulster	1,146	(53.0%)	1,016	(47.0%)
Warren	399	(61.4%)	251	(38.6%)
Washington	1,571	(48.3%)	1,683	(51.7%)
Westchester	1,048	(47.0%)	1,180	(53.0%)
Total	43,324	(52.2%)	39,718	(47.8%)

SOURCE—*Albany Gazette*, June 14, 1813.

1816

County	Daniel D. Tompkins (D-R)		Rufus King (F)	
Albany	980	(35.6%)	1,775	(64.4%)
Allegany	227	(58.1%)	164	(41.9%)
Broome	49	(46.7%)	512	(53.3%)
Cattaraugus	86	(64.7%)	47	(35.3%)
Cayuga	2117	(70.7%)	878	(29.3%)
Chautauqua	420	(56.1%)	328	(43.9%)
Chenango	1,247	(61.6%)	777	(38.4%)
Clinton	384	(62.8%)	227	(37.2%)
Columbia	1,289	(45.2%)	1,561	(54.8%)
Cortland	708	(59.2%)	488	(40.8%)
Delaware	1,027	(62.7%)	612	(37.3%)
Dutchess	1,473	(65.9%)	1,821	(34.1%)
Essex	522	(68.1%)	244	(31.9%)
Franklin	93	(38.1%)	151	(61.9%)
Genesee	1,677	(65.6%)	878	(34.4%)
Greene	620	(44.4%)	777	(55.6%)
Hamilton	27	(65.8%)	14	(34.2%)
Herkimer	1,072	(54.3%)	903	(45.7%)
Jefferson	908	(51.4%)	858	(48.6%)
Kings	329	(53.0%)	292	(47.0%)
Lewis	326	(58.8%)	228	(41.2%)
Madison	1,137	(48.0%)	1,232	(52.0%)
Montgomery	1,839	(51.1%)	1,763	(48.9%)
New York	1,861	(49.1%)	1,926	(50.9%)
Niagara	407	(65.2%)	217	(34.8%)
Oneida	1,591	(43.4%)	2,072	(56.6%)
Onondaga	1,501	(56.9%)	1,138	(43.1%)
Ontario	2,530	(50.2%)	2,505	(49.8%)
Orange	1,741	(73.6%)	625	(26.4%)
Oswego	344	(53.8%)	295	(46.2%)
Otsego	1,900	(51.8%)	1,770	(48.2%)
Putnam	586	(73.0%)	217	(27.0%)
Queens	523	(36.9%)	895	(63.1%)
Rensselaer	1,402	(42.7%)	1,882	(57.3%)
Richmond	250	(45.1%)	205	(54.9%)
Rockland	420	(93.3%)	30	(6.7%)
St. Lawrence	421	(41.6%)	590	(58.4%)
Saratoga	1,470	(56.3%)	1,140	(43.7%)
Schenectady	548	(55.1%)	447	(44.9%)
Schoharie	1,036	(59.2%)	714	(40.8%)
Seneca	1,141	(72.1%)	442	(27.9%)
Steuben	372	(58.3%)	266	(41.7%)
Suffolk	1,457	(79.2%)	382	(20.8%)
Sullivan	329	(61.4%)	207	(38.6%)
Tioga	468	(70.9%)	192	(29.1%)
Ulster	1,072	(53.8%)	921	(46.2%)
Warren	483	(67.1%)	237	(32.9%)
Washington	1,613	(47.4%)	1,787	(52.6%)
Westchester	989	(49.4%)	1,015	(50.6%)
Total	45,412	(54.0%)	38,647	(46.0%)

SOURCE—*Albany Gazette*, June 17, 1816.

1817*

County	De Witt Clinton (D-R)		Peter B. Porter (Tm)	
Albany	885	(100%)	0	
Allegany	275	(96.6%)	1	(3.4%)
Broome	525	(99.1%)	5	(0.9%)
Cattaraugus	61	(98.4%)	1	(1.6%)
Cayuga	1,974	(99.8%)	4	(0.2%)
Chautauqua	605	(99.3%)	4	(0.7%)
Chenango	1,026	(99.9%)	1	(0.1%)
Clinton	534	(100%)	0	
Columbia	1,331	(99.8%)	3	(0.2%)
Cortland	737	(99.9%)	1	(0.1%)
Delaware	741	(98.5%)	11	(1.5%)
Dutchess	1,002	(97.9%)	21	(2.1%)
Essex	550	(90.0%)	6	(10.0%)
Franklin	242	(100%)	0	
Genesee	2,320	(99.9%)	1	(0.1%)
Greene	769	(99.9%)	1	(0.1%)
Herkimer	1,147	(100%)	0	
Jefferson	951	(100%)	0	
Kings	222	(95.3%)	11	(4.7%)
Lewis	381	(100%)	0	
Madison	980	(99.8%)	2	(0.2%)
Montgomery & Hamilton	1,951	(99.9%)	1	(0.1%)
New York	1,227	(78.5%)	337	(21.5%)
Niagara	757	(98.1%)	15	(1.9%)
Oneida	2,220	(99.9%)	1	(0.1%)
Onondaga	1,617	(100%)	0	
Ontario	2,235	(87.1%)	332	(12.9%)
Orange	922	(95.2%)	46	(4.8%)
Oswego	332	(99.7%)	1	(0.3%)
Otsego	1,580	(99.7%)	4	(0.3%)
Putnam	195	(98.0%)	4	(0.2%)
Queens	288	(95.7%)	13	(4.3%)
Rensselaer	1,520	(99.7%)	6	(0.3%)
Richmond	172	(100%)	0	
Rockland	196	(76.9%)	59	(23.1%)

County				
St. Lawrence	769	(100%)	0	
Saratoga	1,575	(100%)	0	
Schenectady	566	(100%)	0	
Schoharie	1,074	(99.9%)	1	(0.1%)
Seneca	662	(82.1%)	144	(17.9%)
Steuben	369	(92.2%)	31	(7.8%)
Suffolk	572	(93.5%)	40	(6.5%)
Sullivan	272	(92.8%)	21	(7.2%)
Tioga	500	(95.2%)	25	(4.8%)
Tompkins	1,286	(99.5%)	6	(0.5%)
Ulster	482	(96.8%)	16	(3.2%)
Warren	377	(99.7%)	1	(0.3%)
Washington	1,831	(99.6%)	8	(0.4%)
Westchester	505	(63.1%)	295	(36.9%)
Total	**43,310**	**(96.7%)**	**1,479**	**(3.3%)**

*Special election for a full term, caused by the election of Governor Tompkins as Vice-President of United States.

SOURCE—*Albany Argus*, June 12, 1817.

1820

County	De Witt Clinton (Cl-R)		Daniel D. Tompkins (Bk-R)	
Albany	1,396	(57.6%)	1,028	(42.4%)
Allegany	303	(41.4%)	429	(58.6%)
Broome	424	(43.9%)	541	(56.1%)
Cattaraugus	122	(35.3%)	224	(64.7%)
Cayuga	1,679	(54.2%)	1,417	(45.8%)
Chautauqua	744	(62.1%)	455	(37.9%)
Chenango	938	(41.9%)	1,298	(58.1%)
Clinton	448	(65.0%)	241	(35.0%)
Columbia	1,697	(56.7%)	1,298	(43.3%)
Cortland	631	(47.9%)	685	(52.1%)
Delaware	565	(31.1%)	1,251	(68.9%)
Dutchess	1,543	(52.7%)	1,385	(47.3%)
Essex	451	(52.3%)	412	(47.7%)
Franklin	252	(75.4%)	82	(24.6%)
Genesee	2,854	(57.8%)	2,085	(42.2%)
Greene	957	(53.9%)	817	(46.1%)
Hamilton	24	(30.4%)	55	(69.6%)
Herkimer	1,293	(55.1%)	1,053	(44.9%)
Jefferson	762	(43.4%)	995	(56.6%)
Kings	353	(53.4%)	308	(46.6%)
Lewis	334	(51.3%)	317	(48.7%)
Madison	1,205	(54.4%)	1,011	(45.6%)
Montgomery	1,610	(53.5%)	1,399	(46.5%)
New York	1,532	(41.1%)	2,197	(58.9%)
Niagara	928	(67.1%)	456	(32.9%)
Oneida	2,533	(66.6%)	1,269	(33.4%)
Onondaga	1,488	(51.3%)	1,414	(48.7%)
Ontario	3,542	(60.2%)	2,344	(39.8%)
Orange	1,205	(41.4%)	1,704	(58.6%)
Oswego	311	(40.6%)	455	(59.4%)
Otsego	1,668	(46.5%)	1,916	(53.5%)
Putnam	150	(17.5%)	705	(82.5%)
Queens	673	(50.8%)	653	(49.2%)
Rensselaer	2,094	(63.4%)	1,208	(36.6%)
Richmond	213	(38.9%)	335	(61.1%)
Rockland	102	(12.2%)	731	(87.8%)
St. Lawrence	803	(64.9%)	435	(35.1%)
Saratoga	1,477	(52.8%)	1,320	(47.2%)
Schenectady	407	(43.7%)	524	(56.3%)
Schoharie	910	(46.3%)	1,057	(53.7%)
Seneca	662	(42.6%)	891	(57.4%)
Steuben	461	(54.7%)	382	(45.3%)
Suffolk	496	(23.5%)	519	(76.5%)
Sullivan	228	(37.4%)	671	(62.6%)
Tioga	412	(40.0%)	519	(60.0%)
Tompkins	401	(37.4%)	671	(62.6%)
Ulster	1,123	(50.8%)	1,086	(49.2%)
Warren	264	(39.2%)	410	(60.8%)
Washington	1,858	(59.3%)	1,274	(40.7%)
Westchester	919	(41.6%)	1,289	(58.4%)
Total	**47,445**	**(50.8%)**	**45,990**	**(49.2%)**

SOURCE—*Albany Argus*, June 2, 1820.

1822*

County	Joseph C. Yates (Bk-R)		Solomon Southwick (I)	
Albany	2,832	(78.8%)	760	(21.2%)
Allegany	1,148	(90.6%)	119	(9.4%)
Broome	985	(99.9%)	1	(0.1%)
Cattaraugus	543	(89.8%)	62	(10.2%)
Cayuga	4,302	(99.6%)	17	(0.4%)
Chautauqua	1,689	(99.6%)	6	(0.4%)
Chenango	2,268	(98.1%)	43	(1.9%)
Clinton	1,472	(100%)	0	
Columbia	4,672	(99.7%)	12	(0.3%)
Cortland	1,125	(99.7%)	3	(0.3%)
Delaware	2,926	(99.4%)	19	(0.6%)
Dutchess	4,344	(97.7%)	102	(2.3%)
Erie	2,413	(98.3%)	41	(1.7%)
Essex	1,237	(96.3%)	47	(3.7%)
Franklin	597	(99.5%)	3	(0.5%)
Genesee	4,232	(98.5%)	65	(1.5%)
Greene	3,009	(99.2%)	23	(0.8%)
Herkimer	3,795	(99.6%)	16	(0.4%)
Jefferson	3,762	(99.6%)	17	(0.4%)
Kings	592	(100%)	0	
Lewis	776	(99.9%)	1	(0.1%)
Livingston	2,144	(98.3%)	36	(1.7%)
Madison	2,833	(99.0%)	30	(1.0%)
Monroe	3,077	(99.1%)	28	(0.9%)
Montgomery & Hamilton	4,597	(97.7%)	106	(2.3%)
New York	4,859	(99.5%)	25	(0.5%)
Niagara	1,305	(98.6%)	19	(1.4%)
Oneida	5,433	(99.7%)	15	(0.3%)
Onondaga	3,398	(97.8%)	76	(2.2%)
Ontario	4,878	(99.1%)	45	(0.9%)
Orange	3,661	(98.9%)	41	(1.1%)
Oswego	1,342	(99.5%)	7	(0.5%)
Otsego	2,401	(89.3%)	288	(10.7%)
Putnam	684	(99.4%)	4	(0.6%)
Queens	1,193	(100%)	0	
Rensselaer	4,609	(96.3%)	175	(3.7%)
Richmond	562	(100%)	0	
Rockland	827	(99.4%)	4	(0.6%)
St. Lawrence	1,653	(98.5%)	25	(1.5%)
Saratoga	4,435	(98.9%)	49	(1.1%)
Schenectady	1,320	(84.3%)	246	(15.7%)
Schoharie	2,606	(94.8%)	143	(5.2%)
Seneca	2,215	(99.6%)	8	(0.4%)
Steuben	1,795	(97.1%)	53	(2.9%)
Suffolk	1,008	(100%)	0	
Sullivan	1,257	(99.8%)	2	(0.2%)
Tioga	2,237	(97.8%)	51	(2.2%)
Tompkins	1,798	(99.0%)	19	(1.0%)
Ulster	3,665	(99.8%)	6	(0.2%)
Warren	1,045	(96.3%)	40	(3.7%)
Washington	4,368	(99.7%)	11	(0.3%)
Westchester	2,569	(99.9%)	1	(0.1%)
Total	**128,493**	**(97.8%)**	**2,910**	**(2.2%)**

*The Constitutional Convention of 1821 adopted a two year term, cutting one year off the existing term, which resulted in the election of 1822.

SOURCE—*Albany Argus*, December 10, 1822.

1824

County	De Witt Clinton (Cl-R)		Samuel Young (Bk-R)	
Albany	3,435	(53.9%)	2,938	(46.1%)
Allegany	1,069	(47.9%)	1,165	(52.1%)
Broome	881	(57.2%)	678	(42.8%)
Cattaraugus	581	(53.5%)	505	(46.5%)
Cayuga	3,412	(53.6%)	2,955	(46.4%)
Chautauqua	1,403	(56.2%)	1,093	(43.8%)
Chenango	2,139	(43.9%)	2,728	(56.1%)
Clinton	832	(48.9%)	870	(51.1%)
Columbia	3,083	(59.5%)	2,095	(40.5%)
Cortland	1,403	(52.7%)	1,260	(47.3%)
Delaware	1,405	(39.9%)	2,119	(60.1%)
Dutchess	3,621	(52.9%)	3,220	(47.1%)
Erie	2,069	(70.4%)	871	(29.6%)
Essex	1,352	(63.9%)	771	(36.1%)
Franklin	714	(64.8%)	388	(35.2%)
Genesee	4,240	(59.0%)	2,945	(41.0%)
Greene	1,410	(46.9%)	1,595	(53.1%)
Herkimer	2,429	(51.4%)	2,295	(48.6%)
Jefferson	2,779	(51.5%)	2,619	(48.5%)
Kings	771	(53.6%)	668	(46.4%)
Lewis	499	(42.4%)	678	(57.6%)
Livingston	2,054	(63.0%)	1,205	(37.0%)
Madison	2,545	(55.3%)	2,058	(44.7%)
Monroe	2,514	(57.0%)	1,897	(43.0%)
Montgomery & Hamilton	3,106	(56.1%)	2,606	(43.9%)
New York	5,150	(54.4%)	4,325	(45.6%)
Niagara	1,093	(68.5%)	503	(31.5%)
Oneida	4,510	(59.1%)	3,124	(40.9%)
Onondaga	3,230	(50.4%)	3,176	(49.6%)
Ontario	3,182	(76.7%)	966	(23.3%)
Orange	2,182	(49.3%)	2,243	(50.7%)
Oswego	1,010	(50.6%)	987	(49.4%)
Otsego	2,759	(47.3%)	3,077	(52.7%)
Putnam	343	(29.2%)	833	(70.8%)
Queens	982	(60.9%)	630	(39.1%)
Rensselaer	3,846	(56.5%)	2,959	(43.5%)
Richmond	469	(100%)	0*	
Rockland	369	(41.5%)	520	(58.5%)
St. Lawrence	1,732	(60.7%)	1,123	(39.3%)
Saratoga	2,711	(48.1%)	2,926	(51.9%)
Schenectady	901	(54.9%)	739	(45.1%)
Schoharie	1,611	(46.9%)	1,823	(53.1%)
Seneca	1,167	(49.1%)	1,211	(50.9%)
Steuben	1,849	(63.6%)	1,060	(36.4%)
Suffolk	905	(47.8%)	988	(52.2%)
Sullivan	527	(44.6%)	654	(55.4%)
Tioga	1,358	(53.3%)	1,188	(46.7%)
Tompkins	1,667	(46.8%)	1,897	(53.2%)
Ulster	2,431	(53.4%)	2,120	(46.6%)
Warren	608	(42.6%)	818	(57.4%)
Washington	3,413	(77.7%)	1,978	(22.3%)
Wayne	1,531	(61.5%)	958	(38.5%)
Westchester	1,420	(44.4%)	1,777	(55.6%)
Yates	620	(41.6%)	871	(58.4%)
Total	**103,322**	**(54.2%)**	**87,156**	**(45.8%)**

*Young's vote was excluded in the official canvass. No reason was given. His vote was 356.

SOURCE—*Albany Argus*, December 10, 1824.

1826

County	De Witt Clinton (Cl-Ad)		William B. Rochester (Bk-J)	
Albany	2,980	(54.1%)	2,527	(45.9%)
Allegany	1,270	(43.4%)	1,659	(56.6%)
Broome	1,087	(63.1%)	635	(36.9%)
Cattaraugus	784	(46.8%)	890	(53.2%)
Cayuga	3,042	(48.7%)	3,209	(51.3%)
Chautauqua	1,839	(53.3%)	1,612	(46.7%)
Chenango	2,504	(52.0%)	2,313	(48.0%)
Clinton	818	(44.5%)	1,021	(55.5%)
Columbia	2,552	(51.4%)	2,410	(48.6%)
Cortland	1,364	(49.5%)	1,394	(50.5%)
Delaware	1,609	(42.4%)	2,189	(57.6%)
Dutchess	3,284	(51.0%)	3,151	(49.0%)
Erie	2,186	(60.3%)	1,440	(39.7%)
Essex	1,184	(55.0%)	968	(45.0%)
Franklin	690	(56.8%)	525	(43.2%)
Genesee	2,923	(52.0%)	2,693	(48.0%)
Greene	1,456	(44.6%)	1,806	(55.4%)
Herkimer	2,094	(45.8%)	2,474	(54.2%)
Jefferson	2,900	(49.9%)	2,902	(50.1%)
Kings	677	(54.5%)	565	(45.5%)
Lewis	736	(50.3%)	728	(49.5%)
Livingston	1,749	(52.5%)	1,595	(47.5%)
Madison	2,268	(48.4%)	2,421	(51.6%)
Monroe	2,544	(49.4%)	2,603	(50.6%)
Montgomery & Hamilton	3,011	(53.3%)	2,636	(46.7%)
New York	5,619	(56.5%)	4,324	(43.5%)
Niagara	836	(44.7%)	1,036	(55.3%)
Oneida	4,180	(57.6%)	3,072	(42.4%)
Onondaga	3,210	(47.8%)	3,507	(52.2%)
Ontario	2,605	(62.8%)	1,544	(37.2%)
Orange	1,892	(44.1%)	2,396	(55.9%)
Orleans	884	(48.3%)	945	(51.7%)
Oswego	1,235	(46.5%)	1,421	(53.5%)
Otsego	2,658	(49.6%)	2,696	(50.4%)
Putnam	490	(37.2%)	927	(62.8%)
Queens	910	(67.7%)	435	(32.3%)
Rensselaer	3,488	(53.6%)	3,021	(46.4%)
Richmond	347	(47.0%)	391	(53.0%)
Rockland	345	(40.4%)	509	(59.6%)
St. Lawrence	1,761	(56.8%)	1,337	(43.2%)
Saratoga	2,463	(48.5%)	2,615	(51.5%)
Schenectady	752	(43.4%)	982	(56.6%)
Schoharie	1,311	(39.8%)	1,982	(60.2%)
Seneca	1,064	(45.9%)	1,252	(54.1%)
Steuben	2,139	(57.5%)	1,580	(42.5%)
Suffolk	817	(51.0%)	785	(49.0%)
Sullivan	746	(50.7%)	726	(49.3%)
Tioga	1,445	(50.6%)	1,409	(49.4%)
Tompkins	1,588	(42.7%)	2,130	(57.3%)
Ulster	2,107	(54.2%)	1,779	(45.8%)
Warren	576	(39.1%)	899	(60.9%)
Washington	2,891	(58.3%)	2,069	(41.7%)
Wayne	1,402	(53.2%)	1,234	(46.8%)
Westchester	1,626	(54.0%)	1,385	(46.0%)
Yates	847	(38.0%)	1,381	(62.0%)
Total	**99,885**	**(51.0%)**	**96,135**	**(49.0%)**

SOURCE—*Albany Argus*, December 8, 1826.

1828

County	Martin Van Buren (J)		Smith Thompson (Ad)		Solomon Southwick (AM)	
Albany	3,911	(47.9%)	3,983	(48.8%)	263	(3.2%)
Allegany	1,497	(44.9%)	984	(29.5%)	856	(25.7%)
Broome	1,292	(61.6%)	676	(32.2%)	131	(6.2%)
Cattaraugus	720	(34.0%)	1,040	(49.1%)	358	(16.9%)
Cayuga	4,030	(60.3%)	2,110	(31.6%)	544	(8.1%)
Chautauqua	1,520	(34.2%)	1,135	(25.6%)	1,783	(40.2%)
Chenango	3,150	(59.7%)	1,408	(26.7%)	722	(13.7%)
Clinton	1,392	(50.7%)	1,351	(49.3%)	0	
Columbia	3,425	(44.6%)	3,983	(51.9%)	263	(3.4%)
Cortland	1,577	(47.8%)	1,514	(45.9%)	207	(6.3%)
Delaware	2,836	(64.6%)	1,515	(34.5%)	41	(0.9%)
Dutchess	4,558	(57.5%)	3,257	(41.1%)	113	(1.4%)
Erie	1,161	(25.5%)	2,597	(56.9%)	803	(17.6%)
Essex	1,222	(37.6%)	1,825	(56.2%)	199	(6.1%)
Franklin	700	(41.0%)	1,006	(59.0%)	0	
Genesee	2,275	(29.6%)	605	(7.9%)	4,794	(62.5%)
Greene	2,491	(57.2%)	1,836	(42.2%)	27	(0.6%)
Herkimer	3,030	(53.4%)	2,424	(42.7%)	219	(3.9%)
Jefferson	3,328	(45.6%)	1,763	(24.2%)	2,204	(30.2%)
Kings	1,317	(56.1%)	1,030	(43.9%)	0	
Lewis	1,034	(53.6%)	778	(40.4%)	116	(6.0%)
Livingston	1,238	(30.3%)	882	(21.6%)	1,963	(48.1%)
Madison	2,609	(44.9%)	1,329	(22.9%)	1,876	(32.3%)
Monroe	2,939	(37.7%)	1,390	(17.8%)	3,467	(44.5%)
Montgomery & Hamilton	3,719	(48.0%)	3,861	(49.8%)	170	(2.2%)
New York	15,233	(61.0%)	9,612	(38.5%)	141	(0.6%)
Niagara	742	(28.9%)	473	(18.4%)	1,349	(52.6%)
Oneida	5,130	(46.6%)	5,737	(52.1%)	139	(1.3%)
Onondaga	4,211	(51.8%)	3,322	(40.9%)	592	(7.3%)
Ontario	1,881	(29.8%)	2,297	(36.4%)	2,134	(33.8%)
Orange	3,642	(57.7%)	2,645	(41.9%)	27	(0.4%)
Orleans	839	(33.5%)	568	(22.7%)	1,100	(43.9%)
Oswego	2,042	(52.5%)	1,477	(37.9%)	374	(9.6%)
Otsego	4,108	(50.7%)	3,467	(42.8%)	523	(6.5%)
Putnam	1,126	(71.4%)	334	(21.2%)	116	(7.4%)
Queens	1,138	(47.9%)	1,239	(52.1%)	0	
Rensselaer	4,183	(47.0%)	4,601	(51.7%)	120	(1.3%)
Richmond	531	(53.0%)	471	(47.0%)	0	
Rockland	1,034	(71.8%)	409	(28.3%)	4	(0.3%)
St. Lawrence	2,581	(49.2%)	2,631	(50.2%)	31	(0.6%)
Saratoga	2,828	(43.4%)	3,125	(48.0%)	561	(8.6%)
Schenectady	1,080	(52.5%)	730	(35.5%)	249	(12.1%)
Schoharie	2,489	(58.3%)	1,640	(38.4%)	143	(3.4%)
Seneca	1,431	(45.7%)	1,525	(48.7%)	177	(5.6%)
Steuben	2,524	(57.1%)	1,228	(27.8%)	669	(15.1%)
Suffolk	1,944	(57.7%)	1,425	(42.3%)	0	
Sullivan	1,232	(63.8%)	690	(35.7%)	9	(0.5%)
Tioga	2,090	(55.5%)	1,617	(43.0%)	57	(1.5%)
Tompkins	3,060	(57.0%)	1,595	(29.7%)	713	(13.3%)
Ulster	3,051	(63.3%)	1,194	(24.8%)	572	(11.9%)
Warren	1,134	(63.1%)	572	(31.8%)	92	(5.1%)
Washington	2,552	(37.9%)	3,797	(56.3%)	393	(5.8%)
Wayne	1,819	(42.2%)	1,530	(35.5%)	958	(22.2%)
Westchester	2,669	(51.0%)	2,561	(49.0%)	1	(0.1%)
Yates	1,497	(54.8%)	593	(21.7%)	644	(23.6%)
Total	**136,794**	**(49.5%)**	**106,444**	**(38.5%)**	**33,345**	**(12.1%)**

SOURCE—*Albany Argus*, December 16, 1828.

1830

County	Enos T. Throop (J)		Francis Granger (A-M)		Ezekiel Williams (Wkm)	
Albany	3,799	(56.7%)	2,867	(42.8%)	34	(0.5%)
Allegany	1,474	(39.4%)	2,264	(60.5%)	5	(1.3%)

County	Enos T. Throop (J)		Francis Granger (A-M)		Ezekiel Williams (Wkm)	
Broome	614	(28.5%)	1,541	(71.5%)	0	
Cattaraugus	829	(36.4%)	1,447	(63.6%)	0	
Cayuga	3,637	(49.9%)	3,647	(50.1%)	1	(0.1%)
Chautauqua	1,854	(34.8%)	3,470	(65.2%)	0	
Chenango	2,423	(41.3%)	3,447	(58.7%)	0	
Clinton	1,274	(75.3%)	419	(24.7%)	0	
Columbia	3,384	(57.4%)	2,511	(42.6%)	2	(0.4%)
Cortland	1,286	(51.2%)	1,225	(48.8%)	0	
Delaware	2,484	(57.3%)	1,849	(42.7%)	0	
Dutchess	3,532	(53.6%)	3,041	(46.2%)	11	(1.7%)
Erie	1,467	(32.6%)	2,981	(66.3%)	46	(1.0%)
Essex	1,327	(61.3%)	836	(38.7%)	0	
Franklin	731	(60.3%)	482	(39.7%)	0	
Genesee	2,222	(28.9%)	5,462	(71.1%)	1	(0.1%)
Greene	2,427	(60.7%)	1,565	(39.2%)	5	(0.1%)
Hamilton	141	(67.5%)	68	(32.5%)	0	
Herkimer	3,045	(58.8%)	2,133	(41.2%)	0	
Jefferson	3,705	(54.8%)	3,054	(45.2%)	0	
Kings	1,365	(64.1%)	619	(35.9%)	147	(6.9%)
Lewis	1,231	(66.2%)	628	(33.8%)	0	
Livingston	988	(26.0%)	2,806	(74.0%)	0	
Madison	3,192	(50.8%)	3,092	(49.2%)	1	(0.1%)
Monroe	2,982	(38.3%)	4,798	(61.6%)	1	(0.1%)
Montgomery	3,853	(64.0%)	2,156	(36.0%)	0	
New York	10,654	(52.1%)	7,838	(38.3%)	1,959	(9.6%)
Niagara	684	(25.5%)	1,994	(74.4%)	1	(0.1%)
Oneida	5,536	(58.1%)	3,986	(41.8%)	6	(0.1%)
Onondaga	4,403	(56.6%)	3,368	(43.3%)	5	(0.1%)
Ontario	1,830	(30.9%)	4,087	(69.1%)	0	
Orange	2,998	(62.6%)	1,774	(37.1%)	15	(0.3%)
Orleans	933	(35.9%)	1,663	(64.1%)	0	
Oswego	2,056	(56.2%)	1,605	(43.8%)	0	
Otsego	4,134	(51.4%)	3,914	(48.6%)	0	
Putnam	889	(66.2%)	453	(33.8%)	0	
Queens	1,065	(47.7%)	1,169	(52.3%)	0	
Rensselaer	4,575	(63.2%)	2,656	(36.7%)	8	(0.1%)
Richmond	492	(51.1%)	452	(47.0%)	18	(1.9%)
Rockland	473	(51.7%)	417	(45.6%)	25	(2.7%)
St. Lawrence	2,257	(61.6%)	1,109	(38.4%)	0	
Saratoga	3,241	(55.7%)	2,580	(44.3%)	1	(0.1%)
Schenectady	1,061	(59.4%)	725	(40.6%)	0	
Schoharie	2,401	(64.0%)	1,349	(36.0%)	0	
Seneca	1,510	(45.5%)	1,809	(54.5%)	0	
Steuben	2,454	(49.9%)	2,462	(50.1%)	0	
Suffolk	1,532	(63.4%)	879	(36.4%)	3	(0.1%)
Sullivan	1,007	(58.2%)	723	(41.8%)	0	
Tioga	1,524	(51.1%)	1,459	(48.9%)	0	
Tompkins	1,882	(42.0%)	2,591	(57.9%)	4	(0.1%)
Ulster	2,939	(58.9%)	2,050	(41.1%)	0	
Warren	949	(66.4%)	481	(33.6%)	0	
Washington	3,213	(51.2%)	3,062	(48.8%)	2	(0.1%)
Wayne	2,233	(44.8%)	2,754	(55.2%)	1	(0.1%)
Westchester	3,046	(72.0%)	1,157	(27.3%)	29	(0.7%)
Yates	1,605	(53.6%)	1,387	(46.4%)	0	
Total	128,842	(51.2%)	120,361	(47.9%)	2,332	(0.9%)

SOURCE—*Albany Argus*, December 4, 1830.

1832

County	William L. Marcy (D)		Francis Granger (AM)	
Albany	4,392	(50.3%)	4,341	(49.7%)
Allegany	2,069	(46.0%)	2,426	(54.0%)
Broome	1,251	(40.8%)	1,812	(59.2%)
Cattaraugus	1,314	(42.6%)	1,773	(57.4%)
Cayuga	4,401	(52.6%)	3,970	(47.4%)
Chautauqua	2,242	(36.0%)	3,978	(64.0%)
Chenango	3,592	(50.6%)	3,502	(49.4%)
Clinton	1,726	(61.6%)	1,076	(38.4%)
Columbia	3,953	(51.7%)	3,688	(48.3%)
Cortland	1,936	(49.0%)	2,015	(51.0%)
Delaware	2,896	(59.2%)	1,992	(40.8%)
Dutchess	4,777	(53.4%)	4,161	(46.6%)

County				County			
Erie	1,743	(28.6%)	4,356 (71.4%)	Cattaragus	1,884	(47.8%)	2,054 (52.2%)
Essex	1,339	(43.4%)	1,748 (56.6%)	Cayuga	4,697	(54.3%)	3,958 (45.7%)
Franklin	869	(45.0%)	1,060 (55.0%)	Chautauqua	2,942	(39.4%)	4,533 (60.6%)
Genesee	3,048	(34.6%)	5,773 (65.4%)	Chenango	3,932	(54.1%)	3,340 (45.9%)
Greene	3,084	(58.2%)	2,216 (41.8%)	Clinton	1,535	(56.1%)	1,201 (43.9%)
Herkimer	3,633	(58.2%)	2,606 (41.8%)	Columbia	4,150	(51.8%)	3,864 (48.2%)
Jefferson	4,363	(49.7%)	4,418 (50.3%)	Cortland	2,022	(48.3%)	2,163 (51.7%)
Kings	1,737	(58.2%)	1,248 (41.8%)	Delaware	3,462	(67.2%)	1,690 (32.8%)
Lewis	1,450	(63.4%)	836 (36.6%)	Dutchess	4,984	(55.7%)	3,971 (44.3%)
Livingston	1,738	(36.8%)	2,989 (63.2%)	Erie	2,254	(30.9%)	5,046 (69.1%)
Madison	3,507	(49.4%)	3,586 (50.6%)	Essex	1,474	(41.1%)	2,113 (58.9%)
Monroe	3,376	(40.5%)	4,954 (59.5%)	Franklin	790	(44.5%)	987 (55.5%)
Montgomery & Hamilton	4,572	(56.5%)	3,526 (43.5%)	Genesee	3,769	(36.7%)	6,502 (63.3%)
New York	17,847	(58.6%)	12,620 (41.4%)	Greene	3,191	(48.5%)	2,392 (51.5%)
Niagara	1,246	(36.1%)	2,204 (63.9%)	Hamilton	231	(82.2%)	50 (17.8%)
Oneida	6,470	(52.2%)	5,924 (47.8%)	Herkimer	3,847	(62.0%)	2,358 (38.0%)
Onondaga	5,366	(52.8%)	4,795 (47.2%)	Jefferson	4,558	(50.7%)	4,433 (49.3%)
Ontario	2,341	(35.2%)	4,301 (64.8%)	Kings	2,040	(57.7%)	1,493 (42.3%)
Orange	4,192	(59.2%)	2,894 (40.8%)	Lewis	1,330	(61.0%)	852 (39.0%)
Orleans	1,396	(45.3%)	1,687 (54.7%)	Livingston	1,962	(37.9%)	3,218 (62.1%)
Oswego	2,556	(51.8%)	2,381 (48.2%)	Madison	3,712	(52.7%)	3,335 (47.3%)
Otsego	4,888	(54.0%)	4,157 (46.0%)	Monroe	4,137	(44.6%)	5,129 (55.4%)
Putnam	1,159	(63.3%)	672 (36.7%)	Montgomery	4,611	(53.8%)	3,955 (46.2%)
Queens	1,602	(52.9%)	1,429 (47.1%)	New York	19,015	(53.3%)	16,692 (46.7%)
Rensselaer	4,812	(53.1%)	4,251 (46.9%)	Niagara	1,838	(43.7%)	2,365 (56.3%)
Richmond	566	(50.7%)	551 (49.3%)	Oneida	6,524	(52.3%)	5,941 (47.7%)
Rockland	958	(72.4%)	366 (27.6%)	Onondaga	5,697	(54.5%)	4,765 (45.5%)
St. Lawrence	3,321	(54.5%)	2,772 (45.5%)	Ontario	2,950	(40.4%)	4,345 (59.6%)
Saratoga	3,549	(50.7%)	3,450 (49.3%)	Orange	4,288	(55.1%)	3,496 (44.9%)
Schenectady	1,274	(52.0%)	1,176 (48.0%)	Orleans	1,918	(50.7%)	1,862 (49.3%)
Schoharie	2,687	(60.5%)	1,751 (39.5%)	Oswego	3,139	(54.6%)	2,609 (45.4%)
Seneca	2,054	(53.9%)	1,756 (46.1%)	Otsego	5,153	(58.1%)	3,716 (41.9%)
Steuben	3,798	(63.9%)	2,146 (36.1%)	Putnam	1,061	(64.6%)	582 (35.4%)
Suffolk	2,573	(63.9%)	1,449 (36.1%)	Queens	1,895	(51.7%)	1,772 (48.3%)
Sullivan	1,247	(52.6%)	1,122 (47.4%)	Rensselaer	4,961	(49.8%)	4,993 (50.2%)
Tioga	3,069	(60.9%)	1,974 (39.1%)	Richmond	620	(47.8%)	678 (52.2%)
Tompkins	3,269	(51.4%)	3,093 (48.6%)	Rockland	1,279	(73.1%)	470 (26.9%)
Ulster	3,881	(64.1%)	2,174 (35.9%)	St. Lawrence	3,284	(55.3%)	2,657 (44.7%)
Warren	1,242	(65.1%)	666 (34.9%)	Saratoga	3,809	(51.1%)	3,640 (48.9%)
Washington	2,201	(32.8%)	4,502 (67.4%)	Schenectady	1,365	(50.8%)	1,320 (49.2%)
Wayne	2,810	(50.9%)	2,711 (49.1%)	Schoharie	2,895	(59.3%)	1,986 (40.7%)
Westchester	3,088	(57.3%)	2,302 (42.7%)	Seneca	2,106	(52.9%)	1,875 (47.1%)
Yates	1,940	(59.0%)	1,346 (41.0%)	Steuben	4,065	(63.5%)	2,335 (36.5%)
Total	**166,410**	**(51.5%)**	**156,672 (48.5%)**	Suffolk	2,557	(64.3%)	1,420 (35.7%)
				Sullivan	1,433	(57.2%)	1,071 (42.8%)
				Tioga	3,267	(57.2%)	2,444 (42.8%)
				Tompkins	3,511	(53.3%)	3,079 (46.7%)
				Ulster	4,160	(63.2%)	2,419 (36.8%)
				Warren	1,360	(63.2%)	792 (36.8%)
				Washington	2,709	(39.1%)	4,224 (60.9%)
				Wayne	3,075	(51.2%)	2,936 (48.8%)
				Westchester	3,420	(55.7%)	2,716 (44.3%)
				Yates	1,902	(53.1%)	1,678 (46.9%)
				Total	**181,905**	**(51.8%)**	**168,969 (48.2%)**

SOURCE—*Albany Argus*, December 1, 1832.

SOURCE—*Albany Argus*, December 3, 1834.

1834

County	William L. Marcy (D)		William H. Seward (W)	
Albany	4,917	(50.1%)	4,888	(49.9%)
Allegany	2,634	(48.8%)	2,767	(51.2%)
Broome	1,584	(46.8%)	1,799	(53.2%)

1836

County	William L. Marcy (D)		Jesse Buel (W)		Isaac Smith (LcD)	
Albany	4,822	(52.2%)	4,233	(45.9%)	175	(1.9%)
Allegany	2,656	(50.2%)	2,637	(49.8%)	0	
Broome	1,702	(54.4%)	1,426	(45.6%)	0	
Cattaraugus	1,884	(51.6%)	1,470	(48.4%)	0	
Cayuga	4,357	(54.2%)	3,678	(45.8%)	0	
Chautauqua	3,153	(45.0%)	3,855	(55.0%)	3	(0.04%)
Chemung	1,718	(62.9%)	945	(34.6%)	68	(2.5%)
Chenango	3,713	(58.4%)	2,647	(41.6%)	0	

County	William L. Marcy (D)		Jesse Buel (W)		Isaac Smith (LcD)	
Clinton	1,336	(61.2%)	848	(38.8%)	0	
Columbia	3,743	(54.8%)	3,086	(45.2%)	0	
Cortland	1,748	(47.8%)	1,993	(52.2%)	0	
Delaware	2,815	(77.9%)	799	(22.1%)	0	
Dutchess	3,903	(61.9%)	2,247	(35.6%)	159	(2.5%)
Erie	2,659	(35.3%)	4,834	(64.2%)	42	(0.6%)
Essex	1,636	(47.1%)	1,832	(52.9%)	0	
Franklin	855	(48.2%)	918	(51.8%)	0	
Genesee	3,124	(37.2%)	5,142	(61.2%)	131	(1.6%)
Greene	2,983	(61.3%)	1,880	(38.7%)	0	
Herkimer	3,026	(71.4%)	1,210	(28.6%)	0	
Jefferson	4,628	(55.4%)	3,721	(44.6%)	0	
Kings	2,316	(55.2%)	1,864	(44.4%)	19	(0.5%)
Lewis	1,101	(55.2%)	400	(44.8%)	0	
Livingston	2,048	(41.4%)	2,896	(58.6%)	0	
Madison	2,867	(62.5%)	1,385	(30.2%)	337	(7.3%)
Monroe	4,039	(45.4%)	4,794	(53.9%)	60	(0.7%)
Montgomery	3,900	(52.2%)	3,561	(47.7%)	4	(0.1%)
New York	16,563	(48.8%)	15,971	(47.1%)	1,398	(4.1%)
Niagara	2,160	(48.9%)	2,229	(50.5%)	26	(0.6%)
Oneida	5,513	(60.4%)	3,367	(36.9%)	244	(2.7%)
Onondaga	4,785	(61.5%)	2,985	(38.4%)	6	(0.1%)
Ontario	2,786	(45.0%)	3,404	(55.0%)	0	
Orange	3,549	(61.3%)	2,244	(38.7%)	0	
Orleans	1,869	(50.6%)	1,826	(49.4%)	0	
Oswego	3,146	(62.1%)	1,922	(37.9%)	1	(0.02%)
Otsego	4,543	(63.8%)	2,439	(34.3%)	135	(1.9%)
Putnam	865	(79.4%)	225	(20.6%)	0	
Queens	1,659	(54.2%)	1,401	(45.8%)	0	
Rensselaer	4,814	(49.8%)	4,425	(45.7%)	434	(4.5%)
Richmond	641	(49.9%)	643	(50.1%)	0	
Rockland	1,045	(74.5%)	357	(25.5%)	0	
St. Lawrence	3,089	(58.2%)	2,219	(41.8%)	0	
Saratoga	3,374	(53.1%)	2,956	(46.5%)	29	(0.5%)
Schenectady	1,501	(59.1%)	1,039	(40.9%)	0	
Schoharie	2,462	(62.3%)	1,388	(35.1%)	102	(2.6%)
Seneca	2,049	(52.1%)	1,469	(37.4%)	25	(0.6%)
Steuben	3,699	(61.4%)	2,325	(38.6%)	0	
Suffolk	2,078	(67.3%)	1,006	(32.6%)	2	(0.1%)
Sullivan	1,232	(59.7%)	830	(40.3%)	0	
Tioga	1,644	(57.3%)	1,223	(42.7%)	0	
Tompkins	2,997	(52.3%)	2,718	(47.5%)	13	(0.2%)
Ulster	3,675	(62.8%)	2,177	(37.2%)	0	
Warren	1,334	(70.4%)	562	(29.6%)	0	
Washington	2,619	(42.3%)	3,574	(57.7%)	0	
Wayne	2,986	(53.2%)	2,623	(46.8%)	1	(0.02%)
Westchester	3,000	(63.2%)	1,674	(35.3%)	73	(1.5%)
Yates	1,713	(60.3%)	1,126	(39.7%)	0	
Total	**166,122**	**(54.2%)**	**136,648**	**(44.6%)**	**3,496**	**(1.1%)**

SOURCE—Manuscript returns.

1838

County	William Seward (W)		William L. Marcy (D)	
Albany	5,657	(52.3%)	5,151	(47.7%)
Allegany	3,281	(55.4%)	2,640	(44.6%)
Broome	1,893	(51.7%)	1,790	(48.3%)
Cattaraugus	2,181	(50.6%)	2,132	(49.4%)
Cayuga	4,644	(51.2%)	4,431	(48.8%)
Chautauqua	4,945	(62.0%)	3,036	(38.0%)
Chemung	1,385	(40.2%)	2,064	(59.8%)
Chenango	3,898	(52.3%)	3,582	(47.7%)
Clinton	1,355	(46.2%)	1,576	(53.8%)
Columbia	4,011	(49.6%)	4,068	(50.4%)
Cortland	2,290	(53.3%)	2,010	(46.7%)
Delaware	2,375	(41.4%)	3,357	(58.6%)
Dutchess	5,214	(52.6%)	4,690	(47.4%)
Erie	5,448	(65.9%)	2,822	(34.1%)
Essex	2,067	(55.5%)	1,658	(44.5%)
Franklin	1,153	(54.8%)	950	(45.2%)
Fulton	1,830	(55.8%)	1,448	(44.2%)
Genesee	6,349	(65.6%)	3,326	(34.4%)
Greene	2,752	(49.8%)	2,770	(50.2%)
Herkimer	2,620	(48.9%)	3,739	(51.1%)
Jefferson	4,981	(52.7%)	4,468	(47.3%)
Kings	2,444	(49.3%)	2,511	(50.7%)
Lewis	1,156	(46.9%)	1,308	(53.1%)
Livingston	3,389	(60.6%)	2,201	(39.4%)

County			
Madison	3,223	(55.5%)	3,583	(44.5%)
Monroe	5,532	(55.7%)	4,395	(44.3%)
Montgomery	2,646	(46.9%)	3,001	(53.1%)
New York	20,203	(51.0%)	19,381	(49.0%)
Niagara	2,497	(56.2%)	1,949	(43.8%)
Oneida	5,063	(45.3%)	6,103	(54.7%)
Onondaga	5,684	(50.1%)	5,664	(49.9%)
Ontario	4,226	(57.9%)	3,073	(42.1%)
Orange	3,991	(48.9%)	4,175	(51.1%)
Orleans	2,260	(55.3%)	1,830	(44.7%)
Oswego	3,250	(49.6%)	3,298	(50.4%)
Otsego	4,082	(45.2%)	4,946	(54.8%)
Putnam	687	(38.0%)	1,120	(62.0%)
Queens	2,151	(49.3%)	2,211	(50.7%)
Rensselaer	5,450	(52.6%)	4,907	(47.4%)
Richmond	726	(49.5%)	742	(50.5%)
Rockland	561	(31.7%)	1,208	(68.3%)
St. Lawrence	3,465	(47.3%)	3,863	(52.7%)
Saratoga	3,862	(51.9%)	3,580	(48.1%)
Schenectady	1,529	(51.5%)	1,439	(48.5%)
Schoharie	2,692	(48.7%)	2,841	(51.3%)
Seneca	2,101	(48.5%)	2,232	(51.5%)
Steuben	3,279	(47.2%)	3,675	(52.8%)
Suffolk	1,647	(38.1%)	2,672	(61.9%)
Sullivan	1,272	(48.1%)	1,375	(51.9%)
Tioga	1,610	(46.3%)	1,871	(53.7%)
Tompkins	3,444	(51.8%)	3,211	(48.2%)
Ulster	4,207	(56.5%)	3,241	(43.5%)
Warren	966	(43.7%)	1,243	(56.3%)
Washington	4,402	(64.6%)	2,607	(35.4%)
Wayne	3,524	(49.5%)	3,600	(50.5%)
Westchester	3,480	(47.2%)	3,896	(52.8%)
Yates	1,852	(50.7%)	1,801	(49.3%)
Total	**192,882**	**(51.4%)**	**182,461**	**(48.6%)**

SOURCE—*Albany Argus*, December 11, 1838.

1840

County	William H. Seward (W)		William C. Bouck (D)		Gerrit Smith (Lty)	
Albany	6,233	(50.6%)	6,044	(49.1%)	42	(0.3%)
Allegany	4,079	(53.7%)	3,442	(45.3%)	71	(0.9%)
Broome	2,385	(51.8%)	2,195	(47.7%)	20	(0.4%)
Cattaraugus	2,922	(52.9%)	2,546	(46.1%)	58	(1.0%)
Cayuga	5,066	(50.2%)	4,963	(49.2%)	68	(0.7%)
Chautauqua	5,755	(62.1%)	3,485	(37.6%)	20	(2.2%)
Chemung	1,669	(41.7%)	2,330	(58.1%)	8	(2.0%)
Chenango	4,317	(51.3%)	4,077	(48.4%)	24	(2.9%)
Clinton	2,006	(51.7%)	1,848	(47.6%)	29	(0.7%)
Columbia	4,272	(48.6%)	4,517	(51.4%)	6	(0.7%)
Cortland	2,639	(53.5%)	2,263	(45.9%)	31	(0.6%)
Delaware	2,916	(42.4%)	3,921	(57.0%)	42	(0.6%)
Dutchess	5,306	(49.4%)	5,426	(50.5%)	13	(0.1%)
Erie	6,633	(63.1%)	3,829	(36.4%)	49	(0.5%)
Essex	2,597	(58.8%)	1,815	(41.1%)	1	(0.1%)
Franklin	1,426	(55.4%)	1,141	(44.3%)	7	(0.3%)
Fulton	2,046	(51.4%)	1,907	(48.0%)	24	(0.6%)
Genesee	6,969	(63.2%)	3,909	(35.4%)	142	(1.3%)
Greene	2,959	(47.0%)	3,326	(52.9%)	8	(0.1%)
Herkimer	3,078	(40.7%)	4,423	(58.5%)	57	(0.8%)
Jefferson	6,196	(51.7%)	5,737	(47.8%)	59	(0.5%)
Kings	3,209	(49.8%)	3,203	(49.8%)	26	(0.4%)
Lewis	1,697	(48.3%)	1,779	(50.6%)	40	(0.1%)
Livingston	3,877	(58.7%)	2,680	(40.6%)	50	(0.8%)
Madison	4,190	(48.5%)	4,196	(48.6%)	254	(2.9%)
Monroe	6,349	(56.2%)	4,894	(43.3%)	64	(0.6%)
Montgomery	2,745	(44.8%)	3,378	(55.1%)	9	(0.1%)
New York	20,038	(47.1%)	22,285	(52.4%)	180	(0.4%)
Niagara	2,918	(55.3%)	2,291	(43.4%)	69	(0.1%)
Oneida	7,103	(46.3%)	7,902	(51.5%)	351	(2.3%)
Onondaga	6,509	(49.1%)	6,658	(50.2%)	96	(0.7%)
Ontario	4,786	(56.8%)	3,490	(41.4%)	154	(1.8%)
Orange	4,315	(46.8%)	4,899	(53.1%)	4	(0.04%)
Orleans	2,579	(54.6%)	2,083	(44.1%)	65	(1.4%)
Oswego	4,102	(49.6%)	4,024	(48.6%)	151	(1.8%)
Otsego	4,762	(45.3%)	5,690	(54.1%)	57	(0.5%)
Putnam	912	(36.4%)	1,593	(63.6%)	0	
Queens	2,487	(49.1%)	2,579	(50.9%)	0	
Rensselaer	5,688	(50.6%)	5,511	(49.0%)	38	(0.3%)
Richmond	887	(50.4%)	874	(49.6%)	0	
Rockland	628	(27.3%)	1,673	(72.7%)	0	
St. Lawrence	4,775	(49.6%)	4,821	(50.0%)	37	(0.4%)
Saratoga	4,309	(51.9%)	3,970	(47.8%)	20	(0.2%)
Schenectady	1,699	(50.7%)	1,644	(49.1%)	5	(0.1%)
Schoharie	2,712	(43.3%)	3,544	(56.6%)	11	(0.2%)

County	William H. Seward (W)		William C. Bouck (D)		Gerrit Smith (Lty)	
Seneca	2,411	(48.7%)	2,527	(51.1%)	10	(0.2%)
Steuben	4,007	(40.3%)	4,896	(54.7%)	43	(0.5%)
Suffolk	2,376	(40.3%)	3,518	(59.7%)	1	(0.02%)
Sullivan	1,469	(46.4%)	1,687	(53.3%)	7	(0.2%)
Tioga	1,900	(46.3%)	2,203	(53.7%)	3	(0.1%)
Tompkins	3,903	(51.6%)	3,633	(48.0%)	29	(0.4%)
Ulster	4,458	(50.8%)	4,312	(49.2%)	2	(0.02%)
Warren	1,285	(46.9%)	1,445	(52.8%)	8	(0.3%)
Washington	5,032	(61.9%)	3,068	(37.7%)	33	(0.4%)
Wayne	4,258	(50.8%)	4,086	(48.8%)	33	(0.4%)
Westchester	4,018	(47.7%)	4,401	(52.2%)	8	(0.1%)
Yates	2,059	(48.7%)	2,145	(50.7%)	25	(0.6%)
Total	**222,011**	**(50.3%)**	**216,808**	**(49.1%)**	**2,662**	**(0.6%)**

SOURCE—*Albany Argus*, December 8, 1840.

1842

County	William C. Bouck (D)		Luther Bradish (W)		Alvan Stewart (Lty)	
Albany	6,076	(48.9%)	6,272	(50.4%)	87	(0.7%)
Allegany	3,287	(46.1%)	3,693	(51.8%)	151	(2.1%)
Broome	2,238	(51.7%)	2,010	(46.4%)	84	(1.9%)
Cattaraugus	2,486	(47.5%)	2,583	(49.3%)	167	(3.2%)
Cayuga	5,046	(52.2%)	4,370	(45.2%)	253	(2.6%)
Chautauqua	3,226	(38.6%)	5,070	(60.6%)	67	(0.8%)
Chemung	2,304	(60.9%)	1,534	(40.5%)	35	(0.9%)
Chenango	4,122	(51.8%)	3,757	(47.2%)	75	(0.9%)
Clinton	1,903	(52.9%)	1,571	(43.7%)	121	(3.4%)
Columbia	4,278	(55.9%)	3,362	(44.0%)	7	(0.1%)
Cortland	2,299	(48.1%)	2,249	(47.1%)	232	(4.9%)
Delaware	3,526	(61.8%)	2,088	(36.6%)	95	(1.7%)
Dutchess	4,661	(54.3%)	3,895	(45.4%)	24	(0.3%)
Erie	4,167	(44.5%)	4,855	(51.8%)	352	(3.8%)
Essex	1,639	(44.0%)	2,049	(55.0%)	37	(1.0%)
Franklin	1,296	(48.6%)	1,354	(50.8%)	16	(0.6%)
Fulton	1,831	(50.1%)	1,765	(48.3%)	61	(1.7%)
Genesee	2,022	(40.4%)	2,863	(57.3%)	115	(2.3%)
Greene	3,059	(57.8%)	2,226	(42.0%)	10	(0.2%)
Herkimer	3,802	(60.2%)	2,430	(38.5%)	87	(1.4%)
Jefferson	5,635	(52.7%)	4,774	(44.6%)	292	(2.7%)
Kings	3,725	(52.5%)	3,324	(46.8%)	52	(0.7%)
Lewis	1,716	(52.0%)	1,519	(46.0%)	66	(2.0%)
Livingston	2,515	(42.9%)	3,216	(54.8%)	132	(2.3%)
Madison	3,883	(50.7%)	3,206	(41.8%)	574	(7.5%)
Monroe	5,220	(47.6%)	5,465	(49.9%)	273	(2.5%)
Montgomery	2,961	(54.5%)	2,448	(45.0%)	27	(0.5%)
New York	22,017	(52.3%)	19,975	(47.5%)	75	(0.2%)
Niagara	2,278	(45.0%)	2,630	(52.0%)	153	(3.0%)
Oneida	6,955	(53.0%)	5,558	(42.3%)	622	(4.7%)
Onondaga	6,585	(51.2%)	6,024	(46.8%)	262	(2.0%)
Ontario	3,460	(45.6%)	3,770	(49.7%)	352	(4.6%)
Orange	4,148	(55.6%)	3,293	(44.1%)	19	(0.3%)
Orleans	2,103	(48.5%)	2,143	(49.4%)	91	(2.1%)
Oswego	4,014	(51.7%)	3,365	(43.4%)	383	(4.9%)
Otsego	4,949	(57.3%)	3,600	(41.7%)	88	(1.0%)
Putnam	1,453	(70.2%)	617	(29.8%)	0	
Queens	2,625	(55.8%)	2,077	(44.2%)	0	
Rensselaer	5,437	(50.0%)	5,366	(49.3%)	78	(0.7%)
Richmond	989	(54.9%)	814	(45.1%)	0	
Rockland	1,030	(73.7%)	367	(26.3%)	0	
St. Lawrence	4,864	(57.6%)	3,319	(39.3%)	256	(3.0%)
Saratoga	3,953	(50.6%)	3,813	(48.8%)	46	(0.6%)
Schenectady	1,699	(53.8%)	1,456	(46.1%)	5	(0.2%)
Schoharie	3,375	(60.5%)	2,179	(39.1%)	24	(0.4%)
Seneca	2,542	(55.2%)	1,976	(42.9%)	85	(1.8%)
Steuben	4,393	(56.6%)	3,236	(41.7%)	128	(1.7%)

County	William C. Bouck (D)		Luther Bradish (W)		Alvan Stewart (Lty)	
Suffolk	2,869	(68.1%)	1,338	(31.8%)	5	(0.1%)
Sullivan	1,470	(56.5%)	1,117	(42.9%)	14	(0.5%)
Tioga	2,262	(55.6%)	1,781	(43.8%)	22	(0.5%)
Tompkins	3,619	(50.9%)	3,395	(47.7%)	103	(1.4%)
Ulster	3,387	(50.3%)	3,351	(49.7%)	1	(0.01%)
Warren	1,497	(55.7%)	1,143	(42.5%)	48	(1.8%)
Washington	3,012	(41.2%)	4,088	(55.9%)	217	(3.0%)
Wayne	4,010	(51.7%)	3,558	(45.9%)	192	(2.5%)
Westchester	3,786	(54.9%)	3,109	(45.1%)	5	(0.7%)
Wyoming	1,889	(44.1%)	2,064	(48.1%)	335	(0.8%)
Yates	1,979	(52.6%)	1,621	(43.1%)	162	(4.3%)
Total	**208,072**	**(51.8%)**	**186,091**	**(46.4%)**	**7,263**	**(1.8%)**

SOURCE—*Albany Argus,* December 14, 1842.

1844

County	Silas Wright (D)		Millard Fillmore (W)		Alvan Stewart (Lty)	
Albany	7,019	(49.6%)	7,044	(49.7%)	101	(0.7%)
Allegany	3,544	(44.3%)	4,098	(51.2%)	365	(4.6%)
Broome	2,536	(47.9%)	2,649	(50.1%)	106	(0.2%)
Cattaraugus	2,664	(45.1%)	2,791	(47.2%)	454	(7.7%)
Cayuga	5,189	(49.8%)	4,856	(46.6%)	367	(3.5%)
Chautauqua	3,463	(37.0%)	5,587	(59.7%)	314	(3.4%)
Chemung	2,613	(58.1%)	1,790	(39.8%)	97	(2.2%)
Chenango	4,556	(50.8%)	4,183	(46.6%)	237	(2.6%)
Clinton	2,262	(49.6%)	1,864	(40.9%)	431	(9.5%)
Columbia	4,736	(52.4%)	4,294	(47.5%)	11	(0.1%)
Cortland	2,390	(45.2%)	2,360	(44.6%)	542	(10.2%)
Delaware	4,307	(57.3%)	3,032	(40.3%)	184	(2.4%)
Dutchess	5,735	(50.0%)	5,698	(49.7%)	33	(0.3%)
Erie	5,084	(41.0%)	6,926	(55.9%)	377	(3.0%)
Essex	2,032	(42.6%)	2,590	(54.3%)	148	(0.3%)
Franklin	1,521	(48.7%)	1,518	(48.7%)	86	(2.8%)
Fulton & Hamilton*	2,207	(50.0%)	2,103	(47.7%)	103	(2.3%)
Genesee	2,138	(35.5%)	3,590	(59.6%)	295	(4.9%)
Greene	3,529	(54.3%)	2,935	(45.2%)	31	(0.5%)
Herkimer	4,418	(56.2%)	2,877	(36.6%)	560	(7.1%)
Jefferson	6,341	(50.2%)	5,571	(44.1%)	717	(5.7%)
Kings	4,781	(48.5%)	5,020	(50.9%)	63	(0.6%)
Lewis	2,080	(53.5%)	1,655	(42.6%)	153	(3.9%)
Livingston	2,754	(40.9%)	3,783	(56.2%)	193	(2.9%)
Madison	3,891	(43.6%)	3,654	(41.0%)	1,371	(15.4%)
Monroe	5,730	(44.3%)	6,831	(52.8%)	387	(3.0%)
Montgomery	3,296	(53.0%)	2,840	(45.7%)	82	(1.3%)
New York	29,164	(53.0%)	25,824	(46.9%)	86	(0.2%)
Oneida	7,803	(49.2%)	6,982	(44.1%)	1,061	(6.7%)
Onondaga	6,988	(49.4%)	6,476	(45.8%)	691	(4.0%)
Ontario	3,718	(42.8%)	4,560	(52.5%)	412	(4.7%)
Orange	5,354	(53.6%)	4,604	(46.1%)	34	(0.3%)
Oswego	4,445	(49.3%)	3,731	(41.4%)	249	(4.8%)
Otsego	6,121	(54.5%)	4,703	(41.9%)	846	(9.4%)
Putnam	1,743	(64.2%)	972	(35.8%)	0	
Queens	2,797	(52.8%)	2,504	(47.2%)	1	(0.02%)
Rensselaer	5,726	(47.1%)	6,263	(51.5%)	177	(1.5%)
Richmond	1,071	(50.6%)	1,044	(49.4%)	0	
Rockland	1,683	(68.0%)	790	(31.9%)	1	(0.04%)
St. Lawrence	6,114	(54.7%)	4,625	(41.4%)	443	(4.0%)
Saratoga	4,296	(48.2%)	4,499	(50.5%)	120	(1.3%)
Schenectady	1,711	(48.6%)	1,779	(50.5%)	30	(0.9%)
Schoharie	3,545	(53.4%)	2,986	(45.0%)	104	(1.6%)
Seneca	2,600	(51.6%)	2,316	(46.0%)	122	(2.4%)
Steuben	5,603	(54.9%)	4,361	(42.7%)	243	(2.4%)
Suffolk	3,397	(57.8%)	2,476	(42.1%)	9	(0.2%)
Sullivan	1,983	(52.9%)	1,745	(46.5%)	23	(0.6%)
Tioga	2,562	(55.1%)	1,994	(42.9%)	95	(2.0%)

County	Silas Wright (D)		Millard Fillmore (W)		Alvan Stewart (Lty)	
Tompkins	4,081	(49.6%)	3,831	(46.6%)	310	(3.8%)
Ulster	4,839	(50.2%)	4,787	(49.7%)	10	(1.0%)
Warren	1,737	(55.1%)	1,317	(41.8%)	100	(3.2%)
Washington	3,342	(38.6%)	4,979	(57.6%)	327	(3.8%)
Wayne	4,151	(48.1%)	3,970	(46.0%)	507	(5.9%)
Westchester	4,468	(51.3%)	4,231	(48.5%)	18	(0.2%)
Wyoming	2,112	(39.7%)	2,797	(52.6%)	408	(0.8%)
Yates	2,158	(49.2%)	2,034	(46.4%)	192	(4.4%)
Total	**241,090**	**(49.5%)**	**231,057**	**(47.4%)**	**15,136**	**(3.1%)**

*In the official canvass the vote of Hamilton County was included with that of Fulton County, but the *Whig Alamanac, 1845* gives the major party vote for each county which equals the vote in the official canvass for Fulton–Hamilton combined. However, it does not give the vote for the Liberty Party candidate. The vote for the two counties:

Fulton	1,960	1,959
Hamilton	247	144

SOURCE—*Albany Argus,* December 9, 1844.

1846

County	John Young (W)		Silas Wright (D)		Henry Bradley (Lty)		Ogden Edwards (A)		Lewis Masquirer (LRf)	
Albany	7,659	(60.2%)	4,841	(38.1%)	88	(0.7%)	50	(0.4%)	83	(0.7%)
Allegany	2,919	(51.5%)	2,224	(39.2%)	262	(4.6%)	0			
Broome	2,337	(48.8%)	2,341	(48.9%)	102	(2.1%)	9	(0.2%)		
Cattarugus	2,605	(51.0%)	2,148	(42.6%)	355	(6.9%)	0			
Cayuga	4,328	(51.8%)	3,730	(44.6%)	296	(3.5%)	5	(0.6%)		
Chautauqua	4,516	(59.2%)	2,703	(35.4%)	414	(5.4%)	0			
Chemung	1,666	(44.1%)	2,044	(54.1%)	71	(1.9%)	0			
Chenango	3,765	(49.0%)	3,704	(48.2%)	212	(2.8%)	0			
Clinton	1,755	(42.7%)	2,122	(51.6%)	232	(0.6%)	1	(0.02%)		
Columbia	4,206	(55.6%)	3,318	(43.8%)	16	(0.2%)	27	(0.4%)	1	(0.01%)
Cortland	2,090	(44.5%)	2,062	(43.9%)	544	(11.6%)	0			
Delaware	4,040	(62.9%)	2,238	(34.8%)	148	(2.3%)	0			
Dutchess	4,536	(45.6%)	4,271	(42.9%)	28	(0.3%)	1,113	(11.2%)		
Erie	5,809	(55.3%)	4,355	(41.4%)	336	(3.2%)	7	(0.1%)		
Essex	2,267	(56.1%)	1,631	(40.4%)	141	(3.5%)	0			
Franklin	1,305	(44.1%)	1,580	(53.4%)	73	(2.5%)	2	(0.1%)		
Fulton & Hamilton*	1,862	(49.4%)	1,839	(48.6%)	75	(2.0%)	0			
Hekimer	2,593	(40.9%)	3,240	(51.1%)	504	(8.0%)	0			
Jefferson	4,798	(44.3%)	5,295	(48.8%)	748	(6.9%)	1	(0.1%)		
Kings	4,347	(44.0%)	4,940	(50.0%)	48	(0.5%)	493	(5.0%)	43	(0.4%)
Lewis	1,828	(57.8%)	1,170	(37.0%)	166	(5.2%)	0			
Livingston	3,779	(60.0%)	2,337	(37.1%)	178	(2.8%)	1	(0.02%)		
Madison	3,045	(43.9%)	2,868	(41.4%)	1,021	(14.7%)	0			
Monroe	6,302	(54.4%)	4,933	(42.6%)	338	(2.9%)	2	(0.02%)		
Montgomery	3,044	(53.0%)	2,631	(45.8%)	68	(1.2%)	1	(0.02%)		
New York	17,530	(39.2%)	22,574	(50.4%)	60	(0.1%)	4,048	(9.0%)	550	(1.2%)
Niagara	2,669	(51.6%)	2,255	(43.6%)	249	(4.8%)	0			
Oneida	6,434	(51.2%)	5,096	(40.6%)	985	(7.8%)	42	(0.3%)		
Onondaga	5,448	(48.0%)	5,315	(46.8%)	565	(5.0%)	1	(0.01%)	29	(0.3%)
Ontario	3,802	(53.2%)	3,004	(42.1%)	305	(4.3%)	29	(0.4%)		
Orange	3,774	(47.4%)	4,127	(51.8%)	34	(0.4%)	31	(0.4%)		
Orleans	2,301	(50.5%)	2,097	(46.1%)	154	(3.4%)	1	(0.02%)		
Oswego	3,201	(43.4%)	3,498	(47.4%)	615	(8.3%)	6	(0.1%)	54	(0.7%)
Otsego	3,804	(42.3%)	4,818	(53.5%)	379	(4.2%)	0			
Putnam	627	(30.2%)	1,343	(64.6%)	0		108	(5.2%)		
Queens	1,657	(44.3%)	1,962	(52.4%)	0		125	(3.4%)		
Rensselaer	6,241	(57.7%)	4,398	(40.7%)	106	(1.0%)	3	(0.03%)	60	(0.6%)
Richmond	692	(44.9%)	834	(54.1%)	0		15	(1.0%)		
Rockland	722	(38.0%)	1,169	(61.5%)	0		0		9	(0.5%)
St. Lawrence	3,459	(38.2%)	5,143	(56.9%)	444	(4.9%)	0			
Saratoga	4,054	(52.2%)	3,605	(46.4%)	111	(1.4%)	0			
Schenectady	1,690	(54.2%)	1,419	(45.5%)	9	(0.3%)	1	(0.03%)		
Schoharie	3,048	(55.7%)	2,370	(43.3%)	52	(1.0%)	0			
Seneca	2,013	(47.3%)	2,131	(50.1%)	97	(2.3%)	1	(0.02%)	11	(2.6%)
Steuben	3,795	(45.5%)	4,367	(52.4%)	168	(2.0%)	7	(0.1%)		

New York

County	John Young (W)	Silas Wright (D)	Henry Bradley (Lty)	Ogden Edwards (A)	Lewis Masquirer (LRf)
Suffolk	1,575 (43.3%)	2,016 (55.5%)	8 (0.2%)	36 (1.0%)	
Sullivan	1,704 (52.6%)	1,497 (46.2%)	28 (0.9%)	9 (0.3%)	1 (0.03%)
Tioga	1,629 (43.6%)	1,927 (51.5%)	90 (2.4%)	0	94 (2.5%)
Tompkins	3,153 (49.3%)	3,009 (47.1%)	229 (3.6%)	0	
Ulster	4,277 (49.5%)	4,277 (49.5%)	16 (0.2%)	70 (0.8%)	
Warren	1,129 (41.8%)	1,458 (53.9%)	117 (4.3%)	0	
Washington	4,184 (57.8%)	2,714 (37.5%)	332 (4.5%)	3 (0.04%)	
Wayne	3,324 (46.5%)	3,317 (46.4%)	510 (7.1%)	4 (0.06%)	
Westchester	3,304 (48.4%)	3,447 (50.5%)	26 (0.4%)	43 (0.6%)	
Wyoming	2,815 (57.9%)	1,702 (35.0%)	326 (6.7%)	0	17 (0.3%)
Yates	1,786 (46.7%)	1,926 (50.4%)	110 (2.9%)	1 (0.03%)	
Total	**198,878 (48.9%)**	**187,306 (46.1%)**	**12,844 (3.2%)**	**6,306 (1.5%)**	**1,100 (0.3%)**

*The vote of Fulton and Hamilton separately as reported in the *Whig Almanac 1847* was;

Fulton	1,789	1,611
Hamilton	93	218

SOURCE—*Albany Argus,* December 7, 1846.

1848

County	Hamilton Fish (W)	John A. Dix (FS)	Reuben H. Walworth (D)	William Goodell (Lty)
Albany	7,017 (51.5%)	2,659 (19.5%)	3,916 (28.8%)	22 (1.6%)
Allegany	2,856 (46.1%)	2,023 (32.7%)	1,283 (20.7%)	34 (0.5%)
Broome	2,507 (47.4%)	756 (14.3%)	2,017 (38.2%)	5 (0.1%)
Cattaraugus	2,625 (46.7%)	1,212 (21.6%)	1,748 (31.1%)	38 (0.7%)
Cayuga	4,534 (47.4%)	3,936 (41.1%)	1,040 (10.9%)	50 (0.5%)
Chautauqua	4,341 (55.2%)	1,588 (20.2%)	1,922 (24.4%)	10 (0.1%)
Chemung	1,948 (39.5%)	2,212 (44.9%)	770 (15.6%)	0
Chenango	3,623 (46.4%)	1,518 (19.4%)	2,650 (33.9%)	22 (0.3%)
Clinton	1,934 (41.4%)	1,235 (26.4%)	1,498 (32.0%)	7 (0.1%)
Columbia	3,862 (47.1%)	2,222 (27.1%)	2,111 (25.8%)	2 (0.2%)
Cortland	2,066 (42.5%)	1,762 (36.2%)	956 (19.7%)	79 (1.6%)
Delaware	1,727 (25.4%)	4,358 (64.1%)	694 (10.2%)	18 (0.3%)
Dutchess	5,428 (53.8%)	1,340 (13.3%)	3,315 (32.9%)	7 (0.1%)
Erie	7,664 (57.1%)	2,344 (17.5%)	3,390 (25.3%)	24 (0.2%)
Essex	2,603 (54.3%)	1,141 (23.8%)	1,043 (21.8%)	6 (0.1%)
Franklin	1,364 (41.8%)	905 (27.7%)	998 (30.5%)	0
Fulton & Hamilton	1,990 (49.8%)	1,617 (40.4%)	380 (9.5%)	12 (0.3%)
Genesee	3,009 (56.1%)	1,061 (19.8%)	1,244 (23.2%)	53 (1.0%)
Greene	2,673 (46.5%)	1,445 (25.1%)	1,616 (28.1%)	16 (0.3%)*
Herkimer	2,570 (36.2%)	3,805 (53.6%)	697 (9.8%)	28 (0.4%)
Jefferson	4,858 (41.4%)	4,326 (36.8%)	2,527 (21.5%)	34 (0.3%)
Kings	7,343 (55.5%)	878 (6.6%)	4,981 (37.6%)	33 (0.2%)
Lewis	1,288 (38.5%)	1,240 (37.1%)	804 (24.1%)	10 (0.3%)
Livingston	3,851 (56.0%)	2,068 (30.0%)	922 (13.4%)	41 (0.6%)
Madison	3,114 (41.0%)	2,718 (35.6%)	1,585 (20.9%)	179 (2.4%)
Monroe	6,686 (52.2%)	4,629 (36.2%)	1,456 (11.4%)	29 (0.2%)
Montgomery	2,942 (50.1%)	1,623 (27.7%)	1,285 (21.9%)	19 (0.3%)
New York	28,113 (53.0%)	5,285 (10.0%)	19,479 (36.7%)	158 (0.3%)
Niagara	2,925 (46.1%)	2,034 (32.1%)	1,357 (21.4%)	23 (0.4%)
Oneida	6,159 (42.0%)	4,759 (32.4%)	3,668 (25.0%)	88 (0.6%)
Onondaga	5,633 (43.9%)	4,899 (38.2%)	2,267 (17.7%)	37 (0.3%)
Ontario	4,002 (50.6%)	2,558 (32.3%)	1,285 (16.2%)	71 (0.9%)
Orange	4,200 (47.5%)	1,455 (16.5%)	3,189 (36.1%)	0
Orleans	2,472 (47.8%)	1,736 (33.6%)	922 (17.8%)	42 (0.8%)
Oswego	3,892 (41.6%)	4,184 (44.8%)	1,144 (12.2%)	125 (1.3%)
Otsego	3,926 (40.7%)	1,976 (20.5%)	3,722 (38.5%)	32 (0.3%)
Putnam	807 (35.7%)	418 (18.5%)	1,034 (45.8%)	0
Queens	2,305 (50.3%)	890 (19.4%)	1,386 (30.3%)	0
Resselaer	6,148 (51.1%)	3,112 (25.8%)	2,761 (22.9%)	19 (0.2%)
Richmond	1,069 (50.8%)	135 (6.4%)	899 (42.7%)	0
Rockland	887 (38.9%)	352 (15.5%)	1,038 (45.6%)	1 (0.04%)
St. Lawrence	3,808 (36.4%)	6,023 (57.6%)	617 (5.9%)	0
Saratoga	4,383 (52.0%)	1,351 (16.0%)	2,669 (31.7%)	21 (0.2%)
Schenectady	1,725 (52.8%)	434 (13.3%)	1,097 (33.1%)	8 (0.2%)

County	Hamilton Fish (W)		John A. Dix (FS)		Reuben H. Walworth (D)		William Goodell (Lty)	
Schoharie	2,637	(42.3%)	749	(12.0%)	2,847	(45.6%)	7	(1.1%)
Seneca	1,859	(39.1%)	1,498	(31.5%)	1,388	(29.2%)	6	(1.3%)
Steuben	4,370	(43.5%)	3,678	(36.6%)	1,977	(19.7%)	17	(0.2%)
Suffolk	2,167	(46.5%)	1,412	(30.3%)	1,064	(22.8%)	15	(0.3%)
Sullivan	1,427	(38.9%)	848	(23.1%)	1,396	(38.0%)	0	
Tioga	1,818	(42.3%)	750	(17.4%)	1,717	(39.9%)	15	(0.3%)
Tompkins	3,116	(43.9%)	2,655	(37.4%)	1,312	(18.5%)	13	(0.2%)
Ulster	4,582	(51.0%)	2,381	(26.5%)	2,019	(22.5%)	0	
Warren	1,260	(40.8%)	624	(20.2%)	1,167	(37.8%)	35	(1.1%)
Washington	4,540	(57.0%)	2,027	(25.8%)	1,248	(15.9%)	32	(0.4%)
Wayne	3,772	(45.5%)	3,672	(44.3%)	811	(9.8%)	41	(0.5%)
Westchester	4,030	(52.8%)	1,378	(18.1%)	2,211	(29.0%)	11	(0.1%)
Wyoming	2,554	(46.3%)	1,576	(28.6%)	1,381	(25.1%)	0	
Yates	1,767	(43.2%)	1,419	(34.7%)	891	(21.8%)	14	(0.3%)
Total	**218,776**	**(47.6%)**	**122,889**	**(26.7%)**	**116,811**	**(25.4%)**	**1,593**	**(0.3%)**

*Goodell's vote in Greene County was listed under "scattering" because it was spelled "Godell," but it is included here.

SOURCE—*Albany Argus,* December 29, 1848.

1850

County	Washington Hunt (W)		Horatio Seymour (D)		William L. Chaplin (Lty)	
Albany	7,426	(53.4%)	6,461	(46.5%)	9	(0.1%)
Allegany	3,249	(51.0%)	3,108	(48.8%)	10	(0.2%)
Broome	2,661	(50.3%)	2,608	(49.3%)	17	(3.2%)
Cattaraugus	2,955	(51.1%)	2,775	(48.0%)	55	(1.0%)
Cayuga	4,853	(50.3%)	4,729	(49.0%)	63	(0.7%)
Chautauqua	4,766	(58.4%)	3,328	(40.8%)	62	(0.8%)
Chemung	1,976	(43.0%)	2,611	(56.8%)	8	(0.2%)
Chenango	3,746	(47.7%)	4,046	(51.5%)	57	(0.7%)
Clinton	2,044	(45.3%)	2,430	(53.9%)	35	(0.8%)
Columbia	3,796	(46.1%)	3,781	(53.9%)	0	
Cortland	2,305	(50.3%)	2,061	(44.9%)	79	(0.6%)
Delaware	3,573	(55.7%)	2,786	(43.4%)	77	(2.0%)
Dutchess	5,074	(49.3%)	5,224	(50.7%)	10	(0.3%)
Erie	6,856	(56.2%)	5,255	(43.1%)	13	(0.3%)
Essex	2,318	(59.0%)	1,636	(41.6%)	2	(0.04%)
Franklin	1,600	(48.2%)	1,711	(51.5%)	4	(0.1%)
Fulton & Hamilton	2,253	(48.4%)	2,391	(51.3%)	119	(1.7%)
Genesee	3,049	(65.1%)	1,631	(34.8%)	133	(1.2%)
Greene	2,607	(47.9%)	2,828	(52.0%)	4	(0.03%)
Herkimer	2,848	(40.6%)	4,054	(57.7%)	119	(1.7%)
Jefferson	4,905	(45.4%)	5,756	(53.3%)	133	(1.2%)
Kings	6,744	(52.0%)	6,221	(48.0%)	4	(0.03%)
Lewis	1,618	(44.6%)	2,004	(55.3%)	5	(0.1%)
Livingston	3,967	(60.5%)	2,564	(39.1%)	29	(0.4%)
Madison	3,378	(45.5%)	3,441	(46.4%)	600	(8.1%)
Monroe	6,715	(56.3%)	5,179	(43.4%)	38	(0.3%)
Montgomery	3,020	(51.5%)	2,825	(48.2%)	15	(0.3%)
New York	20,332	(48.7%)	21,421	(51.3%)	2	(0.004%)
Niagara	3,309	(55.8%)	2,586	(43.6%)	40	(0.7%)
Oneida	7,232	(46.2%)	8,330	(53.2%)	102	(0.7%)
Onondaga	5,680	(46.9%)	6,107	(50.4%)	328	(2.7%)
Ontario	4,036	(58.8%)	2,757	(40.2%)	72	(1.0%)
Orange	3,638	(46.5%)	4,188	(53.5%)	1	(0.01%)
Orleans	2,635	(50.9%)	2,491	(48.1%)	53	(1.0%)
Oswego	3,944	(44.0%)	4,768	(53.2%)	250	(2.8%)
Otsego	4,333	(45.9%)	5,025	(53.3%)	78	(0.8%)
Putnam	795	(38.8%)	1,254	(61.2%)	0	
Queens	1,735	(45.3%)	2,099	(54.7%)	0	
Rensselaer	5,980	(51.2%)	5,649	(48.4%)	45	(0.4%)
Richmond	919	(52.2%)	842	(47.8%)	0	
Rockland	685	(32.9%)	1,399	(67.1%)	0	
St. Lawrence	3,481	(41.3%)	4,895	(58.1%)	55	(0.7%)
Saratoga	4,326	(52.2%)	3,938	(47.5%)	28	(0.3%)
Schenectady	1,732	(54.2%)	1,462	(45.8%)	0	

County	Washington Hunt (W)		Horatio Seymour (D)		William L. Chaplin (Lty)	
Schoharie	2,831	(46.7%)	3,232	(53.3%)	6	(0.1%)
Seneca	1,932	(46.6%)	2,169	(52.3%)	43	(1.0%)
Steuben	4,423	(46.0%)	5,175	(53.8%)	25	(0.3%)
Suffolk	1,776	(43.5%)	2,306	(56.5%)	0	
Sullivan	1,781	(49.4%)	1,817	(50.4%)	10	(0.3%)
Tioga	1,915	(44.9%)	2,335	(54.7%)	16	(0.4%)
Tompkins	3,344	(48.7%)	3,473	(50.5%)	55	(0.8%)
Ulster	4,033	(53.6%)	4,652	(46.4%)	0	
Warren	1,130	(35.6%)	1,906	(60.1%)	137	(4.3%)
Washington	4,185	(59.2%)	2,781	(39.4%)	100	(1.4%)
Wayne	4,080	(50.1%)	3,867	(47.4%)	203	(2.5%)
Westchester	3,437	(47.4%)	3,810	(52.6%)	1	(0.01%)
Wyoming	2,788	(56.6%)	2,111	(42.8%)	29	(0.6%)
Yates	1,865	(47.3%)	2,063	(52.3%)	13	(0.3%)
Total	**214,614**	**(49.64%)**	**214,352**	**(49.57%)**	**3,416**	**(0.8%)**

SOURCE—*Albany Argus,* December 31, 1850.

1852

County	Horatio Seymour (D)		Washington Hunt (W)		Minthorne Tompkins (FS)	
Albany	8,230	(52.4%)	7,402	(47.1%)	79	(0.5%)
Allegany	4,081	(48.7%)	3,823	(45.6%)	477	(5.7%)
Broome	3,084	(50.1%)	2,756	(44.8%)	317	(5.1%)
Cattaraugus	3,508	(45.4%)	3,771	(48.8%)	452	(5.8%)
Cayuga	4,788	(46.1%)	5,045	(48.6%)	550	(5.3%)
Chautauqua	3,758	(35.7%)	5,709	(54.3%)	1,056	(10.0%)
Chemung	3,253	(55.3%)	2,372	(40.3%)	260	(4.4%)
Chenango	4,529	(52.1%)	3,900	(44.8%)	269	(3.1%)
Clinton	2,858	(53.4%)	2,296	(42.9%)	196	(3.7%)
Columbia	4,469	(51.9%)	4,145	(48.1%)	4	(0.05%)
Cortland	2,164	(42.2%)	2,429	(47.4%)	531	(10.4%)
Delaware	3,882	(50.5%)	3,571	(46.4%)	237	(3.1%)*
Dutchess	5,637	(50.4%)	5,538	(49.5%)	2	(0.2%)
Erie	7,041	(45.3%)	8,081	(52.0%)	408	(2.6%)
Essex	2,014	(40.9%)	2,755	(55.9%)	156	(3.2%)
Franklin	2,101	(53.2%)	1,753	(44.4%)	95	(2.4%)
Fulton	2,113	(48.5%)	2,171	(49.8%)	72	(1.7%)
Genesee	2,191	(37.5%)	3,462	(59.3%)	184	(3.2%)
Greene	3,235	(53.2%)	2,824	(46.5%)	17	(0.3%)
Hamilton	348	(74.2%)	121	(25.8%)	0	
Herkimer	4,444	(59.5%)	2,654	(35.6%)	367	(4.9%)
Jefferson	6,496	(50.9%)	5,762	(45.1%)	507	(4.0%)
Kings	10,378	(52.7%)	9,303	(47.2%)	28	(0.1%)
Lewis	2,549	(56.2%)	1,789	(39.4%)	197	(4.3%)
Livingston	3,055	(40.8%)	4,206	(56.2%)	225	(3.0%)
Madison	3,578	(42.1%)	3,548	(41.8%)	1,369	(16.1%)
Monroe	6,353	(43.6%)	7,676	(43.5%)	612	(4.2%)
Montgomery	3,415	(53.2%)	2,980	(46.4%)	21	(0.3%)
New York	32,663	(56.0%)	25,494	(43.7%)	218	(0.4%)
Niagara	2,886	(39.4%)	3,528	(48.2%)	905	(12.4%)
Oneida	9,308	(52.8%)	7,676	(43.5%)	646	(3.7%)
Onondaga	6,672	(46.8%)	6,100	(42.8%)	1,482	(10.4%)
Ontario	3,424	(41.2%)	4,473	(53.9%)	408	(0.5%)
Orange	5,181	(54.8%)	4,273	(45.2%)	6	(0.1%)
Orleans	2,284	(41.8%)	2,762	(50.5%)	423	(7.7%)
Oswego	5,128	(44.7%)	4,532	(39.5%)	1,810	(15.8%)
Otsego	5,640	(53.1%)	4,482	(42.2%)	509	(4.8%)
Putnam	1,541	(64.9%)	834	(35.1%)	0	
Queens	2,919	(55.0%)	2,376	(44.8%)	6	(0.1%)
Rensselaer	6,636	(51.3%)	6,141	(47.4%)	170	(1.3%)
Richmond	1,313	(52.2%)	1,148	(45.6%)	54	(2.1%)
Rockland	1,789	(70.4%)	751	(29.6%)	0	
St. Lawrence	5,746	(49.7%)	4,571	(39.6%)	1,239	(10.7%)
Saratoga	4,332	(48.8%)	4,490	(50.6%)	53	(0.6%)
Schenectady	1,908	(53.5%)	1,657	(46.5%)	0	

County	Horatio Seymour (D)		Washington Hunt (W)		Minthorne Tompkins (FS)	
Schoharie	3,874	(56.8%)	2,926	(42.9%)	15	(0.2%)
Seneca	2,565	(51.8%)	2,278	(46.0%)	109	(2.2%)
Steuben	7,061	(56.5%)	5,288	(42.3%)	139	(1.1%)
Suffolk	3,279	(62.1%)	1,997	(37.9%)	0	
Sullivan	2,697	(56.4%)	2,061	(43.1%)	27	(0.6%)
Tioga	2,889	(55.8%)	2,289	(44.2%)	0	
Tompkins	3,556	(46.0%)	3,476	(45.0%)	700	(9.1%)
Ulster	5,963	(53.6%)	5,145	(46.2%)	17	(0.2%)
Warren	1,760	(56.5%)	1,253	(40.2%)	102	(3.3%)
Washington	3,186	(40.5%)	4,309	(54.7%)	378	(4.8%)
Wayne	4,186	(46.2%)	4,138	(45.7%)	731	(8.1%)
Westchester	5,291	(62.4%)	4,181	(44.0%)	20	(0.2%)
Wyoming	2,600	(41.7%)	3,090	(49.6%)	540	(8.7%)
Yates	2,292	(51.3%)	2,036	(45.6%)	141	(3.2%)
Total	**264,121**	**(50.3%)**	**241,525**	**(46.0%)**	**19,536**	**(3.7%)**

*The vote for Tompkins in Delaware County was listed under "scattering" because of the manner in which his name was spelled, but it is included here.

SOURCE—*Albany Argus,* December 13, 1852.

1854

County	Myron Clark (W)		Horatio Seymour (D-SS)		Daniel Ullman (A)		Greene C. Bronson (D-HS)	
Albany	3,993	(26.5%)	5,428	(36.1%)	4,775	(31.7%)	849	(5.6%)
Allegany	2,498	(35.2%)	1,729	(24.4%)	2,620	(36.9%)	244	(3.4%)
Broome	2,434	(42.7%)	731	(12.8%)	1,170	(20.5%)	1,370	(24.0%)
Cattaraugus	1,815	(28.6%)	1,002	(15.8%)	3,243	(51.2%)	244	(3.9%)
Cayuga	3,807	(42.8%)	2,303	(25.9%)	2,459	(27.6%)	325	(3.7%)
Chautauqua	2,709	(30.3%)	1,341	(15.0%)	4,519	(50.5%)	377	(4.2%)
Chemung	1,067	(25.1%)	1,467	(34.6%)	1,613	(38.0%)	98	(2.3%)
Chenango	3,632	(48.9%)	1,940	(26.1%)	801	(10.8%)	1,050	(14.1%)
Clinton	1,857	(43.5%)	1,440	(33.7%)	597	(14.0%)	373	(8.7%)
Columbia	2,444	(33.0%)	2,381	(32.2%)	1,582	(21.4%)	994	(13.4%)
Cortland	2,401	(54.0%)	1,627	(36.6%)	88	(2.0%)	327	(7.4%)
Delaware	2,772	(42.8%)	2,828	(43.6%)	558	(8.6%)	326	(5.0%)
Dutchess	3,411	(37.3%)	3,150	(34.5%)	1,849	(20.2%)	724	(7.9%)
Erie	2,119	(36.5%)	5,252	(33.8%)	7,712	(49.7%)	442	(2.8%)
Essex	2,084	(52.8%)	1,063	(26.9%)	493	(12.5%)	308	(7.8%)
Franklin	1,557	(45.0%)	1,481	(42.8%)	179	(5.2%)	244	(7.0%)
Fulton	1,803	(46.8%)	1,378	(35.8%)	442	(11.5%)	231	(6.0%)
Genesee	1,571	(30.9%)	695	(13.7%)	2,360	(46.5%)	453	(8.9%)
Greene	1,385	(27.0%)	1,707	(33.3%)	1,760	(34.3%)	272	(5.3%)
Hamilton	119	(25.8%)	248	(53.8%)	0		94	(20.4%)
Herkimer	2,615	(40.6%)	3,113	(48.3%)	571	(8.9%)	142	(2.2%)
Jefferson	4,051	(39.8%)	3,758	(36.9%)	1,796	(17.6%)	574	(5.6%)
Kings	5,287	(23.7%)	8,605	(38.5%)	6,993	(31.3%)	1,460	(6.5%)
Lewis	1,549	(45.3%)	1,587	(46.4%)	151	(4.4%)	131	(3.8%)
Livingston	1,959	(31.5%)	1,126	(18.1%)	2,672	(43.0%)	464	(7.5%)
Madison	3,433	(47.1%)	3,123	(42.8%)	277	(3.8%)	457	(6.3%)
Monroe	4,044	(34.1%)	3,332	(28.1%)	3,516	(29.7%)	952	(8.0%)
Montgomery	2,255	(41.7%)	2,052	(37.9%)	475	(8.8%)	631	(11.7%)
New York	12,233	(20.3%)	26,780	(44.4%)	16,588	(27.5%)	4,766	(7.9%)
Niagara	2,346	(39.7%)	1,118	(18.9%)	1,882	(31.8%)	570	(9.6%)
Oneida	7,521	(44.0%)	7,870	(46.1%)	1,068	(6.3%)	621	(3.6%)
Onondaga	4,740	(36.9%)	4,558	(35.5%)	3,064	(23.9%)	480	(3.7%)
Ontario	2,431	(33.6%)	1,280	(17.7%)	3,148	(43.5%)	383	(5.3%)
Orange	2,775	(34.3%)	2,187	(27.0%)	1,790	(22.1%)	1,343	(16.6%)
Oswego	4,882	(48.0%)	626	(14.2%)	1,985	(44.9%)	276	(6.2%)
Otsego	3,039	(32.5%)	3,475	(34.2%)	1,335	(13.1%)	475	(4.7%)
Putnam	554	(29.3%)	617	(32.6%)	652	(7.0%)	611	(6.5%)
Queens	1,375	(28.7%)	1,676	(35.0%)	1,294	(27.0%)	449	(9.4%)
Rensselaer	3,741	(33.7%)	3,804	(34.3%)	3,077	(27.7%)	480	(4.3%)
Richmond	585	(28.3%)	775	(37.5%)	566	(27.4%)	140	(6.8%)
Rockland	565	(25.8%)	561	(25.6%)	789	(36.0%)	278	(12.7%)
St. Lawrence	4,402	(50.6%)	3,071	(35.3%)	947	(10.9%)	286	(3.3%)

County	Myron Clark (W)		Horatio Seymour (D-SS)		Daniel Ullman (A)		Greene C. Bronson (D-HS)	
Saratoga	3,327	(40.6%)	2,395	(29.3%)	1,733	(21.1%)	733	(9.0%)
Schenectady	1,222	(40.4%)	753	(24.9%)	525	(17.4%)	525	(17.4%)
Schoharie	1,833	(29.7%)	561	(25.6%)	1,138	(18.5%)	1,481	(24.0%)
Schuyler	1,582	(45.7%)	1,367	(39.5%)	401	(11.6%)	110	(3.2%)
Seneca	1,143	(28.2%)	1,201	(29.6%)	1,493	(36.8%)	220	(50.4%)
Steuben	2,082	(20.8%)	2,478	(24.8%)	5,001	(50.0%)	450	(4.5%)
Suffolk	1,307	(25.9%)	1,428	(28.3%)	2,080	(41.2%)	235	(41.7%)
Sullivan	1,061	(28.3%)	1,028	(27.4%)	866	(23.1%)	797	(21.2%)
Tioga	1,622	(36.3%)	1,626	(36.4%)	1,019	(22.8%)	202	(4.5%)
Tompkins	2,347	(41.2%)	1,482	(26.0%)	1,406	(24.7%)	461	(8.1%)
Ulster	2,851	(33.3%)	2,733	(31.9%)	2,472	(28.9%)	505	(5.9%)
Warren	685	(22.4%)	425	(13.9%)	1,408	(46.0%)	543	(17.7%)
Washington	3,199	(46.3%)	1,272	(18.4%)	2,025	(29.3%)	415	(6.0%)
Wayne	3,067	(43.2%)	2,084	(29.3%)	1,516	(21.3%)	435	(6.1%)
Westchester	2,340	(25.6%)	2,868	(31.4%)	3,413	(37.4%)	514	(5.6%)
Wyoming	2,100	(43.1%)	1,242	(25.5%)	981	(20.1%)	546	(11.2%)
Yates	1,643	(44.5%)	1,055	(28.6%)	711	(19.3%)	281	(7.6%)
Total	156,804	(33.4%)	156,495	(33.3%)	122,822	(26.1%)	33,850	(7.2%)

SOURCE—*Albany Argus,* December 19, 1854.

1856

County	John A. King (R)		Amasa J. Parker (D)		Erastus Brooks (A)	
Albany	4,478	(24.8%)	7,909	(43.8%)	5,655	(31.3%)
Allegany	6,386	(70.7%)	1,655	(18.3%)	987	(10.9%)
Broome	4,227	(58.7%)	2,142	(29.7%)	833	(11.0%)
Cattaraugus	5,050	(63.9%)	1,786	(22.6%)	1,064	(13.5%)
Cayuga	6,864	(63.9%)	1,793	(16.7%)	2,091	(19.5%)
Chautauqua	6,901	(63.3%)	1,857	(17.0%)	2,142	(19.7%)
Chemung	2,571	(49.3%)	1,853	(35.5%)	796	(15.2%)
Chenango	5,300	(58.9%)	2,487	(27.7%)	1,205	(13.4%)
Clinton	2,543	(41.6%)	2,179	(35.7%)	1,388	(22.7%)
Columbia	3,707	(42.1%)	3,100	(35.2%)	2,005	(22.8%)
Cortland	3,510	(65.0%)	1,233	(22.8%)	658	(12.2%)
Delaware	4,088	(48.4%)	2,386	(28.2%)	1,981	(23.4%)
Dutchess	5,329	(46.2%)	4,181	(36.3%)	2,023	(17.5%)
Erie	6,662	(33.4%)	7,711	(38.7%)	5,552	(27.9%)
Essex	2,837	(56.4%)	1,184	(23.5%)	1,011	(20.1%)
Franklin	1,360	(32.2%)	1,602	(37.9%)	1,260	(29.8%)
Fulton	2,543	(50.8%)	1,398	(27.9%)	1,066	(21.3%)
Genesee	3,530	(57.4%)	1,409	(22.9%)	1,216	(19.8%)
Greene	1,931	(32.0%)	2,541	(42.2%)	1,555	(25.8%)
Hamilton	142	(27.4%)	264	(51.0%)	112	(21.6%)
Herkimer	4,969	(62.5%)	1,627	(20.5%)	1,355	(17.0%)
Jefferson	8,077	(63.1%)	3,640	(28.4%)	1,090	(8.5%)
Kings	7,024	(23.3%)	14,287	(47.5%)	8,777	(29.2%)
Lewis	2,952	(63.2%)	1,224	(26.2%)	495	(10.6%)
Livingston	3,458	(46.4%)	1,652	(22.2%)	2,132	(28.6%)
Madison	6,144	(68.0%)	1,933	(21.4%)	958	(10.6%)
Monroe	7,380	(48.1%)	4,755	(31.0%)	3,197	(20.9%)
Montgomery	3,011	(48.2%)	1,493	(23.9%)	1,744	(27.9%)
New York	14,994	(19.3%)	41,384	(53.2%)	21,423	(27.5%)
Niagara	3,856	(49.7%)	1,882	(24.2%)	2,025	(26.1%)
Oneida	10,852	(56.6%)	6,573	(34.3%)	1,746	(9.1%)
Onondaga	9,750	(60.9%)	4,267	(26.7%)	1,994	(12.5%)
Ontario	4,411	(52.8%)	1,665	(19.9%)	2,283	(27.3%)
Orange	4,204	(40.4%)	3,981	(38.3%)	2,209	(21.3%)
Orleans	3,065	(54.9%)	1,013	(18.2%)	1,502	(26.9%)
Oswego	8,004	(61.1%)	3,698	(28.2%)	1,391	(10.6%)
Otsego	6,213	(55.4%)	3,683	(32.9%)	1,310	(11.7%)
Putnam	951	(37.3%)	1,120	(44.0%)	477	(18.7%)
Queens	2,113	(31.2%)	2,361	(34.8%)	2,304	(34.0%)
Rensselaer	4,711	(33.4%)	4,467	(31.7%)	4,913	(34.9%)
Richmond	731	(22.6%)	1,548	(47.8%)	957	(29.6%)
Rockland	648	(20.7%)	1,538	(49.2%)	937	(30.0%)

County	John A. King (R)		Amasa J. Parker (D)		Erastus Brooks (A)	
St. Lawrence	9,582	(73.9%)	1,964	(15.1%)	1,422	(11.0%)
Saratoga	4,310	(45.2%)	2,541	(26.6%)	2,685	(28.2%)
Schenectady	1,652	(44.5%)	805	(21.7%)	1,258	(33.9%)
Schoharie	2,178	(31.9%)	2,958	(43.3%)	1,700	(24.9%)
Schuyler	2,336	(58.7%)	1,002	(25.2%)	641	(16.1%)
Seneca	2,097	(41.5%)	1,651	(32.6%)	1,311	(25.9%)
Steuben	7,119	(56.8%)	3,297	(26.3%)	2,116	(16.9%)
Suffolk	2,338	(36.7%)	2,081	(32.7%)	1,951	(30.6%)
Sullivan	1,589	(29.9%)	1,655	(31.2%)	2,068	(38.9%)
Tioga	3,256	(55.0%)	2,205	(37.2%)	464	(7.8%)
Tompkins	3,900	(56.7%)	1,511	(22.0%)	1,470	(21.4%)
Ulster	2,803	(23.9%)	4,185	(35.7%)	4,739	(40.4%)
Warren	2,055	(52.1%)	1,071	(27.2%)	818	(20.7%)
Washington	5,025	(58.0%)	1,583	(18.3%)	2,059	(23.8%)
Wayne	5,609	(60.9%)	2,033	(22.1%)	1,568	(17.0%)
Westchester	4,175	(33.1%)	4,704	(37.2%)	3,750	(29.7%)
Wyoming	3,942	(60.2%)	1,969	(30.0%)	642	(9.8%)
Yates	2,957	(69.0%)	941	(22.0%)	389	(9.1%)
Total	**264,400**	**(44.5%)**	**198,616**	**(33.4%)**	**130,870**	**(22.0%)**

SOURCE—*Albany Argus,* December 30, 1856.

1858

County	Edwin D. Morgan (R)		Amasa J. Parker (D)		Lorenzo Burrows (A)		Gerrit Smith (Ab)	
Albany	5,613	(30.7%)	9,118	(49.9%)	3,422	(18.7%)	105	(0.6%)
Allegany	4,288	(58.5%)	1,894	(25.8%)	621	(8.5%)	526	(7.2%)
Broome	3,531	(54.1%)	2,573	(39.4%)	367	(5.6%)	53	(0.8%)
Cattaraugus	4,309	(55.8%)	2,825	(36.6%)	356	(4.6%)	227	(0.9%)
Cayuga	5,952	(61.7%)	2,838	(29.4%)	729	(7.6%)	134	(1.4%)
Chautauqua	5,479	(59.7%)	2,129	(23.2%)	1,395	(15.2%)	167	(1.8%)
Chemung	2,369	(46.6%)	2,533	(49.9%)	148	(2.9%)	29	(0.6%)
Chenango	4,466	(52.6%)	3,558	(41.9%)	388	(4.6%)	72	(0.8%)
Clinton	2,698	(47.7%)	2,383	(42.1%)	523	(9.2%)	56	(1.0%)
Columbia	3,860	(47.8%)	3,459	(42.8%)	750	(9.3%)	8	(0.1%)
Cortland	2,717	(55.8%)	1,656	(34.0%)	267	(5.5%)	227	(4.7%)
Delaware	3,855	(48.6%)	2,868	(36.1%)	1,072	(13.5%)	145	(1.8%)
Dutchess	5,518	(48.7%)	5,007	(44.2%)	718	(6.3%)	87	(0.8%)
Erie	7,956	(39.4%)	7,907	(39.1%)	4,322	(21.4%)	31	(1.5%)
Essex	2,275	(50.4%)	1,457	(32.3%)	655	(14.5%)	129	(2.9%)
Franklin	1,621	(35.2%)	2,141	(46.5%)	782	(17.0%)	56	(1.2%)
Fulton	2,090	(48.5%)	1,689	(39.2%)	464	(10.8%)	69	(1.6%)
Genesee	2,838	(58.4%)	1,408	(29.0%)	584	(12.0%)	26	(0.5%)
Greene	2,218	(38.7%)	2,940	(51.4%)	542	(9.5%)	24	(0.4%)
Hamilton	131	(25.5%)	365	(71.0%)	10	(1.9%)	8	(1.6%)
Herkimer	4,568	(59.3%)	2,606	(33.9%)	452	(5.9%)	73	(0.9%)
Jefferson	6,899	(56.3%)	4,595	(37.5%)	547	(9.5%)	204	(1.7%)
Kings	8,170	(33.0%)	13,520	(54.6%)	3,008	(12.1%)	72	(0.3%)
Lewis	2,557	(55.5%)	1,881	(40.9%)	38	(0.8%)	128	(2.8%)
Livingston	3,162	(50.7%)	1,976	(31.7%)	1,025	(16.4%)	72	(1.2%)
Madison	4,445	(54.4%)	2,472	(30.3%)	614	(7.5%)	636	(7.8%)
Monroe	7,450	(53.8%)	5,224	(37.2%)	1,144	(8.3%)	31	(2.2%)
Montgomery	2,834	(47.3%)	2,262	(37.8%)	875	(14.6%)	20	(0.3%)
New York	21,622	(31.0%)	41,154	(58.9%)	6,993	(10.0%)	58	(0.8%)
Niagara	3,317	(48.3%)	2,235	(32.5%)	1,255	(18.3%)	65	(0.9%)
Oneida	10,728	(55.1%)	7,993	(41.1%)	586	(3.0%)	151	(0.8%)
Onondaga	8,400	(54.2%)	6,219	(40.1%)	711	(4.6%)	163	(1.1%)
Ontario	3,872	(51.0%)	2,232	(29.4%)	1,406	(18.5%)	88	(1.2%)
Orange	3,840	(41.9%)	4,306	(47.0%)	1,011	(11.0%)	6	(0.1%)
Orleans	2,579	(53.2%)	1,190	(24.8%)	976	(20.4%)	49	(1.0%)
Oswego	6,436	(53.4%)	4,842	(40.2%)	455	(3.8%)	326	(2.7%)
Otsego	5,383	(52.0%)	4,541	(43.9%)	355	(3.4%)	70	(0.7%)
Putnam	861	(37.8%)	1,352	(59.4%)	62	(2.7%)	0	
Queens	1,779	(30.0%)	3,085	(52.0%)	1,058	(17.8%)	10	(0.2%)
Rensselaer	5,066	(37.1%)	5,499	(40.3%)	3,028	(22.2%)	60	(0.4%)
Richmond	686	(23.2%)	1,883	(63.8%)	380	(12.9%)	2	(0.1%)

County	Edwin D. Morgan (R)		Amasa J. Parker (D)		Lorenzo Burrows (A)		Gerrit Smith (Ab)	
Rockland	606	(24.3%)	1,368	(54.8%)	524	(21.0%)	0	
St. Lawrence	7,691	(70.2%)	2,617	(23.9%)	484	(4.4%)	169	(1.5%)
Saratoga	4,163	(45.3%)	3,691	(40.2%)	1,281	(14.0%)	45	(0.5%)
Schenectady	1,493	(40.8%)	1,326	(36.2%)	832	(22.7%)	8	(0.2%)
Schoharie	2,036	(32.5%)	3,403	(54.2%)	726	(11.6%)	109	(1.7%)
Schuyler	2,003	(53.5%)	1,448	(38.7%)	271	(7.2%)*	22	(0.6%)
Seneca	1,864	(38.9%)	1,886	(39.4%)	1,028	(21.5%)	10	(0.2%)
Steuben	6,083	(53.2%)	4,258	(37.3%)	1,012	(8.9%)	73	(0.6%)
Suffolk	2,144	(44.2%)	2,107	(43.5%)	589	(12.1%)	9	(0.2%)
Sullivan	1,344	(27.8%)	1,914	(39.6%)	1,563	(32.4%)	7	(0.1%)
Tioga	2,822	(49.4%)	2,628	(46.0%)	237	(4.1%)	24	(0.4%)
Tompkins	3,389	(54.8%)	1,969	(31.8%)	745	(12.0%)	80	(1.3%)
Ulster	2,942	(26.7%)	4,796	(43.6%)	3,270	(29.7%)	4	(0.04%)
Warren	1,730	(45.6%)	1,444	(38.0%)	526	(13.9%)	97	(2.6%)
Washington	4,498	(54.3%)	2,511	(30.3%)	1,170	(14.1%)	110	(1.3%)
Wayne	4,727	(56.4%)	2,638	(31.5%)	862	(10.3%)	150	(1.8%)
Westchester	4,297	(38.3%)	5,459	(48.7%)	1,438	(12.8%)	17	(0.2%)
Wyoming	3,204	(57.5%)	1,952	(35.0%)	350	(6.3%)	66	(1.2%)
Yates	2,479	(63.3%)	1,283	(32.7%)	149	(3.8%)	7	(0.2%)
Total	**247,953**	**(45.5%)**	**230,513**	**(42.3%)**	**61,137**	**(11.2%)**	**5,446**	**(1.0%)**

*The vote is included here but in the official returns it was listed in the scattering column because of a different spelling.

SOURCE—*Albany Argus,* January 5, 1859.

1860

County	Edwin D. Morgan (R)		William Kelly (D)		James T. Brady (Bk-D)	
Albany	9,545	(45.6%)	10,766	(51.5%)	613	(2.9%)
Allegany	6,408	(71.5%)	2,339	(26.1%)	217	(2.4%)
Broome	4,280	(57.9%)	615	(8.3%)	2,500	(33.8%)
Cattaraugus	5,909	(63.1%)	3,425	(36.6%)	30	(0.3%)
Cayuga	7,885	(66.4%)	3,873	(32.6%)	117	(1.0%)
Chautauqua	8,405	(69.3%)	3,618	(29.8%)	110	(0.9%)
Chemung	2,916	(53.5%)	2,252	(41.3%)	285	(5.2%)
Chenango	5,374	(57.2%)	3,374	(35.9%)	643	(6.8%)
Clinton	3,911	(54.3%)	3,268	(45.4%)	24	(0.3%)
Columbia	5,042	(51.3%)	4,377	(44.5%)	415	(4.2%)
Cortland	3,836	(68.5%)	1,281	(22.9%)	484	(8.6%)
Delaware	4,683	(56.5%)	3,456	(41.7%)	147	(1.8%)
Dutchess	6,620	(51.4%)	6,248	(48.5%)	17	(0.1%)
Erie	12,379	(53.2%)	10,862	(46.7%)	43	(0.2%)
Essex	3,415	(64.9%)	1,839	(35.0%)	7	(0.1%)
Franklin	3,107	(56.0%)	2,419	(43.6%)	25	(0.5%)
Fulton & Hamilton*	3,076	(50.9%)	2,939	(48.7%)	23	(0.4%)
Genesee	4,448	(64.1%)	2,266	(32.6%)	230	(3.3%)
Greene	3,115	(46.7%)	3,373	(50.5%)	188	(2.8%)
Herkimer	5,301	(61.3%)	3,336	(38.6%)	16	(0.2%)
Jefferson	8,748	(61.1%)	5,305	(37.1%)	263	(1.8%)
Kings	16,313	(45.0%)	15,961	(44.0%)	4,003	(11.0%)
Lewis	3,235	(58.3%)	2,309	(41.6%)	1	(0.02%)
Livingston	5,164	(61.2%)	3,265	(38.7%)	9	(1.1%)
Madison	6,245	(65.7%)	3,220	(33.9%)	34	(0.4%)
Monroe	10,735	(59.2%)	7,105	(39.2%)	279	(1.5%)
Montgomery	3,484	(51.4%)	3,281	(48.4%)	17	(0.3%)
New York	33,692	(36.0%)	56,056	(59.9%)	3,834	(4.7%)
Niagara	4,960	(56.8%)	3,582	(41.0%)	196	(2.2%)
Oneida	12,439	(57.8%)	9,309	(42.0%)	55	(0.3%)
Onondaga	11,167	(60.3%)	6,101	(33.0%)	1,238	(6.7%)
Ontario	5,718	(60.7%)	3,635	(28.0%)	72	(0.8%)
Orange	5,675	(49.9%)	5,093	(44.8%)	606	(5.3%)
Orleans	3,835	(62.6%)	2,230	(36.4%)	60	(1.0%)
Oswego	8,947	(61.8%)	5,494	(38.0%)	26	(1.8%)
Otsego	5,779	(50.6%)	5,505	(48.2%)	138	(1.2%)
Putnam	1,253	(48.4%)	1,262	(48.7%)	59	(0.3%)
Queens	3,749	(46.1%)	4,245	(52.2%)	62	(1.7%)

County	Edwin D. Morgan (R)		William Kelly (D)		James T. Brady (Bk-D)	
Rensselaer	8,761	(51.6%)	8,145	(48.0%)	21	(0.6%)
Richmond	1,488	(39.8%)	2,193	(58.6%)	62	(1.7%)
Rockland	1,401	(37.0%)	2,361	(62.4%)	21	(0.6%)
St. Lawrence	11,256	(73.3%)	4,053	(26.4%)	52	(0.3%)
Saratoga	5,879	(56.1%)	4,482	(42.8%)	119	(1.1%)
Schenectady	2,104	(50.8%)	1,929	(46.6%)	106	(2.6%)
Schoharie	2,643	(35.9%)	4,705	(64.0%)	9	(0.1%)
Schuyler	2,296	(54.5%)	1,843	(43.7%)	77	(1.8%)
Seneca	2,994	(49.6%)	3,015	(50.0%)	26	(0.4%)
Steuben	8,090	(61.0%)	4,935	(37.2%)	245	(1.8%)
Suffolk	3,750	(51.5%)	3,421	(47.0%)	113	(1.6%)
Sullivan	2,498	(45.2%)	2,955	(53.5%)	75	(1.4%)
Tioga	3,714	(56.9%)	2,551	(39.1%)	261	(4.0%)
Tompkins	4,293	(58.1%)	3,067	(41.5%)	26	(0.4%)
Ulster	6,674	(51.1%)	6,206	(47.5%)	182	(1.4%)
Warren	2,698	(57.7%)	1,978	(42.3%)	0	
Washington	6,103	(63.2%)	3,504	(36.3%)	44	(0.5%)
Wayne	6,585	(62.1%)	3,945	(37.2%)	67	(0.6%)
Westchester	6,766	(45.5%)	7,210	(48.5%)	899	(6.0%)
Wyoming	4,488	(65.0%)	2,347	(34.0%)	71	(1.0%)
Yates	2,998	(66.7%)	1,346	(30.0%)	150	(3.3%)
Total	**358,272**	**(53.2%)**	**294,812**	**(43.8%)**	**19,841**	**(2.9%)**

*Vote of Fulton and Hamilton is listed together in the official returns, but the *Tribune Almanac* gives the vote separately for two of the candidates. The separate totals add up to the official totals.

Fulton	2,862	2,453
Hamilton	214	483

SOURCES—*Albany Argus*, December 28, 1860; *Tribune Almanac, 1861.*

NORTH CAROLINA

North Carolina was one of the original 13 states.
Prior to 1836 the governor was elected by a joint vote of the legislature for a term of one year.
He could not serve more than three years in a six-year period.
Term—Two years. **Election**—Second Thursday in August, changed to the first Thursday in August in 1856. **Limit**—No more than four years in a six-year period.

POPULATION

1790—393,751	1800—478,103	1810—555,500	1820—638,829
1830—737,987	1840—753,419	1850—869,039	1860—992,622

Appointed Governors (1797–1836)

Year	Governor (Party)
1797–1798	Samuel Ashe (D-R)
1799	William R. Davie (F)
1800–1802	Benjamin Williams (D-R)
1803–1805	James Turner (D-R)
1806–1807	Nathaniel Alexander (D-R)
1808	Benjamin Williams
1809–1810	David Stone (D-R)
1811	Benjamin Smith (D-R)
1812–1814	William Hawkins (D-R)
1815–1817	William Miller (D-R)
1818–1820	John Branch (D-R)
1821	Jesse Franklin (D-R)
1822–1824	Gabriel Holmes
1825–1827	Hutchings G. Burton
1828–	James Iredell Jr.
1928–1830	John Owen (J)
1831–1832	Montford Stokes (D)
1833–1835	David L. Swain (D)
1835–1836	Richard D. Spaight (D)

North Carolina

1836

County	Edward B. Dudley (W)		Richard Spaight (D)	
Anson	1,012	(78.7%)	274	(21.3%)
Ashe	376	(46.6%)	431	(53.4%)
Beaufort	755	(76.2%)	236	(23.8%)
Bertie	336	(40.7%)	489	(59.3%)
Bladen	324	(48.4%)	345	(51.6%)
Brunswick	359	(74.3%)	124	(25.7%)
Buncombe	1,194	(69.1%)	533	(30.9%)
Cabarrus	643	(73.9%)	227	(26.1%)
Camden	425	(90.0%)	49	(10.0%)
Carteret	371	(60.4%)	243	(39.6%)
Caswell	116	(9.8%)	1,067	(90.2%)
Chatham	932	(59.8%)	627	(40.2%)
Columbus	210	(53.2%)	185	(46.8%)
Craven	268	(28.6%)	669	(71.4%)
Cumberland	499	(38.4%)	800	(61.6%)
Currituck	70	(14.3%)	419	(85.7%)
Davidson	1,289	(94.9%)	69	(5.1%)
Duplin	300	(28.5%)	754	(71.5%)
Edgecombe	71	(5.6%)	1,191	(94.4%)
Franklin	308	(35.3%)	564	(64.7%)
Granville	977	(71.4%)	391	(28.6%)
Greene	171	(69.5%)	275	(30.5%)
Guilford	1,145	(71.1%)	475	(28.9%)
Halifax	565	(54.9%)	465	(45.1%)
Haywood	143	(23.8%)	459	(76.2%)
Hertford	376	(58.8%)	264	(41.2%)
Hyde	450	(74.0%)	158	(26.0%)
Iredell	1,284	(85.0%)	226	(15.0%)
Johnston	364	(35.1%)	672	(64.9%)
Jones	228	(65.3%)	121	(34.7%)
Lenoir	192	(33.3%)	385	(66.7%)
Lincoln	695	(29.3%)	1,674	(70.7%)
Macon	275	(37.9%)	450	(62.1%)
Martin	251	(32.6%)	519	(67.4%)
Mecklenberg	869	(44.2%)	1,095	(55.8%)
Montgomery	1,048	(91.8%)	93	(8.2%)
Moore	342	(38.6%)	545	(61.4%)
Nash	102	(13.1%)	679	(86.9%)
New Hanover	224	(23.5%)	730	(76.5%)
Northampton	604	(71.6%)	239	(28.4%)
Onslow	252	(32.7%)	518	(67.3%)
Orange	1,237	(52.2%)	1,132	(47.8%)
Pasquotank	491	(65.5%)	259	(34.5%)
Perquimans	479	(90.7%)	49	(9.3%)
Person	230	(31.6%)	498	(68.4%)
Pitt	482	(48.6%)	510	(51.4%)
Randolph	1,000	(89.9%)	112	(10.1%)
Richmond	617	(91.1%)	60	(8.9%)
Robeson	409	(44.6%)	508	(55.4%)
Rockingham	300	(26.2%)	846	(73.8%)
Rowan	1,642	(93.3%)	117	(6.7%)
Rutherford	1,478	(71.5%)	588	(28.5%)
Sampson	419	(38.6%)	666	(61.4%)
Stokes	828	(50.8%)	802	(49.2%)
Surry	883	(46.0%)	1,035	(54.0%)
Tyrrell	339	(93.1%)	25	(6.9%)
Wake	864	(49.2%)	891	(50.8%)
Warren	92	(12.0%)	673	(88.0%)
Washington	377	(91.7%)	34	(8.3%)
Wayne	180	(20.1%)	716	(79.9%)
Wilkes	1,126	(87.7%)	158	(12.3%)
Yancey	105	(16.2%)	542	(83.8%)
Total	**33,993**	**(53.2%)**	**29,950**	**(46.8%)**

No returns for Burke and Gates counties.

SOURCE—Journal of the North Carolina House of Commons 1836–7, pp. 314–5.

1838

County	Edward B. Dudley (W)		John Branch (D)	
Anson	908	(84.9%)	161	(15.1%)
Beaufort	768	(78.0%)	217	(22.0%)
Bertie	403	(64.2%)	225	(35.8%)
Bladen	276	(43.4%)	360	(56.6%)
Brunswick	340	(85.4%)	58	(14.6%)
Buncombe	712	(66.1%)	396	(33.9%)
Burke	1,324	(82.6%)	278	(17.4%)
Cabarrus	445	(73.8%)	158	(26.2%)
Camden	347	(79.8%)	88	(20.2%)
Carteret	428	(89.9%)	48	(10.1%)
Caswell	248	(22.2%)	870	(77.8%)
Chatham	1,026	(83.6%)	250	(16.4%)
Chowan	370	(78.1%)	104	(21.9%)
Columbus	190	(57.2%)	142	(42.8%)
Craven	578	(69.1%)	259	(30.9%)
Cumberland	657	(51.9%)	608	(48.1%)
Currituck	56	(14.4%)	332	(85.6%)
Davidson	1,412	(95.3%)	70	(4.7%)
Duplin	365	(47.0%)	411	(53.0%)
Edgecombe	165	(24.6%)	507	(75.4%)
Franklin	254	(35.6%)	460	(64.4%)
Granville	872	(79.6%)	223	(20.4%)
Greene	350	(85.2%)	61	(14.8%)
Halifax	458	(58.8%)	321	(41.2%)
Haywood	166	(34.7%)	312	(65.3%)
Hertford	335	(74.3%)	116	(25.7%)
Hyde	195	(96.5%)	7	(3.5%)
Iredell	1,324	(87.7%)	186	(12.3%)
Johnston	715	(83.4%)	142	(16.6%)
Jones	213	(84.5%)	39	(15.5%)
Lenoir	213	(44.8%)	262	(55.2%)
Lincoln	634	(29.2%)	1,540	(70.8%)
Macon	44	(6.6%)	627	(93.4%)
Martin	282	(80.3%)	69	(19.7%)
Mecklenburg	781	(44.4%)	979	(55.6%)
Montgomery	949	(95.4%)	46	(4.6%)
Moore	555	(66.4%)	281	(33.6%)
Nash	186	(31.1%)	412	(68.9%)
New Hanover	235	(28.6%)	587	(71.4%)
Northampton	439	(64.7%)	240	(35.3%)
Onslow	422	(70.1%)	180	(29.9%)
Orange	1,480	(53.1%)	1,308	(46.9%)
Pasquotank	535	(71.7%)	211	(28.3%)
Person	328	(47.1%)	369	(52.9%)
Pitt	637	(69.8%)	275	(30.2%)
Randolph	1,148	(95.9%)	59	(4.1%)
Richmond	504	(93.2%)	37	(6.8%)
Robeson	453	(50.6%)	443	(49.4%)
Rockingham	540	(51.5%)	509	(48.5%)
Rowan	2,008	(98.5%)	30	(1.5%)
Sampson	445	(46.6%)	510	(53.4%)
Stokes	964	(55.8%)	765	(44.2%)
Surry	1,205	(86.4%)	189	(13.6%)
Tyrrell	250	(82.8%)	52	(17.2%)
Wake	937	(50.5%)	920	(49.5%)
Warren	106	(14.0%)	651	(86.0%)
Washington	322	(87.5%)	46	(12.5%)
Wayne	383	(52.8%)	342	(47.2%)
Wilkes	1,223	(95.7%)	55	(4.3%)
Yancy	161	(25.8%)	464	(74.2%)
Total	**34,330**	**(63.3%)**	**19,867**	**(36.7%)**
	(34,329)*		(20,153)*	

North Carolina

County				
Ashe**	453	(54.5%)	378	(45.5%)
Gates	323	(53.0%)	286	(47.0%)
Guilford**	1,342	(91.7%)	121	(8.3%)
Perquimans**	382	(92.4%)	33	(7.6%)
Rutherdord	1,317	(74.7%)	445	(25.3%)

*Stated totals.

**The votes of these three counties were rejected by the legislature and not included in the returns. The Journal lists the votes of the three counties as Dudley 2,177 and Branch 541. No returns were reported from Rutherford and those of Gates were rejected. The votes for these counties were found in Thad Eure (ed.), *North Carolina Government 1585–1979* (Raleigh, N.C.: 1980), pp. 1384-5.

SOURCES—Journal of the North Carolina Senate, 1838, pp. 83–85; Eure, pp.1396–7.

1840

County	John M. Morehead (W)		Romulus M. Saunders (D)	
Anson	1,100	(72.3%)	422	(27.7%)
Ashe	501	(48.4%)	534	(51.6%)
Beaufort	846	(70.0%)	363	(30.0%)
Bertie	483	(50.8%)	468	(49.2%)
Bladen	329	(42.2%)	451	(57.8%)
Brunswick	352	(58.8%)	247	(41.2%)
Buncombe	1,335	(70.9%)	547	(29.1%)
Burke	1,555	(80.9%)	367	(19.1%)
Cabarrus	840	(68.0%)	395	(32.0%)
Camden	520	(85.1%)	91	(14.9%)
Carteret	442	(60.6%)	287	(39.4%)
Caswell	270	(19.2%)	1,137	(80.8%)
Chatham	1,075	(64.1%)	603	(35.9%)
Cherokee	292	(69.2%)	130	(30.8%)
Chowan	292	(59.0%)	203	(41.0%)
Columbus	242	(45.7%)	288	(54.3%)
Craven	671	(51.1%)	643	(48.9%)
Cumberland	621	(39.5%)	952	(60.5%)
Davidson	1,409	(75.0%)	470	(25.0%)
Duplin	234	(23.2%)	766	(76.8%)
Edgecombe	1,298	(92.1%)	111	(7.9%)
Franklin	383	(37.6%)	636	(62.4%)
Gates	381	(49.3%)	392	(50.7%)
Granville	873	(53.5%)	760	(46.5%)
Greene	308	(54.4%)	258	(45.6%)
Guilford	2,211	(82.5%)	469	(17.5%)
Halifax	622	(58.2%)	446	(41.8%)
Haywood	438	(64.4%)	242	(35.6%)
Hertford	394	(63.0%)	231	(37.0%)
Hyde	485	(73.0%)	179	(27.0%)
Iredell	1,668	(83.4%)	331	(16.6%)
Jones	212	(63.7%)	121	(36.3%)
Johnston	569	(48.0%)	617	(52.0%)
Lenoir	264	(40.6%)	386	(59.4%)
Lincoln	933	(31.2%)	2,056	(68.8%)
Macon	433	(68.1%)	203	(31.9%)
Martin	244	(29.8%)	574	(70.2%)
Mecklenburg	984	(45.0%)	1,201	(55.0%)
Montgomery	1,102	(88.8%)	139	(11.2%)
Moore	560	(52.0%)	517	(48.0%)
Nash	73	(8.5%)	782	(91.5%)
New Hanover	200	(18.2%)	899	(81.8%)
Northampton	543	(51.1%)	519	(48.9%)
Onslow	150	(18.0%)	683	(82.0%)
Orange	1,662	(51.8%)	1,549	(48.2%)
Pasquotank	660	(74.8%)	222	(25.2%)
Perquimans	494	(79.9%)	124	(20.1%)
Person	274	(33.1%)	553	(66.9%)
Pitt	625	(54.7%)	519	(45.3%)
Randolph	1,287	(78.8%)	346	(21.2%)
Richmond	672	(89.5%)	79	(10.5%)
Robeson	601	(51.4%)	568	(48.6%)
Rockingham	533	(34.8%)	1,000	(65.2%)
Rowan	1,622	(65.0%)	874	(35.0%)
Rutherford	1,652	(75.2%)	546	(24.8%)
Sampson	472	(39.5%)	723	(60.5%)
Stokes	1,163	(49.4%)	1,190	(50.6%)
Surry	1,130	(53.5%)	984	(46.5%)
Tyrrell	422	(90.6%)	44	(9.4%)
Wake	1,030	(47.1%)	1,157	(52.9%)
Warren	88	(11.1%)	705	(88.9%)
Washington	79	(80.0%)	95	(20.0%)
Wayne	262	(25.2%)	777	(74.8%)
Wilkes	1,424	(91.8%)	128	(8.2%)
Yancy	392	(48.5%)	417	(51.5%)
Total	**45,581**	**(56.8%)**	**34,716**	**(43.2%)**
Currituck*	90	(14.6%)	525	(85.4%)
Davie**	668	(73.0%)	247	(27.0%)
Henderson**	478	(77.1%)	142	(22.9%)

*Listed as informal in the Journal, and not included in the official returns.

**Not included in the official returns. These returns were found in Eure, pp. 1396–7.

SOURCES—Journal of the North Carolina Senate, 1840, pp. 86–88; Eure, pp. 1396–7.

1842

County	John M. Morehead (W)		Louis D. Henry (D)	
Anson	995	(72.8%)	372	(27.2%)
Ashe	473	(47.3%)	527	(52.7%)
Beaufort	750	(47.0%)	593	(53.0%)
Bladen	301	(40.7%)	438	(59.3%)
Brunswick	283	(47.8%)	309	(52.2%)
Buncombe	1,450	(74.4%)	498	(25.6%)
Burke	1,514	(79.1%)	399	(20.9%)
Cabarrus	610	(66.9%)	302	(33.1%)
Camden	453	(62.1%)	77	(37.9%)
Carteret	283	(53.9%)	242	(46.1%)
Caswell	244	(18.0%)	1,109	(82.0%)
Chatham	992	(58.4%)	707	(41.6%)
Cherokee	368	(64.4%)	203	(35.6%)
Chowan	243	(52.4%)	221	(47.6%)
Cleveland	324	(47.4%)	359	(52.6%)
Columbus	129	(26.9%)	351	(73.1%)
Craven	549	(45.6%)	656	(54.4%)
Cumberland	558	(38.6%)	886	(61.4%)
Currituck	73	(16.6%)	367	(83.4%)
Davidson	1,220	(71.6%)	484	(28.4%)
Duplin	182	(18.5%)	801	(81.5%)
Edgecombe	74	(5.9%)	1,185	(94.1%)
Franklin	353	(35.3%)	646	(64.7%)
Gates	313	(42.3%)	427	(57.7%)
Granville	901	(51.2%)	858	(48.8%)
Greene	274	(58.1%)	198	(41.9%)
Guilford	1,615	(79.4%)	418	(20.6%)
Halifax	567	(57.5%)	419	(42.5%)
Haywood	465	(68.3%)	216	(31.7%)
Hertford	292	(55.8%)	231	(44.2%)
Hyde	382	(70.3%)	161	(29.7%)
Iredell	1,479	(85.4%)	252	(14.6%)
Johnston	557	(49.0%)	580	(51.0%)
Jones	213	(62.8%)	126	(37.2%)
Lenoir	216	(36.4%)	377	(63.6%)
Lincoln	678	(30.0%)	1,579	(70.0%)

North Carolina

County				
Macon	424	(72.6%)	160	(27.4%)
Martin	226	(28.1%)	577	(71.9%)
Mecklenburg	764	(39.3%)	1,182	(60.7%)
Montgomery	1,106	(87.0%)	165	(13.0%)
Moore	521	(50.8%)	504	(49.2%)
Nash	80	(9.5%)	765	(90.5%)
New Hanover	201	(18.5%)	885	(81.5%)
Northampton	532	(55.3%)	430	(44.7%)
Onslow	187	(24.3%)	581	(75.7%)
Orange	1,576	(51.7%)	1,472	(48.3%)
Pasquotank	631	(81.4%)	144	(18.6%)
Perquimans	353	(79.0%)	94	(21.0%)
Person	310	(36.3%)	545	(63.7%)
Pitt	572	(60.1%)	379	(39.9%)
Randolph	1,154	(78.9%)	309	(21.1%)
Richmond	655	(87.7%)	92	(12.3%)
Robeson	534	(48.9%)	557	(51.1%)
Rockingham	383	(28.6%)	954	(71.4%)
Rowan & Davie	1,190	(56.6%)	914	(43.4%)
Rutherford	1,366	(88.8%)	173	(11.2%)
Sampson	385	(39.0%)	603	(61.0%)
Stokes	1,129	(48.9%)	1,180	(51.1%)
Surry	984	(50.9%)	950	(49.1%)
Tyrrell	288	(73.1%)	106	(26.9%)
Wake	953	(44.6%)	1,185	(55.4%)
Warren	113	(13.4%)	730	(86.6%)
Washington	364	(86.3%)	58	(13.7%)
Wayne	216	(24.1%)	680	(75.9%)
Yancy	292	(37.2%)	493	(62.8%)
Total	**37,862**	**(52.4%)**	**34,441**	**(47.6%)**
	(37,943)*		(34,411)*	
Bertie**	400	(45.8%)	474	(54.2%)

*Stated totals.

**Not included in the official returns; returns found in Eure, p. 1384.

SOURCES—Journal of the North Carolina Senate, December 9, 1842; Eure, p. 1384.

1844

County	William A. Graham (W)		Michael Hoke (D)	
Anson	1,073	(68.0%)	506	(32.0%)
Ashe	561	(52.9%)	499	(47.1%)
Beaufort	887	(64.5%)	489	(35.5%)
Bertie	507	(55.3%)	409	(44.7%)
Bladen	271	(35.2%)	499	(64.8%)
Brunswick	325	(51.1%)	311	(58.9%)
Buncombe	875	(63.8%)	496	(36.2%)
Burke	1,263	(80.3%)	309	(19.7%)
Cabarrus	751	(61.2%)	477	(38.8%)
Caldwell	544	(67.7%)	260	(32.3%)
Camden	518	(84.6%)	94	(15.4%)
Carteret	454	(57.8%)	332	(42.2%)
Caswell	277	(20.3%)	1,088	(79.7%)
Chatham	1,153	(58.7%)	794	(41.3%)
Cherokee	383	(61.4%)	241	(38.6%)
Chowan	286	(60.3%)	188	(39.7%)
Cleveland	336	(31.8%)	720	(68.2%)
Columbus	180	(34.5%)	342	(65.5%)
Craven	681	(52.3%)	622	(47.7%)
Cumberland	603	(36.0%)	1,070	(64.0%)
Currituck	137	(22.0%)	485	(78.0%)
Davidson	911	(58.1%)	658	(41.9%)
Davie	508	(58.9%)	354	(41.1%)
Duplin	246	(22.1%)	866	(77.9%)
Edgecombe	118	(7.7%)	1,410	(92.3%)
Franklin	361	(33.7%)	710	(66.3%)
Gates	359	(48.5%)	381	(51.5%)
Granville	976	(49.8%)	985	(50.2%)
Greene	253	(55.6%)	199	(44.4%)
Guilford	1,920	(80.6%)	463	(19.4%)
Halifax	589	(60.9%)	378	(39.1%)
Haywood	370	(53.0%)	328	(47.0%)
Henderson	565	(73.4%)	206	(26.6%)
Hertford	308	(53.4%)	269	(46.6%)
Hyde	401	(68.0%)	189	(32.0%)
Iredell	1,527	(80.1%)	379	(19.9%)
Johnston	639	(52.2%)	585	(47.8%)
Jones	195	(56.0%)	153	(44.0%)
Lenoir	198	(35.7%)	356	(64.3%)
Lincoln	911	(33.9%)	1,773	(66.1%)
Macon	393	(58.0%)	285	(42.0%)
Martin	316	(37.7%)	523	(62.3%)
Mecklenburg	808	(39.4%)	1,242	(60.6%)
Montgomery	586	(84.6%)	107	(15.4%)
Moore	584	(53.2%)	513	(46.8%)
Nash	70	(8.1%)	796	(91.9%)
New Hanover	283	(20.3%)	1,101	(79.7%)
Northampton	514	(58.7%)	362	(41.3%)
Onslow	178	(24.4%)	553	(75.6%)
Orange	1,756	(53.0%)	1,555	(47.0%)
Pasquotank	593	(77.0%)	177	(23.0%)
Perquimans	366	(62.8%)	217	(37.2%)
Person	287	(31.6%)	622	(68.4%)
Pitt	607	(57.9%)	441	(42.1%)
Randolph	1,082	(77.3%)	318	(22.7%)
Richmond	678	(85.7%)	113	(14.3%)
Robeson	559	(48.3%)	599	(51.7%)
Rockingham	449	(31.4%)	981	(68.6%)
Rowan	809	(52.4%)	736	(47.6%)
Rutherford	1,402	(76.3%)	436	(23.7%)
Sampson	461	(38.8%)	727	(61.2%)
Stanly	541	(87.0%)	81	(13.0%)
Stokes	1,105	(48.7%)	1,165	(51.3%)
Surry	1,032	(50.2%)	1,023	(49.8%)
Tyrrell	311	(69.4%)	137	(30.6%)
Wake	1,073	(45.8%)	1,271	(54.2%)
Warren	127	(15.7%)	716	(84.3%)
Washington	568	(80.7%)	136	(19.3%)
Wayne	217	(20.4%)	846	(79.6%)
Wilkes	1,333	(88.9%)	167	(11.1%)
Yancy	310	(33.5%)	615	(66.5%)
Total	**42,818**	**(52.1%)**	**39,434**	**(47.9%)**
	(42,586)*		(39,434)*	

*Stated totals.

SOURCE—Journal of the North Carolina Senate, 1844, pp. 90–92.

1846

County	William A. Graham (W)		James B. Shepard (D)	
Anson	957	(74.2%)	332	(25.8%)
Ashe	707	(57.4%)	525	(42.6%)
Beaufort	835	(66.5%)	421	(33.5%)
Bertie	498	(58.7%)	350	(41.3%)
Bladen	302	(43.4%)	391	(56.6%)
Brunswick	352	(57.8%)	257	(42.2%)
Buncombe	951	(68.8%)	431	(31.2%)
Burke & McDowell	1,232	(80.9%)	290	(19.1%)
Cabarrus	687	(63.7%)	391	(36.3%)
Caldwell	651	(74.6%)	391	(25.4%)
Camden	514	(86.0%)	84	(14.0%)
Carteret	393	(53.9%)	336	(46.1%)
Caswell	260	(20.7%)	996	(79.3%)

County				
Chatham	1,126	(68.2%)	524	(31.8%)
Cherokee	489	(67.3%)	238	(32.7%)
Chowan	276	(60.3%)	182	(39.7%)
Cleveland	423	(43.9%)	541	(56.1%)
Columbus	196	(33.9%)	383	(66.1%)
Craven	691	(53.9%)	591	(46.1%)
Cumberland	722	(50.8%)	701	(49.2%)
Currituck	173	(24.7%)	528	(75.3%)
Davidson	1,004	(62.2%)	610	(37.8%)
Davie	500	(61.1%)	319	(38.9%)
Duplin	277	(23.2%)	917	(76.8%)
Edgecombe	127	(8.4%)	1,394	(91.6%)
Franklin	383	(37.5%)	637	(62.5%)
Gates	353	(47.0%)	398	(53.0%)
Granville	1,065	(54.2%)	899	(45.8%)
Green	331	(50.2%)	330	(49.8%)
Guilford	1,867	(83.5%)	369	(16.5%)
Halifax	561	(55.2%)	457	(44.8%)
Haywood	447	(57.0%)	337	(43.0%)
Henderson	563	(74.5%)	193	(25.5%)
Hertford	360	(64.3%)	200	(35.7%)
Hyde	420	(61.3%)	265	(38.7%)
Iredell	1,419	(83.1%)	288	(16.9%)
Johnston	683	(50.3%)	675	(49.7%)
Jones	218	(57.7%)	160	(42.3%)
Lenoir	292	(49.2%)	301	(50.8%)
Lincoln	847	(35.2%)	1,560	(64.8%)
Macon	457	(60.4%)	300	(39.6%)
Martin	355	(42.1%)	489	(57.9%)
Mecklenburg	680	(39.7%)	1,035	(60.3%)
Montgomery	485	(83.9%)	93	(16.1%)
Moore	588	(62.6%)	352	(37.4%)
Nash	95	(10.3%)	827	(89.7%)
New Hanover	257	(21.3%)	948	(78.7%)
Northampton	515	(55.8%)	408	(44.2%)
Onslow	210	(25.1%)	626	(74.9%)
Orange	1,711	(54.3%)	1,440	(45.7%)
Pasquotank	506	(69.3%)	224	(30.7%)
Perquimans	449	(65.0%)	242	(35.0%)
Person	392	(43.2%)	516	(56.8%)
Pitt	550	(64.1%)	308	(35.9%)
Randolph	1,233	(85.3%)	213	(14.7%)
Richmond	715	(93.0%)	54	(7.0%)
Robeson	575	(52.2%)	527	(47.8%)
Rockingham	387	(33.7%)	761	(66.3%)
Rowan	820	(54.0%)	698	(46.0%)
Rutherford	1,269	(84.6%)	231	(15.4%)
Sampson	504	(83.6%)	692	(16.4%)
Stanly	562	(95.3%)	28	(4.7%)
Stokes	995	(51.1%)	951	(48.9%)
Surry	1,103	(51.4%)	1,045	(48.6%)
Tyrrell	245	(57.4%)	182	(42.6%)
Wake	1,060	(49.1%)	1,101	(50.9%)
Warren	161	(20.0%)	646	(80.0%)
Washington	351	(75.5%)	114	(24.5%)
Wayne	317	(26.4%)	884	(73.6%)
Wilkes	1,350	(91.3%)	128	(8.7%)
Yancy	440	(45.7%)	522	(54.3%)
Total	**43,489**	**(55.0%)**	**35,608**	**(45.0%)**

SOURCE—Journal of the North Carolina Senate, December 7, 1846.

1848

County	Charles Manly (W)		David S. Reid (D)	
Alexander	334	(62.4%)	201	(37.6%)
Anson	1,049	(72.4%)	400	(27.6%)
Ashe	551	(38.3%)	782	(61.7%)
Beaufort	857	(62.6%)	512	(37.4%)
Bertie	524	(58.6%)	370	(41.4%)
Bladen	281	(35.3%)	516	(64.7%)
Brunswick	301	(60.8%)	194	(39.2%)
Buncombe	921	(58.8%)	644	(41.2%)
Burke & McDowell	1,299	(76.6%)	396	(23.4%)
Cabarrus	743	(66.3%)	377	(33.7%)
Caldwell	589	(81.0%)	138	(19.0%)
Camden	489	(85.9%)	80	(14.1%)
Carteret	407	(52.7%)	365	(47.3%)
Caswell	263	(19.6%)	1,081	(80.4%)
Chatham	935	(54.5%)	781	(45.5%)
Cherokee	582	(72.8%)	217	(27.2%)
Chowan	293	(56.2%)	228	(43.8%)
Cleveland	421	(36.7%)	727	(63.3%)
Columbus	174	(28.3%)	440	(71.7%)
Craven	742	(50.4%)	730	(49.6%)
Cumberland	578	(36.1%)	1,023	(63.9%)
Currituck	177	(23.3%)	583	(76.5%)
Davie	542	(58.1%)	391	(41.9%)
Davidson	1,096	(62.1%)	669	(37.9%)
Duplin	218	(19.1%)	921	(80.9%)
Edgecombe	104	(6.9%)	1,406	(93.1%)
Franklin	319	(32.2%)	673	(67.8%)
Gates	371	(48.8%)	390	(51.2%)
Granville	1,016	(51.8%)	946	(48.2%)
Greene	207	(39.7%)	315	(60.3%)
Guilford	1,567	(78.0%)	442	(22.0%)
Halifax	601	(54.2%)	507	(45.8%)
Haywood	412	(48.9%)	430	(51.1%)
Henderson	656	(74.3%)	227	(25.7%)
Hertford	330	(65.6%)	173	(34.4%)
Hyde	469	(61.1%)	298	(38.9%)
Iredell	1,042	(80.2%)	257	(19.8%)
Johnston	720	(46.9%)	814	(53.1%)
Jones	215	(54.3%)	181	(45.7%)
Lenoir	196	(30.1%)	455	(69.9%)
Lincoln	832	(30.7%)	1,877	(69.3%)
Macon	451	(56.2%)	352	(43.8%)
Martin	339	(37.8%)	557	(62.2%)
Mecklenburg	698	(39.5%)	1,068	(60.5%)
Montgomery	609	(90.2%)	86	(9.8%)
Moore	544	(49.5%)	556	(50.5%)
Nash	106	(12.0%)	887	(88.0%)
New Hanover	275	(21.3%)	1,015	(78.7%)
Northampton	512	(50.6%)	500	(49.4%)
Onslow	176	(21.0%)	663	(79.0%)
Orange	1,714	(49.8%)	1,726	(50.2%)
Pasquotank	471	(72.8%)	176	(27.2%)
Perquimans	366	(58.0%)	265	(42.0%)
Person	360	(38.4%)	578	(61.6%)
Pitt	589	(50.8%)	571	(49.2%)
Polk	228	(51.1%)	128	(48.9%)
Randolph	1,199	(79.3%)	313	(20.7%)
Richmond	545	(90.4%)	68	(9.6%)
Robeson	581	(48.3%)	623	(51.7%)
Rockingham	340	(26.0%)	968	(74.0%)
Rowan	827	(54.3%)	696	(45.7%)
Rutherford	1,037	(76.9%)	311	(23.1%)
Sampson	530	(43.4%)	692	(56.6%)
Stanly	746	(96.6%)	26	(3.4%)
Stokes	1,003	(45.1%)	1,223	(54.9%)
Surry	1,090	(47.1%)	1,226	(52.9%)
Tyrrell	336	(76.0%)	106	(24.0%)
Wake	991	(43.4%)	1,293	(56.6%)
Warren	172	(21.4%)	630	(78.6%)
Washington	358	(66.3%)	182	(33.7%)
Wayne	264	(19.4%)	1,097	(80.6%)
Wilkes	1,299	(80.8%)	309	(19.2%)
Yancy	357	(36.0%)	634	(64.0%)
Total	**42,536**	**(50.5%)**	**41,682**	**(49.5%)**

SOURCES—Journal of the North Carolina Senate, December 11, 1848; Eure, pp. 1398–9.

1850

County	David S. Reid (D)		Charles Manly (W)	
Alexander	213	(44.1%)	270	(55.9%)
Anson	502	(32.5%)	1,043	(67.5%)
Ashe	687	(53.2%)	604	(46.8%)
Beaufort	537	(39.7%)	814	(60.3%)
Bertie	431	(45.0%)	526	(55.0%)
Bladen	561	(64.3%)	311	(35.7%)
Brunswick	260	(45.9%)	306	(54.1%)
Buncombe	649	(38.5%)	1,035	(61.5%)
Burke	344	(20.4%)	1,341	(79.6%)
Cabarrus	412	(37.3%)	693	(62.7%)
Caldwell	147	(18.7%)	640	(81.3%)
Camden	85	(14.6%)	497	(85.4%)
Carteret	361	(46.5%)	415	(53.5%)
Caswell	1,144	(81.3%)	263	(18.7%)
Chatham	896	(43.8%)	1,149	(56.2%)
Cherokee	230	(24.4%)	713	(75.6%)
Chowan	223	(44.2%)	281	(55.8%)
Cleveland	820	(73.4%)	297	(26.6%)
Columbus	451	(73.2%)	165	(26.8%)
Craven	541	(47.0%)	609	(53.0%)
Cumberland	1,310	(68.5%)	602	(31.5%)
Currituck	457	(71.1%)	185	(28.9%)
Davidson	699	(37.6%)	1,159	(62.4%)
Davie	313	(35.2%)	577	(64.8%)
Duplin	1,035	(82.1%)	226	(17.9%)
Edgecombe	1,481	(94.4%)	88	(5.6%)
Franklin	694	(69.1%)	311	(30.9%)
Gates	367	(48.0%)	397	(52.0%)
Granville	974	(49.7%)	984	(50.3%)
Greene	342	(51.9%)	317	(48.1%)
Guilford	526	(22.9%)	1,772	(77.1%)
Halifax	536	(52.5%)	485	(47.5%)
Haywood	399	(44.0%)	508	(56.0%)
Henderson	272	(29.1%)	664	(70.9%)
Hertford	171	(38.8%)	270	(61.2%)
Hyde	316	(42.8%)	422	(57.2%)
Iredell	279	(21.6%)	1,010	(78.4%)
Johnson	849	(57.1%)	638	(42.9%)
Jones	182	(45.2%)	221	(54.8%)
Lenoir	477	(65.2%)	255	(34.8%)
Lincoln	1,992	(74.3%)	690	(25.7%)
Macon	390	(44.6%)	484	(55.4%)
Martin	595	(65.5%)	313	(34.5%)
Mecklenburg	1,152	(63.2%)	670	(36.8%)
Montgomery	171	(21.3%)	631	(78.7%)
Moore	589	(46.7%)	671	(53.3%)
Nash	909	(91.9%)	80	(8.1%)
New Hanover	1,187	(81.0%)	278	(19.0%)
Northampton	524	(51.7%)	489	(48.3%)
Onslow	715	(79.4%)	186	(20.6%)
Orange	1,855	(53.2%)	1,634	(46.8%)
Pasquotank	217	(35.7%)	390	(64.3%)
Perquimans	291	(45.6%)	347	(54.4%)
Person	577	(63.7%)	329	(36.3%)
Pitt	583	(49.7%)	591	(50.3%)
Randolph	379	(21.9%)	1,350	(78.1%)
Richmond	141	(17.2%)	680	(82.8%)
Robeson	626	(52.7%)	562	(47.3%)
Rockingham	1,107	(76.7%)	337	(23.3%)
Rowan	649	(42.2%)	890	(57.8%)
Rutherford	937	(65.2%)	500	(34.8%)
Sampson	853	(62.7%)	507	(37.3%)
Stanly	66	(7.3%)	834	(92.7%)
Stokes	1,452	(57.8%)	1,060	(42.2%)
Surry	1,352	(57.1%)	1,017	(42.9%)
Tyrrell	131	(27.1%)	353	(72.9%)
Wake	1,450	(59.7%)	979	(40.3%)
Warren	689	(79.0%)	183	(21.0%)
Washington	291	(60.6%)	189	(39.4%)
Wayne	1,091	(83.2%)	221	(16.8%)
Wilkes	374	(21.4%)	1,373	(78.6%)
Yancy	632	(58.1%)	456	(41.9%)
Total	**45,080**	**(51.6%)**	**42,337**	**(48.4%)**

SOURCES—Journal of the North Carolina Senate, December 9, 1850, pp. 81–83; Eure, pp. 1398–99.

1852

County	David S. Reid (D)		John Kerr (W)	
Alexander	230	(38.9%)	361	(61.1%)
Anson	513	(32.0%)	1,088	(68.0%)
Ashe	682	(65.0%)	368	(35.0%)
Beaufort	554	(39.5%)	847	(60.5%)
Bertie	420	(44.4%)	527	(55.6%)
Bladen	631	(63.8%)	358	(36.2%)
Brunswick	271	(44.1%)	343	(55.9%)
Buncombe	684	(42.0%)	946	(58.0%)
Burke	489	(28.7%)	1,216	(71.3%)
Cabarrus	441	(38.2%)	714	(61.8%)
Caldwell	196	(24.6%)	600	(75.4%)
Camden	122	(19.1%)	488	(80.9%)
Carteret	392	(48.8%)	411	(51.2%)
Caswell	1,013	(79.0%)	270	(21.0%)
Chatham	980	(49.6%)	995	(50.4%)
Cherokee	551	(50.5%)	540	(49.5%)
Chowan	228	(47.8%)	249	(52.2%)
Cleaveland	870	(74.0%)	305	(26.0%)
Columbus	443	(28.4%)	198	(71.6%)
Craven	698	(53.9%)	597	(46.1%)
Cumberland	1,388	(63.9%)	783	(36.1%)
Currituck	603	(77.2%)	178	(22.8%)
Davidson	746	(44.0%)	951	(56.0%)
Davie	345	(41.3%)	490	(58.7%)
Duplin	1,072	(84.9%)	190	(15.1%)
Edgecombe	1,425	(93.2%)	104	(6.8%)
Franklin	721	(67.9%)	341	(32.1%)
Gates	406	(52.8%)	363	(47.2%)
Granville	1,063	(51.4%)	1,005	(48.6%)
Greene	361	(51.0%)	347	(49.0%)
Guilford	480	(24.0%)	1,524	(76.0%)
Halifax	541	(54.5%)	551	(45.5%)
Haywood	551	(60.0%)	368	(40.0%)
Henderson	340	(30.9%)	762	(69.1%)
Hertford	246	(40.6%)	360	(59.4%)
Hyde	408	(52.6%)	368	(47.4%)
Iredell	393	(27.5%)	1,035	(72.5%)
Johnston	883	(54.6%)	733	(45.4%)
Jones	240	(52.9%)	214	(47.1%)
Lenoir	459	(63.2%)	267	(36.8%)
Lincoln	1,934	(74.0%)	680	(26.0%)
Macon	432	(48.9%)	451	(51.1%)
Madison	168	(37.7%)	278	(62.3%)
Martin	676	(72.2%)	260	(27.8%)
Mecklenburg	1,421	(66.0%)	731	(34.0%)
Montgomery	209	(22.8%)	706	(77.2%)
Moore	646	(51.2%)	615	(48.8%)
Nash	1,030	(92.5%)	84	(7.5%)
New Hanover	1,342	(79.3%)	350	(20.7%)
Northampton	586	(53.8%)	504	(46.2%)

County				
Onslow	696	(80.6%)	167	(19.4%)
Orange	1,796	(54.0%)	1,528	(46.0%)
Pasquotank	247	(35.3%)	453	(64.7%)
Perquimans	312	(47.3%)	347	(52.7%)
Person	550	(61.7%)	341	(38.3%)
Pitt	649	(50.4%)	638	(49.6%)
Randolph	439	(25.6%)	1,279	(74.4%)
Richmond	194	(23.7%)	624	(76.3%)
Robeson	760	(52.3%)	693	(47.7%)
Rockingham	1,072	(75.1%)	356	(24.9%)
Rowan	712	(47.8%)	776	(52.8%)
Rutherford	590	(34.8%)	1,106	(65.2%)
Sampson	905	(64.0%)	509	(36.0%)
Stanly	80	(8.2%)	896	(91.8%)
Stokes	1,481	(56.7%)	1,132	(43.3%)
Surry	1,376	(53.3%)	1,206	(46.7%)
Tyrrel	114	(28.8%)	282	(71.2%)
Wake	1,561	(58.1%)	1,102	(41.9%)
Warren	697	(81.1%)	162	(18.9%)
Washington	297	(54.6%)	247	(45.4%)
Watauga	234	(56.1%)	183	(43.9%)
Wayne	1,196	(80.9%)	283	(19.1%)
Wilkes	393	(22.6%)	1,345	(77.4%)
Yancy	694	(67.4%)	336	(32.6%)
Total	**48,567**	**(53.0%)**	**43,003**	**(47.0%)**

SOURCES—Journal of the North Carolina Senate, *1852*, pp. 246–8; Eure pp. 1398–9.

1854

County	Thomas Bragg (D)		Alfred Dockery (W)	
Alamance	696	(53.8%)	597	(46.2%)
Alexander	235	(34.8%)	441	(65.2%)
Anson	255	(22.0%)	902	(78.0%)
Ashe	550	(45.0%)	671	(55.0%)
Beaufort	572	(38.8%)	901	(61.2%)
Bertie	410	(45.6%)	490	(54.4%)
Bladen	620	(59.3%)	426	(40.7%)
Burke	333	(30.7%)	751	(69.3%)
Buncombe	562	(42.0%)	775	(58.0%)
Brunswick	435	(51.1%)	416	(48.9%)
Caldwell	219	(26.1%)	620	(73.9%)
Camden	125	(21.3%)	461	(78.7%)
Cabarrus	425	(39.8%)	642	(60.2%)
Carteret	399	(49.8%)	403	(50.2%)
Caswell	1,007	(82.1%)	220	(17.9%)
Catawba	739	(70.4%)	310	(29.6%)
Chatham	1,017	(47.2%)	1,137	(52.8%)
Cherokee	427	(38.4%)	684	(61.6%)
Chowan	283	(53.6%)	245	(46.4%)
Cleveland	978	(74.4%)	336	(25.6%)
Columbus	512	(62.7%)	304	(37.3%)
Craven	638	(51.6%)	599	(48.4%)
Cumberland	1,473	(62.0%)	904	(38.0%)
Currituck	544	(77.5%)	158	(22.5%)
Davidson	679	(34.4%)	1,292	(65.6%)
Davie	364	(38.2%)	610	(61.8%)
Duplin	1,061	(82.5%)	225	(17.5%)
Edgecombe	1,404	(90.1%)	155	(9.9%)
Forsythe	897	(52.8%)	802	(47.2%)
Franklin	713	(67.8%)	339	(32.2%)
Gaston	808	(85.4%)	138	(14.6%)
Gates	422	(54.6%)	351	(45.4%)
Granville	1,078	(52.0%)	995	(48.0%)
Greene	358	(50.5%)	351	(49.5%)
Guilford	528	(24.6%)	1,615	(75.4%)
Halifax	584	(51.5%)	551	(48.5%)
Haywood	345	(49.6%)	350	(50.4%)
Henderson	243	(26.1%)	687	(73.9%)
Hertford	237	(43.6%)	306	(56.4%)
Hyde	303	(43.3%)	397	(56.7%)
Iredell	392	(23.8%)	1,256	(76.2%)
Jackson	366	(58.9%)	255	(41.1%)
Johnston	936	(55.7%)	744	(44.3%)
Jones	230	(50.1%)	229	(49.9%)
Lenoir	394	(59.0%)	274	(41.0%)
Lincoln	573	(65.9%)	296	(34.1%)
Macon	229	(37.0%)	390	(63.0%)
Madison	428	(57.9%)	311	(42.1%)
Martin	696	(69.9%)	299	(30.1%)
McDowell	217	(24.4%)	674	(75.6%)
Mecklenburg	1,023	(61.1%)	652	(38.9%)
Montgomery	145	(16.4%)	741	(83.6%)
Moore	605	(44.6%)	752	(55.4%)
Nash	1,115	(92.1%)	95	(7.9%)
New Hanover	1,109	(72.3%)	424	(27.7%)
Northampton	641	(56.7%)	490	(43.3%)
Onslow	596	(71.5%)	238	(28.5%)
Orange	963	(47.1%)	1,080	(52.9%)
Pasquotank	331	(40.0%)	496	(60.0%)
Perquimans	343	(50.7%)	334	(49.3%)
Person	601	(74.5%)	331	(25.5%)
Pitt	725	(50.6%)	708	(49.4%)
Randolph	403	(22.6%)	1,378	(77.4%)
Richmond	113	(13.8%)	708	(86.2%)
Robeson	782	(53.5%)	679	(46.5%)
Rockingham	1,036	(76.6%)	317	(23.4%)
Rowan	932	(48.8%)	976	(51.2%)
Rutherford	621	(37.9%)	1,019	(62.1%)
Sampson	860	(58.9%)	599	(41.1%)
Stanly	95	(9.8%)	874	(90.2%)
Stokes	636	(59.3%)	437	(40.7%)
Surry	797	(63.2%)	464	(36.8%)
Tyrrell	109	(28.4%)	275	(71.6%)
Union	729	(60.7%)	472	(39.3%)
Wake	1,541	(56.9%)	1,167	(43.1%)
Warren	754	(82.2%)	163	(17.8%)
Washington	245	(16.3%)	1,261	(83.7%)
Watauga	157	(26.8%)	428	(73.2%)
Wayne	1,145	(79.0%)	304	(21.0%)
Wilkes	325	(20.5%)	388	(79.5%)
Yadkin	650	(46.2%)	758	(53.8%)
Yancey	639	(64.7%)	349	(35.3%)
Total	**48,705**	**(51.1%)**	**46,644**	**(48.9%)**

SOURCES—Journal of the North Carolina Senate, 1854–5; Eure, pp. 1398–9.

1856

County	Thomas Bragg (D)		John A. Gilmer (A)	
Alamance	916	(58.7%)	645	(41.3%)
Alexander	466	(53.1%)	411	(46.9%)
Anson	334	(30.2%)	772	(69.8%)
Ashe	734	(50.9%)	708	(49.1%)
Beaufort	539	(39.3%)	833	(60.7%)
Bertie	470	(54.0%)	545	(46.0%)
Bladen	608	(55.8%)	481	(44.2%)
Brunswick	404	(46.3%)	468	(53.7%)
Buncombe	969	(55.2%)	786	(44.8%)
Burke	523	(53.3%)	459	(46.7%)
Cabarrus	426	(39.0%)	665	(61.0%)
Caldwell	438	(50.8%)	425	(49.2%)
Camden	107	(18.4%)	474	(81.6%)
Carteret	493	(49.5%)	502	(50.5%)
Caswell	1,120	(84.1%)	211	(15.9%)
Catawba	968	(86.0%)	158	(14.0%)

North Carolina

County				
Chatham	1,166	(52.3%)	1,062	(47.7%)
Cherokee	632	(52.4%)	574	(47.6%)
Chowan	291	(55.9%)	230	(44.1%)
Cleveland	1,109	(88.9%)	138	(11.1%)
Columbus	589	(65.8%)	306	(34.2%)
Craven	784	(59.4%)	535	(40.6%)
Cumberland	923	(56.8%)	701	(43.2%)
Currituck	556	(79.2%)	146	(20.8%)
Davidson	823	(40.7%)	1,199	(59.3%)
Davie	353	(37.6%)	586	(62.4%)
Duplin	1,113	(87.8%)	155	(12.2%)
Edgecombe	1,563	(89.2%)	189	(10.8%)
Forsyth	1,080	(53.8%)	926	(46.2%)
Franklin	744	(69.0%)	334	(31.0%)
Gaston	759	(85.1%)	133	(14.9%)
Gates	459	(53.9%)	392	(46.1%)
Granville	1,225	(55.2%)	994	(44.8%)
Greene	432	(59.9%)	289	(40.1%)
Guilford	571	(21.7%)	2,059	(78.3%)
Halifax	736	(55.8%)	584	(44.2%)
Harnett	652	(74.2%)	227	(25.8%)
Haywood	537	(67.9%)	254	(32.1%)
Henderson	665	(50.7%)	647	(49.3%)
Hertford	335	(46.0%)	393	(54.0%)
Hyde	332	(39.9%)	501	(60.1%)
Iredell	351	(20.6%)	1,349	(79.4%)
Jackson	570	(83.6%)	112	(16.4%)
Johnston	1,036	(55.9%)	817	(44.1%)
Jones	261	(59.2%)	180	(40.8%)
Lenoir	447	(63.0%)	263	(37.0%)
Lincoln	614	(73.4%)	222	(26.6%)
Macon	367	(48.1%)	396	(51.9%)
Madison	576	(70.0%)	247	(30.0%)
Martin	706	(67.5%)	340	(32.5%)
McDowell	536	(57.6%)	395	(42.4%)
Mecklenberg	1,024	(62.2%)	623	(37.8%)
Montgomery	211	(22.5%)	725	(77.5%)
Moore	733	(52.0%)	677	(48.0%)
Nash	1,107	(92.3%)	93	(7.7%)
New Hanover	1,522	(72.8%)	570	(27.2%)
Northampton	695	(61.9%)	428	(38.1%)
Onslow	771	(87.7%)	108	(12.3%)
Orange	1,119	(51.7%)	1,045	(48.3%)
Pasquotank	330	(39.7%)	502	(60.3%)
Perquimans	304	(46.6%)	348	(53.4%)
Person	678	(63.8%)	384	(36.2%)
Pitt	775	(52.0%)	716	(48.0%)
Polk	317	(66.3%)	161	(33.7%)
Randolph	566	(30.6%)	1,281	(69.4%)
Richmond	246	(30.7%)	556	(69.3%)
Robeson	774	(53.6%)	669	(46.4%)
Rockingham	1,168	(72.7%)	439	(27.3%)
Rowan	885	(49.4%)	905	(50.6%)
Rutherford	845	(57.2%)	631	(42.8%)
Sampson	990	(66.6%)	497	(33.4%)
Stanly	166	(17.2%)	797	(83.8%)
Stokes	769	(60.1%)	498	(39.9%)
Surry	877	(60.2%)	579	(39.8%)
Tyrrell	124	(28.6%)	309	(71.4%)
Union	835	(75.4%)	273	(24.6%)
Wake	1,693	(60.1%)	1,124	(39.9%)
Warren	819	(89.0%)	101	(11.0%)
Washington	261	(40.9%)	377	(59.1%)
Watauga	257	(39.6%)	392	(60.4%)
Wayne	1,332	(82.9%)	274	(17.1%)
Wilkes	609	(32.5%)	1,264	(67.5%)
Yadkin	678	(43.4%)	886	(56.6%)
Yancey	810	(71.7%)	320	(28.3%)
Total	**57,698**	**(56.2%)**	**44,970**	**(43.8%)**
	(57,598)*			

*Stated total.

SOURCE—Journal of the North Carolina Senate, December 6, 1856, pp. 63–5.

1858

County	John W. Ellis (D)		Duncan K. McRae (Dst)	
Alamanace	825	(57.3%)	616	(42.7%)
Alexander	430	(55.1%)	350	(44.9%)
Anson	325	(29.6%)	774	(70.4%)
Ashe	809	(54.2%)	683	(45.8%)
Beaufort	585	(42.9%)	780	(57.1%)
Bertie	459	(58.8%)	321	(41.2%)
Bladen	683	(67.5%)	329	(32.5%)
Brunswick	336	(43.6%)	435	(56.4%)
Buncombe	980	(58.3%)	701	(41.7%)
Burke	525	(50.2%)	521	(49.8%)
Cabarrus	481	(45.2%)	582	(54.8%)
Caldwell	371	(42.6%)	500	(57.4%)
Camden	112	(19.8%)	454	(80.2%)
Catawba	990	(84.5%)	181	(15.5%)
Carteret	423	(61.8%)	261	(38.2%)
Caswell	996	(84.4%)	184	(15.6%)
Chatham	1,077	(49.2%)	1,113	(50.8%)
Cherokee	552	(46.5%)	635	(53.5%)
Chowan	307	(62.5%)	184	(37.5%)
Cleveland	1,104	(84.2%)	207	(15.8%)
Columbus	689	(70.3%)	291	(29.7%)
Craven	759	(57.6%)	559	(42.4%)
Cumberland	854	(56.7%)	652	(43.3%)
Currituck	638	(81.8%)	142	(18.2%)
Davidson	971	(47.7%)	1,064	(52.3%)
Davie	408	(41.0%)	586	(59.0%)
Duplin	1,257	(90.5%)	132	(9.5%)
Edgecombe	871	(89.0%)	108	(11.0%)
Forsythe	882	(58.2%)	634	(41.8%)
Franklin	825	(68.9%)	372	(31.1%)
Gaston	845	(89.5%)	99	(10.5%)
Gates	402	(50.6%)	393	(49.4%)
Granville	1,083	(58.0%)	783	(42.0%)
Greene	328	(68.5%)	151	(31.5%)
Guilford	409	(18.4%)	1,819	(81.6%)
Halifax	712	(64.0%)	401	(36.0%)
Harnett	639	(76.1%)	201	(23.9%)
Haywood	527	(71.0%)	215	(29.0%)
Henderson	526	(43.9%)	672	(56.1%)
Hertford	309	(48.7%)	325	(51.3%)
Hyde	421	(50.5%)	412	(49.5%)
Iredell	384	(23.4%)	1,256	(76.6%)
Jackson	587	(85.6%)	99	(14.4%)
Johnston	819	(52.9%)	728	(47.1%)
Jones	238	(56.7%)	182	(43.3%)
Lenoir	462	(62.8%)	274	(37.2%)
Lincoln	601	(73.0%)	222	(27.0%)
Macon	365	(50.6%)	357	(49.4%)
Madison	499	(68.4%)	231	(31.6%)
Martin	646	(81.2%)	150	(18.8%)
McDowell	429	(53.8%)	368	(46.2%)
Mecklenburg	998	(68.7%)	455	(31.3%)
Montgomery	323	(35.7%)	581	(64.3%)
Moore	658	(49.7%)	666	(50.3%)
Nash	804	(71.5%)	321	(28.5%)
New Hanover	1,410	(77.6%)	407	(22.4%)
Northampton	648	(64.0%)	365	(36.0%)
Onslow	777	(84.6%)	141	(15.4%)
Orange	1,012	(49.4%)	1,037	(50.6%)
Pasquotank	324	(42.6%)	436	(57.4%)

County					County				
Perquimans	300	(48.4%)	320	(51.6%)	Edgecombe	1,095	(89.6%)	127	(10.4%)
Person	636	(76.4%)	196	(23.6%)	Franklin	810	(66.6%)	406	(33.4%)
Pitt	733	(50.3%)	723	(49.7%)	Forsythe	1,015	(49.7%)	1,028	(50.3%)
Polk	248	(63.3%)	144	(36.7%)	Gaston	860	(81.1%)	200	(18.9%)
Randolph	492	(28.6%)	1,230	(71.4%)	Gates	431	(48.3%)	461	(51.7%)
Richmond	258	(32.9%)	527	(67.1%)	Granville	1,144	(53.8%)	983	(46.2%)
Robeson	759	(58.8%)	532	(41.2%)	Green	421	(55.0%)	345	(45.0%)
Rockingham	1,127	(77.2%)	332	(22.8%)	Guilford	457	(17.6%)	2,137	(82.4%)
Rowan	1,226	(59.0%)	852	(41.0%)	Halifax	788	(57.0%)	595	(43.0%)
Rutherford	600	(46.5%)	689	(53.5%)	Harnett	602	(74.8%)	203	(25.2%)
Sampson	1,041	(68.2%)	485	(31.8%)	Haywood	577	(65.3%)	306	(34.7%)
Stanly	139	(14.5%)	821	(85.5%)	Henderson	586	(41.4%)	829	(58.6%)
Stokes	788	(66.6%)	396	(33.4%)	Hertford	353	(46.9%)	399	(53.1%)
Surry	989	(68.1%)	464	(31.9%)	Hyde	500	(50.1%)	498	(49.9%)
Tyrrell	217	(58.5%)	154	(41.5%)	Iredell	382	(18.2%)	1,716	(81.8%)
Union	824	(72.7%)	309	(27.3%)	Jackson	598	(78.5%)	164	(21.5%)
Wake	1,659	(68.1%)	778	(31.9%)	Johnson	1,044	(54.7%)	864	(45.3%)
Warren	872	(89.7%)	100	(10.3%)	Jones	275	(56.5%)	212	(43.5%)
Washington	288	(58.3%)	206	(41.7%)	Lenoir	556	(61.4%)	349	(38.6%)
Watauga	246	(39.2%)	381	(60.8%)	Lincoln	530	(67.4%)	256	(32.6%)
Wayne	1,236	(88.3%)	164	(11.7%)	Macon	400	(45.5%)	480	(54.5%)
Wilkes	562	(34.2%)	1,081	(65.8%)	Madison	593	(69.1%)	265	(30.9%)
Wilson	880	(89.1%)	108	(10.9%)	Martin	746	(68.4%)	359	(31.6%)
Yadkin	737	(49.3%)	757	(50.7%)	McDowell	457	(35.5%)	832	(64.5%)
Yancey	863	(81.3%)	199	(18.7%)	Mecklenburg	1,274	(63.0%)	757	(37.0%)
Total	**56,429**	**(58.5%)**	**40,046**	**(41.5%)**	Montgomery	175	(17.4%)	832	(82.6%)

SOURCE—Journal of the North Carolina Senate, 1858-9, pp. 77-9.

1860

County	John W. Ellis (D)		John Pool (W)	
Alamance	771	(49.3%)	793	(50.7%)
Alexander	429	(41.9%)	594	(58.1%)
Allegany	37	(21.0%)	139	(79.0%)
Anson	290	(24.6%)	890	(75.4%)
Ashe	379	(31.8%)	811	(68.2%)
Beaufort	637	(36.5%)	1,110	(63.5%)
Bertie	532	(48.3%)	570	(51.7%)
Bladen	660	(54.4%)	553	(45.6%)
Brunswick	410	(49.9%)	422	(50.1%)
Buncombe	918	(50.2%)	912	(49.8%)
Burke	603	(50.8%)	584	(49.2%)
Cabarrus	429	(32.8%)	877	(67.2%)
Caldwell	370	(40.7%)	540	(59.3%)
Camden	96	(15.1%)	540	(84.9%)
Catawba	960	(69.8%)	415	(30.2%)
Carteret	481	(46.2%)	561	(53.8%)
Caswell	945	(80.8%)	224	(19.2%)
Chatham	1,245	(49.8%)	1,255	(50.2%)
Cherokee	664	(56.2%)	518	(43.8%)
Chowan	305	(52.3%)	278	(47.7%)
Cleveland	998	(70.4%)	419	(29.6%)
Columbus	718	(62.5%)	430	(37.5%)
Craven	803	(49.1%)	834	(50.9%)
Cumberland	1,023	(54.3%)	861	(45.7%)
Currituck	759	(77.6%)	219	(22.4%)
Davie	481	(41.1%)	690	(58.9%)
Davidson	972	(41.2%)	1,388	(58.8%)
Duplin	1,358	(87.3%)	197	(12.7%)
Moore	749	(47.0%)	843	(53.0%)
Nash	1,058	(89.7%)	122	(10.3%)
New Hanover	1,547	(68.5%)	713	(31.5%)
Northampton	779	(56.1%)	609	(43.9%)
Onslow	841	(86.3%)	133	(13.7%)
Orange	1,109	(47.3%)	1,238	(52.7%)
Pasquotank	360	(39.1%)	561	(60.9%)
Perquimans	298	(42.0%)	412	(58.0%)
Person	620	(67.5%)	299	(32.5%)
Pitt	771	(49.8%)	778	(50.2%)
Polk	325	(65.0%)	175	(35.0%)
Randolph	448	(22.2%)	1,567	(77.8%)
Richmond	251	(30.8%)	565	(69.2%)
Robeson	844	(55.3%)	681	(44.7%)
Rockingham	1,137	(71.9%)	444	(28.1%)
Rowan	1,160	(51.8%)	1,079	(48.2%)
Rutherford	701	(46.6%)	804	(53.4%)
Sampson	1,042	(63.8%)	590	(36.2%)
Stanly	89	(7.7%)	1,065	(92.3%)
Stokes	813	(66.5%)	410	(33.5%)
Surry	933	(61.7%)	579	(38.3%)
Tyrrell	213	(43.2%)	280	(56.8%)
Union	931	(68.7%)	425	(31.3%)
Wake	1,491	(48.7%)	1,573	(51.3%)
Warren	874	(86.7%)	134	(13.3%)
Washington	212	(30.6%)	481	(69.4%)
Watauga	259	(36.9%)	442	(63.1%)
Wayne	1,201	(75.5%)	389	(24.5%)
Wilkes	614	(30.2%)	1,419	(69.8%)
Wilson	936	(87.5%)	134	(12.5%)
Yadkin	736	(45.0%)	899	(55.0%)
Yancy	774	(62.0%)	474	(38.0%)
Total	**59,058**	**(52.4%)**	**53,564**	**(47.6%)**
	(59,463)*		(53,123)*	

*Stated totals.

SOURCE—Journal of the North Carolina Senate, 1860-1, pp. 95-7.

OHIO

Ohio became the 17th state on March 1, 1803. The initial election for governor occurred on January 11, 1803.
Term—Two years. **Election**—The second Tuesday in October.
The adoption of a new constitution in 1851 changed the gubernatorial election to odd years effective that year.
Limits—Governor could not serve more than three consecutive terms; this was eliminated by the 1851 constitution.

POPULATION

1800—45,365   1810—230,760   1820—581,434   1830—937,903
1840—1,519,467   1850—1,980,329   1860—2,339,511

1803

County	Edward Tiffin		Benjamin Gilman		Arthur St. Clair	
Adams	560	(100%)	0		36	(4.4%)
Belmont	454	(100%)	0		0	
Clermont	403	(100%)	0		0	
Hamilton	1,387	(85.2%)	241	(14.8%)	0	
Jefferson	800	(100%)	0		0	
Ross	1,010	(99.5%)	5	(0.5%)	0	
Trumbull			no returns			
Total*	4,614	(94.2%)	246	(5.0%)	36	(0.7%)

*This data is taken from the official returns as published in the Journal of the Ohio State Senate, 1803, p.3. However, additional county returns were included in the returns published in the (Chillicothe) *Scioto Gazette*, January 15, 22, February 26, 1803 and the (Cincinnati) *Western Spy* and are listed below. Dr. Donald J. Ratcliffe, who has specialized in Ohio political history, in an article in the *Journal Of The Early Republic*, Fall, 1987 has suggested that there were additional votes cast. Indeed my own research uncovered some scattering votes in Hamilton County.

						Bazallel Wells	
Fairfield	286	(76.3%)	0		0	89	(24.7%)
Washington	523	(100%)	0		0	0	

1805

County	Edward Tiffin
Belmont	571
Butler	482
Champaign	no returns
Columbiana	331
Fairfield	327
Franklin, Highland & Ross	950
Gallia, Muskingum & Washington	529
Greene	220
Jefferson	822
Montgomery	no returns
Scioto	83
Trumbull	no returns
Warren	473
Total*	4,788 (100%)

*The counties listed below were not included in the above returns

Adams	293
Clermont	519
Hamilton	392

SOURCE—Journal, Ohio House of Representatives, 1805.

1807*

County	Return J. Meigs		Nathaniel Massie**	
Butler	70	(13.8%)	439	(86.2%)
Clermont	164	(39.0%)	257	(61.0%)
Columbiana	548	(83.3%)	110	(16.7%)
Fairfield	167	(78.4%)	46	(21.6%)
Franklin	30	(9.0%)	332	(91.0%)
Gallia	95	(89.6%)	11	(10.4%)
Hamilton	680	(74.8%)	229	(25.2%)
Jefferson	385	(47.2%)	430	(52.8%)
Miami	10	(10.3%)	87	(89.7%)
Montgomery	295	(95.5%)	14	(4.5%)
Muskingum	177	(68.3%)	82	(31.7%)
Warren	128	(31.3%)	281	(68.7%)
Total	2,749	(54.2%)	2,318	(45.8%)

*The original returns, which were published in the Ohio Senate Journal, 1807, page 8, gave votes for Meigs under 19 different spellings and five for Massie. However, the Legislature decided to reject all the returns from 10 of 21 counties. The rejected vote is listed below plus the vote of Scioto county which was not included in any of the above. Also Thomas Worthington received 269 votes in Clermont County.

Ohio

County				County			
Adams	107	(19.5%)	441 (80.5%)	Scioto	94	(42.9%)	125 (57.1%)
Athens	118	(98.3%)	2 (1.7%)	Washington	213	(91.0%)	21 (9.0%)
Belmont	765	(81.5%)	174 (18.5%)				
Champaign	85	(46.7%)	97 (53.3%)				
Geauga & Trumbull	1,034	(93.1%)	76 (6.9%)				
Greene	122	(29.0%)	298 (71.0%)				
Highland	0		279 (100%)				
Ross	62	(56.6%)	1,032 (43.4%)				

**Massie challenged the election of Meigs, and the legislature held that he was ineligible to hold the office; it ordered a new election for the following year for a new two-year term.

SOURCES—Ohio Senate Journal, 1807; (Chillicothe) *Scioto Gazette*, October 29, 1807.

1808*

County	Samuel Huntingdon (D-R)		Thomas Worthington (D-R)		Thomas Kirker (Q)	
Adams	5	(3.2%)	176	(30.8%)	390	(68.3%)
Athens	228	(98.7%)	3	(1.3%)	0	
Belmont	451	(35.6%)	816	(64.4%)	1	(0.8%)
Butler	519	(54.0%)	3	(0.3%)	339	(35.3%)
Champaign	242	(41.6%)	149	(25.6%)	191	(32.8%)
Clermont	222	(36.2%)	385	(62.7%)	7	(1.1%)
Columbiana	135	(18.1%)	558	(75.0%)	51	(6.9%)
Delaware	123	(85.4%)	21	(14.6%)	0	
Fairfield	973	(83.3%)	192	(16.4%)	3	(0.3%)
Gallia	134	(56.3%)	104	(43.7%)	0	
Geauga	304	(98.4%)	5	(1.6%)	0	
Greene	72	(24.0%)	222	(74.0%)	6	(2.0%)
Hamilton	619	(55.4%)	10	(0.9%)	489	(43.7%)
Highland	26	(5.1%)	113	(22.4%)	366	(72.5%)
Jefferson	242	(20.6%)	931	(79.4%)	0	
Knox	83	(95.4%)	0		4	(4.6%)
Miami	64	(22.2%)	20	(6.9%)	204	(70.8%)
Montgomery	416	(73.9%)	23	(4.1%)	124	(22.0%)
Muskingum	661	(93.2%)	48	(6.8%)	0	
Portage	118	(42.3%)	152	(54.4%)	9	(3.2%)
Preble	183	(100%)	0		0	
Ross	149	(8.9%)	1,046	(62.2%)	486	(28.9%)
Scioto	68	(18.8%)	37	(10.2%)	256	(70.9%)
Trumbull	187	(26.0%)	124	(17.3%)	407	(56.7%)
Tuscarawas	170	(100%)	0		0	
Warren	263	(33.4%)	460	(58.4%)	64	(8.1%)
Washington	636	(99.5%)	3	(0.5%)	0	
Total	**7,293**	**(44.8%)**	**5,601**	**(34.4%)**	**3,397**	**(20.9%)**
Franklin*	187	(50.3%)	126	(34.1%)	58	(15.7%)

*Vote of Franklin county was not included in the official returns.

SOURCES—Journal, Ohio House of Representatives, 1808; (Chillicothe) *Supporter*, October 27, 1808.

1810

County	Return J. Meigs (D-R)		Thomas Worthington (D-R)	
Adams	157	(24.4%)	487	(75.6%)
Athens	207	(97.2%)	6	(2.8%)
Belmont	482	(49.3%)	495	(50.7%)
Butler	140	(18.8%)	604	(81.2%)
Champaign	454	(78.8%)	122	(21.2%)
Clermont	391	(49.2%)	304	(50.8%)
Clinton	6	(5.2%)	109	(94.8%)
Columbiana	373	(51.4%)	352	(48.6%)
Cuyahoga	80	(73.4%)	29	(26.6%)
Delaware	38	(20.0%)	152	(80.0%)
Fairfield	335	(31.2%)	738	(68.8%)
Franklin	33	(20.0%)	132	(80.0%)
Gallia	249	(51.0%)	239	(49.0%)
Geauga	130	(41.3%)	185	(58.7%)
Greene	308	(93.3%)	22	(6.7%)
Guernsey	209	(48.9%)	218	(51.1%)
Hamilton	204	(86.8%)	31	(13.2%)
Highland	881	(61.1%)	562	(38.9%)
Jefferson	853	(86.7%)	341	(13.3%)
Knox	99	(52.4%)	90	(47.6%)
Licking	220	(55.1%)	179	(44.9%)
Madison	71	(39.2%)	110	(60.8%)
Miami	94	(53.7%)	81	(46.3%)
Montgomery	569	(97.6%)	14	(2.4%)
Muskingum & Tuscarawas	784	(96.8%)	26	(3.2%)
Portage	250	(89.9%)	28	(10.1%)
Preble	118	(82.5%)	25	(17.5%)
Ross	222	(17.4%)	1,055	(82.6%)
Scioto	173	(48.5%)	184	(51.5%)
Trumbull	811	(87.3%)	118	(12.7%)
Warren	170	(24.0%)	538	(76.0%)
Washington	653	(96.5%)	24	(3.5%)
Total	**9,914**	**(56.2%)**	**7,731**	**(43.8%)**

Returns from the counties listed below were not included in the official returns.

Pickaway	122	(30.3%)	280	(69.7%)
Stark	21	(12.2%)	151	(87.8%)

SOURCE—Journal, Ohio House of Representatives, 1810.

1812

County	Return J. Meigs (D-R)		Thomas Scott (F)	
Adams	7	(11.9%)	580	(88.1%)
Ashtabula	195	(100%)	0	
Athens	223	(70.6%)	93	(29.4%)
Belmont	1,393	(95.0%)	73	(5.0%)
Butler	343	(50.1%)	342	(49.9%)
Champaign	338	(57.9%)	246	(42.1%)
Clermont	402	(45.0%)	491	(55.0%)
Clinton	50	(23.6%)	162	(76.4%)
Columbiana	589	(99.3%)	4	(0.7%)
Coshocton	65	(75.6%)	21	(24.4%)
Cuyahoga	214	(99.1%)	2	(0.9%)
Fairfield	241	(16.6%)	1,213	(83.4%)
Fayette	21	(10.8%)	174	(89.2%)
Franklin	427	(68.9%)	193	(31.1%)
Gallia	158	(71.8%)	62	(28.2%)
Geauga	135	(100%)	0	
Greene	158	(37.1%)	268	(62.9%)
Guernsey	183	(56.1%)	143	(43.9%)
Hamilton	787	(78.2%)	219	(21.8%)
Highland	17	(39.0%)	419	(61.0%)
Jefferson	1,048	(71.3%)	421	(28.7%)
Knox	113	(100%)	0	
Licking	206	(32.2%)	433	(67.8%)
Madison	101	(71.6%)	40	(28.4%)
Miami	88	(53.7%)	76	(46.3%)
Montgomery	264	(57.6%)	194	(42.4%)
Muskingum	654	(75.9%)	208	(24.1%)
Pickaway	239	(51.6%)	224	(48.4%)
Portage	295	(100%)	0	
Preble	66	(50.8%)	64	(49.2%)
Ross	617	(43.6%)	799	(56.4%)
Scioto	57	(36.8%)	98	(63.2%)
Stark	183	(100%)	0	
Trumbull	790	(99.9%)	1	(0.1%)
Tuscarawas	81	(67.5%)	39	(32.5%)
Warren	472	(63.8%)	268	(36.2%)
Washington	609	(64.6%)	333	(35.4%)
Wayne	30	(100%)	0	
Total	**11,859**	**(60.0%)**	**7,903**	**(40.0%)**

SOURCE—Journal, Ohio State House of Representatives, 1812.

1814

County	Thomas Worthington (D-R)		Othniel Looker (D-R)	
Adams	629	(67.7%)	300	(32.3%)
Ashtabula	125	(46.0%)	147	(54.0%)
Athens	319	(97.9%)	7	(2.1%)
Butler	522	(60.9%)	335	(39.1%)
Champaign	490	(64.1%)	274	(35.9%)
Clermont	315	(33.6%)	623	(66.4%)
Clinton	134	(96.4%)	5	(3.6%)
Columbiana	616	(89.7%)	71	(10.3%)
Coshocton	248	(99.6%)	1	(0.4%)
Delaware	131	(40.1%)	196	(59.9%)
Fairfield	945	(84.3%)	176	(15.7%)
Fayette	143	(43.3%)	187	(56.7%)
Franklin	330	(48.7%)	348	(51.3%)
Gallia	435	(87.9%)	60	(12.1%)
Geauga	43	(29.7%)	102	(70.3%)
Greene	197	(39.0%)	308	(61.0%)
Guernsey	329	(94.5%)	19	(5.5%)
Hamilton	607	(45.5%)	727	(54.5%)
Highland	328	(71.9%)	128	(28.1%)
Jefferson	1,532	(99.6%)	6	(0.4%)
Knox	383	(100%)	0	
Licking	553	(99.1%)	5	(0.9%)
Madison	143	(46.4%)	165	(53.6%)
Miami	327	(93.4%)	23	(6.6%)
Montgomery	534	(96.6%)	19	(3.4%)
Muskingum	827	(99.6%)	3	(0.4%)
Pickaway	362	(42.2%)	496	(57.8%)
Portage	367	(82.5%)	78	(17.5%)
Preble	158	(44.9%)	194	(55.1%)
Richland	123	(97.6%)	3	(2.4%)
Ross	1,130	(77.5%)	329	(22.5%)
Scioto	112	(26.5%)	311	(73.5%)
Stark	226	(89.7%)	26	(10.3%)
Trumbull	622	(74.4%)	214	(25.6%)
Tuscarawas	243	(100%)	0	
Warren	563	(67.5%)	271	(32.5%)
Washington	627	(100%)	0	
Wayne	161	(92.0%)	14	(8.0%)
Total	**15,879**	**(72.0%)**	**6,171**	**(28.0%)**

SOURCE—Journal, Ohio House of Representatives, 1814.

1816

County	Thomas Worthington (D-R)		James Dunlap (D-R)		Ethan A. Brown (D-R)	
Adams	627	(61.1%)	400	(38.9%)	0	
Ashtabula	191	(70.2%)	0		81	(29.8%)
Athens	22	(8.2%)	245	(91.8%)	0	
Belmont			no returns			
Butler	1,312	(93.9%)	85	(6.1%)	0	
Champaign	1,112	(75.2%)	365	(24.7%)	0	
Clermont	727	(58.1%)	524	(41.9%)	0	
Clinton	434	(84.1%)	82	(15.9%)	0	
Columbiana	962	(88.3%)	0		128	(11.7%)
Coshocton	354	(100%)	0		0	
Cuyahoga	54	(27.0%)	10	(5.00%)	136	(28.0%)
Darke			no returns			

County	Thomas Worthington (D-R)		James Dunlap (D-R)		Ethan A. Brown (D-R)	
Delaware	300	(58.9%)	167	(32.8%)	42	(8.3%)
Fairfield	1,059	(54.7%)	878	(45.3%)	0	
Fayette	81	(15.2%)	451	(84.8%)	0	
Franklin	740	(79.3%)	193	(20.7%)	0	
Gallia	394	(74.5%)	81	(15.3%)	53	(10.0%)
Geauga	50	(20.6%)	0		193	(79.4%)
Greene	565	(69.1%)	253	(30.9%)	0	
Guernsey	483	(72.7%)	179	(27.0%)	2	(0.3%)
Hamilton	2,223	(97.5%)	56	(2.5%)	0	
Harrison	520	(99.2%)	1	(0.2%)	3	(0.6%)
Highland	475	(64.5%)	262	(35.5%)	0	
Huron	40	(48.8%)	0		42	(51.2%)
Jackson	120	(47.6%)	132	(52.4%)	0	
Jefferson	1,314	(96.1%)	2	(0.2%)	51	(3.7%)
Knox	447	(94.7%)	2	(0.4%)	23	(4.9%)
Lawrence			no returns			
Licking	646	(97.0%)	20	(3.0%)	0	
Madison	66	(13.4%)	427	(86.6%)	0	
Medina			no returns			
Miami	676	(98.4%)	11	(1.6%)	0	
Monroe	119	(99.2%)	1	(0.8%)	0	
Montgomery	896	(99.8%)	1	(0.1%)	1	(0.1%)
Muskingum	1,155	(97.3%)	32	(2.7%)	0	
Pickaway	310	(35.8%)	557	(64.2%)	0	
Pike	79	(25.3%)	232	(74.4%)	1	
Portage	99	(23.6%)	0		320	(76.4%)
Preble	483	(98.2%)	9	(1.8%)	0	
Richland	397	(84.5%)	39	(8.3%)	34	(7.2%)
Scioto	102	(27.4%)	270	(72.6%)	0	
Stark	497	(94.7%)	0		28	(5.3%)
Trumbull	715	(73.0%)	0		264	(27.0%)
Tuscarawas	130	(74.3%)	8	(4.6%)	37	(21.1%)
Warren	1,340	(93.4%)	95	(6.6%)	0	
Washington	360	(61.5%)	225	(38.5%)	0	
Wayne	255	(60.4%)	0		167	(39.6%)
Total	**22,931**	**(74.4%)**	**6,295**	**(20.4%)**	**1,607**	**(5.2%)**
Ross*	675	(41.6%)	947	(58.4%)	0	

*Vote of Ross county not included in the official returns.

SOURCES—Journal, Ohio House of Representatives, 1816; *Muskingum Messenger*, October 24, 1816.

1818

County	Ethan A. Brown (D-R)		James Dunlap (D-R)	
Adams	604	(54.9%)	496	(45.1%)
Ashtabula	200	(100%)	0	
Athens	121	(27.7%)	316	(72.3%)
Belmont	1,592	(98.7%)	21	(1.3%)
Brown	438	(65.7%)	229	(34.3%)
Butler	1,252	(96.4%)	47	(3.6%)
Clark	508	(68.1%)	238	(31.9%)
Clermont	778	(78.7%)	211	(21.3%)
Clinton	408	(82.6%)	86	(17.4%)
Columbiana	727	(76.2%)	227	(23.8%)
Coshocton	665	(99.6%)	3	(0.4%)
Cuyahoga	568	(100%)	0	
Darke	140	(100%)	0	
Delaware	578	(81.4%)	132	(18.6%)
Fairfield	1,535	(86.5%)	239	(13.5%)
Fayette	198	(37.9%)	324	(62.1%)
Franklin	840	(70.1%)	358	(29.9%)
Gallia	483	(55.5%)	388	(44.5%)
Greene	466	(82.2%)	101	(17.8%)
Guernsey	574	(82.0%)	126	(18.0%)
Hamilton	2,405	(96.2%)	74	(3.8%)
Harrison	740	(99.9%)	1	(0.1%)
Highland	663	(80.8%)	158	(19.2%)
Hocking	96	(52.2%)	88	(47.8%)
Huron	332	(82.4%)	71	(17.6%)
Jackson	76	(24.6%)	233	(75.4%)
Jefferson	1,462	(99.9%)	2	(0.1%)
Knox	532	(93.3%)	38	(6.7%)
Lawrence			no returns	
Licking	915	(92.8%)	71	(7.2%)
Madison	214	(47.7%)	235	(52.3%)
Medina	184	(100%)	0	
Miami	405	(80.8%)	96	(19.2%)
Monroe	125	(85.6%)	21	(14.4%)
Montgomery	664	(98.7%)	9	(1.3%)
Moran			no returns	
Muskingum	1,449	(98.7%)	19	(1.3%)
Pickaway	404	(30.1%)	939	(69.9%)
Pike	71	(20.3%)	278	(79.7%)
Portage	558	(99.8%)	1	(0.2%)
Preble			no returns	
Richland	622	(93.1%)	46	(6.9%)
Ross	611	(37.0%)	1,042	(63.0%)
Scioto	269	(58.7%)	189	(41.3%)

County					
Stark	723	(100%)	0		
Trumbull	1,083	(93.2%)	79	(6.8%)	
Tuscarawas	503	(100%)	0		
Warren	1,098	(84.1%)	207	(15.9%)	
Washington	266	(29.8%)	627	(70.2%)	
Wayne	856	(99.0%)	9	(1.0%)	
Total	**30,194**	**(78.9%)**	**8,075**	**(21.1%)**	

Returns from four counties listed below, were not included in the official returns.

Champaign	406	(58.6%)	287	(41.4%)	
Geauga	560	(100%)	0		
Logan	135	(33.9%)	263	(66.1%)	
Perry	384	(81.2%)	89	(18.8%)	

SOURCE—Journal, Ohio House of Representatives, 1818; (Canton) *Ohio Repository*, November 6, 1818; *Scioto Gazette*, November 6, 13, 1818.

1820

County	Ethan A. Brown (D-R)		Jeremiah Morrow (D-R)		William H. Harrison (D-R)	
Adams	85	(12.1%)	605	(86.4%)	10	(1.4%)
Ashtabula	544	(85.3%)	54	(8.5%)	40	(6.3%)
Athens	234	(38.4%)	355	(58.3%)	20	(3.3%)
Belmont	1,842	(96.9%)	15	(0.8%)	43	(2.3%)
Brown	998	(68.8%)	115	(7.9%)	337	(23.2%)
Butler	1,283	(98.5%)	19	(1.5%)	0	
Champaign	804	(93.8%)	5	(0.6%)	48	(5.6%)
Clark	768	(94.2%)	11	(1.3%)	36	(4.4%)
Clermont	974	(96.5%)	31	(3.1%)	4	(0.7%)
Clinton	284	(46.9%)	322	(53.1%)	0	
Columbiana	1,222	(55.4%)	0		984	(44.6%)
Cuyahoga	802	(100%)	0		0	
Darke	219	(73.7%)	0		78	(26.3%)
Delaware	726	(94.9%)	34	(4.4%)	5	(0.7%)
Fairfield	1,796	(96.4%)	33	(1.7%)	35	(1.9%)
Franklin	588	(45.7%)	698	(54.3%)	0	
Gallia	469	(66.0%)	140	(19.7%)	102	(14.3%)
Geauga	865	(96.6%)	9	(1.0%)	21	(2.3%)
Greene	310	(39.5%)	475	(60.5%)	0	
Guernsey	364	(45.9%)	382	(48.2%)	47	(5.9%)
Hamilton	1,852	(91.9%)	164	(8.1%)	0	
Harrison	225	(16.3%)	58	(4.2%)	1,096	(79.5%)
Highland	393	(36.9%)	648	(60.9%)	23	(2.2%)
Hocking	37	(22.2%)	130	(77.8%)	0	
Huron	499	(91.2%)	0		48	(8.8%)
Jackson	140	(40.5%)	82	(23.7%)	124	(35.8%)
Jefferson	1,763	(96.0%)	44	(2.4%)	30	(1.6%)
Knox	675	(84.3%)	24	(3.0%)	2	(0.2%)
Lawrence	467	(99.6%)	0		2	(0.4%)
Licking	864	(71.4%)	108	(8.9%)	238	(19.7%)
Logan	243	(65.3%)	0		129	(34.7%)
Madison	298	(77.2%)	54	(14.0%)	34	(8.8%)
Medina	332	(100%)	0		0	
Meigs	310	(82.9%)	19	(5.1%)	45	(12.0%)
Miami	537	(86.8%)	77	(12.4%)	5	(0.8%)
Monroe	332	(98.8%)	0		4	(1.2%)
Montgomery	1,163	(99.8%)	2	(0.2%)	0	
Morgan	194	(42.8%)	200	(44.2%)	59	(13.0%)
Muskingum	392	(22.2%)	1,362	(77.3%)	9	(0.5%)
Perry	112	(44.4%)	70	(27.8%)	40	(15.9%)
Pickaway	951	(67.9%)	443	(31.6%)	7	(0.5%)
Portage	679	(92.9%)	24	(3.3%)	28	(3.8%)
Richland	802	(82.4%)	0		171	(17.6%)
Ross	237	(11.4%)	1,835	(88.5%)	2	(1.0%)
Sandusky			no returns			
Shelby	152	(90.5%)	0		16	(9.5%)
Stark	1,182	(94.0%)	23	(1.8%)	52	(4.1%)
Trumbull	1,690	(94.7%)	27	(1.5%)	67	(3.8%)
Tuscarawas	754	(97.5%)	1	(0.1%)	18	(2.3%)
Union	128	(78.0%)	35	(2.1%)	1	(0.6%)
Warren	891	(75.8%)	281	(23.9%)	3	(0.3%)
Washington	510	(52.4%)	442	(45.4%)	22	(2.3%)
Wayne	806	(75.4%)	0		263	(24.6%)
Wood	49	(96.1%)	0		2	(3.9%)
Total	**34,836**	**(71.7%)**	**9,426**	**(19.4%)**	**4,350**	**(8.9%)**

The returns of the counties listed below were not included in the official returns but appeared separately in the Journal without comment.

County					
Coshocton	464	(51.8%)	407	(45.5%)	27	(3.0%)
Fayette	413	(65.1%)	157	(24.8%)	64	(10.0%)
Pike	358	(72.3%)	129	(26.1%)	8	(1.6%)
Preble	672	(90.2%)	73	(9.8%)	0	
Scioto	635	(88.7%)	8	(1.1%)	73	(10.2%)

SOURCE—Journal, Ohio House of Representatives, 1820.

1822

County	Jeremiah Morrow (D-R)		Allen Trimble (D-R)		William Irwin (D-R)	
Adams	408	(53.5%)	344	(45.1%)	10	(1.3%)
Ashtabula	260	(26.1%)	662	(66.5%)	73	(7.3%)
Athens	411	(72.6%)	80	(14.1%)	75	(13.3%)
Brown	554	(31.7%)	1,153	(66.0%)	40	(2.3%)
Butler	1,835	(94.2%)	110	(5.1%)	3	(0.2%)
Champaign	734	(86.5%)	113	(13.3%)	2	(0.2%)
Clark	500	(47.3%)	528	(49.9%)	30	(2.8%)
Clermont	869	(53.9%)	740	(45.9%)	4	(2.5%)
Clinton	536	(64.3%)	266	(31.9%)	32	(3.8%)
Columbiana	27	(1.6%)	1,674	(98.2%)	4	(0.2%)
Coshocton	817	(79.9%)	103	(10.1%)	103	(10.1%)
Cuyahoga	619	(67.9%)	291	(31.9%)	1	(0.1%)
Darke	311	(67.0%)	153	(33.0%)	0	
Delaware	50	(4.1%)	419	(34.6%)	742	(61.3%)
Fairfield	87	(4.5%)	32	(1.7%)	1,819	(93.9%)
Fayette	147	(17.9%)	646	(78.9%)	6	(0.7%)
Franklin	398	(25.9%)	461	(30.1%)	675	(44.0%)
Gallia	205	(38.2%)	214	(39.9%)	117	(21.8%)
Geauga	63	(7.5%)	710	(85.0%)	62	(7.4%)
Greene	635	(60.1%)	419	(39.6%)	3	(0.3%)
Guernsey	765	(74.8%)	244	(23.9%)	14	(1.4%)
Hamilton	3,123	(73.4%)	1,128	(26.5%)	5	(0.1%)
Harrison	121	(10.1%)	1,065	(89.0%)	11	(0.9%)
Highland	207	(18.1%)	934	(81.9%)	0	
Hocking	45	(22.5%)	7	(3.5%)	148	(74.0%)
Huron	96	(12.0%)	490	(61.4%)	312	(39.1%)
Jackson	210	(51.7%)	196	(48.3%)	0	
Jefferson	251	(15.3%)	1,339	(81.4%)	54	(3.3%)
Knox	30	(3.0%)	80	(7.9%)	905	(89.2%)
Lawrence	122	(26.9%)	291	(64.1%)	31	(6.8%)
Licking	371	(23.2%)	238	(14.9%)	993	(62.0%)
Logan	250	(49.8%)	251	(50.0%)	1	(0.2%)
Madison	295	(53.1%)	212	(38.1%)	49	(8.8%)
Medina	118	(28.1%)	213	(54.5%)	60	(15.3%)
Meigs	75	(25.6%)	113	(38.6%)	105	(35.8%)
Miami	640	(63.8%)	353	(35.2%)	10	(1.0%)
Monroe	60	(18.6%)	262	(81.4%)	0	
Montgomery	814	(40.7%)	1,185	(59.2%)	3	(0.1%)
Morgan	495	(97.1%)	15	(2.9%)	0	
Muskingum	1,642	(75.6%)	225	(10.4%)	306	(14.1%)
Perry	118	(10.1%)	302	(25.9%)	744	(63.9%)
Pickaway	169	(9.1%)	260	(14.0%)	1,424	(76.8%)
Pike	236	(55.7%)	179	(42.2%)	5	(1.2%)
Portage	833	(77.8%)	202	(18.9%)	16	(1.5%)
Preble	691	(77.3%)	203	(22.7%)	0	
Ross	1,362	(66.8%)	641	(31.4%)	36	(1.8%)
Sandusky	23	(10.4%)	118	(53.1%)	81	(36.5%)
Scioto	355	(53.7%)	264	(39.9%)	42	(6.4%)
Shelby	208	(80.6%)	50	(19.4%)	0	
Stark	186	(13.7%)	150	(11.0%)	1,026	(75.3%)
Trumbull	150	(9.8%)	1,364	(89.4%)	12	(0.8%)
Tuscarawas	696	(78.9%)	100	(11.3%)	86	(9.8%)
Union	149	(57.5%)	107	(41.3%)	3	(1.2%)
Warren	1,105	(85.2%)	189	(14.6%)	2	(0.2%)
Washington	468	(68.4%)	67	(9.8%)	149	(21.8%)

County	Jeremiah Morrow (D-R)		Allen Trimble (D-R)		William Irwin (D-R)	
Wayne	114	(7.7%)	744	(50.5%)	616	(41.8%)
*Total	26,059	(43.4%)	22,899	(38.2%)	11,050	(18.4%)

The votes of the counties listed below were not included in the official returns.

Belmont	944	(42.3%)	1,284	(57.5%)	5	(0.2%)
Richland	237	(19.8%)	173	(14.4%)	790	(65.8%)

SOURCE—Journal, Ohio House of Representatives, 1822.

1824

County	Jeremiah Morrow (D-R)		Allen Trimble (D-R)	
Adams	734	(66.6%)	368	(33.4%)
Ashtabula	27	(29.6%)	884	(70.4%)
Athens	569	(91.6%)	52	(8.4%)
Belmont	1,268	(51.6%)	1,191	(48.4%)
Brown	1,080	(64.4%)	597	(35.6%)
Butler	2,056	(91.7%)	186	(8.3%)
Clark	770	(65.5%)	405	(34.5%)
Clermont	1,205	(62.9%)	712	(37.1%)
Clinton	820	(77.1%)	243	(22.9%)
Columbiana	255	(10.0%)	2,300	(90.0%)
Coshocton	634	(54.4%)	531	(45.6%)
Cuyahoga	214	(23.6%)	691	(76.4%)
Darke	302	(63.2%)	176	(36.8%)
Delaware	141	(12.9%)	950	(87.1%)
Fairfield	1,369	(54.2%)	1,157	(45.8%)
Fayette	191	(25.2%)	568	(74.8%)
Franklin	681	(45.0%)	834	(55.0%)
Gallia	289	(57.6%)	213	(42.4%)
Geauga	109	(10.4%)	935	(89.6%)
Greene	699	(62.5%)	420	(37.5%)
Guernsey	719	(50.2%)	713	(49.8%)
Hamilton	3,363	(83.3%)	674	(16.7%)
Harrison	332	(22.9%)	1,115	(77.1%)
Highland	927	(61.7%)	575	(38.3%)
Hocking	154	(51.7%)	144	(48.3%)
Huron	165	(20.8%)	629	(79.2%)
Jackson	104	(17.7%)	503	(82.3%)
Jefferson	1,301	(45.8%)	1,540	(54.2%)
Knox	716	(55.2%)	582	(44.8%)
Lawrence	108	(23.8%)	346	(76.2%)
Licking	1,155	(68.9%)	521	(31.1%)
Logan	279	(62.3%)	169	(37.7%)
Lorain	16	(4.8%)	316	(95.2%)
Madison	263	(39.0%)	411	(61.0%)
Marion	105	(27.6%)	275	(72.4%)
Medina	47	(10.3%)	410	(89.7%)
Meigs	407	(98.1%)	8	(1.9%)
Mercer	52	(81.3%)	12	(18.7%)
Miami	1,057	(93.6%)	72	(6.4%)
Monroe	370	(63.0%)	217	(37.0%)
Montgomery	1,464	(79.5%)	378	(20.5%)
Morgan	378	(45.4%)	454	(54.6%)
Muskingum	721	(29.0%)	1,763	(71.0%)
Perry	261	(18.4%)	1,154	(81.6%)
Pickaway	464	(25.6%)	1,351	(74.4%)
Pike	185	(34.7%)	348	(65.3%)
Portage	60	(5.2%)	1,090	(94.8%)
Preble	1,030	(86.5%)	161	(13.5%)
Richland	1,096	(77.6%)	317	(22.4%)
Ross	1,160	(42.4%)	1,574	(57.6%)
Scioto	99	(11.2%)	784	(88.8%)
Seneca	50	(17.9%)	230	(82.1%)
Shelby	295	(93.7%)	20	(6.3%)
Stark	740	(44.5%)	923	(55.5%)
Trumbull	404	(26.2%)	1,138	(73.8%)
Tuscarawas	453	(42.7%)	607	(57.3%)
Union	84	(31.9%)	179	(68.1%)
Warren	2,376	(94.3%)	144	(5.7%)
Washington	723	(73.7%)	258	(26.3%)
Wayne	1,225	(49.5%)	1,249	(50.5%)
Williams	6	(9.1%)	60	(90.9%)
Wood	1	(2.1%)	47	(97.9%)
Total	38,328	(51.0%)	36,874	(49.0%)

The votes of the counties listed below were not part of the official returns.

Champaign	891	(86.2%)	143	(13.8%)
Sandusky	46	(25.1%)	137	(74.9%)

SOURCE—Journal, Ohio House of Representatives, 1824.

1826

County	Allen Trimble		Alexander Campbell		Benjamin Tappan		John Bigger	
Adams	556	(48.8%)	92	(8.1%)	27	(2.4%)	465	(40.8%)
Ashtabula	1,042	(99.4%)	0		2	(0.2%)	4	(0.4%)
Athens	857	(84.4%)	3	(0.3%)	0		155	(15.3%)
Belmont	1,937	(64.2%)	395	(13.1%)	574	(19.0%)	113	(3.7%)
Brown	447	(24.9%)	1,222	(68.2%)	36	(2.0%)	88	(4.9%)
Butler	1,580	(77.6%)	7	(0.3%)	0		448	(22.0%)
Champaign	1,223	(97.7%)	3	(0.2%)	2	(0.2%)	24	(1.9%)
Clarke	1,027	(89.9%)	13	(1.1%)	57	(5.0%)	46	(4.0%)
Clermont	1,523	(81.1%)	155	(8.3%)	92	(4.9%)	108	(5.8%)
Clinton	549	(47.6%)	339	(29.4%)	113	(9.8%)	152	(13.2%)
Columbiana	2,416	(84.9%)	84	(3.0%)	326	(11.5%)	21	(0.7%)
Coshocton	1,158	(99.2%)	1	(0.1%)	8	(0.7%)	0	
Crawford	339	(99.1%)	0		0		3	(0.9%)
Cuyahoga	937	(98.7%)	9	(0.9%)	3	(0.3%)	0	

County	Allen Trimble		Alexander Campbell		Benjamin Tappan		John Bigger	
Darke	479	(87.4%)	22	(4.0%)	4	(0.7%)	43	(0.8%)
Delaware	846	(76.8%)	103	(9.4%)	25	(2.3%)	127	(11.5%)
Fairfield	2,609	(99.2%)	14	(0.5%)	2	(0.1%)	5	(0.2%)
Fayette	794	(81.2%)	155	(15.8%)	2	(0.2%)	27	(2.8%)
Franklin	1,367	(88.7%)	60	(3.9%)	12	(0.8%)	103	(6.7%)
Gallia	850	(95.7%)	36	(4.1%)	2	(0.2%)	0	
Geauga	1,157	(99.8%)	0		0		2	(0.2%)
Greene	771	(54.2%)	282	(19.8%)	8	(0.6%)	361	(25.4%)
Guernsey	1,704	(96.5%)	6	(0.3%)	31	(1.8%)	24	(1.4%)
Hamilton	4,467	(96.0%)	78	(1.7%)	5	(0.1%)	101	(2.2%)
Harrison	1,237	(65.2%)	25	(1.3%)	635	(33.4%)	18	(0.9%)
Hocking	280	(99.3%)	1	(0.4%)	0		1	(0.4%)
Holmes	784	(97.3%)	1	(0.1%)	18	(2.2%)	3	(0.4%)
Huron	652	(60.1%)	432	(39.9%)	0		0	
Jackson	620	(82.7%)	12	(1.6%)	118	(15.7%)	0	
Jefferson	1,696	(62.9%)	84	(3.1%)	896	(33.2%)	19	(0.7%)
Knox	1,729	(96.9%)	15	(0.8%)	22	(1.2%)	19	(1.1%)
Lawrence	527	(95.0%)	11	(2.0%)	1	(0.2%)	16	(2.9%)
Licking	2,092	(98.4%)	16	(0.8%)	11	(0.5%)	6	(0.3%)
Logan	459	(99.1%)	1	(0.2%)	0		3	(0.6%)
Lorain	296	(100%)	0		0		0	
Madison	544	(84.3%)	2	(0.3%)	0		99	(1.5%)
Marion	434	(97.7%)	7	(1.6%)	3	(0.7%)	0	
Medina	664	(99.6%)	0		3	(0.4%)	0	
Meigs	533	(99.6%)	1	(0.2%)	1	(0.2%)	0	
Mercer	103	(99.0%)	0		0		1	(1.0%)
Miami	974	(81.3%)	8	(0.7%)	34	(2.8%)	182	(15.2%)
Monroe	680	(83.3%)	54	(6.6%)	63	(7.7%)	19	(2.3%)
Montgomery	1,617	(95.3%)	107	(6.3%)	14	(0.8%)	58	(3.4%)
Morgan	906	(94.9%)	13	(1.4%)	31	(3.2%)	5	(0.5%)
Muskingum	2,545	(95.4%)	28	(1.0%)	32	(1.2%)	63	(2.4%)
Perry	1,565	(99.3%)	4	(0.3%)	5	(0.3%)	2	(0.1%)
Pickaway	1,526	(91.7%)	107	(6.4%)	29	(1.7%)	3	(0.2%)
Pike	394	(96.1%)	4	(0.1%)	10	(2.4%)	6	(1.5%)
Portage	1,055	(99.1%)	1	(0.1%)	7	(0.7%)	2	(0.2%)
Preble	1,014	(80.0%)	25	(2.0%)	22	(1.7%)	207	(16.3%)
Richland	1,642	(81.4%)	187	(9.3%)	64	(3.2%)	123	(6.1%)
Ross	2,739	(96.8%)	37	(1.3%)	37	(1.3%)	16	(0.6%)
Sandusky	203	(68.8%)	79	(26.8%)	0		13	(4.4%)
Scioto	848	(96.5%)	16	(1.8%)	6	(0.7%)	9	(1.0%)
Seneca	226	(63.5%)	122	(34.3%)	7	(2.0%)	1	(0.3%)
Shelby	289	(73.2%)	0		0		106	(26.8%)
Stark	1,446	(82.0%)	9	(0.5%)	308	(17.5%)	0	
Trumbull	1,969	(85.6%)	167	(7.3%)	47	(2.0%)	16	(0.7%)
Tuscarawas	999	(83.9%)	14	(1.2%)	164	(13.8%)	14	(1.2%)
Union	126	(46.2%)	15	(5.5%)	0		132	(48.3%)
Warren	1,626	(73.5%)	23	(1.4%)	47	(2.1%)	517	(23.4%)
Washington	679	(69.6%)	26	(2.7%)	260	(26.6%)	11	(1.1%)
Wayne	2,064	(98.3%)	16	(0.8%)	17	(0.8%)	2	(0.1%)
Williams	58	(76.3%)	16	(21.1%)	0		2	(0.3%)
Total	**71,475**	**(84.5%)**	**4,765**	**(5.6%)**	**4,192**	**(5.0%)**	**4,114**	**(4.9%)**

SOURCE—Journal, Ohio House of Representatives, 1826.

1828

County	Allen Trimble (Ad)		John W. Campbell (J)	
Adams	246	(18.8%)	1,065	(81.2%)
Ashtabula	1,063	(96.9%)	34	(3.1%)
Athens	723	(62.1%)	441	(37.9%)
Belmont	1,975	(51.1%)	1,892	(48.9%)
Brown	524	(25.0%)	1,573	(75.0%)
Butler	846	(24.7%)	2,580	(75.3%)
Champaign	956	(70.6%)	399	(29.4%)
Clarke	937	(68.9%)	422	(31.1%)
Clermont	836	(34.2%)	1,605	(65.8%)
Clinton	644	(49.9%)	646	(50.1%)
Columbiana	1,998	(50.3%)	1,952	(49.7%)
Coshocton	624	(40.4%)	922	(59.6%)
Crawford	217	(56.8%)	165	(43.2%)
Cuyahoga	894	(83.8%)	173	(16.2%)
Darke	187	(29.4%)	448	(70.6%)
Delaware	758	(66.7%)	379	(33.3%)
Fairfield	1,234	(37.3%)	2,076	(62.7%)
Fayette	538	(52.0%)	497	(48.0%)
Franklin	1,080	(60.7%)	698	(39.3%)
Gallia	700	(64.9%)	379	(35.1%)

198 Ohio

County				
Geauga	1,653	(99.3%)	11	(0.7%)
Greene	829	(50.3%)	818	(49.7%)
Guernsey	973	(51.3%)	925	(48.7%)
Hamilton	2,294	(37.3%)	3,854	(62.7%)
Hancock	44	(59.5%)	30	(40.5%)
Harrison	1,187	(50.1%)	1,184	(49.9%)
Highland	736	(41.6%)	1,033	(58.4%)
Hocking	182	(53.7%)	157	(46.3%)
Holmes	256	(27.9%)	663	(72.1%)
Huron	973	(68.6%)	446	(31.4%)
Jackson	527	(69.8%)	228	(30.2%)
Jefferson	1,521	(45.1%)	1,848	(54.9%)
Knox	776	(36.5%)	1,352	(63.5%)
Lawrence	346	(55.1%)	282	(44.9%)
Licking	1,065	(37.3%)	1,791	(62.7%)
Logan	516	(83.2%)	104	(16.8%)
Lorain	472	(88.1%)	64	(11.9%)
Madison	355	(53.6%)	307	(46.4%)
Marion	270	(55.8%)	214	(44.2%)
Medina	591	(98.2%)	11	(1.8%)
Meigs	562	(74.0%)	197	(26.0%)
Mercer	89	(54.9%)	73	(45.1%)
Miami	753	(57.1%)	565	(42.9%)
Monroe	377	(42.3%)	514	(57.7%)
Montgomery	1,404	(52.9%)	1,250	(47.1%)
Morgan	559	(47.5%)	619	(52.5%)
Muskingum	1,938	(54.3%)	1,631	(45.7%)
Perry	802	(43.0%)	1,065	(57.0%)
Pickaway	943	(45.2%)	1,143	(54.8%)
Pike	221	(39.3%)	341	(60.7%)
Portage	1,414	(76.4%)	437	(23.6%)
Preble	963	(66.6%)	482	(33.4%)
Richland	1,017	(44.0%)	1,294	(56.0%)
Ross	1,715	(54.2%)	1,449	(45.8%)
Sandusky	153	(70.5%)	64	(29.5%)
Scioto	670	(65.6%)	352	(34.4%)
Seneca	317	(76.2%)	99	(23.8%)
Shelby	236	(55.9%)	186	(44.1%)
Stark	1,138	(88.6%)	147	(11.4%)
Trumbull	1,968	(73.9%)	995	(26.1%)
Tuscarawas	869	(56.6%)	665	(43.4%)
Union	192	(56.8%)	146	(43.2%)
Warren	1,358	(48.9%)	1,420	(51.1%)
Washington	930	(62.1%)	567	(37.9%)
Wayne	756	(32.9%)	1,542	(67.1%)
Wood	91	(70.5%)	38	(29.5%)
Total	**53,971**	**(51.9%)**	**51,951**	**(48.1%)**

SOURCE—Journal, Ohio House of Representatives, 1828.

1830

County	Duncan McArthur (NR)		Robert Lucas (J)	
Adams	367	(31.9%)	783	(68.1%)
Ashtabula	690	(95.7%)	31	(4.3%)
Athens	525	(61.5%)	328	(38.5%)
Belmont	1,822	(55.4%)	1,468	(44.6%)
Brown	863	(41.7%)	1,206	(58.3%)
Butler	815	(35.4%)	1,490	(64.6%)
Champaign	872	(63.1%)	509	(36.9%)
Clarke	849	(70.0%)	364	(30.0%)
Clermont	933	(44.3%)	1,174	(55.7%)
Clinton	590	(42.4%)	803	(57.6%)
Columbiana	1,417	(45.6%)	1,689	(54.4%)
Coshocton	840	(61.1%)	535	(38.9%)
Crawford	109	(23.5%)	355	(76.5%)
Cuyahoga	855	(71.7%)	338	(28.3%)
Darke	281	(41.5%)	396	(58.5%)
Delaware	760	(66.6%)	381	(33.4%)
Fairfield	1,035	(45.7%)	1,819	(54.3%)
Fayette	430	(39.5%)	659	(60.5%)
Franklin	975	(53.8%)	847	(46.2%)
Gallia	571	(63.3%)	331	(36.7%)
Geauga	1,321	(75.8%)	421	(24.2%)
Greene	617	(45.9%)	727	(54.1%)
Guernsey	923	(54.8%)	762	(45.2%)
Hamilton	2,916	(46.7%)	3,322	(53.3%)
Hancock	43	(31.4%)	94	(68.6%)
Harrison	927	(45.8%)	1,096	(54.2%)
Highland	422	(26.2%)	1,191	(73.8%)
Hocking	102	(26.0%)	290	(74.0%)
Holmes	254	(24.1%)	804	(75.9%)
Huron	1,012	(70.1%)	431	(29.9%)
Jackson	278	(46.6%)	318	(53.4%)
Jefferson	1,362	(45.1%)	1,660	(54.9%)
Knox	1,093	(52.4%)	993	(47.6%)
Lawrence	335	(58.7%)	236	(41.3%)
Licking	1,077	(46.8%)	1,224	(53.2%)
Logan	522	(60.4%)	342	(39.6%)
Lorain	493	(69.0%)	221	(31.0%)
Madison	293	(43.4%)	382	(56.6%)
Marion	262	(44.9%)	321	(55.1%)
Medina	588	(82.6%)	124	(17.4%)
Meigs	536	(73.9%)	189	(26.1%)
Mercer	47	(26.1%)	133	(73.9%)
Miami	737	(50.2%)	732	(49.8%)
Monroe	304	(31.1%)	674	(68.9%)
Montgomery	1,504	(55.5%)	1,204	(44.5%)
Morgan	587	(51.4%)	554	(48.6%)
Muskingum	1,665	(47.4%)	1,850	(52.6%)
Perry	637	(36.9%)	1,091	(63.1%)
Pickaway	846	(45.2%)	1,024	(54.8%)
Pike	136	(25.7%)	394	(74.3%)
Portage	1,562	(71.4%)	625	(28.6%)
Richland	1,107	(45.4%)	1,328	(54.6%)
Ross	1,387	(53.5%)	1,204	(46.5%)
Sandusky	181	(56.2%)	141	(43.8%)
Scioto	603	(59.9%)	404	(40.1%)
Seneca	321	(49.8%)	324	(50.2%)
Shelby	244	(56.4%)	189	(43.6%)
Stark	1,114	(49.4%)	1,141	(50.6%)
Trumbull	1,742	(56.4%)	1,346	(43.6%)
Tuscarawas	825	(51.9%)	766	(48.1%)
Union	178	(43.2%)	227	(56.8%)
Warren	1,422	(55.8%)	1,128	(44.2%)
Washington	770	(54.4%)	645	(45.6%)
Wayne	682	(35.4%)	1,247	(64.6%)
Williams	92	(60.1%)	61	(39.9%)
Total	**49,668**	**(50.2%)**	**49,186**	**(49.8%)**

The returns for the counties listed below were received too late and were not included in the official returns.

Preble	1,405	(81.3%)	324	(18.7%)
Wood	131	(81.9%)	29	(18.1%)

SOURCE—Journal, Ohio House of Representatives, 1830.

1832

County	Robert Lucas (D)		Darius Lyman (AM)	
Adams	959	(65.8%)	498	(34.2%)
Allen	81	(55.9%)	64	(44.1%)
Ashtabula	372	(17.3%)	1,784	(82.7%)
Athens	444	(36.7%)	786	(63.3%)
Belmont	2,095	(52.8%)	1,875	(47.2%)
Brown	1,458	(63.3%)	845	(36.7%)

County				
Butler	2,602	(73.8%)	925	(26.2%)
Champaign	601	(33.7%)	1,181	(66.3%)
Clark	439	(26.8%)	1,199	(73.2%)
Clermont	1,760	(59.6%)	1,194	(40.4%)
Clinton	820	(48.0%)	850	(52.0%)
Columbiana	2,930	(56.3%)	2,297	(43.7%)
Coshocton	1,097	(68.3%)	510	(31.7%)
Crawford	563	(75.0%)	188	(25.0%)
Cuyahoga	536	(36.5%)	933	(63.5%)
Darke	551	(71.0%)	225	(29.0%)
Delaware	769	(47.8%)	841	(52.2%)
Fairfield	2,471	(66.5%)	1,245	(33.5%)
Fayette	721	(33.9%)	520	(66.1%)
Franklin	1,129	(49.8%)	1,136	(50.2%)
Gallia	400	(33.4%)	799	(66.6%)
Geauga	589	(23.5%)	1,912	(76.5%)
Greene	806	(44.8%)	995	(55.2%)
Guernsey	1,026	(45.0%)	1,256	(55.0%)
Hamilton	4,642	(55.8%)	3,681	(44.2%)
Hancock	260	(88.7%)	33	(11.3%)
Harrison	1,441	(52.8%)	1,288	(47.2%)
Highland	1,237	(55.3%)	1,000	(44.7%)
Hocking	339	(70.3%)	143	(29.7%)
Holmes	1,049	(83.4%)	209	(16.6%)
Huron	896	(42.4%)	1,218	(57.6%)
Jackson	534	(63.3%)	310	(36.7%)
Jefferson	2,028	(57.5%)	1,499	(42.5%)
Knox	1,783	(65.3%)	948	(34.7%)
Lawrence	322	(46.8%)	366	(53.2%)
Licking	2,059	(59.5%)	1,399	(40.5%)
Logan & Hardin	313	(32.2%)	659	(67.8%)
Lorain	450	(43.3%)	590	(56.7%)
Madison	462	(50.4%)	454	(49.6%)
Marion	712	(67.0%)	351	(33.0%)
Medina	396	(34.3%)	679	(65.7%)
Meigs	277	(31.8%)	594	(68.2%)
Mercer	165	(73.7%)	59	(26.3%)
Miami	902	(49.3%)	928	(50.7%)
Monroe	948	(81.6%)	214	(18.4%)
Montgomery	1,623	(48.8%)	1,706	(51.2%)
Morgan	931	(59.0%)	648	(41.0%)
Muskingum	2,232	(51.8%)	2,080	(48.2%)
Perry	1,390	(67.8%)	660	(32.2%)
Pickaway	1,193	(50.2%)	1,184	(49.8%)
Pike	504	(67.1%)	247	(32.9%)
Portage	1,368	(39.6%)	2,084	(60.4%)
Preble	1,043	(48.7%)	1,100	(51.3%)
Richland	1,971	(65.0%)	1,062	(35.0%)
Ross	1,627	(46.6%)	1,861	(53.4%)
Sandusky	197	(42.2%)	269	(57.8%)
Scioto	453	(36.8%)	778	(63.2%)
Seneca	465	(49.0%)	484	(51.0%)
Shelby	370	(58.3%)	265	(41.7%)
Stark	1,582	(57.5%)	1,169	(42.5%)
Trumbull	1,186	(47.9%)	2,378	(52.1%)
Tuscarawas	1,029	(53.4%)	897	(46.6%)
Union	272	(54.2%)	230	(45.8%)
Warren	1,528	(47.7%)	1,677	(52.3%)
Washington	721	(44.0%)	917	(56.0%)
Wayne	1,971	(76.3%)	613	(23.7%)
Williams	134	(65.4%)	71	(34.6%)
Wood	27	(15.8%)	144	(84.2%)
Total	**71,251**	**(53.0%)**	**63,185**	**(47.0%)**

SOURCE—Journal, Ohio House of Representatives, 1832.

1834

County	Robert Lucas (D)		James Findlay (W)	
Adams	726	(59.8%)	489	(40.2%)
Allen	288	(63.2%)	168	(36.8%)
Ashtabula	746	(36.3%)	1,310	(63.7%)
Athens	399	(34.4%)	761	(65.6%)
Belmont	2,107	(48.6%)	2,230	(51.4%)
Brown	1,251	(59.8%)	841	(40.2%)
Butler	2,090	(52.8%)	1,168	(47.2%)
Carroll	593	(55.5%)	476	(44.5%)
Champaign	432	(32.0%)	917	(68.0%)
Clarke	492	(29.8%)	1,159	(70.2%)
Clermont	1,327	(66.8%)	670	(33.2%)
Clinton	823	(46.8%)	934	(53.2%)
Columbiana	1,891	(65.2%)	1,009	(34.8%)
Coshocton	885	(55.7%)	705	(44.3%)
Crawford	528	(61.9%)	325	(38.1%)
Cuyahoga	957	(39.0%)	1,497	(61.0%)
Darke	479	(58.8%)	336	(41.2%)
Delaware	850	(56.3%)	660	(43.7%)
Fairfield	2,024	(60.0%)	1,349	(40.0%)
Fayette	645	(53.1%)	570	(46.9%)
Franklin	1,170	(56.7%)	995	(43.3%)
Gallia	294	(29.6%)	698	(70.4%)
Geauga	815	(34.5%)	1,546	(65.5%)
Greene	751	(48.4%)	800	(51.6%)
Guernsey	1,344	(51.6%)	1,259	(48.4%)
Hamilton	4,353	(50.7%)	4,226	(49.3%)
Hancock	371	(78.4%)	102	(21.6%)
Hardin	111	(62.4%)	67	(37.6%)
Harrison	1,508	(52.7%)	1,351	(47.3%)
Highland	1,002	(49.8%)	1,009	(50.2%)
Hocking	341	(70.1%)	145	(29.9%)
Holmes	895	(79.5%)	231	(20.5%)
Huron	1,117	(37.1%)	1,582	(62.9%)
Jackson	478	(52.7%)	429	(47.3%)
Jefferson	2,024	(54.9%)	1,640	(45.1%)
Knox	1,802	(62.0%)	1,103	(38.0%)
Lawrence	265	(35.4%)	483	(64.6%)
Licking	2,201	(61.3%)	1,390	(38.7%)
Logan	429	(36.7%)	740	(63.3%)
Lorain	802	(49.5%)	818	(50.5%)
Madison	475	(51.5%)	448	(48.5%)
Marion	660	(64.9%)	347	(35.1%)
Medina	606	(44.0%)	770	(56.0%)
Meigs	244	(29.9%)	571	(70.1%)
Mercer	254	(75.6%)	82	(24.4%)
Miami	838	(45.6%)	999	(54.4%)
Monroe	804	(75.7%)	258	(24.3%)
Montgomery	1,978	(50.0%)	1,979	(50.0%)
Morgan	892	(52.0%)	825	(48.0%)
Muskingum	1,537	(35.2%)	2,827	(64.8%)
Perry	1,327	(63.5%)	763	(36.5%)
Pickaway	1,023	(46.7%)	1,168	(53.3%)
Pike	516	(61.1%)	328	(38.9%)
Portage	2,074	(46.8%)	2,362	(53.2%)
Preble	895	(39.0%)	1,397	(61.0%)
Putnam	154	(94.5%)	9	(5.5%)
Richland	2,309	(64.6%)	1,268	(35.4%)
Ross	1,888	(46.9%)	2,141	(53.1%)
Sandusky	383	(55.0%)	313	(45.0%)
Scioto	527	(37.7%)	871	(62.3%)
Seneca	586	(50.2%)	581	(49.8%)
Shelby	515	(67.7%)	246	(32.3%)
Stark	1,384	(53.6%)	1,200	(46.4%)
Trumbull	2,370	(48.9%)	2,504	(51.1%)
Tuscarawas	991	(60.6%)	645	(39.4%)
Union	246	(46.9%)	279	(53.1%)

200 Ohio

County				
Warren	1,122	(40.0%)	1,684	(60.0%)
Washington	615	(40.4%)	907	(59.6%)
Wayne	1,619	(59.5%)	1,102	(40.5%)
Williams	132	(60.3%)	87	(39.7%)
Wood	168	(38.8%)	265	(61.2%)
Total	**70,738**	**(51.2%)**	**67,414**	**(48.8%)**

SOURCE—Journal, Ohio House of Representatives, 1834.

1836

County	Joseph Vance (W)		Eli Baldwin (D)	
Adams	749	(43.4%)	977	(56.6%)
Allen	469	(53.4%)	409	(46.6%)
Ashtabula	1,985	(69.8%)	860	(30.2%)
Athens	966	(56.8%)	736	(43.2%)
Belmont	2,443	(50.7%)	2,380	(49.3%)
Brown	1,192	(42.8%)	1,590	(57.2%)
Butler	1,363	(33.9%)	2,658	(66.1%)
Carroll	986	(50.4%)	972	(49.6%)
Champaign	1,409	(69.4%)	620	(30.6%)
Clark	1,608	(76.4%)	496	(23.6%)
Clermont	1,396	(43.0%)	1,851	(57.0%)
Clinton	1,300	(63.6%)	743	(36.4%)
Columbiana	2,257	(46.5%)	2,595	(53.5%)
Coshocton	840	(41.3%)	1,193	(58.7%)
Crawford	544	(48.1%)	587	(51.9%)
Cuyahoga	2,260	(57.2%)	1,694	(42.8%)
Darke	572	(50.4%)	563	(49.6%)
Delaware	1,357	(54.0%)	1,158	(46.0%)
Fairfield	1,683	(38.9%)	2,639	(61.1%)
Fayette	815	(51.3%)	775	(48.7%)
Franklin	2,044	(61.4%)	1,284	(38.6%)
Gallia	894	(69.6%)	391	(30.4%)
Geauga	2,633	(70.7%)	1,092	(29.3%)
Greene	1,580	(68.5%)	726	(31.5%)
Guernsey	1,900	(52.9%)	1,690	(47.1%)
Hamilton	4,276	(46.9%)	4,834	(53.1%)
Hancock	316	(42.1%)	435	(57.9%)
Hardin	222	(64.3%)	123	(35.7%)
Harrison	1,382	(46.2%)	1,611	(53.8%)
Henry	79	(54.9%)	65	(45.1%)
Highland	1,357	(54.8%)	1,158	(45.2%)
Hocking	243	(31.9%)	518	(68.1%)
Holmes	387	(30.2%)	896	(69.8%)
Huron	2,511	(56.3%)	1,947	(43.7%)
Jackson	495	(49.5%)	506	(50.5%)
Jefferson	1,184	(41.0%)	1,707	(59.0%)
Knox	1,398	(43.3%)	1,829	(56.7%)
Lawrence	486	(63.7%)	276	(36.3%)
Licking	2,136	(46.2%)	2,588	(53.8%)
Logan	1,298	(71.1%)	481	(28.9%)
Lorain	1,298	(48.9%)	1,356	(51.1%)
Madison	828	(65.4%)	438	(34.6%)
Marion	846	(55.3%)	674	(44.7%)
Medina	1,564	(59.8%)	1,050	(40.2%)
Meigs	520	(60.4%)	341	(39.6%)
Mercer	201	(43.1%)	265	(56.9%)
Miami	1,455	(63.2%)	847	(36.8%)
Monroe	406	(27.2%)	1,088	(72.8%)
Montgomery	2,402	(52.9%)	2,140	(47.1%)
Morgan	816	(42.1%)	1,124	(57.9%)
Muskingum	2,891	(58.2%)	2,076	(41.8%)
Perry	1,045	(39.9%)	1,572	(60.1%)
Pickaway	1,354	(48.4%)	1,441	(51.6%)
Pike	400	(42.8%)	534	(57.2%)
Portage	3,056	(54.8%)	2,525	(45.2%)
Preble	1,654	(70.9%)	678	(29.1%)
Putnam	171	(48.2%)	184	(51.8%)
Richland	1,474	(38.1%)	2,390	(61.9%)
Ross	2,317	(54.9%)	1,904	(45.1%)
Sandusky	438	(43.7%)	564	(56.3%)
Scioto	977	(64.0%)	550	(36.0%)
Seneca	766	(45.5%)	918	(54.5%)
Shelby	592	(60.1%)	392	(39.9%)
Stark	1,706	(45.9%)	2,011	(54.1%)
Trumbull	2,872	(49.8%)	2,898	(50.2%)
Tuscarawas	1,242	(52.9%)	1,104	(47.1%)
Union	622	(66.7%)	311	(33.3%)
Warren	1,928	(63.6%)	1,102	(36.4%)
Washington	848	(48.5%)	900	(51.5%)
Wayne	1,502	(37.5%)	2,507	(62.5%)
Williams	159	(41.3%)	226	(58.7%)
Wood	493	(68.7%)	225	(31.3%)
Total	**91,742**	**(51.7%)**	**85,851**	**(48.3%)**

No returns for Lucas, Paulding and Van Wert counties.

SOURCE—Journal, Ohio House of Representatives, 1836.

1838

County	Wilson Shannon (D)		Joseph Vance (W)	
Adams	1,002	(59.3%)	689	(40.7%)
Allen	602	(52.6%)	543	(47.4%)
Ashtabula	738	(26.5%)	2,048	(73.5%)
Athens	732	(40.3%)	1,086	(59.7%)
Belmont	2,670	(54.6%)	2,220	(45.4%)
Brown	1,547	(56.5%)	1,190	(43.5%)
Butler	2,948	(66.9%)	1,459	(33.1%)
Carroll	1,495	(50.7%)	1,455	(49.3%)
Champaign	1,040	(42.4%)	1,412	(57.6%)
Clarke	762	(32.3%)	1,597	(67.7%)
Clermont	2,006	(55.6%)	1,603	(44.4%)
Clinton	939	(48.1%)	1,013	(51.9%)
Columbiana	3,519	(55.7%)	2,799	(44.3%)
Coshocton	1,840	(59.9%)	1,232	(40.1%)
Crawford	948	(60.2%)	626	(39.8%)
Cuyahoga	1,751	(41.7%)	2,450	(58.3%)
Darke	803	(51.6%)	754	(48.4%)
Delaware	1,668	(48.5%)	1,770	(51.5%)
Fairfield	2,717	(62.5%)	1,633	(37.5%)
Fayette	744	(49.4%)	761	(50.6%)
Franklin	1,672	(45.4%)	2,009	(54.6%)
Gallia	388	(28.2%)	989	(71.8%)
Geauga	1,554	(40.0%)	2,330	(60.0%)
Greene	1,031	(40.0%)	1,545	(60.0%)
Guernsey	2,090	(51.9%)	1,938	(48.1%)
Hamilton	4,717	(51.9%)	4,366	(48.1%)
Hancock	829	(62.1%)	505	(37.9%)
Hardin	251	(52.7%)	225	(47.3%)
Harrison	1,788	(51.9%)	1,657	(48.1%)
Henry	98	(45.2%)	119	(54.8%)
Highland	1,649	(53.8%)	1,415	(46.2%)
Hocking	784	(72.5%)	298	(27.5%)
Holmes	1,438	(65.1%)	772	(34.9%)
Huron & Erie	2,366	(48.0%)	2,566	(52.0%)
Jackson	649	(56.9%)	492	(43.1%)
Jeffferson	2,372	(56.0%)	1,865	(44.0%)
Knox	2,645	(57.9%)	1,922	(42.1%)
Lawrence	316	(29.3%)	762	(70.7%)
Licking	3,162	(58.8%)	2,218	(41.2%)
Logan	750	(39.5%)	1,150	(60.5%)
Lorain	1,502	(48.0%)	1,628	(52.0%)
Lucas	463	(37.8%)	763	(62.2%)
Madison	507	(42.2%)	695	(57.8%)
Marion	934	(49.9%)	936	(50.1%)

Ohio

County				
Medina	1,295	(44.0%)	1,648	(56.0%)
Meigs	337	(33.5%)	669	(66.5%)
Mercer	443	(61.6%)	276	(38.4%)
Miami	1,101	(40.7%)	1,644	(59.3%)
Monroe	1,420	(77.3%)	418	(22.7%)
Montgomery	2,787	(52.2%)	2,548	(47.8%)
Morgan	1,550	(61.7%)	962	(38.3%)
Muskingum	2,532	(44.4%)	3,174	(55.6%)
Perry	1,718	(64.9%)	928	(35.1%)
Pickaway	1,712	(51.8%)	1,592	(48.2%)
Pike	591	(56.6%)	454	(43.4%)
Portage	3,051	(48.4%)	3,252	(51.6%)
Preble	1,198	(40.5%)	1,761	(59.5%)
Putnam	361	(61.4%)	227	(38.6%)
Richland	3,363	(64.5%)	1,852	(35.5%)
Ross	2,026	(46.4%)	2,344	(53.6%)
Sandusky	834	(53.5%)	724	(46.5%)
Scioto	603	(40.7%)	880	(59.3%)
Seneca	1,172	(55.0%)	959	(45.0%)
Shelby	813	(53.0%)	721	(47.0%)
Stark	3,147	(58.7%)	2,217	(41.3%)
Trumbull	3,269	(49.3%)	3,356	(50.7%)
Tuscarawas	1,631	(49.8%)	1,644	(50.2%)
Union	468	(43.3%)	614	(56.8%)
Van Wert	58	(50.4%)	57	(49.6%)
Warren	1,019	(37.2%)	1,718	(62.8%)
Washington	1,264	(47.7%)	1,384	(52.3%)
Wayne	3,057	(62.4%)	1,841	(37.6%)
Williams	300	(56.3%)	233	(43.7%)
Wood	338	(38.4%)	543	(61.6%)
Total	**107,884**	**(51.4%)**	**102,145**	**(48.6%)**

No returns for Paulding County.

SOURCE—Journal, Ohio House of Representatives, 1838.

1840

County	Thomas Corwin (W)		Wilson Shannon (D)	
Adams	1,166	(45.7%)	1,384	(54.3%)
Allen	742	(46.9%)	841	(53.1%)
Ashtabula	3,624	(78.5%)	994	(21.5%)
Athens	1,963	(59.1%)	1,356	(40.9%)
Belmont	3,195	(53.2%)	2,806	(46.8%)
Brown	1,840	(47.8%)	2,010	(52.2%)
Butler	2,083	(39.1%)	3,245	(60.9%)
Carroll	1,676	(50.9%)	1,617	(49.1%)
Champaign	1,998	(60.9%)	1,282	(39.1%)
Clarke	2,310	(70.5%)	966	(29.5%)
Clermont	1,922	(45.7%)	2,283	(54.3%)
Clinton	1,846	(63.1%)	1,080	(36.9%)
Columbiana	3,717	(51.4%)	3,518	(48.6%)
Coshocton	1,736	(46.3%)	2,017	(53.7%)
Crawford	994	(45.0%)	1,214	(55.0%)
Cuyahoga	2,986	(60.9%)	1,921	(39.1%)
Darke	1,284	(53.3%)	1,123	(46.7%)
Delaware	2,386	(57.5%)	1,761	(42.5%)
Erie	1,302	(54.0%)	1,109	(46.0%)
Fairfield	2,421	(50.1%)	3,411	(49.9%)
Fayette	1,141	(58.1%)	822	(41.9%)
Franklin	2,773	(59.4%)	1,898	(40.6%)
Gallia	1,437	(66.0%)	739	(34.0%)
Geauga	2,288	(70.8%)	944	(29.2%)
Greene	2,234	(64.4%)	1,234	(35.6%)
Guernsey	2,617	(52.9%)	2,326	(47.1%)
Hamilton	6,081	(50.1%)	6,060	(49.9%)
Hancock	642	(38.5%)	1,024	(61.5%)
Hardin	422	(52.5%)	382	(47.5%)
Harrison	2,009	(52.5%)	1,818	(47.5%)
Henry	166	(50.9%)	160	(49.1%)
Highland	2,116	(52.6%)	1,909	(47.4%)
Hocking	612	(40.9%)	883	(59.1%)
Holmes	1,058	(36.7%)	1,823	(63.3%)
Huron	2,205	(57.1%)	1,650	(42.9%)
Jackson	762	(47.6%)	838	(52.4%)
Jefferson	2,359	(50.4%)	2,326	(49.6%)
Knox	2,470	(45.7%)	2,936	(54.3%)
Lake	1,857	(71.3%)	749	(28.7%)
Lawrence	1,026	(66.6%)	514	(33.4%)
Licking	3,353	(48.4%)	3,580	(51.6%)
Logan	1,538	(63.5%)	883	(36.5%)
Lorain	1,937	(57.6%)	1,428	(42.4%)
Lucas	944	(63.7%)	538	(36.3%)
Madison	1,176	(65.9%)	608	(34.1%)
Marion	1,321	(52.2%)	1,210	(47.8%)
Medina	1,869	(54.6%)	1,554	(45.4%)
Meigs	1,252	(64.0%)	704	(36.0%)
Mercer	512	(28.3%)	1,300	(71.7%)
Miami	2,389	(61.8%)	1,478	(38.2%)
Monroe	1,017	(27.4%)	2,002	(72.6%)
Montgomery	3,357	(51.2%)	3,200	(48.8%)
Morgan	1,731	(48.4%)	1,845	(51.6%)
Muskingum	4,226	(59.1%)	2,929	(40.9%)
Ottawa	224	(56.9%)	171	(43.1%)
Paulding	53	(42.1%)	126	(57.9%)
Perry	1,428	(40.3%)	2,113	(59.7%)
Pickaway	2,249	(54.3%)	1,893	(45.7%)
Pike	640	(47.9%)	696	(52.1%)
Portage	2,544	(54.5%)	2,120	(45.5%)
Preble	2,272	(62.0%)	1,394	(38.0%)
Putnam	367	(39.8%)	556	(60.2%)
Richland	3,175	(66.1%)	4,628	(33.9%)
Ross	3,021	(62.9%)	2,152	(37.1%)
Sandusky	841	(47.5%)	930	(52.5%)
Scioto	1,221	(60.7%)	790	(39.3%)
Seneca	1,446	(47.4%)	1,607	(52.6%)
Shelby	963	(47.3%)	1,074	(52.7%)
Stark	2,650	(45.6%)	3,177	(54.4%)
Summit	2,541	(59.5%)	1,728	(40.5%)
Trumbull	4,031	(54.1%)	3,420	(45.9%)
Tuscarawas	2,284	(54.3%)	1,920	(45.7%)
Union	920	(60.8%)	594	(39.2%)
Van Wert	107	(35.9%)	191	(64.9%)
Warren	2,752	(62.8%)	1,631	(37.2%)
Washington	2,070	(56.4%)	1,603	(43.6%)
Wayne	2,677	(43.6%)	3,466	(56.4%)
Williams	356	(48.2%)	382	(51.8%)
Wood	543	(54.1%)	460	(45.9%)
Total	**145,643**	**(53.0%)**	**129,054**	**(47.0%)**

SOURCE—Journal, Ohio House of Representatives, 1840.

1842

County	Wilson Shannon (D)		Thomas Corwin (W)		Leicester King (Lty)	
Adams	1,270	(52.9%)	1,091	(45.4%)	40	(1.7%)
Ashtabula	976	(24.7%)	2,517	(63.8%)	453	(11.5%)

Ohio

County	Wilson Shannon (D)		Thomas Corwin (W)		Leicester King (Lty)	
Athens	1,278	(44.2%)	1,519	(52.5%)	94	(3.3%)
Belmont	2,865	(49.3%)	2,770	(47.7%)	171	(2.9%)
Brown	1,994	(52.6%)	1,690	(44.6%)	108	(2.8%)
Carroll	1,480	(48.7%)	1,504	(49.5%)	54	(1.8%)
Champaign	1,251	(42.1%)	1,688	(56.8%)	35	(1.2%)
Clarke	987	(31.7%)	2,081	(66.8%)	47	(1.5%)
Clermont	2,511	(55.4%)	1,969	(43.4%)	55	(1.2%)
Clinton	1,037	(36.5%)	1,735	(61.1%)	67	(2.4%)
Columbiana	3,468	(53.5%)	2,809	(43.3%)	211	(3.3%)
Coshocton	1,943	(59.7%)	1,302	(40.0%)	11	(3.4%)
Crawford	1,308	(62.4%)	778	(37.1%)	10	(0.5%)
Cuyahoga	1,997	(42.6%)	2,504	(53.4%)	185	(3.9%)
Darke	1,179	(49.5%)	1,199	(50.4%)	2	(0.1%)
Delaware	1,876	(45.4%)	2,141	(51.9%)	112	(2.7%)
Erie	1,223	(52.1%)	1,090	(46.5%)	33	(1.4%)
Fairfield	3,212	(61.1%)	2,037	(38.7%)	11	(0.2%)
Fayette	808	(40.9%)	1,128	(57.1%)	41	(2.1%)
Franklin	2,134	(45.8%)	2,438	(52.3%)	88	(1.9%)
Gallia	705	(36.6%)	1,205	(62.6%)	14	(0.7%)
Geauga	888	(31.7%)	1,733	(61.9%)	180	(6.4%)
Greene	1,244	(37.1%)	2,105	(62.9%)	0	
Guernsey	2,387	(49.1%)	2,388	(49.1%)	85	(1.7%)
Hamilton	7,122	(54.2%)	5,879	(44.7%)	147	(1.1%)
Hancock	986	(61.4%)	616	(38.4%)	4	(0.2%)
Hardin	397	(50.4%)	388	(49.2%)	3	(0.4%)
Harrison	1,835	(48.6%)	1,801	(47.7%)	142	(3.8%)
Henry	191	(52.8%)	171	(47.2%)	0	
Hocking	1,026	(69.7%)	455	(30.3%)	0	
Holmes	1,871	(71.0%)	760	(28.8%)	6	(0.2%)
Huron	1,796	(46.6%)	1,975	(51.3%)	80	(2.1%)
Jackson	834	(53.8%)	691	(44.6%)	24	(1.5%)
Jefferson	2,234	(49.8%)	2,162	(48.2%)	94	(2.1%)
Knox	2,936	(55.9%)	2,194	(41.8%)	125	(2.4%)
Lake	743	(34.2%)	1,321	(60.9%)	106	(4.9%)
Lawrence	552	(42.3%)	750	(57.5%)	2	(0.2%)
Licking	3,485	(54.2%)	2,755	(42.8%)	193	(3.0%)
Logan	846	(38.8%)	1,264	(57.9%)	73	(3.3%)
Lorain	1,689	(46.5%)	1,591	(43.8%)	350	(9.6%)
Lucas	609	(43.0%)	805	(56.8%)	3	(0.2%)
Madison	615	(36.0%)	1,087	(63.7%)	5	(0.3%)
Marion	1,208	(48.3%)	1,257	(50.3%)	36	(1.4%)
Medina	1,641	(49.4%)	1,524	(45.9%)	157	(4.7%)
Meigs	707	(41.0%)	985	(57.1%)	32	(1.9%)
Mercer	782	(67.5%)	369	(31.8%)	8	(0.7%)
Miami	1,524	(39.6%)	2,254	(58.6%)	70	(1.8%)
Monroe	1,812	(69.3%)	761	(29.1%)	40	(1.5%)
Morgan	1,891	(53.7%)	1,567	(44.5%)	62	(1.8%)
Muskingum	2,816	(44.3%)	3,499	(55.1%)	41	(0.6%)
Ottawa	202	(54.7%)	167	(45.3%)	0	
Perry	1,946	(62.5%)	1,170	(37.5%)	0	
Pickaway	1,982	(49.4%)	2,018	(50.3%)	15	(0.4%)
Pike	727	(52.5%)	651	(47.0%)	6	(0.4%)
Portage	2,181	(47.3%)	2,301	(49.9%)	133	(2.9%)
Preble	1,341	(38.6%)	2,083	(59.9%)	51	(1.5%)
Putnam	546	(59.5%)	369	(40.2%)	3	(0.3%)
Richland	4,477	(65.1%)	2,299	(33.5%)	96	(1.4%)
Ross	2,252	(44.4%)	2,734	(53.9%)	85	(1.7%)
Sandusky	957	(56.2%)	738	(43.4%)	7	(0.4%)
Scioto	780	(42.0%)	1,073	(57.8%)	2	(0.1%)
Seneca	1,829	(58.4%)	1,268	(40.5%)	35	(1.1%)
Shelby	997	(51.3%)	944	(48.6%)	3	(0.2%)
Stark	2,748	(57.6%)	1,996	(41.9%)	23	(0.5%)
Summit	1,666	(41.5%)	2,211	(55.1%)	137	(3.4%)
Trumbull	3,025	(44.2%)	3,364	(49.1%)	456	(6.7%)
Tuscarawas	2,068	(49.7%)	2,076	(49.9%)	15	(0.4%)
Union	582	(41.4%)	784	(55.8%)	39	(2.8%)
Van Wert	185	(63.6%)	106	(36.4%)	0	
Warren	1,643	(39.4%)	2,525	(60.5%)	7	(0.1%)

County	Wilson Shannon (D)		Thomas Corwin (W)		Leicester King (Lty)	
Washington	1,487	(43.4%)	1,863	(54.6%)	61	(1.8%)
Wayne	3,096	(59.5%)	2,054	(39.5%)	49	(0.9%)
Williams	504	(56.5%)	388	(43.5%)	0	
Wood	384	(48.4%)	418	(52.7%)	1	(0.1%)
Total	**119,774**	**(49.3%)**	**117,843**	**(48.5%)**	**5,134**	**(2.1%)**
Allen*	895	(59.2%)	609	(40.3%)	7	(0.5%)
Butler*	3,262	(62.2%)	1,940	(37.0%)	39	(0.7%)
Highland*	1,980	(48.8%)	1,992	(49.1%)	87	(2.1%)
Montgomery*	2,955	(49.0%)	3,017	(50.1%)	45	(0.7%)
Paulding*	145	(71.4%)	58	(28.6%)	0	

*The votes of these counties were not found in the official returns but in the 1875 edition of *Ohio Statistics*.

SOURCES—Journal of the Ohio House of Representatives, 1843; *Ohio Statistics, 1875*.

1844

County	Mordecai Bartley (W)		David Tod (D)		Leicester King (Lty)	
Adams	1,213	(41.7%)	1,605	(55.2%)	88	(3.0%)
Allen	691	(39.2%)	1,061	(60.2%)	9	(0.5%)
Ashtabula	3,210	(65.8%)	1,086	(22.3%)	581	(11.9%)
Athens	1,742	(53.3%)	1,267	(38.8%)	260	(8.0%)
Belmont	3,081	(49.9%)	2,867	(46.5%)	222	(3.6%)
Brown	1,706	(40.7%)	2,315	(55.2%)	172	(4.1%)
Butler	2,138	(37.6%)	3,486	(61.3%)	59	(1.0%)
Carroll	1,651	(48.8%)	1,590	(47.0%)	140	(4.1%)
Champaign	1,975	(58.2%)	1,386	(40.8%)	35	(1.0%)
Clarke	2,321	(66.1%)	1,129	(32.1%)	62	(1.8%)
Clermont	2,123	(43.5%)	2,646	(54.2%)	114	(2.3%)
Clinton	1,588	(53.5%)	1,165	(39.2%)	218	(7.3%)
Columbiana	3,187	(44.5%)	3,729	(52.1%)	246	(3.4%)
Coshocton	1,749	(44.2%)	2,156	(54.5%)	52	(1.3%)
Crawford	1,123	(40.1%)	1,671	(59.7%)	4	(0.1%)
Cuyahoga	3,172	(54.6%)	2,277	(39.2%)	364	(6.3%)
Delaware	2,456	(52.9%)	2,031	(20.3%)	159	(2.2%)
Erie	1,388	(50.0%)	1,318	(47.4%)	72	(2.6%)
Fairfield	2,402	(40.1%)	3,584	(59.8%)	9	(0.1%)
Fayette	1,183	(58.2%)	852	(41.9%)	77	(3.8%)
Franklin	2,851	(52.9%)	2,461	(45.7%)	78	(1.4%)
Gallia	1,376	(60.6%)	848	(37.4%)	45	(2.0%)
Geauga	2,077	(61.1%)	1,042	(30.6%)	282	(8.3%)
Greene	2,279	(61.1%)	1,328	(35.6%)	123	(3.3%)
Guernsey	2,700	(48.0%)	2,651	(47.1%)	277	(4.9%)
Hamilton	6,951	(43.0%)	8,836	(54.7%)	372	(2.3%)
Hancock	870	(41.7%)	1,214	(58.2%)	3	(0.1%)
Hardin	465	(49.5%)	469	(49.9%)	6	(0.6%)
Harrison	2,001	(49.9%)	1,796	(44.8%)	216	(5.4%)
Henry	209	(46.7%)	239	(53.3%)	0	
Highland	2,105	(48.4%)	2,119	(48.7%)	127	(2.9%)
Hocking	636	(34.9%)	1,181	(64.9%)	5	(0.3%)
Holmes	1,043	(31.9%)	2,219	(67.9%)	4	(0.1%)
Huron	2,445	(51.2%)	2,149	(45.0%)	181	(3.8%)
Jackson	876	(45.7%)	1,028	(53.6%)	13	(0.7%)
Jefferson	2,388	(48.4%)	2,413	(49.1%)	115	(2.3%)
Knox	2,696	(43.9%)	3,289	(53.6%)	150	(2.4%)
Lake	1,727	(63.4%)	884	(32.4%)	114	(4.2%)
Lawrence	944	(61.0%)	601	(38.8%)	2	(0.1%)
Licking	3,443	(45.3%)	3,856	(50.8%)	299	(3.9%)
Logan	1,565	(59.6%)	977	(37.2%)	83	(3.2%)
Lorain	1,929	(45.4%)	1,860	(43.8%)	462	(10.9%)
Lucas	1,069	(57.2%)	789	(42.2%)	12	(0.6%)
Madison	1,202	(64.9%)	634	(34.2%)	17	(0.9%)
Marion	1,433	(48.8%)	1,415	(48.2%)	86	(2.9%)
Medina	2,022	(48.3%)	1,941	(46.4%)	220	(5.3%)
Meigs	1,256	(61.9%)	737	(36.3%)	37	(1.8%)
Mercer	369	(34.1%)	709	(65.5%)	4	(0.4%)

County	Mordecai Bartley (W)		David Tod (D)		Leicester King (Lty)	
Miami	2,454	(58.8%)	1,603	(38.4%)	116	(2.8%)
Monroe	1,028	(30.1%)	2,258	(66.2%)	133	(3.9%)
Montgomery	3,273	(49.7%)	3,212	(48.7%)	104	(1.6%)
Morgan	1,987	(48.3%)	2,031	(49.4%)	96	(2.3%)
Muskingum	4,263	(56.9%)	3,147	(42.0%)	83	(1.1%)
Ottawa	189	(44.9%)	225	(53.4%)	7	(1.7%)
Paulding	56	(24.5%)	173	(75.5%)	0	
Perry	1,448	(39.8%)	2,187	(60.1%)	1	(0.3%)
Pickaway	2,137	(50.7%)	2,060	(48.8%)	20	(0.5%)
Pike	757	(46.4%)	859	(52.6%)	17	(1.0%)
Portage	2,467	(49.0%)	2,360	(46.9%)	234	(4.7%)
Preble	2,233	(58.0%)	1,544	(40.1%)	75	(1.9%)
Putnam	422	(40.5%)	620	(59.5%)	0	
Richland	3,303	(37.4%)	5,433	(61.5%)	100	(1.1%)
Ross	3,128	(54.4%)	2,435	(42.3%)	102	(1.8%)
Sandusky	951	(44.3%)	1,198	(55.7%)	0	
Scioto	1,451	(57.1%)	1,087	(42.8%)	3	(0.1%)
Seneca	1,582	(41.3%)	2,213	(57.8%)	37	(1.0%)
Shelby	1,023	(49.0%)	1,035	(49.6%)	28	(1.3%)
Stark	2,830	(44.7%)	3,412	(53.9%)	87	(1.4%)
Summitt	2,622	(54.7%)	1,999	(41.7%)	174	(3.6%)
Trumbull	3,696	(45.9%)	3,611	(44.8%)	745	(9.3%)
Tuscarawas	2,572	(52.6%)	2,301	(47.0%)	21	(0.4%)
Union	966	(50.7%)	704	(41.3%)	35	(2.1%)
Van Wert	110	(32.2%)	232	(67.8%)	0	
Warren	2,722	(59.0%)	1,800	(39.0%)	94	(2.0%)
Washington	2,003	(51.7%)	1,653	(42.6%)	221	(5.7%)
Wayne	2,609	(41.4%)	3,616	(57.4%)	76	(1.2%)
Williams	488	(43.8%)	623	(55.9%)	3	(0.3%)
Wood	539	(50.5%)	526	(49.3%)	3	(0.3%)
Total	**146,335**	**(48.7%)**	**145,063**	**(48.3%)**	**8,891**	**(3.0%)**
*Darke	1,405	(49.4%)	1,399	(49.3%)	38	(1.4%)

*Not included in the official returns.

SOURCES—Journal of the Ohio House of Representatives, 1844; *Niles Register*, December 7, 1844.

1846

County	William Bebb (W)		David Tod (D)		Samuel Lewis (Lty)	
Adams	949	(40.3%)	1,298	(55.2%)	105	(4.5%)
Allen	667	(39.8%)	1,001	(59.7%)	9	(0.5%)
Ashtabula	2,387	(69.8%)	616	(18.0%)	418	(12.2%)
Athens	1,187	(49.4%)	1,007	(41.9%)	209	(8.7%)
Belmont	2,475	(54.7%)	1,857	(41.0%)	194	(4.3%)
Brown	1,343	(36.6%)	2,117	(57.7%)	208	(5.7%)
Butler	2,048	(37.8%)	3,303	(60.9%)	72	(1.3%)
Carroll	1,396	(49.9%)	1,301	(46.5%)	98	(3.5%)
Champaign	1,517	(50.7%)	1,299	(43.4%)	177	(5.9%)
Clarke	2,133	(63.8%)	1,110	(33.2%)	98	(2.9%)
Clermont	1,835	(44.1%)	2,195	(52.8%)	127	(3.1%)
Clinton	1,295	(49.5%)	928	(35.5%)	392	(15.0%)
Columbiana	1,836	(39.9%)	2,649	(57.5%)	121	(2.6%)
Coshocton	1,346	(49.3%)	1,325	(48.5%)	60	(2.2%)
Crawford	644	(34.9%)	1,181	(63.9%)	22	(1.1%)
Cuyahoga	1,994	(49.9%)	1,332	(33.3%)	673	(16.8%)
Darke	1,452	(50.6%)	1,369	(47.7%)	48	(1.7%)
Delaware	2,011	(53.2%)	1,576	(41.7%)	195	(5.2%)
Defiance	231	(41.0%)	326	(57.9%)	6	(1.1%)
Erie	1,154	(50.3%)	1,035	(45.1%)	105	(4.6%)
Fairfield	2,116	(41.9%)	2,931	(58.0%)	9	(0.2%)
Fayette	891	(57.6%)	579	(37.4%)	78	(5.0%)
Franklin	2,492	(49.9%)	2,387	(47.8%)	112	(2.2%)
Gallia	1,138	(61.3%)	646	(34.8%)	71	(3.8%)
Geauga	1,241	(64.4%)	492	(25.5%)	195	(10.1%)
Greene	2,157	(65.0%)	988	(29.8%)	174	(5.2%)

Ohio

County	William Bebb (W)		David Tod (D)		Samuel Lewis (Lty)	
Guernsey	2,414	(46.3%)	2,421	(46.4%)	378	(7.3%)
Hamilton	5,289	(40.6%)	7,184	(55.1%)	562	(4.3%)
Hancock	751	(39.4%)	1,149	(60.3%)	6	(0.3%)
Hardin	416	(48.4%)	426	(49.6%)	17	(2.0%)
Harrison	1,671	(51.8%)	1,410	(43.7%)	144	(4.5%)
Henry	158	(43.8%)	202	(56.0%)	1	(0.3%)
Highland	1,970	(48.5%)	1,893	(46.6%)	200	(4.9%)
Hocking	623	(35.4%)	1,130	(64.2%)	7	(0.4%)
Holmes	860	(31.1%)	1,892	(68.4%)	15	(0.5%)
Huron	1,960	(51.0%)	1,517	(39.5%)	367	(9.5%)
Jackson	707	(42.3%)	950	(56.8%)	16	(1.0%)
Jefferson	1,970	(50.0%)	1,850	(47.0%)	117	(3.0%)
Knox	2,103	(42.6%)	2,647	(53.6%)	190	(3.8%)
Lake	1,114	(67.7%)	395	(24.0%)	136	(8.3%)
Lawrence	613	(56.9%)	464	(43.0%)	1	(0.1%)
Licking	3,021	(46.7%)	3,175	(49.0%)	278	(4.3%)
Logan	1,400	(58.6%)	870	(36.4%)	118	(4.9%)
Lorain	1,448	(43.8%)	1,296	(39.2%)	564	(17.0%)
Lucas	1,028	(57.6%)	749	(41.9%)	9	(0.5%)
Madison	1,015	(65.1%)	510	(32.7%)	33	(2.1%)
Marion	991	(44.8%)	1,120	(50.7%)	99	(4.5%)
Medina	1,540	(48.9%)	1,246	(39.6%)	361	(11.5%)
Meigs	919	(52.2%)	694	(39.4%)	148	(8.4%)
Miami	1,993	(57.7%)	1,323	(38.3%)	137	(4.0%)
Monroe	817	(30.6%)	1,737	(65.0%)	118	(4.4%)
Montgomery	3,167	(49.7%)	3,066	(48.1%)	137	(2.2%)
Morgan	1,913	(49.5%)	1,824	(47.2%)	124	(3.2%)
Muskingum	3,150	(55.7%)	2,390	(42.3%)	111	(2.0%)
Ottawa	156	(42.2%)	209	(56.5%)	5	(1.4%)
Paulding	31	(16.4%)	158	(83.6%)	0	
Perry	1,348	(42.0%)	1,858	(58.0%)	0	
Pickaway	1,885	(52.4%)	1,702	(47.3%)	9	(0.3%)
Pike	638	(46.9%)	706	(51.9%)	15	(1.1%)
Portage	1,858	(48.1%)	1,841	(47.7%)	163	(4.2%)
Preble	2,073	(60.5%)	1,210	(35.3%)	143	(4.2%)
Putnam	397	(37.6%)	653	(61.9%)	5	(0.5%)
Richland	2,224	(35.3%)	3,864	(61.4%)	208	(3.3%)
Ross	2,461	(54.1%)	1,927	(42.4%)	159	(3.5%)
Sandusky	754	(43.2%)	961	(55.1%)	30	(1.7%)
Scioto	989	(56.5%)	758	(43.3%)	2	(0.1%)
Seneca	1,263	(37.3%)	1,962	(58.0%)	157	(4.6%)
Shelby	831	(46.5%)	917	(51.3%)	39	(2.2%)
Stark	2,062	(48.7%)	2,131	(50.3%)	45	(1.1%)
Summit	1,860	(54.8%)	1,152	(34.0%)	381	(11.2%)
Trumbull	2,953	(46.4%)	2,939	(46.2%)	471	(7.4%)
Tuscarawas	2,033	(55.1%)	1,616	(43.8%)	41	(1.1%)
Union	804	(55.6%)	574	(39.7%)	64	(4.4%)
Van Wert	140	(34.6%)	265	(65.4%)	0	
Warren	2,617	(60.1%)	1,608	(36.9%)	132	(3.0%)
Washington	1,623	(51.1%)	1,297	(40.9%)	254	(8.0%)
Wayne	2,221	(46.4%)	2,469	(51.6%)	98	(2.0%)
Williams	240	(33.7%)	461	(64.7%)	12	(1.7%)
Wood	440	(48.3%)	468	(51.4%)	3	(0.3%)
Total	**118,857**	**(48.4%)**	**116,084**	**(47.2%)**	**10,804**	**(4.4%)**
Mercer*	358	(35.8%)	641	(64.2%)	0	

*Not included in the official returns. Included in the 1875 edition of *Ohio Statistics*.

SOURCES—*Journal of the Ohio House of Representatives*, 1846; *Ohio Statistics*, 1875.

1848

County	Seabury Ford (W)		John B. Weller (D)	
Adams	1,295	(45.5%)	1,553	(54.5%)
Allen	685	(41.8%)	954	(58.2%)
Ashland	1,316	(36.0%)	2,342	(64.0%)
Ashtabula	3,405	(78.0%)	963	(22.0%)
Athens	1,639	(56.1%)	1,280	(43.9%)
Auglaize	379	(28.4%)	955	(71.6%)
Belmont	3,169	(53.1%)	2,798	(46.9%)
Brown	1,871	(44.5%)	2,330	(55.5%)

Ohio

County				
Butler	2,150	(37.6%)	3,574	(62.4%)
Carroll	1,596	(53.5%)	1,385	(46.5%)
Champaign	1,940	(57.3%)	1,446	(42.7%)
Clark	2,407	(64.2%)	1,340	(35.8%)
Clermont	2,142	(44.8%)	2,640	(55.2%)
Clinton	1,949	(63.8%)	1,108	(36.2%)
Columbiana	2,288	(45.5%)	2,739	(54.5%)
Coshocton	1,574	(42.9%)	2,095	(57.1%)
Crawford	751	(32.5%)	1,558	(67.5%)
Cuyahoga	3,329	(60.3%)	2,290	(39.7%)
Darke	1,608	(50.4%)	1,580	(49.6%)
Defiance	308	(39.7%)	468	(60.3%)
Delaware	2,205	(52.4%)	2,006	(47.6%)
Erie	1,392	(55.6%)	1,112	(44.4%)
Fairfield	2,266	(38.8%)	3,573	(61.2%)
Fayette	1,147	(55.9%)	904	(44.1%)
Franklin	2,885	(49.6%)	2,934	(50.4%)
Gallia	1,451	(59.8%)	978	(40.2%)
Geauga	2,005	(69.1%)	897	(30.9%)
Greene	2,192	(63.4%)	1,264	(36.6%)
Guernsey	2,525	(49.7%)	2,569	(50.3%)
Hamilton	8,307	(45.6%)	9,930	(54.4%)
Hancock	868	(39.7%)	1,320	(60.3%)
Hardin	557	(50.6%)	544	(49.4%)
Harrison	2,005	(54.4%)	1,678	(45.6%)
Henry	222	(43.4%)	289	(56.6%)
Highland	2,212	(55.9%)	2,121	(44.1%)
Hocking	707	(36.5%)	1,228	(63.5%)
Holmes	989	(33.1%)	2,002	(66.9%)
Huron	2,135	(55.9%)	1,682	(44.1%)
Jackson	824	(43.7%)	1,061	(56.3%)
Jefferson	2,374	(50.2%)	2,358	(49.8%)
Knox	2,288	(41.5%)	3,224	(58.5%)
Lake	1,606	(69.2%)	715	(30.8%)
Lawrence	948	(58.4%)	676	(41.6%)
Licking	3,269	(50.2%)	3,438	(49.8%)
Logan	1,660	(60.9%)	1,064	(39.1%)
Lorain	2,155	(58.1%)	1,551	(41.9%)
Lucas	1,239	(52.4%)	1,126	(47.6%)
Madison	1,259	(65.2%)	671	(34.8%)
Mahoning	1,269	(38.0%)	2,069	(62.0%)
Marion	1,302	(47.1%)	1,460	(52.9%)
Medina	1,926	(51.0%)	1,835	(49.0%)
Meigs	1,201	(56.9%)	908	(43.1%)
Mercer	346	(39.2%)	537	(60.8%)
Miami	2,435	(59.1%)	1,686	(40.9%)
Monroe	1,119	(33.5%)	2,218	(66.5%)
Montgomery	3,679	(51.7%)	3,436	(48.3%)
Morgan	2,441	(49.5%)	2,492	(50.5%)
Muskingum	4,117	(56.5%)	3,167	(43.5%)
Ottawa	173	(39.3%)	267	(60.2%)
Paulding	59	(26.7%)	162	(73.3%)
Perry	1,287	(38.3%)	2,076	(61.7%)
Pickaway	1,994	(49.0%)	2,076	(51.0%)
Pike	770	(48.1%)	831	(51.9%)
Portage	2,249	(50.2%)	2,234	(49.8%)
Preble	2,204	(63.7%)	1,456	(36.3%)
Putnam	323	(34.5%)	613	(65.5%)
Richland	2,054	(37.1%)	3,484	(62.9%)
Ross	2,896	(56.8%)	2,204	(43.2%)
Sandusky	874	(44.9%)	1,074	(55.1%)
Scioto	1,509	(58.6%)	1,067	(41.4%)
Seneca	1,403	(40.4%)	2,071	(59.6%)
Shelby	1,027	(47.1%)	1,153	(52.9%)
Stark	2,431	(41.8%)	3,388	(58.2%)
Summit	2,489	(57.2%)	1,866	(42.8%)
Trumbull	3,069	(60.2%)	2,028	(39.8%)
Tuscarawas	2,496	(51.4%)	2,359	(48.6%)
Union	1,070	(57.6%)	789	(42.4%)
Van Wert	155	(32.6%)	320	(67.4%)
Warren	2,791	(60.0%)	1,864	(40.0%)
Washington	2,266	(55.4%)	1,823	(44.6%)
Wayne	2,091	(39.1%)	3,256	(60.9%)
Williams	269	(35.7%)	484	(64.3%)
Wood	562	(50.2%)	557	(49.8%)
Wyandot	833	(47.0%)	939	(53.0%)
Total*	**148,672**	**(50.02%)**	**148,562**	**(49.98%)**
	(148,756%)	(50.05%)**	(148,445%)	(49.95%)**

*The returns as found in the House Journal contain at least one error. The Cuyahoga vote for Ford is listed as 2,329, but if this figure is used plus all the other county figures in the above they would add up to less than Weller's total. Other sources give Ford 3,329 plus 84 votes listed under scattering in Crawford County but credited to him in all other sources. Using the above figures, the total adds up to the stated total of 148,756. In addition all other sources including the (Lebanon) *Western Star*, October 13, 1848, give Ford 2,801 in Warren County compared to the Journal's 2,791.

Weller's stated total of 148,445 is 117 less than the sum of the county figures. But there is also a difference between the Journal's figures and the returns as reported in the (Columbus) *State Journal*, November 25, 1848, and the (Canton) *Ohio Repository*, November 1, 1848; both newspaper returns are listed as official and report identical county returns.

The differences between the Journal returns and the two newspapers' returns regarding Weller are as follows:

County	Journal	Newspapers
Ashtabula	963	936
Lorain	1,551	1,521
Madison	671	691
Stark	3,388	3,288
Union	789	785

Efforts to reconcile the differences between the two sources by use of local newspapers were only partially successful as only in Stark County has a local paper been located for 1848. The *Repository* returns add up to 3,288, based on the township by township figures as well as the stated total in its edition of October 18, 1848, listing the official county returns.

If the newspapers' figures in the above counties are used except for Lorain, then the total for Weller would be 148,451. The *Repository* offers an explanation of why the Journal's figure is correct regarding Lorain.

The stated totals in both newspapers was Ford 148,666 and Weller 148,321, but adding up the county returns in both cases produced a total of 100 more for each candidate. See the above issue of the *Repository* for an explanation of some of the above discrepancies.

The returns used here are those found in the Journal except for Cuyahoga's total for Ford.

The returns as reported in the Journal are dated January 22, 1849, but we did not discover any newspaper story about the final returns. The Legislature delayed the matter for about two months due to disputes concerning the seating of its own members.

My own conclusion is that the correct totals are: Ford 148,766 and Weller 148,451.

**Stated totals are in parentheses.

SOURCES—Journal, House of Representatives, 1848-9; (Columbus) *State Journal*, November 25, 1848; (Canton) *Ohio Repository*, October 18, November 1, 1848; (Lebanon) *Western Star*, October 13, 1848.

1 8 5 0

County	Reuben Wood (D)		William Johnston (W)		Edward Smith (FS)	
Adams	1,295	(56.4%)	969	(42.2%)	31	(1.4%)
Allen	910	(62.2%)	550	(37.6%)	2	(0.1%)
Ashland	2,121	(63.3%)	1,163	(34.7%)	67	(2.0%)
Ashtabula	667	(17.9%)	1,281	(34.4%)	1,774	(47.7%)
Athens & Vinton	1,160	(38.8%)	1,699	(56.9%)	129	(4.3%)
Auglaize	955	(73.5%)	344	(26.5%)	0	
Belmont	2,456	(45.8%)	2,834	(52.9%)	69	(1.3%)
Brown	1,844	(54.5%)	1,503	(44.4%)	37	(1.1%)
Butler	2,963	(62.5%)	1,771	(37.3%)	8	(0.2%)
Carroll	1,371	(47.1%)	1,508	(51.8%)	30	(1.0%)
Champaign	1,178	(41.2%)	1,558	(54.5%)	123	(4.3%)
Clarke	1,068	(33.4%)	2,111	(66.0%)	21	(0.7%)
Clermont	1,841	(52.5%)	1,585	(45.2%)	80	(2.3%)
Clinton	814	(31.9%)	1,387	(54.4%)	350	(13.7%)
Columbiana	2,318	(54.2%)	1,723	(40.3%)	232	(5.4%)
Coshocton	1,973	(53.9%)	1,666	(45.5%)	22	(0.6%)
Crawford	1,055	(66.2%)	538	(33.8%)	0	
Cuyahoga	2,477	(46.3%)	1,554	(29.1%)	1,318	(24.6%)
Darke	1,463	(48.8%)	1,500	(50.1%)	32	(1.1%)
Defiance	528	(54.2%)	445	(45.7%)	1	(0.1%)
Delaware	2,015	(44.7%)	2,347	(52.0%)	150	(3.3%)
Erie	1,196	(47.9%)	1,192	(47.8%)	107	(4.3%)
Fairfield	3,232	(60.6%)	2,098	(39.4%)	1	(0.1%)
Fayette	696	(40.5%)	1,002	(58.4%)	19	(1.1%)
Franklin	2,918	(47.9%)	3,093	(50.8%)	76	(1.2%)
Gallia	738	(37.2%)	1,229	(62.0%)	16	(0.8%)
Geauga	632	(23.2%)	851	(31.3%)	1,238	(45.5%)
Greene	904	(33.8%)	1,603	(60.0%)	165	(61.8%)
Guernsey	2,269	(46.7%)	2,286	(47.1%)	299	(6.2%)
Hamilton	10,845	(61.8%)	6,614	(37.7%)	96	(0.5%)
Hancock	1,299	(64.8%)	707	(35.2%)	0	
Hardin	494	(45.9%)	580	(53.9%)	3	(0.3%)
Harrison	1,411	(44.4%)	1,694	(53.3%)	73	(2.3%)
Henry	335	(59.0%)	232	(40.8%)	1	(0.2%)
Highland	1,867	(47.7%)	1,956	(49.9%)	93	(2.4%)
Hocking	936	(59.9%)	612	(39.2%)	14	(0.9%)
Holmes	1,637	(65.6%)	857	(34.3%)	2	(0.1%)
Huron	1,718	(41.0%)	2,120	(50.6%)	349	(8.3%)
Jackson	1,057	(53.3%)	923	(46.5%)	4	(0.2%)
Jefferson	1,944	(49.7%)	1,931	(49.3%)	40	(1.0%)
Knox	2,700	(55.4%)	1,909	(30.2%)	267	(5.5%)
Lake	476	(22.1%)	734	(34.1%)	942	(43.8%)
Lawrence	545	(38.2%)	882	(61.8%)	0	
Licking	3,485	(53.9%)	2,759	(42.7%)	222	(3.4%)
Logan	911	(34.9%)	1,656	(63.5%)	40	(1.5%)
Lorain	1,889	(52.7%)	1,181	(32.9%)	515	(14.4%)
Lucas & Fulton	1,287	(51.1%)	1,228	(48.7%)	4	(0.2%)
Madison	596	(31.3%)	1,103	(68.3%)	7	(0.4%)
Mahoning	1,862	(58.8%)	828	(26.1%)	477	(15.1%)
Marion	1,324	(52.0%)	1,161	(45.6%)	62	(2.4%)
Medina	1,620	(45.8%)	1,579	(44.6%)	339	(9.6%)
Meigs	615	(36.3%)	947	(55.9%)	131	(7.7%)
Mercer	505	(62.3%)	306	(37.7%)	0	
Miami	1,304	(40.6%)	1,793	(55.9%)	111	(3.5%)
Monroe	1,813	(63.8%)	949	(33.4%)	80	(2.8%)
Montgomery	3,152	(46.9%)	3,481	(51.8%)	90	(1.3%)
Morgan	2,375	(49.6%)	2,275	(47.5%)	142	(3.0%)
Muskingum	2,412	(44.4%)	2,951	(54.3%)	70	(1.3%)
Ottawa	282	(60.4%)	185	(39.6%)	0	
Paulding	179	(85.6%)	30	(14.4%)	0	
Perry	1,888	(61.6%)	1,164	(38.4%)	0	
Pickaway	1,922	(50.4%)	1,890	(49.6%)	2	(0.5%)
Pike	744	(54.7%)	606	(44.6%)	9	(0.7%)
Portage	2,104	(51.4%)	1,249	(30.5%)	742	(18.1%)
Preble	1,207	(40.8%)	1,707	(57.8%)	41	(1.4%)
Putnam	524	(62.5%)	315	(37.5%)	0	

County	Reuben Wood (D)		William Johnston (W)		Edward Smith (FS)	
Richland & Morrow	2,799	(62.5%)	1,656	(37.0%)	25	(0.6%)
Ross	1,678	(40.2%)	2,420	(58.0%)	72	(1.7%)
Sandusky	1,215	(63.5%)	742	(36.5%)	0	
Scioto	654	(36.9%)	1,118	(63.1%)	0	
Seneca	1,977	(64.0%)	1,081	(35.0%)	30	(1.0%)
Shelby	1,036	(52.8%)	925	(47.2%)	0	
Stark	3,067	(58.2%)	2,155	(40.9%)	45	(0.9%)
Summit	1,668	(42.2%)	1,894	(47.9%)	388	(9.8%)
Trumbull	1,649	(35.9%)	1,389	(30.3%)	1,550	(33.8%)
Tuscarawas	2,103	(45.6%)	2,452	(53.2%)	54	(1.2%)
Union	759	(40.5%)	1,033	(55.1%)	84	(4.5%)
Van Wert	384	(68.0%)	181	(32.0%)	0	
Warren	1,548	(38.1%)	2,443	(60.1%)	75	(1.8%)
Washington	1,768	(44.4%)	2,117	(53.2%)	98	(2.5%)
Wayne	2,406	(62.6%)	1,426	(37.1%)	14	(0.4%)
Williams	601	(59.9%)	402	(40.1%)	0	
Wood	530	(54.0%)	451	(46.0%)	0	
Wyandot	1,002	(55.6%)	797	(44.3%)	2	(0.1%)
Total	**133,075**	**(49.6%)**	**121,166**	**(45.2%)**	**13,802**	**(5.1%)**
	(133,093)*		(121,105)*		(13,747)*	

*Stated totals are in parentheses.

SOURCE—Journal of the Ohio House of Representatives, 1850.

1 8 5 1*

County	Reuben Wood (D)		Samuel F. Vinton (W)		Samuel Lewis (A)	
Adams	1,499	(56.1%)	1,144	(42.8%)	28	(1.0%)
Allen	1,227	(64.2%)	683	(35.7%)	2	(0.1%)
Ashland	1,891	(66.0%)	883	(30.8%)	91	(3.2%)
Ashtabula	738	(19.3%)	1,368	(35.7%)	1,727	(45.1%)
Athens	1,162	(45.2%)	1,294	(50.4%)	114	(4.4%)
Auglaize	1,210	(76.3%)	376	(23.7%)	0	
Belmont	2,562	(46.5%)	2,747	(49.9%)	196	(3.6%)
Brown	1,807	(59.2%)	1,081	(35.4%)	165	(5.4%)
Butler	3,003	(63.3%)	1,720	(36.2%)	22	(0.5%)
Carroll	1,539	(49.7%)	1,528	(49.4%)	29	(0.9%)
Champaign	1,220	(42.7%)	1,477	(51.7%)	161	(0.6%)
Clarke	1,983	(52.0%)	1,766	(46.3%)	67	(1.8%)
Clermont	2,252	(54.0%)	1,761	(42.2%)	158	(3.8%)
Clinton	977	(38.1%)	1,318	(51.4%)	268	(10.5%)
Columbiana	2,615	(58.1%)	1,547	(34.4%)	337	(7.5%)
Coshocton	2,456	(57.5%)	1,725	(40.4%)	88	(2.1%)
Crawford	1,551	(49.1%)	683	(50.9%)	0	
Cuyahoga	2,952	(46.7%)	1,711	(27.2%)	1,635	(26.0%)
Darke	1,555	(49.1%)	1,583	(50.0%)	27	(0.9%)
Defiance	802	(62.6%)	474	(37.0%)	5	(0.4%)
Delaware	1,471	(44.6%)	1,670	(50.6%)	158	(4.8%)
Erie	1,304	(49.7%)	1,149	(43.8%)	170	(6.5%)
Fairfield	3,042	(63.6%)	1,736	(36.3%)	2	(0.04%)
Fayette	713	(40.2%)	997	(56.3%)	62	(3.5%)
Franklin	3,405	(51.9%)	3,049	(46.5%)	106	(1.6%)
Fulton	587	(61.5%)	364	(38.1%)	4	(0.4%)
Gallia	873	(44.1%)	1,065	(53.8%)	40	(2.0%)
Geauga	700	(27.0%)	726	(28.0%)	1,166	(45.0%)
Greene	999	(34.4%)	1,696	(58.4%)	209	(7.2%)
Guernsey	1,671	(45.1%)	1,796	(48.5%)	238	(6.4%)
Hamilton	10,602	(58.7%)	6,829	(37.8%)	623	(3.5%)
Hancock	1,417	(65.4%)	742	(34.3%)	7	(0.3%)
Hardin	764	(50.8%)	731	(48.6%)	10	(0.7%)
Harrison	1,596	(46.6%)	1,667	(48.6%)	164	(4.8%)
Henry	450	(62.2%)	261	(36.1%)	12	(1.7%)
Highland	2,147	(50.1%)	2,046	(47.7%)	92	(2.1%)
Hocking	1,209	(65.4%)	631	(34.1%)	10	(0.5%)
Holmes	1,934	(68.8%)	866	(30.8%)	11	(0.4%)

County	Reuben Wood (D)		Samuel F. Vinton (W)		Samuel Lewis (A)	
Huron	1,603	(42.4%)	1,704	(45.1%)	470	(12.4%)
Jackson	742	(49.8%)	748	(50.2%)	0	
Jefferson	2,384	(52.2%)	2,042	(44.7%)	144	(3.2%)
Knox	2,458	(55.9%)	1,533	(34.8%)	409	(9.3%)
Lake	556	(26.7%)	676	(32.5%)	848	(40.8%)
Lawrence	789	(41.2%)	1,127	(58.8%)		
Licking	3,286	(54.5%)	2,546	(42.2%)	201	(3.3%)
Logan	1,081	(40.0%)	1,536	(56.8%)	85	(3.1%)
Lorain	1,615	(44.6%)	1,160	(32.1%)	843	(23.3%)
Lucas	1,038	(52.9%)	897	(45.7%)	28	(1.4%)
Madison	502	(32.4%)	1,036	(66.8%)	12	(0.8%)
Mahoning	1,546	(58.1%)	484	(18.2%)	633	(23.8%)
Marion	1,127	(56.8%)	850	(42.8%)	8	(0.4%)
Medina	1,764	(47.7%)	1,450	(39.2%)	485	(13.1%)
Meigs	969	(43.9%)	1,125	(51.0%)	113	(5.1%)
Mercer	624	(69.4%)	272	(30.3%)	3	(0.3%)
Miami	1,465	(44.0%)	1,818	(54.6%)	46	(1.4%)
Monroe	1,942	(74.3%)	624	(23.9%)	47	(1.8%)
Montgomery	3,582	(50.3%)	3,412	(47.9%)	126	(1.8%)
Morgan	1,544	(46.0%)	1,675	(49.9%)	138	(4.1%)
Morrow	1,795	(59.1%)	976	(32.1%)	265	(8.7%)
Muskingum	2,715	(43.7%)	3,454	(55.6%)	44	(0.7%)
Noble	1,639	(65.4%)	820	(32.7%)	45	(1.8%)
Ottawa	352	(66.7%)	176	(33.3%)	0	
Paulding	275	(80.2%)	68	(19.8%)	0	
Perry	2,574	(64.4%)	1,420	(35.6%)	0	
Pickaway	1,992	(50.4%)	1,955	(49.5%)	3	(0.1%)
Pike	994	(55.0%)	805	(44.6%)	7	(0.4%)
Portage	2,198	(53.6%)	1,117	(27.2%)	787	(19.2%)
Preble	1,225	(40.5%)	1,710	(56.5%)	90	(3.0%)
Putnam	687	(63.5%)	395	(36.5%)	0	
Richland	2,718	(64.9%)	1,404	(33.5%)	69	(1.6%)
Ross	1,949	(43.3%)	2,449	(54.5%)	99	(2.2%)
Sandusky	1,293	(65.2%)	687	(34.7%)	2	(0.1%)
Scioto	928	(41.8%)	1,291	(58.2%)	0	
Seneca	2,311	(62.5%)	1,345	(36.4%)	43	(1.1%)
Shelby	1,206	(53.4%)	1,050	(46.5%)	2	(0.1%)
Stark	2,521	(55.8%)	1,881	(41.6%)	119	(2.6%)
Summit	1,614	(43.6%)	1,615	(43.6%)	474	(12.8%)
Trumbull	2,232	(41.1%)	1,584	(29.2%)	1,616	(29.7%)
Tuscarawas	2,651	(51.6%)	2,456	(47.8%)	30	(0.6%)
Union	772	(41.3%)	989	(52.9%)	107	(5.7%)
Van Wert	468	(67.5%)	225	(32.5%)	0	
Vinton	806	(55.2%)	628	(43.0%)	25	(1.7%)
Warren	1,540	(39.4%)	2,293	(58.6%)	78	(2.0%)
Washington	1,680	(45.5%)	1,896	(51.3%)	118	(3.2%)
Wayne	2,449	(60.9%)	1,532	(38.1%)	43	(1.1%)
William	755	(69.8%)	327	(30.2%)	0	
Wood	728	(54.0%)	616	(45.7%)	4	(0.3%)
Wyandot	987	(55.8%)	781	(44.1%)	1	(0.1%)
Total	**145,654**	**(51.6%)**	**119,548**	**(42.4%)**	**16,910**	**(6.0%)**
	(145,656)**		(119,550)**		(16,914)**	

*As a result of the adoption of a new constitution, the election of governor was changed to odd numbered years.
**Stated totals in parentheses.

SOURCE—Journal of the Ohio House of Representatives, 1851.

1853

County	William Medill (D)		Nelson Barrere (W)		Samuel Lewis (FS)	
Adams	1,314	(53.0%)	861	(34.7%)	304	(12.3%)
Allen	1,460	(66.3%)	633	(28.7%)	110	(5.0%)
Ashland	1,863	(63.9%)	630	(21.6%)	422	(14.5%)
Ashtabula	844	(20.4%)	1,186	(28.7%)	2,103	(50.9%)
Athens	1,272	(44.5%)	849	(29.7%)	735	(25.7%)

Ohio

County	William Medill (D)		Nelson Barrere (W)		Samuel Lewis (FS)	
Auglaize	930	(84.7%)	136	(12.4%)	32	(2.9%)
Belmont	1,964	(41.5%)	1,478	(31.2%)	1,288	(27.2%)
Brown	1,925	(54.6%)	1,008	(28.6%)	593	(16.8%)
Butler	2,939	(67.4%)	1,152	(26.4%)	271	(6.2%)
Carroll	1,236	(43.3%)	1,360	(47.6%)	260	(9.1%)
Champaign	1,361	(45.4%)	1,256	(41.9%)	382	(12.7%)
Clarke	1,121	(34.2%)	1,793	(54.7%)	361	(11.0%)
Clermont	2,345	(54.8%)	1,345	(31.5%)	586	(13.7%)
Clinton	688	(29.8%)	784	(33.9%)	839	(36.3%)
Columbiana	2,361	(51.9%)	681	(15.0%)	1,503	(33.1%)
Coshocton	1,758	(60.9%)	448	(15.5%)	679	(23.5%)
Crawford	1,778	(68.1%)	525	(20.1%)	306	(11.7%)
Cuyahoga	3,031	(46.0%)	1,208	(18.3%)	2,345	(35.6%)
Darke	1,669	(49.2%)	1,568	(46.2%)	154	(4.5%)
Defiance	660	(65.3%)	232	(23.0%)	118	(11.7%)
Delaware	1,787	(50.6%)	1,104	(31.3%)	639	(18.1%)
Erie	1,197	(48.3%)	873	(35.2%)	408	(16.5%)
Fairfield	2,803	(67.9%)	1,157	(28.0%)	170	(4.1%)
Fayette	652	(20.8%)	727	(42.9%)	317	(18.7%)
Franklin	3,678	(55.1%)	2,414	(36.1%)	587	(8.8%)
Fulton	611	(57.3%)	374	(35.1%)	82	(7.7%)
Gallia	999	(43.2%)	1,019	(44.1%)	295	(12.8%)
Geauga	503	(20.9%)	586	(24.3%)	1,322	(54.8%)
Greene	1,234	(33.7%)	1,582	(43.2%)	846	(23.1%)
Guernsey	1,500	(42.3%)	1,414	(39.9%)	633	(17.8%)
Hamilton	13,062	(64.5%)	4,383	(21.6%)	2,816	(13.9%)
Hancock	1,664	(72.5%)	576	(25.1%)	55	(2.4%)
Hardin	798	(47.8%)	761	(45.6%)	109	(6.5%)
Harrison	1,186	(41.0%)	1,273	(44.0%)	434	(15.0%)
Henry	564	(67.0%)	252	(29.9%)	26	(3.1%)
Highland	1,789	(45.9%)	1,594	(40.9%)	514	(13.2%)
Hocking	1,326	(69.8%)	493	(25.9%)	81	(4.3%)
Holmes	1,946	(70.3%)	154	(5.6%)	670	(24.2%)
Huron	1,705	(41.7%)	1,103	(27.0%)	1,277	(31.3%)
Jackson	826	(49.1%)	806	(47.9%)	50	(3.0%)
Jefferson	2,124	(50.7%)	1,436	(34.2%)	633	(15.1%)
Knox	2,159	(52.7%)	869	(21.2%)	1,068	(26.1%)
Lake	487	(25.7%)	393	(20.7%)	1,016	(53.6%)
Lawrence	871	(47.1%)	920	(49.7%)	59	(3.2%)
Licking	3,452	(61.0%)	1,136	(20.1%)	1,072	(18.9%)
Logan	1,007	(36.4%)	1,359	(49.1%)	400	(14.5%)
Lorain	1,224	(32.3%)	648	(17.1%)	1,918	(50.6%)
Lucas	1,570	(58.2%)	879	(32.6%)	247	(9.2%)
Madison	484	(33.9%)	746	(52.2%)	195	(13.7%)
Mahoning	1,360	(49.5%)	381	(13.9%)	1,004	(36.6%)
Marion	1,044	(56.5%)	549	(29.7%)	254	(13.8%)
Medina	1,440	(41.2%)	907	(26.0%)	1,146	(32.8%)
Meigs	1,288	(47.0%)	485	(17.7%)	966	(35.3%)
Mercer	699	(72.0%)	219	(22.6%)	53	(5.5%)
Miami	1,601	(43.6%)	1,686	(45.9%)	388	(10.6%)
Monroe	1,999	(73.0%)	393	(14.3%)	347	(12.7%)
Montgomery	3,466	(50.9%)	2,815	(41.4%)	524	(7.7%)
Morgan	1,345	(46.5%)	930	(32.2%)	616	(21.3%)
Morrow	1,587	(52.2%)	486	(16.0%)	965	(31.8%)
Muskingum	2,987	(49.1%)	2,546	(41.8%)	555	(9.1%)
Noble	1,281	(53.7%)	413	(17.3%)	691	(29.0%)
Ottawa	375	(66.0%)	126	(22.2%)	67	(11.8%)
Paulding	302	(80.5%)	24	(6.4%)	49	(13.1%)
Perry	4,516	(70.8%)	1,781	(27.9%)	78	(1.2%)
Pickaway	1,996	(56.7%)	1,408	(40.0%)	115	(3.3%)
Pike	1,002	(60.1%)	617	(37.0%)	47	(2.8%)
Portage	2,160	(53.1%)	682	(16.8%)	1,222	(30.1%)
Preble	1,113	(39.8%)	1,353	(48.4%)	331	(11.8%)
Putnam	674	(70.5%)	120	(12.6%)	162	(16.9%)
Richland	2,627	(59.0%)	987	(22.2%)	839	(18.8%)
Ross	2,220	(47.2%)	2,081	(44.3%)	400	(8.5%)
Sandusky	1,417	(69.5%)	467	(22.9%)	154	(7.6%)
Scioto	1,244	(50.5%)	1,092	(44.3%)	129	(5.2%)

County	William Medill (D)		Nelson Barrere (W)		Samuel Lewis (FS)	
Seneca	1,876	(62.6%)	873	(29.1%)	249	(8.3%)
Shelby	1,104	(53.6%)	619	(30.1%)	335	(16.3%)
Stark	2,935	(58.5%)	1,108	(22.1%)	975	(19.4%)
Summit	1,452	(40.0%)	709	(19.5%)	1,466	(40.4%)
Trumbull	2,028	(39.5%)	1,165	(22.7%)	1,947	(37.9%)
Tuscarawas	2,259	(52.0%)	1,482	(34.1%)	603	(13.9%)
Union	852	(40.0%)	910	(42.7%)	370	(17.4%)
Van Wert	610	(68.6%)	260	(29.2%)	19	(2.1%)
Vinton	747	(54.4%)	535	(39.0%)	90	(6.6%)
Warren	1,473	(41.8%)	1,612	(45.7%)	442	(12.5%)
Washington	1,996	(49.4%)	1,311	(32.5%)	731	(18.1%)
Wayne	2,227	(66.4%)	919	(27.4%)	210	(6.3%)
Williams	534	(50.1%)	140	(13.1%)	392	(36.8%)
Wood	882	(54.3%)	714	(44.0%)	27	(1.7%)
Wyandot	1,218	(59.4%)	774	(37.8%)	58	(2.8%)
Total	**147,663**	**(52.0%)**	**85,843** (85,857)*	**(30.2%)**	**50,346**	**(17.7%)**

*Stated total is in parentheses.

SOURCES—Journal of the Ohio Senate and the House of Representatives, 1854; (Columbus) *Ohio State Journal*, October 31, 1853.

1855

County	Salmon P. Chase (R)		William Medill (D)		Allen Trimble (A)	
Adams	1,130	(41.0%)	1,422	(51.5%)	207	(7.5%)
Allen	1,235	(57.1%)	907	(41.9%)	22	(1.0%)
Ashland	1,580	(48.8%)	1,623	(50.1%)	37	(1.1%)
Ashtabula	3,772	(76.1%)	845	(17.0%)	341	(6.9%)
Athens	1,634	(60.4%)	974	(36.0%)	98	(3.6%)
Auglaize	643	(31.9%)	1,291	(64.1%)	81	(4.0%)
Belmont	1,750	(38.0%)	1,853	(40.2%)	1,003	(21.8%)
Brown	1,571	(42.5%)	1,843	(49.8%)	286	(7.7%)
Butler	1,960	(37.7%)	2,895	(55.7%)	340	(6.5%)
Carroll	1,502	(58.1%)	1,000	(38.7%)	82	(3.2%)
Champaign	1,353	(48.0%)	928	(33.0%)	535	(19.0%)
Clarke	1,866	(57.1%)	1,154	(35.3%)	250	(7.6%)
Clermont	2,336	(44.8%)	2,423	(46.5%)	456	(8.7%)
Clinton	1,640	(63.0%)	802	(30.8%)	162	(6.2%)
Columbiana	3,118	(59.0%)	2,139	(40.5%)	31	(0.6%)
Coshocton	2,064	(50.5%)	2,007	(49.1%)	17	(0.4%)
Crawford	1,449	(45.3%)	1,710	(53.4%)	43	(1.3%)
Cuyahoga	3,965	(52.8%)	3,072	(40.9%)	473	(6.3%)
Darke	1,685	(48.0%)	1,601	(45.6%)	228	(6.5%)
Defiance	592	(48.6%)	609	(50.0%)	17	(1.4%)
Delaware	1,602	(51.6%)	1,245	(40.1%)	259	(8.3%)
Erie	1,564	(56.8%)	1,123	(40.8%)	68	(2.5%)
Fairfield	2,474	(48.1%)	2,614	(50.9%)	52	(1.0%)
Fayette	909	(54.6%)	518	(31.1%)	239	(14.3%)
Franklin	2,487	(38.1%)	3,192	(49.0%)	841	(12.9%)
Fulton	715	(62.3%)	422	(36.8%)	11	(1.0%)
Gallia	344	(14.9%)	873	(37.7%)	1,099	(47.5%)
Geauga	1,816	(79.9%)	396	(17.4%)	90	(4.0%)
Greene	1,953	(59.0%)	985	(29.8%)	372	(11.2%)
Guernsey	1,893	(55.9%)	1,361	(40.2%)	130	(3.8%)
Hamilton	4,516	(19.4%)	12,226	(52.5%)	6,538	(28.1%)
Hancock	1,238	(47.7%)	1,329	(51.1%)	30	(1.2%)
Hardin	903	(55.5%)	665	(40.8%)	60	(3.7%)
Harrison	1,712	(57.6%)	1,191	(40.1%)	68	(2.3%)
Henry	453	(46.9%)	511	(52.9%)	2	(0.2%)
Highland	1,209	(31.7%)	1,343	(35.3%)	1,256	(33.0%)
Hocking	927	(43.6%)	1,114	(52.4%)	85	(4.0%)
Holmes	1,194	(41.6%)	1,672	(58.3%)	3	(0.1%)
Huron	2,295	(61.9%)	1,277	(34.5%)	134	(3.6%)
Jackson	714	(44.1%)	739	(45.6%)	167	(10.3%)
Jefferson	2,156	(56.6%)	1,523	(40.0%)	131	(3.4%)

Ohio

County	Salmon P. Chase (R)		William Medill (D)		Allen Trimble (A)	
Knox	2,166	(50.4%)	1,916	(44.5%)	219	(5.1%)
Lake	1,640	(75.9%)	498	(23.0%)	23	(1.1%)
Lawrence	1,092	(50.5%)	747	(34.6%)	322	(14.9%)
Licking	2,128	(39.6%)	2,530	(47.0%)	722	(13.4%)
Logan	1,424	(56.0%)	792	(31.1%)	327	(12.9%)
Lorain	2,693	(74.6%)	892	(24.7%)	23	(0.6%)
Lucas	1,618	(52.6%)	1,409	(45.8%)	47	(1.5%)
Madison	562	(35.7%)	435	(27.6%)	577	(36.7%)
Mahoning	1,592	(50.6%)	1,492	(47.5%)	60	(1.9%)
Marion	1,220	(50.7%)	1,168	(48.6%)	16	(0.7%)
Medina	2,032	(57.1%)	1,511	(42.5%)	15	(0.3%)
Meigs	1,515	(55.7%)	1,038	(38.2%)	166	(6.1%)
Mercer	492	(34.4%)	829	(58.0%)	108	(7.6%)
Miami	1,787	(47.5%)	1,358	(36.1%)	619	(16.4%)
Monroe	1,451	(43.3%)	1,876	(56.0%)	25	(0.7%)
Montgomery	2,746	(41.8%)	3,423	(52.1%)	407	(6.2%)
Morgan	1,776	(59.0%)	1,130	(37.5%)	105	(3.5%)
Morrow	1,631	(54.3%)	1,316	(43.8%)	55	(1.8%)
Muskingum	2,551	(44.3%)	2,208	(38.4%)	996	(17.3%)
Noble	1,361	(56.9%)	954	(39.9%)	76	(3.2%)
Ottawa	369	(47.6%)	405	(52.2%)	1	(0.1%)
Paulding	362	(75.9%)	113	(23.7%)	2	(0.4%)
Perry	1,772	(53.5%)	1,474	(44.5%)	66	(2.0%)
Pickaway	1,521	(45.0%)	1,604	(47.4%)	258	(7.6%)
Pike	641	(35.7%)	937	(52.1%)	219	(12.2%)
Portage	2,660	(58.7%)	1,861	(41.1%)	10	(0.2%)
Preble	1,567	(54.2%)	1,039	(35.9%)	287	(9.9%)
Putnam	528	(38.1%)	845	(61.0%)	12	(0.9%)
Richland	2,220	(48.9%)	2,211	(48.7%)	113	(2.5%)
Ross	2,160	(48.9%)	1,926	(43.6%)	329	(7.5%)
Sandusky	1,382	(47.8%)	1,499	(51.9%)	10	(0.3%)
Scioto	1,042	(41.0%)	1,050	(41.4%)	447	(17.6%)
Seneca	2,332	(54.1%)	1,961	(45.5%)	15	(0.3%)
Shelby	955	(42.6%)	1,077	(48.1%)	209	(9.3%)
Stark	3,343	(52.3%)	3,021	(47.3%)	23	(0.4%)
Summit	2,242	(62.0%)	1,215	(33.6%)	158	(4.4%)
Trumbull	3,109	(67.4%)	1,474	(31.9%)	31	(0.7%)
Tuscarawas	2,552	(53.9%)	2,144	(45.3%)	35	(0.7%)
Union	1,222	(59.6%)	698	(34.0%)	131	(6.4%)
Van Wert	602	(55.0%)	484	(44.2%)	9	(0.8%)
Vinton	722	(44.5%)	861	(53.0%)	40	(2.5%)
Warren	2,306	(55.9%)	1,461	(35.4%)	360	(8.7%)
Washington	2,212	(55.5%)	1,662	(41.7%)	112	(2.8%)
Wayne	2,421	(48.4%)	2,561	(51.2%)	24	(0.5%)
Williams	890	(50.3%)	861	(48.7%)	17	(1.0%)
Wood	1,049	(62.3%)	591	(35.1%)	45	(2.7%)
Wyandot	1,143	(50.8%)	1,045	(46.5%)	61	(2.7%)
Total	**146,720** (146,770)*	**(48.6%)**	**131,019**	**(43.4%)**	**24,276**	**(8.0%)**

*Stated total in parentheses.

SOURCE—Journal of the Ohio House of Representatives, 1856.

1857

County	Salmon P. Chase (R)		Henry B. Payne (D)		Philip Van Trump (A)	
Adams	1,267	(43.3%)	1,608	(55.0%)	48	(1.6%)
Allen	1,242	(44.9%)	1,472	(53.2%)	53	(1.9%)
Ashland	1,600	(45.4%)	1,913	(54.3%)	10	(2.8%)
Ashtabula	3,805	(78.3%)	1,039	(21.4%)	17	(0.3%)
Athens	1,723	(56.4%)	1,319	(43.2%)	14	(0.4%)
Auglaize	560	(29.0%)	1,354	(70.1%)	17	(0.9%)
Belmont	1,572	(31.8%)	2,417	(48.9%)	950	(19.2%)
Brown	1,583	(42.0%)	2,099	(55.7%)	84	(2.2%)
Butler	1,781	(36.9%)	2,957	(61.3%)	85	(1.8%)

Ohio 213

County	Salmon P. Chase (R)		Henry B. Payne (D)		Philip Van Trump (A)	
Carroll	1,498	(55.0%)	1,221	(44.8%)	6	(0.2%)
Champaign	1,707	(51.1%)	1,476	(44.2%)	160	(4.8%)
Clarke	2,186	(61.0%)	1,384	(38.6%)	11	(0.4%)
Clermont	1,952	(39.3%)	2,563	(51.7%)	446	(9.0%)
Clinton	1,846	(62.3%)	1,117	(37.7%)	0	
Columbiana	2,949	(55.4%)	2,334	(43.8%)	41	(0.8%)
Coshocton	2,017	(47.2%)	2,250	(52.7%)	5	(0.1%)
Crawford	1,457	(41.4%)	2,038	(57.9%)	27	(0.8%)
Cuyahoga	5,449	(54.8%)	4,482	(45.1%)	11	(0.1%)
Darke	1,901	(47.6%)	2,021	(50.7%)	68	(1.7%)
Defiance	775	(45.5%)	923	(54.1%)	7	(0.4%)
Delaware	2,007	(55.6%)	1,576	(43.7%)	24	(0.7%)
Erie	1,916	(57.0%)	1,430	(42.5%)	17	(0.5%)
Fairfield	1,281	(28.1%)	2,917	(64.0%)	357	(7.8%)
Fayette	1,028	(53.3%)	735	(38.1%)	167	(8.7%)
Franklin	3,108	(42.9%)	3,990	(55.1%)	142	(2.0%)
Fulton	989	(53.4%)	854	(46.1%)	9	(0.5%)
Gallia	604	(24.2%)	1,280	(51.4%)	608	(24.4%)
Geauga	2,080	(77.7%)	578	(21.6%)	18	(0.7%)
Greene	2,507	(64.6%)	1,365	(35.2%)	11	(0.3%)
Guernsey	1,911	(50.7%)	1,791	(47.5%)	65	(1.7%)
Hamilton	8,824	(38.4%)	11,969	(52.1%)	2,196	(9.6%)
Hancock	1,611	(46.2%)	1,868	(53.6%)	8	(0.2%)
Hardin	1,042	(51.8%)	911	(45.3%)	60	(3.0%)
Harrison	1,691	(54.7%)	1,376	(44.5%)	25	(0.8%)
Henry	538	(42.5%)	707	(55.8%)	21	(1.7%)
Highland	1,641	(38.5%)	2,088	(49.0%)	533	(12.5%)
Hocking	758	(36.4%)	1,305	(62.7%)	19	(0.9%)
Holmes	1,093	(37.0%)	1,861	(63.0%)	1	(0.03%)
Huron	2,953	(65.1%)	1,568	(34.5%)	18	(0.4%)
Jackson	763	(37.8%)	1,135	(56.2%)	120	(5.9%)
Jefferson	2,123	(52.3%)	1,934	(47.6%)	5	(0.1%)
Knox	2,385	(50.8%)	2,223	(47.4%)	82	(1.7%)
Lake	1,947	(78.1%)	545	(21.9%)	0	
Lawrence	637	(30.4%)	1,160	(55.4%)	297	(14.2%)
Licking	2,855	(43.5%)	3,556	(54.2%)	147	(2.2%)
Logan	1,719	(56.3%)	1,297	(42.5%)	37	(1.2%)
Lorain	3,279	(69.5%)	1,438	(30.5%)	0	
Lucas	1,632	(46.3%)	1,661	(47.1%)	233	(6.6%)
Madison	926	(49.9%)	771	(41.6%)	158	(8.5%)
Mahoning	1,891	(50.9%)	1,825	(48.5%)	2	(0.5%)
Marion	1,335	(52.4%)	1,312	(47.6%)	0	
Medina	2,283	(59.8%)	1,532	(40.2%)	0	
Meigs	1,635	(51.6%)	1,417	(44.7%)	117	(3.7%)
Mercer	533	(35.2%)	983	(64.8%)	0	
Miami	2,362	(57.4%)	1,730	(42.0%)	23	(0.6%)
Monroe	626	(24.2%)	1,849	(73.9%)	26	(1.0%)
Montgomery	3,530	(45.5%)	4,112	(53.0%)	123	(1.6%)
Morgan	1,675	(56.2%)	1,296	(43.5%)	9	(0.3%)
Morrow	1,733	(52.1%)	1,539	(46.3%)	54	(1.6%)
Muskingum	3,018	(46.9%)	3,329	(51.7%)	94	(1.5%)
Noble	1,228	(50.4%)	1,189	(48.8%)	18	(0.7%)
Ottawa	375	(44.9%)	457	(54.7%)	3	(0.4%)
Paulding	414	(64.5%)	218	(34.0%)	10	(1.6%)
Perry	1,454	(43.7%)	1,784	(53.6%)	90	(2.7%)
Pickaway	1,434	(39.6%)	1,976	(54.6%)	208	(5.7%)
Pike	379	(24.3%)	1,019	(65.4%)	160	(10.3%)
Portage	2,696	(58.0%)	1,956	(42.0%)	0	
Preble	1,931	(55.6%)	1,403	(40.4%)	142	(4.1%)
Putnam	686	(41.4%)	968	(58.5%)	2	(0.1%)
Richland	2,477	(46.6%)	2,783	(52.4%)	56	(1.1%)
Ross	2,117	(44.5%)	2,404	(50.5%)	239	(5.0%)
Sandusky	1,315	(42.7%)	1,699	(55.1%)	67	(2.2%)
Scioto	489	(17.9%)	1,338	(49.0%)	904	(33.1%)
Seneca	2,198	(46.9%)	2,459	(52.5%)	25	(0.5%)
Shelby	1,242	(46.1%)	1,387	(51.5%)	65	(2.4%)
Stark	3,101	(49.9%)	3,116	(50.1%)	0	
Summit	2,629	(62.2%)	1,581	(37.4%)	19	(0.4%)

Ohio

County	Salmon P. Chase (R)		Henry B. Payne (D)		Philip Van Trump (A)	
Trumbull	3,311	(67.5%)	1,595	(32.5%)	0	
Tuscarawas	2,546	(49.7%)	2,577	(50.3%)	0	
Union	1,209	(53.2%)	950	(41.8%)	115	(5.1%)
Van Wert	770	(48.4%)	819	(51.5%)	1	(0.1%)
Vinton	756	(41.8%)	1,041	(57.6%)	11	(0.6%)
Warren	2,473	(57.6%)	1,747	(40.7%)	72	(1.7%)
Washington	2,078	(50.4%)	1,960	(47.5%)	85	(2.1%)
Wayne	2,585	(47.1%)	2,886	(52.6%)	16	(0.3%)
Williams	954	(51.1%)	907	(48.6%)	6	(0.3%)
Wood	1,246	(55.6%)	988	(44.1%)	8	(0.4%)
Wyandot	1,136	(46.2%)	1,257	(51.2%)	64	(2.6%)
Total	**160,568**	**(48.7%)**	**159,065**	**(48.2%)**	**10,272**	**(3.1%)**

SOURCE—Journal of the Ohio House of Representatives, 1858.

1859

County	William Dennison (R)		Rufus P. Ranney (D)	
Adams	1,405	(44.5%)	1,753	(55.5%)
Allen	1,574	(48.7%)	1,656	(51.3%)
Ashland	1,834	(48.9%)	1,914	(51.1%)
Ashtabula	3,737	(78.1%)	1,049	(21.9%)
Athens	1,843	(59.8%)	1,237	(40.2%)
Auglaize	696	(35.3%)	1,277	(64.7%)
Belmont	2,280	(46.8%)	2,591	(53.2%)
Brown	1,657	(42.1%)	2,275	(57.9%)
Butler	2,238	(39.1%)	3,479	(60.9%)
Carroll	1,600	(56.0%)	1,255	(44.0%)
Champaign	1,732	(51.8%)	1,612	(48.2%)
Clarke	2,249	(58.8%)	1,574	(41.2%)
Clermont	2,689	(47.4%)	2,988	(52.6%)
Clinton	1,721	(62.8%)	1,019	(37.2%)
Columbiana	3,125	(58.3%)	2,235	(41.7%)
Coshocton	2,198	(47.2%)	2,461	(52.8%)
Crawford	1,550	(40.7%)	2,258	(59.3%)
Cuyahoga	5,834	(58.6%)	4,115	(41.4%)
Darke	2,201	(47.3%)	2,454	(52.7%)
Defiance	778	(41.8%)	1,083	(58.2%)
Delaware	2,358	(57.0%)	1,776	(43.0%)
Erie	1,983	(56.4%)	1,535	(43.6%)
Fairfield	1,394	(33.1%)	2,821	(66.9%)
Fayette	1,093	(59.1%)	761	(40.9%)
Franklin	3,762	(44.8%)	4,634	(55.2%)
Fulton	1,037	(59.5%)	707	(40.5%)
Gallia	1,365	(50.1%)	1,357	(49.9%)
Geauga	1,881	(78.0%)	529	(22.0%)
Greene	2,466	(64.4%)	1,362	(35.6%)
Guernsey	2,103	(55.8%)	1,663	(44.2%)
Hamilton	13,285	(48.4%)	14,178	(51.6%)
Hancock	1,674	(48.2%)	1,796	(51.8%)
Hardin	1,152	(50.5%)	1,127	(49.5%)
Harrison	1,764	(56.0%)	1,384	(44.0%)
Henry	670	(44.3%)	841	(55.7%)
Highland	2,168	(49.9%)	2,175	(50.1%)
Hocking	976	(41.1%)	1,397	(58.9%)
Holmes	1,241	(38.7%)	1,964	(61.3%)
Huron	2,924	(65.1%)	1,568	(34.9%)
Jackson	1,198	(49.2%)	1,239	(50.8%)
Jefferson	2,294	(54.4%)	1,822	(45.6%)
Knox	2,603	(50.7%)	2,533	(49.3%)
Lake	1,807	(77.1%)	538	(22.9%)
Lawrence	1,450	(53.8%)	1,246	(46.2%)
Licking	3,030	(46.8%)	3,438	(53.2%)
Logan	1,650	(57.1%)	1,238	(42.9%)
Lorain	3,391	(66.8%)	1,689	(33.2%)
Lucas	2,225	(51.8%)	2,073	(48.2%)
Madison	1,018	(52.3%)	929	(47.7%)
Mahoning	2,424	(54.3%)	2,041	(45.7%)
Marion	1,338	(49.0%)	1,391	(51.0%)
Medina	2,413	(62.4%)	1,457	(37.6%)
Meigs	1,912	(57.1%)	1,437	(42.9%)
Mercer	540	(33.8%)	1,057	(66.2%)
Miami	2,722	(59.7%)	1,839	(40.3%)
Monroe	757	(32.3%)	1,585	(67.7%)
Montgomery	4,747	(50.7%)	4,615	(49.3%)
Morgan	1,835	(58.4%)	1,308	(41.6%)
Morrow	1,919	(52.0%)	1,770	(48.0%)
Muskingum	3,604	(51.0%)	3,467	(49.0%)
Noble	1,448	(51.7%)	1,355	(48.3%)
Ottawa	328	(36.2%)	578	(63.8%)
Paulding	441	(57.5%)	326	(42.5%)
Perry	1,898	(45.4%)	2,281	(54.6%)
Pickaway	1,710	(44.3%)	2,147	(55.7%)
Pike	669	(38.1%)	1,085	(61.9%)
Portage	2,620	(56.2%)	2,038	(43.8%)
Preble	2,261	(60.2%)	1,496	(39.8%)
Putnam	735	(40.3%)	1,087	(59.7%)
Richland	2,735	(48.1%)	2,952	(51.9%)
Ross	2,587	(49.0%)	2,688	(51.0%)
Sandusky	1,473	(44.7%)	1,822	(55.3%)
Scioto	1,608	(53.0%)	1,424	(47.0%)
Seneca	2,461	(48.0%)	2,661	(52.0%)
Shelby	1,352	(47.1%)	1,517	(52.9%)
Stark	3,725	(48.2%)	4,005	(51.8%)
Summit	2,560	(59.6%)	1,734	(40.4%)
Trumbull	3,143	(63.7%)	1,791	(36.3%)
Tuscarawas	2,831	(61.4%)	2,778	(38.6%)
Union	1,241	(57.7%)	910	(42.3%)
Van Wert	837	(49.2%)	865	(50.8%)
Vinton	979	(48.3%)	1,049	(51.7%)
Warren	2,689	(62.5%)	1,615	(37.5%)
Washington	2,198	(55.2%)	1,781	(44.8%)
Wayne	2,944	(47.3%)	3,285	(52.7%)
Williams	1,191	(54.0%)	1,013	(46.0%)
Wood	1,429	(58.3%)	1,021	(41.7%)
Wyandot	1,295	(48.2%)	1,390	(51.8%)
Total	**184,502**	**(51.2%)**	**171,266**	**(48.8%)**

SOURCE—Journal of the Ohio House of Representatives, 1860.

OREGON

Oregon became the 33rd state on February 14, 1859.
The initial election of the governor was held on June 27, 1858.
Term—Four years.   **Election**—First Monday in June.
Limits—Governor could not serve more than two terms in succession.

POPULATION

1850—13,294   1860—52,465

1858

County	John Whitaker (D)		E. M. Barnum (R)	
Benton	212	(34.4%)	405	(65.6%)
Clackamas	346	(47.5%)	383	(52.5%)
Clatsop	37	(37.8%)	61	(62.2%)
Columbia	55	(48.3%)	59	(51.7%)
Coos	84	(92.3%)	7	(7.7%)
Curry	126	(94.0%)	8	(6.0%)
Douglas	301	(49.5%)	307	(50.5%)
Jackson	440	(50.5%)	432	(49.5%)
Lane	481	(55.0%)	393	(45.0%)
Linn	776	(78.0%)	219	(22.0%)
Marion	736	(64.3%)	408	(35.7%)
Multnomah	398	(42.6%)	536	(57.4%)
Polk	359	(58.1%)	259	(41.9%)
Tillamook	16	(84.2%)	3	(15.8%)
Umpqua	108	(53.7%)	93	(46.3%)
Wasco	212	(93.0%)	16	(7.0%)
Washington	188	(47.7%)	206	(52.3%)
Yamhill	259	(38.1%)	418	(61.9%)
Total	**5,134**	**(54.9%)**	**4,213**	**(45.1%)**

SOURCES—Burton W. Onstine, *Oregon Votes: 1858–1972* (Salem, Ore.: Oregon Historical Society, 1973), pp. 86, 90–163; manuscript returns.

PENNSYLVANIA

Pennsylvania was one of the original 13 states.
Prior to 1790 the state had a 13 member executive council, one of whom was elected president of that body.
The office of governor was established by the constitution of 1790.
Term—Three years.   **Elections**—Second Tuesday in October.
Limits—Originally three consecutive terms, reduced to two consecutive terms in 1838.

POPULATION

1790—434,373   1800—602,365   1810—810,091   1820—1,049,458   1830—1,348,233
1840—1,724,033   1850—2,311,786   1860—2,906,215

1790

County	Thomas Mifflin		Arthur St. Clair	
Allegheny	354	(50.3%)	350	(49.7%)
Bedford	539	(61.7%)	334	(38.3%)
Berks	2,466	(90.3%)	64	(9.7%)
Bucks	2,268	(99.9%)	3	(0.1%)
Chester	1,065	(92.9%)	81	(7.1%)
Cumberland	895	(90.5%)	94	(9.5%)
Dauphin	1,297	(99.2%)	11	(0.8%)
Delaware	685	(98.0%)	14	(2.0%)
Fayette	995	(71.4%)	399	(28.6%)
Franklin	1,508	(88.7%)	193	(11.3%)
Huntingdon	288	(79.1%)	76	(20.9%)
Lancaster	1,770	(97.3%)	50	(2.7%)
Luzerne	no returns			
Mifflin	1,404	(98.8%)	17	(1.2%)
Montgomery	2,191	(92.1%)	188	(7.9%)
Northampton	1,870	(95.3%)	93	(4.7%)
Northumberland	958	(93.6%)	68	(6.4%)
Philadelphia	3,182	(96.5%)	114	(3.5%)
Washington	1,732	(76.1%)	544	(23.9%)
Westmoreland	556	(81.0%)	130	(19.0%)
York	1,699	(97.8%)	39	(2.2%)
Total	**27,725**	**(90.8%)**	**2,802**	**(9.2%)**

1793

County	Thomas Mifflin		Frederick A. Muhlenberg	
Allegheny	no returns reported			
Bedford	783	(47.1%)	878	(52.9%)
Berks	2,070	(60.6%)	1,345	(39.4%)
Bucks	608	(56.5%)	469	(43.5%)
Chester	1,172	(87.5%)	168	(12.5%)
Cumberland	1,054	(76.2%)	329	(23.8%)
Dauphin	706	(59.7%)	477	(40.3%)
Delaware	309	(72.2%)	119	(27.8%)
Fayette	1,367	(95.2%)	69	(4.8%)
Franklin	1,422	(58.2%)	1,023	(41.8%)
Huntingdon	322	(62.5%)	193	(37.5%)
Lancaster	835	(70.9%)	342	(29.1%)
Luzerne	352	(63.2%)	205	(36.8%)
Mifflin	1,120	(89.2%)	136	(10.8%)
Montgomery	1,402	(64.6%)	768	(35.4%)
Northampton	804	(51.6%)	755	(48.4%)
Northumberland	1,443	(73.7%)	514	(26.3%)
Philadelphia	1,007	(73.0%)	372	(27.0%)
Washington	1,257	(57.7%)	920	(42.3%)
Westmoreland	845	(70.5%)	353	(29.5%)
York	712	(36.0%)	1,265	(64.0%)
Total	**19,590**	**(64.7%)**	**10,700**	**(35.3%)**

SOURCE—Journal, Pennsylvania House of Representatives, 1793.

1796

County	Thomas Mifflin		Frederick A. Muhlenberg	
Allegheny	1,135	(100%)	0	
Bedford & Somerset	1,157	(85.6%)	194	(14.4%)
Berks	3,363	(99.8%)	6	(0.2%)
Bucks	2,117	(100%)	0	
Chester	1,686	(100%)	0	
Cumberland	1,265	(92.0%)	110	(8.0%)
Dauphin	948	(79.9%)	239	(20.1%)
Delaware	463	(97.1%)	14	(2.9%)
Fayette	1,414	(94.3%)	85	(5.7%)
Franklin	2,426	(100%)	0	
Greene & Washington	1,256	(98.0%)	25	(2.0%)
Huntingdon	918	(96.3%)	35	(3.7%)
Lancaster	1,757	(99.8%)	3	(0.2%)
Luzerne	209	(89.7%)	24	(10.3%)
Lycoming & Northumberland	1,363	(89.8%)	154	(10.2%)
Mifflin	624	(91.5%)	76	(8.5%)
Montgomery	1,100	(97.5%)	28	(2.5%)
Northampton	1,387	(100%)	0	
Philadelphia	3,261	(99.8%)	5	(0.2%)
Westmoreland	1,047	(98.9%)	12	(1.1%)
York	1,124	(99.9%)	1	(0.1%)
Total	**30,020**	**(96.7%)**	**1,011**	**(3.3%)**

SOURCE—Journal, Pennsylvania House of Representatives, 1796.

1799

County	Thomas McKean (D-R)		James Ross (F)	
Allegheny	976	(31.7%)	2,106	(68.3%)
Bedford	285	(26.0%)	812	(74.0%)
Berks	4,170	(83.8%)	807	(16.2%)
Bucks	3,066	(58.5%)	2,175	(41.5%)
Chester	1,105	(27.5%)	2,907	(72.5%)
Cumberland	1,624	(56.3%)	1,260	(43.7%)
Dauphin	2,042	(66.0%)	1,054	(34.0%)
Delaware	431	(27.2%)	1,154	(72.8%)
Fayette	1,011	(46.7%)	1,156	(53.3%)
Franklin	992	(41.2%)	1,413	(58.8%)
Greene	401	(41.9%)	557	(58.1%)
Huntingdon	463	(32.6%)	957	(67.4%)
Lancaster	2,258	(40.7%)	3,285	(59.3%)
Luzerne	259	(22.0%)	916	(78.0%)
Lycoming	491	(58.4%)	350	(41.6%)
Mifflin	1,208	(79.2%)	317	(20.8%)
Montgomery	2,221	(55.3%)	1,796	(44.7%)
Northampton	3,131	(80.2%)	775	(19.8%)
Northumberland	2,997	(82.4%)	638	(17.6%)
Philadelphia	3,650	(56.6%)	2,800	(43.4%)
Somerset	90	(12.0%)	662	(88.0%)
Wayne	180	(60.8%)	116	(39.2%)
Washington	1,755	(61.3%)	1,106	(38.7%)
York	2,026	(42.8%)	2,705	(57.2%)
Total	**37,244**	**(53.3%)**	**32,643**	**(46.7%)**

SOURCE—Journal, Pennsylvania House of Representatives, 1799.

1802

County	Thomas McKean (D-R)		James Ross (F)	
Allegheny, Beaver & Butler	2,297	(79.5%)	591	(20.5%)
Armstrong & Westmoreland	1,780	(91.7%)	161	(8.3%)
Bedford	823	(72.1%)	319	(27.9%)
Berks	4,240	(89.2%)	512	(10.8%)
Bucks	1,942	(59.8%)	1,303	(40.2%)
Centre	784	(91.8%)	70	(8.2%)
Chester	2,320	(53.7%)	1,998	(46.3%)
Crawford, Erie, Mercer, Warren & Venango	1,335	(88.2%)	179	(11.8%)
Cumberland	1,691	(88.8%)	214	(11.2%)
Dauphin	1,844	(85.6%)	309	(14.4%)
Delaware	606	(45.6%)	722	(54.4%)
Fayette	1,981	(82.3%)	425	(17.7%)
Franklin	1,368	(66.6%)	686	(33.4%)
Greene	624	(89.1%)	76	(10.9%)
Huntingdon	869	(76.2%)	272	(23.8%)
Lancaster	2,911	(57.1%)	2,183	(42.9%)
Luzerne	274	(28.7%)	682	(71.3%)
Lycoming	640	(91.2%)	62	(8.8%)
Mifflin	1,162	(92.5%)	94	(7.5%)
Montgomery	2,103	(62.1%)	1,283	(37.9%)
Northampton	3,210	(86.3%)	511	(13.7%)
Northumberland	2,674	(92.4%)	221	(7.6%)
Philadelphia	4,638	(66.9%)	2,296	(33.1%)
Somerset	786	(86.0%)	128	(14.0%)
Wayne	212	(79.7%)	54	(20.3%)
Washington	2,426	(100%)	0	
York	1,691	(69.5%)	742	(30.5%)
Total	**47,879**	**(73.8%)**	**17,037**	**(26.2%)**

SOURCE—Journal, Pennsylvania House of Representatives, 1802.

1805

County	Thomas McKean (IR)		Simon Snyder (D-R)	
Adams	852	(76.3%)	264	(23.7%)

County				
Allegheny	1,125	(55.3%)	911	(44.7%)
Armstrong, Indiana, Jefferson & Westmoreland	2,364	(85.8%)	392	(14.2%)
Beaver	514	(51.5%)	484	(48.5%)
Bedford	1,020	(65.9%)	527	(34.1%)
Berks	3,718	(64.9%)	2,007	(35.1%)
Bucks*	2,462	(55.3%)	1,979	(44.7%)
Butler	268	(42.1%)	369	(57.9%)
Cambria & Somerset	872	(61.4%)	548	(38.6%)
Centre, Clearfield & McKean	219	(17.0%)	1,068	(83.0%)
Chester	2,691	(52.5%)	2,430	(47.5%)
Crawford	310	(70.0%)	443	(30.0%)
Cumberland	1,222	(40.8%)	1,771	(59.2%)
Dauphin	1,039	(33.0%)	2,112	(67.0%)
Delaware	1,101	(69.8%)	476	(30.2%)
Erie	254	(40.9%)	377	(59.1%)
Fayette	1,558	(60.3%)	1,025	(39.7%)
Franklin	1,228	(47.3%)	1,369	(52.7%)
Greene	352	(36.6%)	610	(63.4%)
Huntingdon	622	(37.8%)	1,023	(62.2%)
Lancaster	3,978	(63.3%)	2,307	(36.7%)
Luzerne	670	(61.8%)	415	(38.2%)
Mercer	298	(40.8%)	433	(59.2%)
Mifflin	144	(10.4%)	1,245	(89.6%)
Montgomery	2,361	(55.0%)	1,930	(45.0%)
Northampton	3,054	(71.6%)	1,209	(28.4%)
Northumberland	1,254	(28.1%)	3,202	(71.9%)
Philadelphia	4,107	(51.4%)	3,881	(48.6%)
Venango & Warren	171	(39.0%)	267	(61.0%)
Wayne	117	(38.2%)	189	(61.8%)
Washington	1,088	(32.4%)	2,299	(67.6%)
York	1,883	(71.6%)	747	(28.4%)
Total	**43,644**	**(52.9%)**	**38,870**	**(47.1%)**

*Includes 395 votes cast for Samuel Snyder but tallied separately in the official returns.

SOURCE—Journal, Pennsylvania House of Representatives, 1805.

1808

County	Simon Snyder (D-R)		James Ross (F)		John Spayd (I)	
Adams	795	(36.6%)	1,372	(63.2%)	4	(0.2%)
Allegheny	2,118	(62.8%)	1,249	(37.1%)	4	(1.2%)
Armstrong	527	(69.9%)	206	(27.3%)	21	(2.8%)
Beaver	1,125	(75.6%)	359	(24.1%)	4	(2.7%)
Bedford	1,422	(62.3%)	844	(37.0%)	15	(0.7%)
Berks	3,558	(53.4%)	1,321	(19.8%)	1,790	(26.8%)
Bucks	2,611	(49.1%)	2,621	(49.3%)	86	(1.6%)
Butler	886	(80.0%)	221	(20.0%)	0	
Cambria	180	(59.6%)	119	(39.4%)	3	(1.0%)
Centre, Clearfield & McKean	1,609	(89.6%)	177	(9.9%)	10	(0.6%)
Chester	3,147	(48.8%)	3,264	(50.6%)	37	(0.6%)
Crawford	623	(70.0%)	266	(29.9%)	1	(0.1%)
Cumberland	2,717	(69.2%)	1,204	(30.7%)	7	(0.2%)
Dauphin	3,041	(76.6%)	855	(21.5%)	74	(1.9%)
Delaware	738	(35.5%)	1,338	(64.3%)	4	(0.2%)
Erie	353	(59.1%)	244	(40.9%)	0	
Fayette	2,325	(71.1%)	931	(28.5%)	16	(0.5%)
Franklin	2,039	(59.7%)	1,367	(40.0%)	12	(0.4%)
Greene	1,183	(77.2%)	350	(22.8%)	0	
Huntingdon	1,429	(61.3%)	900	(38.6%)	4	(0.2%)
Indiana & Jefferson	527	(68.5%)	206	(26.8%)	36	(4.7%)
Lancaster	3,598	(46.5%)	4,089	(52.9%)	45	(0.6%)
Luzerne	772	(37.4%)	1,239	(60.1%)	52	(2.5%)
Lycoming, Potter & Tioga	1,222	(70.0%)	520	(29.8%)	4	(0.2%)
Mercer	872	(79.7%)	215	(19.7%)	7	(0.6%)
Mifflin	1,561	(84.1%)	283	(15.2%)	13	(0.7%)
Montgomery	2,988	(56.0%)	2,263	(42.4%)	89	(1.7%)
Northampton	2,817	(52.5%)	1,185	(22.1%)	1,364	(25.4%)
Northumberland	4,131	(77.4%)	1,069	(20.0%)	136	(2.5%)
Philadelphia	6,757	(58.3%)	4,784	(41.3%)	47	(0.4%)
Somerset	1,124	(78.7%)	297	(20.8%)	8	(0.6%)
Venango & Warren	460	(78.5%)	126	(21.5%)	0	
Wayne	322	(65.8%)	112	(22.9%)	55	(11.2%)
Washington	3,680	(77.4%)	1,067	(22.4%)	6	(1.3%)
Westmoreland	1,858	(58.9%)	1,261	(40.0%)	34	(1.1%)
York	2,867	(63.2%)	1,651	(36.4%)	18	(0.4%)
Total	**67,975**	**(60.9%)**	**39,575**	**(35.5%)**	**4,006**	**(3.6%)**

SOURCE—Journal, Pennsylvania House of Representatives, 1808.

Pennsylvania

1811

County	Simon Snyder (D-R)		William Tilgham (F)	
Adams	658	(60.4%)	432	(39.6%)
Allegheny	no returns			
Armstrong	704	(100%)	0	
Beaver	1,020	(100%)	0	
Bedford	1,337	(100%)	0	
Berks	2,892	(100%)	0	
Bucks	2,930	(100%)	0	
Butler	600	(100%)	0	
Cambria	220	(86.6%)	34	(13.4%)
Centre, Clearfield & McKean	1,282	(100%)	0	
Chester	2,630	(54.4%)	2,206	(45.6%)
Crawford	543	(100%)	0	
Cumberland	2,299	(100%)	0	
Dauphin	1,985	(100%)	0	
Delaware	554	(79.5%)	143	(20.5%)
Erie	343	(100%)	0	
Fayette	1,743	(100%)	0	
Greene	978	(100%)	0	
Huntingdon	704	(99.9%)	1	(0.1%)
Indiana	476	(100%)	0	
Lancaster	2,168	(100%)	0	
Luzerne & Susquehanna	1,040	(59.2%)	718	(40.8%)
Lycoming, Potter & Tioga	1,139	(100%)	0	
Mercer	952	(100%)	0	
Mifflin	1,292	(100%)	0	
Montgomery	1,963	(100%)	0	
Northampton	2,533	(99.5%)	14	(0.5%)
Northumberland	2,742	(98.9%)	30	(1.1%)
Philadelphia	3,708	(100%)	0	
Schuylkill	593	(100%)	0	
Somerset	1,076	(100%)	0	
Venango & Warren	500	(100%)	0	
Wayne	282	(99.6%)	1	(0.4%)
Washington	2,563	(99.3%)	17	(0.7%)
Westmoreland	1,848	(100%)	0	
York	1,834	(99.3%)	13	(0.7%)
Total	**52,319**	**(93.5%)**	**3,609**	**(6.5%)**

SOURCE—Journal, Pennsylvania House of Representatives, 1811.

1814

County	Simon Snyder (D-R)		Isaac Wayne (F)		George Lattimore (I)	
Adams	447	(26.5%)	1,239	(73.5%)	0	
Allegheny	1,366	(81.4%)	313	(18.6%)	0	
Armstrong, Indiana & Jefferson	632	(89.4%)	0		75	(10.6%)
Beaver	834	(94.8%)	45	(5.1%)	1	(0.1%)
Bedford	1,422	(80.4%)	346	(19.6%)	0	
Berks	2,384	(55.5%)	1,911	(44.5%)	0	
Bradford & Lycoming	724	(96.8%)	11	(1.5%)	13	(1.7%)
Bucks	2,327	(53.1%)	2,052	(46.9%)	0	
Butler	524	(97.2%)	15	(2.8%)	0	
Cambria	145	(74.0%)	22	(11.2%)	29	(14.8%)
Centre, Clearfield & McKean	1,127	(96.6%)	38	(3.3%)	2	(0.2%)
Chester	2,728	(47.4%)	3,024	(52.6%)	0	
Columbia	1,085	(80.0%)	271	(20.0%)	0	
Crawford	275	(68.2%)	94	(23.3%)	34	(8.4%)
Cumberland	2,281	(70.6%)	944	(29.2%)	10	(0.3%)
Dauphin	1,027	(69.7%)	446	(30.3%)	0	
Delaware	595	(33.8%)	1,165	(66.2%)	0	
Erie & Warren	308	(70.0%)	55	(12.5%)	77	(17.5%)
Fayette	1,583	(81.9%)	349	(18.1%)	0	
Franklin	1,745	(56.5%)	1,345	(43.5%)	0	
Greene	704	(82.9%)	144	(17.0%)	1	(0.1%)
Huntingdon	1,150	(62.7%)	83	(4.5%)	592	(32.3%)
Lancaster	2,357	(44.0%)	3,000	(56.0%)	0	
Lebanon	792	(70.6%)	330	(29.4%)	0	
Lehigh	887	(57.3%)	660	(42.7%)	0	
Luzerne	997	(53.4%)	871	(46.6%)	0	
Mercer	808	(96.0%)	21	(2.5%)	13	(1.7%)
Mifflin	1,290	(95.3%)	25	(1.8%)	13	(1.5%)
Montgomery	2,057	(50.3%)	2,031	(49.7%)	0	
Northampton	1,670	(68.1%)	781	(31.9%)	0	
Northumberland	508	(90.1%)	56	(9.9%)	0	
Philadelphia	4,553	(44.9%)	5,578	(55.1%)	0	
Potter & Tioga	180	(99.4%)	1	(0.6%)	0	
Pike	238	(77.5%)	69	(22.5%)	0	
Schuylkill	665	(85.0%)	100	(15.0%)	0	
Somerset	913	(93.4%)	65	(6.6%)	0	
Susquehanna	298	(64.4%)	195	(35.6%)	0	
Union	1,127	(95.4%)	65	(4.6%)	0	

County	Simon Snyder (D-R)		Isaac Wayne (F)		George Lattimore (I)	
Venango	373	(94.0%)	0		24	(6.0%)
Wayne	186	(91.6%)	17	(8.4%)	0	
Washington	2,808	(95.9%)	120	(4.1%)	0	
Westmoreland	1,353	(64.0%)	760	(36.0%)	0	
York	1,593	(60.8%)	1,027	(39.2%)	0	
Total	51,099	(62.6%)	29,566	(36.2%)	910	(1.1%)

SOURCE—Journal, Pennsylvania House of Representatives, 1814.

1817

County	William Findlay (D-R)		Joseph Hiester (IR)	
Adams	674	(29.4%)	1,622	(70.6%)
Allegheny	1,593	(49.4%)	1,630	(50.6%)
Armstrong	759	(68.6%)	347	(31.4%)
Beaver	951	(58.3%)	679	(41.7%)
Bedford	1,517	(53.5%)	1,318	(46.5%)
Berks	2,534	(37.7%)	4,193	(62.3%)
Bradford	929	(72.5%)	353	(27.5%)
Bucks	2,772	(49.0%)	2,888	(51.0%)
Butler	735	(72.9%)	273	(27.1%)
Cambria	206	(57.9%)	150	(42.1%)
Centre & Clearfield	1,569	(67.2%)	765	(32.8%)
Chester	3,051	(47.8%)	3,330	(52.2%)
Columbia	1,647	(68.3%)	766	(31.7%)
Crawford	387	(49.0%)	393	(51.0%)
Cumberland	2,913	(55.9%)	2,297	(44.1%)
Dauphin	1,117	(39.1%)	1,738	(60.9%)
Delaware	540	(31.3%)	1,185	(68.7%)
Erie	358	(57.8%)	261	(42.2%)
Fayette	1,982	(68.8%)	898	(31.2%)
Franklin	1,990	(50.8%)	1,931	(49.2%)
Greene	1,095	(72.7%)	412	(27.3%)
Huntingdon	1,484	(54.4%)	1,246	(45.6%)
Indiana & Jefferson	718	(72.4%)	274	(27.6%)
Lancaster	2,889	(37.8%)	4,763	(62.2%)
Lebanon	1,182	(49.4%)	1,212	(50.6%)
Lehigh	1,617	(65.7%)	843	(34.3%)
Luzerne	985	(54.2%)	832	(45.8%)
Lycoming, McKean & Potter	1,276	(66.3%)	648	(33.7%)
Mercer	832	(70.8%)	343	(29.2%)
Mifflin	1,565	(61.5%)	978	(38.5%)
Montgomery	3,064	(53.7%)	2,645	(46.3%)
Northampton	2,761	(69.7%)	1,203	(30.3%)
Northumberland	1,326	(58.5%)	939	(41.5%)
Philadelphia	4,581	(38.0%)	7,483	(62.0%)
Pike	294	(72.4%)	112	(27.6%)
Schuylkill	566	(40.0%)	850	(60.0%)
Somerset	930	(51.9%)	861	(48.1%)
Susquehanna	467	(75.0%)	156	(25.0%)
Tioga	289	(76.1%)	91	(23.9%)
Union	1,018	(40.3%)	1,507	(59.7%)
Venango & Warren	547	(78.9%)	146	(21.1%)
Wayne	350	(89.7%)	40	(10.3%)
Washington	3,111	(70.4%)	1,306	(29.6%)
Westmoreland	2,242	(61.2%)	1,421	(38.8%)
York	2,918	(60.0%)	1,944	(40.0%)
Total	66,331	(52.8%)	59,272	(47.2%)

SOURCE—Journal, Pennsylvania House of Representatives, 1817.

1820

County	Joseph Hiester (IR)		William Findlay (D-R)	
Adams	1,940	(71.0%)	791	(29.0%)
Alleghany	1,749	(50.7%)	1,702	(49.3%)
Armstrong	495	(32.8%)	1,016	(67.2%)
Beaver	1,100	(56.2%)	858	(43.8%)
Bedford	1,458	(48.6%)	1,545	(51.4%)
Berks	4,355	(61.2%)	2,757	(38.8%)
Bradford	788	(46.3%)	915	(53.7%)
Bucks	3,043	(61.8%)	1,878	(38.2%)
Butler	438	(36.0%)	779	(64.0%)
Cambria	207	(52.0%)	191	(48.0%)
Centre & Clearfield	816	(35.0%)	1,516	(65.0%)
Chester	3,328	(53.2%)	2,930	(46.8%)
Columbia	916	(44.4%)	1,148	(55.6%)
Crawford	580	(49.9%)	581	(50.1%)
Cumberland	1,828	(49.2%)	1,886	(50.8%)
Dauphin	2,000	(60.5%)	1,304	(39.5%)
Delaware	1,103	(66.3%)	560	(33.7%)
Erie	415	(44.4%)	519	(55.6%)
Fayette	1,463	(40.8%)	2,120	(59.2%)
Franklin	2,330	(51.4%)	2,200	(48.6%)
Greene	507	(29.2%)	1,229	(70.8%)
Huntingdon	1,612	(55.4%)	1,196	(44.6%)
Indiana & Jefferson	432	(30.7%)	977	(69.3%)
Lancaster	5,073	(61.5%)	3,176	(38.5%)
Lebanon	1,290	(51.7%)	1,206	(48.3%)
Lehigh	1,079	(39.0%)	1,686	(61.0%)
Luzerne	1,065	(48.7%)	1,124	(51.3%)
Lycoming, McKean & Potter	769	(40.4%)	1,133	(59.6%)
Mercer	582	(40.1%)	868	(59.9%)
Mifflin	1,134	(43.0%)	1,503	(57.0%)
Montgomery	2,516	(47.1%)	2,827	(52.9%)
Northampton	1,605	(37.2%)	2,714	(62.8%)
Northumberland	1,031	(44.2%)	1,300	(55.8%)
Perry	754	(44.7%)	933	(55.3%)
Philadelphia	6,908	(61.0%)	4,409	(39.0%)
Pike	216	(42.9%)	287	(57.1%)
Schuylkill	940	(57.0%)	708	(43.0%)
Somerset	1,213	(59.7%)	819	(40.3%)
Susquehanna	496	(42.8%)	663	(57.2%)
Tioga	149	(29.0%)	365	(71.0%)
Union	1,621	(60.9%)	1,040	(39.1%)
Venango	190	(27.0%)	514	(73.0%)
Warren	96	(35.4%)	175	(64.6%)
Wayne	226	(49.8%)	228	(50.2%)
Washington	1,814	(37.4%)	3,037	(62.6%)
Westmoreland	2,104	(47.1%)	2,366	(52.9%)
York	2,131	(44.8%)	2,621	(55.2%)
Total	67,905	(50.6%)	66,300	(49.4%)

SOURCE—Journal, Pennsylvania House of Representatives, 1820.

Pennsylvania

1823

County	J. Andrew Schulze (D-R)		Andrew Gregg (IR)	
Adams	1,115	(39.6%)	1,698	(60.4%)
Allegheny	2,756	(59.8%)	1,856	(40.2%)
Armstrong	1,346	(78.3%)	374	(21.7%)
Beaver	1,464	(64.0%)	824	(36.0%)
Bedford	2,117	(65.2%)	1,130	(34.8%)
Berks	3,569	(51.2%)	3,403	(48.8%)
Bradford	977	(54.9%)	804	(45.1%)
Bucks	3,086	(49.9%)	3,095	(50.1%)
Butler	1,216	(70.2%)	515	(29.8%)
Cambria	252	(48.4%)	269	(51.6%)
Centre	1,895	(71.7%)	749	(28.3%)
Chester	3,291	(45.7%)	3,915	(54.3%)
Clearfield	309	(64.1%)	173	(35.9%)
Columbia	1,609	(71.6%)	637	(28.4%)
Crawford	900	(58.1%)	649	(41.9%)
Dauphin	1,791	(51.9%)	1,663	(48.1%)
Delaware	641	(30.4%)	1,465	(69.6%)
Erie	754	(55.5%)	604	(44.5%)
Fayette	2,634	(71.1%)	1,070	(28.9%)
Franklin	2,445	(54.8%)	2,014	(45.2%)
Greene	1,673	(79.4%)	433	(20.6%)
Huntingdon	1,995	(85.8%)	1,495	(14.2%)
Indiana & Jefferson	1,276	(76.8%)	386	(23.2%)
Lancaster	4,350	(47.0%)	4,902	(53.0%)
Lebanon	1,669	(58.7%)	1,172	(41.3%)
Lehigh	2,156	(67.3%)	1,047	(32.7%)
Luzerne	1,280	(49.8%)	1,291	(50.2%)
Lycoming & McKean	1,520	(67.2%)	743	(32.8%)
Mercer	1,373	(69.2%)	611	(30.8%)
Mifflin	1,772	(63.6%)	1,012	(36.4%)
Montgomery	3,148	(46.8%)	2,572	(53.2%)
Northampton	3,498	(70.1%)	1,490	(29.9%)
Northumberland	1,564	(65.5%)	824	(34.5%)
Perry	1,323	(68.7%)	604	(31.3%)
Philadelphia	6,652	(46.2%)	7,757	(53.8%)
Pike	398	(64.4%)	220	(35.6%)
Schuylkill	918	(54.9%)	753	(45.1%)
Somerset	1,443	(59.8%)	970	(40.2%)
Susquehanna	658	(54.7%)	544	(45.3%)
Tioga	450	(75.9%)	143	(24.1%)
Union	1,762	(61.1%)	1,098	(38.9%)
Venango	679	(70.4%)	286	(29.6%)
Warren	162	(46.0%)	190	(54.0%)
Washington	4,188	(74.8%)	1,414	(25.2%)
Wayne	474	(76.1%)	149	(23.9%)
Westmoreland	3,298	(66.7%)	1,650	(33.3%)
York	3,912	(64.4%)	2,166	(35.6%)
Total	**89,928**	**(58.3%)**	**64,211**	**(41.7%)**

SOURCE—Journal, Pennsylvania House of Representatives, 1823.

1826

County	J. Andrew Schulze (J)		Andrew Sergeant (Ad)		scattering	
Adams	758	(47.7%)	832	(52.3%)		
Allegheny	2,297	(100%)				
Armstrong	1,471	(100%)				
Beaver	1,531	(96.8%)	51	(3.2%)		
Bedford	2,052	(100%)				
Berks	2,978	(100%)				
Bradford	1,753	(73.9%)			620	(26.1%)
Bucks	2,223	(100%)				
Butler	1,178	(100%)				
Cambria	392	(91.2%)			38	(8.8%)
Centre	1,355	(100%)				
Chester	2,208	(97.2%)	63	(2.8%)		
Clearfield	335	(100%)				
Columbia	1,006	(100%)				
Crawford	798	(100%)				
Cumberland	1,726	(94.3%)	21	(1.4%)	84	(4.6%)
Dauphin	1,253	(100%)				
Delaware	569	(96.3%)	9	(1.5%)	23	(3.9%)
Erie	753	(95.8%)	33	(4.2%)		
Fayette	1,914	(100%)				
Franklin	2,591	(100%)				
Greene	1,164	(100%)				
Huntingdon	1,736	(79.7%)			442	(20.3%)
Indiana & Jefferson	1,023	(96.5%)	37	(3.5%)		
Lancaster	2,381	(100%)				
Lebanon	954	(98.1%)			18	(1.9%)
Lehigh	1,624	(100%)				
Luzerne	1,185	(84.6%)	85	(6.1%)	130	(9.3%)
Lycoming	893	(100%)				
McKean & Potter	124	(100%)				
Mercer	1,320	(100%)				
Mifflin	1,347	(96.5%)	49	(3.5%)		
Montgomery	2,862	(100%)				
Northampton	2,588	(99.0%)	27	(1.0%)		
Northumberland	903	(100%)				
Perry	1,356	(100%)				

County	J. Andrew Schulze (J)		Andrew Sergeant (Ad)		scattering	
Philadelphia	7,119	(97.9%)			149	(2.1%)
Pike	358	(100%)				
Schuylkill	375	(65.1%)	66	(11.5%)	135	(23.4%)
Somerset	1,001	(100%)				
Susquehanna	803	(94.2%)	4	(0.5%)	45	(5.3%)
Tioga	563	(100%)				
Union	1,070	(100%)				
Venango	661	(100%)				
Warren	281	(100%)				
Washington	2,681	(100%)				
Wayne	403	(99.5%)	2	(0.5%)		
Westmoreland	2,320	(100%)				
York	2,524	(99.5%)	12	(0.5%)		
Total	72,710	(96.9%)	1,175	(1.6%)	1,180	(1.6%)

SOURCE—Journal, Pennsylvania House of Representatives, 1826.

1829

County	George Wolf (J)		Joseph Ritner (AM)	
Adams	836	(45.1%)	1,016	(54.9%)
Allegheny	2,077	(52.6%)	1,872	(47.4%)
Armstrong	1,194	(62.6%)	712	(37.4%)
Beaver	1,280	(61.0%)	819	(39.0%)
Bedford	1,079	(49.2%)	1,113	(50.8%)
Berks	3,990	(59.7%)	2,689	(40.3%)
Bradford	1,219	(78.5%)	333	(21.5%)
Bucks	4,242	(83.5%)	841	(16.5%)
Butler	870	(62.0%)	533	(38.0%)
Cambria	210	(32.6%)	434	(67.4%)
Centre	1,305	(58.0%)	944	(42.0%)
Chester	2,630	(49.3%)	2,703	(50.7%)
Clearfield	256	(56.3%)	199	(43.7%)
Columbia	1,374	(79.5%)	355	(20.5%)
Crawford	840	(47.2%)	939	(52.8%)
Cumberland	1,592	(66.6%)	799	(33.4%)
Dauphin	1,179	(42.6%)	1,587	(57.4%)
Delaware	744	(73.6%)	267	(26.4%)
Erie	497	(24.3%)	1,545	(75.7%)
Fayette	2,177	(67.3%)	1,056	(32.7%)
Franklin	2,016	(50.0%)	2,016	(50.0%)
Greene	980	(51.0%)	941	(49.0%)
Huntingdon	1,011	(38.5%)	1,616	(61.5%)
Indiana & Jefferson	456	(30.4%)	1,044	(69.6%)
Lancaster	3,976	(41.8%)	5,542	(58.2%)
Lebanon	850	(38.4%)	1,363	(61.6%)
Lehigh	1,650	(53.1%)	1,455	(46.9%)
Luzerne	1,994	(94.1%)	124	(5.9%)
Lycoming	903	(47.9%)	982	(52.1%)
McKean & Potter	241	(86.7%)	37	(13.3%)
Mercer	599	(31.5%)	1,303	(68.5%)
Mifflin	1,283	(55.2%)	1,041	(44.8%)
Montgomery	2,067	(61.1%)	1,314	(38.9%)
Northampton	4,060	(89.9%)	458	(10.1%)
Northumberland	1,253	(58.8%)	879	(41.2%)
Perry	1,180	(68.6%)	540	(31.4%)
Philadelphia	11,393	(95.4%)	546	(4.6%)
Pike	653	(98.6%)	9	(1.4%)
Schuylkill	902	(72.2%)	347	(27.8%)
Somerset	584	(27.8%)	1,520	(72.2%)
Susquehanna	981	(76.6%)	300	(23.4%)
Tioga	656	(79.0%)	174	(21.0%)
Union	764	(27.0%)	2,068	(73.0%)
Venango	541	(41.8%)	752	(58.2%)
Warren	436	(76.8%)	132	(23.2%)
Washington	2,207	(48.0%)	2,388	(52.0%)
Wayne	552	(92.2%)	47	(7.8%)
Westmoreland	2,585	(66.2%)	1,322	(33.8%)
York	1,855	(70.9%)	760	(29.1%)
Total	78,219	(60.2%)	51,776	(39.8%)

SOURCE—Journal, Pennsylvania House of Representatives, 1829.

1832

County	George Wolf (D)		Joseph Ritner (AM)	
Adams	1,030	(38.0%)	1,679	(62.0%)
Allegheny	3,094	(46.9%)	3,506	(53.1%)
Armstrong	1,975	(67.3%)	959	(32.7%)
Beaver	1,440	(49.3%)	1,480	(50.7%)
Bedford	1,629	(51.1%)	1,561	(48.9%)
Berks	3,758	(52.2%)	3,435	(47.8%)
Bradford	1,685	(64.7%)	920	(35.3%)
Bucks	3,202	(52.8%)	2,862	(47.2%)
Butler	1,204	(53.8%)	1,032	(46.2%)
Cambria	598	(63.8%)	340	(36.2%)
Centre	1,920	(65.4%)	1,016	(34.6%)
Chester	2,374	(35.6%)	4,301	(64.4%)
Clearfield	513	(64.0%)	288	(36.0%)
Columbia	1,768	(68.1%)	829	(31.9%)
Crawford	1,502	(62.7%)	895	(37.3%)
Cumberland	2,326	(56.3%)	1,807	(43.7%)
Dauphin	1,575	(40.8%)	2,285	(59.2%)
Delaware	918	(41.6%)	1,291	(58.4%)
Erie	1,170	(39.5%)	1,792	(60.5%)
Fayette	2,440	(57.5%)	1,806	(42.5%)
Franklin	2,234	(47.0%)	2,516	(53.0%)
Greene	1,009	(43.0%)	1,335	(57.0%)
Huntingdon	1,657	(43.1%)	2,189	(56.9%)
Indiana	813	(42.4%)	1,106	(57.6%)
Jefferson	249	(59.0%)	173	(41.0%)
Juniata	687	(49.8%)	692	(50.2%)
Lancaster	4,124	(39.2%)	6,387	(60.8%)
Lebanon	1,002	(34.5%)	1,906	(65.5%)
Lehigh	1,676	(49.1%)	1,736	(50.9%)
Luzerne	2,064	(56.5%)	1,586	(43.5%)
Lycoming	1,729	(64.9%)	936	(35.1%)
McKean & Potter	368	(90.9%)	37	(9.1%)
Mercer	1,347	(46.4%)	1,553	(53.6%)
Mifflin	782	(48.4%)	834	(51.6%)
Montgomery	2,972	(50.3%)	2,933	(49.7%)
Northampton	3,414	(65.2%)	1,822	(34.8%)

Northumberland	1,415	(56.6%)	1,084	(43.4%)		
Perry	1,284	(64.8%)	697	(35.2%)		
Philadelphia	9,821	(47.4%)	10,907	(52.6%)		
Pike	613	(89.6%)	71	(10.4%)		
Schuylkill	1,328	(58.2%)	954	(41.8%)		
Somerset	844	(31.3%)	1,855	(68.7%)		
Susquehanna	1,146	(70.7%)	475	(29.3%)		
Tioga	710	(61.4%)	446	(38.6%)		
Union	1,021	(32.4%)	2,131	(67.6%)		
Venango	1,201	(74.7%)	406	(25.3%)		
Warren	450	(67.4%)	218	(32.6%)		
Wayne	606	(71.5%)	241	(28.5%)		
Washington	2,749	(48.8%)	2,889	(51.2%)		
Westmoreland	3,542	(69.6%)	1,549	(30.4%)		
York	2,357	(49.9%)	2,367	(50.1%)		
Total	**91,335**	**(50.9%)**	**88,165**	**(49.1%)**		

SOURCE—Journal, Pennsylvania House of Representatives, 1832.

1835

County	Joseph Ritner (AM)		George Wolf (D)		Henry Muhlenberg (D)	
Adams	1,517	(53.5%)	406	(14.3%)	911	(32.1%)
Allegheny	3,848	(54.4%)	2,854	(40.3%)	378	(5.3%)
Armstrong	1,100	(34.8%)	1,874	(59.3%)	188	(5.9%)
Beaver	1,669	(54.7%)	1,066	(34.5%)	354	(11.5%)
Bedford	2,067	(56.0%)	1,581	(42.8%)	46	(1.2%)
Berks	3,016	(33.7%)	1,743	(19.5%)	4,194	(46.8%)
Bradford	1,239	(39.3%)	1,504	(47.8%)	406	(12.9%)
Bucks	3,584	(51.6%)	2,534	(36.5%)	829	(11.9%)
Butler	1,306	(50.2%)	1,059	(40.7%)	237	(9.1%)
Cambria	694	(51.7%)	610	(45.5%)	38	(2.8%)
Centre	1,070	(32.8%)	1,742	(53.5%)	446	(13.7%)
Chester	4,051	(54.5%)	1,799	(24.2%)	1,577	(21.2%)
Columbia	767	(26.6%)	869	(30.2%)	1,246	(43.2%)
Clearfield	323	(34.1%)	335	(35.3%)	290	(30.6%)
Crawford	999	(37.1%)	877	(32.6%)	814	(30.3%)
Cumberland	1,748	(39.9%)	1,492	(34.1%)	1,137	(26.0%)
Dauphin	2,320	(60.7%)	780	(20.4%)	719	(18.8%)
Delaware	1,240	(52.9%)	699	(29.8%)	403	(17.2%)
Erie	1,943	(57.4%)	164	(4.8%)	1,280	(37.8%)
Fayette	1,708	(40.5%)	1,132	(26.8%)	1,379	(32.7%)
Franklin	2,207	(44.4%)	1,423	(28.7%)	1,336	(26.9%)
Greene	1,075	(44.1%)	366	(15.0%)	997	(40.9%)
Huntingdon	2,555	(59.4%)	1,324	(30.8%)	423	(9.8%)
Indiana	1,524	(60.3%)	991	(39.2%)	14	(0.6%)
Jefferson	246	(40.7%)	356	(58.9%)	3	(0.7%)
Juniata	763	(48.8%)	588	(37.6%)	211	(13.6%)
Lancaster	7,018	(59.6%)	4,283	(36.4%)	471	(4.0%)
Lebanon	1,968	(65.1%)	621	(20.5%)	435	(14.4%)
Lehigh	1,914	(48.3%)	841	(21.2%)	1,204	(30.4%)
Luzerne	1,488	(37.2%)	618	(15.5%)	1,890	(47.3%)
Lycoming	1,277	(37.9%)	1,159	(34.4%)	935	(27.7%)
McKean & Potter	128	(21.5%)	413	(69.4%)	54	(9.1%)
Mercer	1,694	(54.8%)	519	(16.8%)	878	(28.4%)
Mifflin	866	(46.0%)	909	(48.2%)	109	(5.8%)
Montgomery	3,014	(47.4%)	1,744	(27.4%)	1,599	(25.2%)
Northampton	2,560	(41.6%)	3,135	(51.0%)	458	(7.4%)
Northumberland	882	(30.7%)	748	(26.0%)	1,247	(43.3%)
Perry	760	(33.6%)	701	(31.0%)	802	(35.4%)
Philadelphia	10,633	(47.1%)	7,834	(34.7%)	4,105	(18.2%)
Pike	66	(8.5%)	620	(80.1%)	88	(11.4%)
Schuylkill	833	(33.8%)	456	(18.5%)	1,172	(47.6%)
Somerset	2,031	(76.3%)	542	(20.4%)	89	(3.4%)
Susquehanna	594	(27.9%)	873	(41.0%)	789	(37.0%)
Tioga	468	(31.0%)	868	(57.4%)	176	(11.6%)
Union	2,185	(64.0%)	578	(16.9%)	653	(19.1%)
Venango	613	(31.8%)	847	(44.0%)	467	(24.2%)
Warren	190	(23.3%)	397	(48.6%)	230	(28.2%)
Washington	3,179	(52.8%)	2,464	(40.9%)	379	(6.3%)
Wayne	226	(21.4%)	744	(70.5%)	85	(8.1%)
Westmoreland	2,192	(39.1%)	2,652	(47.3%)	757	(13.5%)
York	2,665	(49.4%)	1,070	(19.8%)	1,658	(30.7%)
Total	**94,023**	**(46.9%)**	**65,804**	**(32.8%)**	**40,586**	**(20.3%)**

SOURCE—Journal, Pennsylvania House of Representatives, 1835.

1838

County	David R. Porter (D)		Joseph Ritner (AM)	
Adams	1,535	(39.9%)	2,310	(60.1%)
Allegheny	4,505	(42.7%)	6,038	(57.3%)
Armstrong	2,781	(64.8%)	1,510	(35.2%)
Beaver	1,934	(44.0%)	2,457	(56.0%)
Bedford	2,384	(51.0%)	2,290	(49.0%)
Berks	7,101	(68.8%)	3,215	(31.2%)
Bradford	2,420	(52.2%)	2,219	(47.8%)
Bucks	4,553	(52.3%)	4,147	(47.7%)
Butler	1,653	(49.2%)	1,700	(50.8%)
Cambria	844	(52.6%)	762	(47.4%)
Centre	2,589	(63.8%)	1,467	(36.2%)
Chester	4,527	(47.7%)	4,971	(52.3%)
Clearfield	792	(62.6%)	474	(37.4%)
Columbia	2,616	(70.6%)	1,088	(29.4%)
Crawford	2,304	(54.1%)	1,957	(45.9%)
Cumberland	2,743	(54.2%)	2,316	(45.8%)
Dauphin	1,944	(40.6%)	2,843	(59.4%)
Delaware	1,263	(42.2%)	1,731	(57.8%)
Erie	1,565	(36.3%)	2,747	(63.7%)
Fayette	2,788	(58.4%)	1,984	(41.6%)
Franklin	2,815	(52.4%)	2,560	(47.6%)
Greene	1,849	(62.5%)	1,109	(37.5%)
Huntingdon	2,761	(42.8%)	3,687	(57.2%)
Indiana	1,262	(42.3%)	1,723	(57.7%)
Jefferson	591	(58.4%)	421	(41.6%)
Juniata	1,049	(54.9%)	863	(45.1%)
Lancaster	5,503	(39.1%)	8,558	(60.9%)
Lebanon	1,553	(41.1%)	2,228	(58.9%)
Lehigh	2,460	(51.2%)	2,349	(48.8%)
Luzerne	3,132	(54.7%)	2,592	(45.3%)
Lycoming	2,496	(61.6%)	1,555	(38.4%)
McKean	219	(63.3%)	127	(36.7%)
Mercer	2,326	(44.2%)	2,935	(55.8%)
Mifflin	1,177	(51.5%)	1,109	(48.5%)
Monroe	1,223	(77.0%)	366	(23.0%)
Montgomery	4,558	(54.9%)	3,748	(45.1%)
Northampton	3,634	(58.6%)	2,566	(41.4%)
Northumberland	2,144	(64.8%)	1,164	(35.2%)
Perry	1,916	(68.5%)	883	(31.5%)
Philadelphia	8,041	(37.4%)	13,485	(62.6%)
Pike	526	(81.8%)	117	(18.2%)
Potter	276	(80.2%)	68	(19.8%)
Schuylkill	2,271	(60.1%)	1,508	(39.9%)
Somerset	883	(28.4%)	2,244	(71.6%)
Susquehanna	1,530	(54.8%)	1,264	(45.2%)
Tioga	1,448	(70.9%)	594	(29.1%)
Union	1,595	(41.3%)	2,268	(58.7%)
Venango	1,765	(68.1%)	828	(31.9%)
Warren	700	(56.4%)	542	(43.6%)
Washington	1,062	(66.4%)	538	(33.6%)
Wayne	3,461	(49.5%)	3,528	(50.5%)
Westmoreland	4,561	(66.3%)	2,315	(33.7%)
York	4,196	(56.3%)	3,257	(43.7%)
Total	**127,821**	**(51.1%)**	**122,325**	**(48.9%)**

SOURCE—Journal, Pennsylvania House of Representatives, 1838.

1841

County	David R. Porter (D)		John Banks (W)		F. Julius Lemoyne (Lty)	
Adams	1,599	(45.1%)	1,941	(54.7%)	6	(0.2%)
Allegheny	4,281	(45.5%)	5,068	(53.9%)	62	(0.7%)
Armstrong	1,756	(63.8%)	998	(36.2%)		
Beaver	1,751	(43.6%)	2,158	(53.7%)	106	(2.6%)
Bedford	2,550	(53.0%)	2,261	(47.0%)		
Berks	7,495	(71.9%)	2,925	(28.1%)		
Bradford	2,705	(55.5%)	2,143	(44.0%)	27	(0.5%)
Bucks	4,412	(51.9%)	4,066	(47.8%)	26	(0.3%)
Butler	1,674	(49.4%)	1,716	(50.6%)		
Cambria	874	(51.9%)	810	(48.1%)		
Centre	2,300	(66.9%)	1,126	(32.7%)	13	(0.4%)
Chester	4,565	(49.2%)	4,711	(50.8%)		
Clarion	1,500	(73.0%)	555	(27.0%)		
Clearfield	886	(67.9%)	419	(32.1%)		
Clinton	786	(56.6%)	603	(43.4%)		
Columbia	2,569	(70.0%)	1,103	(30.0%)		
Crawford	2,815	(57.3%)	2,099	(42.7%)	1	(0.002%)
Cumberland	2,721	(57.9%)	1,977	(42.1%)		
Dauphin	2,249	(45.9%)	2,649	(54.0%)	4	(0.1%)
Delaware	1,289	(44.6%)	1,578	(54.7%)	20	(0.7%)
Erie	1,855	(38.2%)	2,956	(60.9%)	40	(0.8%)
Fayette	2,749	(60.1%)	1,812	(39.6%)	15	(0.3%)
Franklin	2,779	(51.3%)	2,636	(48.7%)		
Greene	1,763	(65.0%)	949	(35.0%)		
Huntingdon	2,551	(43.9%)	3,258	(56.1%)	3	(0.1%)
Indiana	1,195	(43.3%)	1,557	(56.4%)	8	(0.3%)
Jefferson	678	(60.3%)	447	(39.7%)		
Juniata	971	(52.8%)	868	(47.2%)		
Lancaster	4,914	(37.8%)	8,085	(62.2%)		
Lebanon	1,542	(45.6%)	1,840	(54.4%)		
Lehigh	2,553	(52.3%)	2,328	(47.7%)		
Luzerne	3,426	(60.8%)	2,194	(39.0%)	11	(0.2%)
Lycoming	2,261	(48.6%)	1,393	(51.4%)		

Pennsylvania

County	David R. Porter (D)		John Banks (W)		F. Julius Lemoyne (Lty)	
McKean	236	(54.0%)	199	(46.0%)		
Mercer	2,318	(45.6%)	2,760	(54.4%)		
Mifflin	1,324	(53.0%)	1,124	(45.0%)	49	(2.0%)
Monroe	1,293	(82.5%)	269	(17.2%)	6	(0.4%)
Montgomery	4,402	(58.0%)	3,144	(41.5%)	39	(0.5%)
Northampton	3,467	(60.1%)	2,302	(39.9%)		
Northumberland	2,162	(65.4%)	1,143	(34.6%)		
Perry	1,827	(67.7%)	870	(32.3%)		
Philadelphia	15,479	(53.5%)	13,268	(45.9%)	168	(0.6%)
Pike	540	(87.9%)	74	(12.1%)		
Potter	365	(70.3%)	154	(29.7%)		
Schuylkill	2,408	(63.0%)	1,415	(37.0%)		
Somerset	792	(29.9%)	1,853	(70.1%)		
Susquehanna	1,962	(62.3%)	1,152	(36.6%)	36	(1.1%)
Tioga	1,598	(73.6%)	574	(26.4%)		
Union	1,568	(42.4%)	2,132	(57.6%)	2	(0.1%)
Venango	1,280	(62.9%)	755	(37.1%)		
Warren	963	(60.5%)	628	(39.4%)	2	(0.1%)
Washington	3,434	(50.4%)	3,291	(48.3%)	85	(1.2%)
Wayne	1,167	(67.3%)	553	(31.9%)	13	(0.8%)
Westmoreland	4,080	(65.5%)	2,135	(34.3%)	15	(0.2%)
York	3,825	(61.2%)	2,429	(38.8%)		
Total	**136,504**	**(54.4%)**	**113,473**	**(45.3%)**	**763**	**(0.3%)**

SOURCE—Journal, Pennsylvania House of Representatives, 1842.

1844

County	Francis R. Shunk (D)		Joseph Markle (W)		F. Julius Lemoyne (Lty)	
Adams	1,848	(42.6%)	2,485	(57.3%)	3	(0.1%)
Allegheny	5,863	(40.9%)	8,105	(56.5%)	380	(2.6%)
Armstrong	1,986	(58.4%)	1,407	(41.4%)	8	(0.2%)
Beaver	2,093	(41.0%)	2,730	(53.5%)	282	(5.5%)
Bedford	2,884	(48.3%)	3,045	(51.0%)	42	(0.7%)
Berks	8,316	(69.6%)	3,840	(30.4%)	0	
Bradford	3,525	(54.3%)	2,967	(45.7%)	0	
Bucks	5,106	(51.5%)	4,804	(48.4%)	11	(0.1%)
Butler	2,054	(47.1%)	2,197	(50.4%)	108	(2.5%)
Cambria	1,129	(53.8%)	969	(46.2%)	0	
Carbon	784	(63.4%)	453	(36.6%)	0	
Centre	2,384	(57.2%)	1,786	(42.8%)	0	
Chester	5,475	(46.8%)	6,139	(52.5%)	73	(0.6%)
Clarion	1,889	(70.5%)	792	(29.5%)	1	(0.004%)
Clearfield	938	(63.6%)	538	(36.4%)	0	
Clinton	925	(53.4%)	807	(46.6%)	0	
Columbia	3,199	(66.8%)	1,593	(33.2%)	0	
Crawford	2,920	(53.1%)	2,410	(43.9%)	164	(3.0%)
Cumberland	3,008	(50.3%)	2,971	(49.7%)	4	(0.1%)
Dauphin	2,352	(42.2%)	3,213	(57.7%)	4	(0.1%)
Delaware	1,493	(41.9%)	2,069	(58.1%)	0	
Elk	132	(51.8%)	103	(40.4%)	20	(7.8%)
Erie	2,207	(38.2%)	3,501	(60.7%)	69	(1.2%)
Fayette	3,304	(53.6%)	2,836	(46.0%)	21	(3.4%)
Franklin	3,211	(45.8%)	3,797	(54.2%)	0	
Greene	2,255	(61.3%)	1,425	(38.7%)	0	
Huntingdon	2,630	(39.5%)	4,022	(60.5%)	0	
Indiana	1,417	(39.7%)	2,098	(58.8%)	52	(1.5%)
Jefferson	727	(53.7%)	617	(45.6%)	10	(0.7%)
Juniata	1,188	(52.3%)	1,085	(47.7%)	0	
Lancaster	5,532	(36.7%)	9,513	(63.1%)	10	(0.1%)
Lebanon	1,748	(41.4%)	2,478	(58.6%)	0	
Lehigh	2,680	(52.3%)	2,443	(47.7%)	0	
Luzerne	3,649	(58.7%)	2,561	(41.2%)	2	(0.003%)
Lycoming	2,600	(57.1%)	1,945	(42.7%)	10	(0.2%)
McKean	416	(57.2%)	307	(42.2%)	4	(0.6%)
Mercer	2,744	(44.7%)	2,765	(45.1%)	623	(10.2%)

County	Francis R. Shunk (D)		Joseph Markle (W)		F. Julius Lemoyne (Lty)	
Mifflin	1,585	(51.2%)	1,506	(48.6%)	6	(0.2%)
Monroe	1,601	(80.9%)	377	(19.1%)	0	
Montgomery	5,394	(55.3%)	4,341	(44.5%)	11	(0.1%)
Northampton	3,466	(58.5%)	2,455	(41.5%)	0	
Northumberland	2,384	(61.3%)	1,498	(38.5%)	5	(0.1%)
Perry	2,246	(63.1%)	1,316	(36.9%)	0	
Philadelphia	17,465	(42.9%)	23,120	(56.8%)	107	(0.3%)
Pike	643	(81.9%)	142	(18.1%)	0	
Potter	527	(68.5%)	202	(26.3%)	40	(5.2%)
Schuylkill	3,217	(57.4%)	2,390	(42.6%)	1	(0.002%)
Somerset	922	(27.3%)	2,450	(72.6%)	2	(0.1%)
Susquehanna	2,468	(59.9%)	1,595	(38.7%)	57	(1.4%)
Tioga	1,975	(65.2%)	1,049	(34.6%)	4	(0.1%)
Union	1,777	(39.5%)	2,721	(60.5%)	0	
Venango	1,230	(57.1%)	873	(40.5%)	51	(2.4%)
Warren	1,107	(56.5%)	843	(43.0%)	10	(0.5%)
Washington	3,958	(48.6%)	3,901	(47.9%)	289	(3.5%)
Wayne	1,553	(65.4%)	811	(34.2%)	9	(0.4%)
Westmoreland	4,704	(62.4%)	2,778	(36.8%)	52	(0.7%)
Wyoming	808	(51.6%)	754	(48.2%)	3	(0.2%)
York	4,691	(55.2%)	3,802	(44.8%)	0	
Total	**160,322**	**(50.3%)**	**156,040**	**(48.9%)**	**2,566**	**(0.8%)**

SOURCE—Journal, Pennsylvania House of Representatives, 1845.

1847

County	Francis R. Shunk (D)		James Irvin (W)		Emanuel C. Reigart (A)		F. Julius Lemoyne (Lty)	
Adams	1,558	(44.4%)	1,946	(55.4%)	2	(0.1%)	6	(0.2%)
Allegheny	4,453	(40.6%)	5,753	(52.5%)	599	(5.5%)	162	(1.5%)
Armstrong	2,136	(57.7%)	1,518	(41.0%)	13	(0.4%)	36	(1.0%)
Beaver	2,034	(45.5%)	2,203	(49.3%)	66	(1.5%)	167	(3.7%)
Bedford	2.458	(52.3%)	2,205	(46.9%)	0		36	(0.8%)
Berks	8,988	(71.7%)	3,357	(26.8%)	187	(1.5%)	1	(0.01%)
Blair	1,254	(40.3%)	1,854	(59.6%)	2	(0.1%)		
Bradford	3,058	(54.8%)	2,520	(45.2%)	0			
Bucks	4,685	(51.8%)	4,341	(48.0%)	17	(0.2%)		
Butler	1,931	(50.2%)	1,860	(48.4%)	12	(0.3%)	40	(1.0%)
Cambria	1,139	(53.9%)	974	(46.1%)	0			
Carbon	786	(61.9%)	484	(38.1%)	0			
Centre	2,477	(58.2%)	1,782	(41.8%)	0			
Chester	4,614	(46.4%)	5,152	(51.9%)	136	(1.4%)	33	(0.3%)
Clarion	1,607	(71.6%)	631	(28.1%)	5	(0.2%)	1	(0.04%)
Clearfield	867	(59.5%)	582	(40.0%)	2	(0.1%)	5	(0.3%)
Clinton	966	(58.5%)	685	(41.5%)	1	(0.6%)		
Columbia	2,913	(65.8%)	1,506	(34.0%)	5	(0.1%)		
Crawford	2,265	(55.4%)	1,686	(41.3%)	0		134	(3.3%)
Cumberland	2,867	(52.8%)	2,559	(47.1%)	7	(1.3%)		
Dauphin	1,872	(38.4%)	2,790	(57.2%)	212	(4.3%)	4	(0.1%)
Delaware	1,484	(45.8%)	1,719	(53.1%)	32	(1.0%)	4	(0.1%)
Elk	182	(65.7%)	93	(33.6%)	0		2	(0.7%)
Erie	1,728	(38.9%)	2,586	(58.2%)	0		130	(2.9%)
Franklin	2,762	(46.1%)	3,219	(53.7%)	2	(0.3%)	11	(0.2%)
Greene	1,914	(68.5%)	880	(31.5%)	0			
Huntingdon	1,641	(44.9%)	2,012	(55.1%)	0			
Indiana	1,415	(40.0%)	2,052	(58.0%)	1	(0.3%)	70	(2.0%)
Jefferson	709	(60.8%)	454	(38.9%)	0		3	(0.3%)
Juniata	986	(50.2%)	975	(49.7%)	2	(0.1%)		
Lancaster	4,931	(35.1%)	8,741	(62.3%)	354	(2.5%)	6	(0.4%)
Lebanon	1,600	(42.7%)	2,149	(57.3%)	0			
Lehigh	2,583	(53.6%)	2,239	(46.4%)	1	(0.02%)		
Luzerne	3,296	(61.6%)	2,017	(37.7%)	2	(0.04%)	35	(0.7%)
Lycoming	1,874	(54.9%)	1,528	(44.7%)	3	(0.1%)	1	(0.3%)
McKean	313	(55.4%)	252	(44.6%)	0			
Mercer	2,617	(48.5%)	2,616	(46.5%)	0		399	(7.1%)
Mifflin	1,431	(52.1%)	1,289	(46.9%)	27	(1.0%)		

Pennsylvania

County	Francis R. Shunk (D)		James Irvin (W)		Emanuel C. Reigart (A)		F. Julius Lemoyne (Lty)	
Monroe	1,418	(80.3%)	347	(19.7%)	0			
Montgomery	5,141	(56.7%)	3,723	(41.0%)	178	(2.0%)	18	(0.2%)
Northampton	2,862	(54.3%)	2,359	(44.8%)	45	(0.9%)		
Northumberland	1,971	(60.8%)	1,231	(37.9%)	41	(1.3%)	2	(0.1%)
Perry	1,728	(60.6%)	1,106	(38.8%)	19	(0.7%)		
Philadelphia	16,510	(41.5%)	14,117	(35.5%)	9,038	(22.7%)	130	(3.3%)
Pike	671	(82.5%)	142	(17.5%)	0			
Potter	530	(70.2%)	183	(24.2%)	0		36	(4.8%)
Schuylkill	3,720	(54.9%)	2,833	(41.8%)	229	(3.4%)		
Somerset	913	(29.7%)	2,162	(70.3%)	0			
Sullivan	317	(68.5%)	130	(28.1%)	4	(0.9%)	12	(2.6%)
Susquehanna	2,352	(60.7%)	1,463	(37.7%)	0		62	(1.6%)
Tioga	1,750	(64.3%)	972	(35.7%)	0		1	(0.004%)
Union	1,479	(37.5%)	2,463	(62.4%)	0		2	(0.1%)
Venango	1,326	(61.1%)	802	(37.0%)	0		42	(1.9%)
Warren	849	(56.0%)	659	(43.5%)	0		8	(0.5%)
Washington	3,531	(49.9%)	3,335	(47.1%)	0		210	(3.0%)
Wayne	1,291	(65.1%)	686	(34.6%)	0		7	(0.4%)
Westmoreland	4,525	(65.5%)	2,337	(33.8%)	0		42	(0.6%)
Wyoming	819	(55.5%)	653	(44.3%)	0		3	(0.2%)
York	4,007	(56.3%)	3,103	(43.6%)	2	(0.03%)	0	
military vote	66	(76.7%)	20	(23.3%)	0		0	
Total	**146,081**	**(50.8%)**	**128,148**	**(44.6%)**	**11,247**	**(3.9%)**	**1,861**	**(0.6%)**

SOURCE—Journal, Pennsylvania House of Representatives, 1848.

1848*

County	William F. Johnston (W)		Morris Longstreth (D)	
Adams	2,331	(56.3%)	1,806	(43.7%)
Allegheny	8,856	(59.0%)	6,164	(41.0%)
Armstrong	2,094	(49.5%)	2,133	(50.5%)
Beaver	2,764	(53.7%)	2,383	(46.3%)
Bedford	2,613	(48.8%)	2,739	(51.2%)
Berks	4,207	(33.3%)	8,411	(66.7%)
Blair	2,293	(61.6%)	1,427	(38.4%)
Bradford	3,241	(46.4%)	3,748	(53.6%)
Bucks	5,084	(49.2%)	5,245	(50.8%)
Butler	2,410	(51.1%)	2,308	(48.9%)
Cambria	1,151	(44.8%)	1,421	(55.2%)
Carbon	768	(43.5%)	996	(56.5%)
Centre	1,649	(39.3%)	2,544	(60.7%)
Chester	5,895	(53.4%)	5,140	(46.6%)
Clarion	1,255	(35.9%)	2,238	(64.1%)
Clearfield	630	(36.2%)	1,111	(63.8%)
Clinton	808	(44.6%)	1,004	(55.4%)
Columbia	1,980	(38.5%)	3,157	(61.5%)
Cumberland	2,989	(49.3%)	2,849	(50.7%)
Dauphin	3,249	(58.9%)	2,269	(41.1%)
Delaware	1,975	(56.8%)	1,500	(43.2%)
Elk	145	(33.9%)	283	(66.1%)
Erie	3,500	(53.1%)	2,087	(46.9%)
Fayette	2,776	(45.8%)	3,290	(54.2%)
Franklin	3,758	(55.7%)	2,988	(44.3%)
Greene	1,354	(36.4%)	2,362	(63.6%)
Huntingdon	2,289	(55.0%)	1,871	(45.0%)
Indiana	2,371	(60.2%)	1,568	(39.8%)
Jefferson & Forest	783	(44.1%)	992	(55.9%)
Juniata	1,103	(47.9%)	1,201	(52.1%)
Lancaster	9,727	(63.8%)	5,514	(36.2%)
Lebanon	2,637	(59.4%)	1,800	(40.6%)
Lehigh	2,550	(46.0%)	2,996	(54.0%)
Luzerne	2,967	(43.9%)	3,785	(56.1%)
Lycoming	1,850	(44.6%)	2,298	(55.4%)
McKean	376	(46.7%)	429	(53.3%)
Mercer	3,643	(54.0%)	3,109	(46.0%)
Mifflin	1,443	(47.6%)	1,591	(52.4%)
Monroe	425	(19.4%)	1,769	(80.6%)
Montgomery	4,645	(47.1%)	5,218	(52.9%)
Northampton	2,551	(42.3%)	3,476	(57.7%)
Northumberland	1,546	(42.1%)	2,124	(57.9%)
Perry	1,339	(39.3%)	2,064	(60.7%)
Philadelphia	25,961	(55.3%)	21,000	(44.7%)
Pike	126	(17.1%)	612	(82.9%)
Potter	278	(30.7%)	627	(69.3%)
Schuylkill	4,264	(54.7%)	3,538	(45.3%)
Somerset	2,755	(71.4%)	1,103	(28.6%)
Sullivan	182	(33.6%)	360	(66.4%)
Susquehanna	1,597	(39.8%)	2,416	(60.2%)
Tioga	1,219	(37.0%)	2,077	(63.0%)
Union	2,887	(63.1%)	1,686	(36.9%)
Venango	988	(39.2%)	1,532	(60.8%)
Warren	947	(45.3%)	1,145	(54.7%)
Washington	4,065	(50.7%)	3,949	(49.3%)
Wayne	855	(37.0%)	1,455	(63.0%)
Westmoreland	2,856	(36.6%)	4,955	(63.4%)
Wyoming	780	(45.1%)	948	(54.9%)
York	4,162	(48.9%)	4,345	(51.1%)
Total	**168,522**	**(50.04%)**	**168,225**	**(49.96%)**

*Election necessitated by the resignation of Governor Shunk on July 9, 1848. The election was for a full term.

SOURCE—Journal, Pennsylvania House of Representatives, 1848.

1851

County	William Bigler (D)		William F. Johnston (W)		Kimber Cleaver (A)	
Adams	1,945	(44.0%)	2,472	(56.0%)		
Allegheny	5,983	(39.0%)	8,797	(57.3%)	563	(3.7%)
Armstrong	2,472	(53.1%)	2,184	(46.9%)		
Beaver	1,996	(49.1%)	1,962	(48.3%)	105	(2.6%)
Bedford	2,202	(49.6%)	2,239	(50.4%)		
Berks	9,486	(66.8%)	4,721	(33.2%)	4	(0.03%)
Blair	1,704	(42.6%)	2,295	(57.4%)		
Bradford	3,688	(50.3%)	3,650	(49.7%)		
Bucks	5,488	(51.1%)	5,258	(48.9%)	1	(0.01%)
Butler	2,536	(47.7%)	2,782	(52.3%)		
Cambria	1,765	(58.9%)	1,230	(41.1%)		
Carbon	1,374	(63.5%)	787	(36.4%)	2	(0.1%)
Centre	2,974	(61.2%)	1,883	(38.8%)		
Chester	5,350	(45.7%)	6,350	(54.3%)		
Clarion	2,658	(66.3%)	1,351	(33.7%)		
Clearfield	1,698	(71.9%)	962	(28.1%)		
Clinton	1,266	(56.3%)	981	(43.7%)		
Columbia	2,041	(66.6%)	1,024	(33.4%)		
Crawford	3,192	(52.1%)	2,933	(47.9%)		
Cumberland	3,141	(51.5%)	2,955	(48.4%)	5	(0.1%)
Dauphin	2,690	(41.6%)	3,699	(57.2%)	76	(1.2%)
Delaware	1,594	(42.6%)	2,147	(57.4%)		
Elk	465	(75.1%)	154	(24.9%)		
Erie	2,110	(36.9%)	3,610	(63.1%)		
Fayette	3,179	(54.8%)	2,626	(45.2%)		
Franklin	3,236	(46.1%)	3,782	(53.9%)		
Fulton	840	(54.3%)	706	(45.7%)		
Greene	2,250	(49.8%)	1,272	(50.2%)		
Huntingdon	2,024	(45.4%)	2,435	(54.6%)		
Indiana	1,752	(40.8%)	2,540	(59.2%)		
Jefferson & Forest	1,240	(55.3%)	1,002	(44.7%)		
Juniata	1,337	(53.9%)	1,143	(46.1%)	1	(0.04%)
Lancaster	6,226	(36.0%)	11,064	(64.0%)		
Lawrence	1,079	(33.6%)	2,137	(66.4%)		
Lebanon	1,949	(40.0%)	2,924	(60.0%)		
Lehigh	3,392	(52.9%)	3,015	(47.1%)		
Luzerne	4,909	(58.6%)	3,471	(41.4%)		
Lycoming	2,675	(57.1%)	2,007	(42.9%)		
McKean	468	(53.4%)	409	(46.6%)		
Mercer	2,760	(50.8%)	2,673	(49.2%)		
Mifflin	1,673	(54.2%)	1,413	(45.8%)		
Monroe	2,107	(83.3%)	423	(16.7%)		
Montgomery	5,742	(53.7%)	4,941	(46.2%)	1	(0.01%)
Montour	1,394	(61.4%)	876	(38.6%)		
Northampton	4,150	(61.2%)	2,627	(38.8%)		
Northumberland	2,529	(59.5%)	1,628	(38.3%)	91	(2.1%)
Perry	2,237	(61.7%)	1,390	(38.3%)		
Philadelphia	22,001	(47.0%)	24,760	(53.0%)		
Pike	836	(83.2%)	169	(16.8%)		
Potter	574	(48.0%)	621	(52.0%)		
Schuylkill	4,743	(53.5%)	4,069	(45.9%)	51	(0.6%)
Somerset	1,069	(28.1%)	2,739	(71.9%)		
Sullivan	458	(66.9%)	227	(33.1%)		
Susquehanna	2,815	(57.0%)	2,123	(43.0%)		
Tioga	2,036	(58.2%)	1,463	(41.8%)		
Union	1,949	(40.9%)	1,463	(59.1%)		
Venango	1,698	(59.8%)	2,817	(40.2%)		
Warren	1,242	(52.2%)	1,137	(47.8%)		
Washington	3,916	(49.2%)	4,042	(50.8%)	5	(0.1%)
Wayne	2,182	(67.7%)	1,040	(32.3%)		
Westmoreland	5,140	(62.3%)	3,115	(37.7%)		
Wyoming	1,136	(55.4%)	914	(44.6%)		
York	5,738	(54.8%)	4,727	(45.2%)		
Total	**186,499**	**(50.9%)**	**178,034**	**(48.6%)**	**1,859**	**(0.5%)**

SOURCE—Journal, Pennsylvania House of Representatives, 1851.

Pennsylvania

1854

County	James Pollock (W)		William Bigler (D)		B. Rush Bradford (FS)	
Adams	2,120	(50.4%)	2,086	(49.6%)	0	
Allegheny	10,377	(64.7%)	5,115	(31.9%)	543	(3.4%)
Armstrong	2,689	(57.7%)	1,949	(41.8%)	22	(4.7%)
Beaver	2,233	(55.8%)	1,458	(36.4%)	313	(7.8%)
Bedford	2,157	(51.7%)	2,019	(48.3%)	0	
Berks	5,143	(37.3%)	8,493	(61.5%)	163	(1.2%)
Blair	2,706	(64.1%)	1,513	(35.8%)	3	(0.1%)
Bradford	4,811	(67.0%)	2,369	(33.0%)	0	
Bucks	5,498	(51.8%)	5,089	(48.0%)	18	(1.7%)
Butler	2,955	(55.2%)	2,381	(44.5%)	14	(0.3%)
Cambria	1,627	(48.3%)	1,739	(51.6%)	4	(1.2%)
Carbon	1,056	(46.1%)	1,227	(53.5%)	10	(0.4%)
Centre	2,774	(56.8%)	2,113	(43.2%)	0	
Chester	6,544	(59.6%)	4,412	(40.2%)	15	(0.1%)
Clarion	2,015	(47.6%)	2,173	(51.3%)	48	(1.1%)
Clearfield	1,208	(42.6%)	1,448	(51.0%)	182	(6.4%)
Clinton	1,497	(61.6%)	935	(38.4%)	0	
Columbia	1,399	(39.1%)	2,180	(60.9%)	2	(0.6%)
Crawford	3,696	(57.9%)	2,687	(42.1%)	0	
Cumberland	3,157	(55.0%)	2,581	(44.9%)	5	(0.1%)
Dauphin	4,061	(64.5%)	2,224	(35.3%)	13	(0.2%)
Delaware	2,092	(57.3%)	1,556	(42.6%)	3	(0.1%)
Elk	401	(52.4%)	364	(47.6%)	0	
Erie	3,637	(59.0%)	2,526	(41.0%)	0	
Fayette	3,488	(58.8%)	2,440	(41.1%)	5	(0.1%)
Franklin	3,579	(56.1%)	2,799	(43.9%)	0	
Fulton	705	(44.6%)	876	(55.4%)	0	
Greene	1,746	(46.5%)	2,006	(53.5%)	0	
Huntingdon	2,614	(63.5%)	1,500	(36.5%)	0	
Indiana	3,161	(71.0%)	1,264	(28.4%)	27	(0.6%)
Jefferson	1,559	(57.6%)	988	(36.5%)	160	(5.9%)
Juniata	1,170	(49.8%)	1,176	(50.1%)	1	(0.04%)
Lancaster	10,962	(70.0%)	4,699	(30.0%)	0	
Lawrence	2,576	(72.1%)	994	(27.8%)	4	(0.1%)
Lebanon	2,635	(60.2%)	1,741	(39.8%)	1	(0.02%)
Lehigh	3,094	(50.6%)	3,026	(49.4%)	0	
Luzerne	4,884	(52.7%)	4,368	(47.2%)	12	(0.03%)
Lycoming	2,799	(55.2%)	2,269	(44.7%)	3	(0.1%)
McKean	405	(44.7%)	502	(55.3%)	0	
Mercer	3,034	(54.3%)	2,550	(45.6%)	5	(0.1%)
Mifflin	1,630	(55.9%)	1,287	(44.1%)	0	
Monroe	625	(24.6%)	1,917	(75.4%)	1	(0.04%)
Montgomery	5,144	(48.1%)	5,559	(51.9%)	0	
Montour	757	(43.7%)	976	(56.3%)	1	(0.1%)
Northampton	3,417	(48.1%)	3,685	(51.9%)	2	(0.03%)
Northumberland	2,120	(48.3%)	2,182	(49.7%)	90	(2.0%)
Perry	2,121	(60.0%)	1,412	(39.9%)	4	(0.1%)
Philadelphia	28,817	(53.5%)	24,936	(46.3%)	62	(0.1%)
Pike	207	(24.9%)	624	(75.1%)	0	
Potter	748	(53.3%)	656	(46.7%)	0	
Schuylkill	4,252	(43.3%)	5,388	(54.8%)	188	(1.9%)
Somerset	2,756	(68.5%)	1,268	(31.5%)	0	
Sullivan	329	(44.1%)	417	(55.9%)	0	
Susquehanna	2,819	(57.0%)	2,126	(43.0%)	1	(0.02%)
Tioga	2,448	(62.2%)	1,489	(37.8%)	0	
Union	2,881	(60.1%)	1,913	(39.9%)	4	(0.1%)
Venango	1,679	(53.4%)	1,466	(46.6%)	0	
Warren	1,400	(55.6%)	1,118	(44.4%)	0	
Washington	4,276	(53.8%)	3,457	(43.5%)	221	(2.8%)
Wayne	1,408	(42.8%)	1,877	(57.1%)	1	(0.03%)
Westmoreland	3,773	(49.5%)	3,803	(49.9%)	43	(0.6%)
Wyoming	1,174	(56.8%)	893	(43.2%)	0	
York	4,777	(50.4%)	4,707	(49.6%)	0	
Total	**203,822**	**(54.6%)**	**166,991**	**(44.8%)**	**2,194**	**(0.6%)**

SOURCE—Journal, Pennsylvania House of Representatives, 1855.

1857

County	William F. Packer (D)		David Wilmot (R)		Isaac Hazelhurst (A)	
Adams	2,363	(54.7%)	1,900	(44.0%)	59	(1.4%)
Allegheny	6,610	(43.6%)	7,687	(50.7%)	856	(5.6%)
Armstrong	2,409	(52.1%)	2,106	(45.5%)	111	(2.4%)
Beaver	1,557	(43.8%)	1,999	(56.2%)	0	
Bedford	2,338	(54.3%)	1,568	(36.4%)	398	(9.2%)
Berks	8,722	(70.6%)	2,750	(22.3%)	874	(7.1%)
Blair	1,819	(47.4%)	1,450	(37.8%)	569	(14.8%)
Bradford	2,082	(26.9%)	5,642	(73.0%)	6	(0.1%)
Bucks	5,747	(54.0%)	4,801	(45.1%)	101	(0.9%)
Butler	2,361	(45.1%)	2,831	(54.0%)	47	(0.9%)
Cambria	2,379	(66.3%)	1,042	(29.1%)	165	(4.6%)
Carbon	1,557	(65.4%)	672	(28.2%)	153	(6.4%)
Centre	2,663	(55.0%)	2,145	(44.3%)	35	(0.7%)
Chester	5,388	(48.2%)	5,269	(47.1%)	524	(4.7%)
Clarion	2,132	(67.9%)	987	(31.4%)	23	(0.7%)
Clearfield	1,459	(60.3%)	725	(30.0%)	235	(9.7%)
Clinton	1,464	(57.1%)	1,083	(42.2%)	18	(0.7%)
Columbia	2,410	(67.2%)	1,144	(31.9%)	30	(0.8%)
Crawford	2,576	(42.3%)	3,514	(57.7%)	2	(0.3%)
Cumberland	3,078	(54.9%)	2,466	(44.0%)	58	(1.0%)
Dauphin	3,109	(48.8%)	2,656	(41.7%)	600	(9.4%)
Delaware	1,598	(41.8%)	1,624	(42.5%)	600	(15.7%)
Elk	502	(64.3%)	276	(35.3%)	3	(0.4%)
Erie	1,995	(36.7%)	3,305	(60.7%)	143	(2.6%)
Fayette	3,104	(54.4%)	2,520	(44.2%)	80	(1.4%)
Forest	65	(45.1%)	79	(54.9%)	0	
Franklin	3,106	(49.7%)	3,058	(48.9%)	91	(1.5%)
Fulton	817	(58.5%)	570	(40.8%)	9	(0.6%)
Greene	2,034	(66.9%)	1,000	(32.9%)	8	(0.3%)
Huntingdon	1,749	(47.6%)	1,678	(45.7%)	248	(6.7%)
Indiana	1,438	(35.0%)	2,650	(64.4%)	26	(0.6%)
Jefferson	1,268	(51.8%)	1,125	(46.0%)	54	(2.2%)
Juniata	1,108	(51.2%)	1,035	(47.9%)	20	(0.9%)
Lancaster	6,486	(42.1%)	7,699	(49.9%)	1,236	(8.0%)
Lawrence	993	(32.6%)	1,992	(65.3%)	64	(2.1%)
Lebanon	1,990	(41.1%)	2,664	(55.1%)	182	(3.8%)
Lehigh	3,805	(56.2%)	2,957	(43.7%)	9	(0.1%)
Luzerne	5,268	(58.4%)	3,536	(39.2%)	214	(2.4%)
Lycoming	2,872	(58.4%)	1,701	(34.6%)	348	(7.1%)
McKean	496	(46.4%)	565	(52.9%)	7	(0.7%)
Mercer	2,539	(46.0%)	2,928	(53.1%)	49	(0.9%)
Mifflin	1,532	(53.7%)	1,217	(42.7%)	104	(3.6%)
Monroe	2,254	(81.6%)	504	(18.2%)	5	(0.2%)
Montgomery	5,448	(57.7%)	2,608	(27.6%)	1,386	(14.7%)
Montour	1,080	(62.8%)	568	(33.0%)	71	(4.1%)
Northampton	4,067	(65.7%)	1,111	(18.0%)	1,010	(16.3%)
Northumberland	2,821	(65.8%)	974	(22.7%)	490	(11.4%)
Perry	1,965	(53.3%)	1,564	(42.4%)	161	(4.4%)
Philadelphia	27,749	(53.2%)	10,001	(19.2%)	14,405	(27.6%)
Pike	758	(79.0%)	190	(19.8%)	12	(1.3%)
Potter	495	(34.0%)	957	(65.7%)	4	(0.3%)
Schuylkill	5,950	(61.8%)	3,097	(32.2%)	581	(6.0%)
Snyder	999	(49.5%)	989	(49.0%)	81	(4.0%)
Somerset	1,741	(43.3%)	2,277	(56.5%)	5	(0.3%)
Sullivan	494	(65.1%)	265	(34.9%)	0	
Susquehanna	2,419	(42.8%)	3,224	(57.0%)	9	(0.2%)
Tioga	1,193	(26.4%)	3,234	(73.6%)	0	
Union	971	(42.9%)	1,275	(56.4%)	16	(0.7%)
Venango	1,900	(51.5%)	1,790	(48.5%)	2	(0.1%)
Warren	899	(39.5%)	1,369	(60.1%)	9	(0.4%)
Washington	3,752	(50.0%)	3,614	(48.1%)	142	(1.9%)
Wayne	1,992	(53.4%)	1,691	(45.3%)	49	(1.3%)
Westmoreland	4,361	(55.7%)	3,448	(44.0%)	27	(0.3%)
Wyoming	1,226	(54.9%)	995	(44.6%)	12	(0.5%)
York	5,314	(63.1%)	1,778	(21.1%)	1,332	(15.8%)
Total	**188,846**	**(52.0%)**	**146,139**	**(40.2%)**	**28,168**	**(7.8%)**

SOURCE—Journal, Pennsylvania House of Representatives, 1858.

1860

County	Andrew G. Curtin (R)		George W. Foster (D)	
Adams	2,773	(49.3%)	2,849	(50.7%)
Allegheny	15,879	(63.3%)	9,190	(36.7%)
Armstrong	3,474	(56.3%)	2,698	(43.7%)
Beaver	2,682	(61.0%)	1,715	(39.0%)
Bedford	2,464	(49.0%)	2,561	(51.0%)
Berks	6,833	(39.8%)	10,318	(60.2%)
Blair	3,051	(58.4%)	2,172	(41.6%)
Bradford	6,664	(75.8%)	2,328	(24.2%)
Bucks	6,383	(50.2%)	6,330	(49.8%)
Butler	3,526	(58.1%)	2,548	(41.9%)
Cambria	2,177	(45.7%)	2,583	(54.3%)
Carbon	1,722	(47.2%)	1,930	(52.8%)
Centre	3,165	(52.8%)	2,924	(47.2%)
Chester	7,540	(56.0%)	5,913	(44.0%)
Clarion	1,795	(43.9%)	2,297	(56.1%)
Clearfield	1,755	(46.2%)	2,040	(53.8%)
Clinton	1,750	(50.7%)	1,703	(49.3%)
Columbia	1,848	(41.7%)	2,586	(58.3%)
Crawford	5,277	(62.4%)	3,178	(37.6%)
Cumberland	3,625	(49.4%)	3,716	(50.6%)
Dauphin	4,555	(58.0%)	3,302	(42.0%)
Delaware	3,183	(61.5%)	1,996	(38.5%)
Elk	421	(39.9%)	633	(60.1%)
Erie	5,613	(69.5%)	2,469	(30.5%)
Fayette	3,382	(42.6%)	3,556	(57.4%)
Franklin	4,053	(54.5%)	3,379	(45.5%)
Fulton	828	(46.4%)	957	(53.6%)
Forest	129	(65.2%)	69	(34.8%)
Greene	1,529	(36.4%)	2,669	(63.6%)
Huntingdon	3,070	(59.2%)	2,114	(40.8%)
Indiana	3,672	(66.1%)	1,886	(33.9%)
Jefferson	1,886	(55.8%)	1,493	(44.2%)
Juniata	1,503	(50.6%)	1,465	(49.4%)
Lancaster	13,012	(64.5%)	7,153	(35.5%)
Lawrence	2,645	(73.4%)	959	(26.6%)
Lebanon	3,847	(63.3%)	2,234	(36.7%)
Lehigh	4,166	(47.8%)	4,556	(52.2%)
Luzerne	6,662	(49.1%)	6,916	(50.9%)
Lycoming	3,615	(54.4%)	3,034	(45.6%)
McKean	1,098	(60.9%)	706	(39.1%)
Mercer	3,624	(57.3%)	2,794	(42.7%)
Mifflin	1,723	(53.6%)	1,490	(46.4%)
Monroe	822	(27.5%)	2,163	(72.5%)
Montgomery	5,812	(44.0%)	7,392	(56.0%)
Montour	983	(44.6%)	1,220	(55.4%)
Northampton	3,507	(60.9%)	5,249	(39.1%)
Northumberland	2,429	(45.1%)	2,955	(54.9%)
Perry	2,416	(53.3%)	2,128	(46.7%)
Philadelphia	40,233	(48.9%)	42,119	(51.1%)
Pike	324	(27.8%)	843	(72.2%)
Potter	1,410	(69.6%)	615	(30.4%)
Schuylkill	7,301	(50.8%)	7,067	(49.2%)
Snyder	1,704	(60.0%)	1,134	(40.0%)
Somerset	2,977	(68.5%)	1,372	(31.5%)
Sullivan	394	(42.0%)	543	(58.0%)
Susquehanna	4,110	(62.6%)	2,456	(37.4%)
Tioga	4,147	(75.7%)	1,331	(24.3%)
Union	1,820	(64.1%)	1,019	(35.9%)
Venango	2,581	(54.8%)	2,132	(45.2%)
Warren	2,112	(64.3%)	1,172	(35.7%)
Washington	4,768	(68.4%)	4,206	(31.6%)
Wayne	2,610	(50.7%)	2,537	(49.3%)
Westmoreland	4,830	(48.8%)	5,276	(51.2%)
Wyoming	1,192	(46.6%)	1,366	(53.4%)
York	5,322	(44.4%)	6,665	(55.6%)
Total	**262,397**	**(53.3%)**	**230,269**	**(46.7%)**

SOURCE—Journal, Pennsylvania House of Representatives, 1861.

RHODE ISLAND

Rhode Island was one of the 13 original states and was one of two self-governing colonies. The elected office of governor dates back to 1663 when the colony was given a charter by the Crown. This compilation starts with the election of 1776.

Term—One year.   **Election**—First Wednesday in April.

Majority Vote—The winning candidate had to receive a majority of all votes cast. If this was not achieved, then the lieutenant governor served as governor until such time as a new election was ordered by the Legislature. Under the 1842 constitution, if no candidate achieved a popular vote majority then the Legislature by joint vote chose from one of the two top candidates in the election.

POPULATION

1776—55,011   1782—52,391   1790—68,825   1800—69,122   1810—77,031
1820—83,059   1830—97,210   1840—108,830   1850—147,545   1860—174,620

Both pre-1790 population figures are from state censuses.

1776–7

Nicholas Cooke
(no returns located)

1778–1785

William Greene
(no returns located)

1786–1789

John Collins
(no returns located)

1790–1796

Arthur Fenner
(no returns located)

1797*

Arthur Fenner (D-R) 1,204 (100%)

*No county returns located.

SOURCE—Kallenbach and Kallenbach, *American State Governors*, p. 508.

1798–1800

Arthur Fenner (D-R)
(no returns located)

1801

County	Arthur Fenner (D-R)	
Bristol	172	(100%)
Kent	548	(100%)
Newport	944	(100%)
Providence	1,269	(100%)
Washington	827	(100%)
Total	3,760	(100%)

SOURCE—Manuscript returns, state archives, Providence.

1802

County	Arthur Fenner (D-R)		James Greene (F)	
Bristol	161	(57.3%)	120	(42.7%)
Kent	532	(53.9%)	455	(46.1%)
Newport	695	(61.7%)	432	(38.3%)
Providence	1,546	(70.6%)	645	(29.4%)
Washington	868	(75.5%)	282	(24.5%)
Total	3,802	(66.3%)	1,934	(33.7%)

SOURCE—*Providence Phoenix*, May 12, 1804.

1803–1805

Arthur Fenner (D-R)
(no returns located)

1806

County	Richard Jackson (F)*		Henry Smith (D-R)		Peleg Arnold (D-R)	
Bristol	102	(40.8%)	134	(53.6%)	14	(5.6%)
Kent	260	(45.9%)	52	(9.2%)	254	(44.9%)
Newport	356	(43.3%)	313	(38.1%)	153	(18.6%)
Providence	778	(52.5%)	347	(23.4%)	357	(24.1%)
Washington	166	(26.5%)	249	(39.8%)	211	(33.7%)
Total	1,662	(43.1%)	1,097	(28.5%)	1,094	(28.4%)

*No candidate having received a majority, the Lieutenant-Governor Isaac Wilbur served as Governor for the term.

SOURCE—Manuscript returns.

1807

County	James Fenner (D-R)		Seth Wheaton (F)	
Bristol	83	(32.9%)	169	(67.1%)
Kent	364	(68.4%)	168	(31.6%)
Newport	416	(52.3%)	380	(47.7%)
Providence	1,324	(86.4%)	209	(13.6%)
Washington	377	(52.4%)	342	(47.6%)
Total	2,564	(66.9%)	1,268	(33.1%)

SOURCE—Manuscript returns.

1808–1810

James Fenner (D-R)
(no returns located)

1811

County	William Jones (F)		James Fenner (D-R)	
Bristol	248	(46.7%)	283	(53.3%)
Kent	635	(59.8%)	426	(40.2%)
Newport	717	(49.97%)	718	(50.03%)
Providence	1,531	(49.5%)	1,559	(50.5%)
Washington	754	(53.1%)	665	(46.9%)
Total	3,885	(51.5%)	3,651	(48.5%)

SOURCE—Manuscript returns.

1812

County	William Jones (F)		James Fenner (D-R)	
Bristol	259	(46.9%)	293	(53.1%)
Kent	710	(59.5%)	483	(40.5%)
Newport	735	(49.5%)	750	(50.5%)
Providence	1,618	(49.1%)	1,674	(50.9%)
Washington	800	(54.3%)	674	(45.7%)
Total	4,122	(51.6%)	3,874	(48.4%)

SOURCE—(Newport) *Rhode Island Republican*, May 20, 1812.

1813

County	William Jones (F)	
Bristol	254	(100%)
Kent	567	(100%)
Newport	661	(100%)
Providence	1,321	(100%)
Washington	547	(100%)
Total	3,350	(100%)

SOURCE—Manuscript returns.

1814

County	William Jones (F)	scattering
Bristol	242	
Kent	474	
Newport	441	
Providence	1,114	
Washington	439	
Total	2,710 (76.6%)	829 (23.4%)

SOURCE—Manuscript returns.

1815

County	William Jones (F)	Peleg Arnold (D-R)
Bristol	217 (50.9%)	209 (49.1%)
Kent	552 (64.7%)	301 (35.3%)
Newport	619 (57.6%)	455 (42.4%)
Providence	1,384 (52.8%)	1,235 (47.2%)
Washington	600 (60.7%)	388 (39.3%)
Total	3,372 (56.6%)	2,588 (43.2%)

SOURCE—(Newport) *Rhode Island Republican*, May, 1815.

1816

County	William Jones (F)	Nehemiah R. Knight (D-R)
Bristol	224 (48.9%)	234 (51.1%)
Kent	606 (61.3%)	383 (38.7%)
Newport	632 (51.1%)	606 (48.9%)
Providence	1,451 (48.1%)	1,568 (51.9%)
Washington	678 (59.1%)	468 (40.9%)
Total	3,591 (52.4%)	3,259 (47.6%)

SOURCE—*Providence Patriot*, May 4, 1816.

1817

County	Nehemiah R. Knight (D-R)	William Jones (F)
Bristol	240 (43.3%)	214 (56.7%)
Kent	468 (41.9%)	650 (58.1%)
Newport	712 (50.1%)	710 (49.9%)
Providence	1,900 (56.4%)	1,469 (43.6%)
Washington	629 (43.0%)	835 (57.0%)
Total	3,949 (50.5%)	3,878 (49.5%)

SOURCE—*Providence Patriot*, May 17, 1817.

1818

County	Nehemiah R. Knight (D-R)	Elisha R. Potter (F)
Bristol	261 (55.3%)	211 (44.7%)
Kent	601 (49.3%)	617 (50.7%)
Newport	774 (38.5%)	1,228 (61.5%)
Providence	2,108 (70.9%)	866 (29.1%)
Washington	765 (44.0%)	973 (56.0%)
Total	4,509 (53.7%)	3,895 (46.3%)

SOURCE—*Providence Patriot*, May 16, 1818.

1819*

Nehemiah R. Knight (D-R)
2,664 (100%)

*No county returns were located.

SOURCE—Kallenbach and Kallenbach, *American State Governors*, p. 510.

1820

Nehemiah R. Knight (D-R)

Total vote 1,981. No other returns located.

SOURCES—*Rhode Island Manual 1971-2*; Kallenbach and Kallenbach, p. 510.

1821

County	William C. Gibbs (D-R)	Samuel W. Bridgham (F)
Bristol	184 (50.0%)	184 (50.0%)
Kent	426 (47.9%)	463 (52.1%)
Newport	1,021 (81.5%)	231 (18.5%)
Providence	1,459 (54.2%)	1,234 (45.8%)
Washington	700 (50.4%)	689 (49.6%)
Total	3,790 (57.5%)	2,801 (42.5%)

SOURCE—*Providence Gazette*, May 9, 1821.

1822

William C. Gibbs (D-R)

Total vote 2,092. No other returns located.

SOURCES—*Rhode Island Manual 1971-2*; Kallenbach and Kallenbach, p. 510.

1823

William C. Gibbs (D-R)

Total vote 1,647. No other information located.

SOURCES—*Rhode Island Manual 1971-2*; Kallenbach and Kallenbach, p. 510.

1824

County	James Fenner (D-R)	Wheeler Marion (D-R)
Bristol	100 (53.8%)	86 (46.2%)
Kent	249 (71.6%)	99 (28.4%)

Rhode Island

Newport	402	(87.6%)	57	(12.4%)	
Providence	907	(75.6%)	293	(24.4%)	
Washington	493	(89.3%)	59	(10.7%)	
Total	**2,151**	**(78.4%)**	**594**	**(21.6%)**	

SOURCES—*Providence Gazette*, May 12, 1824; *Providence Patriot*, May 15, 1824.

1825*

James Fenner (D-R)
1,731 (100%)

*No county returns located.

SOURCE—Kallenbach and Kallenbach, p. 510.

1826

County	James Fenner (D-R)
Bristol	132
Kent	243
Newport	269
Providence	662
Washington	125
Total	**1,731 (100%)**

SOURCE—Manuscript returns.

1827

County	James Fenner (D-R)
Bristol	214
Kent	522
Newport	455
Providence	802
Washington	428
Total	**2,421 (100%)**

No returns for town of New Shoreham.

SOURCE—Manuscript returns.

1828

County	James Fenner
Bristol	269
Kent	679
Newport	679
Providence	1,782
Washington	824
Total	**4,233 (100%)**

SOURCE—Manuscript returns.

1829

County	James Fenner (J)
Bristol	282 (100%)
Kent	736 (100%)
Newport	523 (100%)
Providence	1,242 (100%)
Washington	801 (100%)
Total	**3,584 (100%)**

SOURCE—(Providence) *Rhode Island American*, April 23, 1830.

1830

County	James Fenner (J)	Asa Messer	scattering
Bristol	168 (61.1%)	107 (38.9%)	
Kent	356 (53.2%)	313 (46.8%)	
Newport	472 (86.0%)	77 (14.0%)	
Providence	1,009 (53.8%)	867 (46.2%)	
Washington	788 (86.7%)	121 (13.3%)	
Total	**2,793 (61.9%)**	**1,455 (32.2%)**	**266 (5.9%)***

*No county returns located.

SOURCES—*Rhode Island Manual, 1971-1972*, p. 222; (Providence) *American*, April 21, 1831.

1831

County	Lemuel H. Arnold (NR)	James Fenner (J)
Bristol	228 (60.2%)	151 (39.8%)
Kent	557 (59.2%)	384 (40.8%)
Newport	718 (68.5%)	330 (31.5%)
Providence	1,856 (60.4%)	1,215 (39.6%)
Washington	421 (34.6%)	797 (65.4%)
Total	**3,780 (56.8%)**	**2,877 (43.2%)**

SOURCE—*Providence Journal*, April 28, 1831.

1832*

(APRIL 4)

County	Lemuel H. Arnold (NR)	James Fenner (D)	William Sprague (AM)
Bristol	170 (52.6%)	130 (40.2%)	23 (7.1%)
Kent	357 (47.3%)	279 (37.0%)	119 (15.8%)
Newport	431 (49.8%)	288 (33.3%)	146 (16.9%)
Providence	1,421 (51.8%)	1,048 (38.2%)	274 (10.0%)
Washington	351 (37.2%)	545 (57.7%)	48 (5.1%)
Total	**2,730 (48.5%)**	**2,290 (40.7%)**	**610 (10.8%)**

(MAY 16)

Bristol	208 (54.1%)	146 (38.0%)	30 (7.8%)
Kent	405 (42.9%)	394 (41.7%)	146 (15.4%)
Newport	641 (56.8%)	378 (33.5%)	110 (9.7%)

County	Lemuel H. Arnold (NR)		James Fenner (D)		William Sprague (AM)	
Providence	1,676	(50.4%)	1,291	(38.8%)	358	(10.8%)
Washington	379	(32.6%)	731	(62.8%)	54	(4.6%)
Total	**3,909**	**(47.6%)**	**2,940**	**(42.3%)**	**698**	**(10.0%)**
(JULY 18)						
Bristol	131	(43.2%)	138	(45.5%)	34	(11.2%)
Kent	347	(43.4%)	291	(36.4%)	162	(20.3%)
Newport	494	(56.1%)	262	(29.7%)	125	(14.2%)
Providence	1,448	(48.1%)	1,155	(38.4%)	408	(13.6%)
Washington	301	(35.0%)	495	(57.6%)	63	(7.3%)
Total	**2,721**	**(46.5%)**	**2,341**	**(40.0%)**	**792**	**(13.5%)**
(AUGUST 28)						
Bristol	181	(49.3%)	141	(38.4%)	45	(13.6%)
Kent	393	(40.6%)	367	(37.9%)	208	(21.5%)
Newport	558	(52.1%)	336	(31.4%)	176	(16.4%)
Providence	1,578	(49.2%)	1,192	(37.1%)	440	(13.7%)
Washington	354	(31.5%)	679	(60.4%)	98	(8.7%)
Total	**3,062**	**(45.4%)**	**2,715**	**(40.3%)**	**967**	**(14.3%)**
(NOVEMBER 21)						
Bristol	158	(49.4%)	133	(41.6%)	29	(9.1%)
Kent	355	(44.9%)	271	(34.0%)	172	(21.6%)
Newport	512	(50.8%)	330	(32.7%)	166	(16.5%)
Providence	1,544	(52.7%)	1,000	(34.2%)	384	(13.1%)
Washington	311	(32.3%)	572	(59.3%)	81	(8.4%)
Total	**2,880**	**(47.9%)**	**2,306**	**(38.3%)**	**832**	**(13.8%)**

*The General Assembly ordered these elections because no candidate received the required majority of the vote. No one was ever chosen and Arnold the incumbent served the entire term.

SOURCES—*Providence Journal*, April 24, May 16, August 28, November 27, 1832; *Newport Republican*, May 22, September 4, November 27, 1832; *American*, August 29, 1832.

1833

County	John B. Francis (D)		Lemuel H. Arnold (NR)	
Bristol	156	(40.6%)	228	(59.4%)
Kent	632	(64.3%)	351	(35.7%)
Newport	621	(49.7%)	629	(50.3%)
Providence	1,792	(50.8%)	1,739	(49.2%)
Washington	824	(70.5%)	345	(29.5%)
Total	**4,025**	**(55.0%)**	**3,292**	**(45.0%)**

SOURCE—Manuscript returns.

1834

County	John B. Francis (D)		Nehemiah R. Knight (W)	
Bristol	110	(25.9%)	315	(74.1%)
Kent	702	(41.9%)	704	(58.1%)
Newport	443	(60.5%)	289	(39.5%)
Providence	1,632	(48.8%)	1,712	(51.2%)
Washington	789	(66.1%)	404	(33.9%)
Total	**3,676**	**(51.1%)**	**3,520**	**(48.9%)**

SOURCE—*Providence Journal*, April 18, 1835.

1835

County	John B. Francis (D)		Nehemiah R. Knight (W)	
Bristol	145	(41.0%)	209	(59.0%)
Kent	781	(51.2%)	743	(48.8%)
Newport	411	(49.9%)	413	(50.1%)
Providence	1,764	(46.8%)	2,002	(53.2%)
Washington	779	(65.7%)	407	(34.3%)
Total	**3,880**	**(50.7%)**	**3,774**	**(49.3%)**

SOURCE—*Providence Journal*, May 12, 1835.

1836

County	John B. Francis (D)		Tristam Burges (W)		Charles Collins (Cst)	
Bristol	204	(52.7%)	129	(41.8%)	54	(14.0%)
Kent	627	(64.6%)	343	(35.4%)	0	
Newport	602	(50.2%)	588	(49.0%)	9	(0.8%)
Providence	1,766	(53.7%)	1,449	(44.1%)	72	(2.2%)
Washington	821	(63.3%)	475	(36.7%)	0	
Total	**4,020**	**(56.3%)**	**2,984**	**(41.8%)**	**135**	**(1.9%)**

SOURCE—Manuscript returns.

1837

County	John B. Francis (D)		William Peckham (Cts)	
Bristol	149	(56.9%)	113	(43.1%)
Kent	401	(89.3%)	48	(10.7%)
Newport	377	(87.7%)	53	(12.3%)
Providence	1,106	(65.8%)	574	(34.2%)
Washington	683	(81.2%)	158	(18.8%)
Total	**2,716**	**(74.2%)**	**946**	**(25.8%)**

SOURCE—(Providence) *Republican Herald*, May 6, 1837.

1 8 3 8

County	William Sprague (W)		John B. Francis (D)	
Bristol	295	(64.1%)	165	(35.9%)
Kent	550	(52.9%)	490	(47.1%)
Newport	789	(61.2%)	500	(38.8%)
Providence	1,801	(53.0%)	1,599	(47.0%)
Washington	549	(42.3%)	750	(57.7%)
Total	3,984	(53.2%)	3,504	(46.8%)

SOURCE—*Providence Journal*, May 7, 1838.

1 8 3 9

County	William Sprague (W)		Nathaniel Bullock (D)		Tristam Burges (Ab)	
Bristol	204	(49.9%)	194	(47.4%)	11	(2.7%)
Kent	479	(57.0%)	350	(41.7%)	11	(1.3%)
Newport	669	(59.2%)	456	(40.3%)	7	(0.6%)
Providence	1,127	(42.7%)	1,090	(41.3%)	422	(16.0%)
Washington	429	(38.4%)	681	(61.0%)	6	(0.5%)
Total*	2,908	(47.4%)	2,771	(45.2%)	457	(7.4%)

*No majority having been achieved and the legislature unable to agree on a candidate, State Senator Samuel W. King (W) served as Governor for the term.

SOURCES—*Providence Journal*, May 3, 1839; Kallenbach and Kallenbach, pp. 505, 7.

1 8 4 0

County	Samuel W. King (W)		Thomas F. Carpenter (D)	
Bristol	402	(72.8%)	150	(27.2%)
Kent	672	(62.3%)	406	(37.7%)
Newport	847	(62.5%)	509	(37.5%)
Providence	2,228	(58.2%)	1,600	(41.8%)
Washington	648	(46.3%)	753	(53.7%)
Total	4,797	(58.4%)	3,417	(41.6%)

SOURCE—(Providence) *Rhode Island and County Journal*, November 22, 1840.

1 8 4 1

County	Samuel W. King (W)
Bristol	301
Kent	304
Newport	514
Providence	1,103
Washington	404
Total	(2,620)
	2,648*

*The official statewide total in bold was found in the Journal of the House of Rhode Island Representatives. No county returns were given. The county returns are unofficial.

SOURCE—Journal, Rhode Island House of Representatives, 1841.

1 8 4 2

County	Samuel W. King (W)		Thomas F. Carpenter (W)	
Bristol	458	(87.6%)	65	(12.4%)
Kent	632	(73.0%)	234	(27.0%)
Newport	971	(82.7%)	203	(17.3%)
Providence	1,999	(58.8%)	1,399	(41.2%)
Washington	804	(67.9%)	380	(32.1%)
Total*	**4,864**	**(68.1%)**	**2,281**	**(31.9%)**
			(2,211)	

*The manuscript returns by town add up to the totals in bold, but the totals stated in these same returns differ from the added totals as follows: King 4,266 and Carpenter 2,211. The returns as reported in the House Journal agree with the added town returns for King but agree with the stated total for Carpenter. Possibly this was due to an error in addition.

SOURCES—Journal of the Rhode Island House of Representatives, 1842; manuscript returns.

1 8 4 3

County	James Fenner (L & O)		Thomas F. Carpenter (D)	
Bristol	764	(81.7%)	171	(18.3%)
Kent	1,177	(63.0%)	691	(37.0%)
Newport	1,546	(67.4%)	747	(32.6%)
Providence	4,305	(46.3%)	5,002	(53.7%)
Washington	1,348	(63.3%)	782	(36.7%)
Total*	9,140		7,393	
	9,107	**(55.2%)**	**7,392**	**(44.8%)**

*The only official figures located are the statewide totals in bold. The county figures are complete but unofficial.

SOURCES—Journal of the Rhode Island House of Representatives, 1843; *Providence Journal*, April 7, 8, 1843.

1 8 4 4

	James Fenner (L&O)		scattering	
Total*	5,560	(96.4%)	208	(3.6%)

*No county returns were located.

SOURCE—*Manual 1971-2*, p. 225.

1 8 4 5

County	Charles Jackson (Lr)		James Fenner (L&O)	
Bristol	214	(24.9%)	646	(75.1%)
Kent	631	(40.3%)	935	(59.7%)
Newport	821	(37.5%)	1,371	(62.5%)
Providence	5,202	(56.8%)	3,949	(43.2%)
Washington	1,139	(56.3%)	894	(43.7%)
Total*	**8,007**	**(50.7%)**	**7,795**	**(40.3%)**
	(8,010)		(7,800)	

*The statewide figures in bold are official. The county returns are unofficial.

SOURCES—*Manual, 1931*, p. 225; *Providence Journal*, April 2, 1846.

Rhode Island

1846

County	Byron Dinman (L & O)*		Charles Jackson (D & Lr)		scattering	
Bristol	520	(71.1%)	208	(28.5%)	3	(0.4%)
Kent	937	(58.0%)	675	(41.8%)	3	(0.2%)
Newport	1,326	(65.7%)	687	(34.0%)	5	(0.2%)
Providence	3,861	(44.2%)	4,769	(54.6%)	104	(1.2%)
Washington	833	(43.3%)	1,052	(54.6%)	40	(2.1%)
Total	7,477	(49.8%)	7,391	(49.2%)	155	(1.0%)

*No candidate having received the required majority, the Legislature chose Dinman as Governor.

SOURCES—*Whig Almanac, 1847;* Manual 1971-2.

1847

County	Elisha Harris (W)		Olney Ballou (D)		scattering	
Bristol	419	(69.9%)	176	(29.4%)	4	(0.7%)
Kent	715	(69.4%)	278	(27.0%)	37	(3.6%)
Newport	1,092	(72.4%)	380	(25.2%)	36	(2.4%)
Providence	3,234	(49.1%)	2,971	(45.1%)	379	(5.8%)
Washington	840	(52.1%)	545	(33.8%)	227	(14.1%)
Total	6,300	(55.3%)	4,350	(38.2%)	743	(6.5%)

SOURCE—Manuscript returns.

1848

County	Elisha Harris (W)		Adnah Sackett (D)		scattering	
Bristol	333	(62.4%)	170	(32.0%)	30	(5.6%)
Kent	681	(65.7%)	316	(30.5%)	40	(3.9%)
Newport	1,000	(81.4%)	210	(17.1%)	18	(1.5%)
Providence	3,027	(51.8%)	2,555	(43.8%)	257	(4.4%)
Washington	754	(56.0%)	491	(36.5%)	101	(7.5%)
Total*	5,795	(58.4%)	3,683	(37.1%)	446	(4.5%)
	(5,695)				(437)	

Stated totals are in parentheses.

SOURCES—Manuscript returns.

1849

County	Henry B. Anthony (W)		Adnah Sackett (D)		Edward Harris (FS)	
Bristol	332	(84.9%)	50	(12.8%)	9	(2.3%)
Kent	588	(68.5%)	238	(27.7%)	33	(3.8%)
Newport	878	(81.4%)	148	(13.7%)	52	(4.8%)
Providence	2,582	(53.3%)	2,006	(41.4%)	257	(5.3%)
Washington	701	(52.7%)	522	(39.2%)	107	(8.0%)
Total	5,081	(59.8%)	2,964	(34.9%)	458	(5.4%)

SOURCE—Manuscript returns.

1850

County	Henry B. Anthony (W)		Edward Harris (FS)	
Bristol	198	(95.5%)	5	(4.5%)
Kent	407	(85.5%)	69	(14.5%)
Newport	528	(92.1%)	45	(7.9%)
Providence	1,885	(80.6%)	455	(19.4%)
Washington	611	(76.6%)	187	(23.4%)
Total	**3,668**	**(82.6%)**	**773**	**(17.4%)**
	(3,629)		(761)	

The state figures in bold are official; the county figures are unofficial.

SOURCES—*Manual, 1931; Providence Journal,* April 11, 1850.

1851

County	Philip Allen (D)		Josiah Chapin (W)		Edward Harris (FS)	
Bristol	220	(35.7%)	394	(64.0%)	2	(0.3%)
Kent	563	(44.6%)	683	(54.2%)	15	(1.2%)
Newport	683	(37.4%)	1,127	(61.7%)	16	(0.9%)
Providence	4,414	(59.0%)	2,970	(39.7%)	97	(1.3%)
Washington	1,055	(51.7%)	932	(45.7%)	54	(2.6%)
Total	**6,935**	**(52.4%)**	**6,106**	**(46.2%)**	**184**	**(1.4%)**
					(183)*	

*Stated total.

SOURCE—*Manual, 1971-2.*

1852

County	Philip Allen (D)		Josiah Harris (W)	
Bristol	325	(31.7%)	700	(68.3%)
Kent	820	(46.1%)	959	(53.9%)
Newport	1,066	(41.7%)	1,492	(58.3%)
Providence	5,801	(57.7%)	4,259	(42.3%)
Washington	1,172	(46.7%)	1,336	(53.3%)
Total	9,184		8,746	
	9,151	**(51.1%)**	**8,749**	**(48.9%)**

The state totals in bold are official; the county returns are unofficial.

SOURCES—*Manual, 1931; Whig Almanac, 1853,* p. 49.

1853

County	Philip Allen (D)		William W. Hoppin (W)		Edward Harris (FS)	
Bristol	439	(41.5%)	617	(58.3%)	3	(2.8%)
Kent	925	(46.4%)	998	(50.1%)	69	(3.5%)
Newport	1,169	(46.8%)	1,282	(51.3%)	48	(1.9%)
Providence	6,530	(59.8%)	4,072	(37.3%)	324	(3.0%)
Washington	1,408	(50.9%)	1,259	(45.5%)	98	(3.5%)
*Total	**10,471**	**(54.4%)**	**8,228**	**(42.8%)**	**542**	**(2.8%)**
	(10,361)				(533)	

Figures in parentheses are the stated totals.

SOURCES—Manuscript returns; *Manual, 1971-2.*

1854

County	William W. Hoppin (W)		Francis M. Dimond (D)	
Bristol	638	(65.8%)	332	(34.2%)
Kent	833	(55.7%)	664	(44.3%)
Newport	1,454	(63.5%)	834	(36.5%)
Providence	4,862	(54.3%)	4,093	(45.7%)
Washington	1,442	(68.9%)	650	(31.1%)
Total	9,229		6,573	
	9,216	**(58.6%)**	**6,523**	**(41.4%)**

*Only the totals in bold are official; the county returns are unofficial.

SOURCES—*Manual 1931; Providence Journal,* April 18, 1854.

1855

County	William W. Hoppin (W, A)		Americus V. Potter (D)	
Bristol	713	(87.2%)	105	(12.8%)
Kent	1,065	(87.7%)	149	(12.3%)
Newport	1,470	(81.1%)	342	(18.9%)
Providence	6,166	(76.4%)	1,900	(23.6%)
Washington	1,703	(90.2%)	185	(9.8%)
Total	**11,130**	**(80.3%)**	**2,729**	**(19.7%)**

SOURCES—*Manual 1931; Whig Almanac, 1856.*

1856

County	William W. Hoppin (R, A)		Americus V. Potter (D)	
Bristol	591	(66.0%)	304	(34.0%)
Kent	916	(51.8%)	854	(48.2%)
Newport	1,519	(66.6%)	763	(33.4%)
Providence	5,493	(55.8%)	4,353	(44.2%)
Washington	1,516	(64.2%)	844	(35.8%)
Total	10,035		7,118	
	9,865	**(58.0%)**	**7,131**	**(42.0%)**

Only the figures in bold are official; the county returns are unofficial.

SOURCES—*Manual 1931-2; Providence Journal,* April 18, 1856.

1857

County	Elisha Dyer (R)		Americus V. Potter (D)	
Bristol	524	(68.5%)	241	(31.5%)
Kent	1,222	(69.1%)	547	(30.9%)
Newport	1,219	(69.8%)	527	(30.2%)
Providence	5,464	(65.2%)	2,919	(34.8%)
Washington	1,192	(57.3%)	889	(42.7%)
Total	9,621		5,123	
	9,591	**(64.3%)**	**5,323**	**(35.7%)**

Only the figures in bold are official; the county returns are unofficial.

SOURCES—*Manual 1931-2; Evening Journal Almanac, 1859.*

1858

County	Elisha Dyer (R)		Elisha R. Potter (D)	
Bristol	390	(72.9%)	145	(27.1%)
Kent	770	(74.8%)	259	(25.2%)
Newport	1,198	(69.0%)	539	(31.0%)
Providence	4,667	(71.1%)	1,897	(28.9%)
Washington	909	(55.5%)	732	(44.5%)
Total	**7,934**	**(69.0%)**	**3,572**	**(31.0%)**

SOURCES—*Manual 1931-2; Tribune Almanac, 1859.*

1859

County	Thomas G. Turner (R)		Elisha R. Potter (D)	
Bristol	445	(78.2%)	124	(21.8%)
Kent	1,022	(71.9%)	399	(28.1%)
Newport	1,649	(78.6%)	450	(21.4%)
Providence	4,904	(71.4%)	1,969	(28.6%)
Washington	918	(60.3%)	604	(39.7%)
Total	**8,938**	**(71.7%)**	3,546	
			3,536	**(28.3%)**

The official figures are in bold. The county totals for Turner do add up to the official total, but they do not for Potter.

SOURCES—*Manual 1931-2; Tribune Almanac, 1860.*

1860

County	William Sprague (D, C)		Seth Padelford (R)	
Bristol	644	(50.9%)	622	(49.1%)
Kent	1,460	(59.1%)	1,012	(40.9%)
Newport	1,542	(49.9%)	1,547	(50.1%)
Providence	7,237	(54.6%)	6,007	(45.4%)
Washington	1,412	(46.2%)	1,647	(53.8%)
Total	12,295		10,835	
	12,278	**(53.3%)**	**10,740**	**(46.7%)**

Only the figures in bold are official; the county returns are unofficial.

SOURCES—*Manual 1931-2; Providence Journal,* November 7, 1860.

SOUTH CAROLINA

South Carolina was one of the original 13 states.
Throughout the period covered by this volume, the governor was elected by a joint vote of the Legislature for a term of two years. Consequently there are no popular vote returns.
The Governor could not succeed himself for four years.

Appointed Governors (1797–1861)

Year	Governor (Party)
1797–1798	Charles Pinckney (D-R)
1799	Edward Rutledge (F)
1800	John Drayton (D-R)
1801–1802	John Drayton (D-R)
1803–1804	James B. Richardson (D-R)
1805–1806	Paul Hamilton (D-R)
1807–1808	Charles Pinckney (D-R)
1809–1810	John Drayton (D-R)
1811–1812	Henry Middleton (D-R)
1813–1814	Joseph Alston (D-R)
1815–1816	David R. Williams (D-R)
1817–1818	Andrew Pickens (D-R)
1819–1820	John Geddes (D-R)
1821–1822	Thomas Bennett (D-R)
1823–1824	John L. Wilson
1825–1826	Richard I. Manning
1827–1828	John Taylor
1829–1830	Stephen D. Miller
1831–1832	James Hamilton
1833–1834	Robert Y. Hayne
1835–1836	George McDuffie
1837–1838	Pierce M. Butler
1839–1840	Patrick Noble, , B. K. Henagan
1841–1842	John P. Richardson
1843–1844	James H. Hammond
1845–1846	William Aiken
1847–1848	David Johnson
1849–1850	Whitemarsh B. Seabrook
1851–1852	John H. Means
1853–1854	John L. Manning
1855–1856	James H. Adams
1857–1858	Robert F. Allston
1859–1860	William H. Gist
1861–1862	Francis W. Pickens

TENNESSEE

Tennessee became the 16th state on June 1, 1796.
Until late December, 1789, the area that became the state of Tennessee was part of North Carolina.
Congress on May 26, 1790, established a territorial government that lasted until statehood.
The first election for governor was held in March, 1796.

Term—Two years.   **Election**—First Thursday and Friday in August, second day was eliminated in 1834.
Limits—Governor could not serve more than three successive terms.

1796

John Sevier
(no returns located)

1797

John Sevier
(no returns located)

1799

County	John Sevier (D-R)		scattering	
Blount	no returns			
Carter	no returns			
Cocke	no returns			
Davidson	591	(100%)		
Grainger	707	(100%)		
Greene	720	(100%)		
Hawkins	215	(92.7%)	17	(7.3%)
Jefferson	638	(100%)		
Knox	920	(100%)		
Montgomery	236	(100%)		
Robertson	316	(100%)		
Sevier	326	(100%)		
Sullivan	no returns			
Sumner	626	(100%)		
Washington	no returns			
Total	**(5,295)**		**(17)**	

SOURCES—Manuscript returns, state archives, Nashville; Anne H. Hopkins, William Lyons, *Tennessee Votes* (Knoxville, Tenn.: Bureau of Public Administration, University of Tennessee Press, 1978).

1801*

	Archibald Roane		John Boyd	
Total	8,438	(99.9%)	10	(0.1%)

*No county returns were located.

SOURCE—Kallenbach and Kallenbach, *American State Governors*, p. 555.

1803

County	John Sevier		Archibald Roane	
Anderson	339	(89.9%)	38	(10.1%)
Blount	no returns			
Carter	398	(80.2%)	98	(19.8%)
Claiborne	no returns			
Cocke	no returns			
Davidson	no returns			
Dickson	no returns			
Grainger	no returns			
Greene	652	(72.0%)	253	(28.0%)
Hawkins	no returns			
Jackson	no returns			
Jefferson	no returns			
Knox	616	(71.1%)	250	(28.9%)
Montgomery	296	(57.6%)	218	(42.4%)
Roane	199	(66.8%)	99	(33.2%)
Robertson	70	(21.8%)	251	(78.2%)
Sevier	no returns			
Smith	no returns			
Sullivan	507	(66.1%)	260	(33.9%)
Sumner	no returns			
Washington	741	(72.0%)	288	(28.0%)
Williamson	no returns			
Wilson	no returns			
Total	**(3,818)***		**(1,755)***	
	6,780	**(57.9%)**	**4,923**	**(42.1%)**

*The totals in parenthesis are the sum of the county returns found in Hopkins and Lyons, *Tennessee Votes*. The totals in bold are from the Tennessee House Journal, 1803. No county returns were listed. The Journal stated several counties did not report. In addition the *Rockbridge Courier*, September 3, 1803, gave totals with only Montgomery and Wilson counties missing. Adding the above returns from Montgomery to the *Courier* totals would make the totals;

7,733   5,219

SOURCES—Kallenbach and Kallenbach, p. 556; Hopkins and Lyons; Tennessee House Journal 1803; *Rockbridge Courier*, September 3, 1803.

1805

County	John Sevier		Archibald Roane	
Anderson, Knox & Roane	1,518	(75.0%)	506	(25.0%)
Blount	545	(70.5%)	228	(29.5%)
Carter	245	(51.8%)	228	(48.2%)
Cocke	440	(89.1%)	54	(10.9%)
Davidson, Rutherford & Williamson	1,071	(46.6%)	1,228	(53.4%)
Dickson	316	(42.0%)	438	(58.0%)
Grainger & Claiborne	1,018	(88.4%)	134	(11.6%)
Greene	563	(58.3%)	403	(41.7%)
Hawkins	531	(56.7%)	405	(43.3%)
Jackson, Smith, Sumner & Wilson	1,941	(68.0%)	913	(32.0%)
Jefferson	171	(42.9%)	168	(57.1%)
Montgomery & Stewart	426	(74.6%)	145	(25.4%)

County			
Sevier	586	(95.4%)	28 (4.6%)
Sullivan	333	(41.0%)	479 (59.0%)
Washington	589	(57.4%)	438 (42.6%)
Total*	**10,293**	**(64.0%)**	**5,795 (36.0%)**
		(5,855)	

*The state totals found in the manuscript returns at the archives gave Sevier 10,730 and Roane 5,909 but this was due the fact that the returns from Cocke were counted twice. The figure in parentheses is the stated figure.

SOURCES—Manuscript returns; Hopkins and Lyons.

1807

John Sevier   William Cocke
(no returns located)

1809

County	William Blount	William Cocke
Anderson, Bledsoe, Campbell, Rhea & Roane	681 (48.6%)	719 (51.4%)
Bedford	427 (62.5%)	577 (57.5%)
Blount	146 (14.7%)	846 (85.3%)
Carter & Washington	559 (36.2%)	986 (63.8%)
Claiborne	225 (29.7%)	533 (70.3%)
Cocke	115 (19.6%)	472 (80.4%)
Davidson	1,127 (94.0%)	72 (6.0%)
Dickson & Hickman	413 (94.9%)	22 (5.1%)
Grainger	207 (24.4%)	643 (75.6%)
Greene	555 (46.4%)	642 (53.6%)
Hawkins	199 (32.0%)	423 (68.0%)
Jackson	311 (61.2%)	197 (38.8%)
Knox	1,026 (94.5%)	60 (5.5%)
Maury	667 (83.8%)	129 (16.2%)
Montgomery	622 (87.4%)	90 (12.6%)
Robertson	537 (84.8%)	37 (15.2%)
Rutherford	875 (83.5%)	173 (16.5%)
Sevier	138 (24.0%)	438 (76.0%)
Smith	977 (91.3%)	93 (8.7%)
Stewart	362 (97.8%)	8 (2.2%)
Sullivan	396 (50.8%)	383 (49.2%)
Sumner & Wilson	1,930 (81.6%)	435 (18.4%)
White	234 (44.5%)	292 (55.5%)
Williamson	957 (85.3%)	165 (14.7%)
Totals	**13,686 (61.9%)**	**8,435 (38.1%)**
Franklin*	68 (27.1%)	183 (72.9%)
Overton*	246 (45.5%)	295 (54.5%)
Warren*	132 (28.8%)	327 (71.2%)

*Not reported in the official returns. These returns were found in the file of a contested election for seat in the State Senate. No returns for Jefferson County.

SOURCE—(Nashville) *Democratic Clarion*, November 3, 1809; Legislative Petition of Thomas K. Harris, #16-2-1809; Hopkins and Lyons.

1811*

Willie Blount (D-R)
19,980   (100%)

*No county returns were located.

SOURCE—(Nashville) *Clarion*, October 1, 1811.

1813

County	William Blount	scattering
Anderson	264 (100%)	
Bedford	no returns	
Bledsoe	no returns	
Blount	522 (93.2%)	38 (6.8%)
Campbell	no returns	
Carter	no returns	
Claiborne	no returns	
Cocke	535 (100%)	
Davidson	1,675 (100%)	
Dickson	633 (100%)	
Franklin	472 (100%)	
Giles	390 (100%)	
Grainger	685 (100%)	
Greene	910 (100%)	
Hawkins & Sullivan	1,332 (100%)	
Hickman	424 (100%)	
Humphreys	no returns	
Jackson	606 (100%)	
Jefferson	868 (100%)	
Knox	867 (100%)	
Lincoln	no returns	
Maury	1,240 (100%)	
Montgomery	831 (100%)	
Overton	767 (100%)	
Rhea	no returns	
Roane	no returns	
Robertson	867 (100%)	
Rutherford	1,105 (100%)	
Sevier	259 (100%)	
Smith	1,451 (100%)	
Stewart	571 (100%)	
Sumner	1,181 (99.4%)	7 (0.6%)
Warren	no returns	
Washington	914 (100%)	
White	790 (100%)	
Williamson	1,351 (100%)	
Wilson	no returns	
Total	**(21,510)**	**(45)**

SOURCES—Manuscript returns; Hopkins and Lyons.

1815

County	Joseph McMinn	Robert Weakley	Jesse Wharton	Robert C. Foster	Thomas Johnson
Anderson	418 (83.8%)	2 (0.4%)	38 (7.6%)	41 (8.2%)	0
Bedford	253 (15.6%)	220 (13.6%)	779 (48.1%)	313 (19.3%)	53 (3.3%)
Bledsoe	429 (91.5%)	3 (0.6%)	6 (1.3%)	28 (3.3%)	3 (0.6%)
Blount	883 (98.4%)	3 (0.3%)	11 (1.2%)	0	0
Campbell	450 (98.7%)	5 (1.1%)	1 (0.2%)	0	0
Carter	499 (93.3%)	9 (1.7%)	1 (0.2%)	26 (4.9%)	0
Claiborne	687 (94.4%)	28 (3.8%)	0	12 (1.6%)	1 (0.1%)

Tennessee

County	Joseph McMinn		Robert Weakley		Jesse Wharton		Robert C. Foster		Thomas Johnson	
Cocke	784	(80.6%)	1	(0.1%)	12	(1.2%)	164	(16.9%)	12	(1.2%)
Davidson	12	(0.7%)	1,006	(60.0%)	306	(18.2%)	313	(18.7%)	41	(2.4%)
Dickson	47	(6.2%)	442	(57.9%)	40	(5.2%)	175	(22.9%)	59	(7.7%)
Franklin	414	(38.7%)	94	(8.8%)	216	(20.2%)	321	(30.0%)	25	(2.3%)
Giles	206	(21.4%)	367	(38.1%)	349	(36.3%)	0		40	(4.2%)
Grainger	562	(94.6%)	27	(4.5%)	0		2	(0.3%)	3	(0.5%)
Greene	1,183	(98.7%)	4	(0.3%)	4	(0.3%)	7	(0.6%)	0	
Hawkins	898	(97.8%)	15	(1.5%)	3	(0.3%)	0		3	(0.3%)
Hickman	52	(8.8%)	440	(74.8%)	78	(13.3%)	16	(2.7%)	2	(0.3%)
Humphreys	42	(11.3%)	287	(77.2%)	5	(1.3%)	14	(3.8%)	24	(6.5%)
Jackson	168	(21.6%)	156	(20.0%)	254	(32.6%)	40	(5.1%)	161	(20.7%)
Jefferson	333	(54.0%)	280	(45.4%)	4	(0.6%)	0		0	
Knox	992	(85.9%)	5	(0.4%)	102	(8.8%)	53	(4.6%)	3	(0.3%)
Lincoln	285	(18.7%)	628	(41.2%)	299	(19.6%)	139	(9.1%)	174	(11.4%)
Maury	147	(8.9%)	1,004	(60.9%)	376	(22.8%)	69	(4.2%)	54	(3.3%)
Monroe	227	(55.0%)	120	(29.1%)	6	(1.5%)	41	(9.9%)	60	(14.5%)
Montgomery	73	(7.2%)	203	(19.9%)	140	(13.8%)	180	(17.7%)	422	(41.5%)
Overton	391	(40.4%)	232	(24.0%)	51	(5.3%)	15	(1.6%)	278	(28.7%)
Rhea	356	(95.2%)	1	(0.3%)	10	(2.7%)	7	(1.9%)	0	
Roane	627	(77.1%)	120	(14.8%)	6	(0.7%)	0		60	(7.4%)
Robertson	15	(1.5%)	73	(7.3%)	26	(2.6%)	20	(2.0%)	865	(86.6%)
Rutherford	731	(45.1%)	280	(17.3%)	427	(26.3%)	134	(8.3%)	50	(3.1%)
Sevier	253	(48.5%)	1	(0.2%)	265	(50.8%)	0		3	(0.6%)
Smith	173	(10.1%)	150	(8.8%)	593	(34.7%)	632	(37.0%)	158	(9.3%)
Stewart	16	(2.4%)	384	(57.8%)	16	(2.7%)	82	(12.3%)	164	(24.7%)
Sullivan	770	(96.2%)	14	(1.7%)	1	(0.1%)	6	(0.7%)	9	(1.1%)
Sumner	40	(2.3%)	299	(16.8%)	1,018	(57.3%)	211	(11.9%)	209	(11.8%)
Warren	997	(91.5%)	82	(5.9%)	39	(2.8%)	240	(17.2%)	35	(2.5%)
Washington	824	(76.0%)	10	(0.9%)	215	(19.8%)	35	(3.2%)	0	
White	927	(92.0%)	48	(4.8%)	17	(1.7%)	14	(1.4%)	2	(0.2%)
Williamson	70	(5.3%)	492	(37.1%)	601	(45.3%)	135	(10.2%)	28	(2.1%)
Wilson	120	(6.6%)	107	(5.9%)	745	(41.0%)	740	(40.7%)	105	(5.8%)
Totals	**16,354**	**(42.6%)**	**7,642**	**(19.9%)**	**7,060**	**(18.4%)**	**4,225**	**(11.0%)**	**3,106**	**(8.1%)**

SOURCES—Manuscript returns; *Nashville Whig*, August 8, 15, September 23, 1815; Hopkins and Lyons.

1817

County	Joseph McMinn		Robert C. Foster	
Anderson	548	(85.2%)	95	(14.8%)
Bedford	849	(36.1%)	1,503	(63.9%)
Bledsoe	504	(93.0%)	38	(0.7%)
Blount	1,453	(99.8%)	3	(0.2%)
Campbell	519	(99.8%)	1	(0.2%)
Carter	408	(87.2%)	60	(12.8%)
Claiborne	842	(95.9%)	36	(4.1%)
Cocke	702	(99.7%)	2	(0.3%)
Davidson	555	(33.1%)	1,123	(66.9%)
Dickson	198	(27.6%)	520	(77.4%)
Franklin	599	(43.2%)	787	(56.8%)
Giles	641	(57.9%)	467	(42.1%)
Grainger	990	(100%)	0	
Greene	1,447	(99.2%)	11	(0.8%)
Hawkins	734	(97.2%)	21	(2.8%)
Hickman	527	(75.2%)	174	(24.8%)
Humphreys	240	(60.5%)	157	(39.5%)
Jackson	719	(74.2%)	250	(25.8%)
Jefferson	1,103	(94.9%)	1	(5.1%)
Knox	1,646	(96.9%)	53	(0.1%)
Lincoln	1,072	(66.1%)	550	(33.9%)
Maury	741	(42.7%)	995	(57.3%)
Montgomery	338	(31.9%)	722	(68.1%)
Overton	1,031	(95.0%)	54	(5.0%)
Rhea	488	(99.8%)	1	(0.2%)
Roane	925	(99.0%)	9	(1.0%)
Robertson	332	(31.7%)	715	(68.3%)
Rutherford	988	(52.4%)	899	(47.6%)
Sevier	605	(100%)	0	
Smith	1,162	(64.1%)	651	(35.9%)
Stewart	88	(11.7%)	665	(88.3%)
Sullivan	1,036	(97.9%)	22	(2.1%)
Sumner	425	(35.4%)	776	(64.6%)
Warren	515	(33.8%)	1,010	(66.2%)
Washington	282	(23.4%)	921	(76.6%)
White	580	(52.7%)	520	(47.3%)
Williamson	1,273	(71.3%)	513	(28.7%)
Wilson	796	(41.2%)	1,136	(58.8%)
Totals	**27,901**	**(64.3%)**	**15,461**	**(35.7%)**
	(27,882)*		(15,480)*	

*Stated totals.

SOURCES—Manuscript returns; Hopkins and Lyons.

1819

County	Joseph McMinn		Enoch Parsons	
Anderson	238	(38.4%)	381	(61.6%)
Bedford	1,984	(92.8%)	153	(7.2%)
Bledsoe & Marion	773	(91.4%)	73	(8.6%)
Blount	717	(53.3%)	629	(46.7%)
Campbell	317	(61.1%)	202	(38.9%)
Carter	304	(58.3%)	217	(41.7%)
Claiborne	665	(77.9%)	189	(22.1%)

Tennessee

County						County					
Cocke	520	(84.7%)	94	(15.3%)		Overton	799	(71.2%)	323	(28.8%)	
Davidson	1,237	(81.8%)	276	(18.2%)		Rhea	451	(72.3%)	173	(27.7%)	
Dickson	620	(93.9%)	40	(6.1%)		Roane	832	(83.8%)	161	(16.2%)	
Franklin	1,096	(72.6%)	414	(27.4%)		Robertson	1,100	(95.7%)	50	(4.3%)	
Giles	1,099	(85.7%)	184	(14.3%)		Rutherford	2,058	(97.9%)	52	(2.1%)	
Grainger	1,084	(96.3%)	42	(3.7%)		Sevier	194	(29.5%)	464	(70.5%)	
Greene	712	(44.3%)	895	(55.7%)		Smith	1,736	(82.0%)	380	(18.0%)	
Hawkins	923	(82.0%)	192	(18.0%)		Stewart	574	(77.9%)	163	(22.1%)	
Hickman	640	(92.9%)	49	(7.1%)		Sullivan	859	(85.6%)	144	(14.4%)	
Humphreys	527	(93.6%)	36	(6.4%)		Sumner	1,179	(76.9%)	355	(23.1%)	
Jackson	770	(85.4%)	132	(24.6%)		Warren	1,508	(88.8%)	190	(11.2%)	
Jefferson	982	(78.4%)	270	(21.6%)		Washington	458	(36.8%)	787	(63.2%)	
Knox	911	(63.4%)	526	(36.6%)		White	781	(88.2%)	104	(11.8%)	
Lawrence	244	(87.5%)	35	(12.5%)		Williamson	1,563	(94.6%)	90	(5.4%)	
Lincoln	1,434	(96.7%)	49	(3.3%)		Wilson	1,978	(96.2%)	78	(3.8%)	
Maury	1,835	(86.6%)	285	(13.4%)		**Totals**	**36,470**	**(79.2%)**	**9,148**	**(20.8%)**	
Montgomery	637	(70.5%)	266	(29.5%)							
Morgan	131	(96.3%)	5	(3.7%)							

Sources—Manuscript returns; Hopkins and Lyons.

1 8 2 1

County	William Carroll		Edward Ward		scattering	
Anderson	628	(94.7%)	35	(5.3%)		
Bedford	2,423	(93.9%)	157	(6.1%)		
Bledsoe	614	(87.7%)	86	(12.3%)		
Blount	751	(56.4%)	580	(43.6%)		
Campbell	362	(70.4%)	152	(29.6%)		
Carter	327	(88.1%)	44	(11.9%)		
Claiborne	679	(84.0%)	129	(16.0%)		
Cocke	110	(26.0%)	313	(74.0%)		
Davidson	1,427	(66.2%)	728	(33.8%)		
Dickson	629	(85.3%)	108	(14.7%)		
Franklin	1,469	(89.6%)	171	(10.4%)		
Giles	811	(57.0%)	612	(43.0%)		
Grainger	830	(71.4%)	332	(28.6%)		
Greene	1,232	(74.5%)	422	(25.5%)		
Hamilton	39	(39.8%)	59	(60.2%)		
Hardeman	1,046	(98.3%)	0		18	(1.7%)
Hardin	229	(89.8%)	26	(10.2%)		
Hawkins	1,187	(84.4%)	219	(15.6%)		
Hickman	777	(98.2%)	14	(1.8%)		
Humphreys	582	(95.9%)	25	(4.1%)		
Jackson	792	(89.7%)	91	(10.3%)		
Jefferson	915	(72.6%)	345	(27.4%)		
Knox	1,067	(74.9%)	358	(25.1%)		
Lawrence	448	(89.4%)	53	(10.6%)		
Lincoln	1,465	(73.6%)	525	(26.4%)		
McMinn	348	(85.3%)	34	(14.7%)		
Marion	367	(90.0%)	41	(10.0%)		
Maury	1,519	(66.9%)	752	(33.1%)		
Monroe	255	(72.2%)	98	(27.8%)		
Montgomery	743	(78.1%)	208	(21.9%)		
Morgan	207	(81.2%)	48	(18.8%)		
Overton	912	(82.3%)	196	(17.7%)		
Perry	129	(97.0%)	4	(3.0%)		
Rhea	396	(66.1%)	203	(33.9%)		
Roane	908	(73.5%)	328	(26.5%)		
Robertson	1,136	(84.3%)	211	(15.7%)		
Rutherford	1,675	(72.4%)	638	(27.6%)		
Sevier	1,492	(97.5%)	38	(2.5%)		
Smith	1,827	(88.4%)	240	(11.6%)		
Stewart	833	(95.2%)	42	(4.8%)		
Sullivan	1,062	(89.2%)	129	(10.8%)		
Sumner	1,612	(74.4%)	554	(25.6%)		
Warren	1,600	(99.0%)	16	(1.0%)		
Washington	980	(71.9%)	383	(28.1%)		
Wayne	451	(98.3%)	8	(1.7%)		
White	1,248	(97.3%)	35	(2.7%)		

County	William Carroll		Edward Ward		scattering
Williamson	1,225	(65.1%)	656	(34.9%)	
Wilson	1,549	(71.0%)	633	(29.0%)	
Total	**43,313**	(79.6%)	**11,079**	(20.4%)	
	(43,310)*		(11,130)*		

*Stated totals.

SOURCES—Manuscript returns; Hopkins and Lyons.

1 8 2 3

County	William Carroll		McBride		scattering
Anderson	2,536				
Bedford	1,523				
Bledsoe			no returns		
Blount	1,187				
Campbell	361				
Carroll	215				
Carter			no returns		
Claiborne	561				
Cocke	327				
Davidson	2,196				
Dickson	751				
Dyer			no returns		
Fayette			no returns		
Fentress			no returns		
Franklin	1,319				
Gibson			no returns		
Giles			no returns		
Grainger	905	(98.5%)	14	(1.5%)	
Greene	1,529				
Hamilton	65				
Hardeman			no returns		
Hardin			no returns		
Hawkins	1,142				
Haywood			no returns		
Henderson	230				
Henry	340				
Hickman	808				
Humphreys	494				
Jackson	866				
Jefferson	1,260				
Knox	1,788				
Lawrence	520				
Lincoln	1,782				
McMinn			no returns		
McNairy			no returns		
Madison	315	(91.6%)	29	(8.4%)	
Marion			no returns		
Maury	2,015				
Monroe	596				
Montgomery	640				
Morgan			no returns		
Obion			no returns		
Overton	690				
Perry	342				
Rhea	438				
Roane			no returns		
Robertson	1,167				
Rutherford	1,541	(81.7%)			346 (18.3%)
Sevier			no returns		
Shelby			no returns		
Smith	2,019				
Stewart			no returns		
Sullivan			1,140		
Sumner	1,230				
Tipton			no returns		
Warren			no returns		
Washington	988				
Wayne			no returns		
Weakley			no returns		
White	962				
Williamson	1,468				
Wilson	1,300				
Total	40,174		43		346
	32,579	(100%)			

The *Knoxville Register*, October 10, 1823, reported what was apparently the official totals, the figures in bold. No county returns were listed, and it was noted "From many counties no returns had been received, owing perhaps, to the circumstance of there being no opposing candidate to the present incumbent."

SOURCES—Hopkins and Lyons; manuscript returns; *Knoxville Register*, October 10, 1823.

1 8 2 5

County	William Carroll
Anderson	475
Bedford	1,942
Campbell	133
Carroll	405
Carter & Washington	1,136
Davidson	2,082
Dyer	41
Fentress & Overton	817
Franklin	1,591
Gibson	126
Grainger	1,145
Hamilton	59
Hawkins	1,205
Henderson	449
Henry	680
Hickman	917
Humphreys	458
Jackson	576
Jefferson	1,304
Knox	1,809
Lawrence	516
Lincoln	2,163
McMinn	1,118
McNairy	181
Madison	357
Maury	2,423
Monroe	529
Morgan	196
Rhea	575
Robertson	1,032
Rutherford	1,014
Sevier	752
Shelby	55

Tennessee

County		
Smith	1,685
Sullivan	1,018
Tipton	54
Weakley	243
White	1,027
Williamson	1,996
Total*	**(34,284)**

*These returns are incomplete. No returns were found for the following counties: Bledsoe, Blount, Claiborne, Cocke, Dickson, Fayette, Giles, Greene, Hardeman, Hardin, Haywood, Marion, Montgomery, Obion, Overton, Perry, Roane, Stewart, Sumner, Warren, Washington, Wayne and Wilson, 23 counties in all.

SOURCE—Manuscript returns.

1827

County	Sam Houston		Newton Cannon		Willie Blount	
Anderson	0		242	(100%)	0	
Bedford	782	(22.5%)	2,680	(77.1%)	14	(0.4%)
Bledsoe	684	(74.7%)	228	(24.9%)	4	(0.4%)
Blount	940	(60.7%)	608	(39.3%)	0	
Campbell	454	(73.5%)	164	(23.5%)	0	
Carroll	275	(25.1%)	811	(74.1%)	8	(0.7%)
Carter	556	(71.5%)	222	(28.5%)	0	
Claiborne	306	(28.5%)	766	(71.4%)	1	(0.9%)
Cocke	576	(75.1%)	191	(24.9%)	0	
Davidson	2,332	(73.0%)	796	(24.9%)	66	(2.1%)
Dickson	356	(43.4%)	464	(56.6%)	0	
Dyer	59	(40.1%)	87	(59.2%)	1	(0.7%)
Fayette	240	(69.4%)	94	(27.2%)	12	(3.5%)
Fentress	40	(10.8%)	213	(57.7%)	116	(31.4%)
Franklin	853	(50.2%)	841	(49.5%)	4	(2.4%)
Gibson	141	(41.1%)	346	(58.9%)	0	
Giles*	1,242	(64.3%)	677	(35.0%)	14	(0.7%)
Grainger	925	(67.0%)	452	(32.7%)	4	(0.3%)
Greene	1,690	(88.9%)	210	(11.0%)	1	(0.1%)
Hamilton	173	(60.1%)	87	(30.2%)	28	(9.7%)
Hardeman	498	(47.3%)	541	(51.4%)	13	(1.2%)
Hardin	194	(34.5%)	362	(64.3%)	7	(1.2%)
Hawkins	1,737	(91.9%)	78	(4.1%)	76	(4.0%)
Haywood	127	(31.4%)	207	(51.2%)	20	(5.0%)
Henderson	334	(32.7%)	687	(67.3%)	0	
Henry	463	(30.6%)	1,031	(68.1%)	20	(1.3%)
Hickman	423	(46.2%)	462	(50.5%)	30	(3.3%)
Humphreys	295	(37.4%)	494	(62.6%)	0	
Jackson	796	(63.0%)	457	(36.2%)	11	(0.9%)
Jefferson	941	(59.1%)	650	(40.9%)	0	
Knox	1,150	(53.4%)	995	(46.2%)	7	(3.3%)
Lawrence*	486	(61.6%)	303	(38.4%)	0	
Lincoln	945	(37.2%)	1,552	(61.2%)	40	(1.6%)
Madison	590	(79.3%)	154	(20.7%)	0	
Marion	583	(82.7%)	100	(14.2%)	22	(3.1%)
Maury	1,298	(40.4%)	1,891	(58.9%)	22	(0.7%)
McMinn	1,470	(73.4%)	495	(24.7%)	38	(1.9%)
McNairy	273	(52.5%)	247	(47.5%)	0	
Monroe	1,369	(71.3%)	551	(28.7%)	1	(0.1%)
Montgomery	479	(35.6%)	291	(21.6%)	576	(42.8%)
Morgan	144	(46.9%)	162	(52.8%)	1	(0.3%)
Obion	122	(65.9%)	62	(33.5%)	1	(0.5%)
Overton	442	(48.4%)	438	(47.9%)	34	(3.7%)
Perry	351	(44.3%)	441	(55.7%)	0	
Rhea	824	(74.8%)	232	(21.1%)	45	(4.1%)
Roane	1,337	(78.3%)	368	(21.6%)	2	(0.1%)
Robertson	587	(42.5%)	519	(37.6%)	274	(19.9%)
Rutherford	1,249	(41.0%)	1,771	(58.1%)	26	(0.9%)
Sevier	334	(55.2%)	412	(44.8%)	0	
Shelby	73	(30.3%)	158	(65.6%)	10	(4.1%)
Smith	1,317	(53.8%)	1,004	(41.0%)	125	(5.1%)
Stewart*	410	(53.7%)	329	(43.1%)	24	(3.1%)
Sullivan	1,265	(91.6%)	106	(7.7%)	10	(0.7%)
Sumner	1,482	(61.8%)	907	(37.8%)	8	(0.3%)
Tipton	83	(33.7%)	148	(60.2%)	15	(6.1%)
Warren	1,055	(53.4%)	922	(46.6%)	0	

County	Sam Houston		Newton Cannon		Willie Blount	
Washington	1,336	(82.0%)	283	(17.4%)	11	(0.7%)
Wayne	386	(41.2%)	414	(58.8%)	0	
Weakley	288	(56.5%)	213	(41.8%)	9	(1.8%)
White	974	(80.7%)	232	(19.2%)	1	(0.1%)
Williamson	1,146	(44.2%)	1,444	(55.8%)	0	
Wilson	1,963	(74.6%)	637	(24.2%)	32	(1.2%)
Total	44,243	(56.0%)	32,929	(41.7%)	1,784	(2.3%)

*These returns were obtained from the (Knoxville) *Enquirer,* August 15, 22, 29, 1827. All others were obtained from manuscript returns.

SOURCES—Manuscript returns.

1829

County	William Carroll		scattering	
Anderson	642	(99.1%)	6	(0.9%)
Bedford	3,121	(100%)		
Bledsoe	821	(100%)		
Blount	1,312	(100%)		
Campbell	343	(100%)		
Carroll	1,067	(99.5%)	5	(0.5%)
Carter	787	(100%)		
Claiborne	1,110	(100%)		
Cocke	660	(96.8%)	22	(3.2%)
Davidson	995	(100%)		
Dickson	884	(100%)		
Dyer	122	(100%)		
Fayette	493	(100%)		
Fentress	361	(100%)		
Franklin	no returns located			
Gibson	no returns located			
Giles	1,586	(100%)		
Grainger	1,257	(100%)		
Greene	1,765	(100%)		
Hamilton	244	(100%)		
Hardeman	1,046	(98.3%)	18	(1.7%)
Hardin	323	(100%)		
Hawkins	1,525	(100%)		
Haywood	486	(100%)		
Henderson	869	(100%)		
Henry	1,355	(100%)		
Hickman	754	(99.9%)	1	(0.1%)
Humphreys	828	(100%)		
Jackson	1,209	(100%)		
Jefferson	1,454	(100%)		
Knox	2,046	(100%)		
Lawrence	779	(100%)		
Lincoln	2,312	(100%)		
McMinn	1,725	(100%)		
McNairy	727	(100%)		
Madison	966	(100%)		
Marion	507	(100%)		
Maury	2,762	(100%)		
Monroe	1,246	(100%)		
Montgomery	1,362	(100%)		
Morgan	237	(100%)		
Obion	200	(100%)		
Overton	913	(100%)		
Perry	689	(100%)		
Rhea	616	(100%)		
Roane	715	(100%)		
Robertson	1,324	(100%)		
Rutherford	2,078	(100%)		
Sevier	751	(100%)		
Shelby	263	(100%)		
Smith	2,030	(97.7%)	47	(2.3%)
Stewart	no returns located			
Sullivan	803	(100%)		
Sumner	no returns located			
Tipton	348	(100%)		
Warren	no returns located			
Washington	908	(100%)		
Wayne	737	(99.1%)	7	(0.9%)
Weakley	no returns located			
White	1,390	(100%)		
Williamson	2,040	(100%)		
Wilson	1,824	(100%)		
Total	59,917	(99.8%)	106	(0.2%)

SOURCE—Manuscript returns.

1831

County	William Carroll (J)		John Ellis (NR)		scattering	
Anderson	615	(100%)				
Bedford	1,899	(99.1%)	17	(0.9%)		
Bledsoe	653	(100%)				
Blount	1,509	(99.5%)	8	(0.5%)		
Campbell	182	(91.5%)	17	(8.5%)		
Carroll	1,173	(99.2%)			69	(0.8%)
Carter	782	(99.5%)	14	(0.5%)		
Claiborne	1,077	(100%)				
Cocke	684	(99.3%)	5	(0.7%)		
Davidson	1,830	(96.4%)	68	(3.6%)		
Dickson	812	(97.8%)	1	(0.1%)	17	(0.2%)
Dyer	108	(90.0%)	1	(0.1%)	11	(0.9%)
Fayette	727	(98.0%)	15	(2.0%)		

Tennessee

County	William Carroll (J)		John Ellis (NR)		scattering	
Fentress	235	(100%)				
Franklin	1,941	(100%)				
Gibson	484	(100%)				
Giles	1,670	(90.1%)	184	(9.9%)		
Grainger	1,349	(100%)				
Greene	1,990	(95.2%)	62	(3.0%)	38	(1.8%)
Hamilton	357	(98.9%)	4	(1.1%)		
Hardeman	904	(100%)				
Hardin	480	(99.6%)	2	(0.4%)		
Hawkins	1,113	(99.8%)	2	(0.2%)		
Haywood			no returns			
Henderson	1,175	(99.8%)			2	(0.2%)
Henry	1,358	(99.7%)	4	(0.3%)		
Hickman	853	(99.5%)	4	(0.5%)		
Humphreys	741	(98.7%)	10	(1.3%)		
Jackson	659	(73.7%)	217	(24.3%)	18	(2.0%)
Jefferson	1,402	(100%)				
Knox	2,199	(99.9%)	2	(0.1%)		
Lawrence	767	(99.1%)	7	(0.9%)		
Lincoln			no returns			
McMinn	1,876	(95.5%)	88	(4.5%)		
McNairy	775	(99.9%)			1	(0.1%)
Madison	1,100	(100%)				
Marion	623	(95.3%)	24	(3.7%)	7	(1.1%)
Maury	2,703	(99.3%)	20	(0.7%)		
Monroe`	1,432	(100%)				
Montgomery	1,512	(100%)				
Morgan	264	(95.0%)	14	(5.0%)		
Obion	254	(100%)				
Overton	701	(85.7%)	57	(4.3%)		
Perry	646	(99.7%)	2	(0.3%)		
Rhea	948	(96.2%)	37	(3.8%)		
Roane	1,262	(91.4%)	119	(8.6%)		
Robertson	768	(89.3%)	68	(7.9%)	24	(2.8%)
Rutherford	1,878	(96.6%)	66	(3.4%)		
Sevier	756	(100%)				
Shelby	431	(91.3%)	41	(8.7%)		
Smith	1,581	(99.6%)	7	(0.4%)		
Stewart	741	(100%)				
Sullivan	539	(97.3%)	15	(2.7%)		
Sumner	1,225	(94.1%)	77	(5.9%)		
Tipton	457	(99.1%)	3	(0.7%)	1	(0.2%)
Warren	1,721	(99.9%)	1	(0.1%)		
Washington	1,498	(99.7%)	4	(0.3%)		
Wayne	898	(98.8%)	11	(1.2%)		
Weakley	644	(98.5%)	10	(1.5%)		
White	734	(68.7%)	335	(31.3%)		
Williamson	2,406	(95.6%)	110	(4.4%)		
Wilson	2,693	(99.6%)	11	(0.4%)		
Total	(63,694)		(1,764)		(188)	

The figures as stated in Kallenbach and Kallenbach:
64,834   1,666   125

Sources—Manuscript returns; Hopkins and Lyons.

1833

County	William Carroll (D)		scattering
Anderson	713	(100%)	
Bedford	1,526	(100%)	
Bledsoe	378	(100%)	
Blount	1,378	(100%)	
Campbell*	347	(100%)	
Carroll	1,003	(100%)	
Carter	792	(100%)	
Claiborne	852	(100%)	
Cocke	611	(100%)	
Davidson*	2,217	(78.4%)	611 (21.6%)
Dickson	326	(100%)	
Dyer	134	(100%)	
Fayette*	579	(99.1%)	5 (0.9%)
Fentress		no returns	
Franklin*	1,779	(100%)	
Gibson	926	(100%)	
Giles		no returns	
Grainger	1,137	(100%)	

County						
Greene	1,120	(100%)				
Hamilton	252	(100%)				
Hardeman	233	(100%)				
Hardin	463	(100%)				
Hawkins	839	(100%)				
Haywood	435	(100%)				
Henderson	554	(100%)				
Henry	1,554	(100%)				
Hickman	637	(100%)				
Humphreys	749	(100%)				
Jackson	373	(100%)				
Jefferson		no returns				
Knox	2,062	(100%)				
Lawrence*	569	(100%)				
Lincoln	2,541	(99.7%)	7	(0.3%)		
McMinn	1,760	(100%)				
McNairy	719	(100%)				
Madison		no returns				
Marion	162	(100%)				
Maury	2,311	(95.9%)	98	(4.1%)		
Monroe	1,278	(100%)				
Montgomery*	1,579	(100%)				
Morgan	75	(100%)				
Obion	211	(100%)				
Overton	611	(100%)				
Perry	280	(99.3%)	2	(0.7%)		
Rhea	438	(100%)				
Roane	560	(100%)				
Robertson	1,480	(99.9%)	1	(0.1%)		
Rutherford	169	(41.8%)	235	(58.2%)		
Sevier	647	(99.5%)	3	(0.5%)		
Shelby*	212	(54.8%)	175	(45.2%)		
Smith*	1,314	(100%)				
Stewart*	787	(100%)				
Sullivan*	420	(100%)				
Sumner*	1,775	(100%)				
Tipton*	97	(100%)				
Warren		no returns				
Washington	1,026	(99.9%)	1	(0.1%)		
Wayne*	488	(100%)				
Weakley	834	(99.2%)	7	(0.8%)		
White	764	(100%)				
Williamson	2,242	(98.6%)	32	(1.4%)		
Wilson	2,917	(100%)				
Totals	**(52,335)**		**(1,177)**			

The totals as found in Kallenbach and Kallenbach, which might be complete, are as follows:

                53,224 (97.8%)   1,201 (2.2%)

*Returns from Hopkins and Lyons.

SOURCES—Manuscript returns; Hopkins and Lyons.

1835

County	Newton Cannon (AVBD)		William Carroll (D)		West H. Humphreys	
Anderson	469	(68.6%)	188	(27.5%)	27	(3.9%)
Bedford	1,592	(50.5%)	1,172	(37.2%)	387	(12.3%)
Bledsoe	459	(65.7%)	191	(27.3%)	149	(21.3%)
Blount	988	(60.0%)	75	(4.6%)	583	(35.4%)
Campbell	564	(80.3%)	137	(19.5%)	1	(0.1%)
Carroll	635	(45.0%)	796	(56.4%)	81	(5.7%)
Carter	974	(82.3%)	121	(26.8%)	88	(7.4%)
Claiborne	820	(83.1%)	163	(16.5%)	4	(0.4%)
Cocke	610	(77.7%)	162	(20.6%)	13	(1.7%)
Davidson	757	(29.2%)	1,427	(55.1%)	408	(15.7%)
Dickson	380	(45.4%)	377	(45.0%)	80	(9.6%)
Dyer	253	(72.9%)	26	(7.5%)	68	(19.6%)
Fayette	556	(42.5%)	532	(40.6%)	221	(16.9%)
Fentress	249	(48.4%)	219	(42.6%)	46	(8.9%)
Franklin	254	(13.0%)	1,514	(77.6%)	182	(9.3%)
Gibson	925	(67.7%)	217	(15.9%)	224	(16.4%)
Grainger	1,119	(87.8%)	143	(11.2%)	12	(0.9%)
Greene	1,422	(66.4%)	573	(26.8%)	145	(6.8%)
Hamilton	296	(61.3%)	112	(23.2%)	75	(15.5%)
Hardeman	577	(78.2%)	676	(39.0%)	102	(5.9%)
Hardin	506	(59.0%)	336	(39.2%)	16	(1.9%)
Hawkins	1,087	(60.9%)	680	(38.1%)	18	(1.0%)
Haywood	682	(57.8%)	272	(23.1%)	125	(10.6%)
Henderson	622	(41.7%)	810	(54.3%)	58	(3.9%)
Henry	766	(43.3%)	853	(48.2%)	150	(8.5%)
Hickman	417	(38.5%)	560	(51.8%)	85	(7.9%)
Humphreys	262	(26.7%)	522	(53.2%)	197	(20.1%)
Jefferson	1,410	(86.0%)	219	(16.5%)	11	(0.7%)
Knox	1,566	(72.7%)	502	(23.3%)	87	(4.0%)
Lawrence	116	(12.7%)	780	(85.2%)	20	(2.2%)
Lincoln	726	(26.0%)	1,727	(61.9%)	338	(12.1%)
Madison	1,441	(83.8%)	247	(14.4%)	31	(1.8%)
Marion	425	(53.5%)	87	(11.0%)	282	(35.5%)
Maury	1,512	(46.5%)	1,564	(48.1%)	178	(5.5%)
McMinn	1,599	(70.4%)	587	(25.8%)	85	(3.7%)
McNairy	525	(48.0%)	554	(50.7%)	14	(1.3%)
Monroe	1,311	(68.8%)	464	(24.3%)	131	(6.9%)
Montgomery	219	(16.5%)	549	(41.5%)	556	(42.0%)

Tennessee

County	Newton Cannon (AVBD)		William Carroll (D)		West H. Humphreys	
Obion	209	(42.7%)	167	(34.2%)	113	(23.1%)
Overton	403	(35.9%)	427	(38.0%)	294	(26.2%)
Perry	362	(34.9%)	630	(60.7%)	46	(4.4%)
Rhea	424	(38.2%)	430	(38.8%)	255	(23.0%)
Roane	788	(52.1%)	75	(5.0%)	650	(43.0%)
Robertson	146	(11.8%)	967	(78.2%)	124	(10.0%)
Rutherford	1,820	(64.8%)	961	(34.2%)	29	(1.0%)
Sevier	689	(81.5%)	55	(6.5%)	101	(12.0%)
Shelby	572	(54.1%)	335	(19.2%)	37	(2.1%)
Stewart	232	(24.3%)	561	(58.8%)	161	(16.9%)
Sullivan	339	(26.4%)	571	(44.5%)	374	(29.1%)
Sumner	909	(45.0%)	1,007	(4.9%)	98	(4.9%)
Tipton	498	(59.7%)	243	(29.1%)	93	(11.1%)
Warren	607	(27.5%)	1,601	(72.4%)	3	(1.4%)
Washington	956	(56.5%)	712	(42.1%)	23	(1.4%)
Wayne	261	(29.3%)	606	(68.0%)	24	(2.7%)
Weakley	292	(29.3%)	608	(61.1%)	95	(9.5%)
White	528	(35.8%)	885	(60.0%)	62	(4.2%)
Williamson	1,429	(58.2%)	990	(40.3%)	37	(1.5%)
Wilson	1,307	(49.8%)	1,215	(46.3%)	102	(3.9%)
Total	**41,862**	**(50.4%)**	**33,180**	**(40.0%)**	**7,999**	**(9.6%)**
	(41,864)*				(7,972)*	

*Stated totals.
No returns for Giles, Jackson, Morgan and Smith counties.

SOURCE—Journal, Tennessee House of Representatives, October 10, 1835, pp. 17–18.

1837

County	Newton Cannon (W)		Robert Armstrong (D)	
Anderson	494	(72.3%)	189	(27.7%)
Bedford	1,864	(54.2%)	1,576	(45.8%)
Benton	211	(45.9%)	249	(54.1%)
Bledsoe	557	(76.8%)	168	(23.2%)
Blount	970	(61.7%)	601	(38.3%)
Campbell	425	(57.0%)	320	(43.0%)
Carroll	762	(59.5%)	518	(40.5%)
Carter	658	(81.0%)	154	(19.0%)
Claiborne	903	(76.9%)	272	(23.1%)
Cocke	524	(65.2%)	280	(34.8%)
Davidson	1,580	(55.0%)	1,295	(45.0%)
Dickson	551	(65.3%)	293	(34.7%)
Dyer	217	(59.1%)	150	(40.9%)
Fayette	1,069	(58.1%)	771	(41.9%)
Fentress	289	(50.0%)	289	(50.0%)
Franklin	794	(39.7%)	1,208	(60.3%)
Gibson	1,136	(78.8%)	305	(21.2%)
Giles	1,666	(77.6%)	480	(22.4%)
Grainger	955	(71.8%)	376	(28.2%)
Greene	583	(24.7%)	1,780	(75.3%)
Hamilton	548	(59.4%)	374	(40.6%)
Hardeman	861	(65.8%)	447	(34.2%)
Hardin	683	(83.8%)	132	(16.2%)
Hawkins	660	(34.1%)	1,274	(65.9%)
Haywood	730	(73.6%)	262	(26.4%)
Henry	959	(60.3%)	632	(39.7%)
Hickman	335	(29.5%)	799	(70.5%)
Humphreys	287	(66.9%)	142	(33.1%)
Jefferson	1,361	(83.9%)	261	(16.1%)
Johnson	303	(78.5%)	83	(21.5%)
Knox	1,575	(77.1%)	468	(22.9%)
Lauderdale	138	(72.6%)	52	(27.4%)
Lincoln	1,196	(41.7%)	1,673	(58.3%)
McNairy	769	(67.4%)	372	(32.6%)
Madison	1,164	(78.5%)	319	(21.5%)
Marion	567	(66.6%)	284	(33.4%)
Maury	1,668	(49.0%)	1,735	(51.0%)
Meigs	233	(38.6%)	370	(61.4%)
Monroe	996	(54.8%)	821	(45.2%)
Montgomery	1,063	(70.3%)	449	(29.7%)
Morgan	205	(90.3%)	22	(9.7%)
Obion	256	(58.4%)	182	(41.6%)
Overton	369	(38.5%)	590	(61.5%)
Rhea	205	(46.8%)	233	(53.2%)
Roane	957	(66.8%)	475	(33.2%)
Robertson	1,174	(72.4%)	447	(27.6%)
Rutherford	2,080	(68.7%)	948	(31.3%)
Sevier	782	(91.4%)	74	(8.6%)
Shelby	701	(62.8%)	415	(37.2%)
Smith	2,350	(88.1%)	317	(11.9%)
Stewart	563	(55.6%)	450	(44.4%)
Sullivan	214	(14.9%)	1,224	(85.1%)
Sumner	1,077	(45.4%)	1,293	(54.6%)
Tipton	371	(54.1%)	315	(45.9%)
Warren	646	(30.2%)	1,493	(69.8%)
Washington	744	(42.6%)	1,001	(57.4%)
Wayne	579	(64.1%)	324	(35.9%)
Weakley	551	(52.7%)	494	(47.3%)
White	1,046	(72.6%)	395	(27.4%)
Williamson	1,998	(80.6%)	480	(19.4%)
Wilson	2,172	(79.5%)	559	(20.5%)
Total	**51,344**	**(60.2%)**	**33,954**	**(39.8%)**
	(51,341)*			

*Stated total.
No returns for Henderson, Jackson, Lawrence, McMinn and Perry counties.

SOURCE—Journal, Tennessee Senate, October 5, 1837, p. 28.

1839

County	James K. Polk (D)		Newton Cannon (W)	
Anderson	259	(33.9%)	507	(66.1%)
Bedford	2,427	(56.9%)	1,837	(43.1%)
Benton	388	(63.9%)	219	(36.1%)
Bledsoe	263	(33.8%)	516	(66.2%)
Blount	811	(47.1%)	911	(52.9%)
Bradley	803	(72.2%)	309	(27.8%)
Campbell	467	(62.6%)	279	(37.4%)
Carroll	460	(27.4%)	1,221	(72.6%)
Carter	141	(15.5%)	770	(84.5%)
Claiborne	830	(62.9%)	489	(37.1%)
Cocke	240	(26.3%)	673	(73.7%)
Davidson	1,507	(46.4%)	1,744	(53.6%)
Dickson	656	(63.9%)	370	(36.1%)
Dyer	224	(41.4%)	317	(58.6%)
Fayette	936	(48.4%)	998	(51.6%)
Fentress	352	(63.0%)	207	(37.0%)
Franklin	1,607	(75.9%)	510	(24.1%)
Gibson	513	(30.8%)	1,151	(69.2%)
Giles	1,461	(56.5%)	1,127	(43.5%)
Grainger	690	(46.3%)	801	(53.7%)
Greene	1,701	(66.1%)	874	(33.9%)
Hamilton	438	(41.3%)	623	(58.7%)
Hardeman	916	(60.4%)	601	(39.6%)
Hardin	613	(56.3%)	476	(43.7%)
Hawkins	1,433	(64.1%)	804	(35.9%)
Haywood	627	(47.0%)	706	(53.0%)
Henderson	412	(26.8%)	1,126	(73.2%)
Henry	1,192	(63.0%)	699	(37.0%)
Hickman	1,054	(84.4%)	195	(15.6%)
Humphreys	373	(65.6%)	194	(34.4%)
Jackson	690	(38.3%)	1,112	(61.7%)
Jefferson	210	(12.2%)	1,515	(87.8%)
Johnson	97	(22.5%)	334	(77.5%)
Knox	464	(22.4%)	1,611	(77.6%)
Lawrence	433	(43.9%)	554	(56.1%)
Lincoln	2,584	(77.7%)	741	(22.3%)
McMinn	1,322	(57.9%)	960	(42.1%)
McNairy	526	(39.3%)	811	(60.7%)
Madison	614	(35.5%)	1,118	(64.5%)
Marion	401	(45.8%)	474	(54.2%)
Maury	2,388	(61.9%)	1,437	(38.1%)
Meigs	580	(85.9%)	95	(14.1%)
Monroe	1,077	(55.9%)	850	(44.1%)
Montgomery	824	(46.1%)	963	(53.9%)
Morgan	178	(61.0%)	114	(39.0%)
Obion	438	(64.9%)	237	(35.1%)
Overton	961	(76.5%)	296	(23.5%)
Perry	456	(40.1%)	681	(59.9%)
Rhea	433	(71.1%)	176	(28.9%)
Roane	575	(37.9%)	943	(62.1%)
Robertson	692	(39.3%)	1,067	(60.7%)
Rutherford	1,749	(51.6%)	1,643	(48.4%)
Sevier	191	(20.3%)	752	(79.7%)
Smith	779	(32.6%)	2,290	(67.4%)
Stewart	736	(64.8%)	400	(35.2%)
Sullivan	1,412	(85.0%)	250	(15.0%)
Sumner	1,919	(71.9%)	751	(28.1%)
Tipton	553	(53.6%)	478	(46.4%)
Warren	2,110	(84.2%)	396	(15.8%)
Washington	1,179	(59.6%)	796	(40.4%)
Wayne	304	(30.0%)	709	(70.0%)
Weakley	870	(67.5%)	418	(32.5%)
White	497	(31.1%)	1,100	(68.9%)
Williamson	919	(33.9%)	1,788	(66.1%)
Wilson	1,157	(33.7%)	2,273	(66.3%)
*Total	**54,062**	**(51.3%)**	**51,387**	**(48.7%)**
	(54,012)*		(51,446)*	

*Stated totals.

Lauderdale**	128	(44.8%)	158	(55.2%)
Shelby**	668	(48.2%)	718	(51.8%)

**The vote of Lauderdale was found in Hopkins and Lyons, p. 26, but it was included in Tipton County in the official returns and is listed as such in the above. The vote of Shelby County was deemed unofficial and not included in the official returns.

SOURCES—*Nashville Whig,* October 11, 1839; Hopkins and Lyons.

1841

County	James C. Jones (W)		James K. Polk (D)	
Anderson	540	(67.1%)	265	(32.9%)
Bedford	1,853	(44.2%)	2,344	(55.8%)
Benton	258	(43.8%)	331	(56.2%)
Bledsoe	590	(72.2%)	227	(27.8%)
Blount	1,065	(61.4%)	669	(38.6%)
Bradley	480	(36.4%)	840	(63.6%)
Carroll	1,195	(73.8%)	425	(26.2%)
Carter	729	(84.1%)	138	(15.9%)
Claiborne	462	(37.9%)	756	(62.1%)
Cocke	821	(89.1%)	100	(10.9%)
Davidson	1,768	(58.9%)	1,236	(41.1%)
Dickson	319	(32.6%)	659	(67.4%)
Dyer	326	(60.6%)	212	(39.4%)
Fayette	1,003	(53.7%)	863	(46.3%)
Fentress	144	(28.1%)	359	(71.9%)
Franklin	603	(30.7%)	1,361	(69.3%)
Gibson	1,017	(70.2%)	432	(29.8%)
Giles	1,100	(46.3%)	1,276	(53.7%)
Grainger	1,003	(65.7%)	524	(34.3%)
Greene	894	(36.2%)	1,574	(63.8%)
Hamilton	548	(49.5%)	560	(50.5%)
Hardeman	624	(42.2%)	853	(57.8%)
Hardin	510	(46.1%)	596	(53.9%)
Hawkins	1,053	(43.9%)	1,343	(56.1%)
Haywood	655	(54.6%)	544	(45.4%)
Henderson	1,100	(77.0%)	328	(23.0%)
Henry	721	(39.4%)	1,108	(60.6%)
Hickman	247	(20.8%)	939	(79.2%)
Humphreys	433	(38.5%)	693	(61.5%)
Jackson	1,109	(63.8%)	628	(36.2%)
Jefferson	1,605	(90.1%)	176	(9.9%)
Johnson	372	(84.2%)	70	(15.8%)
Knox	1,842	(82.7%)	385	(17.3%)
Lawrence	522	(50.8%)	505	(49.2%)
Lincoln	728	(22.5%)	2,504	(77.5%)
Madison	1,046	(65.4%)	554	(34.6%)
Marion	431	(57.4%)	320	(42.6%)
Maury	1,367	(38.5%)	2,187	(61.5%)
McMinn	955	(51.9%)	884	(48.1%)
McNairy	741	(59.3%)	509	(40.7%)
Meigs	84	(12.8%)	574	(87.2%)
Monroe	847	(46.2%)	985	(53.8%)
Montgomery	925	(54.2%)	781	(45.8%)
Morgan	158	(55.8%)	125	(44.2%)
Obion	274	(41.5%)	387	(58.5%)
Overton	262	(21.5%)	959	(78.5%)
Perry	707	(64.6%)	388	(35.4%)
Polk	194	(36.0%)	345	(64.0%)
Rhea	164	(30.2%)	379	(69.8%)
Roane	883	(56.9%)	649	(43.1%)
Robertson	960	(58.5%)	680	(41.5%)

County				
Rutherford	1,711	(51.6%)	1,634	(48.4%)
Sevier	869	(90.8%)	88	(9.2%)
Shelby	829	(53.0%)	736	(47.0%)
Smith	2,369	(77.4%)	690	(22.6%)
Stewart	378	(38.1%)	614	(61.9%)
Sullivan	313	(19.0%)	1,336	(81.0%)
Sumner	702	(30.2%)	1,621	(69.8%)
Tipton	519	(47.1%)	584	(52.9%)
Warren	476	(18.9%)	2,037	(81.1%)
Washington	789	(41.3%)	1,123	(58.7%)
Wayne	666	(67.6%)	319	(32.4%)
Weakley	509	(41.2%)	726	(58.8%)
White	1,158	(69.4%)	511	(30.6%)
Williamson	1,805	(69.1%)	809	(30.9%)
Wilson	2,246	(69.8%)	971	(30.2%)
Total	**53,576**	**(51.6%)**	**50,329**	**(48.4%)**
	(53,586)*		(50,343)*	

*Stated totals.
No returns for Campbell County.

SOURCE—Journal, Tennessee Senate, 1841, pp.46–7.

1843

County	James C. Jones (W)		James K. Polk (D)	
Anderson	594	(67.3%)	288	(32.7%)
Bedford	1,510	(50.5%)	1,479	(49.5%)
Benton	300	(42.3%)	410	(57.7%)
Bledsoe	528	(69.1%)	236	(30.9%)
Blount	1,054	(59.1%)	730	(41.9%)
Campbell	383	(50.3%)	379	(49.7%)
Cannon	354	(33.9%)	690	(66.1%)
Carroll	1,274	(73.5%)	467	(26.5%)
Carter	714	(82.4%)	153	(17.6%)
Claiborne	598	(42.4%)	813	(57.6%)
Cocke	820	(83.7%)	160	(16.6%)
Coffee	339	(26.6%)	935	(73.4%)
Davidson	2,064	(58.2%)	1,481	(41.8%)
De Kalb	518	(52.7%)	464	(47.3%)
Dickson	340	(35.7%)	612	(64.3%)
Dyer	360	(60.2%)	238	(39.8%)
Fayette	1,072	(50.3%)	1,060	(49.7%)
Fentress	111	(21.3%)	410	(78.7%)
Franklin	417	(28.6%)	1,039	(71.4%)
Gibson	1,159	(69.2%)	516	(30.8%)
Giles	1,307	(51.6%)	1,226	(48.4%)
Grainger	1,018	(69.0%)	572	(31.0%)
Greene	978	(39.1%)	1,524	(60.9%)
Hamilton	628	(50.3%)	621	(49.7%)
Hardeman	618	(40.3%)	915	(59.7%)
Hardin	582	(46.7%)	665	(53.3%)
Hawkins	1,130	(46.6%)	1,296	(53.4%)
Haywood	695	(52.1%)	640	(47.9%)
Henderson	1,105	(72.0%)	429	(28.0%)
Henry	783	(40.2%)	1,167	(59.8%)
Hickman	277	(23.3%)	913	(76.7%)
Humphreys	378	(29.4%)	489	(70.6%)
Jackson	1,117	(60.6%)	717	(39.4%)
Jefferson	1,610	(86.3%)	256	(13.7%)
Johnson	348	(80.2%)	86	(19.8%)
Knox	1,911	(80.8%)	454	(19.2%)
Lauderdale	281	(56.7%)	215	(43.3%)
Lawrence	474	(50.3%)	469	(49.7%)
Lincoln	689	(22.3%)	2,314	(77.7%)
Madison	1,185	(64.3%)	658	(35.7%)
Marion	470	(57.0%)	355	(43.0%)
Marshall	697	(34.3%)	1,337	(65.7%)
Maury	1,421	(44.1%)	1,800	(55.9%)
McMinn	879	(46.2%)	1,025	(53.8%)
McNairy	781	(54.8%)	643	(45.2%)
Meigs	124	(17.7%)	576	(82.3%)
Monroe	860	(45.7%)	1,023	(54.3%)
Montgomery	1,242	(57.7%)	911	(42.3%)
Morgan	183	(53.6%)	162	(46.4%)
Obion	313	(39.6%)	477	(60.4%)
Overton	291	(21.7%)	1,048	(78.3%)
Perry	726	(61.7%)	450	(38.3%)
Polk	225	(34.9%)	419	(65.1%)
Rhea	213	(37.2%)	359	(62.8%)
Roane	888	(57.0%)	671	(43.0%)
Robertson	1,199	(61.1%)	764	(38.9%)
Rutherford	1,586	(53.7%)	1,367	(46.3%)
Sevier	820	(93.1%)	61	(6.9%)
Shelby	1,352	(56.9%)	1,026	(43.1%)
Smith	2,101	(74.7%)	713	(25.3%)
Stewart	470	(41.5%)	662	(58.5%)
Sullivan	353	(22.0%)	1,251	(78.0%)
Tipton	357	(43.2%)	469	(56.8%)
Van Buren	149	(46.7%)	179	(53.3%)
Warren	342	(22.7%)	1,164	(77.3%)
Washington	840	(43.6%)	1,088	(56.4%)
Wayne	676	(66.3%)	343	(33.7%)
Weakley	592	(39.7%)	900	(60.3%)
White	932	(67.1%)	456	(32.9%)
Williamson	1,936	(69.2%)	861	(30.8%)
Wilson	2,427	(69.3%)	1,073	(30.7%)
Total	**57,008**	**(52.4%)**	**51,819**	**(47.6%)**
Bradley*	483	(35.6%)	873	(64.4%)
Sumner*	816	(31.4%)	1,782	(68.6%)

*Not included in the official returns.

SOURCES—Journal, Tennessee House of Representatives, 1843, pp. 82–3; Whig Almanac 1844, p. 69.

1845

County	Aaron V. Brown (D)		Ephraim H. Foster (W)	
Anderson	348	(36.1%)	616	(63.9%)
Bedford	1,555	(52.1%)	1,431	(47.9%)
Benton	466	(61.4%)	293	(38.6%)
Bledsoe	262	(33.5%)	519	(66.5%)
Blount	745	(43.8%)	955	(56.2%)
Bradley	894	(59.7%)	604	(40.3%)
Campbell	456	(56.2%)	355	(43.8%)
Cannon	793	(70.6%)	330	(29.4%)
Carroll	518	(28.8%)	1,282	(71.2%)
Carter	176	(19.9%)	708	(80.1%)
Claiborne	828	(61.8%)	512	(38.2%)
Cocke	195	(19.3%)	816	(80.7%)
Coffee	1,001	(78.4%)	275	(21.6%)
Davidson	1,570	(41.9%)	2,177	(58.1%)
De Kalb	535	(49.5%)	548	(50.5%)
Dickson	650	(68.9%)	293	(31.1%)
Dyer	249	(51.2%)	237	(48.8%)
Fayette	1,097	(50.1%)	1,092	(49.9%)
Fentress	433	(83.1%)	78	(16.9%)
Franklin	1,141	(77.3%)	335	(22.7%)
Gibson	616	(34.1%)	1,189	(65.9%)
Giles	1,381	(52.6%)	1,245	(47.4%)
Grainger	580	(38.2%)	938	(61.8%)
Greene	1,598	(61.7%)	992	(38.3%)
Hamilton	548	(47.2%)	613	(52.8%)
Hardeman	1,003	(62.6%)	598	(37.4%)
Hardin	734	(60.6%)	477	(39.4%)
Hawkins	1,372	(56.9%)	1,141	(43.1%)

County				
Haywood	664	(48.9%)	694	(51.1%)
Henderson	464	(29.2%)	1,124	(70.8%)
Henry	1,176	(62.5%)	705	(37.5%)
Hickman	1,022	(82.1%)	223	(17.9%)
Humphreys	480	(64.6%)	263	(35.4%)
Jackson	862	(44.9%)	1,057	(55.1%)
Jefferson	296	(17.3%)	1,419	(82.7%)
Johnson	77	(18.1%)	348	(81.9%)
Knox	554	(22.6%)	1,900	(77.4%)
Lauderdale	203	(43.3%)	266	(56.7%)
Lawrence	555	(52.5%)	502	(47.5%)
Lincoln	2,316	(78.1%)	651	(21.9%)
Madison	701	(36.6%)	1,213	(63.4%)
Marion	339	(40.5%)	498	(59.5%)
Marshall	1,395	(69.4%)	614	(30.6%)
Maury	1,850	(59.8%)	1,243	(40.2%)
McMinn	980	(52.5%)	887	(47.5%)
McNairy	803	(49.2%)	830	(50.8%)
Meigs	625	(83.6%)	123	(16.4%)
Monroe	956	(54.4%)	801	(45.6%)
Montgomery	901	(44.9%)	1,104	(55.1%)
Morgan	225	(54.2%)	190	(45.8%)
Obion	466	(63.1%)	272	(36.9%)
Overton	1,150	(77.5%)	333	(22.5%)
Perry	472	(42.1%)	659	(57.9%)
Polk	434	(65.1%)	233	(34.9%)
Rhea	329	(58.3%)	235	(41.7%)
Roane	726	(44.6%)	901	(55.4%)
Robertson	808	(41.7%)	1,128	(58.3%)
Rutherford	1,457	(47.7%)	1,599	(52.3%)
Sevier	95	(10.8%)	781	(89.2%)
Shelby	1,316	(50.2%)	1,307	(49.8%)
Smith	796	(26.1%)	2,257	(73.9%)
Stewart	678	(58.6%)	479	(41.4%)
Sullivan	1,463	(81.7%)	328	(18.3%)
Sumner	1,888	(69.6%)	823	(30.4%)
Tipton	490	(59.7%)	331	(40.3%)
Van Buren	195	(62.5%)	117	(37.5%)
Warren	1,192	(78.1%)	335	(21.9%)
Washington	1,211	(59.3%)	832	(40.7%)
Wayne	448	(40.8%)	651	(59.2%)
Weakley	961	(58.9%)	670	(41.1%)
White	553	(34.5%)	949	(65.5%)
Williamson	908	(34.1%)	1,758	(65.9%)
Wilson	1,045	(30.7%)	2,364	(69.3%)
Total	**58,269**	**(50.7%)**	**56,646**	**(49.3%)**

SOURCE—Journal, Tennessee House of Representatives, 1845, pp. 83, 84, 86.

1847

County	Neill S. Brown (W)		Aaron V. Brown (D)	
Anderson	656	(66.5%)	330	(33.5%)
Bedford	1,497	(49.7%)	1,515	(50.3%)
Benton	331	(41.5%)	466	(58.5%)
Bledsoe	527	(59.8%)	355	(40.2%)
Blount	1,082	(59.6%)	734	(40.4%)
Bradley	641	(39.6%)	978	(60.4%)
Campbell	408	(50.4%)	401	(49.6%)
Cannon	360	(30.0%)	842	(70.0%)
Carroll	1,351	(68.6%)	619	(31.4%)
Carter	744	(80.0%)	186	(20.0%)
Claiborne	634	(43.4%)	826	(56.6%)
Cocke	825	(77.2%)	244	(22.8%)
Coffee	323	(24.4%)	1,002	(75.6%)
Davidson	2,347	(57.6%)	1,728	(42.4%)
Decatur	348	(54.2%)	294	(45.8%)
De Kalb	601	(49.1%)	623	(50.9%)
Dickson	336	(32.8%)	689	(67.2%)
Dyer	378	(59.2%)	261	(40.8%)
Fayette	1,021	(51.5%)	963	(48.5%)
Franklin	378	(25.3%)	1,114	(74.7%)
Gibson	1,339	(66.2%)	684	(33.8%)
Giles	1,398	(47.9%)	1,521	(52.1%)
Grainger	1,067	(61.9%)	658	(38.1%)
Greene	1,023	(40.2%)	1,522	(59.8%)
Hamilton	628	(46.6%)	721	(53.4%)
Hardeman	616	(39.5%)	943	(60.5%)
Hardin	566	(41.5%)	798	(58.5%)
Hawkins	1,178	(47.3%)	1,314	(52.7%)
Haywood	726	(53.5%)	631	(46.5%)
Henderson	1,141	(68.5%)	525	(31.5%)
Henry	720	(36.6%)	1,249	(63.4%)
Hickman	270	(21.4%)	992	(78.6%)
Humphreys	278	(34.6%)	525	(65.4%)
Jackson	1,219	(59.0%)	846	(41.0%)
Jefferson	1,582	(82.1%)	345	(17.9%)
Johnson	368	(78.8%)	99	(21.2%)
Knox	2,126	(78.8%)	573	(21.2%)
Lauderdale	263	(51.5%)	248	(48.5%)
Lawrence	631	(48.8%)	662	(51.2%)
Lincoln	677	(22.0%)	2,400	(78.0%)
Madison	1,451	(65.1%)	779	(34.9%)
Marion	546	(58.3%)	391	(41.7%)
Marshall	702	(32.9%)	1,431	(67.1%)
Maury	1,500	(43.3%)	1,963	(56.7%)
McMinn	911	(46.7%)	1,040	(53.3%)
McNairy	882	(50.8%)	853	(49.2%)
Meigs	134	(17.4%)	635	(82.6%)
Monroe	905	(46.1%)	1,057	(53.9%)
Montgomery	1,182	(54.6%)	983	(45.4%)
Morgan	197	(46.1%)	230	(53.9%)
Obion	308	(39.9%)	463	(60.1%)
Overton	413	(25.9%)	1183	(74.1%)
Perry	476	(59.7%)	321	(40.3%)
Polk	318	(36.8%)	546	(63.2%)
Rhea	260	(40.7%)	379	(59.3%)
Roane	942	(53.9%)	806	(46.1%)
Robertson	1,196	(59.8%)	804	(40.2%)
Rutherford	1,708	(51.7%)	1,593	(48.3%)
Sevier	830	(88.9%)	104	(11.1%)
Shelby	1,409	(53.9%)	1,207	(46.1%)
Smith	2,389	(74.4%)	823	(25.6%)
Stewart	529	(43.8%)	679	(56.2%)
Sullivan	392	(22.6%)	1,343	(77.4%)
Sumner	833	(30.5%)	1,902	(69.5%)
Tipton	308	(40.8%)	447	(59.2%)
Van Buren	113	(32.1%)	239	(67.9%)
Warren	376	(23.5%)	1,223	(76.5%)
Washington	843	(43.4%)	1,098	(56.6%)
Wayne	691	(62.1%)	421	(37.9%)
Weakley	640	(38.2%)	1,035	(61.8%)
White	1,050	(63.5%)	603	(36.5%)
Williamson	1,893	(67.1%)	927	(32.9%)
Wilson	2,441	(69.5%)	1,070	(30.5%)
Total	**61,372**	**(50.6%)**	**60,004**	**(49.4%)**
Fentress*	97	(17.7%)	450	(82.3%)

*Not included in the official returns. See *Whig Almanac 1848*, p. 59.

SOURCES—Journal, Tennessee House of Representatives, 1847, pp. 49–50; *Whig Almanac 1848*, p. 59.

Tennessee

1849

County	William Trousdale (D)		Neill S. Brown (W)	
Anderson	354	(34.9%)	661	(65.1%)
Benton	454	(58.9%)	318	(41.1%)
Bledsoe	290	(56.4%)	507	(54.6%)
Blount	758	(40.7%)	1,106	(59.3%)
Campbell	512	(54.6%)	426	(45.4%)
Carroll	546	(27.7%)	1,423	(72.3%)
Carter	265	(28.1%)	679	(71.9%)
Claiborne	926	(60.5%)	670	(39.5%)
Cocke	204	(15.0%)	871	(85.0%)
Coffee	1,009	(76.0%)	319	(24.0%)
Davidson	1,919	(46.4%)	2,217	(53.6%)
Decatur	287	(42.3%)	391	(57.7%)
De Kalb	592	(50.1%)	590	(49.9%)
Dickson	716	(67.7%)	342	(32.3%)
Dyer	321	(43.7%)	414	(56.3%)
Fayette	1,046	(49.6%)	1,064	(50.4%)
Fentress	457	(78.5%)	125	(21.5%)
Franklin	1,200	(76.8%)	362	(23.2%)
Gibson	788	(35.7%)	1,417	(64.3%)
Giles	1,484	(52.7%)	1,331	(47.3%)
Grainger	620	(36.0%)	1,101	(64.0%)
Greene	1,672	(63.3%)	1,027	(36.7%)
Hamilton	601	(44.5%)	750	(55.5%)
Hardeman	1,035	(61.9%)	637	(38.1%)
Hardin	783	(57.6%)	577	(42.4%)
Hawkins	1,349	(54.4%)	1,133	(45.6%)
Haywood	659	(46.5%)	757	(53.5%)
Henderson	461	(70.7%)	1,113	(29.3%)
Henry	1,248	(61.9%)	769	(38.1%)
Hickman	991	(79.5%)	255	(20.5%)
Humphreys	511	(64.8%)	278	(35.2%)
Jackson	960	(47.1%)	1,080	(52.9%)
Jefferson	309	(16.4%)	1,571	(83.6%)
Johnson	112	(21.7%)	404	(78.3%)
Knox	572	(20.7%)	2,186	(79.3%)
Lauderdale	288	(49.5%)	294	(50.5%)
Lawrence	662	(50.8%)	640	(49.2%)
Lincoln	2,475	(78.8%)	665	(21.2%)
Madison	721	(35.4%)	1,316	(64.6%)
Marion	370	(40.3%)	547	(59.7%)
Marshall	1,406	(67.3%)	683	(32.7%)
Maury	1,942	(58.5%)	1,375	(41.5%)
McMinn	1,037	(55.7%)	904	(44.3%)
McNairy	925	(49.1%)	958	(50.9%)
Meigs	577	(80.3%)	142	(19.7%)
Monroe	1,040	(53.2%)	915	(46.8%)
Montgomery	953	(47.1%)	1,069	(52.9%)
Morgan	203	(48.6%)	215	(51.4%)
Obion	586	(59.1%)	405	(40.9%)
Overton	1,252	(77.1%)	371	(22.9%)
Perry	283	(40.8%)	410	(59.2%)
Polk	540	(64.5%)	297	(35.5%)
Rhea	355	(54.9%)	292	(45.1%)
Roane	809	(46.4%)	936	(53.6%)
Robertson	920	(55.9%)	1,165	(44.1%)
Rutherford	1,331	(48.5%)	1,416	(51.5%)
Sevier	93	(9.4%)	895	(90.6%)
Shelby	1,405	(49.2%)	1,453	(50.8%)
Smith	782	(27.3%)	2,085	(72.7%)
Stewart	736	(57.1%)	554	(42.9%)
Sullivan	1,490	(80.5%)	362	(19.5%)
Sumner	2,100	(73.0%)	777	(27.0%)
Tipton	511	(38.7%)	323	(61.3%)
Van Buren	208	(60.2%)	138	(39.8%)
Warren	1,262	(76.3%)	393	(23.7%)
Washington	1,203	(58.8%)	843	(41.2%)
Wayne	429	(39.6%)	655	(60.4%)
Weakley	1,081	(62.6%)	647	(37.4%)
White	670	(40.9%)	970	(59.1%)
Williamson	792	(31.9%)	1,688	(68.1%)
Wilson	955	(30.7%)	2,160	(69.3%)
Total	**58,403**	**(50.2%)**	**57,829**	**(49.8%)**
			(57,857)*	

*Stated total.

Bedford**	1,474	(52.4%)	1,340	(47.6%)
Bradley**	991	(57.4%)	722	(42.6%)
Cannon**	872	(66.9%)	431	(33.1%)
Total	61,740	(50.6%)	60,322	(49.4%)

**It would appear from the Senate Journal that the votes of these counties were rejected and considered unofficial. The Senate instructed the Secretary of State to correspond with the sheriff of each county for the official vote. But there is no later entry to indicate what, if anything, occurred. However, all other sources located — *Whig Almanac, 1850*, Kallenbach and Kallenbach and Diamond — all use the figures that include the three counties in question.

SOURCES—Journal, Tennessee Senate, 1849–50, pp. 67, 68, 76; *Whig Almanac, 1850*, p. 63.

1851

County	William B. Campbell (W)		William Trousdale (D)	
Anderson	659	(66.8%)	327	(33.2%)
Bedford	1,428	(50.3%)	1,413	(49.7%)
Benton	312	(38.5%)	499	(61.5%)
Bledsoe	558	(65.2%)	298	(34.8%)
Blount	1,147	(64.2%)	640	(35.8%)
Bradley	671	(43.2%)	883	(56.8%)
Campbell	494	(49.8%)	497	(50.2%)
Cannon	430	(33.8%)	841	(66.2%)
Carter	777	(79.4%)	202	(20.6%)
Carroll	1,468	(68.1%)	688	(31.9%)
Claiborne	655	(43.6%)	849	(56.4%)
Cocke	890	(78.4%)	245	(21.6%)
Coffee	307	(23.6%)	996	(76.4%)
Davidson	2,330	(55.8%)	1,842	(44.2%)
Decatur	372	(54.2%)	314	(45.8%)
De Kalb	651	(51.0%)	626	(49.0%)
Dixon	329	(31.7%)	708	(68.3%)
Dyer	483	(63.1%)	383	(36.9%)
Fayette	1,066	(50.4%)	1,047	(49.6%)
Fentress	184	(23.5%)	598	(76.5%)
Franklin	441	(26.4%)	1,228	(73.6%)
Gibson	1,591	(61.0%)	1,016	(39.0%)
Giles	1,284	(47.3%)	1,428	(52.7%)
Grainger	1,110	(62.2%)	675	(37.8%)
Greene	1,144	(40.5%)	1,684	(59.5%)
Hamilton	885	(53.7%)	762	(46.3%)
Hardeman	633	(39.6%)	965	(60.4%)
Hardin	603	(45.2%)	732	(54.8%)
Hawkins	1,236	(48.5%)	1,313	(51.5%)
Haywood	819	(51.8%)	762	(48.2%)
Henderson	1,089	(68.7%)	497	(31.3%)
Henry	812	(38.0%)	1,325	(62.0%)
Hickman	275	(20.8%)	1,051	(79.2%)
Humphreys	274	(35.0%)	508	(65.0%)
Jackson	1,295	(59.0%)	900	(41.0%)
Jefferson	1,606	(82.3%)	346	(17.7%)
Johnson	495	(85.5%)	84	(14.5%)
Knox	2,223	(78.1%)	623	(21.9%)
Lauderdale	315	(51.6%)	296	(48.4%)
Lawrence	611	(46.7%)	697	(53.3%)
Lincoln	658	(22.0%)	2,338	(78.0%)

County					County			
Madison	1,383	(66.1%)	709	(33.9%)	Hamilton	972	(55.2%)	786	(44.8%)
Marion	517	(57.5%)	382	(42.5%)	Hancock	532	(70.7%)	221	(29.3%)
Marshall	761	(36.9%)	1,302	(63.1%)	Hardeman	1,025	(61.2%)	651	(38.8%)
Maury	1,495	(44.9%)	1,832	(55.1%)	Hardin	827	(55.2%)	671	(44.8%)
McMinn	885	(46.4%)	1,023	(53.6%)	Hawkins	1,180	(59.4%)	805	(40.6%)
McNairy	949	(49.5%)	967	(50.5%)	Haywood	785	(51.9%)	726	(48.1%)
Meigs	154	(21.8%)	554	(78.2%)	Henderson	593	(31.3%)	1,301	(68.7%)
Monroe	918	(49.2%)	947	(50.8%)	Henry	1,496	(62.7%)	891	(37.3%)
Montgomery	1,132	(55.1%)	921	(44.9%)	Hickman	812	(84.8%)	263	(15.2%)
Morgan	232	(46.5%)	267	(53.5%)	Humphreys	501	(59.5%)	341	(40.5%)
Obion	412	(37.9%)	674	(62.1%)	Jackson	995	(46.3%)	1,154	(53.7%)
Overton	461	(26.8%)	1,258	(73.2%)	Jefferson	630	(31.1%)	1,396	(68.9%)
Perry	424	(59.7%)	286	(40.3%)	Johnson	184	(31.9%)	392	(68.1%)
Polk	305	(34.4%)	581	(65.6%)	Knox	770	(25.3%)	2,279	(74.7%)
Rhea	329	(50.6%)	321	(49.4%)	Lauderdale	252	(44.1%)	319	(55.9%)
Roane	822	(54.3%)	754	(45.7%)	Lawrence	731	(58.3%)	523	(41.7%)
Robertson	1,169	(56.8%)	889	(43.2%)	Lewis	182	(73.4%)	66	(26.6%)
Rutherford	1,539	(54.3%)	1,296	(45.7%)	Lincoln	2,322	(79.0%)	617	(21.0%)
Sevier	897	(84.5%)	165	(15.5%)	Macon	341	(38.1%)	553	(61.9%)
Shelby	1,563	(51.2%)	1,490	(48.8%)	Madison	795	(38.7%)	1,261	(61.3%)
Smith	2,409	(75.6%)	779	(24.4%)	Marion	357	(42.9%)	476	(57.1%)
Stewart	489	(41.2%)	697	(58.8%)	Marshall	1,282	(65.7%)	671	(34.3%)
Sullivan	383	(75.1%)	1,459	(24.9%)	Maury	1,731	(58.3%)	1,238	(41.7%)
Sumner	772	(29.4%)	1,856	(70.6%)	McMinn	965	(54.7%)	799	(45.3%)
Tipton	320	(37.6%)	531	(62.4%)	McNairy	984	(49.2%)	1,016	(50.8%)
Van Buren	119	(36.4%)	208	(63.6%)	Meigs	561	(82.6%)	118	(17.4%)
Warren	408	(25.2%)	1,209	(74.8%)	Monroe	900	(54.9%)	739	(45.1%)
Washington	969	(45.7%)	1,151	(54.3%)	Montgomery	1,004	(43.4%)	1,309	(56.6%)
Wayne	730	(60.1%)	484	(39.9%)	Morgan	260	(53.2%)	229	(46.8%)
Weakley	714	(35.2%)	1,317	(64.8%)	Obion	792	(59.1%)	547	(40.9%)
White	1,016	(62.2%)	618	(37.8%)	Overton	1,282	(74.8%)	431	(25.2%)
Wilson	2,327	(69.9%)	1,000	(30.1%)	Perry	329	(45.9%)	387	(54.1%)
Williamson	1,710	(70.3%)	723	(29.7%)	Polk	527	(67.9%)	249	(32.1%)
Total	**63,333**	**(50.6%)**	**61,776**	**(49.4%)**	Rhea	358	(57.0%)	270	(43.0%)
			(61,673)*		Roane	755	(45.3%)	912	(54.7%)
					Robertson	763	(39.2%)	1,183	(60.8%)
					Rutherford	1,243	(46.9%)	1,407	(53.1%)
					Scott	182	(49.5%)	186	(50.5%)
					Sevier	133	(13.9%)	824	(86.1%)
					Shelby	1,435	(48.2%)	1,545	(51.8%)
					Smith	546	(23.9%)	1,735	(76.1%)
					Stewart	718	(60.0%)	479	(40.0%)
					Sullivan	1,407	(79.6%)	361	(20.4%)
					Sumner	1,425	(63.9%)	806	(36.1%)
					Tipton	527	(65.1%)	284	(34.9%)
					Van Buren	205	(65.1%)	110	(34.9%)
					Warren	1,093	(73.1%)	402	(26.9%)
					Washington	1,069	(52.5%)	967	(47.5%)
					Wayne	430	(37.8%)	709	(62.2%)
					Weakley	1,279	(63.6%)	733	(36.4%)
					White	634	(37.1%)	974	(62.9%)
					Williamson	710	(32.1%)	1,502	(67.9%)
					Wilson	995	(30.7%)	2,241	(69.3%)
					Total	**63,414**	**(50.9%)**	**61,162**	**(49.1%)**
						(63,413)*		(61,163)*	

*Stated total.

SOURCE—Journal, Tennessee Senate, October 11, 1851, pp. 58–9.

1853

County	Andrew Johnson (D)		Gustavus A. Henry (W)	
Anderson	379	(36.9%)	648	(63.1%)
Bedford	1,257	(48.1%)	1,359	(51.9%)
Benton	465	(54.0%)	396	(46.0%)
Bledsoe	303	(39.2%)	469	(60.8%)
Blount	734	(38.8%)	1,146	(61.2%)
Bradley	1,085	(65.9%)	562	(34.1%)
Campbell	445	(55.6%)	356	(44.4%)
Cannon	803	(64.3%)	445	(35.7%)
Carroll	663	(31.1%)	1,469	(68.9%)
Carter	294	(29.0%)	721	(71.0%)
Claiborne	707	(53.3%)	620	(46.7%)
Cocke	383	(30.6%)	867	(69.4%)
Coffee	824	(75.0%)	274	(25.0%)
Davidson	1,963	(43.0%)	2,597	(57.0%)
Decatur	285	(41.1%)	408	(58.9%)
De Kalb	610	(49.1%)	632	(50.9%)
Dickson	743	(67.5%)	357	(32.5%)
Dyer	383	(44.6%)	476	(55.4%)
Fayette	1,006	(49.9%)	1,010	(50.1%)
Fentress	504	(75.2%)	166	(24.8%)
Franklin	1,224	(77.5%)	356	(22.5%)
Gibson	1,024	(40.3%)	1,514	(59.7%)
Giles	1,468	(53.0%)	1,301	(47.0%)
Grainger	767	(43.5%)	998	(56.5%)
Greene	1,915	(68.0%)	902	(32.0%)
Grundy	374	(86.8%)	58	(13.2%)

*Stated totals.

SOURCE—Journal of the Tennessee Senate, October 10, 1853, pp. 45–7.

1855

County	Andrew Johnson (D)		Meredith P. Gentry (W, A)	
Anderson	333	(30.1%)	772	(69.9%)
Bedford	1,293	(44.2%)	1,630	(55.8%)
Benton	453	(48.8%)	475	(51.2%)
Bledsoe	361	(47.2%)	404	(52.8%)
Blount	789	(42.5%)	1,069	(57.5%)

Tennessee

County				
Bradley	1,021	(61.3%)	644	(38.7%)
Campbell	383	(43.0%)	507	(57.0%)
Cannon	859	(65.2%)	458	(34.8%)
Carroll	694	(30.7%)	1,567	(69.3%)
Carter	238	(23.7%)	768	(76.3%)
Claiborne	744	(49.6%)	756	(50.4%)
Cocke	422	(31.2%)	929	(68.8%)
Coffee	880	(75.0%)	294	(25.0%)
Davidson	1,783	(36.3%)	3,132	(63.7%)
Decatur	429	(54.9%)	353	(45.1%)
De Kalb	738	(56.9%)	560	(43.1%)
Dickson	745	(65.8%)	388	(34.2%)
Dyer	483	(52.2%)	442	(47.8%)
Fayette	940	(45.0%)	1,151	(55.0%)
Fentress	616	(82.7%)	129	(17.3%)
Franklin	1,302	(76.8%)	394	(23.2%)
Gibson	1,213	(42.8%)	1,618	(57.2%)
Giles	1,439	(52.3%)	1,312	(47.7%)
Grainger	621	(31.9%)	1,327	(68.1%)
Greene	1,985	(66.7%)	989	(33.3%)
Grundy	425	(95.1%)	22	(4.9%)
Hamilton	1,044	(51.9%)	966	(48.1%)
Hancock	589	(69.1%)	264	(30.9%)
Hardeman	1,123	(64.5%)	619	(35.5%)
Hardin	775	(51.0%)	745	(49.0%)
Hawkins	1,158	(56.6%)	887	(43.4%)
Haywood	762	(48.7%)	803	(51.3%)
Henderson	734	(37.4%)	1,230	(62.6%)
Henry	1,738	(66.6%)	871	(33.4%)
Hickman	1,053	(82.5%)	223	(17.5%)
Humphreys	543	(60.5%)	354	(39.5%)
Jackson	1,131	(50.2%)	1,122	(49.8%)
Jefferson	444	(20.7%)	1,697	(79.3%)
Johnson	215	(35.0%)	400	(65.0%)
Knox	695	(21.4%)	2,560	(78.6%)
Lauderdale	297	(45.6%)	354	(54.4%)
Lawrence	845	(61.7%)	524	(38.3%)
Lewis	243	(87.7%)	34	(12.2%)
Lincoln	2,521	(86.2%)	402	(13.8%)
Macon	424	(44.0%)	540	(56.0%)
Madison	788	(35.2%)	1,448	(64.8%)
Marion	468	(45.8%)	554	(54.2%)
Maury	1,793	(55.4%)	1,444	(44.6%)
Marshall	1,310	(65.9%)	678	(34.1%)
McMinn	953	(51.2%)	909	(48.8%)
McNairy	1,059	(53.6%)	915	(46.4%)
Meigs	588	(85.8%)	97	(14.2%)
Monroe	1,005	(54.1%)	851	(45.9%)
Montgomery	881	(37.0%)	1,502	(63.0%)
Morgan	358	(62.0%)	219	(38.0%)
Obion	865	(68.0%)	407	(32.0%)
Overton	1,528	(84.0%)	290	(16.0%)
Perry	450	(58.4%)	320	(41.6%)
Polk	676	(63.7%)	385	(36.3%)
Rhea	415	(58.2%)	298	(41.8%)
Roane	769	(43.4%)	1,002	(56.6%)
Robertson	804	(39.0%)	1,256	(61.0%)
Rutherford	1,288	(47.3%)	1,435	(52.7%)
Scott	259	(68.2%)	121	(31.8%)
Sevier	120	(11.1%)	964	(88.9%)
Shelby	1,477	(44.7%)	1,831	(55.3%)
Smith	644	(29.1%)	1,572	(70.9%)
Stewart	785	(58.2%)	563	(41.8%)
Sumner	1,740	(69.0%)	780	(31.0%)
Sullivan	1,403	(70.0%)	601	(30.0%)
Tipton	566	(57.2%)	424	(42.8%)
Van Buren	228	(71.7%)	90	(28.3%)
Warren	1,153	(74.6%)	393	(25.4%)
Washington	1,338	(61.2%)	847	(38.8%)
Wayne	535	(43.2%)	687	(56.8%)
Weakley	1,411	(61.5%)	885	(38.5%)
White	694	(41.5%)	978	(58.5%)
Williamson	688	(29.8%)	1,621	(70.2%)
Wilson	937	(29.0%)	2,290	(71.0%)
Total	**67,499**	**(50.8%)**	**65,342**	**(49.2%)**
			(65,343)*	

*Stated total.

SOURCE—Journal, Tennessee House of Representatives, 1855–6, p. 43.

1857

County	Isham G. Harris (D)		Robert Hatton (A)	
Anderson	377	(36.5%)	657	(63.5%)
Bedford	1,480	(49.5%)	1,512	(50.5%)
Benton	630	(62.9%)	371	(37.1%)
Bledsoe	391	(47.2%)	437	(52.8%)
Blount	664	(38.2%)	1,074	(51.8%)
Bradley	1,051	(62.9%)	620	(37.1%)
Campbell	556	(61.0%)	355	(39.0%)
Cannon	863	(66.5%)	434	(33.5%)
Carroll	876	(34.9%)	1,634	(65.1%)
Carter	195	(20.5%)	756	(79.5%)
Claiborne	783	(59.3%)	537	(40.7%)
Coffee	943	(76.3%)	293	(23.7%)
Cooke	583	(43.7%)	752	(56.3%)
Davidson	2,060	(41.3%)	2,932	(58.7%)
Decatur	482	(57.0%)	364	(43.0%)
De Kalb	811	(58.0%)	588	(42.0%)
Dickson	815	(69.2%)	362	(30.8%)
Dyer	569	(47.2%)	636	(52.8%)
Fayette	1,020	(50.3%)	1,007	(49.7%)
Fentress & Putnam	477	(78.2%)	133	(21.8%)
Franklin	1,258	(82.7%)	264	(17.3%)
Gibson	1,242	(41.6%)	1,747	(58.4%)
Giles	1,407	(57.1%)	1,057	(42.9%)
Grainger	713	(40.4%)	1,050	(59.6%)
Greene	1,855	(67.6%)	891	(32.4%)
Grundy	470	(93.6%)	32	(6.4%)
Hamilton	890	(48.1%)	959	(51.9%)
Hancock	497	(70.1%)	212	(29.9%)
Hardeman	1,269	(68.1%)	594	(31.9%)
Hardin	855	(59.1%)	592	(40.9%)
Hawkins	1,136	(55.8%)	900	(44.2%)
Haywood	953	(54.0%)	812	(46.0%)
Henderson	736	(38.6%)	1,173	(61.4%)
Henry	1,785	(68.0%)	839	(32.0%)
Hickman	1,002	(86.1%)	162	(13.9%)
Humphreys	617	(72.9%)	229	(27.1%)
Jackson	1,221	(50.2%)	1,212	(49.8%)
Jefferson	746	(34.0%)	1,446	(66.0%)
Johnson	189	(31.9%)	404	(68.1%)
Knox	862	(30.6%)	1,951	(69.4%)
Lauderdale	389	(49.2%)	391	(50.8%)
Lawrence	809	(64.5%)	446	(35.5%)
Lewis	221	(90.2%)	24	(9.8%)
Lincoln	2,458	(85.7%)	410	(14.3%)
Macon	454	(48.5%)	482	(51.5%)
Madison	919	(39.6%)	1,402	(60.4%)
Marion	435	(44.3%)	546	(55.7%)
Marshall	1,224	(68.0%)	575	(32.0%)
Maury	1,745	(58.7%)	1,228	(41.3%)
McMinn	1,020	(54.3%)	859	(45.7%)
McNairy	1,088	(55.8%)	863	(44.2%)
Meigs	554	(85.3%)	94	(14.7%)
Monroe	955	(53.4%)	795	(46.6%)
Montgomery	993	(44.7%)	1,229	(55.3%)

County				
Morgan	269	(62.1%)	164	(37.9%)
Obion	963	(66.8%)	479	(33.2%)
Overton	1,356	(83.8%)	263	(16.2%)
Perry	498	(62.0%)	305	(38.0%)
Polk	682	(70.7%)	282	(29.3%)
Rhea	371	(60.4%)	243	(39.6%)
Roane	818	(49.2%)	844	(50.8%)
Robertson	983	(46.5%)	1,129	(53.5%)
Rutherford	1,440	(49.4%)	1,476	(50.6%)
Scott	194	(56.9%)	147	(43.1%)
Sevier	307	(28.7%)	761	(71.3%)
Shelby	2,022	(52.8%)	1,806	(47.2%)
Smith	767	(34.0%)	1,487	(66.0%)
Stewart	793	(63.0%)	465	(37.0%)
Sullivan	1,292	(74.9%)	434	(25.1%)
Sumner	1,780	(70.8%)	735	(29.2%)
Tipton	652	(62.7%)	398	(37.3%)
Van Buren	224	(71.1%)	91	(28.9%)
Warren	1,136	(72.7%)	327	(27.3%)
Washington	1,151	(60.7%)	745	(39.3%)
Wayne	527	(45.2%)	639	(54.8%)
Weakley	1,647	(64.5%)	905	(35.5%)
White	740	(47.7%)	812	(52.3%)
Williamson	756	(34.2%)	1,455	(65.8%)
Wilson	1,217	(36.8%)	2,091	(63.2%)
Total	**71,178**	**(54.3%)**	**59,807**	**(45.7%)**

SOURCE—Journal, Tennessee House of Representatives, 1857–8, pp. 58–9.

1859

County	Isham G. Harris (D)		John H. Netherland (Opp)	
Anderson	382	(32.5%)	793	(67.5%)
Bedford	1,435	(47.5%)	1,585	(52.5%)
Benton	740	(65.3%)	393	(34.7%)
Bledsoe	343	(41.4%)	486	(58.6%)
Blount	734	(36.7%)	1,267	(63.3%)
Bradley	1,096	(59.4%)	749	(40.6%)
Campbell	625	(63.6%)	363	(36.4%)
Cannon	1,009	(70.6%)	420	(29.4%)
Carroll	1,029	(37.9%)	1,687	(62.1%)
Carter	281	(24.2%)	880	(75.8%)
Claiborne	765	(52.8%)	684	(47.2%)
Cocke	584	(37.7%)	965	(62.3%)
Coffee	995	(71.6%)	395	(28.4%)
Davidson	2,412	(41.1%)	3,463	(58.9%)
Decatur	487	(57.6%)	359	(42.4%)
De Kalb	845	(53.1%)	745	(46.9%)
Dickson	861	(66.6%)	432	(33.4%)
Dyer	681	(48.9%)	712	(51.1%)
Fayette	991	(52.0%)	913	(48.0%)
Fentress	538	(78.4%)	148	(21.6%)
Franklin	1,443	(82.1%)	315	(17.9%)
Gibson	1,392	(41.6%)	1,953	(58.4%)
Giles	1,472	(53.2%)	1,295	(46.8%)
Grainger	791	(40.9%)	1,141	(59.1%)
Greene	2,102	(67.3%)	1,022	(32.7%)
Grundy	401	(87.7%)	56	(12.3%)
Hamilton	1,056	(48.5%)	1,121	(51.5%)
Hancock	553	(55.2%)	448	(44.8%)
Hardeman	1,148	(66.4%)	580	(33.6%)
Hardin	890	(60.3%)	585	(39.7%)
Hawkins	1,289	(53.9%)	1,103	(46.1%)
Haywood	902	(53.6%)	781	(46.4%)
Henderson	811	(38.6%)	1,290	(61.4%)
Henry	1,868	(65.6%)	978	(34.4%)
Hickman	1,071	(84.1%)	195	(15.9%)
Humphreys	693	(71.8%)	272	(28.2%)
Jackson	1,155	(46.3%)	1,339	(53.7%)
Jefferson	641	(28.5%)	1,611	(71.5%)
Johnson	200	(26.1%)	565	(73.9%)
Knox	926	(26.2%)	2,603	(73.8%)
Lauderdale	422	(48.0%)	458	(52.0%)
Lawrence	794	(59.6%)	539	(40.4%)
Lewis	253	(93.0%)	19	(7.0%)
Lincoln	2,578	(84.4%)	477	(15.6%)
Macon	471	(46.8%)	535	(53.2%)
Madison	909	(40.2%)	1,355	(59.8%)
Marion	414	(47.3%)	462	(52.7%)
Marshall	1,302	(67.0%)	640	(33.0%)
Maury	1,916	(58.1%)	1,379	(41.9%)
McMinn	1,122	(52.1%)	1,031	(47.9%)
McNairy	1,109	(52.6%)	999	(47.4%)
Meigs	643	(83.8%)	124	(16.2%)
Monroe	1,107	(54.9%)	911	(45.1%)
Montgomery	1,043	(43.5%)	1,353	(56.5%)
Morgan	335	(60.6%)	218	(39.4%)
Obion	1,118	(64.7%)	611	(35.3%)
Overton	1,457	(80.8%)	347	(19.2%)
Perry	523	(61.4%)	329	(38.6%)
Polk	750	(67.2%)	366	(32.8%)
Rhea	446	(56.8%)	339	(43.2%)
Roane	851	(45.2%)	1,031	(54.8%)
Robertson	1,077	(45.8%)	1,274	(54.2%)
Rutherford	1,515	(50.2%)	1,504	(49.8%)
Scott	264	(54.0%)	225	(46.0%)
Sevier	266	(20.3%)	1,046	(79.7%)
Smith	801	(35.0%)	1,486	(65.0%)
Shelby	2,231	(52.4%)	2,026	(47.6%)
Stewart	827	(61.4%)	521	(38.6%)
Sullivan	1,575	(73.6%)	566	(26.4%)
Sumner	1,736	(69.1%)	776	(30.9%)
Tipton	616	(62.8%)	365	(37.2%)
Van Buren	197	(60.1%)	131	(39.9%)
Warren	1,222	(75.7%)	392	(24.3%)
Washington	1,355	(58.0%)	982	(42.0%)
Wayne	582	(46.2%)	679	(53.8%)
Weakley	1,709	(62.1%)	1,043	(37.9%)
White	844	(46.6%)	968	(53.4%)
Williamson	801	(33.3%)	1,601	(66.7%)
Wilson	1,255	(35.9%)	2,240	(64.1%)
Total	**76,070**	**(52.8%)**	**68,040**	**(47.2%)**
	(76,073)*		(68,043)*	

*Stated totals.

SOURCE—Journal, Tennessee House of Representatives, 1859–60, pp. 38–9.

TEXAS

Texas became the 28th state on December 29, 1845, having been an independent nation for nine years. The first election for governor was held on December 15, 1845.

Term—Two years. **Limit**—Governor could not serve more than two consecutive terms in a six-year period.

Election—The election of 1847 was held on the first Monday in November; thereafter, elections were held the first Monday in August.

POPULATION

1850—212,592   1860—604,215

1845

County	J. Pinckney Henderson		James B. Miller		Thomas Pillsbury	
Austin	99	(53.2%)	87	(46.8%)		
Bexar		no returns				
Bowie	299	(73.1%)	110	(26.9%)		
Brazoria	96	(100%)	0			
Colorado	218	(89.7%)	25	(10.3%)		
Fayette		no returns				
Fort Bend	23	(16.0%)	121	(84.0%)		
Galveston	334	(96.3%)	13	(3.7%)		
Goliad		no returns				
Gonzales		no returns				
Harris	318	(57.4%)	236	(42.6%)		
Harrison*	120	(96.0%)	0		5	(4.0%)
Houston	331	(98.8%)	4	(1.2%)		
Jasper*	201	(91.8%)	18	(8.2%)		
Lamar	331	(99.1%)	3	(0.9%)		
Liberty		no returns				
Matagorda	106	(67.5%)	51	(32.5%)		
Milam	152	(74.5%)	52	(25.5%)		
Montgomery	541	(73.1%)	199	(26.9%)		
Nacogdoches*	711	(99.9%)	0		1	(0.1%)
Red River*	449	(98.0%)	9	(2.0%)		
Robertson	276	(83.6%)	54	(16.4%)		
Rusk	271	(100%)	0			
Sabine*	250	(96.2%)	10	(3.8%)		
San Augustine	256	(95.9%)	11	(4.1%)		
San Patricio	111	(91.7%)	10	(8.3%)		
Shelby	375	(90.4%)	40	(9.6%)		
Travis	185	(86.0%)	30	(14.0%)		
Victoria	66	(62.3%)	40	(37.7%)		
Washington	202	(50.1%)	201	(49.9%)		
Total	(6,321)**		(1,324)**		(6)	
	8,190	**(83.0%)**	**1,672**	**(17.0%)**		

Except for the counties followed by a single asterisk (*), all county returns were found in the manuscript returns at the archives. The others came from the sources listed below.

**Totals in parentheses are the added totals; those in bold are the official figures found in the Journal of the Texas House of Representatives, February 17, 1846, p.8. No county returns. The official figures were also reported in the *Clarksville Democrat*, March 11, 1846. The *Democrat* also stated that six counties did not make returns: Bastrop, Brazos, Fannin, Jackson, Jefferson and Refugio. The returns for two of these counties were found and are listed below, but they were not part of the official tabulation.

| Brazos | 45 | (54.9%) | 37 | (45.1%) |
| Jackson* | 74 | (79.6%) | 19 | (20.4%) |

SOURCES—Journal, Texas House of Representatives, February 17, 1846; county manuscript returns, state archives, Austin; *Clarksville Democrat*, March 11, 1846; (Clarksville) *Northern Standard*, January 7, 21, 1846; (Houston) *Telegraph & Texas Register*, January 14, 21, 1846.

1847

County	George T. Wood (D)		James B. Miller (D)		Nicholas H. Daniel		J. J. Robinson	
Anderson	115	(63.5%)	11	(6.1%)	28	(15.5%)	27	(4.9%)
Angelina	31	(79.5%)	0		8	(20.5%)	0	
Austin	21	(10.0%)	183	(86.7%)	4	(1.9%)	3	(1.4%)
Bastrop	28	(11.6%)	207	(85.6%)	7	(2.9%)	0	
Bexar	167	(23.5%)	535	(75.1%)	10	(1.4%)	0	
Bowie	199	(59.2%)	64	(19.0%)	71	(21.1%)	2	(0.6%)
Brazoria	41	(14.6%)	235	(83.9%)	1	(0.4%)	3	(1.1%)
Brazos	9	(11.8%)	65	(85.5%)	2	(0.3%)	0	
Burleson	9	(7.0%)	104	(80.6%)	1	(0.8%)	15	(11.6%)
Calhoun	19	(11.4%)	144	(86.7%)	2	(1.2%)	1	(0.6%)
Cass	177	(61.0%)	15	(5.2%)	93	(32.1%)	5	(1.7%)
Cherokee	35	(56.5%)	13	(21.0%)	5	(8.1%)	9	(14.5%)
Collin	170	(75.9%)	4	(1.8%)	29	(12.9%)	21	(9.4%)
Colorado	60	(27.5%)	99	(45.4%)	35	(16.1%)	24	(11.0%)
Comal	23	(15.0%)	120	(78.4%)	10	(6.5%)	0	
Dallas	112	(85.5%)	3	(2.3%)	3	(2.3%)	13	(9.9%)
Fannin	565	(89.7%)	11	(1.7%)	21	(3.3%)	33	(5.2%)
Fayette	68	(22.4%)	183	(60.2%)	46	(15.1%)	7	(2.3%)
Fort Bend	5	(2.2%)	213	(95.5%)	4	(1.8%)	1	(0.4%)
Galveston	240	(66.7%)	111	(30.8%)	5	(1.4%)	4	(1.1%)
Gonzales	128	(24.4%)	266	(50.7%)	119	(22.7%)	12	(2.3%)
Grimes	78	(36.3%)	119	(55.3%)	9	(4.2%)	9	(4.2%)
Harris	273	(36.0%)	463	(61.1%)	2	(0.3%)	20	(2.6%)
Harrison	518	(78.6%)	83	(12.6%)	43	(6.5%)	15	(2.3%)
Henderson	110	(67.1%)	23	(14.0%)	2	(1.2%)	29	(17.7%)
Houston	106	(67.5%)	29	(18.5%)	21	(13.4%)	1	(0.6%)
Jackson	4	(4.5%)	66	(75.0%)	14	(15.9%)	4	(0.5%)
Jasper	138	(72.6%)	5	(2.6%)	33	(17.4%)	14	(7.4%)
Jefferson	119	(76.8%)	33	(21.3%)	3	(1.9%)	0	
Liberty	159	(60.5%)	104	(39.5%)	0		0	
Milam	30	(15.5%)	92	(47.7%)	67	(34.7%)	4	(2.1%)
Montgomery	137	(52.7%)	114	(43.8%)	1	(0.4%)	8	(3.1%)
Nacogdoches	317	(76.9%)	21	(5.1%)	50	(12.1%)	24	(5.8%)
Navarro	81	(64.3%)	42	(33.3%)	3	(2.4%)	0	
Newton	88	(86.3%)	0		6	(5.9%)	8	(7.8%)
Nueces	547	(84.3%)	86	(13.3%)	10	(1.5%)	6	(0.9%)
Polk	193	(90.6%)	18	(8.5%)	2	(0.9%)	0	
Red River	291	(79.9%)	16	(4.4%)	53	(14.6%)	4	(1.1%)
Robertson	149	(33.4%)	234	(52.5%)	54	(12.1%)	9	(2.0%)
Rusk	457	(85.9%)	13	(2.4%)	42	(7.9%)	20	(3.8%)
Sabine	114	(47.7%)	4	(1.7%)	25	(10.5%)	96	(40.2%)
San Augustine	147	(46.2%)	35	(11.0%)	134	(42.1%)	2	(0.6%)
Shelby	157	(36.9%)	1	(0.2%)	267	(62.7%)	1	(0.2%)
Smith	77	(85.6%)	7	(7.8%)	0		6	(6.7%)
Titus	142	(83.5%)	10	(5.9%)	11	(6.5%)	7	(4.1%)
Travis	18	(5.1%)	324	(92.0%)	9	(2.6%)	1	(0.3%)
Upshur	34	(82.9%)	6	(14.6%)	1	(2.4%)	0	
Victoria	10	(9.6%)	91	(87.5%)	2	(1.9%)	0	
Walker	319	(79.4%)	67	(16.7%)	17	(4.2%)	3	(0.7%)
Washington	53	(11.0%)	371	(76.8%)	52	(10.8%)	7	(1.4%)
Total*	7,088	(50.3%)	5,105	(36.2%)	1,437	(10.2%)	469	(3.3%)

*No returns for Denton, De Witt, Goliad, Grayson, Guadalupe, Hopkins, Hunt, Lamar, Lavaca, Leon, Liberty, Limestone, Matagorda, Panola, Refugio, San Patricio, Tyler and Wharton counties.

SOURCE—(Austin) *Texas State Gazette*, September 1, 1849.

1849

County	Peter H. Bell		George T. Wood		John T. Mills	
Anderson	18	(5.3%)	130	(38.0%)	194	(56.7%)
Angelina	7	(9.7%)	61	(61.0%)	4	(0.7%)
Austin	195	(96.5%)	7	(3.5%)	0	
Bastrop	261	(82.3%)	43	(13.6%)	13	(4.1%)

Texas

County	Peter H. Bell		George T. Wood		John T. Mills	
Bexar	690	(93.8%)	19	(2.6%)	27	(3.7%)
Bowie	7	(4.0%)	58	(32.8%)	112	(63.3%)
Brazoria	302	(93.7%)	18	(5.6%)	2	(0.6%)
Brazos	56	(86.1%)	9	(13.9%)	0	
Burleson	115	(72.8%)	41	(25.9%)	2	(1.3%)
Caldwell	166	(82.6%)	35	(17.4%)	0	
Calhoun	102	(80.3%)	20	(15.7%)	5	(3.9%)
Cameron	581	(68.1%)	262	(30.7%)	10	(1.2%)
Cass	92	(27.4%)	185	(55.1%)	59	(17.6%)
Cherokee	118	(19.5%)	386	(63.9%)	100	(16.6%)
Collin	123	(47.7%)	30	(11.6%)	105	(40.7%)
Colorado	111	(93.3%)	7	(5.9%)	1	(0.8%)
Comal	137	(71.7%)	54	(28.3%)	0	
Cooke	12	(36.4%)	0		21	(63.6%)
Dallas	126	(35.2%)	133	(37.3%)	98	(27.5%)
Denton	39	(48.8%)	33	(41.3%)	8	(10.0%)
DeWitt	100	(79.4%)	25	(19.8%)	1	(0.8%)
Fannin	184	(39.9%)	76	(16.5%)	201	(43.6%)
Fayette	372	(87.3%)	26	(6.1%)	28	(6.6%)
Fort Bend	201	(99.0%)	2	(1.0%)	0	
Galveston	299	(61.1%)	165	(33.7%)	25	(5.1%)
Gillespie	203	(99.0%)	2	(1.0%)	0	
Gonzales	170	(90.9%)	17	(9.1%)	0	
Grayson	58	(28.0%)	46	(22.2%)	103	(49.8%)
Grimes	75	(21.6%)	258	(74.4%)	14	(4.0%)
Guadalupe	135	(92.5%)	11	(7.5%)	0	
Harris	316	(49.5%)	286	(44.8%)	37	(5.8%)
Harrison	118	(16.8%)	464	(66.0%)	121	(17.2%)
Hays	44	(80.0%)	10	(18.2%)	1	(1.8%)
Henderson	24	(14.3%)	125	(74.4%)	19	(11.3%)
Hopkins	84	(23.9%)	181	(51.6%)	86	(24.5%)
Houston	106	(33.3%)	207	(65.1%)	5	(1.6%)
Hunt	58	(37.9%)	55	(35.9%)	40	(26.1%)
Jackson	96	(92.3%)	6	(5.8%)	2	(1.9%)
Jasper	70	(51.5%)	65	(47.8%)	1	(0.1%)
Jefferson	14	(11.7%)	104	(86.7%)	2	(1.7%)
Kaufman	19	(12.8%)	121	(81.2%)	9	(6.0%)
Lamar	273	(47.7%)	148	(25.9%)	151	(26.4%)
Liberty	49	(37.1%)	47	(35.6%)	36	(27.3%)
Limestone	40	(13.5%)	249	(83.8%)	8	(2.7%)
Lipscomb	211	(72.0%)	51	(17.4%)	31	(10.6%)
Matagorda	73	(51.0%)	50	(35.0%)	20	(14.0%)
Medina	50	(90.9%)	5	(0.1%)	0	
Milam	205	(74.8%)	64	(23.4%)	5	(1.8%)
Montgomery	29	(11.9%)	208	(85.2%)	9	(3.7%)
Nacogdoches	58	(10.2%)	480	(84.8%)	28	(4.9%)
Navarro	239	(62.6%)	111	(27.1%)	32	(8.4%)
Newton	21	(12.2%)	150	(87.2%)	1	(0.6%)
Nueces	165	(56.7%)	126	(43.3%)	0	
Panola	79	(28.8%)	133	(48.5%)	62	(22.6%)
Polk	27	(11.0%)	216	(87.8%)	3	(1.2%)
Red River	124	(25.3%)	142	(29.0%)	224	(45.7%)
Refugio	51	(91.1%)	6	(8.9%)	0	
Robertson	94	(83.2%)	19	(16.8%)	0	
Rusk	310	(36.8%)	301	(35.7%)	232	(27.5%)
Sabine	3	(1.2%)	251	(96.5%)	6	(2.3%)
San Augustine	41	(11.7%)	239	(68.1%)	71	(20.2%)
San Patricio	41	(93.2%)	3	(6.8%)	0	
Shelby	89	(15.1%)	435	(74.0%)	64	(10.9%)
Smith	76	(21.3%)	255	(71.4%)	26	(7.3%)
Titus	136	(30.2%)	242	(53.8%)	72	(16.0%)
Travis	324	(75.3%)	93	(21.6%)	13	(3.0%)
Tyler	35	(18.5%)	152	(80.4%)	2	(1.1%)
Upshur	30	(11.0%)	200	(73.5%)	42	(15.4%)
Van Zandt	20	(18.7%)	83	(77.6%)	4	(3.7%)
Victoria	164	(78.1%)	46	(21.9%)	0	
Walker	78	(17.8%)	355	(80.9%)	6	(1.4%)
Washington	548	(86.0%)	69	(10.8%)	20	(3.1%)

Texas   259

County	Peter H. Bell		George T. Wood		John T. Mills	
Webb	440	(94.2%)	27	(5.8%)	0	
Wharton	76	(91.6%)	6	(7.2%)	1	(1.2%)
Williamson	116	(81.1%)	20	(14.0%)	7	(4.9%)
Total	10,319	(47.5%)	8,764	(40.4%)	2,632	(12.1%)

SOURCE—Mike Kingston, Sam Attlesey, Mary G. Crawford, *The Texas Almanac's Political History of Texas* (Austin, Tex.: Eakin Press, 1992), pp. 50–53.

1851

County	Peter H. Bell		Middleton T. Johnson		John H. Greer		Benjamin H. Epperson		Thomas J. Chambers	
Anderson	52	(10.8%)	126	(26.1%)	192	(39.8%)	91	(18.8%)	22	(4.6%)
Angelina*	18	(12.0%)	17	(11.3%)	60	(40.0%)	53	(35.3%)	2	(1.3%)
Austin	302	(86.0%)	1	(0.3%)	5	(1.4%)	33	(9.4%)	10	(2.8%)
Bastrop*	267	(68.3%)	77	(19.7%)	17	(4.3%)	0		30	(7.7%)
Bell	148	(76.7%)	20	(10.4%)	11	(5.7%)	6	(3.1%)	8	(4.1%)
Bexar	1,023	(79.1%)	61	(4.7%)	155	(12.0%)	55	(4.3%)	0	
Bowie	64	(39.8%)	16	(9.9%)	15	(9.3%)	57	(35.4%)	9	(5.6%)
Brazoria	188	(79.7%)	1	(0.1%)	2	(0.8%)	43	(18.2%)	2	(0.8%)
Brazos	50	(74.6%)	3	(0.4%)	2	(0.3%)	1	(0.2%)	11	(16.4%)
Burleson	98	(49.7%)	8	(4.1%)	17	(8.6%)	0		74	(37.6%)
Caldwell	209	(82.9%)	6	(2.4%)	4	(1.6%)	30	(11.9%)	3	(1.2%)
Calhoun	104	(72.2%)	0		9	(6.3%)	28	(19.4%)	3	(2.1%)
Cameron	836	(96.9%)	0		1	(0.1%)	26	(13.0%)	0	
Cass	214	(36.6%)	71	(12.1%)	57	(9.7%)	129	(22.1%)	114	(19.5%)
Cherokee	365	(34.2%)	334	(31.3%)	198	(18.6%)	93	(8.7%)	77	(7.2%)
Collin	22	(7.3%)	188	(62.5%)	22	(7.3%)	39	(13.0%)	30	(10.0%)
Colorado*	113	(90.4%)	3	(2.4%)	1	(0.8%)	2	(1.6%)	6	(4.8%)
Comal	141	(76.2%)	1	(0.5%)	1	(0.5%)	1	(0.5%)	41	(22.1%)
Cooke	2	(5.1%)	37	(94.9%)	0		0		0	
Dallas	32	(64.5%)	430	(86.7%)	29	(5.7%)	3	(0.6%)	12	(2.4%)
Denton	10	(8.8%)	78	(68.4%)	0		0		26	(22.8%)
DeWitt	140	(90.3%)	8	(5.2%)	5	(3.2%)	2	(1.3%)	0	
Ellis	36	(32.7%)	43	(39.1%)	11	(10.0%)	14	(12.7%)	6	(5.5%)
El Paso	557	(96.0%)	0		23	(4.0%)	0		0	
Falls	25	(34.2%)	11	(15.1%)	0		2	(2.7%)	35	(47.9%)
Fannin	49	(11.4%)	217	(50.5%)	102	(23.7%)	50	(11.6%)	12	(2.8%)
Fayette*	398	(79.6%)	36	(7.2%)	10	(2.0%)	34	(6.8%)	22	(4.4%)
Fort Bend	162	(84.8%)	0		0		27	(14.1%)	2	(0.1%)
Freestone	34	(26.0%)	42	(32.1%)	34	(26.0%)	3	(2.3%)	18	(13.7%)
Galveston	259	(61.5%)	4	(1.0%)	14	(3.3%)	124	(29.5%)	20	(4.8%)
Gillespie	138	(97.2%)	1	(0.7%)	3	(2.1%)	0		1	(0.7%)
Goliad*	61	(100%)	0		0		0		0	
Gonzales*	231	(80.2%)	24	(8.3%)	5	(1.7%)	2	(0.7%)	26	(9.0%)
Grayson	15	(4.7%)	210	(66.0%)	33	(10.4%)	22	(6.9%)	38	(11.9%)
Grimes	102	(26.0%)	55	(14.0%)	120	(30.6%)	96	(24.5%)	19	(4.8%)
Guadalupe	156	(74.3%)	5	(2.4%)	6	(2.9%)	34	(16.2%)	9	(4.3%)
Harris	375	(57.2%)	34	(5.2%)	39	(5.9%)	152	(23.2%)	56	(8.5%)
Harrison	599	(61.1%)	63	(6.4%)	43	(4.4%)	200	(20.4%)	75	(7.7%)
Hays	39	(68.4%)	2	(3.5%)	2	(3.5%)	1	(1.8%)	13	(22.9%)
Henderson	32	(12.4%)	39	(27.3%)	10	(7.0%)	21	(14.7%)	41	(28.7%)
Hopkins	57	(14.8%)	19	(4.9%)	276	(71.7%)	30	(7.8%)	3	(0.8%)
Houston	159	(53.4%)	27	(9.1%)	63	(21.1%)	43	(14.4%)	6	(2.0%)
Hunt	33	(12.7%)	190	(73.4%)	31	(12.0%)	4	(1.5%)	1	(0.4%)
Jackson	101	(87.8%)	0		13	(11.3%)	1	(0.9%)	0	
Jasper	41	(16.0%)	96	(37.4%)	47	(18.3%)	50	(19.5%)	23	(8.9%)
Jefferson	200	(86.6%)	3	(1.3%)	22	(9.5%)	1	(0.4%)	5	(2.2%)
Kaufman	24	(13.0%)	146	(78.9%)	10	(5.4%)	2	(1.1%)	3	(1.6%)
Lamar	119	(22.1%)	135	(25.0%)	144	(26.7%)	127	(23.6%)	14	(2.6%)
Lavaca	221	(93.2%)	10	(4.2%)	0		0		6	(2.5%)
Leon	74	(28.1%)	22	(8.4%)	96	(36.5%)	69	(26.2%)	2	(0.8%)
Liberty	133	(42.2%)	7	(2.3%)	51	(16.6%)	40	(13.0%)	77	(25.0%)
Limestone	22	(10.6%)	62	(29.8%)	119	(57.2%)	1	(0.5%)	4	(1.9%)
Matagorda	145	(68.1%)	0		7	(3.3%)	50	(23.5%)	11	(5.2%)
McLennan	64	(49.2%)	20	(15.4%)	8	(6.2%)	35	(26.9%)	3	(0.2%)
Medina	124	(93.2%)	0		3	(2.3%)	6	(4.5%)	0	

County	Peter H. Bell		Middleton T. Johnson		John H. Greer		Benjamin H. Epperson		Thomas J. Chambers	
Milam*	62	(38.5%)	2	(1.2%)	2	(1.2%)	92	(56.4%)	3	(1.8%)
Montgomery	157	(55.7%)	31	(11.0%)	26	(9.2%)	66	(23.4%)	2	(0.7%)
Nacogdoches	84	(12.8%)	110	(16.8%)	305	(46.6%)	22	(3.4%)	134	(20.5%)
Navarro	62	(16.6%)	176	(47.1%)	71	(19.0%)	39	(10.4%)	26	(7.0%)
Newton	3	(1.7%)	18	(9.9%)	112	(61.9%)	0		48	(26.5%)
Nueces	229	(99.1%)	0		1	(0.4%)	0		1	(0.4%)
Panola	352	(65.2%)	78	(14.4%)	72	(13.3%)	14	(2.6%)	24	(4.4%)
Polk	140	(49.1%)	14	(4.9%)	31	(10.9%)	27	(9.5%)	73	(25.6%)
Red River	67	(14.6%)	112	(24.4%)	128	(27.9%)	136	(29.6%)	16	(3.5%)
Refugio	69	(92.0%)	3	(4.0%)	2	(2.7%)	0		1	(1.3%)
Robertson	101	(62.3%)	3	(1.9%)	16	(9.9%)	5	(3.1%)	37	(23.0%)
Rusk	350	(26.9%)	600	(46.1%)	87	(6.7%)	179	(13.7%)	86	(6.7%)
Sabine	0		93	(40.4%)	93	(40.4%)	0		44	(19.1%)
San Augustine	29	(7.3%)	14	(3.5%)	284	(71.2%)	3	(0.8%)	69	(17.3%)
San Patricio	36	(83.7%)	0		0		0		7	(16.3%)
Shelby	99	(15.5%)	254	(39.9%)	96	(15.1%)	3	(0.5%)	185	(29.0%)
Smith	188	(29.8%)	156	(24.8%)	57	(9.0%)	96	(15.2%)	133	(21.1%)
Starr	84	(51.9%)	0		6	(3.7%)	4	(2.5%)	68	(42.0%)
Tarrant	7	(5.6%)	81	(64.3%)	14	(11.1%)	12	(9.5%)	12	(9.5%)
Titus	77	(9.0%)	40	(4.7%)	250	(29.2%)	149	(17.4%)	40	(4.7%)
Travis	461	(73.9%)	98	(15.7%)	35	(5.6%)	27	(4.3%)	3	(0.5%)
Trinity			no returns							
Tyler	52	(28.0%)	78	(41.9%)	20	(10.8%)	1	(0.5%)	35	(18.8%)
Upshur	193	(51.3%)	91	(24.2%)	22	(5.9%)	66	(17.6%)	4	(1.1%)
Van Zandt	32	(27.4%)	55	(47.0%)	22	(18.8%)	5	(4.3%)	3	(2.6%)
Victoria	152	(69.1%)	1	(0.5%)	4	(1.8%)	51	(23.2%)	12	(5.5%)
Walker	227	(46.6%)	79	(16.2%)	97	(19.9%)	78	(16.0%)	6	(1.2%)
Washington	543	(78.7%)	23	(3.3%)	57	(8.3%)	42	(6.1%)	25	(3.6%)
Webb	357	(94.4%)	0		8	(2.1%)	13	(3.4%)	0	
Wharton	116	(85.9%)	0		2	(1.5%)	0		17	(12.6%)
Williamson	211	(80.2%)	30	(11.4%)	0		20	(7.6%)	2	(0.8%)
Wood			no returns							
Total**	(13,723)		(5,249)		(4,068)		(3,083)		(2,147)	
	13,595	**(48.2%)**	**5,262**	**(18.7%)**	**4,061**	**(14.4%)**	**2,971**	**(10.5%)**	**2,320**	**(8.2%)**

*The returns for those counties followed by a single asterisk (*) were found in the (Austin) *Texas State Gazette*, September 6, 1851.

**The official totals in bold were taken from the Senate Journal of November 8, 1851. There were no county returns. The official totals were also located in Kingston, Attlesey and Crawford, p. 53. Those totals in parentheses are the added county returns. The county returns were taken from Kingston, Attlesey and Crawford, p. 53 and were mainly based on the returns at the archives. However, the archives' returns are incomplete.

SOURCES—(Texas) Senate Journal, November 8, 1851, p. 20; Kingston, Attlesey and Crawford, pp. 50–53; (Austin) *Texas State Gazette*, September 6, 1851.

1853

County	Elisha M. Pease (D)		William B. Ochiltree (W)		George T. Wood (D)		L. D. Evans		Thomas J. Chambers		scattering	
Anderson	28	(12.2%)	274	(33.5%)	52	(50.9%)	416	(50.9%)	38	(4.6%)	10	(1.2%)
Austin	291	(68.8%)	59	(30.5%)	18	(4.3%)	0		45	(10.6%)	10	(2.4%)
Bastrop	261	(47.5%)	168	(30.5%)	25	(4.5%)	7	(1.3%)	81	(14.7%)	8	(1.5%)
Bell	146	(49.3%)	61	(20.6%)	47	(15.9%)	15	(5.1%)	27	(9.1%)	0	
Bexar	1,430	(82.1%)	199	(11.4%)	56	(3.2%)	36	(2.1%)	15	(0.9%)	4	(0.2%)
Bowie	22	(11.6%)	78	(41.1%)	71	(37.4%)	18	(9.5%)	1	(0.5%)	0	
Brazoria	293	(81.6%)	55	(15.3%)	6	(1.7%)	0		2	(0.6%)	3	(0.8%)
Brazos	42	(38.5%)	24	(22.0%)	23	(4.1%)	0		10	(9.2%)	0	
Burleson	157	(47.0%)	54	(16.8%)	38	(11.8%)	2	(0.8%)	12	(4.8%)	1	(1.6%)
Burnet	77	(63.6%)	24	(19.8%)	16	(13.2%)	1	(0.8%)	0		3	(2.5%)
Caldwell	120	(25.9%)	140	(30.2%)	139	(30.0%)	17	(3.7%)	0		47	(10.1%)
Calhoun	136	(54.6%)	83	(33.3%)	12	(4.8%)	474	(34.4%)	50	(3.6%)	36	(2.6%)
Cameron	530	(82.4%)	0		3	(0.5%)	0		109	(17.0%)	0	
Cass	248	(40.5%)	284	(46.4%)	14	(2.3%)	17	(2.8%)	37	(6.0%)	12	(2.0%)
Cherokee	67	(48.7%)	473	(34.4%)	277	(20.1%)	474	(34.4%)	50	(3.6%)	36	(2.6%)
Collin	171	(34.5%)	150	(30.2%)	94	(19.0%)	47	(9.5%)	34	(6.9%)	0	
Colorado	171	(60.9%)	66	(23.5%)	10	(3.6%)	0		20	(7.2%)	14	(5.0%)
Comal	193	(83.9%)	7	(3.0%)	30	(13.0%)	0		0		0	
Cooke	12	(21.1%)	34	(59.6%)	8	(11.6%)	3	(5.3%)	0		0	

County	Elisha M. Pease (D)	William B. Ochiltree (W)	George T. Wood (D)	L. D. Evans	Thomas J. Chambers	scattering
Dallas	253 (43.8%)	163 (28.2%)	67 (11.6%)	53 (9.2%)	42 (7.3%)	0
Denton	25 (22.7%)	20 (18.2%)	34 (30.9%)	5 (4.5%)	26 (23.6%)	0
DeWitt	109 (43.1%)	53 (20.9%)	27 (10.7%)	1 (0.4%)	11 (4.3%)	32 (12.6%)
Ellis	112 (42.7%)	71 (27.1%)	41 (15.6%)	22 (8.4%)	11 (4.2%)	5 (1.9%)
El Paso	814 (100%)	0	0	0	0	0
Falls	51 (37.2%)	30 (21.9%)	13 (9.5%)	0	38 (27.7%)	5 (3.6%)
Fannin	103 (16.0%)	236 (36.7%)	28 (4.3%)	273 (42.4%)	1 (0.2%)	3 (0.5%)
Fayette	268 (38.5%)	162 (23.2%)	29 (4.2%)	5 (0.7%)	114 (16.4%)	119 (17.1%)
Fort Bend	149 (68.3%)	51 (23.4%)	4 (1.8%)	0	8 (3.7%)	6 (2.8%)
Freestone	128 (36.5%)	90 (25.6%)	91 (25.9%)	17 (4.8%)	23 (6.6%)	2 (0.6%)
Galveston	299 (55.3%)	125 (23.1%)	87 (16.1%)	3 (0.6%)	24 (4.4%)	3 (0.6%)
Gillespie	87 (53.0%)	2 (1.2%)	0	73 (44.5%)	0	2 (1.2%)
Goliad	94 (65.7%)	30 (21.0%)	13 (9.1%)	4 (2.8%)	1 (0.7%)	1 (0.7%)
Gonzales	281 (61.4%)	118 (25.8%)	35 (7.6%)	5 (1.1%)	11 (2.4%)	8 (1.7%)
Grayson	89 (21.6%)	102 (24.8%)	111 (26.9%)	89 (21.6%)	21 (5.1%)	0
Grimes	129 (26.9%)	130 (27.1%)	145 (30.2%)	4 (0.8%)	64 (13.3%)	8 (1.7%)
Guadeloupe	218 (56.6%)	109 (28.3%)	22 (5.7%)	30 (7.8%)	5 (1.3%)	1 (0.3%)
Harris	230 (30.6%)	232 (30.9%)	205 (27.3%)	0	51 (6.8%)	33 (4.4%)
Harrison	234 (25.2%)	416 (44.7%)	59 (6.3%)	206 (22.2%)	13 (14.0%)	2 (2.2%)
Hays	10 (10.1%)	28 (28.3%)	46 (46.5%)	3 (3.0%)	12 (12.1%)	0
Henderson	2 (0.8%)	87 (34.7%)	7 (2.8%)	119 (47.4%)	36 (12.0%)	0
Hill	16 (16.3%)	26 (26.5%)	34 (34.7%)	8 (8.2%)	0	14 (14.3%)
Hopkins	69 (14.8%)	124 (22.1%)	69 (12.3%)	291 (52.0%)	0	7 (1.3%)
Houston	64 (14.8%)	56 (13.0%)	161 (37.3%)	69 (16.0%)	59 (13.7%)	23 (5.3%)
Hunt	107 (29.4%)	54 (15.7%)	60 (17.4%)	112 (32.6%)	3 (0.9%)	14 (4.1%)
Jackson	64 (54.7%)	33 (28.2%)	17 (14.5%)	0	2 (1.7%)	1 (0.9%)
Jasper	124 (59.6%)	71 (34.1%)	17 (8.2%)	0	5 (2.4%)	1 (0.5%)
Jefferson	29 (25.7%)	30 (26.5%)	50 (44.2%)	2 (1.8%)	1 (0.9%)	1 (0.9%)
Kaufman	29 (10.9%)	93 (34.8%)	68 (25.5%)	73 (27.3%)	4 (1.5%)	0
Lamar	146 (25.9%)	154 (27.3%)	93 (16.8%)	165 (29.2%)	4 (0.7%)	0
Lavaca	146 (50.0%)	53 (18.2%)	15 (5.1%)	5 (1.7%)	8 (2.7%)	65 (22.2%)
Leon	100 (23.1%)	122 (28.2%)	177 (40.9%)	13 (3.0%)	13 (3.0%)	8 (1.8%)
Liberty	101 (33.0%)	50 (16.3%)	100 (32.7%)	0	51 (16.7%)	4 (1.3%)
Limestone	143 (55.0%)	34 (13.1%)	43 (16.5%)	7 (2.7%)	32 (12.3%)	1 (0.4%)
Matagorda	127 (74.3%)	7 (4.1%)	5 (2.9%)	0	23 (13.5%)	9 (5.3%)
McLennan	26 (12.9%)	50 (24.9%)	54 (26.9%)	12 (6.0%)	59 (29.4%)	0
Medina	147 (94.8%)	6 (3.9%)	2 (1.3%)	0	0	0
Milam	49 (18.8%)	63 (24.1%)	40 (15.3%)	6 (2.3%)	101 (38.7%)	2 (0.8%)
Montgomery	85 (27.1%)	121 (38.5%)	88 (28.0%)	0	20 (6.4%)	0
Nacogdoches	139 (18.5%)	396 (52.7%)	131 (17.4%)	3 (0.4%)	81 (10.8%)	2 (0.3%)
Navarro	82 (18.9%)	113 (26.0%)	70 (16.1%)	113 (26.0%)	27 (6.2%)	29 (6.7%)
Newton	100 (53.2%)	36 (19.1%)	38 (20.2%)	0	10 (5.3%)	4 (2.1%)
Nueces	57 (27.3%)	54 (25.8%)	86 (41.1%)	7 (3.3%)	2 (1.0%)	3 (1.4%)
Orange	29 (25.2%)	64 (55.6%)	6 (5.2%)	0	11 (9.6%)	5 (4.3%)
Panola	54 (9.4%)	175 (30.4%)	306 (53.2%)	16 (2.8%)	22 (3.8%)	2 (0.3%)
Polk	9 (2.5%)	50 (14.0%)	280 (78.2%)	0	14 (3.9%)	2 (1.4%)
Red River	92 (20.1%)	189 (41.3%)	158 (34.5%)	7 (1.5%)	7 (1.5%)	5 (1.1%)
Refugio	57 (49.1%)	2 (1.7%)	32 (27.6%)	1 (0.9%)	0	24 (20.7%)
Robertson	41 (19.1%)	54 (25.1%)	84 (39.1%)	7 (3.3%)	24 (11.2%)	5 (2.3%)
Rusk	435 (25.9%)	622 (37.0%)	199 (11.8%)	209 (12.4%)	173 (10.3%)	44 (2.6%)
Sabine	67 (30.2%)	54 (24.3%)	81 (36.5%)	0	12 (5.4%)	8 (3.6%)
San Augustine	192 (51.5%)	91 (24.4%)	38 (8.0%)	0	48 (12.9%)	4 (1.1%)
San Patricio	65 (84.4%)	5 (6.5%)	1 (1.3%)	0	6 (7.8%)	0
Shelby	162 (30.6%)	131 (24.8%)	96 (18.1%)	2 (0.4%)	132 (25.0%)	6 (1.1%)
Smith	46 (4.6%)	250 (24.9%)	40 (4.0%)	584 (58.2%)	75 (7.5%)	8 (0.8%)
Starr	217 (48.0%)	3 (0.7%)	0	0	220 (48.7%)	12 (2.7%)
Tarrant	130 (73.0%)	36 (20.2%)	4 (2.2%)	6 (3.4%)	2 (1.1%)	0
Titus	146 (26.9%)	181 (33.4%)	103 (19.0%)	97 (17.9%)	15 (2.8%)	0
Travis	146 (26.9%)	211 (26.9%)	255 (32.5%)	8 (1.0%)	18 (2.3%)	10 (1.3%)
Trinity	0	2 (4.0%)	40 (80.0%)	4 (8.0%)	4 (8.0%)	0
Tyler	30 (10.3%)	40 (13.7%)	196 (67.1%)	0	23 (7.9%)	3 (1.0%)
Upshur	24 (3.3%)	176 (24.0%)	34 (4.6%)	496 (67.8%)	2 (0.3%)	0
Van Zandt	4 (1.8%)	18 (8.3%)	4 (1.8%)	187 (85.8%)	0	5 (2.3%)
Victoria	126 (55.8%)	62 (27.4%)	16 (7.1%)	3 (1.3%)	9 (4.0%)	10 (4.4%)
Walker	50 (10.8%)	108 (23.4%)	292 (63.3%)	5 (1.1%)	6 (1.3%)	0
Washington	425 (47.1%)	273 (30.3%)	149 (16.5%)	2 (0.2%)	46 (5.1%)	7 (0.8%)
Webb	131 (70.4%)	0	43 (23.1%)	0	2 (1.1%)	10 (5.4%)
Wharton	94 (81.0%)	10 (8.6%)	2 (1.7%)	0	4 (3.4%)	6 (5.2%)

County	Elisha M. Pease (D)		William B. Ochiltree (W)		George T. Wood (D)		L. D. Evans		Thomas J. Chambers		scattering	
Williamson	165	(40.2%)	109	(26.6%)	92	(22.4%)	19	(4.6%)	14	(3.4%)	11	(2.7%)
Wood	0		28	(13.9%)	9	(4.5%)	165	(81.7%)	0		0	
Total	**13,091**	**(36.2%)**	**9,178**	**(25.4%)**	**5,983**	**(16.6%)**	**4,677**	**(12.9%)**	**2,449**	**(6.8%)**	**774**	**(2.1%)***

*Includes 314 votes cast for Jon Dancy.
No returns for Angelina, Hidalgo and Madison counties.

SOURCE—Manuscript returns.

1855

County	Elisha M. Pease (D)		D. C. Dickson (A)		Middleton T. Johnson		George T. Wood	
Anderson	490	(52.1%)	433	(46.1%)	17	(1.8%)		
Angelina	60	(52.2%)	45	(39.1%)			10	(8.7%)
Austin	374	(61.6%)	233	(38.4%)				
Bastrop	433	(59.7%)	292	(40.3%)				
Bell	322	(66.4%)	163	(33.6%)				
Bexar	1,682	(73.1%)	619	(26.9%)				
Bosque	15	(25.0%)	45	(75.0%)				
Bowie	240	(92.3%)	14	(5.4%)	6	(2.3%)		
Brazoria	315	(88.5%)	41	(11.5%)				
Brazos	15	(13.3%)	98	(86.7%)				
Burleson	261	(65.3%)	133	(33.3%)	6	(1.5%)		
Burnet	73	(32.4%)	152	(67.6%)				
Caldwell	324	(56.1%)	254	(43.9%)				
Calhoun	174	(64.4%)	96	(35.6%)				
Cass	438	(53.7%)	357	(43.8%)	12	(1.5%)	9	(1.1%)
Cherokee	895	(56.3%)	696	(43.7%)				
Collin	275	(42.3%)	375	(57.7%)				
Colorado	255	(65.8%)	85	(24.9%)	2	(0.6%)		
Comal	322	(92.0%)	28	(8.0%)				
Cooke	99	(45.8%)	50	(23.1%)	67	(31.0%)		
Coryell	222	(61.8%)	137	(38.2%)				
Dallas	309	(58.3%)	221	(41.7%)				
Denton	135	(51.5%)	112	(42.7%)	15	(5.7%)		
Ellis	152	(42.8%)	202	(56.9%)			1	(0.3%)
El Paso	760	(100%)	0					
Falls*	96	(42.9%)	128	(57.1%)	?		?	
Fannin	389	(51.3%)	323	(42.6%)	24	(3.2%)	22	(2.9%)
Fayette	509	(58.0%)	368	(42.0%)				
Fort Bend	296	(91.0%)	33	(9.0%)				
Freestone	265	(60.2%)	175	(39.8%)				
Galveston	458	(65.2%)	244	(34.8%)				
Gillespie	224	(77.2%)	47	(16.2%)	16	(5.5%)	3	(1.0%)
Goliad	96	(41.6%)	135	(58.4%)				
Gonzales	396	(49.1%)	411	(50.9%)				
Grayson	255	(35.7%)	419	(58.6%)	41	(5.7%)		
Grimes	39	(6.2%)	588	(93.8%)				
Guadalupe	340	(57.4%)	252	(42.6%)				
Harris	415	(49.3%)	426	(50.7%)				
Harrison*	443	(40.9%)	641	(59.1%)	?		?	
Hays	56	(35.4%)	102	(64.6%)				
Henderson	37	(11.9%)	210	(67.7%)	63	(20.3%)		
Hidalgo			no returns					
Hill*	29	(28.2%)	74	(71.8%)	?		?	
Hopkins*	379	(68.9%)	171	(31.1%)				
Houston*	389	(67.8%)	185	(32.2%)	?		?	
Hunt	282	(56.5%)	151	(30.3%)	34	(6.8%)	32	(6.4%)
Jackson*	107	(67.3%)	52	(32.7%)	?		?	
Jasper*	150	(77.3%)	44	(22.7%)	?		?	
Jefferson			no returns					
Johnson*	63	(39.6%)	96	(60.4%)	?		?	
Karnes*	79	(52.7%)	71	(47.3%)	?		?	
Kaufman*	93	(30.8%)	209	(69.2%)	?		?	
Lamar*	41	(22.9%)	138	(77.1%)	?		?	
Lavaca*	304	(66.4%)	154	(33.6%)	?		?	

County	Elisha M. Pease (D)		D. C. Dickson (A)		Middleton T. Johnson		George T. Wood	
Leon*	160	(29.6%)	380	(70.4%)	?		?	
Liberty	199	(62.2%)	121	(37.8%)				
Limestone	132	(49.6%)	234	(50.4%)				
Madison*	27	(14.5%)	159	(85.5%)	?		?	
Matagorda*	197	(87.9%)	27	(12.1%)	?		?	
McLennan	*64	(27.8%)	166	(72.2%)	?		?	
Medina*	250	(98.8%)	3	(1.4%)	?		?	
Milam*	134	(41.6%)	188	(58.4%)	?		?	
Montgomery*	185	(46.3%)	215	(53.7%)	?		?	
Nacogdoches*	624	(77.5%)	181	(22.5%)	?		?	
Navarro	140	(27.7%)	365	(72.3%)				
Newton	139	(67.1%)	64	(30.9%)			4	(1.9%)
Nueces	266	(57.8%)	194	(42.2%)	?		?	
Panola	468	(68.1%)	214	(31.1%)	1	(0.1%)	4	(0.6%)
Polk	176	(46.6%)	198	(52.3%)	4	(1.1%)		
Red River	310	(53.5%)	267	(46.1%)	2	(0.3%)		
Reeves	93	(66.0%)	48	(34.0%)				
Robertson	43	(17.3%)	206	(82.7%)				
Rusk	1,069	(61.7%)	663	(38.3%)				
Sabine	118	(50.8%)	112	(48.3%)	2	(0.8%)		
San Augustine	270	(74.4%)	93	(25.6%)				
San Patricio	43	(64.2%)	23	(34.3%)			1	(1.5%)
Shelby	352	(65.3%)	187	(34.7%)				
Smith	502	(44.4%)	263	(23.3%)	366	(32.4%)		
Starr	238	(73.9%)	84	(26.1%)				
Tarrant	543	(78.0%)	153	(22.0%)				
Titus	371	(50.8%)	332	(45.5%)	27	(3.7%)		
Travis	419	(41.0%)	598	(58.6%)			4	(0.4%)
Trinity	102	(54.8%)	84	(45.2%)				
Tyler	208	(57.3%)	151	(41.6%)	4	(1.1%)		
Upshur	564	(68.8%)	220	(26.8%)	24	(2.9%)	12	(1.5%)
Uvalde		no returns						
Van Zandt	12	(4.9%)	109	(44.1%)	107	(43.3%)	19	(7.7%)
Victoria	180	(63.2%)	105	(36.8%)				
Walker	238	(41.5%)	336	(58.5%)				
Washington	497	(52.0%)	458	(48.0%)				
Webb	167	(55.3%)	3	(1.0%)	132	(43.7%)		
Wharton	110	(6.4%)	34	(23.6%)				
Williamson	245	(46.5%)	281	(53.3%)			1	(0.2%)
Wood	184	(48.4%)	38	(10.0%)	51	(13.4%)	107	(28.2%)
Total*	(25,542)		(18,525)		(1,023)		(319)	
	26,336	**(56.8%)**	**18,968**	**(40.9%)**	**809**	**(1.7%)**	**226**	**(0.5%)**
Cameron	203	(67.0%)	100	(33.0%)				
DeWitt	256	(72.7%)	90	(25.6%)	1	(0.3%)	5	(1.4%)
Orange	58	(53.2%)	50	(45.9%)			1	(0.9%)
*Presidio**	116	(100%)	0		?		?	

*The official state totals, figures in bold, were found in the Texas Senate Journal, November 7, 1855, p. 47; there were no county returns. The figures in parentheses are the added county returns.
    Except for those counties followed by a single asterisk (*), all county returns were taken from Kingston, Attlesey and Crawford, and these are based mainly on the archives' returns. The archives' returns, however, are incomplete. The other county returns were found in the *Galveston News*, September 18, 1855. Returns taken from the *News* did not contain the vote for Johnson and Wood and this is indicated by a "?" Counties listed in italics were not included in the official returns.

SOURCES—Kingston, Attlesey and Crawford, pp. 53–57; *Galveston News*, September 18, 1855; (Austin) *State Gazette*, November 10, 1855; Journal, Texas Senate, November 7, 1855.

1857

County	Hardin R. Runnels (D)		Sam Houston (A)	
Anderson	606	(56.3%)	470	(43.7%)
Angelina	71	(29.5%)	170	(70.5%)
Atascosa	186	(66.2%)	95	(33.8%)
Austin	424	(60.8%)	273	(39.2%)
Bastrop	415	(62.6%)	248	(37.4%)
Bell	297	(58.0%)	215	(42.0%)
Bexar	927	(64.0%)	521	(36.0%)
Bosque	104	(69.8%)	45	(30.2%)
Bowie	262	(82.9%)	54	(17.1%)
Brazoria	349	(85.7%)	58	(14.3%)
Brazos	73	(32.9%)	149	(67.1%)
Brown	12	(75.0%)	4	(25.0%)
Burleson	290	(46.2%)	338	(53.8%)
Burnet	130	(55.6%)	104	(44.4%)
Caldwell	345	(55.5%)	277	(44.5%)
Calhoun	185	(54.3%)	156	(45.7%)

County					County			
Cameron	670	(89.8%)	76	(10.2%)	Sabine	66	(24.9%)	199	(75.1%)
Cass	587	(61.4%)	369	(38.6%)	San Augustine	162	(45.5%)	194	(54.5%)
Cherokee	925	(52.9%)	824	(47.1%)	San Patricio	36	(70.6%)	15	(29.4%)
Collin	469	(56.6%)	360	(43.4%)	San Saba	37	(48.7%)	39	(51.3%)
Colorado	316	(65.4%)	167	(34.6%)	Shelby	203	(34.9%)	378	(65.1%)
Comal	313	(89.4%)	37	(10.6%)	Smith	828	(59.7%)	558	(40.3%)
Comanche	68	(58.1%)	49	(41.9%)	Starr	358	(82.7%)	75	(17.3%)
Cooke	126	(55.8%)	100	(44.2%)	Tarrant	317	(48.6%)	335	(51.4%)
Coryell	167	(54.8%)	138	(45.2%)	Titus	509	(55.1%)	415	(44.9%)
Dallas	569	(58.5%)	404	(41.5%)	Travis	458	(46.9%)	498	(53.1%)
Denton	230	(54.5%)	192	(45.5%)	Trinity	234	(57.9%)	170	(42.1%)
DeWitt	244	(57.8%)	178	(42.2%)	Tyler	304	(68.3%)	141	(31.7%)
Ellis	326	(56.3%)	253	(43.7%)	Upshur	593	(63.2%)	345	(36.8%)
El Paso	898	(98.5%)	14	(1.5%)	Uvalde	25	(43.9%)	32	(56.1%)
Erath	29	(46.8%)	33	(53.2%)	Van Zandt	282	(71.4%)	113	(28.6%)
Falls	113	(34.6%)	214	(65.4%)	Victoria	190	(63.8%)	108	(36.8%)
Fannin	439	(66.5%)	221	(33.5%)	Walker	356	(48.1%)	390	(51.9%)
Fayette	601	(56.3%)	467	(43.7%)	Washington	643	(54.0%)	548	(46.0%)
Fort Bend	212	(62.7%)	126	(37.3%)	Webb	344	(97.7%)	8	(2.3%)
Freestone	336	(59.9%)	225	(40.1%)	Wharton	154	(89.0%)	19	(11.0%)
Galveston	451	(71.5%)	180	(28.5%)	Williamson	289	(49.7%)	293	(50.3%)
Gillespie	256	(89.8%)	31	(10.2%)	Wise	59	(30.1%)	137	(69.9%)
Goliad	126	(45.3%)	152	(54.7%)	Young	45	(69.2%)	20	(30.8%)
Gonzales	479	(55.1%)	390	(44.9%)	**Total**	**32,552**	**(57.9%)**	**23,628**	**(42.1%)**
Grayson	492	(57.7%)	361	(42.3%)					
Grimes	287	(44.8%)	354	(55.2%)					
Guadalupe	354	(58.1%)	255	(41.9%)					
Harris	685	(59.1%)	474	(40.9%)					
Harrison	601	(51.9%)	556	(48.1%)					

No returns for Bandera, Kinney, Lampasas, McCulloch, Presidio and Wood counties.

SOURCE—Journal, Texas Senate, November 2, 1857.

1859

County	Sam Houston (I)		Hardin R. Runnels (D)	
Hays	86	(40.0%)	129	(60.0%)
Henderson	289	(66.6%)	145	(33.4%)
Hidalgo	210	(98.6%)	3	(1.4%)
Hill	120	(41.2%)	171	(58.8%)
Hopkins	600	(63.3%)	348	(36.7%)
Houston	422	(57.4%)	313	(42.6%)
Hunt	386	(60.0%)	257	(40.0%)
Jack	26	(44.8%)	32	(55.2%)
Jackson	74	(39.2%)	115	(60.8%)
Jasper	216	(57.3%)	161	(42.7%)
Jefferson	95	(49.5%)	97	(50.5%)
Johnson	149	(42.3%)	203	(57.7%)
Karnes	121	(45.8%)	143	(54.2%)
Kaufman	249	(53.2%)	219	(46.8%)
Kerr	33	(62.3%)	20	(37.7%)
Lamar	632	(64.8%)	343	(35.2%)
Lavaca	336	(60.9%)	216	(39.1%)
Leon	365	(50.7%)	355	(49.3%)
Liberty	259	(59.5%)	176	(40.5%)
Limestone	352	(64.6%)	193	(35.4%)
Live Oak	68	(51.5%)	64	(48.5%)
Llano	70	(75.3%)	23	(24.7%)
Madison	73	(31.7%)	157	(68.3%)
Matagorda	148	(92.5%)	12	(7.5%)
McLennan	260	(47.2%)	291	(52.8%)
Medina	125	(73.1%)	46	(26.9%)
Milam	213	(45.4%)	256	(54.6%)
Montgomery	161	(35.7%)	290	(64.3%)
Nacogdoches	441	(42.7%)	592	(57.3%)
Navarro	311	(45.0%)	380	(55.0%)
Newton	130	(50.4%)	128	(49.6%)
Nueces	247	(67.3%)	120	(32.7%)
Orange	55	(32.2%)	116	(67.8%)
Palo Pinto	47	(58.0%)	34	(42.0%)
Panola	469	(65.9%)	243	(34.1%)
Parker	139	(26.4%)	387	(73.6%)
Polk	361	(46.9%)	110	(53.1%)
Red River	398	(54.9%)	327	(45.1%)
Refugio	108	(64.7%)	59	(35.3%)
Robertson	162	(44.9%)	199	(55.1%)
Rusk	1,009	(57.4%)	748	(42.6%)
Anderson	672	(61.4%)	423	(38.6%)
Angelina	315	(74.6%)	197	(25.4%)
Atascosa	184	(70.5%)	77	(29.5%)
Austin	405	(44.4%)	507	(55.6%)
Bandera	17	(38.8%)	28	(61.2%)
Bastrop	363	(47.2%)	406	(52.8%)
Bee	46	(50.0%)	46	(50.0%)
Bell	338	(44.1%)	247	(55.9%)
Bexar	1,038	(58.9%)	723	(41.1%)
Blanco	106	(68.4%)	49	(31.6%)
Bosque	146	(82.5%)	31	(17.5%)
Bowie	111	(28.5%)	279	(71.5%)
Brazoria	120	(28.1%)	307	(71.9%)
Brazos	201	(72.0%)	78	(28.0%)
Brown	24	(96.0%)	1	(4.0%)
Burleson	423	(61.0%)	271	(39.0%)
Burnet	294	(80.8%)	70	(19.2%)
Caldwell	283	(50.5%)	289	(49.5%)
Calhoun	193	(58.3%)	138	(41.7%)
Cameron	97	(22.6%)	332	(77.4%)
Cass	578	(48.0%)	626	(52.0%)
Chambers	88	(59.9%)	59	(40.1%)
Cherokee	933	(56.8%)	711	(43.2%)
Collin	665	(59.4%)	454	(40.6%)
Colorado	345	(55.6%)	275	(44.4%)
Comal	39	(9.9%)	346	(90.1%)
Comanche	89	(89.9%)	10	(10.1%)
Cooke	315	(74.9%)	107	(25.1%)
Coryell	216	(80.6%)	52	(19.4%)
Dallas	545	(56.0%)	429	(44.0%)
Denton	517	(79.3%)	135	(20.7%)
DeWitt	228	(46.8%)	259	(53.2%)
Ellis	357	(58.0%)	259	(42.0%)
El Paso	65	(12.3%)	465	(87.7%)
Erath	250	(95.1%)	13	(4.9%)
Falls	237	(68.5%)	109	(31.5%)

Fannin	719	(60.8%)	464	(39.2%)	Nacogdoches	715	(69.9%)	308	(30.1%)
Fayette	604	(53.5%)	526	(46.5%)	Navarro	402	(59.2%)	277	(40.8%)
Fort Bend	188	(51.6%)	176	(48.4%)	Newton	154	(57.0%)	116	(43.0%)
Freestone	295	(51.6%)	277	(48.4%)	Nueces	233	(63.3%)	135	(36.7%)
Galveston	321	(42.6%)	433	(57.4%)	Orange	122	(72.6%)	46	(27.4%)
Gillespie	90	(46.9%)	102	(53.1%)	Palo Pinto	170	(91.9%)	15	(8.1%)
Goliad	226	(62.3%)	137	(37.7%)	Panola	429	(49.8%)	433	(50.2%)
Gonzales	493	(54.7%)	409	(45.3%)	Parker	598	(83.4%)	119	(16.6%)
Grayson	639	(59.8%)	429	(40.2%)	Polk	298	(48.9%)	312	(51.1%)
Grimes	465	(64.7%)	254	(35.3%)	Red River	474	(53.9%)	405	(46.1%)
Guadalupe	251	(46.7%)	287	(53.3%)	Refugio	82	(51.6%)	77	(48.4%)
Hamilton	43	(95.6%)	2	(4.4%)	Robertson	259	(61.8%)	160	(38.2%)
Harris	829	(57.0%)	626	(43.0%)	Rusk	918	(48.7%)	968	(51.3%)
Harrison	560	(53.1%)	495	(46.9%)	Sabine	201	(88.2%)	27	(11.8%)
Hays	164	(68.9%)	74	(31.1%)	San Augustine	273	(71.5%)	109	(28.5%)
Hidalgo	3	(1.3%)	227	(98.7%)	San Patricio	21	(38.9%)	33	(61.1%)
Hill	250	(60.8%)	161	(39.2%)	San Saba	158	(94.6%)	9	(5.4%)
Hopkins	584	(53.9%)	500	(46.1%)	Shelby	454	(62.3%)	275	(37.7%)
Houston	450	(56.0%)	354	(44.0%)	Smith	801	(63.2%)	466	(36.8%)
Hunt	403	(47.8%)	440	(52.2%)	Starr	69	(26.5%)	191	(73.5%)
Jack	100	(89.3%)	12	(10.7%)	Tarrant	596	(83.5%)	118	(16.5%)
Jackson	143	(70.4%)	60	(29.6%)	Titus	555	(53.2%)	489	(46.8%)
Jasper	244	(60.1%)	162	(39.9%)	Travis	590	(59.4%)	403	(40.6%)
Jefferson	66	(44.0%)	82	(56.0%)	Trinity	341	(67.1%)	167	(32.9%)
Johnson	303	(72.0%)	118	(28.0%)	Tyler	233	(39.8%)	352	(60.2%)
Karnes	165	(71.1%)	67	(28.9%)	Upshur	552	(52.7%)	505	(47.3%)
Kaufman	383	(59.0%)	266	(41.0%)	Uvalde	66	(61.7%)	41	(38.3%)
Kerr	47	(81.0%)	11	(19.0%)	Van Zandt	210	(56.0%)	165	(44.0%)
Lamar	484	(46.9%)	549	(53.1%)	Victoria	123	(40.5%)	181	(59.5%)
Lampasas	221	(77.3%)	65	(22.7%)	Walker	470	(57.7%)	344	(42.3%)
Lavaca	336	(49.6%)	342	(50.4%)	Washington	745	(55.1%)	607	(44.9%)
Leon	421	(53.8%)	361	(46.2%)	Webb	110	(55.0%)	90	(45.0%)
Liberty	152	(42.0%)	210	(58.0%)	Wharton	93	(44.9%)	114	(55.1%)
Limestone	272	(56.0%)	314	(44.0%)	Williamson	488	(72.3%)	187	(27.7%)
Live Oak	58	(57.4%)	43	(42.6%)	Wise	310	(43.1%)	23	(56.9%)
Llano	89	(67.4%)	43	(32.6%)	Wood	403	(61.7%)	250	(38.3%)
Madison	190	(67.9%)	90	(32.1%)	Young	109	(72.2%)	42	(27.8%)
Mason	21	(67.7%)	10	(32.3%)	Zapata	42	(24.4%)	130	(75.6%)
Matagorda	79	(34.6%)	149	(65.1%)	**Total**	**36,227**	**(56.8%)**	**27,500**	**(43.2%)**
McLennan	408	(68.2%)	190	(31.8%)					
Medina	54	(21.5%)	197	(78.5%)					
Milam	330	(60.2%)	218	(39.8%)					
Montague	75	(90.4%)	8	(9.6%)					
Montgomery	299	(66.2%)	153	(33.8%)					

No returns for Hardin and Henderson counties.

SOURCE—Journal, Texas Senate, November 11, 1859, pp 44–47.

VERMONT

Vermont became the 14th state on March 4, 1791.
It had had its own government since it had adopted a constitution in 1777.
The compilation of returns begins with first election for governor in 1778.
Term—One year. **Election**—The first election was held on March 3, 1778, and thereafter on the first Tuesday in September. **Majority Vote**—A majority vote was required. In the absence of that, the unicameral legislature (the General Assembly) and the executive council jointly chose the governor. Beginning with 1836 the General Assembly and the Senate chose the governor from amongst the top three candidates in the general election.

POPULATION

1790—85,425   1800—154,465   1810—217,895   1820—235,981
1830—280,652   1840—291,948   1850—314,120   1860—315,098

1778-1788

Thomas Chittenden
(no returns located)

1789*

Thomas Chittenden	Moses** Robinson	Samuel Safford	scattering
1,263 (43.3%)	746 (25.6%)	478 (16.4%)	427 (14.7%)

*No county returns located.
**Chosen by the Legislature, no candidate having obtained the required majority of the popular vote.

SOURCE—Vermont State Papers, Volume 2, p. 484; (Bennington) *Vermont Gazette*, November 2, 1789.

1790-1792

Thomas Chittenden
(no returns located)

1793

County	Thomas Chittenden		Isaac Tichenor		Noah Smith	
Addison	460	(74.2%)	139	(22.4%)	21	(3.4%)
Bennington	494	(50.9%)	404	(41.6%)	73	(7.5%)
Chittenden	422	(45.5%)	463	(49.9%)	43	(4.6%)
Orange	292	(43.4%)	374	(55.6%)	7	(1.0%)
Rutland	1,094	(77.0%)	299	(21.1%)	27	(1.9%)
Windham	152	(21.4%)	558	(78.6%)	0	
Windsor	273	(36.4%)	475	(63.2%)	3	(0.4%)
Total	3,187	(52.5%)	2,712	(44.7%)	174	(2.9%)

SOURCES—(Rutland) *Farmer's Library*, October 21, 1793; (Windsor) *Vermont Journal*, October 28, 1793.

1794

County	Thomas Chittenden		Isaac Tichenor	
Addison	418	(97.3%)	137	(2.7%)
Bennington	303	(57.8%)	221	(42.2%)
Chittenden	464	(54.0%)	395	(46.0%)
Orange	262	(44.9%)	321	(55.1%)
Rutland	722	(83.2%)	146	(16.8%)
Windham	236	(26.9%)	642	(73.1%)
Windsor	218	(62.1%)	138	(37.9%)
Total	2,623	(56.7%)	2,000	(43.3%)

SOURCE—(Bennington) *Vermont Gazette*, October 24, 1794.

1795*

Thomas Chittenden	Isaac Tichenor	Samuel Williams	Gideon Olin	Nathaniel Niles	scattering
4,260 (60.7%)	2,038 (29.1%)	256 (3.6%)	149 (2.1%)	138 (2.0%)	174 (2.5%)

*No county returns located.

SOURCE—(Windsor) *Vermont Journal*, October 19, 1795.

1796

Thomas Chittenden
(no returns located)

1797*

Isaac Tichenor (F)**	Moses Robinson (D-R)	Gideon Olin

*No returns located.
**Although no returns were located, the Journal of the Vermont House shows that body chose Tichenor, indicating that no candidate had received the required majority of the vote.

1798

County	Isaac Tichenor (F)		Moses Robinson (D-R)	
Addison	660	(62.2%)	403	(37.8%)
Bennington	339	(26.0%)	963	(74.0%)
Caledonia	508	(89.6%)	59	(10.4%)
Chittenden	715	(82.1%)	156	(17.9%)
Franklin	353	(83.5%)	70	(16.5%)
Orange	631	(97.7%)	15	(2.3%)
Rutland	783	(44.0%)	998	(56.0%)
Windham	1,190	(95.3%)	59	(4.7%)
Windsor	1,032	(92.6%)	82	(7.4%)
Total	**6,211**	**(68.9%)**	**2,805**	**(31.1%)**

SOURCE—*Rutland Herald*, October 23, 1798.

1799

County	Isaac Tichenor (F)		Israel Smith (D-R)	
Addison	662	(55.8%)	524	(44.2%)
Bennington	491	(30.6%)	1,111	(69.4%)
Caledonia	818	(99.3%)	6	(0.7%)
Chittenden	616	(70.9%)	253	(29.1%)
Franklin	613	(65.0%)	331	(35.0%)
Orange	801	(98.2%)	15	(1.8%)
Rutland	543	(27.9%)	1,406	(72.1%)
Windham	1,512	(88.9%)	188	(11.1%)
Windsor	1,398	(94.5%)	81	(5.5%)
Total	**7,454**	**(65.6%)**	**3,915**	**(34.4%)**

SOURCES—*Rutland Herald*, November 14, 1799; *Vergennes Gazette*, November 14, 1799.

1800

County	Isaac Tichenor (F)		Israel Smith (D-R)	
Addison	660	(65.4%)	409	(34.6%)
Bennington	470	(34.6%)	887	(65.4%)
Caledonia	657	(97.0%)	20	(3.0%)
Chittenden	734	(72.4%)	280	(27.6%)
Franklin	529	(75.1%)	175	(24.9%)
Orange	678	(92.4%)	56	(7.6%)
Orleans	113	(89.0%)	14	(11.0%)
Rutland	634	(38.6%)	1,010	(61.4%)
Windham	1,014	(78.9%)	273	(21.1%)
Windsor	955	(81.6%)	215	(18.4%)
Total	**6,444**	**(65.9%)**	**3,339**	**(34.1%)**

SOURCE—(Bennington) *Vermont Gazette*, October 20, 1800; (Windsor) *Vermont Journal*, October 27, 1800.

1801*

	Isaac Tichenor (F)	Israel Smith (D-R)

*Tichenor elected by a majority of 2,060. No other returns located.

1802*

	Isaac Tichenor (F)		Israel Smith (D-R)	
Total	7,823	(60.6%)	5,085	(39.4%)

*No county returns were located.

SOURCES—*Middlebury Mercury*, October 20, 1802; (Peacham) *Green Mountain Patriot*, October 27, 1802.

1803*

	Isaac Tichenor (F)		Jonathan Robinson (D-R)	
Total	7,940	(59.5%)	5,408	(40.5%)

*No county returns were located.

SOURCE—*Middlebury Mercury*, October 26, 1803.

1804*

	Isaac Tichenor (F)		Jonathan Robinson (D-R)	
Total	8,075	(56.6%)	6,184	(43.4%)

*No county returns were located.

SOURCE—*Windsor Federal Gazette*, October 16, 1804.

1805

County	Isaac Tichenor (F)		Jonathan Robinson (D-R)		scattering	
Addison	725	(60.8%)	465	(39.0%)	28	(2.3%)
Bennington	903	(53.8%)	653	(38.9%)	122	(7.3%)
Caledonia	712	(64.9%)	360	(32.8%)	25	(2.3%)
Chittenden	822	(63.6%)	435	(33.6%)	34	(2.6%)
Essex	116	(65.2%)	61	(34.3%)	1	(0.6%)
Franklin	780	(75.0%)	182	(17.5%)	78	(7.5%)
Orange	824	(65.7%)	407	(32.5%)	23	(1.8%)
Orleans	227	(86.0%)	34	(12.9%)	3	(1.1%)
Rutland	1,287	(55.9%)	889	(38.6%)	125	(5.4%)
Windham	1,308	(74.0%)	437	(24.7%)	22	(1.3%)
Windsor	979	(45.3%)	1,131	(52.3%)	53	(2.5%)
Total	**8,683**	**(60.9%)**	**5,054**	**(35.5%)**	**514**	**(3.6%)**

Returns from 22 towns were rejected by the Legislature; this vote in total was:
485   204   35

SOURCES—*Middlebury Mercury*, October 30, 1805; *Windsor Post Boy*, October 29, 1805; (Peacham) *Green Mountain Patriot*, October 15, 1805.

Vermont

1806*

	Isaac Tichenor (F)	Israel Smith (D-R)
Total	9,435 (56.6%)	7,241 (43.4%)

*No county returns were located.

SOURCE—(Bennington) *Vermont Gazette*, October 21, 1806.

1807

County	Israel Smith (D-R)	Isaac Tichenor (F)
Addison	893 (52.3%)	816 (47.7%)
Bennington	1,110 (57.6%)	816 (42.4%)
Caledonia	819 (55.4%)	660 (44.6%)
Chittenden	677 (43.6%)	887 (56.4%)
Essex	93 (38.0%)	152 (62.0%)
Franklin	530 (41.2%)	756 (58.8%)
Grand Isle	89 (27.5%)	235 (72.5%)
Orange	1,109 (60.9%)	711 (39.1%)
Orleans	239 (48.9%)	250 (51.1%)
Rutland	1,931 (62.5%)	1,158 (37.5%)
Windham	817 (36.4%)	1,426 (63.6%)
Windsor	1,596 (69.4%)	704 (30.6%)
Total	9,903 (53.6%)	8,571 (46.4%)

SOURCE—(Bennington) *Vermont Gazette*, November 9, 1807.

1808

County	Israel Smith (D-R)	Isaac Tichenor (F)
Addison	1,345 (53.5%)	1,168 (46.5%)
Bennington	947 (43.6%)	1,223 (53.4%)
Caledonia	1,136 (59.4%)	776 (40.6%)
Chittenden	1,348 (63.4%)	778 (36.6%)
Essex	224 (72.0%)	87 (28.0%)
Franklin	1,190 (60.7%)	789 (39.3%)
Grand Isle	320 (82.5%)	68 (17.5%)
Orange	1,345 (47.6%)	1,480 (52.4%)
Orleans	377 (61.5%)	236 (38.5%)
Rutland	1,548 (39.6%)	2,359 (60.4%)
Windham	2,477 (69.3%)	1,097 (30.7%)
Windsor	1,377 (33.7%)	2,714 (66.3%)
Total	13,634 (51.6%)	12,775 (48.4%)

SOURCE—(Danville) *North Star*, October 27, 1808; (Montpelier) *Watchman*, October 15, 1808.

1809

County	Jonas Galusha (D-R)	Isaac Tichenor (F)	scattering
Addison	1,362 (48.6%)	1,392 (49.7%)	48 (1.7%)
Bennington	1,338 (55.7%)	1,000 (41.6%)	63 (2.6%)
Caledonia	1,124 (49.2%)	1,127 (49.3%)	34 (1.5%)
Chittenden	1,040 (44.3%)	1,271 (54.2%)	36 (1.5%)
Essex	130 (38.5%)	206 (60.9%)	2 (0.6%)
Franklin	962 (43.5%)	1,213 (54.8%)	37 (1.7%)
Grand Isle	94 (24.2%)	289 (74.5%)	5 (1.3%)
Orange	1,754 (56.9%)	1,274 (41.3%)	57 (1.8%)
Orleans	341 (44.8%)	415 (54.5%)	6 (0.8%)
Rutland	2,482 (59.6%)	1,589 (38.2%)	94 (2.3%)
Windham	1,195 (33.6%)	2,327 (65.5%)	33 (0.9%)
Windsor	2,761 (65.6%)	1,364 (32.4%)	83 (2.0%)
Total	14,583 (51.1%)	13,467 (47.2%)	498 (1.7%)

SOURCE—*Rutland Herald*, October 18, 1809.

1810

County	Jonas Galusha (D-R)	Isaac Tichenor (F)	scattering
Addison	1,304 (53.9%)	1,077 (44.5%)	37 (1.5%)
Bennington	1,191 (60.7%)	728 (37.1%)	42 (2.1%)
Caledonia	1,100 (56.9%)	801 (41.4%)	33 (1.7%)
Chittenden	1,052 (53.7%)	880 (44.9%)	26 (1.3%)
Essex	189 (53.7%)	160 (45.5%)	3 (0.9%)
Franklin	842 (50.1%)	815 (48.5%)	25 (1.5%)
Grand Isle	108 (31.9%)	222 (65.5%)	9 (2.7%)
Orange	1,575 (64.3%)	835 (34.1%)	39 (1.6%)
Orleans	338 (50.8%)	323 (48.5%)	5 (0.8%)
Rutland	2,327 (63.7%)	1,263 (34.6%)	61 (1.7%)
Windham	1,209 (39.2%)	1,839 (59.6%)	35 (1.1%)
Windsor	2,575 (71.7%)	969 (27.0%)	46 (1.3%)
Total	13,810 (57.3%)	9,912 (41.2%)	361 (1.5%)

SOURCE—(Danville) *North Star*, October 20, 1810.

1811

County	Jonas Galusha (D-R)		Martin Chittenden (F)	
Addison	1,298	(54.4%)	1,089	(45.6%)
Bennington	1,249	(64.1%)	698	(35.9%)
Caledonia	1,114	(54.3%)	937	(45.7%)
Chittenden	1,147	(48.1%)	1,238	(51.9%)
Essex	209	(58.5%)	148	(41.5%)
Franklin	942	(44.8%)	1,161	(55.2%)
Grand Isle	123	(32.6%)	254	(67.4%)
Orange	1,592	(61.9%)	980	(38.1%)
Orleans	369	(52.1%)	339	(47.9%)
Rutland	2,221	(63.3%)	1,287	(36.7%)
Windham	1,252	(38.3%)	2,014	(61.7%)
Windsor	2,312	(68.4%)	1,069	(31.6%)
Total	**13,828**	**(55.2%)**	**11,214**	**(44.8%)**

SOURCE—(Burlington) *Northern Centinel*, October 17, 1811, October 15, 1812.

1812

County	Jonas Galusha (D-R)		Martin Chittenden (F)	
Addison	1,707	(51.0%)	1,643	(49.0%)
Bennington	1,474	(58.7%)	1,035	(41.3%)
Caledonia	1,194	(52.8%)	1,071	(47.2%)
Chittenden	1,092	(45.9%)	1,287	(54.1%)
Essex	238	(50.0%)	238	(50.0%)
Franklin	1,207	(46.7%)	1,380	(53.3%)
Grand Isle	157	(31.5%)	341	(68.5%)
Jefferson	1,043	(56.6%)	801	(43.4%)
Orange	2,191	(62.9%)	1,291	(37.1%)
Orleans	482	(52.9%)	430	(47.1%)
Rutland	2,847	(60.6%)	1,851	(39.4%)
Windham	1,621	(36.8%)	2,780	(63.2%)
Windsor	3,905	(68.4%)	1,802	(31.6%)
Total	**19,158**	**(54.6%)**	**15,950**	**(45.4%)**

SOURCE—(Middlebury) *Vermont Mirror*, October 14, 1812; (Burlington) *Northern Centinel*, October 15, 1812.

1813

County	Jonas Galusha (D-R)		Martin Chittenden (F)*		scattering	
Addison	1,578	(48.2%)	1,693	(51.8%)		
Bennington	1,333	(54.1%)	1,131	(45.9%)		
Caledonia	985	(46.7%)	1,123	(53.3%)		
Chittenden	1,197	(47.7%)	1,315	(52.3%)		
Essex	165	(38.7%)	261	(61.3%)		
Franklin	902	(42.9%)	1,202	(57.1%)		
Grand Isle	130	(29.0%)	318	(71.0%)		
Jefferson	962	(54.0%)	821	(46.0%)		
Orange	1,834	(56.8%)	1,397	(43.2%)		
Orleans	442	(47.3%)	493	(52.7%)		
Rutland	2,669	(58.5%)	1,896	(41.5%)		
Windham	1,328	(31.7%)	2,859	(68.3%)		
Windsor	3,303	(62.0%)	2,023	(38.0%)		
Total	**16,828**	**(49.5%)**	**16,532**	**(48.7%)**	605	(1.8)

*No candidate having received a majority of the popular vote, the Legislature chose Chittenden Governor.

SOURCE—Manuscript returns, state archives.

1814

County	Martin Chittenden (F)*		Jonas Galusha (D-R)		scattering	
Addison	1,817	(52.8%)	1,623	(47.2%)		
Bennington	1,167	(45.7%)	1,387	(54.3%)		
Caledonia	1,119	(49.4%)	1,147	(50.6%)		
Chittenden	1,494	(58.5%)	1,060	(41.5%)		
Essex	250	(52.2%)	229	(47.8%)		
Franklin	1,391	(64.4%)	790	(35.6%)		
Grand Isle	315	(70.6%)	131	(29.4%)		
Orange	1,475	(41.0%)	2,119	(59.0%)		
Orleans	569	(57.1%)	427	(42.9%)		
Rutland	1,921	(42.7%)	2,573	(57.3%)		
Washington	889	(44.5%)	1,010	(55.5%)		
Windham	2,064	(58.4%)	1,472	(41.6%)		
Windsor	2,105	(59.0%)	3,463	(41.0%)		
Total	**17,466**	**(49.4%)**	**17,411**	**(49.3%)**	451	(1.3%)

*Chittenden chosen by the Legislature, no candidate having received a majority of the vote.

SOURCES—Manuscript returns; (Montepelier) *Watchman*, October 17, 1815.

Vermont

1815

County	Jonas Galusha (D-R)		Samuel Strong (F)		scattering	
Addison	1,651	(48.8%)	1,648	(48.6%)	89	(2.6%)
Bennington	1,413	(54.8%)	1,121	(43.5%)	45	(1.7%)
Caledonia	1,103	(49.5%)	1,102	(49.5%)	22	(1.0%)
Chittenden	1,148	(45.2%)	1,352	(53.2%)	39	(1.5%)
Essex	263	(54.2%)	217	(44.7%)	5	(1.0%)
Franklin	968	(39.9%)	1,427	(58.8%)	31	(1.3%)
Grand Isle	143	(31.1%)	313	(68.0%)	4	(0.9%)
Orange	2,080	(58.5%)	1,410	(39.6%)	68	(1.9%)
Orleans	467	(44.3%)	567	(53.8%)	20	(1.9%)
Rutland	2,858	(59.3%)	1,879	(39.0%)	86	(1.8%)
Washington	1,027	(52.2%)	973	(46.4%)	27	(1.4%)
Windham	1,379	(33.7%)	2,674	(65.3%)	39	(1.0%)
Windsor	3,555	(62.7%)	2,015	(35.6%)	96	(1.7%)
Total	**18,055**	**(51.3%)**	**16,698**	**(47.3%)**	**571**	**(1.6%)**

SOURCES—Manuscript returns; (Montepelier) *Watchman*, October 17, 1815.

1816

County	Jonas Galusha (D-R)		Samuel Strong (F)	
Addison	1,485	(52.4%)	1,349	(47.6%)
Bennington	1,273	(56.8%)	969	(43.2%)
Caledonia	1,097	(55.9%)	864	(44.1%)
Chittenden	1,027	(48.1%)	1,108	(51.9%)
Essex	272	(64.5%)	150	(35.5%)
Franklin	978	(46.5%)	1,123	(53.5%)
Grand Isle	152	(37.9%)	249	(62.1%)
Orange	2,132	(60.6%)	1,384	(39.4%)
Orleans	450	(49.2%)	465	(50.8%)
Rutland	2,576	(63.6%)	1,476	(36.4%)
Washington	1,009	(55.0%)	827	(45.0%)
Windham	1,506	(36.8%)	2,589	(63.2%)
Windsor	3,305	(70.5%)	1,385	(29.5%)
Total	**17,262**	**(55.4%)**	**13,888**	**(44.6%)**

SOURCE—Manuscript returns.

1817

County	Jonas Galusha (D-R)		Issac Tichenor (F)	
Addison	1,019	(58.0%)	738	(42.0%)
Bennington	1,105	(63.1%)	646	(36.9%)
Caledonia	1,018	(75.2%)	336	(24.8%)
Chittenden	675	(54.4%)	566	(45.6%)
Essex	221	(66.6%)	111	(33.4%)
Franklin	823	(54.0%)	700	(46.0%)
Grand Isle	123	(37.7%)	203	(62.3%)
Orange	1,679	(80.8%)	398	(19.2%)
Orleans	398	(57.3%)	296	(42.7%)
Rutland	1,865	(70.7%)	774	(29.3%)
Washington	794	(63.6%)	455	(36.4%)
Windham	1,327	(45.0%)	1,622	(55.0%)
Windsor	2,709	(82.2%)	585	(17.8%)
Total	**13,756**	**(64.9%)**	**7,430**	**(35.1%)**

SOURCE—Manuscript returns.

1818

County	Jonas Galusha (D-R)		scattering	
Addison	1,308	(100%)	0	
Bennington	1,133	(95.5%)	54	(4.5%)
Caledonia	1,197	(99.7%)	4	(0.3%)
Chittenden	957	(90.4%)	102	(9.6%)
Essex	281	(100%)	0	
Franklin	893	(86.9%)	135	(13.1%)
Grand Isle	205	(95.3%)	10	(4.7%)
Orange	1,649	(98.7%)	22	(1.3%)
Orleans	528	(93.4%)	35	(6.6%)
Rutland	2,254	(93.6%)	154	(6.4%)
Washington	898	(94.1%)	56	(5.9%)
Windham	1,296	(90.3%)	140	(9.7%)
Windsor	2,644	(98.6%)	37	(1.4%)
Total	**15,243**	**(95.3%)**	**743**	**(4.7%)**

SOURCE—Manuscript returns.

1819

County	Jonas Galusha (D-R)		William C. Bradley (D-R)		Dudley Chase		scattering	
Addison	808	(81.3%)	0		117	(11.8%)	69	(6.9%)
Bennington	1,063	(73.3%)	0		27	(1.9%)	361	(24.9%)
Caledonia	1,055	(97.1%)	20	(1.8%)	0		11	(1.0%)
Chittenden	765	(90.6%)	45	(5.3%)	9	(1.1%)	25	(3.0%)
Essex	257	(96.6%)	0		0		9	(3.4%)
Franklin	696	(65.8%)	31	(2.9%)	76	(7.2%)	254	(24.0%)
Grand Isle	89	(44.1%)	31	(15.3%)	80	(39.6%)	2	(1.0%)
Orange	1,524	(88.6%)	74	(4.3%)	116	(6.7%)	7	(4.1%)

County	Jonas Galusha (D-R)		William C. Bradley (D-R)		Dudley Chase		scattering	
Orleans	487	(88.4%)	30	(5.4%)	0		34	(6.2%)
Rutland	1,842	(82.1%)	6	(2.7%)	18	(8.0%)	377	(16.8%)
Washington	713	(74.3%)	103	(10.7%)	126	(13.1%)	18	(1.9%)
Windham	1,068	(59.7%)	682	(38.1%)	31	(1.7%)	7	(0.4%)
Windsor	2,261	(94.5%)	31	(1.3%)	58	(2.4%)	43	(1.8%)
Total	12,628	(81.2%)	1,053	(6.8%)	658	(4.2%)	1,219	(7.8%)

SOURCE—Manuscript returns.

1820

County	Richard Skinner (D-R)		scattering	
Addison	1,086	(97.1%)	32	(2.9%)
Bennington	1,010	(74.7%)	342	(25.3%)
Caledonia	1,045	(97.7%)	25	(2.3%)
Chittenden	840	(97.6%)	21	(2.4%)
Essex	210	(100%)	0	
Franklin	671	(92.7%)	53	(7.3%)
Grand Isle	182	(99.5%)	1	(0.5%)
Orange	1,260	(92.0%)	109	(8.0%)
Orleans	488	(99.2%)	4	(0.8%)
Rutland	2,088	(92.3%)	173	(7.7%)
Washington	693	(96.7%)	24	(3.3%)
Windham	1,341	(97.5%)	35	(2.5%)
Windsor	2,238	(95.4%)	109	(4.6%)
Total	13,152	(93.4%)	928	(6.6%)

SOURCE—Manuscript returns.

1821

County	Richard Skinner (D-R)		scattering	
Addison	1,123	(99.1%)	10	(0.9%)
Bennington	991	(97.8%)	22	(2.2%)
Caledonia	1,063	(99.6%)	4	(0.4%)
Chittenden	653	(99.2%)	5	(0.8%)
Essex	221	(99.1%)	2	(0.9%)
Franklin	891	(96.7%)	30	(3.3%)
Grand Isle	149	(100%)	0	
Orange	1,321	(99.4%)	8	(0.6%)
Orleans	440	(99.8%)	1	(0.2%)
Rutland	1,499	(95.8%)	65	(4.2%)
Washington	836	(99.2%)	7	(0.8%)
Windham	1,398	(99.5%)	7	(0.5%)
Windsor	1,849	(99.1%)	2	(0.9%)
Total	12,434	(98.7%)	163	(1.3%)

SOURCE—Manuscript returns.

1822

County	Richard Skinner (D-R)
Addison	812
Bennington	no returns located
Caledonia	767
Chittenden	no returns located
Essex	124
Franklin	no returns located
Grand Isle	112
Orange	1,155
Orleans	380
Rutland	no returns located
Washington	no returns located
Windham	no returns located
Windsor	2,247
Total*	11,520

*Although the returns for several counties were not found, the state total was located.

SOURCE—Manuscript returns.

1823

County	Cornelius Van Ness (D-R)		Dudley Chase		scattering	
Addison	1,367	(87.0%)	105	(6.7%)	100	(6.4%)
Bennington	872	(89.2%)	26	(2.7%)	80	(8.2%)
Caledonia	739	(96.3%)	1	(0.1%)	26	(3.5%)
Chittenden	906	(89.4%)	42	(4.1%)	65	(6.4%)
Essex	244	(95.3%)	1	(0.4%)	11	(4.3%)
Franklin	696	(62.1%)	344	(30.7%)	80	(7.1%)
Grand Isle	107	(42.5%)	143	(56.7%)	2	(0.8%)
Orange	1,129	(94.2%)	59	(4.9%)	11	(0.9%)
Orleans	429	(90.9%)	18	(3.8%)	11	(5.3%)
Rutland	1,589	(82.6%)	115	(6.0%)	219	(11.4%)
Washington	571	(87.4%)	30	(4.6%)	52	(8.0%)
Windham	1,161	(87.2%)	17	(1.3%)	154	(11.6%)
Windsor	1,671	(89.2%)	187	(10.0%)	15	(0.8%)
Total	11,479	(85.6%)	1,088	(8.1%)	843	(6.3%)

SOURCE—Manuscript returns.

1824

County	Cornelius Van Ness (D-R)		Joel Doolittle		scattering	
Addison	1,038	(55.4%)	783	(41.8%)	54	(2.9%)
Bennington	1,271	(81.8%)	268	(17.3%)	14	(0.9%)
Caledonia	827	(93.4%)	51	(5.8%)	7	(0.8%)
Chittenden	1,077	(94.1%)	52	(4.5%)	16	(1.4%)
Essex	193	(91.9%)	16	(7.6%)	1	(0.5%)
Franklin	1,169	(88.0%)	147	(11.1%)	12	(0.9%)
Grand Isle	118	(45.6%)	138	(50.3%)	3	(1.2%)
Orange	1,660	(99.8%)	1	(0.1%)	3	(0.2%)
Orleans	523	(98.3%)	1	(0.2%)	8	(1.5%)
Rutland	1,693	(88.3%)	61	(3.2%)	164	(8.6%)
Washington	658	(96.2%)	2	(0.3%)	24	(3.6%)
Windham	1,156	(74.0%)	395	(25.3%)	12	(0.8%)
Windsor	2,102	(96.7%)	47	(2.2%)	24	(1.1%)
Total	13,485	(85.4%)	1,962	(12.4%)	342	(2.2%)

SOURCE—Manuscript returns.

1825

County	Cornelius Van Ness (D-R)		scattering	
Addison	804	(100.%)		
Bennington	590	(90.8%)	60	(9.2%)
Caledonia	979	(100%)		
Chittenden	681	(100%)		
Essex	255	(100%)		
Franklin	1,017	(91.3%)	97	(8.7%)
Grand Isle	73	(100%)		
Orange	1,037	(99.7%)	3	(0.3%)
Orleans	477	(100%)		
Rutland	1,559	(98.5%)	23	(1.5%)
Washington	813	(100%)		
Windham	1,085	(99.8%)	2	(0.2%)
Windsor	1,859	(99.5%)	10	(0.5%)
Total	12,229	(98.4%)	195	(1.6%)

SOURCE—Manuscript returns.

1826

County	Ezra Butler (Ad)		Joel Doolittle		scattering	
Addison	581	(52.8%)	207	(18.8%)	312	(28.4%)
Bennington	433	(43.4%)	536	(53.8%)	28	(2.8%)
Caledonia	767	(82.1%)	122	(13.1%)	45	(4.8%)
Chittenden	638	(61.5%)	22	(2.1%)	378	(36.4%)
Essex	149	(79.3%)	5	(2.7%)	34	(1.8%)
Franklin	770	(70.8%)	114	(10.5%)	203	(18.7%)
Grand Isle	154	(97.5%)	0		4	(2.5%)
Orange	1,521	(88.2%)	82	(4.8%)	122	(7.1%)
Orleans	496	(75.8%)	121	(18.5%)	37	(5.7%)
Rutland	835	(50.7%)	632	(38.4%)	179	(10.9%)
Washington	924	(80.1%)	20	(1.7%)	209	(18.1%)
Windham	436	(28.8%)	680	(44.9%)	399	(26.3%)
Windsor	1,262	(66.2%)	616	(32.3%)	87	(4.6%)
Total	8,966	(63.3%)	3,157	(22.3%)	2,037	(14.4%)

SOURCE—Manuscript returns.

1827

County	Ezra Butler (D-R)		Joel Doolittle		scattering	
Addison	757	(56.9%)	567	(42.6%)	6	(0.5%)
Bennington	897	(73.8%)	246	(20.2%)	72	(5.9%)
Caledonia	1,125	(97.9%)	5	(0.4%)	19	(1.6%)
Chittenden	1,330	(97.8%)	11	(0.8%)	19	(1.4%)
Essex	309	(98.4%)	5	(1.6%)	0	
Franklin	689	(79.8%)	164	(19.0%)	10	(1.2%)
Grand Isle	141	(85.4%)	22	(13.3%)	2	(1.2%)
Orange	1,614	(96.0%)	6	(3.4%)	62	(3.7%)

County	Ezra Butler (D-R)		Joel Doolittle		scattering	
Orleans	778	(97.7%)	0		18	(2.3%)
Rutland	1,230	(75.6%)	357	(22.0%)	39	(2.4%)
Washington	1,660	(94.6%)	16	(0.9%)	79	(4.5%)
Windham	845	(65.1%)	426	(32.8%)	27	(2.1%)
Windsor	2,324	(91.9%)	126	(5.0%)	80	(3.2%)
Total	**13,699**	**(85.2%)**	**1,951**	**(12.1%)**	**433**	**(2.7%)**

SOURCE—Manuscript returns.

1828

County	Samuel Crafts (Ad)		Joel Doolittle		scattering	
Addison	1,431	(83.1%)	285	(16.6%)	5	(0.3%)
Bennington	869	(67.1%)	406	(31.4%)	20	(1.5%)
Caledonia	838	(74.5%)	3	(0.3%)	284	(25.2%)
Chittenden	1,871	(97.4%)	8	(4.3%)	3	(1.5%)
Essex	237	(96.7%)	7	(2.8%)	2	(0.8%)
Franklin	1,232	(97.1%)	8	(0.6%)	3	(0.2%)
Grand Isle	182	(99.5%)	1	(0.5%)	0	
Orange	1,986	(97.9%)	0		42	(2.1%)
Orleans	924	(98.5%)	6	(0.6%)	8	(0.9%)
Rutland	1,553	(88.1%)	191	(10.8%)	18	(1.0%)
Washington	1,087	(98.3%)	5	(0.5%)	14	(1.3%)
Windham	1,461	(97.2%)	7	(4.7%)	34	(2.3%)
Windsor	2,614	(96.8%)	6	(2.2%)	80	(3.0%)
Total	**16,285**	**(91.9%)**	**926**	**(5.2%)**	**513**	**(2.9%)**

SOURCE—Manuscript returns.

1829

County	Samuel C. Crafts (NR)		Heman Allen (AM)		Joel Doolittle (J)	
Addison	1,201	(47.8%)	859	(34.2%)	453	(18.0%)
Bennington	926	(65.7%)	99	(7.0%)	385	(27.3%)
Caledonia	581	(24.8%)	1,703	(72.7%)	59	(2.5%)
Chittenden	1,269	(57.6%)	125	(5.7%)	810	(36.8%)
Essex	110	(28.9%)	125	(32.8%)	146	(38.3%)
Franklin	972	(58.9%)	448	(27.2%)	230	(13.9%)
Grand Isle	205	(70.0%)	0		88	(30.0%)
Orange	1,565	(55.1%)	939	(33.1%)	334	(11.8%)
Orleans	883	(71.7%)	284	(23.1%)	65	(5.3%)
Rutland	1,637	(60.1%)	784	(28.8%)	301	(11.1%)
Washington	927	(65.9%)	226	(16.1%)	253	(18.0%)
Windham	1,427	(61.3%)	394	(16.9%)	508	(21.8%)
Windsor	2,622	(60.4%)	1,380	(31.8%)	341	(7.9%)
Total	**14,325**	**(55.9%)**	**7,346**	**(28.6%)**	**3,973**	**(15.5%)**

SOURCE—Manuscript returns.

1830

County	Samuel C. Crafts (NR)*		William A. Palmer (AM)		Ezra Meech (J)	
Addison	879	(30.0%)	1,692	(57.7%)	362	(12.3%)
Bennington	798	(49.7%)	173	(10.8%)	635	(39.5%)
Caledonia	428	(11.5%)	1,973	(52.9%)	327	(8.8%)
Chittenden	1,358	(50.3%)	358	(13.3%)	985	(36.5%)
Essex	127	(26.7%)	156	(32.8%)	192	(40.4%)
Franklin	1,113	(50.7%)	773	(35.2%)	310	(14.1%)
Grand Isle	208	(57.3%)	0		155	(42.7%)
Orange	1,582	(43.5%)	1,272	(34.9%)	786	(21.6%)
Orleans	830	(59.5%)	382	(27.4%)	183	(13.1%)
Rutland	1,590	(50.4%)	1,197	(38.0%)	366	(11.6%)

County	Samuel C. Crafts (NR)*		William A. Palmer (AM)		Ezra Meech (J)	
Washington	810	(37.5%)	495	(22.9%)	855	(39.6%)
Windham	1,461	(55.3%)	531	(20.1%)	650	(24.6%)
Windsor	2,292	(48.8%)	1,921	(40.9%)	479	(10.2%)
Total	**13,476**	**(43.9%)**	**10,923**	**(35.6%)**	**6,285**	**(20.5%)**

*No candidate having received a majority of the votes cast, the Legislature chose Crafts as Governor on the 32nd ballot.

SOURCES—Manuscript returns; Christie Carter (comp.), *Vermont Elections 1789–1989*, State Papers of Vermont, Vol. 21 (Montpelier, Vt.: Secretary of State, 1989) p. 359.

1831

County	William Palmer (AM)*		Heman Allen (NR)		Ezra Meech (J)	
Addison	2,322	(63.5%)	993	(27.1%)	344	(9.4%)
Bennington	408	(23.8%)	796	(46.4%)	513	(29.9%)
Caledonia	2,120	(79.5%)	275	(10.3%)	270	(10.1%)
Chittenden	489	(22.5%)	1,022	(46.9%)	667	(30.6%)
Essex	182	(40.5%)	95	(21.2%)	172	(38.3%)
Franklin	1,207	(48.8%)	977	(39.5%)	287	(11.6%)
Grand Isle	7	(1.7%)	262	(62.2%)	152	(36.1%)
Orange	1,372	(57.4%)	1,174	(49.1%)	844	(35.3%)
Orleans	701	(44.9%)	597	(38.2%)	264	(16.9%)
Ritland	2,023	(40.3%)	2,445	(48.7%)	551	(11.0%)
Washington	688	(28.5%)	841	(34.8%)	888	(36.7%)
Windham	1,013	(34.8%)	1,253	(43.0%)	649	(22.3%)
Windsor	2,726	(49.2%)	2,260	(40.8%)	557	(10.0%)
Total	**15,258**	**(44.3%)**	**12,990**	**(37.8%)**	**6,158**	**(17.9%)**

*No candidate having received the required majority of the votes cast, the Legislature chose Palmer as Governor on the 9th ballot.

SOURCES—Manuscript returns; Carter, p. 358.

1832

County	William Palmer (AM)*		Samuel C. Crafts (NR)		Ezra Meech (D)	
Addison	2,315	(63.6%)	986	(27.1%)	439	(12.1%)
Bennington	584	(25.8%)	906	(40.0%)	776	(34.2%)
Caledonia	2,418	(77.3%)	381	(12.2%)	330	(10.5%)
Chittenden	713	(24.0%)	1,366	(45.9%)	896	(30.1%)
Essex	215	(39.2%)	185	(33.8%)	148	(27.0%)
Franklin	1,643	(48.5%)	1,258	(37.1%)	490	(14.5%)
Grand Isle	48	(9.7%)	298	(60.3%)	148	(30.0%)
Orange	1,561	(36.6%)	1,576	(36.9%)	1,129	(26.5%)
Orleans	826	(36.6%)	971	(43.0%)	461	(20.4%)
Rutland	2,012	(40.7%)	2,231	(45.2%)	696	(14.1%)
Washington	896	(26.5%)	1,189	(35.2%)	1,293	(38.3%)
Windham	1,026	(30.6%)	1,516	(45.2%)	811	(24.2%)
Windsor	3,061	(48.7%)	2,636	(41.9%)	593	(9.4%)
Total	**17,318**	**(42.2%)**	**15,499**	**(37.8%)**	**8,210**	**(20.0%)**

*No candidate having received the required majority of the vote, the decision was left to the Legislature. Palmer was chosen Governor on the 43rd ballot.

SOURCES—Manuscript returns; Carter, p. 357.

1833

County	William A. Palmer (AM)		Ezra Meech (D, NR)		Hoartio Seymour (ID)		John Roberts	
Addison	2,020	(63.9%)	854	(27.0%)	285	(9.0%)	1	(0.1%)
Bennington	742	(36.9%)	1,160	(57.7%)	28	(1.4%)	26	(1.3%)
Caledonia	2,294	(76.0%)	634	(20.1%)	11	(0.4%)	81	(2.7%)
Chittenden	1,039	(36.3%)	1,566	(54.6%)	251	(8.8%)	10	(0.3%)
Essex	257	(44.1%)	320	(54.9%)	5	(0.9%)	1	(0.2%)

Vermont

County	William A. Palmer (AM)		Ezra Meech (D, NR)		Hoartio Seymour (ID)		John Roberts	
Franklin	1,990	(60.0%)	1,262	(38.0%)	27	(0.8%)	39	(1.2%)
Grand Isle	176	(37.0%)	272	(57.1%)	28	(5.9%)	0	
Orange	2,029	(46.9%)	2,233	(51.6%)	52	(1.2%)	16	(0.4%)
Orleans	996	(52.8%)	890	(47.2%)	0		0	
Rutland	2,308	(53.2%)	1,505	(34.7%)	515	(11.8%)	8	(1.8%)
Washington	1,280	(40.1%)	1,289	(40.3%)	145	(4.5%)	482	(15.1%)
Windham	1,746	(51.7%)	1,268	(37.5%)	259	(7.7%)	104	(3.1%)
Windsor	3,688	(63.9%)	2,430	(38.7%)	159	(2.5%)	4	(0.6%)
Total	**20,565**	**(53.0%)**	**15,683**	**(40.4%)**	**1,765**	**(4.6%)**	**772**	**(2.0%)**

SOURCE—Manuscript returns.

1834

County	William A. Palmer (AM)*		Hoartio Seymour (W)		William C. Bradley (D)	
Addison	1,951	(59.1%)	825	(25.0%)	528	(16.0%)
Bennington	700	(29.0%)	761	(31.5%)	953	(39.5%)
Caledonia	2,153	(73.3%)	134	(4.6%)	652	(22.1%)
Chittenden	616	(23.1%)	1,020	(38.3%)	1,029	(38.6%)
Essex	226	(46.6%)	69	(12.6%)	254	(46.3%)
Franklin	1,582	(52.5%)	798	(26.5%)	633	(21.0%)
Grand Isle	101	(25.4%)	146	(34.7%)	168	(39.9%)
Orange	1,650	(42.4%)	1,039	(26.7%)	1,200	(30.9%)
Orleans	787	(41.4%)	398	(20.9%)	715	(37.6%)
Rutland	1,935	(43.6%)	1,676	(37.7%)	830	(18.7%)
Washington	1,082	(35.7%)	438	(14.5%)	1,507	(49.8%)
Windham	1,266	(38.8%)	897	(27.5%)	1,096	(33.6%)
Windsor	3,074	(52.5%)	1,958	(33.5%)	820	(14.0%)
Total	**17,131**	**(45.5%)**	**10,159**	**(27.0%)**	**10,385**	**(27.6%)**

*Chosen Governor by the Legislature on the first ballot, no candidate having received a majority of the vote.

SOURCE—Manuscript returns.

1835*

County	William A. Palmer (AM)		William C. Bradley (D)		Horatio Paine (W)	
Addison	1,929	(64.7%)	750	(25.2%)	303	(10.1%)
Bennington	1,182	(49.5%)	1,168	(48.9%)	37	(1.6%)
Caledonia	1,867	(64.8%)	807	(28.0%)	209	(7.2%)
Chittenden	519	(21.1%)	1,094	(44.5%)	845	(34.4%)
Essex	228	(48.3%)	187	(39.6%)	57	(12.1%)
Franklin	1,057	(55.4%)	732	(38.4%)	119	(6.2%)
Grand Isle	14	(5.0%)	161	(57.1%)	107	(37.9%)
Orange	1,569	(39.1%)	1,688	(42.1%)	757	(18.9%)
Orleans	684	(37.1%)	797	(43.2%)	363	(19.7%)
Rutland	1,970	(50.6%)	1,237	(31.7%)	690	(17.7%)
Washington	847	(26.0%)	1,778	(54.6%)	630	(19.4%)
Windham	1,706	(51.1%)	1,460	(43.8%)	171	(5.1%)
Windsor	2,638	(50.8%)	1,395	(26.9%)	1,157	(22.3%)
Total	**16,210**	**(46.4%)**	**13,254**	**(38.0%)**	**5,435**	**(15.6%)**

*No candidate received the required majority. After 63 ballots no one was selected. Silas Jennison (AM, W) served as Governor for the term.

SOURCE—Manuscript returns.

1836

County	Silas H. Jennison (W)		William C. Bradley (D)	
Addison	1,977	(69.1%)	884	(30.9%)
Bennington	1,265	(48.6%)	1,338	(51.4%)
Caledonia	1,154	(46.3%)	1,338	(53.7%)
Chittenden	1,478	(54.5%)	1,234	(45.5%)
Essex	198	(42.7%)	266	(57.3%)
Franklin	1,037	(46.8%)	1,180	(53.2%)
Grand Isle	195	(49.2%)	201	(50.8%)
Orange	2,153	(52.2%)	1,973	(47.8%)

Vermont

County				
Orleans	1,127	(53.4%)	985	(46.6%)
Rutland	2,388	(66.8%)	1,185	(33.2%)
Washington	1,647	(41.4%)	2,093	(58.6%)
Windham	2,122	(53.8%)	1,821	(46.2%)
Windsor	3,630	(69.1%)	1,626	(30.9%)
Total	**20,471**	**(55.9%)**	**16,124**	**(44.1%)**

SOURCE—Manuscript returns.

1837

County	Silas H. Jennison (W)		William C. Bradley (D)	
Addison	2,236	(66.4%)	1,129	(33.6%)
Bennington	1,329	(50.4%)	1,309	(49.6%)
Caledonia	1,557	(50.1%)	1,551	(49.9%)
Chittenden	1,668	(55.0%)	1,366	(45.0%)
Essex	209	(43.0%)	277	(57.0%)
Franklin	1,065	(54.3%)	897	(45.7%)
Grand Isle	247	(53.5%)	215	(46.5%)
Lamoille	550	(42.9%)	731	(57.1%)
Orange	2,175	(47.4%)	2,416	(52.6%)
Orleans	978	(53.4%)	852	(46.6%)
Rutland	2,478	(65.1%)	1,334	(34.9%)
Washington	1,605	(42.8%)	2,147	(57.2%)
Windham	2,601	(58.6%)	1,879	(41.4%)
Windsor	3,562	(68.6%)	1,627	(31.4%)
Total	**22,260**	**(55.7%)**	**17,730**	**(44.3%)**

SOURCE—Manuscript returns.

1838

County	Silas H. Jennison (W)		William C. Bradley (D)	
Addison	2,180	(71.4%)	873	(28.6%)
Bennington	1,542	(51.6%)	1,447	(48.4%)
Caledonia	1,779	(48.5%)	1,887	(51.5%)
Chittenden	1,731	(53.2%)	1,525	(46.8%)
Essex	290	(47.2%)	325	(52.8%)
Franklin	1,164	(45.3%)	1,407	(54.7%)
Grand Isle	268	(58.8%)	188	(41.2%)
Lamoille	689	(41.5%)	972	(58.5%)
Orange	2,429	(51.2%)	2,319	(48.8%)
Orleans	1,229	(59.6%)	833	(40.4%)
Rutland	2,856	(66.3%)	1,451	(33.7%)
Washington	1,731	(43.8%)	2,219	(56.2%)
Windham	2,710	(60.1%)	1,801	(39.9%)
Windsor	4,140	(68.0%)	1,947	(32.0%)
Total	**24,738**	**(56.3%)**	**19,194**	**(43.7%)**

SOURCE—Manuscript returns.

1839

County	Silas H. Jennison (W)		Nathan Smilie (D)	
Addison	2,015	(65.6%)	1,056	(34.4%)
Bennington	1,406	(45.6%)	1,678	(54.4%)
Caledonia	1,494	(42.3%)	2,034	(57.7%)
Chittenden	1,729	(50.7%)	1,678	(49.3%)
Essex	341	(47.4%)	378	(52.6%)
Franklin	1,669	(53.7%)	1,440	(46.3%)
Grand Isle	302	(61.8%)	187	(38.2%)
Lamoille	721	(38.8%)	1,138	(61.2%)
Orange	2,388	(46.2%)	2,784	(53.8%)
Orleans	1,159	(52.8%)	1,038	(47.2%)
Rutland	3,016	(61.4%)	1,898	(38.6%)
Washington	1,739	(41.9%)	2,410	(58.1%)
Windham	2,644	(56.0%)	2,080	(44.0%)
Windsor	3,988	(61.9%)	2,452	(38.1%)
Total	**24,611**	**(52.5%)**	**22,251**	**(47.5%)**

SOURCES—Manuscript returns; state archives.

1840

County	Silas H. Jennison (W)		Paul Dillingham (D)	
Addison	2,953	(69.5%)	1,297	(30.5%)
Bennington	1,847	(53.3%)	1,616	(46.7%)
Caledonia	2,166	(51.1%)	2,075	(48.9%)
Chittenden	2,350	(57.4%)	1,742	(42.6%)
Essex	441	(52.4%)	401	(47.6%)
Franklin	2,277	(58.5%)	1,612	(41.5%)
Grand Isle	359	(64.9%)	194	(35.1%)
Lamoille	979	(45.6%)	1,170	(54.4%)
Orange	3,007	(51.1%)	2,880	(48.9%)
Orleans	1,418	(58.2%)	1,018	(41.8%)
Rutland	4,216	(68.2%)	1,962	(31.8%)
Washington	1,994	(47.7%)	2,183	(52.3%)
Windham	3,527	(62.9%)	2,084	(37.1%)
Windsor	5,901	(71.1%)	2,403	(28.9%)
Total	**33,435**	**(59.6%)**	**22,637**	**(40.4%)**

SOURCE—Manuscript returns.

1841

County	Charles Paine (W)*		Nathan Smilie (D)		Titus Hutchinson (Lty)	
Addison	2,030	(62.5%)	1,033	(31.8%)	186	(5.7%)
Bennington	1,552	(47.9%)	1,555	(47.9%)	136	(4.2%)
Caledonia	1,774	(44.9%)	2,085	(52.8%)	92	(2.3%)
Chittenden	1,665	(49.2%)	1,597	(47.2%)	121	(3.6%)
Essex	382	(47.5%)	419	(52.1%)	3	(0.4%)
Franklin	1,734	(51.1%)	1,483	(43.7%)	175	(5.2%)
Grand Isle	287	(60.5%)	184	(38.8%)	3	(0.6%)
Lamoille	453	(28.7%)	928	(58.8%)	196	(12.4%)
Orange	2,206	(41.1%)	2,735	(51.0%)	427	(8.0%)
Orleans	1,112	(49.9%)	984	(44.2%)	131	(5.9%)
Rutland	2,756	(56.2%)	1,730	(35.3%)	416	(8.5%)
Washington	1,539	(35.1%)	2,565	(58.5%)	281	(6.4%)
Windham	2,558	(56.6%)	1,733	(38.3%)	229	(5.1%)

County	Charles Paine (W)*		Nathan Smilie (D)		Titus Hutchinson (Lty)	
Windsor	3,305	(53.1%)	2,271	(36.5%)	643	(10.3%)
Total	**23,353**	**(49.0%)**	**21,302**	**(44.7%)**	**3,039**	**(6.4%)**

*No candidate having received a majority of the vote, the Legislature chose Paine as Governor.

SOURCE—Manuscript returns.

1842

County	Charles Paine (W)		Nathan Smilie (D)		Charles K. Williams (Lty)	
Addison	2,461	(64.5%)	1,305	(31.6%)	151	(4.0%)
Bennington	1,639	(47.5%)	1,678	(48.6%)	133	(3.9%)
Caledonia	1,824	(45.8%)	2,097	(50.4%)	62	(1.6%)
Chittenden	1,935	(48.9%)	1,932	(48.8%)	89	(2.2%)
Essex	429	(47.1%)	480	(52.7%)	2	(0.2%)
Franklin	1,815	(48.2%)	1,821	(48.4%)	130	(3.5%)
Grand Isle	309	(61.2%)	194	(38.4%)	2	(0.4%)
Lamoille	726	(34.7%)	1,221	(58.3%)	146	(7.0%)
Orange	2,399	(43.0%)	2,891	(51.8%)	288	(5.2%)
Orleans	1,316	(50.4%)	1,195	(45.8%)	98	(3.8%)
Rutland	3,431	(59.6%)	2,056	(35.7%)	271	(4.7%)
Washington	1,744	(38.4%)	2,650	(58.4%)	145	(3.2%)
Windham	2,619	(52.9%)	2,147	(43.3%)	188	(3.8%)
Windsor	4,520	(60.5%)	2,563	(34.3%)	388	(5.2%)
Total	**27,167**	**(50.9%)**	**24,130**	**(45.2%)**	**2,093**	**(3.9%)**

SOURCE—Manuscript returns.

1843

County	John Mattocks (W)*		Daniel Kellogg (D)		Charles K. Williams (Lty)	
Addison	2,015	(58.9%)	897	(26.2%)	509	(14.9%)
Bennington	1,502	(48.5%)	1,471	(47.5%)	123	(4.0%)
Caledonia	1,605	(43.5%)	1,938	(52.5%)	145	(3.9%)
Chittenden	1,994	(48.8%)	1,852	(45.3%)	241	(5.9%)
Essex	379	(44.5%)	470	(55.2%)	2	(0.2%)
Franklin	1,954	(50.1%)	1,767	(45.3%)	183	(4.7%)
Grand Isle	288	(59.8%)	194	(40.2%)	0	
Lamoille	460	(25.9%)	960	(54.0%)	358	(20.1%)
Orange	2,164	(39.5%)	2,766	(50.4%)	553	(10.1%)
Orleans	1,165	(47.6%)	1,054	(43.0%)	230	(9.4%)
Rutland	2,956	(59.9%)	1,684	(34.1%)	299	(6.1%)
Washington	1,594	(37.3%)	2,456	(57.5%)	223	(5.2%)
Windham	2,566	(51.4%)	2,091	(41.9%)	332	(6.7%)
Windsor	3,823	(56.4%)	2,382	(35.2%)	568	(8.4%)
Total	**24,465**	**(48.7%)**	**21,982**	**(43.8%)**	**3,766**	**(7.5%)**

*No candidate having received the required majority, the Legislature elected Mattocks Governor.

SOURCE—Manuscript returns.

1844

County	William Slade (W)		Daniel Kellogg (D)		William R. Shafter (Lty)	
Addison	2,574	(64.8%)	813	(20.5%)	583	(14.7%)
Bennington	1,833	(49.6%)	1,646	(44.6%)	214	(5.8%)
Caledonia	1,869	(46.2%)	1,943	(48.0%)	234	(5.8%)
Chittenden	2,120	(49.1%)	1,665	(38.5%)	535	(12.4%)
Essex	424	(49.3%)	419	(48.7%)	17	(2.0%)
Franklin	1,983	(51.6%)	1,477	(38.5%)	381	(9.9%)
Grand Isle	330	(60.6%)	214	(39.2%)	1	(0.2%)
Lamoille	555	(27.7%)	931	(46.5%)	515	(25.7%)
Orange	2,404	(42.6%)	2,631	(46.6%)	608	(10.8%)

Vermont

County	William Slade (W)		Daniel Kellogg (D)		William R. Shafter (Lty)	
Orleans	1,292	(49.2%)	950	(36.2%)	382	(14.6%)
Rutland	3,540	(60.7%)	1,798	(30.8%)	494	(8.5%)
Washington	1,780	(38.7%)	2,369	(51.5%)	448	(9.7%)
Windham	2,823	(53.7%)	1,952	(37.1%)	481	(9.2%)
Windsor	4,738	(62.5%)	2,122	(28.0%)	725	(9.6%)
Total	**28,265**	**(51.6%)**	**20,930**	**(38.2%)**	**5,618**	**(10.2%)**

SOURCE—Manuscript returns.

1845

County	William Slade (W)*		Daniel Kellogg (D)		William R. Shafter (Lty)	
Addison	1,653	(57.3%)	762	(26.4%)	470	(16.3%)
Bennington	1,555	(47.6%)	1,462	(44.8%)	248	(7.6%)
Caledonia	1,630	(45.4%)	1,672	(46.6%)	289	(8.0%)
Chittenden	1,786	(48.0%)	1,366	(36.7%)	567	(15.2%)
Essex	380	(48.3%)	391	(49.7%)	16	(2.0%)
Franklin	1,739	(47.6%)	1,444	(39.5%)	472	(12.9%)
Grand Isle	334	(62.0%)	204	(37.8%)	1	(0.2%)
Lamoille	427	(22.5%)	794	(41.8%)	680	(35.8%)
Orange	1,978	(37.8%)	2,397	(45.8%)	853	(16.3%)
Orleans	1,169	(48.2%)	875	(36.1%)	380	(15.7%)
Rutland	2,974	(58.8%)	1,562	(30.9%)	521	(10.3%)
Washington	1,469	(35.0%)	2,182	(52.0%)	547	(13.0%)
Windham	2,284	(49.4%)	1,799	(38.9%)	541	(11.7%)
Windsor	3,392	(56.3%)	1,684	(28.0%)	949	(15.8%)
Total	**22,770**	**(47.5%)**	**18,594**	**(38.8%)**	**6,534**	**(13.6%)**

*No candidate having received the required majority of the votes, the Legislature elected Slade Governor.

SOURCE—Manuscript returns.

1846

County	Horace Eaton (W)*		John Smith (D)		Lawrence Brainerd (Lty)	
Addison	2,051	(65.9%)	581	(18.7%)	479	(15.4%)
Bennington	1,633	(49.8%)	1,412	(43.0%)	235	(7.2%)
Caledonia	1,663	(44.5%)	1,622	(43.4%)	452	(12.1%)
Chittenden	1,855	(47.4%)	1,314	(33.6%)	747	(19.1%)
Essex	435	(51.1%)	400	(47.1%)	15	(1.8%)
Franklin	1,777	(46.7%)	1,461	(38.4%)	566	(14.9%)
Grand Isle	324	(58.4%)	225	(40.5%)	6	(1.1%)
Lamoille	411	(21.5%)	828	(43.3%)	669	(35.1%)
Orange	1,972	(37.8%)	2,311	(44.3%)	937	(18.0%)
Orleans	1,102	(49.3%)	793	(35.5%)	339	(15.2%)
Rutland	2,981	(58.9%)	1,509	(29.8%)	574	(11.3%)
Washington	1,518	(35.9%)	2,090	(49.4%)	622	(14.7%)
Windham	3,469	(62.1%)	1,601	(28.7%)	516	(9.2%)
Windsor	2,453	(47.7%)	1,730	(33.6%)	961	(18.7%)
Total	**23,644**	**(48.6%)***	**17,877**	**(36.8%)**	**7,118**	**(14.6%)**

*No candidate having received the required majority of the votes, the Legislature elected Eaton Governor.

SOURCES—Manuscript returns; state archives.

1847

County	Horace Eaton (W)*		Paul Dillingham (D)		Lawrence Brainerd (Lty)	
Addison	1,902	(62.0%)	678	(22.1%)	487	(15.9%)
Bennington	1,625	(48.5%)	1,540	(46.0%)	184	(5.5%)
Caledonia	1,564	(40.9%)	1,807	(47.2%)	455	(11.9%)
Chittenden	1,799	(45.2%)	1,481	(37.2%)	699	(17.6%)
Essex	447	(51.6%)	412	(47.5%)	8	(0.9%)

County	Horace Eaton (W)*		Paul Dillingham (D)		Lawrence Brainerd (Lty)	
Franklin	1,559	(45.6%)	1,396	(40.8%)	466	(13.6%)
Grand Isle	303	(62.2%)	182	(37.4%)	2	(0.4%)
Lamoille	403	(21.3%)	839	(44.4%)	646	(34.2%)
Orange	1,890	(36.0%)	2,442	(46.5%)	919	(17.5%)
Orleans	1,104	(48.2%)	828	(36.1%)	359	(15.7%)
Rutland	2,795	(57.8%)	1,506	(31.1%)	535	(11.1%)
Washington	1,493	(34.6%)	2,152	(49.9%)	668	(15.5%)
Windham	2,265	(52.5%)	1,622	(37.6%)	424	(9.8%)
Windsor	3,306	(53.7%)	1,776	(28.8%)	1,074	(17.4%)
Total	**22,455**	**(46.8%)**	**18,601**	**(38.8%)**	**6,926**	**(14.4%)**

*No candidate having received the required majority of the votes, the Legislature elected Eaton Governor.

SOURCE—Manuscript returns.

1848

County	Carlos Coolidge (W)*		Oscar L. Shafter (FS-D)		Paul Dillingham (D)	
Addison	2,046	(60.5%)	1,297	(38.4%)	338	(10.0%)
Bennington	1,583	(48.0%)	621	(18.8%)	1,097	(33.2%)
Caledonia	1,382	(36.5%)	919	(24.3%)	1,483	(39.2%)
Chittenden	1,822	(43.5%)	1,602	(38.2%)	766	(18.3%)
Essex	420	(49.9%)	23	(2.7%)	399	(47.4%)
Franklin	1,545	(40.4%)	1,336	(35.0%)	940	(24.6%)
Grand Isle	315	(55.3%)	74	(13.0%)	181	(31.8%)
Lamoille	360	(18.1%)	961	(48.3%)	668	(33.6%)
Orange	1,858	(34.8%)	1,315	(24.6%)	2,170	(40.6%)
Orleans	1,070	(43.8%)	704	(28.8%)	671	(27.4%)
Rutland	2,552	(52.8%)	1,570	(32.5%)	707	(14.6%)
Washington	1,357	(31.2%)	937	(21.5%)	2,058	(47.3%)
Windham	2,495	(51.9%)	1,727	(35.9%)	582	(12.1%)
Windsor	3,209	(50.0%)	1,848	(28.8%)	1,360	(21.2%)
Total	**22,014**	**(43.7%)**	**14,934**	**(29.6%)**	**13,420**	**(26.6%)**

*No candidate having received the required majority of the votes, the Legislature elected Coolidge Governor.

SOURCE—Manuscript returns.

1849

County	Carlos Coolidge (W)*		Horatio Needham (FS-D)		Jonas Clark (D)	
Addison	2,614	(61.9%)	1,501	(35.5%)	111	(2.6%)
Bennington	1,882	(51.3%)	1,668	(45.5%)	118	(3.2%)
Caledonia	1,560	(40.8%)	2,203	(57.5%)	65	(1.7%)
Chittenden	2,161	(48.7%)	1,785	(40.2%)	494	(11.1%)
Essex	438	(49.9%)	439	(50.0%)	1	(0.1%)
Franklin	1,811	(45.3%)	1,451	(36.3%)	732	(18.3%)
Grand Isle	327	(57.2%)	123	(21.5%)	122	(21.3%)
Lamoille	456	(23.6%)	955	(49.3%)	525	(27.1%)
Orange	2,002	(40.2%)	2,937	(59.0%)	37	(0.7%)
Orleans	1,244	(49.0%)	1,163	(45.8%)	131	(5.2%)
Rutland	3,152	(60.8%)	1,760	(34.0%)	270	(5.2%)
Washington	1,667	(36.0%)	2,869	(62.0%)	89	(1.9%)
Windham	2,714	(56.2%)	1,507	(31.2%)	610	(12.6%)
Windsor	4,210	(58.9%)	2,889	(40.4%)	52	(0.7%)
Total	**26,238**	**(49.7%)**	**23,250**	**(44.0%)**	**3,357**	**(6.4%)**

*No candidate having received a majority of the votes, the Legislature elected Coolidge Governor.

SOURCE—Manuscript returns.

1850

County	Charles K. Williams (W)		Lucius B. Peck (FS-D)		John Roberts (D)	
Addison	2,186	(66.2%)	953	(28.9%)	163	(4.9%)
Bennington	1,885	(54.9%)	1,304	(38.0%)	245	(7.1%)

Vermont

County	Charles K. Williams (W)		Lucius B. Peck (FS-D)		John Roberts (D)	
Caledonia	1,603	(42.5%)	2,096	(55.6%)	73	(1.9%)
Chittenden	1,992	(50.6%)	1,332	(33.9%)	610	(15.5%)
Essex	421	(50.7%)	406	(48.9%)	3	(0.4%)
Franklin	1,606	(48.7%)	886	(26.9%)	807	(24.5%)
Grand Isle	304	(55.8%)	35	(6.4%)	206	(37.8%)
Lamoille	407	(24.0%)	827	(48.7%)	465	(27.4%)
Orange	2,141	(43.4%)	2,657	(53.8%)	139	(2.8%)
Orleans	1,308	(50.6%)	1,159	(44.8%)	119	(4.6%)
Rutland	2,920	(63.6%)	1,176	(25.6%)	495	(10.8%)
Washington	1,623	(35.3%)	2,784	(60.6%)	190	(4.1%)
Windham	2,373	(58.9%)	1,097	(27.2%)	558	(13.9%)
Windsor	3,714	(62.7%)	2,144	(36.2%)	69	(1.2%)
Total	**24,483**	**(51.6%)**	**18,856**	**(39.7%)**	**4,142**	**(8.7%)**

SOURCE—Manuscript returns.

1851

County	Charles K. Williams (W)		Timothy P. Redfield (FS-D)		John S. Robinson (D)	
Addison	2,099	(67.5%)	898	(28.9%)	112	(3.6%)
Bennington	1,452	(51.4%)	207	(7.3%)	1,166	(41.3%)
Caledonia	1,571	(45.4%)	1,622	(46.9%)	269	(7.8%)
Chittenden	1,657	(49.5%)	1,145	(34.2%)	545	(16.3%)
Essex	454	(52.3%)	291	(33.5%)	123	(14.2%)
Franklin	1,683	(49.6%)	732	(21.6%)	976	(28.8%)
Grand Isle	272	(54.2%)	25	(5.0%)	205	(40.8%)
Lamoille	443	(25.1%)	867	(49.1%)	455	(25.8%)
Orange	2,080	(43.3%)	2,488	(51.8%)	236	(4.9%)
Orleans	1,284	(50.3%)	1,151	(45.1%)	119	(4.7%)
Rutland	2,573	(63.3%)	1,076	(26.5%)	415	(10.2%)
Washington	1,469	(35.4%)	2,409	(58.0%)	276	(6.6%)
Windham	2,187	(56.4%)	978	(25.2%)	714	(18.4%)
Windsor	3,452	(61.7%)	1,067	(19.1%)	1,075	(19.2%)
Total	**22,676**	**(51.2%)**	**14,950**	**(33.7%)**	**6,686**	**(15.1%)**

SOURCE—Manuscript returns.

1852

County	Erastus Fairbanks (W)*		John S. Robinson (D)		Lawrence Brainerd (FS)	
Addison	2,060	(66.8%)	280	(9.1%)	745	(24.1%)
Bennington	1,504	(48.0%)	1,543	(49.2%)	88	(2.8%)
Caledonia	1,779	(45.0%)	1,648	(41.7%)	527	(13.3%)
Chittenden	1,812	(47.3%)	937	(24.5%)	1,083	(28.3%)
Essex	430	(47.7%)	458	(50.8%)	14	(1.6%)
Franklin	1,938	(46.4%)	1,655	(39.6%)	587	(14.0%)
Grand Isle	331	(64.3%)	161	(31.3%)	23	(4.5%)
Lamoille	391	(16.1%)	622	(33.2%)	862	(46.0%)
Orange	2,131	(41.2%)	2,175	(42.0%)	869	(16.8%)
Orleans	1,347	(52.1%)	882	(34.1%)	356	(13.8%)
Rutland	2,697	(60.8%)	892	(20.1%)	850	(19.1%)
Washington	1,557	(35.2%)	1,315	(29.7%)	1,551	(35.1%)
Windham	2,371	(58.2%)	983	(24.1%)	721	(17.7%)
Windsor	3,447	(57.4%)	1,387	(23.1%)	1,169	(19.5%)
***Total**	**23,795**	**(49.4%)**	**14,938**	**(31.0%)**	**9,445**	**(19.6%)**

*No candidate have received the required majority of the popular vote, the Legislature elected Fairbanks Governor.

SOURCE—Manuscript returns.

1853

County	Erastus Fairbanks (W)		John S. Robinson (D)*		Lawrence Brainerd (FS)	
Addison	1,895	(60.1%)	460	(14.6%)	800	(25.4%)

Vermont

County	Erastus Fairbanks (W)		John S. Robinson (D)*		Lawrence Brainerd (FS)	
Bennington	1,356	(44.1%)	1,616	(52.6%)	101	(3.3%)
Caledonia	1,691	(43.7%)	1,676	(43.3%)	503	(13.0%)
Chittenden	1,393	(43.4%)	926	(28.8%)	891	(27.8%)
Essex	417	(49.3%)	417	(49.3%)	11	(1.3%)
Franklin	1,544	(43.4%)	1,402	(39.4%)	609	(17.1%)
Grand Isle	233	(51.9%)	300	(44.5%)	16	(3.6%)
Lamoille	399	(20.2%)	780	(39.4%)	799	(40.4%)
Orange	1,897	(37.6%)	2,335	(46.2%)	818	(16.2%)
Orleans	1,284	(45.4%)	1,219	(43.1%)	327	(11.6%)
Rutland	2,523	(55.3%)	1,327	(29.1%)	709	(15.6%)
Washington	1,372	(31.3%)	1,977	(45.1%)	1,030	(23.5%)
Windham	2,065	(49.0%)	1,373	(32.6%)	775	(18.4%)
Windsor	2,780	(45.5%)	2,434	(39.8%)	902	(14.7%)
Total	**20,849**	**(44.1%)**	**18,142**	**(38.4%)**	**8,291**	**(17.5%)**

*No candidate having received a majority of the popular vote, the Legislature elected Robinson Governor.

SOURCE—Manuscript returns.

1854

County	Stephen Royce (W, R)		Merritt Clark (D)		Lawrence Brainered (FS-D)	
Addison	2,359	(83.1%)	478	(16.8%)	2	(0.1%)
Bennington	1,558	(53.9%)	1,323	(45.8%)	8	(0.3%)
Caledonia	1,920	(52.5%)	1,631	(44.6%)	106	(2.9%)
Chittenden	2,369	(74.9%)	789	(25.0%)	4	(1.3%)
Essex	458	(56.5%)	353	(43.5%)	0	
Franklin	2,207	(62.8%)	1,294	(36.8%)	16	(0.5%)
Grand Isle	590	(63.8%)	334	(36.2%)	0	
Lamoille	1,270	(66.2%)	635	(33.1%)	14	(0.7%)
Orange	2,426	(51.2%)	2,114	(44.7%)	194	(4.1%)
Orleans	1,489	(61.3%)	920	(37.9%)	19	(0.8%)
Rutland	3,036	(74.9%)	1,010	(24.9%)	9	(0.2%)
Washington	2,183	(53.5%)	1,738	(42.6%)	158	(3.9%)
Windham	2,752	(76.9%)	827	(2.3%)	2	(0.6%)
Windsor	3,309	(65.7%)	1,638	(32.5%)	87	(1.7%)
Total	**27,926**	**(64.0%)**	**15,084**	**(34.6%)**	**619**	**(1.4%)**

SOURCE—Manuscript returns.

1855

County	Stephen Royce (R)		Merritt Clark (D)		James M. Slade (A)		William R. Shafter (T)	
Addison	2,437	(81.2%)	398	(13.3%)	12	(0.4%)	153	(5.1%)
Bennington	1,315	(47.6%)	892	(32.3%)	543	(19.7%)	12	(0.4%)
Caledonia	1,323	(38.4%)	1,285	(37.3%)	744	(21.6%)	92	(2.7%)
Chittenden	2,397	(75.1%)	784	(24.6%)	4	(0.1%)	6	(0.2%)
Essex	454	(53.8%)	369	(43.7%)	14	(1.7%)	7	(0.8%)
Franklin	1,863	(63.7%)	1,042	(35.6%)	19	(0.6%)	0	
Grand Isle	210	(53.6%)	182	(46.4%)	0		0	
Lamoille	1,073	(62.8%)	576	(33.7%)	37	(2.2%)	22	(1.3%)
Orange	2,122	(43.6%)	2,069	(42.5%)	639	(13.1%)	39	(0.8%)
Orleans	1,628	(64.9%)	618	(24.6%)	263	(10.5%)	0	
Rutland	2,981	(73.5%)	819	(20.2%)	231	(5.7%)	23	(0.6%)
Washington	2,942	(65.2%)	1,513	(33.6%)	9	(0.2%)	45	(1.0%)
Windham	2,511	(63.0%)	975	(24.4%)	399	(10.0%)	103	(2.6%)
Windsor	2,443	(46.8%)	1,278	(24.5%)	697	(13.3%)	806	(15.4%)
Total	**25,699**	**(59.2%)**	**12,800**	**(29.5%)**	**3,631**	**(8.4%)**	**1,308**	**(3.0%)**

SOURCE—Manuscript returns.

Vermont

1856

County	Ryland Fletcher (R)		Henry Keyes (D)	
Addison	2,487	(86.7%)	381	(13.3%)
Bennington	2,101	(70.3%)	887	(29.7%)
Caledonia	2,555	(69.6%)	1,117	(30.4%)
Chittenden	2,390	(77.9%)	680	(22.1%)
Essex	564	(61.0%)	360	(39.0%)
Franklin	2,432	(70.1%)	1,039	(29.9%)
Grand Isle	393	(70.7%)	163	(29.3%)
Lamoille	1,086	(76.5%)	334	(23.5%)
Orange	3,288	(64.6%)	1,798	(35.4%)
Orleans	1,752	(72.0%)	681	(28.0%)
Rutland	3,876	(86.3%)	613	(13.7%)
Washington	3,378	(68.5%)	1,555	(31.5%)
Windham	3,412	(83.0%)	697	(17.0%)
Windsor	4,338	(76.2%)	1,356	(23.8%)
Total	**34,052**	**(74.5%)**	**11,661**	**(25.5%)**

SOURCE—Manuscript returns.

1857

County	Ryland Fletcher (R)		Henry Keyes (D)	
Addison	1,716	(79.8%)	434	(20.2%)
Bennington	1,739	(61.2%)	1,102	(38.8%)
Caledonia	1,938	(61.6%)	1,206	(38.4%)
Chittenden	2,065	(73.7%)	736	(26.3%)
Essex	482	(60.9%)	310	(39.1%)
Franklin	1,995	(60.0%)	1,332	(40.0%)
Grand Isle	163	(50.2%)	162	(49.8%)
Lamoille	964	(69.9%)	415	(30.1%)
Orange	2,889	(61.0%)	1,845	(39.0%)
Orleans	1,539	(69.6%)	671	(30.4%)
Rutland	2,839	(77.8%)	812	(22.2%)
Washington	2,653	(63.5%)	1,525	(36.5%)
Windham	2,430	(72.9%)	904	(27.1%)
Windsor	3,307	(70.0%)	1,415	(30.0%)
Total	**26,719**	**(67.5%)**	**12,869**	**(32.5%)**

SOURCE—Manuscript returns.

1858

County	Hiland Hall (R)		Henry Keyes (D)	
Addison	2,186	(82.5%)	464	(17.5%)
Bennington	2,021	(63.1%)	1,183	(36.9%)
Caledonia	2,155	(64.1%)	1,209	(35.9%)
Chittenden	2,067	(74.1%)	723	(25.9%)
Essex	528	(57.6%)	389	(42.4%)
Franklin	1,965	(63.2%)	1,145	(36.8%)
Grand Isle	278	(56.0%)	218	(44.0%)
Lamoille	1,236	(70.3%)	523	(29.7%)
Orange	2,980	(60.5%)	1,947	(39.5%)
Orleans	1,683	(67.6%)	807	(32.4%)
Rutland	3,269	(76.0%)	1,033	(24.0%)
Washington	2,850	(63.0%)	1,675	(37.0%)
Windham	2,759	(73.2%)	1,009	(26.8%)
Windsor	3,683	(75.2%)	1,213	(24.8%)
Total	**29,660**	**(69.0%)**	**13,338**	**(31.0%)**

SOURCE—Manuscript returns.

1859

County	Hiland Hall (R)		John G. Saxe (D)	
Addison	3,042	(84.9%)	543	(15.1%)
Bennington	1,866	(59.8%)	1,253	(40.2%)
Caledonia	2,217	(62.6%)	1,327	(37.4%)
Chittenden	2,508	(75.4%)	819	(24.6%)
Essex	541	(55.8%)	428	(44.2%)
Franklin	2,022	(62.2%)	1,230	(37.8%)
Grand Isle	294	(54.5%)	245	(45.5%)
Lamoille	1,513	(73.5%)	546	(26.5%)
Orange	3,052	(58.3%)	2,185	(41.7%)
Orleans	1,590	(66.3%)	808	(33.7%)
Rutland	3,006	(73.7%)	1,070	(26.3%)
Washington	2,997	(64.1%)	1,676	(35.9%)
Windham	2,969	(77.4%)	868	(22.6%)
Windsor	3,428	(72.0%)	1,330	(28.0%)
Total	**31,045**	**(68.4%)**	**14,328**	**(31.6%)**

SOURCE—Manuscript returns.

1860

County	Erastus Fairbanks (R)		John G. Saxe (D)		Robert Harvey (Bk-D)	
Addison	3,057	(86.1%)	448	(12.6%)	45	(1.3%)
Bennington	1,974	(66.1%)	897	(30.1%)	114	(3.8%)
Caledonia	2,381	(67.5%)	884	(25.1%)	262	(7.4%)
Chittenden	2,574	(76.5%)	684	(20.3%)	105	(3.1%)
Essex	594	(58.4%)	388	(38.2%)	35	(3.4%)
Franklin	2,427	(66.5%)	943	(25.8%)	282	(7.7%)
Grand Isle	383	(65.2%)	162	(27.6%)	42	(7.2%)
Lamoille	1,369	(76.5%)	394	(22.0%)	27	(1.5%)
Orange	3,091	(59.0%)	1,998	(38.1%)	152	(2.9%)
Orleans	2,002	(74.3%)	553	(20.5%)	139	(5.2%)
Rutland	3,309	(72.6%)	1,089	(23.9%)	158	(3.5%)
Washington	3,207	(65.0%)	1,696	(34.4%)	34	(0.7%)
Windham	3,356	(76.7%)	544	(12.4%)	478	(10.9%)
Windsor	4,464	(76.2%)	1,116	(19.1%)	278	(4.7%)
Total	**34,188**	**(71.0%)**	**11,796**	**(24.5%)**	**2,151**	**(4.5%)**

SOURCE—Manuscript returns.

VIRGINIA

Virginia was one of the original 13 states and included what became the state of West Virginia throughout the period of this work. The present state of Kentucky was also part of Virginia until June 1, 1792.
Term—Four years. **Election**—The first popular election was held on Monday, December 1, 1851, and thereafter on the fourth Thursday in May. **Limit**—Governor could not immediately succeed himself.
Legislative election—Until 1851 the governor was elected by a joint vote of the Legislature. The term was one year, with a limit of three consecutive terms. In 1830 the term was increased to three years, but the governor could not immediately succeed himself.

POPULATION

1790—747,610   1800—880,200   1810—974,600   1820—1,065,366
1830—1,211,405   1840—1,239,797   1850—1,421,661   1860—1,596,318

All census figures include the present state of West Virginia. The 1790 census did not include Kentucky.

Appointed Governors

Year	Governor (Party)
1797–1799	James Wood (D-R)
1800–1802	James Monroe (D-R)
1803–1805	John Page (D-R)
1806–1808	William H. Cabell (D-R)
1809–1810	John Tyler Sr. (D-R)
1811	James Monroe (D-R), George E. Smith (D-R)
1812–1814	James Barbour (D-R)
1815–1816	William C. Nicholas (D-R)
1817–1819	James P. Preston (D-R)
1820–1822	Thomas M. Randolph (D-R)
1823–1825	James Pleasants
1826–1827	John Tyler Jr.
1828–1830	William B. Giles (D)
1831–1834	John Floyd (D)
1835–1836	Littleton W. Tazewell (D)
1837	Wyndham Robertson (D)
1838–1840	David Campbell (D)
1841	John M. Patton (W)
1842	John M. Gregory (W)
1843–1845	James McDowell (W)
1846–1848	William Smith (D)
1849–1851	John B. Floyd (D)

1851

County	Joseph Johnson (D)		George W. Summers (W)	
Accomac	451	(53.6%)	391	(46.4%)
Albemarle	1,080	(47.9%)	1,176	(52.1%)
Alexandria	456	(38.5%)	728	(61.5%)
Alleghany	210	(54.7%)	174	(45.3%)
Amelia	270	(58.6%)	191	(41.4%)
Amherst	649	(57.0%)	490	(43.0%)
Appomattox	498	(68.1%)	233	(31.9%)
Augusta	1,303	(39.3%)	2,016	(60.7%)
Bath	185	(48.6%)	196	(51.5%)
Barbour	641	(65.7%)	335	(34.3%)
Bedford	1,006	(50.9%)	969	(49.1%)
Berkeley	900	(57.4%)	667	(42.6%)
Boone	177	(41.1%)	254	(58.9%)
Botetourt	603	(56.4%)	465	(43.6%)
Braxton	161	(31.2%)	355	(68.8%)
Brooke	404	(59.1%)	280	(40.9%)
Brunswick	290	(68.1%)	136	(31.9%)
Buckingham	442	(49.4%)	452	(50.6%)
Cabell	377	(44.0%)	479	(56.0%)
Campbell	983	(43.0%)	1,305	(57.0%)
Caroline	291	(53.9%)	249	(46.1%)
Carroll	318	(56.1%)	249	(43.9%)
Craig	198	(67.5%)	95	(32.5%)
Charlotte	372	(49.4%)	381	(50.6%)
Chesterfield	665	(73.3%)	252	(26.7%)
Culpeper	514	(52.6%)	464	(47.4%)
Cumberland	267	(48.6%)	282	(51.4%)
Dinwiddie	428	(54.7%)	355	(45.3%)
Doddridge	270	(68.5%)	124	(31.5%)
Elizabeth City	150	(49.7%)	152	(50.3%)
Essex	208	(43.6%)	269	(56.4%)
Fairfax	544	(48.9%)	568	(51.1%)
Fauquier	944	(51.0%)	907	(49.0%)
Fayette	178	(32.7%)	366	(67.3%)
Floyd	379	(44.2%)	477	(55.8%)
Fluvanna	417	(47.6%)	459	(52.4%)
Franklin	923	(63.9%)	522	(36.1%)
Frederick	1,379	(55.3%)	1,116	(44.7%)
Giles	358	(40.9%)	518	(59.1%)
Gilmer	397	(74.4%)	136	(25.6%)
Gloucester	380	(54.7%)	315	(45.3%)
Goochland	335	(68.1%)	157	(31.9%)
Greenbrier	290	(24.1%)	912	(75.9%)
Greene	414	(84.8%)	74	(15.2%)
Greensville	103	(72.5%)	39	(27.5%)
Halifax	755	(66.4%)	382	(33.6%)
Hampshire	973	(55.6%)	788	(44.4%)
Hancock	299	(58.1%)	215	(41.9%)
Hanover	689	(55.4%)	554	(44.6%)
Hardy	423	(34.3%)	811	(65.7%)
Harrison	893	(60.3%)	588	(39.7%)
Henrico	513	(46.6%)	587	(53.4%)
Henry	396	(57.3%)	295	(42.7%)
Highland	415	(68.8%)	188	(31.2%)
Isle of Wight	502	(84.1%)	95	(15.9%)
Jackson	388	(51.7%)	363	(48.3%)
James City	45	(33.6%)	89	(66.4%)

Virginia

Jefferson	868	(47.9%)	945	(52.1%)
Kanawha	373	(19.1%)	1,585	(80.9%)
King George	224	(60.5%)	147	(39.5%)
King William	263	(72.2%)	101	(27.8%)
King & Queen	378	(61.7%)	235	(38.3%)
Lee	607	(61.9%)	373	(38.1%)
Lewis	464	(64.6%)	254	(35.4%)
Logan	197	(44.2%)	249	(55.8%)
Louisa	519	(64.3%)	287	(35.7%)
Loudoun	642	(27.1%)	1,725	(72.9%)
Lunenburg	307	(58.5%)	218	(41.5%)
Madison	622	(90.0%)	69	(10.0%)
Marion	736	(69.2%)	328	(30.8%)
Marshall	574	(47.0%)	646	(53.0%)
Mason	347	(37.3%)	583	(62.7%)
Mathews	186	(65.7%)	97	(34.3%)
Middlesex	155	(59.6%)	105	(40.4%)
Mecklenburg	514	(65.0%)	277	(35.0%)
Mercer	240	(35.6%)	435	(64.4%)
Monongalia	1,035	(67.7%)	494	(32.3%)
Monroe	519	(42.2%)	711	(57.8%)
Montgomery	546	(47.1%)	613	(52.9%)
Morgan	288	(50.0%)	288	(50.0%)
Nansemond	439	(46.8%)	500	(53.2%)
Nelson	444	(41.5%)	626	(58.5%)
New Kent	131	(45.5%)	157	(54.5%)
Nicholas	129	(27.4%)	342	(72.6%)
Norfolk	1,176	(55.8%)	928	(44.2%)
Northampton	117	(39.7%)	178	(39.7%)
Nottoway	216	(55.2%)	175	(44.8%)
Northumberland	275	(62.1%)	168	(37.9%)
Ohio	959	(39.3%)	1,484	(60.7%)
Orange	315	(57.1%)	237	(42.9%)
Page	585	(88.2%)	78	(11.8%)
Patrick	372	(44.5%)	564	(55.5%)
Pendleton	484	(56.1%)	378	(43.9%)
Pittsylvania	821	(45.4%)	987	(54.6%)
Pocahontas	256	(65.8%)	133	(34.2%)
Powhatan	254	(58.3%)	182	(41.7%)
Preston	631	(57.7%)	463	(42.3%)
Prince Edward	279	(57.9%)	203	(42.1%)
Prince George	249	(74.1%)	87	(25.9%)
Princess Anne	403	(49.8%)	406	(50.2%)
Prince William	471	(68.9%)	213	(31.1%)
Pulaski	281	(51.5%)	265	(48.5%)
Putnam	268	(44.1%)	340	(55.9%)
Raleigh	41	(12.5%)	286	(87.5%)
Randolph	398	(54.4%)	333	(45.6%)
Rappahannock	537	(55.1%)	438	(44.9%)
Richmond	213	(45.2%)	258	(54.8%)
Ritchie	345	(69.3%)	153	(30.7%)
Roanoke	393	(58.8%)	275	(41.2%)
Rockbridge	1,012	(47.4%)	1,124	(52.6%)
Rockingham	2,492	(84.0%)	474	(16.0%)
Scott	449	(67.9%)	212	(32.1%)
Shenandoah	1,867	(88.4%)	246	(11.6%)
Smyth	567	(52.3%)	518	(47.7%)
Southampton	410	(46.4%)	474	(53.6%)
Spotsylvania	538	(50.9%)	520	(49.1%)
Stafford	414	(58.7%)	291	(41.3%)
Surry	98	(54.4%)	82	(45.6%)
Sussex	242	(75.1%)	80	(24.9%)
Taylor	318	(46.6%)	364	(51.3%)
Tazewell	529	(56.7%)	404	(43.3%)
Tyler	315	(52.1%)	290	(47.9%)
Upshur	318	(51.3%)	302	(48.7%)
Warwick	16	(18.6%)	70	(81.4%)
Washington	1,000	(56.7%)	764	(43.3%)
Wayne	256	(47.3%)	285	(52.7%)
Westmoreland	119	(23.7%)	383	(76.3%)
Wetzel	494	(84.0%)	84	(16.0%)
Wirt	260	(56.3%)	202	(43.7%)
Wood	511	(44.1%)	647	(55.9%)
Wythe	595	(57.3%)	444	(42.7%)
Wyoming	48	(25.0%)	144	(75.0%)
York	83	(38.4%)	133	(61.6%)
Cities & Towns				
Norfolk	737	(47.0%)	830	(53.0%)
Petersburg	707	(54.7%)	586	(45.3%)
Richmond	916	(34.3%)	1,758	(65.7%)
Williamsburg	58	(56.9%)	44	(43.1%)
Total	**65,554**	**(52.5%)**	**59,344**	**(47.5%)**
	(65,527)*		(57,040)*	

*Stated totals.

The following counties were rejected and not listed in the official returns. They were found in the *Whig Almanac, 1853*, p. 53.

Charles City	63	(31.7%)	136	(68.3%)
Clarke	316	(53.1%)	279	(46.9%)
Grayson	31 majority			
Lancaster	128	(54.9%)	105	(45.1%)
Pleasants	183	(58.3%)	129	(41.7%)
Russell	810 majority			
Warren	321 majority			

SOURCES—*Richmond Enquirer*, January 17, 1852; *Whig Almanac, 1853*.

1855

County	Henry A. Wise (D)		Thomas S. Flournoy (A)	
Accomac	816	(46.7%)	932	(53.3%)
Albermarle	1,069	(46.5%)	1,220	(53.5%)
Alexandria	399	(32.7%)	820	(67.3%)
Alleghany	340	(62.4%)	205	(37.6%)
Amelia	309	(56.9%)	234	(43.1%)
Amherst	688	(50.3%)	680	(49.7%)
Appomattox	313	(55.9%)	247	(44.1%)
Augusta	1,336	(35.5%)	2,426	(64.5%)
Barbour	753	(69.5%)	331	(30.5%)
Bath	222	(44.6%)	276	(55.4%)
Bedford	1,087	(45.0%)	1,328	(55.0%)
Berkeley	923	(50.5%)	905	(49.5%)
Boone	280	(67.0%)	138	(33.0%)
Botetourt	960	(64.1%)	537	(35.9%)
Braxton	119	(17.2%)	571	(82.8%)
Brooke	338	(43.8%)	432	(56.2%)
Brunswick	556	(71.3%)	224	(28.7%)
Buckingham	496	(47.4%)	551	(52.6%)
Cabell	501	(56.7%)	383	(43.3%)
Campbell	979	(38.9%)	1,535	(61.1%)
Caroline	643	(51.1%)	615	(48.9%)
Carroll	657	(67.8%)	312	(32.2%)
Charles City	124	(41.5%)	175	(58.5%)
Charlotte	423	(51.5%)	398	(48.5%)
Chesterfield	975	(65.0%)	523	(35.0%)
Clarke	361	(53.0%)	320	(47.0%)
Craig	304	(71.7%)	120	(28.3%)
Culpeper	443	(45.6%)	528	(54.4%)
Cumberland	277	(47.5%)	306	(52.5%)
Dinwiddie	421	(64.3%)	234	(35.7%)
Doddridge	377	(62.5%)	226	(37.5%)
Elizabeth City	187	(51.7%)	175	(48.3%)
Essex	266	(45.7%)	316	(54.3%)
Fairfax	512	(44.8%)	631	(55.2%)
Fauquier	920	(46.9%)	1,040	(53.1%)
Fayette	271	(47.4%)	301	(52.6%)

County				
Floyd	566	(55.9%)	447	(44.1%)
Fluvanna	443	(49.2%)	458	(50.8%)
Franklin	1,258	(58.1%)	906	(41.9%)
Frederick	1,333	(52.4%)	1,203	(47.6%)
Giles	418	(50.8%)	405	(49.2%)
Gilmer	414	(63.1%)	242	(36.9%)
Gloucester	395	(54.6%)	329	(45.4%)
Goochland	388	(59.7%)	262	(40.3%)
Grayson	553	(67.5%)	266	(32.5%)
Greenbrier	533	(38.0%)	870	(62.0%)
Greene	532	(92.7%)	42	(7.3%)
Greensville	206	(73.8%)	73	(26.2%)
Halifax	1,163	(66.5%)	587	(33.5%)
Hampshire	1,118	(57.0%)	845	(43.0%)
Hanover	706	(56.1%)	553	(43.9%)
Hancock	221	(43.2%)	291	(56.8%)
Hardy	651	(47.9%)	708	(52.1%)
Harrison	1,017	(52.5%)	921	(47.5%)
Henrico	766	(52.5%)	988	(47.5%)
Henry	507	(54.1%)	430	(45.9%)
Highland	444	(56.5%)	342	(43.5%)
Isle of Wight	669	(77.6%)	173	(22.4%)
Jackson	592	(48.2%)	637	(51.8%)
James City	44	(25.9%)	126	(74.1%)
Jefferson	862	(48.0%)	934	(52.0%)
Kanawha	571	(27.1%)	1,537	(72.9%)
King George	189	(49.7%)	191	(50.3%)
King William	333	(75.0%)	111	(25.0%)
King & Queen	397	(56.4%)	307	(43.6%)
Lancaster	143	(45.0%)	175	(55.0%)
Lee	1,113	(74.7%)	377	(25.3%)
Lewis	574	(57.4%)	426	(42.6%)
Logan	366	(82.8%)	76	(17.2%)
Loudoun	690	(25.6%)	2,015	(74.4%)
Louisa	613	(57.1%)	461	(42.9%)
Lunenburg	465	(69.8%)	201	(30.2%)
Madison	672	(86.0%)	109	(14.0%)
Marion	1,159	(72.1%)	459	(27.9%)
Marshall	608	(38.2%)	984	(61.8%)
Mason	348	(31.8%)	747	(68.2%)
Mathews	273	(55.3%)	221	(44.7%)
Mecklenburg	874	(64.5%)	480	(35.5%)
Mercer	417	(54.4%)	350	(54.4%)
Middlesex	231	(56.2%)	180	(43.8%)
Monongalia	1,318	(66.9%)	653	(33.1%)
Monroe	577	(39.3%)	891	(60.7%)
Montgomery	660	(52.7%)	592	(47.3%)
Morgan	266	(39.1%)	415	(60.9%)
Nansemond	372	(40.1%)	556	(59.9%)
Nelson	436	(37.1%)	740	(62.9%)
New Kent	175	(45.3%)	201	(54.7%)
Nicholas	114	(19.9%)	460	(80.1%)
Norfolk	1,068	(45.7%)	1,268	(54.3%)
Northampton	235	(44.9%)	288	(55.1%)
Northumberland	296	(48.4%)	316	(51.6%)
Nottoway	228	(54.9%)	187	(45.1%)
Ohio	1,110	(38.9%)	1,741	(61.1%)
Orange	395	(53.1%)	349	(46.9%)
Page	1,033	(93.5%)	72	(6.5%)
Patrick	729	(58.5%)	518	(41.5%)
Pendleton	558	(57.9%)	408	(42.1%)
Pittsylvania	1,335	(49.7%)	1,352	(50.3%)
Pleasants	228	(52.5%)	206	(47.5%)
Pocahontas	457	(81.0%)	107	(19.0%)
Powhatan	327	(68.3%)	152	(31.7%)
Preston	798	(52.0%)	737	(48.0%)
Prince Edward	427	(54.6%)	355	(45.4%)
Prince George	369	(73.0%)	131	(27.0%)
Prince William	659	(72.6%)	249	(27.4%)
Princess Anne	320	(49.6%)	325	(50.4%)
Pulaski	305	(52.9%)	272	(47.1%)
Putnam	398	(50.7%)	387	(49.3%)
Raleigh	80	(23.4%)	259	(76.6%)
Randolph	438	(58.7%)	308	(41.3%)
Rappahannock	490	(50.3%)	485	(49.7%)
Richmond	164	(31.1%)	364	(68.9%)
Ritchie	488	(58.0%)	353	(42.0%)
Roanoke	599	(66.1%)	307	(33.9%)
Rockbridge	1,147	(48.8%)	1,206	(51.2%)
Rockingham	2,700	(81.6%)	610	(18.4%)
Russell	989	(63.0%)	580	(37.0%)
Scott	797	(61.0%)	509	(39.0%)
Shenandoah	2,031	(91.7%)	185	(8.3%)
Smyth	654	(53.4%)	571	(46.6%)
Southampton	568	(53.9%)	486	(46.1%)
Spotsylvania	619	(50.4%)	604	(49.6%)
Stafford	474	(56.9%)	359	(43.1%)
Surry	230	(62.0%)	141	(38.0%)
Sussex	381	(79.2%)	100	(20.8%)
Taylor	487	(51.2%)	465	(48.8%)
Tazewell	1,102	(85.4%)	189	(14.6%)
Tyler	430	(54.4%)	360	(45.6%)
Upshur	496	(63.4%)	286	(36.6%)
Warren	500	(64.9%)	271	(35.1%)
Warwick	21	(26.9%)	57	(73.1%)
Washington	1,284	(57.5%)	948	(42.5%)
Wayne	347	(52.1%)	319	(47.9%)
Westmoreland	83	(17.4%)	395	(82.6%)
Wetzel	549	(87.3%)	80	(12.7%)
Wirt	259	(54.4%)	217	(45.6%)
Wood	637	(41.7%)	890	(58.3%)
Wyoming	82	(41.4%)	116	(58.6%)
Wythe	829	(53.4%)	724	(46.6%)
York	109	(37.2%)	169	(62.8%)
Cities & Towns				
Norfolk	552	(37.4%)	922	(62.6%)
Petersburg	808	(52.0%)	747	(48.0%)
Richmond	1,166	(30.6%)	2,144	(69.4%)
Williamsburg	51	(43.6%)	66	(56.4%)
Total	**83,314**	**(53.2%)**	**73,360**	**(46.8%)**
	(83,275)*		(73,354)*	

*Stated totals.

SOURCES—Journal of the Virginia House of Delegates, 1855-6, December 7, 1855, p. 68; *Richmond Enquirer*, June 14, 1859; *Richmond Daily Dispatch*, June 7, 1859.

1859

County	John Letcher (D)		William L. Goggin (Opp)	
Accomac	675	(46.8%)	768	(53.2%)
Albemarle	931	(41.7%)	1,303	(58.3%)
Alexandria	620	(41.5%)	874	(58.5%)
Alleghany	355	(62.8%)	210	(37.2%)
Amelia	204	(50.1%)	203	(59.9%)
Amherst	654	(47.2%)	732	(52.8%)
Appomattox	470	(64.1%)	263	(35.9%)
Augusta	1,402	(39.2%)	2,170	(60.8%)
Barbour	817	(65.7%)	426	(34.3%)
Bath	231	(50.1%)	230	(49.9%)
Bedford	815	(37.0%)	1,386	(63.0%)
Berkeley	1,057	(43.3%)	883	(56.7%)
Boone	292	(66.1%)	150	(33.9%)
Botetourt	714	(59.5%)	486	(40.5%)
Braxton	317	(47.6%)	349	(52.4%)
Brooke	369	(63.4%)	213	(36.6%)
Brunswick	482	(71.9%)	188	(28.1%)

Virginia

County				
Buchanan	164	(69.2%)	73	(30.8%)
Buckingham	467	(46.6%)	535	(53.4%)
Cabell	504	(55.0%)	413	(45.0%)
Calhoun	277	(91.4%)	26	(8.4%)
Campbell	1,129	(44.9%)	1,385	(55.1%)
Caroline	502	(44.8%)	619	(55.2%)
Carroll	344	(42.7%)	461	(57.3%)
Charles City	66	(21.2%)	245	(78.8%)
Charlotte	404	(49.8%)	406	(50.2%)
Chesterfield	779	(57.3%)	581	(42.7%)
Clarke	371	(59.6%)	252	(40.4%)
Clay	49	(35.3%)	90	(64.7%)
Craig	256	(73.6%)	92	(26.4%)
Culpeper	475	(48.9%)	497	(51.1%)
Cumberland	204	(44.7%)	252	(55.3%)
Dinwiddie	267	(53.7%)	230	(46.3%)
Doddridge	609	(85.4%)	104	(14.6%)
Elizabeth City	164	(43.4%)	214	(56.6%)
Essex	270	(45.4%)	325	(54.6%)
Fairfax	717	(50.9%)	691	(49.1%)
Fauquier	1,020	(52.3%)	931	(47.7%)
Fayette	385	(52.7%)	346	(47.3%)
Floyd	339	(60.6%)	522	(39.4%)
Frederick	1,124	(55.9%)	888	(44.1%)
Fluvanna	326	(40.3%)	482	(59.7%)
Franklin	884	(46.7%)	1,010	(53.3%)
Giles	352	(43.2%)	463	(56.8%)
Gilmer	325	(84.4%)	60	(15.6%)
Gloucester	365	(48.8%)	383	(48.8%)
Goochland	259	(52.5%)	234	(47.5%)
Grayson	497	(56.4%)	384	(43.6%)
Greenbrier	779	(47.0%)	889	(53.0%)
Greene	387	(75.4%)	126	(24.6%)
Greensville	142	(60.4%)	98	(39.6%)
Halifax	758	(67.9%)	358	(32.1%)
Hampshire	1,063	(60.3%)	701	(39.7%)
Hancock	304	(67.9%)	144	(32.1%)
Hanover	689	(45.4%)	572	(54.6%)
Hardy	354	(31.5%)	771	(68.5%)
Harrison	1,092	(58.3%)	780	(41.7%)
Henrico	850	(40.5%)	1,248	(59.5%)
Henry	419	(42.1%)	576	(57.9%)
Highland	478	(67.6%)	229	(32.4%)
Isle of Wight	534	(78.3%)	148	(21.7%)
Jackson	510	(56.8%)	388	(43.2%)
James City	31	(21.8%)	111	(78.2%)
Jefferson	875	(50.5%)	857	(49.5%)
Kanawha	467	(29.1%)	1,138	(70.9%)
King George	196	(48.9%)	205	(51.1%)
King & Queen	429	(61.3%)	271	(38.7%)
King William	318	(68.2%)	148	(31.8%)
Lancaster	107	(40.7%)	156	(59.3%)
Lee	624	(47.6%)	688	(52.4%)
Lewis	649	(71.5%)	259	(28.5%)
Logan	480	(83.6%)	94	(16.4%)
Loudoun	722	(28.7%)	1,798	(71.3%)
Louisa	397	(44.5%)	496	(55.5%)
Lunenburg	433	(73.7%)	179	(26.3%)
Madison	586	(81.6%)	132	(18.4%)
Marion	1,197	(71.9%)	468	(28.1%)
Marshall	683	(45.2%)	828	(54.8%)
Mason	448	(43.2%)	588	(56.8%)
Matthews	253	(45.5%)	315	(54.5%)
McDowell	33	(22.3%)	115	(77.7%)
Mecklenburg	606	(61.2%)	384	(38.8%)
Mercer	429	(43.5%)	557	(56.5%)
Middlesex	214	(54.5%)	179	(45.5%)
Monongalia	975	(60.3%)	641	(39.7%)
Monroe	672	(44.3%)	845	(55.7%)
Montgomery	388	(33.7%)	615	(66.3%)
Morgan	261	(48.8%)	274	(51.2%)
Nansemond	271	(37.0%)	462	(63.0%)
Nelson	383	(32.7%)	789	(67.3%)
New Kent	132	(64.4%)	239	(35.6%)
Nicholas	303	(45.4%)	364	(54.6%)
Norfolk	381	(39.2%)	591	(60.8%)
Northampton	153	(40.3%)	227	(59.7%)
Northumberland	194	(64.2%)	108	(45.8%)
Nottoway	178	(47.7%)	195	(52.3%)
Ohio	1,030	(43.8%)	1,323	(56.2%)
Orange	379	(47.1%)	426	(52.9%)
Page	960	(88.1%)	130	(11.9%)
Patrick	593	(54.1%)	503	(45.9%)
Pendleton	411	(51.8%)	383	(48.2%)
Pittsylvania	1,107	(44.2%)	1,396	(55.8%)
Pleasants	146	(65.8%)	70	(34.2%)
Pocahontas	419	(75.8%)	134	(24.2%)
Powhatan	132	(49.3%)	136	(50.7%)
Preston	810	(61.6%)	505	(38.4%)
Prince George	267	(58.8%)	187	(41.2%)
Prince Edward	316	(53.8%)	271	(46.2%)
Princess Anne	364	(49.8%)	367	(50.2%)
Prince William	712	(73.9%)	251	(26.1%)
Pulaski	289	(47.9%)	314	(52.1%)
Putnam	427	(48.6%)	451	(51.4%)
Raleigh	148	(28.0%)	381	(72.0%)
Randolph	430	(77.3%)	226	(22.7%)
Rappahannock	463	(47.6%)	509	(52.4%)
Richmond	262	(46.9%)	296	(53.1%)
Ritchie	422	(74.2%)	137	(25.8%)
Roane	261	(46.4%)	302	(53.6%)
Roanoke	409	(59.1%)	283	(40.9%)
Rockbridge	1,208	(49.5%)	1,230	(50.5%)
Rockingham	2,402	(77.4%)	700	(22.6%)
Russell	404	(35.0%)	751	(65.0%)
Scott	559	(48.2%)	600	(51.8%)
Shenandoah	1,912	(87.5%)	273	(12.5%)
Smyth	454	(43.2%)	598	(56.8%)
Southampton	493	(47.9%)	536	(52.1%)
Spottsylvania	588	(54.1%)	498	(45.9%)
Stafford	507	(62.9%)	299	(37.1%)
Surry	167	(55.5%)	134	(44.5%)
Sussex	291	(69.6%)	127	(30.4%)
Taylor	551	(51.0%)	530	(49.0%)
Tazewell	621	(53.4%)	541	(46.6%)
Tucker	176	(91.1%)	17	(8.9%)
Tyler	460	(61.4%)	289	(38.6%)
Upshur	422	(59.1%)	292	(40.9%)
Warren	456	(68.0%)	215	(32.0%)
Warwick	31	(34.1%)	60	(65.9%)
Washington	870	(47.4%)	966	(52.6%)
Wayne	320	(54.3%)	269	(45.7%)
Westmoreland	146	(24.7%)	444	(75.3%)
Wetzel	809	(92.6%)	65	(7.4%)
Wirt	302	(68.9%)	136	(31.1%)
Wise	226	(52.1%)	208	(47.9%)
Wood	660	(42.7%)	836	(57.3%)
Wythe	775	(51.1%)	743	(48.9%)
Wyoming	78	(31.5%)	170	(68.5%)
York	102	(37.4%)	171	(62.6%)

Cities & Towns

Norfolk	527	(38.7%)	836	(61.3%)
Petersburg	636	(40.3%)	944	(59.7%)
Portsmouth	537	(44.2%)	678	(55.8%)
Richmond	1,588	(43.7%)	2,043	(56.3%)
Williamsburg	55	(57.9%)	40	(42.1%)
Total	(77,216)		(71,592)	
	77,229*	**(51.9%)**	**71,427**	**(48.1%)**

*Only the totals in bold are official; the figures in parentheses are the added county returns. The county returns are not official.

SOURCES—*Richmond Whig,* December 10, 1859 — official state totals; (Richmond) *Daily Dispatch,* June 7, 9, 10, 13, 14, 1859; *Richmond Enquirer,* June 14, 1859; Horace Greeley and John F. Cleveland (comps.), *Political Text-Book For 1860* (New York, N.Y.: Tribune Association, 1860).

WISCONSIN

Wisconsin became the 30th state on May 29, 1848. The initial election for governor was held on May 8, 1848.
Term—Two years. **Election**—The first Tuesday after the first Monday in November.

POPULATION
1840—30,945   1850—305,391   1860—775,881

1848

County	Nelson Dewey (D)		John H. Tweedy (W)		Charles Durkee (I)	
Brown	311	(69.4%)	137	(30.6%)		
Calumet	113	(63.1%)	66	(36.9%)		
Chippewa*	270	(71.6%)	107	(28.4%)		
Columbus	328	(44.4%)	411	(55.6%)		
Dane	1,098	(59.0%)	751	(40.3%)	13	(0.7%)
Dodge	1,116	(59.6%)	706	(37.7%)	52	(2.8%)
Fond du Lac	622	(49.1%)	510	(40.2%)	136	(10.7%)
Grant	1,199	(44.9%)	1,467	(55.0%)	3	(0.1%)
Greene	481	(53.4%)	406	(45.1%)	13	(1.4%)
Iowa & Richland	847	(53.2%)	745	(46.8%)		
Jefferson	1,157	(54.8%)	893	(42.3%)	61	(2.9%)
La Fayette	1,232	(58.8%)	863	(41.2%)		
Marquette	230	(45.0%)	258	(50.5%)	23	(4.5%)
Milwaukee	2,021	(61.2%)	1,194	(36.1%)	89	(2.7%)
Portage	160	(51.1%)	153	(48.9%)		
Racine	1,765	(55.0%)	1,209	(37.6%)	238	(7.4%)
Rock	1,394	(48.0%)	1,475	(50.8%)	33	(1.1%)
Sauk	187	(53.0%)	157	(44.5%)	9	(2.5%)
Sheboygan	554	(57.8%)	384	(40.0%)	21	(2.2%)
Walworth	1,478	(49.1%)	1,356	(45.1%)	175	(5.8%)
Washington	1,598	(85.9%)	263	(14.1%)		
Waukesha	1,197	(49.8%)	938	(39.0%)	268	(11.2%)
Total	**19,538**	**(55.6%)**	**14,449**	**(41.1%)**	**1,134**	**(3.2%)**

*Includes Crawford, Lapointe, and St. Croix counties.

SOURCE—Journal of the Wisconsin Assembly, 1848, Appendix "A."

1849

County	Nelson Dewey (D)		Alexander L. Collins (W)		Warren Chase (FS)	
Brown	281	(61.8%)	171	(37.6%)	3	(0.7%)
Calumet	135	(53.4%)	117	(46.2%)	1	(0.4%)
Columbia	410	(47.8%)	432	(50.3%)	16	(1.9%)
Crawford	152	(82.6%)	32	(17.4%)	0	
Dane	666	(44.1%)	759	(50.2%)	86	(5.7%)
Dodge	1,255	(60.3%)	714	(34.3%)	112	(5.4%)
Fond du Lac	640	(51.2%)	389	(31.1%)	220	(17.6%)
Grant	1,036	(47.9%)	1,103	(51.3%)	16	(0.7%)
Greene	443	(55.9%)	324	(40.9%)	33	(2.6%)
Iowa	688	(51.0%)	655	(48.6%)	6	(0.4%)

County	Nelson Dewey (D)		Alexander L. Collins (W)		Warren Chase (FS)	
Jefferson	897	(52.6%)	649	(38.1%)	158	(9.3%)
Lafayette	1,094	(72.5%)	416	(27.5%)	0	
Marquette	259	(40.7%)	247	(38.8%)	130	(20.4%)
Milwaukee	2,108	(71.0%)	718	(24.2%)	141	(4.8%)
Portage	287	(52.5%)	259	(47.3%)	1	(0.2%)
Racine	761	(32.0%)	716	(30.1%)	899	(37.8%)
Rock	604	(26.1%)	1,168	(50.5%)	541	(23.4%)
Saint Croix	56	(72.7%)	21	(27.3%)	0	
Sauk	355	(60.8%)	226	(38.7%)	3	(0.5%)
Sheboygan	635	(65.9%)	322	(33.4%)	7	(0.7%)
Washington	1,616	(84.6%)	208	(10.9%)	86	(4.5%)
Walworth	646	(30.5%)	667	(31.5%)	806	(38.0%)
Waukesha	1,319	(55.9%)	669	(28.4%)	370	(15.7%)
Winnebago	318	(40.5%)	335	(42.6%)	133	(16.9%)
Total	**16,649**	**(52.5%)**	**11,317**	**(35.7%)**	**3,761**	**(11.9%)**
Lapointe*	52	(100%)	0		0	

*Not included in the official returns.
No returns for Manitowoc County.

SOURCES—*Milwaukee Sentinel & Gazette*, December 19, 1849; James R. Donoghue, *How Wisconsin Voted 1848–1972*, 3rd Edition (Madison, Wis.: Institute of Governmental Affairs, 1974), p. 91.

1851

County	Leonard D. Farwell (W)		Don A. Upham (D)	
Brown	299	(48.5%)	318	(51.5%)
Calumet	63	(32.8%)	129	(67.2%)
Columbia	714	(49.2%)	738	(50.8%)
Crawford	48	(28.1%)	123	(71.9%)
Dane	1,454	(58.1%)	1,047	(41.9%)
Dodge	1,302	(48.2%)	1,401	(51.8%)
Fond du Lac	877	(50.3%)	865	(49.7%)
Grant	1,026	(51.0%)	985	(49.0%)
Green	504	(48.7%)	530	(51.3%)
Iowa	659	(49.3%)	679	(50.7%)
Jefferson	1,121	(49.3%)	1,152	(50.7%)
Kenosha	809	(68.8%)	367	(31.2%)
La Crosse	68	(22.1%)	219	(77.9%)
Lafayette	467	(39.6%)	712	(60.4%)
Manitowoc	93	(22.1%)	328	(77.9%)
Marathon	113	(54.3%)	95	(45.7%)
Marquette	492	(51.1%)	470	(48.9%)
Milwaukee	2,494	(50.8%)	2,418	(49.2%)
Outagamie	225	(36.8%)	386	(63.2%)
Portage	142	(42.9%)	189	(57.1%)
Racine	1,087	(59.3%)	746	(40.7%)
Richland	117	(46.2%)	136	(53.8%)
Rock	1,771	(60.8%)	1,141	(39.2%)
St. Croix	71	(41.5%)	100	(58.5%)
Sauk	474	(49.2%)	490	(50.8%)
Sheboygan	552	(35.3%)	1,010	(64.7%)
Vernon	52	(37.7%)	86	(62.3%)
Walworth	1,641	(65.7%)	858	(34.3%)
Washington	520	(22.8%)	1,760	(77.2%)
Waukesha	1,541	(50.6%)	1,507	(49.4%)
Waupeca	58	(46.8%)	66	(53.2%)
Waushara	195	(69.4%)	86	(30.6%)
Winnebago	1,023	(64.2%)	570	(35.8%)
Total	**22,319**	**(50.6%)**	**21,812**	**(49.4%)**

SOURCE—Donoghue, p. 92.

1853

County	William A. Barstow (D)		Edward D. Holton (W)		Henry S. Baird (W)	
Adams	122	(56.2%)	38	(17.5%)	57	(26.3%)
Bad Ax	208	(71.2%)	7	(2.4%)	77	(26.4%)
Brown	254	(40.9%)	33	(5.3%)	334	(53.8%)
Calumet	250	(57.7%)	90	(20.8%)	93	(21.5%)
Columbia	816	(47.2%)	706	(40.9%)	206	(11.9%)
Crawford	118	(69.0%)	24	(14.0%)	29	(17.0%)
Dane	1,620	(53.4%)	1,234	(40.7%)	177	(5.8%)
Dodge	1,992	(57.9%)	1,418	(41.2%)	31	(0.9%)
Fond du Lac	1,489	(54.0%)	1,217	(44.1%)	51	(1.8%)
Grant	988	(44.7%)	1,026	(46.4%)	195	(8.8%)
Green	769	(46.0%)	748	(44.8%)	153	(9.2%)
Iowa	402	(45.7%)	464	(52.7%)	14	(1.6%)
Jackson	113	(89.0%)	14	(11.0%)	0	
Jefferson	1,490	(46.7%)	1,591	(49.9%)	108	(3.4%)
Kenosha	590	(42.0%)	812	(57.8%)	4	(0.3%)
La Crosse	276	(56.7%)	160	(30.8%)	61	(12.5%)
Lafayette	1,026	(59.4%)	420	(24.3%)	280	(16.2%)

County	William A. Barstow (D)		Edward D. Holton (W)		Henry S. Baird (W)	
Lapointe	39	(97.5%)	0		1	(2.5%)
Manitowoc	854	(88.3%)	46	(4.8%)	67	(6.9%)
Marathon	205	(49.2%)	4	(1.0%)	208	(49.9%)
Marquette	641	(42.5%)	852	(56.5%)	14	(0.9%)
Milwaukee	4,184	(75.5%)	1,334	(24.1%)	24	(0.4%)
Oconto	90	(42.9%)	0		120	(57.1%)
Outagamie	267	(54.4%)	206	(42.0%)	18	(3.7%)
Ozaukee	1,155	(86.6%)	179	(13.4%)	0	
Pierce	71	(67.6%)	0		34	(32.4%)
Portage	367	(63.6%)	56	(9.7%)	154	(26.7%)
Racine	1,239	(50.4%)	1,214	(49.4%)	6	(0.2%)
Richland	185	(56.9%)	127	(39.1%)	13	(4.0%)
Rock	1,375	(38.8%)	1,832	(51.7%)	337	(9.5%)
Sauk	641	(54.9%)	472	(40.4%)	55	(4.7%)
Sheboygan	1,389	(67.1%)	676	(32.7%)	4	(0.2%)
Walworth	1,062	(37.3%)	1,584	(55.6%)	203	(7.1%)
Washington	1,462	(82.5%)	310	(17.5%)	0	
Waukesha	1,594	(48.9%)	1,610	(49.4%)	54	(1.7%)
Waupaca	217	(51.8%)	152	(36.3%)	50	(11.9%)
Waushara	135	(36.7%)	232	(63.0%)	1	(0.3%)
Winnebago	710	(39.7%)	1,008	(56.3%)	71	(4.0%)
Total	**30,405**	**(54.7%)**	**21,886**	**(39.4%)**	**3,304**	**(6.0%)**

No returns for Chippewa, Kewaunee and St. Croix counties.

SOURCE—Manuscript returns, state archives, Madison.

1855

County	William A. Barstow (D)		Coles Bashford (R)*	
Adams	376	(38.1%)	611	(61.9%)
Brown	335	(62.5%)	201	(37.5%)
Buffalo	115	(92.5%)	8	(7.5%)
Calumet	377	(54.2%)	318	(45.8%)
Chippewa	121	(61.1%)	77	(38.9%)
Clark	45	(86.5%)	7	(13.5%)
Columbia	906	(36.4%)	1,585	(63.6%)
Crawford	163	(57.6%)	120	(42.4%)
Dane	2,367	(49.9%)	2,380	(50.1%)
Dodge	2,364	(51.9%)	2,187	(48.1%)
Door	0		81	(100%)
Douglas	88	(91.7%)	8	(8.3%)
Dunn	124	(74.3%)	43	(25.7%)
Fond du Lac	1,722	(46.4%)	1,989	(53.6%)
Grant	1,112	(41.2%)	1,588	(58.8%)
Green	600	(34.8%)	1,123	(65.2%)
Iowa	1,092	(58.7%)	768	(41.3%)
Jackson	114	(39.3%)	176	(60.7%)
Jefferson	1,558	(47.2%)	1,746	(52.8%)
Kenosha	610	(38.0%)	995	(62.0%)
Lafayette	1,199	(61.7%)	743	(38.3%)
Lapointe	38	(100%)	0	
Manitowoc	941	(64.1%)	528	(35.9%)
Marathon	104	(54.2%)	88	(45.8%)
Marquette	858	(42.0%)	1,187	(58.0%)
Milwaukee	4,627	(72.6%)	1,749	(27.4%)
Monroe	92	(30.2%)	213	(69.8%)
Oconto	131	(59.8%)	88	(40.2%)
Outagamie	382	(48.0%)	414	(52.0%)
Ozaukee	1,586	(85.4%)	271	(14.6%)
Pierce	55	(27.2%)	147	(72.8%)
Polk	149	(88.2%)	20	(11.8%)
Portage	235	(36.2%)	414	(63.8%)
Racine	1,344	(51.9%)	1,245	(48.1%)
Richland	186	(29.3%)	448	(70.7%)
Rock	1,018	(27.5%)	2,690	(72.5%)
Sauk	482	(33.7%)	950	(66.3%)
Shawano	38	(46.3%)	44	(53.7%)
Sheboygan	1,306	(54.1%)	1,108	(45.9%)
Trempealeau	18	(27.7%)	47	(72.3%)
Vernon	298	(49.3%)	306	(50.7%)
Walworth	1,112	(34.8%)	2,080	(65.2%)
Washington	2,301	(81.3%)	528	(18.7%)
Waukesha	1,512	(39.4%)	2,324	(60.6%)
Waupeca	806	(67.7%)	385	(32.3%)
Waushara	248	(34.2%)	478	(65.8%)
Winnebago	1,138	(40.2%)	1,691	(59.8%)
Total	**36,355**	**(50.1%)**	**36,198**	**(49.9%)**

*Bashford contested the election. The Supreme Court of Wisconsin held that he was the winner by 1,009 votes, and consequently he became Governor on March 25, 1856.

SOURCES—Donoghue, p. 93; Kallenbach and Kallenbach, *American State Governors*, p. 647.

1857

County	Alexander W. Randall (R)		James B. Cross (D)	
Adams	349	(63.8%)	198	(36.2%)
Brown	143	(19.9%)	575	(80.1%)
Buffalo	179	(33.1%)	362	(66.9%)
Calumet	361	(42.5%)	488	(57.5%)
Chippewa	70	(21.5%)	256	(78.5%)
Clark	59	(60.2%)	39	(39.8%)
Columbia	1,731	(57.5%)	1,281	(42.5%)
Crawford	278	(43.2%)	366	(56.8%)
Dane	2,668	(47.4%)	2,959	(52.6%)
Dodge	2,329	(51.7%)	2,180	(48.3%)
Door	39	(50.6%)	38	(49.4%)
Douglas	28	(16.2%)	145	(83.8%)
Dunn	204	(64.8%)	111	(35.2%)
Eau Claire	199	(59.9%)	133	(40.1%)
Found du Lac	2,097	(53.5%)	1,826	(46.5%)

County				
Grant	1,681	(57.2%)	1,260	(42.8%)
Green	1,156	(58.1%)	832	(41.9%)
Iowa	765	(45.5%)	915	(54.5%)
Jackson	336	(50.9%)	324	(49.1%)
Jefferson	1,804	(51.3%)	1,711	(48.7%)
Juneau	499	(49.7%)	505	(50.3%)
Kenosha	932	(57.4%)	693	(42.6%)
Kewaunee	51	(22.3%)	178	(77.7%)
La Crosse	684	(44.3%)	861	(55.7%)
Lafayette	758	(35.8%)	1,360	(64.2%)
Lapointe	0		43	(100%)
Manitowoc	631	(33.7%)	1,241	(66.3%)
Marathon	197	(48.5%)	209	(51.5%)
Marquette	1,475	(55.1%)	1,202	(44.9%)
Milwaukee	2,248	(28.9%)	5,531	(71.1%)
Monroe	555	(56.1%)	434	(43.9%)
Oconto	160	(46.2%)	186	(53.8%)
Outagamie	416	(42.1%)	573	(57.9%)
Ozaukee	266	(18.6%)	1,167	(81.4%)
Pierce	306	(64.2%)	171	(35.8%)
Polk	111	(41.9%)	154	(58.1%)
Portage	571	(53.6%)	494	(46.4%)
Racine	1,752	(54.7%)	1,452	(45.3%)
Richland	538	(46.9%)	608	(53.1%)
Rock	3,425	(67.7%)	1,633	(32.3%)
St. Croix	358	(48.0%)	388	(52.0%)
Sauk	1,239	(59.7%)	835	(40.3%)
Shawano	15	(20.3%)	59	(79.7%)
Sheboygan	1,276	(54.9%)	1,047	(45.1%)
Trempealeau	164	(75.2%)	54	(24.8%)
Vernon	549	(55.2%)	445	(44.8%)
Walworth	2,335	(68.2%)	1,089	(31.8%)
Washington	341	(19.2%)	1,433	(80.8%)
Waukesha	2,269	(54.8%)	1,869	(45.2%)
Waupaca	936	(65.3%)	498	(34.7%)
Waushara	978	(77.3%)	288	(22.7%)
Winnebago	2,058	(59.0%)	1,430	(41.0%)
Wood	124	(52.8%)	111	(47.2%)
Total	**44,693**	**(50.3%)**	**44,239**	**(49.7%)**

SOURCE—Donoghue, p. 93.

1859

County	Alexander W. Randall (R)		Harrison C. Hobart (D)	
Adams	594	(67.0%)	293	(33.0%)
Brown	423	(28.4%)	1,066	(71.6%)
Calumet	518	(43.1%)	683	(56.9%)
Chippewa	156	(38.6%)	248	(61.4%)
Clark	71	(62.8%)	42	(37.2%)
Columbia	2,595	(61.2%)	1,645	(38.8%)
Crawford	619	(45.3%)	748	(54.7%)
Dane	3,727	(49.0%)	3,880	(51.0%)
Dodge	3,492	(47.5%)	3,856	(52.5%)
Douglas	34	(36.2%)	60	(63.8%)
Dunn	192	(52.3%)	175	(47.7%)
Fond du Lac	3,214	(56.0%)	2,530	(44.0%)
Grant	2,496	(59.3%)	1,715	(40.7%)
Green	1,726	(60.2%)	1,141	(39.8%)
Green Lake	1,453	(68.7%)	662	(31.3%)
Iowa	1,454	(52.4%)	1,320	(47.6%)
Jackson	494	(62.8%)	293	(37.2%)
Jefferson	2,327	(48.1%)	2,512	(51.9%)
Juneau	1,060	(54.8%)	874	(45.2%)
Kenosha	1,321	(59.3%)	906	(40.7%)
Kewaunee	167	(22.8%)	567	(77.2%)
La Crosse	1,219	(54.1%)	1,034	(45.9%)
Lafayette	1,102	(42.1%)	1,514	(57.9%)
Lapointe	72	(39.8%)	109	(60.2%)
Manitowoc	704	(24.8%)	2,134	(75.2%)
Marathon	206	(28.8%)	509	(71.2%)
Marquette	586	(45.3%)	792	(54.7%)
Monroe	939	(61.9%)	578	(38.1%)
Oconto	352	(44.4%)	440	(55.6%)
Outagamie	494	(40.3%)	733	(59.7%)
Ozaukee	627	(28.4%)	1,577	(71.6%)
Pepin	432	(62.9%)	255	(37.1%)
Pierce	506	(62.4%)	305	(37.6%)
Polk	161	(53.3%)	141	(46.7%)
Portage	743	(56.1%)	582	(43.9%)
Racine	2,111	(56.4%)	1,634	(43.6%)
Richland	745	(53.5%)	647	(46.5%)
Rock	4,089	(72.2%)	1,578	(27.8%)
St. Croix	516	(48.0%)	560	(52.0%)
Sauk	1,659	(67.5%)	799	(42.5%)
Shawano	105	(54.7%)	87	(45.3%)
Sheboygan	1,772	(49.1%)	1,839	(50.9%)
Trempealeau	366	(71.9%)	143	(28.1%)
Vernon	995	(61.6%)	619	(38.4%)
Walworth	3,133	(68.2%)	1,459	(31.8%)
Washington	684	(24.5%)	2,106	(75.5%)
Waukesha	2,785	(54.8%)	2,295	(45.2%)
Waupeca	1,167	(65.2%)	624	(34.8%)
Waushara	1,126	(74.8%)	380	(25.2%)
Winnebago	3,805	(58.7%)	1,570	(41.3%)
Wood	235	(45.6%)	280	(54.4%)
Total	**59,999**	**(53.3%)**	**52,539**	**(46.7%)**

The votes of the counties listed below were rejected by the State Board of Canvassers.

Buffalo	264	(38.9%)	414	(61.1%)
Door	72	(48.0%)	78	(52.0%)
Eau Claire	320	(57.9%)	233	(42.1%)
Milwaukee	2,811	(31.0%)	6,261	(69.0%)

SOURCES—Donoghue, p. 94; *Wisconsin Blue Book 1997–1998*, p. 680.

BIBLIOGRAPHY

Books

Allen, Howard W., and Vincent A. Lacey. *Illinois Elections 1818–1990*. Carbondale, Ill.: Southern Illinois University Press, 1993.

Batchellor, A. S. (ed.). *New Hampshire State Papers, Bouton, Nathaniel et al., Documents and Records Relating to New Hampshire*. Vol. 20.

Carter, Christie (comp.). *Vermont Elections 1789–1989, State Papers of Vermont*. Vol. 21. Montpelier, Vt.: Secretary of State, 1989.

Clift, G. Glenn. Unpublished manuscript. Frankfort, Ken.: Kentucky Historical Society.

Diamond, Robert A. (ed.). *Guide to U.S. Elections*. 1st and 4th editions. Washington, D.C.: Congressional Quarterly, 1975, 2001.

Donoghue, James R. *How Wisconsin Voted 1848–1972*. 3rd edition. Madison, Wis.: Institute of Governmental Affairs, 1974.

Dorman, Lewy. *Party Politics in Alabama from 1850 through 1860*. Montgomery, Ala.: State Department of Archives and History, 1935.

Eure, Thad (ed.). *North Carolina Government 1585–1979*. Raleigh, N.C.: 1980. North Carolina Department of State.

Evening Journal Almanac, 1859. Albany, N.Y.: Weed Parsons & Co., 1859.

Greeley, Horace, and John F. Cleveland (comps.). *Political Text-Book for 1860*. New York: Tribune Association, 1860.

Hein, Clarence J., and Charles A. Sullivant. *Kansas Votes Gubernatorial Elections 1859–1956*. Lawrence, Kan.: Government Research Center, University of Kansas, 1958.

Hopkins, Anne H., and William Lyons. *Tennessee Votes*. Knoxville, Tenn.: Bureau of Public Administration, University of Tennessee Press, 1978.

Hutchins, Stephen C. *Civil List and Forms of Government*. Albany, N.Y.: Weed Parsons & Co., 1874.

Kallenbach, Joseph E., and Jessamine S. Kallenbach. *American State Governors 1776–1976*. Dobbs Ferry, N.Y.: Oceana Publications, 1977.

Kingston, Mike, Sam Attlesey, and Mary G. Crawford. *The Texas Almanac's Political History of Texas*. Austin, Tex.: Eakin Press, 1992.

Maine Legislative Documents, 1859, 1860.

Maine Register State Year-Book and Legislative Manual No. 77, 1945. Portland, Me.: Fred L. Tower Companies, 1945.

Michigan Manual. 1913.

McCarty, L.P. *The Annual Statistician And Economist*. San Francisco, Cal.: 1891.

McCormick, Richard P. *The Second American Party System*. Chapel Hill, N.C.: University of North Carolina Press, 1966.

New Hampshire Manual. 1917.

(New York) *Red Book*. 1928.

Niles, Hezekiah (ed.). *Niles Register*. Baltimore, Md.: 1845.

Ohio Statistics, 1875.

Official Manual of the State of Missouri. 1892–93.

Onstine, Burton W., *Oregon Votes 1859–1872*. Salem, Ore.: Oregon Historical Society, 1973.

Pease, Theodore C. *Illinois Election Returns, 1818–1848*. Springfield, Ill.: Illinois State Historical Library, 1923.

Pitchell, Robert J. *Indiana Votes*. Bloomington, Ind.: Bureau of Government Research, Indiana University, 1960.

Rhode Island Manual. 1971–72.

Rikes, Dorothy, and Gayle Thornbrough. *Indiana Election Returns 1816–1851*. n. p.: Indiana Historical Bureau, 1960.

Tebeau, Charlton W. *A History of Florida*. Coral Gables, Fla.: University of Miami Press, 1971.

Whig/Tribune Almanac. New York: Tribune Association, 1844–60.

White, Bruce M. et al. *Minnesota Votes*. St. Paul, Minn.: Minnesota Historical Society, 1977.

Young, Alfred F. *Democratic-Republicans of New York, The Origins*. Chapel Hill, N.C.: University of North Carolina Press, 1967.

Wisconsin Blue Book. 1997, 1998.

Legislative Journals

(Alabama) Journal of the House of Representatives, 1821–57.

(Alabama) Journal of the Senate, 1833–41.

(Arkansas) Journal of the Senate, 1848–60.

(California) Journal of the Assembly, 1856, 1858.

(California) Journal of the Senate, 1849–54.

(Connecticut) Journal of the House of Representatives, 1796–1819.

(Delaware) Journal of the House of Representatives, 1792–1858.

(Georgia) Journal of the House of Representatives, 1833–1859.
(Iowa) Journal of the House of Representatives, 1849, 1854.
(Louisiana) Journal of the House of Representatives, 1812–35.
(Louisiana) Journal of the Senate, 1824–60.
(Maryland), Journal of the House of Delegates, 1854, 1858.
(Michigan) Journal of the House of Representatives, 1844.
(Mississippi) Journal of the House of Representatives, 1819–36.
(Mississippi) Journal of the Senate, 1817–59.
(Missouri) Journal of the House of Representatives, 1856, 1857.
(Missouri) Journal of the Senate, 1848–60.
(North Carolina) Journal of the House of Commons, 1836, 1838.
(North Carolina) Journal of the Senate, 1840, 1842.
(Ohio) Journal of the House of Representatives, 1805, 1808, 1810, 1812, 1814, 1816, 1818, 1820–49.
(Ohio) Journal of the Senate, 1803, 1807, 1854.
(Pennsylvania) Journal of the House of Representatives, 1790–1861.
(Rhode Island) Journal of the House of Representatives.
(Tennessee) Journal of the House of Representatives, 1803, 1859, 1860.
(Tennessee) Journal of the Senate, 1837–53.
(Texas) Journal of the House of Representatives, 1845.
(Texas) Journal of the Senate, 1851–59.
(Virginia) Journal of the House of Delegates, 1855–56.
(Wisconsin) Journal of the Assembly, 1848.

Newspapers

Alabama

Cahawba Press
Huntsville Democrat
(Huntsville) *Southern Advocate*
Mobile Commercial Register
Mobile Register
Montgomery Advertiser
(Montgomery) *Journal*
Selma Free Press
(Tuscaloosa) *Flag of the Union*

Arkansas

(Little Rock) *Arkansas Gazette*

Florida

(Tallahassee) *Floridian*

Georgia

(Athens) *Athenian*
Augusta Chronicle
(Macon) *Georgia Messenger*
(Milledgeville) *Federal Union*
(Milledgeville) *Georgia Times And State Rights' Advocate*
(Milledgeville) *Journal*
(Milledgeville) *Recorder, Southern Recorder*
(Savannah) *Georgian*
(Savannah) *Recorder*
(Savannah) *Republican*

Iowa

Burlington Hawk-Eye

Kentucky

(Frankfort) *Argus*
(Frankfort) *Commonwealth*
(Frankfort) *Kentucky Yeoman*
Frankfort Palladium
(Lexington) *Kentucky Gazette*
Lexington Observer & Reporter
Daily Louisville Public Advertiser
Louisville Daily Journal

Louisiana

(Alexandria) *Louisiana Herald*
(New Orleans) *Bee*
(New Orleans) *Louisiana Courier*
(New Orleans) *Louisiana Gazette*

Maine

(Augusta) *Kennebec Journal*
(Portland) *Eastern Argus*

Maryland

(Annapolis) *Maryland Gazette*
Baltimore American
Baltimore Sun

Michigan

(Detroit) *Daily Free Press*

Mississippi

(Jackson) *Mississippian*
(Natchez) *Ariel*
(Natchez) *Mississippi Republican*
Port Gibson Correspondent

Missouri

(Jefferson City) *Jefferson Inquirer*
(Jefferson City) *Jefferson Republican*
(St. Louis) *Gazette*
(St. Louis) *Missouri Intelligencer*
(St. Louis) *Missouri Republican*

New Hampshire

(Walpole) *Farmers Weekly Museum*

New Jersey

(Trenton) *Morning Eagle*
(Trenton) *State Gazette*

New York

Albany Argus
Albany Gazette
(Fishkill) *New York Packet*
(New York) *American Citizen*
(New York) *Daily Advertiser*
New York Journal & Patriotic Register

Ohio

(Canton) *Ohio Repository*
(Chillicothe) *Scioto Gazette*
(Chillicothe) *Supporter*
(Cincinnati) *Western Spy*
(Columbus) *State Journal*
(Lebanon) *Western Star*
Muskingum Messenger

Rhode Island

(Newport) *Rhode Island Republican*
Providence Gazette
Providence Journal
Providence Patriot
Providence Phoenix
(Providence) *Republican Herald*
(Providence) *Rhode Island American*
(Providence) *Rhode Island and County Journal*

Tennessee

(Knoxville) *Enquirer*
Knoxville Register
(Nashville) *Democratic Clarion*
Nashville Whig
Rockbridge Courier

Texas

(Austin) *Texas State Gazette*
Clarksville Democrat
Galveston News
(Clarksville) *Northern Standard*
(Houston) *Telegraph & Texas Register*

Vermont

(Bennington) *Vermont Gazette*
(Burlington) *Northern Centinel*
(Danville) *North Star*
Middlebury Mercury
(Middlebury) *Vermont Mirror*
(Montpelier) *Watchman*
(Peacham) *Green Mountain Patriot*
(Rutland) *Farmer's Library*
Rutland Herald
Vergennes Gazette
Windsor Federal Gazette
(Windsor) *Vermont Journal*

Virginia

Richmond Daily Dispatch
Richmond Enquirer
Richmond Whig

Wisconsin

Milwaukee Sentinel & Gazette

Candidate Index

The candidates are listed by state. Next to each candidates name is the year(s) he ran. Governors appointed by the legislature (not including those chosen because the popular vote did not produce a winner) are in italics indicating year(s) of selection.

Alabama (27)

Bagby, Arthur P. 1837, 1839
Bibb, William W. 1819
Chambers, Henry 1821, 1823
Chapman, Reuben 1847
Clay, Clement 1835
Collier, Henry W. 1849, 1851
Davis, Nicholas 1831, 1845, 1847
Earnest, William S. 1853
Fitzpatrick, Benjamin 1841, 1843
Gayle, John 1831, 1833
Hopkins, Arthur F. 1839
McLung, James W. 1841
Martin, Joshua L. 1845
Moore, Andrew B. 1857, 1859
Moore, Gabriel 1829, 1831
Murphy, John 1825, 1827
Nicks, Alvis Q. 1853
Oliver, Samuel W. 1837
Parsons, Enoch 1835
Pickens, Israel 1821, 1823
Samford, William B. 1859
Shields, James 1851
Shortridge, George D. 1855
Terry, Nathaniel 1845
Walker, Richard W. 1853
William, W. D. 1819
Winston, John (A) 1853, 1855

Arkansas (14)

Byrd, Richard 1844
Conway, B. H. 1852
Conway, Elias N. 1856
Conway, John S. 1836
Drew, Thomas S. 1844, 1848
Fowler, Absalom 1836
Gibson, Lorenzo 1844
Johnson, Richard H. 1860
Rector, Henry M. 1860
Roane, John S. 1849
Smithson, B. 1852
Wilson, C. 1849
Yell, Archibald 1840
Yell, James 1856

California (15)

Bigler, John 1851, 1853, 1855
Bowie, George W. 1857
Burnett, Peter H. 1849
Curry, John 1859
Geary, John 1849
Johnson, J. Neeley 1855
Latham, Milton S. 1859
Reading, Pierson B. 1851
Sherwood, Winfield S. 1849
Stanford, Leland 1859
Stanly, Edward 1857
Stewart, William M. 1849
Sutter, John A. 1849
Waldo, William 1853
Weller, John B. 1857

Connecticut (56)

Baldwin, Rogers S. 1843–45
Beers, Seth P. 1838
Bissell, Clark 1846–48
Boardman, Elijah 1812–15
Boyd, John 1850, 1851
Buckingham, William A. 1858–60
Catlin, George S. 1848
Chapman, Charles 1854
Cleveland, Chauncey F. 1842–44
Daggett, David 1825, 1826
Dutton, Henry 1853–55
Edwards, Henry W. 1831, 1833–37
Ellsworth, Oliver 1796
Ellsworth, William W. 1837–42
Foote, Samuel A. 1835
Foster, Lafayette S. 1850, 1851
Gillette, Francis 1842–48, 1852, 1853
Griswold, Matthew 1781, 1784, 1785
Griswold, Roger 1810–12
Hart, William 1804–08
Holley, Alexander H. 1857
Hooker, John 1854
Huntington, Samuel 1781, 1783, 1784, 1786–95
Ingersoll, Jonathan 1796
Ingham, Samuel 1854–57
Johnson, William 1781
Kendrick, Green 1852
Kirby, Ephraim 1803
Law, Richard 1781, 1796, 1801
Loomis, Luther 1842–48
Marshall, L. 1781
Minor, Willia T. 1855, 1856
Nicoll, Francis H. 1841
Niles, John M. 1840, 1843
Peters, John (S) 1831–33
Phelps, Elisha 1838, 1839
Pitkin, Timothy 1819–27, 1831
Pitkin, William 1781, 1783, 1784
Plant, David 1824–26
Pratt, James T. 1858, 1859
Rockwell, John A. 1856
Seymour, Thomas H. 1849–53, 1860
Smith, John C. 1816, 1817, 1819, 1820
Smith, Nathan 1825, 1826
Smith, Zephaniah 1823
Spaulding, Asa 1809, 1810
Storrs, Zalmon 1831, 1833, 1835
Tomlinson, Gideon 1827–30, 1836
Toucey, Isaac 1845, 1846
Trumbull, Jonathan 1776–83, 1796, 1798–1809
Trumbull, Joseph 1849
Welles, Gideon 1856
Whittlesey, Isaac 1847
Willey, Calvin 1832
Wolcott Sr., Oliver 1781, 1783, 1784, 1796, 1797
Wolcott Jr., Oliver 1816–27

Delaware (36)

Alexander, Archibald 1795
Bassett, Richard 1798
Bedford, Gunning 1795
Bennett, Caleb P. 1822
Booth, James 1822
Buckmaster, James S. 1858
Bull, Mansen 1816, 1819
Burton, William 1854, 1858
Causey, Peter F. 1846, 1850, 1854
Clark, John 1816
Clark, Nehemiah 1836
Clayton, John 1792
Collins, John 1820
Comegys, Cornelius 1836
Cooper, William 1840
Green, Jesse 1820
Hall, David 1798, 1801
Haslet, Joseph 1804, 1807, 1810, 1822
Hazzard, David 1823, 1826, 1829
Lockwood, Thomas 1850
Jefferson, Warren B. 1840
Mitchell, George 1792
Mitchell, Nathaniel 1801, 1804
Moleston, Henry 1819
Montgomery, Thomas 1792
Naudain, Arnold 1832
Paynter, Samuel 1823

295

Polk, Charles 1826
Riddle, James 1813
Rodney, Daniel 1810, 1813
Ross, William H. 1850
Stockton, Thomas 1844
Tharp, William 1844, 1846
Thomson, Allan 1829
Townsend, Barclay 1798
Truitt, George 1807, 1810

Florida (10)

Bailey, William 1848
Broome, James E. 1852
Brown, Thomas 1848
Call, Richard K. 1845
Hopkins, Edward A. 1860
Milton, John 1860
Moseley, William D. 1845
Perry, Madison 1856
Walker, David S. 1856
Ward, George T. 1852

Georgia (38)

Akin, Warren 1859
Andrews, Garnett 1855
Brown, Joseph E. 1857, 1859
Clark, John *1819, 1821,* 1825
Clinch, Duncan L. 1847
Cobb, Howell 1851
Cooper, Mark A. 1843
Crawford, George W. 1843, 1845
Crawford, Joel 1829, 1833
Cuthbert, Alfred 1827
Dawson, William C. 1841
Doughterty, Charles 1835, 1839
Early, Peter 1813
Emanuel, David 1801
Forsyth, John 1827
Gilmer, George R. 1829, 1831, 1837
Hill, Benjamin H. 1857
Hill, Edward Y. 1849
Irwin, Jared 1796, 1806
Jackson, James 1798
Jenkins, Charles J. 1853
Johnson, Herschel V. 1853, 1855
Lumpkin, Wilson 1831, 1833
McAllister, Matthew 1845
McDonald, Charles J. 1839, 1841, 1851
McDonald ___ 1827
Milledge, John 1802
Mitchell, David B. 1809, 1815
Overby, B. H. 1855
Rabun, William 1817
Schley, William 1835, 1837
Talbott, Matthew 1819
Tattnall, Edward 1827
Tattnall, Joseph 1801
Towns, George W. 1847, 1849
Troup, George M. *1823,* 1825
Walker, Freeman 1827

Illinois (33)

Adams, James 1834
Allen, James C. 1860
Bissell, William H. 1856

Bond, Shadrach 1818
Brown, Thomas C. 1822
Carlin, Thomas 1838
Chickering, J. W. 1860
Coles, Edward 1822
Duncan, Joseph 1834, 1842
Dyer, Charles V. 1848
Edwards, Cyrus 1838
Edwards, Ninian 1826
Eels, Richard 1846
Ford, Thomas 1842
French, Augustus C. 1846, 1848
Hope, Thomas 1860
Hubbard, Adolphus F. 1826
Hunter, Charles W. 1842
Kilpatrick, Thomas M. 1846
Kinney, William 1830, 1834
Knowlton, D. A. 1852
McLaughlin, Robert K. 1834
Matteson, Joel A. 1852
Moore, James B. 1822
Morison, W. S. 1848
Morrison, Buckner S. 1856
Phillips, Joseph 1822
Reynolds, John 1830
Richardson, William A. 1856
Sloo, Thomas 1826
Stuart, John T. 1860
Webb, Edwin B. 1852
Yates, Richard 1860

Indiana (27)

Bigger, Samuel 1840, 1843
Blackford, Isaac 1819, 1825
Canby, Israel T. 1828
Cravens, James H. 1846
Deming, Elizur 1843
Dumont, John 1837
Hendricks, Thomas A. 1860
Hendricks, William 1819
Howard, Tilghman 1840
Jennings, Joseph 1816
Lane, Henry S. 1860
McCarty, Nicholas 1852
Marshall, Joseph G. 1846
Matson, John A. 1849
Moore, Harbin H. 1828
Morton, Oliver P. 1856
Noble, Noah 1831, 1834
Posey, Joseph 1816
Ray, James B. 1819, 1825, 1828
Read, James G. 1831, 1834
Robinson, Andrew L. 1852
Stapp, Milton 1831
Stevens, Stephen C. 1846
Wallace, David 1837
Whitcomb, James 1843, 1846
Willard, Ashbel P. 1856
Wright, Joseph A. 1849, 1852

Iowa (12)

Bates, Curtis 1854
Briggs, Ansel 1846
Clark, William P. 1850
Dodge, Augustus C. 1859
Grimes, James W. 1854
Hempstead, Stephen 1850

Henry, W. T. 1857
Kirkwood, Samuel J. 1859
Lorre, Ralph P. 1857
McKnight, Thomas 1846
Samuels, Ben M. 1857
Thompson, James L. 1850

Kansas (2)

Medary, Samuel 1859
Robinson, Charles 1859

Kentucky (34)

Adair, John 1820
Allen, John 1808
Barry, William J. 1828
Bell, Joshua F. 1859
Breathitt, John 1832
Buckner, Richard A. 1832
Butler, Anthony 1820
Butler, William O. 1844
Clark, James 1836
Clarke, Beverly L. 1855
Clay, Cassius M. 1851
Clay, Green 1808
Crittenden, John J. 1848
Desha, Joseph 1820, 1824
Dixon, Archibald 1851
Flournoy, Matthews 1836
French, Richard 1840
Garrard, James *1796,* 1800
Greenup, Christopher 1800, 1804
Letcher, Robert P. 1840
Logan, Benjamin 1800
Logan, William 1820
Madison, George 1816
Magoffin, Beriah 1859
Metcalfe, Thomas 1828
Morehead, Charles 1855
Owsley, William 1844
Powell, Lazarus W. 1848, 1851
Russell, William 1824
Scott, Charles 1808
Shelby, Isaac 1812
Slaughter, Gabriel 1812
Todd, Thomas 1800
Tompkins, Christopher 1824

Louisiana (29)

Beauvais, Armand 1830
Bourdelon, Louisa 1852
Butler, Thomas 1824, 1828
Claiborne, William C. 1812
Dawson, John B. 1834
DeBuys, William 1846
DeClouet, Alexander 1849
Derbigny, Charles 1846, 1855
Derbigny, Pierre 1820, 1828
Destrehan, Jean N. 1812, 1820
Duncan, Abner L. 1820
Hamilton, W. S. 1830
Hebert, Paul O. 1852
Johnson, Henry 1824, 1842
Johnson, Isaac 1846
Lewis, Joshua 1816
Marigny, Bernard P. 1824, 1828

Moore, Thomas O. 1859
Mouton, Alexandre 1842
Parris, Albion K. 1854
Prieur, Dennis 1838
Randall, David A. 1830
Robertson, Thomas B. 1820
Roman, Andre B. 1830, 1838
Thomas, Philemon 1824, 1828
Villere, Jacques 1812, 1816, 1824
Walker, Joseph 1849
Wells, Thomas J. 1859
White, Edward D. 1834
Wickliffe, Robert C. 1855

MAINE (43)

Anderson, Hugh J. 1843–45
Appleton, James 1842–44
Barnes, Phineas 1860
Bronson, David 1846, 1847
Carleton, Moses 1832
Cary, Shepard 1854
Chandler, Anson G. 1852
Crosby, William G. 1850, 1852, 1853
Curtis, Jeremiah 1841
Dana, John W. 1846–48
Dunlap, Robert P. 1833–36
Fairfield, John 1838–42
Fessenden, Samuel 1845–48
Goodenow, Daniel 1831–33
Hamlin, Elijah L. 1848, 1849
Hamlin, Hannibal 1856
Hill, Thomas A. 1833, 1834
Holmes, Ezekiel 1852, 1853
Hubbard, John 1849, 1850, 1852
Hunton, Jonathan G. 1829, 1830
Kavanaugh, Edward 1843
Kent, William 1836–41
King, William 1820, 1835
Lincoln, Enoch 1826–28
Morrill, Anson P. 1853–55
Morrill, Lot P. 1857–59
Morse, Freeman H. 1845
Parks, Gorham 1837
Parris, Albion K. 1821–25
Patten, George F. 1856
Pillsbury, Albert 1853
Reed, Isaac 1854, 1855
Robinson, Edward 1842–44
Smart, Ephraim K. 1860
Smith, Jonathan G. 1830
Smith, Manasseh H. 1857–59
Smith, Samuel E. 1829–33
Sprague, Peleg 1834
Talbot, George F. 1849, 1850
Washburn, Israel 1860
Wells, Samuel 1855, 1856
Whitman, Ezekiel 1821, 1822
Wingate, Joshua 1821, 1822

MARYLAND (31)

Bowie, Richard J. 1853
Bowie, Robert 1804–06, 1812
Carroll, James 1844
Carroll, Thomas K. 1830
Clarke, William B. 1850
Goldsborough, Charles 1819
Goldsborough, William T. 1847
Grason, William 1838
Groome, John C. 1857
Henry, John 1798
Hicks, Thomas H. 1857
Howard, George 1832
Kent, Joseph 1826–28
Johnson, William C. 1841
Ligon, Thomas W. 1853
Lloyd, Edward 1810, 1811
Lowe, Enoch L. 1850
Martin, David 1829, 1831
Mercer, John F. 1801, 1802
Ogle, Benjamin 1799, 1800, 1801
Pratt, Thomas G. 1844
Ridgely, Charles 1816–18
Sprigg, Samuel 1820–22
Steele, John N. 1838
Stevens, Samuel 1823–25
Stone, John H. 1797
Thomas, Francis 1841
Thomas, John 1833–35
Veazey, Thomas W. 1836–38
Thomas, Philip 1847
Winder, Levin 1813–15

MASSACHUSETTS (67)

Adams, John Q. 1833
Adams, Samuel 1794–96
Allen, Samuel L. 1833, 1834
Andrew, John A. 1860
Armstrong, Samuel T. 1835
Bailey, John 1834
Bancroft, George 1844
Banks, Nathaniel P. 1857–59
Baylies, Francis 1846, 1847
Beach, Erasmus D. 1855–58, 1860
Bell, Luther 1856
Bishop, Henry W. 1852, 1853
Boutwell, George S. 1849–51
Bowdoin, James 1780, 1781, 1785–87, 1789, 1790
Briggs, George N. 1843–50, 1859
Brooks, John 1816–22
Butler, Benjamin F. 1859, 1860
Clifford, John H. 1852
Cogswell, Francis 1850, 1851
Crowninshield, Benjamin W. 1819
Cushing, Caleb 1847, 1848
Cushing, Thomas 1782, 1885
Cushing, William 1794, 1795
Dana, Francis 1792
Davis, Isaac 1845, 1846
Davis, John 1833, 1834, 1840–42
Dearborn, Henry 1817
Dexter, Lemuel 1814–16
Eustis, William 1820–24
Everett, Edward 1835–39
Gardner, Henry J. 1854–57
Gerry, Elbridge 1788, 1793, 1800–03, 1810–12
Gill, Moses 1797, 1800
Gordon, George W. 1856
Gore, Christopher 1808–11
Hancock, John 1780–84, 1786–93
Heath, William 1799
Hubbard, Samuel 1826
Jarvis, William 1827
Lathrop, Samuel 1824, 1831(Nov), 1832
Lawrence, Amos A. 1858, 1860
Lincoln, Benjamin 1785
Lincoln, Levi 1809, 1825–31(April), 1831(Nov)-32
Lloyd, James 1826
Mann, Horace 1852
Morton, Marcus 1828–31(April), 1831(Nov)-43
Otis, Harrison G. 1823
Palfrey, John G. 1851
Phillips, Samuel 1792
Phillips, Stephen C. 1848–50
Prescott, Oliver 1785
Quincy, Josiah 1856
Robinson, Frederick 1848
Robinson, George W. 1840
Rockwell, Julius 1855
Sewall, Samuel 1842–47
Strong, Caleb 1800–07, 1813–15
Sullivan, James 1797, 1798, 1804–08
Sullivan, William 1826
Sumner, Increase 1796–99
Swan, Caleb 1857
Varnum, Joseph B. 1813
Wales, Bradford L. 1853
Walley, Samuel H. 1855
Washburn, Emory 1853, 1854
Wilson, Henry 1853, 1854
Winthrop, Robert C. 1851

MICHIGAN (23)

Barry, John S. 1841, 1843, 1849, 1860
Biddle, John 1835
Bingham, Kinsley S. 1854, 1856
Birney, James G. 1843, 1845
Blair, Austin 1860
Chandler, Zachariah 1852
Christiancy, Isaac P. 1852
Farnsworth, Elon 1839
Felch, Alpheus 1845, 1854, 1856
Fitch, Jabez S. 1841
Fuller, Philo C. 1841
Gridley, Townsend E. 1851
Gurney, Chester 1847
Littlejohn, Flavius 1849
McClelland, Robert 1851, 1852
Mason, Steven T. 1835, 1837
Pitcher, Zino 1843
Ransom, Epaphroditus 1847
Stuart, Charles E. 1858
Trowbridge, Charles C. 1835, 1837
Vickery, Stephen 1845, 1847
Wisner, Moses 1858
Woodbridge, William 1839

MINNESOTA (3)

Becker, George L. 1859
Ramsay, Alexander 1857, 1859
Sibley, Henry H. 1857

MISSISSIPPI (41)

Bradford, Alexander B. 1847
Brandon, Gerard C. 1827, 1829
Brown, Albert G. 1843, 1845
Clayton, G. R. 1843

Coopwood, Thomas 1845
Davis, Isaac N. 1845
Davis, Jefferson 1851
Dickson, David 1823
Fontaine, Charles D. 1855
Foote, Henry S. 1851
Gordon, Adam 1831
Grayson, Beverly R. 1827
Green, Charles B. 1821
Grimball, John A. 1837
Harris, Wiley P. 1831
Hinds, Thomas 1819
Holmes, David 1817, 1825
Lattimore, William 1823
Lea, Luke 1849
Leake, Walter 1821, 1823
Lynch, Charles 1831, 1835
McNutt, Alexander G. 1837, 1839
McRae, John J. 1853, 1855
McWillie, William 1857
Matthews, Joseph W. 1847
Mead, Cowlee 1825
Morgan, J. B. 1837
Pettis, John J. 1859
Poindexter, George 1819
Quitman, John A. 1849
Rogers, Francis M. 1853
Runnels, Hiram G. 1831–35
Scott, Abram M. 1831, 1833
Shattuck, D. O. 1841
Tucker, Tilghman M. 1841
Turner, Edward 1839
Walter, Harvey W. 1859
Williams, Daniel 1827
Williams, Thomas 1843
Winchester, George W. 1829
Yerger, Edward M. 1857

Missouri (29)

Allen, Charles H. 1844
Ashley, William H. 1824, 1836
Bates, Frederick 1824
Benton, Thomas H. 1856
Boggs, Lilburn 1836
Bull, John 1832
Carr, William 1825
Clark, John B. 1840
Clark, William 1820
Doriss, Samuel C. 1832
Dunklin, Daniel 1832
Easton, Rufus 1825
Edwards, John C. 1844
Ewing, Robert C. 1856
Gardenshire, James B. 1860
Jackson, Claiborne F. 1860
Jackson, Hancock 1860
King, Austin A. 1848
McNair, Alexander 1820
Miller, John 1825, 1828
Orr, Sample 1860
Polk, Trustan 1856
Price, Sterling 1852
Reynolds, Thomas 1840
Rollins, James S. 1848, 1857
Smith ____ 1832
Stewart, Robert M. 1857
Todd, David 1825
Winston, James 1852

New Hampshire (56)

Atkinson, George 1785
Atwood, John 1851, 1852
Badger, William 1834–36
Baker, Nathaniel B. 1854, 1855
Bartlett, Ichabod 1831, 1832
Bartlett, Josiah 1785, 1787, 1789–93, 1817
Bell, James 1853–55
Bell, Samuel 1819–22, 1828, 1829
Berry, Nathaniel S. 1846–50
Cate, Asa P. 1859, 1860
Chamberlain, Levi 1849, 1850
Colby, Anthony 1843–47
Dinsmoor, Noah 1852
Dinsmoor, Samuel Sr. 1823, 1831–33
Dinsmoor, Samuel Jr. 1848–51
Farrar, Timothy 1806
Fowler, Asa 1855
Gilman, John T. 1793–1808, 1812–15
Goodwin, Ichabod 1856, 1859, 1860
Haile, William 1857, 1858
Hale, William 1818–20
Harvey, Matthew 1830
Healey, Joseph 1835–37
Hill, Isaac 1836–38
Hoit, Daniel 1842–45
Hubbard, Henry 1842, 1843
Langdon, John 1785–88, 1793, 1798, 1802–11
Livermore, Arthur 1833
Livermore, Samuel 1787
Martin, Noah 1853
Mason, Jeremiah 1817, 1818, 1820
Metcalf, Ralph 1855, 1856
Morrill, David L. 1819, 1820, 1824–27
Page, John 1839–41
Peabody, Nathaniel 1790, 1798
Peabody, Oliver 1806
Perkins, Jared 1854
Pickering, John 1789, 1790
Pierce, Benjamin 1826–29
Plumer, William 1812–18
Sawyer, Thomas E. 1851, 1852
Sheafe, James 1816, 1817
Smith, Jeremiah 1806, 1807, 1809–11, 1824
Steele, John H. 1844, 1845
Stevens, Enos 1840–42
Sullivan, George 1836, 1837
Sullivan, John 1785–89
Upham, Timothy 1830
Walker, Timothy 1793, 1798, 1801
Ware, Meshech 1784
Wells, John S. 1856–58
Wentworth, Joshua 1790
White, John H. 1842–44, 1853
Williams, Jared 1846–48
Wilson, James 1838, 1839
Woodbury, Levi 1823, 1824

New Jersey (22)

Alexander, William C. 1856
Bloomfield, Joseph 1801, 1803–11
Dickerson, Mahlon 1815–16
Fort, George F. 1850
Haines, Daniel *1843*, 1847
Haywood, Joel 1853
Howell, Richard 1797–1800
Lambert, John 1802

Newell, William A. 1856
Ogden, Aaron 1812
Olden, Charles S. 1859
Pennington, William 1836–42
Pennington, William S. 1813–14
Price, Rodman M. 1853
Runk, John 1850
Southard, Samuel L. 1832
Stratton, Charles C. 1844
Thomson, John R. 1844
Vroom, Peter D. 1829–31
Williamson, Isaac H. 1817–1828
Wright, Edwin V. 1859
Wright, William 1847

New York (55)

Bouck, William C. 1840, 1842
Bradish, Luther 1842
Bradley, Henry 1846
Brady, James T. 1860
Bronson, Greene C. 1854
Brooks, Erastus 1856
Buel, Jesse 1836
Burr, Aaron 1804
Burrows, Lorenzo 1858
Chaplin, William L. 1850
Clark, Myron 1854
Clinton, De Witt 1817, 1820, 1824, 1826
Clinton, George 1777, 1780, 1783, 1786, 1789, 1792, 1801, 1804
Dix, John 1848
Edwards, Ogden 1846
Fillmore, Millard 1844
Fish, Hamilton 1848
Goodell, William 1848
Granger, Francis 1830, 1832
Hunt, Washington 1850, 1852
Jay, John 1777, 1792, 1795, 1798
Kelly, William 1860
King, John A. 1856
King, Rufus 1816
Lewis, Morgan 1804, 1807
Livingston, Robert 1798
Marcy, William 1832, 1834, 1836, 1838
Masquirer, Lewis 1846
Morgan, Edwin 1858, 1860
Paine, Ephraim 1783
Parker, Amasa J. 1856, 1858
Platt, Jonas 1810
Porter, Peter B. 1817
Rochester, William B. 1826
Schuyler, Phillip 1777, 1783
Scott, John M. 1777
Seward, William H. 1834, 1838, 1840
Seymour, Horatio 1850, 1852, 1854
Smith, Gerrit 1840, 1858
Smith, Isaac 1836
Southwick, Solomon 1822, 1828
Stewart, Alvan 1842, 1844
Thompson, Smith 1828
Throop, Enos T. 1830
Tompkins, Daniel 1807, 1810, 1813, 1816, 1820
Tompkins, Minthrone 1852
Ullman, Daniel 1854
Van Buren, Martin 1828
Van Rensselaer, Stephen 1801, 1813
Walworth, Reuben H. 1848
Williams, Ezekiel 1830

Wright, Silas 1844, 1846
Yates, Joseph C. 1822
Yates, Robert 1789, 1792
Young, John 1846
Young, Samuel 1824

NORTH CAROLINA (34)

Alexander, Nathaniel 1805,06
Ashe, Samuel 1795, 1796
Bragg, Thomas 1854, 1856
Branch, John *1817–19*, 1838
Burton, Hutchings G. 1824–26
Davie, William R. 1798
Dockery, Alfred 1854
Dudley, Edward B. 1836, 1838
Ellis, John W. 1858, 1860
Franklin, Jesse 1820
Gilmer, John A. 1856
Graham, William A. 1844, 1846
Hawkins, William 1811–13
Henry, Louis D. 1842
Hoke, Michael 1844
Holmes, Gabriel 1821–23
Iredell, James 1827
Kerr, John 1852
McRae, Duncan K. 1858
Manly, Charles 1848, 1850
Miller, William 1814–16
Morehead, John M. 1840, 1842
Owen, John 1828, 1829
Pool, John 1860
Reid, David S. 1848, 1850, 1852
Saunders, Romulus M. 1840
Sheppard, James B. 1846
Smith, Benjamin 1810
Spaight, Richard *1834, 1835,* 1836
Stokes, Montford 1830, 1831
Stone, David 1808, 1809
Swain, David L. *1832–35*
Turner, James 1802–04
Williams, Benjamin 1799–1801, 1806

OHIO (47)

Baldwin, Eli 1836
Barrere, Nelson 1853
Bartley, Mordecai 1844
Bebb, William 1846
Bigger, John 1826
Brown, Ethan A. 1816, 1818, 1820
Campbell, Alexander 1826
Campbell, John W. 1828
Chase, Salmon P. 1855, 1857
Corwin, Thomas 1840, 1842
Dennison, William 1859
Dunlap, James 1816, 1818
Findlay, James 1834
Ford, Seabury 1848
Gilman, Benjamin 1803
Harrison, William H. 1820
Huntingdon, Samuel 1808
Irwin, William 1822
Johnston, William 1850
King, Leicester 1842, 1844
Kirker, Thomas 1808
Lewis, Samuel 1846, 1851, 1853
Looker, Othniel 1814
Lucas, Robert 1830, 1832, 1834
Lyman, Darius 1832
McArthur, Duncan 1830
Massie, Nathaniel 1807
Medill, William 1853, 1855
Meigs, Return J. 1807, 1810, 1812
Morrow, Jeremiah 1820, 1822, 1824
Payne, Henry B. 1857
Ranney, Rufus P. 1859
St. Clair, Arthur 1803
Scott, Thomas 1812
Shannon, Wilson 1838, 1840, 1842
Smith, Edward 1850
Tappan, Benjamin 1826
Tiffin, Edward 1803, 1805
Tod, David 1844, 1846
Trimble, Allen 1822, 1824, 1826, 1828, 1855
Vance, Joseph 1836, 1838
Van Trump, Philip 1857
Vinton, Samuel F. 1851
Weller, John B. 1848
Wells, Bazaleel 1803
Wood, Reuben 1850, 1851
Worthington, Thomas 1808, 1810, 1814, 1816

OREGON (2)

Barnum. E. M. 1858
Whitaker, John 1858

PENNSYLVANIA (36)

Banks, John 1841
Bigler, William 1851, 1854
Bradford, B. Rush 1854
Cleaver, Kimber 1851
Curtin, Andrew G. 1860
Findlay, William 1817, 1820
Foster, George W. 1860
Gregg, Andrew 1823
Hazelhurst, Isaac 1857
Hiester, Joseph 1817, 1820
Johnston, William F. 1848, 1851
Irvin, James 1847
Lattimore, George 1814
Lemoyne, F. Julius 1841, 1844, 1847
Longstreth, Morris 1848
McKean, Thomas 1799, 1802, 1805
Markle, Joseph 1844
Mifflin, Thomas 1790, 1793, 1796
Muhlenberg, Frederick A. 1793, 1796
Muhlenberg, Henry 1835
Packer, William F. 1857
Pollock, James 1854
Porter, David R. 1838, 1841
Reigart, Emanuel C. 1847
Ritner, Joseph 1829, 1832, 1835, 1838
Ross, James 1799, 1802, 1808
St. Clair, Arthur 1790
Schulze, J. Andrew 1823, 1826
Sergeant, Andrew 1826
Shunk, Francis R. 1844, 1847
Snyder, Simon 1805, 1808, 1811, 1814
Spayd, John 1808
Tilgham, William 1811
Wayne, Isaac 1814
Wilmot, David 1857
Wolf, George 1829, 1832, 1835

RHODE ISLAND (42)

Allen, Philip 1851–53
Anthony, Henry B. 1849
Arnold, Lemuel H. 1831, 1832(5)–33
Arnold, Peleg 1806, 1815
Ballou, Olney 1846
Bridgham, Samuel W. 1821
Burges, Tristam 1836, 1839
Bullock, Nathaniel 1839
Carpenter, Thomas F. 1840, 1842, 1843
Chapin, Josiah 1851
Collins, Charles 1836
Collins, John 1786–89
Cooke, Nicholas 1776–77
Dimond, Francis M. 1854
Dinman, Byron 1846
Dyer, Elisha 1857, 1858
Fenner, Arthur 1797–1805
Fenner, James 1807–12, 1824–31, 1832(5), 1843–45
Francis, John B. 1833–38
Gibbs, William C. 1821–23
Greene, James 1802
Greene, William 1778–1785
Harris, Edward 1850, 1851
Harris, Elisha 1847, 1848
Harris, Josiah 1852
Hoppin, William W. 1854–56
Jackson, Charles 1845, 1846
Jackson, Richard 1806
Jones, William 1811–17
King, Samuel W. 1840–42
Knight, Nehemiah 1816–20
Marion, Wheeler 1824
Messer, Asa 1830
Padelford, Seth 1860
Peckham, William 1837
Potter, Americus V. 1856–59
Potter, Elisha R. 1858, 1859
Sackett, Adnah 1848, 1849
Smith, Henry 1806
Sprague, William 1832 (5), 1838–40
Sprague, William (nephew) 1860
Turner, Thomas G. 1859
Wheaton, Seth 1807

SOUTH CAROLINA (31)

Adams, James H. 1854
Aiken, William 1844
Alston, Joseph 1812
Allston, Robert F. 1856
Bennett, Thomas 1820
Butler, Pierce 1836
Drayton, John 1800, 1808
Geddes, John 1818
Gist, William H. 1858
Hamilton, Paul 1804, 1830
Hammond, James H. 1842
Hayne, Robert Y. 1832
Henagan, B. K. 1840 (April)
Johnson, David 1846
Manning, John L. 1852
Manning, Richard I. 1824
McDuffie, George 1834
Means, John H. 1850
Middleton, Henry 1810
Miller, Stephen D. 1828
Noble, Patrick 1838

Pickens, Andrew 1816
Pickens, Francis W. 1860
Pinckney, Charles 1796, 1806
Richardson, James B. 1802
Richardson, John P. 1840 (December)
Rutledge, Edward 1798
Seabrook, Whitemarsh B. 1848
Taylor, John 1826
Williams, David R. 1814
Wilson, John L. 1822

Tennessee (32)

Armstrong, Robert 1837
Blount, William 1809, 1811, 1813, 1827
Boyd, John 1801
Brown, Aaron V. 1845, 1847
Brown, Neill S. 1847, 1849
Campbell, William B. 1851
Cannon, Newton 1827, 1835, 1837, 1839
Carroll, William 1821, 1823, 1825, 1829, 1831, 1833, 1835
Cocke, William 1807, 1809
Ellis, John 1831
Foster, Ephraim H. 1845
Foster, Robert C. 1815, 1817
Gentry, Meredith P. 1855
Harris, Isham G. 1857, 1859
Hatton, Robert 1857
Henry, Gustavus A. 1853
Houston, Sam 1827
Humphreys, West H. 1835
Johnson, Andrew 1853, 1855
Johnson, Thomas 1815
Jones, James C. 1841, 1843
McBride _____ 1823
McMinn, Joseph 1815, 1817, 1819
Netherland, John H. 1859
Parsons, Enoch 1819
Polk, James K. 1839, 1841, 1843
Roane, Archibald 1801, 1803, 1805
Sevier, John 1796, 1797, 1799, 1803, 1805, 1807
Trousdale, William 1849, 1851
Ward, Edward 1821
Weakley, Robert 1815
Wharton, Jesse 1815

Texas (18)

Bell, Peter H. 1849, 1851
Chambers, Thomas J. 1851, 1853
Daniel, Nicholas H. 1847
Dickson, D. C. 1855
Epperson, Benjamin H. 1851
Evans, L. D. 1853
Greer, John H. 1851

Henderson, J. Pinckney 1845
Houston, Sam 1857, 1859
Johnson, Middleton T. 1851, 1855
Miller, James B. 1845, 1847
Mills, John T. 1849
Ochiltree, William B. 1853
Pease, Elisha M. 1853
Pillsbury, Thomas 1845, 1855
Robinson, J. J. 1847
Runnels, Hardin R. 1857, 1859
Wood, George T. 1847, 1849, 1853, 1855

Vermont (53)

Allen, Heman 1829
Bradley, William C. 1819, 1834–38
Brainerd, Lawrence 1846, 1847, 1852–54
Chase, Dudley 1819, 1823
Chittenden, Martin 1811–14
Chittenden, Thomas 1778–96
Clark, Jonas 1849
Clark, Merritt 1854, 1855
Coolidge, Carlos 1848, 1849
Crafts, Samuel 1828–30
Dillingham, Paul 1840, 1847, 1848
Doolittle, Joel 1824, 1826–29
Eaton, Horace 1846, 1847
Fairbanks, Erastus 1852, 1853, 1860
Fletcher, Ryland 1856, 1857
Galusha, Jonas 1809–19
Hall, Hiland 1858, 1859
Harvey, Robert 1860
Hutchinson, Titus 1841
Jennison, Silas H. 1836–40
Kellogg, Daniel 1843–5
Keyes, Henry 1856–58
Mattocks, John 1843
Meech, Ezra 1830–33
Needham, Horatio 1849
Niles, Nathaniel 1795
Olin, Gideon 1795, 1797
Paine, Charles 1841, 1842
Paine, Horatio 1835
Palmer, William 1830, 1833–35
Peck, Lucius B. 1850
Redfield, Timothy P. 1851
Roberts, John 1833, 1850
Robinson, John S. 1851–53
Robinson, Jonathan 1803–05
Robinson, Moses 1789, 1797, 1798
Royce, Stephen 1854, 1855
Safford, Samuel 1789
Saxe, John G. 1859, 1860
Seymour, Horatio 1833, 1834
Shafter, Oscar L. 1848
Shafter, William R. 1844, 1845, 1854
Skinner, Richard 1820–22
Slade, James M. 1855

Slade, William 1844, 1845
Smilie, Nathan 1839, 1841, 1842
Smith, Israel 1799, 1800–2, 1806–08
Smith, John 1846
Strong, Samuel 1815, 1816
Tichenor, Isaac 1793–5, 1799, 1800–10, 1817
Van Ness, Cornelius 1823–5
Williams, Charles K. 1842, 1843, 1850, 1851
Williams, Samuel 1795

Virginia (28)

Barbour, James 1811–13
Cabell, William H. 1805–07
Campbell, David 1837
Flournoy, Thomas S. 1855
Floyd, John 1830–33
Floyd, John B. 1848
Giles, William B. 1827–29
Goggin, William L. 1859
Gregory, James 1842
Johnson, Joseph 1851
Letcher, John 1859
McDowell, James 1843
Monroe, James 1799–01, 1810
Nicholas, William C. 1814, 1815
Page, John 1802–04
Patton, John M. 1841
Pleasants, James 1822–24
Preston, James P. 1816–18
Randolph, Thomas M. 1819–21
Robertson, Wyndham 1836
Smith, George E. 1811 (April)
Smith, William 1845
Summers, George W. 1851
Tazewell, Littleton W. 1834
Tyler (Jr.), John 1825, 1826
Tyler (Sr.), John 1808, 1809
Wise, Henry A. 1855
Wood, James 1796–98

Wisconsin (14)

Baird, Henry S. 1853
Barstow, William A. 1853, 1855
Bashford, Coles 1855
Chase, Warren 1849
Collins, Alexander L. 1849
Cross, James B. 1857
Dewey, Nelson 1848, 1849
Durkee, Charles 1848
Farwell, Leonard D. 1851
Hobart, Harrison C. 1859
Holton, Edward D. 1853
Randall, Alexander W. 1857, 1859
Tweedy, John H. 1848
Upham, Don A. 1851